새로운 도서, 다양한 자료 동양북스 홈페이지에서 만나보세요!

www.dongyangbooks.com
m.dongyangbooks.com

홈페이지 도서 자료실에서 학습자료 및 MP3 무료 다운로드

❶ 홈페이지 접속 후 도서 자료실 클릭
❷ 하단 검색 창에 검색어 입력
❸ MP3, 정답과 해설, 부가자료 등 첨부파일 다운로드
* 원하는 자료가 없는 경우 '요청하기' 클릭!

MOBILE

* 반드시 '인터넷, Safari, Chrome' App을 이용하여 홈페이지에 접속해주세요. (네이버, 다음 App 이용 시 첨부파일의 확장자명이 변경되어 저장되는 오류가 발생할 수 있습니다.)

❶ 홈페이지 접속 후 ☰ 터치

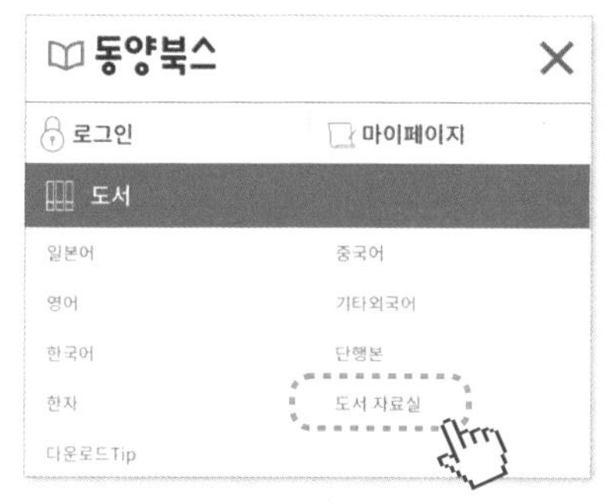

❷ 도서 자료실 터치

❸ 하단 검색창에 검색어 입력
❹ MP3, 정답과 해설, 부가자료 등 첨부파일 다운로드
* 압축 해제 방법은 '다운로드 Tip' 참고

미래와 통하는 책

가장 쉬운 독학
일본어 첫걸음
14,000원

버전업! 굿모닝
독학 일본어 첫걸음
14,500원

일단 합격하고 오겠습니다
JLPT 일본어능력시험 N3
26,000원

일본어 100문장 암기하고
왕초보 탈출하기
13,500원

가장 쉬운 독학
중국어 첫걸음
14,000원

가장 쉬운 중국어
첫걸음의 모든 것
14,500원

일단 합격 新HSK
한 권이면 끝! 4급
24,000원

중국어
지금 시작해
14,500원

영어를 해석하지 않고
읽는 법
15,500원

미국식
영작문 수업
14,500원

세상에서 제일 쉬운
10문장 영어회화
13,500원

영어회화
순간패턴 200
14,500원

가장 쉬운 독학
베트남어 첫걸음
15,000원

가장 쉬운 독학
프랑스어 첫걸음
16,500원

가장 쉬운 독학
스페인어 첫걸음
15,000원

가장 쉬운 독학
독일어 첫걸음
17,000원

동양북스 베스트 도서

THE
GOAL 1
22,000원

인스타
브레인
15,000원

직장인, 100만 원으로
주식투자 하기
17,500원

당신의 어린 시절이
울고 있다
13,800원

놀면서 스마트해지는 두뇌 자극
플레이북 딴짓거리 EASY
12,500원

죽기 전까지
병원 갈 일 없는 스트레칭
13,500원

가장 쉬운 독학
이세돌 바둑 첫걸음
16,500원

누가 봐도 괜찮은 손글씨 쓰는
법을 하나씩 하나씩 알기 쉽게
13,500원

가장 쉬운 초등 필수 파닉스
하루 한 장의 기적
14,000원

가장 쉬운 알파벳 쓰기
하루 한 장의 기적
12,000원

가장 쉬운 영어 발음기호
하루 한 장의 기적
12,500원

가장 쉬운 초등한자 따라쓰기
하루 한 장의 기적
9,500원

세상에서 제일 쉬운
엄마표 생활영어
12,500원

세상에서 제일 쉬운
엄마표 영어놀이
13,500원

창의쑥쑥 환이맘의
엄마표 놀이육아
14,500원

동양북스
www.dongyangbooks.com
m.dongyangbooks.com

최 | 신 | 개 | 정

일단 합격

新HSK 한 권이면 끝!

한선영 지음

비법서

5급

동양북스

일단 합격

新HSK 5급 한 권이면 끝! 비법서

개정 3판 1쇄 인쇄 | 2020년 11월 10일
개정 3판 1쇄 발행 | 2020년 11월 20일

지은이 | 한선영
발행인 | 김태웅
기획 편집 | 신효정, 양수아
디자인 | 남은혜
마케팅 | 나재승
제 작 | 현대순

발행처 | (주)동양북스
등 록 | 제 2014-000055호
주 소 | 서울시 마포구 동교로22길 14 (04030)
구입 문의 | 전화 (02)337-1737 팩스 (02)334-6624
내용 문의 | 전화 (02)337-1762 dybooks2@gmail.com

ISBN 979-11-5768-666-7 13720

▶ 도서출판 동양북스에서는 소중한 원고, 새로운 기획을 기다리고 있습니다.
http://www.dongyangbooks.com

이 도서의 국립중앙도서관 출판예정도서목록(CIP)은 서지정보유통지원시스템 홈페이지(http://seoji.nl.go.kr)와 국가자료공동목록시스템(http://www.nl.go.kr/kolisnet)에서 이용하실 수 있습니다.
(CIP제어번호:CIP2020046309)

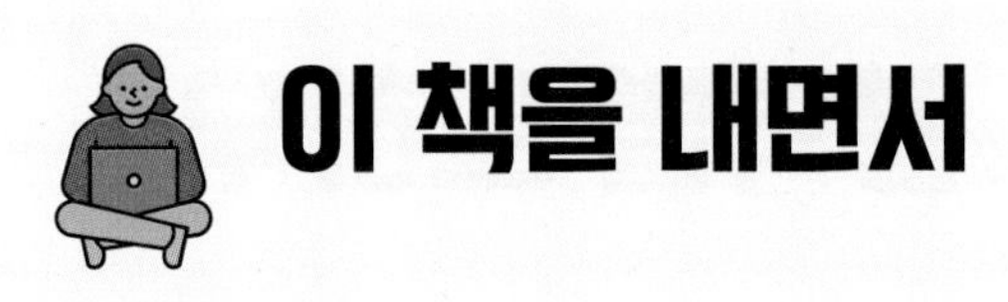

新HSK 5급을 쉽고 재미있게 공부할 수 있는 책 좀 추천해 주세요!

학생들에게 자주 듣는 말이다. 그러나 지금까지 나와 있는 책은 대부분 모의고사 문제집으로, 유형별로 공부할 수 있는 교재가 부족했고, 그래서 HSK 강의 12년의 노하우와 급변하는 출제 경향의 변화를 밤낮으로 연구 • 분석한 결실을 바탕으로 이 책을 집필하기로 결심했다.

나에게 있는 달란트!

신은 모든 이에게 달란트를 주셨다. 하지만 나는 '왜 나에게는 특별한 달란트가 없을까?'라는 생각으로 힘들어 한 적이 있다. 그때 JRC 김효정 원장 선생님의 격려 한마디가 나를 가슴 벅차게 했다. "너에게는 다른 사람이 갖지 못한 열정이 있어. 가진 것의 120%를 발휘할 수 있는 네가 자랑스럽다." 그렇다! 나는 분명 다른 사람이 갖지 못한 것을 가졌다. 학생을 사랑하는 마음, 학생들의 눈높이에서 더 쉽게 가르치려는 열정, 그리고 문제를 분석하고 비법을 정리해 내는 능력이 바로 그것이다. 그래서 나는 신이 주신 나의 달란트를 이 책의 집필에 최대한 발휘하였다.

오아시스를 만나다!

'풍요 속의 빈곤'이라는 말처럼, 수많은 교재의 홍수 속에서도 마음에 드는 교재를 찾기란 쉽지 않다. 학생들은 마치 사막에서 헤매는 것처럼 '비법서'에 목말라하고 있다. 新HSK 5급 문제는 원리만 알면 풀 수 있는 '비법이 통하는' 유형이다. 이 책은 학습자들이 좀 더 빠른 시간 내에 급수를 획득할 수 있도록 많은 비법과 공부 방법을 소개함으로써 사막의 길잡이 역할을 해준다. 이 책을 펼치는 순간 여러분은 오아시스를 만날 것이며, 오랜 갈증이 속 시원히 해소될 것이다.

최신 4년 기출문제를 분석하다!

교재를 리뉴얼하기 위해 최신 기출문제 약 48회에 해당하는 문제들을 복원하고 분석하였다. 유형별로 문제를 분류하고 그중 가장 마음에 드는 문제를 고르는 작업은 여간 집중력을 요하는 일이 아니었다. 매번 이것이 최선이고 최고라고 생각하지만, 작업을 마치고 나면 항상 아쉬움이 남는다. 교재를 하루빨리 선보이고 싶어서 매일 밤샘 작업을 하던 지난 시간들을 떠올리면 감동스럽기도 하고 뿌듯하기도 하다. 앞으로도 여러분의 HSK 정복에 훌륭한 조력자가 되기 위해 끊임없이 연구하고 노력하여 새로운 모습으로 여러분 앞에 설 것을 약속한다.

이 책이 오랜 기간 독자들에게 사랑받을 수 있었던 것은 시간이 흘러도 변하지 않는 가장 핵심을 찌르는 분석력과 높은 퀄리티의 문제를 실었기 때문이 아닐까 싶다. 그동안 이 책을 통해 5급을 취득하고 많은 사랑을 보내 준 독자분들께 감사드리고, 좋은 교재를 만들기 위해 애써 주신 동양북스 여러분의 노고에도 머리 숙여 감사의 마음을 전한다.

한 선 영

영역별 노하우

1 듣기 听力

구성	문제 형식	문항 수		배점	시간
제1부분	짧은 대화 듣고 질문에 알맞은 답 고르기	20	45	100점	약 30분
제2부분	4~5줄의 대화 듣고 질문에 알맞은 답 고르기	25			
	긴 대화 또는 단문 듣고 2~4개의 질문에 알맞은 답 고르기				
듣기 영역 답안 작성 시간					5분

문제 풀이 노하우

1. '듣기'는 암기다!
녹음이 잘 안 들린다면 원인은 어휘량 부족에 있습니다. 공부한 문제와 핵심 단어 학습을 게을리하지 않아야 합니다.

2. 보기를 최대한 활용하라!
4개의 보기 중 하나는 분명히 정답이고, 나머지 3개의 보기에도 녹음에서 사용된 어휘가 등장할 가능성이 높습니다. 보기 분석을 통해 녹음에 나올 질문을 미리 간파하고, 핵심 포인트를 잡아낼 수 있는 능력이 필요합니다.

3. 긍정인지 부정인지를 파악하라!
대화문은 일반적으로 첫 번째 사람이 화제를 던지면 두 번째 사람이 자신의 생각을 말합니다. 반응이 긍정적인지 부정적인지만 알아도 50%는 성공입니다.

4. 성별을 구분하여 정보를 기억하라!
열심히 내용만 듣느라, 남자가 한 말인지 여자가 한 말인지 잊어버리는 경우가 있습니다. 들은 정보를 반드시 남/녀로 구분해서 기억합니다.

5. 첫 문장과 마지막 문장을 잘 들어라!
첫 문장에 있는 힌트를 놓쳤다면 그 문제는 아무리 열심히 들어도 답을 찾을 수 없습니다. 첫 문장부터 꼼꼼히 듣고, 녹음 지문의 결론이나 주제는 맨 마지막 부분에 나올 수 있으니 끝까지 집중력을 발휘해야 합니다.

6. 노트에 정리해서 암기하라!
자신이 푼 문제가 맞았는지 틀렸는지 점수만 매기고 끝나면 안 됩니다. 중요한 표현은 시험문제에서도 키워드로 제시될 수 있기 때문에 핵심어와 정답에 나온 표현법을 연결해서 암기해야 합니다.

2 독해 阅读

구성	문제 형식	문항 수		배점	시간
제1부분	빈칸에 알맞은 단어/문장 고르기	15	45	100점	약 45분
제2부분	단문 독해: 단문 내용과 일치하는 보기 고르기	10			
제3부분	장문 독해: 질문에 알맞은 답 고르기(지문당 3~5문제)	20			

문제 풀이 노하우

1. 시간과의 싸움이다!

독해에서 문제당 주어진 시간은 1분입니다. 독해 시험은 제한 시간 내에 속독하여 내용을 제대로 이해할 수 있는지를 테스트하는 것이므로, 항상 시간을 재면서 푸는 연습을 해야 합니다.

2. 제1부분 응시 대책!

중간중간 빈칸이 있는 완전하지 않은 지문을 읽고 대략적인 내용을 파악할 수 있어야 합니다. 막연히 답만 고르려고 욕심부리지 말고, 동사와 목적어의 호응 관계나 문맥 이해를 통해 힌트를 찾아내고, 논리적으로 생각해서 답을 선택해야 합니다.

3. 제2부분 응시 대책!

평균 200~300자의 단문과 4개의 보기를 1분 안에 모두 읽고 답까지 찾아내야 합니다. 이러한 시간적인 제약은 심리적 압박감으로 이어져, 눈으로는 지문을 읽고 있어도 그 내용이 머리에 잘 안 들어올 수 있습니다. 지문의 중심 단어는 무엇이며, 작가가 글을 통해 전달하려는 정보나 중심 생각이 무엇인지 침착하게 파악할 수 있도록 충분히 연습해 두어야 합니다.

4. 제3부분 응시 대책!

긴 지문의 내용을 모두 정독(精读)하려면 시간이 절대적으로 부족합니다. 문제를 먼저 읽고, 답을 찾는 데 필요한 정보가 무엇인지 확실히 파악한 다음에 지문을 읽어야지만, 시간도 절약하고 정답률도 높일 수 있습니다.

5. 아는 문제부터 풀어라!

만약 45분 동안 45문제를 전부 풀 자신이 없다면, 문제 순서에 구애받지 말고 아는 문제부터 풀기 시작합니다. 모르는 문제를 계속 붙잡고 있으면 시간만 낭비됩니다. 속독 훈련은 시험장에서가 아니라, 평소에 미리 연습합니다.

3 쓰기 书写

구성	문제 형식	문항 수		배점	시간
제1부분	어휘 배열하여 문장 만들기	8	10	100점	약 40분
제2부분	어휘 또는 그림 보고 작문하기(80자 내외)	2			

문제 풀이
노하우

1. 반드시 정복하라!

듣기와 독해는 각각 45문제씩을 꼬박 풀어야 하지만, 쓰기는 10문제만 풀고도 100점을 받을 수 있습니다. 따라서 5급의 당락을 좌우하게 될 영역이므로 반드시 정복해야 합니다. 일명 '찍기'가 통하지 않는 100% 주관식이기 때문에, 자신감이 생길 때까지 꾸준히 연습해서 고득점에 도전해 보세요.

2. 제1부분 응시 대책! (문제당 5점)

제시되는 단어와 어구는 4~6개 정도로, 난이도는 4급과 큰 차이가 없습니다. 문제를 풀 때는 주어나 목적어가 되는 명사 덩어리에 네모 표시를 하고, 술어가 되는 동사나 형용사에 세모 표시를 하는 식으로 이원화시키면 아무리 많은 어휘가 나와도 쉽게 문제를 풀 수 있습니다.

3. 어법 지식을 습득하라!

시험에서 어법 영역은 없어졌지만, 어법 지식은 여전히 필요합니다. 5급 쓰기에서는 처치문(把자문)과 피동문(被자문)이 매회 단골로 출제되며, 그 외에 비교문, 연동문, 겸어문, 정도보어 등의 어순도 숙지해 두어야 합니다.

4. 제2부분 응시 대책! (문제당 30점)

자신의 생각을 중국어로 표현하는 것이 어렵게 느껴질 수 있지만, 제대로 훈련만 한다면 의외로 금방 효과를 볼 수 있습니다. 쓰기의 관건은 어휘력이므로, 단어를 암기할 때는 우선 제시어의 뜻을 쉽게 알 수 있도록 '뜻' 위주로 공부한 다음, 글자를 보지 않고 스스로 쓸 수 있도록 써보는 연습도 많이 해둡니다.

– 99번 문제 노하우

먼저 제시된 단어의 뜻을 파악한 다음, 어떤 이야기를 만들 것인지 정합니다. 주어진 단어들을 서론, 본론, 결론에 맞게 구성하고, 세부적인 내용을 붙여 글을 완성하면 됩니다. 중국어로 작문하는 게 어렵다면, 우선 한국어로 80자 이야기 만들기 훈련을 해보는 것도 좋은 방법입니다.

– 100번 문제 노하우

그림이나 사진을 보고, 자신(1인칭)이나 타인(3인칭)의 시점에서 에피소드를 만들거나, 사진 속의 인물과 사물을 객관적으로 묘사하거나, 자신의 생각을 서수 第一, 第二, 第三 등을 활용하여 조리 있게 작문한다면 금방 80자를 쓸 수 있습니다.

나에게 꼭 맞는 독학서 선택 비법

✔ 출제 경향을 얼마나 반영했는가?

가장 신뢰할만한 HSK 문제는 기출문제입니다. 이 책은 근간에 실시된 모든 기출문제를 철저히 분석하여 출제 경향을 최대한 완벽하게 반영했습니다.

✔ 설명은 얼마나 친절하고 명쾌한가?

이 책은 급수의 당락을 판가름하는 난이도 최상의 문제부터 너무 쉬워서 답이 뻔히 보이는 문제까지, 하나도 소홀히 하지 않고 학습자의 눈높이에서 알기 쉽게 설명했습니다.

✔ 단어는 충분히 정리되어 있는가?

시험은 한 달밖에 남지 않았는데 책을 보자니 모르는 단어가 너무 많고, 단어부터 외우자니 막막하다면? 이 책은 5급에 처음 입문하는 초보자들도 쉽게 공부할 수 있도록 실제 문제에서 다뤄진 모든 단어를 총망라하여 사전이 필요 없을 정도로 친절하게 정리했습니다.

✔ 학습량은 적절한가?

학습자가 소화할 수 없을 정도로 많은 양의 정보를 주입식으로 쏟아붓는 것은 정보를 주지 않느니만 못합니다. 이 책은 영역별로 가장 적절한 학습량을 구성하여 5급에서 꼭 필요한 수준으로 엑기스를 뽑아 정리했습니다.

✔ 비법은 얼마나 들어 있는가?

수험서를 사서 공부하는 이유는 시험에서 가장 좋은 성적을 얻기 위해서입니다. 빠른 시간 안에, 좀 더 쉽고 재미있게 공부하기 위해서는 저자의 비법이 소개되어야 합니다. 이 책에서는 십수 년 베테랑 HSK 강사의 노하우와 비법을 숨김없이 공개했습니다.

✔ 좋은 책, 좋은 저자, 좋은 출판사인가?

보기 좋은 책이 공부하기도 좋습니다. 이 책은 학습 의욕을 높여 주고 효과를 극대화할 수 있도록 일목요연하게 디자인 및 구성되었을 뿐만 아니라, 오랜 강의 경력을 갖춘 열정적이고 실력 있는 저자와 좋은 책에 아낌없이 투자하는 역사와 전통을 갖춘 어학 전문 출판사의 경험을 통해 학습자에게 최적화될 수 있도록 만들어졌습니다.

✔ 본인에게 맞는 책인가?

인터넷의 판매 순위나 정보에만 의존하여 책을 고르기보다는 서점에서 직접 펼쳐 보고 확인해 보는 것이 중요합니다. 다른 사람의 평가보다는 자신의 기준으로, 자신의 수준에 잘 맞는 책인지, 공부하고 싶어지는 책인지, 그 첫 설렘을 느껴 보세요.

이 책의 구성

비법서 + 해설서

비법서

기출문제 탐색전

각 영역별, 부분별 문제 유형을 예제문제를 통해 설명하고 공략 방향을 보여줍니다. 듣기 부분은 QR을 이용하여 바로 들을 수 있습니다.

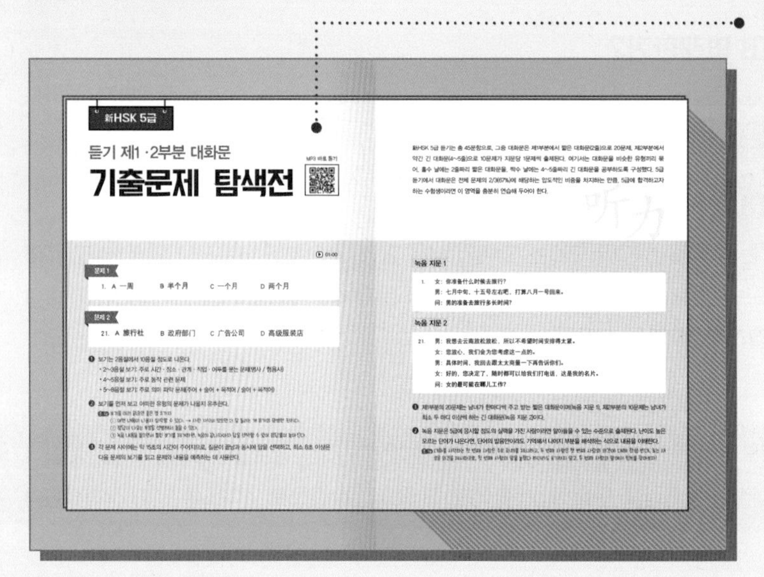

시크릿 백전백승

문제 해결에 가장 중요한 학습 내용을 모아 정리해 줍니다.

시크릿 확인학습

각 장에서 배운 비법을 예제에 적용해 풀어봅니다. 각 문제 분석을 통해 좀 더 집중해야 할 포인트를 알 수 있습니다.

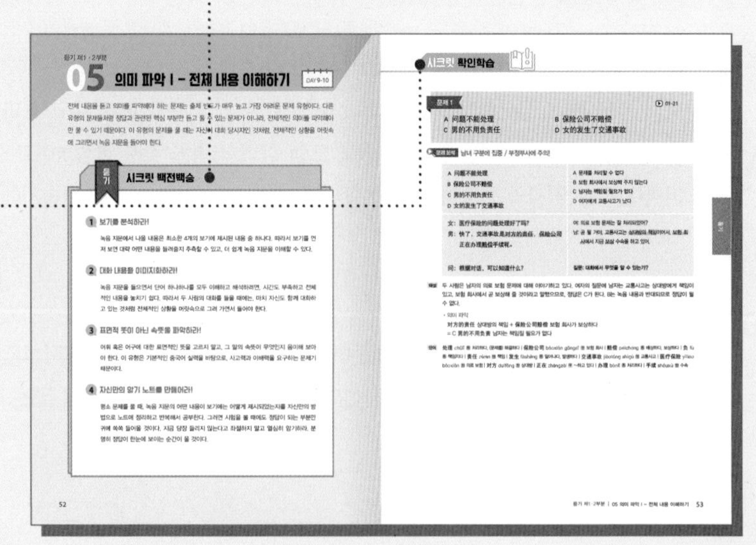

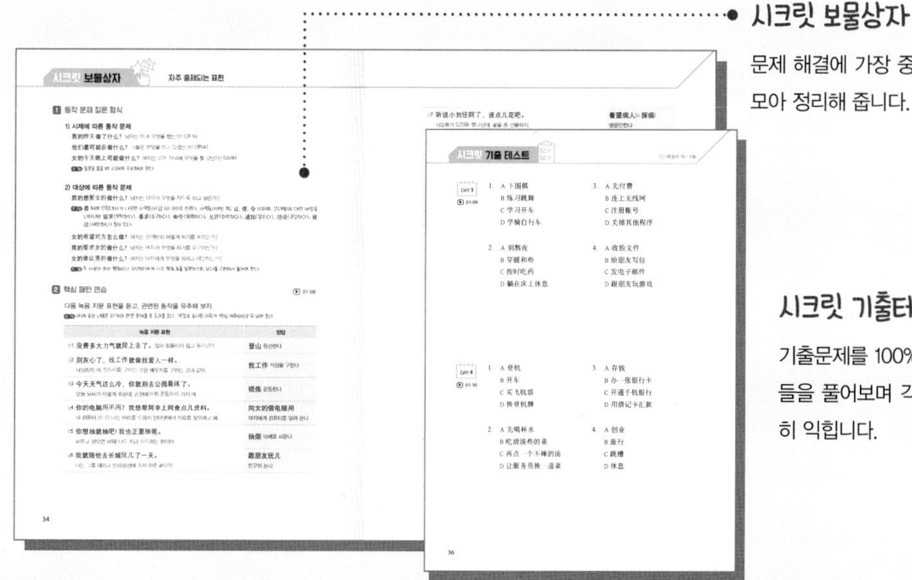

시크릿 보물상자

문제 해결에 가장 중요한 학습 내용을 모아 정리해 줍니다.

시크릿 기출테스트

기출문제를 100% 복원하여 만든 문제들을 풀어보며 각 부분의 유형을 확실히 익힙니다.

영역별 실전 모의고사

듣기, 독해, 쓰기 각 영역의 학습이 끝나면 영역별 실전 모의고사를 풀어 보면서 그동안 갈고닦은 실력을 체크할 수 있습니다.

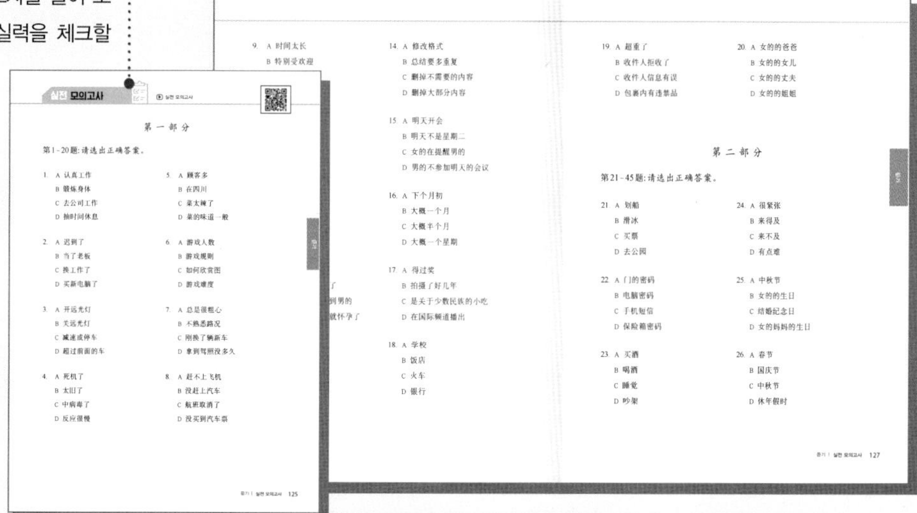

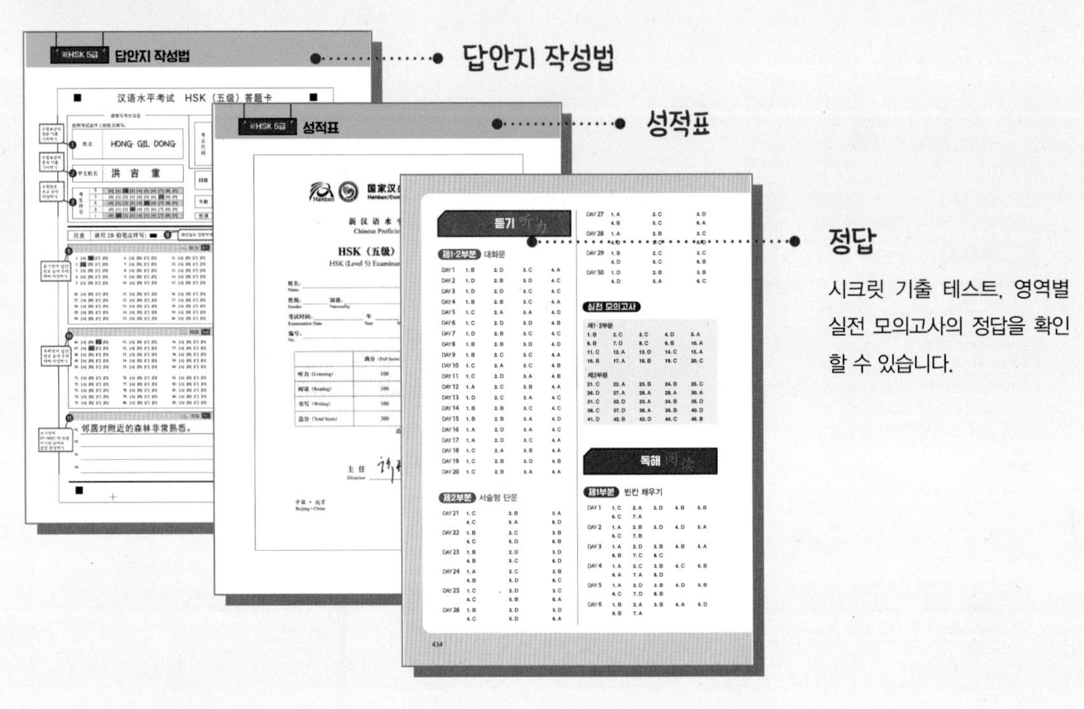

시크릿 기출 테스트, 영역별 실전 모의고사의 정답을 확인할 수 있습니다.

해설서

시크릿 기출 테스트와 실전 모의고사 문제에 대한 우리말 해석과 단어 해석, 문제 풀이 설명이 별책 해설집에 수록되어 있습니다.

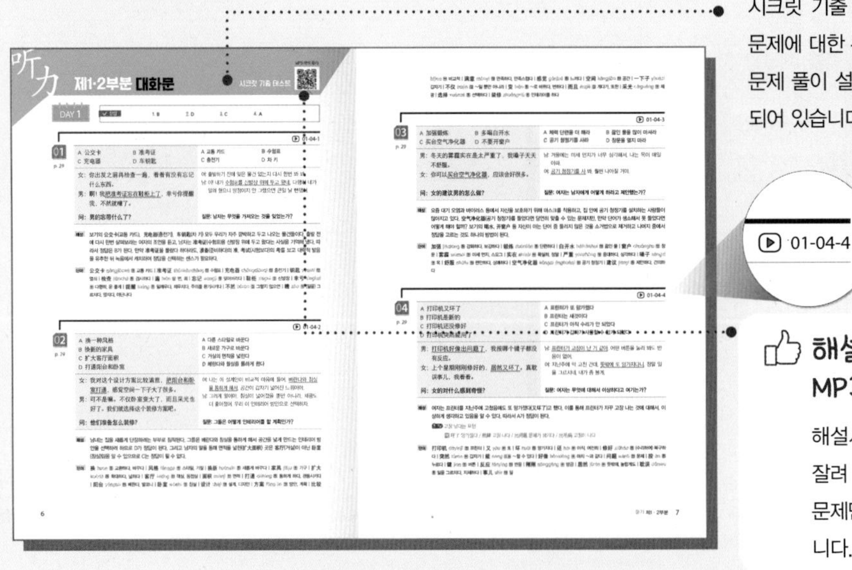

01-04-4

해설서 전용 MP3 음원 제공!

해설서 버전은 문제 별로 잘려 있어, 다시 듣고 싶은 문제만 골라 들을 수 있습니다.

부록

단어장

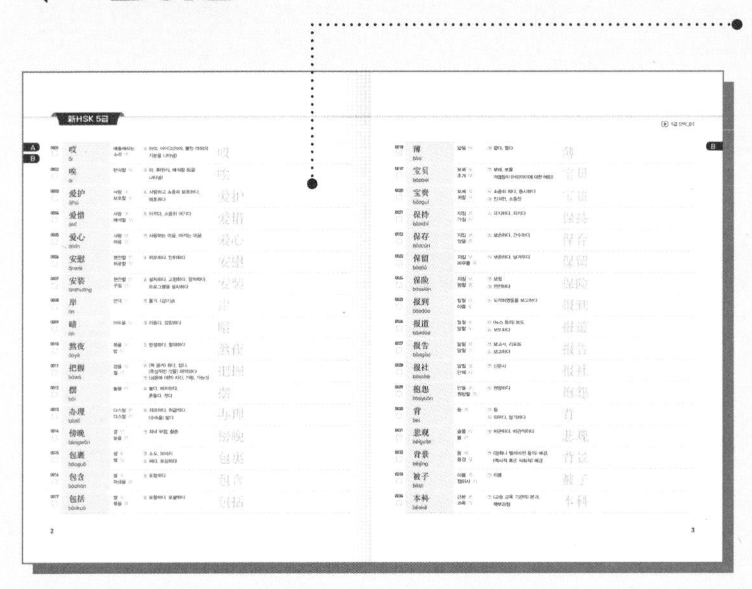

新HSK 5급 단어를 모았습니다. 눈으로 보고, 귀로 듣고 따라 쓰다 보면 1,300개의 필수 단어를 자연스레 익히게 됩니다.

MP3

방법 ❶ QR코드 스캔하여 바로 듣기

비법서(탐색전 페이지)와 해설서 듣기 파트의 QR을 스캔하면 바로 듣기가 가능합니다.

방법 ❷ 동양북스 홈페이지(www.dongyangbooks.com) 도서 자료실에서 다운로드

新HSK 5급 맞춤형 학습 플랜

듣기, 독해, 쓰기의 각 영역은 15개 장으로 구성되어 있고, 한 장에는 약 10문제가 들어 있습니다.
이 편성을 바탕으로 15일, 30일, 40일 학습 플랜을 세울 수 있습니다.

혼자서 학습하기에 부담스럽지도 않고 적지도 않은 학습량입니다. 꾸준히 공부한다면 누구나 '30일의 기적'을 이룰 수 있습니다.

첫째 날: 듣기, 독해, 쓰기를 영역별로 1장씩 공부한 다음, 홀수 DAY에 해당하는 문제를 풉니다.
다음 날: 전날 공부한 내용을 복습한 다음, 짝수 DAY에 해당하는 문제를 풉니다.

DAY 1 ___월___일	DAY 2 ___월___일	DAY 3 ___월___일	DAY 4 ___월___일	DAY 5 ___월___일
듣기 • 제1, 2부분 01 비법 학습 • DAY 1 기출 테스트 독해 • 제1부분 01 비법 학습 • DAY 1 기출 테스트 쓰기 • 제1부분 01 비법 학습 • DAY 1 기출 테스트	듣기 • 제1, 2부분 01 복습 • DAY 2 기출 테스트 독해 • 제1부분 01 복습 • DAY 2 기출 테스트 쓰기 • 제1부분 01 복습 • DAY 2 기출 테스트	듣기 • 제1, 2부분 02 비법 학습 • DAY 3 기출 테스트 독해 • 제2부분 01 비법 학습 • DAY 11 기출 테스트 쓰기 • 제2부분 01 비법 학습 • DAY 19 기출 테스트	듣기 • 제1, 2부분 02 복습 • DAY 4 기출 테스트 독해 • 제2부분 01 복습 • DAY 12 기출 테스트 쓰기 • 제2부분 01 복습 • DAY 20 기출 테스트	듣기 • 제2부분 01 비법 학습 • DAY 21 기출 테스트 독해 • 제3부분 01 비법 학습 • DAY 21 기출 테스트 쓰기 • 제1부분 02 비법 학습 • DAY 3 기출 테스트

DAY 6 ___월___일	DAY 7 ___월___일	DAY 8 ___월___일	DAY 9 ___월___일	DAY 10 ___월___일
듣기 • 제2부분 01 복습 • DAY 22 기출 테스트 독해 • 제3부분 01 복습 • DAY 22 기출 테스트 쓰기 • 제1부분 02 복습 • DAY 4 기출 테스트	듣기 • 제1, 2부분 03 비법 학습 • DAY 5 기출 테스트 독해 • 제1부분 02 비법 학습 • DAY 3 기출 테스트 쓰기 • 제2부분 04 비법 학습 • DAY 25 기출 테스트	듣기 • 제1, 2부분 03 복습 • DAY 6 기출 테스트 독해 • 제1부분 02 복습 • DAY 4 기출 테스트 쓰기 • 제2부분 04 복습 • DAY 26 기출 테스트	듣기 • 제1, 2부분 04 비법 학습 • DAY 7 기출 테스트 독해 • 제2부분 02 비법 학습 • DAY 13 기출 테스트 쓰기 • 제1부분 03 비법 학습 • DAY 5 기출 테스트	듣기 • 제1, 2부분 04 복습 • DAY 8 기출 테스트 독해 • 제2부분 02 복습 • DAY 14 기출 테스트 쓰기 • 제1부분 03 복습 • DAY 6 기출 테스트

DAY 11 ___월___일	DAY 12 ___월___일	DAY 13 ___월___일	DAY 14 ___월___일	DAY 15 ___월___일
듣기 • 제2부분 02 비법 학습 • DAY 23 기출 테스트 독해 • 제3부분 02 비법 학습 • DAY 23 기출 테스트 쓰기 • 제2부분 02 비법 학습 • DAY 21 기출 테스트	듣기 • 제2부분 02 복습 • DAY 24 기출 테스트 독해 • 제3부분 02 복습 • DAY 24 기출 테스트 쓰기 • 제2부분 02 복습 • DAY 22 기출 테스트	듣기 • 제1, 2부분 05 비법 학습 • DAY 9 기출 테스트 독해 • 제1부분 03 비법 학습 • DAY 5 기출 테스트 쓰기 • 제1부분 04 비법 학습 • DAY 7 기출 테스트	듣기 • 제1, 2부분 05 복습 • DAY 10 기출 테스트 독해 • 제1부분 03 복습 • DAY 6 기출 테스트 쓰기 • 제1부분 04 복습 • DAY 8 기출 테스트	듣기 • 제1, 2부분 06 비법 학습 • DAY 11 기출 테스트 독해 • 제2부분 03 비법 학습 • DAY 15 기출 테스트 쓰기 • 제1부분 05 비법 학습 • DAY 9 기출 테스트

✔ 30일 플랜을 기준으로 하루에 DAY 2개씩 공부하면 15일 플랜이 됩니다.

✔ 15일 플랜은 대학교 수업 일수에 적절한 학습 플랜으로, 한 학기 15회에 걸쳐 완성할 수 있습니다.

✔ 홀수 DAY에 해당하는 문제를 수업 시간에 풀고, 짝수 DAY에 해당하는 문제를 과제로 풀 수 있습니다.

☐ DAY 16 ___월___일	☐ DAY 17 ___월___일	☐ DAY 18 ___월___일	☐ DAY 19 ___월___일	☐ DAY 20 ___월___일
듣기 • 제1, 2부분 06 복습 • DAY 12 기출 테스트 독해 • 제2부분 03 복습 • DAY 16 기출 테스트 쓰기 • 제1부분 05 복습 • DAY 10 기출 테스트	듣기 • 제2부분 03 비법 학습 • DAY 25 기출 테스트 독해 • 제3부분 03 비법 학습 • DAY 25 기출 테스트 쓰기 • 제2부분 05 비법 학습 • DAY 27 기출 테스트	듣기 • 제2부분 03 복습 • DAY 26 기출 테스트 독해 • 제3부분 03 복습 • DAY 26 기출 테스트 쓰기 • 제2부분 05 복습 • DAY 28 기출 테스트	듣기 • 제1, 2부분 07 비법 학습 • DAY 13 기출 테스트 독해 • 제1부분 04 비법 학습 • DAY 7 기출 테스트 쓰기 • 제1부분 06 비법 학습 • DAY 11 기출 테스트	듣기 • 제1, 2부분 07 복습 • DAY 14 기출 테스트 독해 • 제1부분 04 복습 • DAY 8 기출 테스트 쓰기 • 제1부분 06 복습 • DAY 12 기출 테스트

☐ DAY 21 ___월___일	☐ DAY 22 ___월___일	☐ DAY 23 ___월___일	☐ DAY 24 ___월___일	☐ DAY 25 ___월___일
듣기 • 제1, 2부분 08 비법 학습 • DAY 15 기출 테스트 독해 • 제2부분 04 비법 학습 • DAY 17 기출 테스트 쓰기 • 제1부분 07 비법 학습 • DAY 13 기출 테스트	듣기 • 제1, 2부분 08 복습 • DAY 16 기출 테스트 독해 • 제2부분 04 복습 • DAY 18 기출 테스트 쓰기 • 제1부분 07 복습 • DAY 14 기출 테스트	듣기 • 제2부분 04 비법 학습 • DAY 27 기출 테스트 독해 • 제3부분 04 비법 학습 • DAY 27 기출 테스트 쓰기 • 제2부분 03 비법 학습 • DAY 23 기출 테스트	듣기 • 제2부분 04 복습 • DAY 28 기출 테스트 독해 • 제3부분 04 복습 • DAY 28 기출 테스트 쓰기 • 제2부분 03 복습 • DAY 24 기출 테스트	듣기 • 제1, 2부분 09 비법 학습 • DAY 17 기출 테스트 독해 • 제1부분 05 비법 학습 • DAY 9 기출 테스트 쓰기 • 제1부분 08 비법 학습 • DAY 15 기출 테스트

☐ DAY 26 ___월___일	☐ DAY 27 ___월___일	☐ DAY 28 ___월___일	☐ DAY 29 ___월___일	☐ DAY 30 ___월___일
듣기 • 제1, 2부분 09 복습 • DAY 18 기출 테스트 독해 • 제1부분 05 복습 • DAY 10 기출 테스트 쓰기 • 제1부분 08 복습 • DAY 16 기출 테스트	듣기 • 제1, 2부분 10 비법 학습 • DAY 19 기출 테스트 독해 • 제2부분 05 비법 학습 • DAY 19 기출 테스트 쓰기 • 제1부분 09 비법 학습 • DAY 17 기출 테스트	듣기 • 제1, 2부분 10 복습 • DAY 20 기출 테스트 독해 • 제2부분 05 복습 • DAY 20 기출 테스트 쓰기 • 제1부분 09 복습 • DAY 18 기출 테스트	듣기 • 제2부분 05 비법 학습 • DAY 29 기출 테스트 독해 • 제3부분 05 비법 학습 • DAY 29 기출 테스트 쓰기 • 제2부분 06 비법 학습 • DAY 29 기출 테스트	듣기 • 제2부분 05 복습 • DAY 30 기출 테스트 독해 • 제3부분 05 복습 • DAY 30 기출 테스트 쓰기 • 제2부분 06 복습 • DAY 30 기출 테스트

학원 수업에 적합한 학습 플랜으로, 개강일에는 수업 방식과 강의 개요를 설명하는 등의 워밍업을 하고 진도는 점차 빨리 나갈 수 있습니다.

듣기 영역은 DAY 순서대로 공부하고, 독해와 쓰기 영역은 제1, 2, 3부분을 골고루 분배하여 수업을 진행할 수 있습니다.

첫째 달 20일

DAY 1 ___월___일	DAY 2 ___월___일	DAY 3 ___월___일	DAY 4 ___월___일	DAY 5 ___월___일
[개강일] • 수업 소개 • 단어장 암기 방법 소개 등	듣기 • 제1, 2부분 01 비법 학습 • DAY 1 기출 테스트 독해 • 제1부분 01 비법 학습 • DAY 1 기출 테스트	듣기 • 제1, 2부분 02 비법 학습 • DAY 3 기출 테스트 쓰기 • 제1부분 01 비법 학습 • DAY 1 기출 테스트	독해 • 제2부분 01 비법 학습 • DAY 11 기출 테스트 쓰기 • 제2부분 01 비법 학습 • DAY 19 기출 테스트	듣기 • 제2부분 01 비법 학습 • DAY 21 기출 테스트 독해 • 제3부분 01 비법 학습 • DAY 21 기출 테스트

DAY 6 ___월___일	DAY 7 ___월___일	DAY 8 ___월___일	DAY 9 ___월___일	DAY 10 ___월___일
듣기 • 제1, 2부분 03 비법 학습 • DAY 5 기출 테스트 쓰기 • 제1부분 02 비법 학습 • DAY 3 기출 테스트	독해 • 제1부분 02 비법 학습 • DAY 3 기출 테스트 쓰기 • 제2부분 04 비법 학습 • DAY 25 기출 테스트	듣기 • 제1, 2부분 04 비법 학습 • DAY 7 기출 테스트 독해 • 제2부분 02 비법 학습 • DAY 13 기출 테스트	듣기 • 제2부분 02 비법 학습 • DAY 23 기출 테스트 쓰기 • 제1부분 03 비법 학습 • DAY 5 기출 테스트	독해 • 제3부분 02 비법 학습 • DAY 23 기출 테스트 쓰기 • 제2부분 02 비법 학습 • DAY 21 기출 테스트

DAY 11 ___월___일	DAY 12 ___월___일	DAY 13 ___월___일	DAY 14 ___월___일	DAY 15 ___월___일
듣기 • 제1, 2부분 05 비법 학습 • DAY 9 기출 테스트 독해 • 제1부분 03 비법 학습 • DAY 5 기출 테스트	듣기 • 제1, 2부분 06 비법 학습 • DAY 11 기출 테스트 쓰기 • 제1부분 04 비법 학습 • DAY 7 기출 테스트	독해 • 제2부분 03 비법 학습 • DAY 15 기출 테스트 쓰기 • 제1부분 05 비법 학습 • DAY 9 기출 테스트	듣기 • 제2부분 03 비법 학습 • DAY 25 기출 테스트 독해 • 제3부분 03 비법 학습 • DAY 25 기출 테스트 쓰기 • 제2부분 05 비법 학습 • DAY 27 기출 테스트	듣기 • 제1, 2부분 07 비법 학습 • DAY 13 기출 테스트 독해 • 제1부분 04 비법 학습 • DAY 7 기출 테스트 쓰기 • 제1부분 06 비법 학습 • DAY 11 기출 테스트

DAY 16 ___월___일	DAY 17 ___월___일	DAY 18 ___월___일	DAY 19 ___월___일	DAY 20 ___월___일
듣기 • 제1, 2부분 08 비법 학습 • DAY 15 기출 테스트 독해 • 제2부분 04 비법 학습 • DAY 17 기출 테스트 쓰기 • 제1부분 07 비법 학습 • DAY 13 기출 테스트	듣기 • 제 2부분 04 비법 학습 • DAY 27 기출 테스트 독해 • 제3부분 04 비법 학습 • DAY 27 기출 테스트 쓰기 • 제2부분 03 비법 학습 • DAY 23 기출 테스트	듣기 • 제1, 2부분 09 비법 학습 • DAY 17 기출 테스트 독해 • 제1부분 05 비법 학습 • DAY 9 기출 테스트 쓰기 • 제1부분 08 비법 학습 • DAY 15 기출 테스트	듣기 • 제1, 2부분 10 비법 학습 • DAY 19 기출 테스트 독해 • 제2부분 05 비법 학습 • DAY 19 기출 테스트 쓰기 • 제1부분 09 비법 학습 • DAY 17 기출 테스트	듣기 • 제2부분 05 비법 학습 • DAY 29 기출 테스트 독해 • 제3부분 05 비법 학습 • DAY 29 기출 테스트 쓰기 • 제2부분 06 비법 학습 • DAY 29 기출 테스트

둘째 달 20일

DAY 21 ___월 ___일	DAY 22 ___월 ___일	DAY 23 ___월 ___일	DAY 24 ___월 ___일	DAY 25 ___월 ___일
[개강일] • 수업 소개 • 단어장 암기 방법 소개 등	듣기 • 제1, 2부분 01 복습 • DAY 2 기출 테스트 독해 • 제1부분 01 비법 복습 • DAY 2 기출 테스트	듣기 • 제1, 2부분 02 비법 복습 • DAY 4 기출 테스트 쓰기 • 제1부분 01 비법 복습 • DAY 2 기출 테스트	독해 • 제2부분 01 비법 복습 • DAY 12 기출 테스트 쓰기 • 제2부분 01 비법 복습 • DAY 20 기출 테스트	듣기 • 제2부분 01 비법 복습 • DAY 22 기출 테스트 독해 • 제3부분 01 비법 복습 • DAY 22 기출 테스트

DAY 26 ___월 ___일	DAY 27 ___월 ___일	DAY 28 ___월 ___일	DAY 29 ___월 ___일	DAY 30 ___월 ___일
듣기 • 제1, 2부분 03 비법 복습 • DAY 5 기출 테스트 쓰기 • 제1부분 02 비법 복습 • DAY 4 기출 테스트	독해 • 제1부분 02 비법 복습 • DAY 4 기출 테스트 쓰기 • 제2부분 04 비법 복습 • DAY 26 기출 테스트	듣기 • 제1, 2부분 04 비법 복습 • DAY 8 기출 테스트 독해 • 제2부분 02 비법 복습 • DAY 14 기출 테스트	듣기 • 제2부분 02 비법 복습 • DAY 24 기출 테스트 쓰기 • 제1부분 03 비법 복습 • DAY 6 기출 테스트	독해 • 제3부분 02 비법 복습 • DAY 24 기출 테스트 쓰기 • 제2부분 02 비법 복습 • DAY 22 기출 테스트

DAY 31 ___월 ___일	DAY 32 ___월 ___일	DAY 33 ___월 ___일	DAY 34 ___월 ___일	DAY 35 ___월 ___일
듣기 • 제1, 2부분 05 비법 복습 • DAY 10 기출 테스트 독해 • 제1부분 03 비법 복습 • DAY 6 기출 테스트	듣기 • 제1, 2부분 06 비법 복습 • DAY 12 기출 테스트 쓰기 • 제1부분 04 비법 복습 • DAY 8 기출 테스트	독해 • 제2부분 03 비법 복습 • DAY 16 기출 테스트 쓰기 • 제1부분 05 비법 복습 • DAY 10 기출 테스트	듣기 • 제2부분 03 비법 복습 • DAY 26 기출 테스트 독해 • 제3부분 03 비법 복습 • DAY 26 기출 테스트 쓰기 • 제2부분 05 비법 복습 • DAY 28 기출 테스트	듣기 • 제1, 2부분 07 비법 복습 • DAY 14 기출 테스트 독해 • 제1부분 04 비법 복습 • DAY 8 기출 테스트 쓰기 • 제1부분 06 비법 복습 • DAY 12 기출 테스트

DAY 36 ___월 ___일	DAY 37 ___월 ___일	DAY 38 ___월 ___일	DAY 39 ___월 ___일	DAY 40 ___월 ___일
듣기 • 제1, 2부분 08 비법 복습 • DAY 16 기출 테스트 독해 • 제2부분 04 비법 복습 • DAY 18 기출 테스트 쓰기 • 제1부분 07 비법 복습 • DAY 14 기출 테스트	듣기 • 제 2부분 04 비법 복습 • DAY 28 기출 테스트 독해 • 제3부분 04 비법 복습 • DAY 28 기출 테스트 쓰기 • 제2부분 03 비법 복습 • DAY 24 기출 테스트	듣기 • 제1, 2부분 09 비법 복습 • DAY 18 기출 테스트 독해 • 제1부분 05 비법 복습 • DAY 10기출 테스트 쓰기 • 제1부분 08 비법 복습 • DAY 16 기출 테스트	듣기 • 제1, 2부분 10 비법 복습 • DAY 20 기출 테스트 독해 • 제2부분 05 비법 복습 • DAY 20 기출 테스트 쓰기 • 제1부분 09 비법 복습 • DAY 18 기출 테스트	듣기 • 제2부분 05 비법 복습 • DAY 30 기출 테스트 독해 • 제3부분 05 비법 복습 • DAY 30 기출 테스트 쓰기 • 제2부분 06 비법 복습 • DAY 30 기출 테스트

목차

듣기 听力

제1·2부분 대화문

제2부분 서술형 단문

독해 阅读

제1부분 빈칸 채우기

제2부분 일치하는 내용 찾기

제3부분 장문 독해

실전 모의고사 · 268

쓰기 书写

제1부분 어순 배열하기

제2부분 단어, 그림 보고 작문하기

실전 모의고사 · 427

听力
듣기

제1·2부분 대화문

기출문제 탐색전

제2부분 서술형 단문

기출문제 탐색전

실전 모의고사

新HSK 5급

듣기 제1·2부분 대화문

기출문제 탐색전

MP3 바로 듣기

01-00

문제 1

1. A 一周　B 半个月　C 一个月　D 两个月

문제 2

21. A 旅行社　B 政府部门　C 广告公司　D 高级服装店

❶ 보기는 2음절에서 10음절 정도로 나온다.
- 2~3음절 보기: 주로 시간 · 장소 · 관계 · 직업 · 어투를 묻는 문제(명사 / 형용사)
- 4~5음절 보기: 주로 동작 관련 문제
- 5~8음절 보기: 주로 의미 파악 문제(주어 + 술어 + 목적어 / 술어 + 목적어)

❷ 보기를 먼저 보고 어떠한 유형의 문제가 나올지 유추한다.

Tip 보기를 미리 읽으면 좋은 점 3가지

① 어떤 내용이 나올지 짐작할 수 있다. → 사전 지식이 있으면 더 잘 들리는 게 듣기의 평범한 진리다.
② 정답이 나오는 부분을 선별해서 들을 수 있다.
③ 녹음 내용을 들으면서 틀린 보기를 제거하면, 녹음이 끝나자마자 답을 선택할 수 있어 정답률이 높아진다.

❸ 각 문제 사이에는 약 15초의 시간이 주어지므로, 질문이 끝남과 동시에 답을 선택하고, 최소 8초 이상은 다음 문제의 보기를 읽고 문제와 내용을 예측하는 데 사용한다.

新HSK 5급 듣기는 총 45문항으로, 그중 대화문은 제1부분에서 짧은 대화문(2줄)으로 20문제, 제2부분에서 약간 긴 대화문(4~5줄)으로 10문제가 지문당 1문제씩 출제된다. 여기서는 대화문을 비슷한 유형끼리 묶어, 홀수 날에는 2줄짜리 짧은 대화문을, 짝수 날에는 4~5줄짜리 긴 대화문을 공부하도록 구성했다. 5급 듣기에서 대화문은 전체 문제의 2/3(67%)에 해당하는 압도적인 비중을 차지하는 만큼, 5급에 합격하고자 하는 수험생이라면 이 영역을 충분히 연습해 두어야 한다.

녹음 지문 1

1. 女：你准备什么时候去旅行？
男：七月中旬，十五号左右吧，打算八月一号回来。
问：**男的准备去旅行多长时间？**

녹음 지문 2

21. 男：我想去云南放松放松，所以不希望时间安排得太紧。
女：您放心，我们会为您考虑这一点的。
男：具体时间，我回去跟太太商量一下再告诉你们。
女：好的，您决定了，随时都可以给我们打电话，这是我的名片。
问：**女的最可能在哪儿工作？**

❶ 제1부분의 20문제는 남녀가 한마디씩 주고 받는 짧은 대화문이며(녹음 지문 1), 제2부분의 10문제는 남녀가 최소 두 마디 이상씩 하는 긴 대화문(녹음 지문 2)이다.

❷ 녹음 지문은 5급에 응시할 정도의 실력을 가진 사람이라면 알아들을 수 있는 수준으로 출제된다. 난이도 높은 모르는 단어가 나온다면, 단어의 발음만이라도 기억해서 나머지 부분을 해석하는 식으로 내용을 이해한다.

Tip 대화를 시작하는 첫 번째 사람은 주로 화제를 제시하고, 두 번째 사람은 첫 번째 사람의 의견에 대해 찬성·반대, 또는 새로운 의견을 제시하므로, 첫 번째 사람의 말을 놓쳤다 하더라도 포기하지 말고, 두 번째 사람의 말에서 힌트를 찾아보자!

01 쏙~! 뽑아 듣는 핵심어

핵심어 문제는 녹음 지문에서 들려준 단어가 보기에 그대로 나오는 문제가 많이 출제된다. 따라서 이러한 문제를 얼마나 잘 맞히느냐에 따라 점수가 크게 달라질 수 있다. 문제를 풀기 전에 보기를 미리 읽어 보는 방법만이 최선책이라는 것을 잊지 말자! 특히 이번 장에서 배울 문제 유형은 정답이 그대로 들리긴 하지만, 컴퓨터 관련 용어라든지, 운전면허증과 같이 어려운 단어가 나올 수 있으므로, 평소에 어휘력을 늘려 시험장에서 당황하지 말자.

듣기 시크릿 백전백승

1 첫눈에 알아채라!

핵심어 문제는 보기가 2음절로 제시되는 것이 아니라, '주어 + 술어', '술어 + 목적어' 등과 같이 약간 복잡한 구조로 제시된다.

예 **[부사 + 술어]** 正在发愁 고민하고 있다
[주어 + 형용사 술어] 交通很方便 교통이 매우 편리하다
[주어 + 동사 + 목적어] 这孩子有前途 이 아이는 장래가 밝다

2 보기를 미리 읽어라!

핵심어 문제는 대개 녹음 지문에서 들려준 어휘가 보기에 그대로 제시된다. 따라서 보기의 내용을 미리 검토하는 것은 앞으로 듣게 될 내용을 선행 학습하는 효과가 있다.

[잘못된 방법] ① 대화를 듣는다.
② 보기를 분석하며 답을 고른다.

[최선의 방법] ① 보기를 분석하고 나올 내용을 예측한다.
② 대화를 듣는다.

3 보기의 키워드에 밑줄을 그어라!

보기를 미리 읽는다고 해서, 그 내용을 100% 정확하게 기억할 수는 없다. 보기를 읽을 때 어떤 부분을 중점적으로 들어야 할지 밑줄을 그어 놓고, 녹음 지문을 들으면서 밑줄 그은 내용이 맞는지 확인한다.

예 [보기] 明天主持会议 내일 회의 사회를 본다

→ 회의하는 것이 '내일'인지 아닌지에 집중! [시제 확인]

男的学习很好 남자는 공부를 매우 잘한다

→ 공부를 잘하는 사람이 '남자'인지 '여자'인지에 집중! [남녀 구분]

不能按时办完 제시간에 일을 완성할 수 없다

→ 제시간에 일을 완성할 수 '있는지' 여부에 집중! [긍정·부정 확인]

4 낯선 단어를 두려워하지 마라!

녹음 지문에 나오는 단어가 보기에 그대로 제시된다 하더라도, 어려운 단어가 나오면 쉽게 좌절하기 마련이다. 4개의 보기 중 해석이 힘든 단어가 있다면 우선 대략의 발음을 유추해 보고, 대화가 나오기 시작하면 반드시 보기를 보면서 듣는다. 보기에서 유추했던 발음이 들린다면, 반드시 옆에 체크해 두자! 체크한 것이 바로 정답임을 확인할 수 있을 것이다.

내가 생각하는 HSK란? - HSK는 [　　　　] 다.

- HSK는 씨앗이다. 내가 정성을 들인 만큼 예쁜 싹을 틔우고 꽃을 피우니까.
- HSK는 늪이다. 아무리 빠져나오려고 발버둥쳐도 그럴 수 없으니까.
- HSK는 주민등록증이다. 주민등록증을 보고 주소를 알 수 있듯이, 급수를 보고 내 중국어 실력의 현 위치를 알 수 있다.
- HSK는 미스터리다. 알면 알수록 재미있으니까.

문제 1 ▶ 01-01

A 彩票中奖了　B 拿到了驾照　C 坐地铁很方便　D 和朋友去郊区玩

문제 분석 발생한 일이 무엇인지에 집중!

A 彩票中奖了 B 拿到了驾照 C 坐地铁很方便 D 和朋友去郊区玩	A 복권에 당첨되어서 **B 운전면허증을 따서** C 지하철 타는 것이 편리해서 D 친구와 교외로 놀러 가서
女：看把你乐得，难道你买的彩票中奖了吗? 男：哈！我的驾照拿到了，从今往后再也不用挤地铁了，这个周末就和朋友去兜风。 问：男的为什么高兴?	여: 저 좋아하는 것 좀 봐, 설마 너 복권이라도 당첨된 거야? 남: 하하! 나 운전면허증을 땄어, 오늘부터 더 이상 지하철을 비집고 타지 않아도 돼, 이번 주말에 친구랑 드라이브 가야지. **질문: 남자는 왜 기뻐하는가?**

해설 복권에 당첨되었느냐는 말은 여자의 추측이지 사실이 아니기에 A는 제외된다. 남자는 운전면허증을 따서 기뻐하는 것이므로 정답은 B가 된다. C와 D는 녹음에서 정확하게 언급하지 않은 내용이다. 정답은 추측도, 일어나지 않은 미래의 계획도 아닌, 발생한 사실이 되어야 한다. 지문에 나온 看把你乐得는 瞧你高兴的로 바꿔 쓸 수 있다.

- 여: 彩票中奖了吗？복권 당첨됐니? [추측성 발언]
- 남: 驾照拿到了 운전면허증 땄어 [사실]
- 남: 和朋友去兜风 친구랑 드라이브 가야지 [미래의 계획]

Tip 핵심어 문제는 보기에 있는 어휘가 녹음에서 들리면, 그 어휘가 정답이 될 확률이 높다. 보기에 제시된 어휘들을 잘 기억했다가, 녹음 지문을 들을 때 그 단어를 꼭 포착하자.

단어 彩票 cǎipiào 명 복권 | 中奖 zhòngjiǎng 동 당첨되다 | 拿 ná 동 얻다, 획득하다 | 驾照 jiàzhào 명 운전면허증 | 坐 zuò 동 타다 | 地铁 dìtiě 명 지하철 | 方便 fāngbiàn 형 편리하다 | 郊区 jiāoqū 명 교외 | 乐 lè 형 즐겁다, 기쁘다 | 难道 nándào 부 설마 ~인가 | 从 cóng 전 ~부터 | 今 jīn 명 지금 | 往后 wǎnghòu 부 앞으로, 후에 | 再 zài 부 다시 | 不用 búyòng 부 ~할 필요가 없다 | 挤 jǐ 동 비집다 | 周末 zhōumò 명 주말 | 兜风 dōufēng 동 드라이브하다, 바람을 쐬다

문제 2 ▶ 01-02

A 在聊天 B 正在杀毒 C 在下载软件 D 正在下载电影

문제 분석 술어와 목적어에 집중!

A 在聊天
B 正在杀毒
C 在下载软件
D 正在下载电影

A 채팅 중이다
B 컴퓨터 바이러스를 죽이고 있다
C 프로그램을 내려받고 있다
D 영화를 내려받고 있다

男：电脑已经开了一整天了，现在不用就关了吧。
女：等一下，我正在下载一个软件，几分钟就下完了。
男：什么软件?
女：杀毒软件，装上这个软件以后，就可以放心地用电脑了。

问：女的为什么不关电脑?

남: 컴퓨터를 온종일 켜 놓고 있네, 이제 사용 안 할 거면 꺼 놔.
여: 기다려 봐, 내가 프로그램 하나를 내려받고 있는데, 몇 분이면 끝나.
남: 무슨 프로그램인데?
여: 백신 프로그램이야, 이 프로그램을 설치하면, 안심하고 컴퓨터를 쓸 수 있어.

질문: 여자는 왜 컴퓨터를 끄지 않는가?

해설 여자는 지금 컴퓨터 바이러스를 치료할 수 있는 백신 프로그램(杀毒软件)을 내려받느라고 컴퓨터를 켜 놓은 것이다. 따라서 정답은 C가 된다.

Tip 보기를 제대로 분석하는 요령이 필요하다. 녹음 지문에서 들린 단어를 보기에서 발견하자마자 성급하게 판단해서는 안 된다. 보기를 '부사 + 술어' 혹은 '술어 + 목적어'로 구분해서 꼼꼼히 분석해야 한다.

예 B 正在(○) + 杀毒(×)
→ 부사는 맞지만, 동사가 옳지 않다.
D 正在下载(○) + 电影(×)
→ 동사는 맞지만, 목적어가 녹음과 일치하지 않는다.

단어 聊天 liáotiān 동 잡담하다 | 正在 zhèngzài 부 ~하고 있다 | 杀毒 shādú 동 컴퓨터 바이러스를 죽이다 | 下载 xiàzǎi 동 내려받다, 다운로드하다 | 软件 ruǎnjiàn 명 소프트웨어 프로그램 | 已经 yǐjing 부 이미, 벌써 | 开 kāi 동 켜다 | 整天 zhěngtiān 부 종일, 한참 동안 | 用 yòng 동 사용하다 | 关 guān 동 끄다 | 等 děng 동 기다리다 | 分钟 fēnzhōng 명 분 | 完 wán 동 끝나다 | 装 zhuāng 동 설치하다 | 以后 yǐhòu 명 이후 | 放心 fàngxīn 동 안심하다

1 핵심어 문제 질문 형식 (I)

1) 의미 파악 문제

男的是什么意思? 남자는 무슨 뜻인가?

女的觉得这里的环境怎么样? 여자는 이곳의 환경이 어떻다고 여기는가?

Tip 핵심어 관련 질문은 주로 의미를 파악하거나 평가하는 문제들이 대부분이다.

2) 대화에서 알 수 있는 것을 묻는 문제

他们在谈什么? 그들은 무엇에 대해 말하고 있는가?

关于男的我们可以知道什么? 남자에 대해 무엇을 알 수 있는가?

Tip 대화를 통해 알 수 있는 것이 무엇인지 등의 다양한 질문이 나올 수 있으니, 질문에 해당되는 녹음 내용을 절대 놓쳐서는 안 된다.

2 핵심 패턴 연습

01-03

다음 녹음 지문 표현을 듣고, 핵심 의미를 유추해 보자.

Tip 아래 표의 내용은 33개의 관련 문제를 푼 효과를 준다. 색깔로 표시된 어휘가 핵심 어휘이므로 꼭 외워 둔다.

녹음 지문 표현	정답
01 不错是不错，就是油腻得要命! 괜찮긴 괜찮은데, 다만 너무 느끼해!	特别油腻 유난히 느끼하다
02 叫卖声和欢笑声混杂在一起，好不热闹。 물건을 파는 소리와 웃음소리가 섞여서, 매우 떠들썩해.	非常热闹 대단히 떠들썩하다
03 飞机晚点了，降落时就已经七点半了。 비행기가 연착되어서, 착륙할 때 이미 7시 반이었어.	飞机晚点了 비행기가 연착되었다
04 因为大雾，航班取消了，我只好坐火车过来了。 짙은 안개 때문에, 항공편이 취소되어, 나는 어쩔 수 없이 기차를 타고 왔어.	航班取消了 항공편이 취소되었다
05 我最近睡不好，今天打算去买些药吃吃。 나는 요즘 잠을 잘 못 자서, 오늘은 가서 약을 좀 사다 먹으려고.	睡不好 잠을 잘 못 잔다 失眠 불면증이다
06 他来公司都快六年了，我非常了解他。 그가 회사에 들어온 지 6년이 다 되어가, 나는 그를 매우 잘 알아.	很了解他 그를 매우 잘 안다
07 听秘书说，李经理辞职了，我还以为他出差了呢。 비서한테 들었는데, 리 팀장님이 회사를 그만두셨대. 나는 출장가신 줄 알았어.	经理辞职了 팀장님이 회사를 그만두셨다
08 早上我看电视了，是北京队赢了。 아침에 내가 TV를 봤는데, 베이징 팀이 이겼어.	北京队赢了 베이징 팀이 이겼다

09 真后悔没带相机，只能用手机拍。 사진기 안 가져온 게 정말 후회된다. 휴대전화로 찍을 수밖에 없어.	没带相机 사진기를 가져오지 않았다
10 周末骑自行车，不小心摔倒了。 주말에 자전거를 타다가, 조심하지 않아서 넘어졌어.	骑自行车摔倒了 자전거를 타다가 넘어졌다
11 我白告诉你半天了，你整个没听懂！ 내가 한참 동안 괜한 이야기한 거네. 너는 하나도 못 알아들었잖아!	告诉你也没有用 알려 줘도 소용이 없다 = 没有效果 효과가 없다
12 你的病不要紧，吃点儿药就没事儿了。 당신의 병은 심각하지 않아요. 약만 좀 먹으면 괜찮아요.	不要紧 심각하지 않다 = 没关系 괜찮다
13 我跟她只是朋友，你吃什么醋呀？ 나와 그녀는 그냥 친구야. 너 뭘 질투해?	不要吃醋 질투하지 마라
14 这次麻烦你，真不好意思。 이번에 당신을 귀찮게 해 드렸습니다. 정말 죄송합니다.	不好意思 죄송하다
15 这次找工作又没戏了。 이번에 직장을 구하는 것은 또 가망이 없어.	没戏 가망이 없다 = 没希望 희망이 없다
16 他因为太难过了，一句话也没有说。 그는 너무 괴로워서, 한마디도 하지 않았어.	他很难过 그는 매우 괴롭다
17 这些衣服看上去太过时了。 보아하니 이 옷들은 너무 유행이 지난 것 같아.	样式过时 유행이 지난 스타일이다 = 不流行 유행하지 않는다
18 毕竟这次比赛对我来说非常重要。 어쨌든 이번 경기는 나에게 매우 중요해.	他很重视这场比赛 그는 이번 경기를 매우 중요시한다
19 我吃海鲜有些过敏，请问，应该看哪个科？ 저는 해산물을 먹으면 알레르기가 약간 일어나요. 말씀 좀 여쭙겠습니다. 어느 과에서 진료를 받아야 되죠?	他过敏 그는 알레르기가 있다 要看病 진료를 받으려 한다
20 要把包裹寄到上海，用快递比较快。 소포를 상하이로 부치려면, 특급 우편이 좀 빨라.	用快递公司 특급 우편 회사를 이용한다
21 平时要多锻炼身体，别只顾着工作。 평소에 몸을 많이 단련해야지. 오로지 일만 생각하지 말고.	平时多运动 평소에 많이 운동한다

22 您就别为我操心了，我又不是第一次坐长途汽车。 저를 걱정하지 마세요. 장거리 버스를 처음 타는 것도 아닌걸요.	他要坐长途汽车 그는 장거리 버스를 타려고 한다
23 我不喝汤，不是不合口味，而是有点烫。 내가 국을 마시지 않은 건 입맛에 맞지 않아서가 아니라, 좀 뜨거워서 그래.	有点烫 좀 뜨겁다
24 我的嗓子还没好，还疼，我得去看医生了。 내 목은 아직도 좋지 않고 아파, 의사 선생님한테 가 봐야겠어.	嗓子疼 목이 아프다
25 这个餐厅重新装修了一遍，环境比以前好多了。 이 식당은 다시 한 번 수리를 했더니, 환경이 전보다 많이 좋아졌어.	重新装修了 다시 수리했다
26 说实话，你的盐放得太多了，咸死了。 사실대로 말하자면, 너는 소금을 너무 많이 넣었어, 너무 짜.	盐放多了，有点儿难吃 소금을 많이 넣어서, 좀 먹기 힘들다
27 会计师考试我没有报辅导班，打算买几本参考书看看。 회계사 시험에 나는 보충반을 신청하지 않았어, 참고서나 몇 권 사서 보려고.	打算买几本参考书看看 참고서 몇 권을 사서 보려고 한다
28 孩子不愿意去幼儿园，那你要跟幼儿园的老师沟通一下。 아이가 유치원에 가지 않으려고 하면, 당신이 유치원 선생님과 얘기를 좀 해 봐야 돼요.	和老师沟通 선생님과 얘기한다
29 我才写了个提纲，领导让我再调整一下结构。 나는 겨우 개요를 썼는데, 상사가 나보고 다시 구성을 좀 조정하라고 했어.	需要调整结构 구성을 조정해야 한다
30 你这件衣服是什么时候买的？很不错，感觉挺时尚的。 너 이 옷은 언제 산 거니? 매우 좋다, 유행과 잘 맞는 것 같아.	很时尚 유행에 매우 맞는다
31 我觉得这次投入的资金可以减少一些，不然风险太大了。 나는 이번 투자 자금은 조금 줄여도 된다고 생각해, 그렇지 않으면 위험성이 너무 커.	风险非常大 위험성이 대단히 크다
32 目前看总体都还好，资金问题已经解决。月底前完成应该没问题。 현재 전체적으로 보면 모두 좋아, 자금 문제도 이미 해결됐고, 월말 전에 완성하는 건 문제없을 거야.	总体情况良好 전체적인 상황은 양호하다
33 昨天已经打电话问过了，他们的大宴会厅已经被别人预订了。 어제 이미 전화해서 물어봤는데, 그들의 대연회장은 이미 다른 사람들한테 예약되었대.	大宴会厅已被预订了 대연회장은 이미 예약되었다

시크릿 기출 테스트

해설서 6~10p

01-04

1. A 公交卡
   B 准考证
   C 充电器
   D 车钥匙

2. A 换一种风格
   B 换新的家具
   C 扩大客厅面积
   D 打通阳台和卧室

3. A 加强锻炼
   B 多喝白开水
   C 买台空气净化器
   D 不要开窗户

4. A 打印机又坏了
   B 打印机是新的
   C 打印机还没修好
   D 打印机突然能用了

DAY 2

01-05

1. A 感冒了
   B 秋天到了
   C 花粉过敏
   D 鼻子过敏

2. A 写信
   B 打电话
   C 发短信
   D 发电子邮件

3. A 想喝茶
   B 感冒了
   C 雨伞丢了
   D 全身湿透了

4. A 想换电脑
   B 点外卖
   C 网络不稳定
   D 告诉快递员地址

02 행동을 묻는 동작 문제

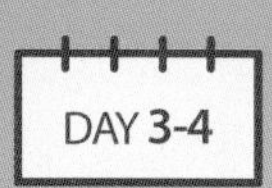

동작 문제는 보통 2~3문제 정도 출제되며, 화자가 어떤 행동을 했는지, 하고 있는지, 앞으로 할 것인지를 묻는다. 어려운 단어는 녹음 지문에서 들려준 그대로 나오기도 하지만, 쉬운 동작은 목적어 없이 1음절이나 2음절 동사로만 제시될 수 있으니, 귀를 쫑긋 세우고 잘 들으면서 보기를 본다. 주로 일상생활과 관련된 내용이 나오기 때문에 보기를 해석하는 데는 어렵지 않다.

듣기 시크릿 백전백승

1 첫눈에 알아채라!

동작 문제에는 행위를 나타내는 4개의 보기가 나오는데, 일반적으로 동목 구조(동사 + 목적어)의 어휘들이 제시되므로, 동작 문제임을 쉽게 알아차릴 수 있다.

예 **看** + **电视** TV를 보다　　**换** + **车** 차를 갈아타다　　**试** + **衣服** 옷을 입어 보다
　点 + **菜** 음식을 주문하다　　**吸** + **烟** 담배를 피우다　　**见** + **朋友** 친구를 만나다

2 질문의 시제에 주의하라!

대화에서 언급된 동작이 이미 발생한 것인지(과거), 지금 하고 있는 것인지(현재), 앞으로 하려는 것인지(미래)를 파악하고, 질문에서 어떤 동작을 묻는지에 따라 알맞은 답을 골라야 한다.

예 **他做了什么?** 그는 무엇을 했는가? → 이미 발생한 행동 [과거]
　正在做什么? 무엇을 하고 있는가? → 현재하고 있는 행동 [현재]
　打算做什么? 무엇을 할 것인가? → 앞으로 계획하는 행동 [미래]

3 직접형과 간접형에 대비하라!

동작 문제에는 행동을 나타내는 어휘를 녹음 지문에서 직접적으로 들려주는 '직접형' 문제와, 녹음 지문에 나오는 어휘를 이용해 관련된 동작을 유추해야 하는 '간접형' 문제가 있다.

① 직접형

예 [녹음] 王平约朋友一起去滑冰。 왕핑은 친구와 함께 스케이트 타러 가기로 약속했어.
　[정답] 去滑冰 스케이트 타러 간다 → 지문에 나오는 단어만 알아들으면 된다.

② 간접형

예 [녹음] 你今天用不用车? 너는 오늘 차 쓰니 안 쓰니?

[정답] 向男的借车 남자에게 차를 빌린다 → 화자의 말을 듣고 유추해야 한다.

4 함정 동사의 유혹을 물리쳐라!

동작 문제에는 여러 가지 동작을 나타내는 함정 동사가 나오므로, 출제자가 원하는 정답이 무엇인지 옥석을 가리는 지혜가 필요하다. 질문에서 남자의 동작을 묻는지 여자의 동작을 묻는지도 정확히 듣고 정답을 골라야 한다.

예 [녹음] 女: 我懒得做饭, 我们出去吃饭吧! 밥하기 귀찮아. 우리 나가서 먹자!

[정답] 不想做饭 밥하고 싶지 않다

= 想出去吃饭 나가서 먹고 싶다

[녹음] 男: 我一会儿要看一个节目, 在家凑合着吃吧!

나는 조금 있다가 한 프로그램을 볼 거야. 집에서 대충 먹자!

[정답] 不想出去吃 나가서 먹고 싶지 않다

= 想在家吃 집에서 먹고 싶다

NEW 단어 + TIP

- 划 huá 동 배를 젓다
  동사 划가 등장하면 划船(배를 젓다)이 정답으로 나올 가능성이 높다.

- 滑 huá 동 미끄러지다
  빗길이나 눈길이 '미끄럽다(滑)'는 대화가 등장하면 정답으로 摔倒(넘어지다)가 제시될 수 있으며, 스포츠 종류인 滑冰(스케이트), 滑雪(스키)를 탄다는 보기가 제시될 수도 있다.

- 戒 jiè 동 (좋지 못한 습관을) 끊다, 떼다
  戒가 들어가는 단어 중 戒指는 '반지'라는 뜻이지만, 그 외에는 '끊다'라는 뜻으로 많이 쓰여 戒烟(담배를 끊다), 戒酒(술을 끊다)라는 단어로 자주 등장한다.

- 连续 liánxù 동 연속하다, 계속하다
  만약 듣기 대화 중에 连续剧(드라마)가 등장하면, 看电视(TV 시청)하려는 것임을 알 수 있다.

시크릿 확인학습

문제 1

▶ 01-06

A 洗碗　　B 摆饭桌　　C 吃西餐　　D 买刀子和叉子

문제 분석 동작을 나타내는 단어에 집중!

A 洗碗 B 摆饭桌 C 吃西餐 D 买刀子和叉子	A 설거지를 한다 B 식탁을 차린다 **C 양식을 먹는다** D 나이프와 포크를 산다
女：你看看你，吃西餐得用刀子叉子，怎么还使筷子呢？ 男：从小到大我都用筷子，可用不惯那洋玩意儿，还是用筷子舒服！ 问：他们在做什么？	여: 얘 좀 봐, 양식을 먹을 때는 나이프와 포크를 써야지, 어떻게 젓가락을 쓰니? 남: 어렸을 때부터 계속 젓가락을 써서, 서양 물건 쓰는 것이 습관이 되질 않아, 역시 젓가락을 쓰는 것이 편해! **질문: 그들은 무엇을 하고 있는가?**

해설 두 사람은 남자가 젓가락을 사용해서 양식을 먹는 것에 대해 이야기하는 중이다. 녹음 지문에서 들렸던 吃西餐(양식을 먹다)이 그대로 보기에 제시되었으므로, 정답은 C가 된다. 나이프와 포크에 대해 이야기하는 것을 듣고 D가 정답이라고 착각해서는 안 된다.

Tip 시험지에 제시되는 4개의 보기는 우리를 함정에 빠트리는 3개의 오답과 1개의 정답으로 이루어져 있다. 오답이더라도 대부분 녹음 지문에 나온 어휘를 사용하고, 앞뒤만 다르게 바꾸어 제시하는 경우가 많기 때문에, 항상 보기를 꼼꼼히 분석해야 한다.

예 D 买刀子和叉子(×)
→ 应该用刀子和叉子(○) 나이프와 포크를 사용해야 한다

단어 洗 xǐ 동 씻다 | 碗 wǎn 명 그릇 | 摆 bǎi 동 놓다, 벌여 놓다, 차려 놓다 | 饭桌 fànzhuō 명 식탁 | 西餐 xīcān 명 양식 | 刀子 dāozi 명 작은 칼, 나이프 | 叉子 chāzi 명 포크 | 得 děi 조동 ~해야 한다 | 用 yòng 동 사용하다 | 使 shǐ 동 사용하다 | 筷子 kuàizi 명 젓가락 | 用不惯 yòngbuguàn 쓰기에 익숙하지 못하다 | 洋 yáng 형 서양의 | 玩意儿 wányìr 명 물건 | 还是 háishi 부 역시, 그래도 | 舒服 shūfu 형 편안하다

Tip 보기 분석하는 법

① 동목구조(동사 + 목적어): 学(弹)钢琴 → 배우는(치는) 대상이 피아노가 맞는지 확인!
② 대상 강조(전치사 + 대상 + 동사): 给妈妈写信 → 편지 쓰는 대상이 엄마인지 확인!
③ 사역동사(사역동사 + 대상 + 동사): 想让女的负责 → 시키는 대상이 여자인지 확인!
④ 부정부사(부정부사 + 동사 / 형용사): 不是很多 → 많은지 여부 확인!

문제 2

01-07

A 上班　　B 下班　　C 去超市　　D 去买菜

문제 분석 함정 어휘와 시제에 주의!

A 上班 B 下班 C 去超市 D 去买菜	**A 출근한다** B 퇴근한다 C 슈퍼에 간다 D 장 보러 간다
女：冰箱里没有菜了，你下班的时候去一趟超市吧。 男：买什么呢？蔬菜还是肉？ 女：都没了，你看着买吧。 男：没问题，我下班的时候正好路过超市，如果还有要买的就给我发短信。我走了，再晚了该迟到了。	여: 냉장고에 반찬거리가 없어요. 당신이 퇴근할 때 슈퍼에 좀 들렀다 와요. 남: 뭘 사면 되는데요? 야채 아니면 고기? 여: 둘 다 없어요. 당신이 보고 알아서 사요. 남: 알겠어요. 내가 퇴근할 때 마침 슈퍼를 지나니까, 만약에 더 사야 할 게 있으면 나한테 문자를 보내요. 나 갈게요. 더 늦으면 지각해요.
问：男的现在要去做什么？	**질문: 남자는 지금 무엇을 하러 가는가?**

해설 남자가 퇴근할 때 슈퍼에 들렀다 오는 것에 대해 이야기하고 있어서 B나 C가 정답이라고 착각할 수 있지만, 남자가 '지금' 무엇을 하러 가는지 물었으므로 정답이 될 수 없다. 남자의 마지막 말 我走了，再晚了该迟到了(나 갈게요. 더 늦으면 지각해요)에서 그가 출근하려는 것을 알 수 있으므로, 정답은 A가 된다. 4줄짜리 대화는 언급되는 내용이 많으므로 도입부만 듣고 섣불리 답을 선택해서는 안 된다.

- 지금 할 일: 上班(출근한다)
- 나중에 할 일: 下班(퇴근한다) → 去超市(슈퍼에 간다) → 买菜(장을 본다)

Tip 여러 가지 동작이 동시에 나오면, 머릿속이 혼란스럽기 때문에 실수하기 쉽다. 녹음에서 들은 동작들을 보기 옆에 체크하면서 내용을 기억하면, 대화의 흐름과 동작의 시제를 놓치지 않고 들을 수 있다.

단어 上班 shàngbān 동 출근하다 | 下班 xiàbān 동 퇴근하다 | 超市 chāoshì 명 슈퍼마켓 | 冰箱 bīngxiāng 명 냉장고 | 趟 tàng 양 차례, 번(왕래한 횟수를 세는 데 쓰임) | 蔬菜 shūcài 명 야채 | 还是 háishi 접 또는, 아니면 | 肉 ròu 명 고기 | 没问题 méi wèntí 문제없다 | 正好 zhènghǎo 부 마침 | 路过 lùguò 동 지나다, 통과하다 | 如果 rúguǒ 접 만약 | 还 hái 부 또, 더 | 发 fā 동 보내다 | 短信 duǎnxìn 명 문자 메시지 | 迟到 chídào 동 지각하다

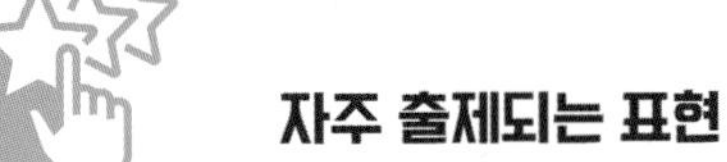

1 동작 문제 질문 형식

1) 시제에 따른 동작 문제

男的昨天做了什么？ 남자는 어제 무엇을 했는가? [과거]

他们最可能在做什么？ 그들은 무엇을 하고 있겠는가? [현재]

女的今天晚上可能做什么？ 여자는 오늘 저녁에 무엇을 할 것인가? [미래]

Tip 질문을 들을 때 시제에 주의해야 한다.

2) 대상에 따른 동작 문제

男的想要女的做什么？ 남자는 여자가 무엇을 하도록 하고 싶은가?

Tip 要 뒤에 인칭대사가 나오면 사역동사(让)의 의미로 쓰인다. 사역동사에는 叫, 让, 使, 令 이외에, 상대방에 대한 바람을 나타내는 请求(부탁하다), 要求(요구하다), 命令(명령하다), 允许(허락하다), 通知(알리다), 劝说(권고하다), 建议(제안하다) 등이 있다.

女的希望对方怎么做？ 여자는 상대방이 어떻게 하기를 바라는가?

男的要求女的做什么？ 남자는 여자가 무엇을 하기를 요구하는가?

女的建议男的做什么？ 여자는 남자에게 무엇을 하라고 제안하는가?

Tip 두 사람이 하는 행동이나 상대방에게 시킨 행동 등을 질문하므로, 남녀를 구분해서 들어야 한다.

2 핵심 패턴 연습

01-08

다음 녹음 지문 표현을 듣고, 관련된 동작을 유추해 보자.

Tip 아래 표의 내용은 22개의 관련 문제를 푼 효과를 준다. 색깔로 표시된 어휘가 핵심 어휘이므로 꼭 외워 둔다.

녹음 지문 표현	정답
01 没费多大力气就爬上去了。 많이 힘들이지 않고 올라갔어.	登山 등산한다
02 别灰心了，找工作就像找爱人一样。 낙심하지 마. 일자리를 구하는 것은 배우자를 구하는 것과 같아.	找工作 직장을 구한다
03 今天天气这么冷，你就别去公园晨练了。 오늘 날씨가 이렇게 추운데, 공원에 아침 운동하러 가지 마.	锻炼 운동한다
04 你的电脑用不用？我想帮阿李上网查点儿资料。 네 컴퓨터 쓰니? 나는 아리를 도와서 인터넷에서 자료를 찾으려고 해.	向女的借电脑用 여자에게 컴퓨터를 빌려 쓴다
05 你想抽就抽吧！我也正要抽呢。 피우고 싶으면 피워! 나도 지금 피우려는 참이야.	抽烟 담배를 피운다
06 我就陪他去长城玩儿了一天。 나는 그를 데리고 만리장성에 가서 하루 놀았어.	跟朋友玩儿 친구와 논다

07 听说小刘住院了，送点儿花吧。 샤오류가 입원을 했다던데, 꽃을 좀 선물하자.	看望病人(= 探病) 병문안한다
08 看见我们来了，老师赶紧放下手里的碗筷。 우리가 온 걸 보시고, 선생님은 얼른 수중의 그릇과 수저를 내려놓으셨어.	吃饭 밥을 먹는다
09 本来想去看电影的，只好陪朋友去看京剧了。 원래는 영화를 보러 가려고 했는데, 어쩔 수 없이 친구를 데리고 경극을 보러 갔어.	**원래 계획했던 행동:** 看电影 영화를 본다 **실제로 한 행동:** 看京剧 경극을 본다
10 那我挂了，以后再联系。그럼 나 끊을게. 나중에 다시 연락하자.	打电话 전화한다
11 先跟我出去放松放松。우선 나랑 나가서 긴장 좀 풀자.	散步 산책한다
12 你们俩别光顾说话，来，趁热吃。 너희 둘은 얘기만 하지 말고, 어서, 식기 전에 먹어.	吃饭 밥을 먹는다
13 爸爸让我去机场等人。 아빠가 나한테 공항에 가서 사람을 기다리라고 하셨어.	去机场接人 공항에 사람을 마중 간다
14 有大一号儿的吗？这双太小，我穿不进去。 한 치수 큰 거 있나요? 이 신발은 너무 작아서, 안 들어가요.	买鞋 신발을 산다 试鞋 신발을 신어 본다
15 我最喜欢的连续剧开始了。 내가 제일 좋아하는 드라마가 시작했어.	看电视 TV를 본다
16 回家的路上顺便帮我取点钱吧。 집에 오는 길에 나 대신 출금 좀 해 줘.	去银行 은행에 간다
17 我只好留在家里照顾孩子。 나는 어쩔 수 없이 집에 남아서 아이를 돌봤어.	看孩子 아이를 돌본다
18 他昨天在图书馆泡了一整天。그는 어제 도서관에서 하루를 보냈어.	看书 책을 본다
19 书上写的要先放盐，再放糖。 책에 쓰여 있기로는 먼저 소금을 넣고, 나중에 설탕을 넣으래.	做菜 요리를 한다
20 咱们等了半天了，每辆都是这么挤，再等今天非迟到不可。 우리는 한참을 기다렸는데, 오는 차마다 이렇게 붐비니, 더 기다렸다가는 오늘 지각하고 말겠다.	等车 차를 기다린다 上班 출근한다
21 小李，你象棋下得不错啊！我赢不了你。 샤오리, 너는 장기를 정말 잘 두는구나! 나는 너를 이길 수가 없어.	下象棋 장기를 둔다
22 报名时，您只要带身份证复印件就可以。 신청할 때, 신분증 사본만 가져오시면 됩니다.	带身份证复印件 신분증 사본을 가지고 온다

듣기

해설서 10~13p

DAY 3

01-09

1. A 下围棋
B 练习跳舞
C 学习开车
D 学骑自行车

2. A 别熬夜
B 穿暖和些
C 按时吃药
D 躺在床上休息

3. A 先付费
B 连上无线网
C 注册账号
D 关掉其他程序

4. A 收拾文件
B 给朋友写信
C 发电子邮件
D 跟朋友玩游戏

DAY 4

01-10

1. A 登机
B 开车
C 买飞机票
D 换登机牌

2. A 先喝杯水
B 吃清淡些的菜
C 再点一个不辣的汤
D 让服务员换一道菜

3. A 存钱
B 办一张银行卡
C 开通手机银行
D 用借记卡汇款

4. A 创业
B 旅行
C 跳槽
D 休息

03 원인과 이유 파악 문제

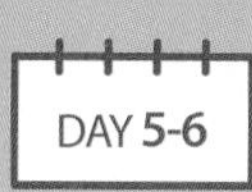

듣기 교재를 보면 대부분 숫자, 장소, 어투, 직업을 묻는 문제들이 앞쪽 파트를 장식한다. 그 이유는 언급한 유형의 문제들이 난이도가 조금 낮고, 조금만 공부하면 정답을 맞출 수 있는 확률이 높기 때문이다. 그러나 안타까운 점은 이 유행들이 출제되는 빈도는 높지 않을 뿐 아니라, 일부 학생들은 시간이 부족해서 앞부분만 공부하고 시험장에 간다는 현실이다. 그래서 가장 중요한 핵심어 파악하는 문제, 원인과 이유를 묻는 문제, 의미 파악 문제 파트 등을 앞쪽으로 배치하였다. 우리가 대화를 한다는 것은 상대방이 말하고자 하는 정보를 파악하기 위함이다. 화자가 어떠한 이유와 원인으로 그러한 행동을 하는지 파악하는 훈련을 해 보자.

듣기 시크릿 백전백승

1 보기를 분석하라!

문제에서 주어지는 4개의 보기는 우리에게 정말 소중한 보물이다. 반드시 1개의 정답이 숨겨져 있고, 나머지 3개의 보기도 녹음에서 나오는 내용을 활용하여 만들기 때문에 우리는 보기에서 엄청난 양의 정보를 획득할 수 있다. 듣기가 잘 안된다면 덮어놓고 녹음을 듣는 과오를 범하지 말자. 반드시 우리에게 주어진 좋은 정보를 십분 활용하여 정답에 한걸음 더 다가가 보도록 하자.

2 필기 자세를 갖추고 들어라!

문제를 풀면서 시간적 여유가 없기 때문에 필기를 한다는 것은 매우 힘들다. 그렇지만, 필기할 자세를 갖추고 듣는 것과 그냥 무방비 상태로 듣는 것은 큰 차이가 있다. 왜냐하면 필기하려는 자세만으로도 우리의 뇌는 들어오는 정보에 더 집중하고, 핵심을 뽑아내려는 노력을 하기 때문이다.
필기를 하든 하지 않든 손에 펜을 들고, 정보의 보물 창고인 보기를 보면서 나온 단어에 체크하는 등 여러 가지 방법을 시도해 보고 자신에게 맞는 필기법을 개발하여 실전에 임하자.

3 화자의 행동 원인을 파악하라!

대화는 화자가 행동하는 원인이나 이유를 설명하는 내용이 나오고, 질문 또한 그 부분을 집중적으로 묻는다. 대화의 앞부분에는 왜 그렇게 했는지 원인을 묻는 질문이 나오고, 2, 3번째 대화에서 이유를 말해 주는 핵심 키워드가 나오니, 중간 부분을 집중해서 잘 들어 보자.

4 음성 파일을 휴대전화에 저장하라!

듣기 훈련은 한 번만 듣는 것으로는 절대로 안 된다. 최소한 서너 번 반복해서 들으면서 완전히 귀에 익숙해지도록 해야 한다. 듣기에 자신 없는 가장 큰 원인은 듣기 연습을 많이 하지 않았기 때문이다. 내 양심과 뇌가 인정할 수 있도록 듣기와 친해지려는 노력을 해야 한다.

일단 듣기 파일을 휴대전화 안에 저장하는 일부터 시작하자! 간혹 이렇게 질문하는 학생들이 있다 "선생님, 이미 해석을 봐 버려서 내용을 다 알고 있어요. 이것은 내 실력이 아니고, 해석을 암기해서 들리는 거 아닌가요?" 그것이 무엇이 문제란 말인가? 우리가 알아듣는 말은 모두 예전에 배운 적이 있고 암기한 적이 있어서 들리는 것이다. 해석을 암기해서 알아듣든, 여러 번 들어서 알아듣든 상관없다. 어떤 방법이어도 좋다. 듣기 연습하는 데 시간을 투자해 보자.

5 나만의 필기법을 개발하자!

문제를 풀 때 필기하는 것은 힘들지만, 듣기를 여러 번 들으면서 훈련할 때는 받아쓰기 연습을 하면 정말 좋다. 하지만, 중국어로 완벽하게 받아쓰는 연습은 시간이 오래 걸릴 뿐 아니라, 모르는 단어가 많이 나오면 스트레스 받아서 오히려 듣기와 더 멀어지는 상황이 생길 수 있다. 글씨를 예쁘게 쓸 필요도 없으며, 중국어로 쓰려고 애쓰지 않아도 된다. 다만 알아들은 내용을 자신만이 알아볼 수 있는 방법으로 연습해 보자.

① 한국어로 간단히 메모하기 → 스트레스 받음, 시험 5과목, 준비 못함

② 모르는 단어는 병음으로 메모하기 → yālì hěn dà, yǒu kǎoshì, méiyǒu zhǔnbèi

③ 병음을 한국식 발음으로 메모하기 → 야리 큼, 카오스 있음, 준뻬이 안했음

④ ○, × 및 기타 표시(~ , / , →) 활용하기

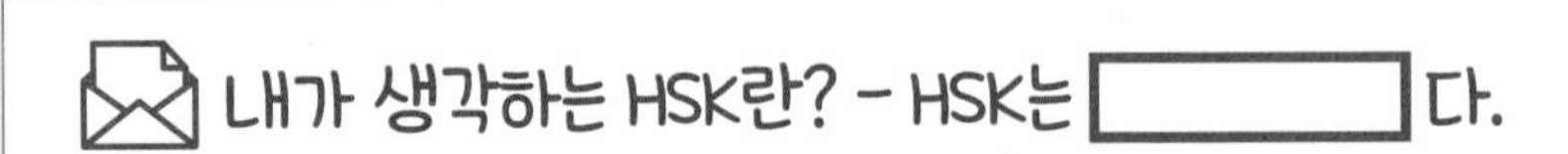

- HSK는 도전이다. 도전했을 때 비로소 그 가능성을 알 수 있으니까.
- HSK는 다이어트다. 많은 인내와 끈기가 필요하지만, 성공한 뒤엔 행복하고 짜릿하다.
- HSK는 미인이다. 처음에는 매우 도도해 보이지만, 끈기를 가지고 10번 찍으면 언젠가는 쟁취할 수 있다.

시크릿 확인학습

문제 1 ⓟ 01-11

A 要去约会　B 不感兴趣　C 加班太累　D 还要加班

문제 분석 원인과 이유에 집중!

A 要去约会 B 不感兴趣 C 加班太累 D 还要加班	A 데이트하러 가야 해서 B 관심 없어서 **C 야근으로 너무 힘들어서** D 또 야근해야 해서
女：晚上一起去酒吧喝酒吧，今天是星期五，应该好好儿玩儿，可不能错过。 男：你和朋友一起去吧，我连续加了好几天班，已经够累的了。	여: 저녁에 같이 술집에 술 마시러 가자. 오늘은 금요일이니까 잘 놀아야지, 놓칠 수 없잖아. 남: 너 친구랑 같이 가. 나는 며칠 연속으로 야근했더니, 너무 힘들어.
问：男的为什么不去酒吧？	**질문: 남자는 왜 술집에 가지 않는가?**

해설 남녀 대화문에서 70% 이상은 두 번째 사람의 말에 정답이 숨어 있다. 그도 그럴 것이 첫 번째 사람은 무언가를 하자고 제안하고, 두 번째 사람은 그 의견에 대한 반응을 내놓는다. 그렇다면 그 반응은 "그래, 좋아"라는 긍정의 대답일까? 아니면 어떤 이유를 대며 반대 의견을 낼까? 가능성은 후자가 훨씬 높다. 금요일을 놓치지 말고 술 마시러 가자는 여자의 제안에 남자는 어떠한 이유로 거절했는지 집중해서 들어 보자. 남자는 며칠 연속으로 야근을 해서 매우 피곤하다고 했으므로 정답은 C가 된다.

단어 约会 yuēhuì 동명 데이트(하다) | 兴趣 xìngqù 명 흥미, 재미 | 加班 jiābān 동 초과 근무하다, 시간 외 근무를 하다 | 酒吧 jiǔbā 명 술집, 바 | 错过 cuòguò 동 (기회 등을) 놓치다 | 连续 liánxù 동 연속하다, 계속하다 | 够 gòu 부 매우, 몹시

문제 2

01-12

A 模特儿太难找　B 很难抓住表情　C 人的表情不好　D 对背景的要求高

문제 분석 원인과 이유에 집중!

A 模特儿太难找 B 很难抓住表情 C 人的表情不好 D 对背景的要求高	A 모델을 찾기 너무 어려워서 **B 표정을 잡기가 힘들어서** C 사람의 표정이 좋지 않아서 D 배경에 대한 요구가 높아서
女：这些照片都是你拍的吗？我觉得挺有感觉。 男：谢谢，摄影是我平时的一大爱好。 女：那你觉得拍风景难还是拍人物难？ 男：人物吧，因为人的表情很难抓拍到。 问：男的为什么觉得人物不好拍？	여: 이 사진들 전부 다 네가 찍은 거니? 내 생각에는 진짜 느낌이 있는 거 같아. 남: 고마워. 사진 촬영은 내가 평소 가장 좋아하는 취미야. 여: 그럼 너는 풍경 찍는 게 어려운 거 같아? 아니면 인물 찍는 게 어려운 거 같아? 남: 인물 사진이 어렵지. 왜냐하면 사람의 표정을 포착하는 게 어렵거든. **질문: 남자는 왜 인물을 찍는 게 어렵다고 여기는가?**

해설 사진 촬영이 취미인 남자의 사진을 보면서 나누는 대화이다. 여자는 남자의 사진을 보면서 느낌 있게 잘 찍는다고 긍정적인 평가를 해 주었다. 여자는 선택의문문 A 还是 B(A인가? 아니면 B인가?)를 활용하여 질문했으니 대답은 둘 중에 하나를 선택하면 된다. 남자는 풍경보다는 표정을 포착하기 어려운 인물 사진 찍는 것을 더 어렵게 느낀다고 말했으므로 정답은 B가 된다.

단어 模特儿 mótèr 명 모델 | 抓住 zhuāzhu 동 잡다, 포착하다 | 表情 biǎoqíng 명 표정 | 背景 bèijǐng 명 배경 | 要求 yāoqiú 명 요구 | 照片 zhàopiàn 명 사진 | 拍 pāi 동 촬영하다, 찍다 | 感觉 gǎnjué 명 감각, 느낌 | 摄影 shèyǐng 명동 촬영(하다) | 平时 píngshí 명 보통 때, 평상시 | 风景 fēngjǐng 명 풍경, 경치 | 人物 rénwu 명 인물 | 抓拍 zhuāpāi 동 순간 포착하다

자주 출제되는 표현

1 원인·이유 문제 질문 형식

1) 여자의 행동 이유를 묻는 문제

女的为什么不想坐飞机? 여자는 왜 비행기를 타고 싶어 하지 않는가?

女的为什么不让放酱油? 여자는 왜 간장을 넣지 못하게 하는가?

女的为什么没去看演唱会? 여자는 왜 콘서트를 보러 가지 않았는가?

女的为什么想去中国实习? 여자는 왜 중국으로 실습하러 가고 싶어 하는가?

2) 남자의 행동 이유를 묻는 문제

男的为什么不去酒吧? 남자는 왜 술집에 가지 않는가?

男的为什么建议点外卖? 남자는 왜 음식 주문 배달을 하라고 제안하는가?

男的为什么着急去北京? 남자는 왜 서둘러 베이징에 가는가?

男的为什么没看那部电影? 남자는 왜 그 영화를 보지 않았는가?

男的为什么觉得人物不好拍? 남자는 왜 인물을 찍는 게 어렵다고 여기는가?

2 핵심 패턴 연습

▶ 01-13

다음 녹음 지문 표현을 듣고, 원인과 이유를 파악해 보자.

Tip 아래 표의 내용은 16개의 관련 문제를 푼 효과를 준다. 색깔로 표시된 어휘가 핵심 어휘이므로 꼭 외워 둔다.

녹음 지문 표현	정답
01 谢谢老师的理解，等忙过了这阵子我一定写读书报告。 선생님의 이해 감사합니다. 이번 바쁜 일 끝나면 꼭 독후감 쓰도록 하겠습니다. 问: 说话人为什么没写读书报告? 질문: 화자는 왜 독후감을 쓰지 않았는가?	没有时间 시간이 없어서
02 我打算下周末把这本书写完，所以得抓紧点儿。 나는 다음 주말까지 이 책을 다 쓸 계획이어서 좀 서둘러야 해. 问: 说话人为什么要抓紧时间? 질문: 화자는 왜 서둘러야 하는가?	下周要写完书 다음 주까지 책을 다 쓰려고
03 我今天要参加一个朋友的婚礼，想让你帮我弄弄头发。 나는 오늘 친구 결혼식에 가야 하니까, 머리 좀 해 주세요. 问: 说话人为什么来理发? 질문: 화자는 왜 머리를 다듬으러 왔는가?	要参加婚礼 결혼식에 참석하려고

04 今天领导来检查工作，我忙得不得了，没有顾得上买菜。 오늘 사장님이 업무 순시를 오셔서 너무 바빴어. 시장 볼 정신이 없었어. 问：说话人为什么没有买菜？ 질문: 화자는 왜 시장을 보지 못했는가?	今天太忙了 오늘 너무 바빠서
05 因为家里没有人照顾父母，我不得不放弃了去留学的机会。 집안에 부모님을 돌봐 줄 사람이 없어서, 나는 어쩔 수 없이 유학 가는 기회를 포기했다. 问：说话人为什么没有去留学？ 질문: 화자는 왜 유학을 가지 않았는가?	需要照顾父母 부모님을 돌봐야 해서
06 看我爸妈的态度，咱们俩去西藏旅游的计划恐怕够呛了。 우리 아빠, 엄마의 태도를 보니 우리 둘이 티베트에 여행 가는 계획은 아마 힘들 것 같다. 问：说话人为什么担心？ 질문: 화자는 왜 걱정하는가?	担心爸爸妈妈不同意 아빠, 엄마가 동의하지 않으실까 봐
07 实在抱歉，等忙过了这一阵子，我一定去看望你。 정말 미안해. 이번 바쁜 일 마치면 꼭 보러 갈게. 问：说话人为什么没有去看望朋友？ 질문: 화자는 왜 친구를 보러 가지 않았는가?	没有时间 시간이 없다
08 我爷爷每天早上跑步，所以身体很硬朗，像年轻人似的。 우리 할아버지는 매일 아침 달리기하셔서 몸이 탄탄하고 마치 젊은 사람 같으셔. 问：说话人的爷爷为什么身体很好？ 질문: 화자의 할아버지는 왜 체력이 좋은가?	锻炼身体 체력 단련을 하셔서
09 姐姐，快别说了，的确是我自己的不是。 누나, 그만 얘기해 줘, 분명히 내가 잘못한 거야. 问：说话人为什么不让姐姐继续说？ 질문: 화자는 왜 누나에게 계속 말하게 하지 않았는가?	已经发现自己错了 자신의 잘못인 것을 이미 알고 있다
10 打开电视机，我觉得没什么可看的，看着看着就睡着了。 텔레비전을 켰는데 볼만한 것이 없어서, 보다가 보다가 잠이 들어 버렸다. 问：说话人为什么睡着了？ 질문: 화자는 왜 잠들었는가?	没有好看的节目 재미있는 프로그램이 없다

11 小曹最近整天无精打采的，是因为上个月刚离了婚，昨天又丢了工作。

샤오차오는 요즘 하루 종일 기운이 없어. 저번 달에 이혼했는데, 어제는 또 직장에서 잘렸거든.

问: 小曹为什么整天无精打采呢?

질문: 샤오차오는 왜 하루 종일 기운이 없는가?

丢了工作

일자리를 잃어서

12 难怪老赵今天这么高兴，原来他儿子明天要办喜事儿了。

어떤지 라오자오가 오늘 왜 이리 기쁜가 했더니, 아들이 내일 결혼을 한대.

问: 老赵今天为什么高兴?

질문: 라오자오는 오늘 왜 기쁜가?

他儿子明天结婚

그의 아들이 내일 결혼한다

13 刘明要去参加考试，可是准考证怎么也找不到，急得满头大汗。

류밍은 시험을 보러 가려는데, 수험표를 아무리 찾아도 못 찾아서, 땀을 뻘뻘 흘리고 있어.

问: 刘明为什么这么着急?

질문: 류밍은 왜 초조한가?

找不到准考证

수험표를 찾지 못해서

14 原来想一开完会就回来，可是一直订不上飞机票，所以在桂林多住了两天。

원래는 회의 마치면 바로 돌아오려고 했는데, 계속 비행기 표를 구할 수가 없어서, 구이린에 이틀 더 묵기로 했어.

问: 说话人为什么在桂林多住两天?

질문: 화자는 왜 구이린에 이틀 더 묵는가?

买不到机票

비행기 표를 구할 수 없어서

15 我好容易买到了今天的球票，但不幸的是我怎么也找不到它了。

오늘 축구 경기 표를 힘들게 구했는데, 불행하게도 표를 못 찾겠어.

问: 说话人为什么很失望?

질문: 화자는 왜 실망했는가?

票弄丢了

표를 잃어버려서

16 北京二中虽然离我家比较远，接送孩子不方便，但是二中的教学质量没的说。

베이징2중은 비록 집에서 멀고, 애들 보내고 데려오는 것도 불편하지만, 2중 수업의 수준이 너무 좋아.

问: 说话人为什么让孩子到北京二中上学?

질문: 화자는 왜 아이를 베이징2중에 보냈는가?

教学质量高

수업의 수준이 높아서

시크릿 기출 테스트

해설서 14~18p

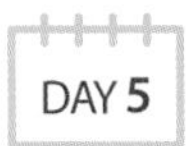

01-14

1. A 颜色不好看
   B 怕太咸
   C 会破坏鲜味儿
   D 她不喜欢鲜味儿

2. A 要上班
   B 不爱看演唱会
   C 没有票
   D 不知道有演唱会

3. A 害怕坐飞机
   B 机票太贵了
   C 机场太远
   D 行李太多

4. A 女的做饭不好吃
   B 男的想吃外卖
   C 不想在家里吃
   D 女的手腕还没恢复好

01-15

1. A 时间推迟了
   B 路上堵车
   C 服装有问题
   D 记错地点了

2. A 没时间去看电影
   B 没人陪他看
   C 买不到票了
   D 不是他喜欢的类型

3. A 很轻松
   B 福利待遇好
   C 想在酒店住
   D 想积累海外工作经验

4. A 应聘工作
   B 发表论文
   C 看望父母
   D 参加婚礼

04 짝꿍 암기하는 핵심어 – 어휘 바꿔치기

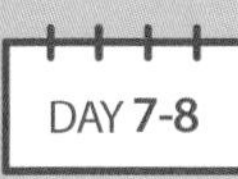

핵심어 유형은 녹음 지문에 관용어나 속담, 성어, 또는 결정적인 힌트가 되는 어휘들이 나오지만, 보기에는 동의어 표현으로 바뀌어 제시되는 형태다. 이번 장에서는 동의어 만드는 방법을 알아보고, 가장 많이 쓰이는 동의어들을 짝을 지어 외워 두도록 하자.

듣기

시크릿 백전백승

1 첫눈에 알아채라!

핵심어 문제는 녹음 지문에서 들려준 어휘가 보기에 그대로 제시되는 경우도 많기 때문에, 보기의 내용은 앞으로 듣게 될 내용과 관계된다. 따라서 녹음 지문을 듣기 전에 반드시 보기를 읽어야 한다. 문제를 듣고 보기를 보는 것과, 보기를 보고 나서 문제를 듣는 것은 천지 차이라는 것을 명심하자!

2 짝꿍끼리 연결해서 기억하라!

대화에서 쓰인 어휘가 그대로 보기에 제시되지 않고, 동의어나 유의어로 표현되는 경우가 있다. 평소 듣기 문제를 풀 때 답만 맞히고 넘어가지 말고, 문제의 핵심어와 정답을 짝지어 암기해 놓으면 피가 되고, 살이 된다.

예 [핵심어] 到月底，手头儿很紧。월말이 되면, 주머니 사정이 여의치 않다.
[정답] 经济情况不好 경제적인 상황이 좋지 않다
= 钱不够 돈이 부족하다 / 没有钱 돈이 없다

3 관용어를 많이 암기하라!

관용어는 두 개 이상의 단어로 이루어져 있으며, 그 단어들의 표면적인 의미만으로는 속뜻을 알 수 없는, 특수한 의미를 나타내는 어구(語句)를 말한다.

예 [관용어] 발이 넓다 = [뜻] 사교적이어서 아는 사람이 많다

듣기에 약한 이유는 아는 어휘량이 부족하기 때문이다. 단어 암기만이 살길이다!

예 [핵심어 동의어] 出差了 출장 갔다 = 在外地 외지에 있다
不怕考试 시험을 겁내지 않는다 = 学习很好 공부를 매우 잘한다
不简单 간단치 않다 = 了不起 대단하다

[관용어 동의어] **碰钉子** 장애물에 부딪치다 = **被拒绝** 거절당하다
说闲话 잡담하다 = **议论别人** 뒷말하다
数一数二 손꼽히다 = **非常突出** 매우 뛰어나다

4 동의어 만드는 법을 숙지하라!

녹음 지문에 나온 표현과 보기에 제시된 정답 표현이 100% 일치하지는 않을 수 있지만, 그 의미는 일맥상통한다. 동의어를 만드는 가장 쉬운 방법은 반의어 앞에 부정부사 不를 붙여 주는 것이므로, 부정부사를 눈여겨본다.

[동의어 공식] 不 + 반의어

예 **讨厌** = **不喜欢** 좋아하지 않는다(싫어한다)
便宜 = **不贵** 비싸지 않다(싸다)
很难 = **不容易** 쉽지 않다(어렵다)
好懂 = **不难** 어렵지 않다(이해하기 쉽다)
很多 / **许多** = **不少** 적지 않다(매우 많다)
很好 = **不错** 나쁘지 않다(매우 좋다)

NEW 단어 + TIP

• 消极 xiāojí 형 소극적이다, 부정적이다 ↔ 主动 zhǔdòng 형 능동적이다, 자발적이다
消极(소극적인)의 반의어는 **积极**(적극적인), **主动**(주동적인)이 있으며, 반의어를 동의어로 만들려면 앞에 부정부사 不를 붙여 주면 된다.

시크릿 확인학습

문제 1 ▶ 01-16

A 男的眼睛疼　B 女的是大夫　C 小王推荐了药　D 药的效果很好

문제 분석 핵심어에 집중 / 변환된 어휘에 주의!

A 男的眼睛疼 B 女的是大夫 C 小王推荐了药 D 药的效果很好	A 남자는 눈이 아프다 B 여자는 의사다 C 샤오왕이 약을 추천해 주었다 **D 약의 효과가 좋다**
男：小王，你的眼睛怎么样了，好一点儿了吗? 女：比昨天好多了，多亏用了您推荐的药，效果不错。	남: 샤오왕, 너 눈은 어때? 좀 괜찮아졌어? 여: 어제보다는 많이 좋아졌어요. 당신이 추천해 준 약을 쓴 덕분에요. 효과가 좋더라고요.
问：根据对话，可以知道什么?	**질문: 대화에서 무엇을 알 수 있는가?**

해설 샤오왕은 남자가 추천해 준 약을 먹고 눈 상태가 호전되었다는 것을 알 수 있다. 不错는 '괜찮다, 좋다'라는 의미로, D의 很好와 같은 뜻이다. 따라서 정답은 D가 된다.

• 핵심어 짝꿍 암기
效果不错 효과가 좋다 = D 效果很好 효과가 좋다

Tip 대화문을 들을 때의 기본 철칙은 남녀를 확실하게 구분하는 것이다. 해석에만 급급하다 보면, 해석이 되더라도 남녀를 혼동하여 낭패를 보는 경우가 종종 있다. 머릿속에 남녀를 구분하는 표를 그려 놓고, 녹음 지문을 듣는 훈련을 하는 것이 좋다.

	남	여
말	你的眼睛怎么样了? 너 눈은 어때?	多亏用了您推荐的药，效果不错。 당신이 추천해 준 약을 쓴 덕분에요. 효과가 좋더라고요.
속뜻	여자는 눈이 아프다.	남자가 약을 추천해 주었고, 약의 효과가 좋다.

단어 眼睛 yǎnjing 명 눈 | 疼 téng 형 아프다 | 大夫 dàifu 명 의사 | 推荐 tuījiàn 동 추천하다 | 药 yào 명 약 | 效果 xiàoguǒ 명 효과 | 怎么样 zěnmeyàng 대 어떠하다 | 一点儿 yìdiǎnr 양 조금, 약간 | 比 bǐ 전 ~보다 | 多亏 duōkuī 동 덕택이다 | 用 yòng 동 사용하다 | 不错 búcuò 형 좋다, 괜찮다

문제 2

▶ 01-17

A 只招一个人　B 女的找到工作了　C 这个工作没希望了　D 已经准备好面试了

문제 분석 발생한 사건과 시제에 집중!

A 只招一个人 B 女的找到工作了 C 这个工作没希望了 D 已经准备好面试了	**A 한 사람만 모집한다** B 여자는 일자리를 찾았다 C 이 직장은 희망이 없다 D 이미 면접 준비를 마쳤다
男：上个星期你应聘的那家公司有结果了吗? 女：上周只是参加了笔试，这周还有面试。 男：看来有戏啊，那个公司打算招几个人啊? 女：就一个，我得好好儿准备才可以。 问：根据对话，可以知道什么?	남: 지난주에 응시한 그 회사는 결과가 나왔니? 여: 지난주에는 필기 시험만 본 거야. 이번 주에 또 면접이 있어. 남: 보아하니 가능성이 있네. 그 회사 몇 명이나 뽑는대? 여: 딱 한 명. 정말 열심히 준비해야지만 돼. **질문: 대화에서 무엇을 알 수 있는가?**

해설 두 사람은 여자가 응시한 회사에 대해서 이야기하고 있다. 몇 명을 뽑느냐는 남자의 질문에 여자는 단 한 명(就一个)을 뽑는다고 했으므로 정답은 A가 된다. 녹음에 언급된 就는 '단지, 다만'이라는 의미로 A의 只와 같은 뜻이다.

• 핵심어 짝꿍 암기
就(招)一个 딱 한 명 (뽑는다) = A 只招一个人 한 사람만 모집한다

• 오답 수정

B	女的找到工作了 (×) → 女的正在找工作 (○)
C	这个工作没希望了 (×) → 有戏(=有希望) (○)
D	已经准备好面试了 (×) → 得好好儿准备(=还没准备好) (○)

단어 只 zhǐ 부 단지, 오직 | 招 zhāo 동 모집하다 | 希望 xīwàng 명 희망 | 已经 yǐjing 부 이미, 벌써 | 准备 zhǔnbèi 동 준비하다 | 面试 miànshì 동 면접시험 보다 | 应聘 yìngpìn 동 지원하다 | 结果 jiéguǒ 명 결과 | 上周 shàngzhōu 명 지난주 | 只是 zhǐshì 부 단지, 오로지 | 参加 cānjiā 동 참가하다 | 笔试 bǐshì 명 필기시험 | 还 hái 부 또, 게다가 | 看来 kànlái 동 보아하니 ~하다 | 有戏 yǒuxì 동 희망이 있다 | 打算 dǎsuan 동 ~하려고 하다, 계획하다 | 就 jiù 부 단지, 오직

Tip 보기 분석을 꼼꼼히 해야 한다.
① 시제에 주의한다: 과거(过) - 발생(了) - 현재(正在) - 미래(想 / 要 / 打算)
② 발생 유무를 확인한다: 이미 발생한 일(已经) - 앞으로 해야 할 일(得)
③ 긍정·부정을 확실히 구분한다: 有 ↔ 没有 / 是 ↔ 不是

1 핵심어 문제 질문 형식 (Ⅱ)

1) 속뜻을 묻는 문제

男的觉得怎么样? 남자는 어떻다고 생각하는가?

女的主要是什么意思? 여자의 주요 요지는 무슨 뜻인가?

Tip 화자의 말 뜻(속뜻)이 무엇인지 묻는다.

2) 대화 내용과의 일치 여부를 묻는 문제

根据对话, 下面哪项正确? 대화에 따르면, 다음 중 옳은 것은 무엇인가?

根据对话, 下面哪项不正确? 대화에 따르면, 다음 중 틀린 것은 무엇인가?

根据对话, 我们可以知道什么? 대화에서 알 수 있는 것은 무엇인가?

关于男的, 我们可以知道什么? 남자에 대해, 알 수 있는 것은 무엇인가?

Tip 대화를 듣고 알 수 있는 내용이나 옳은 내용, 틀린 내용을 선택하라는 질문이 나올 수 있다.

2 핵심 패턴 연습

01-18

다음 녹음 지문 표현을 듣고, 핵심 의미와 동의어를 생각해 보자.

Tip 아래 표의 내용은 21개의 관련 문제를 푼 효과를 준다. 색깔로 표시된 어휘가 핵심 어휘이므로 꼭 외워 둔다.

녹음 지문 표현	정답
01 现在小明是我最得力的助手。 현재 샤오밍은 나의 가장 유능한 조수야.	能干 유능하다
02 这手机买了没多长时间老是出毛病。 이 휴대전화는 산 지 얼마 되지도 않았는데 자꾸 고장이 나.	手机经常坏 휴대전화가 자주 고장이 난다
03 教室里一点儿动静都没有。 교실에는 인기척이 조금도 없다.	很安静 매우 조용하다
04 他们公司破产了。 그의 회사가 파산했어.	倒闭了 도산했다
05 别提了, 这次考砸了。 말도 마. 이번에 시험을 망쳤어.	考得很糟糕 시험을 엉망으로 봤다
06 你这是给我帮倒忙。 이것은 나를 도우려다 오히려 방해하는 거야.	添麻烦 번거롭게 하다
07 不至于连去健身房的时间也没有。 헬스클럽에 갈 시간조차 없을 정도는 아니야.	去健身房的时间还是有的 헬스클럽에 갈 시간은 있다
08 我们班不止20个人参加了。 우리 반은 20명이 넘는 사람이 참가해.	20个人以上 20명 이상

09 那个人办事太马虎。 그 사람은 일 처리가 너무 소홀해.	他办事很糟糕 그는 일 처리가 엉망이다
10 你真的发福了。 정말 몸이 좋아지셨네요.(= 살이 붙었다)	发胖了 살이 쪘다
11 纸杯我那儿有的是。 종이컵은 나한테 많아.	有很多纸杯 종이컵이 많이 있다
12 我没坚持下来，早就不去了。 나는 계속하지 못하고, 진작에 안 갔어.	已经放弃了 이미 포기했다
13 我的电脑速度越来越慢了。 내 컴퓨터는 속도가 점점 느려져.	反应很慢 반응이 매우 느리다
14 听别人提起过，说最近特别火。 다른 사람들이 하는 얘기를 들었어. 요즘 특히 인기가 있다더라.	受欢迎 환영받는다(= 인기 있다)
15 是因为他学历太低了。 그의 학력이 너무 낮기 때문이야.	他没有上太多学 그는 공부를 많이 하지 못했다
16 有什么可怕的? 두려울 게 뭐 있어?	有信心 자신이 있다 不怕 두렵지 않다
17 前面好像在修路。 앞에서 도로를 정비하고 있는 것 같아.	正在施工 공사 중이다
18 这个人特别幽默。 이 사람은 정말 유머러스해.	是有趣的人 재미있는 사람이다
19 这次我们做了不少宣传、做了大量的广告。 이번에 우리는 적지 않은 선전과 대량의 광고를 했다.	做了很多宣传 많은 선전을 하였다
20 真不好意思，初次见面，我就迟到了，让你久等了。 정말 죄송해요. 처음 만남에 제가 늦게 와서, 오래 기다리게 했네요.	他们是第一次见面 그들은 처음 만나는 것이다 他来晚了 그는 늦게 왔다
21 你乒乓球打得那么厉害，参加比赛的话肯定能拿冠军。 너는 탁구를 그렇게 잘 치니, 시합에 참가한다면 분명히 우승할 거야.	打得很出色 매우 잘 친다

DAY 7
01-19

1. A 学费很贵
B 儿子不愿学
C 怕耽误学习
D 怕儿子适应不了

2. A 生气了
B 下次再找机会
C 男的等女的下班
D 不想再和女的吃饭

3. A 没有胃口
B 有些感冒
C 渴得受不了
D 后悔运动得太久了

4. A 很一般
B 很精彩
C 不如小说
D 非常有意思

DAY 8
01-20

1. A 女的要洗衣服
B 旧的西服被捐了
C 女的卖了深蓝色的西服
D 女的不喜欢深蓝色的西服

2. A 腿受伤了
B 不能坚持锻炼
C 不喜欢打球了
D 每天晚上加班

3. A 营业到凌晨
B 投入成本很高
C 是现代装修风格
D 那儿原来是工厂

4. A 男的跳槽了
B 男的毕业了
C 女的找到了工作
D 男的找到理想的工作了

05 의미 파악 I - 전체 내용 이해하기

전체 내용을 듣고 의미를 파악해야 하는 문제는 출제 빈도가 매우 높고 가장 어려운 문제 유형이다. 다른 유형의 문제들처럼 정답과 관련된 핵심 부분만 듣고 풀 수 있는 문제가 아니라, 전체적인 의미를 파악해야만 풀 수 있기 때문이다. 이 유형의 문제를 풀 때는 자신이 대화 당사자인 것처럼, 전체적인 상황을 머릿속에 그리면서 녹음 지문을 들어야 한다.

듣기 시크릿 백전백승

1 보기를 분석하라!

녹음 지문에서 나올 내용은 최소한 4개의 보기에 제시된 내용 중 하나다. 따라서 보기를 먼저 보면 대략 어떤 내용을 들려줄지 추측할 수 있고, 더 쉽게 녹음 지문을 이해할 수 있다.

2 대화 내용을 이미지화하라!

녹음 지문을 들으면서 단어 하나하나를 모두 이해하고 해석하려면, 시간도 부족하고 전체적인 내용을 놓치기 쉽다. 따라서 두 사람의 대화를 들을 때에는, 마치 자신도 함께 대화하고 있는 것처럼 전체적인 상황을 머릿속으로 그려 가면서 들어야 한다.

3 표면적 뜻이 아닌 속뜻을 파악하라!

어휘 혹은 어구에 대한 표면적인 뜻을 고르지 말고, 그 말의 속뜻이 무엇인지 음미해 보아야 한다. 이 유형은 기본적인 중국어 실력을 바탕으로, 사고력과 이해력을 요구하는 문제기 때문이다.

4 자신만의 암기 노트를 만들어라!

평소 문제를 풀 때, 녹음 지문의 어떤 내용이 보기에는 어떻게 제시되었는지를 자신만의 방법으로 노트에 정리하고 반복해서 공부한다. 그러면 시험을 볼 때에도 정답이 되는 부분만 귀에 쏙쏙 들어올 것이다. 지금 당장 들리지 않는다고 좌절하지 말고 열심히 암기하라. 분명히 정답이 한눈에 보이는 순간이 올 것이다.

시크릿 확인학습

문제 1

01-21

A 问题不能处理　　B 保险公司不赔偿
C 男的不用负责任　　D 女的发生了交通事故

문제 분석 남녀 구분에 집중 / 부정부사에 주의!

A 问题不能处理	A 문제를 처리할 수 없다
B 保险公司不赔偿	B 보험 회사에서 보상해 주지 않는다
C 男的不用负责任	**C 남자는 책임질 필요가 없다**
D 女的发生了交通事故	D 여자에게 교통사고가 났다
女：医疗保险的问题处理好了吗?	여: 의료 보험 문제는 잘 처리되었어?
男：快了，交通事故是对方的责任，保险公司正在办理赔偿手续呢。	남: 곧 될 거야. 교통사고는 상대방의 책임이어서, 보험 회사에서 지금 보상 수속을 하고 있어.
问：根据对话，可以知道什么?	**질문: 대화에서 무엇을 알 수 있는가?**

해설 두 사람은 남자의 의료 보험 문제에 대해 이야기하고 있다. 여자의 질문에 남자는 교통사고는 상대방에게 책임이 있고, 보험 회사에서 곧 보상해 줄 것이라고 말했으므로, 정답은 C가 된다. B는 녹음 내용과 반대되므로 정답이 될 수 없다.

• 의미 파악
对方的责任 상대방의 책임 + 保险公司赔偿 보험 회사가 보상하다
= C 男的不用负责 남자는 책임질 필요가 없다

단어 处理 chǔlǐ 동 처리하다, (문제를) 해결하다 | 保险公司 bǎoxiǎn gōngsī 명 보험 회사 | 赔偿 péicháng 동 배상하다, 보상하다 | 负 fù 동 책임지다 | 责任 zérèn 명 책임 | 发生 fāshēng 동 일어나다, 발생하다 | 交通事故 jiāotōng shìgù 명 교통사고 | 医疗保险 yīliáo bǎoxiǎn 명 의료 보험 | 对方 duìfāng 명 상대방 | 正在 zhèngzài 부 ~하고 있다 | 办理 bànlǐ 동 처리하다 | 手续 shǒuxù 명 수속

문제 2

01-22

A 怎样办月卡　　B 怎样办借书证
C 怎样办交通卡　　D 怎样办理健身卡

문제 분석 대화의 첫머리에 집중!

A 怎样办月卡 B 怎样办借书证 C 怎样办交通卡 D 怎样办理健身卡	A 어떻게 월정액 카드를 만드는지 B 어떻게 도서 대출증을 만드는지 **C 어떻게 교통 카드를 만드는지** D 어떻게 헬스클럽 카드를 만드는지
男：您好，在这儿可以办交通卡吗? 女：可以。我们有一般的卡和月卡，月卡一个月60元，一般的卡充值以后才可以用。 男：一般的卡有没有有效期呢? 女：没有。 **问：男的在咨询什么?**	남: 안녕하세요. 여기에서 교통 카드를 만들 수 있나요? 여: 만들 수 있어요. 일반 카드랑 월정액 카드가 있는데, 월정액 카드는 한 달에 60위안이고, 일반 카드는 충전하신 다음에 사용할 수 있어요. 남: 일반 카드는 유효 기간이 있나요? 여: 없습니다. **질문: 남자는 무엇을 상담하고 있는가?**

해설 남자는 여자에게 교통 카드를 만드는 것에 대해 물었으므로, 정답은 C가 된다. 여자가 일반 카드와 월정액 카드의 차이점을 설명하자, 남자는 일반 카드(一般的卡)에 더 관심을 보이고 있으므로 A는 정답이 될 수 없다.

- 의미 파악
  在这儿可以办交通卡吗？여기에서 교통 카드를 만들 수 있나요?
  = C 怎样办交通卡 어떻게 교통 카드를 만드는가

단어 **借书** jièshū 동 책을 빌리다 | **交通卡** jiāotōngkǎ 명 교통 카드 | **办理** bànlǐ 동 처리하다 | **健身** jiànshēn 동 몸을 튼튼하게 하다 | **一般** yìbān 형 보통이다, 평범하다 | **充值** chōngzhí 동 (금액을) 충전시키다 | **以后** yǐhòu 명 이후 | **才** cái 부 비로소, 오직 ~해야만 | **有效期** yǒuxiàoqī 명 유효 기간 | **咨询** zīxún 동 자문하다, 상의하다

1 의미 파악 문제 질문 형식 (I)

1) 속뜻을 묻는 문제

男的是什么意思? 남자는 무슨 뜻인가?

Tip 의미 파악 문제에 나오는 질문은 포괄적이고 모호한 표현이 많다.

2) 대화에서 알 수 있는 것을 묻는 문제

这段对话告诉我们什么? 이 대화는 우리에게 무엇을 말해 주는가?

根据对话，可以知道什么? 대화를 통해서 무엇을 알 수 있는가?

Tip 전체적인 내용을 파악했는지, 화자가 처한 상황이나 대화에서 알 수 있는 것이 무엇인지 묻는다.

3) 대화 내용과의 일치 여부를 묻는 문제

下面哪项不是地铁的特点? 다음 중 지하철의 특징이 아닌 것은?

关于女的，下列哪项正确? 여자에 대하여, 다음 중 옳은 것은?

Tip 핵심어, 화자, 전체 내용 등에 대해 옳고 그름을 판단하는 질문이 나오기도 한다.

2 핵심 패턴 연습

01-23

다음 녹음 지문 표현을 듣고, 내용을 파악해 보자.

Tip 아래 표의 내용은 21개의 관련 문제를 푼 효과를 준다. 색깔로 표시된 어휘가 핵심 어휘이므로 꼭 외워 둔다.

녹음 지문 표현	정답
01 这双样子还不错，有我穿的号儿吗? 이 신발의 디자인이 괜찮네요. 제가 신는 사이즈가 있나요?	买鞋 신발을 산다
02 待遇也不错，可是我不大喜欢经常出差。 대우도 좋긴 한데, 나는 자주 출장 다니는 것을 그다지 좋아하지 않아.	谈工作 직장에 대해 말한다
03 为这件事，我别提多生气了! 이 일 때문에, 내가 얼마나 화가 나는지 말도 마!	非常生气 매우 화가 난다
04 这些年来，我换了无数个公司。 요 몇 년 동안, 나는 셀 수 없이 많이 직장을 바꿨어.	换了很多个公司 직장을 여러 군데 바꿨다
05 母亲想让我回去，可我还是想留在这儿。 엄마께서는 내가 돌아가기를 바라시지만, 나는 여전히 이곳에 남고 싶어.	说话人和母亲想法不同 화자는 모친과 생각이 다르다
06 什么时候吃你们的喜糖啊? 언제쯤 너희 결혼 축하 사탕을 먹을 수 있니?	对方可能要结婚 상대방이 결혼할 수도 있다
07 我最喜欢果汁儿，不过可乐、咖啡也可以。 나는 과일주스를 가장 좋아하지만, 콜라나 커피도 괜찮아.	什么都可以 무엇이든지 다 괜찮다

08 这么一来，马路上能不乱吗? 이러니까, 도로가 엉망이 안 될 수 있니?	搞乱了交通 교통을 어지럽혔다
09 我们的计划全被你打乱了。우리의 계획은 전부 너 때문에 망쳤어.	埋怨对方 상대방을 원망한다
10 有些人提起一个月前的事儿，还记得清清楚楚，可是还有一些人忘得一干二净。 어떤 사람들은 한 달 전 일을 얘기하면 정확히 기억하는데, 또 어떤 사람들은 아주 까맣게 잊어.	每个人的记忆力不同 사람마다 기억력이 다르다
11 你不是说今天比昨天热吗? 怎么又加了件衣服? 네가 오늘이 어제보다 덥다고 하지 않았어? 왜 또 옷을 더 입었어?	穿得比较多 옷을 좀 많이 입었다
12 刘经理就要离开公司了，再好不过了。 류 팀장은 곧 회사를 떠나, 아주 잘됐어.	他不喜欢刘经理 그는 류 팀장을 싫어한다
13 有的人能在相同的时间里，比别人多做一倍、两倍的事情，可有的人时间用得不少，就是什么也做不出来。 어떤 사람은 같은 시간 안에, 다른 사람보다 두 배, 세 배의 일을 할 수 있고, 어떤 사람은 시간은 많이 쓰는데, 아무것도 해내지 못해.	谈时间和效率 시간과 효율에 대해 이야기한다
14 她最近喜欢上英语了。그녀는 요즘 영어에 빠졌어.	正在学外语 외국어를 배우고 있다
15 何明，你把你的正常水平发挥出来就行了。 허밍, 너는 네가 가지고 있는 평소 실력만 발휘하면 돼.	鼓励对方 상대방을 격려한다
16 对不起，我得先走了，我儿子在学校等着我呢。 미안해, 나 먼저 갈게, 우리 아들이 학교에서 날 기다리고 있거든.	去接孩子 아이를 데리러 간다
17 对面骑着自行车的那个人，我怎么看怎么眼熟。 맞은편에 자전거 타고 가는 저 사람, 아무리 봐도 어딘가 낯익어.	可能认识那个人 어쩌면 그 사람을 안다
18 我爱人每天一回到家，就开始摆弄她的电脑，连饭也顾不上吃。우리 아내는 매일 집에만 오면, 바로 컴퓨터를 만지작거리기 시작해서 밥 먹을 생각도 않는다니까.	他爱人喜欢电脑 그의 아내는 컴퓨터를 좋아한다
19 昨天晚上多喝了几杯咖啡，结果怎么也睡不着觉，只好看电视打发时间，到三点才睡。 어제 저녁에 커피를 몇 잔 더 마셨더니, 결국 어찌해도 잠이 안 오는 거야. 어쩔 수 없이 TV 보면서 시간을 보내다가, 3시가 되어서야 잤어.	失眠了 불면증에 시달렸다
20 今天去百货商店买了几个东西，光一条裙子就花了好几百块。오늘 백화점에 가서 물건을 몇 개 샀는데, 치마 하나에 수백 위안씩이나 하더라고.	花了很多钱 돈을 많이 썼다 百货商店的东西很贵 백화점의 물건이 비싸다
21 这工作本来应该由我去做，却让你辛苦了，真抱歉。 이 일은 원래 내가 하려고 했는데, 당신을 고생시켰네요, 정말 미안해요.	让别人做了工作 다른 사람으로 하여금 대신 일하게 했다

DAY 9

01-24

1. A 不合理
   B 比较合适
   C 有点儿高
   D 跟别的公司差不多

2. A 困难很多
   B 生意不好做
   C 女的很有信心
   D 成立了很久了

3. A 女的是秘书
   B 穿什么都可以
   C 明天有重要的活动
   D 女的让男的穿休闲服

4. A 应聘失败了
   B 没拿到奖金
   C 没能升职
   D 被辞退了

DAY 10

01-25

1. A 临时调整队员了
   B 发挥得很好
   C 表现得不好
   D 失去了决赛资格

2. A 还能坚持
   B 快要不行了
   C 想放弃最后一圈
   D 休息一会儿再跑最后一圈

3. A 已经买到票了
   B 不确定坐什么回家
   C 没想好在哪儿过年
   D 买了除夕当天的票

4. A 保修两年
   B 有优惠活动
   C 正在打折销售
   D 微波炉比空调便宜

06 의미 파악 II - 어법 지식 활용하기

어법 지식을 활용한 의미 파악 문제는 2~3문제 정도 출제되며, 특정한 접속사나 어법을 알아야만 전체적인 의미를 파악할 수 있다. 평소 이 유형의 문제를 공부하면서 자주 나오는 접속사나 어법 사항을 정리하고 암기해서, 자신감 있게 문제에 도전하자!

듣기 시크릿 백전백승

1 보기를 미리 읽어라!

녹음 지문에 나올 내용은 최소한 4개의 보기에 제시된 내용 중 하나다. 따라서 반드시 보기를 먼저 보고 대략 어떤 내용이 나올지 추측한다.

2 힌트가 되는 접속사나 어법 내용을 찾아라!

녹음 지문에는 대화의 주제나 주요 내용이 언급되는 부분이 있는데, 그 부분의 핵심이 되는 접속사나 어법 사항을 이해하고 있어야만 정답을 찾을 수 있는 문제들이 있다. 정확하게 해석하여 정답을 찾아내 보자!

3 전체적인 내용을 이해하라!

녹음 지문을 들을 때 공부하지 않았던 접속사나 어법 사항이 나올까 봐 걱정하거나 알아듣지 못해 좌절할 필요는 없다. 전체적인 내용을 잘 그려 보면 접속사나 어법 사항이 어떤 의미인지 유추해 낼 수도 있다. 전체적인 내용을 이해하는 것이 가장 중요한 과제다.

4 접속사 등의 어법 지식을 암기하라!

공부한 접속사나 기타 어법 지식이 많지 않아서 문제를 풀 수 없을 거라고 낙담하지 말자. 이번 장의 '시크릿 보물상자'에 정리된 내용은 시험에 자주 출제되는 접속사와 어법 사항들이다. 이것만 암기해도 충분히 문제를 풀 수 있으니, 문제에 도전하기 전에 정리된 내용을 먼저 암기해 자신감을 갖고 도전해 보자!

시크릿 확인학습

문제 1

01-26

A 上班迟到了
B 公共汽车坏了
C 堵车堵得厉害
D 飞机没按时起飞

문제 분석 접속사 因为에 집중!

A 上班迟到了
B 公共汽车坏了
C 堵车堵得厉害
D 飞机没按时起飞

A 출근 시간에 지각했다
B 버스가 고장 났다
C 차가 심하게 막혔다
D 비행기가 제시간에 이륙하지 않았다

男：快两个小时了，要等到什么时候呢？
女：因为有大雾，所有航班目前都不能起飞。真对不起，耽误了您宝贵的时间。

남: 곧 2시간이 다 되어가는데, 언제까지 기다려야 하죠?
여: 안개가 너무 심해서, 현재 모든 비행기가 이륙할 수가 없습니다. 정말 죄송합니다. 손님의 귀중한 시간을 지체하게 되었네요.

问：女的为什么表示抱歉？

질문: 여자는 왜 죄송하다고 하는가?

해설 因为는 '~ 때문에'라는 뜻으로, 인과 관계를 나타내는 접속사다. 지금 여자는 승객들에게 현재 비행기가 이륙하지 못하는 이유에 대해 설명하며 사과하고 있으므로, 정답은 D가 된다.

단어 上班 shàngbān 동 출근하다 | 迟到 chídào 동 지각하다 | 公共汽车 gōnggòng qìchē 명 버스 | 坏 huài 동 고장 나다 | 堵车 dǔchē 동 교통이 막히다 | 厉害 lìhai 형 극심하다 | 按时 ànshí 부 제때에 | 起飞 qǐfēi 동 이륙하다 | 快 kuài 부 곧, 머지않아 | 等 děng 동 기다리다 | 因为 yīnwèi 접 왜냐하면 | 大雾 dàwù 명 범위가 넓고 짙은 안개 | 所有 suǒyǒu 형 모든, 전부의 | 航班 hángbān 명 항공편 | 目前 mùqián 명 지금, 현재 | 对不起 duìbuqǐ 동 미안합니다 | 耽误 dānwu 동 지체하다, 일을 그르치다 | 宝贵 bǎoguì 형 소중하다, 귀중하다 | 抱歉 bàoqiàn 동 미안해하다

문제 2

▶ 01-27

A 不是硕士　　B 要参加面试
C 正在读研究生　　D 准备读研究生

문제 분석 긍정과 부정, 시제에 집중!

A 不是硕士 B 要参加面试 C 正在读研究生 D 准备读研究生	**A 석사가 아니다** B 면접에 참가하려고 한다 C 대학원을 다니고 있다 D 대학원 준비를 하고 있다
女：明天海尔公司有面试，你去吗? 男：我不去。 女：海尔公司的待遇特别好，这么好的机会很难得呀！ 男：他们要研究生和博士。我只有本科学历。 问：关于男的，可以知道什么?	여: 내일 하이얼 회사에서 면접이 있는데, 너 가니? 남: 난 안 가. 여: 하이얼 회사는 대우가 정말 좋아. 이렇게 좋은 기회는 쉽게 오지 않아! 남: 그들이 원하는 건 대학원생과 박사인데, 나는 학부 학력밖에 없어. **질문: 남자에 관해서 무엇을 알 수 있는가?**

해설 只有는 '단지 ~밖에 없다'라는 의미로, 남자의 마지막 말에 나왔다. 남자는 학부 학력만 있다고 했으므로 석사도 박사도 아니라는 뜻이다. 따라서 남자는 하이얼 회사의 학력 조건에 맞지 않기 때문에, 면접에 참가하지 않는다는 것을 알 수 있다. 남자가 대학원 준비를 하는지 여부는 언급되지 않았으므로, 정답은 A가 된다.

단어 硕士 shuòshì 명 석사 | 参加 cānjiā 동 참가하다 | 面试 miànshì 명 면접 | 正在 zhèngzài 부 ~하고 있다 | 读 dú 동 공부하다, 학교를 다니다 | 研究生 yánjiūshēng 명 대학원생 | 准备 zhǔnbèi 동 준비하다 | 待遇 dàiyù 명 대우 | 机会 jīhuì 명 기회 | 难得 nándé 형 얻기 힘들다, 드물다 | 只 zhǐ 부 단지, 오직 | 本科 běnkē 명 학부 | 学历 xuélì 명 학력

자주 출제되는 표현

1 의미 파악 문제 질문 형식 (II)

1) 평가 · 추측을 묻는 문제

男的怎么样? 남자는 어떠한가?

老金是个什么样的人? 라오진은 어떤 사람인가?

男的对这个地方的印象怎么样? 남자는 이곳에 대한 인상이 어떠한가?

女的可能会怎么做? 여자는 어떻게 하겠는가?

Tip 평가나 추측을 묻는다.

2) 전체적인 의미를 묻는 문제

这段对话是什么意思? 이 대화는 무슨 의미인가?

这段对话告诉我们什么? 이 대화는 우리에게 무엇을 알려 주는가?

根据对话, 可以知道什么? 대화를 통해, 무엇을 알 수 있는가?

关于女的, 我们可以知道什么? 여자에 대해, 우리는 무엇을 알 수 있는가?

Tip 전체적인 의미 파악을 묻는다.

3) 옳고 그름을 묻는 문제

下面哪句话是对的? 다음 중 옳은 것은?

根据对话, 下列哪项正确? 대화에 의하면 다음 중 옳은 것은?

Tip 옳고 그름의 판단을 요구한다.

4) 원인 · 이유를 묻는 문제

女的为什么表示抱歉? 여자는 왜 미안함을 표했는가?

男的为什么说女的粗心? 남자는 왜 여자가 꼼꼼하지 못하다고 말했는가?

Tip 이유를 묻는다.

2 핵심 패턴 연습

01-28

다음 녹음 지문 표현을 듣고, 의미를 파악해 보자.

Tip 아래 표의 내용은 19개의 관련 문제를 푼 효과를 준다. 색깔로 표시된 어휘가 핵심 어휘이므로 꼭 외워 둔다.

녹음 지문 표현	정답
01 万一出点儿事儿可不是闹着玩儿的。 만약 무슨 일이 생기면 정말 장난이 아니야.	没有出事 사고가 나지 않았다
02 三月了，可是天气反而比冬天还要冷。 3월인데, 날씨는 오히려 겨울보다 더 추워.	天气反常 날씨가 비정상적이다
03 要不是我们提前几分钟来，肯定就坐不上这趟车了。 우리가 몇 분 일찍 오지 않았다면, 분명히 이번 차를 놓쳤을 거야.	今天车提前来了 오늘은 차가 일찍 왔다

04 没有谁比他再合适的了！ 누구도 그보다 더 적합할 수는 없어!	他最合适 그가 제일 적합하다
05 他看起来比我聪明，实际上我也不如他。 그는 나보다 똑똑해 보여. 실제로도 나는 그 사람만 못해.	我没有他聪明 나는 그보다 똑똑하지 않다
06 结果一个学生也没来。 결과적으로 한 명의 학생도 오지 않았어.	学生们都没来 학생들은 모두 오지 않았다
07 除了上网，我没有什么别的爱好。 인터넷을 하는 것 외에는, 나는 다른 취미가 없어.	喜欢上网 인터넷을 하는 것을 좋아한다
08 要不然今天早上我肯定又要来晚了。 그렇지 않았으면 오늘 아침에 나는 분명히 또 늦게 왔을 거야.	没迟到 지각하지 않았다
09 不如关闭门窗，再开空调降温。 창문을 닫고 에어컨을 틀어서 온도를 내리는 게 낫겠다.	开空调 에어컨을 켜라
10 很好吃，就是这个汤味道太淡了。 맛있는데, 다만 이 국은 너무 싱거워.	汤要加盐 국에 소금을 넣어야 한다
11 无论怎么说，他都听不进去。 어떻게 말하든지, 그는 모두 듣지 않아.	他也不会听我们的 그는 우리의 말도 듣지 않을 것이다
12 除了小李还能是谁呢？ 샤오리가 아니면 누구겠니?	只有小李 샤오리밖에 없다
13 无论如何，他都有责任。 어찌 됐든 간에, 그에게는 책임이 있어.	他有责任 그에게 책임이 있다
14 除非经理亲自去请，否则他绝对不会来。 사장이 직접 가서 요청해야지, 그렇지 않으면 그는 절대 오지 않을 거야.	只有经理能请到他 사장만이 그를 모셔 올 수 있다
15 不是他的成绩好，而是他的脾气好。 그의 성적이 좋은 게 아니라, 그의 성격이 좋아.	他性格好 그는 성격이 좋다
16 可是平时起得可早着呢！ 그러나 평상시에는 아주 일찍 일어나!	他平时很早起床 그는 평상시에 매우 일찍 일어난다
17 错过了这个机会，即使以后你再怎么努力也不行。 이번 기회를 놓치면, 설사 나중에 네가 아무리 노력해도 안 돼.	应该抓住机会 기회를 잡아야 한다
18 如果她在学习上也这么用心，我就不用担心了。 만약 그녀(딸)가 공부도 이렇게 열심히 하면, 내가 걱정할 필요가 없지.	担心女儿学习不努力 딸이 공부를 열심히 하지 않는 것을 걱정한다
19 要是我们提前5分钟，就赶上那趟末班车了。 만약 우리가 5분만 일찍 왔더라면, 막차를 탈 수 있었을 텐데.	他们错过了末班车 그들은 막차를 놓쳤다

해설서 27~31p

DAY 11

01-29

1. A 书柜的大小
   B 客厅的桌子
   C 书柜的位置
   D 卧室的大小

2. A 他们在看电视
   B 房间被小偷偷了
   C 男的的房间门坏了
   D 男的经常不收拾房间

3. A 病人还不能出院
   B 病人现在很危险
   C 女的同意病人出院
   D 病人的手术有点儿问题

4. A 很严肃
   B 很幽默
   C 很认真
   D 很不受欢迎

DAY 12

01-30

1. A 没看开幕式
   B 是真正的球迷
   C 觉得开幕式非常精彩
   D 和男的一起看了比赛

2. A 想上网看电影
   B 想上网预订房间
   C 想在网上买东西
   D 想在网上订火车票

3. A 钱包丢了
   B 登机牌丢了
   C 忘了买饮料
   D 护照找不到了

4. A 两个人要去学英语
   B 男的暑假没什么计划
   C 女的打算去外国留学
   D 两人都想去外国留学

07 반대로 말하는 반어문

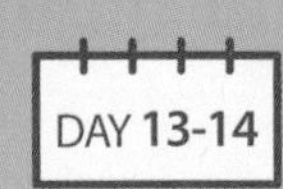

반어문은 의문문의 모양새를 하고 본뜻을 돌려 말하여 의미를 더욱 강조하는 문장을 말한다. 우리말의 반어문도 외국인이 들으면 헷갈리고 어려워 한다. 하지만 우리가 쉽게 알아듣는 것은 이미 오랜 시간 동안 셀 수 없이 여러 번 반복해서 들어왔기 때문이다. 시험장에서는 반어문을 곱씹으며 생각할 겨를이 없다! 미리미리 반복 학습하여, 생각하지 않고도 그 의미를 단번에 느낄 수 있도록 연습해 두자.

듣기 시크릿 백전백승

1 반어문의 유형을 파악하라!

반어문은 구문에 대한 기본 지식이 없으면 그 뜻을 파악하기가 어렵다. 자주 나오는 반어문 형식을 익혀서 제대로 해석할 수 있는 실력을 갖추자. 반어문은 크게 다음 세 가지 유형으로 나눌 수 있다.

① 不是…吗를 이용한 반어문

예 不是说过吗? 말한 적 있지 않아?
→ [뜻] 说过 말한 적 있다

② 의문대사 谁, 什么, 怎么, 哪儿, 什么时候를 이용한 반어문

예 谁知道呢? 누가 알겠니?
→ [뜻] 都不知道 모두 다 모른다

③ 难道, 何况을 이용한 반어문

예 难道你不知道吗? 너 설마 모르는 거야?
→ [뜻] 你应该知道 너는 당연히 알아야 한다

2 의문문과 반어문을 구분하라!

반어문에는 의문 어기조사 吗, 呢가 있더라도, 정말 몰라서 질문하는 것이 아니라, 반대되는 의미를 더 강조하기 위해서 반문하는 것이다. 대화문을 많이 듣다 보면, 화자가 정말 궁금해서 질문할 때와 반문할 때의 말투가 확실히 다르다는 것을 느낄 수 있다. 자신이 대화의 참여자가 되어 화자의 말투를 느껴 보자!

3 처음 들었을 때의 느낌을 잡아라!

우리는 외국어를 들으면 무조건 해석하려 든다. 사실 반어문은 들리는 느낌 그대로 판단하는 것이 옳다. 우리나라 말도 되뇔수록 헷갈리는데, 하물며 중국어는 어떻겠는가! 듣고, 해석하고, 다시 그 속뜻을 유추하려면 시간이 너무 지체된다. 들었는가? 그렇다면 느낀 대로 바로 판단하라!

4 긍정은 부정으로, 부정은 긍정으로 전환하라!

반어문을 쉽게 알아듣는 비법은 긍정은 부정으로, 부정은 긍정으로 해석하는 것이다.

[부정형] 부정부사가 들어간 반어문은 긍정적 의미를 갖는다.

예 **谁说不是呢?** 누가 아니래?
→ **[뜻] 是** 그렇다
不是挺便宜吗? 매우 싸지 않은가?
→ **[뜻] 很便宜** 매우 싸다
怎么能不去呢? 어떻게 안 갈 수 있는가?
→ **[뜻] 一定要去** 반드시 가야 한다

[긍정형] 의문대사가 들어간 긍정형 반어문은 부정적 의미를 갖는다.

예 **我哪儿有钱?** 내가 어디 돈이 있니?
→ **[뜻] 没有钱** 돈이 없다
我什么时候告诉过你? 내가 언제 너에게 알려 줬니?
→ **[뜻] 没有说** 말해 주지 않았다
怎么可能? 어떻게 가능해?
→ **[뜻] 不可能** 불가능하다

문제 1 01-31

A 男的摔倒了　B 女的没有座位　C 他们正在打架　D 女的脚被踩了

문제 분석 대화가 일어나는 장소와 상황에 집중!

A 男的摔倒了 B 女的没有座位 C 他们正在打架 D 女的脚被踩了	A 남자가 넘어졌다 B 여자는 자리가 없다 C 그들은 싸우고 있다 **D 여자는 발을 밟혔다**
女：你这个人太不讲理了，踩了我也不说"对不起"，态度还这么不好。 男：谁不讲理了？我又不是故意的，车上这么多人，又不是我的错。 问：车上发生了什么事？	여: 당신 정말 도리에 어긋나는군요. 내 발을 밟아 놓고 '미안하다'는 말도 안하고, 태도도 이렇게 불량스럽다니요. 남: 누가 도리에 어긋났다는 거예요? 제가 고의로 그런 것도 아니잖아요. 차 안에 사람이 이렇게 많으니, 꼭 제 잘못이라고 할 수도 없죠. **질문: 차 안에서 무슨 일이 일어났는가?**

해설 두 사람이 탄 버스에 사람이 너무 많아서 남자가 실수로 여자의 발을 밟은 상황이다. 남자의 말에서 의문대사 谁를 이용한 반어문 谁不讲理了? (누가 도리에 어긋났다는 거예요?)는 자신은 도리에 어긋난 행동을 하지 않았다는 의미다. 두 사람의 언쟁을 듣고 C를 정답이라고 착각할 수 있지만, 吵架(말다툼하다)가 아닌 打架는 치고받는 몸싸움을 의미하므로 사실과 맞지 않다. 남자가 여자의 발을 밟았다는 것만이 정확한 사실이므로 정답은 D가 된다.

★ 핵심 반어문	내포된 뜻
谁不讲理了？ 누가 도리에 어긋났다는 거예요?	**我不是，反倒觉得你不讲理。** 나는 아니에요, 오히려 당신이 도리에 어긋나는 것 같군요.

단어 摔倒 shuāidǎo 동 넘어지다 | 座位 zuòwèi 명 좌석 | 正在 zhèngzài 부 ~하고 있다 | 打架 dǎjià 동 싸우다 | 脚 jiǎo 명 발 | 踩 cǎi 동 밟다 | 讲理 jiǎnglǐ 동 도리를 알다 | 态度 tàidu 명 태도 | 故意 gùyì 부 고의로, 일부러 | 错 cuò 명 잘못

문제 2

▶ 01-32

A 喜欢唠叨　B 是两面派　C 跟老婆吵架了　D 昨天晚上喝醉了

문제 분석 변환된 어휘에 주의!

A 喜欢唠叨
B 是两面派
C 跟老婆吵架了
D 昨天晚上喝醉了

A 잔소리하는 것을 좋아한다
B 이중인격자다
C 아내와 말다툼했다
D 어제 저녁에 술에 취했다

女：看起来你今天的脸色不太好，哪儿不舒服吗？
男：别提了，昨天晚上跟老婆大吵了一架。
女：好好儿的，吵什么，你爱人多温柔啊，一定是你做了什么错事。
男：她呀，人前一套，背后一套，现在她是一只母老虎，发起火来非常疯狂！
女：哪个女的没点儿小脾气啊？再说，打是亲，骂是爱嘛。

여: 오늘 안색이 별로 안 좋아 보이는데, 어디 아프니?
남: 말도 마, 어제 저녁에 아내랑 대판 싸웠어.
여: 잘 지내다가 왜 싸우고 그래, 네 아내 엄청 상냥하잖아, 분명히 네가 무슨 잘못을 한 거겠지.
남: 그녀는 사람 앞에서 행동하는 거랑 뒤에서 행동하는 게 달라, 지금 그녀는 암호랑이 같아서 화내기 시작하면 정말 무섭다니까!
여: 그 정도 성격 없는 여자가 어디 있어? 그리고 그렇게 싸우고 욕하는 것도 다 가깝고 사랑하니까 그러는 거잖아.

问：关于男的，下面哪个说法正确？

질문: 남자에 관해서, 다음 중 옳은 것은 무엇인가?

해설 남자에 관해 물었으니 남자에 해당되는 보기를 찾아야 한다. 여자가 남자에게 안색이 안 좋은 이유를 묻자, 어제 저녁에 아내와 싸웠다고 했으므로, 정답은 C가 된다. 녹음 지문에서 싸웠다는 표현 吵了一架(한 바탕 싸웠다)는, 보기에서는 吵架了(말다툼했다)로 바뀌어 나왔다. 사람들 앞에서와 뒤에서의 모습이 다른 사람은 아내이므로 B는 제외되며 A, D는 언급되지 않았다. 의문대사 哪个를 이용한 반어문 哪个女的没点儿小脾气啊? (그 정도 성격 없는 여자가 어디 있어?)는 여자는 누구나 약간의 성격이 있다는 의미다.

★ 핵심 반어문	내포된 뜻
哪个女的没点儿小脾气啊？ 그 정도 성격 없는 여자가 어디 있어?	每个女人都有小脾气。 여자는 누구나 약간의 성격이 있다.

단어 唠叨 láodao 동 잔소리하다 | 两面派 liǎngmiànpài 명 이중인격자 | 老婆 lǎopo 명 아내, 마누라 | 吵架 chǎojià 동 말다툼하다 | 喝醉 hēzuì 동 (술에) 취하다 | 看起来 kànqǐlái 동 보아하니 ~하다 | 脸色 liǎnsè 명 안색, 얼굴색 | 舒服 shūfu 형 편안하다 | 别提了 bié tí le 말도 마라 | 爱人 àiren 명 아내, 남편 | 温柔 wēnróu 형 부드럽고 상냥하다 | 一定 yídìng 부 반드시, 꼭 | 背后 bèihòu 명 뒤, 뒤쪽 | 母老虎 mǔlǎohǔ 명 암호랑이, (비유) 성질이 사나운 여자 | 发火 fāhuǒ 동 화를 내다 | 疯狂 fēngkuáng 형 미치다, 실성하다 | 脾气 píqi 명 성깔, 성질 | 打是亲，骂是爱 dǎ shì qīn, mà shì ài 때리는 것도 꾸짖는 것도 모두 사랑하기 때문이다

1 반어문 문제 질문 형식

1) 속뜻을 묻는 문제

女的是什么意思? 여자는 무슨 뜻인가?

根据对话可以知道什么? 대화에서 무엇을 알 수 있는가?

他们的对话告诉我们什么? 그들의 대화는 우리에게 무엇을 알려 주는가?

关于男的, 下面哪个说法正确? 남자에 관해, 다음 중 옳은 것은 무엇인가?

Tip 대화를 통해서 알 수 있는 것, 또는 화자가 한 말의 의미를 주로 묻는다.

2) 어투 · 태도를 묻는 문제

女的是什么态度? 여자는 어떤 태도인가?

男的是什么语气? / 男的是什么口气? 남자는 어떤 어투인가?

Tip 어투·태도를 묻는 문제도 자주 등장한다.

2 핵심 패턴 연습

01-33

다음 녹음 지문 표현을 듣고, 속뜻을 유추해 보자.

Tip 아래 표의 내용은 20개의 관련 문제를 푼 효과를 준다. 색깔로 표시된 어휘가 핵심 어휘이므로 꼭 외워 둔다.

녹음 지문 표현	정답
01 我怎么好意思推辞呢? 내가 어떻게 사양할 수 있겠어?	答应了 승낙했다
02 这里不是挺安静的吗? 여기 매우 조용하지 않아?	安静 조용하다
03 他这样做我能不喜欢吗? 그가 이렇게 하는데 내가 안 좋아할 수 있겠니?	喜欢 좋아한다
04 怎么能不去上课呢? 어떻게 수업에 안 갈 수 있겠니?	应该去上课 수업에 가야 한다
05 有什么了不起呢? 뭐가 대단하니?	不了不起 대단하지 않다
06 他们的事我哪儿知道啊? 그 사람들의 일을 내가 어떻게 아니?	不知道 모른다
07 谁会相信呢? 누가 믿을 수 있겠니?	不相信 안 믿는다
08 这个问题连老师都不知道, 何况学生呢? 이 문제는 선생님도 모르는데, 하물며 학생은?	学生也不知道 학생도 모른다

09 难道你还不知道吗? 설마 너 아직도 모르는 거야?	应该知道 당연히 알아야 한다
10 那还用说? 말할 필요가 있어?	当然 당연하다
11 在这件小事上费脑筋，你何苦呢? 이런 사소한 일에 골머리를 썩히다니, 그럴 필요가 있어?	不值得费心思 마음 쓸 필요 없다
12 要是能告诉你的话，我会不告诉你吗? 만약 너에게 알려 줄 수 있다면, 내가 안 알려 주겠니?	不能告诉你 너에게 알려 줄 수 없다
13 你怎么能不当回事儿呢? 너는 어떻게 대수롭지 않게 생각할 수 있니?	应该重视 중시해야 한다
14 别人能做成的事，为什么我就不能? 남들이 해낼 수 있는 일을, 왜 나라고 못하겠어?	能够成功 성공할 수 있다
15 跟同学约好了，能失约吗? 친구랑 약속한 건데, 어길 수 있니?	说到做到 한 말은 지킨다
16 已经答应过的事怎么能不去呢? 이미 약속한 일인데 어떻게 안 가겠니?	一定得去 꼭 가야 한다
17 哪儿有那么多钱买房子啊? 어디 그렇게 큰돈이 있어서 집을 사겠니?	没有那么多钱 그렇게 큰 돈이 없다
18 以后还有的是机会嘛! 다음에도 기회는 얼마든지 있잖아!	以后还有机会 다음에 또 기회가 있다
19 女: 原来她这么粗心大意。 알고 보니 그 여자 엄청 덤벙대더라. 男: 可不吗? 누가 아니래?	她是个马虎的人 그녀는 덤벙대는 사람이다 **어투: 肯定** 확신한다
20 谁说不是呢! 누가 아니래!	**어투: 同意** 동의한다

해설서 31~36p

DAY 13

01-34

1. A 出差了
   B 身体不舒服
   C 一会儿就来
   D 不参加会议了

2. A 银行已经关门了
   B 百货商店可以刷卡
   C 公寓附近也可以取钱
   D 百货商店门口可以取钱

3. A 人应该坚持学习
   B 每天都要有事做
   C 晚点儿退休更好
   D 退休后也要工作

4. A 学理工科好
   B 文科太没有意思
   C 领导必须懂技术
   D 企业家都喜欢理科

DAY 14

01-35

1. A 女的太累了
   B 女的要考试了
   C 突然想做家务
   D 女的不喜欢做家务

2. A 输入法出错了
   B 数字键盘锁了
   C 电脑中病毒了
   D 键盘坏了

3. A 丢了手机
   B 没有USIM卡
   C 太忙顾不上
   D 不想和她见面

4. A 没带手机
   B 坐错车了
   C 很难叫车
   D 习惯迟到

08 암기하는 장소 문제

DAY 15-16

장소 문제는 보통 1~2문제 정도 출제되며, 주로 대화가 이루어지는 장소, 화자가 가려고 하는 곳, 또는 이미 다녀온 장소를 묻는다. 녹음 지문에서 장소가 어디인지 직접적으로 언급하기보다는, 장소와 관련된 명사나 동사를 듣고 추측하게 하는 경우가 많으므로, 해당 장소와 관련된 명사나 동사를 집중해서 들으면 쉽게 정답을 찾을 수 있다.

듣기

시크릿 백전백승

1 첫눈에 알아채라!

녹음 지문을 듣기 전에 보기를 먼저 보고 어떤 질문이 나올지 추측하는 것은 듣기의 기본자세다. 보기를 통해서 문제의 대략적인 내용과 질문을 예상하고, 무엇을 중점적으로 들어야 하는지 알 수 있으므로, 보기를 일일이 해석하지 않고도 어떤 유형의 문제인지 첫눈에 알아채는 훈련을 해야 한다.

예 [보기] 学校 학교 / 图书馆 도서관 / 饭馆 식당 / 商店 상점 → 장소 문제
大夫 의사 / 记者 기자 / 司机 운전사 / 警察 경찰 → 직업 · 신분 문제

2 장소 관련 동사와 명사에 집중하라!

장소 문제는 장소가 직접적으로 언급되지 않는 경우가 대부분이다. 녹음 지문을 들을 때, 대화 내용을 해석하는 것에만 급급해하지 말고, 장소를 유추할 수 있는 명사나 동사를 듣고 대화의 장소가 어디인지 추측하는 것에 중점을 두어야 한다.

예 寄 보내다, 부치다 → [정답] 邮局 우체국
存钱 저축하다 → [정답] 银行 은행
能不能开快一点 좀 더 빨리 운전할 수 없나요? → [정답] 出租车 택시

3 함정에 현혹되지 마라!

장소 문제는 대부분 장소 관련 핵심 어휘만 알아들을 수 있다면 바로 맞힐 수 있다. 간혹, 난이도 높은 문제에서는 혼동 어휘가 나올 수 있으니, 현혹되거나 실수하지 않도록 주의한다.

예 我以为你去食堂吃饭呢，原来在宿舍里。
나는 네가 식당에 밥 먹으러 간 줄 알았는데, 기숙사에 있었구나.
→ [정답] 宿舍 기숙사

문제 1

01-36

A 银行　　B 医院　　C 邮局　　D 百货商店

문제 분석 장소와 관련된 명사와 동사에 집중!

A 银行 B 医院 C 邮局 D 百货商店	A 은행 B 병원 **C 우체국** D 백화점
女：邮包里面装的是什么？ 男：几本书和几件衣服。可以寄吧？ 问：他们可能在什么地方？	여: 소포 안에 들어 있는 물건이 무엇이죠? 남: 책 몇 권이랑 옷 몇 벌이에요. 부쳐도 되죠? **질문: 그들은 어느 장소에 있겠는가?**

해설 녹음 지문에서 邮包(소포), 寄(부치다)라는 단어를 들었다면, 남자가 소포를 부치려고 우체국에 와 있음을 알 수 있다. 따라서 정답은 C가 된다.

단어 银行 yínháng 명 은행 | 邮局 yóujú 명 우체국 | 百货商店 bǎihuò shāngdiàn 명 백화점 | 邮包 yóubāo 명 소포 | 装 zhuāng 동 포장하다, 담다 | 寄 jì 동 보내다, 부치다 | 地方 dìfang 명 장소, 곳

NEW 단어 + TIP

- 列车 lièchē 명 열차
  车厢(객차), 餐车(식당 칸), 检票(검표하다) 등과 같은 단어가 등장하면 火车(기차)나 列车(열차)가 정답으로 제시된다.
- 健身 jiànshēn 동 신체를 건강하게 하다
  몸을 건강하게 하기 위해, 跑步(달리기)를 하거나, 健身房(헬스장)에 가서 锻炼身体(체력 단련)를 한다는 내용이 나올 수 있다.

문제 2

01-37

A 船上　B 火车上　C 飞机上　D 公共汽车上

문제 분석 장소와 관련된 명사에 집중!

A 船上 / A 배 위
B 火车上 / **B 기차 안**
C 飞机上 / C 비행기 안
D 公共汽车上 / D 버스 안

男：打扰一下，可不可以和我换一下座儿呢？我想和我朋友坐一起。
女：没问题，你的座位在哪儿？
男：这个车厢的29号，是一个靠窗的座位，太感谢您了。
女：别客气，我很喜欢靠窗的座位。

问：他们最可能在哪儿？

남: 실례합니다만, 저랑 자리를 좀 바꿀 수 없을까요? 제 친구랑 같이 앉고 싶어서요.
여: 그러세요, 자리가 어디시죠?
남: 이 객차의 29번, 창가 자리예요. 매우 감사합니다.
여: 천만에요, 저는 창가 자리를 무척 좋아해요.

질문: 그들은 어디에 있겠는가?

해설 4개의 보기 모두 교통수단이므로, 자리를 바꾸는 상황이 가능하다. 녹음 지문에서 车厢(객차)이라는 단어를 들었다면, 대화 장소가 기차 안(火车上)이라는 것을 알 수 있다. 따라서 정답은 B가 된다.

Tip 다음은 자주 출제되는 교통수단이므로, 짝꿍 핵심어를 반드시 암기해 두자.

자주 출제되는 교통수단	녹음 지문 핵심어
公共汽车 버스	**该下车了** 내려야 한다
火车 기차	**检票** 검표하다 / **准备行李** 짐을 챙기다
飞机 비행기	**系好安全带** 안전벨트를 잘 매다 / **起飞了** 이륙합니다
出租汽车 택시	**红绿灯** 신호등 / **师傅，快一点儿** 기사님, 좀 빨리 가 주세요

단어 船 chuán 명 배 | 火车 huǒchē 명 기차 | 打扰 dǎrǎo 동 방해하다, 지장을 주다 | 换 huàn 동 바꾸다 | 座儿 zuòr 명 좌석, 자리 | 座位 zuòwèi 명 좌석 | 车厢 chēxiāng 명 객실, 객차 | 靠 kào 동 기대다, 접근하다 | 窗 chuāng 명 창문 | 感谢 gǎnxiè 동 감사하다

자주 출제되는 표현

1 장소 문제 질문 형식

1) 대화가 일어나는 장소를 묻는 문제

他们最可能在哪儿说话? 그들은 어디에서 이야기하고 있겠는가?

这段对话可能发生在哪儿? 이 대화는 어디에서 일어난 것이겠는가?

对话最可能发生在什么地方? 대화는 어느 곳에서 일어난 것이겠는가?

Tip 화자가 있는 곳이 어디인지 파악해야 한다.

2) 화자가 갔거나 가려는 곳을 묻는 문제

男的昨天去哪儿了? 남자는 어제 어디에 갔는가?

他们周末打算去哪儿? 그들은 주말에 어디에 가려고 하는가?

Tip 화자가 지금 있는 곳은 정답이 아니므로, 화자가 이미 갔다 왔거나 가려고 하는 장소가 어디인지 파악해야 한다.

3) 물건이 있는 장소를 묻는 문제

男的要把照片放在哪儿? 남자는 사진을 어디에 두려고 하는가?

男的是在哪儿找到手表的? 남자는 어디에서 손목시계를 찾았는가?

Tip 물건을 놔둔 곳이 어디인지, 어떤 물건이 있는 곳을 말하는지 파악해야 한다.

2 핵심 패턴 연습

01-38

다음 녹음 지문 표현을 듣고, 관련 장소를 유추해 보자.

Tip 아래 표의 내용은 26개의 관련 문제를 푼 효과를 준다. 색깔로 표시된 어휘가 핵심 어휘이므로 꼭 외워 둔다.

녹음 지문 표현	정답
01 3号桌已经有人定了，您坐这边可以吗? 3번 테이블은 이미 예약한 분이 있습니다. 이쪽 자리에 앉아도 괜찮으세요?	饭馆 / 餐厅 음식점
02 你怎么才来，火车都要开了。 너 왜 이제야 와, 기차도 곧 출발하려 해.	火车站 기차역
03 您要取多少钱? 얼마를 찾고 싶으세요?	银行 은행
04 都住院了，还批改作业呀! 입원을 하고도, 숙제를 수정해 주는 거야!	医院 병원
05 我要坐11点的飞机。 나는 11시 비행기를 탈 거야.	机场 공항
06 我们这里不能用信用卡，只能付现金。 저희는 신용카드는 쓰실 수 없고, 현금 지불만 가능합니다.	商场 / 商店 상점
07 我想找一本逻辑方面的书。 논리학 방면의 책을 한 권 찾고 싶어요.	书店 서점
08 我要一个标准间。 일반실 하나 주세요.	宾馆 / 饭店 호텔

09	你好，我想要两张28号去上海的火车票。 안녕하세요. 28일에 상하이로 가는 기차표 2장을 사고 싶어요.	火车站 기차역 售票处 매표소
10	您好，您想来点儿什么？ 안녕하세요. 무엇을 좀 드시겠습니까?	饭馆 / 餐厅 음식점
11	看一次病真难呀！ 치료 한 번 받기 정말 힘드네!	医院 병원
12	地上没有停车位了，地下车库可能还有。 지상에 주차할 곳이 없어요. 지하 주차장에는 아마 있을 거예요.	停车场 주차장
13	本店现在全部8折优惠，祝你们购物愉快。 저희 상점은 현재 전 품목 20% 할인입니다. 즐거운 쇼핑 되시길 바랍니다.	商场 / 商店 상점
14	你的护照是真的，可以登机了。 당신의 여권은 진짜군요. 탑승하실 수 있습니다.	机场 공항
15	您好，我要存一些钱，这是我的存款单。 안녕하세요. 돈을 좀 입금하려고요. 여기 입금 전표입니다.	银行 은행
16	下一站是自然博物馆，要下车的乘客请准备下车。 다음 역은 자연박물관입니다. 내리실 분은 준비하세요.	公共汽车 버스
17	你的包裹超重了，要再贴一张才能寄。 당신의 소포는 중량 초과네요. (우표) 한 장 더 붙여야 부칠 수 있습니다.	邮局 우체국
18	系好安全带了吗？快起飞了。 안전벨트 잘 매셨나요? 곧 이륙합니다.	飞机 비행기
19	买这么多书就咱们两个人能拿得了吗？ 이렇게 많은 책을 사서 우리 두 사람이 들고 갈 수 있을까?	书店 서점
20	我给你开点儿药，回家好好儿休息，按时吃药。 약을 좀 처방해 드릴 테니, 집에 가서 푹 쉬시고, 제때 약을 드세요.	医院 병원
21	不用洗头，只要剪短一点儿。 머리를 감을 필요는 없고, 조금 짧게만 잘라 주세요.	理发馆 이발소
22	对不起，你的密码不对。 죄송하지만, 비밀번호가 맞지 않습니다.	银行 은행
23	如果想锻炼腿部，我推荐你使用跑步机。 다리 부위를 단련하고 싶다면, 러닝머신을 사용할 것을 추천합니다.	健身房 헬스클럽
24	师傅，今天为什么这么堵车，能不能再开快点儿，行吗？ 기사님, 오늘 왜 이렇게 차가 막히죠? 좀 더 빨리 운전해 주실 수 있나요?	出租汽车 택시
25	周末骑摩托车去郊外玩玩儿，一定很有意思！ 주말에 오토바이를 타고 교외로 나가서 놀자. 정말 재미있을 거야!	가려는 곳: 郊外 / 郊区 교외
26	别把这个纸箱子扔了，你先放阳台上吧。 이 종이 상자를 버리지 말고, 우선 베란다에 두어라.	물건을 둘 곳: 阳台 베란다

듣기

해설서 36~39p

DAY 15

01-39

1. A 餐厅
B 商场
C 酒吧
D 咖啡厅

2. A 卧室
B 客厅
C 办公室
D 照相馆

3. A 沙发下面
B 床下面
C 抽屉里
D 口袋里

4. A 超市收银台
B 洗手间
C 售票处
D 银行营业厅

DAY 16

01-40

1. A 机场
B 宾馆
C 火车站
D 警察局

2. A 飞机场
B 公司
C 火车站
D 街上

3. A 地铁站出口附近
B 商业大厦里
C 约会地点
D 约会地点对面

4. A 酒吧
B 健身房
C 公司
D 超市

09 암기하는 직업&관계 문제

직업&관계 문제는 전체적인 흐름을 이해하거나 논리적 추론을 해야 하는 경우가 드물고, 대화 속에서 언급된 직업 · 관계 관련 주요 어휘만 잘 포착한다면 바로 정답을 찾을 수 있는 '암기형' 문제다. 이러한 유형을 마스터하는 방법은 딱 한 가지! '관련 어휘 암기'다. 관계 문제에서는 녹음 지문 첫 부분에 상대방을 부르는 호칭이 나오는 경우가 많으므로, 처음부터 집중해서 들어야 한다.

듣기 시크릿 백전백승

1 첫눈에 알아채라!

직업 · 신분 · 관계 · 호칭 등에 관한 단어가 보기에 나오면 직업&관계 문제임을 간파하고, 관련 어휘에 최대한 집중해서 들어야 한다. 지문을 듣기 전에 보기를 보고 직업&관계 문제임을 파악했다면, 이미 정답에 한 발짝 다가선 것이다.

예 **[보기]** **大夫** 의사 / **老师** 선생님 / **秘书** 비서 → 직업을 묻는 문제
夫妻 부부 / **同事** 동료 / **母子** 모자 → 관계를 묻는 문제

2 호칭, 직업, 관계 관련 명사와 동사에 집중하라!

녹음 지문에서 직업이나 관계가 직접적으로 언급되지 않는다면, 호칭이나 직업, 관계를 유추할 수 있는 명사와 동사를 근거로 답을 골라야 한다.

예 **[호칭 힌트]** **张老师** 장 선생님 → **师生** 사제
爸爸 아빠 → **父女** 부녀
观众朋友 관중 여러분 → **主持人** 사회자

[명사 힌트] **两口子** 부부 → **夫妻** 부부
驾驶执照 운전면허증 → **警察** 경찰 / **司机** 운전사
论文 논문 → **学生** 학생 / **教授** 교수

[동사 힌트] **采访** 취재하다 → **记者** 기자
赠送 증정하다 → **售货员** 판매원 / **顾客** 고객
开药 약을 처방하다 → **大夫** 의사

3 핵심 어휘를 암기하라!

정답과 관련된 명사나 동사를 들었더라도, 단어의 뜻을 정확히 알지 못하거나 어떤 직업 및 관계에 관련되어 있는지 암기하지 못했다면 정확한 답을 고를 수 없다. 한 번 들었던 지문에 나오는 핵심 어휘는 놓치지 말고 반드시 암기해 둔다.

4 전체 내용을 이해하라!

직업&관계 문제에서는 정답과 관련된 단어를 녹음 지문에서 들려주는 경우가 80% 이상이므로 핵심 어휘를 우선적으로 암기해야 하지만, 전체적인 내용을 듣고 정답을 유추해야 하는 문제도 나올 수 있다. 고득점을 위해서는 무조건 핵심 어휘만 찾기보다는, 전체적인 내용을 들으려는 노력도 필요하다.

NEW 단어 + TIP

- 老婆 lǎopo 명 아내
  아내라는 표현은 爱人, 妻子, 老婆 등이 있다. 夫妻(부부)는 돈, 육아, 교육, 출장 등 다양한 화제로 대화를 나눌 수 있다는 것도 기억하자!

- 急诊 jízhěn 명 응급 진료
  急诊(응급 진료)이 등장하는 대화에서 장소를 물으면 医院(병원)이, 직업을 물으면 大夫(=医生 의사)가 정답이 될 것이다. 护士(간호사)가 정답으로 제시된 적은 단 한번도 없다.

- 牙齿 yáchǐ 명 이, 치아
  牙(이)가 아프다고 말하는 사람은 病人(환자)이고, 치료해 주기 위해 张开嘴(입을 벌리다)라고 말하는 사람은 牙科大夫(치과 의사)가 정답으로 제시될 수 있다.

- 偷 tōu 동 훔치다, 도둑질 하다
  물건을 偷(훔치다)한 사람은 小偷(도둑)이고, 그를 붙잡은 사람은 警察(경찰)가 정답이 된다.

플러스 단어

- 模特 mótè 명 모델
- 员工 yuángōng 명 종업원, 직원
- 报社 bàoshè 명 신문사
- 外公 wàigōng 명 외조부
- 主任 zhǔrèn 명 주임
- 长辈 zhǎngbèi 명 손윗사람, 연장자

시크릿 확인학습

문제 1 01-41

A 歌手　B 演员　C 踢足球的　D 乐队鼓手

문제 분석 들리는 그대로에 집중!

A 歌手
B 演员
C 踢足球的
D 乐队鼓手

A 가수
B 연기자
C 축구를 하는 사람
D 밴드 드럼 연주자

男：新搬来的邻居在家干什么呀？为什么每天“咚咚咚”的？
女：听说是个乐队打鼓的，不管几点，没事儿就打鼓。

남: 새로 이사 온 사람은 집에서 뭘 하는 거야? 왜 매일 '쿵쾅'거리지?
여: 듣자 하니 밴드에서 드럼을 치는 사람이래. 시간이 몇 시든 상관없이, 일이 없으면 드럼을 치더라고.

问：隔壁邻居是做什么的？

질문: 옆집의 이웃은 무엇을 하는 사람인가?

해설 이 문제는 들은 그대로 답을 고르면 되는 문제다. 남자의 질문에 여자가 밴드에서 드럼을 치는 사람(乐队打鼓的)이라고 말했으므로 정답은 D가 된다. 대화에서 打鼓的(드럼 치는 사람)라고 한 말을 보기에서는 鼓手(드럼 연주자)로 바꾸어 표현했다.

Tip '동작 + 的'라고 표현하면 그 일을 직업적으로 하는 사람을 나타낼 수 있다.
예 擦鞋的 구두를 닦는 사람(구두닦이) / 画画儿的 그림 그리는 사람(화가) / 教书的 가르치는 사람(교사) / 送报的 신문 배달하는 사람(신문 배달부) / 打工的 아르바이트하는 사람(아르바이트생)

단어 歌手 gēshǒu 명 가수 | 演员 yǎnyuán 명 연기자 | 踢足球 tī zúqiú 축구를 하다 | 乐队 yuèduì 명 밴드 | 鼓手 gǔshǒu 명 고수, 북(드럼) 연주자 | 新 xīn 부 새로이 | 搬 bān 동 이사하다 | 邻居 línjū 명 이웃 사람 | 每天 měitiān 부 매일 | 听说 tīngshuō 동 듣자 하니 ~라고 하다 | 打鼓 dǎgǔ 동 드럼을 치다 | 不管 bùguǎn 접 ~에 관계없이 | 事儿 shìr 명 일 | 隔壁 gébì 명 이웃, 옆집

듣기

문제 2

▶ 01-42

A 女的　　B 爸爸　　C 妈妈　　D 姐姐

문제 분석 누가 금을 미리 사 두었는지에 집중!

A 女的 B 爸爸 C 妈妈 D 姐姐	A 여자 B 아빠 **C 엄마** D 언니
男：今年黄金的价格涨得很厉害。 女：对啊，金店里的首饰贵得不得了，真后悔以前没买金首饰。 男：要是以前多买一些放着就好了。 女：你要是有那种眼光就好了。还是咱妈聪明。 问：家里谁存有黄金首饰?	남: 올해 금값이 엄청 올랐어. 여: 맞아. 금은방의 장신구도 엄청 비싸. 예전에 금으로 된 장신구를 안 사 놓은 게 정말 후회된다니까. 남: 예전에 많이 사 놓았으면 좋았을 텐데. 여: 당신이 그런 안목이 있으면 좀 좋아. 역시 우리 어머니께서 현명하신 거지. **질문: 집안의 누가 금 장신구를 가지고 있는가?**

해설 두 사람이 금값에 대해서 이야기하고 있다. 마지막에 여자가 우리 어머니께서 현명하시다고 말한 것으로 보아, 남자와 여자의 엄마가 금을 미리 사 두었다는 것을 알 수 있다. 따라서 정답은 C가 된다.

단어 今年 jīnnián 명 올해 | 黄金 huángjīn 명 금 | 价格 jiàgé 명 가격 | 涨 zhǎng 동 (물가 등이) 오르다 | 厉害 lìhai 형 심각하다, 굉장하다 | 金店 jīndiàn 명 금은방 | 首饰 shǒushi 명 장신구 | 贵 guì 형 비싸다 | 不得了 bùdéliǎo 형 (정도가) 심하다 | 真 zhēn 부 진정으로, 참으로 | 后悔 hòuhuǐ 동 후회하다 | 以前 yǐqián 명 이전 | 要是 yàoshi 접 만약 | 一些 yìxiē 양 약간, 조금 | 放 fàng 동 놓아두다 | 眼光 yǎnguāng 명 선견지명, 안목 | 还是 háishi 부 역시, 아무래도 | 咱 zán 대 우리 | 聪明 cōngming 형 똑똑하다 | 存有 cúnyǒu 동 가지고 있다

NEW 단어 + TIP

대중매체

- 媒体 méitǐ 명 대중 매체, 매스 미디어(mass media)
- 报道 bàodào 동 보도하다
- 播放 bōfàng 동 방송하다, 방영하다

예 우리는 대중 매체(媒体)를 보도(报道)와 방송(播放)을 통해 소식(消息)을 접하게 된다.

자주 출제되는 표현

1 직업·관계 문제 질문 형식

1) 직업 문제

男的是什么人? 남자는 어떤 사람인가?

男的最可能是干什么的? 남자는 무슨 일을 하겠는가?

女的最可能在哪儿工作? 여자는 어디에서 일을 하겠는가?

女的可能是什么身份? 여자는 어떤 신분이겠는가?

Tip 화자가 무엇을 하는 사람인지, 어떤 직장에서 일하는지를 묻는다.

2) 관계 문제

这两个人最可能是什么关系? 이 두 사람은 무슨 관계겠는가?

Tip 대화하는 두 사람의 관계를 묻는다.

3) 신분 · 대상을 묻는 문제

他们在谈论谁? 그들은 누구에 대해 이야기하고 있는가?

女的是对谁说的? 여자는 누구에게 이야기하는가?

Tip 화자가 누구를 언급했는지, 누구에게 말하는지 묻는다.

2 핵심 패턴 연습

01-43

다음 녹음 지문 표현을 듣고, 직업 · 관계 · 신분 · 대상을 유추해 보자.

Tip 아래 표의 내용은 19개의 관련 문제를 푼 효과를 준다. 색깔로 표시된 어휘가 핵심 어휘이므로 꼭 외워 둔다.

녹음 지문 표현	정답
01 我们家那位出差了，我一个人懒得吃饭。 우리 집 그 사람이 출장을 가서, 나 혼자 밥 먹기 귀찮아.	丈夫 남편
02 没想到小李和小马他们是两口子。 샤오리와 샤오마 그들이 부부일 것이라고는 생각지도 못했어.	夫妻 부부
03 女: 今年流行短发，我给你把头发剪短。 올해는 짧은 머리가 유행이에요, 제가 머리카락을 짧게 잘라 드릴게요. 男: 你上次给我做的发型我感觉挺好。 지난번에 해 주신 헤어 스타일이 아주 마음에 들었어요.	理发师 이발사 美发师 미용사
04 王经理，这几份文件需要您签字。 왕 팀장님, 이 서류들에 사인해 주셔야 합니다.	秘书 비서 下级 부하 직원
05 我给你开点儿药。 제가 약을 좀 처방해 드릴게요.	医生 의사

06 你的书包看起来太重了。 네 책가방은 정말 무거워 보여.	学生 학생
07 上大学时，小明跟我住一个宿舍。 대학에 다닐 때, 샤오밍과 나는 같은 기숙사에 살았어.	同学 동창
08 小李已经三天没上班了，听说他生病了。 샤오리가 벌써 3일째 출근을 안 했어, 듣자 하니 병에 걸렸대.	同事 동료
09 加紧训练争取下回能取得好成绩。 더 열심히 훈련해서 다음번에는 좋은 성적을 거둘 수 있도록 하자..	教练 코치, 감독 运动员 운동선수
10 我不知道这里不能停车，要罚多少钱? 이곳에 주차하면 안 되는지 몰랐어요. 벌금을 얼마나 내야 되죠?	(交通)警察 (교통)경찰
11 我是画画儿的。 저는 그림을 그리는 사람입니다.	画家 화가
12 各位观众，谢谢收看！ 시청자 여러분, 시청해 주셔서 감사합니다!	主持人 사회자
13 你刚才闯红灯了，请把你的驾照给我看一下。 당신은 방금 신호를 위반하셨습니다. 운전면허증을 좀 보여 주세요.	(交通)警察 (교통)경찰
14 咱隔壁要搬家了。我们请他们来家里吃一顿饭吧。 우리 옆집이 곧 이사 간대. 우리 그들을 집으로 초대해서 밥 한 번 먹자.	邻居 이웃
15 不管你走多远，你都在我心里。 당신이 아무리 멀리 가더라도, 당신은 제 마음속에 있어요.	恋人 연인
16 我要的资料准备好了吗？今天的日程安排没什么变动吧！ 내가 요구한 자료는 준비가 다 되었나요? 오늘 스케줄은 변동 없겠죠!	经理 사장
17 我还记得你以前上课经常打瞌睡。 너 예전에 수업 시간에 자주 졸았던 거 난 아직도 기억나.	同学 동창
18 老爸，我今年春节回不去了。 아빠, 저 올해 설날에는 못 갈 것 같아요.	신분: 女儿 딸 관계: 父女 부녀
19 当妈妈的我真拿他没办法。 엄마인 저도 정말 그 애를 어떻게 할 방법이 없어요.	신분: 母亲 엄마 관계: 母子 모자

해설서 40~43p

DAY 17

01-44

1. A 房东
   B 邻居
   C 秘书
   D 要买房子的人

2. A 学生
   B 演员
   C 卖玩具的
   D 拍电影的

3. A 单位同事
   B 清洁工阿姨
   C 宠物店
   D 外地的亲戚

4. A 爱人
   B 姑姑
   C 儿子
   D 外公

DAY 18

01-45

1. A 邮递员
   B 销售员
   C 外卖员
   D 保安

2. A 师生
   B 同事
   C 朋友
   D 夫妻

3. A 银行
   B 旅行社
   C 飞机场
   D 航空公司

4. A 记者
   B 经理
   C 老师
   D 大夫

10 느낌으로 푸는 어투&태도 문제

어투&태도 문제에서는 대화 내용을 잘 이해하지 못하더라도, 성우의 말투를 듣고 긍정적인 어투인지, 부정적인 어투인지 감지할 수 있다. 이는 대화 속에서 화자의 감정이 드러나기 때문이다. 풍부한 감성으로 화자의 기쁨, 화남, 슬픔, 즐거움을 느껴 보자. 성우가 자신의 친구라고 생각하면서, 그의 말투, 사용하는 어기조사, 감정 색채까지 꼼꼼히 느껴 보면 정답이 쏘~옥 보이게 될 것이다.

듣기 시크릿 백전백승

1 첫눈에 알아채라!

보기에 감정과 관련된 2음절의 형용사나 동사가 나오면 어투&태도 문제임을 간파하고, 관련 어휘를 최대한 집중해서 듣는다. 녹음 지문을 듣기 전에 보기를 보고 어투&태도 문제임을 파악했다면, 이미 정답에 한 발짝 다가선 것이다.

예 [보기] **批评** 나무라다 / **表扬** 칭찬하다 / **不满** 불만이다 / **惊讶** 놀라다
鼓励 격려하다 / **怀疑** 의심하다 / **生气** 화내다 / **高兴** 기뻐하다

2 두 번째 사람의 말에 집중하라!

어투&태도 문제는 첫 번째 사람의 말에 대한, 두 번째 사람의 반응을 묻는 경우가 많다. 따라서 힌트는 두 번째 사람의 말 속에 있을 확률이 높다.

3 긍정인지 부정인지 판단하라!

대화 내용을 잘 이해하지 못했더라도 두 번째 사람의 반응이 긍정적인지 부정적인지만 정확히 판단하면, 정답률을 50% 이상 올릴 수 있다. 보기에서 긍정적인 단어에는 플러스(+) 표시, 부정적인 단어에는 마이너스(−) 표시를 해 두어도 좋다.

예 [보기] A **讽刺** 풍자하다 (−) → 부정적인 단어
B **鼓励** 격려하다 (+) → 긍정적인 단어
C **怀疑** 의심하다 (−) → 부정적인 단어
D **肯定** 확신하다 (+) → 긍정적인 단어
→ 녹음에서 성우의 말투가 부정적이라면 '+' 표시한 긍정적인 단어 B와 D를 제외하고 나머지 두 개의 보기에서 정답을 고르면 된다!

4 남녀를 구분하라!

대화하는 두 사람의 태도가 같지 않아서, 남자는 기분이 나쁘지만 여자는 기분이 좋은 경우가 많다. 따라서 남녀 중 누구의 태도를 묻는 것인지 정확히 알고 정답을 골라야 한다.

예 [녹음] 男: 你怎么不早点儿告诉我呢? 너는 어째서 일찍 내게 알려 주지 않았니?
女: 不好意思，我忘了。미안해, 잊어버렸어.
[보기] 批评 비난한다 / 责怪 원망한다 / 责备 책망한다 → 남자의 태도
道歉 사과한다 / 赔礼 사죄한다 → 여자의 태도

5 성우가 나에게 말한다고 생각하라!

녹음 지문은 두 사람의 대화 형식이므로 화가 나는 상황이라면 성우의 말투가 퉁명스럽게 들리고, 기쁜 상황이라면 밝게 들릴 것이다. 따라서 어투&태도 문제를 들을 때에는 해석이 안 된다고 미리 포기하지 말고 성우의 말투가 어떠한지를 느껴 보자!

듣기

NEW 단어 + TIP

- 冷淡 lěngdàn 형 쌀쌀하다, 냉담하다, 냉정하다
  사람을 대하는 태도나, 분위기, 반응이 차가울 때 쓸 수 있는 단어이다.
- 抱怨 bàoyuàn 동 원망하다, 불평하다
  상사가 기회를 주지 않거나, 불공평하다고 느낀다는 대사가 등장하면 抱怨이 정답이 될 가능성이 높다.
- 着火 zháohuǒ 동 불나다, 불붙다
  着火가 등장하면, 화자가 매우 着急(조급하다, 다급하다)한 심정임을 알 수 있다.
- 恭喜 gōngxǐ 동 축하하다
  상대방의 결혼(结婚), 출산(生孩子), 승진(升职), 좋은 성적(好成绩), 1등(第一名), 취직하다/뽑히다(被录取)는 얘기가 나오면 恭喜한다는 어투나 태도임을 알 수 있다.
- 好客 hàokè 동 손님 접대를 좋아하다
  여기서 好는 4성으로 발음한다. 손님 접대를 좋아하는 사람은 热情(친절하다)하다는 내용으로 나올 가능성이 높다.
- 在乎 zàihu 동 개의하다, 신경 쓰다, 마음에 두다(= 介意, 在意)
  '어떠한 일을 마음에 담아 두다(放在心上)'는 뜻으로, 부정형 不在乎(개의치 않는다)로도 많이 쓰인다.
- 信任 xìnrèn 동 믿다, 신임하다
  회사에서 부하 직원이 상사의 신임(信任)을 받는다는 의미로 자주 등장한다.

문제 1 ⓟ 01-46

A 无所谓　　B 很重视　　C 觉得麻烦　　D 表示满意

문제 분석 긍정적인지 부정적인지에 집중 / 변화된 어휘에 주의!

A 无所谓 B 很重视 C 觉得麻烦 D 表示满意	A 상관없다 **B 매우 중시한다 (+)** C 귀찮게 여긴다 (−) D 만족을 표한다 (+)
女：哎呀，你真把四大名著都拿来了，我以为你忘了呢。 男：怎么可能呢。你的事我一向看得很重。 问：男的对女的是什么态度？	여: 아이고, 너 정말 4대 명작을 다 가져왔구나. 나는 네가 잊은 줄 알았는데. 남: 어떻게 그럴 리가? 너의 일이라면 나는 항상 중요하게 생각해. **질문: 남자는 여자에 대해 어떠한 태도인가?**

해설 여자는 남자에게 4대 명작을 빌려 달라고 부탁했지만, 그가 정말로 기억해서 가져오리라고는 생각도 못하고 있었다. 남자는 여자의 일이라면 항상 중요하게 생각한다고 말했으므로, 很关心(매우 신경을 써 주다), 重视(중시한다) 등이 정답이 될 수 있다. 녹음 지문의 看得很重(중요하게 생각한다)이 보기에는 很重视(매우 중시한다)로 바뀌어 나왔지만, 같은 뜻이라는 것을 알아야 한다. 따라서 정답은 B가 된다. 남자가 여자를 대하는 태도는 긍정적이므로, 부정적 어휘 C는 먼저 정답에서 제외한다. 또, 중립적 태도인 A도 정답으로 적절치 않다.

단어 无所谓 wúsuǒwèi 관계없다, 개의치 않다 | 重视 zhòngshì 형 중시하다 | 觉得 juéde 동 ~라고 느끼다 | 麻烦 máfan 형 귀찮다, 성가시다 | 表示 biǎoshì 동 나타내다 | 满意 mǎnyì 형 만족하다 | 哎呀 āiyā 감 아이고(놀람을 나타냄) | 四大名著 sìdà míngzhù 명 4대 명작(〈삼국지연의〉, 〈수호전〉, 〈서유기〉, 〈홍루몽〉) | 以为 yǐwéi 동 ~라고 (잘못) 여기다 | 忘 wàng 동 잊다, 까먹다 | 一向 yíxiàng 부 줄곧 | 重 zhòng 형 중요하다 | 态度 tàidu 명 태도

문제 2

▶ 01-47

A 表扬　　B 快乐　　C 责备　　D 不耐烦

문제 분석 성우의 어투가 긍정적인지 부정적인지에 주의!

A 表扬	A 칭찬한다 (+)
B 快乐	B 즐겁다 (+)
C 责备	**C 책망한다 (−)**
D 不耐烦	D 귀찮다 (−)
女：手机没电了，你的充电器在哪儿？借我用用。	여: 휴대전화 배터리가 다 됐어. 네 충전기는 어디 있어? 나 좀 빌려줘.
男：你的呢？又找不到了，怎么总是乱放东西？你这个坏习惯，快改改吧！	남: 네 것은? 또 못 찾는 거야? 왜 항상 물건을 아무 데나 두는 거니? 그런 나쁜 습관은 빨리 좀 고쳐라!
女：知道了，以后一定注意，我现在要打个重要的电话。	여: 알았어, 다음부터는 꼭 주의할게. 나 지금 중요한 전화해야 한단 말이야.
男：唉，你总是说了不做。	남: 어휴, 너는 항상 말만 하고 안 지키잖아.
问：男的是什么语气？	**질문: 남자는 어떤 어투인가?**

해설 두 번째 화자인 남자의 말투를 느껴 보자. 你这个坏习惯, 唉 등을 들었다면 부정적인 어투임을 알 수 있으므로, 먼저 긍정적인 어휘 A, B를 삭제한다. 남아 있는 부정적 어휘 C, D 중에서 责备(책망하다)가 전체 내용과 맞으므로 정답은 C가 된다.

Tip 어투 문제를 풀 때는 전체 내용을 이해하는 것도 중요하지만, 성우가 자신에게 이야기한다는 생각으로 성우의 어투를 느껴 보는 것도 정답을 고르는 데에 중요한 힌트가 된다.

단어 表扬 biǎoyáng 동 칭찬하다 | 责备 zébèi 동 책망하다, 탓하다 | 不耐烦 bú nàifán 형 귀찮다, 성가시다 | 充电器 chōngdiànqì 명 충전기 | 借 jiè 동 빌리다 | 用 yòng 동 사용하다 | 又 yòu 부 또 | 怎么 zěnme 대 어떻게 | 总是 zǒngshì 부 늘, 언제나 | 乱 luàn 부 마구, 제멋대로 | 放 fàng 동 놓아두다 | 坏 huài 형 나쁘다 | 习惯 xíguàn 명 습관 | 快 kuài 형 빠르다 | 改 gǎi 동 고치다 | 以后 yǐhòu 명 이후 | 一定 yídìng 부 반드시, 꼭 | 注意 zhùyì 동 주의하다, 조심하다 | 要 yào 조동 ~해야 한다 | 重要 zhòngyào 형 중요하다

자주 출제되는 표현

1 어투·태도 문제 질문 형식

대화를 들을 때 남녀를 확실히 구분해야 한다.

1) 어투 문제

女的表达什么? 여자는 무엇을 표현하는가?

男的是什么语气? / 男的是什么口气? 남자의 어투는 어떠한가?

女的的心情怎么样? 여자의 심정은 어떠한가?

男的感觉怎么样? 남자는 어떻다고 생각하는가?

Tip 화자의 어투나 감정을 묻는다.

2) 태도 문제

男的对这件事怎么看? 남자는 이 일을 어떻게 보는가?

男的对女的有什么看法? 남자는 여자에 대해 어떤 의견을 가지고 있는가?

女的对男的是什么态度? 여자는 남자에 대해 어떤 태도인가?

女的知道情况以后, 有什么反应? 여자는 상황을 알고 난 후, 어떤 반응을 보이는가?

Tip 화자가 상대방에게 보이는 태도를 묻는다.

2 핵심 패턴 연습

01-48

다음 녹음 지문 표현을 듣고, 화자의 어투 · 태도를 유추해 보자.

Tip 아래 표의 내용은 20개의 관련 문제를 푼 효과를 준다. 색깔로 표시된 어휘가 핵심 어휘이므로 꼭 외워 둔다.

녹음 지문 표현	정답
01 小王太了不起了! 샤오왕은 정말 대단해!	羡慕 부러워한다 称赞 칭찬한다
02 你这个懒虫，今天起得这么早，真是太阳从西边出来了。 너 같은 잠꾸러기가 오늘 이렇게 일찍 일어나다니, 정말 태양이 서쪽에서 뜨겠네.	吃惊 놀랐다 惊叹 경탄한다
03 百货商店正在搞打折活动，早知道上个星期就不买了。 백화점은 지금 세일하더라, 미리 알았더라면 지난주에 사지 않았을 텐데.	后悔 후회한다
04 你这个马大哈! 总是丢三落四的，快回去找找。 이 덜렁아! 매번 이것저것 빠뜨리고 다녀, 어서 가서 찾아봐.	责怪 탓한다 责备 책망한다
05 幸亏你帮我预订了飞机票。 다행히 네가 비행기 표를 예약해 주었어.	感谢 감사한다
06 早知道这儿的风景这么优美，我就带相机来了。 이곳의 풍경이 이렇게 아름다운 줄 미리 알았더라면, 사진기를 가지고 왔을 텐데.	后悔 후회한다

07 汉堡，汉堡，回回都是汉堡，还有别的没有啊？ 햄버거, 햄버거, 매번 햄버거야. 다른 건 없어?	不耐烦 참지 못한다
08 这台电脑怎么坏了？ 이 컴퓨터가 왜 고장 났지?	奇怪 이상하게 여기다
09 要不是你，我还真不知道什么时候能找到这里呢。 당신이 아니었더라면, 제가 언제 여기를 찾아낼 수 있었을지 모르겠네요.	感谢 감사한다
10 他动不动就迟到。 그는 걸핏하면 지각해.	责怪 탓한다 批评 비평한다
11 当初我应该告诉你的。 그때 내가 너에게 알려 줬어야 했는데.	后悔 후회한다
12 做梦也没想到。 꿈에서조차 생각하지 못했어.	吃惊 놀랐다 意外 뜻밖이다
13 我心里特别过意不去。 나는 정말 미안하게 생각해.	惭愧 면목이 없다
14 大夫说没事，会很快好起来的。 의사 선생님께서 괜찮다고, 곧 좋아질 것이라고 말씀하셨어.	安慰 위로한다
15 小李见到我连招呼都不打。 샤오리는 나를 보고 인사도 하지 않아.	不满 불만이다 生气 화낸다
16 他爱学不爱学，随他的便。 그가 공부하는 것을 좋아하든 안 좋아하든, 마음대로 하게 놔둬라.	无所谓 상관없다
17 男：你的英语水平越来越进步了。 너의 영어 실력이 점점 좋아지는구나. 女：哪里哪里。 별말씀을요.	남: 称赞 / 表扬 칭찬한다 여: 谦虚 겸손하다
18 男：有句话不知当讲不当讲。 할 말 있는데, 해야 할지 말아야 할지 모르겠어. 女：没关系，随便讲。 괜찮아, 편하게 얘기해.	남: 犹豫 망설인다 担心 걱정한다 여: 无所谓 괜찮다
19 男：我听说你做了医院的院长了，年纪这么轻，真了不得。 듣자 하니 당신이 병원장이라면서요. 나이도 이렇게 젊은데, 정말 대단하세요. 女：那也算不了什么。 별거 아니에요.	남: 称赞 / 表扬 칭찬한다 여: 谦虚 겸손하다
20 男：我这把年纪了，还能学会开车吗？ 내가 이 나이에 운전을 배울 수 있을까? 女：老李比你大吧，人家都学会了，你担心什么呀？ 라오리가 당신보다 나이가 많잖아요. 그 사람도 해냈는데 당신이 무슨 걱정이에요?	남: 担心 걱정한다 여: 劝说 권유한다 鼓励 격려한다

해설서 44~47p

DAY 19
01-49

1. A 批评
   B 询问
   C 安慰
   D 表扬

2. A 感到高兴
   B 感到意外
   C 表示怀疑
   D 十分生气

3. A 无奈
   B 嫉妒
   C 孤独
   D 羡慕

4. A 讽刺
   B 鼓励
   C 怀疑
   D 肯定

DAY 20
01-50

1. A 抱怨
   B 羡慕
   C 满意
   D 后悔

2. A 羡慕
   B 感谢
   C 意外
   D 讨厌

3. A 吃惊
   B 惊喜
   C 嫉妒
   D 遗憾

4. A 称赞
   B 抱怨
   C 反对
   D 不关心

새롭게 알게 된 내용, 가장 중요한 핵심 내용, 학습 소감과 각오 등을 적어 보세요.

新HSK 5급

듣기 제2부분 서술형 단문

기출문제 탐색전

MP3 바로 듣기

02-00

문제 1

31. A 假期太短　　B 教材变动太大
    C 教的内容太简单　　D 总是做重复的工作

32. A 要反复复习　　B 备课时多思考
    C 每届学生的特点不同　　D 要解决好师生间的矛盾

문제 2

35. A 把水煮开　　B 称鱼的重量　　C 量鱼的大小　　D 去市场卖掉

36. A 锅太小　　B 怕被罚款　　C 小鱼味道鲜美　　D 这里禁止钓大鱼

❶ 총 6개의 지문이 출제되고, 지문당 2~3문제씩 총 15문제가 출제된다.

Tip 듣기 제2부분 서술형 단문은 총 15문제로, 2문제짜리 지문 3개와 3문제짜리 지문 3개가 출제된다. 최근 기출문제를 분석해 보면 2문제짜리 지문은 맨 첫 번째 지문과 맨 마지막 두 개의 지문에 해당하고, 중간에 있는 지문은 모두 3문제짜리로 출제되는 경향을 보이고 있다. 녹음을 듣기 전까지는 몇 문제짜리 지문인지 알 수 없으므로, 지금 알려 준 Tip을 활용하면, 보기를 파악하는 데 도움이 될 것이다.

❷ 보기는 '술어 + 목적어' 혹은 '주어 + 술어 + 목적어', '부사 + 형용사'의 형태로 많이 나온다.

❸ 문제는 녹음 지문의 순서와 일치하게 나올 확률이 높다. 그러므로 보기를 보면서 녹음을 듣다가 관련 내용이 들리면 녹음과의 일치 여부를 여백에 살짝 표시해 두었다가, 녹음 내용이 끝나면 질문을 정확히 확인하고 정답을 고른다.

❹ 녹음은 먼저 문제의 범위를 알리는 멘트가 나온 후, 지문이 나오고, 그런 다음 질문이 나온다.

제2부분의 서술형 단문은 31~45번까지 총 6개의 지문에 15문제가 출제된다. 제1부분에서 학습한 대화문과는 달리, 제2부분에서는 지문 하나와 이와 관련된 문제 2~3개가 연속해서 출제된다. 서술형 지문은 한 사람이 이야기를 들려주는 방식이어서 약간 부담스러울 수 있지만, 대화문에서 혼동을 일으키는 함정 어휘가 많이 등장하는 반면, 서술형 단문은 함정 어휘보다는 정보 전달을 목적으로 하기 때문에 내용만 잘 파악해도 정답을 맞힐 확률이 높다.

녹음 지문 1

第31到32题是根据下面一段话。

一位年轻的中学教师抱怨说:“咱们的工作太单调了，每年教的东西都差不多，相同的内容一遍又一遍地重复，真没意思。”

旁边一位老教师听见了，说:“我教了一辈子书，可从来没觉得单调。每一届学生的特点都不一样，自然教学的过程也不一样，这是一种生动的重复，只有不断地重复和熟悉，你才能更有创造性地去工作。”

生活中，重复的事情有很多，但每一次重复都蕴含着变化，都需要我们用心对待。

31. 问：那位年轻教师为什么抱怨?
32. 问：下列哪项属于那位老教师的观点?

녹음 지문 2

第35-36题是根据下面一段话:

老刘钓鱼有一个很怪的习惯，就是每钓上一条就会拿尺子量一量。小一点的就放在篓子里，只要比尺子大的鱼，他都会丢回河里。有人问他,“别人都是喜欢大鱼，不喜欢小鱼，你怎么正好相反，将大鱼都丢回河里呢?” 老刘回答:“我家的锅只有这么大，太大的鱼装不下。” 有的人觉得老刘很可笑，但也有的人说,“享受你的生活，不要与别人比较。”

35. 问：钓到鱼后，老刘先做什么?
36. 问：老刘为什么把大鱼都丢回河里?

❶ 제2부분의 녹음 지문 길이는 대략 160~230자 정도로 대략 5~8문장으로 제시된다.

❷ 보통 3인칭 시점으로 서술하는 지문이 많으며, 다양한 소재의 이야기가 등장한다.

❸ 듣기 시험이 끝나면 듣기 답안지를 작성하는 시간이 5분 정도 주어진다.

성공에 관한 이야기

듣기 제2부분은 2가지 유형으로 나뉜다. 하나는 제1부분과 같은 대화문(4~5줄)으로 총 10문제 출제되고, 다른 하나는 서술형 단문으로 지문당 2~3문제씩 총 6개 지문이 출제된다. 대부분 이야기, 설명문, 논설문의 형식을 지니므로, 이러한 스토리를 자주 들어서 익숙해진다면 정답을 찾는 것이 훨씬 더 수월해질 것이다. 이번 장에서는 성공에 관한 이야기 유형을 익혀 보자.

듣기 시크릿 백전백승

1 보기를 분석하라!

녹음 지문이 길고 들어야 할 내용이 많을수록 심리적 부담감이 커질 수 있다. 사전 정보 없이 녹음 지문을 듣는 것보다는 보기를 먼저 읽어 보고, 어떤 문제가 나올지, 어떤 부분을 집중적으로 들어야 할지 미리 예측해 보는 것이 좋다.

2 몇 번까지 풀어야 하는지 표시하라!

하나의 지문에 여러 개의 문제가 나올 경우에는 듣게 될 내용이 몇 번부터 몇 번 문제에 해당하는지 미리 파악하고 들어야 한다. 문제의 범위를 알려 주는 지시문을 놓치지 말고 문제의 해당 범위를 시험지에 표시해 두자.

[녹음] 第31到33题是根据下面一段话。 → 33번 문제에 사선(/)이나 꺾쇠(」) 등 자기만의 기호로 표시해 둔다.

3 들리는 순서대로 답이 나온다!

긴 지문을 듣다 보면 정보를 다 기억하지 못해 좌절하거나, 쉽게 포기하는 학생들이 많다. 하지만 당황할 것 없다! 대개의 경우 녹음 지문에서 들려주는 순서대로 문제가 출제되므로, 귀로 들으면서, 눈으로는 문제의 보기를 들리는 순서대로 하나씩 짚어 가면서 풀면 된다.

4 성공 이야기의 핵심 주제를 파악하라!

제2부분 서술형 단문에 가장 많이 출제되는 유형이 바로 '성공 스토리'다. 삶에 어떤 태도를 가져야 성공하는지, 어떤 기업이 성공하는지, 성공에서 가장 중요한 요소는 무엇인지, 성공의 성패를 결정짓는 요소는 무엇인지 등 지문에서 말하고자 하는 성공의 핵심 주제가 무엇인지 파악하자.

5 메모하는 훈련을 하라!

들으면서 메모하라는 이야기는 많이 들었지만 실천하기는 쉽지 않다. 메모하는 방법에 대해서 알아보자.

① 시간이 촉박하기 때문에 전체적인 내용을 메모하지 않고, 핵심만 메모한다.

② 중국어로 메모하지 않고 한국어나 기호로 메모한다.

→ 중국어 받아쓰기 테스트가 아니고, 순간적으로 지나가는 내용을 중국어로 받아 적는 것은 중국인에게도 어려운 일이기 때문이다.

③ 해당 보기들을 보면서 어떤 내용이 나올지 유추하면서 듣는다.

④ 들은 내용에 해당하는 보기에 체크해 놓거나, 옳고(v/○), 그름(x)을 표시해 놓는다.

내가 생각하는 HSK란? - HSK는 ☐ 다.

- HSK는 마일리지다. 하면 할수록 점점 쌓여가니까.
- HSK는 바다다. 깊이 들어갈수록 볼 게 많다.
- HSK는 미적분 문제다. 처음에는 어렵지만, 계속 반복해서 공부하면 언젠가 척척 풀리니까.
- HSK는 화산이다. 공부를 하다 보면 머리가 폭발할 것 같다.
- HSK는 게임이다. 하면 할수록 익숙해지고, 점점 더 재미있어지니까.

문제 ▶ 02-01

1. A 功夫高强　B 善于教课
   C 写了许多诗　D 下棋很厉害

2. A 最后一个不愿意下功夫　B 学习成果差别很大
   C 都很认真地学习下棋　D 前俩人更出色

문제 분석 핵심 주제 파악에 집중!

春秋时期有一个名字叫弈秋的人，①他很擅长下棋，是当时的围棋第一高手。许多年轻人听闻他的大名，都想跟着他学习下棋。

他收了三个徒弟，一个上课总是走神儿，经常朝窗外看；一个课后不愿下功夫练习；只有一个上课态度非常认真，勤奋练习。结果，同样跟着名师学习，②前面俩人棋艺没有任何进步；而最后一个却学有所成。

춘추시대에 이름이 혁추라는 사람이 있었다. ①그는 바둑에 정통하여, 당시 바둑에서는 최고의 고수였다. 많은 젊은이들이 그의 명성을 듣고 와서, 그에게 바둑을 배우고 싶어했다.

그는 세 명의 제자를 받았는데, 한 명은 수업할 때 항상 주의력이 분산되어 자주 창밖을 바라보았고, 또 한 명은 수업이 끝난 후에 연습에 힘쓰지 않았다. 단지 한 명의 학생만이 수업 태도가 매우 좋고, 열심히 연습했다. 결과적으로 똑같이 유명한 스승을 따라 공부했으나, ②앞의 두 명은 바둑에 어떠한 발전도 없었고, 맨 마지막 제자만 배움에 성과가 있었다.

요약
- 등장인물: 바둑 스승과 세 명의 제자
- 지문 흐름: 바둑 고수가 제자 3명을 받았다. → 제자들의 배우는 태도는 같았을까? → 성실한 태도로 열심히 하는 사람에게는 성과가 있다.
- 중심 내용: 진지한 태도와 많은 연습이 성공의 관건이다(认真的态度和大量的练习是成功的关键)
  학습 태도와 학습 성과의 관계는 매우 크다(学习态度和学习成果的关系很大)

단어 春秋时期 chūnqiū shíqī 춘추 시대 | 擅长 shàncháng 동 장기가 있다, 정통하다, 뛰어나다 | 下棋 xiàqí 동 바둑을 두다, 장기를 두다 | 当时 dāngshí 명 당시, 그때 | 围棋 wéiqí 명 바둑 | 高手 gāoshǒu 명 고수, 달인 | 许多 xǔduō 형 대단히 많은, 허다한 | 年轻人 niánqīngrén 명 젊은이, 젊은 사람 | 听闻 tīngwén 동 듣다 | 大名 dàmíng 명 명성, 명망 | 跟着 gēnzhe 동 따라가다, 쫓아가다 | 收 shōu 동 거두어들이다, 취하다 | 徒弟 túdì 명 제자 | 走神儿 zǒushénr 동 주의력이 분산되다, 정신이 나가다 | 朝 cháo 전 ~을 향하여, ~쪽으로 | 窗 chuāng 명 창문 | 不愿 búyuàn 동 ~할 생각이 없다, ~하고 싶지 않다 | 下功夫 xià gōngfu 동 공들이다, 애쓰다 | 态度 tàidu 명 태도, 행동 | 勤奋 qínfèn 형 근면하다, 열심이다, 꾸준하다 | 结果 jiéguǒ 접 결국은, 결말은 | 同样 tóngyàng 형 같다, 다름없다, 동일하다 | 名师 míngshī 명 유명한 스승 | 棋艺 qíyì 명 바둑의 솜씨 | 任何 rènhé 대 어떠한 | 进步 jìnbù 동명 진보(하다) | 而 ér 접 ~지만, 그러나 | 却 què 부 오히려, 도리어 | 学有所成 xué yǒu suǒ chéng 배움에 성과가 있다

1. A 功夫高强　B 善于教课 C 写了许多诗　D 下棋很厉害	A 솜씨가 훌륭하다　B 강의를 잘한다 C 많은 시를 썼다　**D 바둑을 아주 잘한다**
问：弈秋这个人是因什么而出名的?	**질문: 혁추는 무엇으로 유명해졌는가?**

해설 녹음 지문 도입부에 很擅长下棋(바둑에 정통하다)라고 언급했으며, 第一高手(최고의 고수)라고 언급했으니 그는 下棋(바둑)로 유명해졌음을 알 수 있다. 厉害는 '무섭다, 사납다'의 뜻도 있지만 '대단하다, 굉장하다'의 의미로 더 자주 쓰인다. 따라서 정답은 D가 된다.

단어 功夫 gōngfu 명 솜씨, 재주, 조예 | 高强 gāoqiáng 형 뛰어나다, 훌륭하다 | 善于 shànyú 동 ~를 잘하다, ~에 뛰어나다 | 教课 jiāokè 동 수업하다, 강의를 하다 | 诗 shī 명 시 | 厉害 lìhai 형 대단하다, 굉장하다 | 出名 chūmíng 형 유명하다, 이름나다

2. A 最后一个不愿意下功夫 B 学习成果差别很大 C 都很认真地学习下棋 D 前俩人更出色	A 맨 마지막 제자는 노력을 하지 않으려 했다 **B 학습 성과의 차이가 매우 크다** C 모두 열심히 바둑을 배웠다 D 앞의 두 명의 제자가 훨씬 뛰어나다
问：关于三个徒弟，下列哪项正确?	**질문: 세 명의 제자에 대하여, 다음 중 옳은 것은?**

해설 많은 사람들이 그(혁추)에게 바둑을 배우고 싶어했고, 그중 세 명의 제자에게 가르쳤으나 제자들의 학습 태도는 극명한 차이를 보였으며, 학습 성과 또한 크게 차이가 났다. 따라서 정답은 B가 된다.

	수업 태도	결과
두 명의 제자	走神儿 주의력이 분산되다 朝窗外看 창밖을 바라보다 不愿下功夫练习 연습에 힘쓰지 않았다	没有进步 발전이 없다
마지막 제자	态度认真 태도가 진지하다 勤奋练习 열심히 연습하다	学有所成 배움에 성과가 있다

단어 成果 chéngguǒ 명 성과, 수확 | 差别 chābié 명 차이, 격차 | 出色 chūsè 형 특별히 훌륭하다, 보통을 뛰어넘다

듣기

1 같은 의미 다른 표현 학습

02-02

같은 의미	다른 표현
01 我非跟她结婚不可。 나는 반드시 그녀와 결혼하고 말 거야.	我一定要跟她结婚。 나는 꼭 그녀와 결혼할 것이다.
02 快要下雨了。 곧 비가 오려고 해.	还没下雨呢。 아직 비가 내리지 않았다.
03 看看天还要下雨。 하늘을 보니 또 비가 오려고 하네.	已经下过雨。 이미 비가 왔었다.
04 我和他认识了10年了。 나와 그는 안 지 10년이 됐어.	他和我认识很久了。 그와 나는 안 지 오래됐다.
05 后天就要开学了。 모레면 곧 개학이야.	还有两天就开始上课了。 이틀만 있으면 곧 수업이 시작된다.
06 你穿这件衣服有点儿肥。 네가 이 옷을 입으면 좀 헐렁해.	这件衣服你穿稍微大了点儿。 이 옷은 네가 입으니 좀 크다.
07 课堂上，他不怎么回答问题。 교실에서 그는 대답을 그다지 잘 하지 않아.	上课的时候，他很少回答问题。 수업 시간에 그는 대답하는 일이 드물다.
08 我们班的表演没他们班演得好。 우리 반의 공연은 그들 반처럼 잘하지 못했어.	我们班的表演不如他们班演得好。 우리 반의 공연은 그들 반보다 못했다.
09 他身高1米80，我身高1米75。 그는 키가 180cm이고, 나는 키가 175cm야.	我没有他高。 나는 그만큼 크지 않다.
10 我是昨天到北京的，他是前天到的。 나는 어제 베이징에 도착했고, 그는 그저께 도착했어.	他比我早一天到北京。 그는 나보다 하루 일찍 베이징에 도착했다.
11 三星的手机在中国受到人们的欢迎。 삼성의 휴대전화는 중국에서 사람들에게 환영받아.	三星的手机在中国卖得很好。 삼성의 휴대전화는 중국에서 잘 팔린다.
12 我打断了他的话。 나는 그의 말을 끊었어.	我不想跟他说话。 나는 그와 말하고 싶지 않다.
13 多一个朋友多一条路。 친구 한 명이 더 생기면 길이 하나 더 생겨.	朋友多了办事就方便。 친구가 많아지면 일 처리가 수월하다.
14 我觉得不至于这么严重。 내 생각에 그렇게 심각하지는 않은 것 같아.	没那么严重。 그렇게 심각하지 않다.
15 我们俩从来没红过脸。 우리 둘은 여태껏 얼굴을 붉힌 적이 없어.	我们从来没有吵过架。 우리는 여태껏 싸운 적이 없다.

DAY 21 02-03

1. A 客户资料
B 对公司的意见
C 在工作中积累的信息
D 未来的职业目标

2. A 他已经退休了
B 能成功的不多
C 台下观众很少
D 他的信息是假的

3. A 要想成功就要坚持下去
B 听讲要做笔记
C 要善于分享
D 要学习他人的优点

4. A 先跑看看
B 放松一下
C 将赛程分段
D 想看看周围有什么

5. A 缩小目标
B 每天努力练习
C 有一个好教练
D 很早确立了人生目标

6. A 他是一名运动记者
B 他是一名体育老师
C 他是一个长跑教练
D 他是长跑运动员

DAY 22 02-04

1. A 面临危机
B 重视研发
C 价格昂贵
D 开发智能汽车

2. A 保修期长
B 样式奇特
C 销售量高
D 主要开发智能机器人

3. A 要抓住商机
B 专注非常重要
C 要尽量降低成本
D 企业要注重形象

4. A 前排的人不利
B 纸飞机上面写了自己的名字
C 投进去的人能获得奖励
D 要把纸飞机投进垃圾桶里

5. A 全班无人获胜
B 对后排学员有利
C 后排的学员都没有扔进去的
D 要把纸飞机扔在指定地方

6. A 要争取应有的权利
B 客观条件不能决定成败
C 要抓住机会
D 人生得靠运气

02 재미있는 이야기

서술형 단문 중 에피소드, 이솝 우화, 고사성어 등 재미있는 이야기가 지문으로 나온다. 이 유형은 듣기 제2부분의 약 50%로 2~3개 지문이 출제된다. 글자수는 약 150자~350자로 과거보다는 훨씬 짧아졌다. 평소에 들어 봄직한 내용일 수도 있고, 이야기의 난이도가 그렇게 높지 않으니 귀를 쫑긋 세우고 편안한 마음으로 들어 보자.

듣기 시크릿 백전백승

1 다양한 소재의 이야기가 나온다!

이 유형의 지문은 소재가 아주 다양하다. 평상시 중국의 유머 · 동화 · 기사 등 다양한 소재의 글을 많이 접하는 것이 도움이 된다. 듣기 실력을 향상시키기 위해서는 글을 눈으로만 보지 말고, 큰 소리로 읽는 연습을 하는 것이 좋다.

[지문 유형] **笑话** 우스운 이야기 / **寓言** 우화 / **故事成语** 고사성어
身边杂记 신변잡기(자신의 주변에서 일어나는 여러 가지 일을 적은 수필체의 글)

2 1인칭 & 3인칭 작가 시점이 있다!

이야기를 서술하는 방식에는 다음의 두 가지가 있다.
① 1인칭 작가 시점: 화자가 직접 겪은 에피소드, 가족 이야기 등이 나온다.
② 3인칭 작가 시점: 제삼자의 이야기, 유머 등이 주로 나온다.

3 배경과 등장인물의 관계를 파악하라!

이야기의 배경과 이야기 속 등장인물 간의 관계를 잘 파악하면, 대략적인 이야기 흐름을 파악하는 데 큰 도움이 된다.

4 상식으로 접근하라!

지문을 완벽하게 이해하지 못했다고 상심할 필요는 없다. 이 유형은 자신이 알고 있는 상식적인 선에서 정답을 고르더라도 오답일 확률이 낮다.

시크릿 확인학습

문제

02-05

1. A 两瓶啤酒 B 一个垃圾桶 C 两个垃圾桶 D 爸爸坐在垃圾桶上

2. A 爸爸很好奇 B 爸爸喝醉了 C 女儿想尝尝酒 D 有四个垃圾桶

문제 분석 전체적인 내용 이해에 집중!

女儿今年五岁了，好奇心非常重，常常问爸爸问题。有一天晚上，父亲和女儿一起吃完饭回家，回家的路上女儿问父亲:“爸爸，喝醉的‘醉’是什么意思?” 父亲想了想，回答道:“②你看见前面的两个垃圾桶了吗? 如果我把它们看成了四个，那么我就醉了。” “不过，爸爸，” 女儿说:“①那儿只有一个垃圾桶啊!”

딸은 올해 5살이 되었고, 호기심이 매우 많아서, 항상 아빠에게 질문을 한다. 어느 날 저녁, 아빠와 딸은 함께 식사하고 집에 돌아오는데, 집으로 오는 길에 딸은 아빠에게 물었다. “아빠, ‘술에 취했다’에서 ‘취했다’는 무슨 뜻이에요?” 아빠는 생각을 좀 하다가 대답했다. “②앞에 있는 쓰레기통 2개가 보이니? 만약 내가 그것들을 4개로 봤다면, 나는 취한 거야.” “하지만, 아빠,” 딸이 말했다. “①저기에는 쓰레기통이 1개밖에 없는걸요!”

요약
- 소재: 유머러스한 이야기(笑话)
- 시점: 3인칭 작가 시점
- 중심 내용: 아빠는 술에 취했다(爸爸喝醉了)

단어 今年 jīnnián 명 올해 | 好奇心 hàoqíxīn 명 호기심 | 重 zhòng 형 (정도가) 심하다 | 常常 chángcháng 부 자주 | 父亲 fùqīn 명 부친, 아버지 | 喝醉 hēzuì 동 (술에) 취하다 | 回答 huídá 동 대답하다 | 道 dào 동 말하다 | 垃圾桶 lājītǒng 명 쓰레기통 | 如果 rúguǒ 접 만약 | 不过 búguò 접 하지만

1. A 两瓶啤酒 — A 맥주 2병
   B 一个垃圾桶 — **B 쓰레기통 1개**
   C 两个垃圾桶 — C 쓰레기통 2개
   D 爸爸坐在垃圾桶上 — D 아빠가 쓰레기통 위에 앉아 있는 것

   问：女儿看到了什么? — **질문: 딸은 무엇을 봤는가?**

해설 녹음 지문에는 직접적으로 언급되지 않았지만, 딸의 질문과 아빠의 대답을 통해 아빠가 술에 취해 있음을 알 수 있다. 쓰레기통이 1개밖에 없는데, 아빠는 술에 취해 2개로 본 것이다. 딸의 눈에 보인 것은 1개의 쓰레기통이므로, 정답은 B가 된다.

Tip 이 지문은 笑话로, 아빠와 딸의 에피소드를 3인칭 작가 시점으로 이야기하고 있다. 이러한 유형의 지문은 내용이 어렵지는 않으나, 유머를 얼마나 잘 이해하느냐가 관건이다. 듣고 '피식' 웃지 않았다면, 100% 이해하지 못한 것일 수 있으니 좀 더 노력하자!

단어 瓶 píng 양 병 | 啤酒 píjiǔ 명 맥주

2. A 爸爸很好奇 B 爸爸喝醉了 C 女儿想尝尝酒 D 有四个垃圾桶	A 아빠는 호기심이 많다 **B 아빠는 취했다** C 딸은 술을 맛보고 싶어한다 D 쓰레기통이 4개 있다
问：根据这段话，可以知道什么？	**질문: 이 이야기에서 알 수 있는 것은 무엇인가?**

해설 호기심이 많아 이런저런 질문을 한 것은 딸이므로, A는 정답이 아니다. 딸이 '취했다'라는 말의 뜻을 묻자, 아빠는 앞에 있는 쓰레기통을 가리키며 2개의 쓰레기통이 4개로 보일 때 '취했다'고 말한다고 했지만, 거기에는 원래 1개의 쓰레기통밖에 없었다. 아빠는 1개뿐인 쓰레기통을 2개로 잘못 보았으므로, 술 취했음을 알 수 있다. 따라서 정답은 B가 된다.

단어 好奇 hàoqí 형 호기심을 갖다 | 酒 jiǔ 명 술 | 根据 gēnjù 전 ~에 의하여

NEW 단어 + TIP

컴퓨터(电脑) 관련 용어들은 자주 등장하니 따로 알아 두자.

- 网络 wǎngluò 명 네트워크, 웹, 인터넷
- 网站 wǎngzhàn 명 웹 사이트
- 上网 shàngwǎng 동 인터넷을 하다
- 硬件 yìngjiàn 명 하드웨어
- 软件 ruǎnjiàn 명 소프트웨어
- 病毒 bìngdú 명 바이러스
- 搜索 sōusuǒ 동 (인터넷을) 검색하다, 자세히 찾다
- 下载 xiàzài 동 다운로드하다
- 鼠标 shǔbiāo 명 마우스

이야기 속 숨은 뜻

이솝 우화는 의인화된 동물이 등장하는 짧고 재미있는 이야기로 일상의 지혜가 담겨 있어 新HSK 듣기 지문으로 자주 활용된다.

02-06

01 狐狸和葡萄 Húli hé pútao 여우와 포도

어느 날, 굶주린 여우가 잘 익은 포도송이가 주렁주렁 매달려 있는 포도밭으로 숨어들었다. 그런데 포도는 너무 높이 매달려 있어서 여우가 아무리 힘껏 뛰어도 닿지 않았다. 여우는 어쩔 수 없이 뒤돌아서 "저 포도는 셔서 분명히 맛이 없을 거야."라고 말하며 가 버렸다.

[숨은 뜻] 자신의 능력이 부족하여 이루지 못한 일에 대해, 변명으로 자신의 행위를 정당화하고 합리화한다.

02 北风和太阳 Běifēng hé tàiyáng 북풍과 태양

북풍과 태양이 서로 힘이 세다고 자랑하다가, 나그네의 외투를 벗긴 쪽이 이기는 내기를 했다. 북풍이 먼저 시작했는데, 북풍이 강하게 불면 불수록 나그네는 오히려 옷깃을 더욱 단단히 여미었다. 다음으로 태양이 천천히 열을 가하자, 나그네는 스스로 외투를 벗었다.

[숨은 뜻] 무리하게 강요하는 것보다 부드럽게 설득하는 편이 훨씬 효과적이다.

03 狐狸和丹顶鹤 Húli hé dāndǐnghè 여우와 두루미

여우는 두루미를 집으로 초대해 납작한 접시에 수프를 대접했다. 두루미는 부리가 뾰족하고 길어서 접시에 있는 음식을 먹을 수가 없었고, 여우가 맛있게 먹는 모습만 지켜보다가 집에 갔다. 다음날 두루미는 여우를 집으로 초대해 입이 짧고 뭉툭한 여우가 먹을 수 없도록 호리병에 음식을 담아 식사를 대접했다.

[숨은 뜻] 상대편의 처지나 입장에서 생각하고 이해해야 한다. (= 역지사지)

04 背盐的驴子 Bēi yán de lǘzi 소금을 짊어진 당나귀
驴子和盐商 Lǘzi hé yánshāng 당나귀와 소금 장수

무거운 소금을 짊어진 당나귀는 일부러 물에 빠져 소금을 물에 녹게 해 가볍게 만들었다. 하루는 주인인 소금 장수가 당나귀의 속셈을 알아차리고 당나귀 등에 솜을 실었다. 가벼운 솜을 지고서도 일부러 물에 빠진 당나귀는 물 먹은 솜이 너무 무거워 빠져나올 수가 없었다.

[숨은 뜻] 상대방에게 손해를 끼치는 방법으로 자신의 편의를 구하면 결국 자신에게 불리한 결과로 돌아온다.

05 狮子与报恩的老鼠 Shīzi yǔ bào'ēn de lǎoshǔ 사자와 은혜 갚은 생쥐

생쥐가 잘못하여 곤히 자는 사자를 건드렸다. 사자는 생쥐를 잡아먹으려 했지만, 생쥐가 반드시 은혜를 갚겠다며 살려 달라고 애원하자 생쥐를 풀어 주었다. 사자는 자신이 조그만 생쥐의 도움을 받을 일이 없을 것으로 생각해 생쥐의 말을 비웃었지만, 며칠 뒤 그물에 걸린 사자를 생쥐가 이빨로 그물을 찢어 구해 주었다.

[숨은 뜻] 한때의 운은 변하기 마련이다. / 강자도 약자의 도움이 필요할 때가 있다.

06 谈恋爱的狮子与农夫 Tán liàn'ài de shīzi yǔ nóngfū 사랑에 빠진 사자와 농부
狮子和农夫的女儿 Shīzi hé nóngfū de nǚ'ér 사자와 농부의 딸

한 농부에게 예쁜 딸이 있었는데, 어느 날 사자가 찾아와 딸과 결혼하겠다고 했다. 농부는 사나운 사자의 청을 거절하기는 두렵고, 그렇다고 딸을 사자에게 시집보낼 수도 없어서 고민하던 중 묘안이 떠올랐다. 그는 사자에게 딸을 사랑한다면 날카로운 이빨과 발톱을 모두 뽑으라고 말했다. 사자가 농부의 말대로 하자, 농부는 힘이 없어진 사자를 몽둥이로 때리고 밧줄로 묶어 버렸다.

[숨은 뜻] **너무 쉽게 다른 사람의 말을 믿고 자신의 장점을 버린다면, 결국 자신을 두려워하던 사람들에게 당하게 된다.**

07 口渴的乌鸦 Kǒukě de wūyā 목마른 까마귀

목이 마른 까마귀가 물을 찾아 헤매다가 물이 든 병을 발견했는데, 병 안에는 물이 조금밖에 없어서 입이 닿지 않았다. 까마귀는 꾀를 내어 옆에 있는 작은 돌을 부리로 주워 병에 집어넣었고, 돌이 차오르자 물이 점점 위로 올라와 물을 마실 수 있었다.

[숨은 뜻] **지혜는 힘보다 더 중요하다.**

08 猫脖子上系铃铛 Māo bózi shang jì língdāng 고양이 목에 방울 달기

고양이한테 여러 번 공격을 받아 큰 피해를 본 쥐들이 고양이를 어떻게 해야 좋을지 의논했다. 논의 끝에 고양이 목에 방울을 달아 고양이가 오는 것을 미리 알 수 있게 하자고 결정했지만, 막상 고양이 목에 방울을 달러 가겠다는 쥐는 한 마리도 없었다.

[숨은 뜻] **제안하는 것과 실행하는 것은 별개의 일이다. / 행동보다 말이 쉽다.**

09 农夫和蛇 Nóngfū hé shé 농부와 뱀

어느 겨울, 한 농부가 추위로 꽁꽁 언 뱀 한 마리를 발견하고는 측은한 마음에 뱀을 품 안에 넣어 품어 주었다. 농부의 온기로 뱀은 살아났지만 타고난 본성으로 목숨을 구해 준 농부를 물었다. 뱀의 독이 순식간에 농부의 몸에 퍼졌고, 농부는 숨을 거두기 전에 마지막으로 탄식했다. "비열한 것에게 동정을 베푸니 이 지경이 되고 마는구나."

[숨은 뜻] **자비로움도 은혜를 모르는 자들에게는 무용지물이다.**

10 狐狸和狮子 Húli hé shīzi 여우와 사자

한 번도 사자를 본 적이 없는 여우가 숲 속에서 사자를 만났다. 처음에는 무서워서 도망쳤으나, 두 번째에는 나무 뒤에서 몰래 훔쳐 보았고, 세 번째에는 태연하고 대담하게 사자에게 다가가 아는 척을 했다.

[숨은 뜻] **자주 보면 무서운 것도 익숙해진다.**

11 乌龟与兔 Wūguī yǔ tù 거북이와 토끼

토끼가 거북이한테 다리도 짧고 걸음도 느리다고 놀리자, 거북이는 겨뤄 보자고 제안했다. 거북이는 느린 걸음이지만 잠시도 쉬지 않고 꾸준히 전진해서 결승점에 도달했고, 토끼는 걸음이 빠르다고 자만하여 길가에 누워 낮잠을 자다가 경기에서 지고 말았다.

[숨은 뜻] **느리더라도 꾸준히 노력하는 사람이 승리한다.**

해설서 54~61p

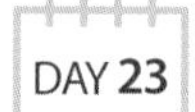

DAY 23

02-07

1. A 没有
   B 半瓶
   C 一点儿
   D 半瓶多

2. A 把瓶子推倒了
   B 找了朋友帮忙
   C 飞到河边喝水了
   D 往瓶子里放小石头

3. A 很累
   B 不渴
   C 很笨
   D 很聪明

4. A 饿死的
   B 撞死的
   C 摔死的
   D 被农夫打死的

5. A 农活已经做完了
   B 他要抓乱跑的兔子
   C 以为还可以捡到兔子
   D 天气太热了，不想劳动

6. A 不要乱跑
   B 农夫喜欢吃兔子
   C 不种地就没有饭吃
   D 世界上没有免费的午餐

DAY 24

02-08

1. A 学校的学生
   B 美术教师
   C 专家小组
   D 广场上的路人

2. A 有些抽象
   B 特别有趣
   C 相当不错
   D 不太生动

3. A 她不想让男学生看到她的画儿
   B 她的画作就是一块布
   C 她画了自画像
   D 男学生把女学生的画儿弄坏了

4. A 看谁移动得快
   B 看谁能让路人脱衣
   C 看谁能把树木吹倒
   D 看谁能让行人流汗

5. A 北风不喜欢太阳
   B 北风喜欢恶作剧
   C 北风的方法很有效
   D 北风觉得自己力气大

6. A 北风让路人脱下了衣服
   B 太阳让路人把衣服拉得更紧了
   C 要想做事成功，需要找对方法
   D 只要坚持，就一定能成功

03 교훈적인 이야기

교훈적인 이야기 유형의 지문은 주로 희망적이고 건전한 내용으로, 사람들의 보편적 가치관에 접근하는 경우가 많다. 중국 사회나 문화에 대한 기본 지식이 있다면 좀 더 쉽게 풀 수 있다.

듣기 시크릿 백전백승

1 성공과 인생을 논한다!

인생에서 보편적으로 중요시하는 사랑 · 성공 · 희망 · 지혜 등에 관한 이야기를 다루고, 살아가면서 무엇을 중시해야 하는지, 어떤 방향으로 나아가야 하는지 등의 교훈을 알려 준다.

[주요 화제] **爱情** 애정 / **成功** 성공 / **人生** 인생 / **目标** 목표 / **希望** 희망 / **智慧** 지혜

2 '경우의 수'가 등장한다!

하나의 방법(주제)에 대해서만 이야기하는 지문도 있지만, 교훈을 전달하기 위해 2~3가지 방법이나 상황을 비교하여 설명하는 지문도 종종 출제된다. 이런 경우에는 대개 마지막 방법이 가장 좋은 사례일 때가 많다. 이러한 유형은 혼동을 일으키기 쉬우므로, 녹음을 들을 때 최대한 집중력을 발휘하고, 반드시 메모를 해야 한다.

3 중심 생각은 100% 출제된다!

교훈적인 이야기는 반드시 화자의 중심 생각을 묻게 되어 있다. 녹음을 들으면서 전체 내용을 총괄하는 중심 생각을 파악하는 데 주력한다.

[질문] 예 **主要讲的是什么?** 주로 이야기하는 것은 무엇인가?
想告诉我们什么? 우리에게 무엇을 말해 주고자 하는가?
告诉我们什么道理? 우리에게 어떤 도리를 말해 주는가?

4 이야기의 흐름을 잡아라!

교훈을 파악하려면 지문의 내용을 제대로 이해해야 한다. 이야기의 흐름을 잡았다면, 그 느낌으로 끝까지 듣는 것이 중요하다. 이야기의 흐름을 파악하는 문제는 보기가 길기 때문에, 녹음을 들으면서 보기에 ○, ×를 표시해 둔다.

시크릿 확인학습

문제

02-09

1. A 爱　B 财富　C 成功　D 丈夫

2. A 爱最值得珍惜　B 要有自己的想法
   C 有时孩子的话是对的　D 财富和成功很难得到

문제 분석 등장인물의 선택 사항에 집중 / 중심 생각 파악하기!

一位妇人走到屋外，看见门前坐着三位老人。她热情地请三位老人进屋，三位老人说:“我们分别是成功、爱和财富，不能同时进去，你回去和你的家人商量一下，要我们哪一个到你们家。”妇人进屋告诉了丈夫，丈夫高兴地说:“我们请财富进来吧”。❶妇人并不同意，说:“我们何不请成功进来呢?”他们的女儿听到以后，建议说:“我们邀请爱进来不是更好吗?”最后，他们决定听女儿的意见。妇人到屋外请爱进屋，没想到另外两位老人也一起进来了。妇人惊讶地问财富和成功:“我只邀请爱，怎么连你们也一起进来了呢?”老人们齐声回答:“如果你邀请的是财富或成功，另外两个人都不会跟进来，而你邀请爱的话，❷无论爱走到哪儿，我们都会跟随。”

한 부인이 집 밖으로 나서자, 문 앞에 앉아 있는 세 명의 노인을 보았다. 그녀가 친절하게 세 명의 노인을 집안으로 모시려 하자, 세 명의 노인이 말했다. “우리는 성공, 사랑과 재물입니다. (세 명이) 동시에 (집에) 들어갈 수 없어요. 당신은 돌아가서 우리 중 누가 당신의 집에 들어가야 할지 가족들과 상의해 보세요.” 부인이 집에 들어가서 남편에게 말했더니, 남편은 기뻐하며 말했다. “우리 재물을 들어오게 합시다.” ❶부인은 동의하지 않고 말했다. “우리 성공을 들어오게 하면 안 될까요?” 그들의 딸이 듣고, 제안했다. “우리 사랑을 초대하는 것이 더 좋지 않을까요?” 결국, 그들은 딸의 의견을 따르기로 했다. 부인이 밖으로 나가서 사랑을 방에 들어오게 하자, 뜻밖에도 나머지 두 노인도 같이 들어오는 것이었다. 부인은 놀라서 재물과 성공에게 물었다. “저는 사랑만 초대했는데 왜 같이 들어오시나요?” 노인들이 일제히 대답했다. “만약 당신이 재물이나 성공을 초대했다면, 다른 두 사람은 따라 들어오지 않았을 것입니다. 하지만 당신이 사랑을 초대하면, ❷사랑이 어디에 가든지, 우리는 따라가게 마련이지요.”

요약
- 특징: 3가지의 선택(三位老人)이 나온다.
- 중심 내용: 사랑이 있는 곳에 성공과 재물이 있다(哪儿有爱，哪儿就有成功和财富)

단어 妇人 fùrén 명 부인 | 屋 wū 명 방, 집 | 热情 rèqíng 형 친절하다, 열정적이다 | 分别 fēnbié 부 각기, 각각 | 成功 chénggōng 동 성공하다 | 财富 cáifù 명 재물 | 商量 shāngliang 동 상의하다 | 告诉 gàosu 동 알리다 | 丈夫 zhàngfu 명 남편 | 并 bìng 부 결코 | 建议 jiànyì 동 제안하다 | 决定 juédìng 동 결정하다 | 意见 yìjiàn 명 의견 | 惊讶 jīngyà 형 의아스럽다 | 齐声 qíshēng 부 이구동성으로 | 回答 huídá 동 대답하다 | 跟 gēn 동 따라가다 | 进来 jìnlái 동 들어오다 | 无论 wúlùn 접 ~을(를) 막론하고 | 跟随 gēnsuí 동 따르다, 동행하다

1. A 爱　B 财富　C 成功　D 丈夫	A 사랑　B 재물　**C 성공**　D 남편
问：刚开始，妻子想请谁进来？	**질문: 처음에 아내는 누구를 들어오게 하고 싶었는가?**

해설 처음에 남편이 '재물'을 들어오게 하자고 했지만, 아내는 '성공'을 들어오게 하자고 했으므로, 정답은 C가 된다. 식구들의 선택이 각각 다르므로 혼동하지 않도록 주의해야 한다.

- 丈夫(남편): 财富(재물)를 선택
- 妻子(아내): 成功(성공)을 선택
- 女儿(딸): 爱(사랑)를 선택

Tip 교훈적인 이야기에는 3명의 등장인물, 혹은 3가지 경우의 수가 자주 등장한다. 녹음을 이해하는 데 문제가 없었다 하더라도, 3가지 내용을 정확히 기억하지 못하면 실수로 틀릴 수 있으니 반드시 메모한다.

단어 妻子 qīzi 명 아내

2. A 爱最值得珍惜 B 要有自己的想法 C 有时孩子的话是对的 D 财富和成功很难得到	**A 사랑이 가장 소중히 여길만 하다** B 자기 생각이 있어야 한다 C 가끔은 아이들의 말이 맞다 D 재물과 성공은 얻기 어렵다
问：这段话想告诉我们什么道理？	**질문: 이 이야기에서 말하고자 하는 도리는 무엇인가?**

해설 식구들은 무엇을 집에 들일지 상의했지만, 각자의 의견이 모두 달랐다. 결국 딸이 제안한 '사랑'을 선택했는데, '성공'과 '재물'이 모두 따라 들어왔다. 이 이야기는 '사랑'이 있다면 나머지도 다 따라올 수 있다는 교훈을 주고 있으므로, 정답은 A가 된다.

단어 值得 zhíde 동 ~할만한 가치가 있다 | 珍惜 zhēnxī 동 소중히 여기다 | 想法 xiǎngfa 명 생각 | 有时 yǒushí 부 이따금 | 道理 dàolǐ 명 도리

02-10

01 守株待兔 shǒuzhū dàitù [지킬 수 | 그루 주 | 기다릴 대 | 토끼 토]

열심히 농사짓던 농부가 우연히 나무 그루터기에 받혀 죽은 토끼를 보고, 농사일을 내팽개치고 토끼만을 기다린다는 이야기

[의미] ① 변통을 모르거나 노력 없이 요행만 바라는 것을 비유함.
② 낡은 관습만 고집하여 지키고, 새로운 시대에 순응하지 못하는 것을 가리킴.

02 刻舟求剑 kèzhōu qiújiàn [새길 각 | 배 주 | 구할 구 | 칼 검]

배를 타고 강을 건너다가 물속에 칼을 빠뜨렸다고 해서, 칼을 빠뜨린 뱃전에 표시해 두어 봤자, 배가 육지에 닿아 표시해 둔 뱃전 물속으로 뛰어 들어가도 칼을 찾을 수는 없다는 이야기

[의미] 눈앞에 보이는 하나만을 고집하는 처사를 비유함.

03 画蛇添足 huàshé tiānzú [그릴 화 | 뱀 사 | 더할 첨 | 발 족]

사람들이 한 병밖에 없는 술을 두고 가장 빨리 뱀을 그리는 사람에게 술을 주기로 하는 시합을 했는데, 그림을 가장 빨리 그린 한 사람이 다른 사람들이 아직도 뱀을 그리고 있는 것을 보고, 뱀에게 있지도 않은 다리를 그려 넣다가 술을 다른 사람에게 빼겼다는 이야기

[의미] 하지 않아도 되는 쓸데없는 짓을 하여, 오히려 일을 망치게 됨을 뜻함.

04 井底之蛙 jǐngdǐ zhī wā [우물 정 | 밑 저 | 어조사 지 | 개구리 와]

우물 바닥에서만 사는 개구리에게, 어느 날 바다거북이 찾아와서 바다가 얼마나 넓은지 말로 설명해 주었지만, 개구리는 그런 세상을 이해할 수 없었다는 이야기

[의미] 자신의 제한된 지식에 갇혀 넓은 세상을 볼 줄 모르고, 다른 이의 말에 귀를 기울이지 않는 사람을 가리킴.

05 自相矛盾 zìxiāng máodùn [스스로 자 | 서로 상 | 창 모 | 방패 순]

방패와 창을 파는 장사꾼이 자신이 파는 방패는 아무리 날카로운 창으로 찔러도 끄떡없고, 자신이 파는 창은 제아무리 튼튼한 방패도 뚫을 수 있다고 말했다는 이야기

[의미] 말이나 행동의 앞뒤가 서로 맞지 않는 것을 뜻함.

06 愚公移山 yúgōng yíshān [어리석을 우 | 존칭 공 | 옮길 이 | 뫼 산]

옛날 우공(愚公)이라는 노인이 집 앞에 산이 가로막혀 있는 것을 불편하게 여겨 산을 파내 옮기기 시작했고, 이 사실을 전해 들은 옥황상제가 그의 정성에 감동하여 산을 옮겨 주었다는 이야기

[의미] 어리석어 보이는 일이라도 한 가지 일에 매진하여 끝까지 포기하지 않고 노력하면 언젠가는 이룰 수 있음을 뜻함.

07 亡羊补牢 wángyáng bǔláo [없어질 **망** | 양 **양** | 기울 **보** | 우리 **뇌**]

망가진 양 우리를 고치지 않아서 늑대가 와서 양을 잡아가자, 뒤늦게 후회한 양치기가 그제야 우리를 고쳐, 더 이상의 피해가 생기지 않도록 했다는 이야기

[의미] ① **일을 그르친 뒤에는 뉘우쳐도 소용이 없음을 뜻함.**
② **실패하거나 실수를 하면, 늦더라도 뉘우치고 수습해야 함을 뜻함.**

08 班门弄斧 bānmén nòngfǔ [나눌 **반** | 문 **문** | 희롱할 **농** | 도끼 **부**]

노반(鲁班)이라는 사람은 목공 기술이 누구도 따라잡을 수 없을 정도로 뛰어나서, 이름난 노반 앞에서 목공 기술을 자랑하는 것은 위대한 시인 이백 앞에서 시를 짓는 재주를 자랑하는 것과 같다는 이야기

[의미] **재주가 뛰어난 사람 앞에서 함부로 재간을 부리는 것을 가리킴.**

09 拔苗助长 bámiáo zhùzhǎng [뺄 **발** | 싹 **묘** | 도울 **조** | 길 **장**]

어리석은 농부가 벼를 빨리 자라게 하려고 모내기 한 벼를 잡아당겨 뽑는 바람에 벼가 자라기는커녕 이튿날 말라 죽어 버렸다는 이야기

[의미] **급하게 서두르다가 오히려 일을 망친다는 것을 뜻함.**

10 盲人摸象 mángrén mōxiàng [장님 **맹** | 사람 **인** | 만질 **모** | 코끼리 **상**]

어떤 왕이 장님 여섯 명을 불러 코끼리를 만져 보게 하고 자신이 알고 있는 코끼리에 대해 말하라고 하자, 상아를 만진 이는 코끼리가 무와 같다고 말하고, 귀를 만진 이는 곡식을 까부르는 키 같다고 말하고, 다리를 만진 이는 절굿공이 같다고 말했다는 이야기

[의미] ① **전체를 보지 못하고 자신이 알고 있는 만큼만 이해하고, 자기가 아는 것만 고집함을 뜻함.**
② **진리를 알기 위해서는 바른 눈과 깊은 지혜가 필요함을 비유함.**

해설서 61~67p

DAY 25

02-11

1. A 慢慢地走
   B 看着对面的人
   C 参照别人的做法
   D 一直看着自己的脚

2. A 所有人
   B 第一个人
   C 第二个人
   D 第三个人

3. A 比赛要尽全力
   B 怎样确定人生目标
   C 怎样达到自己的目标
   D 做事情以前要认真考虑

4. A 内部很豪华
   B 遇到大火需要重修
   C 已建成三百多年
   D 需要购买木材进行重修

5. A 寺庙建成20年的时候
   B 寺庙刚建时
   C 重新维修时
   D 新市长上任时

6. A 那位建筑师令人佩服
   B 工人赚了一大笔钱
   C 寺庙的主建筑被拆掉了
   D 寺庙全部都需要重修

DAY 26

02-12

1. A 生病了
   B 迷路了
   C 水被偷了
   D 遇到强盗了

2. A 想送给朋友
   B 想洗一洗再吃
   C 已经找到了水
   D 想到最需要的时候再吃

3. A 沙漠下雨了
   B 他被别的人救了
   C 他把苹果吃完了
   D 最后他走出了沙漠

4. A 看雪景
   B 登高望远
   C 上山寻找药草
   D 登上锻炼身体

5. A 怕他不认识路
   B 没人爬上去过
   C 天快黑了
   D 山上积雪很厚

6. A 要勇于行动
   B 沟通很重要
   C 要爱惜生命
   D 要尊重大自然

04 설명문

남녀가 번갈아 가면서 말하는 대화문과 달리, 설명문은 한 명의 성우가 쉬지 않고 녹음 지문을 들려주기 때문에, 들은 내용이 머릿속에서 뒤엉켜 정리가 안 될 수도 있다. 그러나 남녀가 말하는 정보를 구분해서 들어야 하는 대화문에 비해 내용의 흐름만 제대로 읽어 낸다면, 오히려 정답을 찾기가 더 쉽다. 보기를 미리 살펴보고 핵심을 놓치지 않고 듣는 연습이 중요하다.

듣기 시크릿 백전백승

1 다양하고 광범위한 화제를 다룬다!

설명문에서 다루는 화제는 매우 다양하다. 일반적인 주제(책, 인물, 사물) 및 사회적으로 이슈가 되는 주제(웰빙, 컴퓨터, 휴대전화 등)를 다루기도 하고, 중국의 풍습이나 명절을 소개하기도 한다.

[주요 화제] **文化** 문화 / **教育** 교육 / **社会现象** 사회 현상 / **环境** 환경 / **健康** 건강
案件事故 사건 사고 / **风俗与节日** 풍습 및 명절 / **统计资料** 통계 자료

2 필요한 정보는 놓치지 마라!

설명문의 특징은 화자의 견해가 들어가지 않고, 일반적인 사실만을 말한다는 것이다. 전문 용어와 같이 어려운 어휘가 사용되어 전부 이해하려면 어렵다고 느낄 수 있지만, 설명문은 정보 전달을 목적으로 하기 때문에, 녹음을 들으면서 필요한 정보만 쏙쏙 뽑아 들으면 된다. 이때, 육하원칙에 해당하는 내용을 놓치지 않도록 노력하자.

[육하원칙] ① 인물 → 누가(who)
② 시간 → 언제(when)
③ 장소 → 어디서(where)
④ 무엇이 발생하였는가 → 무엇을(what)
⑤ 사건 발생의 원인 → 왜(why)
⑥ 사건의 해결 방법 → 어떻게(how)

3 낯선 단어 대처법

설명문을 들을 때, 설명하는 대상(주제 단어)을 모르면 당황하게 되고, 전체적인 내용을 파악하기도 어려워진다. 낯선 단어를 해결하는 방법에는 세 가지가 있다.

① 데이터베이스를 만들어라!

자주 나오는 단어를 주제별로 학습해 두어 사전 지식을 높인다.

② 보기에서 힌트를 찾아라!

주제 단어는 보기에 제시되어 있는 경우가 많다. 대략적인 발음을 유추해서 기억하고 있다가, 녹음에서 유사한 발음이 나오는지 귀를 기울인다.

③ '~'로 생각하라!

단어를 모른다고 듣기를 포기할 것이 아니라, 모르는 단어가 나오면 '~는 ~이다'하는 형식으로 이야기의 흐름만이라도 파악해야 한다.

4 감성과 지성을 동원하라!

자신이 잘 알고 있는 대상에 대한 설명문이 나오면, 평소 자신의 지적 능력을 최대한 발휘하면 된다. 모르는 내용이 나온다 할지라도 자신의 감성과 지성을 모두 동원하여 열심히 들어 보자.

내가 생각하는 HSK란? – HSK는 [   ]다.

- HSK는 블랙홀이다. 공부할수록 빠져들기 때문이다.
- HSK는 아메리카노다. 처음 맛보면 쓰지만 나중에는 그 매력에 빠진다.
- HSK는 등산이다. 처음에는 어렵지만, 올라갈수록 요령이 생기고 뿌듯해진다.
- HSK는 장작이다. 어서 활활 타올라 나의 추운 인생에 따뜻한 불이 되어 줬으면 좋겠다.

문제 ▶ 02-13

1. A 不是第一届 B 有工作要求 C 还没开始报名 D 下周二开始报名

2. A 第一名 B 前两名 C 前三名 D 第三名

문제 분석 구체적인 정보(숫자)에 집중!

想成为明日之星吗？首届网络音乐大赛能帮你实现这个愿望。只要你有电脑和麦克风，而且能上网，你就有可能成为魅力明星。①本届大赛将在下周一开始报名，获得比赛资格的人可以将录音放到网上，通过网上投票的方式，②选出前三名为明日之星，成为签约歌手。还在犹豫什么？赶快行动吧。	내일의 스타가 되고 싶나요? 제1회 온라인 음악 대회가 당신의 꿈을 실현시켜 드립니다. 당신에게 컴퓨터와 마이크가 있고, 인터넷을 할 수 있다면, 당신은 매력적인 스타가 될 수 있습니다. ①이번 대회는 다음 주 월요일부터 접수를 시작합니다. 참가 자격을 얻은 사람은 녹음을 인터넷에 올릴 수 있고, 인터넷 투표 방식을 통해 ②앞에서 3명(3위까지)을 내일의 스타로 뽑아, 가수 계약을 맺게 됩니다. 아직도 무엇을 망설이나요? 빨리 신청하세요.

요약 • 중심 내용: 온라인 음악 대회에 관한 광고(关于网络音乐大赛的广告)

단어 成为 chéngwéi 동 ~이(가) 되다 | 星 xīng 명 스타, 별 | 首届 shǒujiè 명 제1회 | 网络 wǎngluò 명 온라인, 네트워크, 웹 | 大赛 dàsài 명 큰 경기 | 实现 shíxiàn 동 실현하다 | 愿望 yuànwàng 명 소망 | 麦克风 màikèfēng 명 마이크 | 上网 shàngwǎng 동 인터넷을 하다 | 魅力 mèilì 명 매력 | 明星 míngxīng 명 스타, 연예인 | 本 běn 대 이번의 | 报名 bàomíng 동 신청하다, 접수하다 | 获得 huòdé 동 얻다 | 比赛 bǐsài 명 시합 | 资格 zīgé 명 자격 | 录音 lùyīn 명 녹음 | 通过 tōngguò 전 ~에 의해 | 投票 tóupiào 동 투표하다 | 签约 qiānyuē 동 (조약 · 계약서 등에) 서명하다 | 歌手 gēshǒu 명 가수 | 犹豫 yóuyù 형 머뭇거리다 | 行动 xíngdòng 동 움직이다

1. A 不是第一届 B 有工作要求 C 还没开始报名 D 下周二开始报名	A 처음이 아니다 B 작업에 대한 요구 사항이 있다 **C 아직 접수가 시작되지 않았다** D 다음 주 화요일부터 접수를 시작한다
问：关于这次大赛，下列哪项正确？	**질문: 이번 대회에 관하여, 다음 중 옳은 것은?**

해설 녹음 첫 부분에 이미 제1회(首届)라고 말했으므로 A는 정답이 될 수 없다. 컴퓨터와 마이크가 있고, 인터넷만 할 수 있으면 된다고 했지 다른 작업에 대한 요구 사항은 없으므로, B도 정답에서 제외시킨다. 접수는 다음 주 월요일부터 받는다고 했으므로 아직 시작되지 않았음을 알 수 있다. 따라서 정답은 C가 된다.

단어 届 jiè 양 회 | 工作 gōngzuò 명 작업 | 要求 yāoqiú 명 요구 | 周二 zhōu'èr 명 화요일 | 关于 guānyú 전 ~에 관해서

2. A 第一名　　B 前两名 C 前三名　　D 第三名	A 1등　　B 앞에서 2명(1~2위) C 앞에서 3명(1~3위)　　D 3등
问：谁能成为签约歌手?	질문: 누가 계약 가수가 될 수 있는가?

해설 마지막에 前三名(앞에서 3명)이라는 말이 나온다. 전체 참가자 중에서 가장 우수한 3인이 가수 계약을 맺어 활동할 수 있게 되는 것이므로, 정답은 C가 된다.

Tip 第三名과 前三名

- 第三名: 1, 2등이 아닌 3등
- 前三名: 1, 2등을 포함하여 3등까지의 3명

듣기

NEW 단어 + TIP

강연

- 梦想 mèngxiǎng 명 꿈, 이상, 몽상
- 主题 zhǔtí 명 주제
- 演讲 yǎnjiǎng 명 연설, 강연 동 연설하다
- 学历 xuélì 명 학력
- 用功 yònggōng 동 노력하다, 열심히 공부하다

예 오늘 학교에서 꿈(梦想)을 주제(主题)로 강연(演讲)이 있었다. 강연자는 꿈을 이루기 위해서는 학력(学历)보다는 명확한 목표(目标)를 세우고 열심히 노력하는(用功) 것이 중요하다고 말했다.

1 教育 jiāoyù 교육

▶ 02-14

01 重点大学 zhòngdiǎn dàxué 중점 대학

02 课外活动 kèwài huódòng 수업 외 활동

03 毕业典礼 bìyè diǎnlǐ 졸업식

04 学生组织 xuésheng zǔzhī 학생 단체

05 新生欢迎会 xīnshēng huānyínghuì 신입생 환영회

06 汉语热 Hànyǔrè 중국어 붐

2 环境 huánjìng 환경

▶ 02-15

01 环境污染 huánjìng wūrǎn 환경 오염

02 气象异常 qìxiàng yìcháng 기상 이변

03 地球温暖化 dìqiú wēnnuǎnhuà 지구 온난화

04 温室效应 wēnshì xiàoyìng 온실 효과

05 沙漠化 shāmòhuà 사막화

06 沙尘暴 shāchénbào 황사 바람

07 紫外线 zǐwàixiàn 자외선

08 白色垃圾 báisè lājī 플라스틱 폐기물

3 工作 gōngzuò 업무 · 일

▶ 02-16

01 企业 qǐyè 기업

02 总公司 zǒnggōngsī 본사

03 分公司 fēngōngsī 지사

04 五天工作制 wǔtiān gōngzuòzhì 주 5일 근무제

05 奖金 jiǎngjīn 상여금

06 签合同 qiān hétong 계약하다

07 开夜车 kāiyèchē 밤을 새다

08 双休日 shuāngxiūrì 이틀(주말) 연휴

09 招聘 zhāopìn 초빙하다, 채용하다

10 钟点工 zhōngdiǎngōng 시간제 근무

11 月光族 yuèguāngzú 월광족(한 달 월급을 다 쓰는 사람)

12 铁饭碗 tiěfànwǎn 안정된 직장

13 退休 tuìxiū 퇴직하다

14 产假 chǎnjià 출산 휴가

4 健康 jiànkāng 건강

02-17

01 压力 yālì 스트레스

02 失眠 shīmián 불면증

03 流行性感冒 liúxíngxìng gǎnmào 유행성 감기(독감)

04 传染病 chuánrǎnbìng 전염병

05 慢性化 mànxìnghuà 만성화

06 副作用 fùzuòyòng 부작용

5 业余活动 yèyú huódòng 여가 활동

02-18

01 爱好 àihào 취미

02 登山 dēngshān 등산(하다)

03 钓鱼 diàoyú 낚시하다

04 拍照 pāizhào 사진을 찍다

05 集邮 jíyóu 우표를 수집하다

06 旅游 lǚyóu 여행하다

07 看电影 kàn diànyǐng 영화를 보다

08 玩儿游戏 wánr yóuxì 게임하다

6 动植物 dòngzhíwù 동식물

02-19

01 动物 dòngwù 동물

02 植物 zhíwù 식물

03 狗 gǒu 개

04 猫 māo 고양이

05 兔子 tùzi 토끼

06 驴子 lǘzi 당나귀

07 老虎 lǎohǔ 호랑이

08 长颈鹿 chángjǐnglù 기린

09 熊猫 xióngmāo 판다

10 大象 dàxiàng 코끼리

11 狐狸 húli 여우

12 猴子 hóuzi 원숭이

13 乌龟 wūguī 거북이

14 鲨鱼 shāyú 상어

15 变色龙 biànsèlóng 카멜레온

16 宠物 chǒngwù 반려동물

해설서 67~73p

DAY 27

02-20

1. A 风吹雨打时受到的压力小
   B 存放时间更长
   C 能让人更有食欲
   D 价格都比较便宜

2. A 表面太光滑
   B 果皮比较厚
   C 表面积小
   D 树叶挡住了阳光

3. A 方形水果味道更甜
   B 北方的水果成熟得快
   C 水果的形状跟当地土壤有关
   D 圆球形水果是自然选择的结果

4. A 冬天最冷的时候
   B 快到冬天的时候
   C 冬天下雪时
   D 春天之前

5. A 一般用浅灰色
   B 刷得越薄越好
   C 一般刷在树木下半段上
   D 对树种有要求

6. A 预防冻伤和虫害
   B 净化空气
   C 让环境变得更好看
   D 加快树木生长速度

DAY 28

02-21

1. A 晚上
   B 凌晨
   C 早晨
   D 傍晚

2. A 牛郎和织女
   B 中国的情人节
   C 夕是什么意思
   D 情人节要干什么

3. A 2个
   B 80个
   C 100个
   D 120个

4. A 工作很累
   B 工资很高
   C 志愿者每个星期来一次
   D 志愿者们热爱博物馆文化

5. A 狼野性大
   B 狼力气大
   C 狼脑容量大
   D 狼的体型比狗大

6. A 狼适应力强
   B 狼非常聪明
   C 愚蠢当然失败
   D 条件优越容易不思进取

05 견해문

DAY 29-30

견해문에서는 어떠한 사물이나 현상에 대해 화자의 관점을 말하거나 논리를 설명한다. 따라서 녹음 지문에 화자가 말하고자 하는 견해가 들어 있다. 이러한 유형의 문제를 풀 때는 화자의 관점과 태도가 핵심이 되므로, 녹음을 들을 때 자신의 상식이나 생각을 배제하고, 화자의 말에 귀를 기울여야 한다.

듣기 시크릿 백전백승

1 몇 번 문제까지 풀어야 하는지 표시하라!

서술형 단문은 한 지문당 약 2~3문제가 나온다. 녹음 지문을 들려주기 전, 문제의 해당 범위를 알려 주는 지시문이 나오면 놓치지 말고, 몇 번 문제까지 풀어야 하는지 표시해 둔다.

[녹음] 第35到37题是根据下面一段话。

→ 37번 문제에 사선(/) 등의 표시를 해 두고, 35~37번까지 3문제의 보기를 미리 봐 둔다.

2 소거법과 대비법을 사용하라!

보기를 분석할 때 소거법과 대비법을 사용하면 도움이 된다.

[소거법] 둘 중 하나를 고르는 것이 넷 중 하나를 고르는 것보다 확률적으로 유리하다. 우선 명백히 틀린 보기를 제외하면 판단 범위가 축소된다. 범위를 줄이면 시간이 절약될 뿐 아니라, 정답을 맞힐 가능성도 커진다.

[대비법] 긴 보기가 나왔을 때는 일일이 해석하면서 시간을 낭비하지 말고, 보기를 수직으로 비교하여 공통된 부분을 생략하고, 차이 나는 부분만 대조하여 판단해 본다.

3 녹음 지문 끝 부분에 집중하라!

견해문에서 화자는 자신의 관점을 논술하기 위해, 중간 부분에서 여러 가지 실례(實例) 및 조사 결과 등을 논거로 설명하고, 주장하는 바는 서두나 결말에서 말한다. 특히 핵심은 결말 부분에 나올 가능성이 높으니, 녹음 내용이 다소 길어지더라도 집중력을 유지하여 끝 부분의 내용을 놓치지 않도록 한다.

시크릿 확인학습

문제

02-22

1. A 不要生气 B 何时该说话 C 怎么做决定 D 解决问题的方法

2. A 数数 B 做数学题 C 找朋友聊天儿 D 想想高兴的事情

문제 분석 화를 다스리는 방법이 무엇인지에 집중 / 중심 생각 파악하기!

生气常常是用别人的过错来惩罚自己，不仅解决不了问题，而且严重地损害了自己的健康。①当你生气的时候，千万别做任何决定。①先让自己冷静下来，②从10数到1，直到你冷静下来。如果你②非常生气的话，就从1数到100，然后再讲话。	화를 내는 것은 다른 사람의 잘못으로 자신을 벌하는 것으로, 문제를 해결하지 못할 뿐만 아니라, 자신의 건강을 심각하게 해친다. ①화가 날 때는 절대로 어떠한 결정도 해서는 안 된다. ①먼저 스스로 냉정을 찾도록, ②숫자 10부터 1까지 세는 것을 당신이 냉정해질 때까지 한다. 만약 당신이 ②대단히 화가 났다면, 1부터 100까지 세고, 그런 후에 말을 한다.

요약 • 중심 내용: 화가 날 땐 먼저 냉정을 찾아야 한다(生气时要先冷静下来)

단어 生气 shēngqì 동 성내다 | 过错 guòcuò 명 잘못 | 惩罚 chéngfá 동 징벌하다 | 不仅 bùjǐn 접 ~뿐만 아니라 | 解决 jiějué 동 해결하다 | 而且 érqiě 접 게다가 | 严重 yánzhòng 형 엄중하다 | 损害 sǔnhài 동 손상시키다 | 决定 juédìng 동 결정하다 | 冷静 lěngjìng 형 냉정하다 | 直到 zhídào 동 줄곧 ~에 이르다 | 然后 ránhòu 접 그다음에 | 讲话 jiǎnghuà 동 말하다

1. A 不要生气 B 何时该说话 C 怎么做决定 D 解决问题的方法	**A 화내지 마라** B 언제 말을 해야 하는가 C 어떻게 결정을 내리는가 D 문제를 해결하는 방법
问：这段话主要说什么？	**질문: 이 이야기는 주로 무엇을 말하는가?**

해설 화자는 화를 내는 것이 자신의 건강을 해칠 수 있다고 주장하며, 화가 날 때의 여러 가지 대처 방안을 말해 주고 있다. 화를 내는 것은 좋지 않으니, 화를 내지 말라는 의미로 받아들여도 무방하므로, 정답은 A가 된다.

단어 何时 héshí 명 언제 | 该 gāi 조동 (마땅히) ~해야 한다 | 说话 shuōhuà 동 말하다 | 方法 fāngfǎ 명 방법

2. A 数数	**A 숫자를 센다**
B 做数学题	B 수학 문제를 푼다
C 找朋友聊天儿	C 친구를 찾아서 수다를 떤다
D 想想高兴的事情	D 기분 좋은 일을 생각한다
问：生气时该怎么做?	**질문: 화가 날 때는 어떻게 해야 하는가?**

해설 10부터 1까지 세고, 1부터 100까지 세는 행동은 모두 숫자를 세는(数数) 행동이다. 따라서 정답은 A가 된다. 나머지 보기는 화가 났을 때 화를 푸는 방법이 될 수는 있겠지만, 화자가 제시한 방법은 아니므로 정답이 될 수 없다.

Tip 数数

数를 3성으로(shǔ) 발음하면 동사로, '~를 세다'라는 뜻이고, 4성으로(shù) 발음하면 명사로, '숫자'라는 뜻이다.

단어 数数 shǔshù 동 수를 세다 | 找 zhǎo 동 찾다 | 聊天儿 liáotiānr 동 잡담하다

1 의견을 말할 때 자주 사용하는 표현

02-23

01 我认为 wǒ rènwéi 我觉得 wǒ juéde	내가 생각하기에	我觉得她满有信心地去做好这件事情。 내가 생각하기에 그녀는 이 일을 자신 있게 잘 해낼 것이다.
02 未必 wèibì	반드시 ~는 아니다	物价下降，购物量未必就上升。 물가가 하락한다고 반드시 구매량이 상승하는 것은 아니다.
03 意味着 yìwèizhe	의미한다	生产率的提高意味着劳动力的节省。 생산율이 향상되는 것은 노동력이 절감됨을 의미한다.
04 说实话 shuō shíhuà	사실대로 말하면	说实话，他的中文没那么好。 사실대로 말하면, 그는 중국어를 그렇게 잘하지 않는다.
05 一般来说 yìbān lái shuō	일반적으로 말해서	一般来说，收入提高了，消费水平也随着提高。 일반적으로 말해서, 수입이 향상되면 소비 수준도 따라서 향상된다.

2 강조할 때 자주 사용하는 표현

02-24

01 要知道 yào zhīdào	알아야 한다	要知道，每个人都应对自己的行为负责。 사람마다 자신의 행동에 책임져야 한다는 것을 알아야 한다.
02 关键在于… guānjiàn zàiyú…	관건은 ~에 달려 있다	企业的发展关键在于领导者的水平和能力。 기업 발전의 관건은 지도자의 수준과 능력에 달려 있다.
03 尤其是 yóuqí shì 特别是 tèbié shì	특히, 더욱이	我特别喜欢韩国菜，尤其是韩国烤肉。 나는 한국 음식을 매우 좋아하는데, 특히 한국의 불고기를 좋아한다.
04 遗憾的是 yíhàn de shì 不幸的是 búxìng de shì	아쉬운 점은 불행한 것은	遗憾的是，捕杀野生动物的现象并没有停止。 아쉬운 점은 야생 동물을 포획하는 현상이 전혀 줄지 않았다는 것이다.
05 连…也(都)，更… lián…yě(dōu), gèng…	심지어 ~조차도, 더욱이 ~	连孩子都明白这个道理，更不用说大人了。 아이조차도 이 도리를 아는데, 더욱이 어른은 말할 것도 없다.
06 不是…，而是… búshì… érshì…	~가 아니라 ~다	不是我愿意这么做，而是我得听老板的。 내가 이렇게 하고 싶어서가 아니라, 나는 사장님의 말씀을 들어야만 해서야.

3 예를 들어 설명할 때 자주 사용하는 표현

02-25

표현	뜻	예문
01 比如(说) bǐrú (shuō) 比方说 bǐfang shuō	예를 들어 말하면	比如说准备好闹钟，要孩子学会自己按时起床。 예를 들어 말하면, 알람 시계를 준비해 두는 것은 아이가 스스로 제시간에 일어나는 것을 배우도록 하려는 것이다.
02 例如 lìrú	예를 들면	开学后我们总要交许多钱，例如学费、书费、杂费等等。 개학 후에 우리는 늘 많은 돈을 내야 한다. 예를 들면, 학비, 책값, 잡비 등이다.
03 拿…来说 ná…lái shuō	~로 말하자면	拿我来说吧，不管谁有困难，也不管我忙不忙，二话不说，就是去帮人。 나로 말하자면, 누구에게 어려움이 있든지, 또 내가 바쁘든 안 바쁘든, 두말없이 가서 도와준다.

4 개괄할 때 자주 사용하는 표현

02-26

표현	뜻	예문
01 总的来说 zǒng de lái shuō 总而言之 zǒng ér yán zhī 总之 zǒngzhī	총괄적으로 말해서	总的来说中国的经济发展不错，但有几个小遗憾。 총괄적으로 말해서 중국은 경제 발전을 잘했지만, 단 몇 가지 작은 아쉬움이 있다.
02 无疑 wúyí 显然 xiǎnrán	틀림없이 분명히	这无疑是在当时情况下唯一的选择。 이것은 분명히 당시의 상황 하에서 유일한 선택이었을 것이다.
03 由此可见 yóucǐ kějiàn	이것으로 알 수 있다	他考试没及格，由此可见他没有系统地复习。 그가 시험에 불합격한 것으로 보아, 그는 체계적으로 복습하지 않았음을 알 수 있다.
04 应该说 yīnggāi shuō 可以说 kěyǐ shuō	(마땅히) ~라고 말할 수 있다	应该说，我们已经取得了一定的成果。 우리는 이미 어느 정도의 성과를 얻었다고 말할 수 있다.
05 事实证明 shìshí zhèngmíng 调查表明 diàochá biǎomíng	사실이 증명한다 조사가 보여 준다	事实证明，他的想法是错误的。 사실이 증명하듯이, 그의 생각은 잘못된 것이다.

해설서 73~79p

DAY 29

02-27

1. A 主人没有朋友
   B 宠物不会告诉别人
   C 宠物喜欢听主人说话
   D 主人想让宠物了解自己

2. A 宠物会增加烦恼
   B 养宠物要花很多钱
   C 宠物可以帮主人减轻压力
   D 和宠物在一起，可以变年轻

3. A 如何养宠物
   B 养宠物的坏处
   C 养宠物的好处
   D 养宠物的好处与坏处

4. A 再次购买
   B 求家人的帮助
   C 自认倒霉
   D 到处翻找

5. A 计算损失
   B 重新看一遍录像
   C 重新回忆当时的情景
   D 去警察局报案

6. A 鞋柜上
   B 塑料袋里
   C 手提包里
   D 收银台

DAY 30

02-28

1. A 女儿更像爸爸
   B 儿子长得像妈妈
   C 只有“夫妻相”的人才能幸福
   D “夫妻相”需要共同的生活经历

2. A 现在还存在争论
   B 没有必然的联系
   C 没有“夫妻相”不幸福
   D 有“夫妻相”的夫妻不会离婚

3. A 幸福是什么
   B 什么是“夫妻相”
   C 结婚的前提条件
   D 夫妻应该有一样的生活习惯

4. A 谁慢谁就赢
   B 分为男女两组
   C 车道很短
   D 比赛很无聊

5. A 尽力阻止自行车前进
   B 穿上了最轻的跑鞋
   C 不停地撞其他人的车
   D 推着自行车慢慢儿走

6. A 宣传绿色出行
   B 强调规则的意义
   C 希望大家享受慢生活
   D 拉近人们间的距离

第一部分

第1-20题：请选出正确答案。

1. A 认真工作
   B 锻炼身体
   C 去公司工作
   D 抽时间休息

2. A 迟到了
   B 当了老板
   C 换工作了
   D 买新电脑了

3. A 开远光灯
   B 关远光灯
   C 减速或停车
   D 超过前面的车

4. A 死机了
   B 太旧了
   C 中病毒了
   D 反应很慢

5. A 顾客多
   B 在四川
   C 菜太辣了
   D 菜的味道一般

6. A 游戏人数
   B 游戏规则
   C 如何欣赏图
   D 游戏难度

7. A 总是很粗心
   B 不熟悉路况
   C 刚换了辆新车
   D 拿到驾照没多久

8. A 赶不上飞机
   B 没赶上汽车
   C 航班取消了
   D 没买到汽车票

9. A 时间太长
B 特别受欢迎
C 演员很有名
D 只能在网上看

10. A 十分自信
B 没有抓住机会
C 工作做得非常棒
D 放弃了这个机会

11. A 喝热水
B 保护嗓子
C 使用加湿器
D 喝加湿器里的水

12. A 女的要结婚
B 女的离婚两个月了
C 女的两个月没见到男的
D 女的结婚两个月就怀孕了

13. A 生日晚会
B 商业谈判
C 产品推销时
D 宴会结束时

14. A 修改格式
B 总结要多重复
C 删掉不需要的内容
D 删掉大部分内容

15. A 明天开会
B 明天不是星期二
C 女的在提醒男的
D 男的不参加明天的会议

16. A 下个月初
B 大概一个月
C 大概半个月
D 大概一个星期

17. A 得过奖
B 拍摄了好几年
C 是关于少数民族的小吃
D 在国际频道播出

18. A 学校
B 饭店
C 火车
D 银行

19. A 超重了
B 收件人拒收了
C 收件人信息有误
D 包裹内有违禁品

20. A 女的的爸爸
B 女的的女儿
C 女的的丈夫
D 女的的姐姐

第二部分

第21-45题:请选出正确答案。

21. A 划船
B 滑冰
C 买票
D 去公园

22. A 门的密码
B 电脑密码
C 手机短信
D 保险箱密码

23. A 买酒
B 喝酒
C 睡觉
D 吵架

24. A 很紧张
B 来得及
C 来不及
D 有点难

25. A 中秋节
B 女的的生日
C 结婚纪念日
D 女的妈妈的生日

26. A 春节
B 国庆节
C 中秋节
D 休年假时

27. A 会做菜
B 没带现金
C 喜欢冬天
D 是个工程师

28. A 教练
B 国家队选手
C 商人
D 公务员

29. A 很熟悉这儿
B 是这儿的职员
C 是健身房的教练
D 每天都来做运动

30. A 演得很成功
B 经常说错台词
C 表演经验丰富
D 不理解剧中人物

31. A 受伤了
B 护照丢了
C 找不到酒店
D 误了航班

32. A 销售创记录
B 让当地人喜欢自己
C 吸引路人的眼球
D 帮助解决旅游中语言不通的问题

33. A 那家企业是有名的大公司
B 那个企业招聘过程很简单
C 那个学生刚大学毕业
D 那名毕业生笔试不及格

34. A 面试态度
B 成绩
C 推荐信
D 研究生证

35. A 没有领导才能
B 不善于与人交往
C 不会灵活运用知识
D 未来工作可能不尽力

36. A 一直称赞他
B 一直跟他聊天
C 不停地批评他
D 一直不和他说话

37. A 很难过
B 很讨厌商人
C 平时不喜欢说话
D 不在乎商人说什么

38. A 顾客觉得味道太淡
B 杯子样式太难看
C 材料不足
D 服务员的态度不好

39. A 增加奶茶浓度
B 换成了红色的杯子
C 重新装修环境
D 增加了新口味

40. A 儿子们不学习
B 儿子们喜欢花钱
C 儿子们都不喜欢他
D 儿子们的关系不好

41. A 打他们
B 让他们劳动
C 让他们卖筷子
D 用筷子来教育他们

42. A 个人的力量
B 集体的力量大
C 筷子的重要性
D 三根筷子的力量

43. A 儿子身体不好
B 儿子太淘气了
C 儿子太喜欢爬山了
D 儿子的学习成绩差

44. A 坐下休息
B 鼓励其他的人
C 应该不断向上爬
D 平时多锻炼身体

45. A 爬山的秘诀
B 不能停下脚步
C 不要光重视成绩
D 父母和孩子之间要多沟通

阅读

독해

제1부분 빈칸 채우기

기출문제 탐색전

제2부분 일치하는 내용 찾기

기출문제 탐색전

제3부분 장문 독해

기출문제 탐색전

실전 모의고사

新HSK 5급

독해 제1부분 빈칸 채우기

기출문제 탐색전

문제

46-49.

孩子懂事以后，我常跟他们说：__46__好好念书，以后才会有很好的出路。你们如果有贪玩的童年，就会有辛苦的中年和悲惨的老年。我又说，你们看，妈妈白天到地里干活，晚上去电子厂做工，我一天的收入还不到你大姨的一半。妈妈为什么会这样呢？就是因为妈妈小时候贪玩，不用心念书的__47__。而你们的大姨童年时__48__念书，过得很苦。如果大姨贪玩，姥姥就拿棍子打她。现在__49__，我也跟姥姥一样，用棍子打你们。

46 A 只　　B 只要　　C 必要　　D 只有

47. A 原由　　B 缘分　　C 缘故　　D 理由

48. A 专业　　B 一心　　C 一样　　D 大专

49. A 如果你们不好好念书　　B 如果你们考不上大学
C 如果你们不听校长的话　　D 如果你们不好好吃饭睡觉

독해 제1부분은 주어진 지문의 빈칸에 알맞은 단어나 문장을 고르는 문제로, 총 45문제 중 15문제가 출제되어, 전체의 33%에 해당한다. 이 부분을 잘 풀기 위해서는 먼저 빈칸 앞뒤의 단어와 문맥을 살펴보고 빈칸에 어떤 품사가 필요한지를 파악해야 한다. 만약 술어(동사/형용사)가 필요하다면 목적어나 주어가 힌트가 되고, 목적어나 전치사를 넣어야 한다면 술어에서 힌트를 찾는다. 동사, 명사, 전치사 등의 짝꿍 관계를 잘 이해하면 이 부분의 문제를 생각보다 쉽게 풀 수 있다.

유형 분석

❶ 주어진 지문을 읽고 빈칸에 알맞은 보기를 선택한다.
- 유형1: 빈칸에 알맞은 동사, 형용사, 명사, 부사, 접속사 등을 고른다. (예: 46~48번)
- 유형2: 앞뒤 문맥을 살펴 흐름에 어울리는 문장을 고른다. (예: 49번)

❷ 독해는 시간과의 싸움이다. 45문제를 45분 안에 풀고 답안지까지 작성해야 하므로, 문제당 1분 안에 풀어야 한다. 평소에 반드시 시간을 재면서 문제를 푸는 훈련을 해 둔다.

❸ 느낌대로 답을 고르는 것보다는, 빈칸 앞뒤의 힌트에 근거하여 문제를 풀어야 정답률이 높아진다.
- 동사 찾는 문제: 힌트 1–목적어 / 힌트 2–주어 / 힌트 3–부사어
- 형용사 찾는 문제: 힌트 1–주어 / 힌트 2–부사어
- 주어 · 목적어 찾는 문제: 힌트 1–술어(동사/형용사) / 힌트 2–관형어
- 접속사 · 부사 찾는 문제: 힌트 1–앞 절에 제시된 접속사 / 힌트 2–뒤 절에 제시된 부사

❹ 듣기를 제외한 나머지 영역은 답안지 작성 시간이 따로 주어지지 않으므로, 문제를 풀면서 답안지를 작성해야 한다.
- 45문제를 전부 풀고 나서 답안지를 작성하는 방법: 독해 영역에서 시간 조절에 자신이 있거나 2~3분 이상의 시간 여유가 있을 경우, 문제를 푸는 도중에 답안지를 작성하면 집중력에 나쁜 영향을 끼칠 경우에 이 방법을 사용한다.
- 10문제씩 풀고 답안지를 작성하는 방법: 독해 영역에서 항상 시간이 부족하다면, 시험 종료에 임박해서 답안지를 한꺼번에 작성하다가 정답을 밀려 쓰거나 실수하기 쉬우므로 이 방법을 사용한다.

01 품사 및 짝꿍 찾기

독해 제1부분은 지문을 읽고, 지문 속의 빈칸에 들어갈 적절한 어휘를 보기에서 선택하는 유형이다. 시험에 잔뼈가 굵은 고수들은 나름대로 노하우가 있을 테지만, 초보 학습자들에게는 막막한 절망의 늪처럼 느껴질 수도 있다. 일단 지문을 읽고, 어떤 내용인지 흐름을 파악하는 것이 급선무다. 그 후에 빈칸 앞뒤에 제시된 짝꿍 어휘를 힌트로 삼아서 문제를 푼다면 그리 어려울 것도 없다.

독해 시크릿 백전백승

1 빈칸에 들어갈 품사를 파악하라!

보기에 제시된 4개의 단어는 품사가 모두 같을 수도 있고, 다를 수도 있다. 빈칸에 들어갈 단어의 품사를 파악할 수 있다면, 답이 될 수 없는 어휘를 탈락시킬 수 있으므로 정답을 찾는 데 도움이 된다.

예 [지문] 服务工作(주어) 要(조동사) 经常(부사) ____ 顾客的意见(목적어)。

서비스 업무는 항상 고객의 의견을 ____해야 한다.

[보기] A 要求 B 愿望 C 追求 D 征求

[품사 찾기] 빈칸 앞에 부사 经常(항상)과 조동사 要(~해야 한다)가 있고, 뒤에 명사 덩어리(목적어)가 있으므로, 빈칸에는 동사가 들어가야 한다. 보기에서 B는 명사이므로 제외시키고, A, C, D 중에서 정답을 찾으면 된다.

[정답] D 征求 구하다

2 상호 보완적 관계를 이해하라!

문장을 이루는 성분들은 서로 유기적인 상관 관계를 가지고 있다. '주어와 술어', '술어와 목적어', '수식어와 목적어'의 상호 보완적 관계를 반드시 기억해 두자.

[주어 + 술어] 주어를 보고 술어 정답을 고를 수 있다.

예 营养(주어) (丰富)(술어) 영양이 (풍부하다) / 水平(주어) (提高)(술어) 수준이 (향상되다)

[술어 + 목적어] 목적어를 보고 술어 정답을 고를 수 있다.

예 (浪费)(술어) 时间(목적어) 시간을 (낭비하다) / (发挥)(술어) 能力(목적어) 능력을 (발휘하다)

[수식어 + 목적어] 수식어를 보고 목적어(명사) 정답을 고를 수 있다.

예 发生的(수식어) (变化)(목적어) 발생한 (변화) / 水平的(수식어) (提高)(목적어) 수준의 (향상)

3 빈칸 앞뒤에서 짝꿍 힌트를 찾아라!

빈칸 뒤에 목적어가 있다면, 빈칸에는 목적어의 짝꿍인 동사 술어가 들어가야 한다.(= 동사 술어 문제) 이처럼 짝꿍 힌트만 잘 찾으면 정답 찾기가 한결 수월해지므로 힌트 찾는 공식을 암기해 둔다.

① 출제 빈도 1순위: 동사 술어 문제

목적어를 힌트로 삼고, 목적어가 없으면 주어를 힌트로 삼는다.

주어(힌트 2) + ________(동사 술어) + 목적어(힌트 1)

② 출제 빈도 2순위: 목적어 문제

동사 술어를 힌트로 삼고, 힌트가 부족하면 관형어(수식어)에서 힌트를 찾는다.

술어(힌트 1) + 관형어(的)(힌트 2) + ________(목적어)

③ 출제 빈도 3순위: 형용사 술어 문제

먼저 주어를 살펴보고, 부사어까지 고려하여 정답을 찾는다.

주어(힌트 1) + 부사어(힌트 2) + ________(형용사 술어)

④ 출제 빈도 4순위: 전치사 문제

대부분 술어가 힌트가 되며, 전치사와 짝을 이루는 명사도 힌트가 된다.

________(전치사) + 명사(힌트 2) + 술어(힌트 1)

4 짝꿍끼리 짝지어 외워라!

독해 제1부분은 단순히 지문의 의미만 파악했다고 문제가 해결되지는 않는다. 지문을 볼 때 중요한 부분에 동그라미 표시하는 방법으로 힌트 찾기 연습을 충분히 하고, 힌트와 정답은 반드시 짝지어 암기해 둔다.

예 征求 + 意见 의견을 구하다
处于 + 状态 상태에 처해 있다
广大 + 读者 많은 독자
达到 + 目的 목적에 도달하다

문제

刚到夏威夷的时候，被美丽的风景迷住了。我们在沙滩上，看着蓝天，吹着海风，沐浴着阳光，听着海浪声，整个人都放松了。在阳光下__1__着太阳镜，在充足的阳光中，晒着古铜色的__2__，还有满身的汗水，在蓝天白云的衬托下，在阳光的照射下，__3__活力。

1. A 穿	B 带	C 挂	D 戴
2. A 皮肤	B 身体	C 头发	D 胳膊
3. A 充分	B 装满	C 充满	D 包含

문제 분석 동사의 힌트 목적어, 명사의 힌트 수식어에 주목!

막 하와이에 도착했을 때, 아름다운 풍경에 매료되었다. 우리는 해변에서 파란 하늘을 보며 바닷바람을 맞고, 햇살을 받으며 파도 소리를 듣고 있노라니, 몸과 마음이 편안해졌다. 햇살 아래에서 선글라스를 착용하고, 충분한 햇빛에 구릿빛의 피부를 태우며 땀을 흠뻑 흘렸고, 푸른 하늘과 흰 구름이 대비를 이루며 햇볕이 내리쬐는 가운데 활력이 충만하였다.

요약
- 제목: 하와이 해변에서
- 주제: 하와이 해변에서의 휴식은 몸과 마음의 활력을 찾아 준다.

단어 夏威夷 Xiàwēiyí 명 하와이 | 美丽 měilì 형 아름답다 | 风景 fēngjǐng 명 경치, 풍경 | 迷住 mízhù 동 매혹되다 | 沙滩 shātān 명 모래사장 | 蓝天 lántiān 명 푸른 하늘 | 吹 chuī 동 불다 | 海风 hǎifēng 명 해풍, 바닷바람 | 沐浴 mùyù 동 목욕하다, (비유) 흠뻑 받다 | 阳光 yángguāng 명 햇빛 | 海浪声 hǎilàngshēng 명 파도 소리 | 整个人 zhěng ge rén 명 사람의 전체(몸과 마음) | 放松 fàngsōng 동 긴장을 풀다, 편안해지다 | 太阳镜 tàiyángjìng 명 선글라스 | 充足 chōngzú 형 충족하다 | 晒 shài 동 비추다, 쬐다 | 古铜色 gǔtóngsè 명 고동색, 갈색, 구릿빛 | 满身 mǎnshēn 명 온몸 | 汗水 hànshuǐ 명 땀 | 白云 báiyún 명 흰 구름 | 衬托 chèntuō 동 (다른 사물을 함께 놓아 한 사물을) 두드러지게 하다, 돋보이게 하다 | 照射 zhàoshè 동 (빛이 물체에) 비추다 | 活力 huólì 명 활력

1. A 穿	B 带	C 挂	D 戴	A 입다	B 지니다	C 걸다	**D 착용하다**

분석 在阳光下______着太阳镜，
(힌트: 太阳镜 → 빈칸)

해설 **품사 찾기** 전치사구(在…下) 뒤에서 동태조사 着를 이끌고 있으므로 빈칸은 동사 자리다.

짝꿍 찾기 동사의 힌트 1순위는 목적어다.

정답 찾기 목적어 太阳镜(선글라스)을 보고 동사 戴(착용하다)를 써야 함을 알 수 있다. 戴는 선글라스 외에도 안경, 모자, 목걸이, 반지 등 신체에 착용하는 모든 물건에 사용되는 동사다. 따라서 정답은 D가 된다.

Tip 穿은 '입다, 신다'의 뜻으로 衣服(옷), 袜子(양말), 鞋(신발)와 호응하고, 挂는 옷걸이, 벽 등에 '걸다'라는 뜻이다. 带는 戴와 발음이 같지만, 어떤 물건을 지니고 있음을 나타낸다.

단어 穿 chuān 동 입다 | 带 dài 동 (몸에) 지니다, 휴대하다 | 挂 guà 동 (부착되게) 걸다 | 戴 dài 동 (신체에) 착용하다

2. A 皮肤 B 身体 C 头发 D 胳膊 **A 피부** B 몸 C 머리카락 D 팔

분석 晒着古铜色的______,

힌트1 힌트2

해설 품사 찾기 구조조사 的 이하 부분은 명사 자리다. (수식 성분 + 的 + 명사)

짝꿍 찾기 목적어(명사) 힌트 1순위는 동사 晒(햇볕을 쬐다)고, 2순위는 수식어 古铜色的(구릿빛의)다.

정답 찾기 바닷가 모래사장에서 햇볕을 쬐는 구릿빛(갈색)의 것으로는 신체의 다른 부분보다 피부(皮肤)일 때 가장 자연스러우므로, 정답은 A가 된다.

단어 皮肤 pífū 명 피부 | 身体 shēntǐ 명 몸 | 头发 tóufa 명 머리카락 | 胳膊 gēbo 명 팔

3. A 充分 B 装满 C 充满 D 包含 A 충분하다 B 가득 차다 **C 충만하다** D 포함하다

분석 在阳光的照射下，______活力。

힌트

해설 품사 찾기 전치사구(在…下) 뒤에서 목적어(명사)를 이끌고 있으므로 빈칸은 동사 자리다.

짝꿍 찾기 동사의 힌트 1순위는 목적어다.

정답 찾기 A는 형용사로, 목적어를 취할 수 없으므로 제외시킨다. 목적어 活力(활력)는 추상명사로, 동사 充满(충만하다)과 짝꿍으로 쓰인다. 따라서 정답은 C가 된다.

Tip 装满도 '가득 차다'의 의미지만, 어떤 공간에 구체적인 사물을 가득 담는다는 뜻이다. 包含은 意思(의미)와 자주 호응한다. 充分의 가장 큰 특징은 술어 역할보다는 술어 앞에서 充分准备(충분히 준비하다), 充分发挥(충분히 발휘하다), 充分利用(충분히 이용하다)처럼 부사어 역할을 많이 한다는 것이다.

단어 充分 chōngfèn 형 충분하다 | 装满 zhuāngmǎn 동 가득 채우다 | 充满 chōngmǎn 동 충만하다 | 包含 bāohán 동 포함하다, 내포하다

독해

DAY 1

1-3.

美国心理学家曾做过一个有趣的实验：首先告诉学生学校邀请到一位非常有名的医药学专家来给他们上课，然后让那位医药学专家对学生说，他发现了一种新的药物，这种药物具有一股____1____的臭味儿，但是闻了之后会让人顿时精神起来。然后让学生们一个一个地闻了闻，并要求闻了之后觉得自己更有精神的同学举一下手，结果很多同学闻了以后都举起了手。事实上，那____2____在瓶子里的只不过是一种饮料而已，而那位“专家”不是医药学专家而是从外校请来的体育老师。像这种由于受到名人的暗示而产生过分信任和盲从的____3____就叫作“名人效应”。

1.	A 繁荣	B 深刻	C 奇怪	D 单调
2.	A 装	B 漏	C 插	D 冲
3.	A 气氛	B 事件	C 制度	D 现象

4-7.

工作中那种不懂装懂的人，喜欢说：“这些工作真无聊。”但他们内心的真正感觉是：“我做不好任何工作。”他们希望年纪轻轻就功成名就，但是他们又不喜欢学习、求助或____4____意见，因为这样会被人认为他们不行，____5____。

脱掉不懂装懂、放弃学习的“外套”，因为学习的心态已经成为一个人能够在这个竞争激烈的社会中得以生存和发展的最基本的心态。21世纪是一个知识爆炸的时代，知识和技能成为一个人生存的____6____条件。没有知识技能你将无法生存，而知识和技能的获得就是要靠不断地学习、充电，再学习、再充电。多____7____一种知识或是一门技术，在众多的竞争对手面前就多了一份取胜的机会。

4. A 提供　B 征求　C 整理　D 发表

5. A 于是他们辞职了　B 所以他们只好装懂
C 所以他们向长辈学习　D 于是他们就拼命地学习

6. A 选择　B 无聊　C 必要　D 优势

7. A 掌握　B 模仿　C 复制　D 调整

DAY 2

1-3.

人们每天面对紧张的生活和匆忙的工作，都没有时间坐下来 ____1____ 生活。童年时的理想和少年时的梦想不知什么时候已经 ____2____，只剩下生活的压力。总是看着远处的山峰，不断地向前跑，不如停下来，欣赏一下沿途的 ____3____。

1. A 享受　B 舒适　C 高兴　D 忙碌

2. A 实现　B 消失　C 停止　D 丰富

3. A 和睦　B 角落　C 气候　D 风景

4-7.

2020年3月11日，吉尼斯世界纪录的相关负责人正式确认《新华词典》是世界上“最畅销的书”和“最受欢迎的词典”。到这两项纪录统计的时间为止，其全世界发行量已经达到6亿本。

《新华词典》是中国当代第一部现代汉语词典，由商务印书馆___4___，是全世界汉语学习者必备的工具书。吉尼斯世界纪录全球高级干部说:“在过去一段时间里，我们团队对《新华词典》___5___了大量的数据调查、汇总和审核工作。从《新华词典》令人吃惊的销量可以看出它在___6___方面扮演着重要___7___。”

4. A 描写　B 建设　C 成立　D 出版

5. A 进行　B 促使　C 形成　D 到达

6. A 创造吉尼斯记录　B 数据调查和审核工作
C 学习汉语和推广汉文化　D 书籍出版和发行工作

7. A 力量　B 角色　C 个性　D 作用

02 문맥 파악하기

DAY 3-4

독해 제1부분의 지문은 중간중간 빈칸이 나오므로, 지문을 읽으면서 내용을 파악하는 도중 흐름이 끊길 수 있다. 하지만 이러한 난관에 그대로 무너져 버리면 안 된다. 정신을 집중하고 읽었던 내용을 정리하여, 흐름을 계속 이어 나가야 한다. 왜냐하면 지문 속에는 정답을 찾아낼 수 있는 힌트가 곳곳에 숨어 있기 때문이다. 이번 장에서는 빈칸을 초월하여 문맥을 파악하는 비법을 학습해 보자.

독해 시크릿 백전백승

1 문제 순서에 집착하지 마라!

지문을 읽다가 빈칸이 나오면, 순간적으로 경직되면서 문제를 풀어야 한다는 강박 관념이 생길 수 있다. 하지만 전체 흐름을 파악하지 않은 채, 섣불리 답을 고르는 것은 옳지 않다. 먼저 확실히 아는 문제부터 풀고, 모르는 문제는 지문의 내용을 다 파악한 후에 다시 도전한다. 보류하는 문제는 앞에 체크 표시(∨)를 하여 누락하는 일이 없도록 한다.

2 지문을 입체적으로 이해하라!

독해 제1부분은 제3부분처럼 내용 이해만을 목적으로 해서는 안 된다. 지문을 구(句)나 절 단위로 꼼꼼히 읽으며 입체적이고 다각적인 사고로 내용을 이해하려고 노력해야 한다.

3 핵심을 놓치지 말고 독해하라!

지문이 어떻게 전개되는지 문장 흐름의 맥(脈)을 놓치지 말아야 한다. 문맥을 파악할 때 절대 놓치면 안 되는 핵심은 다음과 같다.

① 주체자(누가): 어떤 인물이 등장하는지 체크한다.
② 행위(어떻게): 어떤 동작을 했는지 기억한다.
③ 원인(왜): 원인, 목적을 나타내는 접속사에 주의한다.
　예 因为 왜냐하면 / 为了 ~하기 위해서
④ 긍정 · 부정: 이야기의 방향이 긍정적인지 부정적인지에 주의한다.
⑤ 전환: 역접을 나타내는 접속사가 나오면 이야기 전개 방향이 바뀌는 것에 주의한다.
　예 但是 그러나 / 其实 사실은 / 不过 그런데

독해

4 내 안에 답 있다!

지문을 입체적으로 이해하고 문맥을 파악하면 의외의 성과가 기다리고 있을지도 모른다. 지문 안에 정답이 그대로 드러나 있는 문제들이 종종 있기 때문이다. 지문 안에서 정답을 찾아내는 센스를 발휘해 보자.

5 많은 글을 접하라!

드라마를 자주 보다 보면, 이야기가 어떻게 흘러갈지, 뒤에 어떤 반전이 있을지 짐작할 수 있듯이, 많은 글을 접하다 보면 독해력이 향상되고, 글의 흐름을 파악하는 능력이 생긴다. 무작정 많이 보라는 것은 아니다. 좋은 글들을 정독하면서 내용의 전개 과정에 주의하는 습관을 기른다.

6 점수에 연연하지 말고 복습에 집중하라!

초보 학습자들 중에는 풀어 본 문제를 복습하지 않고, 풀고 채점하는 데에만 관심이 있는 학생이 있다. 10문제 중 9문제를 맞았다고 하더라도 틀린 1문제를 복습하지 않는다면, 6문제씩 맞고 틀린 4문제를 꾸준히 복습한 학생과 비교했을 때, 당장의 수준 차이는 크지만 몇 달 후에는 두 번째 학생이 첫 번째 학생을 앞지르게 된다. 점수에만 연연하지 말고 복습에 집중하라!

내가 생각하는 HSK란? - HSK는 [   ] 다.

- HSK는 계단이다. 한 걸음 한 걸음 올라가면 실력이 점차 높아지기 때문이다.
- HSK는 나의 중국어 실력을 알 수 있는 척도다.
- HSK는 단어와의 싸움이다. 단어를 알아야 문제를 풀 수 있으니까.

시크릿 확인학습

문제

一位先生拿了三把伞去修理。中午，他在一家___1___吃饭。临走时，他心不在焉地把挂在帽子旁边的一把伞也拿了下来。

“___2___”旁边桌子的一个妇人说道。

他才发现自己拿错了伞，___3___向妇人道歉后就走了。

然后，他去修理店把三把伞取了出来，坐地铁回家。没想到，坐地铁的时候又碰到了刚才那个妇人，她也上了车。她看了他一眼，又瞧了瞧他的伞，说:“看得出来，你今天的___4___很好。”

1. A 银行　B 客厅　C 餐厅　D 博物馆

2. A 先生，这儿有人。　B 外面雨停了，先生。
   C 这伞是我的，先生。　D 您还没付钱呢，先生。

3. A 不满　B 连忙　C 竟然　D 偶尔

4. A 心情　B 身体　C 运气　D 影响

독해

문제 분석 전체 문맥 이해에 주의!

한 남자가 우산 3개를 수리하러 갔다. 점심에 그는 한 식당에서 밥을 먹었다. 떠날 즈음에, 그는 정신을 딴 데 팔다가 모자 옆에 걸려 있는 우산 하나를 집어 들었다.

"이 우산은 제 것이에요, 아저씨." 옆 테이블의 한 여성이 말했다.

그는 그제서야 자기가 우산을 잘못 든 것을 알고, 재빨리 여자에게 미안하다고 말하고 갔다.

그 후, 그는 우산 수리점에서 우산 3개를 찾아서 지하철을 타고 집으로 돌아가는데, 생각지도 못하게 지하철을 탈 때 또 그 여성을 마주쳤다. 그녀도 역시 지하철을 탄 것이다. 그녀는 그를 보고, 또 그의 우산을 보면서 말했다. "보아하니, 당신은 오늘 운이 굉장히 좋군요."

요약
- 제목: 우산 때문에 생긴 오해
- 주제: 우연찮은 상황으로 인해 우산 도둑으로 오해를 받았다.

단어 伞 sǎn 명 우산 | 修理 xiūlǐ 동 수리하다 | 临 lín 부 ~에 즈음하여 | 心不在焉 xīn bú zài yān 성어 정신을 딴 데 팔다 | 帽子 màozi 명 모자 | 桌子 zhuōzi 명 탁자 | 妇人 fùrén 명 부인(성인 여성에 대한 호칭) | 道歉 dàoqiàn 동 사과하다 | 然后 ránhòu 접 그런 후에 | 地铁 dìtiě 명 지하철 | 瞧 qiáo 동 보다

1. A 银行	B 客厅	C 餐厅	D 博物馆	A 은행	B 거실	**C 식당**	D 박물관

분석 中午，他在一家______吃饭。

힌트1 힌트2

해설 품사 찾기 '수사(一) + 양사(家) + 명사'의 어순이다. 家는 이윤을 목적으로 하는 장소를 세는 양사로 公司(회사), 商店(상점), 饭馆(음식점), 餐厅(식당) 등에 쓰일 수 있다. '수사 + 양사' 뒤의 빈칸은 명사 자리다.

짝꿍 찾기 명사의 힌트 1순위는 양사, 2순위는 동사다. 따라서 家와 吃饭이 힌트다.

정답 찾기 양사 家와 어울리는 명사로는 银行(은행), 餐厅(식당)이 있다. 吃饭(식사)할 수 있는 곳은 식당(餐厅)이므로, 정답은 C가 된다.

단어 银行 yínháng 명 은행 | 客厅 kètīng 명 거실 | 餐厅 cāntīng 명 식당 | 博物馆 bówùguǎn 명 박물관

2.	
A 先生，这儿有人。	A 아저씨, 여기 사람 있어요.
B 外面雨停了，先生。	B 밖에 비가 그쳤어요, 아저씨.
C 这伞是我的，先生。	**C 이 우산은 제 것이에요, 아저씨.**
D 您还没付钱呢，先生。	D 아직 돈을 내지 않으셨어요, 아저씨.

분석 他心不在焉地把挂在帽子旁边的一把伞也拿了下来。"______"旁边桌子的一个妇人说道。

힌트

해설 품사 찾기 따옴표(" ")는 어떤 이의 말을 인용했다는 표시다. 따라서 빈칸에는 단어가 아니라, 절이 나올 것임을 예상할 수 있다.

짝꿍 찾기 앞뒤 문맥의 흐름을 봐야 한다.

정답 찾기 남자가 무심코 다른 사람의 우산을 집어 들자, 옆 테이블에 있던 손님이 그것은 자신의 우산이라고 말해 주는 상황이다. 따라서 정답은 C가 된다.

단어 付 fù 동 돈을 지급(지불)하다 | 钱 qián 명 돈

3. A 不满	B 连忙	C 竟然	D 偶尔	A 불만이다	**B 재빨리**	C 의외로	D 때때로

분석 他才发现自己拿错了伞，______向妇人道歉后就走了。

힌트

해설 품사 찾기 '부사 + (조동사) + 전치사구 + 술어'의 어순이다. 보기에는 조동사가 없으므로, 전치사 向 앞은 부사 자리다.

짝꿍 찾기 빈칸에 알맞은 부사는 동사 술어나 전체 문맥을 보고 판단한다.

정답 찾기 남자가 다른 사람의 우산을 잘못 집어 든 것을 알고 사과하는 상황에 가장 어울리는 부사는 连忙(재빨리)이므로, 정답은 B가 된다.

Tip 竟然은 '뜻밖에'라는 뜻으로 居然, 没想到와 동의어로 쓰이며, 偶尔은 '이따금'이라는 뜻으로 有时와 같은 의미이므로, 모두 문맥과 어울리지 않는다.

단어 不满 bùmǎn 형 불만이다 | 连忙 liánmáng 부 얼른, 재빨리 | 竟然 jìngrán 부 뜻밖에도 | 偶尔 ǒu'ěr 부 때때로, 가끔씩

4. A 心情 B 身体 C 运气 D 影响 A 기분 B 몸 C 운 D 영향

분석 他去修理店把三把伞取了出来，…她看了…说："看得出来，你今天的______很好。"

힌트

해설 품사 찾기 빈칸이 있는 문장의 주어는 你가 아니라 '你今天的____'까지다. 따라서 구조조사 的 이하 부분은 문장의 주어 성분으로, 명사가 들어가야 한다.

짝꿍 찾기 주어의 힌트는 술어 很好(매우 좋다)다.

정답 찾기 남자는 수리점에 맡겼던 우산 3개를 찾아 지하철을 타고 가다가, 식당에서 실수했던 여성과 또 마주치게 되었다. 그 여성은 아까 자신의 우산을 들고 가려고 했던 남자가 우산을 잔뜩 들고 있는 모습을 보고는, 남자가 다른 사람의 우산을 챙겨 가는 상습범이라 생각했을 가능성이 크다. 따라서 그녀는 비꼬듯이 '오늘 수확이 좋네요', 혹은 '오늘 운이 좋네요' 정도로 말하는 것이 가장 자연스러우므로, 정답은 C가 된다.

단어 心情 xīnqíng 명 심정, 기분 | 身体 shēntǐ 명 몸, 신체 | 运气 yùnqi 명 운, 행운 | 影响 yǐngxiǎng 명 영향

NEW 단어 + TIP

연애

- 碰 pèng 동 부딪치다, (우연히) 만나다
- 追 zhuī 동 뒤쫓다, (이성을) 따라다니다, 구애하다
- 交往 jiāowǎng 동 왕래하다, 교제하다
- 分手 fēnshǒu 동 헤어지다, 이별하다
- 怀孕 huáiyùn 동 임신하다

예 A군은 B양을 길에서 우연히 보게 되었는데(碰见), 보자마자 첫눈에 반했다(一见钟情). A군은 그녀를 1년간 쫓아다녀서(追) 교제(交往)를 하게 되었다. 하지만, 그들은 성격상의 이유로 결국 3개월도 못 사귀고 헤어져(分手) 버렸다. 참으로 안타까운(可惜) 일이 아닐 수 없다.

독해

DAY 3

1-4.

一只小猫问它的妈妈:"妈妈，幸福在哪里?"猫妈妈回答说:"幸福就在你的尾巴上啊!"于是这只小猫每天就＿＿1＿＿着它的尾巴跑，可总是抓不着，它生气地去问妈妈:"为什么我总是抓不住幸福呢?"猫妈妈笑着回答它说:"只要你一直不停地往前走，＿＿2＿＿!"

每天一早醒来，感觉空气是清新的，太阳是明亮的，身体是舒服的，全新的一天开始了。每天躺下的时候，感觉一天的生活总体是快乐的，希望明天早上＿＿3＿＿开眼睛的时候，还能继续保持这种明朗的＿＿4＿＿。难道不幸福吗?

1. A 追　B 摸　C 碰　D 打

2. A 你就会很开心　B 你就会越走越远
   C 就可以抓到很多鱼　D 幸福就一直跟在你的后面

3. A 闭　B 睁　C 翻　D 写

4. A 情景　B 情绪　C 优势　D 事实

5-8.

近来非常流行一种教育理念，即我们常说的"体验教育"，还可以称"经验式教育"，它＿＿5＿＿，要求他们用"心"去体会和感受。具体做法是让学习者参加一些游戏或者户外活动，然后总结过程中碰到的问题和解决方法，从而获得新的知识和经验，并且能将把这些收获＿＿6＿＿到日常学习和生活中。

体验教育的特别之处在于注重＿＿7＿＿学生主动学习的意识。在这一过程中，教师的作用是帮助学生从被动接受转变为主动参与，＿＿8＿＿。这是教育观念的转变，也是教育方法的创新。

5. A 注重学习者的内心体验　B 注重学习者的实践能力
C 注意学习者的感情表现　D 着重教育者的知识程度

6. A 展示　B 运用　C 安装　D 发展

7. A 建设　B 生产　C 培养　D 辅导

8. A 以教材为教学重点　B 适当提高考试难度
C 真正做到以学生为中心　D 充分体现家长的地位

DAY 4

1-4.

顾恺之，是中国东晋时期非常著名的画家。他很小的时候，母亲就___1___了。稍长大一点，便每天缠着父亲追问母亲的样子，父亲不厌其详地给他讲了母亲的样貌和日常的衣着。他把这一切都牢牢地记在心中。

八岁那年，他忽然向父亲要笔墨，说要给母亲画像。父亲说，“你连母亲的模样都没见过，怎么画呢?”他回答说:“___2___，一天不像画两天，两天不像画三天，一定要到画像了为止。”于是他每天都在画，不分白天和黑夜。画好了就给父亲看，看了以后就按照父亲的意见修正。逐渐地，父亲惊喜地发现，母亲的像居然有几分___3___了，只是眼睛还是不太像。于是，他又用心地去琢磨，一年过去了，两年过去了，终于有一天，他把再次画成的母亲像给父亲看，父亲竟然看___4___了，说:“像，太像了，眼睛特别像呀。”

1. A 去世　B 存在　C 耽误　D 上班

2. A 我请画家来画　B 我相信您的实力
C 我就按照您说的画　D 我已经画了很长时间了

3. A 几乎　　B 相似　　C 可靠　　D 巧妙

4. A 晕　　B 吓　　C 呆　　D 住

5-8.

一般来说，包装盒上会印有一些特殊的标志，比如一把雨伞、一个酒杯、一朵雪花、一个有数字的方框等等。这些标志其实都有一定的含义，它们是根据国际标准，对于___5___进行说明的指示性标志。

举个例子来说，“雨伞(上面还有几点雨点)”说明物品容易受潮，所以要防水，需要保存在___6___的环境中;“酒杯”的意思纸箱内的物品容易破碎，___7___;“方框中的数字”则表明物品在存放时最高可以叠放的层数。

这些标志一般都被印在较为明显的地方，便于___8___人们在运输、装运和保管物品时需要注意的问题。

5. A 纸箱的高低、大小、规格
B 物品运输、保存过程或物品的化学性质
C 纸箱内物品的高低、大小、规格
D 纸箱内物品的重量

6. A 干燥　　B 清淡　　C 湿润　　D 干净

7. A 需要轻拿轻放　　B 需要注意防潮
C 不能晒到太阳　　D 需要保管在阴凉的地方

8. A 保管　　B 命令　　C 妨碍　　D 提醒

03 접속사 활용하기

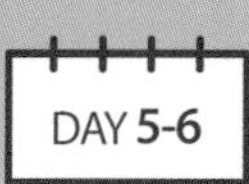

독해 제1부분에서는 긴 문장을 읽고 내용을 이해하는 장문 독해 능력, 빈칸에 적절한 어휘를 고르는 유의어 비교 능력, 그리고 어법 요소인 접속사 활용 능력 등 종합적인 능력을 평가한다. 접속사는 대개 2개의 접속사(또는 접속부사)가 앞뒤로 호응하여 나오기 때문에, 하나의 접속사를 찾으면 호응하는 짝꿍을 선택할 수 있는 아주 쉬운 유형이다. 하지만 아무리 쉬워도 접속사를 암기하지 않으면 문제를 풀 수 없으므로, 먼저 주요 접속사를 마스터해 두자.

독해 시크릿 백전백승

1 이란성 쌍둥이 접속사를 암기하라!

먼저 대표 접속사를 마스터하고, 그다음에 접속사의 동의어를 암기한다. 생김새는 달라 보이지만, '이란성 쌍둥이'라는 것을 잊지 말자.(★ 표시는 더 자주 출제됨.)

[앞 절에 잘 나오는 쌍둥이 접속사]

대표 접속사	의미	쌍둥이 접속사
01 如果	만약 ~라면	★ 要是 / ★ 假如 / 假使
02 虽然	비록 ~일지라도	★ 尽管 / 固然
03 不但	~일 뿐만 아니라	★ 不仅 / 不只 / 不光
04 不管	~에 관계없이	★ 不论 / ★ 无论
05 因为	~ 때문에	★ 由于
06 哪怕	설령 ~일지라도	★ 即使 / 就算 / 就是

독해

[뒤 절에 잘 나오는 쌍둥이 접속사 / 부사]

대표 접속사/부사	의미	쌍둥이 접속사	쌍둥이 부사
01 就	그러면, 곧	★ 那么	便 / 立即(一…就 구문)
02 但是	그러나	可是 / 可 / ★ 然而	★却 / 也
03 而且	게다가	并且 / ★ 甚至	★还 / 也 / 又 / 更
04 都	모두	反正	也 / 总
05 所以	그래서	★ 因此 / 因而	
06 也	그래도		

[호응 관계]

앞 절 접속사	뒤 절 접속사
01 如果(=要是 / 假如 / 假使) 만약 ~라면	就(=那么+ 주어 + 便 / 立即) 그러면, 곧
02 虽然(=尽管 / 固然) 비록 ~일지라도	但是(=可是 / 可 / 然而 + 주어 + 却 / 也) 그러나
03 不但(=不仅 / 不只 / 不光) ~일 뿐만 아니라	而且(=并且 / 甚至 + 주어 + 还 / 也 / 又 / 更) 게다가
04 不管(=不论 / 无论) ~에 관계없이	都(=反正 + 주어 + 也 / 总) 모두
05 因为(=由于) ~ 때문에	所以(=因此 / 因而 + 주어) 그래서
06 哪怕(=即使 / 就算 / 就是) 설령 ~일지라도	也 그래도

2 사실과 가설, 순접과 역접을 파악하라!

접속사가 나오는 구문에서 사실인지 가정인지, 순접인지 역접인지 판단할 수 있다면, 빈칸에 들어갈 말을 쉽게 찾을 수 있다.

[분석 1]

如果…就 만약 ~라면, 곧	哪怕…也 설령 ~일지라도

① 공통점

모두 실제로 일어나지 않은 일이다.

(如果 → 가정 / 哪怕 → 가설)

② 차이점

如果: 가정에 따른 '순접'을 나타낸다.

→ 어떤 조건·상황에서, 자연스럽게 이루어짐을 나타내는 부사 就와 호응한다.

예 如果父母同意，就要跟小李结婚。

만약 부모님께서 허락하시면, 곧 샤오리와 결혼하겠다.

哪怕: 가설에 따른 '역접'을 나타낸다.

→ 화제의 전환이나 양보를 나타내는 부사 也와 호응한다.

예 哪怕父母不同意，也要跟小李结婚。

설령 부모님께서 허락하지 않으셔도, 샤오리와 결혼하겠다.

[분석 2]

既然…就 이왕 이렇게 되었으니, 곧	虽然… 但是 비록 ~지만, 그러나

① 공통점

모두 이미 발생하여 알고 있는 사실을 전제로 한다.

② 차이점

既然: 사실에 따른 '순접'을 나타낸다.

→ 순접의 부사 就와 호응하며, 就 이하 부분은 아직 발생하지 않은 일이다.

예 既然小王想要这本书，就送给他吧。

이왕 샤오왕이 이 책을 갖고 싶어 하니, 그에게 주자.

虽然: 사실에 따른 '역접'을 나타낸다.

→ 역접을 나타내는 접속사 但과 호응하며, 但 이하 부분은 이미 발생한 일이다.

예 虽然小王想要这本书，但我没给他。

비록 샤오왕이 이 책을 갖고 싶어 했지만 나는 그에게 주지 않았다.

3 중요 접속사를 암기하라!

모든 접속사가 시험에 다 출제되는 것은 아니다. 하지만 피가 되고 살이 되는 핵심 접속사는 반드시 자신의 것으로 만들어야 한다.

관계	중요 접속사	예문
긴축	一…就 ~하자마자, 곧 ~하기만 하면, 곧	一到月底，手头儿就很紧。 월말이 되기만 하면, 주머니 사정이 곧 여의치 않다.
가정	一旦…就 일단 ~하면, 곧	一旦遇到困难，就会感到失望。 일단 난관에 부딪히면, 곧 실망감을 느끼게 된다.
조건	只要…就 단지 ~하기만 하면, 곧	只要打针，这病就会好。 주사만 맞으면, 이 병은 곧 나을 수 있다.
	只有…才 반드시 ~해야지만, 비로소	只有做手术，这病才能好。 반드시 수술을 해야지, 이 병은 비로소 나을 수 있다.
선후	(首)先…然后 / 接着 / 再… 먼저 ~하고, 그런 후에 ~	我先开了门，然后走进屋子里。 나는 먼저 문을 열고, 그런 후 방으로 들어갔다.
선택	与其…不如 / 宁可 / 宁肯… ~하느니, 차라리 ~하다	与其看这样的电影，不如回家看孩子。 이런 영화를 보느니, 차라리 집에 가서 애나 보는 게 낫겠다.

내가 생각하는 HSK란? - HSK는 [   ] 다.

- HSK는 보석의 원석이다. 구하기도 힘들고, 정성 들여 연마해야 예쁜 모양이 나오지만, 그 가치를 모르는 이들에겐 그 저 돌일 뿐이다.
- HSK는 첩첩산중이다. 4급이 끝나면 5급, 5급이 끝나면 6급이 기다리고 있으니까.
- HSK는 물이다. 사람이 물 없이 살 수 없듯이, 나는 지금 HSK 없이 살 수 없다.
- HSK는 수수께끼다. 하나를 풀면 또 다른 관문이 계속해서 기다리고 있다.

문제

有一个年轻人一直得不到重视，特别苦恼。为此，他去很远的地方寻找智者，问他："我觉得自己很有能力，为什么没有人____1____我呢?"智者没有直接回答，而是捡起一块石头丢到远处，然后让他捡回来。没想到他无功而返。智者从手上取下金戒指，同样扔到远处，又叫他捡回来，这次年轻人很快就捡回来，____2____也找到了答案。当一个人总是埋怨自己未被发现之际，何不反过来想一下自己在别人的眼里是否只是一块石头，____3____自己真是一块石头，就应该使自己变成一块黄金，不要埋怨命运对自己不公平。

1. A 忽视　　B 欣赏　　C 表扬　　D 启发

2. A 同时　　B 随时　　C 临时　　D 暂时

3. A 何况　　B 要不　　C 毕竟　　D 假如

문제 분석 접속사의 힌트 부사에 주목!

한 젊은이가 줄곧 인정을 받지 못해서 몹시 괴로웠다. 이 때문에, 그는 매우 먼 곳까지 현자(현인)를 찾아가 물었다. "제가 생각하기에 저는 매우 능력이 있는데, 왜 저를 마음에 들어 하는 사람이 없을까요?" 현자는 직접 대답하지 않고, 돌 하나를 집어 먼 곳으로 던진 다음, 그에게 주워 오도록 했다. 뜻밖에도 그는 아무 성과 없이 돌아왔다. 현자는 손에서 금반지를 빼내, 똑같이 멀리 던지고, 또 그에게 주워 오라고 했다. 이번에 젊은이는 금반지를 매우 빨리 주워 왔고, 또한 해답도 얻었다. 사람이 늘 자신이 아직 발견되지 못했다고 원망할 때, 왜 반대로 자신이 다른 사람의 눈에 한낱 돌멩이에 불과하지 않은지는 생각해 보지 않는가? 만약 자기가 정말 하나의 돌멩이에 불과하다면, 곧 자신을 황금으로 변화시켜야지, 운명이 자신에게 불공평하다고 원망해서는 안 된다.

요약 • 제목: 자신에 대한 냉정한 평가
• 주제: 인정받지 못함을 불평하기 전에, 스스로 능력 있고 필요한 인재가 되어야 한다.

단어 年轻人 niánqīngrén 명 젊은이 | 一直 yìzhí 부 줄곧, 내내 | 重视 zhòngshì 동 중시하다 | 苦恼 kǔnǎo 형 괴롭다, 고통스럽다 | 为此 wèicǐ 접 이 때문에 | 寻找 xúnzhǎo 동 찾다 | 智者 zhìzhě 명 현인, 현자 | 直接 zhíjiē 형 직접적인 | 捡起 jiǎnqǐ 동 집어 올리다 | 石头 shítou 명 돌멩이 | 远处 yuǎnchù 명 먼 곳 | 然后 ránhòu 접 그런 후에 | 无功而返 wú gōng ér fǎn 성과 없이 돌아오다 | 金戒指 jīnjièzhǐ 명 금반지 | 同样 tóngyàng 접 마찬가지로 | 答案 dá'àn 명 답안 | 埋怨 mányuàn 동 원망하다 | 未 wèi 부 아직 | 何 hé 대 어찌하여 | 反过来 fǎn guòlái 뒤집다, 역으로 하다 | 是否 shìfǒu 부 ~인지 아닌지 | 变成 biànchéng 동 변하다 | 黄金 huángjīn 명 황금 | 命运 mìngyùn 명 운명 | 公平 gōngpíng 형 공평하다

1. A 忽视	B 欣赏	A 소홀히 하다	**B 마음에 들다**
C 表扬	D 启发	C 칭찬하다	D 일깨우다

분석 …一直得不到重视，…"我觉得自己很有能力，为什么没有人______我呢?"

힌트2 힌트1

해설 품사 찾기 '동사 + 목적어(我)'의 어순으로 빈칸에는 동사가 필요하다.

짝꿍 찾기 동사의 힌트는 목적어 我(나)다. 힌트가 충분하지 못하면 전체적인 문맥을 살피거나, 주어진 보기를 하나씩 대조해서 가장 타당한 것을 골라야 한다.

정답 찾기 젊은이의 고민은 자신은 능력이 있다고 생각하는데, 자신을 인정해 주는 사람이 없다는 것(得不到重视)이었다. 그는 자신을 마음에 들어 하는(欣赏) 사람이 왜 없냐고 묻는 게 가장 자연스러우므로, 정답은 B가 된다.

Tip 일단 능력을 인정하고 마음에 들어 하는(欣赏) 사람이 있어야 칭찬을 받을 수 있는 것이므로, C의 表扬은 정답이 될 수 없다.

단어 忽视 hūshì 동 소홀히 하다 | 欣赏 xīnshǎng 동 좋게 여기다, 마음에 들다 | 表扬 biǎoyáng 동 칭찬하다 | 启发 qǐfā 동 일깨우다, 깨닫게 하다

2. A 同时	B 随时	C 临时	D 暂时	**A 또한**	B 수시로	C 임시로	D 잠시

분석 这次年轻人很快就捡回来，______也找到了答案。

힌트

해설 품사 찾기 빈칸 뒤의 부사 也와 호응하는 접속사를 찾는다.

짝꿍 찾기 젊은이는 돌을 던졌을 때는 던진 돌을 찾아오지 못했는데, 금반지를 던지니 금방 찾아올 수 있었고, 그것을 주워 오면서 자신이 현자에게 물었던 질문의 답까지 깨달을 수 있었다. '또한, 게다가'라는 뜻을 가진 접속사 同时는 뒤 절에 쓰이며, 부사 也와 호응하여 쓰인다.

예 爱情是一种付出，同时也是一种获取。사랑은 주는 것이지만, 또한 얻는 것이기도 하다.

Tip 주어진 보기는 모두 …时로 끝나기 때문에 유의어라고 생각할 수 있지만, 사실 의미는 다 제각각이다.

단어 同时 tóngshí 접 또한 | 随时 suíshí 부 언제나, 수시로 | 临时 línshí 형 임시로 | 暂时 zànshí 명 잠시

3. A 何况	B 要不	A 하물며	B 그렇지 않으면
C 毕竟	D 假如	C 결국	**D 만약**

분석 ______自己真是一块石头，就应该使自己变成一块黄金，

힌트

해설 품사 찾기 주어 自己 앞에 나올 수 있는 것은 접속사다.

짝꿍 찾기 접속사는 절과 절을 연결한다. 서로 호응하는 접속사나 부사가 힌트가 된다.

정답 찾기 앞 절에 나오는 접속사를 고르는 문제이므로, 뒤 절에 주로 나오는 何况, 要不는 자동 소거된다. 부사 就와 호응하는 접속사여야 하므로, '만약'이라는 가정을 나타내는 D의 假如(=如果, 要是)가 정답이 된다.

Tip 앞 절에 쓰이는 접속사를 찾는 것인지, 뒤 절에 쓰이는 접속사를 찾는 것인지 먼저 확인하고, 호응하는 접속사나 부사를 힌트로 삼아 문제를 풀면 된다.

예 连…也…, 何况…呢? 심지어 ~도 ~한데, 하물며 ~겠는가?
뒤 절 접속사

…, 要不… ~하고, 그렇지 않으면 ~하다
뒤 절 접속사

如果…, 就… 만약 ~라면, 곧 ~하다
앞 절 접속사

단어 何况 hékuàng 접 하물며 | 要不 yàobù 접 그렇지 않으면 | 毕竟 bìjìng 부 필경, 결국 | 假如 jiǎrú 접 만약, 가령

NEW 단어 + TIP

중국의 화폐

- 人民币 rénmínbì 명 인민폐

우리나라 화폐는 한화(韩币), 중국의 화폐는 인민폐(人民币), 미국의 화폐는 달러(美元), 일본의 화폐는 엔화(日元)라고 한다.

- 兑换 duìhuàn 동 환전하다

하나의 화폐를 다른 국가의 화폐로 바꾸는 것을 의미한다.

예 把外币兑换成人民币。외화를 인민폐로 바꾸다.

DAY 5

1-4.

有的人喜欢猫的温顺，有的人喜欢狗的忠诚。但是在＿＿1＿＿狗的时候要注意，不要轻易靠近它们，也不要随便去摸它们的头，＿＿2＿＿主人就在身边。走路的时候，迎面过来一只狗的话，不要一直直视它，它会把这一动作看作是＿＿3＿＿。因此，如果有一只狗向你跑过来，＿＿4＿＿，也许它只是想要闻闻陌生人的味道。

1. A 接触　B 抛弃　C 区分　D 改正

2. A 所以　B 虽然　C 要是　D 哪怕

3. A 亲密　B 挑战　C 信任　D 轻视

4. A 就叫警察帮忙　B 不管你跑得有多快
   C 马上跑到安全的地方　D 你要安静地站在那儿

5-8.

后来，这个人就成了我的丈夫，他＿＿5＿＿我走过无数风雨。那＿＿6＿＿艰苦的日子里，他给予我的关爱永远在我脑海里挥之不去。＿＿7＿＿他在不在我身边，我都会想起他在冬日里给我的第一个拥抱。我的这个男人，在饥寒交迫的日子里，细心地抚慰了一个女孩子孤独寂寞的心。我想，每个爱过的女人，如果她希望和一个男人天长地久，那背后一定有着一次感人的记忆，而这个男人＿＿8＿＿这个女人期待，也一定是因为他给女人宽厚温暖的爱。

5. A 跟　B 陪　C 随　D 引

6. A 条　B 个　C 段　D 是

7. A 尽管 B 尽量 C 不但 D 不管

8. A 价值 B 值得 C 保证 D 希望

DAY 6

1-4.

在中国的一所图书馆里，有一种“自助图书杀菌机”，可以去除图书上的各种细菌。这个机器的外形像一台冰箱，只需把书___1___并夹在机器里面的支架上，然后关上门，它就可以开始工作了。透过玻璃窗，___2___。机器在发出紫色光线的同时，有风吹动书页，逐页杀菌。一分钟后，机器停止工作。拿出图书后，还能___3___到一股淡淡的清香，___4___该机器内部还放置了一瓶香水，除尘过程中香味儿会随风带到书页上。

1. A 归纳 B 打开 C 开启 D 召开

2. A 可以看到其工作流程 B 阅读会变得更有意思
   C 能看到书中的细菌 D 能发现书中的语法错误

3. A 吹 B 闻 C 瞧 D 尝

4. A 因为 B 此外 C 所以 D 而且

독해

5-7.

有一个农夫，他养了一条狗。那条狗每天趴在马路旁，____5____有车经过，它就会兴奋地跳起来跟着车跑，好像在和汽车比赛谁跑得快。旁边的人对农夫说："你的狗跑得真快，再过一段时间就真的能追上汽车，跑得跟汽车一样快了。"农夫看着他的狗说："____6____？它也只是一只狗。"

其实，生活中人们有的时候也会犯同样的____7____，一直努力地去争取，但是争取的目标只是一些没有意义的东西。

5. A 哪怕　B 即使　C 不管　D 一旦

6. A 有了麻烦怎么办　B 追上又有什么用呢
   C 累病了是谁的责任　D 你喜欢这样的狗吗

7. A 错误　B 情绪　C 影响　D 信任

04 유의어 비교하기

DAY 7-8

유의어 문제는 단시간에 성적을 높이기 힘든 유형이다. 하지만 어떠한 어려운 문제에도 방법은 있듯이, 유의어 비교 문제에도 나름의 노하우가 있다. 知彼知己百战不殆(적을 알고 나를 알면, 백 번 싸워도 위태롭지 않다)라고 했다. 유의어 비교 방법을 확실히 마스터하여, 정답을 쏙쏙 찾아내는 실력을 쌓아 보자.

독해 시크릿 백전백승

1 유의어를 두려워하지 마라!

전체 15문제 중 3~4개 정도만 유의어 문제다. 유의어 문제라고 해도 보기 4개가 모두 유사 어휘가 아니라, 1~2개 정도가 있을 뿐이니 전혀 겁먹을 필요가 없다.

2 짝꿍만 암기해 놓으면 게임은 끝이다!

아무리 헷갈리는 유의어 문제가 나와도, 이미 호응하는 짝꿍 어휘를 암기해 놓았다면 정답 고르기는 식은 죽 먹기다. 실력이 부족하다고 느끼는 학생들은 문제를 풀고 나서 정답과 힌트의 호응 구조를 파악하여 암기한다. 시험장에서 바로 그 효과를 느끼게 될 것이다.

동사 유의어	호응하는 짝꿍 목적어
吸引 매료시키다	顾客 고객 / 游客 여행객 / 女性 여성 / 视线 시선 / 注意力 주의력
吸取 흡수하다	教训 교훈 / 优点 장점 / 经验 경험 / 精华 엑기스 / 营养 영양

3 핵심 유의어 비교법(Ⅰ)

[품사 비교법] 문장 내에서 위치를 확인하라!

유의어	공통점(의미)	차이점(품사)	차이점(품사)
刚	방금, 막	부사	부사로, 주어 뒤에만 위치할 수 있다. 주어 + 刚 + 술어
刚才		시간명사	시간명사로, 주어 앞뒤에 모두 위치할 수 있다. 刚才 + 주어 + (刚才) + 술어

[바로 확인] 1. (　)他来找过你，但你不在。

A 刚　　B 刚才

[의미 비교법] 공통 음절을 제외한 나머지 부분의 의미를 비교하라!

유의어	공통점(첫음절)	차이점(둘째 음절)	비교
优秀	优	秀	秀는 '뛰어나다, 빼어나다'의 뜻이다. 예 品德 / 学问 / 成绩 + 优秀
优美		美	美는 '예쁘다, 아름답다'의 뜻이다. 예 风景 / 环境 / 体型 + 优美

[바로 확인] 2. 他是全校最(　)的学生。

A 优秀　B 优美

[호응 비교법] 짝꿍 목적어를 암기하라!

유의어	공통점(의미)	차이점(호응 대상)	비교
损失	피해를 입다	금전에 관련된 목적어	失(잃다)에 중점을 둔다. 예 损失 + 财产 / 金钱 / 收入
损害		이익, 건강, 명예에 관련된 목적어	害(해를 입다)에 중점을 둔다. 예 损害 + 利益 / 健康 / 名誉

[바로 확인] 3. 旅游收入方面带来了不少(　)。

A 损失　B 损害

[번역 및 정답]

1. 방금 그가 너를 찾아왔었는데, 네가 자리에 없었다. 정답 : B
2. 그는 전교에서 가장 우수한 학생이다. 정답 : A
3. 여행 수입 방면에 적지 않은 손실을 가져왔다. 정답 : A

4 핵심 유의어 비교법(Ⅱ)

[긍정 · 부정 비교법] 긍정적인 단어인지 부정인지 단어인지 판단하라!

유의어	공통점(의미)	차이점	비교
后果	결과, 효과	부정적	나쁜 결과를 의미하며, 동사 造成(초래하다)과 호응한다.
效果		긍정적	좋은 결과를 의미하며, 동사 取得(획득하다)와 호응한다.

[바로 확인] 1. 如果监督制度不严格，会造成严重的(　)。

A 效果　B 后果

[구체 · 추상 비교법] 목적어가 구체적인지 추상적인지 구분하라!

유의어	공통점(의미)	차이점(목적어)	비교
充满	가득하다(满)	일반적으로 추상적인 목적어	예 充满 + 爱 / 信心 / 笑声 / 气氛 / 幻想
装满		일반적으로 구체적인 목적어	예 装满 + 钱 / 水 / 蔬菜 / 香烟 / 啤酒

[바로 확인] 2. 它给了我们很大的勇气，让我们(　　)信心。

A 充满　　B 装满

[순수 · 복합어 비교법] 하나의 의미인지 복합적인 의미인지 분석하라!

유의어	공통점(의미)	차이점	비교
容易	쉽다(易)	하나의 의미	'쉽다'의 의미만 가지고 있는 '순수어'에 속한다. 예 容易 + 感冒 / 脏 / 生病 / 变坏
简易		복합적인 의미	简单(간단하다) + 容易(쉽다)의 2가지 의미를 담고 있는 복합어다. 예 简易的 + 方法 / 办法

[바로 확인] 3. 孩子们长时间玩电脑，很(　　)引发近视。

A 简易　　B 容易

[번역 및 정답]

1. 만약 감독 제도가 엄격하지 않으면, 심각한 결과를 가져올 수 있다. 정답 : B
2. 그것은 우리에게 매우 큰 용기를 주었고, 우리로 하여금 자신감이 가득 차게 하였다. 정답 : A
3. 아이들이 오랫동안 컴퓨터를 하고 놀면, 근시가 유발되기 쉽다. 정답 : B

문제

以前，有一对刚结婚的年轻夫妻，生活得很幸福。可是，这个刚结婚的小伙子特别喜欢看棒球比赛，只要看棒球比赛，连吃饭都会忘记。对此年轻的妻子一点儿＿＿1＿＿也没有。有一个星期天，丈夫又坐在沙发上聚精会神地看着电视，妻子说话＿＿2＿＿没有听到，年轻的妻子特别＿＿3＿＿，她起身穿衣服回自己的父母家了。没想到家里只有爸爸一个人，他正在看棒球比赛，她觉得很奇怪，问爸爸，"＿＿4＿＿"爸爸头都没回看着电视说："回你姥姥家了吧。"

1. A 办法　　B 意思　　C 方式　　D 能力

2. A 好像　　B 相似　　C 表示　　D 根本

3. A 难过　　B 着急　　C 生气　　D 不安

4. A 妈妈呢？　　B 爸爸你累了吧？
   C 爸爸怎么不看电视呢？　　D 妈妈也要看足球比赛吗？

문제 분석 유의어에 주의 / 문맥에 맞는 어휘에 주목!

예전에, 갓 결혼을 한 젊은 부부가 매우 행복하게 살고 있었다. 그런데, 이제 막 결혼한 남편은 야구 경기를 보는 것을 특히 좋아해서, 야구 경기만 보면 밥 먹는 것조차 잊어버렸다. 이에 대해 젊은 부인은 조금도 어쩔 방법이 없었다. 어느 일요일, 남편은 또 소파에 앉아서 집중해서 텔레비전을 보고 있었고, 아내의 말도 마치 들리지 않는 듯했다. 젊은 부인은 너무 화가 나서, 일어나 옷을 챙겨 입고 친정집으로 가 버렸다. 뜻밖에도 집에는 아버지 혼자 계셨고, 아버지는 야구 경기를 보고 계셨다. 그녀는 매우 이상하게 여겨져, 아버지에게 물었다. "엄마는요?" 아버지는 얼굴도 돌리지 않고 텔레비전을 보면서 말씀하셨다. "너희 외할머니 댁에 갔겠지."

요약
- 제목: 남편은 야구광
- 주제: 남편들의 지나친 야구 사랑에 여자들은 화가 난다.

단어 以前 yǐqián 명 과거 | 结婚 jiéhūn 동 결혼하다 | 幸福 xìngfú 형 행복하다 | 小伙子 xiǎohuǒzi 명 젊은이 | 特别 tèbié 부 매우 | 棒球 bàngqiú 명 야구 | 比赛 bǐsài 명 경기 | 只要 zhǐyào 접 ~하기만 하면 | 此 cǐ 대 이, 이것 | 沙发 shāfā 명 소파 | 聚精会神 jùjīng huìshén 성어 정신을 집중하다 | 奇怪 qíguài 형 이상하다 | 姥姥 lǎolao 명 외할머니

1. A 办法	B 意思	C 方式	D 能力	**A 방법**	B 의미	C 방식	D 능력

분석 只要看棒球比赛，连吃饭都会忘记。对此年轻的妻子一点儿______也没有。
힌트2 힌트1

해설 품사 찾기 '一点儿 + 명사 + 也没有'의 형식으로, 빈칸에는 명사가 필요하다.

짝꿍 찾기 술어 没有가 힌트다.

정답 찾기 야구 경기만 보면 밥 먹는 것도 잊고, 아내의 말도 듣지 않는 남편에 대한 아내의 태도가 언급된 문장이다. 문맥상 办法(방법)가 쓰여 '어찌할 방법이 없다'라는 의미를 나타내는 것이 자연스러우므로, 정답은 A가 된다.

Tip 办法 VS 方式
- 办法: 어떤 일을 하거나 문제를 해결하는 구체적인 방법을 말한다.
  예 想办法(방법을 생각하다) / 解决问题的办法(문제를 해결하는 방법)
- 方式: 말하거나 일할 때 취하는 방법이나 형식을 말한다.
  예 付款方式(지불 방식) / 生产方式(생산 방식) / 生活方式(생활 방식)

단어 办法 bànfǎ 명 방법 | 意思 yìsi 명 의미 | 方式 fāngshì 명 방식 | 能力 nénglì 명 능력

2. A 好像	B 相似	**A 마치 ~과 같다**	B 닮다
C 表示	D 根本	C 나타내다	D 전혀

분석 丈夫又坐在沙发上聚精会神地看着电视，妻子说话______没有听到，
힌트

해설 품사 찾기 '주어(妻子说话) + ____ + 부정부사(没有) + 술어(听到)'의 어순이다. 빈칸에는 적절한 부사가 필요하다.

짝꿍 찾기 적절한 부사를 고르려면 전체적인 문맥을 파악해야 한다.

정답 찾기 남편은 야구 경기를 너무 몰입해서 보느라, 아내가 말하는 것을 듣지 못한 것 같았다. 남편이 실제로 아내의 말을 못 들었다기보다는 듣고도 못 들은 것처럼 행동하는 것이 앞뒤 문맥상 가장 자연스러우므로 빈칸에는 '마치 ~과 같다(好像)'처럼 긍정적인 판단을 하는 부사를 써야 한다. 따라서 정답은 A가 된다.

Tip
- 相似(서로 닮다): 형용사로 문장에서 주로 술어 역할을 하기 때문에 정답이 될 수 없다.
  예 他们俩长得很相似。(그들 둘은 생긴 게 매우 닮았다.)
- 根本(전혀): 대개 뒤에 부정부사 (不 / 没有)를 끌고 나온다.
  예 根本 + 不 / 没有

단어 好像 hǎoxiàng 부 마치 ~과 같다 | 相似 xiāngsì 형 닮다 | 表示 biǎoshì 동 나타내다 | 根本 gēnběn 부 전혀

3. A 难过	B 着急	A 고통스럽다	B 조급하다
C 生气	D 不安	**C 화나다**	D 불안하다

분석 年轻的妻子特别______，她起身穿衣服回自己的父母家了。

힌트1 힌트2

해설 품사 찾기 정도를 나타내는 부사 特别(매우) 뒤에는 형용사나 심리동사가 나와야 한다.

짝꿍 찾기 문맥을 통해서 아내의 심리 상태를 유추해 보자.

정답 찾기 자신이 하는 말을 들은 척도 안하고 야구 경기만 보는 남편에 대해 아내는 화가 났을 가능성이 가장 크다. 뒤 절의 그녀가 옷을 챙겨 입고 친정집으로 갔다는 내용에서 A, B, D는 정답이 될 수 없음을 알 수 있다. **生气**(화나다)는 심리동사여서 부사 **特别**와 함께 쓸 수 있으므로, 정답은 C가 된다. 나머지 보기 3개 역시 형용사나 심리동사로, **特别**와 함께 쓸 수는 있지만, 문맥상 맞지 않는다.

단어 难过 nánguò 형 고통스럽다 | 着急 zháojí 동 조급해하다 | 生气 shēngqì 동 화내다 | 不安 bù'ān 형 불안하다

4. A 妈妈呢?	**A 엄마는요?**
B 爸爸你累了吧?	B 아버지, 피곤하시죠?
C 爸爸怎么不看电视呢?	C 아빠, 왜 텔레비전을 보지 않으세요?
D 妈妈也要看足球比赛吗?	D 엄마도 축구 경기를 보려고 하세요?

분석 问爸爸，"______"爸爸头都没回看着电视说："回你姥姥家了吧。"

힌트1 힌트2

해설 품사 찾기 보기에 모두 절이 제시되어 있으므로 빈칸에 가장 알맞은 절을 찾는다.

짝꿍 찾기 앞뒤 문맥을 파악해야 한다.

정답 찾기 여자는 친정집에 와서 혼자서 야구 경기를 보고 있는 아버지를 보았다. 딸이 무엇이라고 질문하자, 아버지는 **回你姥姥家了吧**(너희 외할머니댁에 갔겠지)라고 대답했는데, 질문 내용이 빈칸으로 주어졌으므로 아버지의 이러한 대답과 문맥상 가장 어울리는 말은 **妈妈去哪儿了?**(엄마 어디 갔어요?), **妈妈在哪儿?**(엄마는 어디에 있어요?), **妈妈呢?**(엄마는요?) 정도다. 따라서 정답은 A가 된다. **呢**는 사람이나 물건이 없을 때, 어디에 있는지를 묻는 의문의 어기조사다.

단어 足球 zúqiú 명 축구

NEW 단어 + TIP

• 组织 zǔzhī 명동 조직(하다)

분산되어 있던 사람이나 사물을 일정한 체계에 맞춰 구성하거나 결성함을 의미하고, 명사로는 그러한 집단이나 단체를 말한다.

예 组织联欢会 / 组织讨论会 / 组织委员会

• 组成 zǔchéng 동 구성하다

일부 또는 개체를 전체로 구성하는 것을 의미한다. 특히 由…组成 형식으로 시험에 자주 등장한다.

• 制造 zhìzào 동 만들다, 제조하다

制造와 制作는 모두 '만들다'는 의미를 가지고 있다. 制作는 만드는 데 복잡하지 않은 가구나 수공예품 같은 종류에 많이 쓰인다. 制造는 규모도 크고, 기술도 훨씬 복잡한 것을 만드는 데 쓰이며, 추상적인 명사를 끌고 나올 수도 있다.

예 制造机器 / 制造飞机 / 制造紧张局势 / 制造舆论

• 维修 wéixiū 동 (기계 등을) 수리하다, 보수하다

修理는 기계나 설비가 완전히 망가지거나 고장 난 후에 원래의 상태로 돌리려고 하는 동작이고, 维修는 완전히 고장이 나지 않은 상태에서 검사해 보고 유지 보수 하는 것을 의미한다.

• 吸取 xīqǔ 동 (교훈, 경험을) 받아들이다

吸收는 '구체적인 사물이나 사람을 외부에서 내부로 흡수한다'는 의미이고, 吸取는 구체적 사물이 아닌 '추상적이고 정신적인 것을 흡수하고 자신의 것으로 취한다'는 의미를 가지고 있다.

예 吸收水分 / 吸收养分 / 吸收会员 / 吸收成员 / 吸取教训 / 吸取精华 / 吸取经验 / 吸取营养

• 无所谓 wúsuǒwèi 형 상관 없다, 개의치 않다

상대방이 对不起라고 사과를 하면, 没关系 혹은 无所谓라고 대답할 수 있다.

• 轻易 qīngyì 형 간단하다, 수월하다

容易는 단순하게 '쉽다'라는 의미로서 '容易 + 感冒 / 脏 / 生病 / 变坏' 등과 호응한다. 轻易는 '轻松 + 容易'의 복합적인 의미를 담고 있으며, '轻易 + 得到 / 说话 / 放弃' 등의 어휘들과 호응할 수 있다.

• 重大 zhòngdà 형 중대하다

重大는 '중요하고, 영향이 크다(重要 + 影响大)'라는 의미를 가지고 있으며, 重大는 사람을 수식할 수 없지만, 重要는 사람을 수식할 수 있다.

DAY 7

1-3.

许多年前，有一位皇帝，为了穿得漂亮，不惜把所有的钱花掉。有一天，来了一个骗子，自称是裁缝，说他带来的衣服不仅色彩和图案分外漂亮，而且缝出来的衣服还有一种奇怪的特性：任何不称职的人或者愚蠢的人，都看不见这衣服。皇帝马上穿着这衣服开始游行了。站在街上和窗子里的人都说："皇帝的新装真是漂亮！这件衣服真____1____他的身材！"谁也不____2____让人知道自己什么也看不见，因为这样就会显出自己不称职，或是太愚蠢。皇帝所有的衣服从来也没有____3____过这样的称赞。

1. A 不合　　B 合适　　C 表现　　D 适合

2. A 愿望　　B 想着　　C 愿意　　D 可以

3. A 取得　　B 收到　　C 获得　　D 得失

4-7.

"沉默是金"一直被人们认为是一句名言警句，告诉人们在一些情况下要保持沉默，如果说话不____4____，就很有可能"祸从口出"，让别人误会自己，对自己有不好的影响。沉默也被人们看作是一种____5____的表现，尊为处世哲学。但是在现代社会，竞争非常激烈，如果你不表达自己的看法，只是一味沉默，那么你就不能____6____机遇，那你就很难发展。因此，____7____，该说的时候就说，不该说的时候就不要说。

4. A 谨慎　　B 修饰　　C 调整　　D 配合

5. A 轻松 B 智慧 C 荣誉 D 片面

6. A 掌握 B 把握 C 碰到 D 遇见

7. A 谦虚使人进步 B 一定不要骄傲

C 沉默不一定是金 D 奇迹一定会发生的

DAY 8

1-4.

生活中最大的幸福是坚信有人爱我们。关爱是世界的一抹温暖亮色，付出一点儿关爱，收获无限关爱，生活就会___1___阳光。只要___2___留心，真诚地为他人着想，___3___地行动，即使是疲倦时的一杯茶，寒冷时的一件衣，也能给人送去关爱的信息。送人玫瑰，手有余香。人人互相关爱就是这么___4___的一件事。

1. A 充满 B 充实 C 产生 D 出现

2. A 到处 B 处处 C 四处 D 处所

3. A 赶快 B 匆忙 C 积极 D 着急

4. A 大方 B 简单 C 单调 D 朴素

5-8.

唐太宗有两个得力的大臣，一个是左大臣，一个是右大臣， 他们被唐太宗认为是大唐开国功臣， 所以两个人深得皇帝的信任。开国不久，许多国家法律都是由他们二人商量___5___的。

每当皇帝和左大臣研究国家大事时，左大臣总是能够提出有价值的意见和具体的解决办法，___6___，不知道最终该用哪种办法解决问题。

每当遇到这种情况，皇帝就会把右大臣请来。等右大臣来了，对问题稍加分析之后，___7___会果断地采用左大臣提出的意见和办法。他们二人，一个善于出计谋，一个善于做决断，他们各具专长而又各有___8___，互相配合，取长补短。

5. A 制作 B 制造 C 选择 D 制定

6. A 然后将意见告诉别的大臣
B 但他往往做不了决定
C 右大臣总是不同意左大臣的意见
D 皇帝非常不信任他们两个

7. A 必须 B 未必 C 通常 D 渐渐

8. A 措施 B 趋势 C 缺点 D 特色

독해 제1부분

05 대조 · 보완하기

DAY 9-10

이번 장에서는 상호 보완할 수 있는 단어가 나열되거나 반의어가 앞이나 뒤 절에 제시되는 문제를 살펴보자. 이러한 문제 유형은 한 지문에 1문제 정도 출제된다. 문장의 흐름을 놓치지 않고 지문을 읽다가, 이러한 힌트가 제시되면 재빨리 알아차리고 정답을 골라낼 수 있어야 한다. 독해 제1부분의 마지막 비법까지 모두 마스터하여 자유자재로 응용할 수 있도록 훈련해 두자.

독해 시크릿 백전백승

1 지문 속 언어 환경(语境)을 살펴라!

지문을 독해할 때는 언어 환경(语境)을 파악하는 것이 중요하다. 언어 환경이란 앞뒤 문맥의 관계를 말한다. 독해 제1부분은 어휘 하나의 의미를 묻기보다는, 앞뒤 문맥 파악을 통해 어휘의 뜻을 유추하고, 판단하는 문제들이 많다.

2 통독(通读)한 후, 문제를 풀어라!

먼저 전체 글을 통독한다. 그다음에 빈칸 앞뒤의 문맥을 분석해서 적절한 어휘를 선택해야 한다.

[문제 접근 순서]

① 전체 지문 파악하기

② 빈칸 앞뒤의 힌트에 주목하여 정답 찾기

3 어휘 관계를 파악하라!

앞뒤 문맥 관계에 근거해서도 지문을 이해하지 못했을 경우, 결국 어휘의 관계에 근거해서 문제를 풀어 나가야 한다. 다시 말해서, 문장의 의미를 이해하지 못했더라도 포기하지 말고 문제를 풀어야 한다는 뜻이다. 빈칸 앞뒤 어휘의 관계가 상호 보완적인지, 대조 · 대립적인지 파악하여 정답을 찾아본다.

[상호 보완 관계]

유사한 어휘가 나열되거나 서로 보완해 줄 수 있는 어휘가 2개 이상 등장한다.

상호 보완적 어휘	
轻松 qīngsōng 부담 없다	**亲切** qīnqiè 친근하다
예 这篇文章让人觉得很轻松亲切。 이 글은 매우 부담 없고 친근하게 느껴지게 한다.	
坚强 jiānqiáng 굳세다	**成熟** chéngshú 성숙하다
예 如何让自己变得成熟坚强呢? 어떻게 하면 자신을 성숙하고 굳세게 만들 수 있을까?	
安慰 ānwèi 위로하다	**支持** zhīchí 지지하다
예 遇到困难的时候，朋友常常安慰和支持我们。 어려움을 만났을 때, 친구는 늘 우리를 위로하고 지지해 준다.	
丰富 fēngfù 풍부하다	**多彩** duōcǎi 다채롭다
예 大学的生活丰富多彩，给我留下了深刻的印象。 대학 생활은 풍부하고 다채로워서 나에게 깊은 인상을 남겼다.	
孤独 gūdú 고독하다	**寂寞** jìmò 적막하다, 쓸쓸하다
예 一个人在外国学习，过年的时候感觉非常孤独寂寞。 혼자 외국에서 공부하면, 새해를 맞이할 때 무척 고독하고 쓸쓸하다.	
责怪 zéguài 책망하다	**批评** pīpíng 비난하다, 꾸짖다
예 当你遇到不顺心的事情时，不要总是批评、责怪别人。 뜻대로 되지 않는 일을 만났을 때, 항상 남을 책망하거나 비난해서는 안 된다.	
健康 jiànkāng 건강하다	**有活力** yǒu huólì 활력이 있다
예 多吃蔬菜让我们的身体既健康又有活力。 야채를 많이 먹는 것은 우리의 몸을 건강하고 활력 있게 한다.	

[대조 · 대립 관계]

반의어나 대립적인 어휘가 나온다.

대조 · 대립적 어휘	
幸运 xìngyùn 행운이다	倒霉 dǎoméi 운이 없다
예 你在街上捡到钱，真是太幸运了。可对丢钱的人来说却是件倒霉的事情。 당신이 길에서 돈을 주운 것은 정말 무척 행운이지만, 돈을 잃어버린 사람에게 있어서는 오히려 운이 나쁜 일이다.	
批评 pīpíng 비난하다, 꾸짖다	称赞 chēngzàn 칭찬하다
예 今天我打扫房间，受到了妈妈的称赞。可为此我耽误了写作业，被老师批评了一顿。 오늘 나는 방을 청소해서 엄마의 칭찬을 받았다. 하지만 그러기 위해 숙제하는 것을 지체해서 선생님한테는 한바탕 꾸중을 들었다.	
冷淡 lěngdàn 냉담하다	热情 rèqíng 친절하다
예 我这么热情地邀请你，你的态度却这么冷淡，难道你不想跟我去看电影吗? 내가 이렇게 친절하게 청하는데, 너의 태도는 이렇게 냉담하다니, 설마 너 나랑 영화 보러 가고 싶지 않은 거니?	
埋怨 mányuàn 원망하다	感谢 gǎnxiè 감사하다
예 你要时常感谢父母，不要总是埋怨他们。 당신은 부모님께 자주 감사해야지, 늘 원망만 해서는 안 됩니다.	
拒绝 jùjué 거절하다	接受 jiēshòu 받아들이다
예 你的条件被拒绝了，我们不能接受你的建议。 당신의 조건은 거절되었습니다. 우리는 당신의 제안을 받아들일 수 없어요.	
失望 shīwàng 실망하다	满意 mǎnyì 만족하다
예 她对自己的男朋友一直很不满意，再加上这次的失约，使她对男朋友彻底失望了。 그녀는 자신의 남자 친구에 대해 줄곧 매우 불만스러웠고, 더구나 이번에 약속을 어긴 일은 그녀가 남자 친구에 대해 완전히 실망하게 만들었다.	
同意 tóngyì 동의하다	反对 fǎnduì 반대하다
예 尽管父母反对他们结婚，他们也不打算放弃，直到他们的父母同意。 비록 부모님이 그들의 결혼을 반대해도 그들은 그들의 부모님이 동의할 때까지 포기하지 않을 생각이다.	

4 어휘의 감정 색채를 파악하라!

어휘들은 각각 긍정적, 부정적, 또는 중립적인 감정 색채를 지닌다.

예 效果(효과) / 结果(결과) / 后果(나쁜 결과)
긍정적 어휘 / 중립적 어휘 / 부정적 어휘

① 긍정적 어휘

칭찬이나 존경, 선호의 의미 등 건설적이고 적극적인 색채를 띤 어휘를 말한다.

예 称赞 칭찬하다　尊敬 존경하다　喜欢 좋아한다　欣赏 좋게 여기다
美丽 아름답다　佩服 탄복하다　支持 지지하다

② 부정적 어휘

비난, 증오, 멸시 등의 감정 색채를 띤 어휘를 말한다.

예 批评 비난하다　轻视 경시하다　埋怨 원망하다　造成 초래하다
引起 야기하다　不满 불만이다　讨厌 싫어하다

③ 중립적 어휘

좋고 나쁨, 아름다움과 추함 등 대립적인 감정 색채나 긍정 · 부정의 의미를 나타내지 않는 어휘를 말한다.

예 平凡 평범하다　普通 보통이다　好奇 호기심 있다
请求 부탁하다　计划 계획하다　习惯 습관이 되다

④ 이중적(긍정과 부정) 어휘

문맥에 따라 긍정의 의미나 부정의 의미로 모두 사용할 수 있는 어휘를 말한다.

단어	긍정적 의미	부정적 의미
影响	这种药对身体有很大的影响。 이 약은 신체에 아주 큰 영향(효력)이 있다. [좋은 영향을 주다]	睡眠不足影响健康。 수면 부족은 건강에 (좋지 않은) 영향을 준다. [나쁜 영향을 주다]
骄傲	小明得了第一名，我真为他骄傲! 샤오밍이 일등을 해서, 나는 정말 그가 자랑스럽다. [자랑스럽다, 자부심을 느끼다]	他考试得了满分，就骄傲得不得了。 그는 시험에서 만점을 받더니만, 거만하기 짝이 없다. [교만하다, 거만하다]

5 보기는 힌트이자 함정이고 정답이다!

지문을 통독할 때, 문장 중간에 있는 빈칸 때문에 전체 내용을 이해하는 데 문제가 생길 수 있다. 이때 4개의 보기는 매우 중요한 힌트가 되므로 잘 활용해야 한다. 보기 속에는 함정도 있지만, 분명히 정답도 존재한다. 보기를 분석해 보면 4개의 품사가 같은 경우가 많으므로, 문맥을 통해서 빈칸에 어떤 내용이 들어갈지 파악한다. 문제 해결의 실마리를 주는 보기와 친해지자!

NEW 단어 + TIP

- 粗糙 cūcāo 형 (질감이) 거칠다, (일 처리가) 조잡하다, 어설프다 ↔ 精细 jīngxì 형 세밀하다, 정교하다
- 暗 àn 형 어둡다, 캄캄하다 ↔ 亮 liàng 형 밝다
- 宽 kuān 형 넓다 ↔ 窄 zhǎi 형 좁다
- 干燥 gānzào 형 건조하다 ↔ 潮湿 cháoshī 형 습하다, 축축하다, 눅눅하다
- 硬 yìng 형 딱딱하다 ↔ 软 ruǎn 형 부드럽다

문제

鼓励是家教中最直接、最有效的方法。教育家周宏的小女儿，对数学一点兴趣也没有，____1____。有一天晚上，周宏准备了十道数学题，没想到女儿只对了一道题，可是他不但没批评女儿，反而对女儿加以____2____，他说："没想到你连这么难的问题都能做对，真聪明，爸爸小时候可真不如你啊!"

第二天晚上，周宏____3____准备了比第一天容易一点儿的数学题，女儿居然做对了四道! 他又惊叹道："天啊，你真是太____4____了! 我为什么以前没有发现呢，一天之内你可以有这么大的进步!"

到了第三天晚上，女儿来到爸爸的房间，对爸爸说，"我们现在做数学题吧。"不到半年，这个女孩的数学成绩是全年级第一名。

1. A 所以只喜欢语文　B 所以数学成绩很差
   C 所以什么都不知道　D 所以每天都不上数学课

2. A 批评　B 力度　C 称赞　D 无奈

3. A 特意　B 只好　C 一直　D 偶尔

4. A 精彩　B 可爱　C 不得了　D 了不起

문제 분석 전체 문맥 이해하기 / 대조 관계의 어휘에 주목!

격려는 가정 교육에서 가장 직접적이고, 가장 효과적인 방법이다. 교육가인 저우훙의 작은 딸은 수학에 조금도 흥미가 없었다. 그래서 수학 성적이 매우 좋지 않았다. 어느 날 저녁, 저우훙은 10개의 수학 문제를 준비했는데, 뜻밖에도 딸은 겨우 한 문제밖에 맞히지 못했다. 그러나 그는 딸을 혼내지 않았을 뿐 아니라, 오히려 딸에게 칭찬을 해 주었다. 그는 "이렇게 어려운 문제도 맞힐 수 있다고는 생각지도 못했다, 정말 똑똑하구나, 아빠는 어렸을 때 너보다 훨씬 못했단다!"라고 말했다.

둘째 날 저녁, 저우훙은 일부러 첫째 날보다 조금 쉬운 수학 문제를 준비했고, 딸은 뜻밖에 4문제를 맞혔다! 그는 또 감탄하며 "세상에, 넌 아주 대단하구나! 내가 왜 전에는 발견하지 못했을까? 하루 만에 네가 이렇게 많이 발전할 수 있다는 것을 말이다!"라고 말했다.

셋째 날 저녁이 되자, 딸은 아버지의 방으로 와서 말했다. "우리 이제 수학 문제 풀어요." 반년이 되지 않아서, 아이의 수학 성적은 전 학년에서 1등이 되었다.

요약
- 제목: 격려는 가장 좋은 교육
- 주제: 꾸중보다는 격려로 아이를 키울 때, 아이는 긍정적인 방향으로 발전한다.

단어 鼓励 gǔlì 동 격려하다 | 家教 jiājiào 명 가정 교육 | 直接 zhíjiē 형 직접적인 | 有效 yǒuxiào 형 효과적이다 | 教育家 jiàoyùjiā 명 교육가 | 数学 shùxué 명 수학 | 兴趣 xìngqù 명 흥미 | 准备 zhǔnbèi 동 준비하다 | 不但 búdàn 접 ~일 뿐만 아니라 | 批评 pīpíng 동 비판하다, 꾸짖다 | 反而 fǎn'ér 접 오히려, 도리어 | 加以 jiāyǐ 동 ~을 (가)하다 | 聪明 cōngming 형 똑똑하다 | 不如 bùrú 동 ~만 못하다 | 容易 róngyì 형 쉽다 | 居然 jūrán 부 뜻밖에 | 惊叹 jīngtàn 동 경탄하다 | 发现 fāxiàn 동 발견하다 | 之内 zhīnèi 명 ~ 내, ~안 | 进步 jìnbù 명 진보, 향상 | 成绩 chéngjì 명 성적 | 全年级 quán niánjí 명 전 학년

1.		
	A 所以只喜欢语文	A 그래서 국어만 좋아했다
	B 所以数学成绩很差	**B 그래서 수학 성적이 매우 좋지 않았다**
	C 所以什么都不知道	C 그래서 아무것도 몰랐다
	D 所以每天都不上数学课	D 그래서 매일 수학 수업을 듣지 않았다

분석
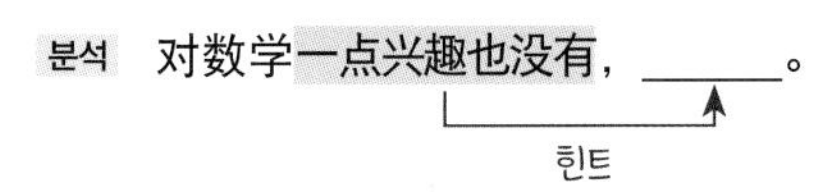

해설 품사 찾기 주어진 보기를 통해 빈칸에 절이 필요하다는 것을 알 수 있다.

짝꿍 찾기 앞뒤 절의 내용 이해를 통해 풀어야 한다.

정답 찾기 딸이 수학에 전혀 관심이 없으니, 당연히 수학 성적이 좋지 않았을 것이다. 또, 딸의 수학 성적이 좋지 않았기 때문에, 이 교육자가 딸에게 수학 문제를 푸는 연습을 시켰을 것이다. 앞 절의 내용과 가장 긴밀하고 자연스럽게 연결될 수 있는 B가 정답이 된다.

단어 语文 yǔwén 명 국어

2.				
	A 批评	B 力度	A 꾸짖다	B 힘의 세기
	C 称赞	D 无奈	**C 칭찬하다**	D 어쩔 수 없다

분석 可是他不但没批评女儿，反而对女儿加以______，

힌트1 힌트2

해설 품사 찾기 '전치사(对) + 명사(女儿) + 동사'의 어순으로, 빈칸에는 동사가 필요하다.

짝꿍 찾기 접속사 不但没…, 反而…(~하기는 커녕, 도리어 ~했다)이 힌트가 된다.

정답 찾기 不但没…, 反而…은 예상치 못한 상황을 말할 때 쓴다. 즉, 상식적으로 생각한 것과는 상반된 내용을 끌고 나오는, 점층을 나타내는 접속사 구문이다. 수학 문제를 잘 못 푸는 딸을 혼내는 것이 일반적인 상황이지만, 교육자는 혼내지 않았다고 했으므로, 반대되는 내용으로는 오히려 딸을 칭찬했다는 C가 나와야 한다.

단어 力度 lìdù 명 역량, 힘의 세기 | 称赞 chēngzàn 동 칭찬하다 | 无奈 wúnài 동 어쩔 수 없다

독해

3. A 特意	B 只好	A 일부러	B 부득이
C 一直	D 偶尔	C 줄곧	D 이따금씩

분석 第二天晚上，周宏______准备了比第一天容易一点儿的数学题，

힌트

해설 품사 찾기 '주어(周宏) + 부사 + 술어(准备)'의 어순으로, 빈칸에는 부사가 필요하다.

짝꿍 찾기 부사의 뜻이 술어와 어울리는지와 전체 문맥의 흐름을 고려한다.

정답 찾기 교육자인 아버지가 딸이 수학에 흥미가 없다는 것과 성적이 좋지 않은 것을 해결해 가는 과정이다. 먼저 어려운 문제를 낸 다음 더 쉬운 문제를 준비했고, 계속해서 딸을 칭찬했으므로, 일부러(特意) 난이도가 쉬운 문제를 준비한 것임을 알 수 있다. 따라서 정답은 A가 된다.

Tip 只好는 '어쩔 수 없이, 부득이'라는 뜻으로, 원치 않지만 해야 한다는 不得不와 같은 뜻이다. 一直(줄곧)는 행동에 변화가 없음을 나타낸다. 偶尔(가끔, 이따금)은 有时와 동의어다.

단어 特意 tèyì 부 일부러, 특별히 | 只好 zhǐhǎo 부 부득이 | 一直 yìzhí 부 줄곧, 계속 | 偶尔 ǒu'ěr 부 때때로

4. A 精彩	B 可爱	A 훌륭하다	B 귀엽다
C 不得了	D 了不起	C 큰일 났다	**D 대단하다**

분석 天啊，你真是太______了！

힌트1 힌트2

해설 품사 찾기 정도부사 太(아주) 뒤에는 형용사가 필요하다.

짝꿍 찾기 전체 문맥을 살펴봐야 한다.

정답 찾기 아버지는 일부러 쉬운 문제를 내 아이를 격려하고 칭찬했다. 빈칸에는 聪明(똑똑하다), 了不起(대단하다) 등 아이의 성과를 칭찬하는 어휘가 나오면 된다. 따라서 정답은 D가 된다. 了不起의 동의어는 了不得다.

Tip 不得了와 了不得를 혼동해서는 안 된다. 不得了는 '큰일 났다, 야단났다'의 뜻으로 부정적인 상황에 쓰이거나, 热得不得了(매우 뜨겁다)와 같이 정도보어로 쓰여 정도가 심함을 나타낸다. 精彩는 칭찬하는 표현이긴 하지만, 보통 공연(演出), 강연(讲座), 경기(比赛), 글(文章) 등이 훌륭함을 나타낼 때 사용한다.

단어 精彩 jīngcǎi 형 멋지다, 훌륭하다 | 可爱 kě'ài 형 귀엽다 | 不得了 bùdéliǎo 형 큰일 났다, 심하다 | 了不起 liǎobuqǐ 형 대단하다

DAY 9

1-3.

年纪轻轻就在外地打工的人为数不少，他们不能经常回家，只有过年的时候能回＿＿1＿＿和亲人团聚。＿＿2＿＿为了改善这种情况，很多子女趁节假日把父母接来，和自己过一段日子。孩子们为了学习或者工作都在外地，父母退休在家也很孤单和＿＿3＿＿，他们最大的心愿就是能常和子女聊聊天、说说话。

1. A 家乡　B 公司　C 学校　D 国外

2. A 最初　B 目前　C 曾经　D 未来

3. A 轻松　B 寂寞　C 健康　D 丰富

4-7.

人生就像坐公车一样。我们已经知道了起点和终点，可是每个人的行程不一定相同。有的行程长，有的行程短。有的人很从容，可以＿＿4＿＿窗外的景色。有的人很窘迫，总处于拥挤之中。如果你想舒适地到达终点，＿＿5＿＿。

有的人很＿＿6＿＿，一上车就有座。有的人却很倒霉，即使车里所有的人都坐下了，他还站着。有时远处的座位不断空出来，只有自己身边的座位没有任何动静。当他决定换一个位置，去别处等待，没想到刚才那个座位的人正好起身离开了。有的人用了种种的方式，经历了长长的＿＿7＿＿，终于可以坐下，但这时他已经到站了。

4. A 拍下　B 追求　C 欣赏　D 想象

5. A 需要好的心情 B 座位必不可少
C 应该自己开车 D 要忘记不高兴的事情

6. A 不安 B 兴奋 C 热情 D 幸运

7. A 期待 B 等待 C 休息 D 交谈

DAY 10

1-3.

有一个年轻人毕业以后，找到了一个不错的公司。他为自己设计了一个美好的未来，对____1____充满信心。可是受到金融危机的影响，这家公司倒闭了。他伤心极了，觉得自己是这个世界上最不幸、最____2____的人。公司的经理是个中年人，他拍着年轻人的肩说："小伙子，你很幸运。""幸运？"年轻人反问道。"对，很幸运！"经理又重复了一遍，他解释道："青年时期遇到挫折是好事，因为你可以学会如何变得____3____。年轻就是资本，你现在重新开始也不晚。"

1. A 记忆 B 前途 C 命运 D 将来

2. A 善良 B 好运 C 糟糕 D 倒霉

3. A 坚强 B 成熟 C 明显 D 熟练

4-7.

名字对一个人来说非常重要，所以，在我们交际的过程中，记住别人的名字就变得更加重要。一位名人曾经说过:“不论在任何语言之中，一个人的名字是最甜蜜、最重要的声音。”善于记住别人的姓名是一种礼貌，也是一种感情___4___，在人际交往中会起到意想不到的效果。在一个陌生的场合，你轻松而___5___地叫出了对方的名字，对方一定会感到惊讶和感动——在对方的眼里，你只是面熟而已，也许他已经记不起你们在什么地方见过面了，但是你居然叫出了他的名字，这无疑告诉了对方:“你的名字对我很重要。”这样一来，你和对方的距离很快就拉近了。

想要记住对方的名字，就要进行有意___6___，养成准确记住名字的习惯。这样，记住别人的名字在给别人带去惊喜的同时，也会给自己的事业带来___7___的收获。

4. A 计算　B 投资　C 基础　D 世界

5. A 亲切　B 后悔　C 安慰　D 不安

6. A 握手　B 热心　C 培养　D 重视

7. A 智慧　B 丰富　C 计划　D 意外

新HSK 5급

독해 제2부분 일치하는 내용 찾기

기출문제 탐색전

문제

61.

幸福不是你房子有多大，而是房子里的笑声有多甜；幸福不是你开多豪华的车，而是你开着车平安到家；幸福不是你的爱人有多漂亮、帅气，而是爱人的笑容有多灿烂；幸福不是在你成功时的喝彩声有多热烈，而是在你失意时有个声音对你说:“朋友，别倒下。”

A 家庭富裕才是幸福
B 有人关心是一种幸福
C 满足物质条件才能感觉幸福
D 成功时的感觉是真正的幸福

독해 제2부분은 200~300자 정도의 지문을 읽고 그 내용과 일치하는 보기를 고르는 문제로, 10문제가 출제된다. 지문의 길이는 3~5줄 정도로 비교적 짧지만, 1분 이내에 지문 내용을 모두 이해하고 4개의 보기가 일치하는지 일일이 대조하여 정답을 골라내기가 쉽지만은 않다. 어휘력과 실력을 꾸준히 쌓는다면 짧은 시간에도 자신 있게 문제를 풀 수 있고, 독해가 자꾸 막힌다고 주저하면 시간은 한없이 부족해진다. 그러나 독해는 시간과의 싸움이다. 시간 제한도 시험의 평가 기준이라는 것을 명심하고 진정한 실력을 갖추도록 하자!

유형 분석

❶ 총10문제로 전체 독해의 약22%를 차지한다.

❷ 질문은 따로 없고, 지문 내용과 일치하는 보기를 선택하면 된다.

❸ 꼼꼼함이 중요하다. 보기의 내용은 지문에 나온 단어들로 재구성되어 언뜻 보면 모두 그럴듯해 보인다. 하지만 부정부사 하나만 더 있어도 지문과는 전혀 다른 뜻이 될 수 있으니, 문장 성분 하나하나를 꼼꼼히 따지면서 읽어야 한다.

❹ 문제 푸는 방법

- 지문을 먼저 읽고, 지문과 일치하는 내용을 보기에서 찾는 방법
  - 장점: 지문을 꼼꼼히 읽을 수 있으므로, 정확한 내용 파악이 가능하다.
  - 단점: 보기를 읽다가 지문 내용이 기억나지 않으면 다시 찾아 읽어야 하므로, 시간이 소요된다.
- 보기를 먼저 읽고, 무슨 내용이 나올 것인지 파악한 다음에 지문을 읽는 방법
  - 장점: 보기에 반복적으로 나오는 핵심어를 미리 파악할 수 있으므로, 지문을 읽으면서 보기와의 일치 여부를 판단할 수 있다.
  - 단점: 보기 내용에만 집착하여 세부적인 내용을 놓치면 난이도 높은 문제에서는 실수할 수도 있다.

→ 각 방법의 장점을 취해, 보기를 먼저 읽고 핵심어를 파악하되, 지문을 읽을 때는 최대한 꼼꼼히 정독하는 습관을 기른다.

❺ 독해하는 방법

- 속독을 위해서는 '주어 + 술어 + 목적어'의 기본 문장 성분 위주로 해석하며 불필요한 부분은 건너뛴다.
- 모르는 단어는 네모나 동그라미로 표시하여 그림처럼 인식(스캔 뜨기)한다.
- 중요한 단어를 모를 때는 문맥을 통해 의미를 유추해 보고, 필요하다면 한자음이나 부수를 참고하여 추측해 본다.

독해 제2부분

01 재담 · 유머형 지문

최근 독해에는 재미있는 이야기, 즉 재담 · 유머(笑话)가 자주 등장한다. 이러한 유형의 지문에 사용된 어휘는 아주 쉬운 편이지만, 뒷부분에 이야기의 반전이 숨어 있어서 전체 내용을 이해하지 못하면 오히려 문제를 풀지 못하는 경우도 있다. 유머를 읽고 나면 속으로 웃든 피식 웃든, 웃음이 나와야 내용을 이해했다는 뜻이다. 지문을 잘 이해하고 웃을 준비가 되었다면 이번 장을 시작해 보자!

독해 시크릿 백전백승

1 시간 관리 능력을 길러라!

지문은 짧지만 주어진 시간 또한 짧다. 독해 45문제에 주어진 시간은 45분이므로, 1문제를 1분 안에 풀어야 한다. 시간 계획 없이 문제를 풀면, 뒤의 문제는 아예 손도 못 댈 수 있으므로, 시간 관리 능력이 가장 중요하다고 할 수 있다. 평소에 자신이 제한된 시간에 문제를 풀 수 있는지 반드시 점검하고, 속도 감각을 길러 둔다.

2 내용이 쉽다고 얕보지 마라!

이 유형의 지문은 다른 유형에 비해 어휘나 상황이 쉬운 편이지만, 그렇다고 얕보다가는 큰코다친다. 어휘 하나하나의 뜻은 이해했어도, 전체적인 내용은 잘 이해하지 못할 수 있기 때문이다. 자신의 유머 감각을 최대한 발휘하여, 전체적인 내용을 음미해야 한다.

3 반전에 주의하라!

지문에서 상식을 뛰어넘는, 허를 찌르는 내용이 나오곤 한다. 주인공의 대답이나 행동이 정답이 아니거나, 사실이 아닐 수 있다. 지문에 나온 말이니 맞는 내용일 것이라는 안일한 생각은 금물! 마지막 부분의 반전을 제대로 이해해야 한다.

4 보기를 분석하라!

4개의 보기 중에서 중요하다고 생각되는 부분(지문과 다르게 나올 수 있는 부분)에 밑줄을 그어 보자. 그 부분만 잘 기억해서 지문과 맞춰 봐도, 정답 찾기가 훨씬 쉬워진다.

예 男人成功地把猪扔了。 남자는 성공적으로 돼지를 버렸다.

→ 정말 성공했는지에 주목!

小伙子很喜欢这个姑娘。 젊은이는 이 아가씨를 매우 좋아한다.

→ 정말 좋아하는지에 주목!

酒鬼戒酒了。 술고래는 술을 끊었다.

→ 정말 술을 끊었는지에 주목!

大夫给病人的药很有效。 의사가 환자에게 준 약은 아주 효과가 있다.

→ 정말 효과가 있는지에 주목!

5 재치와 유머에 익숙해져라!

곤란한 상황을 재치로 풀어 가는 방식과 예상치 못하게 엉뚱한 상황이 만들어지는 유머를 이해하는 데 익숙해져야 한다.

[유머 1]

有一个学生的成绩在班里倒数第一名，总是让老师费一番脑筋，最后，老师终于想出了一句评语，对其进行了恰当的评价："该同学学习成绩稳定。"

한 학생의 성적이 반에서 꼴등이어서(뒤에서 세면 일등이어서), 선생님은 항상 골치가 아팠다. 나중에 선생님은 적당한 평어를 생각해 내 그 학생을 적당하게 평가했다. "이 학생은 학업 성적이 안정적입니다(성적의 변화 없이 항상 그 등수를 유지합니다)."

→ 항상 꼴지여서 좋은 말을 써 줄 수 없는 학생의 성적표에 선생님이 발휘한 재치

[유머 2]

一护士为男患者送检尿样，不小心把患者的尿样撒落一地。护士怕人笑话，便把自己的尿样拿去化验。医生看到化验单之后，十分惊讶。患者很害怕，问医生自己怎么了？医生结结巴巴地说：先生，你，你，怀孕了。

한 간호사가 남자 환자의 소변 검사 샘플을 가지고 가다가, 실수로 환자의 소변 샘플을 바닥에 쏟았다. 간호사는 놀림거리가 될까 두려워, 자신의 소변 샘플을 가지고 가서 검사를 했다. 의사는 검사 결과지를 본 후 매우 놀랐다. 환자는 매우 두려워하며, 의사에게 어찌 된 일이냐고 물었다. 의사는 떠듬거리며 말했다. "당신은……, 당신은, 임신하셨습니다."

→ 작은 실수를 덮으려다가 만들어진 엉뚱한 상황

문제

有一位有名的作家到一个城市讲课，他很想知道自己的书在这个城市卖得怎么样，所以他决定去这城市最大的书店看看。老板听到这个消息，想做点儿让这位著名作家高兴的事情。于是，他在所有的书架上全摆满了这位作家的书。作家走进书店，很吃惊，向老板问道:“其他作家的书呢?”书店老板一时不知所措，信口说道:“全……全都卖完了!”

A 作家的书卖光了
B 书店里的书非常少
C 书店老板喜欢开玩笑
D 书店老板闹了个笑话

문제 분석 **좋은 의도로 한 행동이 어떤 결과를 낳았는지에 주목!**

한 유명 작가가 한 도시에 강연을 하러 왔다. 그는 자신의 책이 이 도시에서 얼마나 잘 팔리는지 알고 싶어서, 이 도시에서 가장 큰 서점에 가 보기로 했다. 사장은 이 소식을 듣고, 이 유명한 작가를 기쁘게 해 줄 만한 일을 하고 싶었다. 그래서 모든 책 진열대를 이 작가의 책으로 가득 채웠다. 작가는 서점에 들어와서는 깜짝 놀라 사장에게 물었다. “다른 작가들의 책은요?” 서점 주인은 순간 어찌할 바를 모르다가, 입에서 나오는 대로 대답했다. “다……, 다 팔렸어요!”

A 작가의 책은 모두 팔렸다
B 서점의 책이 매우 적다
C 서점 주인은 농담을 좋아한다
D 서점 주인은 웃음거리를 만들었다

요약 • 제목: 어느 작가의 황당한 에피소드
• 주제: 지나치게 잘하려다 오히려 일을 망친다.

해설 이 문제는 마지막 부분을 이해해야만 정답을 고를 수 있다. 서점 주인은 작가를 기쁘게 해 주려고 그 작가의 책을 잔뜩 진열해 놓았는데, 이것은 오히려 작가의 책이 한 권도 안 팔린 것처럼 되어 버려, 작가를 황당하게 만들었다는 내용이다. 따라서 정답은 D가 된다.

Tip 闹笑话는 '지식이나 경험이 부족해서 실수로 다른 사람의 웃음거리가 되는 것'을 의미한다.
예 因为他不懂汉语，常常闹笑话。그는 중국어를 몰라서, 종종 웃음거리가 된다.

단어 有名 yǒumíng 형 유명하다 | 作家 zuòjiā 명 작가 | 城市 chéngshì 명 도시 | 讲课 jiǎngkè 동 강의하다 | 卖 mài 동 팔다 | 书店 shūdiàn 명 서점 | 决定 juédìng 동 결정하다 | 老板 lǎobǎn 명 사장 | 消息 xiāoxi 명 소식 | 著名 zhùmíng 형 저명하다 | 于是 yúshì 접 그래서 | 所有 suǒyǒu 형 모든 | 书架 shūjià 명 책장, 책꽂이 | 全 quán 부 모두, 완전히 | 摆 bǎi 동 진열하다 | 满 mǎn 형 가득 차다 | 吃惊 chījīng 동 놀라다 | 问道 wèndào 동 묻다 | 其他 qítā 대 기타 | 一时 yìshí 명 잠시 | 不知所措 bùzhī suǒcuò 성어 어찌할 바를 모르다 | 信口 xìnkǒu 부 되는 대로 | 说道 shuōdào 동 말하다 | 非常 fēicháng 부 매우 | 开玩笑 kāi wánxiào 동 농담하다 | 闹笑话 nào xiàohua 동 (실수로) 웃음거리를 만들다

DAY 11

1. 一个医生为了说明饮酒的坏处，把两条小虫分别放在一个装着酒的瓶子和一个装着水的瓶子里。放在酒里的那条小虫很快就死了，而放在水里的那条还在挣扎。医生对周围的人说:“你们看，这就是饮酒的结果。”这时，人群中有一个酒鬼大声喊道:“这就对了，喝酒人的肚子里就不会长这种虫子啦!”

A 酒鬼决定戒酒了
B 在水里的那条小虫死了
C 喝酒可以防止肚子里长虫子
D 医生想要告诉人们饮酒的害处

2. 一个男人养了一头猪，觉得养烦了，就想把它给扔了。但是这头猪每次都认得回家的路，扔了很多次都没有成功。有一天，这个男人又开车把猪带了出去。当晚打电话给他的妻子问:“猪回来了吗?”妻子回答:“回来了。”男人非常气愤，大声嚷道:“快让它接电话，我迷路了!”

A 男人很喜欢那头猪
B 那头猪后来迷路了
C 男人成功地把猪扔了
D 男人开车出去后迷路了

3. 这天，爸爸去学校接儿子放学，父子俩乘着公交车回家。进了门，儿子飞奔到妈妈面前说道:“妈妈，今天在车上，有美女姐姐跟爸爸搭讪了。”妈妈一惊，气呼呼地问道:“那女人说了什么?”边说边瞪着爸爸。爸爸不知道发生了什么事，心里十分紧张，两人都把目光转向了儿子。儿子笑着说:“美女姐姐对爸爸说，‘离我远点’。”

A 美女很喜欢爸爸
B 美女不想让爸爸靠近她
C 妈妈很高兴有人和爸爸搭讪
D 爸爸在街上碰见了一个美女

4. 一个小伙子和一个姑娘相识几天后，这个小伙子就向姑娘求婚了。姑娘问他："我们才认识3天，你对我能有多少了解?"小伙子急忙说："了解，了解，我早就了解你了。"姑娘又问："怎么可能? 我们以前又不认识。"小伙子回答说："我在银行工作已经3年了，你父亲有多少存款，我是很清楚的。"

A 姑娘的父亲很有钱　　B 小伙子很喜欢这个姑娘

C 小伙子对姑娘非常了解　　D 姑娘的父亲是银行的老板

DAY 12

1. 星期天，我请新女朋友吃烤鸭。由于我出门的时候太着急了，竟然忘了带钱包。认真想了想，实在没有别的办法，不得不向女友开口。因为不知道怎么开口才好，所以脸红了。我吞吞吐吐地说："我……"没想到这时发生了一件意想不到的事情。她竟然理解错了，也红着脸说："我也爱你。"

A 女朋友很大方　　B 他觉得自己运气好

C 女朋友很喜欢开玩笑　　D 女朋友误会他的意思了

2. 病人问道："大夫，你能给我一些可以变得聪明的药吗?"医生开了一些药，要他下个星期再来。一星期后，病人又来问："大夫，我觉得自己没有变得比较聪明。"医生又开了同样的药，要他下星期再来。病人果然又依约而来了，他这次说："我知道自己没有变得聪明，我只是想问问大夫，你给我的药是不是一般的糖?"医生答道："你总算变得聪明些了。"

A 每次的药都不一样　　B 病人比以前更聪明了
C 大夫给病人的药很有效　　D 大夫给的药只是一般的糖

3. 在我读小学的时候，有一次，老师问我们一个问题："各位同学，有谁知道长度的单位是什么啊?"这时候，班上最最乖巧的一个同学举手要求回答，说："老师，是'米'!"老师说："不错不错，请坐下。可是，有谁还知道有什么呢?"这时候，平时学习最最落后的同学也举手，老师有点激动，决定给他一个机会，他回答说："老师，还有'菜'!"

A "菜"不是问题的答案　　B 最最乖巧的同学回答错了
C 最最落后的同学回答对了　　D 老师对落后同学的回答很满意

4. 百货商店的电子秤，可以读出称体重人的体重。一个胖女士从百货商店回来，向朋友抱怨："我最不喜欢自动报体重的电子秤!"朋友听了以后非常好奇，问她为什么。难道因为别人也能听到电子秤的声音吗? 胖女士愤怒地说："不是! 今天我站在电子秤上，它就说每次只限一人! 每次只限一人!"

A 女人想减肥　　B 女人要买电子秤
C 电子秤是百货公司的　　D 电子秤用一次就出了故障

02 상식을 넓혀 주는 지문

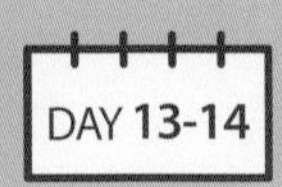

독해 지문은 그 내용이 다양하다. 이번 장에서는 기존의 잘못된 상식을 바로잡아 주거나 이름이나 용어를 설명해 주는 등 상식을 넓혀 주는 지문을 공부해 본다. 특히 잘못된 상식을 바로잡는 지문은 앞부분에서 잘못된 기존 상식을 언급하고, 뒷부분에서 올바른 지식을 전달한다. 따라서 중심 내용이 있는 뒷부분을 주의해서 읽어야 한다.

독해 시크릿 백전백승

1 고정 관념은 깨도 아프지 않다!

사람은 자기가 알고 있는 것이 옳고, 절대적이라고 생각할 때가 많다. 상식을 깨는 지문에는 잘못된 상식을 바로잡는 재미도 있다. 고정 관념은 깨도 아프지 않으니, 지문 내용에 충실하게 문제를 풀어 보자.

[잘못된 상식의 예]

- 다이어트에는 저녁 운동이 효과가 좋다?
  NO! 운동은 아침 공복에 해야지만 지방이 에너지원으로 사용되어 체지방이 줄어든다.
- 와인은 오래된 것일수록 좋다?
  NO! 오랜 세월 숙성시켜도 좋은 특급 와인은 극소수에 불과하다. 우리가 일반적으로 접하는 와인은 오래 두면 맛과 향이 변질될 수 있다.
- 아침 공복에 마시는 우유는 건강에 좋다?
  NO! 우유를 빈속에 마시게 되면, 다량의 위산 분비를 촉진시켜 소화 궤양을 악화시킬 수 있다.

2 정답은 마지막 부분에 있다!

모든 지문이 다 그런 것은 아니지만, 상식을 깨는 지문은 대개 앞부분에서 잘못된 상식을 설명하고, 작가가 새롭게 전하려는 내용은 뒷부분에 많이 나온다. 따라서 정답이 지문 마지막 부분에 나오는 경우가 많다.

→ 단, 접속사 힌트가 나오면 접속사 힌트를 먼저 찾아야 한다.

3 여러 가지 상황이 제시될 경우 네모를 활용하라!

예를 들어 시제가 以前과 现在 두 가지로 나오면 내용이 섞여 헷갈릴 수 있다. 이렇게 두 가지 이상의 상황이 제시되면 반드시 네모나 동그라미로 확실하게 구분해 놓고 내용이 섞이지 않도록 꼼꼼하게 대조해야 한다. 이름이나 용어를 설명하는 지문은 큰 따옴표(“ ”)로 인용한 부분을 찾아가면 설명을 쉽게 찾을 수 있다.

4 '스캔 뜨기' 비법을 사용하라!

정답이 지문에 그대로 노출되는 경우도 많다. 보기의 핵심 내용을 눈으로 스캔했다가, 지문에서 재빨리 찾아보는 습관을 기르자.

5 최대한 집중하여 속독하라!

시간 제한이 없다면 웬만하면 풀 수 있는 문제들이지만, 시간이 촉박하게 주어지기에 속독할 수밖에 없다. 의미 파악에 큰 영향을 주지 않는 고유명사에는 너무 집착하지 말고, 술어가 되는 동사나 형용사는 의미를 되새기자.

[속독 비법]

① 명사, 장소, 이름은 동그라미 쳐서 표시해 둔다.

② 중요 동사와 형용사는 밑줄로 표시해 둔다.

6 독해의 기본은 요령이 아니라 실력이다!

문제를 풀고, 채점을 한 뒤, 점수만 확인하고 책을 덮는다면 독해 실력은 향상될 수 없다. 자신의 문제점이 무엇인지, 틀린 문제는 왜 틀렸는지 반드시 확인해 본다.

[자기 진단 방법]

① 시간이 모자랐다. ☑

② 단어가 어려웠다. ☐

③ 전체 의미 파악을 못했다. ☑

④ 순간적인 착각으로 실수했다. ☐

NEW 단어 + TIP

- 墙 qiáng 명 벽
- 乐器 yuèqì 명 악기
- 生长 shēngzhǎng 동 성장하다, 자라다
- 香肠 xiāngcháng 명 소세지
- 耳环 ěrhuán 명 귀고리
- 特色 tèsè 명 특색, 특징 형 독특한, 특별한

시크릿 확인학습

문제

很多家庭主妇认为，在家做了很多家务劳动之后，不必再专门锻炼身体。这种想法是错误的。因为如果运动的强度不大的话，是达不到运动的效果的。即使是运动量很大的家务劳动，也没有达到运动的强度，因此是没有运动效果的。

A 家务活运动量不大
B 家务活和运动是两回事
C 做家务活就是锻炼身体
D 家务活的运动强度很大

문제 분석 뒷부분에 나오는 핵심 내용에 주목!

많은 가정주부는 집에서 많은 가사 노동을 한 후, 다시 전문적으로 체력을 단련할 필요가 없다고 생각한다. 이러한 생각은 잘못된 것이다. 왜냐하면 만약 운동의 강도가 세지 않다면, 운동의 효과에 도달할 수 없기 때문이다. 설령 운동량이 매우 많은 가사 노동이라 할지라도, 운동의 강도에는 못 미치기 때문에 운동의 효과는 없다.

A 가사 노동의 운동량은 크지 않다
B 가사 노동과 운동은 별개의 일이다
C 가사 노동을 하는 것은 체력 단련을 하는 것이다
D 가사 노동의 운동 강도는 매우 크다

요약
• 제목: 가사 노동과 운동
• 주제: 가사 노동을 아무리 많이 하더라도 체력 단련을 위해서는 별도의 운동이 필요하다.

해설 사람들은 흔히 가사 노동은 운동량이 많아서 어느 정도의 운동 효과가 있을 것이라고 생각하지만, 운동량이 아무리 많아도 일정한 운동 강도에 도달하지 못하면 운동 효과가 없다는 새로운 정보를 말해 주고 있다. 따라서 정답은 B가 된다.

A – 가사 노동의 운동량이 크지 않다고 말하지는 않았다.

C – 가사 노동을 하는 것은 체력 단련과는 별개의 일이다.

D – 가사 노동의 운동 강도가 매우 크다고 할 수는 없다.

• 접속사 힌트
即使…也: 설령 ~일지라도 (가설에 따른 역접) / 因此: 따라서 (결과)

• 핵심어
两回事는 两码事, 不是一回事와 같은 말로, 모두 '별개의 일이다, 별개의 문제다'라는 뜻이다. 回와 码는 '일'을 세는 양사로 쓰였다.
예 结婚和恋爱是两码事。결혼과 연애는 별개의 문제다.

단어 家庭主妇 jiātíng zhǔfù 명 가정주부 | 认为 rènwéi 동 ~라고 여기다 | 家务 jiāwù 명 집안일 | 劳动 láodòng 명 노동 | 不必 búbì 부 ~할 필요 없다 | 专门 zhuānmén 부 전문적으로 | 锻炼 duànliàn 동 단련하다 | 身体 shēntǐ 명 신체 | 想法 xiǎngfa 명 생각 | 错误 cuòwù 형 잘못되다 | 因为 yīnwèi 접 ~ 때문에 | 如果 rúguǒ 접 만약 | 运动 yùndòng 명 운동 | 强度 qiángdù 명 강도 | 效果 xiàoguǒ 명 효과 | 即使 jíshǐ 접 설령 ~하더라도 | 因此 yīncǐ 접 그래서 | 两回事 liǎng huí shì 명 별개의 일

DAY 13

1. 很多人喜欢把生食和熟食混在一起放进冰箱。其实，不同的食物有不同的保存和冷藏方法，如果把它们随意放在一起，极易造成食物之间的污染，因此，最好将生食和熟食分类包装，然后分区域保存。

A 生食要在常温中保存
B 熟食更需要冷藏保管
C 生熟食要注意分区域冷藏保管
D 生熟食一起保管也不会造成食物污染

2. 说到健康食品，大家通常都会想到蔬菜、水果，而把肉类看做健康的敌人。其实，很多肉类对人体健康有很重要的作用。至今，很多国家并没有规定什么才是健康食品。因此，现在市场上所谓的健康食品其实没有统一的标准。

A 饮食要规律　　B 肉类不是健康食品
C 只吃蔬菜对身体好　　D 健康食品没有统一标准

3. 鲨鱼，被一些人认为是海洋中最凶猛的动物。其实鲨鱼并不像电影和电视中说的那么可怕。世界上约有380种鲨鱼。约有30种会主动攻击人，其中有7种可能会致人死亡，还有23种因为体型和习性的关系，具有危险性。可见，只有其中很少的一部分，对人类有害，比如我们熟知的“大白鲨”。

A 人类对鲨鱼很了解　　B 攻击人的鲨鱼有27种
C 鲨鱼不是最凶猛的动物　　D 鲨鱼没有人想象的那么可怕

4. 以前，人们把西红柿当作有毒的果子，只用来观赏，无人敢食。直到18世纪，人们知道了它的价值。西红柿作为蔬菜和水果被人们食用，可以生吃，熟用。现在西红柿是全世界栽培最为普遍的果菜之一。中国也是西红柿的种植大国。

A 西红柿吃法多样
B 以前西红柿是有毒的
C 种植西红柿的国家逐年减少
D 18世纪前就开始吃西红柿了

DAY 14

1. 打雪仗之后，人们为什么会觉得手变热了呢？这是因为手在揉捏雪球后，皮肤受到冷刺激，神经系统迅速做出反应，从而带动血液循环，血管里的血液马上流向了手部的毛细血管。血液的流动带来了热量，因此手就不感觉冷了。

A 打雪仗可能会冻伤手
B 冬季人体的血液循环很快
C 长期手冷的人消化不好
D 手部发热和血液流动有关

2. 四合院是北京传统民居形式，辽代时已初成规模，经金、元，至明、清，逐渐完善，最终成为北京最有特点的居住形式。“四”指东、西、南、北四面，“合”即四面房屋围在一起，形成一个“口”字形。经过数百年的营建，北京四合院从平面布局到内部结构、细部装修都形成了京师特有的京味风格。

A 从元代开始有四合院的
B 四合院是传统的建筑形式
C “四”是指经历了四个朝代
D 四合院有东、西、南、北四个门

3. “东道主”原来是指“东边道路上的主人”。以前郑国在秦国的东边，经常招待来自秦国的客人，因此郑国自称“东道主”。后来用来泛指招待迎接客人的主人，或者请客的主人。现在在各种活动或者体育赛事也会经常看到这个词语，意思是举办活动的一方。

A 以前郑国是秦国的敌人　　B “东道主”多用来指主人

C “东道主”就是秦国的客人　　D 体育赛事中一般没有东道主

4. 在多元化的汉语中，“宇”代表上下四方，即所有的空间，“宙”代表古往今来，即所有的时间，所以“宇宙”这个词有“所有的时间和空间”的意思。人们对于宇宙还有很多不知道的地方，但是科技的发展，让人们对宇宙的了解越来越多。

A “宙”是指所有的空间

B 宇宙让人们难以去了解

C 宇宙还有很多未解之谜

D 科学家应该发明更多探索宇宙的东西

03 정보를 나열하는 지문

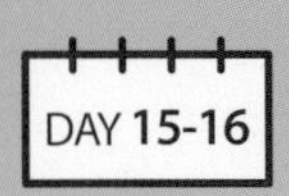

여러 가지 정보가 동시에 등장하는 지문은 독해할 때 혼동을 일으키기 쉽다. 여러 명의 인물이 등장하거나, 해와 달, 오른손과 왼손, 북쪽과 남쪽, 표준어와 방언 등 상대되는 단어가 나와 머릿속을 혼란스럽게 한다. 이러한 유형의 지문은 각각의 제시어에 표시를 해 놓고, 꼼꼼히 대조하면서 푸는 것이 가장 안전하다.

독해 시크릿 백전백승

1 나열되는 제시어에 표시하라!

여러 가지 제시어가 등장하면 헷갈리기 쉬우므로, 네모나 동그라미로 구분하여 혼동되지 않도록 한다.

2 비교하고 대조하라!

지문에 2개 이상의 제시어가 나오면 보기는 그 내용을 섞어서 혼동하기 쉽게 만든다. 이러한 문제 유형은 속독으로 정답을 고르는 것이 위험하므로, 제시어와 내용이 맞는지 대조해 봐야 한다.

예 北方人喜欢吃面条，南方人喜欢吃米饭。
북쪽 사람들은 국수 먹기를 좋아하고, 남쪽 사람들은 밥 먹기를 좋아한다.
→ 北方人喜欢吃米饭。북쪽 사람들은 밥 먹기를 좋아한다. (×)

예 虽然上海没有北京大，但是人口比北京多。
비록 상하이는 베이징보다 크지 않지만, 인구는 베이징보다 많다.
→ 北京人口更多。베이징의 인구가 더 많다. (×)

3 보기를 분석하라!

보기에서 중요한 부분에 밑줄을 긋고 지문 내용과 일치하는지 집중적으로 확인한다.

예 A 看表演的人越来越少 공연을 보는 사람들이 점점 적어진다
B 茶馆是免费的 찻집은 무료다
C 人们可以品尝到小吃 사람들은 간식을 먹어 볼 수 있다
D 茶馆的面积不大 찻집의 면적은 크지 않다
→ 술어 부분이 가장 중요하다. 부정부사가 있는지도 조심하자!

4 문장 부호를 이해하라!

중국어에는 우리말에 없거나 잘 쓰지 않는 문장 부호가 있으므로 유의한다. 정보를 나열하는 지문에 자주 등장하는 문장 부호를 공부해 놓으면 도움이 된다.

、(顿号, 모점)	동등한 단어나 구를 나열할 때 쓴다.

① 단어 나열

예 我国科学、文化、艺术、卫生、教育和新闻出版业有了很大发展。
우리나라는 과학, 문화, 예술, 위생, 교육과 언론 출판업에서 매우 큰 발전이 있었다.

② 구 나열

예 我们都是相互联系、相互影响、相互制约的。
우리는 모두 서로 연락하고, 서로 영향을 주며, 서로 규제해 준다.

；(分号, 쌍반점)	병렬 혹은 대비되는 두 개 이상의 절을 구분할 때 쓴다.

예 只有健全社会主义法制，才能使社会主义民主法律化、制度化；才能用法律手段管理经济；才能维护安定团结的政治局面，保障社会主义现代化建设的顺利进行。
사회주의 법률 제도를 완전하게 해야지만 비로소 사회주의를 민주 법률화하고 제도화할 수 있고, 법률 수단으로 경제를 관리할 수 있고, 안정적이고 단결된 정치 국면을 유지하고, 사회주의 현대화 건설의 순조로운 진행을 보장할 수 있다.

“ ”(双引号, 큰따옴표)	다른 사람의 말을 인용할 때 쓴다.

예 丽丽说：“爷爷一定有办法。” 리리가 말했다. “할아버지는 분명히 방법이 있으실 거야.”
“噢，我可能猜不出来。” 大兔子说。 “오! 난 아마도 못 맞힐 거 같아.”라고 토끼가 말했다.

5 '경계성 단어'를 파악하라!

보기는 5~15음절로 제시된다. 4개의 보기 모두가 언뜻 보면 다 정답 같이 보이는 이유는, 대부분의 음절은 지문과 일치하고, 1~2음절의 단어를 이용해 정답이 안 되게 만들기 때문이다. 이러한 1~2음절의 '경계성 단어'는 반드시 숙지해 놓고, 항상 조심해야 한다.

① 전체를 포함하는 어휘: 全部 전부 / 所有 모두 / 都 다

② 내용을 제한하는 어휘: 只有 오직 / 唯一 유일하다

③ 단정적인 어휘: 肯定 분명히 / 一定 반드시

독해

④ 시제를 나타내는 어휘: 晚上 저녁 / 上午 오전 / 周末 주말

⑤ 부정부사: 不 아니다 / 没(有) 없다 / 未 아직 ~ 않다 / 无 ~하지 않다 / 非 아니다

예 只有华东地区的人喜欢喝花茶。 오직 화동 지역 사람들만 꽃차 마시기를 좋아한다.

6 스스로 하는 독해만이 살길이다!

문제만 많이 푼다고 독해 성적이 올라가는 것이 아니다. 기본 어휘력을 위해 단어를 꾸준히 암기하고, 문장 성분을 구분하고 문장 구조를 파악할 수 있어야 한다. 문제를 풀고 나면 지문을 다시 읽고 스스로 노트에 해석을 써 보고, 자신의 취약 부분을 개선해 가자.

① 단어 암기

예 강: 하루 80 단어 × 30일 = 2400 단어 암기
약: 하루 40 단어 × 60일 = 2400 단어 암기

② 해석 연습

하루에 3지문씩 훈련

→ 자신이 해석한 것과 교재의 해석이 일치하는지 맞춰 보고, 자신의 문제점을 파악한다.

NEW 단어 + TIP

- 农村 nóngcūn 명 농촌
- 市场 shìchǎng 명 시장
- 现代 xiàndài 명 현대
- 血 xuè 명 피
- 范围 fànwéi 명 범위

문제

随着地区的不同，中国人饮茶的习惯也各不相同。在中国西北部的一些少数民族地区，人们喜欢喝浓茶，并在茶中加糖、奶或者盐，每次茶叶用量也比较多。华北和东北广大地区的人们喜欢喝花茶，通常用较大的茶壶泡茶，但茶叶用量比较少。

A 少数民族喜欢用大茶壶
B 一些少数民族喜欢喝浓茶
C 只有华东地区的人喜欢喝花茶
D 华北地区的人每次茶叶量较多

문제 분석 서북부 소수 민족 지역과 화북 및 동북 지역의 내용 구분에 주목!

지역에 따라 중국인의 차 마시는 습관도 서로 다르다. 중국 서북부의 일부 소수 민족 지역에서는, 사람들이 진한 차를 마시는 것을 좋아하고, 차에 설탕이나 우유, 혹은 소금을 넣기도 하며, 매번 찻잎의 사용량도 비교적 많다. 화북과 동북의 많은 지역 사람들은 꽃차를 즐겨 마시는데, 보통 큰 찻주전자에 차를 우리지만, 찻잎은 비교적 적게 사용한다.

A 소수 민족은 큰 찻주전자를 사용하기를 좋아한다
B 일부 소수 민족은 진한 차를 마시는 것을 좋아한다
C 오직 화동 지역의 사람들만이 꽃차 마시는 것을 좋아한다
D 화북 지역의 사람들은 매번 찻잎 사용량이 비교적 많다

요약
- 제목: 중국 각지의 차 마시는 습관
- 주제: 중국은 지역마다 차 마시는 습관이 다르다.

해설 서북부의 일부 소수 민족 지역에서는 차를 진하게 마시고, 화북과 동북의 많은 지역에서는 꽃차를 연하게 마신다고 설명했다.

	서북부 소수 민족 지역	화북과 동북 지역
특징	진한 차(설탕, 우유, 소금을 넣어 마심) 찻잎의 사용량이 많음	꽃차 찻잎의 사용량이 적음(연한 차)

A – 화북과 동북 지역 사람들이 큰 찻주전자를 사용한다.

C – 화북과 동북 지역 사람들이 꽃차를 좋아한다고 하였는데, 华东(화동) 지역으로 바꾸어 나왔다. 또한 그 지역 사람들만(只有) 좋아한다고 단정 지을 수 없다.

D – 서북 지역 사람들이 찻잎을 많이 넣어서 차를 마신다.

단어 **随着** suízhe 전 ~함에 따라서 | **饮** yǐn 동 마시다 | **习惯** xíguàn 명 습관 | **各不相同** gè bù xiāngtóng 성어 서로 다르다 | **少数民族** shǎoshù mínzú 명 소수 민족 | **浓茶** nóngchá 명 진한 차 | **加** jiā 동 더하다 | **糖** táng 명 설탕 | **奶** nǎi 명 우유 | **或者** huòzhě 접 혹은 | **盐** yán 명 소금 | **茶叶** cháyè 명 찻잎 | **广大** guǎngdà 형 광대하다 | **花茶** huāchá 명 꽃차 | **通常** tōngcháng 형 일반적이다 | **较** jiào 부 비교적 | **泡茶** pàochá 동 차를 우리다 | **茶壶** cháhú 명 찻주전자 | **只** zhǐ 부 단지, 오직

DAY 15

1. 研究表明，人的左右大脑的分工是十分明确的。左半脑侧重语言、逻辑推理、数学等，因此在处理语言方面，左半脑占优势；右半脑则侧重事物形象、记忆音调、空间识别等，所以在音乐美术方面，右半脑更发达一些。因此，人的左右脑的分工是有专门性的。

A 右半脑负责语言部分

B 左右脑的作用是差不多的

C 数学好的人左半脑非常发达

D 左半脑发达的人很容易记住人的样子

2. 长沙5号地铁于近日首次进行了载人试运行。该线路全长80.9公里，最高时速为130公里，是中国目前时速最快、编组最大、噪音最低的地铁。另外，车厢内蓝天白云的顶灯设计，也给乘客带来了独特的乘坐体验。

A 长沙最近开通了首条地铁

B 长沙5号线地铁是观景列车

C 长沙在制造无人驾驶列车

D 长沙5号线地铁时速很快

3. 美国著名心理学家研究发现：穿着打扮，尤其是衣服可以改善人的情绪。他认为，称心的衣着可松弛神经，给人一种舒适的感受。所以在情绪不佳时应该注意四"不"：不穿易皱的麻质衣服，不穿硬质衣料衣服，不要穿过分紧身的衣服，不要打领带。

A 衣着跟心情关系不大

B 硬质衣料衣服对皮肤不好

C 心情不好别穿紧身的衣服

D 选择穿衣服对健康的影响很大

4. 很多人都有过这样的体验:当我们开车去某地时，尤其是去一个陌生的地方时，往往总会期望快点儿到达目的地，但却总感觉还要开很长时间才到。而返程的时候，尽管是同样的距离，却往往感觉比去时的路程短得多，这就是“返程效应”。

A 自驾旅行又幸福又辛苦　　B 返程让人感觉路程短
C 出发前要查好行车时间　　D 人在陌生的地方容易迷路

DAY 16

1. 中国人使用筷子已经有几千年的历史了，使用的过程中形成了较多的礼仪。用餐过程中，如果说话，不要用筷子随便晃动，也不要用筷子敲打碗、盘子以及桌面，更不能用筷子指点别人。在用餐中途因故需暂时离开时，要把筷子轻轻放在桌子上或餐碟边，不能插在饭碗里，而且尽量不要发出响声。

A 筷子不能放在桌面　　B 说话时敲筷子不礼貌
C 有礼貌的人才能用筷子　　D 可以用筷子一边敲碗一边唱歌

2. 牡丹是中国特有的木本名贵花卉，花大色艳、雍容华贵、富丽端庄、芳香浓郁，而且品种繁多，素有“花中之王”的美称，长期以来被人们当做富贵吉祥、繁荣兴旺的象征。牡丹喜凉，不耐湿热，喜欢疏松、肥沃、排水良好的中性土壤或砂土壤。

A 牡丹的品种非常少　　B 牡丹不喜欢湿热环境
C 酸性土壤适宜种植牡丹　　D 牡丹是贫穷、艰苦的象征

3. 老舍茶馆，始建于1988年，现有营业面积2600多平方米，一共三层，是集书茶馆、餐茶馆、茶艺馆于一体的多功能综合性大茶馆。在这古香古色、京味十足的环境里，可以欣赏到表演，包括相声、京剧等在内的优秀民族艺术的精彩演出。同时可以品尝各类名茶、宫廷细点、北京传统风味小吃和京味佳肴。

A 茶馆的面积不大　　B 老舍茶馆是免费的

C 看表演的人越来越少　　D 人们可以品尝到小吃

4. 甲骨文是现代汉字的早期形式，甲骨文大约产生于商周之际，是目前发现的中国最为古老的文字，它记录了公元前3000多年前的中国祖先活动，但由于甲骨文是比较成熟的文字，所以专家们认为，中国文字产生的年代应该要更久远一些。

A 中国人创造了甲骨文　　B 甲骨文出现3000年了

C 甲骨文不是真正的文字　　D 商周之前已经出现甲骨文了

04 접속사를 활용한 지문

DAY 17-18

접속사는 독해나 쓰기에서 아주 중요하게 사용되는 어법 사항이다. 접속사의 의미만 잘 알고 있어도 문맥에서 가장 중요한 핵심을 쉽게 찾아낼 수 있기 때문이다. 이번 장에서는 기출문제를 철저히 분석하여 정리한 가장 자주 활용되는 엑기스 접속사들을 공부해 본다. 지문 속에서 핵심 접속사를 발견할 수 있는 '안목'을 길러 정확하고 빠르게 문제를 풀어 보자.

독해 시크릿 백전백승

1 접속사를 찾아내라!

지문을 독해할 때 무작정 해석만 하지 말고, 접속사가 힌트를 제공하는 핵심 요소임을 기억하고, 지문의 흐름을 파악함과 동시에 접속사를 뽑아내야 한다. 접속사를 잘 활용한다면 정답을 빨리, 정확히 찾아낼 수 있다.

2 엑기스 접속사를 마스터하라!

짧은 독해 지문에 나오는 접속사는 화려하지 않다. 이 장에 정리된 몇 개의 접속사를 꼭 기억해 두었다가, 지문에서 발견되면 '아하~! 여기에 힌트가 있구나!'하고 알아채면 된다.

3 핵심 접속사의 위치와 성격을 파악하라!

원인이나 목적을 나타내는 접속사(因为, 为了 등)는 지문의 앞부분에 나올 가능성이 높다. 하지만 역접 접속사(但是, 可是, 然而, 而 등)와 조건 접속사(只有, 只要 등), 점층을 나타내는 접속사(而且, 甚至, 还要 등)는 뒷부분(최소한 지문 중간 이하 부분)에 나올 가능성이 크다. 핵심 접속사를 빨리 찾아내려면 지문의 마지막 부분을 공략하라!

4 시간이 부족하다면 접속사로 대처하라!

만약 주어진 시간 안에 문제를 다 풀 자신이 없는 상황이라면, 접속사는 극약 처방이다. 이 장에 정리된 엑기스 접속사가 지문에 나오면, 그 부분만 쏙 뽑아서 읽고 정답을 고르자. 하지만 시간 안에 풀 수 있다면, 지문을 다 읽고 내용을 파악해서 푸는 것이 가장 안전하다.

5 자주 출제되는 엑기스 접속사

지문 속에 숨어 있는 힌트 접속사를 한눈에 알아채야 한다. 5급 시험에서 자주 출제되는 엑기스 접속사는 다음과 같다.

[원인 · 조건을 나타내는 접속사]

① 원인이나 조건을 물으면 앞 절의 내용을 확인한다.

② 결과를 물으면 뒤 절의 내용을 확인한다.

	앞 절	뒤 절	예문
원인 & 결과	因为	所以	因为父母疼爱你，所以才这样批评你。 부모님께서 너를 사랑하시기 때문에, 그래서 이렇게 너를 혼내시는 거야.
	由于	因此	由于最近太忙，因此不能亲自来看你。 요즘 너무 바빠서, 그 때문에 직접 너를 보러 올 수 없었다.
조건 & 결과	只要	就	只要有机会，我就要去国外。 기회만 있다면, 나는 곧 외국으로 나갈 것이다.
	只有	才	只有多听多说，才能学好汉语。 많이 듣고, 많이 말해야지만, 비로소 중국어를 잘 배울 수 있다.

[결과를 나타내는 접속사]

① 주로 뒤 절에 나온다.

② 접속사 이하 부분에 중요 내용이 나온다.

	접속사	예문
역접 강조	但是	你是好意，但是也要注意说话的方式。 너는 호의라지만 말하는 방식도 조심해야 한다.
	可是	这个孩子年纪小，可是很懂事。 이 아이는 나이가 어리다. 그러나 매우 철이 들었다.
	然而	他有很多困难，然而不能灰心。 그는 매우 많은 어려움이 있었지만, 낙심할 수는 없었다.
	而	这里已经春暖开花，而北方还是大雪纷飞。 이곳은 이미 꽃 피는 봄이지만, 북쪽은 아직도 눈보라가 날린다.

순접 강조	所以	他没收到通知，所以今天没来开会。 그는 통지를 받지 못해서, 오늘 회의하러 오지 못했다.
	可见	这么简单的问题都不懂，可见你并没有用心学。 이렇게 간단한 문제도 이해 못하는 것을 보니, 너는 열심히 공부하지 않았구나.

[뒤 절에 힌트가 숨어 있는 접속사]

	앞 절	뒤 절	예문
점층 관계	不但	而且	这件衣服不但很漂亮，而且不贵。 이 옷은 매우 예쁠 뿐만 아니라, 게다가 비싸지도 않다.
	除了	还	我除了喜欢玩儿游戏以外，还喜欢上网聊天儿。 나는 게임하기를 좋아하는 것 이외에, 채팅하는 것도 좋아해.
	要	还要	送礼物要考虑性别，还要考虑年龄。 선물을 할 때는 성별을 고려해야 하고, 나이도 고려해야 한다.
	…	甚至	这个字我不认识，甚至词典上也查不到。 이 글자를 나는 모른다. 심지어 사전에서도 찾을 수 없다.
선택 관계	不是	而是	我不是不想去，而是没有时间去。 나는 안 가고 싶은 게 아니라, 갈 시간이 없는 거야.

내가 생각하는 HSK란? - HSK는 [　　　　] 다.

- HSK는 덫이다. 한 번 걸려들면 빠져나오려고 애쓸수록 더 꽉 조인다.
- HSK는 붕어다. 3초 전에 본 단어도 3초 후면 까먹는다.
- HSK는 추리소설이다. 점점 미궁 속으로 빠져들고 있다.
- HSK는 작심삼일의 연속이다. 계속 다짐을 반복해야 이어나갈 수 있으니까.

시크릿 확인학습

문제

幸福不是你房子有多大，而是房子里的笑声有多甜；幸福不是你开多豪华的车，而是你开着车平安到家；幸福不是你的爱人有多漂亮、帅气，而是爱人的笑容有多灿烂；幸福不是在你成功时的喝彩声有多热烈，而是在你失意时有个声音对你说:“朋友，别倒下。”

A 家庭富裕才是幸福
B 有人关心是一种幸福
C 满足物质条件才能感觉幸福
D 成功时的感觉是真正的幸福

문제 분석 不是 A 而是 B(A가 아니고 B이다) 구문에 주목!

행복은 당신의 집이 얼마나 큰지가 아니라, 집 안의 웃음소리가 얼마나 달콤한지에 달렸다. 행복은 당신이 얼마나 호화로운 차를 타느냐가 아니라, 당신이 차를 몰고 무사히 집에 도착하는 것에 있다. 행복은 당신의 배우자가 얼마나 예쁘거나 멋진가에 있는 것이 아니라, 배우자의 웃는 얼굴이 얼마나 찬란히 빛나는가에 있다. 행복은 당신이 성공했을 때 받는 박수 갈채가 얼마나 열렬한가가 아니라, 당신의 일이 뜻대로 되지 않을 때 당신에게 '친구, 쓰러지지 말게.'라고 말해 주는 목소리가 있는가에 있다.

A 가정이 부유한 것이야말로 행복이다
B 누군가의 관심은 하나의 행복이다
C 물질적 조건을 만족시켜야 비로소 행복을 느낄 수 있다
D 성공했을 때의 느낌이 진정한 행복이다

요약
- 제목: 행복이란?
- 주제: 행복은 겉으로 보이는 크기에 있는 것이 아니다.

해설 작가가 생각하는 행복에 대해 4가지 정의를 내리고 있다. 자신이 실의에 빠져 있을 때, 포기하지 말고 일어나라고 말해 주는 친구가 있다는 것이 행복하다고 말했으므로, 정답은 B가 된다.

Tip 不是 A 而是 B는 'A가 아니라 B이다'라는 뜻으로, B에 중점을 둔다. 따라서 而是 이하 부분을 집중적으로 봐야 한다.

행복의 기준이 아닌 것	행복의 기준
집의 크기	집 안의 웃음소리
호화로운 차	차를 몰고 안전하게 집에 도착하는 것
배우자의 외모	배우자의 환한 웃음
성공했을 때 옆에 있는 사람들	낙심했을 때 격려하는 친구

A – 행복은 큰 집이나 호화로운 차가 아니라고 했으므로, 부유한 것이 행복이라고 할 수 없다.

C – 지문에서는 물질적인 풍요가 행복은 아니라고 말하고 있다.

D – 행복은 성공했을 때의 박수 갈채가 아니라 실의에 빠졌을 때 위로의 말이다.

단어 幸福 xìngfú 명 행복 | 不是…而是… búshì…érshì… ~가 아니라 ~이다 | 房子 fángzi 명 집 | 笑声 xiàoshēng 명 웃음 소리 | 甜 tián 형 즐겁다, 달콤하다 | 豪华 háohuá 형 호화스럽다 | 平安 píng'ān 형 평안하다 | 爱人 àirén 명 아내, 남편 | 漂亮 piàoliang 형 아름답다 | 帅气 shuàiqi 형 잘생기다 | 笑容 xiàoróng 명 웃는 얼굴 | 灿烂 cànlàn 형 눈부시다 | 成功 chénggōng 명 성공 | 喝彩声 hècǎishēng 명 박수 소리 | 热烈 rèliè 형 열렬하다 | 失意 shīyì 형 실의에 빠지다 | 声音 shēngyīn 명 소리 | 倒下 dǎoxià 동 쓰러지다 | 家庭 jiātíng 명 가정 | 富裕 fùyù 형 부유하다 | 关心 guānxīn 동 관심을 갖다 | 满足 mǎnzú 동 만족하다 | 物质 wùzhì 명 물질 | 条件 tiáojiàn 명 조건 | 感觉 gǎnjué 동 느끼다 | 真正 zhēnzhèng 형 진정한

NEW 단어 + TIP

회사 업무

- 位于 wèiyú 동 ~에 위치하다
- 大厦 dàshà 명 빌딩, (대형 · 고층) 건물
- 代表 dàibiǎo 동 대표하다 명 대표, 대표자
- 经商 jīngshāng 동 장사하다, 상업에 종사하다
- 商务 shāngwù 명 상무(상업에 관한 일)
- 讨价还价 tǎojià huánjià 가격을 흥정하다
- 签 qiān 동 서명하다, 사인하다
- 兼职 jiānzhí 동 겸직하다
- 扩大 kuòdà 동 확대하다, 확장하다

예 우리 회사는 종로구 ○ ○ 빌딩(大厦)에 위치해 있다(位于). 나는 회사를 대표(代表)해서 상업에 관한 일(商务)을 협의하고, 가격 조정(调整价格, 讨价还价)도 하며, 계약서를 체결하고 서명(签)하는 일을 하고 있다. 또한 나는 비즈니스에 관한 경험(经验)이 풍부(丰富)함을 인정받아 대학에서 교수(教授)로 겸직(兼职)하고 있어, 이 방면에 관한 지식을 대학생들에게 강의해 주고 있다.

DAY 17

1. 李丽在《南京日报》工作五年了。由于她平时努力工作，所以她的工作成绩得到了大家的认可。有一天，主编对她说："这五年你辛苦了，为了奖励你，杂志社决定给你放三个月的假。"可是没想到李丽拒绝了。主编怎么也想不明白，李丽解释说："我拒绝您的好意主要有两方面的考虑。如果我不写文章了，《南京日报》的销量可能下降，也可能不受任何影响。前者对您不好，而后者对我不好。"

A 李丽想换工作　　B 主编不欣赏她的工作能力

C 同事们肯定了她的工作　　D 主编觉得李丽的文章一般

2. 科学家们曾经做过一次实验，他们让接受实验者观看一些图片。看完一遍之后，科学家们在图片中放进了一些新的图片。研究发现，心情忧郁的人对已经看过的熟悉的图片表示好感，而心情舒畅的人对新的图片更感兴趣。可见，后者更喜欢接受一些新鲜的东西。

A 心情舒畅的人记忆力更好

B 心情好的人更容易接受新事物

C 心情忧郁的人喜欢暗色调的图片

D 接受实验的人看到的是不一样的图片

3. 俗话说："打得赢就打，打不赢就跑"，如果你可以"打得赢"当然是最好了。但是如果"打不赢"，那"跑"是非常明智的。"打"不是没有意义的，只有通过"打"，才能知道自己的实力，了解自己的不足。之后通过不断努力弥补自己的不足，再"打"就会"打赢"。

A“打不赢就跑”是软弱的表现

B“打过”才能知道自己的能力

C“打不赢”也要打才是有勇气的

D 这句俗语在现实生活中是不适用的

4. 在自己居住的房间里摆放几盆植物，可以美化家庭环境、陶冶情操、丰富业余生活。家庭居室摆放植物要根据人的性格、爱好、情趣、职业、年龄以及审美观念等方面来选择。如女孩的卧室可在床头柜上摆放红豆或海棠花。家庭摆放植物还要和房间里的摆设以及墙壁的颜色相协调，让它们起到相互衬托的作用。

A 植物应与居室风格一致　　B 植物在居室中可以随意摆放

C 居室中摆放植物可以带来好运　　D 植物应该放在比较温暖的地方

DAY 18

1. 我们之所以能够实现远程控制家用电器，是因为家用电器的智能系统通过服务器和网络相连在一起，实现APP一手控制。除了可手机操控电器以外，还可以实现定时开关等。当您还在回家的路上的时候，就可以打开家里的空调，调到适宜的温度，一回到家就可以享受家中舒适凉快的感觉。

A 远程控制电器很昂贵

B 手机只能操控开关

C 通过手机APP可以远程调节空调

D 没有网络也可以远程控制电器

2. 国际驾照是人们在国外驾车、租车时所需的驾驶能力证明和翻译文件。但国际驾照仅表明个人具备在它国驾驶的能力，而并非是一本有效的驾照。只有和驾驶员所持的本国驾照同时使用才有效，因为在领取国际驾照时无需重新考试。由此可见，真正判断驾驶员是否具有驾驶资格是他的本国驾照，而不是国际驾照。

A 国际驾照就是一本有效的驾照　B 仅有少数国家承认国际驾照
C 领取国际驾照时需要再次考试　D 国际驾照不能单独使用

3. 冬天是一年中最寒冷的季节，很多植物没有了绿叶，一些动物会选择休眠，许多鸟儿飞到较为温暖的地方过冬。这个世界仿佛一下子安静下来了，然而，这所有的一切都是在为明年做打算。

A 冬天的节日非常多　B 整个冬天都要工作
C 冬天是一年中最长的季节　D 冬天是为来年做准备的季节

4. 水球，又叫“水上足球”，是一种在水中进行的集体球类运动。比赛的目的类似于足球，以射入对方球门次数多的一方为胜。水球对运动员的游泳技术有较高的要求，如踩水、起跳、转体、变向游等。除此之外，队员之间的配合也是非常重要的。

A 水球运动讲究配合
B 水球跟足球是一样的
C 水球运动是没有球门的
D 水球运动员不必有太高的游泳技术

05 내용을 음미해야 하는 지문

특별한 스킬이 통하지 않고, 내용을 온전히 이해해야만 풀 수 있는 의미 파악형 지문은 다른 유형에 비해 난이도가 높다고 할 수 있다. 이런 유형의 문제는 구체적인 내용의 보기보다는, 전체 내용을 아우르는 포괄적인 보기가 정답인 경우가 많다. 지문을 꼭꼭 씹어 잘 소화시켜 보자.

독해 시크릿 백전백승

1 보기에서 공통 부분을 배제하라!

4개의 보기 중 하나는 정답이고, 힌트는 지문 속에 있다. 보기를 최대한 활용하여 정답을 찾아야 한다. 보기 A, B, C, D에 공통된 부분이 있다면 배제하여 시간을 단축시킬 수 있다.

예 A 虚拟旅游 费用较高
B 虚拟旅游 方便灵活
C 虚拟旅游 要通过手机操作
D 虚拟旅游 的发展前景不太乐观

공통 부분이므로 해석하지 않는다. / 의미를 확실하게 파악한다.

2 바뀌어 나올 만한 부분을 공략하라!

지문과 다르게 나올 만한 부분을 체크해서, 그 부분의 내용을 집중적으로 공략한다. 상식적으로 배제할 수 있는 내용도 있을 수 있다.

예 A 蚂蚁 喜欢单独生活 → 뒷부분(단독 생활을 좋아하는지)에 주목!
B 蚂蚁 喜欢生活在河边 → 뒷부분(강가에서 생활하는 걸 좋아하는지)에 주목!
C 蚂蚁 的生存能力很强 → 뒷부분(생존 능력이 강한지)에 주목!
D 蚂蚁 只生活在亚洲和非洲 → 뒷부분(생활하는 지역)에 주목!
(※ A와 B는 상식적으로 정답이 될 수 없음을 알 수 있다.)

3 소거법을 사용하라!

보기를 읽으면서 지문 내용과 일치하지 않는 부분은 사선(/)으로 지워 둔다. 먼저 시각적으로 정리되면, 머릿속의 복잡한 내용도 자연스럽게 정리된다.

4 포괄적인 보기를 선택하라!

의미 파악 문제는 정답이 지문에 그대로 노출되지 않는 경우가 많다. 전체 내용을 음미하고 동의어나 유사한 표현으로 나오는 보기 중에서 정답을 찾아내야 한다.

예 **三天打鱼，两天晒网。** 3일 동안 고기를 잡고, 2일 동안 그물을 말린다.
= **不专心学习** 공부를 열심히 하지 않는다
出差是家常便饭。 출장은 다반사다.
= **经常出差** 자주 출장 간다
他说起来没完没了。 그는 말하기 시작하면 끝이 없다.
= **他爱说话** 그는 말하기를 좋아한다
他这个人说话不算数。 그는 한 말을 지키지 않는다.
= **不相信他的话** 그의 말을 믿지 않는다

5 낯선 단어는 유추하라!

낯선 단어가 있으면 여러 가지 다각적인 방법으로 단어를 유추하는 능력을 기르도록 하자.

① 한자 독음으로 읽어 보기: 자신이 이미 알고 있는 한자라면 중국어 발음을 모르더라도 우리말 독음으로 읽어 본다. 명사일 경우 뜻이 우리말과 비슷할 수 있다.
② 부수로 유추하기: 부수 灬(火: 불), 扌(手: 손), 饣(食: 음식), 忄(心: 마음), 犭(狗: 개, 동물), 讠(言: 말, 언어), 爫(爪: 손톱, 손), 贝(貝: 조개, 재물) 등을 통해 뜻을 유추해 볼 수 있다.
③ 문장의 흐름으로 유추하기: 앞뒤 문맥을 근거로 단어의 뜻을 유추할 수 있다.
④ 스캔 뜨기: 단어의 뜻을 도저히 유추할 수 없다면 단어를 그림처럼 '스캔'하여 기억한 후, 지문에서 같은 모양의 단어를 찾아본다.

NEW 단어 + TIP

- 假设 jiǎshè 동 가정하다
- 难免 nánmiǎn 동 면하기 어렵다, 피하기 어렵다
- 数 shǔ 동 손꼽히다, 제일 뛰어나다
- 随身 suíshēn 동 몸에 지니다, 휴대하다
- 成人 chéngrén 동 어른이 되다
- 表达 biǎodá 동 (생각, 감정을) 표현하다
- 限制 xiànzhì 동 제약하다
- 断 duàn 동 단절되다, 끊(어지)다
- 内部 nèibù 명 내부
- 圆 yuán 형 둥글다

시크릿 확인학습

문제

什么是时尚?《时尚的哲学》一书的作者说过:"如果一种现象消失得像它出现时那样匆匆，那么我们就把它称作时尚。"时尚关系到生活的各个方面，包括服装、饮食、日用品等一切可以向别人展示的东西。当然，最符合作者上述定义的就要属时装了。

A 只有时装属于时尚
B 时尚是不断变化的
C 时尚出现比消失快
D 饮食变化不属于时尚

문제 분석 전체 내용 파악에 주의 / 범위를 제한하는 只有와 부정부사 不에 주목!

유행이란 무엇인가? 〈유행의 철학〉이라는 책의 작가는 말했다. "만약 어떤 현상이 사라지는 것이 그것이 나타났을 때와 마찬가지로 그렇게 빠르다면, 그럼 우리는 그것을 유행이라고 부를 수 있다." 유행은 의류, 음식, 일상용품 등 다른 사람에게 보여 줄 수 있는 모든 것을 포함한 생활의 각 분야에 관계되어 있다. 물론, 작가가 위에서 말한 정의에 제일 부합하는 것은 유행 의상일 것이다.

A 유행 의상만 유행에 속한다
B 유행은 끊임없이 변화하는 것이다
C 유행의 출현은 사라지는 것보다 빠르다
D 음식의 변화는 유행에 속하지 않는다

요약
- 제목: 유행이란?
- 주제: 유행은 생활의 모든 면에서 빠르게 변화하는 것들이다.

해설 어떠한 현상이 나타난 것처럼 빠르게 사라진다면 그것을 유행이라고 부른다고 했다. 즉, 유행은 빠르게 나타나고 사라짐을 반복하면서 계속 변화한다는 의미다. 따라서 정답은 B가 된다.

A – 유행은 생활 속의 각 방면을 포함한다고 했으므로, 단지 의상만 포함한다고 할 수 없다. 只有(단지)라는 단어 때문에 정답이 될 수 없다.

C – 어떠한 현상이 나타난 것과 같이 빠르게 사라지는 것이 유행이라고 했으므로, 유행이 나타나는 것과 사라지는 것 중 어느 것이 더 빠르다고는 할 수 없다.

D – 유행은 의류, 음식, 일상용품 등을 모두 포함하고 있다고 했으므로, 음식의 변화도 유행이라 할 수 있다. 부정부사 不가 있어서 정답이 될 수 없다.

단어 时尚 shíshàng 명 시대적 유행 | 哲学 zhéxué 명 철학 | 作者 zuòzhě 명 작가 | 现象 xiànxiàng 명 현상 | 消失 xiāoshī 동 사라지다 | 出现 chūxiàn 동 출현하다 | 匆匆 cōngcōng 형 매우 급한 모양 | 称 chēng 동 칭하다 | 关系 guānxi 동 관련하다 | 方面 fāngmiàn 명 방면 | 包括 bāokuò 동 포함하다 | 服装 fúzhuāng 명 의류 | 饮食 yǐnshí 명 음식 | 日用品 rìyòngpǐn 명 일상용품 | 一切 yíqiè 대 모든 | 展示 zhǎnshì 동 나타내다 | 符合 fúhé 동 부합하다 | 上述 shàngshù 형 위에서 말한 | 定义 dìngyì 명 정의 | 属 shǔ 동 ~에 속하다 | 时装 shízhuāng 명 유행 의상 | 属于 shǔyú 동 ~에 속하다 | 不断 búduàn 부 끊임없이 | 变化 biànhuà 동 변화하다

DAY 19

1. 怎样才能给招聘者一个良好的印象呢？首先，你应该了解你要面试的公司的一些基本情况，做到“知彼知己”。其次，衣着要整洁得体，避免穿太亮或太花的衣服。还有，多准备几份简历，面试官很有可能不止一位，多带几份，可以看出你提前做了不少准备。

A 简历只带一份就够了　　B 面试前要准备充分

C 穿一些独特的衣服显示个性　　D 对面试公司的情况尽量少了解

2. 冰灯是中国东北地区的一种独具风格的艺术形式，冰灯游园会经提炼、发展而来。哈尔滨首届冰灯游园会始于1963年，之后，1985年哈尔滨又在中央大街上举办了冰灯艺术节，从此举办冰灯艺术节就成了哈尔滨人的习惯，每年的1月5日也就成为了哈尔滨人特有的节日。

A 哈尔滨人喜欢冰灯　　B 冰灯节有百年的历史

C 哈尔滨每年元旦举行冰灯节　　D 哈尔滨每2年举办一次冰灯节

3. 睡眠是我们日常生活中最熟悉的活动之一。人的一生大约有1/3的时间是在睡眠中度过的。如何提高睡眠质量呢？从晚上9点到11点是较好的入睡时间。中午12点到1点半，凌晨2点到3点半，这时人体精力下降，思维减慢，情绪低下，利于人体转入慢波睡眠，让人进入甜美的梦乡。科学提高睡眠质量，是人们正常工作学习生活的保障。

A 人应该睡午觉　　B 早睡觉对身体好

C 入睡时间影响睡眠质量　　D 每天早上睡觉精神最好

4. 拿着尺子上街，只量别人不量自己是行不通的。生活的多样性、复杂性要求我们必须接受不同的性格、不同的思想。所有这些不同的东西需要我们有一颗包容的心，而不是拿着自己的标准去要求别人。

A 要尊重个性　　　　　　　　B 为了别人改变自己

C 拿着尺子上街有好处　　　　D 自己的想法非常重要

DAY 20

1. 刀叉出现的时期比筷子晚得多。研究表明，刀叉的起源与欧洲游牧民族的生活习惯有关，他们在马上生活随身带刀，往往将肉烧熟，割下来就吃。而在中国人的眼里刀是表示敌意的。中国人认为饭桌是和谐、协调的地方，因此，一般来说中餐在厨房里烹饪时切好，进餐时用筷子直接吃。

A 用筷子的人会变得更聪明

B 用刀叉吃饭是中国人的习惯

C 中国餐桌上的食物不需要刀切

D 吃饭时用筷子比用刀叉更有礼貌

2. 有句俗话叫"吃不到葡萄就说葡萄酸"。其实，这在心理学上被称为"酸葡萄心理"，属于人类心里防卫功能的一种。当自己的需求无法得到满足而产生挫折感时，为了缓解内心的不适，人们通常会编造一些理由来安慰自己，从而摆脱消极的心里状态。

A 贪心的人容易产生挫折感　　B 骄傲的人更在乎别人的评价

C 有"酸葡萄心理"的人心理不健康　D "酸葡萄心理"有助于调整心态

3. 蚂蚁是地球上最常见的昆虫，也是数量最多的昆虫种类。蚂蚁能生活在任何有他们生存条件的地方，因此在世界各地，你都可以看见蚂蚁。蚂蚁是一种有社会性的生活习性的昆虫，他们的分工非常明确，有的负责繁殖后代，有的建筑巢穴，有的出去觅食等。

A 蚂蚁喜欢单独生活

B 蚂蚁喜欢生活在河边

C 蚂蚁的生存能力很强

D 蚂蚁只生活在亚洲和非洲

4. 所谓虚拟旅游，指的是建立在现实旅游景观基础上，通过模拟或超现实景，构建一个虚拟旅游环境，网友能够身临其境般地逛逛看看。坐在电脑椅上，轻点鼠标就能游览全世界的风景名胜，还能拍照留念。这种新鲜的旅行方式，成为众多旅游爱好者的新选择。

A 虚拟旅游方便灵活

B 虚拟旅游费用较高

C 虚拟旅游要通过手机操作

D 虚拟旅游的发展前景不太乐观

感动日记

새롭게 알게 된 내용, 가장 중요한 핵심 내용, 학습 소감과 각오 등을 적어 보세요.

新HSK 5급

독해 제3부분 장문 독해

기출문제 탐색전

문제

71-73.

目前的中国人才市场，有种奇怪的现象：对刚毕业的大学生说："你有工作经验吗?"对有工 作经验的人说："年龄在35岁以下……"如果随便翻开一份报纸的招聘广告，100个用人单位有99个会要求"年龄在35岁以下"，剩下一个还算客气一点，在括号里加了一句："条件优秀者可适当放宽年龄限制"。我们经常可以看到这样的宣传材料："公司拥有一支高素质的知识型管理团队，大学以上文化程度的占86.5%，平均年龄在35岁以下……"可见，35岁成为公司实力的重要指标。

71. 目前中国人才市场的怪现象是：
    A 不要学历　　B 不要工作经验
    C 必须有留学经验　　D 年龄必须35岁以下

72. 大学毕业生找工作时很难，因为用人单位要求刚毕业的学生要有：
    A 城市户口　　B 硕士学历　　C 英语高分　　D 工作经验

73. 为了表现公司的实力，很多宣传材料自夸他们公司：
    A 工资高　　B 人聪明
    C 管理层年轻　　D 没有年龄限制

독해 제3부분은 총 20문제로 독해 영역의 약 45%를 차지한다. 비중이 큰 만큼 열심히 풀다 보면 시간이 부족해서 한두 지문은 아예 읽어 보지도 못하고 답안지를 제출해야 하는 경우가 생긴다.
따라서 전체 내용을 꼼꼼히 읽는 것도 중요하지만, 문제의 핵심을 파악하여 목적 의식을 갖고 지문을 읽는 것이 훨씬 더 중요하다. 평소에 독해 지문을 많이 접해 보지 않고 시험을 본다면, 비싼 응시료를 내고 시험장에서 독해 연습을 하게 되는 불상사가 생길 수 있으므로, 하루에 2~3개 지문 정도는 꾸준히 읽어 보는 연습을 해 두자.

유형 분석

❶ 총 20문제로, 약 5개의 지문과 지문당 평균 4개의 문제가 출제된다.

❷ 지문 길이는 12~20줄 정도이며, 각 지문에는 관련 그림이 한 개씩 덧붙여 있다.

❸ 문제마다 4개의 보기가 제시되며, 질문에 알맞은 정답을 고르면 된다.

❹ 반드시 문제를 먼저 보고, 그다음에 지문을 읽는다. 문제를 분석할 때는 시제, 주체자, 지문 내용과 일치하는 것을 찾는지, 아닌 것을 찾는지를 확인하고, 여기에 해당하는 내용이 없다면 문제에 언급된 조건에 유의해서 본다.

- 시제에 유의해서 지문을 읽는다.
  예 **根据上文，首次太阳浴流行的原因是:** 이 글에 따르면, 처음으로 일광욕이 유행한 원인은:

- 주체자에 유의해서 지문을 읽는다.
  예 **男人的职业是什么?** 남자의 직업은 무엇인가?

- 어떤 보기가 지문 내용과 일치하는지 아닌지에 유의해서 읽는다.
  예 **下面哪项(不)正确?** 다음 중 옳(지 않)은 것은?

- 조건에 유의해서 지문을 읽는다.
  예 **根据上文，作者为什么陪着哥哥去买手机?**
  이 글에 따르면, 작가는 왜 오빠를 데리고 휴대전화를 사러 갔는가?

01 성공 이야기

5급 독해 지문은 과학, 의학, 자연, 동식물 등의 내용을 다룬 어려운 지문보다는 읽기 쉬운 이야기 형식의 지문과 긍정적이고 감동을 주는 내용이 주를 이룬다. 이번 장에서는 그중 하나인 '성공'을 주제로 한 지문들을 살펴보자.

독해 시크릿 백전백승

1 독해는 스피드 게임이다!

독해는 정해진 시간에 문제를 다 푸는 것이 가장 중요하다. 시간이 부족해 뒷부분의 문제를 풀지 못한다면, 앞부분을 아무리 꼼꼼히 풀어도 소용이 없다. 모르는 문제는 일단 보류하고, 풀 수 있는 문제부터 공략한다.

2 문제를 먼저 읽어라!

지문을 읽기 전에 문제를 먼저 보면 어떤 내용의 지문이 나올지, 어떤 내용을 중점적으로 봐야 할지 알 수 있다.

[문제] 过了三个月后，发生了什么事? 3개월 이후에, 무슨 일이 일어났는가?

→ 三个月后(3개월 이후)라는 시제가 나온 부분을 지문에서 찾아낸다. [시제]

[문제] 关于这个建筑商，我们可以知道什么? 이 건축상에 관해서 알 수 있는 것은 무엇인가?

→ 지문에 여러 인물이 등장할 수 있다. 建筑商(건축상)이 나오는 부분을 찾아가서 해당 내용을 잘 파악한다. [인물]

[문제] 为什么很多人都遗憾地离开了? 왜 많은 사람들이 아쉬워하며 떠났는가?

→ 为什么(왜)에 해당하는 부분이 정답이다. 문제에서 제시한 离开(떠나다)라는 힌트를 지문에서 찾아낸다. [조건]

3 '성공 이야기'는 중심 생각을 파악하라!

작가는 글을 통해 정보를 전달하거나, 주장을 펼치거나, 깨달음을 주려고 하므로, 중심 생각을 잘 파악해야 한다. 중심 생각을 묻는 문제는 '성공 이야기' 지문에서 꼭 출제되는 단골 문제다.

[중심 생각을 묻는 질문]

예 上文主要向我们讲了什么? 이 글은 주로 무엇을 말해 주는가?
这个故事告诉我们什么道理? 이 이야기는 어떤 이치를 알려 주는가?
通过这篇文章, 我们能知道什么? 이 글을 통해서 무엇을 알 수 있는가?

4 효과적인 독해 방법을 선택하라!

① 지문 읽는 순서는?

[좋은 예] • 先 문제 분석, 后 지문 읽고 정답 찾기

→ 목적의식을 가지고 중요 내용과 불필요한 내용을 가리면서 정답을 찾을 수 있으므로, 시간 절약이 되고 정답률도 높아진다.

[나쁜 예] • 先 지문 해석, 后 문제 읽고 정답 찾기

→ 문제에 해당하는 정보를 찾기 위해 지문을 다시 한 번 읽어야 하므로 시간이 낭비된다.

② 속독(速读)이냐 정독(精读)이냐?

[좋은 예] • 속독과 정독 병행하기

→ 정신을 집중하고 지문을 속독하다가, 문제를 읽으면서 찾은 힌트가 나오는 부분은 꼼꼼하게 정독한다.

[나쁜 예] • 속독으로만 지문 읽기

→ '주어 + 술어 + 목적어' 위주로 속독하면, 지문을 빨리 이해할 수 있으나, 세부적인 정보를 놓칠 수 있다.

• 정독으로만 지문 읽기

→ 지문을 정확히 이해하기에는 좋지만, 시간이 많이 걸릴 수 있으므로 바람직하지 않다.

문제

心理学家挑了两组运动员做心理实验。他们都是实力相当的运动员，年龄、体力以及运动水平都差不多。他要求运动员们做一些动作。第一组运动员开始做动作以前，他告诉他们，"这些动作一般人是很难做到的。你们一定要认真做，这也许就是你们比赛最后能否赢别人的关键动作。"结果运动员们虽然很尽力，但是根本达不到要求。还有几个人失误了，一分也得不了。该第二组运动员做了，心理学家告诉他们，"你们看，第一组的运动员都已经失败了，可你们不同。你们是国内最优秀的运动员，而且，我今天给你们准备了世界上最新发明的一种药片儿，你们把这个药片儿吃下去，在三分钟之内就会使你们的运动水平迅速提高到超人的水平。"结果，第二组运动员很容易就完成了所有的动作，而且得到了运动专家们的肯定。"简直太神奇了！那是什么神奇的药片儿?"事后运动员们问。"只不过是普通的维生素。你看，它成了激发你们自信和潜力的妙药。"心理学家回答。这件事告诉我们，信心是成功的秘诀，心态是成功的妙药。

1. 心理学家要求运动员们做什么?

A 打比赛	B 谈心事
C 做动作	D 看资料

2. 第二组运动员为什么能顺利完成动作?

A 年轻	B 吃了药
C 体力好	D 动作简单

3. 那是一种什么药?

A 兴奋剂	B 镇静剂
C 维生素	D 新发明的药

4. 这种药片起到了什么作用?

A 激发潜能	B 治心理病
C 放松神经	D 提高灵活性

문제 분석 지문에서 문제에 해당하는 부분에 주목!

한 심리학자가 운동선수 두 팀을 골라 심리 테스트를 했다. 그들은 모두 실력이 상당한 운동선수였고, 나이, 체력 및 운동 수준이 모두 비슷했다. 그는 운동선수들에게 몇몇 동작을 하도록 요구했다. 첫 번째 팀의 운동선수들이 그 동작을 하기 전에, 그는 운동선수들에게 "이 동작들은 일반인이 매우 하기 어려운 동작이니 당신들은 반드시 열심히 해야 합니다. 이는 당신들이 경기 마지막에 이길 수 있는지 없는지의 관건이 되는 동작일 수 있습니다."라고 말했다. 그 결과 운동선수들은 온 힘을 다했지만, 그 요구 수준에 도달하지 못했다. 그리고 몇몇은 실수를 해서 1점도 얻지 못했다. 두 번째 팀 운동선수들의 차례가 됐다. 심리학자는 "알다시피 첫 번째 팀의 운동선수들은 이미 모두 실패했습니다. 하지만 당신들은 다릅니다. 당신들은 국내에서 제일 우수한 운동선수들입니다. 또한 저는 오늘 당신들에게 세계적으로 가장 최근에 발명된 알약을 주려고 준비해 왔습니다. 당신들이 이 약을 먹으면, 3분 안에 당신들의 경기 수준을 빠르게 향상시켜 초인적인 수준에 달하게 될 것입니다."라고 말했다. 그 결과 두 번째 팀의 운동선수들은 모든 동작을 쉽게 완성해 냈고, 또한 운동 전문가들의 인정을 받았다. "정말 신기하군요! 이 신기한 약은 도대체 무슨 약인가요?" 실험 후 운동선수들이 물었다. "그냥 평범한 비타민일 뿐입니다. 보세요, 그것은 당신들의 자신감과 잠재력을 북돋아 주는 묘약이 되었죠." 심리학자는 대답했다. 이 일은 우리에게 자신감은 성공의 비결이고, 마음가짐은 곧 성공의 묘약이라는 것을 알려 준다.

요약
- 제목: 플라세보 효과
- 주제: 성공은 마음가짐에 달렸다.

단어 心理学家 xīnlǐxuéjiā 명 심리학자 | 挑 tiāo 동 고르다 | 实验 shíyàn 명 실험 | 实力 shílì 명 실력 | 相当 xiāngdāng 동 상당하다, 대등하다 | 年龄 niánlíng 명 연령 | 体力 tǐlì 명 체력 | 以及 yǐjí 접 그리고, 및 | 差不多 chàbuduō 형 비슷하다 | 认真 rènzhēn 형 진지하다 | 也许 yěxǔ 부 아마도 | 比赛 bǐsài 명 시합 | 能否 néngfǒu 동 ~할 수 있는지 없는지 | 赢 yíng 동 이기다 | 关键 guānjiàn 명 관건 | 虽然 suīrán 접 비록 ~하지만 | 尽力 jìnlì 동 전력을 다하다 | 失误 shīwù 동 실수하다 | 失败 shībài 동 실패하다 | 优秀 yōuxiù 형 우수하다 | 而且 érqiě 접 게다가 | 准备 zhǔnbèi 동 준비하다 | 药片 yàopiàn 명 알약 | 迅速 xùnsù 형 신속하다 | 超人 chāorén 형 (능력 등이) 일반인을 능가하다 | 专家 zhuānjiā 명 전문가 | 肯定 kěndìng 동 긍정적으로 평가하다, 인정하다 | 简直 jiǎnzhí 부 그야말로 | 神奇 shénqí 형 신기하다 | 普通 pǔtōng 형 보통이다 | 维生素 wéishēngsù 명 비타민 | 激发 jīfā 동 (감정을) 불러일으키다 | 自信 zìxìn 명 자신감 | 潜力 qiánlì 명 잠재력 | 妙药 miàoyào 명 묘약 | 信心 xìnxīn 명 확신, 자신감 | 成功 chénggōng 명 성공 | 秘诀 mìjué 명 비결

1. 心理学家要求运动员们做什么?

A 打比赛　B 谈心事
C 做动作　D 看资料

심리학자는 운동선수들에게 무엇을 하도록 요구했는가?

A 시합을 할 것　B 고민거리를 말할 것
C 동작을 할 것　D 자료를 볼 것

해설 심리학자가 실험한 내용이다. 심리학자는 운동선수들에게 몇 가지 동작을 하라고 했으므로, 정답은 C가 된다.

단어 要求 yāoqiú 동 요구하다 | 打 dǎ 동 치다, 하다 | 谈 tán 동 말하다 | 心事 xīnshì 명 걱정거리 | 资料 zīliào 명 자료

독해

2. 第二组运动员为什么能顺利完成动作?		두 번째 팀의 운동선수들은 왜 순조롭게 동작을 완성할 수 있었는가?	
A 年轻	B 吃了药	A 젊어서	**B 약을 먹어서**
C 体力好	D 动作简单	C 체력이 좋아서	D 동작이 간단해서

해설 두 팀의 운동선수들은 나이, 체력, 실력이 모두 비슷하다고 했으므로, A와 C는 정답에서 제외된다. 두 번째 팀 선수들은 심리학자가 준 약을 먹고, 자신감을 얻어서 동작을 순조롭게 완성할 수 있었다. 따라서 보기에서 가장 적절한 정답은 B가 된다.

단어 **顺利** shùnlì 형 순조롭다 | **年轻** niánqīng 형 젊다 | **简单** jiǎndān 형 간단하다

3. 那是一种什么药?		그것은 무슨 약인가?	
A 兴奋剂	B 镇静剂	A 흥분제	B 진정제
C 维生素	D 新发明的药	**C 비타민**	D 새로 발명된 약

해설 심리학자가 실험한 내용이다. 심리학자는 운동선수들에게 몇 가지 동작을 하라고 했으므로, 정답은 C가 된다.

단어 **兴奋剂** xīngfènjì 명 흥분제 | **镇静剂** zhènjìngjì 명 진정제

4. 这种药片起到了什么作用?		이 약은 어떤 역할을 했는가?	
A 激发潜能	B 治心理病	**A 잠재력을 북돋는다**	B 마음의 병을 치료한다
C 放松神经	D 提高灵活性	C 신경을 이완시킨다	D 유연성을 높인다

해설 사실은 평범한 비타민이었지만, 운동 실력을 높여 주는 약이라고 소개하자 그 약을 먹은 선수들은 자신감이 생겼고, 자신들의 잠재력을 발휘할 수 있었다. 따라서 정답은 A가 된다.

단어 **作用** zuòyòng 명 작용, 역할 | **潜能** qiánnéng 명 잠재력 | **治** zhì 동 치료하다 | **放松** fàngsōng 동 긴장을 풀다 | **神经** shénjīng 명 신경 | **提高** tígāo 동 향상시키다 | **灵活性** línghuóxìng 명 (사상 · 행동 따위의) 융통성, 유연성

DAY 21

1-4.

有一天，一个猎人带着猎狗去打猎。猎人一枪击中一只兔子的后腿，受伤的兔子开始拼命地奔跑。猎狗在猎人的指示下也飞奔着去追赶兔子。然而，追着追着，兔子不见了，猎狗只好悻悻地回到猎人身边，猎人开始骂猎狗了："你真没用，连一只受伤的兔子都追不到！"猎狗听了很不服气地回答道："我尽力而为了呀！"

再说那只兔子，它带伤跑回洞里，它的兄弟们都围过来惊讶地问它："那只猎狗那么凶，你又受了伤，怎么可能比它跑得快呢？""它是尽力而为，我是全力以赴呀！"

人本来是有很多潜能的，可是我们往往会对自己或对别人找借口。一位心理学家的研究结果显示：一般人的潜能只开发了2% － 8%左右，还有90%多的潜能处于沉睡状态。谁要想成功，创造奇迹，仅仅做到尽力而为还远远不够，必须用尽全力才行。

1. 兔子的腿怎么了？

A 摔断了　　B 被砍伤了
C 被狗咬了　　D 被枪打中了

2. 猎狗为什么被主人骂了？

A 把兔子吃了　　B 不想追兔子
C 没有追到兔子　　D 把兔子咬死了

3. 兔子最后怎么了？

A 逃跑了　　B 撞死了
C 被狗抓住了　　D 被狗咬死了

4. 通过这篇文章，我们能知道什么？

A 猎狗越来越懒了　　B 兔子跑得非常快
C 尽全力才能成功　　D 猎狗不喜欢兔子

5-8.

20世纪初，某医疗设备公司有一名员工，他刚刚结婚。他的妻子对做饭毫无经验，常常在厨房切伤手指或被烫伤，所以他总是需要为妻子包扎伤口。

有一天，他的妻子终于忍不住开口说:“要是能有一种快速包扎伤口的绷带就好了。这样即使你不在家，我也能自己包扎伤口。”他觉得妻子的想法非常有道理，便开始着手做实验。“如果把纱布和药物粘在一起，那用起来不就方便多了吗?”

他试着找来一些纱布和药物，先剪下一块长纱布平放在桌上，并在上面涂了一层胶，然后又剪了一块短纱布并抹上药，再把抹了药的纱布粘到长纱布中间。这样就做成了一个可以快速包扎伤口的绷带。但最初的这个绷带有一个缺点:纱布上的胶如果长期暴露在空气中，特别容易失效。于是，为解决这一问题，他又开始不停地试验，他需要能找到一种材料，在需要时就能用，而且不影响胶水的粘粘性。最终他选中了一种质地粗硬的纱布。后来他把这个小发明交给了自己工作的公司，公司立刻组织专家进行研究和开发，最后生产出了名叫“创可贴”的产品。这款产品的面世不仅极大地方便了人们的生活，也为该公司带来了巨大的财富。

5. 那名员工的妻子为什么想要一种快速包扎伤口的绷带?

A 丈夫抱怨包扎麻烦 B 方便独自处理伤口

C 普通的绷带不好用 D 不想去医院治疗

6. 那名员工最初做的绷带有什么缺点?

A 药物量不多 B 使用起来非常麻烦

C 胶水容易失效 D 用久了对皮肤不好

7. 根据上文，下列哪项正确？

A 创可贴难以固定 B 那名员工后来升职了

C 创可贴最初用于手术 D 创可贴给生活带来了便利

8. 最适合做上文标题的是：

A 如何制作创口贴 B 如何避免切菜误伤

C 怎样让头脑更灵活 D 创可贴是怎样发明的

DAY 22

1-4.

在我的家乡，有一个专营特色小吃的饭馆，做出的菜令人赞不绝口。餐馆的名字叫“四个点儿”，店主人的解释是：环境好点儿、菜好吃点儿、您常来点儿、我高兴点儿。它一天的营业时间也是四个点儿！

每天，在那里排队的人非常多。很多人都会排不上号，带着遗憾离开。因为这家饭馆有个很奇怪的规定，一天的营业时间只是从上午10点到下午的2点，只有短短的4小时，其他时间一律不开放，而且不许预订。但就是这4小时，每个月的收入也不下5万元。

谈起成功的秘诀，店主人告诉我们说正是因为只营业4小时，才使他获得了更大的收益。他说，做出的菜的味道其实和刚开始开业的时候是一模一样的，什么也没有改变，改变的只是经营的策略。刚开始的营业时间是12个小时，从早上8点到晚上8点。可是生意却不是太好，一来是因为地段有些偏僻，知道它的人很少；二来是因为菜肴的种类很多，反而显得没有了特色。所以，他决定去掉几个种类，只做几种特色小吃。然后在经营时间上做了调整，一天只营业4小时。人们都有好奇心理，越是不容易买到的东西就越想买。果然，这两种办法实施以后，餐馆的生意越来越红火。

1. 文章中的“四个点儿”指的是:

A 营业时间到4点　　B 老板的四种愿望

C 对职员的四个要求　　D 顾客们最喜欢的四种菜

2. 为什么很多人都遗憾地离开了?

A 厨师换了　　B 顾客太多

C 老板不在　　D 没有好吃的菜

3. 小店有什么规定?

A 每次要点四样菜　　B 每天晚上8点关门

C 每天营业四个小时　　D 消费必须满100元以上

4. 小店生意为什么变好?

A 老板非常热情　　B 改变了经营方式

C 搬到了好的地段　　D 菜的味道比原来好了

5-8.

“第二者胜”现象，是指在某一领域内，后进入的“第二者”往往可以超过“第一者”，而一跃成为该领域的第一名。

之所以出现“第二者胜”现象，是因为:第一品牌已经把市场打开，让消费者接受了该品牌概念，促成了市场的成熟;“第二者”进入时往往是市场成长爆发期，成长空间巨大;“第一者”在抢占市场时，总会有很多方面不成熟，所以“第二者”往往会根据“第一者”的缺点，有针对性地设置战略，从而出乎意料地胜出。

掌握了“第二者胜”现象，我们可以在市场上不怕成为“第二者”。成为“第二者”反而是一种优势，可以充分利用“第二者”身份运筹帷幄、决胜千里。而作为行业的“第一名”，则需要在进入市场之初，就谨慎地寻找自身弱点，多加改正，从而在“第二者”出现之后，能够立于不败之地。

5. 文中的“第二者胜”是什么意思?

A 第二名更有实力
B 人们都想当第二者
C 后进入者更易成功
D 第二名通常会取得胜利

6. “第一者”失败的原因是:

A 宣传得不够
B 营销策略不当
C 很多方面还不成熟
D 不适应市场的变化

7. “第二者”为什么更容易成功?

A 人们更喜欢后来的
B 有“第一者”的帮助
C 与“第一者”竞争发展
D 可以参考别人的经验和教训

8. 本文主要向我们讲了什么?

A 后来者也有机会
B 要争当“第一者”
C “第二者”有很多劣势
D 市场需要“第一者”和“第二者”

02 인생 이야기

인생에 관한 이야기는 주로 신변잡기적인 내용으로 표현된다. 주변에서 일어나는 모든 이야기를 소재로 하기 때문에 그 주제나 상황이 무궁무진하다. 어떤 내용이 나와도 당황하지 않도록 다양한 지문을 접해 보고, 작가가 어떤 메시지를 전달하고자 하는지를 파악해 보자.

독해 시크릿 백전백승

1 배경과 인물 관계를 파악하라!

이야기 형식으로 된 지문의 배경과 등장인물은 제한적이다.

[이야기의 배경]

학교 · 회사 · 가정 · 마을 등

[등장인물의 관계]

형제 · 부부 · 이웃 · 사제 · 직장 상하 · 고부 관계 등

2 작가의 메시지를 파악하라!

주제는 지문의 앞부분이나 뒷부분에 제시될 가능성이 높다. 작가가 뚜렷한 주제를 가지고 이야기를 전개한다면, 주제에 관해 물어볼 가능성이 99%다. 인생 이야기에서 어떤 주제들이 나올 수 있는지 살펴본다.

[인생 이야기 관련 주제]

– 어려움을 만났을 때 남을 돕는 것은 결국 자신에게도 이익이 된다.
– 인생에서 장애물을 만났을 때, 우회하여 돌아갈 줄도 알아야 한다.
– 우리의 삶에는 끊임없는 노력과 새로운 경험의 축적이 필요하다.
– 미소를 지어야 할 이유를 찾는 것만으로도 우리의 삶은 변화할 수 있다.
– 겉모습만 보고 겁내거나 두려워할 필요는 없다. 그 실상은 별것 아닐 수 있다.

3 지정된 단어의 의미는 지문에서 찾아라!

지문에서 따옴표(“ ”)나 굵은 글씨, 혹은 밑줄로 표시된 단어나 문장의 의미를 묻는 문제가 출제될 수 있다. 표시된 단어나 문장의 뜻을 모른다고 슬퍼할 필요는 없다! 지문의 앞뒤 문맥을 파악하여 그 뜻을 유추하거나, 경우에 따라서는 바로 뒤에 부연 설명이 나올 수 있으므로, 이 점을 기억했다가 문제를 풀면 된다.

[따옴표 질문 형식]

예 **文中的“支出”指:**
글에서 ‘지출’이 가리키는 것은:

文中的“第二者胜”是什么意思?
글에서 ‘후발주자 승리’는 무슨 뜻인가?

第1段的“愤愤不平”是什么意思?
첫 번째 단락의 ‘마음이 평온하지 않다’는 무슨 뜻인가?

在第3段中，老太太的“要求”是指什么?
세 번째 단락에서, 노부인의 ‘요구’는 무엇을 가리키는가?

[밑줄 질문 형식]

예 **在第2段画线句子的意思是什么?** 두 번째 단락에서 밑줄 친 문장은 무슨 뜻인가?

画线句子是什么意思? 밑줄 친 문장은 무슨 뜻인가?

文中最后画线部分是什么意思? 이 글의 마지막에서 밑줄 친 부분은 무슨 뜻인가?

[기출 단어&문장]

예 **要求** 요구(하다) / **支出** 지출(하다) / **出任** (직위 등을) 맡다, 담당하다

愤愤不平 마음이 평온하지 않다

第二者胜 후발주자가 승리한다

人生也是如此 인생 또한 마찬가지다

当我在享受我的第一爱好时 내가 나의 첫 번째 취미를 즐기고 있을 때

多赚了眼前，输光了未来 당장은 많이 벌어도, 미래는 모두 잃는 것이다

4 펜과 글자가 떨어지지 않도록 하라!

펜으로 글자를 짚어 가며 지문을 읽으면, 키워드가 포함된 부분을 더 빨리, 정확하게 찾을 수 있다. 손으로 턱을 괴거나 펜을 돌리지 말고, 눈이 읽는 부분을 펜으로 반드시 따라 짚으면서, 필요한 부분에는 바로바로 네모나 밑줄로 표시하며 읽는다.

독해

문제

古时候，有两个兄弟出远门，他们各自带了一个很重的行李箱。一路上，重重的行李箱将兄弟俩都压得喘不过气来。他们走走停停，左手累了换右手，右手累了换左手。忽然，哥哥看见路边有人在卖扁担，就停了下来，买了一根扁担，然后把自己的行李箱和弟弟的行李箱一左一右挂在扁担两头儿。他为了照顾弟弟，让弟弟空手走路，自己用扁担挑起两个大箱子上路，可是没想到反倒觉得比原来轻松了许多。其实，人生的路上我们肯定也会遇到种种苦难，就像那沉重的大箱子，但无论多么困苦，只要我们肯想办法帮助别人，就会有意外的收获和快乐。在我们帮助别人的同时，也就帮助了我们自己，关爱别人，我们自己也获得了快乐。

1. 兄弟两个出远门，各自带了：
   A 两个大箱子　B 两个行李箱
   C 一个行李箱　D 吃的和用的

2. 哥哥为什么忽然停了下来？
   A 休息　B 喝水
   C 买扁担　D 背弟弟

3. 哥哥一人挑起两个箱子后，觉得：
   A 后悔　B 更重了
   C 肩膀疼　D 轻松多了

4. 这个故事告诉我们什么道理？
   A 出门少带东西好　B 人生随时有困苦
   C 哥哥应该照顾弟弟　D 帮助他人可以获得快乐

문제 분석 문제의 해당 부분에 주목 / 중심 생각 파악하기!

옛날에 형제 둘이 먼 길을 떠나게 되었다. 그들은 각자 무거운 여행 가방을 가지고 있었다. 길을 걷는 도중에, 형제는 이 무거운 짐에 눌려 숨도 쉴 수 없을 지경이었다. 그들은 쉬엄쉬엄 가면서, 왼손이 힘들면 오른손으로 바꾸고, 오른손이 힘들면 왼손으로 바꿔 들었다. 문득 형은 길에서 멜대를 파는 사람을 보고는, 멈춰 서서 멜대 하나를 샀다. 그 후에 자신의 여행 가방과 동생의 여행 가방을 왼쪽과 오른쪽에 각각 걸었다. 형은 동생을 보살피기 위해서 동생은 빈손으로 걷게 하고, 자기는 멜대로 여행 가방 두 개를 메고 걸었다. 그런데 뜻밖에도 원래보다 더 가볍게 느껴졌다. 사실 인생의 여정에서 우리는 여러 가지 어려움에 맞닥뜨리게 된다. 마치 무거운 여행 가방처럼 말이다. 하지만 얼마나 어렵고 고통스럽든지, 우리가 다른 사람을 도와주려고 방법을 생각한다면 의외의 수확과 기쁨이 찾아올 것이다. 우리가 다른 사람을 도와줌과 동시에 우리 자신을 돕게 되며, 다른 사람에게 관심을 기울임으로써, 우리 자신도 즐거움을 얻게 된다.

요약
- 제목: 짐을 들고 가는 형제
- 주제: 어려움 속에서도 남을 배려하고 도우면 자신도 행복해질 수 있다.

단어 各自 gèzì 대 각자 | 带 dài 동 지니다 | 行李箱 xínglǐxiāng 명 짐, 트렁크 | 压 yā 동 억누르다 | 喘气 chuǎnqì 동 숨을 헐떡거리다 | 忽然 hūrán 부 갑자기 | 扁担 biǎndan 명 멜대 | 照顾 zhàogù 동 보살피다 | 空手 kōngshǒu 동 빈손이다 | 挑 tiāo 동 (멜대로) 메다 | 箱子 xiāngzi 명 상자, 트렁크 | 反倒 fǎndào 부 반대로 | 觉得 juéde 동 ~라고 여기다 | 原来 yuánlái 부 본래 | 轻松 qīngsōng 형 수월하다 | 其实 qíshí 부 사실은 | 肯定 kěndìng 부 틀림없이 | 遇到 yùdào 동 만나다 | 苦难 kǔnàn 명 고난 | 沉重 chénzhòng 형 몹시 무겁다 | 无论 wúlùn 접 ~을 막론하고 | 困苦 kùnkǔ 형 어렵고 고통스럽다 | 肯 kěn 조동 기꺼이 ~하길 원하다 | 意外 yìwài 형 의외의 | 收获 shōuhuò 명 소득 | 同时 tóngshí 부 동시에 | 关爱 guān'ài 동 관심을 갖고 돌보다 | 获得 huòdé 동 얻다 | 快乐 kuàilè 형 즐겁다

1. 兄弟两个出远门，各自带了：
   A 两个大箱子　　B 两个行李箱
   C 一个行李箱　　D 吃的和用的

형제 둘이 먼 길을 떠날 때, 각자 가지고 간 것은:
A 두 개의 큰 트렁크　　B 두 개의 여행 가방
C 하나의 여행 가방　　D 먹을 것과 사용할 것

해설 문제에서 兄弟两个出远门과 같은 조건절이 있으면 반드시 기억했다가 지문에서 찾아야 한다. 그들은 각자(各自) 여행 가방을 하나씩 들고 길을 떠났으므로, 정답은 C가 된다.

2. 哥哥为什么忽然停了下来？
   A 休息　　B 喝水
   C 买扁担　　D 背弟弟

형은 왜 갑자기 멈췄는가?
A 쉬려고　　B 물을 마시려고
C 멜대를 사려고　　D 동생을 업으려고

해설 형이 가던 길을 갑자기 멈춰 선 것은 멜대를 사기 위해서였으므로, 정답은 C가 된다.

단어 背 bēi 동 업다, 짊어지다

독해

3. 哥哥一人挑起两个箱子后，觉得：	형이 혼자 두 개의 상자를 멘 후, 느낌은:
A 后悔　　B 更重了	A 후회했다　　B 더 무거워졌다
C 肩膀疼　　D 轻松多了	C 어깨가 아팠다　　**D 더 가벼워졌다**

해설 형은 동생을 돌봐 주기 위해서 혼자 두 개의 짐을 짊어졌지만, 한 개의 짐을 손으로 들었을 때보다 더 수월하다고 느꼈다. 따라서 정답은 D가 된다.

단어 后悔 hòuhuǐ 동 후회하다 | 肩膀 jiānbǎng 명 어깨

4. 这个故事告诉我们什么道理?	이 이야기는 무슨 이치를 알려 주는가?
A 出门少带东西好	A 길을 떠날 때는 물건을 적게 가져가는 것이 좋다
B 人生随时有困苦	B 인생에는 언제든지 어려움이 있다
C 哥哥应该照顾弟弟	C 형은 동생을 돌봐야 한다
D 帮助他人可以获得快乐	**D 다른 사람을 도우면 기쁨을 얻을 수 있다**

해설 이 글이 우리에게 주는 메시지는 다른 사람을 도우면, 자신에게도 생각지 못했던 수확과 기쁨이 올 수 있으므로, 아무리 힘들어도 남을 도우려는 자세가 필요하다는 것이다. 따라서 정답은 D가 된다.

단어 告诉 gàosu 동 말하다 | 道理 dàolǐ 명 도리, 이치 | 随时 suíshí 부 수시로 | 应该 yīnggāi 조동 ~해야 한다

NEW 단어 + TIP

- 挣 zhèng 동 (돈이나 재산을 일하여) 벌다
- 时差 shíchā 명 시차
- 差距 chājù 명 격차, 차이, 거리, 갭(gap)
- 色彩 sècǎi 명 색채, 빛깔, (개개인의) 성향, (사물의) 정서
- 数 shù 명 수

DAY 23

1-4.

作家梁实秋生活一向很规律，他有一个坚持多年的习惯——每晚八点准时上床休息，第二天早晨四点起床写作。一般了解梁实秋作息的人，都避免在晚上找他。可有些"夜猫子"朋友却不了解他的作息习惯，常常在深夜十二点左右找他出来吃夜宵。梁实秋开始不忍拒绝，接连赴了几次约，又困又累还没有食欲， 凌晨起床写作也受到了影响。后来他也想了各种借口拒绝，可总是有朋友一请再请。

终于有一天，晚上夜宵结束后，梁实秋高兴地宣布：为了回报朋友们的热情，自己也要请客，时间就定在第二天。朋友们高高兴兴地答应后，各自相继回家睡觉，但他们刚躺下没多久，突然电话就响了起来，原来梁实秋请大家吃的是早饭，而这时候才凌晨四点！这些朋友一个个揉着睡眼，见到梁实秋后连声抱怨："现在正是躺在被窝里做美梦的时候，你这么早请我们吃饭，就算是山珍海味，我们也吃不出来味道呀!"梁实秋笑着回答："这回你们知道我吃夜宵的感受了吧？我宣布，今后谁请我吃夜宵，我一定回请他吃早餐。"朋友们听了，一个个都不好意思地笑了。从此，他们再也不请梁实秋吃夜宵了。

梁实秋用这种特别的拒绝方式，委婉地提醒朋友，每个人都有自己的生活习惯，只有尊重别人的时间，才能得到别人的尊重。

1. 关于梁实秋，下列哪项正确？

A 不吃早餐　　B 常常深夜写作　　C 生活很规律　　D 喜欢好客

2. 朋友邀请梁实秋吃宵夜，带来了什么影响？

A 长胖了　　B 影响到了写作　　C 消化不良　　D 认识了出版商

3. 当梁实秋邀请朋友吃早饭，朋友们为什么抱怨？

A 早餐太难吃　　B 梁实秋总是迟到

C 没有事先得到朋友的同意　　D 打扰了他们休息

4. 根据上文，可以知道什么？

A 后来没人再请梁实秋吃夜宵　　B 梁实秋是个“夜猫子”

C 梁实秋缩短了写作时间　　D 梁实秋与朋友们不再来往

5-8.

新的一年开始了。有人说：“我们又少了一年。”有人说：“我们又多了一年。”

这就是生命的加减法。有人用的是减法思维，所以越减越少，使人的一生充满危机，充满压力：20岁的人，失去了童年；30岁的人，失去了浪漫；40岁的人，失去了青春；50岁的人，失去了幻想；60岁的人，失去了健康。

有人用加法思维，使人生充满生机，充满快乐：20岁的人，拥有了青春；30岁的人，拥有了才干；40岁的人，拥有了成熟；50岁的人，拥有了经验；60岁的人，拥有了轻松。

在生命的进程中，我们不能不用“减法”。人的生命只有一次，我们在岁末年初的时候，不能不提醒自己，算一算自己失去了什么，得到了什么，是“收获”大于“支出”，还是“支出”大于“收获”。在生命的进程中，我们也不能不用“加法”。因为人生不能假设，我们知道了儿时的天真，知道了年轻时的莽撞，积累了人生经验，知道了如何把握自己。

“减法”给我们带来了压力，使我们明白了人生苦短，岁月无情。“加法”给我们带来了希望，使我们增添了阅历，积累了财富。时光对每个人都是公平的，哪怕你经历再多的困难，也都是一种经历的积累。这种积累令我们更加聪明、理智。有了这种积累，新的一年里，我们的步伐就会更矫健，更加沉稳，更加自信。

5. 根据上文，30岁的人：

A 失去了才干　　B 生活轻松了　　C 有很多经验　　D 还不够成熟

6. 文中的“支出”指:

A 生命的加法　　B 每年赚的钱

C 我们花出去的资金　　D 生命中失去的东西

7. “加法”给我们带来什么?

A 埋怨　　B 后悔　　C 希望　　D 压力

8. 上文主要说的是:

A 生命的加减法　　B 如何保持青春

C 我们失去的东西　　D 遇到困难要勇于克服

DAY 24

1-4.

一个男人在一个公司工作了25年。25年里，他每天用同样的方法做着同样的工作，每个月领着同样的薪水。一天，愤愤不平的男人决定要求老板给他加薪水。在和老板谈话时，他总结道，“我已经有了1/4世纪的经验。”

“我亲爱的员工，”老板叹着气说道，“你没有1/4世纪的经验，但是在1/4世纪里，你用的都是同一种经验。”

我们总是满足于某种经验，而且动不动就拿过去的成绩来夸耀自己。我们满足于一次的成功，而不是不断拓展自己的才干、增加经验。

可是，人生不是一时的成功，人生的定义是在不断成长中收获成功。就像巨大的橡树，你看不到它的生长，但是播下种子的时候，树枝上长出新芽的时候，你就可以给它下定义，因为生长每天每刻都在看不见中进行着。我们的经验也是在不断的追求与创新中一天天丰富起来的。

不要只生活在过去的经验里，要寻找一个能拓展你自己的方向。这样，又一个25年之后，你就可以说: 我拥有1/4世纪的经验。

1. 第1段中的“愤愤不平”是什么意思？

A 高兴　　B 兴奋　　C 生气　　D 后悔

2. 老板为什么没有给他加薪水？

A 他太老了　　B 他没有进步

C 公司资金紧张　　D 怕别的员工知道后不满意

3. 关于这个职员，我们可以知道什么？

A 没有升职　　B 老板对他不公平

C 公司把他辞退了　　D 每天的工作不一样

4. 这篇文章想要告诉我们什么？

A 要听从老板的安排　　B 勇于说出自己的意见

C 人要不断积累新的经验　　D 不要在一个公司工作太长时间

5-8.

真诚的微笑透出的是宽容、是善意、是温柔、是爱意，更是自信和力量，微笑是一个了不起的表情，无论是你的客户，还是你的朋友，甚至是陌生人，只要看到你的微笑，都不会拒绝你，微笑给这个生硬的世界带来了妩媚和温柔，也给人的心灵带来了阳光和感动。

有一位老太太年轻的时候就喜欢研究心理学，退休后，就和丈夫商量着开了一家心理咨询所。没想到，生意异常红火，每天来此的人络绎不绝。预约的号甚至排到了几个月之后，有人问她，她如此受欢迎的原因是什么。老太太说:“其实很简单。”

他们夫妇的主要工作就是让每一位上门的咨询者经常操练一门功课:寻找微笑的理由。比如，在你下班的时候，你的爱人给你倒了一杯水；比如，下雨的时候，你收到家人发来的让你注意安全的信息；比如，在平常的日子里，你收到了一封朋友发来的写满祝福和思念的电子邮件；比如，在电梯门将要关闭时，有人按住按钮等你赶到；比如，清洁工在离你几步远的地方停下扫帚，而没有让你奔跑着躲避灰尘……就是这样的生活细节，都可以作为微笑的理由，因为这是生活送给你的礼物。

那些按老太太要求去做的人发现，几乎每天都能轻而易举地找到十来个微笑的理由。时间长了，夫妻间的感情裂痕开始弥合，与上司或同事的紧张关系趋向缓和；日子过得不如意的人也会憧憬起明天新的太阳。总之，他们付出的微笑，都有了意想不到的收获。美丽的笑容，犹如桃花初绽，给人以温馨甜美的感觉。

5. 根据本文，我们可以知道这家咨询所:

A 不太受欢迎　　B 来咨询的人很多
C 老板是一个年轻人　　D 已经开了很长时间

6. 根据第2段，我们可以知道什么?

A 多和朋友们联系　　B 生活中要礼貌对人
C 老太太的建议很有效　　D 咨询所开设了很多课程

7. 在第4段中，老太太的"要求"是指什么?

A 每天按时吃药　　B 要搞好人际关系
C 寻找快乐的理由　　D 定期去大医院检查

8. 本文主要想要告诉我们什么?

A 谦虚使人进步　　B 做生意的秘诀
C 微笑可以改变生活　　D 老人一样可以活得精彩

독해 제3부분

03 지혜 이야기

이번 장에서 다룰 '지혜 이야기'에서는 난관에 봉착한 주인공이 지혜로운 방법으로 문제를 해결해 나가는 내용의 지문이 등장한다. 주인공이 어떤 지혜와 유머를 이용하여 문제를 원만히 풀어 나가는지 기대하면서, 이야기의 전개와 반전에 주목해 보자.

독해

시크릿 백전백승

1 '지혜 이야기'에는 반전이 있다!

문제가 생기면 보통은 상식적인 방법으로 해결하지만, 지혜 이야기에는 주인공이 기지를 발휘하여 문제를 극적으로 해결하는 반전이 있어서, 앞부분과 뒷부분의 결과가 달라질 수 있다. 따라서 시간의 흐름에 따른 결과를 묻는 문제가 자주 출제되고, 중심 생각을 묻는 문제는 거의 출제되지 않는다.

[질문 형식]

예 最后的结果怎么样? 최종 결과는 어떻게 되었는가?
两年以后，他变得怎么样? 2년 후에 그는 어떻게 변했는가?
关于经理小时候买糖的故事，正确的是：
사장이 어렸을 때 사탕 사던 이야기에 대해 옳은 것은:
→ 시간의 흐름에 따른 변화를 파악한다.

2 단어에 대한 부담감을 줄여라!

공부는 효과적이고 쉽고 재미있어야 성취도가 높아진다. 지문에 나온 모든 단어를 다 외울 필요는 없다. 욕심과 부담감을 살짝 내려놓고, 내용 파악에 관건이 되는 동사 · 형용사 술어 등의 중요 단어 위주로 암기한다. 모르는 단어가 나오면 문맥을 살펴 대략적인 뜻을 유추할 수도 있다.

예 公司成立以来，事业[蒸蒸]。但受到[金融危机]的影响，今年却没赚什么钱。
회사 설립 이래, 사업이 [ ]했다. 하지만, [ ]의 영향을 받아, 올해는 별로 돈을 벌지 못했다.

→ 蒸蒸: 뒤에 역접 접속사가 있으므로, 뒷부분과 반대되는 뜻임을 유추할 수 있다. 뒤 절에서 돈을 많이 벌지 못했다고 했으므로, 사업이 번창했다는 내용일 것이다.

→ 金融危机: 관형어는 중요한 내용이 아니면 뜻을 몰라도 전체 내용을 파악하는 데 거의 지장이 없다. '~한' 정도로만 해석하고 넘어가도 상관없다.

3 정독과 속독을 자유자재로 활용하라!

정독은 세부적인 내용을 꼼꼼히 살피는 것이고, 속독은 어려운 단어는 과감히 건너뛰면서 전체 내용을 빨리 파악하는 데 그 목적이 있다. 효과적인 독해 방법은 지문을 속독하다가 문제와 관련된 단어가 나오면 속도를 줄여 정독하고, 중요한 부분과 덜 중요한 부분을 구분해서 읽는 것이다.

4 밑줄과 네모를 활용하라!

제한된 시간에 많은 정보를 정확하게 파악하기 위해서는 밑줄을 긋기나 네모 표시를 하는 게 아주 유용한 방법이다. 지문에서 자신이 필요한 부분을 눈에 띄게 체크해 놓는 지혜를 발휘해 보자.

독해

NEW 단어 + TIP

- 国王 guówáng 명 국왕
- 后背 hòubèi 명 등
- 日子 rìzi 명 날, 시일, 시절
- 占 zhàn 동 차지하다, 점령하다
- 精神 jīngshén 명 정신
- 种类 zhǒnglèi 명 종류
- 在于 zàiyú 동 ~에 달려 있다, ~에 결정되다

문제

有两个好朋友在同一个城市打工，一个有身份证，一个没有。没身份证的人很担心被警察抓住。可是，偏偏这天他俩走在街上，迎面来了个警察。"快跑!"没身份证的人说："警察看见你跑肯定会以为你没有身份证呢，他肯定会去追你，这样我就有机会跑掉了。反正你有证件，他也不能把你怎么样。"于是这位有证儿的朋友就开始跑。警察飞快地追了上去。几分钟之内就抓住了他。"抓到了!"警察得意地说："我看你往哪儿跑。你肯定没有身份证，是非法居留打工的。身份证拿出来!""你凭什么说我没有证件?"那人于是掏出证件给警察看。警察不好意思了，问："对不起，我冤枉你了。不过我不明白你为什么一看见我就赶紧跑呢?""我的医生建议我经常跑步锻炼。""难道你没看见我在拼命追你吗?""我看见了，不过我以为你的医生也是给了你同样的建议呢!"

1. 这两个好朋友住在同一个城市是为了:
   A 打工
   B 做生意
   C 办身份证
   D 躲避警察

2. 没有身份证的人没被警察抓住，是因为:
   A 警察很笨
   B 朋友很聪明
   C 警察跑得慢
   D 他想出了好办法

3. 有身份证的人是怎么向警察解释他跑的原因的?
   A 怕警察
   B 想赛跑
   C 逗着玩儿
   D 医生建议他跑步

문제 분석 문제의 해당 부분에 주목 / 해결 방법에 주의!

두 명의 사이 좋은 친구가 한 도시에서 일했는데, 한 명은 신분증이 있고, 한 명은 없었다. 신분증이 없는 친구는 경찰에 잡힐까 봐 매우 걱정했다. 그러나 그날은 하필이면 그들 둘이 길을 가는데, 경찰이 맞은편에서 걸어왔다. "도망 가!" 신분증이 없는 사람이 말했다. "경찰이 네가 뛰는 모습을 보면 분명히 너에게 신분증이 없다고 생각할 거야. 그는 너를 쫓아갈 거고, 그러면 나는 도망갈 기회가 생겨. 어쨌거나 너는 신분증이 있으니까, 잡혀도 경찰이 너를 어쩌지는 못할 거야." 그래서 신분증이 있는 친구가 뛰기 시작했다. 경찰은 재빨리 그를 뒤쫓았고, 몇 분 만에 그를 붙잡고 말았다. "잡았다!" 경찰은 득의양양하게 말했다. "당신이 어디로 도망치는지 봅시다. 분명히 신분증이 없는 불법 체류 근로자겠죠. 신분증 꺼내 봐요!" "도대체 무슨 근거로 내가 신분증이 없다고 말하는 겁니까?" 그는 신분증을 꺼내 경찰에게 보여 줬다. 경찰은 멋쩍어져서 물었다. "미안합니다. 제가 잘못 짚었군요. 그런데 왜 저를 보자마자 그렇게 재빨리 도망을 갔는지 모르겠네요?" "의사 선생님이 저더러 자주 달리기를 해서 몸을 단련하라고 했거든요." "그럼 제가 당신을 필사적으로 쫓는 것을 보지 못했나요?" "봤지요. 하지만 저는 당신의 의사도 당신에게 같은 제안을 한 줄 알았거든요!"

요약
- 제목: 불법 체류자의 재치
- 주제: 위기 상황에 닥쳤을 때 기지를 발휘해야 한다.

단어 打工 dǎgōng 동 일(아르바이트)하다 | 身份证 shēnfènzhèng 명 신분증 | 担心 dānxīn 동 걱정하다, 염려하다 | 警察 jǐngchá 명 경찰 | 抓住 zhuāzhù 동 손으로 잡다 | 偏偏 piānpiān 부 하필이면 | 迎面 yíngmiàn 명 맞은편 | 肯定 kěndìng 부 분명히 | 以为 yǐwéi 동 ~라고 (잘못) 여기다 | 机会 jīhuì 명 기회 | 反正 fǎnzhèng 부 아무튼 | 证件 zhèngjiàn 명 (학생증 · 신분증 등의) 증명서 | 于是 yúshì 접 그래서 | 得意 déyì 형 득의양양하다 | 非法居留 fēifǎ jūliú 불법 체류 | 凭 píng 전 ~에 근거하여, ~에 따라 | 掏出 tāochū 동 끄집어내다 | 冤枉 yuānwang 형 억울하다 | 赶紧 gǎnjǐn 부 서둘러 | 建议 jiànyì 동 제안하다 | 锻炼 duànliàn 동 단련하다 | 难道 nándào 부 설마 ~인가 | 拼命 pīnmìng 동 필사적으로 하다 | 同样 tóngyàng 형 마찬가지다

1. 这两个好朋友住在同一个城市是为了:
A 打工
B 做生意
C 办身份证
D 躲避警察

이 두 친구가 같은 도시에 거주하는 것은:
A 일을 하기 위해서
B 장사를 하기 위해서
C 신분증을 만들기 위해서
D 경찰을 피하기 위해서

해설 이 두 친구는 같은 도시에서 일을 한다고 했으므로, 정답은 A가 된다. 계속 신분증(身份证)에 관한 내용이 나오기는 하지만, 신분증을 만들기(办身份证) 위해서 함께 있는 것은 아니므로, C는 정답이 될 수 없다.

단어 生意 shēngyi 명 장사 | 躲避 duǒbì 동 회피하다

2. 没有身份证的人没被警察抓住，是因为:
A 警察很笨
B 朋友很聪明
C 警察跑得慢
D 他想出了好办法

신분증이 없는 사람이 경찰에게 잡히지 않은 이유는:
A 경찰이 너무 멍청해서
B 친구가 매우 똑똑해서
C 경찰이 느리게 달려서
D 그가 좋은 방법을 생각해 내서

독해

해설 앞에 오는 경찰을 보고, 신분증이 없는 사람이 좋은 방법을 생각해 냈다. 신분증이 있는 친구를 도망치게 하여 경찰이 그를 쫓아가게 한 후, 그 틈을 타서 자신이 도망치려는 아이디어였다. 아이디어를 낸 사람은 신분증이 없는 사람이었으므로, B는 정답이 될 수 없다. 또한 두 주인공 친구가 똑똑한 것이지, 경찰이 멍청하다고까지 말할 수는 없으므로 A도 정답이 아니다. 따라서 정답은 D가 된다.

단어 办法 bànfǎ 명 방법

3. 有身份证的人是怎么向警察解释他跑的原因的? A 怕警察 B 想赛跑 C 逗着玩儿 D 医生建议他跑步	신분증이 있는 사람은 그가 달린 이유에 대해서 경찰에게 어떻게 설명했는가? A 경찰이 두려웠다 B 달리기 시합을 하고 싶었다 C 장난친 것이다 **D 의사가 달리라고 제안했다**

해설 경찰이 자신을 보고 달린 이유를 묻자, 신분증이 있는 사람은 기지를 발휘하여 의사가 자주 달리기를 해서 체력을 단련하라고 했다며 위기를 모면했다. 따라서 정답은 D가 된다.

단어 解释 jiěshì 동 설명하다 | 逗 dòu 동 놀리다

NEW 단어 + TIP

어학연수

- 淘气 táoqì 형 장난이 심하다
- 朗读 lǎngdú 동 낭독하다, 맑고 큰 소리로 읽다
- 当地 dāngdì 명 현지, 그 지방
- 高级 gāojí 형 고급의
- 吵 chǎo 형 시끄럽다
- 夸 kuā 동 칭찬하다, 과장하다, 허풍 떨다
- 培训 péixùn 동 양성하다, 키우다, 훈련하다

예 우리 반(我们班)에 장난이 심하고(淘气), 수업 시간에도 매우 시끄럽게(吵) 떠드는 급우(同学)가 한 명 있었다. 하루(有一天)는 선생님께서 그에게 중국어 교재를 낭독(朗读)해 보라고 시키셨고, 실력이 많이 부족했는데도 칭찬(夸)을 많이 해 주셨다. 이 일을 계기로 그는 중국어를 더 잘하고 싶다는 생각을 하게 되었고, 중국 현지(当地)로 어학연수(语言进修)를 떠났다. 언어 훈련(培训)을 받고 열심히 노력한 결과 그는 6개월 만에 고급반(高级班) 수업을 들을 수 있었다.

DAY 25

1-4.

某公司成立以来，事业蒸蒸。但受到金融危机的影响，今年却没赚什么钱。以前过年的时候，职员总能拿到两个月的奖金。可今年顶多只能给一个月的奖金。老板怕职员们伤心，努力地想办法。他突然想起小时候去买糖的事情。售货员总是抓一大把糖放在秤上，然后再一个一个地拿走，只有一个服务员，她每次都拿很少，然后再一个一个地往上加，虽然最后拿到的糖都是一样的，但是大家更喜欢后者。没过两天，公司突然传出要裁员的消息，职员都非常担心。但是，随后老板宣布：大家是一家人，少了谁都不行，决定不裁员了，只是没有奖金了。眼看除夕快到了，人人都做了过个穷年的打算。突然，老板召开紧急会议。职员都议论是不是又有什么变化呢？不一会，开会回来的人高兴地喊道："我们能拿到一个月的奖金啦！"大家听了这个消息都非常高兴，非常感谢老板。

1. 这个公司今年怎样？
   A 挣的钱不多　　B 赚了一大笔钱
   C 职员不喜欢这个公司　　D 准备发两个月的奖金

2. 关于经理小时候买糖的故事，正确的是：
   A 小孩子都喜欢吃糖
   B 不同的卖糖方式影响人们的心理
   C 每个售货员都有自己的销售方式
   D 方式不同，但糖果的数量没有变化

3. 这个公司的职员：
   A 得不到奖金　　B 都被炒鱿鱼了
   C 能得到一个月的奖金　　D 得不到这个月的工资

독해

4. 关于经理的办法，正确的是:

A 让工人都很难过　　　　B 增加了公司的收入

C 使工人得到了安慰　　　D 使一部分人丢了工作

5-8.

有一天，一个穷人来找阿凡提，对他说:"可敬的阿凡提，我想求您一件事情，不知道您肯不肯帮忙?""帮助人是光荣的事情，也是快乐的事情，你说吧。"阿凡提爽快地答应了。"唉!"穷人长长地叹了一口气说:"昨天我只在巴依开的一家饭馆门口站了一小会儿，他就说我吃了他饭菜的香味，要我付饭钱。我当然不给，他就到卡子那儿告我，卡子决定今天判决，您能为我说几句公道话吗?""行! 行!"阿凡提说完就陪着穷人去见卡子了。

巴依早就到了，正在和卡子高兴地交谈着。卡子一看见穷人，不由地喊了起来:"你吃了巴依饭菜的香味，怎么敢不付钱!""慢一点，卡子。"阿凡提走上前去行了个礼说:"我是他的弟弟，他没有钱，让我付给巴依。"说完，阿凡提走上前去，把钱袋举到巴依的耳朵旁边摇了几下，说:"你听到钱袋里钱币响亮的声音了吗? ""啊? 听到了! 听到了!"巴依回答道。阿凡提说:"好，既然他吃了你饭菜的香味，那我付给你钱币的声音，我们的帐两清了!"

说完，阿凡提牵着穷人的手大摇大摆地走了。

5. 穷人为什么去找阿凡提?

A 帮助阿凡提　　　　B 请阿凡提吃饭

C 去和阿凡提聊天　　D 请阿凡提帮忙想办法

6. 巴依为什么要钱?

A 穷人打了巴依　　　　B 穷人买了巴依的饭店

C 穷人吃了巴依家的饭　D 穷人闻到了巴依家饭馆儿菜的香味

7. 阿凡提找巴依干什么?

A 帮穷人解决问题 B 和巴依一起吃饭

C 想和巴依一起开饭店 D 问问巴依到底是怎么回事

8. 最后的结果怎么样?

A 巴依知道错了 B 巴依不要钱了

C 穷人的问题解决了 D 阿凡提给巴依钱了

DAY 26

1-4.

朱姝杰是云南省丽江市第一中学的高中一年级学生，她是个爱思考、善于观察的小姑娘。

在当地，有一种叫雪桃的水果，不仅味道好，而且很有营养。很多人都想种雪桃，但雪桃苗却很难成活。朱姝杰的爸爸也是个雪桃种植户，总为买不到雪桃苗而发愁。看到爸爸整天唉声叹气，她心里很难受，并下定决心自己培育雪桃苗。

她通过观察发现，因为雪桃核的壳太硬，才导致桃苗无法发芽。那么该如何解决这一问题呢? 于是她就想把桃核弄开，直接用桃仁在春天育苗，这样种子不就容易发芽了吗? 于是，她用铁锤试着敲开桃核，可结果让她很失望。桃核裂开了，但桃仁都被弄烂了，为此她十分苦恼。

一天，她在外面散步，走着走着，她突然脚下踢到了一个桃核，便弯腰将桃核捡起来。她仔细一看，发现这个桃核是裂开的，里面的雪桃果仁完好无损。朱姝杰感到非常好奇，于是，她向一位村民询问桃核自然裂开的原因。村民告诉她:“前些日子，桃核在阳光下晒了几天，接着下了一场大雨，桃核后来自己就裂开了。”

听了村民的解释，朱姝杰非常高兴，回到家后，她找了许多雪桃核，先把它们放在院子里晒了几天，接着又把它们放到冷水盆里泡了一段时间，最后拿出来，轻轻一敲，桃核就纷纷裂开了，里面的桃仁没有一点破损。到了春天，她把桃仁种在地里，不久，可爱的嫩苗就长了出来。就这样，朱姝杰解决了雪桃育苗的难题，她也因此获得了青少年科技创新大赛的银奖。

1. 朱姝杰对什么感兴趣？

A 数学　　B 体育　　C 地理　　D 育苗

2. 下面哪一项是雪桃的特点？

A 春季成熟　　B 不易存放
C 营养价值高　　D 桃核容易裂开

3. 朱姝杰最后是如何把桃核弄开的？

A 放在火上烤　　B 用脚踩
C 使用专门的工具　　D 晒后放入冷水中

4. 根据上文，下面哪个是正确的？

A 朱姝杰善于观察　　B 雪桃种植非常容易
C 朱姝杰考上了农业大学　　D 云南省夏天降水量大

5-8.

舒遵刚是中国清朝时期的一位普洱茶商。一开始，他的茶叶销量不是很好。不少顾客经常反映，他的茶叶里杂质较多，从而影响了口味。

原来，每年新茶上市时，舒遵刚都会请很多当地人为他择茶。择茶是制作普洱茶的一道很重要的工序，如果不把茶叶里面的杂质清除干净，茶叶本身的味道就显不出来，从而影响到茶叶的品质。当时，舒遵刚请人择茶，就是在堆积如山的新茶中，将好茶叶挑出来，然后按挑选出来的好茶叶的重量来计算工钱。这样一来，越是下功夫择茶，清除的杂质越多，挣的钱反而越少。这种工钱算法影响了工人的积极性，茶叶中的杂质自然也清理得不是很干净。

这个问题如果不尽快解决，就会影响到今后茶叶生意的好坏。一天，舒遵刚到择茶点转了转，他突然灵机一动，想到一个好办法。

第二天，舒遵刚告诉工人："从今天起，计算工钱的方法不再是称茶叶的重量，改为称从茶叶中挑出的杂质的重量。挑出的杂质越多，工钱也就越高。"

这一招果然很有效，工人们都认真自觉地择茶。这不仅提高了工人干活儿的积极性，同时茶叶的质量也得到保证，舒遵刚的茶叶生意也越做越好。

5. 一开始舒遵刚的茶叶销量不好的原因是:

A 茶叶售价贵　　B 茶叶品质不好
C 同行竞争太激烈　　D 茶叶上市时间晚

6. 舒遵刚什么时候会请当地人择茶?

A 茶叶降价时　　B 每年清明节后
C 新茶上市时　　D 茶叶卖不出去时

7. 最初择茶工人的工钱是按什么算的?

A 茶叶中杂质的重量　　B 工人工作的效率
C 干活儿的时间长短　　D 好茶叶的重量

8. 舒遵刚采用了新办法后:

A 茶叶中的杂质还是很多　　B 茶叶的产量提高了
C 工人干活儿更积极了　　D 许多茶农要停止合作

04 감동과 깨달음을 주는 이야기

성공 · 인생 이야기와 마찬가지로, '감동과 깨달음을 주는 이야기'도 작가의 의도를 담고 있다. 지문 내용을 파악하는 것 이외에, 지문을 제대로 이해했다면 마음이 따뜻해지는 느낌도 받을 수 있을 것이다.

독해 시크릿 백전백승

1 주제를 찾아내라!

글의 주제는 일반적으로 지문의 맨 처음이나 마지막에 나오는 경우가 많다. 지문에서 주제를 직접 제시하지 않고, 다 읽은 후에 스스로 귀납해야 하는 문제가 나오기도 한다.

[질문 형식]

예 **最适合本文标题的是：**
이 글의 제목으로 가장 적당한 것은:
这段文章主要讲的是：
이 글이 주로 말하고자 하는 것은:
这篇文章想告诉我们什么？
이 글은 우리에게 무엇을 알려 주려고 하는가?
作者讲这个故事，最主要的目的是告诉我们什么？
작가가 이 이야기를 하는 가장 중요한 목적은 우리에게 무엇을 알려 주려는 것인가?

2 소거법을 사용하라!

보기에서 옳은 것, 또는 옳지 않은 것을 찾아내는 문제는 가장 까다로운 유형에 속한다. 관련 내용이 지문 전체에 골고루 분포해 있어서 정답이 한눈에 보이지 않기 때문이다. 이런 문제를 풀 때는 다음의 방법을 사용한다.

① 보기의 내용을 먼저 파악한다.
② 지문을 읽다가 보기에 나온 내용이 나오면 밑줄을 긋는다.
③ 일치 여부를 판단하여 보기 옆에, ×로 표시한다.
④ 보기 4개의 내용을 기억하면서 지문을 해석하기가 힘들다면, 지문을 절반 정도 읽었을 때, 다시 한 번 보기를 확인해서 체크해 놓는다.

3 독해가 만만해져야 한다!

독해를 싫어한다면, 가장 큰 이유는 지속적으로 독해 연습을 한 적이 없기 때문일 것이다. 하루에 2~3지문씩 일주일만 꾸준히 연습해도 '독해? 그까짓 거 별거 아니네!'라는 생각이 든다. '싸우면서 정 붙는다'는 말처럼, 꾸준히 연습해서 독해를 가장 만만하고, 가장 좋아하는 영역으로 만들어 보자!

4 집중력을 길러라!

독해는 제1부분에서 4지문, 제2부분에서 10지문, 제3부분에서 5지문 정도를 연달아 풀어야 한다. 문제의 난이도는 높지 않지만, 오랜 시간 집중해서 긴 지문을 읽어야 하므로, 집중력이 떨어지면 아는 문제도 틀릴 수 있다. 쉽다고 자만하지 말고 반드시 시간을 관리하면서, 긴장감을 갖고 풀어야 한다.

독해

NEW 단어 + TIP

- 押金 yājīn 명 보증금, 담보금

중국에는 보증금 제도가 아주 발달되어 있다. 우리나라에서도 제때 방값을 내지 않거나 방을 파손시키는 것을 방지하기 위해 집주인에게 보증금을 내는 제도가 있지만, 중국은 집, 기숙사, 호텔뿐만 아니라 오리 배를 타거나, 고궁에서 해설 녹음기를 빌릴 때도 모두 押金을 내야 한다.

문제

有两个神仙到人间游玩，天黑到一个富有的人家借宿。富人对他们并不友好，让他们住在冰冷的地下室。当他们躺下睡的时候，老神仙发现墙上有个洞，就顺手把它补好了。年轻的神仙问为什么？老神仙答道：有些事并不像它看上去那样。

第二晚，他们又到了一个贫穷农家借宿，农夫对他们很热情，把仅有的一点食物与他们分享，又让出自己的床给他们睡觉。但是第二天的早上，他们发现农夫在哭泣，原来，农夫的一头奶牛死了。

年轻的神仙非常气愤，质问老神仙为什么会让这种事情发生：第一个家庭什么都有，你却帮助他修补墙洞；第二个家庭如此贫穷，还愿意和我们分享他仅有的东西，而你却让他的奶牛死去。

老神仙答道：有些事并不像看上去的那样，当我们在地下室过夜的时候，我从墙洞里看到了墙里堆满了金条，因为主人被贪欲所迷惑，不愿意让别人分享这笔财富，所以我把墙洞填上了，让他无法找到。而今天本来死的应该是农夫的妻子，但是我用奶牛代替了她。所以，有些事并不像它看上去那样。

1. 关于那家富人，我们可以知道什么？
   A 有一头奶牛　　B 对人很不友好
   C 好好招待了神仙　　D 发现了墙里的黄金

2. 老神仙为什么把墙补上了？
   A 风太大　　B 为了感谢富人
   C 想向富人要钱　　D 不想让富人发现黄金

3. 农夫为什么哭了？
   A 奶牛死了　　B 房子没了
   C 没有食物了　　D 他知道他的妻子要死了

4. 上文主要想告诉我们什么？
   A 要帮助别人　　B 神仙的力量很大
   C 要热情地招待客人　　D 眼见的不一定是真的

문제 분석 문제의 해당 부분에 주목 / 중심 생각 파악하기!

두 신선이 인간 세상에 놀러 왔다가, 날이 어두워지자 한 부유한 사람의 집에 묵었다. 부자는 그들에게 친절하지도 않았고, 그들을 차가운 지하실에 묵게 했다. 그들이 누워서 잘 때, 늙은 신선은 벽에 구멍이 하나 있는 것을 발견하고, 본 김에 그 구멍을 메웠다. 젊은 신선이 왜냐고 물었더니, 늙은 신선은 대답했다. 어떤 일은 보이는 것과는 다르다고.

두 번째 밤, 그들은 한 가난한 농가에 묵었다. 농부는 그들에게 매우 친절하게 대하며, 겨우 조금 있던 음식을 그들과 나눠 먹었다. 또 자신의 침대를 그들이 자도록 내주었다. 그러나 둘째 날 아침에 그들은 농부가 울고 있는 것을 보았다. 알고 보니 농부의 젖소 한 마리가 죽은 것이다.

젊은 신선은 매우 화를 내며 늙은 신선에게 왜 이런 일이 발생하게 했는지 물었다. 첫 번째 집은 무엇이든 다 가졌는데 그 집 벽의 구멍마저 메워 주고, 두 번째 집은 그렇게 가난하면서도 자신이 가진 얼마 안 되는 것을 우리와 나누려 했는데, 그의 젖소까지 죽게 했으니 말이다.

늙은 신선은 대답했다. "어떤 일은 보이는 것과 다르다네. 우리가 지하실에서 밤을 보낼 때, 나는 벽의 구멍 안으로 벽 속에 가득 쌓인 금괴를 보았다네. 집주인은 탐욕에 눈이 멀어 자신의 부를 다른 사람과 나누고 싶어하지 않았기 때문에 나는 그가 찾지 못하도록 그 구멍을 메운 것이네. 그리고 오늘 원래 죽는 것은 농부의 부인이었지만 나는 젖소로 그녀를 대신했지. 어떤 일은 보이는 것과는 다르다네."

요약
- 제목: 두 신선이 인간 세상에서 겪은 이야기
- 주제: 우리가 눈으로 본 것이 전부가 아닐 수도 있다.

단어 神仙 shénxiān 명 신선 | 人间 rénjiān 명 인간 사회 | 游玩 yóuwán 동 놀다, 장난치다 | 富有 fùyǒu 형 부유하다 | 借宿 jièsù 동 남의 집에 잠시 묵다 | 富人 fùrén 명 부자 | 友好 yǒuhǎo 형 우호적이다 | 冰冷 bīnglěng 형 얼음같이 차다 | 地下室 dìxiàshì 명 지하실 | 发现 fāxiàn 동 발견하다 | 墙 qiáng 명 벽 | 洞 dòng 명 구멍 | 顺手 shùnshǒu 부 손이 가는 대로, ~하는 김에 | 补 bǔ 동 보수하다 | 贫穷 pínqióng 형 가난하다 | 农家 nóngjiā 명 농가 | 热情 rèqíng 형 친절하다 | 分享 fēnxiǎng 동 함께 나누다 | 哭泣 kūqì 동 (작은 소리로) 흐느껴 울다, 훌쩍훌쩍 울다 | 奶牛 nǎiniú 명 젖소 | 气愤 qìfèn 형 화내다 | 质问 zhìwèn 동 추궁하다 | 修补 xiūbǔ 동 수리하다 | 墙洞 qiángdòng 명 벽의 구멍 | 如此 rúcǐ 대 이와 같다 | 过夜 guòyè 동 밤을 보내다 | 堆满 duīmǎn 동 가득 쌓여 있다 | 金条 jīntiáo 명 막대형 금괴 | 贪欲 tānyù 명 탐욕 | 迷惑 míhuò 형 미혹되다 | 财富 cáifù 명 재산 | 填 tián 동 채우다, 막다, 메우다 | 代替 dàitì 동 대체하다

1. 关于那家富人，我们可以知道什么？
   A 有一头奶牛
   B 对人很不友好
   C 好好招待了神仙
   D 发现了墙里的黄金

그 부자에 대해서 무엇을 알 수 있는가?
A 젖소 한 마리가 있다
B 남에게 매우 불친절하다
C 신선을 잘 대접했다
D 벽 안의 황금을 발견했다

해설 두 신선이 인간 세계에 내려와 부잣집에서 하룻밤 묵게 되었는데, 부자는 그들에게 아주 차가운 지하실을 내주며 잘 대접해 주지 않았다. 부자는 두 신선에게 우호적이지 않았으므로, 정답은 B가 된다.

단어 招待 zhāodài 동 접대하다 | 黄金 huángjīn 명 황금

2. 老神仙为什么把墙补上了?	늙은 신선은 왜 벽을 메웠는가?
A 风太大	A 바람이 너무 세서
B 为了感谢富人	B 부자에게 감사하려고
C 想向富人要钱	C 부자에게 돈을 달라고 하려고
D 不想让富人发现黄金	**D 부자가 황금을 찾지 못하게 하려고**

해설 늙은 신선이 부잣집 벽의 뚫린 구멍을 막아 준 이유를 맨 마지막 단락에서 설명하고 있다. 벽 속에는 금괴가 가득 쌓여 있었는데, 늙은 신선은 탐욕스럽고 베풀 줄 모르는 부자가 그것을 발견하지 못하도록 일부러 벽의 구멍을 메운 것이다. 따라서 정답은 D가 된다.

3. 农夫为什么哭了?	농부는 왜 울었는가?
A 奶牛死了	**A 젖소가 죽어서**
B 房子没了	B 집이 없어져서
C 没有食物了	C 먹을 것이 없어서
D 他知道他的妻子要死了	D 그의 부인이 죽는다는 것을 알아서

해설 가난한 농부는 다음 날 아침에 젖소가 죽어서 울고 있었으므로 정답은 A가 된다. 부인이 죽을 운명이었다는 것은 늙은 신선만 알았으므로 D는 정답이 될 수 없다.

단어 食物 shíwù 명 음식물

4. 上文主要想告诉我们什么?	이 글이 이야기하고자 하는 것은 무엇인가?
A 要帮助别人	A 다른 사람을 도와야 한다
B 神仙的力量很大	B 신선의 힘은 매우 크다
C 要热情地招待客人	C 친절하게 손님을 대접해야 한다
D 眼见的不一定是真的	**D 눈에 보이는 것이 모두 진실은 아니다**

해설 이야기의 주제는 글의 맨 앞이나 마지막에 나올 가능성이 높다. 우리는 눈에 보이는 것이 전부인 것처럼 믿지만, 내막을 알고 보면 실상은 그렇지 않을 수 있다는 늙은 신선의 설명에서 정답이 D라는 것을 알 수 있다.

DAY 27

1-4.

小王在春节收到一份新年礼物，他的哥哥送他一部新车做为礼物。有一天，小王从办公室出来的时候，看到一名男孩站在他的新车旁，露出羡慕的眼神。小男孩对小王说："叔叔，这是你的车吗?"小王回答道："是啊！这是哥哥给我的春节礼物。"小男孩说："太好了，我希望……"小王认为他知道小男孩希望什么，可是没想到小男孩说："我希望也能当一个那样的哥哥。"小王被感动了，问小男孩想不想去兜风，小男孩高兴地答应了，可是过了一会，小男孩向小王说："能不能麻烦你把车开到我家前面?"小王笑了，认为小男孩想向邻居炫耀。可是他错了。到了小男孩的住处后，他进入屋内。不一会儿他回来了，并带着他因小儿麻痹而跛脚的弟弟。他指着那部车子说："看到了吗？弟弟，这是他哥哥送他的春节礼物。将来有一天我也要送给你一部一样的车子。"小王走下车子，将小弟弟抱到车里，他的哥哥眼睛发亮，也跟着爬进座位，坐在他的旁边，于是三人便开始了一次令人难忘的旅旅。小王知道了给比获取更幸福。

1. 小男孩的愿望是什么?

A 学会开车　B 买一辆车　C 坐车去兜风　D 送给弟弟新车

2. 小男孩为什么让小王送他回家?

A 想让弟弟看看这辆车　B 太累了，不想走路回家
C 因为第一次坐这么好的车　D 想让邻居看见，然后羡慕他

3. "兜风"是什么意思?

A 开车　B 开车出去玩　C 把车洗干净　D 开车去看朋友

4. 这篇文章告诉我们什么?

A "给"会更幸福　B 车是最好的礼物
C 有一个哥哥很幸福　D 春节的时候应该送礼物

5-8.

一天，有个魏国人去楚国办事。楚国在魏国的南面，可这个魏国人不问青红皂白，让车夫赶着马车一路向北而行。

路上，有人问他的车要往哪儿去，他大声回答说:“去楚国!”路人告诉魏人说:“去楚国，应往南走。你这是往北走，方向不对呀!”那个魏人满不在乎地说:“没关系，我的马跑得快着呢!”路人替他着急，一把拉住他的马车劝阻说:“方向错了，你的马跑得再快，也到不了楚国呀!”那个魏人依然毫不醒悟地说:“不要紧，我带的盘缠多着呢!”路人又极力劝阻说:“路费再多有什么用，这根本不是去楚国的方向啊，不管你花多少钱也是白花啊!”魏国人答道:“我的车夫善于赶车，怎么会到不了楚国呢?”路人实在没有办法，不得不松开了拉住车把子的手，眼睁睁看着那个盲目上路的魏国人向北而行……

那个魏国人，不听路人的指点、劝告，仗着自己的马快、钱多、车夫好等优越条件，朝着相反方向一意孤行，可想而知，最终一直未能到达目的地。

无论做什么事，都要看准方向，才能充分发挥自己的有利条件；如果方向错了，那么有利条件只会起着相反的作用。

5. 魏国人认为:

A 楚国在南边　　B 路人不懂装懂
C 自己带了足够的钱　　D 车夫驾车驾得不好

6. 根据本文，下面正确的是:

A 车夫记错了路　　B 魏国人是个盲人
C 魏国在楚国的北边　　D 地球是圆的，所以方向不重要

7. 与第3段的画线部分意思相近的是:

A 只有一条路　　B 不听取别人的话
C 一个人想去旅游　　D 没有朋友，一个人非常孤单

8. 根据本文，如果方向错了:

A 也可以到达目的地　　B 投入越大，损失越大

C 要及时调整人员结构　　D 只要花时间就能解决所有的问题

DAY 28

1-4.

有个农场主得到了一匹千里马，一时没有发挥它特长的机会，所以一直把它当普通马一样饲养。可有一天，他有急事需要用到千里马，但千里马却让他很失望，跑得很慢。后来，他进行了深刻的反思，认为是自己平时对千里马太冷落，关心不够，才导致千里马变得跟普通的马一样。于是，他决定再养一匹千里马，以弥补遗憾。

后来，经过长时间的打探和寻找，农场主终于又买到一匹千里马。这次他请最好的工匠制作了一副精美的马鞍，就连马镫和马嚼也是用最好的黄铜打造的，笼头、缰绳也是用最好的牛皮制作的。同时，他还花重金为千里马修建了豪华的马厩，并从远方买来最好的草料。在他的悉心照料下，千里马看上去果然更加雄健、威猛了。

为了保存千里马的体力，使它在关键时候更好地发挥优势，农场主平时舍不得让千里马奔跑，更舍不得骑这匹马，就这样，千里马每天都在豪华的马厩内享受美味，悠闲地生活。

终于四年一度的赛马大会要召开了，农场主认为这是千里马最好的表现机会。于是他把千里马精心打扮了一番，然后牵着它向赛场走去。他们走到哪里，哪里便发出一阵阵赞叹声，农场主非常得意!

比赛就要开始了，他爬上马背，来到起跑点。他骄傲地昂着头，似乎冠军已经非他莫属了。发令枪一响，大家都开始策马狂奔，可他的千里马却跑得很慢。他气极了，一个劲儿地催马赶紧跑，结果不催还好，一催千里马干脆停下来站在那儿不动了。看到农场主气急败坏的样子，人群里传来了哄笑。结果农场主牵着马退出了比赛。这时他才明白，发现千里马只是第一步，重要的是如何培养千里马。

1. 农场主认为第一匹千里马跑得慢的原因是什么?

A 那匹马腿受过伤　　B 对马缺少关心

C 那匹马营养不良　　D 那不是真正的千里马

2. 根据文章第3段，那个人为什么不让千里马奔跑?

A 害怕它跑丢　　B 怕马被人笑话

C 想让它保存体力　　D 觉得马跑得不够快

3. 比赛场上，那匹千里马最后怎么了?

A 发挥很出色　　B 停住不跑了

C 违反了比赛规则　　D 冲出了跑道

4. 上文主要想告诉我们:

A 怎样发现千里马　　B 培养千里马中出现的问题

C 赛马时如何获得好名次　　D 正确养马比发现好马更重要

5-8.

这天，村庄里来了一个陌生人。他告诉村里人，他将以每只100元的价格收购猴子。村庄附近的森林里有很多猴子出没，人们开始对他们大肆捕捉。收猴人收购了几千只猴子，当猴子的数量减少时，人们停止了捕捉。

这时，收猴人放出话来，每只猴子的收购价提高到200元，村里的人们又重新投入到捕猴的队伍中。

不久，猴子的数量更少了，人们再次停止捕猴，于是收猴人把每只猴子的收购价提高到250元，但这时森林里的猴子已经很少了，人们努力一天，也很难抓到一只猴子，大家渐渐都没了积极性。

后来，收猴人把收购价提高到每只500元。不过，他说自己必须先回城里处理一些事情，收购猴子的事由他的朋友来代理。

收猴人回城后，那个朋友指着已收购到的几千只猴子对人们说："我们来做一笔买卖，我以每只猴子350元的价钱卖给你们，等收猴人从城里回来，你们再以每只500元的价钱卖给他。"

村里的人们拿出所有的钱买下了猴子。但是后来，他们再也没见过收猴人和他的朋友，森林里又到处都是猴子的身影……

看了这则故事，你对某些股票是如何操作的，或许会有一个很好的认识吧!

5. 为什么收购人提高了猴子的价格?

A 猴子越来越少了　　B 猴子的销路很好
C 鼓励村民多抓猴子　　D 有很多人收购猴子

6. 根据上文，下列正确的是:

A 村民们很会做买卖　　B 收猴人挣了很多钱
C 收猴人帮助村民们赚钱　　D 猴子对人们来说很危险

7. 关于收猴人的朋友，下列正确的是:

A 跟收猴人是同伙　　B 鼓励大家多抓猴
C 赔偿了村民们损失的钱　　D 和村民们一起赚了收猴人的钱

8. 这篇文章主要想告诉我们什么?

A 要保护猴子　　B 股市里有风险
C 做买卖需要头脑　　D 相信自己的判断

05 설명문과 견해문

이번 장에서는 사물이나 사실을 설명하는 설명문과 자신의 주장이나 생각을 펼치는 견해문을 배워 본다. 이러한 유형의 지문에서는 예를 들어 설명하거나, 여러 가지 근거를 제시하는 경우가 많다. 예를 들 때는 比如说, 어떠한 증거로 결론을 뒷받침할 때는 可见 등이 자주 사용되므로 꼭 기억해 둔다.

독해 시크릿 백전백승

1 다양한 경우의 수가 등장한다!

설명문과 견해문에서는 시대별 · 지역별 특징을 나열하는 등, 다양한 예를 제시하거나, 第一, 第二, 第三 등을 사용하여 자신의 주장에 최소한 2개 이상의 이유를 들어 강조한다. 출제자는 이러한 내용을 의도적으로 섞어 놓고 혼동을 유발시키므로, 중요 내용에 밑줄을 긋거나 네모로 표시하여, 보기와 하나하나 대조해 봐야 한다.

2 서론, 본론, 결론을 파악하라!

① 서론: 화제를 제시하는 부분으로, 주제가 들어 있을 수 있다.
② 본론: 본격적으로 예시나 논거를 들어 주제를 뒷받침한다.
예 [예시] **比如(说)** / **比方(说)** / **譬如** pìrú 예컨대
[논거] **第一** 첫째로 / **第二** 둘째로 / **第三** 셋째로 / **首先** 우선 / **其次** 다음 / **最后** 끝으로
[시대] **西汉** Xīhàn 서한 / **魏晋南北** Wèi Jìn Nánběi 위진남북조 / **唐代** Tángdài 당대 / **宋代** Sòngdài 송대 / **明清** Míng Qīng 명 · 청대 / **元代** Yuándài 원대
③ 결론: 자신의 관점을 개괄하여 설명하고, 주제를 반복해서 드러낸다.
예 **所以** suǒyǐ 그래서 / **可见** kějiàn ~임을 알 수 있다 / **总之** zǒngzhī 요컨대 / **总而言之** zǒng ér yán zhī 결론적으로 말해서

3 힌트를 찾아라!

독해는 비슷한 모양의 수많은 한자 속에서 제시된 힌트와 일치하는 내용을 찾는 게임이다. 문제에 제시된 힌트를 정확히 기억했다가 지문 속에서 찾아내야 한다. 최근에는 지문의 단어가 거의 변형되지 않고 정답으로 나오는 문제가 많이 출제되므로, 포기하지 말고 끝까지 열심히 힌트를 찾는다.

4 제한된 시간을 효과적으로 활용하라!

시간 제약이 없다면 지문을 여러 번 꼼꼼히 읽고 문제를 풀 수 있지만, 시험은 제한된 시간 안에 얼마나 집중해서 정확하게 답을 고르느냐를 테스트하는 것이므로, 주어진 시간과 문제의 수를 파악하여 시간을 효과적으로 이용해야 한다.

5 틀린 문제는 원인을 분석하라!

무작정 문제만 푸는 것도, 열심히 채점해서 성적만 확인하는 것도 좋은 방법은 아니다. 대부분 같은 실수를 반복하는 경우가 많으므로, 문제를 풀고 나면 반드시 오답 노트를 만들어 틀린 원인을 분석하고, 같은 실수를 반복하지 않도록 노력하자.

[자주 틀리는 유형]
어휘력 부족 / 해석 능력 부족 / 이해력 부족 / 세부 내용에 대한 기억력 부족 /
문제 파악 오류 / 출제자의 함정 / 착각 또는 실수 등

내가 생각하는 HSK란? - HSK는 ＿＿＿＿ 다.

- HSK는 무지개다. 여러 가지의 재미있는 문제 유형을 맛볼 수 있기 때문이다.
- HSK는 화장이다. 처음 시작할 땐 힘든데, 하고 나면 성취감과 자신감이 생긴다.
- HSK는 수능이다. 치열하게 준비해서 많은 이들과 경쟁해야 하는, 꼭 지나야 할 관문이기 때문이다.
- HSK는 농사다. 정성을 들인 만큼 결과가 나오기 때문이다.
- HSK는 기회다. HSK 성적표 하나로 내 인생이 바뀔 수 있으니까.
- HSK는 도전이다. 자격증이 없는 내가 자격증을 만들 수 있는 첫 도전이다.

문제

世界上除了人会撒谎以外动物也会撒谎，而且还很巧妙。

动物学家研究发现，狐狸不仅狡猾而且缺乏母性，它常和子女们争食。当母狐狸发现食物时，为了得到更多的食物，它往往会发出一种虚假的警告信号，故意把小狐狸吓跑，然后大口大口地吃起来。

黑猩猩也常常欺骗同类。动物学家在研究黑猩猩的过程中，发现一只黑猩猩曾多次向其同伴示意，某处有香蕉。其同伴相信了，按照它的示意走去，那只撒谎的黑猩猩却朝真正有香蕉的地方跑。被骗的黑猩猩扑了个空，而撒谎的黑猩猩则饱餐一顿。当它返回原地见到受骗的同伴时，却装得若无其事，不露一点马脚。

有一条腿折了的狗，走起路来很艰难，它的主人对它特别照顾。但过了一些日子，狗的腿伤已经愈合，可那只狗好像摸透了主人的心思，仍伪装腿跛，走起路来一瘸一拐的，以博得主人的同情。主人果然被骗，对它加倍照顾。

动物撒慌，也是动物生存斗争的一种手段。

1. 根据上文，可以知道母狐狸：
   A 很有母性　B 本性很凶
   C 常常被小狐狸骗　D 有时会骗小狐狸

2. 见到被欺骗的同伴，黑猩猩：
   A 表示高兴　B 觉得很痛快
   C 同情被骗的黑猩猩　D 假装什么都没发生过

3. 狗的腿伤已经愈合，为什么走起路来一瘸一拐？
   A 不想走路　B 根本没有痊愈
   C 希望主人继续照顾它　D 喜欢这种走路的方式

4. 上文主要想告诉我们：
   A 动物也会撒谎　B 信用非常重要
   C 只有人类会说假话　D 动物的行为很难理解

문제 분석 제시된 단어를 보고 힌트 찾기에 주목!

이 세상에서 사람이 거짓말하는 것 외에 동물도 거짓말을 할 수 있다. 게다가 그것은 매우 교묘하기까지 하다.

동물학자의 연구에 따르면, 여우는 교활할 뿐만 아니라 모성애가 부족해, 종종 자기 새끼들과 먹이를 두고 싸운다고 한다. 어미 여우는 먹이를 발견했을 때, 더 많이 먹기 위해서 종종 가짜 경고 신호를 보내, 고의로 자기 새끼들을 놀라 도망가게 한 다음, 먹이를 먹기 시작한다.

침팬지도 자주 종족들을 속인다. 동물학자가 침팬지를 연구하는 과정에서 침팬지 한 마리가 동료에게 어딘가에 바나나가 있다고 계속해서 가리키는 것을 발견했다. 동료 침팬지가 그 말을 믿고 그가 말한 곳으로 가자, 거짓말을 한 침팬지는 진짜 바나나가 있는 곳으로 달려갔고, 속임을 당한 침팬지는 허탕을 치고, 거짓말을 한 침팬지는 배부르게 포식을 했다. (포식한) 침팬지가 원래 장소로 돌아와 속은 동료를 만났을 때는 오히려 아무 일도 없었다는 듯이 행동하며, 헛점을 보이지 않는다.

다리 한 쪽이 부러진 개가 있는데, 걷기가 어려워 주인이 특별히 보살펴 주었다. 그러나 시간이 지나 개의 다리가 완쾌되어도, 그 개는 이미 주인의 마음을 꿰뚫어 본 듯이, 여전히 다리를 저는 척하며 절뚝절뚝 걸어 주인의 동정을 산다. 주인은 이에 속아 개를 더 잘 보살피는 것이다.

동물이 거짓말을 하는 것은 생존 투쟁의 한 수단이기도 하다.

요약
- 제목: 동물의 거짓말
- 주제: 생존을 위해 동물도 거짓말을 한다.

단어 除了 chúle 전 ~을 제외하고 | 撒谎 sāhuǎng 동 거짓말을 하다 | 巧妙 qiǎomiào 형 교묘하다 | 研究 yánjiū 동 연구하다 | 狐狸 húli 명 여우 | 不仅 bùjǐn 접 ~뿐만 아니라 | 狡猾 jiǎohuá 형 교활하다 | 缺乏 quēfá 동 결핍되다 | 母性 mǔxìng 명 모성애 | 争食 zhēngshí 동 먹을 것을 놓고 다투다 | 虚假 xūjiǎ 형 거짓의 | 警告 jǐnggào 동 경고하다 | 故意 gùyì 부 고의로 | 黑猩猩 hēixīngxing 명 침팬지 | 欺骗 qīpiàn 동 속이다 | 同伴 tóngbàn 명 동료 | 示意 shìyì 동 의사를 나타내다 | 某处 mǒuchù 명 모처, 어느 곳 | 香蕉 xiāngjiāo 명 바나나 | 按照 ànzhào 전 ~에 근거하여 | 骗 piàn 동 속이다 | 扑空 pūkōng 동 헛걸음하다, 허탕치다 | 顿 dùn 양 끼니, 차례 | 返回 fǎnhuí 동 되돌아오다 | 原地 yuándì 명 제자리 | 若无其事 ruò wú qí shì 성어 마치 아무 일도 없는 듯하다 | 露马脚 lòu mǎjiǎo 엉큼한 속셈이 드러나다 | 折 shé 동 부러지다 | 艰难 jiānnán 형 곤란하다 | 照顾 zhàogù 동 보살피다 | 愈合 yùhé 동 아물다 | 摸透 mōtòu 명 (속마음을) 읽어 내다, 꿰뚫어 보다 | 伪装 wěizhuāng 동 위장하다, 숨기다 | 跛 bǒ 동 절다 | 一瘸一拐 yìqué yìguǎi 절뚝거리다 | 以 yǐ 접 ~하기 위해서(=为了), ~함으로써 | 博得 bódé 동 (동정을) 얻다 | 同情 tóngqíng 동 동정하다 | 加倍 jiābèi 동 배로 증가하다 | 生存斗争 shēngcún dòuzhēng 명 생존 경쟁 | 手段 shǒuduàn 명 수단, 방법

1. 根据上文，可以知道母狐狸：
   - A 很有母性
   - B 本性很凶
   - C 常常被小狐狸骗
   - D 有时会骗小狐狸

이 글에서 어미 여우에 대해 알 수 있는 것은:
- A 모성애가 강하다
- B 본성이 흉악하다
- C 자주 새끼 여우에게 속는다
- **D 때로는 새끼 여우를 속인다**

해설 여우는 교활하면서도 모성애가 부족한 동물이라고 했다. 여우는 먹이를 발견하면 거짓 경고 신호를 보내서 새끼 여우들을 속여 도망가게 한 후, 자신만 배불리 먹이를 먹는다고 했으므로 정답은 D가 된다.

단어 本性 běnxìng 명 본성 | 凶 xiōng 형 사납다, 흉악하다

2. 见到被欺骗的同伴，黑猩猩:	속은 동료를 만났을 때, 침팬지는:
A 表示高兴	A 기뻐한다
B 觉得很痛快	B 통쾌해한다
C 同情被骗的黑猩猩	C 속은 침팬지를 동정한다
D 假装什么都没发生过	**D 아무 일도 없었던 것처럼 행동한다**

해설 침팬지는 동료에게 바나나가 있는 곳을 거짓으로 알려 주고, 동료가 잘못된 장소로 이동할 때, 자신은 정말 바나나가 있는 곳으로 가서 혼자 배를 채운다. 원래 장소로 돌아와 자신이 속인 동료를 만나면 속였다는 것을 내색하지 않고, 아무 일도 없었던 것처럼 행동한다고 했으므로, 정답은 D가 된다.

단어 表示 biǎoshì 동 의미하다, 표하다 | 假装 jiǎzhuāng 동 가장하다

3. 狗的腿伤已经愈合，为什么走起路来一瘸一拐?	개의 다리가 완쾌되었는데 왜 절뚝거리는가?
A 不想走路	A 걷고 싶지 않아서
B 根本没有痊愈	B 완쾌되지 않아서
C 希望主人继续照顾它	**C 계속해서 주인의 보살핌을 받고 싶어서**
D 喜欢这种走路的方式	D 이러한 걸음걸이를 좋아해서

해설 다리를 다치자 주인이 세심하게 배려하고 돌봐 준다는 것을 알게 된 개는 상처가 다 나았음에도 불구하고 다리를 절뚝거리는 척한다. 개가 이렇게 행동하는 이유는 주인으로부터 아팠을 때의 보살핌과 관심을 계속 받고 싶어서이므로, 정답은 C가 된다.

단어 痊愈 quányù 동 병이 낫다, 완쾌되다

4. 上文主要想告诉我们:	이 글이 말하고자 하는 것은:
A 动物也会撒谎	**A 동물도 거짓말을 할 줄 안다**
B 信用非常重要	B 신용은 대단히 중요하다
C 只有人类会说假话	C 사람만 거짓말을 할 줄 안다
D 动物的行为很难理解	D 동물의 행동은 이해하기 어렵다

해설 일반적으로 주제는 지문의 맨 앞이나 뒤에 나온다. 이 글은 서두에서 '사람이 거짓말하는 것 외에 동물도 거짓말을 할 수 있다'라고 주제를 언급했으므로, 정답은 A가 된다.

단어 信用 xìnyòng 명 신용 | 假话 jiǎhuà 명 거짓말 | 理解 lǐjiě 동 이해하다

DAY 29

1-4.

在上海的一处老式弄堂里，有一家精品酒店。虽然门面不大，但却很特别，因为该酒店的很多装修材料用的都是建筑垃圾。

主张用建筑垃圾装修的就是这家酒店的老板。早在酒店动工之前，他就让人四处搜集了一些建筑垃圾，用于新酒店的建设和装饰。值得一提的就是大厅里的"文化墙"，这是最吸人眼球的地方。这面墙没有富丽堂皇的背景，取而代之的是用34个旧旅行箱堆起来的"废物墙"。可在设计师的精心打造下，这面墙不仅突出了住宿的主题，而且营造了一种艺术感和亲切感。

这家酒店还有一面墙，上面镶嵌着大大小小、各式各样的老锅。你可别小看这些锅，都是从民间回收来的各式老锅，经过一系列清理和打磨的处理后，被固定在墙面上。这面墙不仅吸引了无数客人的目光，更体现了中国人"民以食为天"的传统观念。

虽然物件看上去陈旧，并不意味着简陋。在这家酒店，80%的装修材料都是旧物再利用，非常符合当前的环保要求，设计理念也是当今最流行的。也许酒店看上去有一丝老旧的感觉，但经过设计师的特别处理后，人们从中体会出新的味道。旧砖、旧瓦、旧木头在大多数人眼中，就是一堆让人头疼的建筑垃圾，但它们却巧妙地被酒店老板充分利用起来，打造成了一个顶级酒店。这样的酒店不仅最大限度地节约能源，还营造了一种浪漫的情调，深受旅客们的喜爱。"没有所谓的废弃物，只有放错位置的资源"。酒店老板总是把这句话挂在嘴边，也许这就是他把酒店打造得如此完美的关键所在。

1. 这家酒店最大的特色是:

A 主要接待外国旅客　　B 位于上海市中心

C 装修具有时尚感　　D 将建筑垃圾作为装修材料

2. 酒店的“文化墙”是由什么做成的?

A 旧旅行箱　　　B 二手光盘

C 玻璃饰品　　　D 旧砖旧瓦

3. 用老锅装饰的那面墙体现了什么观念?

A 环保再利用　　　B 顾客就是上帝

C 民以食为天　　　D 传统不能忘记

4. 酒店老板认为:

A 垃圾分类处理很重要　　　B 酒店的服务很关键

C 装修越简单显高档　　　D 废弃物是放错地方的资源

5-8.

中国是世界上种茶最早、制茶最精、饮茶最多的国家，是茶的故乡。最初，茶只是被作为一种药材，而非饮品。后来，随着古人对茶性的深入研究，逐渐将茶从药材中分离出来，而成为一种清热解渴的饮料，并逐渐形成了中国的茶文化。

据史料记载，西汉时期已经有了饮茶的习俗。到了魏晋南北朝时期，饮茶的习俗已经成为上层人物中的一种时尚。唐代，可以说是中国茶文化的成熟时期。此时，饮茶的风气极为盛行。人们不仅讲究茶叶的产地和采制，还讲究饮茶的器具和方法，并且在饮茶的方法上日益翻新。宋代，茶的种植、贸易也依然有增无减，并且制茶技术也有了明显的进步。到了元代，饮茶已成为日常生活中极为平常的事。明清时期，日常生活中人们饮茶的习惯已经与现在无大差别。

中国很早以前就把茶种以及种茶的技术传播到了外国。唐代，茶叶传到了日本，后来出现了举世闻名的日本茶道。大约17世纪初，茶叶流传到西欧，也成为欧洲人民喜爱的饮料之一。

5. 茶叶最初被当做什么?

A 香料　B 药材　C 饮料　D 装饰品

6. 根据上文，下列哪项是正确的?

A 唐代茶叶流传到日本　B 宋代饮茶已经很平常了

C 西汉时期喝茶成为一种流行　D 元代饮茶的习惯和现代差不多

7. 唐代开始讲究什么?

A 制茶时间　B 采茶季节

C 茶叶的产地　D 提高茶的质量

8. 这篇文章主要内容是:

A 制茶技术　B 茶的发展历史

C 茶怎样用于医学　D 外国的茶文化与中国茶的关系

독해

DAY 30

1-4.

良好的沟通需要三个要素。

第一个要素是一定要有一个明确的目标。只有大家有了明确的目标才叫沟通。如果大家来了但没有目标，那就不是沟通，是什么呢? 是闲聊天。沟通就要有一个明确的目标，这是沟通最重要的基础。

第二个要素是沟通之后，要形成一个共同的规则。沟通结束以后一定要形成一个双方或者多方都共同承认的一个规则，只有形成了这个规则才叫做完成了一次沟通。如果没有形成规则，那么这次不能称之为沟通。在实际的工作过程中，我们常见到大家一起沟通过了，但是最后没有形成一个明确的规则，大家就各自去工作了。由于对沟通的内容理解不同，又没有形成规则，最后反而让双方产生了矛盾。

第三个要素是沟通信息、思想和情感。沟通的内容不仅仅是信息，还包括更加重要的思想和情感。信息是非常容易沟通的，而思想和情感是不太容易沟通的。在我们工作的过程中，很多障碍使思想和情感无法得到一个很好的沟通。事实上我们在沟通过程中，传递更多的是彼此之间的思想，而信息的内容并不是主要的内容。

1. 沟通最重要的基础是什么?

A 有明确的目标　　B 工作类型一样

C 大家都有时间　　D 有共同的兴趣爱好

2. 如果沟通之后没有形成共同的规则会怎么样?

A 提高工作效率　　B 以后不好管理

C 发展各自的想法　　D 让双方产生新的矛盾

3. 根据上文，下列选项中正确的是:

A 聊天也是沟通　　B 情感不容易沟通

C 面对面才能进行沟通　　D 有效的沟通不用形成规则

4. 这篇文章的主题是:

A 不要浪费时间　　B 聊天比沟通更轻松

C 什么是良好的沟通　　D 沟通的双方应互相谦让

5-8.

中国人常说有心栽花花不开，无心插柳柳成荫。可见，最好的东西，往往是偶然得来的。比如路过彩票投注站的时候，随便选了几组自己喜欢的号码，谁知这张彩票居然中奖了。

跟朋友出去拍照，挑选了很多漂亮的衣服，顺便又多带了一套，没想到照片洗出来以后，效果最好的不是精心搭配的那几件衣服，而是顺便带去的那一套。

跟朋友约好在百货商店门口见面，没想到路上没堵车，所以早到了，于是进百货商店随便逛逛，就在这短短的时间里你找到了已经找了好几个月的裙子。

你画了很多张画，眼看还有些颜料，就顺便再画一张，最满意的却是这一张。

有时候，拍照拍了一卷胶卷，最后的一两张胶片，本来不打算拍了，可是为免浪费，就随便拍了两张，谁知道胶片冲出来之后，效果最好的竟是最后拍的那两张。

今天晚上，朋友说要把一个男孩子介绍给你，你想可能又是空欢喜一场，所以想放弃，但反正有空，于是去看看。幸好你去了，他就是你要找的人。

不到最后一刻，千万别放弃。最后得到好东西，不是幸运。有时候，必须有前面的苦心经营，才有后面的偶然相遇。

5. 根据本文，偶然得来的:

A 可能是最好的　　B 是一种宝贵经验
C 让我们浪费时间和精力　　D 给我们带来更多的乐趣

6. 根据本文，等朋友的人:

A 中奖了　　B 画了很多张画
C 买到了合心意的裙子　　D 在百货商店买到了照相机

7. 女的为什么不想和朋友介绍的那个男孩子见面?

A 工作太忙了　　B 人家看不上她
C 男孩子长得不帅　　D 她认为也许不会成

8. 本文告诉我们:

A 偶然有其必然　　B 要学会享受生活
C 偶然可能成为必然　　D 等一等会有好的结果

第一部分

第1－15题：请选出正确答案。

1-4.

大家为了保护眼睛，可能都曾将电脑或手机的背景色设置成绿色。但是这种说法真的____1____吗?

专家称，看远处的花草树木时，会觉得眼睛很舒服，主要是因为如果你长时间看着近处，眼睛内部的肌肉会持续收缩，而向远处看则可以缓解它的紧张____2____，这与看什么颜色无关。虽然心理学研究____3____，绿色可以使人放松并感到平静，但它对眼睛本身并没有特别的作用。

因此，如果想保护眼睛，比起更换电脑和手机的背景色，____4____,多眨眨眼睛，或隔一段时间就看看远处。

1. A 数据 B 科学 C 原因 D 结果

2. A 状态 B 形式 C 样式 D 形状

3. A 表明 B 指挥 C 叙述 D 启发

4. A 电脑应注意调节亮度 B 要在书桌上多养一些花儿
   C 不如时不时做做眼保健操 D 看纸质书对眼睛没有伤害

5-7.

很多司机总是一上车就打开空调降温。其实，就是这个小小的＿＿5＿＿，可能会伤害到人体的呼吸系统。

发动车前，车内空调系统中已经积累了大量对人体有害的化学物质和灰尘，这时立刻打开空调会＿＿6＿＿。所以上车后应该先开窗通风，然后开空调，等空调开了三至五分钟后再＿＿7＿＿车窗。另外，如果长时间驾驶，中途也应该打开车窗换换气。

5. A 观念　B 姿势　C 本领　D 动作

6. A 立刻让车上的温度下降　B 马上让车上的人感到温暖
C 直接污染车内的空气　D 立刻能让车的发动机预热

7. A 紧闭　B 振动　C 关闭　D 打开

8-11.

有位著名的诗人，他叫沈尹默，对古诗词很有研究，他曾研读了大量的名家诗词，并自创了“遮字难己读书法”。只要看到书中谁作了诗，就随便＿＿8＿＿住其中的一个字,考考自己：“＿＿9＿＿是我写的话，该用什么字?”这样就相当于请教了作者，拜他为师。通过这种读书法，沈尹默深入地掌握了名家作品，＿＿10＿＿。

沈尹默正是凭借这种独特的“拜师”法，虚心学习，吸收各家之长，在诗词＿＿11＿＿取得了很大的成就。

8. A 踩　B 盖　C 抄　D 拆

독해

9. A 与其 B 假如 C 只有 D 即使

10. A 同时也提高了写作水平 B 对该方法抱有怀疑的态度
C 还认识了不少书法家 D 在古代诗词研究界的地位很高

11. A 规模 B 阶段 C 领域 D 类型

12-15.

有个学生刚进研究所，导师交给他一项简单的工作，他觉得这样不足以展现自己的才能，于是请导师多给他安排一些研究项目做。

他的导师说，如果我扔给你一个球，你能接到。当你把那个球拿___12___之后，再扔给你第二个，你肯定也能抓住。但是如果我同时扔给你两个球，___13___。同样是为了接住两个球，___14___非要一起接呢？这跟研究是一个道理，如果你手中有两个项目，必须先保证把___15___一项做好，再去做另一项，免得手忙脚乱，最后一个都做不好。

12. A 稳 B 歪 C 掉 D 赢

13. A 你会想尽办法拍出去 B 你恐怕一个都抓不住
C 你可能会在接球时摔倒 D 如果换你来扔球给我

14. A 尽量 B 何必 C 总算 D 幸亏

15. A 所有 B 各 C 其余 D 其中

第二部分

第16-25题：请选出与试题内容一致的一项。

16. 研究发现，人们通过实物购物更容易获得幸福感，因为购物过程中的人际沟通和实物体验会使人产生更多的满足感。而网购消费过程中缺乏及时和真实的交流，也无法试穿和触摸到商品，使得购物体验感大打折扣。

A 网购经常打折
B 网购可以直接摸到商品
C 商场消费更易让人感到幸福
D 实物购物过程中缺乏及时的交流

17. 人遇到事情的时候要往好处想，也许事情的结果就会完全不同。在沙漠里，两个人迷路了，他们都只剩下半瓶水。悲观者绝望地说:“完了，只剩下半瓶水了!”乐观者却高兴地说:“有半瓶水就有希望!”结果，悲观者倒在了离水源仅有百步的地方，乐观者凭着半瓶水，终于走出了沙漠。很多时候，仅仅是换一种心情，换一种角度，便会从困境中走出来。

A 梦想比现实更重要
B 悲观者还剩一瓶水
C 他们看问题的角度不同
D 少数人掌握的才是真理

18. 一年夏天，曹操率领部队去讨伐另一个国家，天气非常热，士兵们渴得要命，为了激励士气，聪明的曹操就对士兵们说:“前面不远处有很大的一片梅树林，梅子特别多，又甜又酸，到时我们吃个痛快。”士兵们听了，一个个都流出口水来，不再说渴了，行军的速度也加快了。他们翻山越岭到了目的地，却没有看到梅树林。

A 士兵们看到梅树林
B 士兵们没有吃到梅子
C 曹操一个人到了目的地
D 士兵们吃到梅子，所以不渴了

19. 如果在人们都要放弃的时候你再坚持一会儿，你就会赢得最后的成功。不论做什么事，如不坚持到底，半途而废，那么再简单的事也只能功亏一篑；相反，只要抱着锲而不舍、持之以恒的精神，再难办的事情也会迎刃而解。

A 坚持就是胜利　　B 要三思而后行

C 多听取别人的意见　　D 世上没有不可能的事情

20. 对孩子进行教育的时候，一定要培养孩子的好奇心。孩子对这个东西好奇，才会对它感兴趣，然后让兴趣成为孩子的老师。如果只是强迫孩子做不喜欢做的事情，时间长了，孩子就会对它感到厌烦，这样会影响孩子的正常发展。

A 让孩子自由发展　　B 保护孩子的好奇心

C 父母是孩子最好的老师　　D 要对孩子从小进行严格教育

21. 要善于发现别人的见解的独到性，不要盲目地否定别人的意见。只有这样，才能多角度地看问题。如果截然相反的意见会使你大动肝火，这就表明，你的理智已失去了控制。假如你细心观察，你会发觉也许错误在你这一边。多听听别人的意见，也会让自己受益无穷。

A 团结就是力量　　B 生气是不能解决问题的

C 不要轻易否定别人的看法　　D 不要自己做决定，要听别人的

22. 中国的茶文化历史悠久，喝茶的传统已经流传了几千年。对于中国人来说，喝茶就是养生，对于保持身体健康很有帮助。喝茶也是一门学问，不同的季节喝的茶也不一样。简单地说就是:“春天喝花茶，夏天喝绿茶，秋天喝青茶，冬天喝红茶。”

A 夏天应该多喝绿茶　　B 喝茶有减肥的效果

C 茶和饮料的功能差不多　　D 尤其是孩子，应该多喝茶

23. 朋友询问经验丰富的园艺:“这藤上的爬山虎能长多长呢?”园艺师想了想说:“如果你给它一根藤，它只能长差不多几米；但是你给它一面墙，它能爬满整面墙。”就像环境会限制植物的成长一样，人也会限制自己的思想，所以不要给自己设置太多条条框框，这样会限制你的发展。

A 看事情不能看表面
B 不要轻易给思想设限
C 爬山虎是一种动物
D 爬山虎的生长和环境并无多大关系

24. 睡眠树生长在热带，一年之内可几次开花，在花期结束后的四到五周，它的果实才会成熟。睡眠果的大小并不大，形状像南瓜，色彩很鲜艳。它的味道虽有点儿苦涩，却是很多失眠患者改善睡眠的一味良药。

A 睡眠树生长在亚热带
B 睡眠果可治疗失眠
C 睡眠树的形状像黄瓜
D 睡眠树仅在春季开花

25. “世上本没有路，走的人多了就变成了路。”许多人都希望自己能获得成功，并开辟出一条无人走过的新路。但是，我们也要看到别人走过的路实际上是为我们积累的经验。在此基础上，通过自己的坚持和努力，走得更久更远，从而站到巨人的肩膀上看新的风景。

A 要有创新精神
B 要珍惜前人的宝贵经验
C 只有找到别人没走过的路，才能成功
D 要懂得发挥自身优势

第三部分

第26-45题：请选出正确答案。

26- 29.

一个星期五的下午，马上就要下班了。一位陌生人走进来问小王，哪儿能找到一位助手，来帮他整理一下资料，因为他手头有些工作必须当天完成。

小王问："请问你是谁?"他回答："我们办公室是在一个楼层，我知道你们这里有速记员。"小王告诉他，公司所有速记员都去看体育比赛了，如果晚来了5分钟，自己也会走。但小王却说，自己还是愿意留下帮他，因为看比赛，以后有的是机会，但是工作啊，必须当天完成。

那天工作做了很久，做完已经很晚了。那个人对小王表达了谢意，问小王应该付他多少钱。小王说，1000元。那个人说可以。小王忙说，他是开玩笑。但那个人还是给了他这些钱。

3个月之后，小王早已经把这件事忘掉了，那个人却又找到小王。原来那个人是律师，他很看重小王的工作能力，他请小王去他的公司工作，薪水比原来的地方高了很多。

因此，千万不要怕麻烦，因为机会总爱装成"麻烦"的样子。

26. 通过上文，我们可以知道小王:

A 经验丰富　　B 乐于助人　　C 身体健康　　D 不爱工作

27. 下列哪一项是正确的?

A 小王是经理　　B 律师很感谢小王

C 律师没有给小王钱　　D 那天工作很快就做完了

28. 过了3个月后，发生了什么事？

A 小王当上了律师　　B 小王不做速记员了

C 小王被公司开除了　　D 律师请小王去自己的公司工作

29. 这篇文章告诉我们:

A 要多学知识　　B 要主动帮助别人

C 做事不要轻易放弃　　D 机会偏爱不怕麻烦的人

30-33.

热衷于参加野外训练营的人非常重视野外生存训练，他们会系统地学习许多自救本领，以便在孤立无援的情况下，能自我救助、脱离危险。让人们吃惊的是，在自然界中，许多野生动物没接受过生存训练，却也是自救的高手。

这样的例子比比皆是。人类用温泉浴来治病，这是大家众所周知。其实熊也会用温泉浴来治病。当小熊的皮肤出现问题时，母熊就会带它去泡温泉。由于温泉中富含多种矿物质，通过浸泡可以使小熊的皮肤得以恢复。直到小熊痊愈，它们才会离开这个天然的“救护所”。

其实，动物遇到危险时都有独特的自救方式，最常见的是向同类发送求救信号，以便大家联合起来对付敌人。海豚是一种群居动物，它们会用独特的语言来传递信息。当一头小海豚受到鲨鱼的进攻威胁时，小海豚会向成年海豚发出求救信号，而接收到信号的成年海豚中会有两只赶来，它们会将鲨鱼引到别处，一旦鲨鱼上当，其他海豚就会将鲨鱼包围起来，共同对抗它。

凭着这些特殊的生存技能，动物在面对疾病或者天敌时才得以生存，这也是它们在长期进化中获得的本领。

30. 人们接受野外生存训练的目的是:

A 远离危险　　B 救助野生动物

C 增强方向感　　D 培养团队合作精神

31. 母熊为什么要带小熊去泡温泉?

A 小熊喜欢在温泉中玩耍　　B 小熊生病了

C 想缓解一下疲劳　　D 想训练小熊游泳

32. 小海豚遇到鲨鱼的威胁时会怎么做?

A 快速逃跑　　B 将鲨鱼引入海豚群

C 发信号求救　　D 游到海面上

33. 最适合做上文标题的是:

A 动物的自救本领　　B 全球变暖对动物的影响

C 户外运动的风险性　　D 爱护动物，人人有责

34-37.

随着生活水平的提升，越来越多的人喜欢饲养宠物，但由于工作繁忙，很多人缺少足够的时间照顾它们。为了解决这个难题，科学家们一直致力于开发一种可穿戴式宠物智能设备。

目前的可穿戴式宠物智能设备非常强大，可实现多种功能。比如:宠物的健康监测、位置监控、宠物社交以及人宠沟通等功能。以“人宠沟通功能”为例，虽然宠物与主人长期生活在一起，朝夕相处，但仅凭猜测，要准确判断宠物的一些

需求和想法仍然很困难。这时如果宠物戴上一种头戴式智能耳机，耳机内部的微型电脑可以帮助扫描宠物的脑电图，通过分析处理，最终使用扬声器将宠物的需求用人类的语言表达出来。

但是该设备所能分析出来的宠物想法还非常有限，仅仅是“我饿了”、“我累了”、“那个人是谁”等最简单的语言，不过研究人员正在努力地做进一步研究，希望解读出宠物更加复杂的想法，让可穿戴式宠物智能设备“说”出更多的句子。

当然，未来针对宠物用品的市场还将不断扩大，比如，对检测宠物的热量、血压和心率的新型传感器的需求正不断增长。不少公司也在开发无线智能项圈。随着科技的不断进步，可穿戴式宠物智能设备未来或许也会改变人类养宠物的方式。

34. 现在的人们养宠物的困难是什么?

A 没空儿照顾它们　　B 手续办理很麻烦

C 宠物的寿命很短　　D 宠物的健康和疾病问题

35. “人宠沟通功能”可以:

A 控制宠物的情绪　　B 向宠物传达主人的命令

C 让主人更了解宠物　　D 诊断动物的疾病

36. 根据第3段，研究人员进一步研究是为了:

A 完善宠物医疗服务　　B 开发宠物定位系统

C 帮助宠物减少痛苦　　D 解读宠物更复杂的想法

37. 下列哪项最适合做上文标题?

A 宠物的科学饲养方法　　B 科技改变养宠物的方式

C 宠物的行为分析　　D 宠物疾病的预防与治疗

38- 40.

乔恩被医生叫到了办公室。大夫通知他，他得的是不治之症，最多活到年底，还让他小心圣诞节的时候不要出事。他想，新年的太阳估计见不到了。他回到家，留着泪，拿出纸笔，开始写遗书。他忧虑恐惧地过了些日子，可是他发现自己总能在第二天清晨睁开眼睛。从前的每一天，他都认为自己活着是理所当然的，而现在，每个小时对他来说都是上帝的恩赐。于是，他不再忧虑恐惧，而是感恩地过每一天。他尽量让自己每天都过得快乐。他决定做自己以前想做但根本没去做的一些事、那些让他觉得开心和兴奋的事。渐渐地，他放弃了药物治疗，也不去医院了，困了就睡，渴了就喝，饿了就吃，完全只听自己身体的调配。他锻炼身体，出去散步，欣赏花草，关注单纯的生活，努力发现生活的美好，不去和任何人斤斤计较。他称自己的做法是“自然疗法”。就这样，他一直轻松地活到了现在。

38. 乔恩知道自己很快就会离开这个世界，他的心情很:

A 遗憾　　B 沉重　　C 安慰　　D 不安

39. 乔恩放弃了医院的治疗，开始:

A 等死　　B 自我治疗　　C 大吃大喝　　D 尽情享受

40. 乔恩现在觉得每活一个小时，都是:

A 忧虑　　B 恐惧　　C 受罪　　D 上帝的恩赐

41- 45.

中国人对成功、失败、快乐、悲伤，有比较概念化的统一模式。换句话说，中国人活着就是为了争口气，是为了一种体面，因为在别人面前必须有可以炫耀的东西。

比如说，孩子小的时候，爸妈会对他说:“孩儿啊，你要好好念书，长大考个好大学，给你爸你妈争口气。”运动员参加国际比赛，领导也会握着他的手说:“祖国和人民期待着你为中国人争光!”对西方人来说，人生是自己的人生，跟别人没有多大关系，应该帮助别人，但没必要为谁而活。他们更看重体现个人特性和自我价值的平和人生。在西方，无论你从事什么职业都无高低贵贱之分，干事业强调的是事业本身的兴趣和幸福愉快。而西方人自己的人生价值的实现，成功与否，跟别人都没有任何关系，他们也不需要通过他人的肯定来获得自己心理的满足和回报。淡泊的人生在西方人看来是一种享受，守住一份简朴，不愿意显山露水，越来越被西方人认为是一种难得的人生境界。

41. 根据上文，中国人活着不是为了:

A 有面子 B 争口气 C 向别人炫耀 D 快乐和享受

42. 西方人做工作，凭的是:

A 兴趣 B 自由 C 劳动 D 工作的高低贵贱

43. 中国人看待成功和失败:

A 模式统一 B 别人说了不算 C 没有统一标准 D 没有固定概念

44. 西方人追求的人生要体现:

A 富裕 B 他人的成就 C 兴趣和愉快 D 个性和自我价值

45. 西方人认为最高的人生境界是:

A 简朴淡泊 B 游山玩水 C 富有大方 D 无关他人

쓰기

书写

제1부분 어순 배열하기

기출문제 탐색전

제2부분 단어, 그림 보고 작문하기

기출문제 탐색전

실전 모의고사

新HSK 5급

쓰기 제1부분 어순 배열하기

기출문제 탐색전

문제

91. 非常　邻居　森林　熟悉　对附近的
92. 被　游戏　接受　更容易　好玩儿的　儿童
93. 最有名的　他　京剧演员　是　20世纪

❶ 총 8 문제로, 문제당 5점씩, 40점이 배점된다.

❷ 문제마다 4~6개의 단어나 어구가 제시된다.

❸ 어순 배열을 하기 전, 먼저 단어를 읽고 어떤 문장이 될지 밑그림을 그려 본다.

❹ 주어나 목적어가 될 수 있는 명사 성격의 성분과 술어가 될 수 있는 동사나 형용사 부분을 따로 분리하면 문제를 쉽게 풀 수 있다.

❺ 기본 어순을 알아야 한다.

- 기본 어순: 주어 + 술어 + 목적어

  예 我 + 没去过 + 农村。나는 농촌에 가 본 적이 없다.

- 관형어의 어순: [지시대사 + (수사) + 양사 + 기타 수식어 + 的] + 피수식어

  예 [这 + (一) + 位 + 有名 + 的] + 京剧演员 이 한 분의 유명한 경극 배우

  Tip 지시대사와 수사 一가 함께 나오면 一는 일반적으로 생략한다.

- 부사어의 어순: [부사 + 조동사 + 전치사구] + 술어(피수식어)

  예 [非常 + 想 + 跟你] + 吃饭 당신과 밥을 무척 먹고 싶다

쓰기 영역은 총 10문제로, 제1부분에서는 어순 배열 문제가 8문제 출제되며, 배점은 5점씩이다. 4급에 비해 문항 수와 배점은 조금씩 감소했고, 난이도에는 큰 차이가 없다. 복잡한 관형어의 어순이나, 把자문, 被자문, 비교문과 같은 특수 구문 등 이미 4급에서 다루어진 내용이 출제되므로, 기본기를 더욱 탄탄하게 다져서 도전해 보자.

모범 답안

91. 邻居对附近的森林非常熟悉。이웃은 인근 숲에 대해 대단히 잘 안다.

92. 好玩儿的游戏更容易被儿童接受。재미있는 놀이는 아이들에게 더 쉽게 받아들여진다.

93. 他是20世纪最有名的京剧演员。그는 20세기의 가장 유명한 경극 배우다.

❻ 어순 배열 방법

- 명사 성격의 성분(명사, 대사, 명사 + 的자구, 전치사구 포함)을 찾는다.
  예 [대/명사] 他 그 / 王校长 왕 교장 / 司机 운전사
  [수식어] 旁边的 옆의 / 当地的 현지의 / 附近的 근처의
  [전치사구] 把行李 짐을 / 被老师 선생님에 의해 / 在阳台上 베란다에
- 술어(동사, 형용사)를 찾는다.
  예 使用 사용하다 / 喜欢 좋아하다 / 建议 제안하다 / 羡慕 부럽다 / 干净 깨끗하다 / 可爱 귀엽다
- '부조전(부사, 조동사, 전치사)'을 술어 앞에 삽입한다.
  예 不 + 能 + 在那儿 + 坐着 거기에 앉아 있을 수 없다
- 보어를 삽입한다. (어순 : 술어 + 동태조사 了+ 보어 + 목적어 + 어기조사 了)
  예 等 + 了 + 一个小时 + 火车 + 了 기차를 한 시간 동안 기다렸다

❼ 기본에 충실하고, 예외에 민감하라.
아는 내용을 실수로 틀리지 않도록 기본 지식을 반복 학습하고, 특수 구문(把자문, 被자문, 비교문, 연동문, 겸어문), 부사의 예외적 위치, 부사가 2개 이상 나왔을 때의 나열 순서 등을 철저히 익혀 둔다.

01 기본 관형어

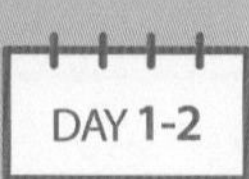

관형어는 주어나 목적어 앞에서 주어나 목적어 역할을 하는 명사를 꾸며 주는 수식어다. 관형어가 많아질수록 수식을 받는 명사(중심어)는 더 구체화되고 명확해진다. 명사는 좀처럼 상태가 변하지 않는 고체 덩어리 같아서 동사, 형용사 등의 수식을 받더라도 결국 명사 덩어리라는 사실은 변하지 않는다. 관형어만 제대로 이해해도 쓰기 40%를 마스터한 거나 다름없다. 쓰기 영역의 기본인 관형어를 마스터해 보자.

쓰기 시크릿 백전백승

1 관형어의 기본 어순을 익혀라!

① 수사 + 양사 + 명사

예 一 + 件 + 衣服 한 벌의 옷

② 지시대사 + (수사) + 양사 + 명사

예 这 + (一) + 件 + 衣服 이 한 벌의 옷

Tip 지시대사 다음에 수사 一가 나올 경우, 수사는 일반적으로 생략한다.

③ 지시대사 + (수사) + 양사 + 수식어 的 + 명사

예 这件 + 妈妈送给我的 + 衣服 이 엄마가 선물해 준 옷

2 제시어를 도형으로 표시하라!

5급 쓰기 제1부분 문제는 4~6개의 제시어로 구성되어 있으며, 주로 5개 제시어 문제가 가장 많이 출제된다. 5개 단어는 주로 관형어, 주어, 목적어, 술어가 제시되며 만약 도형으로 확실하게 구분 지을 수 있다면 어순 배열 문제가 어렵지 않게 술술~ 풀릴 것으로 확신한다.

Tip 1. 주어, 목적어(명사)는 실선 네모 박스
2. 관형어(수식어)는 점선 네모 박스
전치사와 전치사구(전치사+명사)는 점선 네모 박스
3. 술어(동사, 형용사)는 세모 박스
4. 부사, 조동사는 별 박스

3 기본 관형어를 패턴화 하라!

최신 기출문제 분석 결과 가장 많이 나오는 문제 1위는 관형어 문제다. 관형어의 패턴을 제대로 익힌다면 쓰기1부분을 쉽게 정복할 수 있다. 가장 기본 패턴을 도식화해서 기억하도록 하자!

[기본 패턴1]

그 새로운 방안은 모두의 지지를 얻었다.

Tip 수량사(지시대사 + 수사 + 양사)가 중심어를 수식할 때는 的를 쓰지 않는다.

[기본 패턴2]

사람들의 생각은 매우 큰 변화가 생겼다.

Tip 명사, 대사, 동사(구),형용사(구)가 중심어를 수식할 때는 的를 사용하여 결합시킨다.

4 동사 찾는 방법을 익혀라!

단어 뒤에 동태조사 了, 着, 过를 끌고 나오거나 조동사 想, 会, 能, 可以 등이 나온다면 그 단어는 동사일 가능성이 99%다. 대표 동사 是, 在, 有까지는 당연히 기억해 두어야 한다.

① 동태조사 了, 着, 过 확인

反映了(反映 + 了) 반영하였다
象征着(象征 + 着) 상징하고 있다
调查过(调查 + 过) 조사한 적이 있다

② 조동사 想, 会, 能, 可以 확인

想利用(想 + 利用) 이용하고 싶다
会增加(会 + 增加) 증가할 것이다
能帮助(能 + 帮助) 도울 수 있다

③ 대표동사 是, 在, 有

是传说(是 + 传说) 전설이다
在冰箱里(在 + 冰箱里) 냉장고 안에 있다
有责任(有 + 责任) 책임이 있다

Tip 동사 찾는 비법으로 동사를 찾았다면 세모 박스 △로 표시해 두자.

쓰기

5 명사 찾는 방법을 익혀라!

단어가 해석된다면 명사를 파악하는 것은 식은 죽 먹기다. 문장을 만들 때 명사는 최소 1개에서 최대 4개까지 등장하므로 그 중요성은 아무리 강조해도 지나치지 않다. 모르는 단어라도 한자 독음으로 뜻을 유추해 볼 수 있으니 잘 살펴보자. 또한 3~5음절처럼 음절 수가 많을 수록 명사일 확률은 높아진다.

① 2음절 단어를 한자를 해석할 수 있다면 명사임을 확신할 수 있다.

예 **温度** 온도 / **结果** 결과 / **经验** 경험 / **态度** 태도 / **文章** 문장 / **印象** 인상

② 3음절 단어라면 명사일 가능성이 매우 높다.

[형식] 1음절 형용사 + 명사

예 **冷空气** 차가운 공기 / **好朋友** 좋은 친구 / **新设备** 새로운 설비 / **好习惯** 좋은 습관

[형식] 원래부터 3음절 명사

예 **中老年** 중노년 / **消费者** 소비자 / **文艺界** 문화 예술계 / **东南亚** 동남아 / **中秋节** 추석

③ 4음절 단어라면 명사일 가능성이 매우 높다.

[형식] 긴밀 연결 + 명사

예 **足球比赛** 축구 시합 / **电影演员** 영화 배우 / **期末考试** 기말 고사 / **讲课方法** 수업 방법 / **业余爱好** 여가 취미 / **汉语老师** 중국어 교사 / **服务态度** 서비스 태도 / **经济发展** 경제 발전

④ 4음절 이상의 단어라면 명사일 가능성이 매우 높다.

예 **汉语水平考试** 한어수평고시 / **市场经济形式** 시장 경제 상황 / **学术讨论会** 학술 토론회

Tip 명사 찾는 비법으로 명사를 찾았다면 네모 박스 ☐ 로 표시해 두자.

문제 풀이 비법 총정리

첫째, 제시어를 보고 아는 단어들을 점선 네모, 세모, 실선 네모 표시를 해 보자.

관형어를 찾아라!

- 수량사 관형어는 지시대사와 자주 함께 나온다.

  예 **这段** 이 단락 / **这种** 이 종류 / **这件** 이 한 벌

- 수식 관형어는 구조조사 的를 수반한다.

  예 **很有名的** 매우 유명한 / **衰老的** 노쇠한 / **模糊的** 모호한

  Tip 단어를 잘 몰라도 구조조사 的를 보고 관형어임을 알 수 있다.

동사술어를 찾아라!

- 동태조사 了, 着, 过가 있으면 동사일 가능성 높다.
- 조동사 想, 会, 能, 可以 등이 있으면 동사일 가능성이 높다.
- 대표 동사 是, 在, 有 가 보이면 동사일 가능성이 높다.

명사를 찾아라!

- 3음절, 4음절, 5음절, 6음절 제시어는 명사일 가능성이 높다.

  예 **消费者** 소비자 / **足球比赛** 축구 시합 / **学术讨论会** 학술 토론회 / **市场经济形势** 시장 경제 상황

- 다른 품사들은 대부분 2음절이 많기 때문에, 2음절 단어는 뜻을 알아야 한다.

둘째, 제시된 단어들을 보고 어떤 내용일지 대략의 밑그림을 그려 본다.

- 대략적 해석을 통해 어떠한 문장이 만들어질지 예상을 해 본다.

셋째, 관형어와 명사를 연결시킨다.

- 술어를 중심으로 주어 자리에 놓아야 할지, 목적어 자리에 놓아야 할지 해석을 통해 적절한 자리에 놓는다.

넷째, 나열한 문장을 다시 한번 해석해 본다.

- 나열한 단어들이 중국어 어순에 맞는지 반드시 재확인을 해서 오답률을 낮춰야 한다.

시크릿 확인학습

문제 1

研究价值　论文　这篇　具有　很高的

문제 분석 수량사 관형어는 주어 앞, 수식 관형어는 목적어 앞에 위치!

연구 가치　논문　이 한 편의　지니고 있다　매우 높은

这篇论文具有很高的研究价值。이 논문은 매우 높은 연구 가치를 지니고 있다.

단어 研究 yánjiū 동명 연구하다 | 价值 jiàzhí 명 가치 | 论文 lùnwén 명 논문 | 篇 piān 양 편(문장을 세는 단위) | 具有 jùyǒu 동 구비하다, 가지다

해설 **STEP 1** 관형어를 찾아라!

- 这篇(이 한 편의): '지시대사 + 양사'로 수량사 관형어가 된다. 양사 篇은 논문, 문장 등을 세는 양사다.
- 很高的(매우 높은): '정도부사 + 형용사 + 的'로 형용사 수식 관형어가 된다.

STEP 2 중심어를 찾아라!

- 论文(논문): 문장에서 주어나 목적어가 될 수 있다. 논문을 세는 수량사 这篇과 함께 결합한다. 지시대사 这, 那 등이 있으면 특정한 것을 지시하는 것이므로 주어가 될 가능성이 매우 높아진다.
  → 这篇论文(이 논문)
- 研究价值(연구 가치): 명사로 목적어가 된다. 관형어 很高的(매우 높은)와 결합한다.
  → 很高的研究价值(매우 높은 연구 가치)

STEP 3 술어를 찾아라!

- 具有(지니고 있다): 동사로 문장에서 술어가 된다. 具有라는 단어를 몰랐다 하더라도 有(~가 있다)를 보고 동사임을 유추해 볼 수 있다.

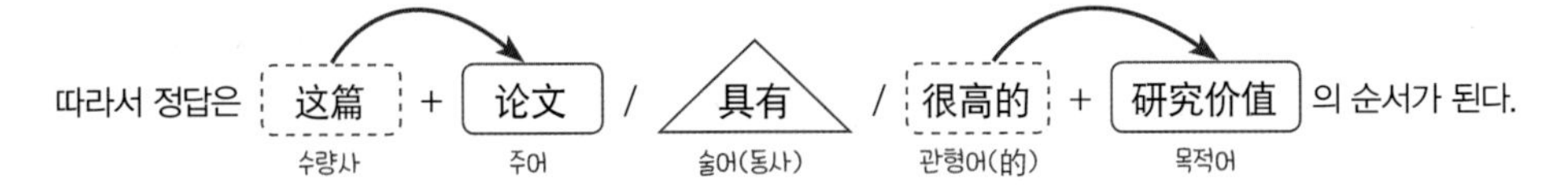

문제 2

古代的　　这座建筑的　　铜钱　　非常像　　外形

문제 분석 2개의 수식 관형어를 각각 주어와 목적어 앞에 위치!

고대의　　이 건축물의　　동전　　매우 닮았다　　외형

这座建筑的外形非常像古代的铜钱。이 건축물의 외형은 고대의 동전을 닮았다.

단어 古代 gǔdài 명 고대 | 座 zuò 양 채, 동(건물, 산 등을 세는 단위) | 建筑 jiànzhù 명 건축물 | 铜钱 tóngqián 명 동전, 엽전 | 像 xiàng 동 닮다, 비슷하다 | 外形 wàixíng 명 외형

해설 **STEP 1** 관형어를 찾아라!

- 这座建筑的(이 건축물의) / 古代的(고대의): 구조조사 的가 있는 관형어임을 알 수 있다.

STEP 2 중심어를 찾아라!

- 外形(외형): 명사로 주어나 목적어가 될 수 있다. 제시된 2개의 관형어에서 어떤 관형어와 어울릴지 고민해 보면 这座建筑的(이 건축물의)와 더 잘 어울린다.
  → 这座建筑的外形(이 건축물의 외형은)
- 铜钱(동전): 명사로 주어나 목적어가 될 수 있다. 해석상 古代的(고대의)와 결합해야 자연스럽다.
  → 古代的铜钱(고대의 동전)

STEP 3 술어를 찾아라!

- 非常像(매우 닮았다): 동사로 문장에서 술어가 된다. 주어진 제시어에서 아직까지 술어가 나오지 않았으므로 남아 있는 像(닮다)이 술어임을 유추할 수 있다. 外形(외형)이 铜钱(동전)을 닮았을까? 铜钱이 外形을 닮았을까? 고민해 보면 전자가 자연스럽다는 것을 알 수 있다.

따라서 정답은 这座建筑的 + 外形 / 像 / 古代的 + 铜钱 의 순서가 된다.

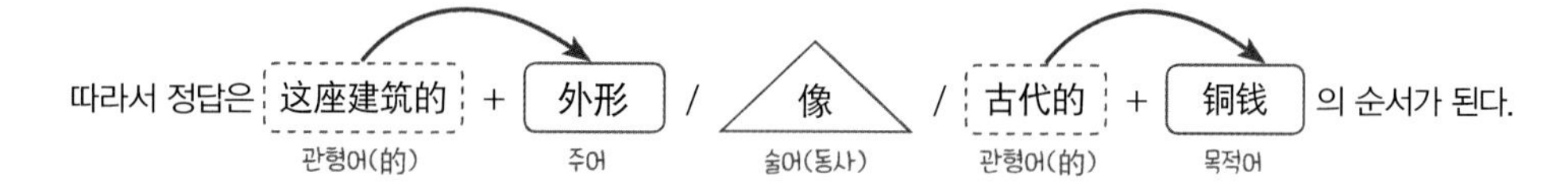

쓰기

시크릿 보물상자

1 관형어 만들기

수량사 관형어(구조조사 的가 절대 필요 없는 관형어)

1) 수량사 관형어

형식	수사 + 양사 + 명사 수사가 나오면 무조건 뒤에 양사를 끌고 나오고, 이때 구조조사 的는 붙이지 않는다.
예시	一位老师 한 분의 선생님　一批学生 한 무리의 학생　一些朋友 몇 명의 친구 一张桌子 책상 하나　一只鸡 닭 한 마리　一家公司 한 회사

2) 지시대사 관형어

형식	지시대사 + (수사) + 양사 + 명사 지시대사(这 / 那)와 수사, 양사가 함께 쓰일 때, 수사 一는 생략할 수 있으며, 이때도 的는 붙이지 않는다.
예시	这个包裹 이 소포　这本词典 이 사전　那座山 저 산　那件衣服 저 옷

수식 관형어(구조조사 的가 꼭 필요한 관형어)

1) 대사 관형어

형식	대사 + 的 + 명사 인칭대사(我, 你, 他)는 주어나 목적어 역할 이외에 관형어 역할을 할 수 있다.
예시	我的错误 나의 잘못　你的经验 너의 경험　他的想法 그의 생각

2) 동사 / 형용사 관형어

형식	동사 / 형용사 + 的 + 명사 동사나 형용사는 술어 역할 이외에 관형어 역할을 할 수 있다.			
예시	동사	认识的朋友 아는 친구	担心的事情 걱정하는 일	出售的商品 판매하는 상품
	형용사	漂亮的裙子 예쁜 치마	可爱的女孩 귀여운 여자아이	深刻的印象 깊은 인상

3) 구(短语) 관형어

형식	**여러 가지 구(短语) + 的 + 명사** 주술구, 동사구, 형용사구, 전치사구, 수량사구, 고정구 등이 관형어 역할을 할 수 있다.	
예시	주술구	你提出的条件 당신이 제시한 조건 知识丰富的老师 지식이 풍부한 선생님
	동사구	走过来的那个人 걸어오는 저 사람 吃饭的样子 밥 먹는 모습
	형용사구	很要好的朋友 매우 절친한 친구 非常紧急的情况 매우 위급한 상황
	전치사구	对学生的要求 학생에 대한 요구 与同学的关系 친구와의 관계
	수량사구	这(一)个咖啡的味道 이 커피의 맛 一个小伙子的勇气 한 젊은이의 용기

Tip 구(短语)는 2개 이상의 품사가 결합한 구조로, 문장 속에서 의미상 한 단위로 기능하다.

2 문장에서 관형어의 활용

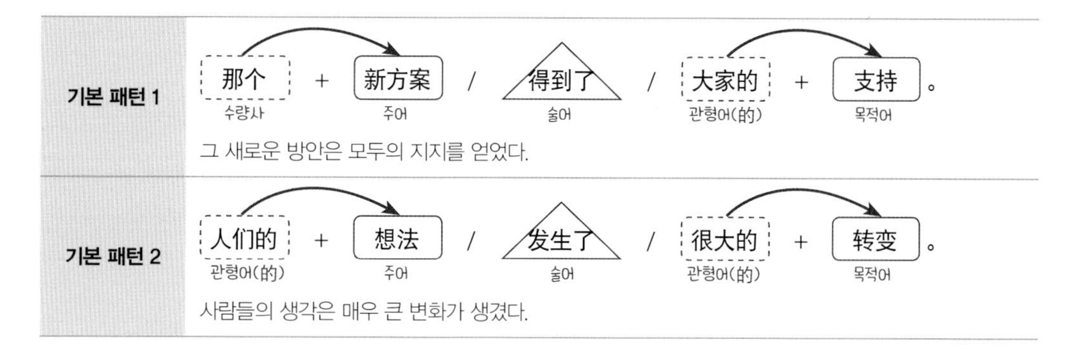

쓰기

3 용어에 대한 이해

다른 뜻으로 통용되지만, 품사로 표현 하느냐, 성분으로 표현하느냐에 따라서 용어의 이름이 좀 달라질 수 있다. 헷갈리지 않도록 용어의 개념을 이해하도록 하자.

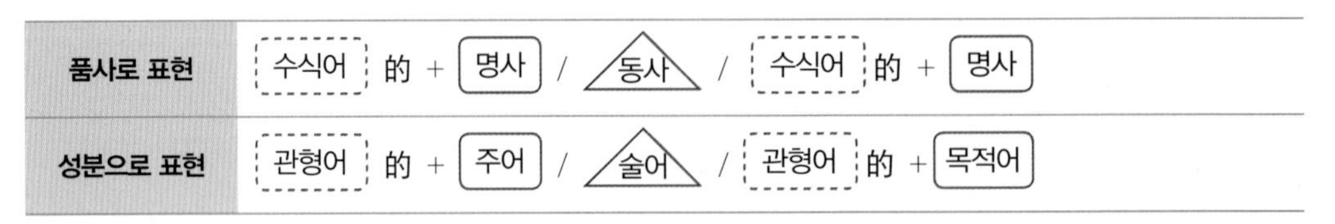

품사로 표현	수식어 的 + 명사 / 동사 / 수식어 的 + 명사
성분으로 표현	관형어 的 + 주어 / 술어 / 관형어 的 + 목적어

- 용어 정리 1: 명사를 수식하는 성분을 관형어라고 한다.
  수식어 = 관형어

- 용어 정리 2: 명사나 대사는 문장 안에서 주어나 목적어 역할을 한다.
  수식을 받는 명사는 가장 핵심 부분이므로 '중심어'라고 부르기도 한다.
  명사 = 주어 = 중심어 or 명사 = 목적어 = 중심어

- 용어 정리 3: 동사는 문장 안에서 술어 역할을 한다.
  동사 = 술어

DAY 1

1. 当地人的　　这幅　　反映了　　日常生活　　作品

2. 怀念　　他对故乡的　　那首　　表达了　　诗

3. 这次　　很受欢迎的　　活动　　明星　　邀请了

4. 作者的　　文章　　观点　　表明了　　这段

5. 心理健康　　青少年的　　游戏软件　　危害了　　这种

DAY 2

1. 婚礼　　整个中文系的　　他的　　老师们　　都参加了

2. 我提出的　　受到了　　方案　　重视　　经理的

3. 能帮助　　合理的　　心情　　保持良好的　　运动

4. 很特殊的　　意义　　有　　他的　　这段经历

5. 钥匙　　在　　抽屉里　　左边的　　保险柜的

복잡한 관형어

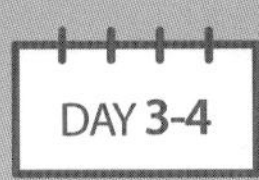

관형어는 주어나 목적어 역할의 명사를 꾸며 주는 수식어를 말한다. 이 관형어의 종류가 1개라면 아주 간단하겠지만, 기출문제를 분석해 보면 크게 3가지로 구분할 수 있다. 관형어가 1개 나올 수도, 2개 나올 수도, 3개 나올 수도 있고, 그것이 주어만 집중적으로 수식할 수도 있고, 목적어만 집중적으로 수식할 수도 있기에 경우의 수는 좀 더 복잡해질 수밖에 없다. 이번 장에서는 복잡한 관형어 중에서도 최근 기출문제 분석을 통해 가장 많이 출제된 문제들을 모아 보았다. 문제 유형을 패턴화시켜서 이해를 도왔으니 겁먹지 말고 도전해 보자!

쓰기 시크릿 백전백승

1 복잡한 관형어의 어순을 익혀라!

복잡한 관형어는 수량사 관형어, 수식 관형어, 긴밀 연결 관형어로 분류할 수 있다.

① 지시대사 + (수사) + 양사 + 명사

예 这 +(一)+ 件 + 衣服 이 한 벌의 옷

Tip 지시대사 다음에 수사 一가 나올 경우, 수사는 일반적으로 생략한다.

② 지시대사 + (수사) + 양사 + 관형어(的) + 명사

예 这 +(一)+ 件 + 妈妈送给我的 + 衣服 이 한 벌의 엄마가 선물해 준 옷

③ 지시대사 + (수사) + 양사 + 관형어(的) + 긴밀 연결 + 명사

예 这 +(一)+ 件 + 妈妈送给我的 + 新 + 衣服 이 한 벌의 엄마가 선물해 준 새 옷

[참고 예문]

这一份 + 早餐 이 아침 식사
这一份 + 妈妈买来的 + 早餐 이 엄마가 사 오신 아침 식사
这一份 + 妈妈买来的 + 中式 + 早餐 이 엄마가 사 오신 중국식 아침 식사
수량사 관형어(的) 긴밀 연결 명사

Tip 이 교재에서는 편의상 3가지 관형어를 다음과 같이 표기한다.

- 수량사 관형어 → 수량사
- 수식 관형어 → 관형어(的)
- 긴밀 연결 관형어 → 긴밀 연결

2 3가지 관형어를 숙지하라!

① 수량사 관형어(的가 필요 없는 관형어) → 수량사

구조조사 的를 절대 쓰지 않는 관형어: 지시대사 + (수사) + 양사 + 중심어

② 수식 관형어(的가 필요한 관형어) → 관형어(的)

구조조사 的가 반드시 꼭 필요한 관형어 : 명사, 대사, 동사(구), 형용사(구), 주술구

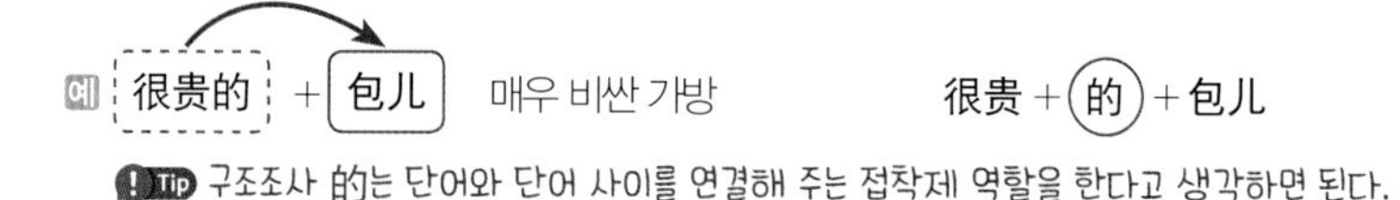

Tip 구조조사 的는 단어와 단어 사이를 연결해 주는 접착제 역할을 한다고 생각하면 된다.

③ 긴밀 연결 관형어(的가 생략된 관형어) → 긴밀 연결

두 개의 단어가 조합하여 자주 쓰이다 보니 하나의 단어처럼 굳어진 경우진 경우를 말한다. 관형어는 的의 도움 없이 바로 명사와 결합되어 사용될 수 있다.

Tip 1음절 형용사, 직업, 재료, 색깔, 고정구 등은 구조조사 的 없이 명사와 결합한다.

3 복잡한 관형어를 패턴화 하라!

기본 관형어에서는 2개의 관형어가 주어나 목적어 각각 하나씩 수식하는 구조의 문장을 학습했다. 복잡한 관형어는 2개의 관형어가 모두 주어나 목적어를 수식하는 패턴을 갖는다.

[복잡한 패턴 1]

수량사와 수식 관형어가 동시에 목적어를 수식하는 형태를 말한다.

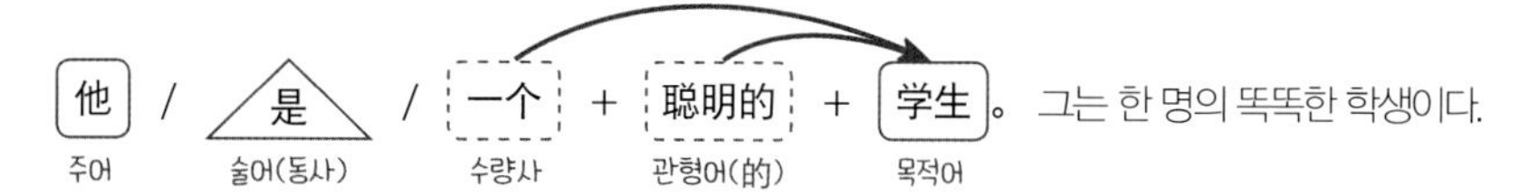

쓰기

[복잡한 패턴 2]

수식 관형어와 긴밀 연결 관형어가 동시에 목적어를 수식하는 형태를 말한다.

他(주어) / 知道(술어) / 足球的(관형어(的)) + 比赛(긴밀 연결) + 规则(목적어)。 나는 축구의 경기 규칙을 안다.

4 3가지 명사 덩어리의 위치를 확인하라!

제시어에 명사가 3개 있다면 각각 주어 자리, 목적어 자리, 전치사구 자리에 놓아야 한다.

① 명사 덩어리는 문장에서 주어가 된다.

他周到的(주술구 수식어(的)) + 服务(명사) 그의 세심한 서비스

② 명사 덩어리는 문장에서 목적어가 된다.

深刻的(형용사 수식어(的)) + 印象(명사) 깊은 인상

③ 명사 덩어리는 문장에서 전치사구가 된다.

给(전치사) + 这次(수량사) + 访问团(명사) 이번 방문단에게

→ 他周到的 + 服务(주어) / 给 + 这次 + 访问团(전치사구) / 留下了(술어) / 深刻的 + 印象(목적어)。

그의 세심한 서비스는 이번 방문단에게 깊은 인상을 남겨 주었다.

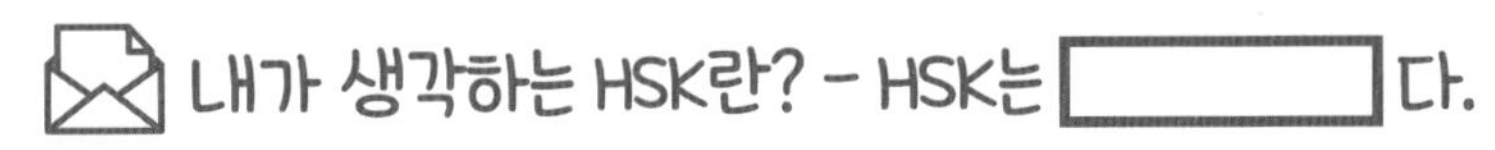

- HSK는 색깔이다. 꾸미면 꾸밀수록 다양하고 돋보이니까.
- HSK는 만리장성이다. 올라가는 과정은 어렵고 힘들지만, 정상에서 내려다보면 보람을 느낀다.
- HSK는 스테이플러다. 잘 찍으면 성공한다.

시크릿 확인학습

문제 1

一批　　艺术家　　最近文艺界　　出现了　　优秀的

문제 분석 수량사와 수식 관형어가 모두 목적어를 수식!

한 무리의　　예술가　　최근 문예계　　나타났다　　우수한

最近文艺界出现了一批优秀的艺术家。최근 문예계에서는 한 무리의 우수한 예술가들이 나타났다.

단어 批 pī 양 무리, 떼, 무더기 | 艺术家 yìshùjiā 명 예술가 | 文艺界 wényìjiè 명 문예계 | 出现 chūxiàn 동 출현하다 | 优秀 yōuxiù 형 우수하다, 뛰어나다

해설

STEP 1 관형어를 찾아라!

- 一批(한 무리의): 批는 무리, 떼를 나타내는 수량사 관형어로 주어나 목적어를 수식한다.
- 优秀的(우수한): 구조조사 的를 보고 명사를 수식하는 관형어임을 알 수 있다.

두 개의 관형어가 하나의 명사를 수식해서 복잡한 관형어를 만들 수 있다.

STEP 2 중심어를 찾아라!

- 最近文艺界(최근 문예계): 시간사 最近(최근)은 주어의 앞뒤에 나온다는 특징이 있으므로, 文艺界(문예계)가 주어가 된다는 것을 유추해 낼 수 있다.
- 艺术家(예술가): 명사로 목적어가 될 수 있다. 접미사 家는 같은 동류(同类)의 사람들을 나타내므로, '무리, 떼'를 나타내는 수량사 一批의 수식을 받을 수 있다. 또한 문맥상 '어떠한 예술가인지'를 나타내는 관형어 优秀的(우수한)의 수식까지 받을 수 있다.
  → 一批优秀的艺术家(한 무리의 우수한 예술가)

STEP 3 술어를 찾아라!

- 出现了(나타났다): 동작의 완료를 나타내는 동태조사 了가 있으므로, 동사 술어 역할을 한다는 것을 알 수 있다.

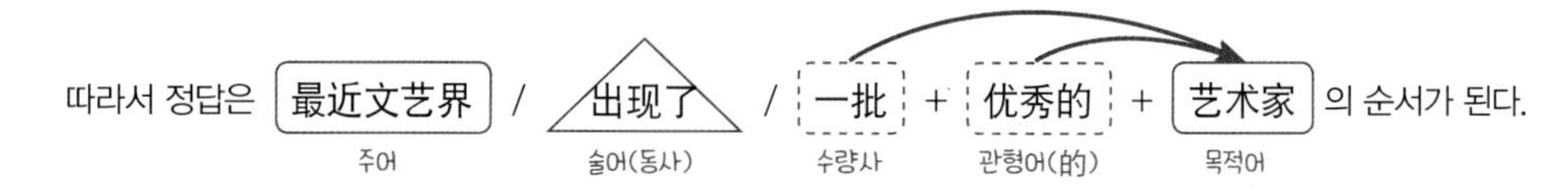

쓰기

문제 2

执照　　这个文件　　我们商店的　　是　　营业

문제 분석 수식 관형어와 긴밀 연결 관형어가 모두 목적어를 수식!

등록증	이 서류	우리 상점의	~이다	사업자(영업)

这个文件是我们商店的营业执照。이 서류는 우리 상점의 사업자 등록증이다.

단어 执照 zhízhào 명 면허증, 허가증 | 文件 wénjiàn 명 서류, 문서 | 营业 yíngyè 명동 영업(하다)

해설 **STEP 1** 관형어를 찾아라!

- 我们商店的(우리 상점의): 구조조사 的가 있는 관형어임을 알 수 있다. 어울리는 명사를 찾아서 결합시켜야 한다.

STEP 2 중심어를 찾아라!

- 这个文件(이 서류): '관형어 + 중심어'로 문장에서 주어가 될 수 있다. 주어 이하 부분은 모두 주어가 무엇인지에 대해 설명해 주는 역할을 하고 있다.

Tip 숫자 一, 二, 三이 나오는 수량사는 어떤 것을 나타내는지 정확히 알 수 없는 불특정한 것을 나타낸다. 반면 지시대사 这, 那는 어떤 것을 구체적으로 지시하는 특정한 것을 나타내므로 문장에서 주어 역할을 할 가능성이 높아진다.

- 营业(영업) / 执照(허가증): 둘 다 명사로 두 단어는 긴밀하게 결합하여 하나의 단어처럼 쓰이는 고정구가 되고 문장에서 목적어로 쓰인다. 추가로 관형어 我们商店的(우리 상점의)까지 함께 결합시키는 것이 자연스럽다.

  → 我们商店的营业执照(우리 상점의 사업자 등록증)

STEP 3 술어를 찾아라!

- 是(~이다): 쓰기 1부분 문제에서 술어를 찾는 방법은 동작의 상태를 나타내는 동태조사 了를 가지고 나오는 동사를 찾거나 판단동사 是, 존재동사 在, 소유동사 有를 찾는 방법이 있다. 따라서 是가 동사 술어임을 바로 알 수 있다.

시크릿 보물상자

1 관형어의 3가지 종류

복잡한 관형어는 수량사 관형어, 수식 관형어, 긴밀 연결 관형어로 분류할 수 있다.

1) 수량사 관형어(的가 필요 없는 수량사 관형어)

예시	这份报纸 신문 한 부

2) 수식 관형어(的가 필요한 수식 관형어)

예시	有名的歌手 유명한 가수

3) 긴밀 연결 관형어(的가 생략된 고정구 관형어)

예시	工作效率 업무 효율

2 복잡한 관형어의 어순

수량사 관형어, 수식 관형어, 긴밀 연결 관형어는 일반적으로 1, 2개가 명사를 수식하지만 3개가 동시에 명사를 수식할 수도 있다.

예시	
	这一份(수량사) + 早餐(명사) 이 아침 식사
	这一份(수량사) + 妈妈买来的(관형어(的)) + 早餐(명사) 이 엄마가 사 오신 아침 식사
	这一份(수량사) + 妈妈买来的(관형어(的)) + 中式(긴밀 연결) + 早餐(명사) 이 엄마가 사 오신 중국식 아침 식사

쓰기

3 복잡한 관형어의 패턴

복잡한 관형어는 2개의 수식어가 주어나 목적어를 집중적으로 수식하는 것을 의미한다. 的가 필요 없는 수량사 관형어, 的가 필요한 수식 관형어, 的가 생략된 긴밀 연결 관형어 등이 있다. 어떤 경우의 수로 어떻게 조합되는지 살펴보자.

4 긴밀 연결 관형어 1(的가 생략되는 관형어)

형용사가 1음절이거나, 직업, 재료, 색깔을 나타내는 관형어에는 的를 붙이지 않는다.

1음절 형용사	热水 더운 물 旧衣服 헌 옷	冷空气 찬 공기 好朋友 좋은 친구	新同学 새로 온 학생
직업	音乐老师 음악 선생님	电影演员 영화 배우	电脑工程师 컴퓨터 엔지니어
재료	木头桌子 나무 책상 珍珠项链 진주 목걸이	玻璃杯子 유리잔 皮大衣 가죽 외투	塑料袋子 비닐봉지
색깔	白色鸽子 흰 비둘기	红包 붉은 주머니(상여금)	黑车 검은 차(불법 차)

5 긴밀 연결 관형어 2(고정구 관형어)

수식하는 관형어와 명사의 조합이 빈번하게 사용되어, 이제 아예 하나의 명사처럼 굳어진 경우에는 구조조사 的를 쓰지 않는다.

Tip 최근 4년간의 기출문제에서 출현한 고정구이니 꼭 한번씩 읽어보기 바란다.

01 研究 + 价值 연구가치	14 日常 + 生活 일상생활	27 健身 + 中心 헬스클럽
02 传播 + 速度 전파 속도	15 世界 + 纪录 세계 기록	27 训练 + 时间 훈련 시간
03 视频 + 网站 동영상 사이트	16 研究 + 成果 연구 성과	27 名牌 + 大学 명문 대학
04 总结 + 报告 결산 보고서	17 无音 + 模式 무음 모드	30 意外 + 保险 상해 보험
05 旅行 + 日程 여행 일정	18 营养 + 价值 영양 가치	31 神话 + 故事 신화 이야기
06 象棋 + 爱好者 바둑 애호가	19 著名 + 传说 유명 전설	32 智能 + 手机 스마트폰
07 美术 + 作品 미술 작품	20 优秀 + 人才 우수한 인재	33 违法 + 行为 위법 행위
08 手机 + 游戏 휴대전화 게임	21 酒后 + 驾驶 음주 운전	34 消费 + 方式 소비 방식
09 辞职 + 申请 사직 신청	22 医疗 + 方案 치료 방법	35 评分 + 规则 채점 규정
10 电子 + 设备 전자 설비	23 生产 + 日期 생산 일자	36 世界 + 地图 세계 지도
11 北京 + 大学 베이징 대학교	24 股票 + 市场 주식 시장	37 学术 + 讨论会 학술 토론회
12 设计 + 方案 설계 방안	25 服装 + 行业 패션 산업	38 能力 + 差别 능력 차이
13 服务 + 行业 서비스업	26 心理 + 健康 심리 건강	

DAY 3

1. 一个　发明　是　智能手机　十分伟大的

2. 一种　是　昆虫　对人类有益的　蜜蜂

3. 是　手机游戏　这　针对年轻人的　一种

4. 一段　日子　度过了　他们夫妻　幸福的

5. 昨天政府　消息　一个　令人吃惊的　宣布了

DAY 4

1. 是　产地　中国最大的　太湖流域　丝绸

2. 通过了　辞职　申请　领导　我的

3. 人们的　方式　互联网　转变了　消费

4. 所有的　请你　设备　电子　关闭好　在下班之前

5. 给我　医生　方案　医疗　说明了　详细的

쓰기 제1부분

03 형용사

DAY 5-6

형용사는 성질이나 상태를 나타내는 말로, 문장 속에서 가장 대표적인 역할은 술어지만, 관형어, 부사어, 보어 역할도 할 수 있다. 형용사의 가장 큰 특징은 목적어를 가질 수 없고, 정도부사(很, 非常 등)의 수식을 받는다는 것이다. 형용사 술어문에서는 주어 앞에 복잡한 관형어가 등장할 수 있음을 기억하자.

쓰기 시크릿 백전백승

1 형용사는 목적어를 가질 수 없다!

동사가 술어인 문장은 '주어 + 술어 + 목적어'의 어순으로 나열하지만, 형용사가 술어인 문장은 형용사가 목적어를 가질 수 없기 때문에 '주어 + 술어 + ~~목적어~~'의 어순으로 문장 구조가 상당히 단순하다. 따라서 시험에는 관형어와 정도부사를 활용하여 '관형어 + 주어 + 정도부사 + 술어' 패턴으로 출제되는 경우가 많다.

2 정도부사를 꼭 암기하라!

쓰기 제1부분 제시어에 정도부사가 나왔다면 형용사 술어문이 될 가능성이 매우 크다. 정도부사의 종류를 확실하게 암기하고, 제시어 중에서 골라낼 수 있다면, 형용사 술어문의 어순 배열은 식은 죽 먹기다.

[최근 형용사 술어문에 등장했던 정도부사]

有点儿 조금 / 稍微 약간 > 非常 매우 / 十分 매우 > 太 너무 / 特别 몹시 > 极其 지극히

3 형용사 술어문을 손쉽게 배열하라!

형용사 술어문은 '주어 + 술어 + ~~목적어~~'의 어순처럼 목적어를 가지고 나올 수 없기 때문에 형용사가 문장의 맨 마지막에 놓인다. 정도부사와 함께 다니는 특징이 있기 때문에 '정도부사 + 형용사'를 결합시켜 문장 맨 마지막에 놓고, 나머지 관형어와 명사를 조합시켜 주어 자리에 놓아 주면 된다.

쓰기

[형용사 어순 배열하는 법]

문제 答案 / 特别 / 这几个 / 出色 / 学生的
주어(명사) / 정도부사 / 수량사 / 술어(형용사) / 관형어(的)

STEP1 '정도부사 + 형용사'를 결합시켜 문장 맨 끝에 놓는다.
特别 + 出色。

STEP2 '관형어+ 명사'를 결합시켜 주어 자리에 놓는다.
这几个 + 学生的 + 答案 + 特别 + 出色。

4 전치사가 있으면 정도부사는 전치사구 뒤에 놓는다!

일반적으로 일반부사는 전치사구 앞에 놓이지만, 정도부사는 전치사구 뒤에 놓여, '전치사구 + 정도부사'의 어순으로 쓴다. 정도부사는 전치사구가 아니라, 그 뒤에 오는 술어(동사, 형용사)의 정도를 나타내기 때문에 술어와 더 가까이 위치한다는 특징이 있다.

예 老师对学生非常热情。 선생님께서는 학생들에게 대단히 친절하시다.
爱比被爱更幸福。 사랑하는 것은 사랑 받는 것보다 훨씬 행복하다.
我们把房间稍微装修一下。 우리 방을 한 번 좀 꾸며 보자.

Tip 对, 比, 把 모두 전치사로 정도를 나타내는 부사 非常, 更, 稍微는 전치사구 뒤에 위치한다.

5 정도보어가 있으면 정도부사는 보어 앞에 놓인다!

정도보어의 기본 형식은 '동사 + 得 + 정도부사 + 형용사'다. 동작의 정도가 ~하다'의 뜻으로 정도의 표현은 得 이하 부분에 위치한다. 따라서, 정도보어가 있는 문장에서 정도부사는 술어를 수식하지 않고, 구조조사 得 뒤에 놓여 그 이하의 보어(형용사)를 꾸며 준다.

예 很打扮得漂亮(×) → 打扮得很漂亮(○) 꾸민 정도가 매우 예쁘다
非常考得糟糕(×) → 考得非常糟糕(○) 시험 본 정도가 대단히 엉망이다
相当讲解得清楚(×) → 讲解得相当清楚(○) 설명한 정도가 상당히 명확하다

6 형용사는 다양한 문장 성분이 될 수 있다!

형용사는 문장의 6대 성분인 주어, 술어, 목적어, 부사어, 관형어, 보어로 모두 쓰일 수 있다.

① 주어 역할: 太瘦不好看。 너무 마른 것은 예쁘지 않다.
② 술어 역할: 这件衣服很漂亮。 이 옷은 매우 예쁘다.
③ 목적어 역할: 显得年轻 젊어 보인다
④ 부사어 역할: 这个字容易写。 이 글자는 쉽게 쓸 수 있다.
⑤ 관형어 역할: 非常聪明的孩子 매우 똑똑한 아이
⑥ 보어 역할: 他说得很清楚。 그는 아주 정확하게 말했다.

문제 1

十分　　放风筝的　　悠久　　历史

문제 분석 정도부사 十分과 형용사 悠久 결합!

매우　　연날리기의　　유구하다　　역사

放风筝的历史十分悠久。연날리기의 역사는 매우 유구하다.

단어 十分 shífēn 부 매우, 십분 | 风筝 fēngzheng 명 연 | 悠久 yōujiǔ 형 유구하다

해설 **STEP 1** 주어를 찾아라!
- 放风筝的(연날리기의): 구조조사 的를 보고 명사를 꾸며 주는 관형어임을 알 수 있다.
- 历史(역사): 명사로 관형어의 수식을 받아 주어나 목적어가 될 수 있다.
  → 放风筝的历史(연날리기의 역사)

STEP 2 정도부사를 찾아라!
- 十分(매우): 정도를 나타내는 정도부사다. 형용사를 수식하므로, 제시어에서 형용사를 찾아야 한다.

STEP 3 술어를 찾아라!
- 悠久(유구하다): 정도부사가 있으면, 형용사를 찾아야 한다. 悠久의 뜻을 몰랐다 하더라도 명사가 아닌 술어가 될만한 것이 悠久밖에 없으므로 형용사 술어임을 유추할 수 있다. 형용사는 목적어를 가질 수 없으므로, 정도부사와 함께 결합하여 문장 맨 끝에 놓아야 한다. 마지막으로 '무엇이 매우 유구한지'의 어순에 맞게 나머지 단어를 조합하여 주어 자리에 배열하면 된다.
  → 十分悠久(매우 유구하다)

문제 2

Wi-Fi信号　　差　　教室里的　　特别

문제 분석 정도부사 特别와 형용사 差 결합!

와이파이 신호	약하다	교실 안의	매우

教室里的Wi-Fi信号特别差。교실 안의 와이파이 신호는 매우 약하다.

단어 信号 xìnhào 명 신호 | 差 chà 형 약하다, 좋지 않다, 부족하다 | 特别 tèbié 부 특히, 각별히, 아주

해설 **STEP 1** 주어를 찾아라!

- 教室里的(교실 안의): 구조조사 的를 보고, 명사를 수식할 수 있는 관형어임을 유추할 수 있다.
- Wi-Fi信号(와이파이 신호): 명사로 관형어와 결합하여 주어를 만들 수 있다.
  → 教室里的Wi-Fi信号(교실 안의 와이파이 신호)

STEP 2 정도부사를 찾아라!

- 特别(매우): 정도부사는 형용사 앞에 위치하여, 정도나 깊이를 나타낸다.

STEP 3 술어를 찾아라!

- 差(약하다): 형용사는 목적어를 가질 수 없으므로 '정도부사 + 형용사'로 결합해 문장 맨 끝에 위치시킨다. 마지막으로 '무엇이 매우 약했는지'의 어순에 맞게 나머지 단어를 조합하여 주어 자리에 배열하면 된다.
  → 特别差(매우 약하다)

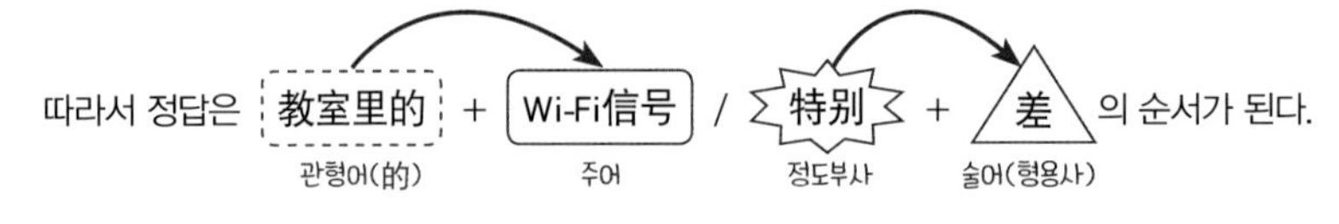

시크릿 보물상자

1 형용사의 종류

일반 형용사	漂亮 예쁘다 重要 중요하다 敏感 민감하다	可爱 귀엽다 美丽 아름답다 干净 깨끗하다	红 붉다 痛苦 고통스럽다 聪明 똑똑하다
비술어 형용사	基本 기본적인 共同 공통된	主要 주요한 高级 고급의	新式 신식의

Tip 비술어 형용사는 대부분 관형어 역할을 한다. 술어가 되거나 정도부사를 끌고 나오지 못하고 명사를 수식하는 역할을 주로 한다.

2 형용사와 동사 구별법

1) 목적어를 가질 수 있는가?

형용사	×	很漂亮她 (×) → 她很漂亮 (○) 그녀는 매우 예쁘다
동사	○	练习听力 (○) 듣기를 연습하다

2) 정도부사의 수식을 받을 수 있는가?

형용사	○	很努力 (○) 매우 노력하다
동사	×	很吃饭 (×)

Tip 심리동사는 예외적으로 형용사처럼 정도부사의 수식을 받을 수 있고, 동사이므로 목적어를 가질 수도 있다.
예 非常喜欢你 당신을 무척 좋아한다

3) '~한다, ㄴ다'로 해석할 수 있는가?

형용사	×	安静 조용한다 (×)	干净 깨끗한다 (×)	漂亮 예쁜다 (×)
동사	○	学习 공부한다 (○)	睡觉 잠잔다 (○)	打扫 청소한다 (○)

Tip 형용사는 '~한다, ㄴ다'로 해석했을 때 어색한 경우가 많다.

쓰기

3 정도부사 핵심 정리

정도부사는 정도를 나타내는 부사로, 형용사와 함께 쓰인다는 것이 가장 큰 특징이다. 형용사 이외에 일부 심리동사와도 함께 쓸 수 있다.

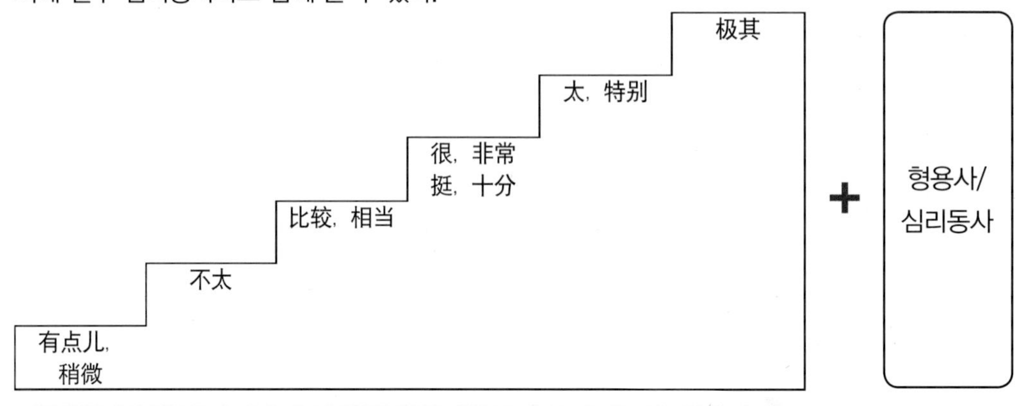

길수록 정도가 더 심해짐

4 형용사의 10가지 특징

형용사는 술어뿐만 아니라, 관형어, 부사어, 보어도 될 수 있다.

1) 형용사는 그 자체로 술어가 되므로, 다른 동사나 是를 쓰지 않는다.

형식	주어 + ~~是~~ + 형용사
예시	内容是丰富。(×) → 内容很丰富。(○) 내용이 매우 풍부하다.

2) 정도부사(很, 太, 特别, 非常 등)의 수식을 받을 수 있다.

형식	정도부사 + 형용사
예시	这场比赛非常精彩。이 시합은 대단히 훌륭하다. 新买的衬衫很漂亮。새로 산 블라우스가 매우 예쁘다.

Tip 앞에 정도부사를 붙였을 때 어색하지 않으면 형용사일 가능성이 크다. 정도부사는 형용사의 정도를 나타낸다.

예 **有点儿大** 조금 크다 ≒ **不太大** 그다지 크지 않다 < **比较大** 비교적 크다 < **大** 크다 < **很大** 매우 크다 < **非常大** 대단히 크다 < **极大** 지극히 크다 < **最大** 제일 크다

3) 목적어를 가질 수 없다.

형식	형용사 + ~~목적어~~
예시	这件衣服很合适你(목적어)。(×) → 这件衣服对你(전치사구)很合适。(○) 이 옷은 너에게 잘 어울린다.

Tip 형용사는 목적어를 끌고 나올 수 없으므로 전치사를 활용하여 문장을 만든다.

4) 주어나 목적어(명사, 대사)를 꾸며 주는 관형어 역할을 한다.

형식	관형어(的) + 주어 / 목적어 형용사 명사, 대사
예시	很脏的手 매우 더러운 손 (형용사 관형어) 형용사 명사

5) 술어(동사, 형용사)를 꾸며 주는 부사어 역할을 한다.

형식	부사어(地) + 술어 형용사 동사, 형용사
예시	他非常热情地 接待了我们。 그는 매우 따뜻하게 우리들을 대접해 주었다. (형용사 부사어) 형용사 동사 他仔细地 看了一遍。 그는 자세히 한 번 보았다. (형용사 부사어) 형용사 동사

6) 동사 뒤에서 동사의 의미를 보충하는 보어로 쓰인다.

형식	술어 + 보어(결과 / 정도 / 가능) 동사 형용사
예시	老师的话我听 清楚了。 선생님의 말씀을 분명하게 들었다. (결과보어) 동사 형용사 打扮得很漂亮。 매우 예쁘게 꾸몄다. (정도보어) 동사 형용사 洗不干净。 깨끗하게 씻을 수 없다. (가능보어 부정형) 동사 형용사

7) 단어의 형태 변화 없이 주어와 목적어로도 쓰인다.

형식	주어 + 술어 형용사 동사, 형용사
예시	谦虚使人进步。 겸손은 사람을 발전하게 한다. (형용사 주어) 형용사
형식	술어 + 목적어 동사, 형용사 형용사
예시	我不怎么怕热。 나는 그다지 더위를 타지 않는다. (형용사 목적어) 형용사

쓰기

8) 앞에 很이 없으면 비교의 의미가 있다.

예시	今天冷。오늘은 (다른 날보다) 춥다. 我的书多。내 책이 (다른 사람보다) 많아. 你汉语说得好。네가 (나보다) 중국어를 잘하잖아. 外边凉快。밖이 (안보다) 시원해.

9) 부정형은 일반적으로 不를 쓴다.

예시	不难 어렵지 않다	不贵 비싸지 않다	不清楚 정확하지 않다
	我不高兴。나는 기쁘지 않다.	她不漂亮。그녀는 예쁘지 않다.	

Tip 단, 상태나 성질이 아직 나타나지 않았을 때는 没를 붙이며, 자주 还…呢와 호응한다.

예 天还没亮呢。하늘은 아직 환해지지 않았다. / 还没吃饱呢。아직 배가 부르지 않다.
苹果还没红呢。사과는 아직 붉어지지 않았다.

10) 不의 위치에 따라 부분 부정인지 전체 부정인지가 달라진다.

예시	很不清楚 매우 정확하지 않다 (전체 부정) 不很清楚 아주 정확한 것은 아니다 (부분 부정)

5 형용사로 관형어 만들기

1) 구조조사 的와 결합하여 명사를 수식한다.

예시		
	1음절 형용사가 수식 성분(정도부사 등)과 결합하여 명사를 수식할 때	非常大的风 대단히 큰 바람 / 那么坏的孩子 그렇게 나쁜 아이 很好的朋友 매우 좋은 친구 / 不小的苹果 작지 않은 사과
	2음절 형용사가 수식 성분(정도부사 등)과 결합하여 명사를 수식할 때	干净的房间 깨끗한 방 / 勇敢的人 용감한 사람 认真的样子 열심인 모습 / 高高的个子 큰 키

2) 일부 고정 용법(긴밀 연결)에서는 的 없이 명사를 수식한다.

예시	优良品种 우수한 품종	优秀学生 우수한 학생	光荣历史 영광스러운 역사

3) 1음절 형용사는 的가 없이도 명사를 직접 수식할 수 있다.

예시	大风 큰 바람	坏孩子 나쁜 아이	好朋友 좋은 친구	小苹果 작은 사과
	新书 새 책	好办法 좋은 방법	老人 늙은 사람(노인)	大教室 큰 교실

4) 多, 少는 일반적으로 很, 不와 결합하여 명사를 수식한다.(的 생략 가능)

예시	
	很多书 매우 많은 책　很少人 매우 적은 사람　很多朋友 매우 많은 친구 不少麻烦 적지 않은 골칫거리　不少时间 적지 않은 시간

6 정도부사의 어순

1) 정도부사 + 형용사 / 심리동사

예시		
	형용사	今天的气温非常 高。 오늘 기온이 매우 높다. (非常: 정도부사, 高: 형용사)
	심리동사	我们非常 担心你。 우리는 당신이 매우 걱정된다. (非常: 정도부사, 担心: 심리동사) Tip 심리동사(喜欢, 爱, 想念, 担心, 讨厌, 恨 등)는 정도부사의 수식을 받고 목적어를 끌고 나올 수 있다.

2) 전치사구 + 정도부사

일반부사는 전치사구 앞에 나오지만, 정도부사는 전치사구 뒤에 쓰인다.

예시		
	일반부사	我 已经 向那个女孩子 表白了。 나는 이미 그 여자아이한테 고백했다. (已经: 일반부사, 向那个女孩子: 전치사구)
	정도부사	我 对那个女孩子 非常 热情。 나는 그 여자아이한테 무척 친절하다. (对那个女孩子: 전치사구, 非常: 정도부사) 我 比你 更 漂亮。 나는 너보다 훨씬 예쁘다. (比你: 전치사구, 更: 정도부사) 你 把这篇文章 稍微 改一下。 네가 이 글을 약간 좀 고쳐 봐. (把这篇文章: 전치사구, 稍微: 정도부사)

3) 술어 + 得 + 정도부사 + 보어

정도부사는 일반적으로 형용사 앞에 나오는데, 형용사는 술어뿐만 아니라 보어도 될 수 있으므로, 정도부사가 보어 앞에 나올 수 있게 된다.

예시	
	你说得非常 流利。 너는 말을 대단히 유창하게 한다. (说: 술어, 非常: 정도부사, 流利: 보어(형용사))

쓰기

7 대표 정도부사의 특징

정도부사	특징
很 hěn 매우	1. 일반문에서는 很을 쓰고, 비교문에서는 更이나 还를 사용해야 한다. 2. 형용사 술어문에서 很은 단독으로 정도보어 역할을 할 수 있다. [형식] 형용사 + 得 + 很 예 饿得很 매우 배고프다 / 累得很 매우 피곤하다 / 高兴得很 매우 기쁘다 3. 정도보어에서 很은 술어 앞이 아니라, 보어 앞에 쓴다. [형식] 동사 술어 + 得 + 很 + 보어 예 睡得很香 매우 잘 잔다 / 走得很平稳 매우 얌전히 걷는다 / 看得很仔细 매우 자세히 본다
太 tài 너무	주관적인 생각을 나타내는 데 쓰며, 了와 자주 호응한다. 예 太快(了) 너무 빠르다 / 太冷(了) 너무 춥다 / 太好了 너무 좋다 / 太高兴了 너무 기쁘다
挺 tǐng 매우, 아주	어기조사 的와 호응하여 挺…的의 형식으로 자주 쓰며, 的는 생략할 수 있다. 예 挺可爱(的) 아주 귀엽다
怪 guài 아주, 몹시	的와 호응하여 怪…的의 형식으로 쓰며, 이때 的는 생략할 수 없다. 예 怪心疼的 몹시 마음 아프다
稍微 shāowēi 조금, 약간	술어 뒤의 一点儿 / 一些 / 一下와 호응하거나 동사를 중첩시킨다. 예 稍微大了点儿 약간 좀 크다 / 稍微等一下 잠시만 좀 기다려라 Tip 稍微가 등장하면, 무조건 술어와 一点儿 / 一些 / 一下를 찾아 '稍微 + 술어 + 一点儿 / 一些 / 一下'로 묶어둔다. ※ 동의어: 稍稍(shāoshāo)
有点儿 yǒudiǎnr 조금	동사나 형용사 앞에서 부정적이거나 불만스러운 어기를 강조한다. 예 有点儿贵 좀 비싸다
更 gèng 훨씬, 더욱	비교문에서 자주 사용되며, 비교문이 아니어도 更이 있으면 비교의 의미가 된다. 예 比以前更高了 예전보다 더 컸다 / 比姐姐更高 누나보다 더 크다 ※ 동의어: 还(hái)
多(么) duō(me) 1. 얼마나 2. 아무리	1. 주로 감탄문에 쓰여 정도가 심함을 나타내고, 어기조사 啊와 호응한다. 예 有多么高兴啊 얼마나 기쁜가 / 多么大啊 얼마나 큰가 ※ 동의어: 真(zhēn) 2. 조건을 나타내는 접속사 不管 / 不论 / 无论과 함께 쓰인다. 예 不管多(么)大的困难，我都能克服。 아무리 큰 어려움이라도, 나는 모두 극복할 수 있다.

DAY 5

1. 生产日期　的　模糊　有点儿　瓶子上

2. 充分　他辞职的　理由　不太

3. 艰苦　该地区的　极其　环境条件

4. 非常　设计　大楼的　这座　独特

5. 流感的　快　这种　特别　传播速度

DAY 6

1. 有点儿　这次　不公平　评分规则　比赛的

2. 重要　对学习外语　发音　特别

3. 对年轻人　宝贵　这些　经验　十分

4. 演员　不错　配合得　那两个　相当

5. 衣服　整齐　货架上的　非常　放得

04 일반동사

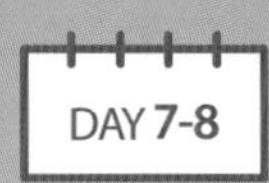

동사 술어는 앞으로는 '부사 + 조동사 + 전치사구'를, 뒤로는 보어나 목적어를 끌고 나올 수 있는 아주 능력 있는 녀석이다. 시험에서 동사가 자주 출제되는 이유는 동사의 종류가 다양하고 각각 특징이 달라 출제할 내용이 많기 때문이다. 이번 장에서는 마스터해 놓으면 문제가 술술 풀리는 동사에 관한 특별한 비법들을 배워 본다.

쓰기 시크릿 백전백승

1 사람 주어, 非사람 주어를 찾아라!

주어 자리에는 사람이 등장할 가능성도 높지만, 기관이나 단체, 사물 등도 주어가 될 수 있다는 점을 명심하자.

① 사람 주어

[인칭대사] 我 / 我们 / 你 / 你们 / 他 / 他们 / 大家

[사람 명사] 小刘 / 老王 / 妈妈 / 丈夫 / 老师 / 大夫 / 老年人

② 非사람 주어

[지시대사] 这 / 那

[기관, 단체] 公司 / 学校 / 医院 / 餐厅 / 商店

[사물] 电脑 / 网站 / 火车票 / 想法 / 笑容 / 照片 / 游戏

2 동사 술어를 파악하라!

① 3대 기본 동사를 파악하자.

[판단 동사] 是 이다 / 不是 아니다

[소유 동사] 有 있다 / 没有 없다

[존재 동사] 在 존재한다 / 不在 존재하지 않는다

② 동태조사 了, 着, 过를 힌트로 삼아라.

[완료] 删除了 삭제하였다 동태조사 了, 着, 过 중에서 了가 나올 확률이 가장 높다.

[진행] 象征着 상징하고 있다

[경험] 调查过 조사한 적이 있다

3 3개의 부사어를 익히자!

주어 뒤, 술어 앞에 나오는 3가지 품사(부사, 조동사, 전치사)를 통상적으로 부사어라고 한다. 각각 어떤 종류가 있는지 숙지하도록 하자.

[부사] 一直 / 正在(正) / 已经 / 曾经 / 立刻 / 刚 / 将 / 再三 / 逐渐(渐渐) / 还没有

[조동사] 会 / 能 [능력]
想 / 要 [바람]
得 / 应该 [당위]
可以 [허가]

[전치사] 在 / 对 / 跟 / 为 / 由 / 关于 / 把 / 被

4 동사의 어순을 확실히 파악하라!

동사 앞에는 '부사 + 조동사 + 전치사'를 끌고 나올 수 있으며, 뒤에는 '동태조사 + 보어 + 목적어'를 끌고 나올 수 있다. 부사어인 '부사, 조동사, 전치사구'가 한꺼번에 다 나오는 경우도 있지만, 1개 혹은 2개만 등장할 수 있으니, 여러 가지 경우의 수를 익혀 두자.

Tip 부사, 조동사는 ☆ 표시 하지만, 전치사구는 명사를 끌고 나오므로 [ ]으로 표시한다.

[부사 + 부사]

物价 / 一直(부사) + 在(부사) + 上涨。 물가는 계속 오르고 있다.

[조동사]

弟弟 / 要(조동사) + 打太极拳。 동생은 태극권을 하려고 한다.

[부사 + 조동사]

我妈妈 / 很(정도부사) + 会(조동사) + 讲价。 엄마는 가격 흥정을 정말 잘하신다.

[전치사구]

我 / 在一家学校(전치사구) + 做 / 实习老师。 나는 학교에서 교생을 한다.

[부사 + 조동사 + 전치사구]

너는 반드시 모두에게 현재 상황을 좀 설명해 주어야 한다.

5 동사는 다양한 문장성분이 될 수 있다.

동사는 술어로 가장 많이 쓰이지만, 주어 · 목적어 · 관형어 · 부사어 · 보어 등으로도 쓰일 수 있다.

예 多练习才能提高水平。 많이 연습해야만 실력을 향상할 수 있다. [동사 주어]
取得好成绩 좋은 성적을 거둔다 [동사 술어]
喜欢唱歌 노래 부르는 것을 좋아한다 [동사 목적어]
选择的办法 선택한 방법 [동사 관형어]
努力工作 열심히 일한다 [동사 부사어]
激动得流泪 감격해서 눈물이 났다(눈물 날 정도로 감격했다) [동사 보어]

내가 생각하는 HSK란? - HSK는 [ ] 다.

- HSK는 봄나물이다. 겨울을 이겨 내고 돋아나기 때문이다.
- HSK는 다리다. 나의 중국어 실력에 있어서 튼튼한 기초가 되어 준다.
- HSK는 오뚜기다. 다 쓰러져 가던 내 마음을 HSK가 다시 일으켰다.

문제 1

一个　　传统的　　中秋节　　节日　　是

문제 분석 수량사 관형어, 수식 관형어가 모두 목적어를 수식!

하나의　　전통적인　　추석　　명절　　~이다

中秋节是一个传统的节日。추석은 하나의 전통적인 명절이다.

단어 传统 chuántǒng 명 전통적이다 | 中秋节 Zhōngqiū Jié 명 추석 | 节日 jiérì 명 명절

해설 **STEP 1** 주어를 찾아라!

- 中秋节(중추절): 명사로 문장에서 非사람 주어나 목적어가 될 수 있다.
- 节日(명절): 명사로 문장에서 주어나 목적어가 될 수 있다.
- 一个(하나의): 수량사로 수사 一, 两 등이 나오면 불특정한 것을 나타내므로 목적어를 수식하는 역할을 할 수 있다.
- 传统的(전통적인): 구조조사 的를 보고 명사를 수식하는 관형어임을 알 수 있다. 명사와 결합하여 목적어 자리에 놓을 수 있다.

→ 一个传统的节日(하나의 전통적인 명절)

STEP 2 술어를 찾아라!

- 是(~이다): 판단 동사로 문장에서 술어가 될 수 있다. 동일함을 나타내기도 하고, 부류, 소속을 나타내기도 한다. 목적어 자리에 더 큰 범위를 나타내는 단어를 놓는다.

예 他是我的老师。그는 나의 선생님이다.

| 他 | 是老师 |

鲸鱼是哺乳动物。고래는 포유동물이다.

| 鲸鱼 | 是哺乳动物 |

STEP 3 주어와 목적어를 판단하라!

해석상 어울리도록 주어와 목적어를 배치한다. 2단계에서 찾은 술어(是)의 특성상, 구체적인 명사를 주어 자리에, 범위가 큰 명사를 목적어 자리에 위치시킨다.

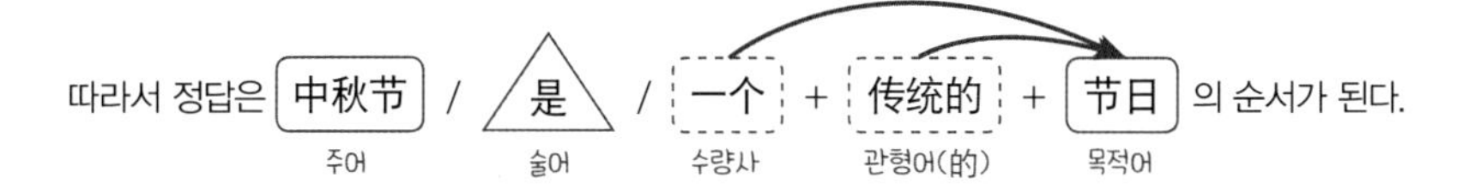

문제 2

面临着　　调整　　股票市场　　新的

문제 분석 동태조사 着를 보고 동사 술어 찾기!

직면해 있다	조정하다	주식 시장	새로운

股票市场面临着新的调整。 주식 시장은 새로운 조정에 직면해 있다.

단어 面临 miànlín 동 직면하다 | 调整 tiáozhěng 명동 조정(하다) | 股票 gǔpiào 명 주식 | 市场 shìchǎng 명 시장

해설 **STEP 1** 주어를 찾아라!

- 股票市场(주식 시장): 명사로 문장에서 非사람 주어나 목적어가 될 수 있다.
- 新的(새로운): 구조조사 的를 보고 명사를 수식하는 관형어임을 알 수 있다.
- 调整(조정): 调整은 동사로 '조정하다', 명사로 '조정'이라는 뜻을 가지고 있다. 제시어 중 동사임을 나타내는 동태조사 着가 있는 面临着가 동사 술어가 될 가능성이 매우 높기 때문에 调整은 명사로 보는 것이 타당하다.

STEP 2 술어를 찾아라!

- 面临着(직면해 있다): 동태조사 着를 보고, 동사 술어임을 판단해 낼 수 있다.

STEP 3 주어와 목적어를 판단하라!

해석상 어울리도록 주어와 목적어를 배치한다. '주식 시장이 새로운 조정에 직면해 있다'가 '새로운 조정이 주식 시장에 직면해 있다'는 것보다 의미상 더 자연스럽다.

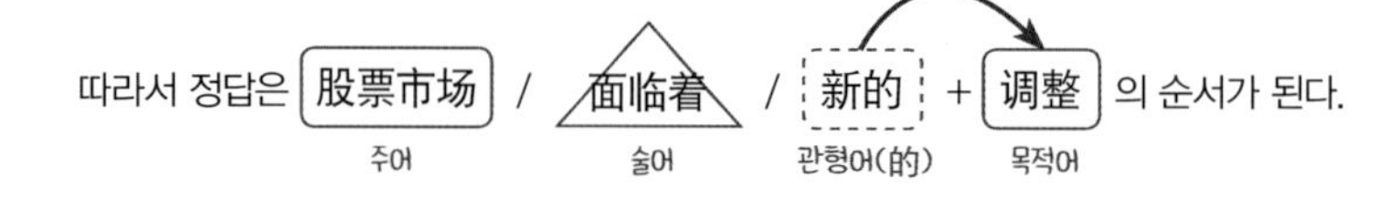

1 동사를 알아보는 비법

1) 판단동사 是(不是)와 존재동사 在(不在) / 有(没有)는 가장 자주 나오는 동사다.

Tip 在는 동사 '~에 있다'와 부사 '~하는 중이다', 没有는 동사 '없다'와 부사 '~하지 않을'의 여러 가지 용법이 있으니 쓰임새를 잘 판단해야 한다.

2) 동태조사 了 / 着 / 过가 붙어 있으면 동사다.

동태조사	동사		
了	发挥了 발휘했다 采纳了 채택했다 提前了 앞당겼다	获得了 획득했다 预订了 예약했다 推迟了 연기했다	删除了 삭제했다 承认了 인정했다
着	带着 가지고 있다 起着 일으키고 있다 面临着 직면하고 있다	陪着 모시고 있다 保留着 보존하고 있다 坚持着 견지하고 있다	领着 이끌고 있다 象征着 상징하고 있다
过	受到过 받은 적이 있다 参加过 참가한 적이 있다 处理过 처리한 적이 있다	出现过 출현한 적이 있다 旅行过 여행한 적이 있다	讨论过 토론한 적이 있다 调查过 조사한 적이 있다

3) 보어와 함께 있거나, 중첩형이면 동사인지 의심해 본다.

형식	동사		
보어	收起来 거둬들이다	退回来 되돌아오다	带进去 가지고 들어가다
一下	登记一下 한 번 등기하다	打听一下 한 번 알아보다	
중첩	透一透 환기 좀 하다	摇了摇 좀 흔들었다	

4) 2음절 단어 중 한 음절이 동사라면, 동사일 가능성이 크다.

1음절 이상인 동사	输入 입력하다 进行 진행하다 Tip 밑줄 친 글자는 쉽게 알아볼 수 있는 동사다.	出席 참석하다 当作 간주하다	录取 채용하다
于로 끝나는 동사	属于 ~에 속하다	善于 ~에 능숙하다	处于 ~에 처해 있다
得로 끝나는 동사	觉得 ~라고 느끼다	记得 기억하다	显得 ~하게 보이다
成으로 끝나는 동사	当成 ~로 여기다	看成 ~로 간주하다	翻译成 ~로 번역하다
为로 끝나는 동사	作为 ~로 삼다	视为 ~로 보다	称为 ~라고 부르다

5) 한자음으로 읽었을 때 우리말 동사와 비슷한지 알아본다.

예시	经营 경영하다	分配 분배하다	适合 적합하다	延长 연장하다	缺乏 결핍되다

Tip 그 밖에 알아 두면 좋은 동사
예 **占线** 통화 중이다 / **从事** 종사하다 / **服从** 복종하다 / **具有** 구비하다 / **针对** 겨냥하다

2 동사의 특징

1) 동사는 대부분 뒤에 목적어를 취할 수 있다.

예시	看小说 소설을 보다	去台湾 타이완에 가다	照顾学生 학생을 돌보다

2) 문장 속에서 주로 술어가 된다.

예시	请再说一遍。 다시 한 번 말씀해 주세요.	正在玩电脑游戏。 컴퓨터 게임을 하며 놀고 있다.

3) 단독 또는 구의 형태로 관형어 역할을 한다.

형식	동사(구) + 的 + 명사	
예시	**学习的方法** 공부하는 방법 **决定的方案** 결정한 방안	**努力的结果** 노력한 결과 **喜欢的音乐** 좋아하는 음악

4) 단독 또는 구의 형태로 주어나 목적어가 될 수 있다.

예시	挣大钱**并不是成功。** 돈을 많이 벌었다고 반드시 성공한 것은 아니다. 多练习**才能提高听力水平。** 많이 연습해야 듣기 실력을 높일 수 있다.

5) 부정형은 不 / 没로 만든다.

형식	주어 + 不 / 没 + 동사 술어 + 목적어 현재 · 의지 · 습관 · 가정에 대한 부정은 不를 사용하고, 과거형은 没를 사용한다.
예시	**我不想做作业。** 나는 숙제를 하고 싶지 않다. [바람] **如果不做完作业，就不能回家。** 만약 숙제를 다 하지 않으면 집에 갈 수 없다. [가정] **我没做作业。** 나는 숙제를 하지 않았다. [과거]

6) 동사는 뒤에 동태조사 了 / 着 / 过를 붙일 수 있다.

형식	동사 + 了 / 着 / 过
예시	讨论了**这个问题** 이 문제를 토론하였다 [완료] 讨论着**这个问题** 이 문제를 토론하고 있다 [진행] 讨论过**这个问题** 이 문제를 토론한 적이 있다 [경험]

7) 중첩할 수 있다.

예시	说说 말해 보다	看一看 좀 보다	试了试 시험 삼아 해 봤다	商量商量 좀 상의하다

8) 각종 보어를 가질 수 있다.

예시	
	休息5分钟 5분 동안 쉬다 [시량보어] 做完了 다 완성했다 [결과보어] 买不起 (돈이 없어) 살 수 없다 [가능보어] 迟到过两次 두 번 지각한 적이 있다 [동량보어] 吃得很香 매우 맛있게 먹는다 [정도보어]

9) 일반부사의 수식을 받을 수 있다.

형식	일반부사 + 동사
예시	一定参加 반드시 참가하다 已经做完 이미 다 했다 马上到达 곧 도착하다 正在通话 통화하고 있다

10) 심리동사는 정도부사의 수식을 받을 수 있다.

형식	정도부사 + 심리동사
예시	很生气 매우 화나다 十分关心 매우 관심 있다 非常爱 대단히 사랑하다 多么希望 얼마나 많이 바라다 特别喜欢 특별히 좋아하다 最讨厌 가장 싫어하다

11) 일부 조동사는 정도부사의 수식을 받을 수 있다.

형식	정도부사 + 조동사(能 / 想 / 会 / 愿意) + 동사
예시	很会做菜 매우 요리를 잘 한다 很想买 매우 사고 싶다 很能喝酒 매우 술을 잘 마신다 非常愿意参加 대단히 참가하기를 원한다

3 동사 겸 명사 모음

일부 동사는 명사도 될 수 있다. 사전에 명사라고 명기되어 있는 것 이외에도 문장에서 주어나 목적어로 자주 쓰이는 동사에 어떤 것들이 있는지 익혀 두면 동사가 여러 개 나오는 문제를 푸는 데 도움이 된다.

어휘	뜻	어휘	뜻
批准 pīzhǔn	비준(하다)	考虑 kǎolǜ	고려(하다)
象征 xiàngzhēng	상징(하다)	批评 pīpíng	비난(하다)
服务 fúwù	서비스(하다)	失败 shībài	실패(하다)
旅游 lǚyóu	여행(하다)	推测 tuīcè	추측(하다)
进步 jìnbù	진보(하다)	信任 xìnrèn	신임(하다)
超过 chāoguò	초과(하다)	要求 yāoqiú	요구(하다)
保证 bǎozhèng	보증(하다)	作用 zuòyòng	작용(하다)

通知 tōngzhī	통지(하다)	报道 bàodào	보도(하다)
创造 chuàngzào	창조(하다)	变化 biànhuà	변화(하다)
调查 diàochá	조사(하다)	表演 biǎoyǎn	공연(하다)
发现 fāxiàn	발견(하다)	希望 xīwàng	희망(하다)
纪念 jìniàn	기념(하다)	访问 fǎngwèn	방문(하다)
解释 jiěshì	해석(하다)	提供 tígōng	제공(하다)
决定 juédìng	결정(하다)	调整 tiáozhěng	조정(하다)
打算 dǎsuan	계획(하다)	代表 dàibiǎo	대표(하다)

4 10가지로 분류한 동사 모음

1) 동작동사

몸의 움직임을 나타내는 동사다.

예시	打 치다	踢 차다	吃 먹다	买 사다	学习 공부하다	工作 일하다	表演 공연하다

Tip 가장 자주 보는 동사로, 보통 하나의 목적어를 가진다.
예 唱歌 노래 부르다 / 打工 아르바이트하다 / 编书 책을 편집하다

2) 비동작동사

몸은 움직이지 않지만, 입으로 하는 동작을 나타내는 동사다.

예시	介绍 소개하다	说明 설명하다	解释 해설하다	报告 보고하다	打听 알아보다

Tip 구체적인 신체 동작이 아니어서 추상동사라고도 하며, 전치사 向과 자주 호응한다.
예 向领导汇报 상사에게 보고하다 / 向行人打听 행인에게 묻다

3) 심리동사

몸은 움직이지 않지만, 마음속의 움직임을 나타내는 동사다.

예시				
	讨厌 싫어하다	生气 화나다	喜欢 좋아하다	希望 바라다
	关心 관심 있다	怕 두려워하다	爱 사랑하다	恨 증오하다

Tip 심리동사는 很, 非常 등 정도부사의 수식을 받을 수 있다. 동사이므로 당연히 목적어도 취할 수 있다.
예 很喜欢你 너를 아주 좋아해 / 好想念从前 예전이 너무 그리워

4) 감각동사

신체의 감각 기관을 이용하는 동작(보고, 듣고, 냄새 맡고, 느끼는 등)을 나타낸다.

예시	看见 보다	听见 듣다	闻见 냄새 맡다	感觉 느끼다	觉得 ~라고 느끼다

Tip 感觉와 觉得는 뒤에 동태조사 了 / 着 / 过를 가질 수 없어서, 把자문에 사용될 수 없다.
예 感觉有点儿热 조금 덥게 느껴진다 / 觉得恶心 역겹다고 느낀다

5) 인지동사

두뇌를 이용해서 인지하고 판단하는 것을 나타낸다.

예시	认为 ~라고 여기다	以为 ~라고 (잘못) 여기다	知道 알다	记得 기억하다	想 생각하다

Tip 간단한 목적어를 끌고 나올 수도 있지만, 일반적으로 구나 절을 목적어로 취한다.

예 **我知道完成这件事很难。** 나는 이 일을 완성하는 것이 매우 어렵다는 것을 안다.

你还记得我们俩刚认识的那个时候吗? 너는 우리가 처음 만났던 그때를 아직 기억하니?

6) 판단동사

무엇인지를 판단하는 동사다.

예시	是 ~이다

Tip 부정형은 不를 써서 不是라고 쓴다. 没是라는 말은 없다.

예 **这不是我的钱包。** 이것은 나의 지갑이 아니다.

7) 상태동사

상태가 지속되는 동작을 나타낸다.

예시	站 서다	坐 앉다 / 躺 눕다	趴 엎드리다	蹲 쪼그리고 앉다

Tip 뒤에 동태조사 着와 자주 호응한다.

예 **躺着看电视** 누워서 TV를 본다 / **趴着睡觉** 엎드려 잔다 / **坐着听课** 앉아서 수업을 듣는다

8) 존재동사

사물이 어디에 존재하는지를 알려 주는 동사다.

예시	有 있다 → **旁边有一棵树。** 옆에 나무 한 그루가 있다. 是 ~이다 → **前面是超市。** 앞은 슈퍼마켓이다. 在 ~에 있다 → **电脑在房间里。** 컴퓨터는 방 안에 있다.

9) 방향동사

동작이 진행되는 방향을 나타낸다.

예시	上 오르다	下 내리다	进 들어가다	出 나가다	回 돌아가다	过 지나가다	起 일어나다

Tip 동사 뒤에 쓰여 보어가 되기도 한다.

예 **走下去** 걸어 내려가다 / **快站起来** 빨리 일어서

10) 조동사

능력 · 바람 · 허가 · 당위성을 나타내며, 능원동사라고도 한다. 동사 앞에서 동사를 도와주는 역할을 하며, 조동사와 동사 사이에는 전치사구가 끼어들 수 있다.

예시	能 ~할 수 있다	会 ~할 것이다	想 ~하고 싶다	要 ~하려고 하다
	肯 기꺼이 ~하다	愿意 ~하고 싶다	可以 ~해도 된다	应该 ~해야 한다

Tip 일반적으로 不로 부정형을 만들지만, 能과 敢은 没로 부정할 수 있다.

예 **没能参加** 참가할 수 없었다 / **没敢回答** 대답할 용기가 없었다

쓰기

DAY 7

1. 渐渐　新生活　小李　这里的　适应了

2. 纪录　再次　游泳世界　那个运动员　打破了

3. 一直　巨大的　我的丈夫　压力　承受着

4. 他　教练　担任过　曾经　健身中心的

5. 空调　这台　公司　安装好　还没有

DAY 8

1. 行业　从事　他们　服务　想

2. 服从　规定　我们都　集体的　应该

3. 在我们的生活中　作用　电脑　起着　巨大的

4. 很多老人　太极拳　打　在广场上　正

5. 进行了　都　报道　对这件事　视频网站

05 '특별' 동사

DAY 9-10

대부분의 동사는 하나의 목적어를 가질 수 있는 '타동사'지만, 목적어를 가지지 못하는 '자동사'나 목적어를 2개 가질 수 있는 '수여동사', 그리고 단어를 이루는 음절이 이미 '동사 + 목적어'의 구조로 된 '이합동사'도 있다. 이번 장에서는 이렇게 예외적인 '특별한' 동사들과 동사의 중첩형에 대해 배워 보자.

쓰기 시크릿 백전백승

1 동사를 크게 4가지로 정리하라!

① 목적어를 갖지 못하는 자동사 [전체의 1%]

예 **出发** 출발하다 / **旅行** 여행하다 / **休息** 쉬다 / **着想** 생각하다

② 1개의 목적어를 취하는 타동사 [전체의 94%]

예 **打** 치다 / **看** 보다 / **买** 사다 / **花** 소비하다 / **玩** 놀다

③ 2개의 목적어를 취하는 수여동사 [전체의 2%]

예 **给** 주다 / **留** 남기다 / **告诉** 알려 주다 / **送** 선물하다 / **教** 가르치다

④ 동목(동사 + 목적어) 구조인 이합동사 [전체의 3%]

예 **见面** 만나다 / **吵架** 다투다 / **散步** 산책하다 / **离婚** 이혼하다 / **毕业** 졸업하다

2 특별한 목적어를 갖는 동사들을 암기하라!

동사는 일반적으로 명사나 대사를 목적어로 취하지만, 일부 동사(구), 형용사(구)와 같은 특별한 목적어를 취하는 동사도 있다. 주어진 어휘 중에 이러한 동사가 있다면 문장 전체의 술어가 될 것이고, 나머지 동사구나 형용사구는 목적어 자리에 위치시켜야 한다.

① 동사 · 형용사를 목적어로 취하는 동사

예 **打算** 계획하다 / **开始** 시작하다 / **准备** 준비하다 / **进行** 진행하다 / **显得** ~처럼 보인다 / **加以** ~을 가하다 / **难以** ~하기 어렵다

② 동사구 · 형용사구 · 주술구를 목적어로 취하는 동사

예 **希望** 바라다 / **认为** ~라고 여기다 / **知道** 알다 / **记得** 기억하다 / **需要** 필요로 하다 / **决定** 결정하다 / **觉得** ~라고 생각하다 / **感觉** ~라고 느끼다 / **发现** 발견하다

3 특별동사문을 패턴화하라!

특별동사는 동사구, 형용사구, 주술구를 목적어로 끌고 나올 수 있다.

[대표적 특별동사] **显得** ~처럼 보인다 / **值得** ~할 가치가 있다 / **善于** ~에 능숙하다 / **需要** ~가 필요로 하다 / **打算** ~할 계획이다 / **表扬** ~칭찬하다 / **决定** ~하기로 결정하다 / **希望** ~하기를 바란다

특별동사 [정도부사 + 형용사]

예 妈妈 / 显得 / 非常 + 年轻。
주어 / 특별동사 / 형용사구 목적어
엄마는 매우 젊어 보인다.

특별동사 [동사 + 목적어]

예 我们 / 舍不得 / 离开 + 学校。
주어 / 특별동사 / 동사구 목적어
우리는 학교를 떠나기 아쉽다.

특별동사 [주어 + 술어 + 목적어]

예 父母 / 希望 / 儿女 + 考上 + 好大学。
주어 / 특별동사 / 주술구 목적어
부모님은 자녀가 좋은 대학에 붙기를 바란다.

4 이합동사에는 '삼계탕' 용법을 적용하라!

이합동사(离合动词)는 상황에 따라 분리되고(离), 합해지는(合) 것이 자유로운 단어로, '동사 + 목적어'의 구조로 되어 있다. 어순 배열 문제에서 이합동사가 나온다면 동태조사나 보어는 이합동사의 동사 부분과 목적어 부분 사이에 들어가야 한다. 삼계탕에서 대추, 찹쌀, 인삼, 은행 등을 닭 뱃속에 넣는 것을 연상하면 된다.

[어순] 동사 + 동태조사 + 보어 + 목적어

예 睡了一会儿觉 잠깐 잠을 잤다 (이합동사 睡觉)
见了一次面 한 번 만났다 (이합동사 见面)
加过3天班 3일 야근한 적이 있다 (이합동사 加班)

5 동사의 중첩형을 숙지하라!

	동사	중첩형
1음절 동사	试	试试, 试一试, 试了试
2음절 동사	讨论	讨论讨论, 讨论了讨论
이합동사	见面	见见面

시크릿 확인학습

문제 1

特别　　空气　　清新　　显得　　雨后的

문제 분석 특별동사 显得가 형용사구 목적어를 이끈다는 점에 주목!

매우　　공기　　신선하다　　~처럼 보이다　　비 온 후의

雨后的空气显得特别清新。비 온 후의 공기는 매우 신선해 보인다(느껴진다).

단어 特别 tèbié 부 특히, 각별히, 유달리 | 空气 kōngqì 명 공기 | 清新 qīngxīn 형 신선하다, 맑고 깨끗하다 | 显得 xiǎnde 동 ~처럼 느껴지다, ~처럼 보이다

해설 **STEP 1** 주어를 찾아라!

- 雨后的(비 온 후의): 구조조사 的를 보고 명사를 수식하는 관형어 임을 알 수 있다.
- 空气(공기): 관형어의 수식을 받은 명사구로 문장에서 非사람 주어가 될 수 있다.

→ 雨后的空气(비 온 후의 공기)

STEP 2 술어를 찾아라!

- 显得(~처럼 보인다): 특별동사로, 동사(구), 형용사(구)를 목적어로 이끌 수 있다. 따라서 문장 전체의 술어가 된다.
- 特别(매우): 정도부사로 형용사와 결합하여 정도가 높음을 나타낸다. 형용사구는 특별동사의 목적어로 쓰일 수 있다.
- 清新(깨끗하고 신선하다): 형용사로 일반적으로는 문장의 술어가 될 수 있지만, 문장의 전체의 술어가 되는 특별동사 显得가 있으므로, 清新은 형용사 목적어가 되는 것이 옳다.

→ 特别清新(매우 깨끗하고 신선하게 느껴진다)

STEP 3 밑그림을 그려라!

제시된 단어들의 어순을 배열하기 전 해석으로 전체적인 밑그림을 그려 보는 것이 중요하다.

雨后的空气 + [显得 [特别 + 清新]]

'무엇은 어떻게 보이는지(무엇은 显得 매우 어떻다고)'에 맞춰 배열하면 된다.

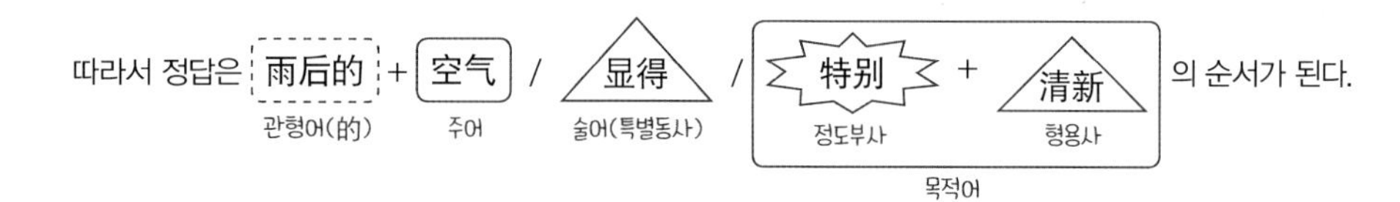

쓰기

문제 2

召开　　决定　　总结会议　　本月

문제 분석 특별동사 决定은 동사구를 목적어로 취함에 주목!

열다	결정하다	결산 총회	이번 달

总结会议决定本月召开。결산 총회는 이번 달에 열기로 결정했다.

단어 召开 zhàokāi 동 열다, 소집하다 | 决定 juédìng 동 결정하다, 결심하다 | 总结 zǒngjié 명동 총괄(하다), 총결산(하다) | 本月 běnyuè 명 이번 달

해설 **STEP 1** 주어를 찾아라!

- 总结会议(결산 총회): 주어 자리에는 사람이 자주 등장하지만, 종종 非사람(기관, 단체, 사물)이 나오기도 한다. 总结会议는 행위의 주체자는 아니지만, 설명하는 대상이자 주체로서 주어 자리에 위치할 수 있다.
- 本月(이번 달): 시간을 나타내는 명사이다.

STEP 2 술어를 찾아라!

- 决定(결정하다): 决定은 특별동사로 뒤에 결정한 내용에 관한 동사구를 목적어로 취하는 문장 전체의 술어가 된다.
- 召开(열다): 시간 명사 本月와 결합하여 목적어를 만들 수 있다.

→ 本月召开(이번 달에 열리다)

STEP 3 밑그림을 그려라!

제시된 단어들의 어순을 배열하기 전 해석으로 전체적인 밑그림을 그려 보는 것이 중요하다.

总结会议 + [决定 [本月 + 召开]]

'무엇은 어떻게 하기로 결정했는지(무엇은 决定 어떻게 하기로)'에 맞춰 배열하면 된다.

따라서 정답은

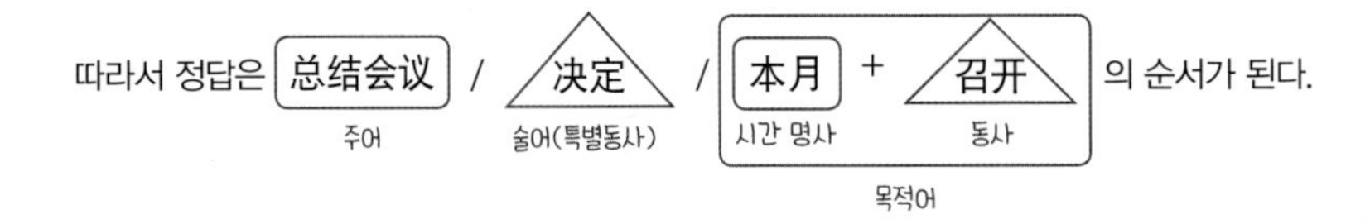

의 순서가 된다.

시크릿 보물상자

1 특별동사 핵심 정리

여러 가지 특별동사

1) 자동사: 목적어를 가질 수 없으므로, 전치사를 이용해서 대상을 이끈다.

出发 출발하다	从这儿出发 여기서 출발하다
旅行 여행하다	到中国旅行 중국을 여행하다
休息 쉬다	在家休息 집에서 쉬다
着想 생각하다	为他着想 그를 위해 생각하다

2) 타동사: 가장 일반적인 동사로, 목적어를 1개 가질 수 있다.

打 치다	打球 공을 치다
看 보다	看电影 영화를 보다
买 사다	买衣服 옷을 사다
花 소비하다	花时间 시간을 소비하다
玩 놀다	玩电脑 컴퓨터를 하고 놀다

3) 수여동사: '~에게 ~을 준다'는 뜻으로, 목적어를 2개 가질 수 있다.
[형식] 동사 + 간접 목적어(사람) + 직접 목적어(사물)

给 주다	给他面包 그에게 빵을 주다
留 남기다	留给我们作业 우리에게 과제를 남겨 주다
告诉 알려 주다	告诉他一件事 그에게 한 가지 일을 알려 주다
送 선물하다	送她一本书 그녀에게 책 한 권을 선물하다
教 가르치다	教小孩儿弹钢琴 어린아이에게 피아노 치는 것을 가르치다

Tip 그 외에 递 전해 주다 / 还 돌려주다 / 交 건네다 / 借 빌려주다 / 收 받다 / 问 묻다 / 叫 부르다 / 通知 알리다 / 赠 증정하다 등이 있다.

쓰기

4) 이합동사: '동사 + 목적어' 구조의 동사로 바로 뒤에 또 다른 목적어를 갖지 않는다.

见面 만나다	**跟他见面** 그와 만나다
吵架 다투다	**跟他吵架** 그와 다투다
散步 산책하다	**去公园散步** 공원에 가서 산책하다
离婚 이혼하다	**跟他离婚** 그와 이혼하다
毕业 졸업하다	**毕业于清华大学** 칭화 대학을 졸업하다

여러 가지 목적어

1) 명사 / 대사 목적어

형식	**동사 + 명사 목적어**	
예시	**学习汉语** 중국어를 배우다 **获得成功** 성공을 얻다 **实现梦想** 꿈을 실현하다	**回答问题** 질문에 대답하다 **复习功课** 수업한 것을 복습하다
형식	**동사 + 대사 목적어**	
예시	**看人家** 다른 사람을 보다 **等他们** 그들을 기다리다 **来到这儿** 이곳에 오다	**要这个** 이것을 원하다 **感谢你们** 당신들에게 감사하다

2) 동사 / 형용사 목적어

형식	**동사 + 동사 목적어**	
예시	**开始课** (×) → **开始上课** 수업을 시작하다 (○) **喜欢舞** (×) → **喜欢跳舞** 춤을 추는 것을 좋아하다 (○) **加以考虑** 고려를 하다 **给以帮助** 도움을 주다	 **难以理解** 이해하기 어렵다 **予以支持** 지지를 해 주다
형식	**동사 + 형용사 목적어**	
예시	**显得老人** (×) → **显得老** 늙어 보인다 (○) **显得年轻** 젊어 보인다 **显得天真** 순진해 보인다	 **显得漂亮** 예뻐 보인다 **显得矮小** 왜소해 보인다

3) 동사구 / 형용사구 목적어

형식	동사 + 동사구 목적어
예시	打算汉语 (×) → 打算学习汉语 중국어를 배울 계획이다 (○) 准备中国 (×) → 准备去中国 중국에 가려고 준비한다 (○) 保证今后不说谎 앞으로 거짓말을 하지 않겠다고 보증한다 需要尽快解决这些问题 가능한 한 빨리 이 문제들을 해결해야 한다
형식	동사 + 형용사구 목적어
예시	显得很老 매우 늙어 보인다 觉得非常荣幸 대단히 영광스럽게 생각한다

4) 주술구 목적어

형식	동사 + 주술구 목적어
예시	我希望你们能够取得好成绩。 나는 너희가 좋은 성적을 거둘 수 있길 바란다. 父母总是盼望着儿女考上好大学。 부모는 항상 자녀가 좋은 대학에 들어가기를 바라고 있다. 老李认为他可以当厂长。 라오리는 그가 공장장이 될 수 있다고 생각한다. 我一直以为韩老师还没结婚。 나는 줄곧 한 선생님이 아직 결혼하지 않은 줄 알았다. 我知道你去年夏天干什么了。 나는 네가 작년 여름에 무엇을 했는지 안다. 我觉得他这样做一定有他的道理。 나는 그가 이렇게 한 것은 분명히 그만의 이유가 있을 것이라고 생각한다. 我真不理解你们当时是怎么想的。 나는 너희가 그때 어떻게 생각했는지 정말 이해가 안 간다. 我决定今年九月去中国读博士。 나는 올해 9월에 중국으로 가서 박사 과정을 공부하기로 결심했다. 我感觉今天的考试应该还不错。 나는 오늘 시험이 괜찮았다고 생각한다. 我发现我忍不住做这种事情。 나는 내가 이런 일을 참지 못하고 한다는 것을 발견했다. 我嫌他太自私了。 나는 그가 너무 이기적인 것이 싫다. 我怕自己做不了。 나는 내가 해낼 수 없을까 걱정된다.

쓰기

2 이합동사(离合动词) 핵심 정리

동사이긴 하지만, 사실은 '동사 + 목적어'의 형태로 이루어진 단어다. 동사에 이미 목적어가 포함되어 있어 바로 뒤에 목적어를 갖지 못하고, 전치사를 이용하거나 이합동사의 목적어 부분을 수식해 주는 형태로 목적어를 보충한다. 동량사나 시량사도 이합동사의 동사 부분 뒤에 써야 한다.

1) 여러 가지 이합동사

어휘	뜻	어휘	뜻
帮忙	도와주다	开头	시작하다
毕业	졸업하다	跳舞	춤추다
吃苦	고생하다	洗澡	목욕하다
开车	운전하다	请假	휴가 내다
叹气	한숨 쉬다	游泳	수영하다
敲门	노크하다	订婚	약혼하다
道歉	사과하다	放假	방학하다
请客	한턱내다	操心	걱정하다
吵架	다투다	上课	수업하다
吃惊	놀라다	问好	안부를 묻다
送礼	선물하다	生气	화내다
睡觉	잠을 자다	聊天	이야기하다
唱歌	노래하다	吃亏	손해 보다
握手	악수하다	敬酒	술을 권하다
结婚	결혼하다	撒谎	거짓말하다
散步	산책하다	上当	속다
发愁	걱정하다	让座	자리를 양보하다
打架	싸우다		

2) 이합동사의 목적어 보충

형식	**① 이합동사의 동사 부분 + [관형어] + 이합동사의 목적어 부분**
예시	见面你 (×) → 见你的面 당신을 만나다 (○)
형식	**② [전치사 + 시간 / 장소 / 대상] + 이합동사**
예시	问好他 (×) → 向他问好 그에게 안부를 묻다 (○)
형식	**③ 이합동사 + [전치사 + 시간 / 장소]**
예시	毕业清华大学 (×) → 毕业于清华大学 칭화 대학을 졸업하다 (○)

Tip 이합동사와 자주 쓰이는 전치사

예 在…散步 / 请客: ~에서 산책하다 / 한턱내다
为…操心 / 担心: ~을 위해 마음 쓰다 / 걱정하다
给…让路 / 回信 / 让座: ~에게 길을 양보하다 / 답장하다 / 자리를 양보하다
跟…见面 / 跳舞 / 结婚: ~와 만나다 / 춤을 추다 / 결혼하다
向…请假 / 道歉 / 问好: ~에게 휴가 내다 / 사과하다 / 안부를 묻다

3) 이합동사의 특징

① 동태조사 了/ 过는 이합동사의 중간(동사 부분 뒤)에 삽입한다.

예시	**来中国以后，他帮了我很多忙。** 중국에 온 이후, 그는 나를 많이 도와주었다. **他开了一辈子车，从没出过事。** 그는 평생 운전했지만, 한 번도 사고 난 적이 없다.

② 관형어(수식어)는 이합동사의 중간(목적어 부분 앞)에 삽입한다.

예시	**最近，他吃了一个大亏。** 최근에 그는 큰 손해를 보았다. **昨天你没敬李老师酒吗?** 어제 넌 리 선생님께 술 안 권해 드렸니?

③ 시량보어 / 동량보어는 이합동사의 중간(동사 부분 뒤)에 삽입한다.

예시	**他从小到大从没让妈妈操过一回心。** 그는 어렸을 때부터 커서까지 엄마께 한 번도 걱정을 끼쳐 드린 적이 없다. **他先后订了两次婚，不知为什么最终都没有结婚。** 그는 연이어 두 번이나 약혼했지만, 왜 그런지 결국에는 모두 결혼하지 않았다. **他去年给领导送了一次礼。** 그는 작년에 상사에게 선물을 한 번 했다.

3 동사의 중첩

동사를 중첩하면 '좀 ~하다, 시험 삼아 ~하다'의 의미로, 동작의 시간이 짧거나 횟수가 적음을 나타내며, 말투를 부드럽게 하는 역할도 한다.

1) 1음절 동사: [기본형] A

형식	① AA / A一A: 중간에 一를 붙여 짧은 시간에 이루어졌음을 나타낸다.
예시	说说 좀 말하다 / 看看 좀 보다 / 听听 좀 듣다 / 做做 좀 하다 试试 좀 해 보다 / 尝尝 좀 맛보다 / 想想 좀 생각하다 / 洗洗 좀 씻다 走走 좀 가다 / 找找 좀 찾다 Tip 동사의 중첩형 뒤에 看을 붙이기도 한다. 예 说说看 좀 말해 보다 / 打打看 좀 쳐 보다 / 写写看 좀 써 보다 / 听听看 좀 들어 보다 / 想想看 좀 생각해 보다 说一说 좀 말하다 / 尝一尝 좀 맛보다 / 想一想 좀 생각하다 学一学 좀 배우다 / 试一试 좀 해 보다
형식	② A了A / A了一A: 과거형은 중간에 了를 붙여 준다.
예시	听了听 좀 들어 봤다 / 看了看 좀 봤다 / 试了试 좀 해 봤다 说了一说 좀 말해 봤다 / 想了一想 좀 생각해 봤다

2) 2음절 동사: [기본형] AB

형식	① ABAB
예시	休息休息 좀 쉬다 / 学习学习 좀 공부하다 / 练习练习 좀 연습하다 介绍介绍 좀 소개하다 / 研究研究 좀 연구하다 / 讨论讨论 좀 토론하다 商量商量 좀 상의하다
형식	② AB了AB: 과거형은 중간에 了를 붙여 준다.
예시	休息了休息 좀 쉬었다 / 学习了学习 좀 공부했다 / 练习了练习 좀 연습했다 介绍了介绍 좀 소개했다 / 研究了研究 좀 연구했다

Tip 동사 뒤에 '한 번, 잠시'라는 뜻의 동량사 一下를 붙여도 같은 뜻이 된다.
예 休息一下 좀 쉬다 / 学习一下 좀 공부하다 / 练习一下 좀 연습하다 / 研究一下 좀 연구하다 / 讨论一下 좀 토론하다 / 商量一下 좀 상의하다

3) 이합동사(동목구조): [기본형] AB

형식	AAB: '동사 + 목적어' 구조의 이합동사는 동사 부분만 중첩한다.
예시	散散步 산책을 좀 하다 / 聊聊天 이야기를 좀 하다 / 打打球 공을 좀 치다 帮帮忙 일을 좀 돕다 / 补补课 수업을 좀 보충하다 / 洗洗澡 목욕을 좀 하다 梳梳头 머리를 좀 빗다 / 谈谈心 이야기를 좀 나누다

Tip 특별한 중첩 형식
① 동사1 来 동사1(동사2) 去: 예 看来看去 이리저리 보다 / 翻来覆去 엎치락뒤치락하다
② 左 동사1 右 동사1(동사2): 예 左看右看 이리저리 보다 / 左思右想 이리저리 생각하다
③ 东 동사1 西 동사1(동사2): 예 东看西看 이리저리 보다 / 东奔西跑 이리저리 뛰어다니다

시크릿 기출 테스트

해설서 274~281p

DAY 9

1. 无奈　姑姑的　有些　显得　表情

2. 值得　实验　这些　参考　结果

3. 新设备　工厂　进口　一批　需要

4. 善于　动作　我儿子　动物的　模仿

5. 苗条的　希望　女孩子都　身材　保持

DAY 10

1. 增加　政府　投入　打算　科技方面的

2. 学生的　教师　优点　发现　要善于

3. 需要　办理　外汇业务　本人亲自

4. 能干　很　领导　职员　表扬

5. 训练时间　他们　延长　决定　适当地

06 처치문과 피동문 I

把자문은 목적어를 앞으로 도치시켜 강조하기 위한 구문으로, 처치 대상을 강조한다고 하여 '처치문'이라고 부르고, 被자문은 주어가 행위의 주체자가 아니라 행위 대상이 되는 구문으로, 주어를 피동형으로 만든다고 하여 '피동문'이라고 부른다. 把자문과 被자문은 따로 공부하는 것보다 비교하여 학습하는 것이 좋다. 시험에서는 把의 동의어 将과 被의 동의어 叫, 让을 비롯하여 把자문과 被자문에서 부사나 조동사의 위치를 알아야 하는 문제가 자주 출제된다. 이번 장에서는 把, 被를 중심으로 문장의 앞부분에 올 수 있는 다양한 품사들을 마스터해 보자.

쓰기 시크릿 백전백승

1 把는 목적어(처치 대상)를, 被는 행위 주체자를 끌고 나온다!

전치사 把는 주어 뒤, 술어 앞에 위치해 술어 뒤에 있던 목적어를 문장 중간으로 끌고 나온다. 전치사 被는 목적어(피해 대상)가 주어 자리에 위치하여, 피해 대상의 입장에서 문장을 서술해 나가는 특징이 있다. → 목적어의 위치 변화를 잘 살펴보자.

[기본 문장] 小偷儿 + 偷走了 + 我的钱包　도둑이 + 훔쳐갔다 + 내 지갑을

[把자문]　小偷儿 + 把我的钱包 + 偷走了　도둑이 + 내 지갑을 + 훔쳐 가 버렸다. [처치 대상 강조]

[被자문]　我的钱包 + 被小偷儿 + 偷走了　내 지갑은 + 도둑이 + 훔쳐 가 버렸다. [행위자 강조]

2 부사는 把, 被 앞에 놓는다!

'주어 + 부사 + 전치사 + 술어'가 기본 어순으로 부정부사, 일반부사는 주어 바로 뒤에 놓는다. 전치사 把, 被가 있으면 부사는 전치사 앞에 놓도록 하자.

[부정부사] 不 / 没有 / 别 / 不要

[일반부사] 已经 이미 / 总是 항상 / 故意 고의로 / 根本 전혀 / 终于 마침내 /
不小心 부주의하여 / 临时 임시로 / 重新 다시

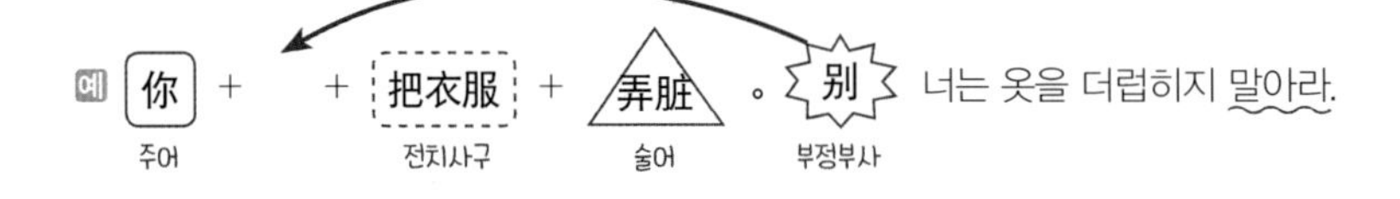

你 + + 把衣服 + 弄脏 。已经 그는 이미 옷을 더럽혔다.

주어 / 전치사구 / 술어 / 일반부사

3 把자문, 被자문에서 술어 찾는 법!

이러한 특수 구문에서는 술어가 동사 하나만으로 끝나지 않고, 뒤에 결과 · 방향 · 정도보어, 동사의 중첩형 등 다양한 부가 성분이 나온다. 따라서 把자문과 被자문에서 술어를 제대로 찾으려면 '기타 성분'을 포함하고 있는 단어를 찾으면 된다.

① 술어 + 결과보어

예 **借给** ~에게 빌려주다 / **当成** ~로 여기다 / **看做** ~로 보다 / **分配给** ~에게 분배하다

② 술어 + 방향보어

예 **带进** 들여오다 / **存进** 예금하다 / **退回来** 되돌아오다

③ 술어 + 동태조사

예 **删除了** 삭제했다 / **采纳了** 받아들였다 / **承认了** 승인했다

내가 생각하는 HSK란? - HSK는 [ ] 다.

- HSK는 친구다. 가끔은 미워하고 토라지기도 하지만, 다시 화해하고 친해진다.
- HSK는 운전면허 시험이다. 미래에 있어서는 면허증처럼 필수로 따야 한다.
- HSK는 신맛 사탕이다. 처음 입에 넣었을 때는 달콤하지만, 그 안은 쓰고 시다.

쓰기

문제 1

他　　借给朋友　　愿意　　把那本书　　不

문제 분석 把자문에서 부정부사(不)와 조동사(愿意)의 위치에 주목!

그　　친구에게 빌려주다　　원하다　　그 책을　　~않다

他不愿意把那本书借给朋友。그는 그 책을 친구에게 빌려주기를 원치 않는다.

단어 借 jiè 동 빌리다 | 朋友 péngyou 명 친구 | 愿意 yuànyi 조동 ~하고 싶다 | 本 běn 양 권

해설 **STEP 1** 주어를 찾아라!

- 他(그): 인칭대사로 문장에서 주어가 될 가능성이 매우 높다.
- 把那本书(그 책을): '전치사(把) + 명사(那本书)'의 전치사구로 把 처치문에서는 주어와 술어 사이에 놓는다.

→ 他把那本书(그는 그 책을)

STEP 2 술어를 찾아라!

- 借给朋友(친구에게 빌려주다): '동사(借) + 결과보어(给) + 목적어(朋友)'가 조합된 형태다. 처치문에서 동사는 단독으로 나올 수 없고, 각종 보어를 끌고 나와 행위의 결과를 나타내 준다.

STEP 3 기타 성분을 찾아라!

- 不(~않다): '부사 + 조동사 + 전치사'의 어순에 따라서, 부정부사 不는 전치사 把 앞에 위치한다. 만약 조동사가 있으면 조동사 앞에 온다.
- 愿意(원한다): 조동사는 중국어로 능원동사(能源动词)라고 부르는데, 그 이유는 '능력, 바람, 당위, 허가' 등을 나타내 주기 때문이다. 바람을 나타내는 대표적인 조동사에는 想，要，愿意 등이 있다.

→ 不愿意(~하기를 원치 않는다)

STEP 4 밑그림을 그려라!

제시된 단어들의 어순을 배열하기 전 해석으로 전체적인 밑그림을 그려 보는 것이 중요하다.

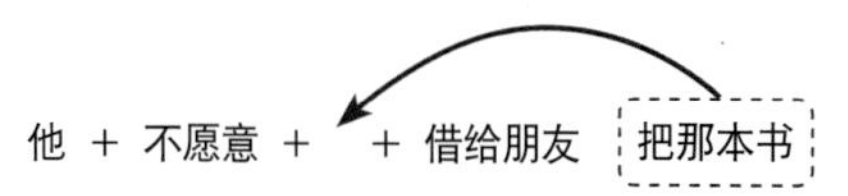

특히 把자문은 목적어를 술어 앞으로 도치시킨다는 특징을 가지고 있다. '그는 친구에게 빌려주기 원치 않는다. 무엇을?(그 책을)'을 把자문의 어순에 맞춰 배열하면 된다.

문제 2

被　　吸引了　　风景　　她　　这里美丽的

문제 분석 被자문에서 被와 명사의 결합에 주목!

~에 의해　　매료되었다　　풍경　　그녀　　이곳의 아름다운

她被这里美丽的风景吸引了。그녀는 이곳의 아름다운 풍경에 의해 매료되었다.

단어 被 bèi 전 ~당하다. ~에게 ~당하다 | 吸引 xīyǐn 동 매료시키다. 끌어당기다 | 风景 fēngjǐng 명 풍경, 경치 | 美丽 měilì 형 아름답다

해설 **STEP 1** 주어를 찾아라!

- 她(그녀): 인칭대사로 문장에서 주어나 목적어가 될 수 있다.
- 这里美丽的(이곳의 아름다운): 구조조사 的를 보고 명사를 수식하는 관형어임을 알 수 있다.
- 风景(풍경): 명사로 관형어와 결합하여 명사구를 만들 수 있다.

→ 这里美丽的风景(이곳의 아름다운 풍경)

STEP 2 술어를 찾아라!

- 吸引了(매료되었다): 동태조사 了를 보고 동사 술어임을 유추할 수 있다.

STEP 3 기타 성분을 찾아라!

- 被(~에 의해서): 피동을 나타내는 전치사로, 동작의 결과를 나오게 한 행위자나 원인을 끌고 나온다.

→ 被这里美丽的风景(이곳의 아름다운 풍경에 의하여)

STEP 4 밑그림을 그려라!

제시된 단어들의 어순을 배열하기 전 해석으로 전체적인 밑그림을 그려 보는 것이 중요하다.

这里美丽的风景 + 吸引了 + 她

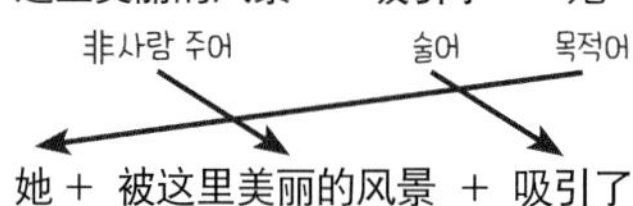

她 + 被这里美丽的风景 + 吸引了

특히 被자문은 피해자(행위의 대상자)가 주어 자리에 오고, 가해자(행위의 주체자나 원인)가 被 뒤에 나오게 된다. '누구는 무엇에 의해서 吸引了 되었는가'의 被자문 어순에 맞춰 배열하면 된다.

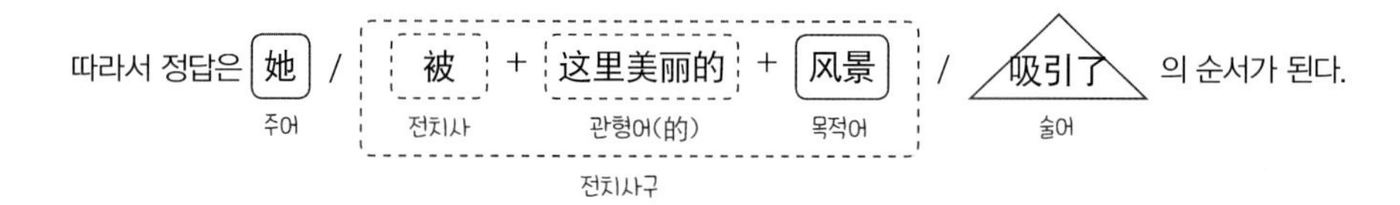

시크릿 보물상자

1 把자문과 被자문

1) 把자문(처치문)

중국어 문장의 기본 어순은 '주어 + 술어 + 목적어'다. 把자문은 기본 문장에서 술어 뒤에 놓이는 목적어를 술어 앞으로 도치시켜, 그 목적어(대상)를 어떻게 처치했는지의 동작 결과를 강조하는 문장이다.

일반문	他 + 吃了 + 我的苹果。그는 내 사과를 먹었다. 주어 술어 목적어 누가 사과를 먹었는지(주어), 또는 그가 무엇을 먹었는지(목적어)를 강조한다.
把자문	他 + 把 + 我的苹果 + 吃掉了。그가 내 사과를 먹어 버렸다. 주어 목적어(처치 대상) 술어 그가 사과를 어떻게 했는지, 가져갔는지 버렸는지 먹었는지 등의 처치 결과를 강조한다.

Tip 말하는 사람과 듣는 사람이 모두 대상을 확실히 인지하고 있는 상황에서, 그 대상이 어떻게 되었는지 동작의 결과를 강조할 때 처치문을 쓴다.

2) 被자문(피동문)

피동문은 주어가 어떤 행위를 한 것이 아니라 다른 누군가에 의해서 어떤 동작이 행해졌거나 심지어 그로 인해 피해를 보았다는 뜻이 있다.

예시	他被老师称为模范学生。그는 선생님에게 모범 학생으로 불린다. [행위의 주체자가 주어가 아님] 我被老师批评了一顿。나는 선생님께 한바탕 꾸지람을 들었다. [주어가 피해를 당함]

2 把자문과 被자문 비교

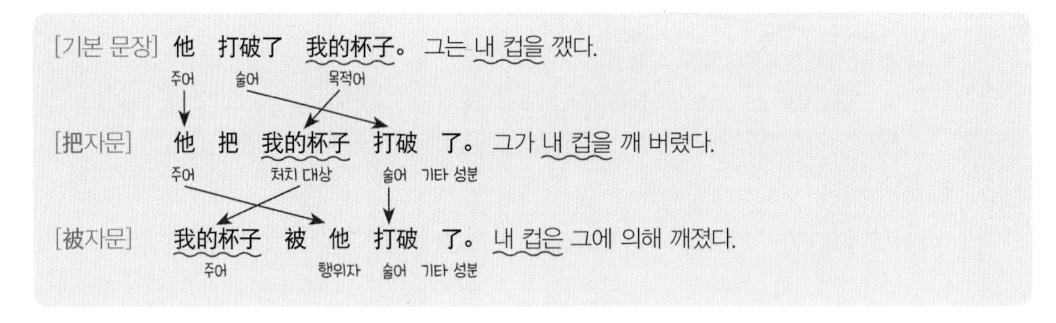

1) 목적어(처치 · 행위 대상) 위치 비교

기본 문장의 목적어는 맨 끝에서 점점 앞으로 옮겨진다.

把자문	처치 대상인 목적어를 도치시켜 문장 중간인 把 뒤에 둔다. [전치사의 목적어]
被자문	행위를 당한 대상을 도치시켜 문장 맨 앞인 被 앞에 둔다. [주어]

2) 주어(행위자) 위치 비교

把자문	把자문 행위의 주체자가 문장 맨 앞인 把 앞에 위치한다. [주어]
被자문	被자문 행위의 주체자가 문장 중간인 被 뒤에 위치한다. [전치사의 목적어]

3) 기타 문장 성분 위치 비교

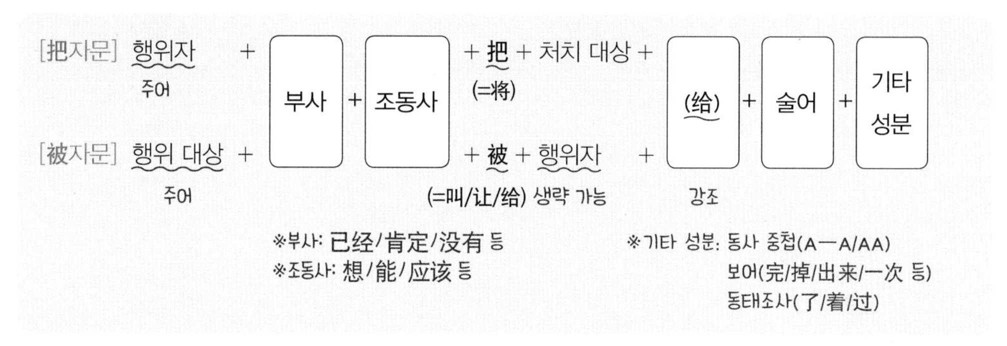

3 把자문과 被자문의 공통점

1) 把와 被는 전치사로, 뒤에 명사를 이끈다.

형식	把 / 被 + 명사 + 술어
예시	他把我的钱包拿走了。 그는 내 지갑을 가지고 갔다. 我的钱包被他拿走了。 내 지갑은 그가 가지고 갔다.
형식	被 + (명사) + 술어 단, 被자문에서는 행위의 주체자가 명확해서 굳이 말할 필요가 없거나, 불확실해서 밝힐 수 없을 때, 被 뒤에 나오는 명사(행위자)를 생략할 수 있다.
예시	我被(她)气得说不出话来了。 나는 (그녀 때문에) 화가 나서 말을 할 수가 없었다. → 그녀 때문에 화가 났다는 것이 설명하지 않아도 명백한 상황이면, 행위 주체자를 생략할 수 있다. 自从那次事件后，他的名字逐渐被(人们)淡忘了。 그 사건 이후로 그의 이름은 점점 (사람들에게) 잊혀졌다.

2) 부사, 조동사는 전치사인 把와 被 앞에 위치한다.

형식	① 조동사 + 把 / 被 + …
예시	我要把今天的作业做完。 나는 오늘 숙제를 끝내야 한다. 那本小说会被别人借走的。 그 소설책은 다른 사람이 빌려 갈 것이다.

Tip 단골로 나오는 조동사

예 **想** ~하고 싶다 / **要** ~해야 한다 / **会** ~할 것이다 / **应该** ~해야 한다 / **愿意** ~하길 바란다 / **肯** 기꺼이 ~하다

쓰기

형식	② 부사 + 把 / 被 + …
예시	我已经把你忘记了。 난 이미 널 잊었다. 他竟然把自己的名字写错了。 그는 뜻밖에도 자신의 이름을 잘못 적었다. 饼干可能被孩子吃光了。 과자는 아마도 아이가 다 먹어 버렸을 것이다.
형식	예외적으로 범위부사(全部 / 都 등)는 범위를 나타내는 어휘 뒤에 위치한다.
예시	他把爱都给她了。 그는 사랑을 모두 그녀에게 주었다. 孩子不小心把我的短信全删了。 아이가 실수로 나의 문자 메시지를 전부 삭제했다. 你把这些生词全部背完。 너는 이 단어들을 모두 외워라.

! Tip 단골로 나오는 부사

예 已经 이미 / 终于 마침내 / 竟然 뜻밖에 / 可能 아마도 / 肯定 분명히 / 从来 여태껏 / 总是 늘, 언제나 / 故意 고의로

형식	③ 일반부사 + 부정부사 + 把 / 被 + … 부사가 2개라면 일반부사 뒤에 부정부사를 쓴다.
예시	他根本没有把自己的事情做完。 그는 자신의 일을 전혀 완성하지 않았다. 她的想法从来没有被大家接受过。 그녀의 생각은 여태껏 사람들에게 받아들여진 적이 없다.

! Tip 단골로 나오는 부정부사

예 别 ~하지 마라 / 不 아니다 / 没(有) ~ 않다

형식	④ (부정)부사 + 조동사 + 把 / 被 + …
예시	你不能把我忘掉。 너는 나를 잊어버려서는 안 된다. 我不想被别人嘲笑。 나는 다른 사람에게 비웃음을 받고 싶지 않다. 你一定会被别人铭记在心的。 너는 분명히 다른 사람으로부터 마음속 깊이 새겨질 것이다.

3) 강조 용법으로 쓰인 给는 술어 앞에 위치한다.

예시	他往往把不该忘的事也给忘了。 그는 종종 잊어서는 안 되는 일도 잊어버렸다. 他们被眼前的影像给惊呆了。 그들은 눈앞의 형상에 넋이 나갔다.

4) 목적어는 특정한 것이어야 한다.

예시	把一个面包递给我。(×) → 把那个面包递给我。(○) 그 빵을 나에게 건네줘. 把一封信交给班长。(×) → 把这封信交给班长。(○) 이 편지를 반장에게 전해 줘.

해설서 281~288p

DAY 11

1. 把手机　调成　请你　无音模式

2. 把　我们　学完了　已经　这个学期的课程

3. 别　带进　你　餐厅里了　把宠物

4. 小孩子　总是　父母　把成年的儿女　当成

5. 故意　告诉我　不把　他　谜语的谜底

DAY 12

1. 看作是　他　没　自己的朋友　根本　把你

2. 建议　公司　工人们的　采纳了　被

3. 录取了　被　他　名牌大学　那所

4. 别人　桌子　靠窗户的　预定了　已经　被

5. 学术界　他的研究成果　承认了　被　终于

07 처치문과 피동문 II

기출문제를 분석해 보면, 쓰기 제1부분에서 把자문과 被자문 문제가 매회 각 1문제씩(총 2문제)은 꼭 출제되는 높은 출제율을 보이고 있다. 이번 장에서는 把자문과 被자문이 뒤에 어떠한 꼬리 성분을 끌고 나오는지, 또 어떤 형태로 변형될 수 있는지 집중적으로 배워 본다. 출제 비중이 높은 부분인 만큼 완벽하게 학습해 두자.

쓰기 시크릿 백전백승

1 把는 목적어(처치 대상)를, 被는 행위 주체자를 끌고 나온다!

전치사 把는 주어 뒤, 술어 앞에 위치해 술어 뒤에 있던 목적어를 문장 중간으로 끌고 나온다. 전치사 被는 목적어(피해 대상)가 주어 자리에 위치하여, 피해 대상의 입장에서 문장을 서술해 나가는 특징이 있다. → 목적어의 위치 변화를 잘 살펴보자.

[기본 문장] 同屋 + 骑走了 + 我的自行车 룸메이트는 + 타고 가 버렸다 + 내 자전거를

[把자문] 同屋 + 把我的自行车 + 骑走了 룸메이트는 + 내 자전거를 + 타고 가 버렸다 [처치 대상 강조]

[被자문] 我的自行车 + 被同屋 + 骑走了 내 자전거는 + 룸메이트가 + 타고 가 버렸다 [행위자 강조]

2 부사는 주어 바로 뒤, 把, 被 앞에 놓는다!

'주어 + 부사 + 전치사 + 술어'가 기본 어순이다. 부정부사, 일반부사는 주어 바로 뒤에 놓는다. 전치사 把, 被가 있으면 전치사 앞에 넣도록 하자.

예 你 + 重新 + 把衣服 + 洗干净。 너는 다시 옷을 깨끗이 빨아라.
我 + 还没 + 把衣服 + 洗干净。 나는 아직 옷을 깨끗이 빨지 않았다.
她 + 已经 + 把衣服 + 洗干净了。 그녀는 이미 옷을 깨끗이 빨았다.

3 범위부사(都, 全, 全部)는 복수를 나타내는 말 뒤에 놓는다!

① 주어가 我们(우리), 每个人(누구나), 所有的(모든 사람)처럼 복수라면 주어 바로 뒤에 都를 쓴다.

예 每个人都要保护环境。 누구든지 모두 환경을 보호해야 한다.

② 전치사 把 뒤에 所有的东西(모든 물건), 这些生词(이러한 단어들) 등과 같이 복수를 나타내는 말이 나오면 把가 이끄는 전치사구 뒤에 都를 쓴다.

예 我把所有的东西都装在箱子里了。나는 모든 물건을 전부 상자 안에 넣었다.

4 把, 被는 다른 말로 바꿔 쓸 수 있다!

把는 将으로, 被는 叫, 让으로 바꿔 표현할 수 있다. 이러한 단어들이 제시되면 把자문이나 被자문이 될 수 있다는 것을 알아야 한다.

예 你别将这个秘密说出去。너는 이 비밀을 발설하지 마라. [把자문]
那个花瓶叫孩子打碎了。그 화병은 아이에 의해 깨졌다. [被자문]

5 被 뒤의 행위자(주체자)는 생략할 수 있다.

일반적으로 전치사는 뒤에 명사 성분이 있어야 하지만, 전치사 被는 행위자를 언급할 필요가 없거나 불확실할 경우, 뒤에 나오는 명사를 생략할 수 있다. 즉 동사와 직접 결합할 수 있다는 뜻이다.

Tip 叫, 让은 被의 동의어지만 뒤에 나오는 행위자(주체자)를 생략할 수 없다.
예 我叫吸引住了。(×) → 我被吸引住了。(○) 나는 매료되었다.

6 把자문, 被자문에서 술어 찾는 법!

처치문과 피동문은 동작을 거쳐 어떠한 처치의 결과나 피해의 결과가 나타났는지를 표현해야 하기 때문에 동사 술어 뒤에 기타 성분을 가지고 나온다.

[결과보어] 在, 给, 走

예 放在抽屉里了 서랍 안에 넣어 놓았다
洒在衣服上了 옷에 쏟았다
忘在教室里了 교실에 두고 왔다
扔在垃圾桶里了 쓰레기통에 버렸다

骑走了 타고 가 버렸다
偷走了 훔쳐 가 버렸다
拿走了 들고 가 버렸다
冲走了 떠내려가 버렸다

[방향보어] 下来, 出来, 上来
[동량보어] 一遍, 一次
[시량보어] 一个小时, 五天

시크릿 확인학습

문제 1

把手机　　不小心　　洗手间里了　　我　　忘在

문제 분석 把자문에서 부정부사(不) 위치에 주목!

휴대전화를	부주의하다	화장실에	나	깜박 잊고 두고 오다
我不小心把手机忘在洗手间里了。나는 부주의해서 휴대전화를 화장실에 두고 왔다.				

단어 把 bǎ 전 ~을, 를 | 手机 shǒujī 명 휴대전화 | 小心 xiǎoxīn 동 조심하다, 주의하다 | 洗手间 xǐshǒujiān 명 화장실 | 忘 wàng 동 잊다, 망각하다

해설 **STEP 1** 주어를 찾아라!

- 我(나): 인칭대사로 행위의 주체자를 나타내므로 문장에서 주어가 될 수 있다.
- 洗手间里了(화장실 안에): '공간(洗手间) + 방위사(里)'의 형식으로 장소 명사다. 장소가 나오려면 일반적으로 장소를 표현하는 在, 从, 到 등과 같이 결합하여 쓰인다는 점을 명심하자.

STEP 2 술어를 찾아라!

- 忘在(깜박 잊고 두고 왔다): '동사(忘) + 보어(在)'의 형식으로 문장에서 술어가 되며, 在가 있기 때문에 뒤에 장소를 나타내는 洗手间里了가 나와야 한다.

→ 忘在洗手间里了(화장실에 깜박 두고 왔다)

Tip 在가 등장하는 문장

예 **放在书包里** 책가방에 넣었다 / **丢在房间里** 방안에 깜빡 잊어버렸다 / **坐在沙发上** 소파 위에 앉았다 / **躺在床上** 침대 위에 누웠다

STEP 3 기타 성분을 삽입하라!

- 不小心(부주의하여): 부사로 주어 바로 뒤, 전치사 把가 있으면 把 바로 앞에 놓는다.
- 把手机(휴대전화를): '전치사(把) +명사(手机)'로 이루어진 전치사구로 주어 뒤, 술어 앞에 위치한다. 부사가 있다면 '부사 + 전치사'의 순서로 놓는다.

→ 不小心把手机(부주의하여 휴대전화를)

STEP 4 밑그림을 그려라!

제시된 단어들의 어순을 배열하기 전 해석으로 전체적인 밑그림을 그려 보는 것이 중요하다.

我 + 不小心 + ← + 忘在 + 洗手间里了 把手机

특히 把자문은 목적어를 술어 앞으로 도치시킨다는 특징을 가지고 있다. '나는 화장실 안에 깜박하고 두고 왔다. 무엇을?(휴대전화를)'을 把자문의 어순에 맞춰 배열하면 된다.

문제 2

被　　我寄出去的　　退回来了　　包裹

문제 분석 행위자와 행위 대상의 구분에 주목!

~에 의해서　　내가 부친　　반송되어 돌아왔다　　소포

我寄出去的包裹被退回来了。내가 부친 소포는 반송되어 돌아왔다.

단어 退 tuì 동 반환하다 | 包裹 bāoguǒ 명 소포

해설 **STEP 1** 주어를 찾아라!

- 我寄出去的(내가 부친): 구조조사 的를 보고 명사를 수식하는 관형어임을 알 수 있다.
- 包裹(소포): 명사로 주어나 목적어가 될 수 있다. 문맥상 我寄出去的와 결합할 수 있다.

→ 我寄出去的包裹(내가 부친 소포)

STEP 2 술어를 찾아라!

- 退回来了(반송되어 돌아왔다): 동태조사 了와 방향보어 回来를 보고 退가 동사 술어임을 유추할 수 있다.

STEP 3 기타 성분을 찾아라!

- 被(~에 의해서): 피동을 나타내는 전치사로 일반적으로 '전치사 + 명사'의 형태로 나와야 한다. 다만, 被자문에서는 행위자(가해자)를 알지 못할 때, 이미 당연히 알고 있어서 언급할 필요가 없을 때 생략할 수 있으므로 바로 술어와 결합한다.

→ 被退回来了(반송되어 돌아왔다)

STEP 4 밑그림을 그려라!

제시된 단어들의 어순을 배열하기 전 해석으로 전체적인 밑그림을 그려 보는 것이 중요하다.

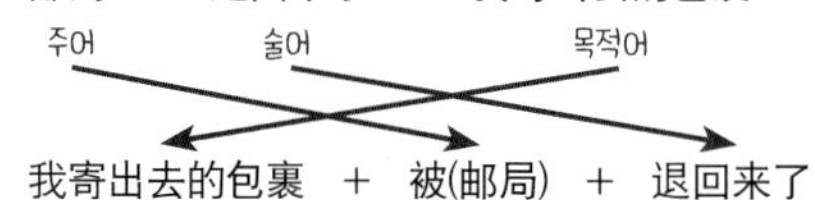

특히 被자문은 피해자(행위의 대상)가 주어 자리에 오고, 가해자(행위의 주체자)가 被 뒤에 나오게 된다. '무엇은 (누구에) 의해서 退回来了했는가'의 被자문의 어순에 맞춰 배열하면 된다.

따라서 정답은

의 순서가 된다.

1 把자문 · 被자문의 기타 성분

把자문과 被자문은 술어 뒤에 동태조사나 각종 보어 등의 기타 성분을 반드시 써 주어야 한다. 술어 뒤에서 기타 성분의 역할을 할 수 있는 것은 어떤 것들인지 살펴보자.

기타 성분	把자문	被자문
결과보어 동사 + 在 / 给 / 到 / 成 / 作 / 为	把那部小说翻译成英文 그 소설을 영문으로 번역하다	他被选为最佳选手。 그는 가장 훌륭한 선수로 뽑혔다.
방향보어 동사 + 出来 / 下来 / 上来	把那个书包递过来 그 책가방을 건네주다	被大伙儿拉出来 사람들로부터 끌려 나오다
정도보어 동사 / 형용사 + 得 + 동사 / 형용사	把课文背得很熟练 본문을 매우 능숙하게 외우다	被打得厉害 심하게 얻어맞다
동량보어 동사 + 一次 / 一遍	把今天学的生词抄了一遍 오늘 공부한 단어를 한 번 베껴 썼다	被浏览了十几次 10여 번 대충 훑어졌다
시량보어 동사 + 一天 / 一个小时	把时间延长了一天 시간을 하루 연장했다 把婚礼推迟了半年 결혼을 반년 미루었다	我被他打了一个小时。 나는 그에게 한 시간 동안 맞았다.
가능보어	我把夏天受不了。(×)	夏天被我受不了。(×)
동태조사 동사 + 了 / 着 / 过	他把书带着。 그는 책을 가지고 있다. 他把书带来了。 그는 책을 가지고 왔다.	他被老师批评了。 그는 선생님한테 혼이 났다. 他被老师批评过。 그는 선생님에게 혼난 적이 있다.
동사 중첩 A一A / AA	把那首诗背一背。 그 시를 외워 봐라.	我的日记被他看看。(×)
감각 · 인지 · 심리동사	我把那件事知道了。(×) 同学们把课文明白了。(×)	那条消息被他知道了。 그 소식을 그가 알아 버렸다. 他被这部电影感动了。 그는 이 영화에 감동 받았다.

2 把자문 · 被자문의 변형

4급에서 기본적인 내용을 알아야 하는 문제가 출제되었다면, 5급에서는 조금 더 고급스런 표현이나 서면어 등의 문제가 출제될 가능성이 높다. 把, 被의 동의어는 무엇이고, 어떻게 바뀌어 표현될 수 있는지 알아 두자.

변형 표현	把자문	被자문
전치사 동의어	**把(회화체) = 将(서면어)**	**被 = 给, 叫, 让(被, 给만 행위자 생략 가능)**
	他把衣服扔到床上。 그는 옷을 침대 위로 던졌다. 弟弟将成绩单藏了起来。 동생은 성적표를 숨겼다.	他被(校长)表扬了一顿。 그는 (교장 선생님으로부터) 칭찬을 받았다. 她给(这首歌儿)吸引住了。 그녀는 (이 노래에) 매료되었다.
서면어	**以 A 为 B** A를 B로 삼다	**被 / 为…所 + 2음절 동사** ~에 의해 ~되다
	我以我的祖国为荣。 나는 내 조국을 영광으로 삼는다. 他以现实为背景创作了小说。 그는 현실을 배경으로 삼아 소설을 창작했다. 很多国家以英语为母语。 여러 국가가 영어를 모국어로 삼는다.	他不想为公司所控制，于是辞了职。 그는 회사에 통제당하기 싫어서 사직했다. 很多人往往为家人所影响。 많은 사람이 종종 가족에 의해 영향을 받는다. 教练为队员们的精神所激励。 코치는 팀원들의 정신에 격려 받았다.
고정 구문	**把…동사 + 成 / 作 / 为…** ~를 ~로 ~하다 (把…当成 / 看作 / 视为 / 制作为…)	**被…동사 + 为…** ~에 의해 ~로 ~되다 (被…称为 / 视为 / 选为 / 认为 / 呼为 / 誉为 / 封为 / 命名为…)
	他把我视为偶像。 그는 나를 우상으로 본다. 邻居家的阿姨把我当作女儿。 이웃집 아주머니는 나를 딸로 여긴다. 他把“骑”字看成“椅”字。 그는 '骑'자를 '椅'자로 잘못 보았다.	他被选为班长了。 그는 반장으로 뽑혔다. 这颗新发现的行星被命名为“银河九号”。 새로 발견된 이 행성은 '은하 9호'로 이름 지어졌다. 很多独生子女被父母视为“掌上明珠”。 많은 외동 자녀는 부모들에게 '보물'처럼 여겨진다.

쓰기

3 把자문과 다른 구문의 연용

1) 정도보어와의 연용

把자문은 기타 성분으로 정도보어를 끌고 나올 수 있다. 술어 뒤에 정도보어를 써 주면 된다.

형식	把 + 처치 대상 + 술어 + 정도보어
예시	这件事把她急得直冒汗。 이 일은 그녀를 땀이 계속 날 정도로 다급하게 했다. 孩子把妈妈气得不得了。 아이는 엄마를 대단히 화나게 했다. 妈妈把房间打扫得干干净净。 엄마께서는 방을 깨끗하게 청소하셨다.

2) 겸어문과의 연용

겸어문에서 把자문 구조를 함께 쓸 때는, 겸어동사(叫, 让)를 먼저 쓰고 把자문을 나중에 쓴다.

형식	주어 + 叫 / 让 + 명사 + 술어 + 把자문
예시	我叫他马上开车把她送回家。 나는 그에게 즉시 차를 몰고 그녀를 집으로 데려다 주도록 했다. 老师叫学生回家把作业拿来。 선생님은 학생에게 집으로 돌아가 숙제를 가져오도록 했다. 经理让我尽快把工作做完。 팀장님은 나에게 최대한 빨리 일을 완성하라고 했다.

3) 연동문과의 연용

동사가 2개 이상 나오는 연동문에서 把자문 구조를 함께 쓸 때는, 다른 동사들을 먼저 쓰고 把자문을 나중에 쓰면 된다.

형식	주어 + 동사1 + 동사2 + 把자문
예시	我打电话让妻子把孩子接回来。 나는 전화해서 아내에게 아이를 데리고 오라고 했다. 你开车去把李教授接到这儿来。 너는 차를 몰고 가서 리 교수님을 이리로 모시고 와라. 他写信告诉妈妈把冬天的衣服寄到学校来。 그는 편지를 써서 엄마에게 겨울 옷을 학교로 부쳐 달라고 말했다.

DAY 13

1. 抽屉里了　耳环　锁在　妈妈　将

2. 他　将　这个包裹　请你　亲手交给

3. 决定　把旅行日程　下来　还没　他们

4. 不小心　我　电脑键盘上了　洒在　把饮料

5. 装修　我　一遍　想重新　把客厅

DAY 14

1. 把节省下来的钱　他　银行里了　存进　都

2. 被　一下子　冲走了　房屋　暴雨

3. 动物　鲨鱼　认为是　被人们　很危险的

4. 被　飞往武汉的　临时　航班　取消了

5. 信息　删除了　手机里的　被她　全部

쓰기 제1부분

08 겸어문, 존현문, 연동문

특수 구문을 공부할 때 가장 중요한 것은 개념 이해다. 겸어문은 시킴을 받는 대상자 그리고 그 행위를 하는 주체자가 같아서, 목적어와 주어의 역할을 동시에 겸하기 때문에 '겸어문'이라고 한다. 존현문은 사람이나 사물의 존재, 출현, 소실을 나타내는 문장으로 앞글자를 따서 '존현문'이라고 하는 것이다. 연동문은 동사가 2개 이상 연속해서 나오는 문장을 말한다. 용어만 잘 이해 한다면, 특수 구문은 쉽게 마스터할 수 있다.

쓰기 시크릿 백전백승

1 겸어문에 쓰이는 사역동사 让, 叫, 使를 숙지하라!

겸어문(兼语句)은 한 단어(语)가 문장(句)에서 두 가지의 역할을 겸한다(兼)는 뜻이다. 겸어문은 '시킨다'는 뜻의, 사역동사 使, 让, 叫, 令이 등장하게 되는데, 이때 시킴을 받는 대상자와 행위하는 사람이 같게 된다. 즉, 행위자는 앞 절의 목적어이자 뒤 절의 주어 역할을 겸하기 때문에, '겸어문'이라고 한다.

예 同屋 让 我 接 电话 룸메이트는 나를 시켰다
주어 술어 목적어
주어 술어 목적어 나는 전화를 받는다

룸메이트는 나에게 전화 받으라고 했다.

2 장소가 주어가 되는 '존현문'을 숙지하라!

'존현문'의 가장 큰 특징은 주어 자리에 '장소'가 나오고, 목적어 자리에는 불특정한 목적어가 나온다는 것이다.

예 桌子上 + 放着 + 一瓶水 책상 위에 물이 한 병 놓여 있다.
장소 주어 동사 술어 불특정 목적어(수량사 + 명사)

教室里 + 排列着 + 整齐的桌子 교실에는 가지런한 책상이 배열되어 있다.
장소 주어 동사 술어 불특정 목적어(관형어 + 명사)

Tip 특정 : 지시대사(这, 那)나 수식어로 명사의 범위를 제한시켜 특정한 것을 말한다.
불특정 : 지시대사 없이 一个, 两个 같은 수량사 혹은 불특정한 수식어로 나타내는 것을 말한다.

3 연동문은 여러 개의 동사가 등장한다.

연동문은 한 문장에 동사가 2개 이상 나오기 때문에, 먼저 동작의 발생 순서대로 동사를 나열해 놓고, 각 동사에 어울리는 목적어를 붙여 주면 된다. 경우에 따라서는 목적어는 생략될 수도 있다.

예 老师 带着 我们 去 北京 看 万里长城。
주어 동사1 목적어1 동사2 목적어2 동사3 목적어3
선생님은 우리를 데리고 베이징에 가서 만리장성을 보았다.

연동문에서 사역동사가 나오면, 사역동사 让, 叫가 1번 동사로 나온다.

예 爸爸 叫 我 去 机场 接 姑妈。
주어 동사1 목적어1 동사2 목적어2 동사3 목적어3
아버지는 나에게 공항에 가서 고모를 마중하라고 시키셨다.

4 연동문에서 동사는 동작의 발생 순서대로 나열하라!

연동문이 출제되면 동사가 최소 2개 이상 주어진다. 동사는 동작의 발생 순서나 시간의 흐름에 따라 나열하고 어울리는 목적어를 붙여 준다. 동사 위치의 몇 가지 규칙성을 알아 두는 것도 도움이 된다.

[첫 번째 동사 찾는 비법]

① 왕래발착 동사(来, 去, 到 等), 존재동사(有)는 첫 번째 동사가 될 가능성이 크다.

예 去图书馆借书 도서관에 가서 책을 빌리다
동사1 동사2

有能力帮助你 너를 도와줄 능력이 있다
동사1 동사2

没有时间帮助你 너를 도와줄 시간이 없다
동사1 동사2

② 동태조사 着가 있으면 첫 번째 동사가 될 가능성이 크다.

예 **带着** 가지고 있다 / **领着** 들고 있다 / **陪着** 모시고 있다 / **站着** 서 있다 / **躺着** 누워 있다 / **坐着** 앉아 있다

[마지막 동사 찾는 비법]

① 완료를 나타내는 了나 경험을 나타내는 过가 있으면 마지막 동사가 된다.

예 **整理了** 정리했다 / **感动了** 감동했다 / **旅行过** 여행한 적이 있다 / **讨论过** 토론한 적이 있다

② 중첩형이거나, 동량보어(一下 等)를 가지고 있으면 마지막 동사가 된다.

예 **商量商量** 상의 좀 하다 / **问问老师** 선생님께 좀 물어보다 / **打听一下** 한 번 물어보다 / **研究一下** 한 번 연구하다 / **登记一下** 한 번 등록하다

쓰기

시크릿 확인학습

문제 1

结果　　令人　　很失望　　实验的

문제 분석 겸어문 어순에 주목!

결과	사람으로 하여금 ~하게 하다	매우 실망하다	실험의

实验的结果令人很失望。실험의 결과는 사람들을 매우 실망시켰다.

단어 结果 jiéguǒ 명 결실, 결과 | 令 lìng 동 ~로 하여금 ~하게 하다 | 失望 shīwàng 동 실망하다, 희망을 잃다 | 实验 shíyàn 명 실험

해설 **STEP 1** 주어를 찾아라!

- 实验的(실험의): 구조조사 的를 보고 명사를 수식하는 관형어임을 알 수 있다.
- 结果(결과): 非사람 주어 명사로 관형어의 수식을 받을 수 있다.

→ 实验的结果(실험의 결과)

STEP 2 사역동사를 찾아라!

- 令人(사람으로 하여금 ~하게 하다): 겸어문에 쓰이는 사역동사로는 让, 叫, 使, 令 등이 있다. 다른 동사와 함께 있을 때 사역동사가 첫 번째 동사 자리에 위치한다.

STEP 3 술어를 찾아라!

- 很失望(매우 실망하다): '정도부사(很) + 심리동사(失望)' 형식의 동사 술어가 된다.

Tip 정도부사 很은 일반적으로 형용사 앞에서 정도가 깊음을 나타내지만, 동사 중에서도 심리동사는 마음의 깊이를 나타내는 정도부사와 함께 쓰일 수 있다.
예 很感动 / 很担心 / 很喜欢 / 很羡慕

STEP 4 2개 문장 만들기(겸어문)

- 实验的 + 结果 + 令 + 人　　실험의 결과는 사람들을 시켰다
　人 + 很失望　　사람들은 매우 실망했다

목적어와 주어를 겸하므로 겸어문

따라서 정답은 实验的 + 结果 / 令人 / 很失望 의 순서가 된다.

实验的: 관형어(的) / 结果: 주어 / 令人: 사역동사 + 목적어 겸 주어 / 很失望: 술어

문제 2

去　　请你　　一下　　登记　　前台

문제 분석 一下로 마지막 동사 찾기!

가다	당신은 ~하세요	좀 ~하다	체크인하다	프런트

请你去前台登记一下。당신은 프런트에 가서 체크인하세요.

단어 登记 dēngjì 동 체크인하다, 등록하다 | 前台 qiántái 명 프런트

해설 **STEP 1** 주어를 찾아라!

- 请你(당신은 ~하세요): 인칭대사 你는 행위 주체자이므로 주어가 될 수 있다.
- 请(~해 주세요): 상대방에서 부탁하거나 요청할 때 쓰는 경어로 일반적으로 주어 앞에 놓는다.
- 前台(프런트): 명사로 문장에서 주어나 목적어 역할을 할 수 있다.

STEP 2 술어를 찾아라!

- 去(가다): 동사이며, 去，来，到 등과 같은 왕래발착동사는 연동문에서 첫 번째 동사가 된다. 去 뒤에는 장소를 나타내는 명사를 끌고 나온다.
  → 去前台(프런트에 가다)
- 登记(체크인하다): 동사로 문장에서 술어가 된다.

STEP 3 기타 성분을 삽입하라!

- 一下(좀 ~하다): 동작의 횟수를 나타내는 동량보어로 동사 뒤에 쓰여서 시도의 의미를 갖는다. 연동문에서 동사의 중첩이나, 동량보어는 맨 마지막 동사(두 번째 동사)에 적용한다.
  → 去前台登记一下(프런트에 가서 체크인하다)

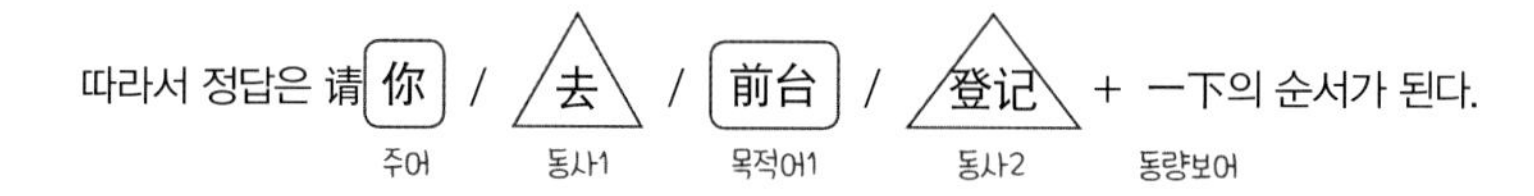

쓰기

시크릿 보물상자

1 존현문 핵심 정리

중국어에서 사람이나 사물의 존재 · 출현 · 소실을 나타내는 문장을 '존현문'이라고 한다.

1) 기본 어순: 장소주어 + 동사 술어 + 불특정 목적어

예시	讲台上(장소주어) 放着 一束鲜花(불특정 목적어)。 교단 위에 꽃 한 다발이 놓여 있다.

Tip 불특정 목적어: 특정한 것을 지칭하지 않으며, 수량사가 붙는 경우가 많다.
예 一个 한 개 / 两个 두 개 / 一些 약간 / 一点儿 조금 / 很多 많은 / 许多 허다한

2) 목적어는 특정한 사람이나 사물이 아니다.

예시	门口站着一个人。(○) 입구에 한 사람이 서 있다. 门口站着妈妈。(×) 입구에 엄마가 서 있다.

3) 주어인 장소에는 전치사 在나 从 등을 쓰지 않는다.

예시	在我家前边有一条狗。(×) → 我家前边有一条狗。(○) 우리 집 앞에 개가 한 마리 있다. [존재] 从前边走过来了一个人。(×) → 前边走过来了一个人。(○) 앞에서 한 명이 걸어왔다. [출현]

4) 동사 뒤에 종종 了 · 着나 방향보어(过来 · 出来 · 进来 · 上来), 결과보어 등을 쓴다.

예시		
	着 [존재] ~되어 있다, ~하고 있다	墙上挂着很多照片。 벽에는 많은 사진들이 걸려 있다.
	了 [출현] ~됐다, ~했다	前边儿跑过来了一群学生。 앞에서 학생 한 무리가 달려왔다.
	了 [소실] ~됐다, ~했다	教室里少了一张桌子。 교실 안에 책상 하나가 줄었다.

2 겸어문 핵심 정리

한 문장 안에서 앞 절의 목적어가 뒤 절의 주어 역할을 겸하는 문장을 말한다.

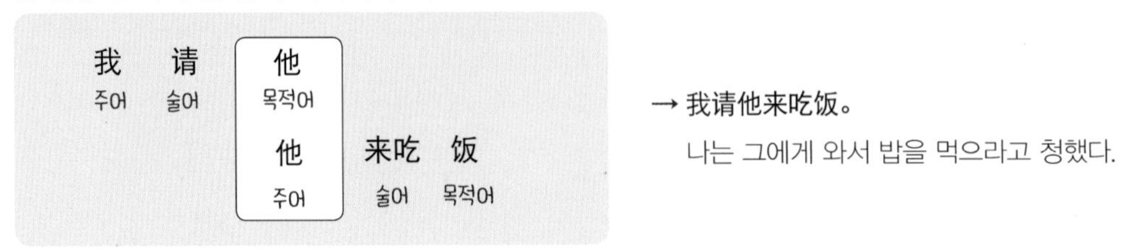

겸어문의 유형

1) 사역이나 부탁 · 요청을 나타내는 겸어문

형식	① **사역동사:** '~에게 ~을 시키다 / ~하게 하다' 등 사역의 의미를 나타낸다. 예 让 / 叫 / 令 / 使 / 派 / 命令 / 逼 등
예시	同屋让我接电话。룸메이트는 나에게 전화를 받게 했다. 老板常常逼员工做繁重的工作。사장님은 종종 직원들이 힘든 일을 하게 압박하신다.
형식	② **요청동사:** '~에게 ~을 청하다 / 부탁하다'의 의미를 나타낸다. 예 请 / 请求 / 劝 / 要求 등
예시	我请他喝咖啡。나는 그에게 커피 마시기를 청했다. 我要求他不要离开我。나는 그에게 나를 떠나지 말라고 요구했다.

2) 원인을 나타내는 겸어문

형식	**심리동사:** 감정을 나타내는 동사를 쓰고 목적어 자리에 그 원인을 쓴다. 예 喜欢 / 表扬 / 批评 / 原谅 / 责备 / 羡慕 / 讨厌 / 嫌 등
예시	老师表扬我学习努力。선생님께서는 내가 열심히 공부한다고 칭찬하셨다. 妈妈批评他懒惰。엄마께서는 그가 게으르다고 꾸짖으셨다. 我嫌他个子矮。나는 그가 키가 작아서 싫다.

3) 보충 설명하는 겸어문(有자 겸어문)

형식	**존재동사:** 첫 번째 동사로 有 / 没有가 나오고, 두 번째 동사로 보충 설명을 한다. '~할(하는) ~가 있다 / 없다'의 의미를 나타낸다. 예 有 / 没有
예시	有一个人在外边儿等你。밖에서 너를 기다리는 사람이 한 명 있다. 他有一个女朋友很好看。그는 매우 예쁜 여자 친구가 한 명 있다. 我有一个学生特别认真。나는 특별히 열심히 하는 학생이 한 명 있다.

Tip 겸어문에서 有의 목적어는 一个, 一些와 같은 수량사의 수식을 받아 불특정한 것을 나타내며, 뒤 절의 주어가 될 수 있어야 한다.

쓰기

겸어문의 특징

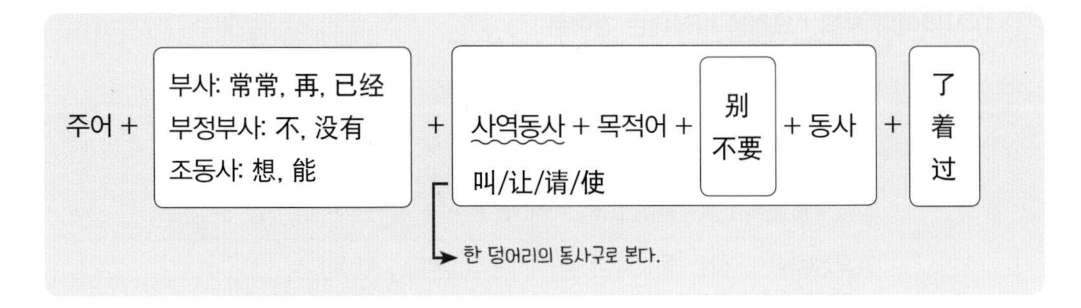

1) 일반부사는 사역동사 앞에 나온다.

예시	我打算明天再让他去一趟。나는 내일 그에게 다시 한 번 가 보라고 할 생각이다. 这件事真让我头疼。이 일은 정말 나를 골치 아프게 한다.

2) 부정부사는 일반적으로 첫 번째 동사 앞에 나온다.

예시	他不让我们参加今天的晚会。그는 우리를 오늘 저녁 파티에 참석하지 못하게 했다. 我们没请他来，是他自己来的。우리는 그를 오라고 초대하지 않았는데, 그 스스로 온 것이다.

3) 조동사는 일반적으로 첫 번째 동사 앞에 나온다.

예시	我要请他参加比赛。나는 그에게 시합에 참가하라고 부탁하려고 한다. 我能让他解决这件事。나는 그에게 이 일을 해결하게 할 수 있다.

4) 동태조사 了 / 着 / 过는 일반적으로 두 번째 동사 뒤에 온다.

예시	他让我拿着杯子。그는 나에게 컵을 가지고 있으라고 했다. 我们请他唱了一首歌儿。우리는 그에게 노래를 한 곡 불러 달라고 요청했다. 你让我明白了真正的爱情。당신은 나에게 진정한 사람을 알게 해 주었다.

5) 把자문과 함께 쓸 수 있다.

예시	妈妈叫姐姐把衣服洗干净。엄마는 언니에게 옷을 깨끗이 빨라고 하셨다.

6) 연동문과 함께 쓸 수 있다.

예시	老张让我带照相机来拍照片。라오장은 나에게 사진기를 가져와서 사진을 찍게 했다. 爸爸叫我去机场接姑妈。아빠는 나에게 공항에 가서 고모를 마중하라고 하셨다.

3 연동문 핵심 정리

주어는 하나인데, 연속해서 2개 이상의 동사가 나오는 문장이다. 시간상으로 보면 앞의 동사 행위가 먼저 이루어지고, 뒤의 동사가 나중에 이루어진다. 따라서 동작이 일어나는 순서대로 동사를 나열해 주면 된다.

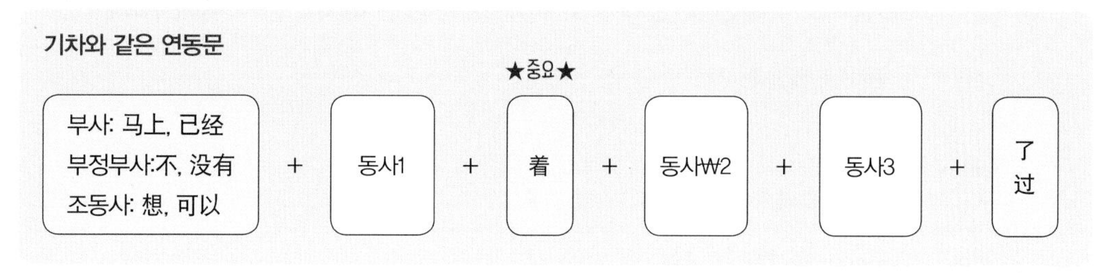

연동문의 형식

형식	동사 술어만 연속해서 나올 수도 있고, 각각의 동사가 목적어를 가질 수도 있다. ① 주어 + 술어(동사)1 + 술어(동사)2 ② 주어 + 술어(동사)1 + 목적어 + 술어(동사)2 ③ 주어 + 술어(동사)1 + 목적어1 + 술어(동사)2 + 목적어2
예시	他去留学了。그는 유학 갔다. 他去中国留学了。그는 유학하러 중국에 갔다. 他去中国学汉语了。그는 중국어를 배우러 중국에 갔다.

연동문의 특징

1) 목적어를 필요에 따라 가질 수도 있고, 생략할 수도 있다.

예시	我去(旅行社)买(飞机票)。내가 (여행사에) 가서 (비행기 표를) 살게.

2) 앞의 동사가 来 / 去일 경우, 역방향으로 해석하는 것이 자연스럽다. [목적어 강조]

예시	你来我家喝杯茶吧。당신 우리 집에 와서 차 한잔해요. → 당신 차 한잔하러 우리 집에 오세요. 他去邮局寄信。그는 우체국에 가서 편지를 부친다. → 그는 편지를 부치러 우체국에 간다.

3) 부정형은 첫 번째 동사 앞에 不 / 没를 써서 표현한다.

예시	我不坐船去中国。나는 배를 타고 중국에 가지 않는다. 他们不去旅行了。그들은 여행을 가지 않는다. 他没坐飞机回国。그는 비행기를 타고 귀국하지 않았다.

4) 동사를 중첩할 경우, 마지막 동사를 중첩한다.

예시	我想找他商量商量。나는 그를 찾아 상의 좀 하고 싶다.

5) 일반적으로 동태조사 着는 첫 번째 동사 뒤에, 了 / 过는 마지막 동사 뒤에 위치한다.

형식	① 동사1 + 着 + 동사2
예시	站着讲课 서서 강의하다 躺着聊天 누워서 수다를 떨다 坐着回答问题 앉아서 문제에 대답하다
형식	② 동사1 + 동사2 + 了 / 过
예시	去询问过 가서 물어본 적이 있다 去印度旅行了 인도에 가서 여행했다
형식	③ 동사1 + 了 / 过 + 목적어, 就 / 才 / 再 + 동사2: ~하고 나서야 ~하다 결과절을 이끄는 부사 就 / 才 / 再가 있으면 了 / 过는 첫 번째 동사 뒤에 쓴다. 여기서 동사1은 이미 완성된 동작일 수도 있고, 아직 일어나지 않은 동작일 수도 있다. 동사1이 완성되고 나서야 동사2를 할 수 있다는 뜻이 된다.
예시	他吃了饭就出发。[미래 완료 / 미완성 동작] 그는 밥을 먹고 나서 바로 출발한다. 我想洗了澡再去见朋友。[미래 완료 / 미완성 동작] 나는 목욕을 하고 나서 다시 친구를 보러 갈 생각이다. 做了一个小时才完成 [완료된 동작] 한 시간 동안 하고 나서야 비로소 완성했다

有자 연동문

형식	동사 有가 연동문에서 쓰이면 무조건 첫 번째 동사가 된다. ① 有 + 목적어 + 동사2 [동사2]할 [목적어]가 있다 ② 没有 + 목적어 + 동사2 [동사2]할 [목적어]가 없다
예시	我有几个问题问老师。나는 선생님에게 물어볼 문제가 몇 개 있다. 我有一件事跟你商量。나는 너와 상의할 일이 하나 있다. 没有时间去找你 너를 찾아 갈 시간이 없다 没有钱吃饭 밥 먹을 돈이 없다

Tip 연동문에서 첫 번째 동사가 되는 有는 구체적인 명사(衣服, 书 등)와 추상적인 명사(时间, 机会, 问题, 办法 등)를 모두 목적어로 취할 수 있다. 그러나 겸어문에서 겸어동사 有는 행위자를 나타내야 하므로 불특정한 사람(一个人, 一个朋友 등)을 목적어로 취한다.

DAY 15

1. 让人　那些新闻的　怀疑　真实性

2. 充满了　称赞　领导的　使我　力量

3. 她的　觉得　让人　很温暖　行为

4. 把考卷　班长　收起来　让我

5. 墙上　一幅　挂着　有名的画　博物馆的

DAY 16

1. 客厅里　花儿　婚房的　很多　摆满了

2. 热情的　舞台下　坐满了　观众

3. 陪奶奶　我想　透一下　到外边　新鲜空气

4. 时间　利用　做　摄影模特　她经常　业余

5. 生病的　兄弟姐妹　爷爷　照顾　轮流

09 부사어(부사, 조동사, 전치사)

동사나 형용사 앞에서 시간 · 정도 · 범위 · 빈도 · 부정 · 가능 · 어기 등을 나타내는 품사를 부사라고 한다. 동사나 형용사는 문장 속에서 술어로 쓰여 부사의 수식을 받기도 하고, 구조조사 地의 도움을 받아 술어를 수식하는 부사어가 되기도 한다. 이번 장에서는 술어를 꾸며 주는 문장 성분인 부사어와 동사와 형용사를 꾸며 주는 품사인 부사에 대해 살펴본다.

쓰기 시크릿 백전백승

1 부사어의 기본 어순을 익혀라!

부사어는 기본적으로 술어 앞에 위치하며, '부사 + 조동사 + 전치사구'의 순서로 나열한다.

[어순] 주어 + 부사 + 조동사 + 전치사구 + 술어
(부사 + 조동사 + 전치사구: 부사어)

2 부사어의 다양한 조합을 익혀라!

부사어의 기본 어순이 '부사 + 조동사 + 전치사구'지만, 3개의 품사가 동시에 등장하는 문제는 그리 많지 않다. 일반적으로 2개 조합으로 등장하니, 조합되는 경우의 수를 익혀 두자.

[부사어 중 1개만 등장하는 경우]

① 부사 1개

예 他不小心说出了秘密。그는 실수로 비밀을 말해 버렸다.

② 조동사 1개

예 我得回家好好儿练习。나는 집에 가서 잘 연습해야 한다.

③ 전치사 1개

예 他为这次比赛付出了很大的努力。그는 이번 시합을 위해 많은 노력을 했다.

[부사어 중 2개만 등장하는 경우]

① 조동사 + 전치사구

예 我想向大家介绍一下。나는 여러분에게 소개하고 싶다.
我应该跟父母商量商量。나는 마땅히 부모님과 상의해야 한다.

② 부사 + 전치사구

예 他曾经在北京工作过。그는 예전에 베이징에서 일한 적이 있다.
他突然从外边跑进来了。그는 갑자기 밖에서 뛰어들어 왔다.

③ 일반부사 + 부정부사

예 他从来没有抽过烟。그는 여지껏 담배를 피워본 적이 없다.

他仍然没有改变。그는 여전히 변하지 않았다.

④ 일반부사 + 부사어

예 她正在专心地准备考试。그녀는 지금 열심히 시험 준비를 하고 있다.

我一直认真地工作。나는 줄곧 열심히 일하고 있다.

3 기타 부사의 예외적인 어순을 유의하라!

부정부사와 정도부사 등도 전치사구 뒤에 나올 수 있다.

예 韩国的歌手在亚洲各国很受欢迎。한국의 가수들은 아시아 각국에서 매우 사랑받는다.

这家商店的东西比那家更便宜。이 상점의 물건은 저 집보다 훨씬 싸다.

我对这个问题非常感兴趣。나는 이 문제에 대단히 흥미를 느낀다.

我对这个问题没有感兴趣。나는 이 문제에 대해 흥미를 느끼지 않는다.

我对这个问题从来没有考虑过。나는 이 문제에 관하여 여태껏 생각해 본 적이 없다.

Tip 부사 从来는 부정부사와 짝을 이뤄 전치사구 뒤에 나온다.

4 부사를 크게 4가지로 나누어 생각하라!

부사의 종류는 아주 다양하고, 한 문장 안에서 여러 개가 나올 수도 있다. 이때 순서는 '어기부사 → 일반부사 → 부정부사 / 정도부사'의 순서가 된다.

① 어기부사: 말의 뉘앙스를 나타내는 부사로, 대개 술어부의 맨 앞에 나오며, 주어 앞에 나오는 경우도 있다.

예 **难道** 설마 ~하겠는가 / **究竟** 도대체, 어쨌든 / **也许** 아마, 짐작하건대 / **可能** 어쩌면 / **大概** 아마도 / **幸亏** 다행히, 운 좋게 / **简直** 그야말로 / **几乎** 거의

② 일반부사: 시간부사, 빈도부사, 상태부사 등을 포괄한다.

예 **已经** 이미 / **一直** 줄곧 / **曾经** 일찍이 / **互相** 서로 / **一定** 분명히

③ 부정부사 / 정도부사: 술어와 가장 가까이에 위치한다.

예 **부정부사:** 不 아니다 / **没有** ~ 않다

정도부사: 很 매우 / **非常** 대단히 / **挺** 꽤 / **十分** 충분히

④ 범위부사: 전체인지 부분인지 범위를 나타낸다.

예 **전체:** 都 모두 / **全** 완전히

부분: 只 다만 / **仅** 겨우

쓰기

문제 1

搖了搖　　小狗　　尾巴　　朝主人

문제 분석 전치사구의 위치에 주목!

흔들었다	강아지	꼬리	주인을 향하여

小狗朝主人搖了搖尾巴。강아지는 주인을 향해서 꼬리를 흔들었다.

단어 搖 yáo 동 흔들다 | 狗 gǒu 명 개 | 尾巴 wěiba 명 꼬리 | 朝 cháo 전 ~을 향하여 | 主人 zhǔrén 명 주인

해설 **STEP 1** 주어를 찾아라!

- 小狗(강아지): 사람, 동물 등 행위의 주체가 될 수 있는 단어는 주어가 될 가능성이 매우 높다.
- 尾巴(꼬리): 명사로 문장에서 목적어가 될 수 있다.

STEP 2 술어를 찾아라!

- 搖了搖(흔들었다): 동사 搖의 뜻을 몰랐다 하더라도, 동태조사 了를 보고 동사 술어임을 알 수 있다.

Tip 1음절 동사 중첩

예 A一 A **想一想** 생각을 좀 하다

A了A(과거형) **想了想** 생각을 좀 해 보았다

STEP 3 기타 성분을 삽입하라!

- 朝主人(주인을 향해서): 동작의 방향을 나타내는 전치사로는 往, 向, 朝가 있다. 전치사는 단독으로 쓰이지 않고 반드시 '전치사 + 명사'의 전치사구 형태로 쓰이며, 뒤에 동사를 끌고 나온다.

→ 朝主人搖了搖 (주인을 향해 흔들었다)

따라서 정답은 小狗(주어) / 朝主人(전치사구) + 搖了搖(술어) / 尾巴(목적어) 의 순서가 된다.

문제 2

公司的　　大家　　服从　　都　　安排　　应该

문제 분석 조동사 应该의 위치에 주목!

회사의　　다들　　따르다　　모두　　안배하다　　~해야 한다

大家都应该服从公司的安排。여러분 모두 회사의 안배에 따라야 한다.

단어 公司 gōngsī 명 회사 | 服从 fúcóng 동 따르다, 복종하다 | 安排 ānpái 동 (시간을) 안배하다 | 应该 yīnggāi 조동 ~해야 한다

해설 **STEP 1** 주어를 찾아라!

- 大家(여러분): 사람을 지칭하는 대사로, 문장에서 주어가 될 수 있다.
- 公司的(회사의): 구조조사 的를 보고 명사를 수식하는 관형어임을 알 수 있다. 명사와 결합하여 목적어를 만들 수 있다.
- 安排(안배): 安排는 동사 겸 명사가 될 수 있는 단어다. 제시어에서 服从(따르다)이라는 동사가 있기 때문에 여기서 安排는 명사로 보는 것이 타당하다.

→ 公司的安排(회사의 안배)

STEP 2 술어를 찾아라!

- 服从(따르다): 동사로 문장에서 술어가 될 수 있다.

STEP 3 기타 성분을 삽입하라!

- 应该(~해야 한다): 조동사로, 주어 뒤, 술어 앞에 놓으면 된다. 만약 부사가 있다면 부사 뒤에 놓아야 한다.
- 都(모두): 범위를 나타내는 부사로 복수를 나타내는 주어(大家) 뒤에 위치시킨다.

→ 都应该服从(모두 따라야만 한다)

따라서 정답은 大家(주어) / 都(부사) + 应该(조동사) + 服从(술어) / 公司的(관형어(的)) + 安排(목적어) 의 순서가 된다.

쓰기

시크릿 보물상자

1 부사어의 기본 어순: 부사어(地) + 피수식어

예 已经 + 能 + 跟中国人 + 说话了　이미 중국인과 말할 수 있다

부사 조동사 전치사구 동사
부사어

2 비교적 복잡한 부사어

부사어의 어순은 관형어처럼 고정되어 있지 않고, 위치가 비교적 자유롭다.

Tip 전치사구의 형태로 주어부 앞에 나올 수도 있다.

어순

(전치사 + 명사), 주어 + 부사 / 조동사 / 전치사구(기타 수식어 地) + 술어

부사어　　　　부사어

전치사(구)의 어순

1) 주어 앞에만 나오는 전치사구

형식	① 随着 ~함에 따라
예시	随着经济发展，**人们的生活质量提高了。**(○) 경제가 발전함에 따라서, 사람들의 삶의 질도 향상되었다. 人们的生活质量随着经济发展提高了。(×)
형식	② 关于 ~에 관하여
예시	关于明天的安排，**我们还得商量一下。**(○) 내일 일정에 관해, 우리는 다시 상의를 좀 해야 한다. 我们还得关于明天的安排商量一下。(×)

2) 주어 앞과 뒤에 모두 나올 수 있는 전치사구

형식	① 对 / 对于 ~에 대해서
예시	对于赔偿的问题，**我们讨论一下。** 배상 문제에 대해서, 우리 상의해 봅시다. **我们**对于赔偿的问题**讨论一下。** 우리 배상 문제에 대해 상의해 봅시다. Tip 关于는 부사어일 때 주어부 앞에만 위치하지만, 对于는 주어부 앞이나 뒤에 모두 올 수 있다.
형식	② 为了 ~를 위해서
예시	为了找工作，**他跑了好多地方。** 일자리를 구하기 위해, 그는 여러 곳을 뛰어다녔다. **他**为了找工作**跑了好多地方。** 그는 일자리를 구하기 위해 여러 곳을 뛰어다녔다.

Tip 기타 전치사

예 **根据** ~에 의거하여 / **按照** ~에 따라 / **趁** ~를 틈타 / **沿着** ~를 끼고 / **通过** ~를 거쳐

3) 예외적인 전치사구의 어순

형식	**시간 명사 + 전치사구 + 부사** 시간을 나타내는 성분이 여러 개일 경우, 전치사구는 시간 명사 뒤, 또는 부사 앞에 나올 수 있다.
예시	他从小 就喜欢学语言。 그는 어렸을 때부터 언어 배우는 것을 좋아했다. (从小: 전치사구, 就: 부사) 我从今天起 再也不抽烟了。 나는 오늘부터 더 이상 담배를 피우지 않겠다. (从今天起: 전치사구, 再也: 부사) 老师昨天 从上午 一直工作到深夜。 선생님은 어제 오전부터 줄곧 저녁까지 일하셨다. (昨天: 시간 명사, 从上午: 전치사구, 一直: 부사)

4) 전치사의 순서

형식	① 목적 · 근거 · 협동: 为了 / 根据 / 跟 ② 장소 · 공간 · 방향 · 노선: 在 / 从 / 往 / 向 / 朝 / 沿着 ③ 대상: 对 / 把 / 向
예시	我已经在学校 把作业做完了。 나는 이미 학교에서 숙제를 다 했다. (在学校: ② 장소, 把作业: ③ 대상) 我以前为了工作 向他求了好几次。 나는 예전에 일을 위해서 그에게 여러 번 도움을 청했다. (为了工作: ① 목적, 向他: ③ 대상) 他从书包里 把书拿了出来。 그는 가방 속에서 책을 꺼내 들었다. (从书包里: ② 공간, 把书: ③ 대상)

기타 수식어의 어순

일반적으로 동작자의 심리 상태를 묘사하는 부사어를 먼저 쓰고, 동작의 진행 상태를 묘사하는 부사어를 나중에 쓴다.

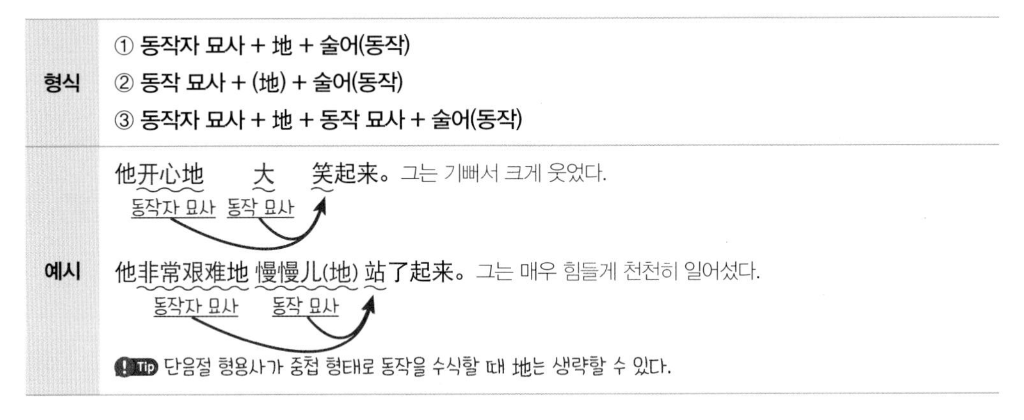

형식	① 동작자 묘사 + 地 + 술어(동작) ② 동작 묘사 + (地) + 술어(동작) ③ 동작자 묘사 + 地 + 동작 묘사 + 술어(동작)
예시	他开心地 大 笑起来。 그는 기뻐서 크게 웃었다. (开心地: 동작자 묘사, 大: 동작 묘사) 他非常艰难地 慢慢儿(地) 站了起来。 그는 매우 힘들게 천천히 일어섰다. (非常艰难地: 동작자 묘사, 慢慢儿(地): 동작 묘사) Tip 단음절 형용사가 중첩 형태로 동작을 수식할 때 地는 생략할 수 있다.

쓰기

1) 地가 필요한 부사어

형식	① 동사 / 동사구 + 地
예시	她不停地吃。 그녀는 쉬지 않고 먹는다. 他唠唠叨叨地说个没完。 그는 수다스럽게 끝없이 말한다.
형식	② 2음절 형용사(구) / 2음절 형용사 중첩형 + 地
예시	他非常热情地帮助我。 그는 매우 친절하게 나를 도와준다. 他高高兴兴地说。 그는 신이 나서 말한다.
형식	③ 주술구 + 地
예시	他一个人孤独地站在那里。 그는 혼자서 외롭게 그곳에 서 있다.
형식	④ 고정 표현(성어) + 地
예시	他全心全意地为大家服务。 그는 전심전력으로 모두를 위해 봉사한다.
형식	⑤ 수량사 중첩 + 地
예시	事情要一件一件地做。 일은 하나씩 하나씩 해야 한다.

2) 地가 필요 없는 부사어

형식	① 1음절 형용사 / 1음절 형용사의 중첩형
예시	我明天一定要早来。 나는 내일 반드시 일찍 오겠다. 他静静(地)坐在那儿。 그는 조용히 그곳에 앉아 있다.
형식	② 2음절 형용사가 2음절 동사를 수식하는 형태
예시	幸福(地)生活 행복하게 생활하다 努力(地)学习 열심히 공부하다

3 복잡하고 긴 부사어

부사어를 구성하는 여러 가지 수식 성분의 기본 순서를 알아 두면 아무리 어려운 부사어가 나와도 어순을 정리할 수 있다.

순서	수식 성분
1	시간사
2	어기부사 / 접속부사
3	빈도부사 / 범위부사
4	동작자 묘사 성분 + 地
5	전치사구 1: 목적, 근거, 협동
6	전치사구 2: 장소, 공간, 방향, 노선
7	전치사구 3: 대상
8	동작 묘사 성분(地 생략 가능)

정리해 보면 '시간사 + 부사 + 동작자 묘사 성분 + 전치사구 + 동작 묘사 성분'의 순서가 된다. 아래의 대표 문장을 외워 두었다가 어순에 맞게 대입해 본다.

[대표 문장]

예 他 / 多年来 + 一直 + 默默地 + 在这里 + 为祖国 + 认真地 / 培养着 / 人才。
주어(동작자) 시간사 빈도부사 동작자 묘사 장소 전치사구 대상 전치사구 동작 묘사 술어(동작) 목적어
그는 여러 해 동안 줄곧 묵묵히 이곳에서 조국을 위해 열심히 인재를 양성하고 있다.

他 / 正在 + 小心地 + 从书包里 + 一本一本地 / 掏出书来。
주어(동작자) 시간부사 동작자 묘사 공간 전치사구 동작 묘사 술어 + 목적어(동작)
그는 조심스럽게 가방 안에서 한 권 한 권 책을 꺼내고 있다.

他 / 又 + 把作文 + 好好地 / 检查了一遍。
주어(동작자) 빈도부사 대상 전치사구 동작 묘사 술어(동작)
그는 또 작문을 꼼꼼하게 한 번 검사했다.

我 / 得 + 认认真真地 + 跟他 + 好好 / 谈一谈。
주어(동작자) 조동사 동작자 묘사 대상 전치사구 동작 묘사 술어(동작)
나는 진지하게 그와 잘 한 번 이야기해야겠다.

他 / 每天 + 用汉语 + 跟中国人 / 交谈。
주어 시간사 근거 전치사구 대상 전치사구 술어
(동작자) (동작)
그는 매일 중국어로 중국인과 이야기한다.

我们 / 以前 + 常常 + 为大家 / 服务。
주어 시간사 빈도부사 대상 전치사구 술어
(동작자) (동작)
우리는 예전에 자주 모두를 위해 봉사했다.

1) 시간을 나타내는 말은 위치가 비교적 자유로워서, 주어 앞뒤에 모두 올 수 있다.

예시	我们以前常常在一起学习。 우리는 이전에 자주 함께 공부했다. 以前我们常常在一起学习。 이전에 우리는 자주 함께 공부했다.

2) 장소를 나타내는 말은 강조를 위해 앞으로 나오기도 한다.

예시	他突然从床上坐了起来。 그는 갑자기 침대에서 일어나 앉았다. 他从床上突然坐了起来。 그는 침대에서 갑자기 일어나 앉았다.

3) 동작을 묘사하는 말은 동사 앞에 나오지만, 강조하기 위해 전치사구 앞에 나올 수 있다.

예시	他跟我慢慢地聊了起来。 그는 나와 천천히 이야기하기 시작했다. 他慢慢地跟我聊了起来。 그는 천천히 나와 이야기하기 시작했다.

DAY 17

1. 充分的　我　准备　做好了　为这次论文答辩

2. 打听一下　向老师　我　考试的内容　得

3. 为祖国　贡献　想　做出　运动员们

4. 在宿舍大厅里　请大家　准时　集合

5. 公布　向人民　请　这个结果　不要

DAY 18

1. 没　HSK考试　及格　这次　居然

2. 从来　这个问题　想过　我　没有

3. 房地产公司　几个月前就　破产了　那家　已经

4. 正在　新能源　开发　各国科学家　积极地

5. 对　论文答辩　明天的　非常　老孙　有把握

新HSK 5급

쓰기 제2부분 단어, 그림 보고 작문하기

기출문제 탐색전

문제 1

99. 请结合下列词语(要全部使用)，写一篇80字左右的短文。
价格、日用品、广场、格外、耽误

문제 2

100. 请结合这张图片写一篇80字左右的短文。

❶ 99번은 제시된 단어들을 활용하여 작문하는 문제로, 반드시 단어를 모두 사용해야 한다. 뜻을 몰라서 사용하지 않거나, 부적합하게 사용했을 경우 감점된다.
→ 단어를 보고 주제를 정한 다음, 서론 / 본론 / 결론으로 나누어 이야기를 전개한다.

❷ 100번은 사진을 보고 자유롭게 이야기를 구상하는 문제로, 단어의 제약은 없다.
→ 사진을 보고 자신이 표현할 수 있는 적절한 주제를 떠올린다. 사진에 드러난 사실적인 정보를 써도 좋고, 사진과 관련된 자신의 견해나 경험담을 써도 된다.

❸ 가로 16칸, 세로 6줄의 96자 원고지가 주어진다. 다섯째 줄까지 채우면 80자라는 점을 기억하고 글자 수를 조정하면서, 원고지 작성법에 맞게 작성한다.

쓰기 제2부분은 총 2문제로, 하나는 주어진 5개의 단어를 모두 활용하여 한 편의 글을 작문하는 것이고, 다른 하나는 주어진 그림을 보고 연상되는 이야기를 논리적으로 쓰는 것이다. 분량은 모두 80자 내외로 원고지 형식에 맞춰 작성해야 한다. 4급의 작문 문제에 비하면 난이도가 상당히 높으며, 배점도 문제당 30점씩 총 60점으로 높은 비중을 차지하기 때문에 5급 쓰기 성적의 성패를 좌우하는 부분이다. 문제 수가 적다고 얕보지 말고 꾸준히 연습해야 한다.

모범 답안

99.

		我	每	次	去	学	校	都	要	经	过	一	个	不	太
大	的	广	场	，	广	场	周	围	有	很	多	卖	东	西	的
小	店	。	上	次	经	过	广	场	的	时	候	，	看	到	有
一	家	商	店	正	在	打	折	，	其	中	日	用	品	的	价
格	格	外	便	宜	，	我	就	进	去	买	了	很	多	东	西
结	果	耽	误	了	学	校	的	课	。						

나는 매번 학교에 갈 때마다 그다지 크지 않은 광장을 지나쳐야 하는데, 광장 주위에는 물건을 파는 작은 상점이 많이 있다. 지난번에 광장을 지날 때는 할인 행사를 하는 한 가게를 보았는데, 그중 생활용품 가격이 특히 싸기에 들어가서 많은 물건을 샀고, 결국 학교 수업에 늦었다.

100.

		我	这	两	天	有	点	着	凉	了	，	不	过	不	太
想	去	医	院	。	听	人	说	医	院	挂	号	特	别	难	，
而	且	治	疗	费	用	也	非	常	高	。	另	外	，	只	是
稍	微	有	点	咳	嗽	，	病	得	也	不	严	重	，	在	家
里	随	便	吃	点	药	再	休	息	一	下	就	会	好	的	，
去	医	院	显	然	不	是	个	好	选	择	。				

나는 요 며칠 감기에 약간 걸렸는데, 병원에 별로 가고 싶지 않다. 다른 사람 말로는 병원에 가면 접수하기도 너무 어렵고, 게다가 진료비도 굉장히 비싸다고 한다. 그밖에도 단지 기침을 조금 할 뿐, 병이 그렇게 심하지도 않으니, 집에서 편한 대로 약을 좀 먹고 쉬면 곧 좋아질 것이다. 병원에 가는 것은 확실히 좋은 선택이 아니다.

01 상황별 이야기 구성하기

쓰기 제2부분의 첫 번째 문제는 제시된 5개의 단어를 활용하여 80자 정도의 글을 원고지에 쓰는 것이다. 이 유형은 크게 상황, 장소, 화제의 3가지 형태로 접근할 수 있는데, 이번 장에서는 다양한 '상황'을 소재로 이야기를 구성하여 작문하는 방법을 배워 본다.

※ 작문 속 상황 : 방학 계획, 초대, 유학, 결혼, 고민 등

쓰기 시크릿 백전백승

1 어휘력을 늘려라!

이 유형은 반드시 제시된 5개의 어휘를 모두 사용하여 작문해야 하며, 어휘를 빠뜨리거나 잘못 사용하면 감점의 요인이 된다. 제시된 단어를 보고 뜻과 품사, 짝꿍 단어를 바로 떠올릴 수 있는 '어휘 고수'가 되어야 한다.

예 [제시어] 宿舍、理解、开心、帮助、坦率

[단어 파악] 宿舍 sùshè 명 기숙사 / 理解 lǐjiě 동 이해하다 / 开心 kāixīn 형 즐겁다, 유쾌하다 / 帮助 bāngzhù 동 돕다 / 坦率 tǎnshuài 형 솔직하다

2 주제어를 정하라!

5개의 제시어를 살펴보면 상황을 설정할 수 있는 힌트 단어가 있다. 주제 단어를 제대로 골라내야 이야기를 전개하기가 쉬워진다.

예 [제시어] 宿舍、理解、开心、帮助、坦率

→ 도움을 받는 상황을 설정해 본다.

3 서론, 본론, 결론을 구상하라!

80자 작문은 쓰기에 자신 있는 사람에게는 짧게 느껴질 수 있지만, 초보자에게는 매우 긴 글이다. 주어진 단어들을 매끄럽게 연결하려면 한국어로 이야기를 구성하는 것만도 쉽지가 않다. 따라서 이야기의 주제 단어를 결정했다면, 5개 단어를 어떻게 활용할 것인지 윤곽을 잡는 것이 중요하다. 도입부와 전개 부분, 결말 부분에는 어떤 단어를 사용할 것인지 구상해 보자.

예 [제시어] 宿舍、理解、开心、帮助、坦率

[스토리 구상] 각 부분에 1~2개의 단어를 배치한다.

서론
宿舍 / 坦率
나는 기숙사 생활을 한다. 고민거리가 있어 룸메이트에게 솔직하게 말했다.

본론
理解 / 帮助
룸메이트는 나를 이해해 주고, 도와주었다.

결론
开心
이렇게 친절한 룸메이트와 함께 있으니 정말 유쾌하고 즐겁다.

4 창의적인 사고력을 길러라!

기출문제 기준으로 볼 때 5개의 제시어 가운데 1개 정도는 다른 단어들과 연관성이 떨어지는, 조금 엉뚱한 단어일 경우가 많은데, 그 어휘를 얼마나 잘 활용하느냐가 30점을 획득하는 데 관건이 된다. 중국어로 문장을 만드는 것도 중요하지만, 먼저 한국어로 이야기를 만드는 '스토리 구성 능력'을 길러야 한다. 자신이 중국어로 표현할 수 있는 범위 안에서 독창적인 이야기를 만들어 보자.

5 해석을 보고 작문 연습을 하라!

HSK 5급을 처음 준비하는 학생들이 5개 단어를 활용하여 스토리를 구성하고 어법에 맞게 작문하는 것은 쉽지 않다. 따라서 작문 실력을 높이려면 처음부터 글을 써내려는 욕심보다는 좋은 문장을 많이 보고 익혀서 머리 속의 데이터 베이스를 구축해야 한다. 이것이 바탕이 되어야 작문이 가능해진다. 작문이 어렵다면 먼저 모범 답안을 공부하고, 해석을 보면서 작문하는 연습부터 하는 것을 추천한다.

시크릿 확인학습

문제 1

考试、充分、提前、后悔、借口

문제 분석 1. 단어 활용하여 작문하기(모범 답안 1)
2. 핵심 어법 활용하여 작문하기(모범 답안 2)

단어 **考试** kǎoshì 명 시험 | **充分** chōngfèn 형 충분하다 | **提前** tíqián 동 앞당기다 | **后悔** hòuhuǐ 동 후회하다 | **借口** jièkǒu 명 핑계

해설 **STEP 1** 주제어 정하기
考试(시험)를 주제로 하여 시험이나 공부에 관한 상황을 떠올린다.

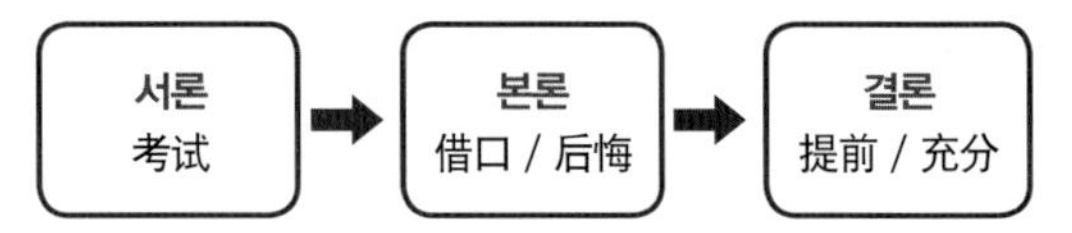

STEP 2 흐름잡기
시험을 잘 못 봤다.
→ 자신에 대해 변명을 늘어놓다. / 후회한다.
→ 다음엔 미리미리 충분한 준비를 해야겠다.

STEP 3 방법1: 단어 활용하기
- 考试: 考试没有通过 / 考试成绩不好 / 准备考试 / 参加考试
- 充分: 充分地准备 / 充分利用时间 / 做了充分的准备
- 提前: 提前准备 / 提前开始复习 / 提前一个星期开始准备 / 提前到了
- 后悔: 感到非常后悔 / 觉得后悔 / 对…很后悔 / 后悔得要命
- 借口: 给自己找借口 / 找各种借口玩儿 / 有借口 / 这是他的借口

방법2: 핵심 어법 활용하기
- 宁可 A 也不 B(차라리 A할지언정, B하지 않는다):
  이해 득실을 따져서 A를 선택한다는 뜻이다.
  예 宁可踢一天足球，也不想坐下来认真地复习。
  종일 축구를 할지언정, 앉아서 열심히 복습하고 싶어하지 않는다.

- 连…也(심지어 ~조차도):
  连…也 사이에 一个, 一点儿 등을 넣어 최소한의 수량의 강조하고, 술어는 不, 没를 써서 부정형으로 한다.
  예 考试成绩(连)一点儿也不好。시험 성적은 조금도 좋지 않다.

- 접속사 虽然 A 但是 B(비록 A하지만, 그러나 B하다):
  사실에 반하는 역접의 결과를 나타낸다.
  예 虽然提前一个星期开始复习，但是我没有充分利用时间。
  비록 일주일 전부터 복습을 시작했지만, 나는 시간을 충분히 활용하지 못했다.

- 정도보어 …得要命(~하는 정도가 심하다):
  要命 대신에 要死, 不得了 등을 써도 같은 뜻이다.
  예 我现在后悔得要命。나는 현재 후회가 막심하다.

모범 답안 1 단어 활용 답안

		这	次	考	试	没	有	通	过	，	仔	细	想	想	就
是	因	为	总	给	自	己	找	借	口	。	宁	可	踢	一	天
足	球	，	也	不	想	坐	下	来	认	真	地	复	习	，	现
在	我	感	到	非	常	后	悔	。	下	次	考	试	，	我	一
定	要	提	前	开	始	复	习	，	做	好	充	分	地	准	备，
争	取	得	到	好	成	绩	。								

해석 이번 시험에 통과하지 못한 것은 자세히 생각해 보면 바로 내가 항상 자신을 위한 핑계를 찾았기 때문이다. 종일 축구를 할지언정, 자리에 앉아서 열심히 복습하고 싶어하지 않았고, 지금은 정말 후회가 된다. 다음 시험에는 반드시 미리미리 복습을 시작하고 충분한 준비를 해서, 꼭 좋은 성적을 얻도록 노력하겠다.

단어 通过 tōngguò 동 통과하다 | 仔细 zǐxì 형 꼼꼼하다 | 总 zǒng 부 언제나 | 宁可 nìngkě 부 설령 ~할지라도 | 踢足球 tī zúqiú 축구를 하다 | 认真 rènzhēn 형 착실하다 | 复习 fùxí 동 복습하다 | 感到 gǎndào 동 느끼다 | 一定 yídìng 부 반드시 | 开始 kāishǐ 동 시작하다 | 准备 zhǔnbèi 동 준비하다 | 争取 zhēngqǔ 동 쟁취하다, 노력하다 | 成绩 chéngjì 명 성적

모범 답안 2 어법 활용 답안

		这	次	的	考	试	成	绩	一	点	儿	也	不	好	。
虽	然	提	前	一	个	星	期	开	始	复	习	，	但	是	我
没	有	充	分	利	用	时	间	。	我	总	是	找	各	种	借
口	玩	儿	游	戏	，	结	果	该	复	习	的	内	容	没	复
习	。	我	现	在	后	悔	得	要	命	，	以	后	再	也	不
玩	儿	游	戏	了	。										

해석 이번 시험은 성적이 조금도 좋지 않았다. 비록 1주일 전에 미리 복습을 시작하긴 했지만, 나는 시간을 충분히 활용하지 못했다. 나는 언제나 이런저런 핑계를 찾아 게임을 하며 놀았고, 결국 복습해야 할 내용을 복습하지 않았다. 나는 지금 정말 뼈저리게 후회하고, 앞으로 다시는 게임을 하지 않을 것이다.

단어 虽然 suīrán 접 비록 ~지만 | 利用 lìyòng 동 이용하다 | 时间 shíjiān 명 시간 | 总是 zǒngshì 부 항상 | 游戏 yóuxì 명 게임, 놀이 | 结果 jiéguǒ 명 결과 | 内容 nèiróng 명 내용 | 要命 yàomìng 부 엄청

Tip 이 유형의 모범 답안은 2가지로 구성되어 있다. 모범 답안 1은 제시된 단어를 활용한 이야기 구성 능력을 기르는 데 중점을 둔 것이고, 모범 답안 2는 2~3개의 어법 사항을 적용하여 어법 활용 능력을 향상시키는 데 중점을 둔 것이다. 답안에서 단어와 어법이 어떻게 활용되었는지에 유의하면서 반복하여 연습해 보자.

Tip 스스로 이야기를 구성하기가 어렵다면 모범 답안의 해석을 보고 중국어로 만드는 연습부터 시작한다. 한 문장이라도 스스로의 힘으로 써낼 수 있는 것이 중요하다.

1 원고지 답안 작성법

쓰기 답안은 기본적으로 중국어 원고지 사용법에 따라 작성해야 한다. 원고지에 답안을 작성하게 하는 것은 띄어쓰기와 문장 부호 사용법 등 기본적인 작문 규범에 대해 얼마나 이해하고 있는지 파악하기 위함이다. 따라서 쓰기 시험에서 원고지 형식에 맞게 답안을 작성하는 것은 가장 기본적인 요소이며, 채점자에게 주는 첫인상이기도 하다.

본문 작성법

1) 전체 답안은 80자 내외로 쓴다.

쓰기 제2부분의 답안지는 가로 16칸, 세로 6줄의 96자 원고지로 되어 있다. 하지만 80자 내외로 쓰라고 요구하므로 75자~85자 분량으로 글을 완성하는 것이 가장 좋다.

Tip 여섯째 줄 다섯째 칸까지가 85자 분량이다.

(	중	략	)	如	果	有	机	会	，	下	次	我	要	参	加
别	的	比	赛	。	→ 85자										

2) 단락을 시작할 때, 맨 앞의 두 칸은 비우고 쓴다.

우리말에서 단락 첫 자는 한 칸을 띄고 시작하지만, 중국어에서는 두 칸을 띈다.

V	V	每	年	学	校	都	举	办	运	动	会	，	每	个	学
生	都	要	参	加	。	我	参	加	了	长	跑	(	중	략	)

3) 한 칸에 한 글자씩 쓴다.

중국어와 알파벳 대문자는 한 칸에 한 글자씩 쓴다. 알파벳 소문자나 아라비아 숫자 등은 한 칸에 두 글자씩 쓴다.

Tip 숫자는 중국어로 쓰지 않아도 된다.

A	B	C	D	E	F			ab	cd	ef					
20	11	年	6	月	16	号									

문장 부호 표기법

1) 반드시 중국어 문장 부호를 사용한다.

중국어에는 우리말과 다른 문장 부호가 있어 혼동하기 쉽다. 특히 마침표(。)나 모점(、), 쉼표(,) 등을 무심코 잘못 사용하지 않도록 유의하자.

2) 문장 부호는 일반적으로 한 칸에 하나씩 쓴다.

① 다음 문장 부호는 칸의 좌측에 붙여서 쓴다.

，	。	、	“	”	

② 다음 문장 부호는 칸의 가운데에 쓴다.

！	？	：			

③ 따옴표는 앞뒤의 문장 부호와 함께 한 칸에 쓴다.

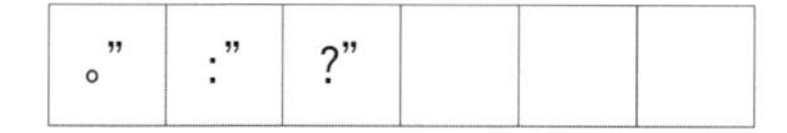

。”	：”	？”			

④ 줄임표와 줄표는 두 칸에 나누어 쓴다.

…	…		—	—	

3) 문장 부호는 행의 첫 칸에 쓰지 않는다.

한 행의 마지막 칸에서 문장이 끝나고, 문장 부호가 그 다음 줄로 넘어갈 경우, 문장 부호는 다음 줄 첫 칸이 아니라, 그 행의 마지막 칸에 글자와 함께 표기해 준다.

Tip “와 《는 다음 줄 첫 칸에 쓸 수 있다.

		最	近	我	代	表	我	们	公	司	到	大	华	公	司
进	行	了	考	察	，	对	方	的	张	经	理	接	待	了	我。

교정 부호 사용법

1) 사이 띄우기(∨): 띄어 써야 할 곳을 붙였을 때 쓴다.
2) 삽입하기(‿): 글자나 문장 부호가 빠졌을 때 쓴다.
3) 붙이기(⌒): 붙여 써야 할 곳이 떨어져 있을 때 쓴다.

쓰기

2 중요 단어 모음

5급의 필수 단어 2500개를 모두 암기하기 부담스럽다면, 먼저 쓰기 문제에 나올 만한 중요한 단어부터 학습해 보자.

Tip 뜻을 잘 알지 못하는 단어에 체크한다.

1) 동사

단어	뜻	단어	뜻
□ 安慰 ānwèi	위로하다	□ 把握 bǎwò	파악하다, 포착하다
□ 摆 bǎi	놓다, 배열하다	□ 保持 bǎochí	유지하다, 지키다
□ 保存 bǎocún	보존하다, 지키다	□ 保留 bǎoliú	남겨두다, 간직하다
□ 避免 bìmiǎn	피하다, (모)면하다	□ 编辑 biānjí	편집하다
□ 称赞 chēngzàn	칭찬하다	□ 承认 chéngrèn	승인하다, 인정하다
□ 吃亏 chīkuī	손해보다, 손해를 입다	□ 传染 chuánrǎn	전염하다, 옮다
□ 辞职 cízhí	사직하다, 직장을 관두다	□ 打工 dǎgōng	아르바이트하다
□ 打招呼 dǎ zhāohu	인사하다	□ 担任 dānrèn	맡다, 담당하다
□ 导致 dǎozhì	일으키다, 초래하다	□ 多亏 duōkuī	덕분이다, 덕택이다
□ 发表 fābiǎo	발표하다, 선포하다	□ 发愁 fāchóu	근심하다, 걱정하다
□ 罚款 fákuǎn	벌금을 부과하다	□ 反复 fǎnfù	되풀이하다, 반복하다
□ 放松 fàngsōng	늦추다, 이완시키다	□ 分别 fēnbié	이별하다, 헤어지다
□ 付款 fùkuǎn	돈을 내다, 계산하다	□ 改善 gǎishàn	개선하다
□ 告别 gàobié	이별을 고하다	□ 沟通 gōutōng	교류하다, 소통하다
□ 关怀 guānhuái	관심을 가지다	□ 过期 guòqī	기한을 넘기다
□ 忽视 hūshì	소홀히 하다	□ 怀念 huáiniàn	그리워하다
□ 缓解 huǎnjiě	풀어지다, 완화시키다	□ 恢复 huīfù	회복하다, 회복되다
□ 灰心 huīxīn	낙담하다, 낙심하다	□ 接触 jiēchù	닿다, 접촉하다
□ 接待 jiēdài	접대하다, 응접하다	□ 结账 jiézhàng	결산하다, 계산하다
□ 戒烟 jièyān	담배를 끊다	□ 记忆 jìyì	기억하다, 떠올리다
□ 排队 páiduì	정렬하다, 줄을 서다	□ 赔偿 péicháng	물어주다, 변상하다
□ 取消 qǔxiāo	취소하다	□ 确认 quèrèn	확인하다

□ 善于 shànyú	잘하다, 능숙하다	□ 上当 shàngdàng	속다, 사기당하다
□ 胜利 shènglì	승리하다	□ 实现 shíxiàn	실현하다, 달성하다
□ 甩 shuǎi	흔들다, 휘두르다	□ 缩短 suōduǎn	줄이다, 단축하다
□ 调整 tiáozhěng	조정하다, 조절하다	□ 挑战 tiǎozhàn	도전하다
□ 推辞 tuīcí	거절하다, 사퇴하다	□ 推荐 tuījiàn	추천하다
□ 显得 xiǎnde	~처럼 보이다	□ 相处 xiāngchǔ	함께 지내다
□ 想念 xiǎngniàn	그리워하다	□ 消费 xiāofèi	쓰다, 소비하다
□ 象征 xiàngzhēng	상징하다	□ 消灭 xiāomiè	사라지다, 없어지다
□ 欣赏 xīnshǎng	감상하다	□ 延长 yáncháng	늘이다, 연장하다
□ 迎接 yíngjiē	영접하다, 마중하다	□ 营业 yíngyè	영업하다
□ 应付 yìngfu	대응하다, 대처하다	□ 应聘 yìngpìn	초빙에 응하다, 지원하다
□ 掌握 zhǎngwò	파악하다, 정통하다	□ 珍惜 zhēnxī	소중히 여기다, 아끼다
□ 针对 zhēnduì	겨누다, 조준하다	□ 争论 zhēnglùn	변론하다, 쟁론하다
□ 嘱咐 zhǔfù	분부하다, 당부하다	□ 阻止 zǔzhǐ	저지하다, 가로막다

2) 명사

단어	뜻	단어	뜻
□ 傍晚 bàngwǎn	저녁 무렵	□ 包裹 bāoguǒ	소포, 보따리
□ 本领 běnlǐng	기량, 능력, 수완	□ 鞭炮 biānpào	폭죽
□ 表情 biǎoqíng	표정	□ 病毒 bìngdú	(컴퓨터) 바이러스
□ 差别 chābié	차이, 구별	□ 长途 chángtú	장거리 (전화 / 버스)
□ 常识 chángshí	상식, 일반 지식	□ 成就 chéngjiù	성취, 성과, 업적
□ 除夕 chúxī	섣달 그믐날 밤	□ 传统 chuántǒng	전통
□ 错误 cuòwù	착오, 잘못	□ 待遇 dàiyù	대우, 대접
□ 对象 duìxiàng	대상, 결혼 상대	□ 方案 fāng'àn	방안, 방식, 계획
□ 费用 fèiyong	비용	□ 风格 fēnggé	태도, 품격
□ 服装 fúzhuāng	복장, 옷차림	□ 隔壁 gébì	이웃(집)

쓰기

단어	뜻
☐ 公寓 gōngyù	아파트
☐ 观点 guāndiǎn	관점, 입장
☐ 国庆节 Guóqìngjié	국경절
☐ 灰尘 huīchén	먼지
☐ 家务 jiāwù	가사, 집안일
☐ 教训 jiàoxun	교훈
☐ 角色 juésè	배역, 역할
☐ 课程 kèchéng	교육 과정, 커리큘럼
☐ 秘密 mìmì	비밀
☐ 前途 qiántú	앞길, 발전성
☐ 身材 shēncái	몸매, 체격
☐ 试卷 shìjuàn	시험지
☐ 系统 xìtǒng	계통, 체계, 시스템
☐ 形象 xíngxiàng	형상, 이미지
☐ 智慧 zhìhuì	지혜
☐ 姑娘 gūniang	아가씨, 처녀
☐ 规模 guīmó	규모
☐ 行业 hángyè	직업, 업종
☐ 伙伴 huǒbàn	동료, 동반자
☐ 讲座 jiǎngzuò	강좌
☐ 戒指 jièzhi	반지
☐ 烤鸭 kǎoyā	오리구이
☐ 连续剧 liánxùjù	연속극
☐ 奇迹 qíjì	기적
☐ 趋势 qūshì	추세, 경향
☐ 失眠 shīmián	불면(증)
☐ 特征 tèzhēng	특징
☐ 小伙子 xiǎohuǒzi	총각, 젊은이
☐ 幸运 xìngyùn	행운, 좋은 운수
☐ 愿望 yuànwàng	염원, 바람

3) 형용사

단어	뜻
☐ 悲观 bēiguān	비관하다, 비관적이다
☐ 彻底 chèdǐ	철저하다, 철저히 하다
☐ 匆忙 cōngmáng	매우 바쁘다
☐ 倒霉 dǎoméi	재수 없다, 운수 사납다
☐ 独特 dútè	독특하다
☐ 干燥 gānzào	건조하다, 마르다
☐ 好奇 hàoqí	호기심 있다, 궁금하다
☐ 谨慎 jǐnshèn	신중하다, 조심스럽다
☐ 可怕 kěpà	두렵다, 무섭다
☐ 惭愧 cánkuì	부끄럽다, 창피하다
☐ 充分 chōngfèn	충분하다
☐ 出色 chūsè	뛰어나다, 특출나다
☐ 单调 dāndiào	단조롭다
☐ 地道 dìdao	진짜의, 본고장의
☐ 繁荣 fánróng	번영하다, 번창하다
☐ 豪华 háohuá	호화롭다, 사치스럽다
☐ 激烈 jīliè	격렬하다, 치열하다
☐ 可靠 kěkào	확실하다, 믿음직하다

단어	뜻	단어	뜻
□ 了不起 liǎobuqǐ	대단하다, 뛰어나다	□ 苗条 miáotiao	날씬하다
□ 陌生 mòshēng	낯설다, 생소하다	□ 偶然 ǒurán	우연하다
□ 平衡 pínghéng	균형이 맞다	□ 平静 píngjìng	평온하다, 차분하다
□ 谦虚 qiānxū	겸허하다, 겸손하다	□ 巧妙 qiǎomiào	교묘하다
□ 勤奋 qínfèn	근면하다	□ 善良 shànliáng	선량하다, 착하다
□ 舍不得 shěbude	아쉬워하다, 아까워하다	□ 时髦 shímáo	유행이다, 최신식이다
□ 舒适 shūshì	편안하다, 쾌적하다	□ 坦率 tǎnshuài	솔직하다
□ 特殊 tèshū	특수하다, 특별하다	□ 痛快 tòngkuài	통쾌하다, 유쾌하다
□ 完美 wánměi	결함이 없다, 완벽하다	□ 温暖 wēnnuǎn	온화하다, 따뜻하다
□ 温柔 wēnróu	온유하다, 부드럽다	□ 稳定 wěndìng	안정되다, 안정적이다
□ 鲜艳 xiānyàn	화려하다, 산뜻하다	□ 虚心 xūxīn	겸허하다, 겸손하다
□ 拥挤 yōngjǐ	붐비다, 혼잡하다	□ 犹豫 yóuyù	머뭇거리다, 망설이다
□ 周到 zhōudào	주도면밀하다, 빈틈없다	□ 自豪 zìháo	자랑스러워하다

4) 부사

단어	뜻	단어	뜻
□ 毕竟 bìjìng	결국, 끝내, 필경	□ 反正 fǎnzhèng	결국, 어차피, 어쨌든
□ 单独 dāndú	단독으로, 혼자서	□ 到底 dàodǐ	도대체, 결국
□ 的确 díquè	확실히, 정말	□ 仿佛 fǎngfú	마치, ~ 같이
□ 干脆 gāncuì	아예, 차라리	□ 怪不得 guàibude	어쩐지
□ 急忙 jímáng	급히, 황급히, 바삐	□ 简直 jiǎnzhí	그야말로, 너무나, 전혀
□ 尽量 jǐnliàng	가능한 한, 최대한	□ 居然 jūrán	뜻밖에, 의외로
□ 临时 línshí	때가 되어서	□ 特意 tèyì	특별히, 일부러

DAY 19

1. 旅游、兴奋、风景、纪念、觉得

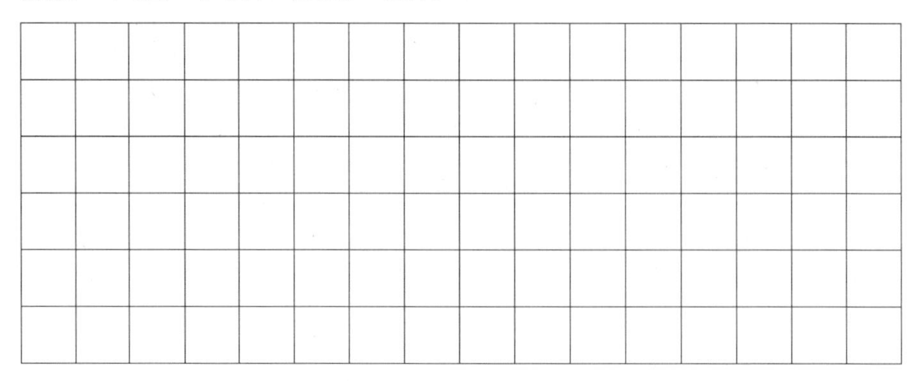

2. 一次、演讲、紧张、热烈、表现

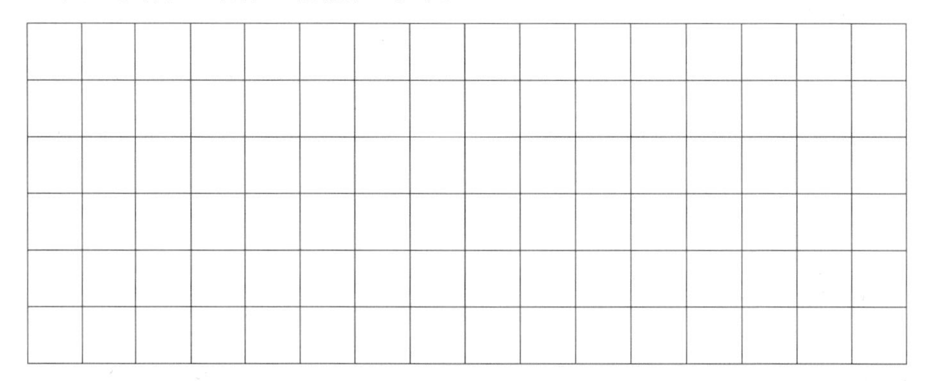

3. 相处、愉快、矛盾、自己、往往

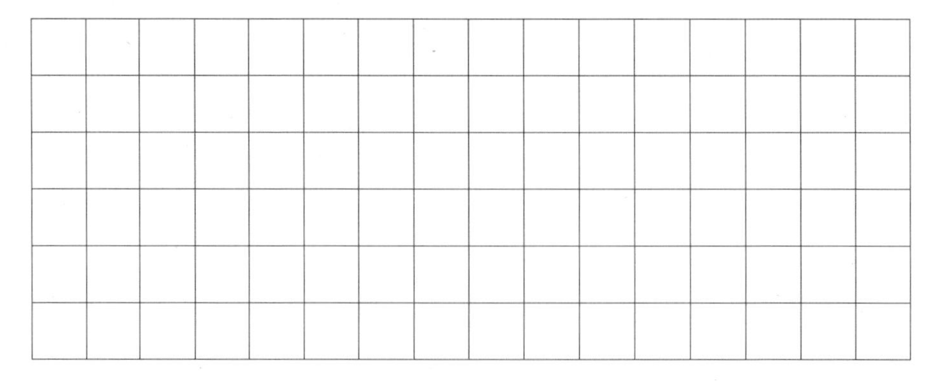

DAY 20

1. 打工、收入、因此、熟练、老板

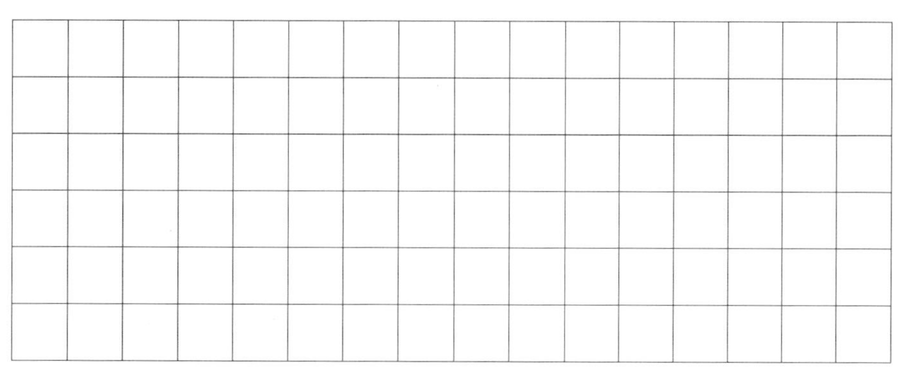

2. 活动、组织、留学、单调、深刻

3. 婚礼、沟通、幸福、充满、鼓励

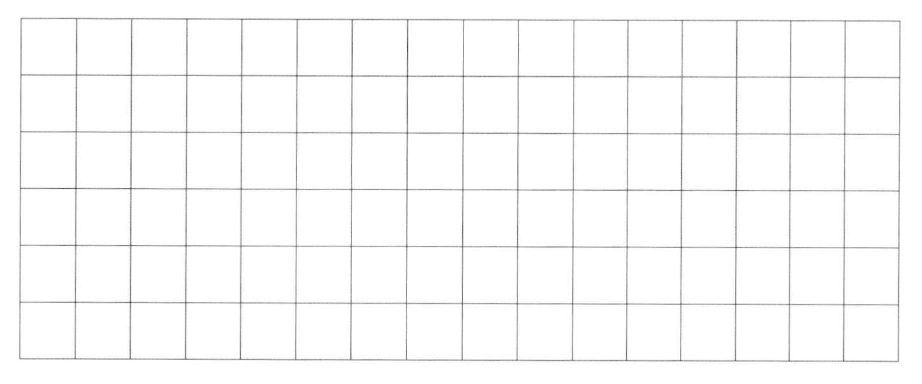

02 장소별 이야기 구성하기

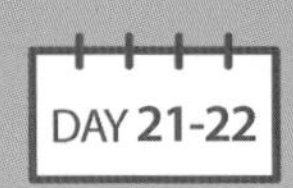

이번 장에서는 여러 '장소'를 소재로 이야기를 구성하여 작문하는 연습을 해 본다. 작문 연습을 할 때는 교재에 나오는 문제를 먼저 스스로의 힘으로 작문해 보고, 다시 같은 문제를 교재에서 제시하는 단어 활용법과 어법 요소 활용법으로 작문해 보는 것도 좋다. 중요한 것은 많은 문제를 푸는 것보다 한 문제라도 제대로 쓸 줄 아는 것이기 때문이다. 이렇게 하다 보면 자신감은 저절로 생기게 된다.

※ 작문 속 장소: 학교, 회사, 상점, 음식점, 도서관 등

쓰기 시크릿 백전백승

1 장소를 연상하라!

5개의 제시어 중 명확하게 장소를 가리키는 단어가 없더라도 학교, 회사, 상점, 음식점, 병원 등, 특정한 장소에서 일어나는 행동이나, 쓰이는 말들을 찾아낸다면, 장소 관련 에피소드를 만들 수 있다. 제시어를 보고 어떤 장소에서 일어나는 이야기를 구성할 수 있을지 떠올려 보자.

2 서술자 시점을 정하라!

자신을 주인공으로 하여 이야기를 전개해 나가는 1인칭 시점으로 작문할지, 제3자의 이야기를 묘사하는 3인칭 시점으로 작문할지를 정한다. 초보자라면 1인칭 시점으로 쓰는 것이 가장 무난하다.

3 시제를 정리하라!

작문은 이미 발생했거나 경험한 과거 시제로 쓰는 것이 보편적이지만, 글 속에서 모든 동작이 이미 완료된 것은 아닐 수도 있다. 예를 들어, 旅游는 '여행을 다녀왔다', 혹은 '여행을 가려고 계획 중이다'로, 考试는 '시험을 보았다', 혹은 '내일 시험이 있다'로, 买衣服는 '옷을 샀다', 혹은 '옷을 사려고 한다'로 표현될 수 있다. 이러한 경우, 打算, 准备, 想, 要 등을 적절히 활용하여 문장을 만든다.

시크릿 확인학습

문제 1

沙滩、晒、暑假、舒服、期待

문제 분석 1. 단어 활용하여 작문하기(모범 답안 1)
2. 핵심 어법 활용하여 작문하기(모범 답안 2)

단어 沙滩 shātān 명 모래사장 | 晒 shài 동 햇볕을 쬐다 | 暑假 shǔjià 명 여름 방학 | 舒服 shūfu 형 편안하다 | 期待 qīdài 동 기대하다

해설 **STEP 1** 주제어 정하기
暑假(여름 방학)를 주제로 하여 이야기가 전개될 장소를 떠올린다.

STEP 2 흐름 잡기
여름 방학이 되면 ~할 계획이다.
→ 모래사장에서 일광욕을 한다.
→ 매우 편안하다. / 매우 기대된다.

STEP 3 방법1: 단어 활용하기
- 沙滩: 去(找)沙滩 / 那儿的沙滩美丽极了 / 在…沙滩上走(玩 / 休息 / 晒太阳 / 散步)
- 晒: 晒太阳 / 晒晒太阳 / 躺着晒太阳 / 晒黑了
- 暑假: 放暑假了 / 暑假到了 / 暑假来了 / 暑假打算去… / 暑假快点到来 / 就要放暑假了
- 舒服: 休息(吃 / 过 / 玩)得很舒服 / 舒服极了/ 一定非常舒服
- 期待: 期待着下个暑假 / 期待跟你一起去玩 / 真期待暑假快点到来

방법2: 핵심 어법 활용하기
- 상용구 就要…了(곧, 머지않아 ~하다):
아직 발생하지 않은 동작을 나타낸다. 快要…了와 동의어지만, 就要…了는 앞에 시간사(明天, 下个月 등)를 끌고 나올 수 있다.
예 下个星期就要放暑假了。다음 주면 곧 여름 방학이다.

- 又 A 又 B(A하기도 하고, B하기도 하다):
두 가지 동작이나 상황이 동시에 존재함을 나타낸다.
예 我们又游泳，又在沙滩上玩儿球。우리는 수영도 하고, 모래사장에서 공놀이도 하였다.

- 除了 A 以外, 还 B(A를 제외하고도, 또 B하다):
앞에서 언급한 것 이외에 또 다른 것을 보충할 때 쓴다.
예 晚上跟朋友们除了一起吃饭以外，还一起唱歌跳舞了。
저녁에 친구들과 함께 밥을 먹는 것 외에, 또 함께 노래 부르고 춤도 추었다.

- 정도보어 …极了(매우 ~하다):
'형용사 + 极了'의 형식으로 쓰여, 정도가 매우 높음을 나타낸다.
예 高兴极了 매우 기쁘다 / 舒服极了 매우 편안하다

모범 답안 1 단어 활용 답안

		下	个	星	期	就	要	放	暑	假	了	，	我	和	家
人	打	算	去	海	南	岛	旅	游	。	听	说	那	儿	的	沙
滩	美	丽	极	了	，	我	想	在	沙	滩	上	晒	晒	太	阳，
也	想	在	海	里	游	游	泳	。	我	预	订	了	一	个	高
档	的	宾	馆	。	我	觉	得	在	那	儿	一	定	非	常	舒
服	，	真	期	待	暑	假	快	点	到	来	。				

해석 다음 주면 곧 여름 방학이다. 나는 가족들과 하이난다오 섬으로 여행을 갈 계획이다. 듣자 하니 그곳의 모래사장은 매우 아름답다고 한다. 나는 모래사장에서 일광욕도 좀 하고, 바다에서 수영도 좀 하고 싶다. 나는 고급 호텔을 예약했다. 나는 그곳이 매우 편안하리라고 생각하며, 여름 방학이 빨리 오기만을 정말 기대한다.

단어 放 fàng 동 (학교나 직장이) 쉬다 | 家人 jiārén 명 가족 | 打算 dǎsuan 동 계획하다 | 旅游 lǚyóu 동 여행하다 | 听说 tīngshuō 동 듣자 하니 ~라고 하다 | 美丽 měilì 형 아름답다 | 太阳 tàiyáng 명 태양 | 游泳 yóuyǒng 동 수영하다 | 预订 yùdìng 동 예약하다 | 高档 gāodàng 형 고급이다 | 宾馆 bīnguǎn 명 호텔 | 觉得 juéde 동 ~라고 여기다 | 一定 yídìng 부 반드시 | 到来 dàolái 동 닥쳐오다

모범 답안 2 어법 활용 답안

		我	期	待	的	暑	假	到	了	，	我	和	朋	友	们
决	定	去	海	边	玩	儿	。	到	了	海	边	，	我	们	又
游	泳	，	又	在	沙	滩	上	玩	儿	球	，	累	的	时	候
就	躺	着	晒	太	阳	。	晚	上	跟	朋	友	们	除	了	一
起	吃	饭	以	外	，	还	一	起	唱	歌	跳	舞	了	，	今
天	过	得	舒	服	极	了	。								

해석 내가 기다리던 여름 방학이 왔다. 나는 친구들과 해변에 놀러 가기로 했다. 해변에 도착해서, 우리는 수영도 하고, 모래사장에서 공놀이도 했으며, 피곤할 때는 누워서 일광욕을 했다. 저녁에는 친구들과 함께 밥을 먹는 것 외에도, 함께 노래를 부르고 춤을 추며 놀았다. 오늘은 매우 편하게 보냈다.

단어 决定 juédìng 동 결정하다 | 海边 hǎibiān 명 해변 | 玩儿 wánr 동 놀다, 즐기다 | 球 qiú 명 공 | 累 lèi 형 피곤하다 | 躺 tǎng 동 눕다 | 除了…以外 chúle…yǐwài ~ 이외에 | 唱歌 chànggē 동 노래 부르다 | 跳舞 tiàowǔ 동 춤을 추다 | 过 guò 동 보내다

Tip 이 유형의 모범 답안은 2가지로 구성되어 있다. 모범 답안 1은 제시된 단어를 활용한 이야기 구성 능력을 기르는 데 중점을 둔 것이고, 모범 답안 2는 2~3개의 어법 사항을 적용하여 어법 활용 능력을 향상시키는 데 중점을 둔 것이다. 답안에서 단어와 어법이 어떻게 활용되었는지에 유의하면서 반복하여 연습해 보자.

Tip 스스로 이야기를 구성하기가 어렵다면 모범 답안의 해석을 보고 중국어로 만드는 연습부터 시작한다. 한 문장이라도 스스로의 힘으로 써낼 수 있는 것이 중요하다.

1 문장 부호의 종류와 용법

작문 내용을 원고지에 작성할 때는 올바른 문장 부호를 사용해야 한다. 문장 부호도 하나의 글자로 취급하므로, 잘못 사용하면 감점의 요인이 된다. 문장 부호의 정확한 쓰임을 학습하여 좋은 점수를 획득하도록 하자.

1) 마침표(。), 모점(、), 쉼표(,)

문장 부호	설명 및 예문
句号 **마침표** (。)	평서문 끝에서 문장이 끝남을 나타낸다. 한글 마침표와 생김새가 다르므로 주의한다. 예 他发明了新机器，大大提高了工作效率。 그는 새 기계를 발명해서, 업무 효율을 크게 향상시켰다. 一九九二年韩中两国已经建交了。 1992년에 한 · 중 양국은 이미 수교했다.
顿号 **모점** (、)	문장 속에서 병렬 관계의 어휘 또는 구를 나열할 때 쓴다. 맨 마지막 단어 앞에는 일반적으로 和를 사용한다. 한국어에 없는 부호이므로 쉼표와 혼동하지 않도록 주의한다. 예 尘土可以进入到眼睛、鼻子、口和耳朵中。 먼지는 눈, 코, 입, 그리고 귓속까지 들어갈 수 있다. 用筷子的国家有越南、日本、韩国和中国等。 젓가락을 사용하는 국가에는 베트남, 일본, 한국, 그리고 중국 등이 있다. 造成环境污染的污染物是：废水、废气、塑料袋、木筷和饮食垃圾等。 환경 오염을 일으키는 오염물은 폐수, 배기가스, 비닐봉지, 나무젓가락, 그리고 음식물 쓰레기 등이다. 绿色食品有着许多叫法，比如“自然食品”、“健康食品”、“有机农业食品”等等。 녹색 식품은 많은 명칭이 있다. 예를 들면, '자연 식품', '건강 식품', '유기농 식품' 등이다.
逗号 **쉼표** (,)	문장 중간에서 쉼을 표시하며, 절을 구분한다. (주어와 술어 사이, 목적어구 뒤, 부사어 뒤에 필요에 따라 넣을 수 있다.) 예 我们看得见的星星，绝大多数是恒星。(주어와 술어 사이) 우리가 육안으로 볼 수 있는 별은, 대부분 항성이다. 对于这个城市，他并不陌生。(목적어구 뒤) 이 도시에 대해서, 그는 전혀 낯설지 않다. 据说苏州园林有一百多处景点，我到过的不过十多处。(문장 중간) 쑤저우 원림에는 백여 곳의 명소가 있다고 하는데, 내가 가 본 곳은 십여 곳에 불과하다.

2) 느낌표(!)와 물음표(?)

문장 부호	설명 및 예문
叹号 느낌표 (!)	감탄문이나 명령문, 반어문 등의 끝에서 부름이나 감탄, 놀람, 명령, 질책, 바람 등의 감정을 나타낸다. 예 我多么想看看他老人家呀！ 내가 그 어르신을 얼마나 뵙고 싶어했는데! 停止射击！ 사격 중지! 我什么时候说的！ 내가 언제 그런 말을 했어! 说来说去，原来你还没听懂啊！ 아무리 말해도, 너는 아직도 못 알아들은 거구나! 朋友！ 仔细想想吧！ 친구야! 자세히 생각 좀 해 봐!
问号 물음표 (?)	문장 끝에서 의심이나 의문을 나타낸다. 예 主持这个节目的是你还是我？ (선택 의문문) 이 프로그램을 진행하는 사람이 당신인가요 아니면 저인가요? 这句话的意思你明白了吗？ (일반 의문문) 이 말의 의미를 넌 이해했니?

3) 쌍점(:)과 쌍반점(;)

문장 부호	설명 및 예문
冒号 쌍점 (:)	① 앞뒤 문장의 의미가 같거나, 인용문을 제시할 때 사용한다. 예 俗话说：一年之计在于春，一日之计在于晨。 속담에 일 년 계획은 봄에 있고, 하루의 계획은 새벽에 있다고 말했다. ② 앞 문장을 해석하거나 부연 설명할 때 사용한다. 예 马克思主义哲学告诉我们：正确的认识来源于社会实践。 마르크스주의 철학은 우리에게 말해 준다. '올바른 지식은 사회적 실천에서 나온다.'라고.
分号 쌍반점 (;)	① 병렬된 두 개 이상의 대등한 구문 사이에 쓴다. 예 肉食量高；水果、蔬菜量低；室外活动量少，是形成肥胖的一种生活模式。 육류 섭취량이 높고, 과일, 야채 섭취량은 적고, 실외 활동량까지 적다면 비만이 되는 생활 방식이다. 从现在做起：不随地吐痰；不乱扔垃圾；拒绝使用一次性木筷；塑料袋要处理好；多植树造林。 지금부터 아무 곳에나 침을 뱉지 않고, 함부로 쓰레기를 버리지 않고, 1회용 나무젓가락 사용을 절제하고, 비닐 봉투를 잘 처리하고, 나무를 많이 심어 숲을 조성해야 한다. ② 대비되는 두 개 이상의 구문 사이에 쓴다. 예 不幸的是，想当音乐家的孩子，耳朵突然聋了；想成为画家的孩子，眼睛忽然瞎了。 불행하게도, 음악가가 되고 싶던 아이는 갑자기 귀머거리가 되었고, 화가가 되고 싶던 아이는 갑자기 눈이 멀게 되었다.

4) 큰 따옴표(“ ”)와 작은 따옴표(‘ ’)

문장 부호	설명 및 예문
双引号 큰 따옴표 (“ ”)	① 문장 속에서 다른 사람의 말을 직접 인용할 때 사용한다. 예 他常常对孩子说：“不要欺负善良的人。” 그는 종종 아이에게 “선량한 사람들을 괴롭히지 마라.”라고 말한다. 王明很礼貌地说：“谢谢。” 老人说：“不客气。” 왕밍은 아주 예의 바르게 “감사합니다.”라고 말했고, 노인은 “천만에.”라고 말했다.
	② 특별한 뜻이 있거나 강조하려는 말에 사용한다. 예 古时候有一个节日叫“愚人节”。예전에 ‘만우절’이라는 날이 있었다. “周末婚”夫妻一到周末就见面。‘주말부부’는 부부가 주말이 되면 만난다.
单引号 작은 따옴표 (‘ ’)	인용문 안에서 다시 인용 또는 강조할 때 사용한다. 예 妈妈对孩子说：“你对着大山喊‘我爱你’，好吗?” 엄마는 아이에게 “네가 산에게 ‘나는 너를 사랑해’라고 외쳐 봐, 알았지?”라고 말했다.

5) 기타 문장 부호

문장 부호	설명 및 예문
省略号 줄임표 (……)	열거되는 단어를 생략하거나 말을 다 하지 않고 줄일 때 사용한다. 6개의 점 부호로, 원고지에 쓸 때는 한 칸에 점 3개씩, 두 칸에 걸쳐 쓴다. 예 这个工厂可以生产肥皂、香水、化妆品……百种产品。 이 공장은 비누, 향수, 화장품 등 백여 종의 제품을 생산할 수 있다. 女孩子说：“这辆车是你爸爸送给你的生日礼物？天啊，我也希望……” 여자아이는 말했다. “이 차가 당신 아버지가 당신에게 준 생일 선물이예요? 세상에, 나도…….”
间隔号 가운뎃점 (·)	외국, 또는 소수민족의 인명에서 성과 이름을 구분 짓거나, 책 이름과 편 · 장 · 권 등을 구분할 때, 월과 날짜를 구분할 때 쓴다. 예 爷爷参加过“五·四”运动。 할아버지는 ‘5 · 4운동’에 참여하셨다.
双书名号 책 이름표 (《 》)	책, 글, 잡지, 저작물 등의 명칭을 표시할 때 쓴다. 예 昨天爸爸有时间，于是和我一起复习《社会》这门功课。 어제 아빠가 시간이 나셔서, 나와 함께 《사회》 과목을 복습했다.
破折号 줄표 (——)	화제를 전환하거나 문장, 단어, 구의 내용을 보충 설명할 때 쓴다. 예 小李脸上总是带着微笑——那种改变一生命运的笑。 샤오리는 얼굴에 항상 미소를 띠고 있다 — 일생의 운명을 바꾼 그런 종류의 웃음이다.

2 스토리 구성 능력 기르기 (I)

구슬이 서 말이어도 꿰어야 보배다. 아무리 단어와 어법 지식을 많이 알아도 이야기를 만들어 내지 못하면 중국어로 작문할 수도 없다. 제시된 단어를 보고 스토리를 구성하는 능력을 길러보자.

2개 단어로 이야기 만들기

단어	스토리 구상 & 작문
遇到 yùdào 만나다 **鼓励** gǔlì 격려하다	친구가 어려움을 만났을 때는 당연히 그를 격려해 주어야 한다. → 朋友遇到困难的时候，你应该鼓励他。
烦恼 fánnǎo 고민스럽다 **聊天儿** liáotiānr 잡담하다	고민이 있을 때, 나는 종종 엄마와 이야기를 한다. → 有烦恼的时候，我常常和妈妈聊天儿。
批评 pīpíng 나무라다, 꾸짖다 **不耐烦** búnàifán 견디지 못하다	선생님께서 나를 나무라셨을 때, 나는 매우 견딜 수 없었다. → 老师批评我的时候，我觉得很不耐烦。
困难 kùnnan 어려움 **尽量** jǐnliàng 가능한 한	친구가 어려움이 있을 때, 나는 가능한 한 그들을 돕는다. → 朋友有困难的时候，我尽量帮助他们。
健康 jiànkāng 건강 **跑步** pǎobù 달리기하다	나는 건강을 위해 매일 아침 달리기를 하러 간다. → 我为了健康每天早晨去跑步。
暑假 shǔjià 여름 방학 **旅游** lǚyóu 여행하다	매년 여름 방학에, 나는 친구들과 여행을 간다. → 每年暑假，我都和朋友们去旅游。
热情 rèqíng 다정하다 **打招呼** dǎ zhāohu 인사하다	동료를 만나면, 당연히 다정하게 인사를 건네야 한다. → 见到同事，应该热情地打招呼。
深刻 shēnkè (인상이) 깊다 **电影** diànyǐng 영화	이것은 나에게 인상이 깊은 영화다. → 这是一部让我印象深刻的电影。
游戏 yóuxì 게임, 놀이 **耽误** dānwu 지체하다, 그르치다	게임에 빠졌기 때문에, 그는 학업을 그르쳤다. → 因为迷上了游戏，他耽误了学习。
压力 yālì 스트레스 **放松** fàngsōng 긴장을 풀다	요즘 스트레스가 너무 심해, 휴가를 이용하여 잘 좀 풀어야겠다. → 最近的压力太大了，趁着假期好好儿地放松一下。
毕业 bìyè 졸업(하다) **惭愧** cánkuì 부끄럽다	대학 졸업 후, 지금까지도 직장을 못해서 너무 부끄럽게 느낀다. → 大学毕业以后，到现在还没找到工作，感觉很惭愧。
方法 fāngfǎ 방법 **效率** xiàolǜ 효율	선생님께서 가르쳐 주신 학습 방법을 사용하니, 효율이 과연 향상되었다. → 用了老师教的学习方法，效率果然提高了。
批评 pīpíng 나무라다, 꾸짖다 **优点** yōudiǎn 장점	학생을 늘 나무라지 말고, 그의 장점을 발견해야 한다. → 不要总是批评学生，你应该发现他的优点。
漂亮 piàoliang 예쁘다 **羡慕** xiànmù 부러워하다	그녀는 예쁠 뿐 아니라, 성적도 매우 좋아서, 급우들은 모두 그녀를 부러워한다. → 她不仅漂亮，而且成绩很好，同学们都羡慕她。

身材 shēncái 몸매 **运动** yùndòng 운동(하다)	예쁜 몸매를 갖기 위해서, 그녀는 매일 운동하러 간다. → 为了有一个好身材，她每天都去运动。
发展 fāzhǎn 발전하다 **质量** zhìliàng 품질	회사가 발전하고 싶다면, 상품의 품질은 매우 중요하다. → 公司想发展，商品质量很重要。
谦虚 qiānxū 겸손하다 **学习** xuéxí 배우다, 본받다	당신은 너무 겸손해요. 우리는 당신을 보고 본받아야 합니다. → 您太谦虚了，我们应该向您学习。
买单 mǎidān 계산하다 **钱包** qiánbāo 지갑	계산할 때, 나는 비로소 지갑을 가져오지 않았다는 것을 발견했다. → 买单的时候，我才发现自己没带钱包。
干脆 gāncuì 아예 **打包** dǎbāo 포장하다	나는 이미 배가 부르니, 남은 건 아예 포장하자. → 我已经吃饱了，剩下的干脆打包吧。
帮忙 bāngmáng 도움을 주다 **感谢** gǎnxiè 감사하다	나를 이렇게 많이 도와줘서 고마워, 내가 너에게 어떻게 감사해야 하지? → 谢谢你帮了我这么大的忙，我应该怎么感谢你呢?
临时 línshí 잠시의 **飞机票** fēijīpiào 비행기 표	사장님이 잠시 베이징에 출장을 가셔서, 나에게 그를 도와 비행기 표를 사라고 하셨다. → 老板临时去北京出差，让我帮他买飞机票。
饭馆 fànguǎn 식당, 음식점 **味道** wèidao 맛	듣자 하니 회사 부근에 음식점이 새로 열었는데, 맛이 정말 괜찮다고 한다. → 听说公司附近新开了一家饭馆，味道非常不错。
约会 yuēhuì 약속 **提前** tíqián (시간을) 앞당기다	오늘 친구와 약속이 있는데, 나는 30분 일찍 도착했다. → 今天跟朋友有约会，我提前三十分钟到了。
成绩 chéngjì 성적 **后悔** hòuhuǐ 후회하다	이번 시험 성적이 좋지 않아서, 열심히 복습하지 않은 것이 정말 후회된다. → 这次的考试成绩不好，真后悔没认真复习。
借口 jièkǒu 핑계 **迟到** chídào 지각하다	어떤 핑계가 있든, 지각하는 것은 옳지 않다. → 不管你有什么借口，迟到都是不对的。
黑色 hēisè 검은색 **适合** shìhé 적합하다, 어울리다	엄마께서는 검은색 옷이 그녀에게 매우 어울린다고 생각하신다. → 妈妈认为黑色的衣服很适合她。
环境 huánjìng 환경 **关注** guānzhù 관심을 갖다	최근 환경 오염 문제는 매우 많은 사람의 관심을 받게 되었다. → 最近环境污染问题受到了很多人的关注。
压力 yālì 스트레스 **缓解** huǎnjiě 완화시키다	요즘 업무 스트레스가 너무 커서, (스트레스를) 좀 풀어야 한다. → 最近工作压力太大了，应该好好儿缓解一下。
遇到 yùdào 만나다 **乐观** lèguān 낙관적이다	어떤 일을 만나든지 간에, 그녀는 항상 낙관적으로 대한다. → 不管遇到什么事情，她都乐观地面对。
永远 yǒngyuǎn 영원히 **满足** mǎnzú 만족하다	그는 영원히 만족하지 못하는 사람이다. → 他是一个永远都不满足的人。
健康 jiànkāng 건강 **重要** zhòngyào 중요하다	돈은 매우 중요하다. 그러나 건강이 더 중요하다. → 钱很重要，可是健康更重要。

事故 shìgù 사고 堵车 dǔchē 차가 막히다	앞에 교통사고가 나서, 차가 막힌다. → 前面发生了交通事故，所以堵车了。
批评 pīpíng 나무라다, 꾸짖다 委屈 wěiqu 억울하다	오늘 그녀는 선생님께 꾸지람을 듣고는, 매우 억울하다고 느꼈다. → 今天她被老师批评了，觉得很委屈。
严重 yánzhòng 심각하다 医院 yīyuàn 병원	너 병이 너무 심각하니, 빨리 병원 가서 진찰 받아 봐. → 你病得太严重了，快点儿去医院看看吧。
发展 fāzhǎn 발전하다 污染 wūrǎn 오염시키다	사회가 발전함에 따라, 환경 오염은 하루가 다르게 심각해지고 있다. → 随着社会的发展，环境污染一天比一天严重。
春节 Chūnjié 설날 堵车 dǔchē 차가 막히다	매년 설날마다, 길에 차가 심하게 막힌다. → 每年春节的时候，路上堵车堵得很厉害。
扔 rēng 내버리다 浪费 làngfèi 낭비하다	빵을 다 먹지 않고 버리면 너무 낭비다. → 面包没吃完就扔了，太浪费了。
减肥 jiǎnféi 살을 빼다 坚持 jiānchí 견지하다, 지속하다	나는 살을 빼기가 매우 힘들다는 것을 안다. 너는 꼭 지속해야 한다. → 我知道减肥很辛苦，你一定要坚持下去。
困难 kùnnan 어려움 放弃 fàngqì 포기하다	어떤 어려움을 만나든지 포기해서는 안 된다. → 不管遇到什么困难，都不能放弃。
努力 nǔlì 노력하다 成功 chénggōng 성공하다	노력하기만 하면, 반드시 성공할 수 있다. → 只要努力，就一定会成功。

DAY 21

1. 手术、恢复、按照、营养、要不然

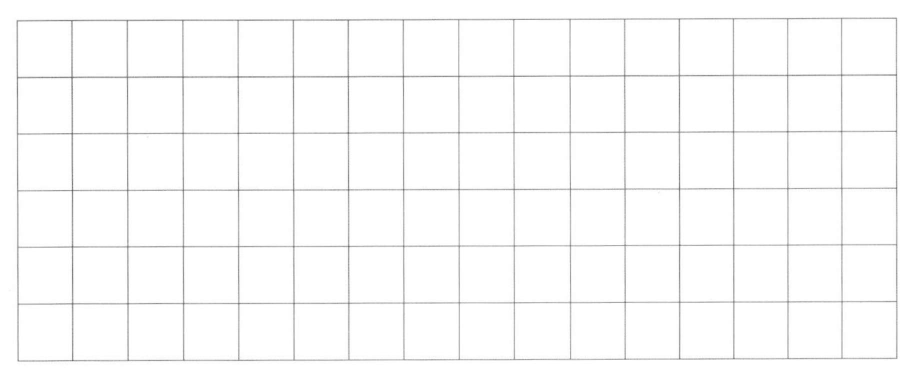

2. 苗条、健身、轻松、坚持、效果

3. 爱人、纪念日、餐厅、准备、惊喜

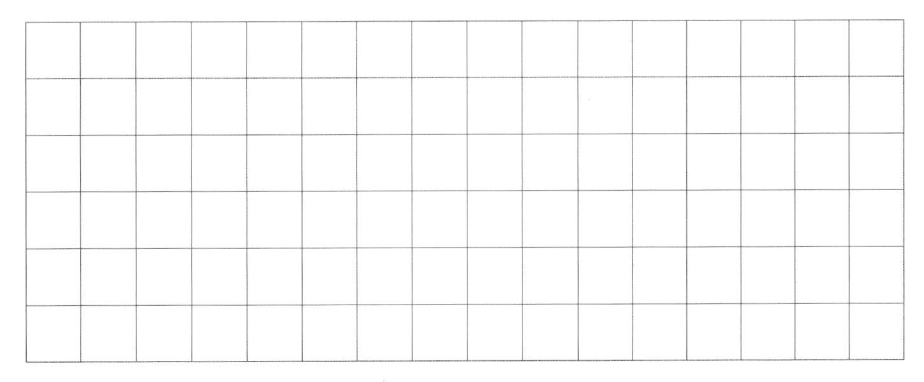

DAY 22

1. 歌手、演唱会、排队、拍照、激动

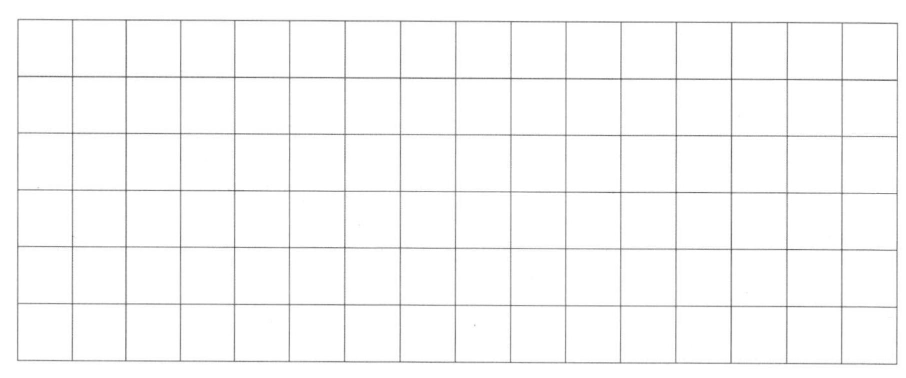

2. 牛仔裤、推荐、身材、购物、合适

3. 买单、干脆、感谢、临时、海鲜

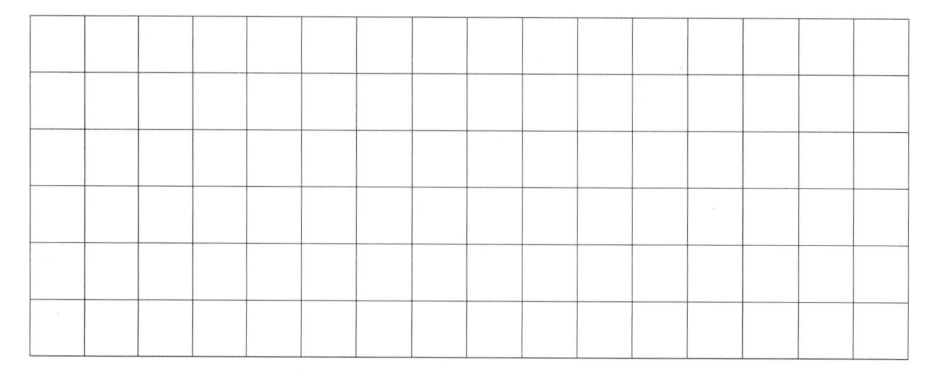

03 화제별 이야기 구성하기

DAY 23-24

이번 장에서는 우리 주변에서 자주 이슈가 되는 화제를 중심으로 이야기를 구성하여 작문하는 연습을 해 본다. 현대인들은 일이나 공부에 대한 스트레스에 시달리며, 자신의 건강과 다이어트에 대해 관심이 높다. 또한 출퇴근 시간마다 겪는 교통 체증 문제, 전 세계적인 문제가 되어버린 환경 오염 문제에 이르기까지, 작문에서 다룰 수 있는 화제는 무궁무진하다. 자신의 경험이나 생각을 바탕으로 이야기를 풀어 나가 보자.

※ 작문 속 화제: 스트레스, 다이어트, 환경, 교통, 건강 등

쓰기 시크릿 백전백승

1 화제를 선정하라!

5개의 제시어를 보고, 어떤 화제에 대해 쓸 것인지, 글의 중심이 되는 주제를 선정한다.

2 관련 에피소드를 떠올려라!

자신이 직접 겪은 일도 좋고, TV나 신문에서 접했던 내용도 좋다. 아니면 주변 사람의 경험을 약간 각색하여 화제를 이끌어 내도 된다. 중국어로 작문하기 전에 한국어로 대략적인 이야기를 구상해 보고, 주어진 시간이 길지 않으니, 밑그림이 그려지면 바로 작문할 준비를 한다.

3 논리적으로 구성하라!

대략적 이야기가 설정되었다면, 앞뒤 상황이 논리적으로 자연스럽게 연결될 수 있도록 세부적인 부분을 생각해 가며 작문한다. 80자 내외의 짧은 글로 표현해야 하기 때문에 간결하면서도 알찬 내용이 되어야 한다.

4 원고지 작성법에 맞게 작성하라!

원고지에 답안을 작성할 때는 반드시 중국어 원고지 사용법에 맞게 작성한다. 최대한 단정하고 바른 글씨로 쓰고, 오탈자가 없도록 유의한다.

문제 1

减肥、坚持、放弃、婚礼、成功

문제 분석 1. 단어 활용하여 작문하기(모범 답안 1)
2. 핵심 어법 활용하여 작문하기(모범 답안 2)

단어 减肥 jiǎnféi 동 살을 빼다, 다이어트하다 | 坚持 jiānchí 동 유지하다, 지속하다 | 放弃 fàngqì 동 포기하다 | 婚礼 hūnlǐ 명 결혼식 | 成功 chénggōng 동 성공하다

해설 STEP 1 주제어 정하기
减肥(다이어트)를 주제로 하여 이야기를 구성한다.

STEP 2 흐름 잡기
다이어트를 여러 번 해 본 적이 있다.
→ 지속하지 못하고 포기했다.
→ 얼마 후면 결혼식이다. / 열심히 해서 꼭 성공하겠다.

STEP 3 방법1: 단어 활용하기
- 减肥: 开始减肥 / 为了减肥 / 减过肥 / 正在努力地减肥 / 减肥不是件容易的事情
- 坚持: 坚持下去 / 坚持运动 / 坚持学习 / 没坚持多长时间
- 放弃: 很快就放弃了 / 没过几天就放弃了 / 放弃机会 / 不想放弃 / 放弃权利
- 婚礼: 举行婚礼 / 参加婚礼 / 漂亮的婚礼 / 再过两个月就是我的婚礼了
- 成功: 终于成功了 / 想成功 / 一定会成功的 / 成功的人

방법2: 핵심 어법 활용하기
- 접속사 无论 / 不论 / 不管(~에 관계없이):
여러 가지 경우의 수가 있더라도 결론이 바뀌지 않음을 나타낸다. 无论은 서면어로, 의문대사 如何와 호응하여 无论如何의 형식으로 자주 쓰인다.
예 这次无论如何也要坚持下去。이번에는 어찌하든 간에 꼭 끝까지 해낼 것이다.
- 상용구 就要…了/ 快要…了(곧 ~하다):
모두 시간의 임박을 나타내는데, 就要…了만 구체적인 시간사(明天 / 下个星期 / 周末 등)와 함께 쓸 수 있다.
예 我下个月就要举行婚礼了。나는 다음 달이면 곧 결혼식을 한다.
- 접속사 因为(왜냐하면):
원인을 나타내며, 뒤 절에 결론을 밝히는 접속사 所以와 함께 쓰기도 한다.
예 因为太辛苦，(所以)没过几天就放弃了。너무 힘들어서, 며칠 지나지 않아 바로 포기했다.
- 접속사 不仅(不但) A, 而且 B(A할 뿐만 아니라, 게다가 B하다):
점층을 나타내는 접속사다.
예 现在我每天不仅吃得很少，而且坚持运动。
지금 나는 매일 조금만 먹을 뿐 아니라, 게다가 운동도 계속하고 있다.
- 조동사 会(~일 것이다):
'(배워서) ~할 수 있다'라는 뜻 이외에, '~일 것이다'라는 추측을 나타내기도 한다. 또한 문장 뒤에 的를 붙여 단정 · 확신의 어기를 나타내기도 하며, 부사 一定(반드시)과 함께 一定会…的의 형식으로 쓴다.
예 这次一定会成功的。이번에는 반드시 성공할 것이다.

모범 답안 1 단어 활용 답안

		减	肥	真	不	是	件	容	易	的	事	情	，	我	尝
试	了	好	几	次	，	但	每	次	都	没	坚	持	多	长	时
间	就	放	弃	了	。	再	过	两	个	月	就	是	我	的	婚
礼	了	。	为	了	穿	上	漂	亮	的	婚	纱	，	这	次	无
论	如	何	也	要	坚	持	下	去	，	我	相	信	一	定	会
成	功	的	。												

해석 다이어트는 결코 쉬운 일이 아니다. 나는 몇 번이나 시도해 봤지만, 매번 얼마 지속하지 못하고 곧 포기하고 말았다. 두 달이 지나면 곧 나의 결혼식이다. 아름다운 웨딩드레스를 입기 위해, 이번에는 어떤 일이 있어도 끝까지 해내고 말 것이다. 나는 반드시 성공하리라고 믿는다.

단어 容易 róngyì 형 쉽다 | 事情 shìqing 명 일 | 尝试 chángshì 동 시도해보다 | 为了 wèile 전 ~을 위해서 | 穿 chuān 동 입다 | 婚纱 hūnshā 명 웨딩드레스 | 无论 wúlùn 접 ~에 관계없이 | 如何 rúhé 대 어떠한 | 相信 xiāngxìn 동 믿다 | 一定 yídìng 부 반드시

모범 답안 2 어법 활용 답안

		我	下	个	月	就	要	举	行	婚	礼	了	，	为	了
成	为	婚	礼	上	最	漂	亮	的	新	娘	，	正	在	努	力
地	减	肥	。	以	前	我	也	减	过	肥	，	因	为	太	辛
苦	，	没	过	几	天	就	放	弃	了	。	现	在	我	每	天
不	仅	吃	得	很	少	，	而	且	坚	持	运	动	，	这	次
一	定	会	成	功	的	。									

해석 나는 다음 달이면 곧 결혼식을 올린다. 결혼식에서 가장 아름다운 신부가 되기 위해 열심히 다이어트를 하고 있다. 이전에도 다이어트를 해 본 적은 있지만, 너무 힘들어서 며칠 지나지 않아 곧바로 포기했다. 지금은 매일 밥도 적게 먹을 뿐만 아니라, 꾸준히 운동하고 있으니, 이번에는 반드시 성공할 것이다.

단어 举行 jǔxíng 동 거행하다 | 新娘 xīnniáng 명 신부 | 正在 zhèngzài 부 ~하는 중이다 | 努力 nǔlì 동 노력하다 | 以前 yǐqián 명 이전 | 辛苦 xīnkǔ 동 고생하다 | 不仅 bùjǐn 접 ~할 뿐만 아니라 | 而且 érqiě 접 게다가 | 运动 yùndòng 동 운동하다

Tip 이 유형의 모범 답안은 2가지로 구성되어 있다. 모범 답안 1은 제시된 단어를 활용한 이야기 구성 능력을 기르는 데 중점을 둔 것이고, 모범 답안 2는 2~3개의 어법 사항을 적용하여 어법 활용 능력을 향상시키는 데 중점을 둔 것이다. 답안에서 단어와 어법이 어떻게 활용되었는지에 유의하면서 반복하여 연습해 보자.

Tip 스스로 이야기를 구성하기가 어렵다면 모범 답안의 해석을 보고 중국어로 만드는 연습부터 시작한다. 한 문장이라도 스스로의 힘으로 써낼 수 있는 것이 중요하다.

시크릿 보물상자

1 쓰기 답안 채점 기준

쓰기 제2부분은 1문제당 30점으로 배점이 매우 높다. 따라서 좋은 점수를 받을 수 있도록 채점 기준을 숙지하여 맞춤형으로 공략해 보자.

항목	채점 기준	대처 방안
분량	80자 쓰기이므로 70~90자까지 인정한다.	5번째 줄까지 채우면 80자가 된다. 자신이 어느 정도 썼는지 확인하면서 작문한다.
어휘	제시된 5개의 어휘를 모두 사용했는지 확인한다.	5개의 어휘를 반드시 모두 사용해야 한다. 실수로 한 단어라도 빠트리지 않도록 유의한다.
문맥	글의 흐름이 자연스러운지 확인한다.	서론, 본론, 결론으로 조리 있게 이야기를 만들어 내는 능력을 기른다.
어법	적절한 어법이 사용되었다면 가산점을 부여하고, 잘못 사용된 것은 감점한다.	어법을 확실하게 알지 못하면 쓰지 않는 것이 좋다. 한 문장을 쓰더라도 정확히 아는 것을 쓴다.
오탈자	오탈자가 있다면 감점한다.	단어를 암기할 때 부수부터 꼼꼼히 외우고, 최대한 자신이 쓸 수 있는 단어로 쓴다.
원고지	원고지 사용법에 맞게 썼는지 확인한다.	원고지 사용법을 완벽히 숙지하고, 평소에 원고지에 작문하는 연습을 꾸준히 해 둔다.
글씨체	깨끗한 글씨체는 좋은 인상을 줄 수 있다. (채점자의 주관적인 평가가 들어갈 수 있다.)	답안지에 쓸 때는 최대한 깨끗하고 꼼꼼하게 쓰도록 노력한다.

2 스토리 구성 능력 기르기 (II)

2개 단어로 이야기 만들기

단어	스토리 구상 & 작문
科学 kēxué 과학(적이다) 便利 biànlì 편리하다	과학 기술이 발전함에 따라서, 우리들의 생활에 아주 많은 편리함을 가져다주었다. → 随着科学技术的发展，给人们的生活带来了很多便利。
电脑 diànnǎo 컴퓨터 购物 gòuwù 물건을 사다	우리는 컴퓨터를 사용하여 자료를 찾을 수도 있고, 인터넷에서 물건을 살 수도 있다. → 我们可以用电脑来查资料，还可以网上购物。
打折 dǎzhé 할인하다 耽误 dānwu 지체하다, 그르치다	상점에서 할인하는 것을 보고, 들어가서 구경을 했는데, 결국 학교 수업에 늦었다. → 看到有一家商店正在打折，我就进去逛了逛，结果耽误了学校的课。
规律 guīlǜ 규칙(적이다) 锻炼 duànliàn 단련하다	병이 생긴 이후로, 나의 생활은 매우 규칙성 있게 변했고, 게다가 매일 아침 꾸준히 몸을 단련한다. → 得病之后，我的生活变得很有规律，而且每天早晨坚持锻炼身体。

法律 fǎlǜ 법률 吸烟 xīyān 담배 피우다	현재 여러 국가에서는 관련 법률을 제정하여, 공공장소에서 담배 피우는 것을 금지한다. → 现在很多国家制定了相关法律，禁止公共场所吸烟。
志愿者 zhìyuànzhě 자원봉사자 接待 jiēdài 접대하다	지난주 나는 자원봉사자가 되어 일했는데, 주된 업무는 전람회를 참관하는 손님을 접대하는 일이었다. → 上星期我当了一回志愿者，主要负责接待参观展览会的客人。
矿泉水 kuàngquánshuǐ 생수 开心 kāixīn 즐겁다, 유쾌하다	오늘은 일이 매우 바빠서, 밥 먹을 시간도 없어서 생수만 마셨지만 매우 즐거웠다. → 今天工作很忙，没时间吃饭，只能喝点矿泉水，但我觉得很开心。
饲养 sìyǎng 사육하다 宠物 chǒngwù 반려동물	사람들의 생활 수준이 향상됨에 따라, 반려동물을 기르는 사람도 점점 많아진다. → 随着人们生活水平的提高，饲养宠物的人越来越多。

3개 단어로 이야기 만들기

단어	스토리 구상 & 작문
迟到 chídào 지각하다 批评 pīpíng 나무라다, 꾸짖다 保证 bǎozhèng 보증하다	오늘 나는 지각을 해서, 선생님에게 한차례 꾸지람을 들었다. 나는 선생님께 다시는 지각하지 않겠다고 약속했다. → 今天我迟到了，所以被老师批评了一顿，我向老师保证再也不迟到了。
合作 hézuò 합작하다 合同 hétong 계약서 愉快 yúkuài 즐겁다, 유쾌하다	양측의 합작은 유쾌하였으며, 나중에 우리는 순조롭게 계약을 체결하였다. → 双方合作得愉快，最后我们顺利地签了合同。
关注 guānzhù 관심을 갖다 污染 wūrǎn 오염 能源 néngyuán 에너지	현재 환경 오염과 에너지 부족 문제는 이미 전 세계가 관심을 두는 중점이 되었다. → 现在环境污染和能源短缺问题已经成为全世界关注的重点。
安全 ānquán 안전하다 鞭炮 biānpào 폭죽 火灾 huǒzāi 화재	폭죽을 터트리는 것은 화재를 일으키기 쉽다. 우리는 안전에 주의해야 한다. → 放鞭炮容易引起火灾，我们得注意安全。
充满 chōngmǎn 충만하다 婚礼 hūnlǐ 결혼식 祝福 zhùfú 축복하다	어제 우리는 결혼식을 올렸다. 결혼식은 기쁨으로 충만하였고, 모두 우리가 행복하게 생활하기를 축복해 주었다. → 昨天我们举办了婚礼，婚礼上充满了欢乐，大家都祝福我们生活幸福。
信息 xìnxī 정보 媒体 méitǐ 매체 报纸 bàozhǐ 신문	우리는 신문을 통해서 각종 정보를 얻을 수 있다. 신문은 우리 생활에 유익한 매체다. → 我们通过报纸可以得到各种信息，报纸是对我们生活有益的媒体。

DAY 23

1. 父亲、退休、辛苦、享受、健康

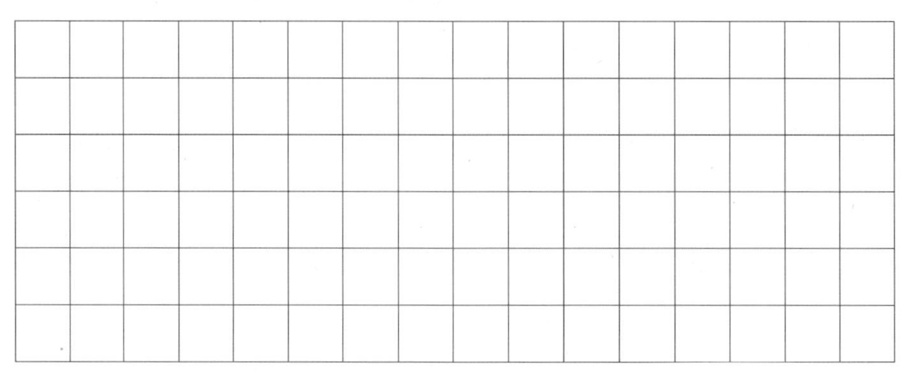

2. 招聘、专业、学历、要求、经验

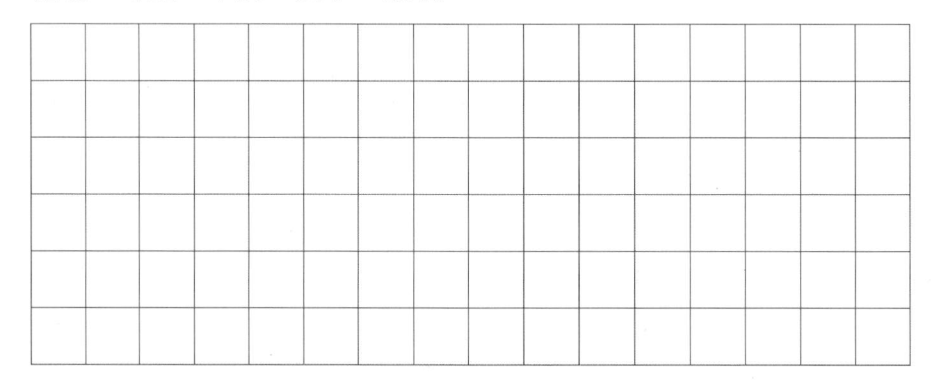

3. 弹钢琴、吸引、业余、坚持、熟练

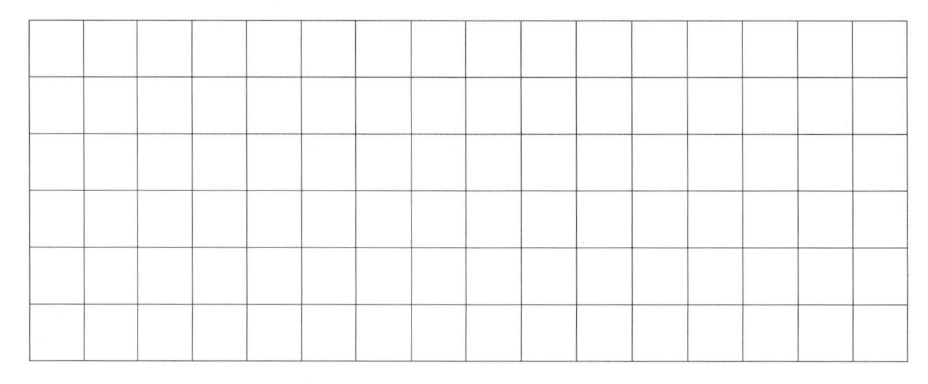

DAY 24

1. 迟到、下雪、堵车、厉害、浪费

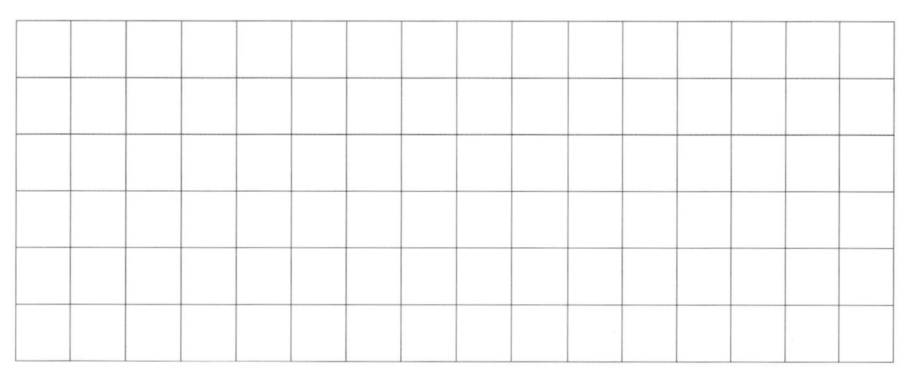

2. 满足、健康、压力、放松、锻炼

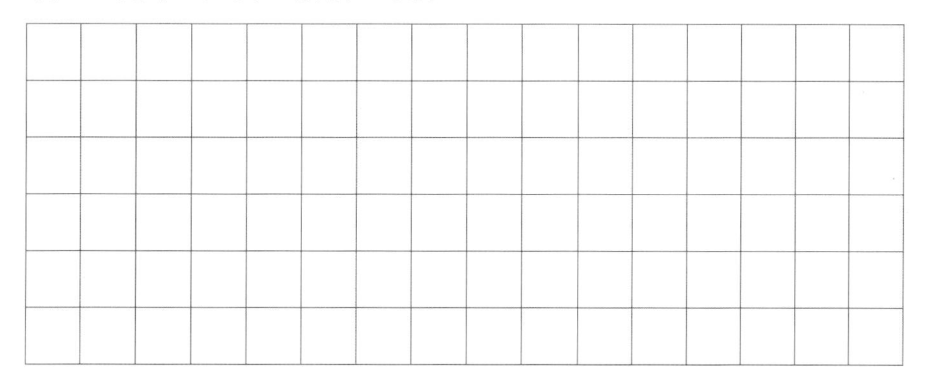

3. 避免、垃圾、保护、严重、污染

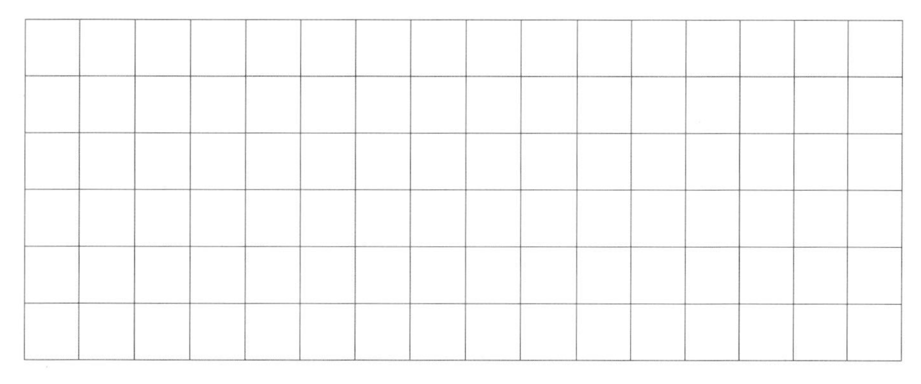

04 특징 나열하기

쓰기 제2부분의 두 번째 문제는 제시된 그림을 보고 80자 정도의 글을 원고지에 쓰는 것이다. 이 유형은 그림을 보고 어떤 방식으로 작문할 것인지를 먼저 판단해야 한다. 이번 장에서는 첫 번째 방법으로, 그림에 나오는 사물의 특징을 뽑아서 작문하는 비법을 배워 보자.

쓰기 시크릿 백전백승

1 작문할 주제를 떠올려라!

그림을 보고 특징을 나열할 수 있는 사물이나 행동이 무엇인지 판단해 본다. 휴대전화, 컴퓨터, 신문, 자동차, 반려동물, 운동, 웰빙 식품 등, 출제되기 쉬운 주제에 대해서는 평소에 장점이나 특징들을 머릿속에 정리해 둔다. 이러한 훈련은 작문에 자신감이 생기고, 시험 시간도 절약할 수 있게 해 준다.

2 그림을 묘사하라!

제삼자의 입장에서 그림을 관찰하고, 그림 속의 장면을 묘사할 수 있다. '그림 속에서 누가 어떤 동작을 하고 있다'라고 글을 시작하면 된다.

예 **图片中的两个人一边吃饭，一边看电视。**
그림 속의 두 사람은 식사를 하면서, TV를 보고 있다.
图片中的女人正在喝咖啡。 그림 속의 여자는 커피를 마시고 있다.
图片中的男人正在看标志牌。 그림 속의 남자는 표지판을 보고 있다.

3 에피소드 형식으로 작문하라!

사물(대상)에 대한 장점이나 특징을 2~3가지 이상 떠올리기가 어렵다면 관련된 에피소드를 만들어 이야기 형식으로 쓰는 것도 무방하다.

4 '随着'를 애용하라!

흔히 이슈가 되는 주제들은 과학 기술의 발전이나 생활 수준의 향상으로 인해 새롭게 대두한 화제들이다. 随着는 '~을 따르다'라는 뜻으로, 변화 · 발전을 나타내므로, 첫 문장의 주어 앞에 부사어로 활용할 경우 멋진 서두를 만들어 준다.

[형식] 随着 + 수식어 的 + 명사, 주어 + 술어 + 목적어

예 随着网络的发达 인터넷이 발달함에 따라서
随着科学的发展 과학이 발전함에 따라서
随着社会的发展 사회가 발전함에 따라서
随着生活水平的提高 생활의 수준이 향상됨에 따라서

5 질문 형식을 활용하라!

자신이 생각하는 대상의 장점이나 특징, 혹은 의견을 피력하기 전에, 먼저 자연스럽게 질문을 던지는 방법도 활용할 수 있다.

예 …有哪些作用呢? ~은 어떠한 작용을 하는가?
…究竟有哪些好处呢? ~은 도대체 어떠한 장점들이 있는가?
…给我们的生活带来了哪些好处呢? ~은 우리의 생활에 어떠한 좋은 점들을 가져왔는가?
…受欢迎的原因有哪些呢? ~이 환영 받는 이유는 어떠한 것들이 있는가?
要是…怎么办呢? 만약 ~하면 어떻게 하는가?

6 독자에게 제안하라!

글을 읽는 사람에게 어떤 대상의 장점과 특징에 대해 자세하게 설명했다면, 마지막에는 상대방에게 제안하는 형식으로 마무리 지을 수도 있다.

예 你也试试吧！ 당신도 해 보세요!
你也坐地铁吧！ 당신도 지하철을 타세요!
你也学一学电脑吧！ 당신도 컴퓨터를 좀 배워 보세요!
你也养成读报纸的习惯吧！ 당신도 신문을 읽는 습관을 길러 보세요!

시크릿 확인학습

문제 1

문제 분석
1. 특징 나열하여 작문하기(모범 답안 1)
2. 에피소드 설정하여 작문하기(모범 답안 2)

해설 **STEP 1** 그림 파악하기
- 인물: 남자
- 사물: 컴퓨터
- 동작: 컴퓨터를 하고 있다.

STEP 2 방법1: 특징 나열하기

컴퓨터가 일상생활에 가져다주는 장점을 생각해 본다.
- 일하기가 훨씬 편리해졌다 → 工作更方便了
- 심심할 때 게임을 할 수 있다 → 无聊的时候可以玩儿游戏
- 학습 자료를 찾을 수 있다 → 可以找学习资料
- 인터넷으로 물건을 구매할 수도 있다 → 可以上网购物

방법2: 에피소드 설정하기

모범 답안 1 특징 나열 답안

		随	着	社	会	的	发	展	，	用	电	脑	的	人	越
来	越	多	。	电	脑	给	我	们	的	生	活	带	来	了	哪
些	好	处	呢	？	首	先	，	工	作	更	方	便	了	；	其
次	，	无	聊	的	时	候	可	以	玩	儿	游	戏	；	最	后，
可	以	找	学	习	资	料	。	可	见	，	电	脑	给	人	们
的	生	活	带	来	了	很	多	的	便	利	。				

해석 사회가 발전함에 따라, 컴퓨터를 사용하는 사람도 갈수록 많아진다. 컴퓨터는 우리의 생활에 어떤 좋은 점을 가져다주었을까? 첫째, 업무가 더욱 편리해졌다. 둘째, 무료한 시간에 게임을 즐길 수 있다. 마지막으로 학습 자료를 찾을 수도 있다. 이로써 알 수 있듯이, 컴퓨터는 사람들의 생활에 매우 많은 편의를 가져다주었다.

단어 随着 suízhe 전 ~함에 따라서 | 社会 shèhuì 명 사회 | 发展 fāzhǎn 동 발전하다 | 电脑 diànnǎo 명 컴퓨터 | 越来越 yuèláiyuè 점점 ~해지다 | 生活 shēnghuó 명 생활 | 带来 dàilái 동 가져오다 | 好处 hǎochu 명 장점 | 首先 shǒuxiān 대 먼저, 첫째로 | 方便 fāngbiàn 형 편리하다 | 其次 qícì 대 그 다음 | 无聊 wúliáo 형 무료하다 | 游戏 yóuxì 명 게임 | 最后 zuìhòu 명 마지막 | 找 zhǎo 동 찾다 | 资料 zīliào 명 자료 | 可见 kějiàn 접 ~라는 것을 알 수 있다 | 便利 biànlì 형 편리하다

모범 답안 2 에피소드 답안

		上	个	周	末	，	我	收	到	了	打	工	的	工	资，
非	常	高	兴	。	我	的	愿	望	是	买	一	台	新	电	脑，
昨	天	终	于	实	现	了	。	新	电	脑	不	仅	漂	亮	，
而	且	速	度	特	别	快	。	朋	友	们	看	见	我	的	新
电	脑	以	后	，	特	别	羡	慕	我	。	虽	然	打	工	很
辛	苦	，	可	是	我	觉	得	很	值	得	。				

해석 지난 주말, 나는 아르바이트 급여를 받고 매우 기뻤다. 내 소망은 새 컴퓨터를 한 대 사는 것이었는데, 어제 드디어 그 꿈을 이루었다. 새 컴퓨터는 예쁠 뿐만 아니라, 속도도 매우 빠르다. 친구들이 나의 새 컴퓨터를 보고 난 후, 나를 무척 부러워했다. 비록 아르바이트하는 것은 매우 힘들지만, 나는 충분히 그럴만한 가치가 있다고 생각한다.

단어 周末 zhōumò 명 주말 | 收到 shōudào 동 받다 | 打工 dǎgōng 동 아르바이트하다 | 工资 gōngzī 명 급여 | 非常 fēicháng 부 대단히 | 高兴 gāoxìng 형 기쁘다 | 愿望 yuànwàng 명 소망, 바람 | 终于 zhōngyú 부 마침내 | 实现 shíxiàn 동 실현하다 | 不仅 bùjǐn 접 ~뿐만 아니라 | 漂亮 piàoliang 형 예쁘다 | 而且 érqiě 접 게다가 | 速度 sùdù 명 속도 | 特别 tèbié 부 아주 | 快 kuài 형 빠르다 | 羡慕 xiànmù 동 부러워하다 | 虽然 suīrán 접 비록 ~지만 | 辛苦 xīnkǔ 형 고생스럽다 | 可是 kěshì 접 그러나 | 觉得 juéde 동 ~라고 여기다 | 值得 zhíde 동 ~할만한 가치가 있다

Tip 모범 답안 1은 특징을 나열하는 방법으로, 모범 답안 2는 에피소드 형식으로 제시하였다. 모범 답안을 참고하여 여러 가지 방법으로 반복하여 연습해 보자.

Tip 스스로 이야기를 구성하기가 어렵다면 모범 답안의 해석을 보고 중국어로 만드는 연습부터 시작한다. 한 문장이라도 스스로의 힘으로 써낼 수 있는 것이 중요하다.

随着 활용하기

随着를 이용하여 서두를 시작한다면 최소 15글자는 이미 해결된 셈이다. 과학 문명의 발전이나, 생활 수준 향상으로 새롭게 생겨나거나 변화된 것에 관해 작문할 때 매우 유용하다.

[형식] 随着 + 수식어 的 + 명사, 주어 + 술어 + 목적어

작문 예시	해석
随着网络的普及，很多人都使用电脑。	인터넷이 보급됨에 따라서, 매우 많은 사람이 컴퓨터를 사용한다.
随着科学的发展，在很多方面有了极大的变化。	과학이 발전함에 따라서, 매우 많은 부분에 있어서 큰 변화가 생겼다.
随着快餐业的发展，垃圾的问题日益严重。	패스트푸드업이 발전함에 따라, 쓰레기 문제가 점점 더 심각해진다.
随着社会的发展，交通越来越复杂。	사회가 발전함에 따라서, 교통이 점점 더 복잡해진다.
随着生活水平的提高，人们越来越关注生活质量。	생활 수준이 향상됨에 따라서, 사람들은 점점 더 삶의 질에 관심을 둔다.
随着时代的发展，新式产品越来越多。	시대가 발전함에 따라서, 새로운 상품이 점점 더 많아진다.
随着科学的发展，人们的生活越来越方便了。	과학이 발전함에 따라서, 사람들의 생활은 점점 더 편리해졌다.
随着经济的不断发展，社会竞争越来越激烈。	경제가 끊임없이 발전함에 따라서, 사회 경쟁이 점점 더 치열해진다.
随着网络事业的飞速发展，一根网线把整个世界联系在一起。	인터넷 사업이 빠르게 발전함에 따라서, 인터넷 선 하나로 전 세계를 연결하게 되었다.
随着网络的发达，人们能通过网络解决一切问题。	인터넷이 발달함에 따라서, 사람들은 인터넷을 통해 모든 문제를 해결할 수 있게 되었다.
随着生活水平的提高，各种各样的饮料走进了人们的生活。	생활 수준이 향상됨에 따라서, 각양각색의 음료수가 사람들의 생활 속으로 들어왔다.
随着社会的发展，人们生活水平的不断提高，越来越多的城市人开始买车。	사회가 발전하고, 생활 수준이 부단히 향상됨에 따라서, 점점 더 많은 도시인들이 자동차를 사기 시작했다.
随着经济的发展，中国在国际舞台上的地位变得越来越重要了。	경제가 발전함에 따라서, 세계 무대에서 중국의 지위가 점점 더 중요해졌다.
随着科技的发展，许多现代电器走入了人们的生活。	과학 기술이 발전함에 따라서, 많은 현대 전자 기기가 사람들 생활 속으로 들어왔다.
随着科学技术的发展，给我们的生活带来了很多便利。	과학 기술이 발전함에 따라서, 우리의 생활에 많은 편의를 가져왔다.
随着网络的发达，最近很多人在网上看报纸。	인터넷이 발달함에 따라서, 최근 많은 사람들이 인터넷 상에서 신문을 본다.

DAY 25

1.

2.

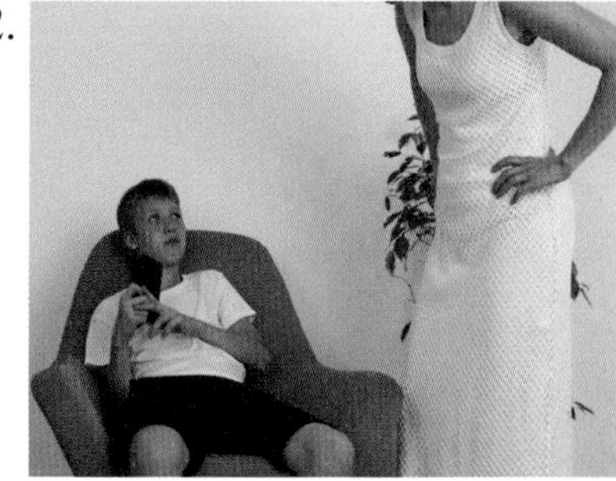

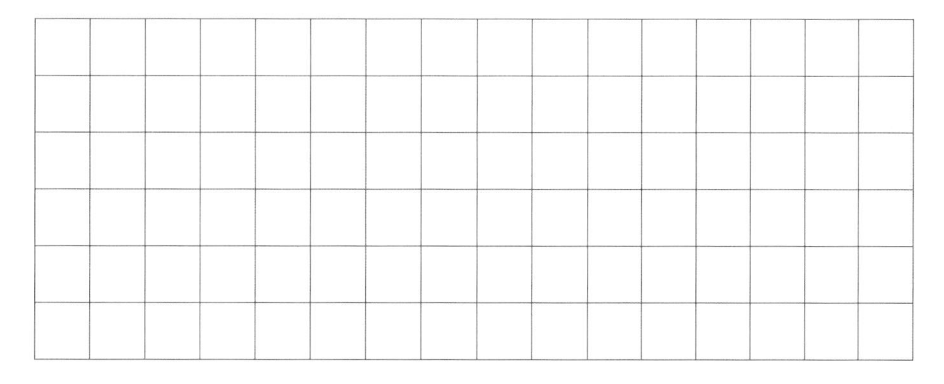

3.

DAY **26**

1.

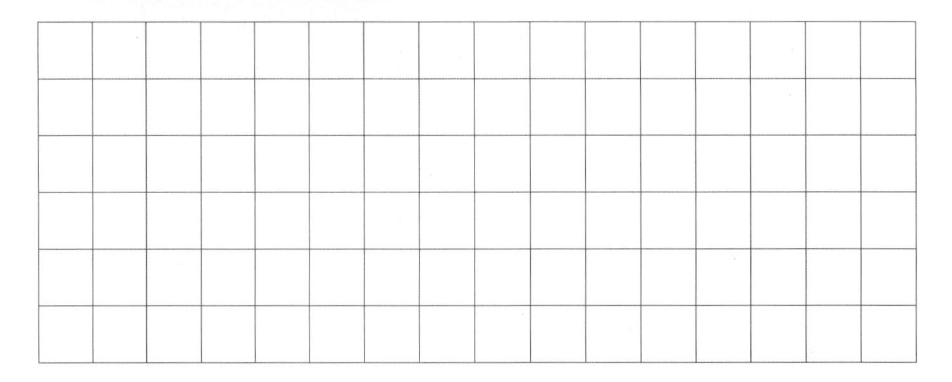

2.

3.

05 견해 논술하기

제시된 그림을 보고 자신의 생각을 자유롭게 논술할 수도 있다. 그림 자체를 묘사해도 좋고, 그림 속의 주인공이 자신이라고 생각하여 재미있는 에피소드를 만들어도 된다. 이번 장에서는 그림을 보고 그에 대한 자신의 관점과 견해를 펼치는 작문 방법을 배워 본다.

쓰기 시크릿 백전백승

1 주제를 정하라!

제시된 그림을 보고 빠른 시간 내에 생각을 이끌어 내는 것이 중요하다. 보는 사람마다 그림을 다르게 해석할 수 있으므로, 그림 속 등장인물이나 사물, 혹은 동작을 보고 이야깃거리를 찾아내 자신의 견해를 논술한다. 평소에 여러 가지 주제를 연습해 두면 좋은 점수를 얻을 수 있다.

예

2 자신의 관점을 논술하라!

자신이 정한 주제에 맞게 자신의 관점을 쓴다. 만약 '자전거'에 대해 쓰려면, 환경 오염을 일으키지 않고 교통비도 들지 않으며 건강까지 지킬 수 있다든가, '운동 경기'에 대해 쓰려면, 이기는 것보다는 공정한 경기를 하는 것, 결과보다는 노력하는 과정이 더 중요하다는 등, 평소에 관련 주제에 대해 얼마나 많이 생각해 보았는지가 중요하다.

3 그림을 객관적으로 묘사하라!

도입부에서 제삼자의 시각으로 그림을 묘사하는 방식을 이용해도 된다.

예 这张图里，一对情侣正在骑自行车。

이 그림 속에는, 한 쌍의 연인이 자전거를 타고 있다.

图片中的男人和女人正在饮水机前喝水。

그림 속의 남자와 여자는 정수기 앞에서 물을 마시고 있다.

图片上的男人坐在椅子上看着手表，可能在等什么人。

그림 속의 남자는 의자에 앉아 시계를 보고 있는데, 어쩌면 누군가를 기다리는 것일 수 있다.

这张图里，两个人都认真地拍摄着自己的作品。

이 그림에서 두 사람은 모두 진지하게 자신의 작품을 촬영하고 있다.

4 내용을 정리하며 열거하라!

서수나 대사 등의 적절한 열거 표현을 사용하여 내용을 일목요연하게 정리하는 것도 관점을 전달하는 데 도움이 된다.

예 **第一** 첫 번째는 / **第二** 두 번째는 / **第三** 세 번째는

一来 첫째로 / **二来** 둘째로 / **三来** 셋째로

首先 우선 / **其次(然后)** 그 다음에 / **最后** 마지막으로

시크릿 확인학습 

문제 1

문제 분석 1. 견해 논술하여 작문하기(모범 답안 1)
2. 에피소드 설정하여 작문하기(모범 답안 2)

해설 **STEP 1** 그림 파악하기
- 인물: 뛰어오는 여자
- 사물: 결승선
- 동작: 달리기를 하여 결승선에 골인하고 있다.

STEP 2 주제 정하기
과정이 결과보다 더 중요하다.

STEP 3 방법1: 견해 논술하기
- 과정은 매우 힘들다 → 过程很辛苦
- 몇 등을 하는가는 중요하지 않다 → 得到第几名并不重要
- 중요한 것은 내가 이미 노력했다는 것이다 → 重要的是我已经努力了

방법2: 에피소드 설정하기

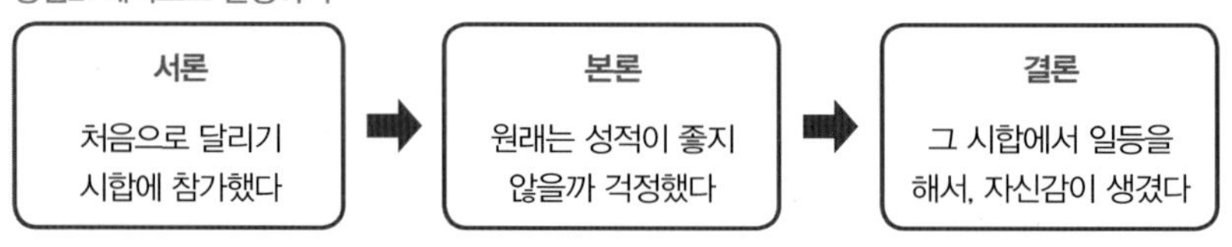

모범 답안 1 견해 논술 답안

		这	是	去	年	运	动	会	时	的	照	片	。	我	参
加	了	长	跑	，	虽	然	过	程	很	辛	苦	，	但	是	到
达	终	点	的	时	候	非	常	兴	奋	。	我	觉	得	得	到
第	几	名	并	不	重	要	，	重	要	的	是	我	已	经	努
力	了	。	如	果	有	机	会	，	下	次	我	要	参	加	别
的	比	赛	。												

해석 이것은 작년 운동회 때의 사진이다. 나는 마라톤에 참가했는데, 비록 그 과정은 매우 힘들었지만, 결승점에 도착했을 때는 정말 감격스러웠다. 나는 몇 등을 하느냐는 결코 중요하지 않다고 생각한다. 중요한 것은 내가 이미 노력을 했다는 것이다. 만일 기회가 생긴다면, 다음에 나는 다른 시합에 참가할 것이다.

단어 照片 zhàopiàn 명 사진 | 长跑 chángpǎo 명 마라톤, 장거리 달리기 | 虽然 suīrán 접 비록 ~지만 | 过程 guòchéng 명 과정 | 辛苦 xīnkǔ 형 고생스럽다 | 但是 dànshì 접 그러나 | 到达 dàodá 동 도달하다 | 终点 zhōngdiǎn 명 결승점 | 非常 fēicháng 부 대단히 | 兴奋 xīngfèn 형 흥분하다, 격동하다 | 觉得 juéde 동 ~라고 여기다 | 得到 dédào 동 획득하다 | 重要 zhòngyào 형 중요하다 | 已经 yǐjing 부 이미 | 努力 nǔlì 동 노력하다 | 如果 rúguǒ 접 만약 | 机会 jīhuì 명 기회 | 比赛 bǐsài 명 경기

모범 답안 2 에피소드 답안

		每	年	我	们	学	校	都	举	办	运	动	会	，	每
个	学	生	都	要	参	加	。	以	前	我	不	参	加	任	何
比	赛	，	因	为	我	担	心	自	己	不	能	取	得	好	成
绩	。	没	想	到	那	次	比	赛	，	我	得	了	第	三	名，
兴	奋	得	要	命	。	从	那	以	后	，	无	论	做	什	么
事	情	，	我	都	开	始	对	自	己	充	满	了	信	心	。

해석 매년 우리 학교는 운동회를 개최하는데, 모든 학생이 참가해야 한다. 예전에 나는 어떤 경기에도 참가하지 않았는데, 그것은 내가 좋은 성적을 얻지 못할까봐 걱정되었기 때문이다. 지난번 시합에서는 예상치 못하게 내가 3등을 해서, 정말 감격스러웠다. 그 이후로, 나는 어떤 일을 하든 스스로에 대해 자신감이 충만해지기 시작했다.

단어 举办 jǔbàn 동 개최하다 | 运动会 yùndònghuì 명 운동회 | 参加 cānjiā 동 참가하다 | 以前 yǐqián 명 예전 | 任何 rènhé 대 어떠한 | 因为 yīnwèi 접 ~ 때문에 | 担心 dānxīn 동 걱정하다 | 取得 qǔdé 동 취득하다 | 成绩 chéngjì 명 성적 | 要命 yàomìng 부 몹시 | 无论 wúlùn 접 ~에 관계없이 | 事情 shìqing 명 일 | 开始 kāishǐ 동 시작하다 | 充满 chōngmǎn 동 충만하다 | 信心 xìnxīn 명 자신감

Tip 모범 답안 1은 견해를 논술하는 방법으로, 모범 답안 2는 에피소드 형식으로 제시하였다. 모범 답안을 참고하여 여러 가지 방법으로 반복 연습해 보자.

Tip 스스로 이야기를 구성하기가 어렵다면 모범 답안의 해석을 보고 중국어로 만드는 연습부터 시작한다. 한 문장이라도 스스로의 힘으로 써낼 수 있는 것이 중요하다.

열거 표현 활용하기

1 열거할 때 유용한 표현

1) 第一 첫 번째는 / 第二 두 번째는 / 第三 세 번째는

2) 一来 첫째로 / 二来 둘째로 / 三来 셋째로

3) 首先 우선 / 其次(然后) 그다음에 / 最后 마지막으로

작문 예시	해석
我理想的男朋友有三个条件。首先，要品德好，其次，要有才能，最后，要有钱。	나의 이상형 남자 친구는 3가지 조건을 갖추어야 한다. 먼저 인품이 좋아야 하고, 그다음에는 재능이 있어야 하며, 마지막으로 돈도 있어야 한다.
我来中国，一来可以学习汉语，二来可以了解一些中国文化。	내가 중국에 온 것은, 첫째로는 중국어를 배울 수 있고, 둘째로는 중국 문화를 이해할 수 있기 때문이다.
下午我要去城里，一来可以买些东西，二来想看场电影。	오후에 나는 시내에 가려고 하는데, 첫째로는 물건을 좀 살 수 있고, 둘째로는 영화를 한 편 보고 싶어서다.
我对北京特别有感情，一来那里是首都，二来我在那里住过好几年。	나는 베이징에 특별한 감정이 있다. 첫째로는 그곳이 수도이고, 둘째로는 내가 그곳에서 몇 년 살았기 때문이다.
我此次回来，一来是探亲，二来是想亲眼看看家乡近年来的发展情况。	내가 이번에 온 것은, 첫째로 친척을 찾아뵙고, 둘째로 내 눈으로 직접 근 몇 년 사이 고향의 발전 상황을 보고 싶어서다.
私家车的出现产生了一些社会问题，第一，交通堵车，第二，空气污染，第三，停车场不足。	자가용의 출현으로 일부 사회 문제가 생겨났다. 첫째는 교통 체증, 둘째는 대기 오염, 셋째는 주차장 부족이다.
我们应该吃绿色食品，第一，绿色食品是无污染的食品，第二，我们能节省生产费。	우리는 녹색 식품을 먹어야 한다. 첫째는 녹색 식품은 오염되지 않은 식품이며, 둘째는 생산비를 절약할 수 있기 때문이다.
我们应该和什么人交往呢？第一，应该和乐观者交往，第二，积极上进、努力进取的人，第三，真诚、有勇气的人。	우리는 어떤 사람과 교류해야 할까? 첫째는 낙관적인 사람과 왕래를 해야 한다. 둘째는 적극적으로 발전하며 노력하고 진취적인 사람, 셋째는 진실하고 용기있는 사람이다.
手机有什么好处呢？第一，拉近了人与人之间的距离，第二，可以提高工作效率，第三，通过它可以看电视、听音乐、玩儿游戏，甚至拍照。	휴대전화는 어떤 좋은 점이 있을까? 첫째, 사람과 사람 사이의 거리를 좁혀 주었다. 둘째, 업무 효율을 높여 주었다. 셋째, 휴대전화로 텔레비전을 보거나, 음악을 듣고, 게임을 하고, 심지어 사진까지 찍을 수 있다.

시크릿 기출 테스트

DAY 27

1.

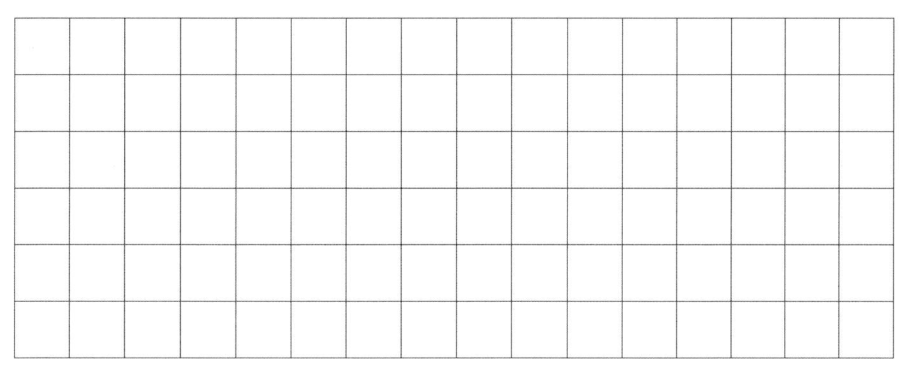

2.

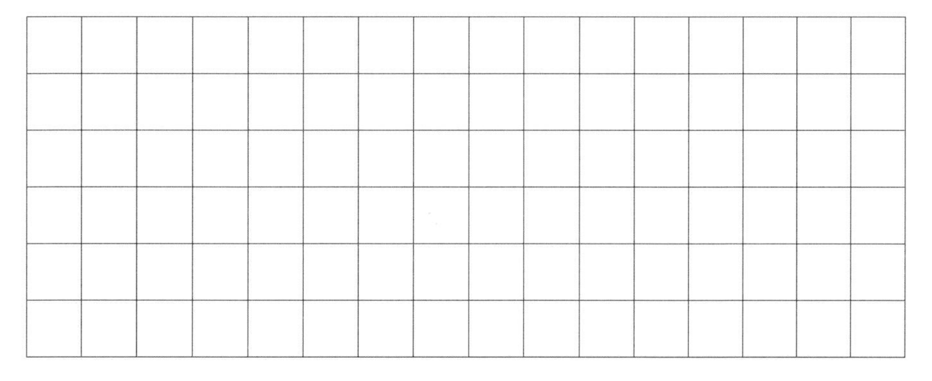

쓰기

3.

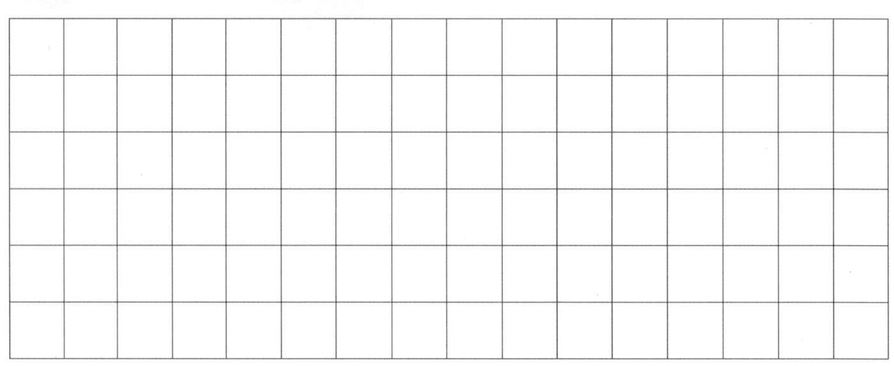

DAY 28

1.

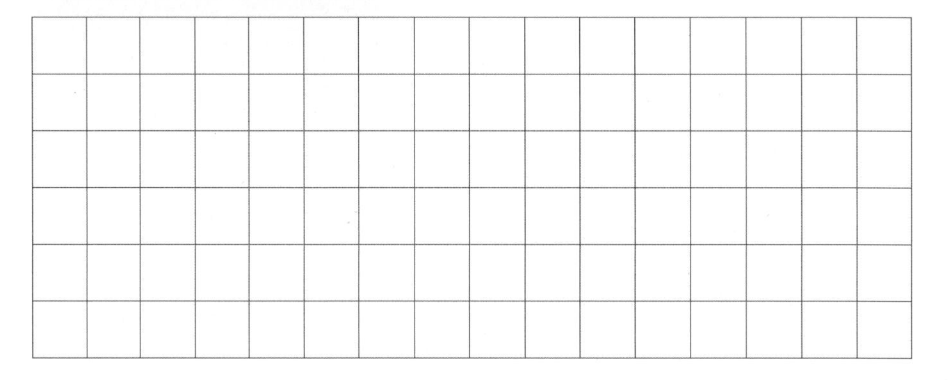

2. 

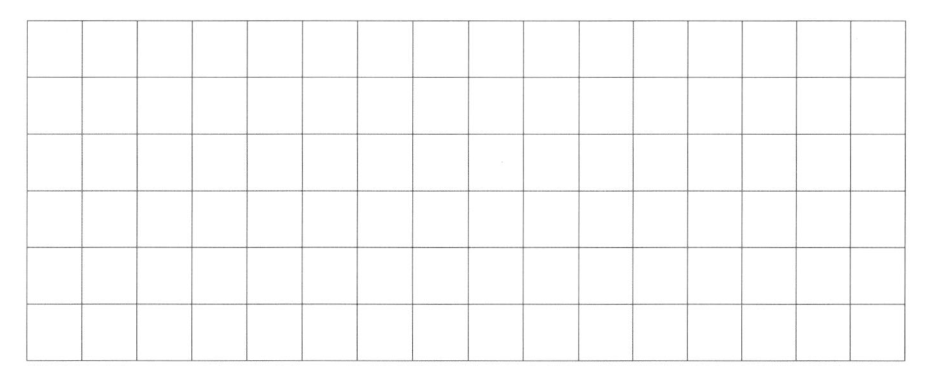

3. 

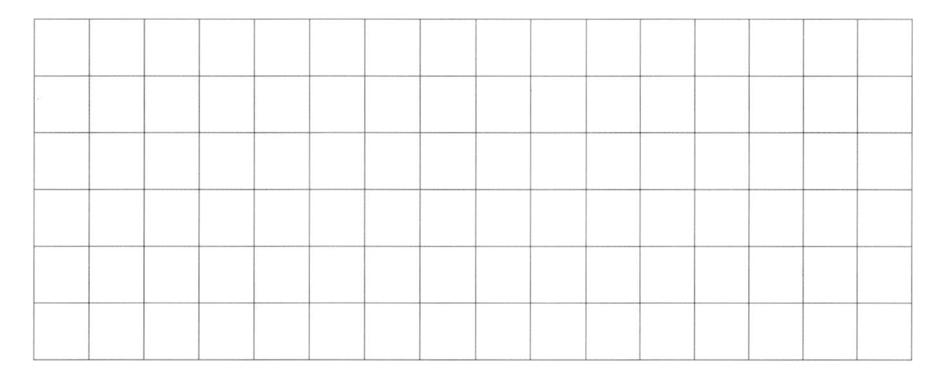

06 경고, 알림 표지 서술하기

기출문제에서 경고 · 알림 유형의 그림으로는 도로 표지판, 흡연 금지, 정숙, 낚시 금지 등이 출제되었다. 이러한 그림은 전달하는 메시지가 명확하기 때문에, 관련 주제를 서술할 자신이 없다면 어렵게 느껴질 수도 있으나, 표지판을 서술하는 기본 틀만 익히고 나면, 오히려 에피소드를 만들어 내는 것보다 더 쉽다고 느낄 수 있다. 이번 장에서는 표지판을 설명하는 방식과, 표지에서 전달하는 주제 관련 에피소드를 만들어 내는 방식을 배워 보고, 본인이 가장 자신 있는 방식을 찾아 작문에 자신감을 길러 본다.

쓰기 시크릿 백전백승

1 시작은 표지 문구로 하라!

경고나 알림 표지판이 그림으로 제시되면 그것의 의미를 다시 한 번 서술해 주는 것도 좋은 방법이다. 자주 사용되는 표현을 암기하여 작문할 때 활용해 보자. 표지의 의미는 무엇인지, 어디에서 이러한 표지를 볼 수 있는지를 쓰면 이미 20자 정도는 쉽게 써내려 갈 수 있게 된다.

2 왜? 라는 의문을 제기하라!

표지의 의미를 설명한 후, 왜 어떤 행동을 해야 하고, 어떤 행동은 해서는 안 되는지, 정당한 이유를 서술해 주는 것이 좋다. 자연스럽게 화제를 전환하기 위해서 가볍게 질문을 던지는 것도 좋다.

예 **为什么禁止游泳呢?** 왜 수영을 금지하는가?
为什么要禁止吸烟呢? 왜 흡연을 금지해야 하는가?
我们为什么要遵守交通规则呢? 우리는 왜 교통 규칙을 준수해야 하는가?

3 이유를 보충하라!

표지의 의미를 설명하고, 왜 그렇게 행동해야 하는지 질문했다면, 그에 걸맞는 보편타당한 이유를 보충한다. 이유를 보충할 때는 다음과 같은 표현을 사용해 보자.

예 **理由有如下两点。** 이유는 다음 2가지가 있다.
主要有以下几个原因。 주로 다음의 몇 가지 원인이 있다.

시크릿 확인학습

문제 1

문제 분석 1. 이유 보충하여 작문하기(모범 답안 1)
2. 에피소드 설정하여 작문하기(모범 답안 2)

해설 STEP 1 그림 파악하기
흡연 금지 표지

STEP 2 방법1: 이유 보충하기
- 흡연은 화재를 일으킬 수 있다 → 吸烟可能引起火灾
- 흡연은 자신의 건강에 영향을 준다 → 吸烟影响自己的健康
- 타인의 건강도 해칠 수 있다 → 影响他人的健康 / 对他人的健康有害

방법2: 에피소드 설정하기

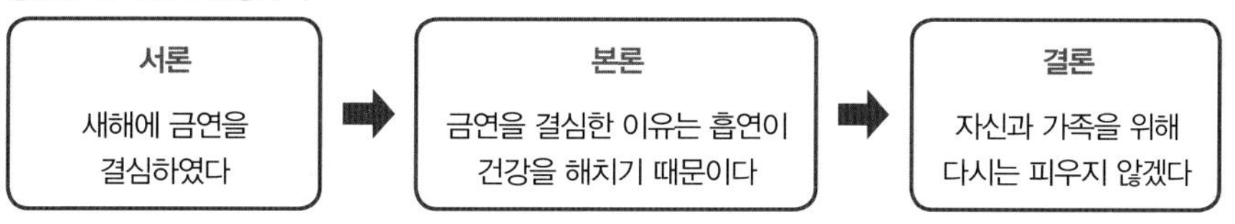

모범 답안 1 이유 보충 답안

		在	公	共	场	所	，	我	们	都	能	看	到	这	个
标	志	，	它	的	意	思	是	禁	止	吸	烟	。	为	什	么
要	禁	止	吸	烟	呢	？	首	先	，	吸	烟	可	能	引	起
火	灾	；	其	次	，	吸	烟	不	仅	影	响	自	己	的	健
康	，	而	且	影	响	他	人	的	健	康	。	为	了	自	己
和	他	人	，	请	不	要	在	公	共	场	所	吸	烟	。	

해석 공공장소에서 우리는 이 표지판을 볼 수 있다. 그 뜻은 흡연 금지다. 왜 흡연을 금지해야 할까? 먼저, 흡연은 화재를 일으킬 수 있다. 그다음에, 흡연은 자신의 건강에 영향을 미칠 뿐만 아니라, 다른 사람의 건강에도 영향을 준다. 자신과 타인을 위해서 공공장소에서는 흡연하지 말자.

단어 公共场所 gōnggòng chǎngsuǒ 명 공공장소 | 标志 biāozhì 명 표지 | 意思 yìsi 명 의미 | 禁止 jìnzhǐ 동 금지하다 | 吸烟 xīyān 동 흡연하다 | 首先 shǒuxiān 대 먼저, 첫째로 | 引起 yǐnqǐ 동 일으키다 | 火灾 huǒzāi 명 화재 | 其次 qícì 대 그 다음 | 不仅 bùjǐn 접 ~뿐만 아니라 | 影响 yǐngxiǎng 동 영향을 끼치다 | 健康 jiànkāng 명 건강 | 而且 érqiě 접 게다가 | 为了 wèile 전 ~을 위하여

모범 답안 2 에피소드 답안

		新	的	一	年	开	始	了	,	爸	爸	做	了	一	个
很	大	的	决	定	,	他	说	要	从	今	年	开	始	不	再
吸	烟	。	因	为	他	说	吸	烟	不	仅	对	自	己	的	健
康	不	好	,	而	且	会	对	家	人	的	健	康	造	成	更
大	的	伤	害	。	所	以	,	为	了	自	己	更	为	家	人,
爸	爸	下	定	决	心	不	再	吸	烟	。					

해석 새로운 한 해가 시작되었고, 아버지께서는 매우 큰 결정을 내리셨다. 아버지는 올해부터 다시는 담배를 피우지 않겠다고 말씀하신 것이다. 왜냐하면 아버지께서는 흡연이 자신의 건강에 좋지 않을 뿐만 아니라, 가족들의 건강에 더 큰 피해를 주기 때문이라고 말씀하셨다. 그래서 자신, 또 가족을 위해, 아버지는 다시는 담배를 피우지 않겠다고 결심하셨다.

단어 开始 kāishǐ 동 시작하다 | 决定 juédìng 동 결정하다 | 因为 yīnwèi 접 ~ 때문에 | 家人 jiārén 명 가족 | 造成 zàochéng 동 발생시키다 | 伤害 shānghài 동 손상시키다 | 所以 suǒyǐ 접 그래서 | 下 xià 동 (판단 · 결정을) 내리다 | 决心 juéxīn 명 결심

Tip 모범 답안 1은 이유를 보충하는 방법으로, 모범 답안 2는 에피소드 형식으로 제시하였다. 모범 답안을 참고하여 여러 가지 방법으로 반복 연습해 보자.

Tip 스스로 이야기를 구성하기가 어렵다면 모범 답안의 해석을 보고 중국어로 만드는 연습부터 시작한다. 한 문장이라도 스스로의 힘으로 써낼 수 있는 것이 중요하다.

표지 관련 표현

1 표지 문구(의미)

경고 · 알림 표지	의미
禁止拍照 jìnzhǐ pāizhào	사진 촬영 금지
禁止入内 jìnzhǐ rùnèi	출입 금지
禁止吸烟 jìnzhǐ xīyān	흡연 금지
禁止钓鱼 jìnzhǐ diàoyú	낚시 금지
禁止通行 jìnzhǐ tōngxíng	통행 금지
禁止停车 jìnzhǐ tíngchē	주차 금지
禁止使用手机 jìnzhǐ shǐyòng shǒujī	휴대전화 사용 금지
禁止吐痰 jìnzhǐ tǔtán	침 뱉는 것 금지
游人止步 yóurén zhǐbù	관람객 출입 금지
肃静 sùjìng	정숙(조용히 하세요)
油漆未干 yóuqī wèigān	페인트 주의(페인트가 아직 마르지 않았습니다)
违者罚款 wéizhě fákuǎn	위반자 벌금
请勿随地吐痰 qǐngwù suídì tǔtán	아무 데나 침을 뱉지 마세요
爱护树林，人人有责 àihù shùlín, rénrén yǒuzé	숲을 보호하는 것은 모두의 책임입니다

2 응용 표현

어떠한 표지인지 설명하면서 서두를 시작한다.

작문 예시	해석
这是一张禁止通行的图片。	이것은 통행을 금지하는 그림이다.
这个标志是禁止通行的一种交通标示。	이 표지는 통행을 금지한다는 일종의 교통 표시다.
这张图片的意思是禁止使用手机。	이 그림의 의미는 휴대전화 사용을 금지한다는 뜻이다.
这是禁止游泳的标志。	이것은 수영을 금지하는 표지다.
在公共场所，我们都能看到这个标志，它的意思是禁止吸烟。	공공장소에서 우리는 이러한 표지를 볼 수 있다. 그것의 의미는 흡연을 금지하는 것이다.
我们经常在图书馆、医院等公共场所看见这个标志，它告诉人们要保持安静。	우리는 도서관이나 병원 등의 공공장소에서 이 표지를 자주 볼 수 있는데, 그것은 조용히 해야함을 알려 준다.

DAY 29

1.

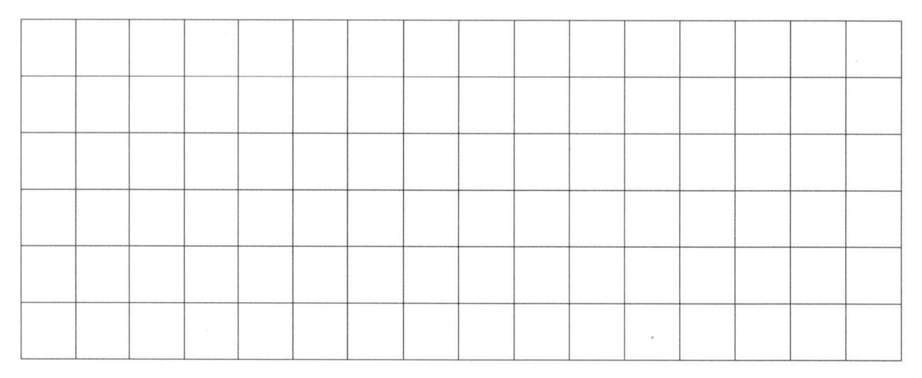

2.

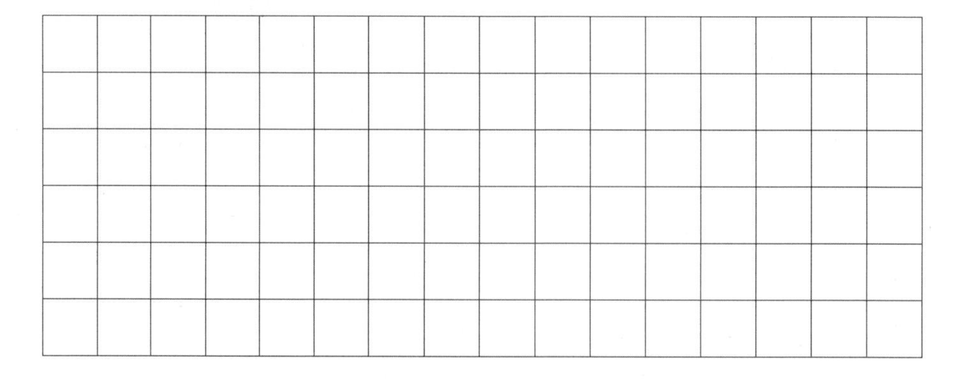

3.

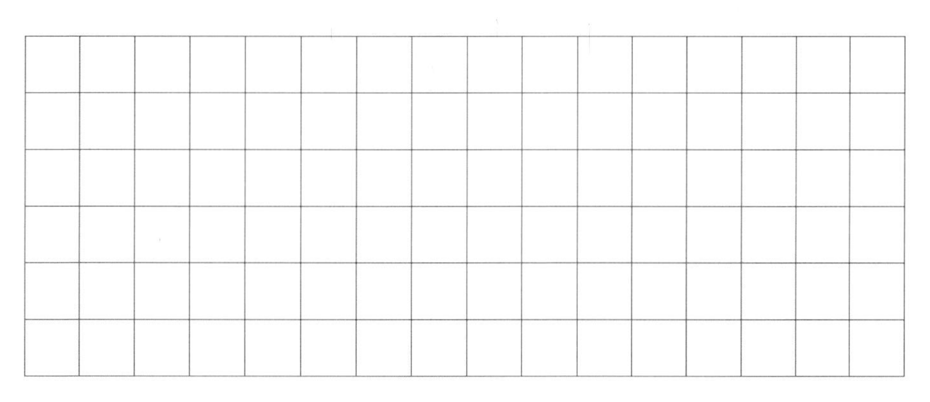

DAY 30

1.

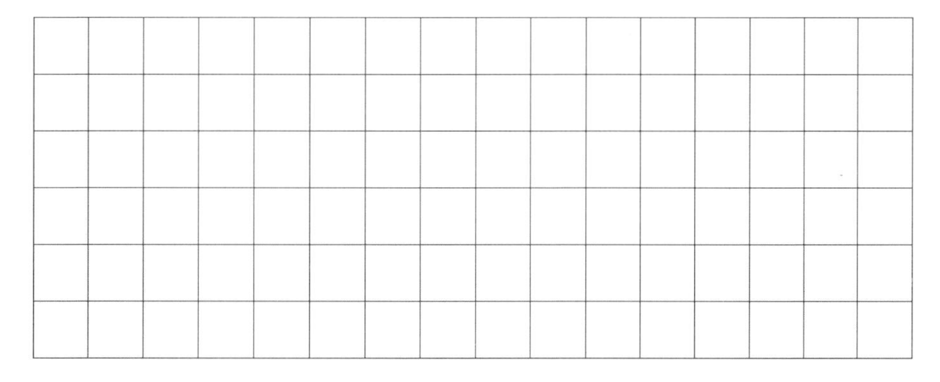

쓰기

2.

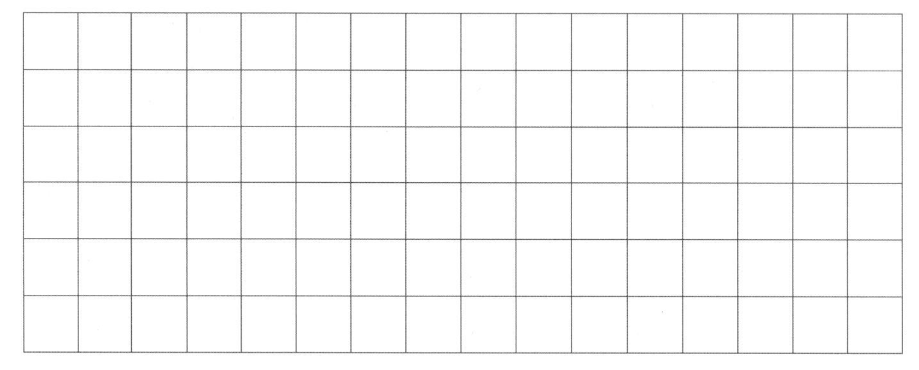

3.

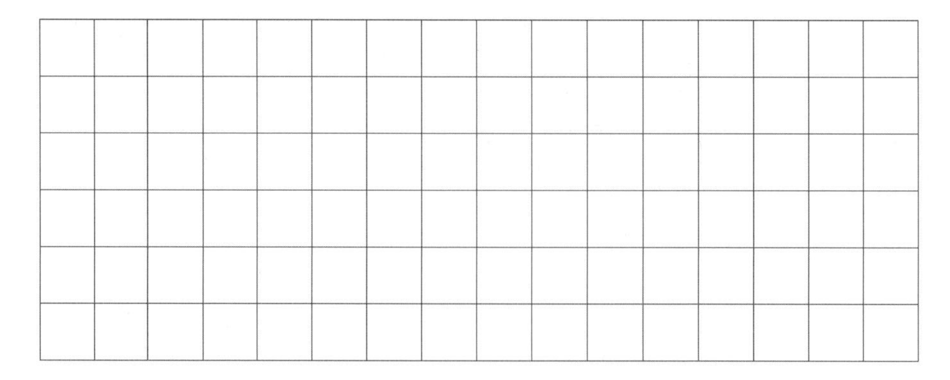

第一部分

第1-8题: 完成句子。

例如: 发表　　这篇论文　　什么时候　　是　　的

这篇论文是什么时候发表的?

1. 自信的　　松院长　　人　　是个　　相当

2. 营业部门　　我儿子　　工作　　在

3. 十分　　他说话的　　温柔　　语气

4. 取得了　　她　　很大的　　成果　　在这个方面

5. 女儿的　　到处　　书房里　　是各种各样的资料　　都

6. 平时　　姐姐　　油炸的　　很少吃　　食物

7. 花　　粉红色的　　有　　窗台上　　一朵

8. 出色　　那位　　非常　　表现　　主持人　　得

第二部分

第9-10题:写短文。

9. 请结合下列词语(要全部使用)，写一篇80字左右的短文。

   结婚、庆祝、愿望、感谢、开心

10. 请结合这张图片写一篇80字左右的短文。

感动日记

새롭게 알게 된 내용, 가장 중요한 핵심 내용, 학습 소감과 각오 등을 적어 보세요.

新HSK 5급 답안지 작성법

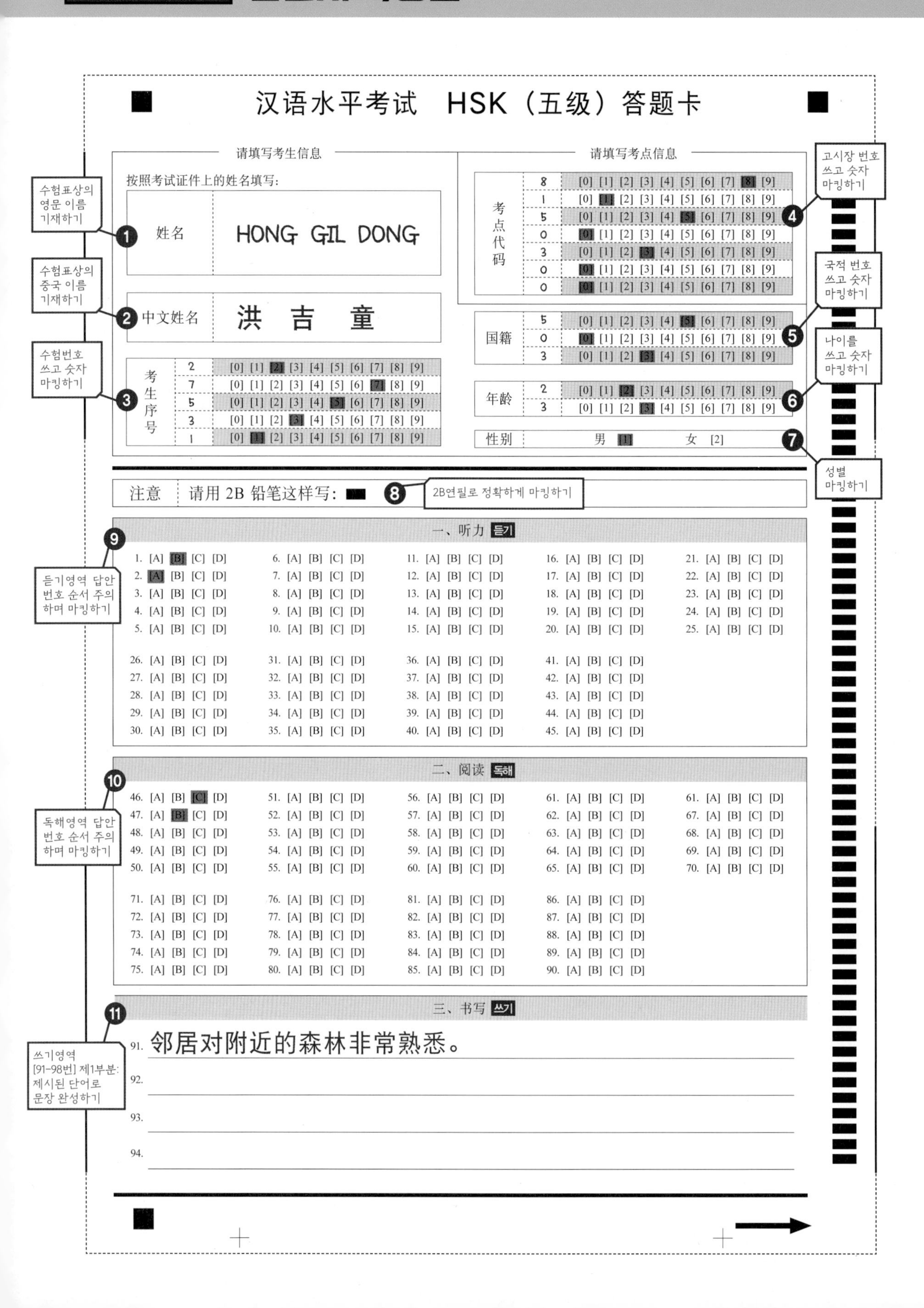

汉语水平考试 HSK（五级）答题卡

请填写考生信息

按照考试证件上的姓名填写：

姓名	HONG GIL DONG
中文姓名	洪 吉 童

考生序号		
	2	[0] [1] [2] [3] [4] [5] [6] [7] [8] [9]
	7	[0] [1] [2] [3] [4] [5] [6] [7] [8] [9]
	5	[0] [1] [2] [3] [4] [5] [6] [7] [8] [9]
	3	[0] [1] [2] [3] [4] [5] [6] [7] [8] [9]
	1	[0] [1] [2] [3] [4] [5] [6] [7] [8] [9]

请填写考点信息

考点代码		
	8	[0] [1] [2] [3] [4] [5] [6] [7] [8] [9]
	1	[0] [1] [2] [3] [4] [5] [6] [7] [8] [9]
	5	[0] [1] [2] [3] [4] [5] [6] [7] [8] [9]
	0	[0] [1] [2] [3] [4] [5] [6] [7] [8] [9]
	3	[0] [1] [2] [3] [4] [5] [6] [7] [8] [9]
	0	[0] [1] [2] [3] [4] [5] [6] [7] [8] [9]
	0	[0] [1] [2] [3] [4] [5] [6] [7] [8] [9]

国籍		
	5	[0] [1] [2] [3] [4] [5] [6] [7] [8] [9]
	0	[0] [1] [2] [3] [4] [5] [6] [7] [8] [9]
	3	[0] [1] [2] [3] [4] [5] [6] [7] [8] [9]

年龄		
	2	[0] [1] [2] [3] [4] [5] [6] [7] [8] [9]
	3	[0] [1] [2] [3] [4] [5] [6] [7] [8] [9]

性别	男 [1]	女 [2]

注意 请用 2B 铅笔这样写：▬

一、听力 듣기

1. [A] [B] [C] [D]
2. [A] [B] [C] [D]
3. [A] [B] [C] [D]
4. [A] [B] [C] [D]
5. [A] [B] [C] [D]
6. [A] [B] [C] [D]
7. [A] [B] [C] [D]
8. [A] [B] [C] [D]
9. [A] [B] [C] [D]
10. [A] [B] [C] [D]
11. [A] [B] [C] [D]
12. [A] [B] [C] [D]
13. [A] [B] [C] [D]
14. [A] [B] [C] [D]
15. [A] [B] [C] [D]
16. [A] [B] [C] [D]
17. [A] [B] [C] [D]
18. [A] [B] [C] [D]
19. [A] [B] [C] [D]
20. [A] [B] [C] [D]
21. [A] [B] [C] [D]
22. [A] [B] [C] [D]
23. [A] [B] [C] [D]
24. [A] [B] [C] [D]
25. [A] [B] [C] [D]
26. [A] [B] [C] [D]
27. [A] [B] [C] [D]
28. [A] [B] [C] [D]
29. [A] [B] [C] [D]
30. [A] [B] [C] [D]
31. [A] [B] [C] [D]
32. [A] [B] [C] [D]
33. [A] [B] [C] [D]
34. [A] [B] [C] [D]
35. [A] [B] [C] [D]
36. [A] [B] [C] [D]
37. [A] [B] [C] [D]
38. [A] [B] [C] [D]
39. [A] [B] [C] [D]
40. [A] [B] [C] [D]
41. [A] [B] [C] [D]
42. [A] [B] [C] [D]
43. [A] [B] [C] [D]
44. [A] [B] [C] [D]
45. [A] [B] [C] [D]

二、阅读 독해

46. [A] [B] [C] [D]
47. [A] [B] [C] [D]
48. [A] [B] [C] [D]
49. [A] [B] [C] [D]
50. [A] [B] [C] [D]
51. [A] [B] [C] [D]
52. [A] [B] [C] [D]
53. [A] [B] [C] [D]
54. [A] [B] [C] [D]
55. [A] [B] [C] [D]
56. [A] [B] [C] [D]
57. [A] [B] [C] [D]
58. [A] [B] [C] [D]
59. [A] [B] [C] [D]
60. [A] [B] [C] [D]
61. [A] [B] [C] [D]
62. [A] [B] [C] [D]
63. [A] [B] [C] [D]
64. [A] [B] [C] [D]
65. [A] [B] [C] [D]
61. [A] [B] [C] [D]
67. [A] [B] [C] [D]
68. [A] [B] [C] [D]
69. [A] [B] [C] [D]
70. [A] [B] [C] [D]
71. [A] [B] [C] [D]
72. [A] [B] [C] [D]
73. [A] [B] [C] [D]
74. [A] [B] [C] [D]
75. [A] [B] [C] [D]
76. [A] [B] [C] [D]
77. [A] [B] [C] [D]
78. [A] [B] [C] [D]
79. [A] [B] [C] [D]
80. [A] [B] [C] [D]
81. [A] [B] [C] [D]
82. [A] [B] [C] [D]
83. [A] [B] [C] [D]
84. [A] [B] [C] [D]
85. [A] [B] [C] [D]
86. [A] [B] [C] [D]
87. [A] [B] [C] [D]
88. [A] [B] [C] [D]
89. [A] [B] [C] [D]
90. [A] [B] [C] [D]

三、书写 쓰기

91. 邻居对附近的森林非常熟悉。

92.

93.

94.

95.

96.

97.

98.

12
쓰기영역
[99번] 제2부분: 제시된 단어 보고 작문하기
99.

我每次去学校都要经过一个不太大的广场。

13
쓰기영역
[100번] 제2부분: 제시된 사진 보고 작문하기
100.

我这两天有点着凉了。

国家汉办/孔子学院总部
Hanban/Confucius Institute Headquarters

新 汉 语 水 平 考 试
Chinese Proficiency Test

HSK（五级）成绩报告
HSK (Level 5) Examination Score Report

姓名：Name ____________________

性别：Gender ________ 国籍：Nationality ____________

考试时间：Examination Date ________ 年 Year ________ 月 Month ________ 日 Day

编号：No. ____________________

	满分（Full Score）	你的分数（Your Score）
听力（Listening）	100	
阅读（Reading）	100	
书写（Writing）	100	
总分（Total Score）	300	

总分180分为合格（Passing Score：180）

主 任 Director ____________ 国家汉办 Hanban

国家汉办 HANBAN

中国 · 北京
Beijing · China

정답

듣기 听力

제1·2부분 대화문

DAY 1	1. B	2. D	3. C	4. A
DAY 2	1. D	2. B	3. D	4. C
DAY 3	1. D	2. D	3. C	4. C
DAY 4	1. B	2. B	3. C	4. A
DAY 5	1. C	2. A	3. A	4. D
DAY 6	1. C	2. D	3. D	4. B
DAY 7	1. D	2. B	3. C	4. C
DAY 8	1. B	2. B	3. D	4. D
DAY 9	1. B	2. C	3. C	4. A
DAY 10	1. C	2. A	3. C	4. B
DAY 11	1. C	2. D	3. A	4. B
DAY 12	1. A	2. C	3. B	4. A
DAY 13	1. D	2. C	3. A	4. C
DAY 14	1. B	2. B	3. C	4. C
DAY 15	1. B	2. B	3. A	4. D
DAY 16	1. A	2. D	3. A	4. C
DAY 17	1. A	2. D	3. C	4. A
DAY 18	1. C	2. A	3. B	4. A
DAY 19	1. C	2. B	3. D	4. B
DAY 20	1. C	2. B	3. A	4. A

제2부분 서술형 단문

DAY 21	1. C	2. B	3. A
	4. C	5. A	6. D
DAY 22	1. B	2. C	3. B
	4. C	5. D	6. B
DAY 23	1. B	2. D	3. D
	4. B	5. C	6. D
DAY 24	1. A	2. C	3. B
	4. B	5. D	6. C
DAY 25	1. C	2. D	3. C
	4. C	5. B	6. A
DAY 26	1. B	2. D	3. D
	4. C	5. D	6. A
DAY 27	1. A	2. C	3. D
	4. B	5. C	6. A
DAY 28	1. A	2. B	3. C
	4. D	5. C	6. D
DAY 29	1. B	2. C	3. C
	4. D	5. C	6. B
DAY 30	1. D	2. B	3. B
	4. D	5. A	6. C

실전 모의고사

제1·2부분

1. B	2. C	3. C	4. D	5. A
6. B	7. D	8. C	9. B	10. A
11. C	12. A	13. D	14. C	15. A
16. B	17. A	18. B	19. C	20. C

제2부분

21. C	22. A	23. B	24. B	25. C
26. D	27. A	28. A	29. A	30. A
31. C	32. D	33. A	34. B	35. D
36. C	37. D	38. A	39. B	40. D
41. D	42. B	43. D	44. C	45. B

독해 阅读

제1부분 빈칸 채우기

DAY 1	1. C	2. A	3. D	4. B	5. B
	6. C	7. A			
DAY 2	1. A	2. B	3. D	4. D	5. A
	6. C	7. B			
DAY 3	1. A	2. D	3. B	4. B	5. A
	6. B	7. C	8. C		
DAY 4	1. A	2. C	3. B	4. C	5. B
	6. A	7. A	8. D		
DAY 5	1. A	2. D	3. B	4. D	5. B
	6. C	7. D	8. B		
DAY 6	1. B	2. A	3. B	4. A	5. D
	6. B	7. A			

DAY 7 1. D 2. C 3. C 4. A 5. B
6. B 7. C

DAY 8 1. A 2. B 3. C 4. B 5. D
6. B 7. C 8. D

DAY 9 1. A 2. B 3. B 4. C 5. B
6. D 7. B

DAY 10 1. B 2. D 3. A 4. B 5. A
6. C 7. D

제2부분 일치하는 내용 찾기

DAY 11 1. D 2. D 3. B 4. A
DAY 12 1. D 2. D 3. A 4. C
DAY 13 1. C 2. D 3. D 4. A
DAY 14 1. D 2. B 3. B 4. C
DAY 15 1. C 2. D 3. C 4. B
DAY 16 1. B 2. B 3. D 4. A
DAY 17 1. C 2. B 3. B 4. A
DAY 18 1. C 2. D 3. D 4. A
DAY 19 1. B 2. A 3. C 4. A
DAY 20 1. C 2. D 3. C 4. A

제3부분 장문 독해

DAY 21 1. D 2. C 3. A 4. C 5. B
6. C 7. D 8. D

DAY 22 1. B 2. B 3. C 4. B 5. C
6. C 7. D 8. A

DAY 23 1. C 2. B 3. D 4. A 5. D
6. D 7. C 8. A

DAY 24 1. C 2. B 3. A 4. C 5. B
6. C 7. C 8. C

DAY 25 1. A 2. B 3. C 4. C 5. D
6. D 7. A 8. C

DAY 26 1. D 2. C 3. D 4. A 5. B
6. C 7. D 8. C

DAY 27 1. D 2. A 3. B 4. A 5. C
6. C 7. B 8. B

DAY 28 1. B 2. C 3. B 4. D 5. C
6. B 7. A 8. B

DAY 29 1. D 2. A 3. C 4. D 5. B
6. A 7. C 8. B

DAY 30 1. A 2. D 3. B 4. C 5. A
6. C 7. D 8. A

실전 모의고사

제1부분
1. B 2. A 3. A 4. C 5. D
6. C 7. C 8. B 9. B 10. A
11. C 12. A 13. B 14. B 15. D

제2부분
16. C 17. C 18. B 19. A 20. B
21. C 22. A 23. B 24. B 25. B

제3부분
26. B 27. B 28. D 29. D 30. A
31. B 32. C 33. A 34. A 35. C
36. D 37. B 38. B 39. B 40. D
41. D 42. A 43. A 44. D 45. A

쓰기 书写

제1부분 어순 배열하기

DAY 1

1. 这幅作品反映了当地人的日常生活。
2. 那首诗表达了他对故乡的怀念。
3. 这次活动邀请了很受欢迎的明星。
4. 这段文章表明了作者的观点。
5. 这种游戏软件危害了青少年的心理健康。

DAY 2

1. 整个中文系的老师们都参加了他的婚礼。
2. 我提出的方案受到了经理的重视。
3. 合理的运动能帮助保持良好的心情。
4. 他的这段经历有很特殊的意义。
5. 保险柜的钥匙在左边的抽屉里。

DAY 3

1. 智能手机是一个十分伟大的发明。
2. 蜜蜂是一种对人类有益的昆虫。
3. 这是一种针对年轻人的手机游戏。
4. 他们夫妻度过了一段幸福的日子。
5. 昨天政府宣布了一个令人吃惊的消息。

DAY 4

1. 太湖流域是中国最大的丝绸产地。
2. 领导通过了我的辞职申请。
3. 互联网转变了人们的消费方式
4. 请你在下班之前关闭好所有的电子设备。
5. 医生给我说明了详细的医疗方案。

DAY 5

1. 瓶子上的生产日期有点儿模糊。
2. 他辞职的理由不太充分。
3. 该地区的环境条件极其艰苦。
4. 这座大楼的设计非常独特。
5. 这种流感的传播速度特别快。

DAY 6

1. 这次比赛的评分规则有点儿不公平。
2. 发音对学习外语特别重要。
3. 这些经验对年轻人十分宝贵。
4. 那两个演员配合得相当不错。
5. 货架上的衣服放得非常整齐。

DAY 7

1. 小李渐渐适应了这里的新生活。
2. 那个运动员再次打破了游泳世界纪录。
3. 我的丈夫一直承受着巨大的压力。
4. 他曾经担任过健身中心的教练。
5. 公司还没有安装好这台空调。

DAY 8

1. 他们想从事服务行业。
2. 我们都应该服从集体的规定。
3. 电脑在我们的生活中起着巨大的作用。
4. 很多老人正在广场上打太极拳。
5. 视频网站都对这件事进行了报道。

DAY 9

1. 姑姑的表情显得有些无奈。
2. 这些实验结果值得参考。
3. 工厂需要进口一批新设备。
4. 我儿子善于模仿动物的动作。
5. 女孩子都希望保持苗条的身材。

DAY 10

1. 政府打算增加科技方面的投入。
2. 教师要善于发现学生的优点。
3. 外汇业务需要本人亲自办理。
4. 领导表扬职员很能干。
5. 他们决定适当地延长训练时间。

DAY 11

1. 请你把手机调成无音模式。
2. 我们已经把这个学期的课程学完了。
3. 你别把宠物带进餐厅里了。
4. 父母总是把成年的儿女当成小孩子。
5. 他故意不把谜语的谜底告诉我。

DAY 12

1. 他根本没把你看作是自己的朋友。
2. 工人们的建议被公司采纳了。
3. 他被那所名牌大学录取了。
4. 靠窗户的桌子已经被别人预定了。
5. 他的研究成果终于被学术界承认了。

DAY 13

1. 妈妈将耳环锁在抽屉里了。
2. 请你将这个包裹亲手交给他。
3. 他们还没把旅行日程决定下来。
4. 我不小心把饮料洒在电脑键盘上了。
5. 我想重新把客厅装修一遍。

DAY 14

1. 他把节省下来的钱都存进银行里了。
2. 房屋一下子被暴雨冲走了。
3. 鲨鱼被人们认为是很危险的动物。
4. 飞往武汉的航班临时被取消了。
5. 手机里的信息全部被她删除了。

DAY 15

1. 那些新闻的真实性让人怀疑。
2. 领导的称赞使我充满了力量。
3. 她的行为让人觉得很温暖。
4. 班长让我把考卷收起来。
5. 博物馆的墙上挂着一幅有名的画。

DAY 16

1. 婚房的客厅里摆满了很多花儿。
2. 舞台下坐满了热情的观众。
3. 我想陪奶奶到外边透一下新鲜空气。
4. 她经常利用业余时间做摄影模特。
5. 兄弟姐妹轮流照顾生病的爷爷。

DAY 17

1. 我为这次论文答辩做好了充分的准备。/ 为这次论文答辩我做好了充分的准备。
2. 我得向老师打听一下考试的内容。
3. 运动员们想为祖国做出贡献。
4. 请大家准时在宿舍大厅里集合。
5. 请不要向人民公布这个结果。

DAY 18

1. 这次HSK考试居然没及格。
2. 我从来没有想过这个问题。
3. 那家房地产公司几个月前就已经破产了。
4. 各国科学家正在积极地开发新能源。
5. 老孙对明天的论文答辩非常有把握。

제2부분 단어, 그림 보고 작문하기

DAY 19

1.

모범 답안 1

		今	年	暑	假	我	和	家	人	一	起	去	中	国	旅
游	，	当	时	别	提	多	兴	奋	了	，	长	这	么	大	还
是	第	一	次	坐	飞	机	呢	。	那	儿	美	丽	的	风	景
给	我	留	下	了	深	刻	的	印	象	，	我	拍	了	很	多
照	片	做	纪	念	，	我	觉	得	今	年	暑	假	过	得	十
分	有	意	义	。											

모범 답안 2

		大	部	分	人	都	喜	欢	旅	游	，	我	也	一	样。
看	着	美	丽	的	风	景	，	心	里	就	很	愉	快	和	兴
奋	。	觉	得	压	力	大	的	时	候	，	也	可	以	出	来
旅	行	散	心	。	我	有	一	个	习	惯	，	就	是	每	到
一	个	地	方	都	会	买	那	里	的	纪	念	品	做	纪	念。

2.

모범 답안 1

		这	是	我	第	一	次	参	加	演	讲	比	赛	。	轮
到	我	上	台	的	时	候	，	非	常	紧	张	。	听	到	观
众	们	给	我	的	热	烈	掌	声	，	我	打	起	精	神	来。
就	像	是	平	时	练	习	一	样	，	一	字	不	差	地	演
讲	出	来	了	。	老	师	和	同	学	们	都	夸	我	表	现
得	特	别	好	。											

모범 답안 2

		今	天	学	校	举	办	了	一	年	一	次	的	英	语
演	讲	比	赛	，	连	一	年	级	的	学	生	也	参	加	了
比	赛	。	没	想	到	参	赛	的	学	生	个	个	都	表	现
得	很	出	色	。	我	在	台	上	一	点	儿	也	不	紧	张。
台	下	不	停	地	传	来	观	众	们	的	热	烈	掌	声	。

3.

모범 답안 1

		我	有	一	个	好	朋	友	，	他	的	性	格	特	别
好	。	我	们	一	直	相	处	得	都	很	愉	快	，	不	过
最	近	我	们	有	了	一	点	儿	矛	盾	。	我	们	都	认
为	自	己	没	有	错	，	不	愿	向	对	方	道	歉	。	有
时	候	往	往	很	难	说	出	"	对	不	起	"	这	句	话。

모범 답안 2

		我	们	一	家	人	一	直	相	处	得	都	很	愉	快。
之	所	以	从	来	没	有	发	生	过	矛	盾	，	我	觉	得
是	因	为	大	家	都	坚	持	自	己	的	事	情	自	己	做，
不	给	别	人	添	麻	烦	。	不	得	不	麻	烦	彼	此	时，
大	家	往	往	会	互	相	帮	忙	、	一	起	解	决	。	

DAY 20

1.

모범 답안 1

上大学时，我在一家便利店打工。虽然收入不高，但是对我的生活有很大帮助。刚开始的时候，我的动作太慢，因此常常被老板批评。后来慢慢儿熟练了以后，每天都会受到老板的表扬。

모범 답안 2

我上大学的时候，一边学习，一边打工。可是，出来打工可真不容易。想找一份收入高的工作吧，又没有技术；想找一份不需要技术的工作吧，老板又要熟练的人。因此，我觉得趁着年轻应该学习一门技术。

2.

모범 답안 1

一转眼在中国留学两年多了。刚开始因为不会说汉语，也没有朋友，一休息就自己呆在宿舍里，生活非常单调。后来我参加了学校组织的各种活动，认识了很多新朋友，他们给我留下了很深刻的印象。

모범 답안 2

去年我在中国留了一年学。刚到中国时，我连简单的话也不会说。学校担心留学生的生活太单调，只要有时间，就组织很多活动。半年以后，我的汉语越来越流利了。中国的留学生活给我留下了深刻的印象。

3.

모범 답안 1

我和男朋友谈了六年的恋爱了，他是一个很体贴的人。每当我遇到困难时，他都耐心地和我沟通，并且鼓励我，让我对任何事情都充满信心。下个月20号我们就要举行婚礼了，我相信我们一定会过得很幸福。

모범 답안 2

今天是姐姐的婚礼，很多亲戚朋友都来了。对姐姐来说，姐夫是非常重要的人，因为他很会和姐姐沟通。不管姐姐遇到什么困难，他都鼓励姐姐，让姐姐对生活充满信心。他一定会让姐姐生活幸福。

DAY 21

1.

모범 답안 1

我踢足球的时候不小心把腿弄伤了。医生说手术后想要更快恢复健康，一定要按照医生制定的作息时间生活。要多补充营养，适当的运动也是必要的。要不然恢复的速度可能很慢。

모범 답안 2

我很喜欢跳舞。前几天跳舞时骨折了。医生说不用做手术。只要按照医生的要求运动，多吃点儿有营养的东西，很快就会恢复。不过今后一定要小心，要不然会复发。

2.

모범 답안 1

最近我的身材越来越胖。为了苗条的身材，我从上个月开始去健身房健身，晚上7点以后不吃东西。虽然只是一个月，但是感觉轻松多了。我想继续坚持下去的话，效果一定会很不错。

모범 답안 2

为了保持苗条的身材，我每天放学后都去健身房健身，已经坚持了一年了。我觉得自己很了不起。以前试过很多种运动，但是都没有这次的效果好。运动后感觉很轻松。我建议你也抽时间来健身吧。

3.

모범 답안 1

今天是我和爱人结婚一周年纪念日。我想了很久怎样能让她感动。我偷偷地预订了一家餐厅，那家餐厅是我向爱人求婚的地方。我准备了一个名牌包，希望能给她一个惊喜。

모범 답안 2

结婚后，我的爱人和我一起经营了这家餐厅，已经十年了。这段时间我们很辛苦，结婚纪念日也忘记庆祝了。这次我想为她准备蛋糕和礼物，想给她一个惊喜，也要表达我对她的感谢。

DAY 22

1.

모범 답안 1

他是我最喜欢的歌手。我真的好不容易买到了这次演唱会的门票。今天的演唱会举办得非常成功。今天不管排队排多长时间，我都要跟他拍照。一想到能亲眼看见我的偶像，就别提多激动了。

모범 답안 2

今天来演唱会的人真多。演唱会结束后，来自世界各地的粉丝排队等待和歌手拍照留念。其中一位粉丝和歌手握手时还激动得都哭了。看来她真的非常喜欢这位歌手。

2.

모범 답안 1

最近我很想买一条牛仔裤，所以周末跟朋友一起去百货商店购物。售货员推荐了一条白色的牛仔裤，朋友说我穿着很合适，显得我身材特别好。虽然价格有点儿贵，可是我还是把它买下来了。

모범 답안 2

上个周末，我跟姐姐一起去购物。姐姐想买一条牛仔裤，可是不知道哪条更适合自己。售货员推荐了一条，姐姐试了试，觉得很合适，就买了那条牛仔裤。姐姐的身材非常好，怎么吃也不胖，很多人都羡慕她。

3.

모범 답안 1

朋友们最近帮了我很多忙，为了表示感谢，我打算请他们吃饭。可大家都不知道该去哪儿吃。听说公司附近新开的海鲜饭馆味道不错，干脆去那儿算了。没想到吃饭时公司临时有事，我只好先买单离开了。

모범 답안 2

今天是朋友的生日，可是不知道买什么礼物，干脆请他吃海鲜算了。谁知道公司临时加班，我只好让朋友等我。吃晚饭买单的时候，我多给了20块，没想到服务员还给我了，非常感谢他。

DAY 23

1.

모범 답안 1

我的父亲为了养活我们一家人，辛苦了一辈子。上个月他退休了，现在也该享受自己的生活了。我希望他多出去旅游，做点儿自己感兴趣的事情。我希望父亲永远开心、健康。

모범 답안 2

父亲退休后有一段时间健康不太好，于是他开始爬山。周末我也常陪父亲一起爬山。虽然开始有点儿辛苦，但是当你爬到山顶，享受美丽的大自然风光时，就会觉得所有的辛苦都是值得的。

2.

모범 답안 1

马上就要毕业了，我也来参加招聘会。要招人的公司很多，就是没有适合我的工作。我喜欢的工作要么和专业不符合，要么学历不够。而且他们要求要有工作经验的人。我该怎么办？

모범 답안 2

昨天在网上看到一条招聘广告。要求大专以上学历，中文专业毕业生。大二时我在免税店实习过，这也算有工作经验了吧。全部都和我的条件相符，所以我把简历发过去了。

3.

모범 답안 1

有一次我看到了漂亮的姑娘在弹钢琴，一下子把我吸引住了。她弹琴弹得特别好，一定练了很长时间了。从那以后，我用业余时间学弹钢琴，一直坚持了5年。现在很熟练了。

모범 답안 2

有一天早上我被邻居的钢琴声吸引了。因为当时我没有什么特别的业余爱好，所以决定要学弹钢琴。刚开始的时候很难，但慢慢儿地就熟练了。我觉得无论学什么，最重要的是要坚持。

DAY 24

1.

모범 답안 1

昨天晚上下了一场大雪，所以今天路上堵车堵得厉害。我等车等了二十分钟左右，公共汽车才来。没想到去学校的路上，车突然坏了，所以浪费了半个小时，结果到学校的时候迟到了，我被老师批评了。

모범 답안 2

我今天第一天上班，因为不想迟到，所以很早就出门了。没想到路上堵车堵得非常厉害，原来昨天晚上下雪了。我也没有别的办法，只好慢慢开。我居然在路上浪费了一个小时，不如坐地铁上班了。

2.

모범 답안 1

因为工作压力的原因，我的健康状况越来越差。为了放松一下，我开始抽时间参加体育锻炼，并时刻告诉自己要满足现在的生活。没想到不仅健康状态好了，连工作效率也提高了。现在我真的很满足。

모범 답안 2

我常常对自己的生活不满足，所以压力比较大。医生让我每天锻炼身体，有时间的话就出去旅游，这样不仅可以放松放松，而且对自己的健康很好。没想到这个方法这么有效，你也试试吧。

3.

모범 답안 1

人们的生活越来越方便，生活垃圾也随着增加了许多。而目前这些垃圾对环境已经造成了严重的污染。为了保护我们的环境，每个人都应该努力减少生活垃圾，避免环境被进一步地污染。

모범 답안 2

随着社会的发展，环境污染越来越严重了。就拿昨天来说吧，我看见一个小孩子把垃圾扔到地上。我批评了他，可是他觉得很委屈。我告诉他，乱扔垃圾会污染环境，我们每一个人都应该尽量保护环境，避免污染环境。

DAY 25

1.

모범 답안 1

随着生活水平的提高，很多人开始健身。健身有什么好处呢？一来，运动可以让身体更健康；二来，可以提高免疫力；三来，可以消除工作中的压力；最后，健身运动可以让我们有好的心情。

모범 답안 2

最近工作很累，感觉自己体力越来越不好，所以我决定开始健身。健身看起来不怎么难，做起来不容易。我去了一家健身房，健身老师不但很认真，而且很帅。为了有一个好身体，我希望能一直坚持下去。

2.

모범 답안 1

随着科技的发展，我们每天都离不开手机。那么手机有哪些好处呢？首先，可以上网查资料；其次，可以随时随地跟朋友聊天；最后，用手机可以转账和结账。可见，手机已经是我们生活中重要的一部分。

모범 답안 2

我今天一回到家就坐在沙发上玩手机游戏。这时候，妈妈进来看到了。她非常生气地对我说如果我一直玩手机，那么她就要把我的手机拿走。我一整天都在学校学习特别累，只是想休息一下。妈妈真不理解年轻人。

3.

모범 답안 1

图片中的女人正在喝咖啡，最近咖啡受到很多女人的欢迎。原因有哪些呢？第一，喝咖啡对消化有帮助；第二，喝咖啡有提神的作用；第三，喝咖啡是一种时尚。所以很多女人越来越离不开咖啡。

모범 답안 2

在所有的饮品中，我最喜欢咖啡，一天大概要喝三杯咖啡。每天我的早餐是一杯咖啡加上一些面包。每天午饭以后，我常常喝一杯咖啡，感觉舒服极了。咖啡还有提神的作用，加班的时候喝一杯，就不觉得困了。

DAY 26

1.

모범 답안 1

图片里的男人和女人正在坐地铁。坐地铁有哪些好处呢？一来，最近常常堵车，可是坐地铁的话，没有这样的烦恼，一般会准时到达；二来，坐地铁的时候可以读书或者听音乐。下次出门的时候，你也坐地铁吧。

모범 답안 2

每天上下班，我都坐地铁，可是地铁很不方便。因为地铁站不仅离家很远，而且上下班高峰期的时候，地铁里的人太多了，挤得要死。如果有钱的话，我真想快点儿买一辆车，再也不想坐地铁上班了。

2.

모범 답안 1

图片中的两个人一边看报纸一边聊天儿。读报纸有哪些好处呢？一来，可以获得新信息；二来，可以了解国家大事；三来，自己喜欢的内容可以保存起来，以后也可以看。所以，我们最好养成读报纸的习惯。

모범 답안 2

我和男朋友的爱好相同，那就是看报纸。每当我们在图书馆学习的时候，如果太累了，就在图书馆外面一边看报纸一边聊天。通过报纸，我们不但了解了很多外面的事情，而且也增进了相互的了解。

3.

모범 답안 1

随着科技的发展，扫地机也走进了人们的生活，它的出现给我们带来了哪些便利呢？首先，减轻了打扫的负担；其次，节省了我们打扫的时间；最后，让我们的生活变得更有效率。可见，扫地机可以提高我们的生活质量。

모범 답안 2

过几天是妈妈的生日。我一直在想应该送她什么礼物才好。看着妈妈每天在家做家务，觉得她真辛苦。我最近在咖啡店打工存了一些钱。我想给妈妈买一个扫地机，减轻妈妈的负担。虽然价格有点儿贵，但是我觉得很值得。

DAY 27

1.

모범 답안 1

今天我终于毕业了。毕业典礼的时候，我有很多感想。第一，不用再学习了很轻松，第二，舍不得离开朋友，第三，要找好工作有心理负担。我觉得毕业不是结束，而是一个新的开始。大家加油吧！

모범 답안 2

我今天毕业，爸爸妈妈送给我一束花，还跟我拍了很多照片。在大学里，我很努力学习，参加了很多活动，认识了很多朋友，这让我有很多美好的回忆。虽然今天毕业了，但是我不会忘记我的大学生活。

2.

모범 답안 1

图片上的男人可能在等什么人。对每个人来说，时间都是非常重要的。首先，遵守时间是对别人的礼貌；其次，我们不能浪费别人的时间；最后，不遵守时间的话，信用度会降低。如果跟别人约好了时间，应该准时到。

모범 답안 2

今天是朋友的生日，晚上跟他约好一起吃饭。可是等了30分钟了，他也没来。给他打电话也不接，不知道发生了什么事情，真是让人着急。本来吃完饭我还有别的约会，现在怎么办才好呢？

3.

모범 답안 1

昨天我在公司有一个重要的发表，准备了整整一个月。发表结束后大家都为我鼓掌。虽然这些工作都很辛苦，但是在过程中学到了很多东西。我觉得做得好不好不重要，只要努力做了，那么这些经验都会让自己成长。

모범 답안 2

今天我有一个公开面试，这是为了选拔去中国学习的交换生。参加面试的人很多，开始时我很紧张，不知道要说什么。到后来我慢慢放松了，然后认真地回答了问题。他们觉得我回答得非常好，就给我鼓掌，我很高兴。

DAY 28

1.

모범 답안 1

礼物是在节日里朋友之间相互送的东西，表达了人和人之间最美好的心意。对于礼物，很多人并不在乎贵贱，看重的是礼物中所包含的情感价值，因为礼物传达了对他人最真诚的祝福。

모범 답안 2

明天是妈妈的生日，今天下班以后，我去百货商店给她买了一个礼。妈妈总觉得百货商店的衣服太贵了，一直舍不得买。我为了给买一个贵的礼物，每天辛苦地工作，希望她能喜欢我送的礼物。

2.

모범 답안 1

		女	人	非	常	喜	欢	浪	漫	，	所	以	她	们	希
望	男	人	求	婚	的	时	候	也	很	浪	漫	。	为	了	满
足	女	人	的	需	求	，	男	人	常	常	要	花	很	多	心
思	。	最	近	网	上	流	行	很	多	种	求	婚	的	方	式，
不	管	方	式	怎	么	变	，	两	个	人	真	心	相	爱	是
最	重	要	的	。											

모범 답안 2

		对	我	来	说	，	昨	天	是	很	重	要	的	日	子。
因	为	昨	天	不	仅	是	我	的	生	日	，	而	且	是	男
朋	友	向	我	求	婚	的	日	子	。	我	和	男	朋	友	谈
了	五	年	恋	爱	了	，	昨	天	他	把	戒	指	拿	出	来，
希	望	我	能	答	应	他	的	求	婚	，	我	觉	得	自	己
是	最	幸	福	的	女	人	。								

3.

모범 답안 1

		图	片	中	的	男	人	和	女	人	正	在	喝	水	。
水	对	我	们	的	健	康	是	非	常	重	要	的	。	首	先，
补	充	人	体	必	需	的	水	分	；	其	次	，	水	可	以
帮	我	们	把	身	体	里	的	垃	圾	排	到	体	外	；	最
后	，	对	皮	肤	有	好	处	。	所	以	，	我	们	平	时
一	定	要	多	喝	水	。									

모범 답안 2

		我	昨	天	晚	上	喝	了	一	点	儿	酒	，	所	以
今	天	早	晨	渴	得	要	命	。	没	想	到	去	喝	水	的
时	候	，	遇	到	了	以	前	的	同	事	，	跟	他	聊	了
一	会	儿	。	他	告	诉	我	，	下	个	月	他	就	要	结
婚	了	，	希	望	我	能	去	参	加	他	的	婚	礼	。	我
真	为	他	高	兴	。										

DAY 29

1.

모범 답안 1

		这	是	禁	止	钓	鱼	的	标	志	。	为	什	么	要
禁	止	钓	鱼	呢	？	主	要	有	以	下	几	个	原	因	。
首	先	，	如	果	不	小	心	掉	进	河	里	，	会	很	危
险	；	第	二	，	会	破	坏	周	边	环	境	；	第	三	，
我	们	要	保	护	河	水	里	的	鱼	。	所	以	为	了	安
全	，	请	不	要	去	有	这	个	标	志	的	河	边	钓	鱼。

모범 답안 2

		今	天	是	周	末	，	我	和	朋	友	一	起	去	钓
鱼	。	我	们	来	到	了	河	边	，	没	有	看	到	禁	止
钓	鱼	的	标	志	，	于	是	我	们	坐	下	来	开	始	钓
鱼	。	这	时	一	位	管	理	员	过	来	说	这	里	是	环
境	保	护	区	域	，	让	我	们	马	上	离	开	。	我	们
知	道	了	自	己	不	对	，	向	管	理	员	道	了	个	歉，
然	后	离	开	了	。										

2.

모범 답안 1

		这	张	图	片	的	意	思	是	禁	止	使	用	手	机。
随	着	科	学	的	发	展	，	现	在	几	乎	人	人	都	有
手	机	。	手	机	虽	然	给	生	活	带	来	了	方	便	，
但	是	当	你	在	公	共	场	所	使	用	的	时	候	，	可
能	会	打	扰	别	人	的	工	作	和	休	息	。	所	以	，
使	用	手	机	时	一	定	要	注	意	不	要	影	响	他	人。

모범 답안 2

		最	近	工	作	很	辛	苦	，	昨	天	下	班	坐	地
铁	回	家	的	时	候	本	来	想	好	好	休	息	一	下	，
可	是	旁	边	的	人	一	直	打	电	话	，	而	且	声	音
很	大	。	车	上	明	明	有	禁	止	使	用	手	机	的	标
志	，	真	是	让	人	生	气	。	如	果	在	公	共	场	所
用	手	机	，	请	尽	量	小	声	一	点	儿	。			

3.

모범 답안 1

		我	们	经	常	在	图	书	馆	、	医	院	等	公	共
场	所	看	见	这	个	标	志	，	它	告	诉	人	们	要	保
持	安	静	。	首	先	，	在	公	共	场	所	大	声	说	话
可	能	会	影	响	别	人	的	工	作	；	其	次	，	你	可
能	打	扰	别	人	休	息	。	所	以	，	请	大	家	在	公
共	场	所	一	定	要	保	持	安	静	。					

모범 답안 2

		昨	天	，	老	师	带	我	们	去	电	影	院	看	电
影	，	我	们	高	兴	极	了	。	到	了	电	影	院	，	我
们	又	跟	同	学	玩	，	又	跑	来	跑	去	。	这	时	老
师	指	了	指	这	个	标	志	，	告	诉	我	们	它	的	意
思	是	保	持	安	静	，	而	且	我	们	在	公	共	场	所
不	可	以	影	响	别	人	。								

1.

모범 답안 1

我们常常可以看到这个标志，它的意思是不要乱扔垃圾。为什么不能乱扔垃圾呢？第一，随便乱扔垃圾会破坏地球环境；第二，会有卫生问题;第三，对别人有不好的影响。所以我们一定不能随便乱扔垃圾。

모범 답안 2

在生活中，有一些人喜欢乱扔垃圾。他们觉得扔垃圾是自己的事情，可以随便扔。因为这样的人，很多小区里安装了摄像头。随便乱扔垃圾不仅破坏环境，而且给他人带来不便，应该坚决禁止。

2.

모범 답안 1

在有的旅游景点，我们会看到这个标志。它的意思是禁止拍照。为什么要禁止拍照呢？第一，闪光灯的光线对文物会造成伤害。第二，拍照的行为会影响别人参观。所以我们一定要注意，在禁止拍照的地方不要拍照。

모범 답안 2

这个周末我去了一所博物馆。在那里看到了一副很漂亮的画儿，我就用手机拍照了。可是我没有看到禁止拍照的标志。工作人员过来告诉我，手机的光对展示品不好，我觉得非常不好意思。

3.

모범 답안 1

这是一张禁止通行的图片。我们每个人都要遵守交通规则，理由有如下两点：首先，遵守交通规则可以减少交通事故的发生，保证自己和他人的生命安全；其次，如果遵守交通规则，彼此之间都会变得很方便。

모범 답안 2

上个周末，我和家人开车出去玩儿。车开着开着突然停了，我们都吓了一跳。原来对方没有看到前面禁止通行的标志，突然开过来，所以差点发生了交通事故。不管是谁，都要遵守交通规则。

실전 모의고사

제1부분

1. 松院长是个相当自信的人。
2. 我儿子在营业部门工作。
3. 他说话的语气十分温柔。
4. 她在这个方面取得了很大的成果。
5. 女儿的书房里到处都是各种各样的资料。
6. 姐姐平时很少吃油炸的食物。
7. 窗台上有一朵粉红色的花。
8. 那位主持人表现得非常出色。

제2부분

9.

今天是姐姐结婚的日子，家人都开心极了。为了庆祝这个重要的日子,很多亲戚和朋友都来参加了婚礼。现在，爸爸和妈妈最大的愿望就是姐姐以后的生活幸福。在婚礼上，姐姐感谢大家来参加他们的婚礼。

10.

我很喜欢钢琴这种乐器。小时候,我被钢琴美丽的声音吸引了。所以我利用业余时间学习弹钢琴，已经学了差不多10年了。虽然练习很难，但是我还是坚持下来了。现在我弹钢琴弹得非常熟练，打算明年举办音乐会。

汉语水平考试 HSK（五级）答题卡

请填写考生信息

按照考试证件上的姓名填写：

姓名	

中文姓名	

考生序号	
	[0] [1] [2] [3] [4] [5] [6] [7] [8] [9]
	[0] [1] [2] [3] [4] [5] [6] [7] [8] [9]
	[0] [1] [2] [3] [4] [5] [6] [7] [8] [9]
	[0] [1] [2] [3] [4] [5] [6] [7] [8] [9]
	[0] [1] [2] [3] [4] [5] [6] [7] [8] [9]

请填写考点信息

考点代码	
	[0] [1] [2] [3] [4] [5] [6] [7] [8] [9]
	[0] [1] [2] [3] [4] [5] [6] [7] [8] [9]
	[0] [1] [2] [3] [4] [5] [6] [7] [8] [9]
	[0] [1] [2] [3] [4] [5] [6] [7] [8] [9]
	[0] [1] [2] [3] [4] [5] [6] [7] [8] [9]
	[0] [1] [2] [3] [4] [5] [6] [7] [8] [9]
	[0] [1] [2] [3] [4] [5] [6] [7] [8] [9]

国籍	
	[0] [1] [2] [3] [4] [5] [6] [7] [8] [9]
	[0] [1] [2] [3] [4] [5] [6] [7] [8] [9]
	[0] [1] [2] [3] [4] [5] [6] [7] [8] [9]

年龄	
	[0] [1] [2] [3] [4] [5] [6] [7] [8] [9]
	[0] [1] [2] [3] [4] [5] [6] [7] [8] [9]

性别	男 [1]	女 [2]

注意 请用 2B 铅笔这样写：■

一、听力

1. [A] [B] [C] [D]	6. [A] [B] [C] [D]	11. [A] [B] [C] [D]	16. [A] [B] [C] [D]	21. [A] [B] [C] [D]
2. [A] [B] [C] [D]	7. [A] [B] [C] [D]	12. [A] [B] [C] [D]	17. [A] [B] [C] [D]	22. [A] [B] [C] [D]
3. [A] [B] [C] [D]	8. [A] [B] [C] [D]	13. [A] [B] [C] [D]	18. [A] [B] [C] [D]	23. [A] [B] [C] [D]
4. [A] [B] [C] [D]	9. [A] [B] [C] [D]	14. [A] [B] [C] [D]	19. [A] [B] [C] [D]	24. [A] [B] [C] [D]
5. [A] [B] [C] [D]	10. [A] [B] [C] [D]	15. [A] [B] [C] [D]	20. [A] [B] [C] [D]	25. [A] [B] [C] [D]
26. [A] [B] [C] [D]	31. [A] [B] [C] [D]	36. [A] [B] [C] [D]	41. [A] [B] [C] [D]	
27. [A] [B] [C] [D]	32. [A] [B] [C] [D]	37. [A] [B] [C] [D]	42. [A] [B] [C] [D]	
28. [A] [B] [C] [D]	33. [A] [B] [C] [D]	38. [A] [B] [C] [D]	43. [A] [B] [C] [D]	
29. [A] [B] [C] [D]	34. [A] [B] [C] [D]	39. [A] [B] [C] [D]	44. [A] [B] [C] [D]	
30. [A] [B] [C] [D]	35. [A] [B] [C] [D]	40. [A] [B] [C] [D]	45. [A] [B] [C] [D]	

二、阅读

46. [A] [B] [C] [D]	51. [A] [B] [C] [D]	56. [A] [B] [C] [D]	61. [A] [B] [C] [D]	61. [A] [B] [C] [D]
47. [A] [B] [C] [D]	52. [A] [B] [C] [D]	57. [A] [B] [C] [D]	62. [A] [B] [C] [D]	67. [A] [B] [C] [D]
48. [A] [B] [C] [D]	53. [A] [B] [C] [D]	58. [A] [B] [C] [D]	63. [A] [B] [C] [D]	68. [A] [B] [C] [D]
49. [A] [B] [C] [D]	54. [A] [B] [C] [D]	59. [A] [B] [C] [D]	64. [A] [B] [C] [D]	69. [A] [B] [C] [D]
50. [A] [B] [C] [D]	55. [A] [B] [C] [D]	60. [A] [B] [C] [D]	65. [A] [B] [C] [D]	70. [A] [B] [C] [D]
71. [A] [B] [C] [D]	76. [A] [B] [C] [D]	81. [A] [B] [C] [D]	86. [A] [B] [C] [D]	
72. [A] [B] [C] [D]	77. [A] [B] [C] [D]	82. [A] [B] [C] [D]	87. [A] [B] [C] [D]	
73. [A] [B] [C] [D]	78. [A] [B] [C] [D]	83. [A] [B] [C] [D]	88. [A] [B] [C] [D]	
74. [A] [B] [C] [D]	79. [A] [B] [C] [D]	84. [A] [B] [C] [D]	89. [A] [B] [C] [D]	
75. [A] [B] [C] [D]	80. [A] [B] [C] [D]	85. [A] [B] [C] [D]	90. [A] [B] [C] [D]	

三、书写

91. ______________________________

92. ______________________________

93. ______________________________

94. ______________________________

95.

96.

97.

98.

99.

100.

汉语水平考试 HSK（五级）答题卡

请填写考生信息

按照考试证件上的姓名填写：

姓名	

中文姓名	

考生序号	
	[0] [1] [2] [3] [4] [5] [6] [7] [8] [9]
	[0] [1] [2] [3] [4] [5] [6] [7] [8] [9]
	[0] [1] [2] [3] [4] [5] [6] [7] [8] [9]
	[0] [1] [2] [3] [4] [5] [6] [7] [8] [9]
	[0] [1] [2] [3] [4] [5] [6] [7] [8] [9]

请填写考点信息

考点代码	
	[0] [1] [2] [3] [4] [5] [6] [7] [8] [9]
	[0] [1] [2] [3] [4] [5] [6] [7] [8] [9]
	[0] [1] [2] [3] [4] [5] [6] [7] [8] [9]
	[0] [1] [2] [3] [4] [5] [6] [7] [8] [9]
	[0] [1] [2] [3] [4] [5] [6] [7] [8] [9]
	[0] [1] [2] [3] [4] [5] [6] [7] [8] [9]
	[0] [1] [2] [3] [4] [5] [6] [7] [8] [9]

国籍	
	[0] [1] [2] [3] [4] [5] [6] [7] [8] [9]
	[0] [1] [2] [3] [4] [5] [6] [7] [8] [9]
	[0] [1] [2] [3] [4] [5] [6] [7] [8] [9]

年龄	
	[0] [1] [2] [3] [4] [5] [6] [7] [8] [9]
	[0] [1] [2] [3] [4] [5] [6] [7] [8] [9]

性别	男 [1] 女 [2]

注意	请用 2B 铅笔这样写：■

一、听力

1. [A] [B] [C] [D]
2. [A] [B] [C] [D]
3. [A] [B] [C] [D]
4. [A] [B] [C] [D]
5. [A] [B] [C] [D]
6. [A] [B] [C] [D]
7. [A] [B] [C] [D]
8. [A] [B] [C] [D]
9. [A] [B] [C] [D]
10. [A] [B] [C] [D]
11. [A] [B] [C] [D]
12. [A] [B] [C] [D]
13. [A] [B] [C] [D]
14. [A] [B] [C] [D]
15. [A] [B] [C] [D]
16. [A] [B] [C] [D]
17. [A] [B] [C] [D]
18. [A] [B] [C] [D]
19. [A] [B] [C] [D]
20. [A] [B] [C] [D]
21. [A] [B] [C] [D]
22. [A] [B] [C] [D]
23. [A] [B] [C] [D]
24. [A] [B] [C] [D]
25. [A] [B] [C] [D]
26. [A] [B] [C] [D]
27. [A] [B] [C] [D]
28. [A] [B] [C] [D]
29. [A] [B] [C] [D]
30. [A] [B] [C] [D]
31. [A] [B] [C] [D]
32. [A] [B] [C] [D]
33. [A] [B] [C] [D]
34. [A] [B] [C] [D]
35. [A] [B] [C] [D]
36. [A] [B] [C] [D]
37. [A] [B] [C] [D]
38. [A] [B] [C] [D]
39. [A] [B] [C] [D]
40. [A] [B] [C] [D]
41. [A] [B] [C] [D]
42. [A] [B] [C] [D]
43. [A] [B] [C] [D]
44. [A] [B] [C] [D]
45. [A] [B] [C] [D]

二、阅读

46. [A] [B] [C] [D]
47. [A] [B] [C] [D]
48. [A] [B] [C] [D]
49. [A] [B] [C] [D]
50. [A] [B] [C] [D]
51. [A] [B] [C] [D]
52. [A] [B] [C] [D]
53. [A] [B] [C] [D]
54. [A] [B] [C] [D]
55. [A] [B] [C] [D]
56. [A] [B] [C] [D]
57. [A] [B] [C] [D]
58. [A] [B] [C] [D]
59. [A] [B] [C] [D]
60. [A] [B] [C] [D]
61. [A] [B] [C] [D]
62. [A] [B] [C] [D]
63. [A] [B] [C] [D]
64. [A] [B] [C] [D]
65. [A] [B] [C] [D]
61. [A] [B] [C] [D]
67. [A] [B] [C] [D]
68. [A] [B] [C] [D]
69. [A] [B] [C] [D]
70. [A] [B] [C] [D]
71. [A] [B] [C] [D]
72. [A] [B] [C] [D]
73. [A] [B] [C] [D]
74. [A] [B] [C] [D]
75. [A] [B] [C] [D]
76. [A] [B] [C] [D]
77. [A] [B] [C] [D]
78. [A] [B] [C] [D]
79. [A] [B] [C] [D]
80. [A] [B] [C] [D]
81. [A] [B] [C] [D]
82. [A] [B] [C] [D]
83. [A] [B] [C] [D]
84. [A] [B] [C] [D]
85. [A] [B] [C] [D]
86. [A] [B] [C] [D]
87. [A] [B] [C] [D]
88. [A] [B] [C] [D]
89. [A] [B] [C] [D]
90. [A] [B] [C] [D]

三、书写

91. ______________________________

92. ______________________________

93. ______________________________

94. ______________________________

95.

96.

97.

98.

99.

100.

최 | 신 | 개 | 정

일단 합격

新HSK 한 권이면 끝!

한선영 지음

5급 필수 VOCA 쓰기노트

동양북스

일단 합격

新HSK 한 권이면 끝!

5급 필수 VOCA 쓰기노트

동양북스

A B

번호	단어	한자 뜻	의미	쓰기
0001 ☑	哎 āi	애통해하는 소리 애	감 아이, 아이고(의아, 불만 따위의 기분을 나타냄)	哎
0002 ☐	唉 āi	탄식할 애	감 아, 후(탄식, 애석함 등을 나타냄)	唉
0003 ☐	爱护 àihù	사랑 애 보호할 호	동 사랑하고 소중히 보호하다, 애호하다	爱护
0004 ☐	爱惜 àixī	사랑 애 애석할 석	동 아끼다, 소중히 여기다	爱惜
0005 ☐	爱心 àixīn	사랑 애 마음 심	명 사랑하는 마음, 아끼는 마음	爱心
0006 ☐	安慰 ānwèi	편안할 안 위로할 위	동 위로하다, 안위하다	安慰
0007 ☐	安装 ānzhuāng	편안할 안 꾸밀 장	동 설치하다, 고정하다, 장착하다, 프로그램을 설치하다	安装
0008 ☐	岸 àn	언덕 안	명 물가, (강)기슭	岸
0009 ☐	暗 àn	어두울 암	형 어둡다, 깜깜하다	暗
0010 ☐	熬夜 áoyè	볶을 오 밤 야	동 밤샘하다, 철야하다	熬夜
0011 ☐	把握 bǎwò	잡을 파 쥘 악	동 (꽉 움켜) 쥐다, 잡다, (추상적인 것을) 파악하다 명 (성공에 대한) 자신, 가망, 가능성	把握
0012 ☐	摆 bǎi	놓을 파	동 놓다, 배치하다, 흔들다, 젓다	摆
0013 ☐	办理 bànlǐ	다스릴 판 다스릴 리	동 처리하다, 취급하다, (수속을) 밟다	办理
0014 ☐	傍晚 bàngwǎn	곁 방 늦을 만	명 저녁 무렵, 황혼	傍晚
0015 ☐	包裹 bāoguǒ	쌀 포 쌀 과	명 소포, 보따리 동 싸다, 포장하다	包裹
0016 ☐	包含 bāohán	쌀 포 머금을 함	동 포함하다	包含
0017 ☐	包括 bāokuò	쌀 포 묶을 괄	동 포함하다, 포괄하다	包括

번호	단어	한자 뜻	의미	쓰기
0018	薄 báo	얇을 박	형 얇다, 엷다	薄
0019	宝贝 bǎobèi	보배 보 조개 패	명 보배, 보물 귀염둥이 (어린아이에 대한 애칭)	宝贝
0020	宝贵 bǎoguì	보배 보 귀할 귀	동 소중히 하다, 중시하다 형 진귀한, 소중한	宝贵
0021	保持 bǎochí	지킬 보 가질 지	동 유지하다, 지키다	保持
0022	保存 bǎocún	지킬 보 있을 존	동 보존하다, 간수하다	保存
0023	保留 bǎoliú	지킬 보 머무를 류	동 보존하다, 남겨두다	保留
0024	保险 bǎoxiǎn	지킬 보 험할 험	명 보험 형 안전하다	保险
0025	报到 bàodào	알릴 보 이를 도	동 도착하였음을 보고하다	报到
0026	报道 bàodào	알릴 보 말할 도	명 (뉴스 등의) 보도 동 보도하다	报道
0027	报告 bàogào	알릴 보 알릴 고	명 보고서, 리포트 동 보고하다	报告
0028	报社 bàoshè	알릴 보 단체 사	명 신문사	报社
0029	抱怨 bàoyuàn	안을 포 원망할 원	동 원망하다	抱怨
0030	背 bèi	등 배	명 등 동 외우다, 암기하다	背
0031	悲观 bēiguān	슬플 비 볼 관	형 비관하다, 비관적이다	悲观
0032	背景 bèijǐng	등 배 풍경 경	명 (영화나 텔리비전 등의) 배경, (역사적 혹은 사회적) 배경	背景
0033	被子 bèizi	이불 피 접미사 자	명 이불	被子
0034	本科 běnkē	근본 본 과목 과	명 (고등 교육 기관의) 본과, 학부과정	本科

0035 ☑	本领 běnlǐng	근본 본 거느릴 령	명 능력, 재능, 솜씨	本领
0036 ☐	本质 běnzhì	근본 본 바탕 질	명 본질, 본성	本质
0037 ☐	比例 bǐlì	견줄 비 보기 례	명 비례, 비율, 비중	比例
0038 ☐	彼此 bǐcǐ	저것 피 이 차	대 피차, 상호, 서로	彼此
0039 ☐	必然 bìrán	반드시 필 그러할 연	형 필연적이다	必然
0040 ☐	必要 bìyào	반드시 필 요구할 요	형 필요하다, 필요로 하다 부 반드시, 꼭	必要
0041 ☐	毕竟 bìjìng	마칠 필 마침내 경	부 결국, 끝내	毕竟
0042 ☐	避免 bìmiǎn	피할 피 면할 면	동 피하다, 모면하다	避免
0043 ☐	编辑 biānjí	엮을 편 편집할 집	명 편집자 동 편집하다	编辑
0044 ☐	鞭炮 biānpào	채찍 편 대포, 터질 포	명 폭죽	鞭炮
0045 ☐	便 biàn	편할, 곧 변	부 즉, 곧, 바로	便
0046 ☐	辩论 biànlùn	말씀 변 논할 론	동 변론하다, 논쟁하다	辩论
0047 ☐	标点 biāodiǎn	표할 표 점 점	명 구두점	标点
0048 ☐	标志 biāozhì	표할 표 기록할 지	명 상징, 표지 동 명시하다, 상징하다	标志
0049 ☐	表达 biǎodá	겉 표 통할 달	동 (자신의 사상이나 감정을) 표현하다, 전달하다	表达
0050 ☐	表面 biǎomiàn	겉 표 낯 면	명 표면, 겉, 외관	表面
0051 ☐	表明 biǎomíng	겉 표 밝을 명	동 분명하게 밝히다, 표명하다	表明

번호	단어	한자 뜻	의미	쓰기
0052	表情 biǎoqíng	겉 표 뜻 정	명 표정	表情
0053	表现 biǎoxiàn	겉 표 나타날 현	명 표현, 태도, 행동 동 나타내다, 표현하다	表现
0054	冰激凌 bīngjīlíng	얼음 빙 부딪칠 격 업신여길 릉	명 아이스크림	冰激凌
0055	病毒 bìngdú	병 병 독 독	명 바이러스, 병균	病毒
0056	玻璃 bōli	유리 파 유리 리	명 유리	玻璃
0057	播放 bōfàng	뿌릴 파 놓을 방	동 방송하다, 방영하다	播放
0058	脖子 bózi	목덜미 발 접미사 자	명 목	脖子
0059	博物馆 bówùguǎn	넓을 박 물건 물 집 관	명 박물관	博物馆
0060	补充 bǔchōng	도울 보 채울 충	동 보충하다, 보완하다	补充
0061	不安 bù'ān	아닐 불 편안할 안	형 불안하다, 편안하지 않다	不安
0062	不得了 bùdéliǎo	아닐 부 얻을 득 어조사 료	형 큰일났다, (정도가) 심하다	不得了
0063	不断 búduàn	아닐 부 끊을 단	동 끊임없다 부 계속해서, 끊임없이	不断
0064	不见得 bújiàndé	아닐 불 볼 견 얻을 득	부 반드시 ~한 것은 아니다	不见得
0065	不耐烦 bú nàifán	아닐 불 견딜 내 번거로울 번	귀찮다, 성가시다	不耐烦
0066	不然 bùrán	아닐 불 그러할 연	형 그렇지 않다 접 그렇지 않으면, 아니면	不然
0067	不如 bùrú	아닐 불 같은 여	동 ~만 못하다	不如
0068	不要紧 bú yàojǐn	아닐 불 요구할 요 긴할 긴	형 대단치 않다, 괜찮다, (겉으로는) 문제없는 듯하다	不要紧

B
C

0069 ☑	不足 bùzú	아닐 부 발 족	형 부족하다, 모자라다 동 부족하다, ~에 이르지 못하다	不足
0070 ☐	布 bù	베 포	명 천, 베, 포	布
0071 ☐	步骤 bùzhòu	걸음 보 달릴 취	명 (일 진행의) 순서, 절차	步骤
0072 ☐	部门 bùmén	나눌 부 문 문	명 부문, 부서	部门
0073 ☐	财产 cáichǎn	재물 재 낳을, 재산 산	명 재산, 자산	财产
0074 ☐	采访 cǎifǎng	캘 채 찾을 방	동 인터뷰하다, 취재하다	采访
0075 ☐	采取 cǎiqǔ	캘 채 가질 취	동 (어떤 정책, 방법, 태도 등을) 채택하다, 취하다	采取
0076 ☐	彩虹 cǎihóng	채색 채 무지개 홍	명 무지개	彩虹
0077 ☐	踩 cǎi	밟을 채	동 밟다, 짓밟다	踩
0078 ☐	参考 cānkǎo	참여할 참 생각할 고	동 참고하다, 참조하다	参考
0079 ☐	参与 cānyù	참여할 참 더불 여	동 (일의 계획, 토론, 처리 등에) 참여하다	参与
0080 ☐	惭愧 cánkuì	부끄러워할 참 부끄러울 괴	형 부끄럽다, 송구스럽다	惭愧
0081 ☐	操场 cāochǎng	단련할 조 마당 장	명 운동장	操场
0082 ☐	操心 cāoxīn	급박할 조 마음 심	동 마음을 쓰다, 걱정하다	操心
0083 ☐	册 cè	책 책	양 권(책 등을 세는 단위)	册
0084 ☐	测验 cèyàn	헤아릴 측 시험 험	동 시험하다, 테스트하다	测验
0085 ☐	曾经 céngjīng	일찍 증 지날 경	부 일찍이, 이미	曾经

번호	단어	한자 뜻	의미	쓰기
0086	叉子 chāzi	작살 차 접미사 자	명 포크	叉子
0087	差距 chājù	다를 차 거리 거	명 격차, 차이	差距
0088	插 chā	꽂을 삽	동 삽입하다, 끼우다, 개입하다, 끼어들다	插
0089	拆 chāi	헐어버릴, 터질 탁	동 (붙어 있는 것을) 뜯다, 떼어 내다	拆
0090	产品 chǎnpǐn	낳을 산 물건 품	명 생산품, 제품	产品
0091	产生 chǎnshēng	낳을 산 날 생	동 생기다, 발생하다	产生
0092	长途 chángtú	길 장 길 도	형 장거리의, 먼 거리의	长途
0093	常识 chángshí	항상 상 알 식	명 상식, 일반 지식	常识
0094	抄 chāo	베낄 초	동 베끼다, 베껴 쓰다	抄
0095	超级 chāojí	넘을 초 등급 급	형 최상급의	超级
0096	朝 cháo	아침 조	전 ~을 향하여, ~쪽으로	朝
0097	潮湿 cháoshī	조수 조 축축할 습	형 습하다, 축축하다, 눅눅하다	潮湿
0098	吵 chǎo	떠들 초	형 시끄럽다, 떠들썩하다	吵
0099	吵架 chǎojià	떠들 초 시렁 가	동 말다툼하다, 다투다	吵架
0100	炒 chǎo	볶을 초	동 (기름 따위로) 볶다	炒
0101	车库 chēkù	수레 차 창고 고	명 차고	车库
0102	车厢 chēxiāng	수레 차 행랑 상	명 객실, 화물칸, 트렁크	车厢

C

0103 ☑	彻底 chèdǐ	통할 철 밑 저	형 철저하다, 철저히 하다	彻底
0104 ☐	沉默 chénmò	가라앉을 침 묵묵할 묵	동 침묵하다, 말이 없다	沉默
0105 ☐	趁 chèn	틈탈 진	전 (시간 · 기회 등을) 틈타	趁
0106 ☐	称 chēng	일컬을 칭	동 부르다, 칭하다, (무게를) 재다, 측정하다	称
0107 ☐	称呼 chēnghu	일컬을 칭 부를 호	명 (인간 관계상의) 호칭 동 ~라고 부르다, 일컫다	称呼
0108 ☐	称赞 chēngzàn	일컬을 칭 칭찬할 찬	동 칭찬하다, 찬양하다	称赞
0109 ☐	成分 chéngfèn	이룰 성 나눌 분	명 성분, 요소	成分
0110 ☐	成果 chéngguǒ	이룰 성 결과 과	명 (일, 학습, 노력 등의) 성과, 결과	成果
0111 ☐	成就 chéngjiù	이룰 성 이룰 취	명 (사업 상의) 성과, 업적, 성취	成就
0112 ☐	成立 chénglì	이룰 성 설 립	동 (조직 · 기구 등을) 결성하다, 설립하다, (이론 · 의견이) 성립하다, 성립되다	成立
0113 ☐	成人 chéngrén	이룰 성 사람 인	명 성인, 어른	成人
0114 ☐	成熟 chéngshú	이룰 성 익을 숙	동 (열매 등이) 익다 형 성숙하다	成熟
0115 ☐	成语 chéngyǔ	이룰 성 말씀 어	명 성어, 관용어	成语
0116 ☐	成长 chéngzhǎng	이룰 성 길 장	동 성장하다, 자라다	成长
0117 ☐	诚恳 chéngkěn	정성 성 간절할 간	형 진실하다, 간절하다	诚恳
0118 ☐	承担 chéngdān	받들 승 맡을 담	동 책임지다, 부담하다, 맡다	承担
0119 ☐	承认 chéngrèn	받들 승 인정할 인	동 인정하다, 승인하다	承认

번호	단어	한자 뜻	의미	쓰기
0120	承受 chéngshòu	받들 승 받을 수	동 받아들이다, 감당하다, 견뎌내다	承受
0121	程度 chéngdù	길 정 법도 도	명 정도, 수준	程度
0122	程序 chéngxù	길 정 차례 서	명 순서, 절차, 프로그램	程序
0123	吃亏 chīkuī	먹을, 받을 흘 손해 휴	동 손해를 보다, 손실을 입다	吃亏
0124	池塘 chítáng	못 지 못 당	명 (비교적 작고 얕은) 못	池塘
0125	迟早 chízǎo	늦을 지 아침 조	부 조만간, 머지않아	迟早
0126	持续 chíxù	버틸 지 계속 속	동 (어떤 상황이나 상태를) 지속하다, 계속 유지하다	持续
0127	尺子 chǐzi	자 척 접미사 자	명 자	尺子
0128	翅膀 chìbǎng	날개 시 옆구리 방	명 날개	翅膀
0129	冲 chōng	찌를 충	동 씻어 내다, 물에 풀다	冲
0130	充电器 chōngdiànqì	채울 충 전기 전 도구 기	명 충전기	充电器
0131	充分 chōngfèn	채울 충 나눌 분	형 (이유나 준비 등이) 충분하다	充分
0132	充满 chōngmǎn	채울 충 찰 만	동 (소리나 냄새 등이) 충분하다, 가득하다	充满
0133	重复 chóngfù	거듭할 중 다시 복	동 반복하다, 중복되다	重复
0134	宠物 chǒngwù	사랑할 총 물건 물	명 애완동물	宠物
0135	抽屉 chōuti	뽑을 추 서랍 체	명 서랍	抽屉
0136	抽象 chōuxiàng	뽑을 추 모양 상	형 추상적이다	抽象

C

번호	단어	한자 뜻	의미	쓰기
0137 ☑	丑 chǒu	추할 추	형 용모가 추하다, 못생기다	丑
0138 ☐	臭 chòu	냄새 취	형 (냄새가) 지독하다, 구리다	臭
0139 ☐	出版 chūbǎn	날 출 판목 판	동 (서적 · 음반 등을) 출판하다, 출간하다	出版
0140 ☐	出口 chūkǒu	날 출 입 구	동 수출하다, 말을 꺼내다	出口
0141 ☐	出色 chūsè	날 출 빛 색	형 대단히 뛰어나다, 보통을 넘다	出色
0142 ☐	出示 chūshì	날 출 보일 시	동 내보이다, 제시하다	出示
0143 ☐	出席 chūxí	날 출 자리 석	동 회의에 참석하다, 출석하다	出席
0144 ☐	初级 chūjí	처음 초 등급 급	형 초급의, 가장 낮은 단계의	初级
0145 ☐	除非 chúfēi	제거할 제 아닐 비	접 오직 ~하여야 비로소	除非
0146 ☐	除夕 chúxī	제거할 제 저녁 석	명 섣달 그믐날	除夕
0147 ☐	处理 chǔlǐ	처리할 처 다스릴 리	동 처리하다, (일을) 안배하다, (문제를) 해결하다	处理
0148 ☐	传播 chuánbō	전할 전 뿌릴, 퍼뜨릴 파	동 전파하다, 널리 퍼뜨리다	传播
0149 ☐	传染 chuánrǎn	전할 전 물들일 염	동 감염하다, 옮다	传染
0150 ☐	传说 chuánshuō	전할 전 말씀 설	명 전설	传说
0151 ☐	传统 chuántǒng	전할 전 계통 통	명 전통 형 전통적이다, 보수적이다	传统
0152 ☐	窗帘 chuānglián	창문 창 (햇빛 가릴) 발 렴	명 커튼	窗帘
0153 ☐	闯 chuǎng	불쑥 뛰어 들 틈	동 갑자기 뛰어들다, 돌진하다	闯

C

0154	创造 chuàngzào	시작할 창 만들 조	동 창조하다, 발명하다	创造
0155	吹 chuī	불 취	동 불다	吹
0156	词汇 cíhuì	말 사 무리 휘	명 어휘, 용어	词汇
0157	辞职 cízhí	사퇴할 사 직업 직	동 사직하다, 직장을 그만두다	辞职
0158	此外 cǐwài	이 차 바깥 외	접 이 외에, 이 밖에	此外
0159	次要 cìyào	다음 차 요긴할, 중요할 요	형 부차적인, 이차적인	次要
0160	刺激 cìjī	찌를 자 격할 격	동 자극하다, 흥분시키다	刺激
0161	匆忙 cōngmáng	바쁠 총 바쁠 망	형 매우 바쁘다, 분주하다	匆忙
0162	从此 cóngcǐ	따를 종 이 차	부 이후로, 그로부터	从此
0163	从而 cóng'ér	따를 종 말 이을 이	접 따라서, 그리하여	从而
0164	从前 cóngqián	따를 종 앞 전	명 이전, 옛날	从前
0165	从事 cóngshì	따를 종 일 사	동 종사하다, 몸담다	从事
0166	粗糙 cūcāo	거칠 조 거칠 조	형 거칠다, 서투르다	粗糙
0167	促进 cùjìn	재촉할 촉 나아갈 진	동 촉진시키다, 재촉하다	促进
0168	促使 cùshǐ	재촉할 촉 시킬 사	동 ~하도록 (재촉)하다, ~하게 하다	促使
0169	醋 cù	식초 초	명 식초, (주로 남녀 관계에서) 질투	醋
0170	催 cuī	재촉할 최	동 (행동이나 일을) 재촉하다, 다그치다	催

C D

번호	단어	한자 뜻	의미	쓰기
0171 ☑	存在 cúnzài	있을 존 있을 재	동 존재하다	存在
0172 ☐	措施 cuòshī	놓을 조 베풀 시	명 조치, 대책	措施
0173 ☐	答应 dāying	답할 답 응할 응	동 대답하다, 승낙하다	答应
0174 ☐	达到 dádào	도달할 달 이를 도	동 (어떤 목표나 수준에) 도달하다, 달성하다	达到
0175 ☐	打工 dǎgōng	때릴, 칠 타 장인 공	동 아르바이트하다	打工
0176 ☐	打交道 dǎ jiāodao	때릴 타 사귈 교 길 도	(사람끼리) 왕래하다, 사귀다	打交道
0177 ☐	打喷嚏 dǎ pēntì	때릴 타 뿜을 분 재채기 체	재채기를 하다	打喷嚏
0178 ☐	打听 dǎting	때릴 타 들을 청	동 (어떤 상황이나 사실을) 물어보다, 알아보다	打听
0179 ☐	大方 dàfang	큰 대 모 방	형 (언행이) 시원시원하다, 자연스럽다	大方
0180 ☐	大厦 dàshà	큰 대 큰집 하	명 빌딩, (고층 · 대형) 건물	大厦
0181 ☐	大象 dàxiàng	큰 대 코끼리 상	명 코끼리	大象
0182 ☐	大型 dàxíng	큰 대 모형 형	형 대형의	大型
0183 ☐	呆 dāi	머무를 대, 어리석을 태	형 (머리가) 둔하다, 멍청하다	呆
0184 ☐	代表 dàibiǎo	대신할 대 겉 표	명 대표(자) 동 대표하다	代表
0185 ☐	代替 dàitì	대신할 대 바꿀 체	동 대체하다, 대신하다	代替
0186 ☐	贷款 dàikuǎn	빌릴 대 돈 관	명 대출금, 대부금 동 (은행에서) 대출하다	贷款
0187 ☐	待遇 dàiyù	대접할 대 만날 우	명 (근로 조건이나 권리 등의) 대우, 조건	待遇

번호	단어	한자 뜻	뜻	쓰기
0188	担任 dānrèn	멜 담 맡길 임	동 (어떤 일이나 직무를) 맡다, 담당하다	担任
0189	单纯 dānchún	홑 단 순수할 순	형 단순하다	单纯
0190	单调 dāndiào	홑 단 조절할 조	형 단조롭다	单调
0191	单独 dāndú	홑 단 홀로 독	부 단독으로, 혼자서	单独
0192	单位 dānwèi	홑 단 자리 위	명 단위, (단체 · 기관 등의) 부서, 부문	单位
0193	单元 dānyuán	홑 단 으뜸 원	명 (교재 등의) 단원, (아파트 · 빌딩 등의) 현관	单元
0194	耽误 dānwu	지체할 탐 그르칠 오	동 (시간을 지체하다가) 시기를 놓치다, 일을 그르치다	耽误
0195	胆小鬼 dǎnxiǎoguǐ	쓸개 담 작을 소 귀신 귀	명 겁쟁이	胆小鬼
0196	淡 dàn	묽을 담	형 싱겁다, (농도가) 낮다	淡
0197	当地 dāngdì	마땅할 당 땅 지	명 현지, 현장	当地
0198	当心 dāngxīn	맡을 당 마음 심	동 조심하다, 주의하다	当心
0199	挡 dǎng	가로막을 당	동 막다, 가리다	挡
0200	导演 dǎoyǎn	이끌 도 연기할 연	명 연출자, 감독 동 연출하다, 감독하다	导演
0201	导致 dǎozhì	이끌 도 이를 치	동 (어떤 사태를) 야기하다, 초래하다	导致
0202	岛屿 dǎoyǔ	섬 도 작은 섬 서	명 섬	岛屿
0203	倒霉 dǎoméi	넘어질 도 썩을, 곰팡이 매	형 재수 없다, 운수 사납다	倒霉
0204	到达 dàodá	이를 도 도달할 달	동 (어떤 단계나 지점에) 도달하다, 도착하다	到达

D

0205 ☑	道德 dàodé	도리 도 덕 덕	명 도덕, 윤리	道德
0206 ☐	道理 dàolǐ	도리 도 다스릴 리	명 도리, 이치	道理
0207 ☐	登记 dēngjì	오를 등 기재할, 기록할 기	동 등록하다, 기재하다	登记
0208 ☐	等待 děngdài	기다릴 등 기다릴 대	동 기다리다	等待
0209 ☐	等于 děngyú	같을 등 어조사 우	동 ~와 같다, 맞먹다, ~이나 매한가지다	等于
0210 ☐	滴 dī	물방울 적	동 (액체가) 떨어지다 양 방울	滴
0211 ☐	的确 díquè	과녁 적 확실할 확	부 확실히, 분명히	的确
0212 ☐	敌人 dírén	적 적 사람 인	명 적	敌人
0213 ☐	地道 dìdao	땅 지 길 도	형 정통의, 진짜의	地道
0214 ☐	地理 dìlǐ	땅 지 다스릴 리	명 지리	地理
0215 ☐	地区 dìqū	땅 지 지역 구	명 지역, 지구	地区
0216 ☐	地毯 dìtǎn	땅 지 담요 담	명 양탄자, 카펫	地毯
0217 ☐	地位 dìwèi	땅 지 자리 위	명 (사회적) 지위, 위치	地位
0218 ☐	地震 dìzhèn	땅 지 천둥 진	동 지진이 발생하다	地震
0219 ☐	递 dì	전할 체	동 건네다, 넘겨주다	递
0220 ☐	点心 diǎnxin	점 점 마음 심	명 간식	点心
0221 ☐	电池 diànchí	전기 전 못 지	명 건전지	电池

0222	电台 diàntái	전기 전 큰 건물 대	명 방송국	电台
0223	钓 diào	낚시 조	동 낚다, 낚시질하다	钓
0224	顶 dǐng	꼭대기 정	명 꼭대기, 정수리 양 개, 채 (꼭대기가 있는 물건을 세는 단위)	顶
0225	动画片 dònghuàpiān	움직일 동 그림 화 조각 편	명 만화영화, 애니메이션	动画片
0226	冻 dòng	얼 동	동 (물 따위가) 얼다, (손발이) 얼다, 차다, 춥다	冻
0227	洞 dòng	동굴 동	명 구멍, 동굴	洞
0228	豆腐 dòufu	콩 두 썩을 부	명 두부	豆腐
0229	逗 dòu	머무를 두	동 놀리다, 약 올리다	逗
0230	独立 dúlì	홀로 독 설 립	명 독립 동 독립하다, 독립적으로 하다	独立
0231	独特 dútè	홀로 독 특별할 특	형 독특하다, 특이하다	独特
0232	度过 dùguò	법도 도 지날 과	동 (시간을) 보내다, 지내다	度过
0233	断 duàn	끊을 단	동 자르다, 끊다	断
0234	堆 duī	쌓을 퇴	동 (사물이) 쌓여 있다, 퇴적되다 양 무더기, 더미	堆
0235	对比 duìbǐ	대할 대 견줄 비	동 (두 가지를) 대조하다, 대비하다	对比
0236	对待 duìdài	대할 대 머무를 대	동 다루다, 대응하다	对待
0237	对方 duìfāng	대할 대 방향 방	명 상대방, 상대편	对方
0238	对手 duìshǒu	대할 대 손 수	명 상대, 적수	对手

D E F

번호	단어	한자 뜻	의미	쓰기
0239 ☑	对象 duìxiàng	대할 대 모양 상	명 (연애 · 결혼의) 상대	对象
0240 ☐	兑换 duìhuàn	바꿀 태 바꿀 환	동 환전하다	兑换
0241 ☐	吨 dūn	톤 둔	양 톤(ton)	吨
0242 ☐	蹲 dūn	쭈그릴 준	동 쪼그리고 앉다	蹲
0243 ☐	顿 dùn	둔할 둔 조아릴 돈	양 끼, 번 (식사· 질책·권고 등을 세는 단위)	顿
0244 ☐	多亏 duōkuī	많을 다 다행히 휴	동 은혜를 입다, 덕택이다	多亏
0245 ☐	多余 duōyú	많을 다 남을 여	형 나머지의, 불필요한	多余
0246 ☐	朵 duǒ	송이 타	양 송이, 조각 (꽃 · 구름 등을 세는 단위)	朵
0247 ☐	躲藏 duǒcáng	숨을 타 감출 장	동 숨다, 피하다	躲藏
0248 ☐	恶劣 èliè	악할 악 못할 렬	형 아주 나쁘다, 열악하다	恶劣
0249 ☐	耳环 ěrhuán	귀 이 고리 환	명 귀고리	耳环
0250 ☐	发表 fābiǎo	드러날 발 겉 표	동 발표하다, 선포하다, (글 따위를) 게재하다, 싣다	发表
0251 ☐	发愁 fāchóu	드러날 발 근심할 수	동 걱정하다, 근심하다	发愁
0252 ☐	发达 fādá	드러날 발 도달할 달	형 발달하다, 왕성하다	发达
0253 ☐	发抖 fādǒu	드러날 발 떨 두	동 떨다, 떨리다	发抖
0254 ☐	发挥 fāhuī	드러날 발 휘두를 휘	동 발휘하다	发挥
0255 ☐	发明 fāmíng	드러날 발 밝을 명	명 발명 동 발명하다	发明

0256	发票 fāpiào	드러날 발 표 표	명 영수증	发票
0257	发言 fāyán	드러날 발 말씀 언	동 의견을 발표하다, 발언하다	发言
0258	罚款 fákuǎn	벌할 벌 돈 관	명 벌금 동 벌금을 물다, 위약금을 내다	罚款
0259	法院 fǎyuàn	법 법 집 원	명 법원	法院
0260	翻 fān	뒤집을 번	동 뒤집다, 뒤집히다	翻
0261	繁荣 fánróng	많을 번 번영할 영	형 번영하다, 번창하다	繁荣
0262	反而 fǎn'ér	돌이킬 반 말 이을 이	부 반대로, 오히려	反而
0263	反复 fǎnfù	돌이킬 반 돌아올 복	동 반복하다, 되풀이하다 부 거듭, 반복하여	反复
0264	反应 fǎnyìng	돌이킬 반 응할 응	명 반응 동 (외부의 자극 · 변화에) 반응하다	反应
0265	反映 fǎnyìng	돌이킬 반 비칠 영	동 반영하다, (상황이나 의견 등을) 보고하다	反映
0266	反正 fǎnzhèng	돌이킬 반 바를 정	부 어쨌든, 아무튼	反正
0267	范围 fànwéi	한계 범 에울 위	명 범위, 한계	范围
0268	方 fāng	네모 방	형 사각형의, 육면체의	方
0269	方案 fāng'àn	방법 방 안건 안	명 방안	方案
0270	方式 fāngshì	방법 방 법 식	명 방식, 일정한 형식	方式
0271	妨碍 fáng'ài	방해할 방 가로막을 애	동 지장을 주다, 방해하다	妨碍
0272	仿佛 fǎngfú	비슷할 방 비슷할 불	부 마치 ~인 것 같다	仿佛

F

번호	단어	한자 뜻	의미	쓰기
0273 ☑	非 fēi	아닐 비	동 ~이 아니다 부 반드시, 꼭	非
0274 ☐	肥皂 féizào	살찔 비 비누 조	명 비누	肥皂
0275 ☐	废话 fèihuà	버릴 폐 말할 화	명 쓸데없는 말 동 허튼소리를 하다	废话
0276 ☐	分别 fēnbié	나눌 분 나눌 별	동 헤어지다, 구별하다 부 각각, 따로따로	分别
0277 ☐	分布 fēnbù	나눌 분 펼 포	동 분포하다	分布
0278 ☐	分配 fēnpèi	나눌 분 나눌 배	동 분배하다, 할당하다	分配
0279 ☐	分手 fēnshǒu	나눌 분 손 수	동 헤어지다, 이별하다	分手
0280 ☐	分析 fēnxī	나눌 분 해부할 석	동 분석하다	分析
0281 ☐	纷纷 fēnfēn	어지러울 분	형 (언론이나 떨어진 사물이) 어수선하다 부 잇달아, 계속해서	纷纷
0282 ☐	奋斗 fèndòu	떨칠 분 싸울 투	동 분투하다	奋斗
0283 ☐	风格 fēnggé	품격 풍 격식 격	명 풍격, 품격, 분위기, 스타일	风格
0284 ☐	风景 fēngjǐng	바람 풍 경치 경	명 풍경, 경치	风景
0285 ☐	风俗 fēngsú	풍속 풍 풍습 속	명 풍속	风俗
0286 ☐	风险 fēngxiǎn	바람 풍 험할 험	명 위험(성), 모험	风险
0287 ☐	疯狂 fēngkuáng	미칠 풍 미칠 광	형 미치다, 광분하다, 미친 듯이 날뛰다	疯狂
0288 ☐	讽刺 fěngcì	풍자할 풍 찌를 자	동 (비유·과장 등의 수법으로) 풍자하다	讽刺
0289 ☐	否定 fǒudìng	아닐 부 정할 정	동 부정하다 형 부정적인, 부정의	否定

번호	단어	한자 뜻	뜻	쓰기
0290	否认 fǒurèn	아닐 부 인정할 인	동 부인하다, 부정하다	否认
0291	扶 fú	도울 부	동 (손으로) 떠받치다, 부축하다	扶
0292	服装 fúzhuāng	옷 복 꾸밀 장	명 복장, 의류	服装
0293	幅 fú	폭 폭	양 폭(옷감·종이·그림 등을 세는 단위)	幅
0294	辅导 fǔdǎo	도울 보 인도할 도	동 (학습을) 도우며 지도하다	辅导
0295	妇女 fùnǚ	며느리 부 계집 녀	명 부녀(자), 성인 여성	妇女
0296	复制 fùzhì	겹칠 복 만들 제	동 복제하다	复制
0297	改革 gǎigé	고칠 개 고칠 혁	동 개혁하다	改革
0298	改进 gǎijìn	고칠 개 나아갈 진	동 개진하다, 개량하다	改进
0299	改善 gǎishàn	고칠 개 좋을 선	동 개선하다	改善
0300	改正 gǎizhèng	고칠 개 바를 정	동 (잘못·착오를) 개정하다, 시정하다	改正
0301	盖 gài	덮을 개	명 덮개, 뚜껑 동 덮다, 감추다	盖
0302	概括 gàikuò	대략 개 묶을 괄	동 요약하다, 리뷰하다	概括
0303	概念 gàiniàn	대략 개 생각 념	명 개념	概念
0304	干脆 gāncuì	일할 간 약할 취	형 언행이 명쾌하다, 간단명료하다 부 아예, 차라리	干脆
0305	干燥 gānzào	마를 건 마를 조	형 건조하다, 말리다	干燥
0306	赶紧 gǎnjǐn	쫓을 간 급할 긴	부 서둘러, 재빨리	赶紧

G

번호	단어	한자 뜻	뜻	쓰기
0307 ☑	赶快 gǎnkuài	쫓을 간 빠를 쾌	부 빨리, 서둘러, 재빨리	赶快
0308 ☐	感激 gǎnjī	느낄 감 격할 격	동 감격하다	感激
0309 ☐	感受 gǎnshòu	느낄 감 받을 수	명 느낌, 체험, 감상 동 (영향을) 받다, 느끼다	感受
0310 ☐	感想 gǎnxiǎng	느낄 감 생각 상	명 감상, 느낌, 소감	感想
0311 ☐	干活儿 gànhuór	일할 간 살 활 접미사 아	동 (육체적으로) 일하다	干活儿
0312 ☐	钢铁 gāngtiě	강철 강 쇠 철	명 강철	钢铁
0313 ☐	高档 gāodàng	높을 고 의자, 문서, 노점 당	형 고급의, 상등의	高档
0314 ☐	高级 gāojí	높을 고 등급 급	형 고급의	高级
0315 ☐	搞 gǎo	할 고	동 하다, 처리하다	搞
0316 ☐	告别 gàobié	알릴 고 이별 별	동 작별 인사를 하다	告别
0317 ☐	格外 géwài	격식 격 바깥 외	부 각별히, 특별히	格外
0318 ☐	隔壁 gébì	사이 뜰 격 벽 벽	명 이웃, 이웃집	隔壁
0319 ☐	个别 gèbié	낱 개 나눌 별	부 개개의, 개별적인	个别
0320 ☐	个人 gèrén	낱 개 사람 인	명 개인, (공식적으로 의견을 발표할 때) 나, 저	个人
0321 ☐	个性 gèxìng	낱 개 성질 성	명 개성, 개별성	个性
0322 ☐	各自 gèzì	각각 각 스스로 자	대 각자	各自
0323 ☐	根 gēn	뿌리 근	양 가닥, 대 (가늘고 긴 것을 세는 단위)	根

번호	단어	한자 뜻	의미	쓰기
0324	根本 gēnběn	뿌리 근 근본 본	부 본래, 원래, 시종, 전혀, 아예 (부정문에 쓰임)	根本
0325	工厂 gōngchǎng	장인 공 공장 창	명 공장	工厂
0326	工程师 gōngchéngshī	장인 공 순서 정 스승 사	명 전문 기술 요원, 엔지니어	工程师
0327	工具 gōngjù	장인 공 갖출 구	명 도구, 공구	工具
0328	工人 gōngrén	장인 공 사람 인	명 노동자	工人
0329	工业 gōngyè	장인 공 업 업	명 공업	工业
0330	公布 gōngbù	공평할 공 선포할 포	동 공포하다, 공표하다	公布
0331	公开 gōngkāi	공평할 공 열 개	동 공개하다 형 공개적인	公开
0332	公平 gōngpíng	공평할 공 평평할 평	형 공평하다	公平
0333	公寓 gōngyù	공평할 공 거주할 우	명 아파트	公寓
0334	公元 gōngyuán	공평할 공 으뜸 원	명 서기	公元
0335	公主 gōngzhǔ	공평할 공 임금 주	명 공주	公主
0336	功能 gōngnéng	공로 공 능할 능	명 기능, 효능, 작용	功能
0337	恭喜 gōngxǐ	공손할 공 기쁠 희	동 축하하다	恭喜
0338	贡献 gòngxiàn	바칠 공 드릴 헌	명 공헌 동 기여하다, 공헌하다	贡献
0339	沟通 gōutōng	도랑 구 통할 통	동 소통하다, 잇다, 연결하다	沟通
0340	构成 gòuchéng	얽을 구 이룰 성	동 구성하다	构成

G

번호	단어	한자 뜻	의미	쓰기
0341	姑姑 gūgu	고모 고	명 고모	姑姑
0342	姑娘 gūniang	부녀자 고 여자 낭	명 처녀, 아가씨	姑娘
0343	古代 gǔdài	예 고 시대 대	명 고대 (중국에서는 1840년 아편전쟁 이전까지로 구분함)	古代
0344	古典 gǔdiǎn	예 고 법 전	형 고전적	古典
0345	股票 gǔpiào	넓적다리 고 표 표	명 주식	股票
0346	骨头 gǔtou	뼈 골 접미사 두	명 뼈	骨头
0347	鼓舞 gǔwǔ	북 고 춤출 무	동 격려하다, 고무하다	鼓舞
0348	鼓掌 gǔzhǎng	북 고 손바닥 장	동 손뼉을 치다, 박수하다	鼓掌
0349	固定 gùdìng	굳을 고 정할 정	동 고정하다, 정착하다 형 고정된, 일정한	固定
0350	挂号 guàhào	등록할 괘 이름 호	동 접수하다, 등록하다	挂号
0351	乖 guāi	얌전할 괴	형 (어린이가) 말을 잘 듣다, 얌전하다	乖
0352	拐弯 guǎiwān	돌아설 괴 굽을 만	동 방향을 틀다, 커브를 돌다, (생각·말 따위의) 방향을 바꾸다	拐弯
0353	怪不得 guàibude	괴이할 괴 아닐 부 얻을 득	부 과연, 어쩐지	怪不得
0354	关闭 guānbì	닫을 관 닫을 폐	동 닫다, 파산하다	关闭
0355	观察 guānchá	볼 관 살필 찰	동 관찰하다	观察
0356	观点 guāndiǎn	볼 관 점 점	명 관점, 견해, 입장	观点
0357	观念 guānniàn	볼 관 생각 념	명 관념, 생각, 인식	观念

0358	官 guān	벼슬 관	명 관리, 공무원	官
0359	管子 guǎnzi	대롱 관 접미사 자	명 관, 파이프	管子
0360	冠军 guànjūn	갓 관 군사 군	명 1위, 우승, 챔피언	冠军
0361	光滑 guānghuá	빛 광 미끄러울 활	형 (물체 표면이) 매끄럽다, 반들반들하다	光滑
0362	光临 guānglín	빛 광 임할 림	동 오다, 왕림하다	光临
0363	光明 guāngmíng	빛 광 밝을 명	명 광명, 빛 형 밝게 빛나다	光明
0364	光盘 guāngpán	빛 광 소반 반	명 콤팩트디스크(CD)	光盘
0365	广场 guǎngchǎng	넓을 광 마당 장	명 광장	广场
0366	广大 guǎngdà	넓을 광 큰 대	형 (규모나 면적이) 광대하다, 넓다	广大
0367	广泛 guǎngfàn	넓을 광 넓을 범	형 (분야나 범위가) 폭넓다, 광범위하다	广泛
0368	归纳 guīnà	돌아갈 귀 들일 납	동 일반적인 결론을 도출하다, 귀납하다	归纳
0369	规矩 guīju	법 규 법도 구	명 법칙, 규정	规矩
0370	规律 guīlǜ	법 규 법칙 율	명 규율, 규칙	规律
0371	规模 guīmó	법 규 본뜰 모	명 규모	规模
0372	规则 guīzé	법 규 법칙 칙	명 규칙, 규정	规则
0373	柜台 guìtái	상자 궤 받침대 대	명 계산대, 카운터	柜台
0374	滚 gǔn	흐를 곤	동 구르다	滚

0375 ☑	锅 guō	놋쇠 솥 과	명 냄비, 솥	锅
0376 ☐	国庆节 Guóqìng Jié	나라 국 경사 경 절기 절	명 (중국의) 건국 기념일	国庆节
0377 ☐	国王 guówáng	나라 국 임금 왕	명 국왕	国王
0378 ☐	果然 guǒrán	결과 과 그러할 연	부 과연, 생각한 대로, 아니나 다를까	果然
0379 ☐	果实 guǒshí	열매 과 열매 실	명 성과, 수확	果实
0380 ☐	过分 guòfèn	지나칠 과 분수 분	형 (말이나 행동이) 지나치다, 과분하다	过分
0381 ☐	过敏 guòmǐn	지나칠 과 민첩할 민	명 알레르기 동 이상 반응을 보이다	过敏
0382 ☐	过期 guòqī	지나칠 과 기약할 기	동 기한을 넘기다	过期
0383 ☐	哈 hā	웃는 소리 합	감 '하하' 웃는 소리, 오!, 와! (기쁘거나 놀랄 때 쓰임)	哈
0384 ☐	海关 hǎiguān	바다 해 관계할 관	명 세관	海关
0385 ☐	海鲜 hǎixiān	바다 해 생선 선	명 해산물	海鲜
0386 ☐	喊 hǎn	소리칠 함	동 소리치다	喊
0387 ☐	行业 hángyè	행할 행 업 업	명 직업, 업종	行业
0388 ☐	豪华 háohuá	사치 호 빛날 화	형 사치스럽다, 화려하다	豪华
0389 ☐	好客 hàokè	좋을 호 손님 객	형 손님 접대를 좋아하다, 손님을 좋아하다	好客
0390 ☐	好奇 hàoqí	좋아할 호 기이할 기	형 호기심이 많다	好奇
0391 ☐	合法 héfǎ	합할 합 법 법	형 합법적이다	合法

0392	合理 hélǐ	합할 합 이치 리	형 도리에 맞다, 합리적이다	合理
0393	合同 hétong	합할 합 같을 동	명 계약서	合同
0394	合影 héyǐng	합할 합 그림자 영	명 단체 사진 동 함께 사진을 찍다	合影
0395	合作 hézuò	합할 합 지을, 만들 작	동 합작하다, 협력하다	合作
0396	何必 hébì	어찌 하 반드시 필	부 ~할 필요가 있겠는가, ~할 필요가 없다	何必
0397	何况 hékuàng	어찌 하 하물며 황	접 더군다나, 하물며	何况
0398	和平 hépíng	화할 화 무사할 평	명 평화	和平
0399	核心 héxīn	씨 핵 마음 심	명 핵심, 주요 부분	核心
0400	恨 hèn	한 한	동 미워하다, 원망하다	恨
0401	猴子 hóuzi	원숭이 후 접미사 자	명 원숭이	猴子
0402	后背 hòubèi	뒤 후 등 배	명 등(신체 부위)	后背
0403	后果 hòuguǒ	뒤 후 결과 과	명 (주로 안 좋은) 결과	后果
0404	呼吸 hūxī	숨 내쉴 호 마실 흡	동 호흡하다	呼吸
0405	忽然 hūrán	갑자기 홀 그러할 연	부 갑자기, 문득	忽然
0406	忽视 hūshì	소홀히 할 홀 볼 시	동 소홀히 하다, 경시하다	忽视
0407	胡说 húshuō	함부로 호 말씀 설	동 터무니없는 말을 하다, 헛소리하다	胡说
0408	胡同 hútòng	거리 호 같을 동	명 골목	胡同

H

번호	단어	한자 뜻	의미	쓰기
0409	壶 hú	병 호	명 항아리, 주전자	壶
0410	蝴蝶 húdié	나비 호 나비 접	명 나비	蝴蝶
0411	糊涂 hútu	모호할 호 진흙, 지울 도	형 어리석다, 흐리멍텅하다, 애매모호하다	糊涂
0412	花生 huāshēng	꽃 화 날 생	명 땅콩	花生
0413	划 huá	배 저을 획 그을 획	동 긋다, 가르다	划
0414	华裔 huáyì	중국 화 후손 예	명 화교	华裔
0415	滑 huá	미끄러울 활	동 미끄러지다 형 반들반들하다, 교활하다	滑
0416	化学 huàxué	될 화 배울 학	명 화학	化学
0417	话题 huàtí	말씀 화 제목 제	명 화제, 논제	话题
0418	怀念 huáiniàn	품을 회 생각 념	동 회상하다, 그리워하다	怀念
0419	怀孕 huáiyùn	품을 회 아이 밸 잉	동 임신하다	怀孕
0420	缓解 huǎnjiě	느릴 완 풀 해	동 (정도가) 완화되다	缓解
0421	幻想 huànxiǎng	헛보일 환 생각 상	동 공상하다, 상상하다	幻想
0422	慌张 huāngzhāng	어리둥절할, 다급할 황 베풀 장	형 당황하다, 허둥대다	慌张
0423	黄金 huángjīn	누를 황 금 금	명 황금	黄金
0424	灰 huī	재 회	형 회색의, 잿빛의	灰
0425	灰尘 huīchén	재 회 티끌 진	명 먼지	灰尘

번호	단어	한자 뜻	의미	쓰기
0426	灰心 huīxīn	낙심할 회 마음 심	동 (실패 · 좌절 따위로) 낙담하다, 상심하다	灰心
0427	挥 huī	휘두를 휘	동 휘두르다, 흔들다	挥
0428	恢复 huīfù	회복할 회 회복할 복	동 회복하다	恢复
0429	汇率 huìlǜ	어음 회 비율 율	명 환율	汇率
0430	婚礼 hūnlǐ	혼인할 혼 예도, 의식 례	명 결혼식, 혼례	婚礼
0431	婚姻 hūnyīn	혼인할 혼 혼인 인	명 혼인	婚姻
0432	活跃 huóyuè	살 활 뛸 약	동 활기를 띠게 하다 형 활동적이다	活跃
0433	火柴 huǒchái	불 화 땔나무 시	명 성냥	火柴
0434	伙伴 huǒbàn	많을 화 짝 반	명 동료, 동반자	伙伴
0435	或许 huòxǔ	혹시 혹 허락할 허	부 혹시, 어쩌면	或许
0436	机器 jīqì	기계 기 도구 기	명 기계	机器
0437	肌肉 jīròu	살가죽 기 고기 육	명 근육	肌肉
0438	基本 jīběn	기초 기 근본 본	형 기본의, 근본적인	基本
0439	激烈 jīliè	격할 격 세찰 렬	형 (행동이나 언론이) 격렬하다, 치열하다	激烈
0440	及格 jígé	미칠 급 격식 격	동 합격하다	及格
0441	极其 jíqí	다할 극 어조사 기	부 극히, 굉장히	极其
0442	急忙 jímáng	급할 급 바쁠 망	부 (상황이 긴박하여) 급히, 재빨리	急忙

J

번호	단어	한자 뜻	의미	쓰기
0443	急诊 jízhěn	급할 급 진찰할 진	명 응급 진료	急诊
0444	集合 jíhé	모일 집 합할 합	동 집합하다, 모으다	集合
0445	集体 jítǐ	모을 집 몸 체	명 집단, 단체	集体
0446	集中 jízhōng	모을 집 가운데 중	동 집중하다, 모으다	集中
0447	计算 jìsuàn	셀 계 셈 산	동 계산하다, 산출하다	计算
0448	记录 jìlù	기록할 기 기록할 록	동 기록하다	记录
0449	记忆 jìyì	기억할 기 생각할, 추억할 억	명 기억 동 기억하다	记忆
0450	纪录 jìlù	규율 기 기록할 록	명 기록(성적), 다큐멘터리	纪录
0451	纪律 jìlǜ	규율 기 법칙 율	명 규율, 기강, 법칙	纪律
0452	纪念 jìniàn	규율 기 생각 념	동 기념하다	纪念
0453	系领带 jì lǐngdài	맬 계 옷깃 령 띠 대	넥타이를 매다	系领带
0454	寂寞 jìmò	고요할 적 쓸쓸할 막	형 외롭다, 쓸쓸하다	寂寞
0455	夹子 jiāzi	낄 협 접미사 자	명 집게, 클립	夹子
0456	家庭 jiātíng	집 가 뜰 정	명 가정	家庭
0457	家务 jiāwù	집 가 일할 무	명 가사, 집안일	家务
0458	家乡 jiāxiāng	집 가 시골 향	명 고향	家乡
0459	嘉宾 jiābīn	아름다울 가 손님 빈	명 귀한 손님, 귀빈	嘉宾

0460	甲 jiǎ	갑옷, 첫째 천간 갑	명 (거북이 따위의) 껍데기 제일, 첫째	甲
0461	假如 jiǎrú	거짓 가 같을 여	접 만약, 가령	假如
0462	假设 jiǎshè	거짓 가 세울 설	명 가정, 가설 동 가정하다	假设
0463	假装 jiǎzhuāng	거짓 가 꾸밀 장	동 가장하다, ~한 척하다	假装
0464	价值 jiàzhí	값 가 값 치	명 가치	价值
0465	驾驶 jiàshǐ	탈 가 달릴 사	동 (기차, 기선, 비행기 등을) 운전하다, 조종하다	驾驶
0466	嫁 jià	시집갈 가	동 시집가다	嫁
0467	坚决 jiānjué	굳을 견 결단할 결	형 단호하다, 결연하다	坚决
0468	坚强 jiānqiáng	굳을 견 강할 강	형 (조직이나 의지 따위가) 굳세다, 꿋꿋하다	坚强
0469	肩膀 jiānbǎng	어깨 견 날개 방	명 어깨	肩膀
0470	艰巨 jiānjù	어려울 간 클 거	형 어렵고 힘들다, (임무가) 막중하다	艰巨
0471	艰苦 jiānkǔ	어려울 간 쓸 고	형 어렵고 고달프다, 고생스럽다	艰苦
0472	兼职 jiānzhí	겸할 겸 직업 직	동 겸직하다	兼职
0473	捡 jiǎn	주울 검	동 줍다	捡
0474	剪刀 jiǎndāo	자를 전 칼 도	명 가위	剪刀
0475	简历 jiǎnlì	간략할 간 지날 력	명 이력서, 약력	简历
0476	简直 jiǎnzhí	간략할 간 곧을 직	부 그야말로, 정말로	简直

0477 ☑	建立 jiànlì	세울 건 설 립	동 창설하다, 건립하다	建立
0478 ☐	建设 jiànshè	세울 건 세울 설	동 건설하다, 세우다	建设
0479 ☐	建筑 jiànzhù	세울 건 쌓을 축	명 건축물	建筑
0480 ☐	健身 jiànshēn	튼튼할 건 몸 신	동 신체를 건강하게 하다	健身
0481 ☐	键盘 jiànpán	열쇠 건 쟁반 반	명 건반, 키보드	键盘
0482 ☐	讲究 jiǎngjiu	논할 강 연구할 구	동 중요시하다, ~에 주의하다 형 정교하다, 화려하다	讲究
0483 ☐	讲座 jiǎngzuò	논할 강 자리 좌	명 강좌	讲座
0484 ☐	酱油 jiàngyóu	장 장 기름 유	명 간장	酱油
0485 ☐	交换 jiāohuàn	서로 교 바꿀 환	동 교환하다	交换
0486 ☐	交际 jiāojì	사귈 교 사귈 제	동 교제하다	交际
0487 ☐	交往 jiāowǎng	사귈 교 갈 왕	동 왕래하다, 교제하다	交往
0488 ☐	浇 jiāo	물 댈 요	동 (물이나 액체를) 붓다, 뿌리다, 끼얹다	浇
0489 ☐	胶水 jiāoshuǐ	아교 교 물 수	명 풀, 접착제	胶水
0490 ☐	角度 jiǎodù	뿔 각 법도 도	명 각도	角度
0491 ☐	狡猾 jiǎohuá	교활할 교 교활할 활	형 교활하다, 간교하다	狡猾
0492 ☐	教材 jiàocái	가르칠 교 재료 재	명 교재	教材
0493 ☐	教练 jiàoliàn	가르칠 교 익힐 련	명 감독, 코치	教练

0494	教训 jiàoxùn	가르칠 교 훈계할 훈	명 교훈 동 훈계하다, 꾸짖다	教训
0495	阶段 jiēduàn	섬돌 계 층계 단	명 단계, 계단	阶段
0496	结实 jiēshi	맺을 결 열매 실	형 단단하다, 견고하다	结实
0497	接触 jiēchù	맞이할 접 닿을 촉	동 접촉하다, 왕래하다	接触
0498	接待 jiēdài	맞이할 접 접대할 대	동 접대하다, 응접하다	接待
0499	接近 jiējìn	이을 접 가까울 근	동 접근하다, 가까이하다	接近
0500	节省 jiéshěng	절약할 절 덜 생	동 절약하다, 아끼다	节省
0501	结构 jiégòu	맺을 결 얽을 구	명 구성, 구조	结构
0502	结合 jiéhé	맺을 결 합할 합	동 결합하다, 결부하다	结合
0503	结论 jiélùn	맺을 결 논할 론	명 결론, 결말	结论
0504	结账 jiézhàng	맺을 결 장부 장	동 계산하다, 결산하다	结账
0505	戒 jiè	경계할 계	동 경계하다, 타이르다, (좋지 못한 습관을) 끊다	戒
0506	戒指 jièzhi	경계할 계 손가락 지	명 반지	戒指
0507	届 jiè	이를, 차례 계	양 회, 기, 차 (정기적인 행사를 세는 단위)	届
0508	借口 jièkǒu	빌릴 차 입 구	명 핑계, 구실	借口
0509	金属 jīnshǔ	쇠 금 속할 속	명 금속	金属
0510	尽快 jǐnkuài	다할 진 빠를 쾌	부 되도록 빨리	尽快

J

No.	단어	한자 뜻	의미	쓰기
0511	尽量 jǐnliàng	다할 진 헤아릴 량	동 최대한에 이르다 부 가능한 한, 양껏, 되도록	尽量
0512	紧急 jǐnjí	긴할 긴 급할 급	형 긴급하다	紧急
0513	谨慎 jǐnshèn	삼갈, 조심할 근 삼갈 신	형 신중하다	谨慎
0514	尽力 jìnlì	다할 진 힘 력	동 온 힘을 다하다	尽力
0515	进步 jìnbù	나아갈 진 걸음 보	동 진보하다	进步
0516	进口 jìnkǒu	나아갈 진 입 구	동 수입하다	进口
0517	近代 jìndài	가까울 근 시대 대	명 근대 (중국에서는 1840년 아편 전쟁부터 1919년 오사운동까지로 구분함)	近代
0518	经典 jīngdiǎn	지날 경 법 전	명 고전 형 전형적인, 권위적인	经典
0519	经商 jīngshāng	경영할 경 장사할 상	동 장사하다	经商
0520	经营 jīngyíng	경영할 경 경영할 영	동 경영하다, 운영하다	经营
0521	精力 jīnglì	정신 정 힘 력	명 정력, 정신과 체력	精力
0522	精神 jīngshén	아름다울 정 귀신 신	명 정신	精神
0523	酒吧 jiǔbā	술 주 어조사 파	명 술집	酒吧
0524	救 jiù	구원할 구	동 구하다, 구조하다	救
0525	救护车 jiùhùchē	구원할 구 도울 호 수레 차	명 구급차	救护车
0526	舅舅 jiùjiu	외삼촌 구	명 외삼촌	舅舅
0527	居然 jūrán	살 거 그러할 연	부 뜻밖에, 놀랍게도	居然

번호	단어	한자 뜻	의미	쓰기
0528	桔子 júzi	귤나무 귤 접미사 자	명 귤	桔子
0529	巨大 jùdà	클 거 큰 대	형 (규모·수량 등이) 아주 크다	巨大
0530	具备 jùbèi	갖출 구 갖출 비	동 (물품 등을) 갖추다, 구비하다	具备
0531	具体 jùtǐ	갖출 구 몸 체	형 구체적이다	具体
0532	俱乐部 jùlèbù	함께 구 즐길 락 떼 부	명 동호회, 클럽	俱乐部
0533	据说 jùshuō	근거 거 말씀 설	동 듣건대, 말하는 바에 의하면	据说
0534	捐 juān	버릴, 기부할 연	동 헌납하다, 기부하다	捐
0535	决赛 juésài	결정할 결 겨룰 새	명 결승전	决赛
0536	决心 juéxīn	결정할 결 마음 심	명 결심, 결의 동 결심하다, 다짐하다	决心
0537	角色 juésè	배우 각 빛 색	명 (연극이나 영화·TV의) 배역, 역할	角色
0538	绝对 juéduì	끊을 절 대할 대	부 절대로, 반드시	绝对
0539	军事 jūnshì	군사 군 일 사	명 군사	军事
0540	均匀 jūnyún	고를 균 균등할 균	형 균등하다, 고르다	均匀
0541	卡车 kǎchē	트럭 가 수레 차	명 트럭	卡车
0542	开发 kāifā	열 개 필 발	동 (자연 환경을) 개발하다, (인재나 기술을) 개발하다, 발굴하다	开发
0543	开放 kāifàng	열 개 놓을 방	동 개방하다 형 (성격이나 생각이) 개방적이다, 명랑하다	开放
0544	开幕式 kāimùshì	열 개 장막 막 의식 식	명 개막식	开幕式

K

번호	단어	한자 뜻	의미	쓰기
0545 ☑	开水 kāishuǐ	열 개 물 수	명 끓인 물	开水
0546 ☐	砍 kǎn	벨 감	동 (도끼 등으로) 찍다, 패다, 취소하다, (값을) 깍다	砍
0547 ☐	看不起 kànbuqǐ	볼 간 아닐 불 일어날 기	동 경시하다, 얕보다	看不起
0548 ☐	看望 kànwàng	볼 간 바랄 망	동 방문하다, 문안하다	看望
0549 ☐	靠 kào	기댈 고	동 기대다	靠
0550 ☐	颗 kē	낟알 과	양 알, 방울 (둥글고 작은 알맹이 모양의 물건을 세는 단위)	颗
0551 ☐	可见 kějiàn	옳을 가 볼 견	접 ~임을 알 수 있다	可见
0552 ☐	可靠 kěkào	옳을 가 기댈 고	형 믿을 만하다	可靠
0553 ☐	可怕 kěpà	옳을 가 두려워할 파	형 두렵다	可怕
0554 ☐	克 kè	극복할 극	양 그램(g)	克
0555 ☐	克服 kèfú	극복할 극 복종할 복	동 극복하다, 이겨 내다	克服
0556 ☐	刻苦 kèkǔ	새길 각 쓸 고	형 열심히 하다, 고생을 참아 내다	刻苦
0557 ☐	客观 kèguān	손님 객 볼 관	형 객관적이다	客观
0558 ☐	课程 kèchéng	과정 과 길 정	명 교육 과정	课程
0559 ☐	空间 kōngjiān	빌 공 사이 간	명 공간	空间
0560 ☐	空闲 kòngxián	빌 공 한가할 한	명 틈, 여가 형 한가하다, 여유가 있다	空闲
0561 ☐	控制 kòngzhì	제압할 공 절제할 제	동 제어하다, 통제하다	控制

0562	口味 kǒuwèi	입 구 맛 미	명 입맛, 기호, 취향	口味
0563	夸 kuā	자랑할 과	동 칭찬하다, 과장하다	夸
0564	夸张 kuāzhāng	자랑할 과 넓힐 장	형 과장하다	夸张
0565	会计 kuàijì	모일 회 셀 계	명 회계, 경리	会计
0566	宽 kuān	넓을 관	형 넓다	宽
0567	昆虫 kūnchóng	맏 곤 벌레 충	명 곤충	昆虫
0568	扩大 kuòdà	넓힐 확 클 대	동 (범위나 규모를) 확대하다, 넓히다	扩大
0569	辣椒 làjiāo	매울 랄 고추 초	명 고추	辣椒
0570	拦 lán	막을 란	동 (가로)막다, 저지하다	拦
0571	烂 làn	문드러질 란	형 썩다, 부패하다	烂
0572	朗读 lǎngdú	밝을 랑 읽을 독	동 낭독하다	朗读
0573	劳动 láodòng	일할 로 움직일 동	명 노동, 일 동 노동하다, 일하다	劳动
0574	劳驾 láojià	일할 로 탈 가	동 실례합니다, 죄송합니다 (부탁이나 양보를 청할 때 사용)	劳驾
0575	老百姓 lǎobǎixìng	늙을 로 일백 백 성씨 성	명 백성, 국민	老百姓
0576	老板 lǎobǎn	늙을 로 상점 주인 판	명 상점 주인, 사장	老板
0577	老婆 lǎopo	늙을 로 할미 파	명 아내	老婆
0578	老实 lǎoshi	늙을 로 열매 실	형 성실하다, 솔직하다	老实

L

0579 ☑	老鼠 lǎoshǔ	늙을 로 쥐 서	명 쥐	老鼠
0580 ☐	姥姥 lǎolao	외조모 로	명 외할머니	姥姥
0581 ☐	乐观 lèguān	즐길 락 볼 관	형 낙관적이다	乐观
0582 ☐	雷 léi	우레 뢰	명 천둥, 우레	雷
0583 ☐	类型 lèixíng	종류 류 유형 형	명 유형	类型
0584 ☐	冷淡 lěngdàn	추울 랭 묽을 담	형 쌀쌀하다, 냉담하다	冷淡
0585 ☐	厘米 límǐ	다스릴 리 쌀 미	양 센티미터(cm)	厘米
0586 ☐	离婚 líhūn	떠날 리 혼인할 혼	동 이혼하다	离婚
0587 ☐	梨 lí	배나무 리	명 배(과일)	梨
0588 ☐	理论 lǐlùn	도리, 이치 리 논할 론	명 이론	理论
0589 ☐	理由 lǐyóu	도리, 이치 리 말미암을 유	명 이유, 까닭	理由
0590 ☐	力量 lìliang	힘 력 헤아릴 량	명 역량, 힘	力量
0591 ☐	立即 lìjí	설 립 곧 즉	부 곧, 즉시	立即
0592 ☐	立刻 lìkè	설 립 새길 각	부 (짧은 시간 내에) 즉시, 바로	立刻
0593 ☐	利润 lìrùn	이로울 리 윤택할 윤	명 이윤	利润
0594 ☐	利息 lìxī	이로울 리 쉴 식	명 이자	利息
0595 ☐	利益 lìyì	이로울 리 더할 익	명 이익, 이득	利益

번호	단어	한자 뜻	의미	쓰기
0596	利用 lìyòng	이로울 리 쓸 용	동 이용하다	利用
0597	连忙 liánmáng	잇닿을 련 바쁠 망	부 (마음이 조급하여) 급히, 재빨리	连忙
0598	连续 liánxù	잇닿을 련 이을 속	동 연속하다, 계속하다	连续
0599	联合 liánhé	연이을 련 합할 합	동 연합하다, 단결하다	联合
0600	恋爱 liàn'ài	그리워할 련 사랑 애	동 연애하다	恋爱
0601	良好 liánghǎo	좋을 량 좋을 호	형 좋다, 양호하다	良好
0602	粮食 liángshi	양식 량 먹을 식	명 양식, 식량	粮食
0603	亮 liàng	밝을 량	형 밝다, 빛나다	亮
0604	了不起 liǎobuqǐ	마칠 료 아닐 불 일어날 기	형 대단하다, 굉장하다	了不起
0605	列车 lièchē	줄 렬 수레 차	명 열차	列车
0606	临时 línshí	임할 림 때 시	형 일시적인, 잠시의 부 때에 이르다, 그때가 되다	临时
0607	灵活 línghuó	신령 령 살 활	형 민첩하다, 융통성 있다	灵活
0608	铃 líng	방울 령	명 방울, 종	铃
0609	零件 língjiàn	떨어질 령 물건 건	명 부품, 부속품	零件
0610	零食 língshí	떨어질 령 먹을 식	명 간식, 군것질	零食
0611	领导 lǐngdǎo	거느릴 령 인도할 도	명 지도자, 리더 동 지도하다, 이끌고 나가다	领导
0612	领域 lǐngyù	거느릴 령 지역 역	명 분야, 영역	领域

L
M

번호	단어	한자 뜻	의미	쓰기
0613 ☑	浏览 liúlǎn	맑을 류 볼 람	동 대충 훑어보다	浏览
0614 ☐	流传 liúchuán	흐를 류 전할 전	동 널리 퍼지다, 유전되다, 내려오다	流传
0615 ☐	流泪 liúlèi	흐를 류 눈물 루	동 눈물을 흘리다	流泪
0616 ☐	龙 lóng	용 룡	명 용	龙
0617 ☐	漏 lòu	샐 루	동 (물이) 새다, 빠지다, 누락되다	漏
0618 ☐	陆地 lùdì	뭍 육 땅 지	명 육지, 땅	陆地
0619 ☐	陆续 lùxù	뭍 육 이을 속	부 (순서대로) 연이어, 끊임없이	陆续
0620 ☐	录取 lùqǔ	채용할 록 가질 취	동 (시험으로) 뽑다, 합격시키다	录取
0621 ☐	录音 lùyīn	기록할 록 소리 음	동 녹음하다	录音
0622 ☐	轮流 lúnliú	바퀴 륜 흐를 류	동 차례로 ~하다	轮流
0623 ☐	论文 lùnwén	논할 론 글월 문	명 논문	论文
0624 ☐	逻辑 luójí	순찰할 라 편집할 집	명 논리	逻辑
0625 ☐	落后 luòhòu	떨어질 락 뒤 후	형 뒤떨어지다, 낙후되다	落后
0626 ☐	骂 mà	꾸짖을 매	동 질책하다, 꾸짖다	骂
0627 ☐	麦克风 màikèfēng	보리 맥 이길 극 바람 풍	명 마이크	麦克风
0628 ☐	馒头 mántou	만두 만 접미사 두	명 만터우, 찐빵	馒头
0629 ☐	满足 mǎnzú	찰 만 발 족	동 ~을 만족시키다, 만족하다	满足

번호	단어	한자 뜻	의미	쓰기
0630	毛病 máobìng	털 모 병, 결함 병	명 고장, 결점, 약점	毛病
0631	矛盾 máodùn	창 모 방패 순	명 모순, 대립, 의견 불일치 형 모순적이다	矛盾
0632	冒险 màoxiǎn	무릅쓸 모 험할 험	동 위험을 무릅쓰다, 모험하다	冒险
0633	贸易 màoyì	무역할 무 바꿀 역	명 무역	贸易
0634	眉毛 méimao	눈썹 미 털 모	명 눈썹	眉毛
0635	媒体 méitǐ	중매 매 몸 체	명 미디어, 대중 매체	媒体
0636	煤炭 méitàn	그을음 매 숯 탄	명 석탄	煤炭
0637	美术 měishù	아름다울 미 재주 술	명 미술	美术
0638	魅力 mèilì	매혹할 매 힘 력	명 매력	魅力
0639	梦想 mèngxiǎng	꿈 몽 생각할 상	명 꿈, 몽상 동 갈망하다	梦想
0640	秘密 mìmì	숨길 비 빽빽할 밀	명 비밀	秘密
0641	秘书 mìshū	숨길 비 글 서	명 비서	秘书
0642	密切 mìqiè	빽빽할 밀 온통 체	형 (관계가) 밀접하다, (문제 등을) 주의 깊게 살피다, 세밀하다	密切
0643	蜜蜂 mìfēng	꿀 밀 벌 봉	명 꿀벌	蜜蜂
0644	面对 miànduì	낯 면 대할 대	동 마주보다, 직면하다	面对
0645	面积 miànjī	낯 면 쌓을 적	명 면적	面积
0646	面临 miànlín	낯 면 임할 림	동 (문제 · 상황에) 직면하다, 당면하다	面临

M

번호	단어	한자 뜻	의미	쓰기
0647 ☑	苗条 miáotiao	싹 묘 가지 조	형 (몸매가) 날씬하다, 호리호리하다	苗条
0648 ☐	描写 miáoxiě	그릴 묘 쓸 사	동 베끼다, 묘사하다	描写
0649 ☐	敏感 mǐngǎn	재빠를 민 느낄 감	형 민감하다, 예민하다	敏感
0650 ☐	名牌 míngpái	이름 명 명패 패	명 유명 상표	名牌
0651 ☐	名片 míngpiàn	이름 명 조각 편	명 명함	名片
0652 ☐	名胜古迹 míngshèng gǔjì	이름 명 훌륭할 승 옛 고 자취 적	명 명승고적	名胜古迹
0653 ☐	明确 míngquè	밝을 명 굳을 확	동 명확하게 하다 형 명확하다	明确
0654 ☐	明显 míngxiǎn	밝을 명 나타날 현	형 뚜렷하다, 확연히 드러나다	明显
0655 ☐	明星 míngxīng	밝을 명 별 성	명 스타	明星
0656 ☐	命令 mìnglìng	목숨 명 하여금 령	명 명령 동 명령하다	命令
0657 ☐	命运 mìngyùn	목숨 명 옮길 운	명 운명	命运
0658 ☐	摸 mō	더듬을 막	동 쓰다듬다, 더듬어 찾다	摸
0659 ☐	模仿 mófǎng	본뜰 모 본뜰 방	동 모방하다, 본뜨다	模仿
0660 ☐	模糊 móhu	모호할 모 흐릿할 호	동 애매하게 하다 형 모호하다, 분명하지 않다	模糊
0661 ☐	模特儿 mótèr	본보기 모 특별한 특 접미사 아	명 모델	模特儿
0662 ☐	摩托车 mótuōchē	문지를 마 맡길 탁 수레 차	명 오토바이	摩托车
0663 ☐	陌生 mòshēng	길, 거리 맥 날 생	형 생소하다, 낯설다	陌生

0664	某 mǒu	아무 모	대 아무, 어느	某
0665	木头 mùtou	나무 목 접미사 두	명 나무, 목재	木头
0666	目标 mùbiāo	눈 목 표할 표	명 목표	目标
0667	目录 mùlù	눈 목 기록할 록	명 목록	目录
0668	目前 mùqián	눈 목 앞 전	명 현재	目前
0669	哪怕 nǎpà	어찌 나 두려워할 파	접 설사(비록) ~일지라도	哪怕
0670	难怪 nánguài	어려울 난 괴이할 괴	부 어쩐지, 과연	难怪
0671	难免 nánmiǎn	어려울 난 면할 면	형 면하기 어렵다, 불가피하다	难免
0672	脑袋 nǎodai	골 뇌 자루 대	명 두뇌, 지능	脑袋
0673	内部 nèibù	안 내 나눌 부	명 내부	内部
0674	内科 nèikē	안 내 과목 과	명 내과	内科
0675	嫩 nèn	연할 눈	형 부드럽다, 연하다	嫩
0676	能干 nénggàn	능할 능 일할 간	형 재능 있다, 솜씨 있다	能干
0677	能源 néngyuán	능할 능 근원 원	명 에너지	能源
0678	嗯 ṅg	대답할 은	감 응, 그래	嗯
0679	年代 niándài	해 년 시대 대	명 연대, 시기	年代
0680	年纪 niánjì	해 년 세월 기	명 나이, 연령	年纪

번호	단어	한자 뜻	의미	쓰기
0681	念 niàn	생각 념	동 그리워하다, 낭독하다	念
0682	宁可 nìngkě	편안할 녕 옳을 가	부 차라리(~할지언정), 설령 ~할지라도	宁可
0683	牛仔裤 niúzǎikù	소 우 견딜 자 바지 고	명 청바지	牛仔裤
0684	农村 nóngcūn	농사 농 마을 촌	명 농촌	农村
0685	农民 nóngmín	농사 농 백성 민	명 농민	农民
0686	农业 nóngyè	농사 농 업 업	명 농업	农业
0687	浓 nóng	짙을 농	형 (농도가) 진하다, 짙다	浓
0688	女士 nǚshì	여자 여 선비 사	명 여사, 숙녀	女士
0689	欧洲 Ōuzhōu	유럽 구 섬 주	명 유럽	欧洲
0690	偶然 ǒurán	우연히 우 그럴 연	형 우연하다 부 우연히, 뜻밖에	偶然
0691	拍 pāi	칠 박	동 (손바닥으로) 치다, (사진을) 찍다	拍
0692	派 pài	파견할 파	동 보내다, 파견하다	派
0693	盼望 pànwàng	바라볼 반 바랄 망	동 간절히 바라다	盼望
0694	培训 péixùn	북돋을 배 가르칠 훈	동 (기술자 · 전문가를) 양성하다, 훈련하다	培训
0695	培养 péiyǎng	배양할 배 기를 양	동 배양하다, 양성하다	培养
0696	赔偿 péicháng	물어줄 배 갚을 상	동 배상하다, 변상하다	赔偿
0697	佩服 pèifú	찰 패 옷 복	동 탄복하다, 감탄하다	佩服

0698 ☑	配合 pèihé	짝 배 합할 합	동 협력하다	配合
0699 ☐	盆 pén	동이 분	명 대야, 화분	盆
0700 ☐	碰 pèng	부딪칠 팽	동 부딪치다, 우연히 만나다	碰
0701 ☐	批 pī	비평할 비	양 무리, 떼, 묶음	批
0702 ☐	批准 pīzhǔn	비평할 비 준할 준	동 (조약을) 비준하다, (하급 기관의 의견 · 건의 · 요구 등을) 허가하다	批准
0703 ☐	披 pī	입을 피	동 덮다, 걸치다	披
0704 ☐	疲劳 píláo	피곤할 피 일할 로	명 피로 형 피곤하다	疲劳
0705 ☐	匹 pǐ	필 필	양 필(말 · 비단 등을 세는 단위)	匹
0706 ☐	片 piàn	조각 편	양 편(조각 · 면적 등을 세는 단위)	片
0707 ☐	片面 piànmiàn	조각 편 낯 면	형 일방적이다, 단편적이다	片面
0708 ☐	飘 piāo	나부낄 표	동 나부끼다, 휘날리다	飘
0709 ☐	拼音 pīnyīn	붙일 병 소리 음	명 병음	拼音
0710 ☐	频道 píndào	자주 빈 길 도	명 채널	频道
0711 ☐	平 píng	평평할 평	형 평평하다	平
0712 ☐	平安 píng'ān	평평할 평 편안할 안	형 평안하다	平安
0713 ☐	平常 píngcháng	평평할 평 항상 상	명 평소 형 평범하다, 일반적이다	平常
0714 ☐	平等 píngděng	평평할 평 같을 등	형 평등하다	平等

번호	단어	한자 뜻	의미	쓰기
0715 ☑	平方 píngfāng	평평할 평 모 방	양 평방미터	平方
0716 ☐	平衡 pínghéng	평평할 평 저울대 형	동 균형을 맞추다 형 균형이 맞다	平衡
0717 ☐	平静 píngjìng	평평할 평 고요할 정	형 (감정 · 환경 등이) 조용하다, 평온하다	平静
0718 ☐	平均 píngjūn	평평할 평 고를 균	형 평균의, 균등한	平均
0719 ☐	评价 píngjià	평할 평 값 가	동 평가하다 명 평가	评价
0720 ☐	凭 píng	기댈 빙	전 ~에 근거하여, ~에 따라	凭
0721 ☐	迫切 pòqiè	급박할 박 끊을 절	형 절박하다	迫切
0722 ☐	破产 pòchǎn	깨뜨릴 파 낳을 산	동 파산하다	破产
0723 ☐	破坏 pòhuài	깨뜨릴 파 무너질 괴	동 훼손시키다, 파괴하다	破坏
0724 ☐	期待 qīdài	기약할 기 기다릴 대	동 기대하다	期待
0725 ☐	期间 qījiān	기간 기 사이 간	명 기간	期间
0726 ☐	其余 qíyú	그 기 남을 여	대 나머지	其余
0727 ☐	奇迹 qíjì	신기할 기 자취 적	명 기적	奇迹
0728 ☐	企业 qǐyè	꾀할 기 업 업	명 기업	企业
0729 ☐	启发 qǐfā	열 계 필 발	동 일깨우다, 영감을 주다	启发
0730 ☐	气氛 qìfēn	기운 기 기운 분	명 분위기	气氛
0731 ☐	汽油 qìyóu	김 기 기름 유	명 휘발유	汽油

0732	谦虚 qiānxū	겸손할 겸 빌 허	형 겸손하다	谦虚
0733	签 qiān	제비 첨	동 서명하다	签
0734	前途 qiántú	앞 전 길 도	명 앞길, 전망	前途
0735	浅 qiǎn	얕을 천	형 얕다	浅
0736	欠 qiàn	하품 흠	동 빚지다	欠
0737	枪 qiāng	창 창	명 총	枪
0738	强调 qiángdiào	강할 강 조절할 조	동 강조하다	强调
0739	强烈 qiángliè	강할 강 세찰 렬	형 강렬하다	强烈
0740	墙 qiáng	담 장	명 담장, 벽	墙
0741	抢 qiǎng	빼앗을 창	동 빼앗다, 약탈하다	抢
0742	悄悄 qiāoqiāo	조용할 초	부 (소리나 행동을) 은밀히, 몰래	悄悄
0743	瞧 qiáo	몰래 볼 초	동 보다, 들여다보다	瞧
0744	巧妙 qiǎomiào	공교할 교 묘할 묘	형 (방법이나 기술 등이) 교묘하다	巧妙
0745	切 qiē	끊을 절	동 (칼로) 썰다, 자르다	切
0746	亲爱 qīn'ài	친할 친 사랑 애	형 친애하다	亲爱
0747	亲切 qīnqiè	친할 친 정성스러울 절	형 친절하다	亲切
0748	亲自 qīnzì	친할 친 스스로 자	부 몸소, 직접	亲自

Q

번호	단어	한자 뜻	의미	쓰기
0749	勤奋 qínfèn	부지런할 근 떨칠 분	형 (공부나 일을) 꾸준히 하다, 근면하다	勤奋
0750	青 qīng	푸를 청	형 푸르다	青
0751	青春 qīngchūn	푸를 청 봄 춘	명 청춘	青春
0752	青少年 qīngshàonián	푸를 청 젊을 소 해 년	명 청소년	青少年
0753	轻视 qīngshì	가벼울 경 볼 시	동 무시하다, 얕보다	轻视
0754	轻易 qīngyì	가벼울 경 바꿀 역	형 경솔하다, 함부로 하다 부 제멋대로, 쉽게	轻易
0755	清淡 qīngdàn	맑을 청 맑을 담	형 (색상 · 맛 등이) 담백하다, 연하다	清淡
0756	情景 qíngjǐng	뜻 정 경치, 풍경 경	명 광경, 장면	情景
0757	情绪 qíngxù	뜻 정 실마리 서	명 기분, 정서, 의욕	情绪
0758	请求 qǐngqiú	청할 청 구할 구	동 요청하다, 부탁하다 명 요청, 부탁	请求
0759	庆祝 qìngzhù	경사 경 빌 축	동 축하하다	庆祝
0760	球迷 qiúmí	공 구 미혹할 미	명 (축구 · 야구 등) 팬, 공을 이용한 스포츠를 좋아하는 사람	球迷
0761	趋势 qūshì	추구할 추 형세 세	명 추세, 경향	趋势
0762	取消 qǔxiāo	가질 취 사라질 소	동 취소하다, 없애다	取消
0763	娶 qǔ	장가들 취	동 아내를 얻다, 장가들다	娶
0764	去世 qùshì	갈 거 세상 세	동 세상을 뜨다	去世
0765	圈 quān	우리 권	명 주위, 둘레	圈

0766	权力	quánlì	권세 권 힘 력	명 권력	权力
0767	权利	quánlì	권세 권 이로울 리	명 권리	权利
0768	全面	quánmiàn	온전할 전 낯 면	형 전면적이다, 전반적이다	全面
0769	劝	quàn	권할 권	동 권하다, 충고하다	劝
0770	缺乏	quēfá	모자랄 결 모자랄 핍	동 모자라다, 결핍되다	缺乏
0771	确定	quèdìng	굳을 확 정할 정	동 확정하다	确定
0772	确认	quèrèn	굳을 확 인정할 인	동 확인하다	确认
0773	群	qún	무리 군	양 무리, 떼	群
0774	燃烧	ránshāo	탈 연 불사를 소	동 연소하다	燃烧
0775	绕	rào	두를 요	동 감다, 휘감다, 우회하다, 돌아서 가다	绕
0776	热爱	rè'ài	더울 열 사랑 애	동 뜨겁게 사랑하다	热爱
0777	热烈	rèliè	더울 열 세찰 렬	형 열렬하다	热烈
0778	热心	rèxīn	더울 열 마음 심	형 열성적이다	热心
0779	人才	réncái	사람 인 재주 재	명 인재	人才
0780	人口	rénkǒu	사람 인 입 구	명 인구	人口
0781	人类	rénlèi	사람 인 무리 류	명 인류	人类
0782	人民币	rénmínbì	사람 인 백성 민 재물 폐	명 인민폐	人民币

R S

0783 ☑	人生 rénshēng	사람 인 날 생	명 인생	人生
0784 ☐	人事 rénshì	사람 인 일 사	명 인사, 인간사	人事
0785 ☐	人物 rénwù	사람 인 물건 물	명 인물	人物
0786 ☐	人员 rényuán	사람 인 인원 원	명 인원, 요원	人员
0787 ☐	忍不住 rěn bú zhù	참을 인 아닐 부 살 주	견딜 수 없다, 참을 수 없다	忍不住
0788 ☐	日常 rìcháng	날 일 항상 상	형 일상의	日常
0789 ☐	日程 rìchéng	날 일 길 정	명 일정	日程
0790 ☐	日历 rìlì	날 일 지날 력	명 달력	日历
0791 ☐	日期 rìqī	날 일 기약할 기	명 (특정한) 날짜	日期
0792 ☐	日用品 rìyòngpǐn	날 일 쓸 용 물건 품	명 일용품	日用品
0793 ☐	日子 rìzi	해 일 접미사 자	명 (작정한) 날, 날수, 기간, 시간, 세월	日子
0794 ☐	如何 rúhé	같을 여 어찌 하	대 어떻게, 어떠한가	如何
0795 ☐	如今 rújīn	같을 여 이제 금	명 오늘날, 현재	如今
0796 ☐	软 ruǎn	부드러울 연	형 부드럽다	软
0797 ☐	软件 ruǎnjiàn	연할 연 물건 건	명 소프트웨어	软件
0798 ☐	弱 ruò	약할 약	형 약하다, 허약하다, ~보다 못하다, 모자라다	弱
0799 ☐	洒 sǎ	뿌릴 쇄	동 (물이나 기타 사물을) 뿌리다, 사방에 흩뜨리다	洒

번호	단어	한자 뜻	의미	쓰기
0800	嗓子 sǎngzi	목구멍 상 / 접미사 자	명 목구멍, 목소리	嗓子
0801	色彩 sècǎi	빛 색 / 채색 채	명 색채	色彩
0802	杀 shā	죽일 살	동 죽이다, 살해하다	杀
0803	沙漠 shāmò	모래 사 / 사막 막	명 사막	沙漠
0804	沙滩 shātān	모래 사 / 물가 탄	명 모래사장	沙滩
0805	傻 shǎ	어리석을 사	형 어리석다, 바보 같다	傻
0806	晒 shài	쬘 쇄	동 햇볕을 쬐다, 말리다	晒
0807	删除 shānchú	깎을 산 / 덜, 제거할 제	동 삭제하다, 빼다	删除
0808	闪电 shǎndiàn	번쩍할 섬 / 번개 전	명 번개	闪电
0809	扇子 shànzi	부채 선 / 접미사 자	명 부채	扇子
0810	善良 shànliáng	착할 선 / 어질 량	형 선량하다, 착하다	善良
0811	善于 shànyú	잘할, 훌륭할 선 / 어조사 우	동 ~에 능숙하다, ~을 잘하다	善于
0812	伤害 shānghài	상처 상 / 해칠 해	동 손상시키다, 해치다	伤害
0813	商品 shāngpǐn	장사 상 / 물건 품	명 상품, 제품	商品
0814	商务 shāngwù	헤아릴 상 / 일할 무	명 상무, 상업상의 용무	商务
0815	商业 shāngyè	장사 상 / 업 업	명 상업	商业
0816	上当 shàngdàng	윗 상 / 마땅 당	동 속다, 사기를 당하다	上当

S

번호	단어	한자 뜻	의미	쓰기
0817 ☑	蛇 shé	뱀 사	명 뱀	蛇
0818 ☐	舍不得 shěbude	버릴 사 아닐 부 얻을 득	동 아쉽다, 헤어지기 섭섭하다	舍不得
0819 ☐	设备 shèbèi	세울 설 갖출 비	명 설비, 시설	设备
0820 ☐	设计 shèjì	세울 설 셀 계	동 설계하다, 디자인하다	设计
0821 ☐	设施 shèshī	세울 설 베풀 시	명 시설	设施
0822 ☐	射击 shèjī	쏠 사 칠 격	동 사격하다	射击
0823 ☐	摄影 shèyǐng	다스릴 섭 그림자 영	동 사진을 찍다, 영화를 촬영하다	摄影
0824 ☐	伸 shēn	펼 신	동 (신체나 사물의 일부분을) 펴다, 내밀다	伸
0825 ☐	身材 shēncái	몸 신 재목 재	명 몸매, 체격	身材
0826 ☐	身份 shēnfèn	몸 신 부분 분	명 신분, 지위	身份
0827 ☐	深刻 shēnkè	깊을 심 새길 각	형 (문제나 사물의) 핵심을 찌르다, (인상이) 깊다	深刻
0828 ☐	神话 shénhuà	신령 신 말씀 화	명 신화	神话
0829 ☐	神秘 shénmì	신령 신 숨길 비	형 신비하다	神秘
0830 ☐	升 shēng	오를 승	동 오르다, 올리다	升
0831 ☐	生产 shēngchǎn	날 생 낳을 산	동 생산하다	生产
0832 ☐	生动 shēngdòng	날 생 움직일 동	형 생동감 있다	生动
0833 ☐	生长 shēngzhǎng	날 생 자랄 장	동 성장하다	生长

번호	단어	한자 뜻	의미	쓰기
0834 ☑	声调 shēngdiào	소리 성 고를 조	명 성조	声调
0835 ☐	绳子 shéngzi	노끈 승 접미사 자	명 노끈, 밧줄	绳子
0836 ☐	省略 shěnglüè	덜 생 간략할 략	동 생략하다, 삭제하다	省略
0837 ☐	胜利 shènglì	이길 승 이로울 리	동 승리하다	胜利
0838 ☐	失眠 shīmián	잃을 실 잠잘 면	동 잠을 이루지 못하다	失眠
0839 ☐	失去 shīqù	잃을 실 갈 거	동 잃다, 잃어버리다	失去
0840 ☐	失业 shīyè	잃을 실 업 업	동 실직하다	失业
0841 ☐	诗 shī	시 시	명 시	诗
0842 ☐	狮子 shīzi	사자 사 접미사 자	명 사자	狮子
0843 ☐	湿润 shīrùn	축축할 습 젖을 윤	형 축축하다, 습윤하다	湿润
0844 ☐	石头 shítou	돌 석 접미사 두	명 돌	石头
0845 ☐	时差 shíchā	때 시 다를 차	명 시차	时差
0846 ☐	时代 shídài	때 시 시대 대	명 시대, 시절	时代
0847 ☐	时刻 shíkè	때 시 새길 각	명 시각, 때, 시간 안의 어떤 시점 부 늘, 시시각각	时刻
0848 ☐	时髦 shímáo	때 시 빼어날 모	형 유행이다, 최신식이다	时髦
0849 ☐	时期 shíqī	때 시 기약할 기	명 (특정한) 시기	时期
0850 ☐	时尚 shíshàng	때 시 숭상할 상	명 시대적 유행, 패션 형 유행하다	时尚

S

번호	단어	한자 뜻	의미	쓰기
0851 ☑	实话 shíhuà	열매 실 말씀 화	명 솔직한 말, 정말	实话
0852 ☐	实践 shíjiàn	열매 실 실행할 천	동 실천하다, 실행하다	实践
0853 ☐	实习 shíxí	열매 실 익힐 습	동 실습하다	实习
0854 ☐	实现 shíxiàn	열매 실 나타날 현	동 실현하다	实现
0855 ☐	实验 shíyàn	열매 실 시험 험	명 실험 동 실험하다, 실제로 경험하다	实验
0856 ☐	实用 shíyòng	열매 실 쓸 용	형 실용적이다	实用
0857 ☐	食物 shíwù	먹을 식 물건 물	명 음식물	食物
0858 ☐	使劲 shǐjìn	부릴 사 굳셀 경	동 힘을 쓰다	使劲
0859 ☐	始终 shǐzhōng	비로소 시 마칠 종	부 시종일관, 한결같이	始终
0860 ☐	士兵 shìbīng	선비 사 병사 병	명 병사	士兵
0861 ☐	市场 shìchǎng	시장 시 마당 장	명 시장	市场
0862 ☐	似的 shìde	닮을 사 과녁 적	조 비슷하다, ~와 같다	似的
0863 ☐	事实 shìshí	일 사 열매 실	명 사실	事实
0864 ☐	事物 shìwù	일 사 물건 물	명 사물	事物
0865 ☐	事先 shìxiān	일 사 먼저 선	명 사전에, 미리	事先
0866 ☐	试卷 shìjuàn	시험 시 책 권	명 시험지, 답안지	试卷
0867 ☐	收获 shōuhuò	거둘 수 거둘 확	명 수확, 성과 동 수확하다, 거두어들이다	收获

0868	收据 shōujù	거둘 수 근거 거	명 영수증	收据
0869	手工 shǒugōng	손 수 장인 공	명 수공, 손으로 하는 공예 동 손으로 하다	手工
0870	手术 shǒushù	손 수 재주 술	명 수술	手术
0871	手套 shǒutào	손 수 씌울 투	명 장갑	手套
0872	手续 shǒuxù	손 수 이을 속	명 수속, 절차	手续
0873	手指 shǒuzhǐ	손 수 손가락 지	명 손가락	手指
0874	首 shǒu	머리 수	양 (시, 노래 등의) 수	首
0875	寿命 shòumìng	목숨 수 목숨 명	명 수명, 목숨	寿命
0876	受伤 shòushāng	받을 수 상처 상	동 다치다, 손상을 입다	受伤
0877	书架 shūjià	글 서 선반 가	명 책장	书架
0878	梳子 shūzi	빗 소 접미사 자	명 빗	梳子
0879	舒适 shūshì	펼 서 맞을 적	형 편안하다, 쾌적하다	舒适
0880	输入 shūrù	보낼 수 들 입	동 입력하다	输入
0881	蔬菜 shūcài	나물 소 나물 채	명 채소	蔬菜
0882	熟练 shúliàn	익을 숙 익힐 련	형 숙련되다, 능숙하다	熟练
0883	属于 shǔyú	무리 속 어조사 우	동 (~의 범위에) 속하다	属于
0884	鼠标 shǔbiāo	쥐 서 표할 표	명 (컴퓨터의) 마우스	鼠标

S

번호	단어	한자 뜻	의미	쓰기
0885 ☑	数 shǔ	숫자 수	동 세다, 헤아리다	数
0886 ☐	数据 shùjù	셈 수 근거 거	명 데이터, 통계 수치	数据
0887 ☐	数码 shùmǎ	셈 수 셈할 마	명 숫자, 디지털	数码
0888 ☐	摔倒 shuāidǎo	내던질 솔 넘어질 도	동 넘어지다, 자빠지다	摔倒
0889 ☐	甩 shuǎi	던질 솔	동 휘두르다, 뿌리치다, 내던지다	甩
0890 ☐	双方 shuāngfāng	쌍 쌍 상대 방	명 쌍방, 양측	双方
0891 ☐	税 shuì	세금 세	명 세금	税
0892 ☐	说不定 shuōbudìng	말씀 설 아닐 부 정할 정	동 ~일지도 모른다 부 아마, 짐작컨대	说不定
0893 ☐	说服 shuōfú	말씀 설 복종할 복	동 설득하다, 납득시키다	说服
0894 ☐	丝绸 sīchóu	실 사 얽을 주	명 비단, 명주	丝绸
0895 ☐	丝毫 sīháo	실 사 터럭 호	형 조금도, 추호도	丝毫
0896 ☐	私人 sīrén	개인 사 사람 인	명 개인	私人
0897 ☐	思考 sīkǎo	생각 사 생각할 고	동 깊이 생각하다, 사색하다	思考
0898 ☐	思想 sīxiǎng	생각 사 생각 상	명 사상, 생각, 견해	思想
0899 ☐	撕 sī	찢을 시	동 (손으로) 찢다, 떼다	撕
0900 ☐	似乎 sìhū	닮을 사 어조사 호	부 마치 ~인 것 같다	似乎
0901 ☐	搜索 sōusuǒ	찾을 수 찾을 색	동 수색하다, (인터넷에) 검색하다	搜索

번호	단어	한자 뜻	의미	쓰기
0902	宿舍 sùshè	잘 숙 집 사	명 기숙사	宿舍
0903	随身 suíshēn	따를 수 몸 신	형 몸에 지니다, 휴대하다	随身
0904	随时 suíshí	따를 수 때 시	부 수시로, 언제든지	随时
0905	随手 suíshǒu	따를 수 손 수	부 ~하는 김에	随手
0906	碎 suì	부술 쇄	형 부수다, 깨지다	碎
0907	损失 sǔnshī	덜 손 잃을 실	명 손해, 손실 동 손해를 보다, 손실되다	损失
0908	缩短 suōduǎn	줄일 축 짧을 단	동 (길이 · 거리 · 시간 등을) 줄이다, 단축하다	缩短
0909	所 suǒ	바, 곳 소	명 장소, 곳 (비영리 단체) 조 (~에 의해) 당하다, ~되다	所
0910	锁 suǒ	쇠사슬 쇄	명 자물쇠 동 잠그다, 채우다	锁
0911	台阶 táijiē	무대 대 섬돌 계	명 층계, 계단	台阶
0912	太极拳 tàijíquán	클 태 다할 극 주먹 권	명 태극권	太极拳
0913	太太 tàitai	클 태	명 아내, 부인 (결혼한 여자에 대한 존칭)	太太
0914	谈判 tánpàn	말씀 담 판단할 판	동 담판하다, 협상하다	谈判
0915	坦率 tǎnshuài	너그러울 탄 거느릴 솔	형 솔직하다, 정직하다	坦率
0916	烫 tàng	데울 탕	동 피하다, 달아나다, (불이나 뜨거운 물에) 데다, 화상 입다 형 (몹시) 뜨겁다	烫
0917	逃 táo	도망할 도	동 피하다, 달아나다	逃
0918	逃避 táobì	도망할 도 피할 피	동 도피하다	逃避

T

번호	단어	한자 뜻	의미	쓰기
0919 ☑	桃 táo	복숭아 도	명 복숭아	桃
0920 ☐	淘气 táoqì	일 도 기운 기	형 장난이 심하다, 개구쟁이다	淘气
0921 ☐	讨价还价 tǎojià huánjià	구할 토 값 가 돌아올 환 값 가	값을 흥정하다	讨价还价
0922 ☐	套 tào	덮개 투	양 벌, 조, 세트	套
0923 ☐	特色 tèsè	특별할 특 빛 색	명 특색, 특징	特色
0924 ☐	特殊 tèshū	특별할 특 다를 수	형 특수하다, 특별하다	特殊
0925 ☐	特征 tèzhēng	특별할 특 부를 징	명 특징	特征
0926 ☐	疼爱 téng'ài	아플 동 사랑 애	동 매우 사랑하다, 애지중지하다	疼爱
0927 ☐	提倡 tíchàng	끌 제 광대 창	동 주장하다, 제창하다	提倡
0928 ☐	提纲 tígāng	끌 제 벼리 강	명 요점, 개요	提纲
0929 ☐	提问 tíwèn	끌 제 물을 문	동 질문하다	提问
0930 ☐	题目 tímù	제목 제 눈 목	명 제목, 표제	题目
0931 ☐	体会 tǐhuì	몸 체 모일, 깨달을 회	동 체득하다, 이해하다 명 (체험에서 얻은) 느낌, 경험	体会
0932 ☐	体贴 tǐtiē	몸 체 붙을 첩	동 보살피다, 자상하게 돌보다	体贴
0933 ☐	体现 tǐxiàn	몸 체 나타날 현	동 구체적으로 드러내다, 구현하다	体现
0934 ☐	体验 tǐyàn	몸 체 시험 험	동 체험하다	体验
0935 ☐	天空 tiānkōng	하늘 천 빌 공	명 하늘	天空

T

0936	天真 tiānzhēn	하늘 천 / 참 진	형 천진하다, 순진하다	天真
0937	调皮 tiáopí	조절할 조 / 가죽 피	형 장난치다, 짓궂다 / 말을 잘 듣지 않다	调皮
0938	调整 tiáozhěng	조절할 조 / 가지런할 정	동 조정하다, 조절하다	调整
0939	挑战 tiǎozhàn	돋울 도 / 싸움 전	명 도전 / 동 도전하다	挑战
0940	通常 tōngcháng	통할 통 / 항상 상	명 일반, 보통 / 형 일반적이다, 보통이다	通常
0941	统一 tǒngyī	합칠 통 / 한 일	형 통일된, 일치한	统一
0942	痛苦 tòngkǔ	아플 통 / 쓸 고	형 고통을 감내하다, 괴롭다 / 명 고통, 아픔	痛苦
0943	痛快 tòngkuài	아플 통 / 쾌할 쾌	형 통쾌하다, 기분 좋다	痛快
0944	偷 tōu	훔칠 투	동 훔치다	偷
0945	投入 tóurù	던질 투 / 들 입	동 뛰어들다, 투입하다 / 형 몰두하다	投入
0946	投资 tóuzī	던질 투 / 재물 자	명 투자(금) / 동 투자하다	投资
0947	透明 tòumíng	통과할 투 / 밝을 명	형 투명하다, 공개적이다	透明
0948	突出 tūchū	부딪칠 돌 / 날 출	동 뚜렷하게 하다 / 형 돋보이다, 부각되다	突出
0949	土地 tǔdì	흙 토 / 땅 지	명 토지, 땅	土地
0950	土豆 tǔdòu	흙 토 / 콩 두	명 감자	土豆
0951	吐 tǔ	토할 토	동 구토하다, / 착복한 재물을 내놓다	吐
0952	兔子 tùzi	토끼 토 / 접미사 자	명 토끼	兔子

번호	단어	한자 뜻	의미	쓰기
0953	团 tuán	모일 단	명 단체, 집단, 그룹	团
0954	推辞 tuīcí	밀 추 사양할 사	동 거절하다, 사양하다	推辞
0955	推广 tuīguǎng	밀 추 넓을 광	동 확대하다, 널리 보급하다	推广
0956	推荐 tuījiàn	밀 추 천거할 천	동 추천하다	推荐
0957	退 tuì	물러날 퇴	동 물러서다, 후퇴하다, (관직 등에서) 물러나다	退
0958	退步 tuìbù	물러날 퇴 걸음 보	동 퇴보하다, 뒷걸음질하다	退步
0959	退休 tuìxiū	물러날 퇴 쉴 휴	동 은퇴하다, 퇴직하다	退休
0960	歪 wāi	기울 왜	형 비뚤다, 바르지 않다	歪
0961	外公 wàigōng	바깥 외 함께할 공	명 외할아버지	外公
0962	外交 wàijiāo	바깥 외 사귈 교	명 외교	外交
0963	完美 wánměi	완전할 완 아름다울 미	형 완전하다, 흠잡을 데가 없다	完美
0964	完善 wánshàn	완전할 완 착할 선	동 완벽하게 하다 형 완벽하다	完善
0965	完整 wánzhěng	완전할 완 가지런할 정	형 완전하다	完整
0966	玩具 wánjù	놀 완 갖출 구	명 장난감	玩具
0967	万一 wànyī	일만 만 한 일	접 만일	万一
0968	王子 wángzǐ	임금 왕 아들 자	명 왕자	王子
0969	网络 wǎngluò	그물 망 그물 락	명 네트워크, 인터넷	网络

번호	단어	한자 뜻	의미	쓰기
0970	往返 wǎngfǎn	갈 왕 돌아올 반	동 왕복하다	往返
0971	危害 wēihài	위태할 위 해할 해	동 해를 끼치다	危害
0972	威胁 wēixié	위엄 위 위협할 협	동 위협하다	威胁
0973	微笑 wēixiào	작을 미 웃음 소	명 미소 동 미소를 짓다	微笑
0974	违反 wéifǎn	어긋날 위 돌이킬 반	동 어기다, 위반하다	违反
0975	围巾 wéijīn	에워쌀 위 수건 건	명 목도리, 스카프	围巾
0976	围绕 wéirào	에워쌀 위 두를 요	동 주위를 돌다, 둘러싸다	围绕
0977	唯一 wéiyī	오직 유 한 일	형 유일한	唯一
0978	维修 wéixiū	맬 유 닦을 수	동 보수하다, 손보다	维修
0979	伟大 wěidà	훌륭할 위 큰 대	형 위대하다	伟大
0980	尾巴 wěiba	꼬리 미 꼬리 파	명 꼬리, (물건의) 끝부분	尾巴
0981	委屈 wěiqu	맡길 위 굽힐 굴	동 억울하다 형 (부당한 지적이나 대우를 받아) 억울하게 하다	委屈
0982	未必 wèibì	아닐 미 반드시 필	부 반드시 ~한 것은 아니다	未必
0983	未来 wèilái	아직 미 올 래	명 미래 형 조만간, 머지않아	未来
0984	位于 wèiyú	자리 위 어조사 우	동 ~에 위치하다	位于
0985	位置 wèizhì	자리 위 둘 치	명 자리, 위치	位置
0986	胃 wèi	밥통 위	명 위(장)	胃

W

번호	단어	한자 뜻	의미	쓰기
0987 ☑	胃口 wèikǒu	밥통 위 입 구	명 식욕, 구미	胃口
0988 ☐	温暖 wēnnuǎn	따뜻할 온 따뜻할 난	형 따뜻하다, 온난하다	温暖
0989 ☐	温柔 wēnróu	따뜻할 온 부드러울 유	형 부드럽고 상냥하다	温柔
0990 ☐	文件 wénjiàn	글월 문 물건 건	명 문건, 서류	文件
0991 ☐	文具 wénjù	글월 문 갖출 구	명 문구	文具
0992 ☐	文明 wénmíng	글월 문 밝을 명	명 문명	文明
0993 ☐	文学 wénxué	글월 문 배울 학	명 문학	文学
0994 ☐	文字 wénzì	글월 문 글자 자	명 문자	文字
0995 ☐	闻 wén	들을 문	동 냄새를 맡다	闻
0996 ☐	吻 wěn	입술 문	동 입을 맞추다	吻
0997 ☐	稳定 wěndìng	편안할 온 정할 정	동 진정시키다, 가라앉히다 형 안정되다	稳定
0998 ☐	问候 wènhòu	물을 문 상황 후	동 안부를 묻다	问候
0999 ☐	卧室 wòshì	누울 와 집 실	명 침실	卧室
1000 ☐	握手 wòshǒu	쥘 악 손 수	동 악수하다	握手
1001 ☐	屋子 wūzi	집 옥 접미사 자	명 방	屋子
1002 ☐	无奈 wúnài	없을 무 어찌 내	동 어찌할 도리가 없다, 방법이 없다	无奈
1003 ☐	无数 wúshù	없을 무 셈 수	형 무수하다, 매우 많다	无数

1004	无所谓 wúsuǒwèi	없을 무 곳 소 일컬을 위	동 상관없다, 개의치 않다	无所谓
1005	武术 wǔshù	굳셀 무 재주 술	명 무술	武术
1006	勿 wù	금지사 물	부 ~해서는 안 된다, ~하지 마라	勿
1007	物理 wùlǐ	물건 물 다스릴 리	명 물리	物理
1008	物质 wùzhì	물건 물 바탕 질	명 물질	物质
1009	雾 wù	안개 무	명 안개	雾
1010	吸取 xīqǔ	들이쉴 흡 가질 취	동 (경험, 지식, 교훈 등을) 흡수하다, 빨아들이다	吸取
1011	吸收 xīshōu	마실 흡 거둘 수	동 (구체적인 사물 · 단체나 조직을) 흡수하다, 빨아들이다	吸收
1012	戏剧 xìjù	놀이 희 연극 극	명 연극, 각본	戏剧
1013	系 xì	맬 계	명 계통, 계열, 학과, 과	系
1014	系统 xìtǒng	맬 계 합칠 통	명 계통, 시스템 형 체계적이다	系统
1015	细节 xìjié	자세할 세 마디 절	명 자세한 부분, 세부사항	细节
1016	瞎 xiā	애꾸눈 할	동 눈이 멀다, 실명하다	瞎
1017	下载 xiàzài	아래 하 실을 재	동 다운로드하다	下载
1018	吓 xià	놀랄 혁	동 놀라다, 무서워하다	吓
1019	夏令营 xiàlìngyíng	여름 하 명령할 령 경영할 영	명 여름 학교, 여름 캠프	夏令营
1020	鲜艳 xiānyàn	선명할 선 고울 염	형 (색이) 화려하다, 산뜻하고 아름답다	鲜艳

X

1021 ☑	显得 xiǎnde	나타날 현 얻을 득	동 (상황이) 드러나다, ~인 것 같다	显得
1022 ☐	显然 xiǎnrán	나타날 현 그럴 연	형 (상황 · 이치가) 분명하다	显然
1023 ☐	显示 xiǎnshì	나타날 현 보일 시	동 뚜렷하게 나타내 보이다	显示
1024 ☐	县 xiàn	고을 현	명 현 (행정 단위)	县
1025 ☐	现代 xiàndài	지금 현 대신할 대	명 현대	现代
1026 ☐	现实 xiànshí	나타날 현 열매 실	명 현실 형 현실적이다	现实
1027 ☐	现象 xiànxiàng	나타날 현 모양 상	명 현상	现象
1028 ☐	限制 xiànzhì	한정 한 누를 제	동 제한하다, 규제하다	限制
1029 ☐	相处 xiāngchǔ	서로 상 살 처	동 함께 지내다	相处
1030 ☐	相当 xiāngdāng	서로 상 마땅 당	부 상당히, 꽤	相当
1031 ☐	相对 xiāngduì	서로 상 대할 대	형 상대적이다 부 상대적으로, 비교적	相对
1032 ☐	相关 xiāngguān	서로 상 관계할 관	동 상관하다, 연관되다	相关
1033 ☐	相似 xiāngsì	서로 상 닮을 사	형 닮다, 비슷하다	相似
1034 ☐	香肠 xiāngcháng	향기 향 창자 장	명 소시지	香肠
1035 ☐	享受 xiǎngshòu	누릴 향 받을 수	동 누리다, 즐기다	享受
1036 ☐	想念 xiǎngniàn	생각 상 생각 념	동 그리워하다	想念
1037 ☐	想象 xiǎngxiàng	생각 상 모양 상	동 상상하다	想象

1038	项 xiàng	항목 항	양 가지, 항목, 조항	项
1039	项链 xiàngliàn	목 항 쇠사슬 련	명 목걸이	项链
1040	项目 xiàngmù	항목 항 눈 목	명 항목, 프로젝트	项目
1041	象棋 xiàngqí	모양 상 바둑 기	명 중국 장기	象棋
1042	象征 xiàngzhēng	모양 상 부를 징	동 상징하다, 나타내다	象征
1043	消费 xiāofèi	사라질 소 쓸 비	동 소비하다	消费
1044	消化 xiāohuà	사라질 소 될 화	동 소화하다	消化
1045	消极 xiāojí	사라질 소 다할 극	형 소극적이다, 부정적이다	消极
1046	消失 xiāoshī	사라질 소 잃을 실	동 사라지다	消失
1047	销售 xiāoshòu	소비할 소 팔 수	동 팔다, 판매하다	销售
1048	小麦 xiǎomài	작을 소 보리 맥	명 밀	小麦
1049	小气 xiǎoqi	작을 소 기운 기	형 인색하다, 쩨쩨하다	小气
1050	孝顺 xiàoshùn	효도 효 따를 순	동 효도하다	孝顺
1051	效率 xiàolǜ	본받을 효 비율 율	명 효율, 능률	效率
1052	歇 xiē	쉴 헐	동 쉬다, 휴식하다	歇
1053	斜 xié	비스듬할 사	동 기울(이)다 형 기울다, 비스듬하다	斜
1054	写作 xiězuò	쓸 사 만들 작	동 글을 짓다	写作

X

번호	단어	한자 뜻	의미	쓰기
1055 ☑	血 xiě	피 혈	명 피	血
1056 ☐	心理 xīnlǐ	마음 심 다스릴 리	명 심리	心理
1057 ☐	心脏 xīnzàng	마음 심 오장 장	명 심장	心脏
1058 ☐	欣赏 xīnshǎng	기쁠 흔 상줄 상	동 감상하다	欣赏
1059 ☐	信号 xìnhào	편지 신 부호 호	명 신호	信号
1060 ☐	信任 xìnrèn	믿을 신 맡길 임	동 신임하다, 신뢰하다	信任
1061 ☐	行动 xíngdòng	행할 행 움직일 동	명 행동, 동작 동 행동하다, 활동하다	行动
1062 ☐	行人 xíngrén	다닐 행 사람 인	명 행인	行人
1063 ☐	行为 xíngwéi	행할 행 할 위	명 행위, 행동	行为
1064 ☐	形成 xíngchéng	모양 형 이룰 성	동 이루다, 형성하다	形成
1065 ☐	形容 xíngróng	모양 형 얼굴 용	동 묘사하다, 형용하다	形容
1066 ☐	形式 xíngshì	모양 형 법 식	명 형식	形式
1067 ☐	形势 xíngshì	모양 형 형세 세	명 정세, 형편, 상황	形势
1068 ☐	形象 xíngxiàng	모양 형 모양 상	명 이미지, 형상 형 생동적이다, 구체적이다	形象
1069 ☐	形状 xíngzhuàng	모양 형 형상 상	명 물체의 외관, 형상	形状
1070 ☐	幸亏 xìngkuī	다행 행 이지러질 휴	부 다행히, 운 좋게	幸亏
1071 ☐	幸运 xìngyùn	다행 행 운수 운	형 운이 좋다, 행운이다	幸运

번호	단어	한자 뜻	의미	쓰기
1072	性质 xìngzhì	성질 성 바탕 질	명 (사물의) 성질	性质
1073	兄弟 xiōngdi	형 형 아우 제	명 형제	兄弟
1074	胸 xiōng	가슴 흉	명 가슴, 흉부	胸
1075	休闲 xiūxián	쉴 휴 한가할 한	동 한가롭게 보내다, 레저 활동을 하다	休闲
1076	修改 xiūgǎi	닦을 수 고칠 개	동 (문장 · 계획 등을) 고치다, 바로잡아 고치다	修改
1077	虚心 xūxīn	빌 허 마음 심	형 겸손하다, 겸허하다	虚心
1078	叙述 xùshù	펼 서 펼 술	동 서술하다, 진술하다	叙述
1079	宣布 xuānbù	베풀 선 펼 포	동 선언하다, 발표하다	宣布
1080	宣传 xuānchuán	베풀 선 전할 전	동 선전하다, 홍보하다	宣传
1081	学历 xuélì	배울 학 지낼 력	명 학력	学历
1082	学术 xuéshù	배울 학 재주 술	명 학술	学术
1083	学问 xuéwen	배울 학 물을 문	명 학문, 학식, 지식	学问
1084	寻找 xúnzhǎo	찾을 심 찾을 조	동 찾다, 구하다	寻找
1085	询问 xúnwèn	물을 순 물을 문	동 알아보다, 물어 보다	询问
1086	训练 xùnliàn	가르칠 훈 익힐 련	동 훈련하다	训练
1087	迅速 xùnsù	빠를 신 빠를 속	형 신속하다, 재빠르다	迅速
1088	押金 yājīn	찍을 압 쇠 금	명 보증금	押金

Y

번호	단어	한자 뜻	의미	쓰기
1089 ☑	牙齿 yáchǐ	어금니 아 이 치	명 이, 치아	牙齿
1090 ☐	延长 yáncháng	늘일 연 길 장	동 연장하다, 늘이다	延长
1091 ☐	严肃 yánsù	엄할 엄 엄숙할 숙	형 (표정 · 분위기 등이) 엄숙하다, 근엄하다	严肃
1092 ☐	演讲 yǎnjiǎng	널리 펼 연 논할 강	명 강연, 연설 동 강연하다, 연설하다	演讲
1093 ☐	宴会 yànhuì	잔치 연 모일 회	명 연회, 파티	宴会
1094 ☐	阳台 yángtái	볕 양 받침대, 높고 평평할 대	명 발코니, 베란다	阳台
1095 ☐	痒 yǎng	가려울 양	형 가렵다, 근질근질하다	痒
1096 ☐	样式 yàngshì	모양 양 형식 식	명 양식, 스타일	样式
1097 ☐	腰 yāo	허리 요	명 허리	腰
1098 ☐	摇 yáo	흔들 요	동 흔들다	摇
1099 ☐	咬 yǎo	물 교	동 깨물다	咬
1100 ☐	要不 yàobù	중요할 요 아닐 불	접 그렇지 않으면, 아니면, 그러지 말고	要不
1101 ☐	业务 yèwù	업 업 힘쓸 무	명 업무, 실무	业务
1102 ☐	业余 yèyú	업 업 남을 여	형 여가의, 근무 시간 외의	业余
1103 ☐	夜 yè	밤 야	명 밤, 저녁	夜
1104 ☐	一辈子 yíbèizi	한 일 무리 배 접미사 자	명 한평생, 일생	一辈子
1105 ☐	一旦 yídàn	한 일 아침 단	명 하루아침, 잠깐 부 만약 ~한다면	一旦

1106	一律 yílǜ	한 일 법률 률	부 예외 없이, 모두	一律
1107	一再 yízài	한 일 다시 재	부 거듭, 반복해서	一再
1108	一致 yízhì	한 일 이를 치	형 일치하다 부 함께, 같이	一致
1109	依然 yīrán	의지할 의 그럴 연	부 예전과 같다, 여전히	依然
1110	移动 yídòng	옮길 이 움직일 동	동 이동하다, 옮기다	移动
1111	移民 yímín	옮길 이 백성 민	명 이민(자) 동 이민하다	移民
1112	遗憾 yíhàn	남길 유 섭섭할 감	명 유감 형 유감스럽다, 섭섭하다	遗憾
1113	疑问 yíwèn	의심할 의 물을 문	명 의문, 의혹	疑问
1114	乙 yǐ	새, 둘째 천간 을	명 을, (배열 순서의) 두 번째	乙
1115	以及 yǐjí	써 이 미칠 급	접 및, 그리고, 아울러	以及
1116	以来 yǐlái	써 이 올 래	명 이래, 동안	以来
1117	亿 yì	억 억	수 억	亿
1118	义务 yìwù	옳을 의 힘쓸 무	명 의무, 책임	义务
1119	议论 yìlùn	의논할 의 논할 론	동 의논하다, 왈가왈부하다	议论
1120	意外 yìwài	뜻 의 바깥 외	명 의외의 사고 형 의외다, 뜻밖이다	意外
1121	意义 yìyì	뜻 의 옳을 의	명 의의, 의미	意义
1122	因而 yīn'ér	인할 인 말 이을 이	접 그러므로, 따라서	因而

Y

번호	단어	한자 뜻	의미	쓰기
1123 ☑	因素 yīnsù	인할 인 본디 소	명 (구성) 요소, 성분	因素
1124 ☐	银 yín	은 은	명 은	银
1125 ☐	印刷 yìnshuā	도장 인 닦을 쇄	동 인쇄하다	印刷
1126 ☐	英俊 yīngjùn	뛰어날 영 준걸 준	형 재능이 출중하다, 준수하다	英俊
1127 ☐	英雄 yīngxióng	뛰어날 영 수컷 웅	명 영웅	英雄
1128 ☐	迎接 yíngjiē	맞을 영 맞을 접	동 영접하다, 마중하다	迎接
1129 ☐	营养 yíngyǎng	다스릴 영 기를 양	명 영양	营养
1130 ☐	营业 yíngyè	경영할 영 업 업	동 영업하다	营业
1131 ☐	影子 yǐngzi	그림자 영 접미사 자	명 모습, 그림자	影子
1132 ☐	应付 yìngfu	응할 응 줄 부	동 (일 · 사람에 대해) 대응하다, 대처하다	应付
1133 ☐	应用 yìngyòng	응할 응 쓸 용	동 사용하다, 응용하다	应用
1134 ☐	硬 yìng	단단할 경	형 단단하다, 딱딱하다, (성격 · 의지 · 태도가) 완강하다	硬
1135 ☐	硬件 yìngjiàn	굳을 경 물건 건	명 하드웨어	硬件
1136 ☐	拥抱 yōngbào	안을 옹 안을 포	동 포옹하다, 껴안다	拥抱
1137 ☐	拥挤 yōngjǐ	안을 옹 밀칠 제	동 한데 모이다 형 붐비다, 혼잡하다	拥挤
1138 ☐	勇气 yǒngqì	날랠 용 기운 기	명 용기	勇气
1139 ☐	用功 yònggōng	쓸 용 공로 공	동 (공부에) 힘쓰다, 노력하다 형 공들이다, 힘쓰다	用功

번호	단어	한자 뜻	의미	쓰기
1140	用途 yòngtú	쓸 용 길 도	명 용도	用途
1141	优惠 yōuhuì	넉넉할 우 은혜 혜	형 특혜의, 우대의	优惠
1142	优美 yōuměi	뛰어날 우 아름다울 미	형 우아하다, 아름답다	优美
1143	优势 yōushì	뛰어날 우 형세 세	명 우세	优势
1144	悠久 yōujiǔ	멀 유 오랠 구	형 유구하다, 매우 길고 오래다	悠久
1145	犹豫 yóuyù	오히려 유 머뭇거릴 예	형 머뭇거리다, 망설이다	犹豫
1146	油炸 yóuzhá	기름 유 터질 작	동 (기름에) 튀기다	油炸
1147	游览 yóulǎn	헤엄칠 유 볼 람	동 유람하다	游览
1148	有利 yǒulì	있을 유 이로울 리	형 유리하다, 유익하다	有利
1149	幼儿园 yòu'éryuán	어릴 유 아이 아 동산 원	명 유치원	幼儿园
1150	娱乐 yúlè	즐길 오 즐길 락	명 오락, 즐거움 동 즐기다, 시간을 즐겁게 보내다	娱乐
1151	与其 yǔqí	더불 여 그 기	접 ~하느니 (차라리)	与其
1152	语气 yǔqì	말씀 어 기운 기	명 말투	语气
1153	玉米 yùmǐ	구슬 옥 쌀 미	명 옥수수	玉米
1154	预报 yùbào	미리 예 알릴 보	동 미리 알리다, 예보하다 명 예보	预报
1155	预订 yùdìng	미리 예 정할 정	동 예약하다	预订
1156	预防 yùfáng	미리 예 막을 방	동 예방하다	预防

Y
Z

번호	단어	한자 뜻	의미	쓰기
1157	元旦 Yuándàn	으뜸 원 아침 단	명 신정, 정월 초하루 (양력 1월 1일)	元旦
1158	员工 yuángōng	사람 원 장인 공	명 직원, 종업원	员工
1159	原料 yuánliào	근원 원 재료 료	명 원료, 소재	原料
1160	原则 yuánzé	본래 원 법칙 칙	명 원칙	原则
1161	圆 yuán	둥글 원	형 둥글다	圆
1162	愿望 yuànwàng	원할 원 바랄 망	명 소망, 바람	愿望
1163	乐器 yuèqì	음악 악 그릇 기	명 악기	乐器
1164	晕 yūn	어지러울 운	동 기절하다 형 어지럽다	晕
1165	运气 yùnqi	운수 운 기운 기	명 운, 운세	运气
1166	运输 yùnshū	옮길 운 보낼 수	동 운송하다	运输
1167	运用 yùnyòng	옮길 운 쓸 용	동 (기술 · 방법을) 운용하다, 활용하다	运用
1168	灾害 zāihài	재앙 재 해할 해	명 재해	灾害
1169	再三 zàisān	거듭 재 석 삼	부 거듭, 여러 번	再三
1170	在乎 zàihu	있을 재 어조사 호	동 ~에 있다, 신경 쓰다 (주로 부정 형식에 쓰임)	在乎
1171	在于 zàiyú	있을 재 어조사 우	동 ~에 있다	在于
1172	赞成 zànchéng	도울 찬 이룰 성	동 찬성하다, 동의하다	赞成
1173	赞美 zànměi	도울 찬 아름다울 미	동 찬미하다, 찬양하다	赞美

번호	단어	한자 뜻	의미	쓰기
1174 ☑	糟糕 zāogāo	망칠 조 떡 고	형 엉망이 되다, 망치다 아뿔싸, 아차	糟糕
1175 ☐	造成 zàochéng	지을 조 이룰 성	동 조성하다, 야기하다	造成
1176 ☐	则 zé	곧 즉	명 규범, 규칙 접 ~하면 ~하다 (인과 관계) 오히려, 그러나 (역접 관계)	则
1177 ☐	责备 zébèi	꾸짖을 책 갖출 비	동 탓하다, 책망하다	责备
1178 ☐	摘 zhāi	딸 적	동 따다, 뜯다	摘
1179 ☐	窄 zhǎi	좁을 착	형 협소하다, (폭이) 좁다	窄
1180 ☐	粘贴 zhāntiē	붙을 점 붙을 첩	동 (풀로) 붙이다, 바르다	粘贴
1181 ☐	展开 zhǎnkāi	펼 전 열 개	동 펴다, 펼치다	展开
1182 ☐	展览 zhǎnlǎn	펼 전 볼 람	동 전람하다	展览
1183 ☐	占 zhàn	차지할 점	동 차지하다	占
1184 ☐	战争 zhànzhēng	싸움 전 다툴 쟁	명 전쟁	战争
1185 ☐	长辈 zhǎngbèi	자랄 장 무리 배	명 손윗사람, 연장자	长辈
1186 ☐	涨 zhǎng	넘칠 창	동 (수위나 물가 등이) 오르다	涨
1187 ☐	掌握 zhǎngwò	손바닥 장 쥘 악	동 숙달하다, 마스터하다, 장악하다, 지배하다	掌握
1188 ☐	账户 zhànghù	장부 장 집 호	명 계좌	账户
1189 ☐	招待 zhāodài	부를 초 대접할 대	동 (손님이나 고객을) 접대하다	招待
1190 ☐	着火 zháohuǒ	붙을 착 불 화	동 불나다, 불붙다	着火

Z

1191 ☑	着凉 zháoliáng	더할 착 서늘할 량	동 감기에 걸리다	着凉
1192 ☐	召开 zhàokāi	부를 소 열 개	동 (회의를) 열다, 개최하다	召开
1193 ☐	照常 zhàocháng	비칠 조 항상 상	동 평소와 같다 부 평소대로	照常
1194 ☐	哲学 zhéxué	밝을 철 배울 학	명 철학	哲学
1195 ☐	针对 zhēnduì	바늘 침 대할 대	동 견주다, 겨냥하다, 정곡을 찌르다	针对
1196 ☐	珍惜 zhēnxī	보배 진 아낄 석	동 소중히 여기다	珍惜
1197 ☐	真实 zhēnshí	참 진 열매 실	형 진실하다	真实
1198 ☐	诊断 zhěnduàn	진찰할 진 결단할 단	동 진단하다	诊断
1199 ☐	阵 zhèn	한바탕 진	명 잠시 동안, 짧은 시간 양 번, 차례 (잠시 지속되는 일, 동작을 세는 단위)	阵
1200 ☐	振动 zhèndòng	떨 진 움직일 동	동 진동하다	振动
1201 ☐	争论 zhēnglùn	다툴 쟁 논할 론	동 변론하다, 논쟁하다	争论
1202 ☐	争取 zhēngqǔ	다툴 쟁 가질 취	동 쟁취하다, 얻어내다	争取
1203 ☐	征求 zhēngqiú	부를 징 구할 구	동 널리 구하다, 모집하다	征求
1204 ☐	睁 zhēng	눈동자 정	동 (눈을) 크게 뜨다	睁
1205 ☐	整个 zhěnggè	온전할 정 낱 개	형 전체의	整个
1206 ☐	整齐 zhěngqí	가지런할 정 조화할 제	형 질서 있다, 단정하다	整齐
1207 ☐	整体 zhěngtǐ	온전할 정 몸 체	명 전부, 전체	整体

1208	正 zhèng	바를 정	형 바르다 부 마침, 꼭 (시기가 알맞음), 지금, 막 (동작의 진행 또는 상태의 지속)	正
1209	证件 zhèngjiàn	증거 증 물건 건	명 (신분 · 경력의) 증명서	证件
1210	证据 zhèngjù	증거 증 근거 거	명 증거, 근거	证据
1211	政府 zhèngfǔ	정사, 정치 정 관청 부	명 정부	政府
1212	政治 zhèngzhì	정사, 정치 정 다스릴 치	명 정치	政治
1213	挣 zhèng	발버둥칠 쟁	동 일하여 얻다, 쟁취하다	挣
1214	支 zhī	지탱할 지	양 자루 (막대 등의 물건을 세는 단위), 부대, 노래를 세는 단위	支
1215	支票 zhīpiào	지불할 지 표 표	명 수표	支票
1216	执照 zhízhào	잡을 집 비출 조	명 면허증, 허가증	执照
1217	直 zhí	곧을 직	형 곧다, 똑바르다	直
1218	指导 zhǐdǎo	가리킬 지 인도할 도	동 지도하다, 이끌어 주다	指导
1219	指挥 zhǐhuī	가리킬 지 휘두를 휘	동 지휘하다 명 지휘자	指挥
1220	至今 zhìjīn	이를 지 이제 금	부 지금까지	至今
1221	至于 zhìyú	이를 지 어조사 우	동 ~의 정도에 이르다 전 ~로 말하면, ~에 관해서는	至于
1222	志愿者 zhìyuànzhě	뜻 지 원할 원 사람 자	명 지원자	志愿者
1223	制定 zhìdìng	만들 제 정할 정	동 (법규 · 계획 등을) 제정하다, 만들다	制定
1224	制度 zhìdù	만들 제 법도 도	명 규정, 제도	制度

1225 ☑	制造 zhìzào	지을 제 지을 조	동 (원료 · 재료를 사용하여) 제조하다, 만들다	制造
1226 ☐	制作 zhìzuò	만들 제 지을 작	동 만들다, 제작하다	制作
1227 ☐	治疗 zhìliáo	다스릴 치 병 고칠 료	동 치료하다	治疗
1228 ☐	秩序 zhìxù	차례 질 차례 서	명 순서, 질서	秩序
1229 ☐	智慧 zhìhuì	지혜 지 슬기로울 혜	명 지혜	智慧
1230 ☐	中介 zhōngjiè	가운데 중 낄 개	명 매개, 중개	中介
1231 ☐	中心 zhōngxīn	가운데 중 마음 심	명 중심, 센터	中心
1232 ☐	中旬 zhōngxún	가운데 중 열흘 순	명 중순	中旬
1233 ☐	种类 zhǒnglèi	씨앗 종 종류 류	명 종류	种类
1234 ☐	重大 zhòngdà	무거울 중 큰 대	형 중대하다	重大
1235 ☐	重量 zhòngliàng	무거울 중 헤아릴 량	명 중량, 무게	重量
1236 ☐	周到 zhōudào	두루 주 이를 도	형 주도면밀하다, 세심하다	周到
1237 ☐	猪 zhū	돼지 저	명 돼지	猪
1238 ☐	竹子 zhúzi	대나무 죽 접미사 자	명 대나무	竹子
1239 ☐	逐步 zhúbù	쫓을 축 걸음 보	부 (단계적으로) 점차, 차츰차츰	逐步
1240 ☐	逐渐 zhújiàn	쫓을 축 흐를 점	부 (자연적으로) 점점, 점차	逐渐
1241 ☐	主持 zhǔchí	주인 주 가질, 지킬 지	동 주최하다, 진행하다	主持

번호	단어	한자 뜻	의미	쓰기
1242	主动 zhǔdòng	주인, 주장할 주 움직일 동	형 자발적이다, 적극적이다	主动
1243	主观 zhǔguān	주인 주 볼 관	형 주관적이다, 능동적이다	主观
1244	主人 zhǔrén	주인 주 사람 인	명 주인, 소유자	主人
1245	主任 zhǔrèn	주인 주 맡길 임	명 주임	主任
1246	主题 zhǔtí	주인 주 제목 제	명 주제	主题
1247	主席 zhǔxí	주인 주 자리 석	명 주석, 위원장	主席
1248	主张 zhǔzhāng	주인 주 베풀 장	동 주장하다	主张
1249	煮 zhǔ	삶을 자	동 삶다, 끓이다	煮
1250	注册 zhùcè	기록할 주 책, 문서 책	동 (기관 · 단체 · 학교 등에) 등록하다	注册
1251	祝福 zhùfú	빌 축 복 복	동 축복하다, 기원하다	祝福
1252	抓 zhuā	움켜쥘 조	동 (물건 · 요점 · 마음 등을) 잡다, 붙잡다, 체포하다	抓
1253	抓紧 zhuājǐn	움켜쥘 조 긴할, 팽팽할 긴	동 꽉 쥐다, 놓치지 않다, (방법 · 훈련을) 다잡다	抓紧
1254	专家 zhuānjiā	오로지 전 정통할 가	명 전문가	专家
1255	专心 zhuānxīn	오로지 전 마음 심	형 전념하다, 몰두하다	专心
1256	转变 zhuǎnbiàn	바꿀 전 변할 변	동 바꾸다, 바뀌다	转变
1257	转告 zhuǎngào	바꿀 전 알릴 고	동 전하다, 전하여 알리다	转告
1258	装 zhuāng	꾸밀 장	동 (물품을) 담다, 넣다, 장치하다, 설치하다, ~인 체하다	装

번호	단어	훈음	뜻	쓰기
1259	装饰 zhuāngshì	꾸밀 장 꾸밀 식	동 (물체의 표면 · 신체를) 장식하다	装饰
1260	装修 zhuāngxiū	꾸밀 장 닦을 수	동 장식하고 꾸미다	装修
1261	状况 zhuàngkuàng	형상 상 상황 황	명 상황, 상태	状况
1262	状态 zhuàngtài	형상 상 모습 태	명 상태	状态
1263	撞 zhuàng	부딪칠 당	동 부딪치다, 충돌하다	撞
1264	追 zhuī	쫓을 추	동 뒤쫓다, 따라잡다	追
1265	追求 zhuīqiú	쫓을 추 구할 구	동 추구하다, 탐구하다	追求
1266	咨询 zīxún	물을 자 물을 순	동 자문하다, 상의하다	咨询
1267	姿势 zīshì	모양 자 형세 세	명 자세, 모양	姿势
1268	资格 zīgé	자격 자 격식 격	명 자격	资格
1269	资金 zījīn	재물 자 쇠 금	명 자금	资金
1270	资料 zīliào	자원 자 재료 료	명 자료, 필수품	资料
1271	资源 zīyuán	자원 자 근원 원	명 자원	资源
1272	紫 zǐ	자줏빛 자	형 자주색, 자색의	紫
1273	自从 zìcóng	스스로 자 좇을 종	전 ~부터, ~에서	自从
1274	自动 zìdòng	스스로 자 움직일 동	형 자연적인, 자발적인, (기계에 의한) 자동적인	自动
1275	自豪 zìháo	스스로 자 뛰어날 호	형 자랑으로 여기다	自豪

1276	自觉 zìjué	스스로 자 깨달을 각	동 스스로 느끼다, 자각하다 형 자각적인	自觉
1277	自私 zìsī	스스로 자 개인 사	형 이기적이다	自私
1278	自由 zìyóu	스스로 자 말미암을 유	명 자유 형 자유롭다	自由
1279	自愿 zìyuàn	스스로 자 원할 원	동 자원하다	自愿
1280	字母 zìmǔ	글자 자 어미 모	명 자모, 알파벳	字母
1281	字幕 zìmù	글자 자 장막 막	명 (영화·텔레비전의) 자막	字幕
1282	综合 zōnghé	모을 종 합할 합	동 종합하다	综合
1283	总裁 zǒngcái	우두머리 총 판단할 재	명 총재, 총수	总裁
1284	总共 zǒnggòng	모을 총 함께 공	부 모두, 합쳐서	总共
1285	总理 zǒnglǐ	우두머리 총 다스릴 리	명 (국가의) 총리	总理
1286	总算 zǒngsuàn	모을 총 셈 산	부 겨우, 마침내	总算
1287	总统 zǒngtǒng	우두머리 총 거느릴 통	명 대통령	总统
1288	总之 zǒngzhī	합할 총 어조사 지	접 요컨대, 결국, 어쨌든	总之
1289	阻止 zǔzhǐ	가로막을 조 그칠 지	동 가로막다, 저지하다	阻止
1290	组 zǔ	조직할 조	양 (소수 인원의) 조, 그룹, 팀, 조, 벌, 세트	组
1291	组成 zǔchéng	짤 조 이룰 성	동 (비교적 큰 사물의 개체 부분을) 구성하다, 조직하다	组成
1292	组合 zǔhé	조직할 조 합할 합	동 조합하다 명 조합	组合

번호	단어	한자 뜻	의미	쓰기
1293 ☑	组织 zǔzhī	짤 조 짤 직	동 조직하다, 구성하다, 결성하다 명 구성, 체제, 조직	组织
1294 ☐	最初 zuìchū	가장 최 처음 초	명 최초, 맨 처음	最初
1295 ☐	醉 zuì	취할 취	동 취하다	醉
1296 ☐	尊敬 zūnjìng	높을 존 공경할 경	동 존경하다	尊敬
1297 ☐	遵守 zūnshǒu	좇을 준 지킬 수	동 (규정 등을) 준수하다, 지키다	遵守
1298 ☐	作品 zuòpǐn	지을 작 물건 품	명 작품	作品
1299 ☐	作为 zuòwéi	지을 작 할 위	동 ~으로 여기다, ~으로 삼다 전 ~의 신분으로서	作为
1300 ☐	作文 zuòwén	지을 작 글월 문	명 작문, 글 동 글을 짓다	作文

MEMO

MEMO

동양북스

중국어 교재의 최강자, 동양북스 추천 교재

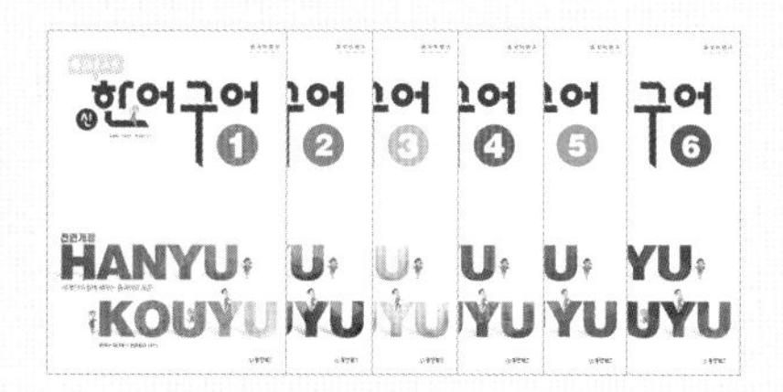

중국어뱅크 북경대학 신한어구어
1·2·3·4·5·6

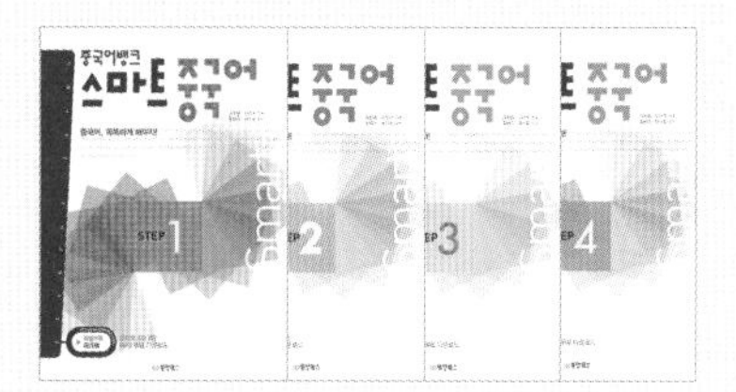

중국어뱅크 스마트중국어
STEP 1·2·3·4

중국어뱅크 집중중국어
STEP 1·2·3·4

중국어뱅크
뉴! 버전업 사진으로
보고 배우는 중국문화

중국어뱅크
문화중국어 1·2

중국어뱅크
관광 중국어 1·2

중국어뱅크
여행실무 중국어

중국어뱅크
호텔 중국어

중국어뱅크
판매 중국어

중국어뱅크
항공 실무 중국어

정반합 新HSK
1급·2급·3급·4급·5급·6급

일단 합격 新HSK 한 권이면 끝
3급·4급·5급·6급

버전업! 新HSK
VOCA 5급·6급

가장 쉬운 독학
중국어 단어장

중국어뱅크
중국어 간체자 1000

특허받은
중국어 한자 암기박사

미래와 통하는 책

가장 쉬운 독학
일본어 첫걸음
14,000원

버전업! 굿모닝
독학 일본어 첫걸음
14,500원

일단 합격하고 오겠습니다
JLPT 일본어능력시험 N3
26,000원

일본어 100문장 암기하고
왕초보 탈출하기
13,500원

가장 쉬운 독학
중국어 첫걸음
14,000원

가장 쉬운 중국어
첫걸음의 모든 것
14,500원

일단 합격 新HSK
한 권이면 끝! 4급
24,000원

중국어
지금 시작해
14,500원

영어를 해석하지 않고
읽는 법
15,500원

미국식
영작문 수업
14,500원

세상에서 제일 쉬운
10문장 영어회화
13,500원

영어회화
순간패턴 200
14,500원

가장 쉬운 독학
베트남어 첫걸음
15,000원

가장 쉬운 독학
프랑스어 첫걸음
16,500원

가장 쉬운 독학
스페인어 첫걸음
15,000원

가장 쉬운 독학
독일어 첫걸음
17,000원

최 | 신 | 개 | 정

일단 합격

新HSK 한 권이면 끝!

한선영 지음

해설서

5급

동양북스

일단 합격

新HSK 5급

한 권이면 끝! 해설서

개정 3판 1쇄 인쇄 | 2020년 11월 10일
개정 3판 1쇄 발행 | 2020년 11월 20일

지은이 | 한선영
발행인 | 김태웅
기획 편집 | 신효정, 양수아
디자인 | 남은혜
마케팅 | 나재승
제 작 | 현대순

발행처 | ㈜동양북스
등 록 | 제 2014-000055호
주 소 | 서울시 마포구 동교로22길 14 (04030)
구입 문의 | 전화 (02)337-1737 팩스 (02)334-6624
내용 문의 | 전화 (02)337-1762 dybooks2@gmail.com

목차

听力

듣기 해설

제1·2부분 대화문

시크릿 기출 테스트 해설

제2부분 서술형 단문

시크릿 기출 테스트 해설

실전 모의고사

제1·2부분 대화문

시크릿 기출 테스트

MP3 바로 듣기

DAY 1

✓ 정답 1. B 2. D 3. C 4. A

▶ 01-04-1

01

p. 29

A 公交卡　B 准考证 C 充电器　D 车钥匙	A 교통 카드　**B 수험표** C 충전기　D 차 키
女：你出发之前再检查一遍，看看有没有忘记什么东西。 男：啊！我把准考证忘在鞋柜上了，幸亏你提醒我，不然就糟了。	여: 출발하기 전에 잊은 물건 없는지 다시 한번 봐 봐. 남: 아! 내가 수험표를 신발장 위에 두고 왔네. 다행히 네가 알려 줬으니 망정이지 안 그랬으면 큰일 날 뻔했어.
问：男的忘带什么了？	**질문: 남자는 무엇을 가져오는 것을 잊었는가?**

해설 보기의 公交卡(교통 카드), 充电器(충전기), 车钥匙(차 키) 모두 우리가 자주 깜박하고 두고 나오는 물건들이다. 출발 전에 다시 한번 살펴보라는 여자의 조언을 듣고, 남자는 准考证(수험표)을 신발장 위에 두고 왔다는 사실을 기억해 냈다. 따라서 정답은 B가 된다. 만약 准考证을 몰랐다 하더라도, 准备(준비하다)의 准, 考试(시험보다)의 考를 보고 대략적 발음을 유추한 뒤 녹음에서 캐치하여 정답을 선택하는 센스가 필요하다.

단어 公交卡 gōngjiāokǎ 명 교통 카드 | 准考证 zhǔnkǎozhèng 명 수험표 | 充电器 chōngdiànqì 명 충전기 | 钥匙 yàoshi 명 열쇠 | 检查 jiǎnchá 동 검사하다 | 遍 biàn 양 번, 회 | 忘记 wàngjì 동 잊어버리다 | 鞋柜 xiéguì 명 신발장 | 幸亏 xìngkuī 부 다행히, 운 좋게 | 提醒 tíxǐng 동 일깨우다, 깨우치다, 주의를 환기시키다 | 不然 bùrán 접 그렇지 않으면 | 糟 zāo 형 (일을) 그르치다, 망치다, 야단나다

▶ 01-04-2

02

p. 29

A 换一种风格 B 换新的家具 C 扩大客厅面积 D 打通阳台和卧室	A 다른 스타일로 바꾼다 B 새로운 가구로 바꾼다 C 거실의 면적을 넓힌다 **D 베란다와 침실을 통하게 한다**
女：我对这个设计方案比较满意，把阳台和卧室打通，感觉空间一下子大了很多。 男：可不是嘛。不仅卧室变大了，而且采光也好了。我们就选择这个装修方案吧。	여: 나는 이 설계안이 비교적 마음에 들어. 베란다와 침실을 통하게 해서, 공간이 갑자기 넓어진 느낌이야. 남: 그러게 말이야. 침실이 넓어졌을 뿐만 아니라, 채광도 더 좋아졌어. 우리 이 인테리어 방안으로 선택하자.
问：他们准备怎么装修？	**질문: 그들은 어떻게 인테리어를 할 계획인가?**

해설 남녀는 집을 새롭게 단장하려는 부부로 짐작된다. 그들은 베란다와 침실을 통하게 해서 공간을 넓게 만드는 인테리어 방안을 선택하려 하므로 D가 정답이 된다. 그리고 남자의 말을 통해 면적을 넓힌(扩大面积) 곳은 客厅(거실)이 아닌 卧室(침실)임을 알 수 있으므로 C는 정답이 될 수 없다.

단어 换 huàn 동 교환하다, 바꾸다 | 风格 fēnggé 명 스타일, 기질 | 换新 huànxīn 동 새롭게 바꾸다 | 家具 jiājù 명 가구 | 扩大 kuòdà 동 확대하다, 넓히다 | 客厅 kètīng 명 객실, 응접실 | 面积 miànjī 명 면적 | 打通 dǎtōng 동 통하게 하다, 관통시키다 | 阳台 yángtái 명 베란다, 발코니 | 卧室 wòshì 명 침실 | 设计 shèjì 명 설계, 디자인 | 方案 fāng'àn 명 방안, 계획 | 比较

bǐjiào 부 비교적 | 满意 mǎnyì 형 만족하다, 만족스럽다 | 感觉 gǎnjué 동 느끼다 | 空间 kōngjiān 명 공간 | 一下子 yíxiàzi 갑자기 | 不仅 bùjǐn 접 ~일 뿐만 아니라 | 变 biàn 동 ~로 바뀌다, 변하다 | 而且 érqiě 접 게다가, 또한 | 采光 cǎiguāng 명 채광 | 选择 xuǎnzé 동 선택하다 | 装修 zhuāngxiū 동 인테리어를 하다

01-04-3

03

p. 29

A 加强锻炼　B 多喝白开水 C 买台空气净化器　D 不要开窗户	A 체력 단련을 더 해라　B 끓인 물을 많이 마셔라 **C 공기 청정기를 사라**　D 창문을 열지 마라
男：冬天的雾霾实在是太严重了，我嗓子天天不舒服。 女：你可以买台空气净化器，应该会好很多。	남: 겨울에는 미세 먼지가 너무 심각해서, 나는 목이 매일 아파. 여: 공기 청정기를 사 봐, 훨씬 나아질 거야.
问：女的建议男的怎么做?	**질문: 여자는 남자에게 어떻게 하라고 제안했는가?**

해설 요즘 대기 오염과 바이러스 등에서 자신을 보호하기 위해 마스크를 착용하고, 집 안에 공기 청정기를 설치하는 사람들이 많아지고 있다. 空气净化器(공기 청정기)를 들었다면 당연히 맞출 수 있는 문제지만, 만약 단어가 생소해서 못 들었다면 어떻게 해야 할까? 보기의 喝水, 开窗户 등 자신이 아는 단어 중 들리지 않은 것을 소거법으로 제거하고 나머지 중에서 정답을 고르는 것도 하나의 방법이 된다.

단어 加强 jiāqiáng 동 강화하다, 보강하다 | 锻炼 duànliàn 동 단련하다 | 白开水 báikāishuǐ 명 끓인 물 | 窗户 chuānghu 명 창문 | 雾霾 wùmái 명 미세 먼지, 스모그 | 实在 shízài 부 확실히, 정말 | 严重 yánzhòng 형 중대하다, 심각하다 | 嗓子 sǎngzi 명 목 | 舒服 shūfu 형 편안하다, 상쾌하다 | 空气净化器 kōngqì jìnghuàqì 명 공기 청정기 | 建议 jiànyì 동 제안하다, 건의하다

01-04-4

04

p. 29

A 打印机又坏了 B 打印机是新的 C 打印机还没修好 D 打印机突然能用了	**A 프린터가 또 망가졌다** B 프린터는 새것이다 C 프린터가 아직 수리가 안 되었다 D 프린터가 갑자기 사용할 수 있게 되었다
男：打印机好像出问题了，我按哪个键子都没有反应。 女：上个星期刚刚修好的，居然又坏了。真耽误事儿，我看看。	남: 프린터가 고장이 난 거 같아. 어떤 버튼을 눌러 봐도 반응이 없어. 여: 지난주에 막 고친 건데, 뜻밖에 또 망가지다니. 정말 일을 그르치네, 내가 좀 볼게.
问：女的对什么感到奇怪?	**질문: 여자는 무엇에 대해서 이상하다고 여기는가?**

해설 여자는 프린터를 지난주에 고쳤음에도 또 망가졌다(又坏了)고 했다. 이를 통해 프린터가 자꾸 고장 나는 것에 대해서, 이상하게 생각하고 있음을 알 수 있다. 따라서 A가 정답이 된다.

Tip 고장 났다는 표현

예 坏了 망가졌다 / 故障 고장 나다 / 出问题 문제가 생기다 / 出毛病 고장이 나다

단어 打印机 dǎyìnjī 명 프린터 | 又 yòu 부 또 | 坏 huài 동 망가지다 | 还 hái 부 아직, 여전히 | 修好 xiūhǎo 동 (수리하여) 복구하다 | 突然 tūrán 부 갑자기 | 能 néng 조동 ~할 수 있다 | 好像 hǎoxiàng 부 마치 ~과 같다 | 问题 wèntí 명 문제 | 按 àn 동 누르다 | 键 jiàn 명 버튼 | 反应 fǎnyìng 명 반응 | 刚刚 gānggāng 부 방금 | 居然 jūrán 부 뜻밖에, 놀랍게도 | 耽误 dānwu 동 일을 그르치다, 지체하다 | 事儿 shìr 명 일

DAY 2

✓ 정답 1. D 2. B 3. D 4. C

01

p. 29

01-05-1

A 感冒了　　B 秋天到了 C 花粉过敏　　D 鼻子过敏	A 감기에 걸려서　　B 가을이 와서 C 꽃가루 알레르기가 있어서　　**D 코가 예민해서**
女：怎么总打喷嚏流鼻涕呢？是不是感冒了？ 男：别提了，一到冬天我的鼻子就过敏。 女：去看医生了吗？ 男：看过了，但是都没用，我都习惯了，出门戴口罩就行。 **问：男的为什么打喷嚏？**	여: 어째서 계속 재채기하고 콧물 흘리는 거야? 감기 걸린 거 아냐? 남: 말도 마. 겨울만 되면 내 코가 예민해져(비염이 생겨). 여: 병원 가 봤어? 남: 가 봤지. 그런데 소용이 없어. 나는 이미 습관돼서 외출할 때 마스크 쓰면 돼. **질문: 남자는 왜 재채기를 하는가?**

해설 남자는 겨울만 되면 코가 예민해져서 재채기를 한다고 했으므로 정답은 D가 된다. 感冒(감기)가 언급되었지만 이는 여자가 추측한 내용이므로 사실과는 다르다.

Tip 추측성 발언은 정답이 될 수 없다. 추측을 나타내는 표현이 들리면, 무조건 정답에서 제외시킨다.

예 是不是…? / 难道…了吗? / …了吧?

단어 感冒 gǎnmào 동 감기에 걸리다 | 秋天 qiūtiān 명 가을 | 花粉 huāfěn 명 꽃가루 | 过敏 guòmǐn 동 알레르기 반응을 보이다, 예민하다 | 鼻子 bízi 명 코 | 怎么 zěnme 대 어째서 | 总 zǒng 부 늘, 줄곧 | 打喷嚏 dǎ pēnti 재채기를 하다 | 流 liú 동 흐르다 | 鼻涕 bítì 명 콧물 | 提 tí 동 언급하다, 말하다 | 冬天 dōngtiān 명 겨울 | 看 kàn 동 진료하다 | 但是 dànshì 접 그렇지만 | 没用 méiyòng 형 소용없다 | 都 dōu 부 이미, 벌써 | 习惯 xíguàn 동 습관이 되다 | 出门 chūmén 동 외출하다 | 戴 dài 동 착용하다, 쓰다 | 口罩 kǒuzhào 명 마스크

02

p. 29

01-05-2

A 写信　　B 打电话 C 发短信　　D 发电子邮件	A 편지를 쓴다　　**B 전화를 한다** C 문자를 보낸다　　D 이메일을 보낸다
女：这个星期五的晚上在北京饭店开年末总结会，你通知大家了吗？ 男：是的，上个星期我给所有的职员发了电子邮件。 女：我觉得你最好给他们打电话再确认一下。 男：没问题。我马上就去办。 **问：男的现在准备怎么通知别人？**	여: 이번 주 금요일 저녁에 베이징 호텔에서 연말 총결산 회의 하는 거, 모두에게 공지했나요? 남: 네, 지난주에 전 직원에게 메일 보냈습니다. 여: 내 생각에는 그들에게 전화해서 다시 확인하는 게 좋을 거 같아요. 남: 알겠습니다. 바로 처리하겠습니다. **질문: 남자는 지금 다른 사람들에게 어떻게 알리려고 하는가?**

해설 연말 총결산 회의를 직원들에게 알리는 방법에 관한 대화를 나누고 있다. 남자는 이미 电子邮件(이메일)을 통해 직원들에게 알렸으나, 여자는 다시 전화를 걸어 확인하는 것이 좋을 거 같다는 의견을 제시하고 있다. 질문에 나온 准备(준비하다)는 打算(~할 계획이다)과 같은 의미로 앞으로 할 행동에 대해서 물었으므로 정답은 B가 된다.

단어 打电话 dǎ diànhuà 전화하다 | 发 fā 동 보내다 | 短信 duǎnxìn 명 문자 메시지 | 电子邮件 diànzǐ yóujiàn 명 이메일 | 年末 niánmò 명 연말 | 总结会 zǒngjiéhuì 명 총결산 회의 | 通知 tōngzhī 동 통지하다, 알리다 | 所有 suǒyǒu 형 모든, 전부의 | 职员 zhíyuán 명 직원 | 最好 zuìhǎo 부 ~하는 게 제일 좋다 | 再 zài 부 다시 | 确认 quèrèn 동 확인하다 | 没问题 méiwèntí 동 문제없다 | 马上 mǎshàng 부 즉시, 바로 | 办 bàn 동 처리하다

01-05-3

03

p. 29

A 想喝茶	B 感冒了	A 차를 마시고 싶다	B 감기에 걸렸다
C 雨伞丢了	D 全身湿透了	C 우산을 잃어버렸다	**D 온몸이 다 젖었다**

男：外面雨下得太大了，我全身都湿透了。
女：你不是带伞了吗？怎么变成落汤鸡了。快点儿换件衣服。
男：今天的风刮得太厉害，我干脆先洗个热水澡吧。
女：也好，别再着凉了。我先给你倒一杯热茶。

问：男的怎么了？

남: 밖에 비가 너무 많이 내려. 나 온몸이 다 젖었어.
여: 우산 안 가져갔니? 어쩜 물에 빠진 생쥐 꼴이 되어버렸담. 어서 옷이나 갈아입어.
남: 오늘 바람도 무척 세게 불어. 아예 따뜻한 물로 먼저 샤워를 해야겠어.
여: 그것도 괜찮네. 다시는 한기가 들게 하지 마. 내가 먼저 따뜻한 차 한 잔 따라 줄게.

질문: 남자는 어떻게 되었는가?

해설 처음 부분에서 남자가 비를 맞고 와 여자에게 全身都湿透了(온몸이 다 젖었다)라고 한 말을 듣고, 바로 D를 정답으로 고를 수 있다. 여자가 남자에게 不是带伞了吗?(우산 안 가져갔니?)라고 한 것을 듣고 C를 정답으로 고르는 실수를 해서는 안 된다.

Tip 녹음을 듣고 대략의 내용을 파악했다고 자만하면 안 된다. 세부 항목도 정확히 파악할 수 있는 능력을 기르자.

예 问：今天男的带雨伞了吗？ 오늘 남자는 우산을 가져갔는가?
答：带了。가져갔다.
→ 남자는 우산을 가져갔지만, 비도 많이 오고, 바람이 많이 불어서, 우산이 별 소용이 없었던 것이다.

问：男的感冒了吗？ 남자는 감기에 걸렸는가?
答：还没有。아직 걸리지 않았다.
→ 남자가 비에 젖긴 했지만 아직 감기에 걸린 것은 아니다.

단어 感冒 gǎnmào 동 감기에 걸리다 | 雨伞 yǔsǎn 명 우산 | 丢 diū 동 잃어버리다 | 全身 quánshēn 명 전신, 온몸 | 湿透 shītòu 동 흠뻑 젖다 | 外面 wàimian 명 바깥 | 带 dài 동 지니다, 가지다 | 怎么 zěnme 대 어떻게 | 变成 biànchéng 동 ~으로 변하다 | 落汤鸡 luòtāngjī 명 물에 빠진 병아리(생쥐) | 换 huàn 동 바꾸다 | 刮 guā 동 (바람이) 불다 | 厉害 lìhai 형 심각하다, 굉장하다 | 干脆 gāncuì 부 아예, 차라리 | 洗澡 xǐzǎo 동 목욕하다, 샤워하다 | 热水 rèshuǐ 명 따뜻한 물 | 别 bié 부 ~하지 마라 | 着凉 zháoliáng 동 한기가 들다 | 倒 dào 동 따르다, 붓다 | 杯 bēi 양 잔, 컵

01-05-4

04

p. 29

A 想换电脑	A 컴퓨터를 바꾸고 싶어서
B 点外卖	B 배달 음식을 주문하려고
C 网络不稳定	**C 인터넷이 안정적이지 않아서**
D 告诉快递员地址	D 택배 기사에게 주소를 알려 주려고

女：喂，我家的电脑最近总是收不到信号，你们能过来检查一下吗？
男：好的，您说一下用户号码，我们派维修人员过去。
女：你们什么时候能来呢？我可能下午6点以后才能到家，可以吗？
男：那我们下午6点一刻到。

问：女的为什么打电话？

여: 여보세요, 저희 집 컴퓨터가 요즘 신호가 자꾸 안 잡히는데, 와서 점검 좀 해 주실 수 있나요?
남: 네, 알겠습니다. 사용자 번호 좀 말씀해 주세요. 저희가 수리 기사를 보내 드릴게요.
여: 언제 오실 수 있으세요? 제가 아마 오후 6시 이후에나 집에 도착할 수 있을 거 같은데 괜찮으세요?
남: 그럼 저희가 오후 6시 15분에 도착하도록 하겠습니다.

질문: 여자는 왜 전화를 했는가?

해설 여자는 집 컴퓨터에 收不到信号(신호가 안 잡히다) 현상이 생겨서 수리 기사의 방문을 요청하고 있다. 신호가 잘 안 잡힌다는 것은 网络不稳定(인터넷 연결이 안정적이지 않다)을 의미하므로 정답은 C가 된다. 녹음에서의 핵심어가 정답으로 제시될 때 어휘가 바뀌어 나올 수 있다는 것을 명심하자.

단어 换 huàn 동 바꾸다 | 点 diǎn 동 주문하다 | 外卖 wàimài 명 배달 음식, 포장 판매 음식 | 网络 wǎngluò 명 인터넷, 네트워크 | 稳定 wěndìng 형 안정적이다 | 快递员 kuàidìyuán 명 택배 기사 | 地址 dìzhǐ 명 주소 | 总是 zǒngshì 부 늘, 줄곧, 언제나 | 收到 shōudào 동 얻다, 받다 | 信号 xìnhào 명 신호 | 检查 jiǎnchá 동 점검하다, 검사하다 | 用户号码 yònghù hàomǎ 명 사용자 번호 | 派 pài 동 파견하다, 맡기다 | 维修人员 wéixiū rényuán 명 수리 기사, 수리공 | 一刻 kè 양 15분

DAY 3

✓ 정답 1. D 2. D 3. C 4. C

01-09-1

01

p. 36

A 下围棋　　B 练习跳舞 C 学习开车　　D 学骑自行车	A 바둑을 둔다　　B 춤추는 것을 연습한다 C 운전을 배운다　　**D 자전거 타는 것을 배운다**
男：放松一点儿，眼睛看着前方，身体保持平衡。像现在这样，继续往前骑。 女：你一定要扶着我。你千万别松手啊！	남: 긴장을 좀 풀고, 눈은 앞을 보고 몸은 평형을 유지해. 지금처럼 이렇게 계속 앞으로 가는 거야. 여: 너 꼭 나를 잡아 줘야 해. 너 절대로 손 놓지 마!
问：**他们最可能在做什么？**	질문: **그들은 무엇을 하고 있겠는가?**

해설 동작 문제에서는 다른 단어들을 잘 알지 못하더라도, 핵심 표현이 되는 1음절 동사를 들으면 쉽게 정답을 고를 수 있다. 녹음에서 '자전거를 타다'라는 뜻의 骑만 잘 들었다면, 남자가 여자에게 자전거를 가르쳐 주고 있다는 것을 알 수 있다. 따라서 정답은 D가 된다.

Tip 동작 문제에서는 동사에 주목해야 한다. 일반적으로 2음절 동사가 많지만, 1음절 동사가 제시되더라도 의미를 파악할 수 있는 순발력을 기르자.

단어 围棋 wéiqí 명 바둑 | 跳舞 tiàowǔ 동 춤추다 | 开车 kāichē 동 운전하다 | 骑 qí 동 (자전거 등을) 타다 | 放松 fàngsōng 동 긴장을 풀다 | 眼睛 yǎnjing 명 눈 | 前方 qiánfāng 명 앞, 앞쪽 | 保持 bǎochí 동 유지하다 | 平衡 pínghéng 명 평형 | 继续 jìxù 동 계속하다 | 一定 yídìng 부 반드시, 꼭 | 扶 fú 동 부축하다, 떠받치다 | 松手 sōngshǒu 동 손을 놓다

01-09-2

02

p. 36

A 别熬夜 B 穿暖和些 C 按时吃药 D 躺在床上休息	A 밤샘하지 않기 B 좀 따뜻하게 입기 C 제시간에 약 복용하기 **D 침대에 누워서 휴식하기**
女：你的腰还没完全恢复，出院后要注意休息，尽量多卧床休息。 男：谢谢大夫，我会注意的。	여: 당신 허리가 아직 완전히 회복되지 않았어요. 퇴원하면 휴식에 신경 쓰시고, 되도록 침대에 누워서 쉬세요. 남: 감사합니다, 의사 선생님. 주의하겠습니다.
问：**大夫让男的出院后怎么做？**	질문: **의사는 남자에게 퇴원 후 어떻게 하라고 했는가?**

해설 병원에서 의사가 환자에게 할 수 있는 말은 好好儿休息(푹 쉬세요), 多喝水(물을 자주 마시세요), 按时吃药(제때 약 드세요), 不要熬夜(밤을 새지 마세요) 등이 있을 것이다. 주어진 4개의 보기 모두 선택하고 싶을 만큼 매력적이지만, 녹음에서는 多卧床休息(침대에 누워서 쉬세요)라고 했고, 卧는 '누울 와'이므로 躺(눕다)과 같은 의미이다. 따라서 정답은 D가 된다.

단어 熬夜 áoyè 동 밤을 새다 | 暖和 nuǎnhuo 형 따뜻하다 | 按时 ànshí 형 따뜻하게 하다 | 躺 tǎng 동 눕다 | 腰 yāo 명 허리 | 恢复 huīfù 동 회복되다 | 出院 chūyuàn 동 퇴원하다 | 注意 zhùyì 동 주의하다, 조심하다 | 尽量 jǐnliàng 부 가능한 한, 되도록 | 卧床 wòchuáng 명 침대에 눕다

01-09-3

03

p. 36

A 先付费
B 连上无线网
C 注册账号
D 关掉其他程序

A 먼저 돈을 지불한다
B 와이파이를 연결한다
C 계정을 등록한다
D 다른 프로그램을 끈다

女：这部电影只能播放不能下载吗?
男：这个电影软件我用过，可以免费下载，但你得先注册个账号才能下载。

问：女的要怎么做才能下载那部电影?

여: 이 영화는 볼 수만 있고, 다운로드는 안 되는 건가?
남: 이 영화 앱 내가 써 봤는데, 무료로 다운로드할 수 있어. 하지만 먼저 계정을 등록해야지만 다운로드할 수 있어.

질문: 여자는 어떻게 해야 그 영화를 다운로드할 수 있는가?

해설 요즘에는 영화나 방송을 다시 보기 하거나, 다운로드를 제공하는 앱이 많다. 무료로 제공하는 것도 있고, 유료도 있는데, 지금 여자가 사용하는 앱은 得先注册个账号(먼저 계정을 등록해야 한다)라고 했다. 따라서 정답은 C가 된다.

단어 付费 fùfèi 동 비용을 지불하다 | 无线网 wúxiànwǎng 명 와이파이, 무선망 | 关掉 guāndiào 동 끄다, 잠그다 | 程序 chéngxù 명 프로그램 | 播放 bōfàng 동 방송하다 | 下载 xiàzài 동 다운로드하다 | 软件 ruǎnjiàn 명 프로그램, 앱, 소프트웨어 | 免费 miǎnfèi 명 무료 동 무료로 하다 | 注册 zhùcè 동 등록하다 | 账号 zhànghào 명 계정

01-09-4

04

p. 36

A 收拾文件
B 给朋友写信
C 发电子邮件
D 跟朋友玩游戏

A 파일을 정리한다
B 친구에게 편지를 쓴다
C 이메일을 보낸다
D 친구와 게임을 한다

男：先选中你要的文件，然后复制一下，接着点"粘贴"。最后点"发送"。行，发过去了。
女：这鼠标该换了，不怎么好用。

问：他们在干什么呢?

남: 먼저 필요한 파일을 선택하고, 복사한 다음, '붙여 넣기'를 클릭해. 마지막으로 '보내기'를 눌러. 됐어, 보내진 거야.
여: 이 마우스 바꿔야겠어, 잘 안돼.

질문: 그들은 무엇을 하고 있는가?

해설 发送(보내다)만 듣고 편지를 보낸다고 혼동할 수 있지만, 여자가 鼠标(마우스)라고 말한 것을 듣고 컴퓨터로 편지를 보내고 있음을 추측할 수 있다. 따라서 C가 정답이 된다. 复制(복사하다), 粘贴(붙여 넣다) 등과 같은 단어가 어렵긴 하지만, 포기하지 않고 열심히 듣는다면, 확실하게 들리는 몇 개의 단어만으로도 정답을 추측할 수 있는 문제다.

단어 收拾 shōushi 동 정리하다 | 文件 wénjiàn 명 파일 | 发 fā 동 보내다 | 电子邮件 diànzǐ yóujiàn 명 이메일 | 游戏 yóuxì 명 게임 | 选中 xuǎnzhòng 동 선택하다 | 然后 ránhòu 접 그런 후에, 그런 다음에 | 复制 fùzhì 동 복제하다 | 接着 jiēzhe 부 계속하여, 이어서 | 点 diǎn 동 (가볍게) 찍다 | 粘贴 zhāntiē 동 붙여 넣다 | 最后 zuìhòu 명 맨 마지막, 최후 | 发送 fāsòng 동 보내다 | 鼠标 shǔbiāo 명 마우스 | 该 gāi 조동 마땅히 ~해야 한다 | 换 huàn 동 바꾸다 | 不怎么 bùzěnme 부 그다지, 별로

DAY 4

✓ 정답 1. B 2. B 3. C 4. A

01-10-1

01

p. 36

A 登机 B 开车 C 买飞机票 D 换登机牌	A 비행기에 탑승한다 **B 운전을 한다** C 비행기 표를 산다 D 탑승권을 바꾼다
女：我们能赶上九点的飞机吗？ 男：放心吧，按照现在这个速度，应该没问题。只要你带了护照和飞机票。 女：高速公路上你还是开慢点儿吧，注意安全。 男：好的，我们争取8点到飞机场。	여: 우리 9시 비행기를 탈 수 있을까? 남: 걱정 마. 지금 이 속도대로라면 분명 문제없어. 네가 여권이랑 비행기 표만 가져왔으면 돼. 여: 고속도로에서는 좀 천천히 운전해. 안전에 주의하고. 남: 알았어. 8시까지 공항에 도착하도록 해 보자.
问：男的正在做什么？	**질문: 남자는 무엇을 하고 있는가?**

해설 두 사람의 대화에서 飞机(비행기), 护照(여권), 飞机票(비행기 표), 飞机场(공항) 등의 단어가 언급되었으므로 그들은 지금 비행기를 타러 간다고 추측할 수 있다. 하지만, 여자가 천천히 운전하라고 말한 것을 통해 남자는 지금 공항에 가기 위해 운전하는 중임을 알 수 있다. 따라서 정답은 B가 된다. 녹음에서 开(운전하다)라는 1음절 단어를 확인해야 하므로 고도의 집중력이 필요하다.

Tip 동작 문제에서는 '동사 + 목적어'의 구조에서 '목적어'를 생략하고 동사만 언급하는 경우가 많다. 짧은 1~2음절의 동사만 듣고도 무슨 동작인지 알아맞힐 수 있는 내공을 쌓자!

단어 **登机** dēngjī 동 비행기에 탑승하다 | **开车** kāichē 동 운전하다 | **换** huàn 동 바꾸다 | **登机牌** dēngjīpái 명 탑승권 | **赶上** gǎnshàng 동 따라잡다 | **放心** fàngxīn 동 안심하다 | **按照** ànzhào 전 ~에 따라 | **速度** sùdù 명 속도 | **应该** yīnggāi 조동 마땅히 ~해야 한다 | **没问题** méi wèntí 동 문제없다 | **只要** zhǐyào 접 ~하기만 하면 | **带** dài 동 지니다, 가지다 | **护照** hùzhào 명 여권 | **高速公路** gāosù gōnglù 명 고속도로 | **慢点儿** màndiǎnr 천천히 | **注意** zhùyì 동 주의하다, 조심하다 | **安全** ānquán 형 안전하다 | **争取** zhēngqǔ 동 쟁취하다, ~하려고 힘쓰다 | **飞机场** fēijīchǎng 명 공항

01-10-2

02

p. 36

A 先喝杯水 B 吃清淡些的菜 C 再点一个不辣的汤 D 让服务员换一道菜	A 먼저 물을 마셔라 **B 좀 담백한 음식을 먹어라** C 맵지 않은 탕을 하나 더 주문해라 D 직원에게 음식을 바꿔 달라고 해라
女：快把那杯水给我。 男：给你，你不是很能吃辣吗？怎么眼泪都出来了。 女：没想到这个菜这么辣，我都受不了了。 男：的确有些辣。你吃这个菜，这个清淡一点儿。	여: 빨리 그 물 좀 줘. 남: 여기. 너 매운 음식 잘 먹는 거 아니었어? 어째서 눈물까지 흘리는 거야. 여: 이 음식이 이렇게 매울 줄 몰랐어. 정말 못 참겠어. 남: 확실히 좀 맵네. 너 이거 먹어. 이건 좀 담백해.
问：男的建议女的做什么？	**질문: 남자는 여자에게 무엇을 하라고 제안했는가?**

해설 마지막 남자의 말만 확실히 들었어도 정답을 쉽게 고를 수 있는 문제다. 매운 음식을 먹고 괴로워하는 여자에게 남자는 담백한 음식을 권하고 있으므로 B가 정답이 된다. 清淡(담백하다)이라는 단어가 생소할 수 있지만, 보기를 미리 보고 녹음을 들었다면 쉽게 들렸을 것이다.

단어 **清淡** qīngdàn 형 담백하다 | **辣** là 형 맵다 | **汤** tāng 명 탕, 국 | **换** huàn 동 바꾸다 | **怎么** zěnme 대 어째서 | **眼泪** yǎnlèi 명 눈물 | **没想到** méi xiǎngdào 생각하지 못하다 | **受不了** shòubuliǎo 동 참을 수 없다 | **的确** díquè 부 확실히, 정말 | **有些** yǒuxiē 부 조금, 약간 | **建议** jiànyì 동 제안하다, 건의하다

01-10-3

03

p. 36

A 存钱
B 办一张银行卡
C 开通手机银行
D 用借记卡汇款

A 저금한다
B 은행 카드를 한 장 만든다
C 모바일 뱅킹을 개통한다
D 체크 카드로 돈을 부친다

女：您好，请问您要办理什么业务？
男：我有一张借记卡，想开通手机银行。手续麻烦吗？
女：不麻烦，几分钟就能办完。请您先填一下这张表格。
男：谢谢，开通手机银行，需要另付费用吗？
女：是的。一个月5块，但是这个月搞活动，如果现在开通，免费使用1年。

问：男的要办理什么业务？

여: 안녕하세요. 무슨 업무를 처리하려고 하시나요?
남: 체크 카드가 하나 있는데, 모바일 뱅킹을 개통하고 싶어서요. 절차가 번거롭나요?
여: 번거롭지 않습니다. 몇 분이면 완성됩니다. 먼저 이 표를 작성해 주세요.
남: 감사합니다. 모바일 뱅킹을 개통하면, 따로 비용을 내야 하나요?
여: 네. 한 달에 5위안이지만, 이번 달에 행사를 하고 있어서, 지금 개통하시면 1년 무료로 사용하실 수 있습니다.

질문: 남자는 무슨 업무를 처리하려고 하는가?

해설 녹음에서 두 사람은 은행 직원과 고객의 관계로 보이며, 남자는 지금 모바일 뱅킹을 개통하려고 한다. 开通手机银行(모바일 뱅킹을 개통하다)이라는 말이 생소하지만 녹음에서 언급된 그대로 보기에 제시되어 있으므로, 정답은 C라는 것을 알 수 있다.

Tip 반드시 보기를 미리 읽어 보아야 한다. 그래야만 녹음에서 낯선 단어가 들려도 당황하지 않고, 보기에서 미리 확인했던 단어를 토대로 좀 더 쉽게 정답을 유추할 수 있다.

단어 存钱 cúnqián 동 저금하다 | 办 bàn 동 처리하다 | 银行卡 yínhángkǎ 명 은행 카드 | 开通 kāitōng 동 개통하다 | 借记卡 jièjìkǎ 명 체크 카드, 직불 카드 | 汇款 huìkuǎn 동 돈을 부치다 | 办理 bànlǐ 동 처리하다 | 业务 yèwù 명 업무 | 手续 shǒuxù 명 절차, 수속 | 麻烦 máfan 형 귀찮다, 번거롭다 | 填 tián 동 써넣다, 기입하다 | 表格 biǎogé 명 표, 양식 | 需要 xūyào 동 필요하다 | 另 lìng 부 따로, 별도로 | 付 fù 동 돈을 지급하다 | 费用 fèiyòng 명 비용 | 但是 dànshì 접 그렇지만 | 搞 gǎo 동 하다, 처리하다 | 活动 huódòng 명 행사 | 如果 rúguǒ 접 만약 | 免费 miǎnfèi 동 무료로 하다 | 使用 shǐyòng 동 사용하다

01-10-4

04

p. 36

A 创业　B 旅行
C 跳槽　D 休息

A 창업하다　B 여행하다
C 이직하다　D 휴식하다

女：公司同意了我的辞职申请。
男：你刚进这个公司不到一年吧？怎么突然辞职了？
女：我要和朋友创业，开一家旅行社。
男：那你得好好儿准备。

问：女的辞职后要做什么？

여: 회사가 내가 낸 사직서를 수락했어.
남: 너 이 회사 들어 간지 아직 1년도 안 됐잖아? 어째서 갑자기 그만두는 거야?
여: 나는 친구랑 여행사를 창업하려고 해.
남: 그럼 잘 준비해야겠구나.

질문: 여자는 퇴사 후 무엇을 하려고 하는가?

해설 여자의 퇴사 이유에 대해 대화를 나누고 있다. 퇴사 이유는 이직을 위해서, 여행하기 위해서, 휴식 기간을 가지고 싶어서 등 여러 가지가 있을 것이다. 하지만 여자는 친구와 여행사를 창업하려고 한다고 했으므로 정답은 A가 된다.

단어 创业 chuàngyè 동 창업하다 | 跳槽 tiàocáo 동 직업을 바꾸다, 회사를 옮기다 | 辞职 cízhí 동 사직하다 | 申请 shēnqǐng 명동 신청(하다) | 突然 tūrán 부 갑자기, 별안간 | 旅行社 lǚxíngshè 명 여행사

✓ 정답 1. C 2. A 3. A 4. D

01-14-1

01

p. 44

A 颜色不好看 B 怕太咸 C 会破坏鲜味儿 D 她不喜欢鲜味儿	A 색상이 안 예뻐서 B 너무 짜게 될까 봐 **C 신선한 맛을 망칠까 봐** D 그녀는 신선한 맛을 좋아하지 않아서
男：妈，做西红柿鸡蛋汤要放酱油吗？ 女：不用，酱油会破坏汤的鲜味儿，放点儿盐就可以了。 **问：女的为什么不让放酱油？**	남: 엄마, 토마토 계란탕 만들 때 간장 넣어야 돼요? 여: 아니, 간장은 국물의 신선한 맛을 망가뜨릴 수 있어. 소금 조금만 넣어 주면 돼. **질문: 여자는 왜 간장을 넣지 못하게 하였나?**

해설 호칭이 妈(엄마)인 것을 통해 엄마와 아들의 대화임을 알 수 있다. 아들이 토마토 계란탕을 만들면서 간을 간장으로 하는지 물어보는 상황이다. 엄마는 간장을 넣으면 탕의 신선한 맛을 해칠 수 있으니, 소금만 넣으라고 조언했다. 따라서 정답은 C가 된다.

단어 怕 pà 동 근심하다, 걱정이 되다 | 咸 xián 형 짜다, 소금기가 있다 | 破坏 pòhuài 동 해치다, 훼손하다 | 鲜味儿 xiānwèir 명 신선한 맛 | 西红柿 xīhóngshì 명 토마토 | 汤 tāng 명 국물, 탕 | 放 fàng 동 넣다, 타다 | 酱油 jiàngyóu 명 간장 | 盐 yán 명 소금

01-14-2

02

p. 44

A 要上班 B 不爱看演唱会 C 没有票 D 不知道有演唱会	**A 근무를 해야 해서** B 콘서트를 좋아하지 않아서 C 표가 없어서 D 콘서트를 하는지 몰라서
男：昨天电视台的演唱会特别精彩！你怎么没来看？ 女：昨天轮到我值班，没办法请假。 **问：女的为什么没去看演唱会？**	남: 어제 방송국 콘서트는 정말 멋졌어! 너 어제 왜 보러 안 왔어? 여: 어제 당직을 서는 게 내 차례가 되어서, 휴가를 낼 수가 없었어. **질문: 여자는 왜 콘서트를 보러 가지 않았는가?**

해설 대화를 통해 두 사람은 콘서트 가는 걸 좋아하는 사람들이라고 추측할 수 있다. 남자는 어제 콘서트가 너무 멋졌는데, 여자가 왜 오지 않았는지 궁금해하고 있다. 여자가 오지 못한 이유는 值班(당직을 서다) 때문으로, 이것은 上班(근무를 하다)과 일맥상통한다. 따라서 정답은 A가 된다.

단어 上班 shàngbān 동 출근하다, 근무하다 | 爱 ài 동 ~하기를 좋아하다 | 演唱会 yǎnchànghuì 명 콘서트, 음악회 | 电视台 diànshìtái 명 방송국 | 精彩 jīngcǎi 형 훌륭하다, 근사하다 | 轮到 lúndào 동 차례가 되다, 순서가 되다 | 值班 zhíbān 동 당직을 서다 | 请假 qǐngjià 동 휴가를 신청하다

01-14-3

03

p. 44

A 害怕坐飞机	**A 비행기 타는 게 무서워서**
B 机票太贵了	B 비행기 표가 너무 비싸서
C 机场太远	C 공항이 너무 멀어서
D 行李太多	D 짐이 너무 많아서

男：咱们订得太晚，高铁票已经卖光了，要不坐飞机去吧。

女：不行啊，我是不能坐飞机的，我恐高。再想想别的办法吧。

问：女的为什么不想坐飞机？

남: 우리가 예매를 너무 늦게 해서, 고속철 표가 이미 다 팔렸어. 아니면 비행기 타고 가자.

여: 안 돼. 나 비행기 못 타는 사람이야, 고소 공포증 있거든. 다른 방법을 다시 좀 생각해 보자.

질문: 여자는 왜 비행기를 타지 않으려 하는가?

해설 대화에 高铁(고속철)과 飞机(비행기) 두 가지 교통수단이 나온다. 남자는 고속철 표가 다 팔려서 예매가 불가능하니, 비행기로 가자고 했으나 여자는 자신이 恐高(고소 공포증)라서 비행기를 타지 못한다고 말했다. 이 말에서 힌트를 얻어 害怕坐飞机(비행기 타는 것을 무서워한다)라는 의미를 도출해 낼 수 있다. 따라서 정답은 A가 된다.

 중국의 국토는 매우 넓기 때문에 국내에서도 비행기로 이동하는 경우가 많다.

단어 害怕 hàipà 동 두려워하다, 무서워하다 | 机票 jīpiào 명 비행기 표 | 行李 xíngli 명 짐 | 订 dìng 동 예약하다 | 高铁票 gāotiěpiào 명 고속철 표 | 光 guāng 형 하나도 남아 있지 않다 | 要不 yàobù 접 그렇지 않으면 | 恐高 kǒnggāo 고소 공포증, 높은 데를 무서워하다 | 办法 bànfǎ 명 방법

01-14-4

04

p. 44

A 女的做饭不好吃	A 여자의 요리는 맛이 없어서
B 男的想吃外卖	B 남자는 배달 음식을 먹고 싶어서
C 不想在家里吃	C 집에서 먹기 싫어서
D 女的手腕还没恢复好	**D 여자의 손목이 아직 다 회복되지 않아서**

男：你的手腕刚做完手术，这几天别在家烧饭了，点外卖吧。

女：不要紧，做饭又不是什么大事儿。

问：男的为什么建议点外卖？

남: 당신 손목 수술한지 얼마 안됐으니, 요 며칠 동안 집에서 밥하지 말고, 배달 음식 시켜요.

여: 괜찮아요. 밥하는 게 무슨 큰일도 아닌데요.

질문: 남자는 왜 배달 음식을 주문하라고 제안했는가?

해설 남자는 女的手腕(여자의 손목)이 수술한지 얼마 되지 않았으므로 배달 음식을 시키자고 했다. 이는 여자의 손목이 아직 다 회복되지 않았음을 의미하므로 정답은 D가 된다.

단어 外卖 wàimài 명 배달 음식, 포장 판매 음식 | 手腕 shǒuwàn 명 손목 | 恢复 huīfù 동 회복하다 | 手术 shǒushù 명 수술 | 烧饭 shāofàn 동 밥을 짓다 | 点 diǎn 동 주문하다 | 不要紧 búyàojǐn 형 괜찮다, 문제없다 | 建议 jiànyì 동 건의하다

DAY 6

✓ 정답 1. C 2. D 3. D 4. B

▶ 01-15-1

01

p. 44

A 时间推迟了　B 路上堵车 C 服装有问题　D 记错地点了	A 시간이 미루어져서　B 길이 막혀서 **C 의상에 문제가 있어서**　D 장소를 잘못 기억해서
男：观众差不多都到场了，歌手呢？ 女：说是服装出了点儿问题，正在准备。 男：你赶紧去催催，演出马上就要开始了！ 女：好，我现在就去。 问：歌手为什么还没有出场？	남: 관객들은 거의 다 도착했는데, 가수는요? 여: 의상에 약간에 문제가 생겨서 지금 준비 중이라고 합니다. 남: 얼른 가서 재촉해 봐요, 공연이 곧 시작하려고 해요! 여: 네, 지금 바로 가 볼게요. **질문: 가수는 왜 아직 나타나지 않았는가?**

해설 공연 시간이 다가오고 있고, 관객들도 대부분 모두 도착했는데 공연의 주인공인 가수가 아직 나타나지 않아서 공연 관계자들이 당황해하고 있는 상황이다. 가수의 의상에 문제가 생겼다(服装出了问题)는 말과 보기 服装有问题는 동의어이므로 정답은 C가 된다.

Tip 남녀의 대화문에서 첫 번째 사람은 대화의 주제(화두)를 던지고, 두 번째 사람이 그것에 대한 반응, 생각, 의견, 이유 등을 말할 가능성이 70~80%에 달한다. 따라서 정답은 두 번째 사람의 말속에 숨어 있을 가능성이 높다. 설령 첫 번째 사람의 말을 놓쳤다 하더라도 당황하지 말고 반드시 두 번째 사람의 말에 집중해야 한다.

단어 推迟 tuīchí 동 미루다, 연기하다 | 堵车 dǔchē 동 교통이 체증되다 | 服装 fúzhuāng 명 의상, 복장 | 记错 jìcuò 동 잘못 기억하다 | 地点 dìdiǎn 명 장소, 위치 | 观众 guānzhòng 명 관중 | 差不多 chàbuduō 부 거의, 대체로 | 到场 dàochǎng 동 현장에 도착하다 | 歌手 gēshǒu 명 가수 | 赶紧 gǎnjǐn 부 서둘러, 급히 | 催 cuī 동 재촉하다, 독촉하다 | 演出 yǎnchū 동명 공연(하다)

▶ 01-15-2

02

p. 44

A 没时间去看电影 B 没人陪他看 C 买不到票了 D 不是他喜欢的类型	A 영화 보러 갈 시간이 없어서 B 그와 함께 보러 가 주는 사람이 없어서 C 표를 살 수 없어서 **D 그가 좋아하는 스타일이 아니어서**
女：奥斯卡最佳电影《寄生虫》你看了吗？ 男：没有，听说有点儿恐怖，我对这样的电影不感兴趣。 女：强烈推荐你去看，超级精彩。 男：真的吗？被你说得我都有点儿好奇了。 问：男的为什么没看那部电影？	여: 오스카 최우수 작품상 〈기생충〉 봤니? 남: 아니, 조금 공포스럽다고 하던데, 나는 그런 종류의 영화 흥미 없거든. 여: 꼭 보러 가는걸 강력 추천해, 진짜 재미있어. 남: 진짜야? 너가 그렇게 말하니까 호기심이 생기는 걸. **질문: 남자는 왜 그 영화를 보지 않았는가?**

해설 영화 〈기생충〉에 관한 대화로 남자와 여자는 극명하게 다른 의견을 보이고 있다. 여자는 영화가 너무 재미있으니 꼭 보라고 추천하고 있고, 남자는 영화를 아직 보지 않았을 뿐만 아니라, 영화가 공포스럽다고 들어서 흥미를 느끼지 못한다고 했다. 따라서 남자는 그 영화가 좋아하는 스타일이 아니라 보지 않았음을 알 수 있으므로 정답은 D가 된다.

단어 陪 péi 동 동반하다, 모시다 | 类型 lèixíng 명 스타일, 유형 | 奥斯卡 Àosīkǎ 명 오스카(Oscar) | 最佳电影 zuìjiā diànyǐng 명 최우수 작품상, 최고의 영화 | 寄生虫 jìshēngchóng 명 기생충 | 恐怖 kǒngbù 형 공포를 느끼다, 무섭다 | 感兴趣 gǎn xìngqù 동 흥미를 느끼다 | 强烈 qiángliè 형 강렬하다 | 推荐 tuījiàn 동 추천하다 | 超级 chāojí 형 뛰어난 | 精彩 jīngcǎi 형 훌륭하다, 근사하다 | 好奇 hàoqí 형 호기심이 많다

01-15-3

03

p. 44

A 很轻松
B 福利待遇好
C 想在酒店住
D 想积累海外工作经验

A 매우 수월해서
B 복지와 대우가 좋아서
C 호텔에 묵고 싶어서
D 해외 근무 경험을 쌓고 싶어서

男：听小王说暑假你要去中国实习。
女：对，我在一家5星级酒店当服务员。
男：你以后想在酒店工作吗?
女：不是，我就是想提升一下汉语口语能力，也想积累海外工作经验。

问：女的为什么想去中国实习?

남: 샤오왕이 너 여름 방학에 중국으로 실습하러 간다고 하더라.
여: 맞아. 나는 5성급 호텔에서 종업원으로 일해.
남: 너는 앞으로 호텔에서 일하고 싶니?
여: 아니. 나는 중국어 회화 실력도 향상시키고, 해외 근무 경험도 쌓고 싶어서.

질문: 여자는 왜 중국에 가서 실습하고 싶어하는가?

해설 여자가 여름 방학에 중국의 호텔로 실습 가는 것에 대한 대화를 나누고 있다. 여자가 호텔에서 실습을 하니까 혹시 졸업 후 진로를 호텔쪽으로 생각하냐는 남자의 질문에 여자는 취업 진로는 아니고 중국어 회화 실력 향상(提升汉语口语能力)과 해외 근무 경험을 쌓고(积累海外工作经验) 싶다고 말하고 있다. 따라서 정답은 D가 된다.

Tip 01번 문제에서 첫 번째 사람은 대화의 주제(화두)를 던지고, 두 번째 사람이 그것에 대한 반응, 생각, 의견, 이유 등에 대한 대답을 할 가능성이 70~80%에 달한다는 Tip을 얘기했다.
그렇다면 첫 번째 사람이 자신이 생각이나 의견 혹은 추측성 질문을 던졌을 때, 두 번째 사람은 '그래, 맞아(对)'를 말할까? 아니면 '아니, 그거 아니야(不对)'를 말할까? 100%는 아니지만 확률적으로 부정적인 답변일 가능성이 많다. 그래야 A의 의견, B의 의견이 등장하면서 응시생으로 하여금 많은 정보를 기억하게 하고 실력 있는 사람을 평가해 낼 수 있기 때문이다.
→ 두 번째 사람 말에 정답이 숨어 있을 가능성이 매우 높다.
→ 첫 번째 사람의 질문과는 다른 반응을 보일 가능성이 매우 높다.

단어 **轻松** qīngsōng 형 수월하다, 가볍다 | **福利** fúlì 명 복지, 후생 | **待遇** dàiyù 명 (급료, 봉급 따위의) 대우, 취급 | **酒店** jiǔdiàn 명 호텔 | **积累** jīlěi 동 쌓다, 축적하다 | **海外** hǎiwài 명 해외, 외국 | **经验** jīngyàn 명 경험 | **暑假** shǔjià 명 여름 방학 | **实习** shíxí 동 실습하다 | **星级** xīngjí 명 호텔 등급, 성급 | **当** dāng 동 ~이 되다 | **提升** tíshēng 동 진급시키다, 높이다 | **口语** kǒuyǔ 명 회화, 구어

01-15-4

04

p. 44

A 应聘工作　B 发表论文
C 看望父母　D 参加婚礼

A 입사 지원을 하려고　**B 논문을 발표하려고**
C 부모님을 뵈려고　D 결혼식에 참석하려고

男：我的航班临时被取消了。
女：为什么? 有什么问题吗?
男：说是北京现在雨下得特别厉害，飞机无法降落。怎么办? 我还要赶着参加研讨会发表论文啊!
女：要不你把机票退了，我帮你订火车票吧。

问：男的为什么着急去北京?

남: 내 비행편이 임시 취소됐어.
여: 왜? 무슨 문제가 있어?
남: 베이징은 지금 비가 엄청 심하게 와서, 비행기가 착륙할 수 없대. 어떻게 하지? 나는 세미나에 참석해서 논문을 발표해야 된단 말이야!
여: 아니면 비행기 표 환불해, 내가 기차표 예매하는 거 도와줄게.

질문: 남자는 왜 서둘러 베이징에 가려고 하는가?

해설 질문에서는 남자가 서둘러 베이징에 가야 할 이유를 묻고 있다. 주어진 4개의 보기 모두 그럴듯한 이유가 될 수 있겠지만, 남자는 세미나에 참석해서 논문을 발표해야 한다(发表论文)고 말하고 있다. 따라서 정답은 B가 된다. 만약, 남자는 어떠한 이유로 비행기를 타지 못하는가?라는 질문이 나왔다면 因为雨下得很大，所以飞机无法降落(비가 너무 많이 내려서, 비행기가 착륙할 수가 없다) 혹은 天气情况不好(날씨 상황이 좋지 않다)가 정답으로 제시될 가능성이 높다.

단어 应聘 yìngpìn 동 지원하다 | 发表 fābiǎo 동 발표하다 | 论文 lùnwén 명 논문 | 看望 kànwàng 동 문안하다, 찾아가 보다 | 婚礼 hūnlǐ 명 결혼식 | 航班 hángbān 명 항공편, 비행편 | 临时 línshí 부 임시, 갑자기 | 被 bèi 전 ~당하다 | 取消 qǔxiāo 동 취소하다 | 厉害 lìhai 형 심하다, 굉장하다 | 无法 wúfǎ 동 ~할 수가 없다 | 降落 jiàngluò 동 착륙하다 | 赶着 gǎnzhe 부 서둘러서 | 研讨会 yántǎohuì 명 세미나, 연구 토론회 | 退 tuì 동 무르다, 환불하다 | 着急 zháojí 동 조급해하다, 초조해하다

DAY 7

✓ 정답 1. D 2. B 3. C 4. C

01-19-1

01

p. 51

A 学费很贵 B 儿子不愿学 C 怕耽误学习 D 怕儿子适应不了	A 학비가 너무 비싸서 B 아들이 배우고 싶지 않아해서 C 공부에 지장을 줄까 봐 **D 아들이 적응하지 못할까 봐**
男：既然儿子对美术感兴趣，我们可以给他报个网上美术课程。 女：他年纪太小了，不知道他能不能适应这个授课方式。	남: 아들이 미술에 흥미가 있으니, 우리 아들한테 온라인 미술 수업을 등록해 줄까요? 여: 아이가 아직 너무 어려서, 이 수업 방식에 적응할 수 있을지 모르겠어요.
问：女的为什么不想让儿子学美术？	질문: 여자는 왜 아들에게 미술을 배우게 하고 싶지 않은가?

해설 최근에는 만나서 얼굴을 보고 배우는 대면 교육 방식에서, 만나지 않고 온라인으로 수업하는 비대면 교육 방식이 활성화되고 있다. 이와 관련된 이야기로 아빠는 아들에게 온라인 미술 수업을 등록해 주자고 제안하지만, 엄마는 아이가 아직 너무 어려서 온라인 수업 방식을 받아들일 수 있을지 모르겠다고 걱정하고 있다. 따라서 정답은 D가 된다.

- 핵심어 짝꿍 암기
  不知道能不能适应这个授课方式 이 수업 방식에 적응할 수 있을지 모르겠다
  = D 怕适应不了 적응하지 못할까 걱정이다

단어 学费 xuéfèi 명 수업료, 학비 | 不愿 búyuàn 동 원하지 않다, ~하려 하지 않다 | 怕 pà 동 염려하다, 걱정이 되다 | 耽误 dānwu 동 일을 그르치다 | 适应 shìyìng 동 적응하다 | …不了 …bùliǎo ~할 수 없다, ~해 낼 수는 없다 | 既然 jìrán 접 이미 이렇게 된 바에야 | 美术 měishù 명 미술 | 感兴趣 gǎn xìngqù 동 흥미를 느끼다, 관심을 갖다 | 报 bào 동 신청하다 | 课程 kèchéng 명 교육 과정, 커리큘럼 | 年纪 niánjì 명 연령, 나이 | 授课 shòukè 동 수업하다, 강의하다 | 方式 fāngshì 명 방식, 방법

01-19-2

02

p. 51

A 生气了 B 下次再找机会 C 男的等女的下班 D 不想再和女的吃饭	A 화가 났다 **B 다음 기회로 미룬다** C 남자는 여자가 퇴근하기를 기다린다 D 다시는 여자와 밥을 먹고 싶지 않다
女：真抱歉，没想到今天要加班，不能和你一起吃晚饭了。 男：没关系，那我们再约时间。	여: 정말 죄송해요. 생각지도 못하게 오늘 야근을 하게 되어서, 저녁 식사를 같이 못할 거 같아요. 남: 괜찮아요. 그럼 다시 시간을 약속하죠.
问：男的主要是什么意思？	질문: 남자의 말은 무슨 뜻인가?

해설 두 사람은 함께 밥을 먹기로 했는데, 여자가 야근을 하게 되어 같이 식사를 하지 못하게 되었다. 남자는 여자에게 再约时间(다시 시간을 약속하다)이라고 했으므로 다음에 시간이 될 때 다시 만나자는 B가 정답이 된다.

• 핵심어 짝꿍 암기
再约时间 다시 시간을 약속하다
= B **下次再找机会** 다음 기회로 미룬다(= **下次吧** 다음에 하자 = **改天吧** 나중에 하자)

단어 **生气** shēngqì 동 화내다 | **下次** xiàcì 명 다음번 | **再** zài 부 다시 | **找** zhǎo 동 찾다 | **机会** jīhuì 명 기회 | **下班** xiàbān 동 퇴근하다 | **想** xiǎng 조동 ~하고 싶다 | **抱歉** bàoqiàn 동 죄송스럽게 생각하다 | **没想到** méixiǎngdào 생각하지 못하다 | **要** yào 조동 ~해야 한다 | **加班** jiābān 동 초과 근무를 하다 | **能** néng 조동 ~할 수 있다 | **约** yuē 동 약속하다

01-19-3

03

p. 51

A 没有胃口	A 입맛이 없다
B 有些感冒	B 조금 감기 기운이 있다
C 渴得受不了	**C 목이 말라서 참을 수 없다**
D 后悔运动得太久了	D 운동을 너무 오래 한 것을 후회한다

女：刚健身完就喝冰水，这样很伤身体的。
男：今天的运动量是平时的两倍，我觉得我嗓子里都冒烟了。

여: 방금 헬스하고 나서 얼음물을 마시면 몸 상해.
남: 오늘 운동량이 평상시 두 배여서, 목에서 연기가 나올 지경이야.

问：男的是什么意思？

질문: 남자는 무슨 의미인가?

해설 남자는 운동을 평상시보다 열심히 하고, 힘들어서 얼음물을 마셨다. 嗓子都冒烟了(목에서 연기가 나오다)는 그 정도로 '목이 탄다, 매우 목이 마르다'의 의미로 해석할 수 있다. 보기에서는 渴得受不了(목이 말라서 참을 수 없다)로 어휘가 변환되어 제시되었다. 따라서 정답은 C가 된다.

• 핵심어 짝꿍 암기
嗓子里都冒烟了 목에서 연기가 나올 지경이다
= C **渴得受不** 목이 말라서 참을 수 없다(= **很渴** = **太渴了**)

Tip 중국인들은 몸을 따뜻하게 보호하는 것을 매우 중요하게 생각한다. 여름에도 냉수를 마시기 보다는 상온에 있던 생수를 마시거나, 끓인 물을 마신다. 요즘 젊은 사람들은 차가운 음료도 많이 마시지만, 기본적으로 차가운 물 마시는 것을 권장하는 문화는 아니다.

단어 **胃口** wèikǒu 명 입맛, 식욕 | **感冒** gǎnmào 명동 감기(에 걸리다) | **渴** kě 형 목이 타다, 갈증 나다 | **受不了** shòubuliǎo 동 참을 수 없다, 견딜 수 없다 | **后悔** hòuhuǐ 동 후회하다 | **健身** jiànshēn 동 몸을 튼튼히 하다 | **冰水** bīngshuǐ 명 얼음물, 냉수 | **运动量** yùndòngliàng 명 운동량 | **平时** píngshí 명 보통 때, 평소 | **倍** bèi 양 배, 곱절 | **嗓子** sǎngzi 명 목, 목구멍 | **冒烟** màoyān 동 연기가 나다

01-19-4

04

p. 51

A 很一般	B 很精彩	A 매우 평범하다	B 매우 훌륭하다
C 不如小说	D 非常有意思	**C 소설만 못하다**	D 대단히 재미있다

女：听说，最近中央一台的电视剧很受欢迎，你看了吗？
男：看了，我还特意在网上看了那本小说。我觉得小说比电视剧好。

여: 요즘에 중앙 1TV에서 방영하는 드라마가 인기가 많대. 너 봤니?
남: 봤어. 나는 일부러 인터넷에서 그 소설을 읽었는걸. 나는 소설이 드라마보다 나은 거 같아.

问：男的觉得那个电视剧怎么样？

질문: 남자는 그 드라마가 어떻다고 생각하는가?

해설 여자는 드라마가 很受欢迎(매우 환영받는다)이라고 했으니, 매우 인기가 있고 재미있음을 알 수 있다. 그러나 질문은 남자의 의견을 묻고 있다. 남자는 원작 소설이 드라마보다 더 낫다고 했으니, 정답은 C가 된다.

• 핵심어 짝꿍 암기

小说比电视剧好 소설이 드라마보다 낫다

= C **(电视剧)不如小说(好)** (드라마는) 소설만(큼 좋지) 못하다

Tip 비교문의 이해

• 好를 이용한 비교문: 'A 比 B 好' A가 B보다 좋다(A가 좋다) → 술어가 A와 호응

• 不如를 이용한 비교문: 'A 不如 B 好' A가 B만 못하다(B가 좋다) → 술어가 B와 호응

단어 **一般** yìbān 형 보통이다, 평범하다 | **精彩** jīngcǎi 형 뛰어나다, 훌륭하다 | **不如** bùrú 동 ~만 못하다 | **小说** xiǎoshuō 명 소설 | **有意思** yǒu yìsi 형 재미있다 | **听说** tīngshuō 동 듣자 하니 ~이라 한다 | **最近** zuìjìn 명 최근, 요즘 | **电视剧** diànshìjù 명 드라마 | **受欢迎** shòu huānyíng 환영받다 | **特意** tèyì 부 일부러 | **网** wǎng 명 인터넷

✓ 정답 1. B 2. B 3. D 4. D

▶ 01-20-1

01

p. 51

A 女的要洗衣服 B 旧的西服被捐了 C 女的卖了深蓝色的西服 D 女的不喜欢深蓝色的西服	A 여자는 옷을 세탁하려고 한다 **B 낡은 양복은 기부했다** C 여자는 짙은 남색 양복을 팔았다 D 여자는 짙은 남색 양복을 좋아하지 않는다
男：我的那套西服呢？ 女：哪套？深蓝色那套吗？我昨天把它捐出去了。 男：啊？可是我明天要穿，那我穿什么呀！ 女：别担心。我又给你买了一套黑色的，就在衣柜里挂着。明天穿新的吧。	남: 내 그 양복 어딨어요? 여: 어떤 거요? 짙은 남색 말하는 거예요? 내가 어제 그거 기부했어요. 남: 뭐라고요? 나 내일 그 옷 입어야 하는데, 그럼 나 뭐 입으라고요! 여: 걱정하지 마세요. 내가 검은색으로 한 벌 사서 옷장에 걸어 놨어요. 내일 새 옷으로 입어요.
问：根据对话，下面哪项正确？	**질문: 대화에 의하면, 다음 중 옳은 것은?**

해설 녹음에서 대화하는 두 사람은 부부로 추측된다. 남자가 내일 입을 짙은 남색 양복을 찾고 있는데, 여자는 把它捐出去了(그것을 기부했다)라고 했으니 B가 정답이 된다. 기부는 돈을 받지 않는 것이므로, C의 卖了(팔았다)는 옳지 않다.

• 핵심어 짝꿍 암기

把它(那套西服)捐出去了 그것(그 양복)을 기부했다

= B **旧的西服被捐了** 낡은 양복은 기부했다

단어 **旧** jiù 형 낡다, 오래되다 | **西服** xīfú 명 양복 | **捐** juān 동 기부하다 | **深蓝色** shēnlánsè 명 짙은 남색 | **套** tào 양 벌, 세트 | **可是** kěshì 접 그러나, 하지만 | **什么** shénme 대 무슨, 무엇 | **别** bié 부 ~하지 마라 | **担心** dānxīn 동 걱정하다 | **又** yòu 부 또 | **衣柜** yīguì 명 옷장 | **挂** guà 동 걸다

01-20-2

02

p. 51

A 腿受伤了	A 다리를 다쳤다
B 不能坚持锻炼	**B 꾸준히 훈련할 수 없었다**
C 不喜欢打球了	C 테니스 치는 것을 좋아하지 않는다
D 每天晚上加班	D 매일 저녁 야근한다

男：你打网球的水平明显退步了，我记得以前你跟我不分上下呀。
女：这段时间工作太忙了，哪有时间打球啊，连球拍都不会握了。
男：每天加班吗?
女：也不是，主要还是我懒得活动，没坚持锻炼。

问：女的打球的水平为什么退步了?

남: 너 테니스 치는 실력이 확연하게 떨어졌네. 예전에는 나랑 실력이 비슷했잖아.
여: 요즘 일이 너무 바쁜데, 테니스 칠 시간이 어디 있겠어. 라켓도 못 잡겠어.
남: 매일 야근하는 거야?
여: 그런 건 아니고, 중요한 건 내가 귀찮아서, 꾸준히 훈련하지 못했어.

질문: 여자의 테니스 실력은 왜 퇴보했는가?

해설 여자의 테니스 실력이 예전만 못한 이유는 일이 바빠서 연습을 할 시간도 없었고, 본인도 게을러져서 꾸준히 운동하지 않았기 때문이다. 따라서 B가 정답이 된다. 녹음에 언급된 부정부사 没는 보기에서 不能으로 바뀌어 제시되었다. 매일 야근을 한다는 것은 남자의 추측일 뿐이지, 사실이 아니므로 D는 정답이 될 수 없다.

• 핵심어 짝꿍 암기
没坚持锻炼 꾸준히 훈련하지 못했다
= B 不能坚持锻炼 꾸준히 훈련할 수 없었다

Tip 대화에서 추측으로 하는 질문만 듣고서 그것이 사실과 맞는지는 확실히 알 수 없다. 그러므로, 대답하는 사람의 반응이 긍정인지 부정인지 주의 깊게 들어야 한다. 만약 부정적인 대답이 나오면, 그 추측성 질문은 정답을 선택하는 데 전혀 도움을 주지 못하므로, 고려할 필요가 없다.

단어 腿 tuǐ 명 다리 | 受伤 shòushāng 동 부상당하다 | 坚持 jiānchí 동 유지하다, 견지하다 | 锻炼 duànliàn 동 단련하다 | 打球 dǎqiú 동 공을 치다 | 加班 jiābān 동 초과 근무를 하다 | 网球 wǎngqiú 명 테니스 | 水平 shuǐpíng 명 수준 | 明显 míngxiǎn 형 확연하다, 분명하다 | 退步 tuìbù 동 나빠지다, 퇴보하다 | 记 jì 동 기억하다 | 以前 yǐqián 명 이전 | 连 lián 전 ~조차도 | 球拍 qiúpāi 명 라켓 | 握 wò 동 잡다, 쥐다 | 主要 zhǔyào 형 주요한, 중요한 | 还是 háishi 부 여전히, 아직도 | 懒得 lǎnde 동 귀찮아하다 | 活动 huódòng 동 (몸을) 움직이다, 운동하다

01-20-3

03

p. 51

A 营业到凌晨	A 새벽까지 영업한다
B 投入成本很高	B 투자 원금이 많다
C 是现代装修风格	C 현대적인 인테리어 스타일이다
D 那儿原来是工厂	**D 그곳은 원래 공장이었다**

男：这个酒吧最近非常有名，很多名人都推荐过。
女：怪不得人这么多。才7点就有这么多人排队。
男：这个酒吧是由工厂改造的，保留了上世纪八十年代的装修风格。
女：还挺有味道的，仿佛一下子回到了过去。

问：关于那家酒吧，可以知道什么?

남: 이 술집은 요즘 아주 유명해서, 많은 유명인들이 추천한 적이 있어.
여: 어쩐지 사람이 이렇게 많더라니. 겨우 7시 밖에 안됐는데 이렇게 많은 사람이 줄을 서있네.
남: 이 술집은 공장을 개조한 거야. 1980년대 인테리어 스타일을 그대로 유지하고 있지.
여: 나름의 멋이 있네. 마치 과거로 돌아간 거 같아.

질문: 그 술집에 관하여, 알 수 있는 것은?

해설 남녀는 술집(酒吧)에 대한 대화를 나누고 있다. 推荐(추천하다), 很多人排队(많은 사람이 줄을 서다) 등 매우 인기가 좋다고 얘기하고 있다. 또한 由工厂改造的(공장을 개조한 것)한 것으로 1980년대 인테리어 스타일을 유지하고 있다고 했으므로 따라서 정답은 D가 된다.

• 핵심어 짝꿍 암기
这个酒吧是由工厂改造的 이 술집은 공장을 개조한 것이다
= D **那儿原来是工厂** 그곳은 원래 공장이었다

Tip 중국 베이징 798艺术区(798 예술구)는 공장 지역을 예술 거리로 만든 곳이다. 폐허가 된 공장 지대에 예술가들이 찾아들면서 예술의 거리가 되었다. 베이징 여행 시 한번 가 볼 만한 곳이다.

단어 营业 yíngyè 동 영업하다 | 凌晨 língchén 명 이른 새벽, 새벽녘 | 投入 tóurù 동 투입하다, 넣다 | 成本 chéngběn 명 자본 | 装修 zhuāngxiū 동 인테리어하다 | 风格 fēnggé 명 스타일 | 原来 yuánlái 부 원래, 본래 | 工厂 gōngchǎng 명 공장 | 酒吧 jiǔbā 명 술집 | 推荐 tuījiàn 동 추천하다 | 怪不得 guàibude 부 과연, 어쩐지 | 排队 páiduì 동 줄을 서다 | 由 yóu 전 ~으로, ~에서 | 改造 gǎizào 동 개조하다 | 保留 bǎoliú 동 보존하다 | 世纪 shìjì 명 세기 | 仿佛 fǎngfú 부 마치 ~인 듯하다 | 一下子 yíxiàzi 부 단시간에, 갑자기

01-20-4

04

p. 51

A 男的跳槽了 B 男的毕业了 C 女的找到了工作 D 男的找到理想的工作了	A 남자가 직업을 바꿨다 B 남자가 졸업을 했다 C 여자가 직장을 구했다 **D 남자가 마음에 드는 직장을 구했다**
女：听说你的工作已经定下来了。 男：在外交部当翻译。 女：太好了，找到这么好的工作，今天晚上庆祝一下吧。 男：好的，那我请你吃四川菜。我今天特别想吃辣的。	여: 너의 직장이 이미 결정됐다고 들었어. 남: 외교부에서 통역을 담당하게 되었어. 여: 너무 잘됐다. 이렇게 좋은 직장을 구하다니. 오늘 저녁에 축하라도 좀 하자. 남: 좋아. 내가 쓰촨 요리 사 줄게. 나는 오늘 유난히 매운 음식이 먹고 싶어.
问：他们要庆祝什么?	**질문: 그들은 무엇을 축하하려 하는가?**

해설 녹음에서 여자는 남자가 좋은 직장에서 일하게 되었으니 축하 파티를 하자고 말하고 있다. 이 말을 듣고 남자가 마음에 드는 직장을 구했다는 것을 알 수 있으므로, D가 정답이 된다. 여자가 직장을 구한 것이 아니라 남자가 직장을 구한 것이므로, C는 녹음 내용과 일치하지 않는다. 또한 A '남자가 직업을 바꿨다'는 대화 내용만으로 사실인지 알 수 없으므로 정답이 될 수 없다.

• 핵심어 짝꿍 암기
找到这么好的工作 이렇게 좋은 직장을 구했다
= D **找到理想的工作了** 마음에 드는 직장을 구했다

Tip 녹음을 들을 때 남녀 구분을 확실히 하자.

단어 跳槽 tiàocáo 동 직업을 바꾸다, 이직하다 | 毕业 bìyè 동 졸업하다 | 理想 lǐxiǎng 형 이상적이다, 만족스럽다 | 听说 tīngshuō 동 듣자 하니 ~이라 한다 | 已经 yǐjing 부 이미, 벌써 | 定 dìng 동 결정하다, 확정하다 | 外交部 Wàijiāobù 명 외교부 | 翻译 fānyì 명 통역(원) | 庆祝 qìngzhù 동 경축하다 | 特别 tèbié 부 유달리, 특히 | 辣 là 형 맵다

DAY 9

✓ 정답 1. B 2. C 3. C 4. A

01-24-1

01

p. 57

A 不合理 B 比较合适
C 有点儿高 D 跟别的公司差不多

A 합리적이지 않다 **B 비교적 적당하다**
C 조금 비싸다 D 다른 회사와 비슷하다

女：你跟未来公司谈的那笔生意怎么样了？
男：他们的价格可以接受，今天下午就能签约了。

여: 미래 회사와 얘기한 그 사업 건 어떻게 됐어요?
남: 그들이 제시한 가격을 받아들일 수 있어서, 오늘 오후에 계약하기로 했어요.

问：男的觉得价格怎么样？

질문: 남자는 가격이 어떻다고 생각하는가?

해설 사업에 대한 여자의 질문에 남자는 价格可以接受(가격을 받아들일 수 있다)라고 대답했다. 따라서 남자는 상대방에서 제시한 가격이 合适(적당하다)하다고 생각했음을 알 수 있으므로 B가 정답이 된다.

- 의미 파악

  价格可以接受 가격을 받아들일 수 있다
  = B **(价钱)比较合适** (가격이) 비교적 적당하다

단어 合理 hélǐ 형 합리적이다 | 比较 bǐjiào 부 비교적 | 合适 héshì 형 적당하다, 적합하다 | 有点儿 yǒudiǎnr 부 조금 | 差不多 chàbuduō 형 비슷하다 | 谈 tán 동 이야기하다 | 笔 bǐ 양 건, 몫(돈 · 자금과 관련된 것을 세는 데 쓰임) | 生意 shēngyi 명 사업, 거래 | 怎么样 zěnmeyàng 대 어떠하다 | 价格 jiàgé 명 가격 | 接受 jiēshòu 동 받아들이다 | 签约 qiānyuē 동 (계약서 등에) 서명하다

01-24-2

02

p. 57

A 困难很多 B 生意不好做
C 女的很有信心 D 成立了很久了

A 어려움이 매우 많다 B 사업하기가 쉽지 않다
C 여자는 매우 자신이 있다 D 창립한 지 오래되었다

男：你的公司刚刚成立，是不是有很多困难啊？
女：还好，最近谈成了几笔生意，相信会越来越好的。

남: 너희 회사는 이제 막 창립해서, 어려움이 많지?
여: 그런대로 괜찮아. 최근에 몇 건의 거래가 성사돼서, 점점 잘될 거라고 믿어.

问：关于这个公司，下列哪项正确？

질문: 이 회사에 대해서 다음 중 옳은 것은?

해설 여자는 사업이 앞으로 더 잘될 것이라고 확신하고 있다. 남자가 어려움이 많지 않느냐고 추측해서 한 질문만 듣고, 여자의 말을 제대로 듣지 못했다면 A가 정답이라고 착각할 수 있다. 그러나 여자는 还好(그런대로 괜찮다)라고 했으므로 C가 정답이 된다. 의미 파악 문제는 핵심 내용이 녹음의 뒷부분에 나올 가능성이 있으므로, 처음부터 끝까지 집중해 들으면서 전체 내용을 이해해야 한다.

- 의미 파악

  相信会越来越好的 점점 잘될 거라고 믿는다
  = C **很有信心** 매우 자신이 있다

단어 困难 kùnnan 명 어려움 | 生意 shēngyi 명 사업, 거래 | 信心 xìnxīn 명 자신 | 成立 chénglì 동 창립하다, 설립하다 | 久 jiǔ 형 오래다, 시간이 길다 | 刚刚 gānggāng 부 방금, 막 | 最近 zuìjìn 명 최근, 요즘 | 谈 tán 동 이야기하다 | 笔 bǐ 양 건, 몫(돈 · 자금과 관련된 것을 세는 데 쓰임) | 相信 xiāngxìn 동 믿다 | 越来越 yuèláiyuè 부 점점, 더욱더, 갈수록

01-24-3

03

p. 57

A 女的是秘书 B 穿什么都可以 C 明天有重要的活动 D 女的让男的穿休闲服	A 여자는 비서다 B 아무거나 입어도 된다 **C 내일은 중요한 행사가 있다** D 여자는 남자에게 캐주얼한 복장을 입으라고 했다
男：明天晚上公司的送年会对服装有什么特别的要求吗? 女：没有，最好别穿休闲服，穿得稍微正式一点儿更好。	남: 내일 저녁 회사 송년회에서 복장에 대한 특별한 요구가 있었니? 여: 없어. 캐주얼한 복장을 입지 않는 것이 가장 좋고, 좀 격식을 차려서 입으면 더 좋겠지.
问：根据对话，可以知道什么?	**질문: 대화를 통해서 알 수 있는 것은?**

해설 남자가 송년회 복장에 대해서 묻자, 캐주얼한 복장을 피하고 약간 격식을 차려 입는 것이 좋겠다고 했으므로, 비교적 중요한 행사임을 알 수 있다. 따라서 정답은 C가 된다. 이 문제는 전체 내용을 듣고 한 번 더 생각해야만 속뜻을 이해할 수 있다. 녹음에서 들린 단어만 보기에서 찾으려고 하면, 오답을 고를 수도 있으니 주의해야 한다.

- 의미 파악
  送年会 송년회 / **穿得稍微正式一点儿** 좀 격식을 차려서 입는다
  = C **有重要的活动** 중요한 행사가 있다

단어 **可以** kěyǐ 형 좋다, 괜찮다 | **重要** zhòngyào 형 중요하다 | **活动** huódòng 명 행사 | **休闲服** xiūxiánfú 명 캐주얼웨어 | **服装** fúzhuāng 명 복장, 의류 | **特别** tèbié 부 유달리, 특히 | **要求** yāoqiú 동 요구하다 | **最好** zuìhǎo 부 ~하는 게 제일 좋다 | **稍微** shāowēi 부 조금, 약간 | **正式** zhèngshì 형 정식의 | **更** gèng 부 더욱

01-24-4

04

p. 57

A 应聘失败了　B 没拿到奖金 C 没能升职　D 被辞退了	**A 취업에 실패해서**　B 보너스를 받지 못해서 C 승진을 하지 못해서　D 해고당해서
男：没被这家贸易公司录取，我心里还挺难受的。 女：我觉得你跟那家没有缘分，你这么优秀，肯定能找到一个好单位。	남: 이 무역 회사에 채용되지 못해서, 나는 마음이 너무 힘들어. 여: 내 생각에는 너와 그 회사는 인연이 없었던 거야. 너는 이렇게 우수한데 분명히 좋은 직장을 구하게 될 거야.
问：男的为什么心情不好?	**질문: 남자는 왜 기분이 좋지 않은가?**

해설 남자는 무역 회사에 채용되지 못해서 기분이 좋지 않다고 했다. 没被录取(채용되지 않았다)가 보기에서는 应聘失败了(취업이 실패했다)로 어휘가 변환되어 제시되었다. 듣기 학습을 할 때 항상 문제의 핵심어와 정답에 사용된 표현을 함께 외워 두면 큰 도움이 된다.

- 의미 파악
  没被这家贸易公司录取 이 무역 회사에 채용되지 못했다
  = A **应聘失败了** 취업에 실패했다

단어 **应聘** yìngpìn 동 지원하다 | **失败** shībài 동 실패하다 | **奖金** jiǎngjīn 명 보너스, 성과금, 인센티브 | **升职** shēngzhí 동 승진하다 | **辞退** cítuì 동 그만두게 하다, 해고하다 | **贸易** màoyì 명 무역, 교역 | **录取** lùqǔ 동 채용하다, 뽑다 | **难受** nánshòu 형 괴롭다, 참을 수 없다, 견딜 수 없다 | **缘分** yuánfèn 명 인연, 연분 | **优秀** yōuxiù 형 우수하다, 뛰어나다 | **肯定** kěndìng 부 확실히, 반드시, 꼭 | **单位** dānwèi 명 직장, 기관, 회사 | **心情** xīnqíng 명 기분, 심정

DAY 10

✓ 정답 1. C 2. A 3. C 4. B

01-25-1

01

p. 57

A 临时调整队员了 A 임시로 팀원을 조정했다
B 发挥得很好 B 실력 발휘를 잘했다
C 表现得不好 **C 잘하지 못했다**
D 失去了决赛资格 D 결승전 진출 자격을 잃었다

男：太失望了，我期盼这场比赛很久了。
女：可不是，没想到今天两队都没有进球。
男：我觉得这场比赛天津队没有发挥出真实水平。
女：是的，希望他们接下来调整好状态，不然就进不了决赛了。

问：关于天津队，可以知道什么?

남: 너무 실망스러워. 내가 이번 시합을 얼마나 오랫동안 기대했는데.
여: 누가 아니래. 예상 밖으로 오늘 두 팀 모두 골을 넣지 못했잖아.
남: 나는 이번 시합에서 텐진 팀이 진짜 실력을 발휘하지 못했다고 생각해.
여: 맞아. 그들이 이제부터 컨디션 조절을 했으면 좋겠어. 안 그러면 결승전에 진출할 수 없어.

질문: 텐진 팀에 관해서, 알 수 있는 것은?

해설 남녀는 지금 축구 경기 결과에 대한 이야기를 나누고 있다. 太失望了(너무 실망이다), 没有进球(골을 넣지 못했다), 没有发挥真实水平(진짜 실력을 발휘하지 못했다) 등 부정적인 어휘들을 통해 경기를 잘하지 못했다는 것을 알 수 있다. 따라서 정답은 C가 된다.

• 의미 파악
天津队没有发挥出真实水平 텐진 팀은 진짜 실력을 발휘하지 못했다
= C 表现得不好 잘하지 못했다

단어 临时 línshí 부 임시, 잠시 | 调整 tiáozhěng 동 조정하다, 조절하다 | 队员 duìyuán 명 대원, 팀원 | 发挥 fāhuī 동 발휘하다, 충분히 나타내다 | 表现 biǎoxiàn 동 나타내다, 표현하다 | 失去 shīqù 동 잃다, 잃어버리다 | 决赛 juésài 명 결승전 | 资格 zīgé 명 자격 | 失望 shīwàng 동 실망하다, 낙담하다 | 期盼 qīpàn 동 바라다, 고대하다 | 比赛 bǐsài 명 시합 | 可不是 kěbúshì 그렇고 말고, 왜 아닌가(상대방의 말에 긍정을 나타냄) | 队 duì 명 팀, 단체 | 进球 jìnqiú 동 골을 넣다 | 天津 Tiānjīn 명 천진 | 真实 zhēnshí 형 실재의, 사실의 | 水平 shuǐpíng 명 수준 | 状态 zhuàngtài 명 상태 | 不然 bùrán 접 그렇지 않으면

01-25-2

02

p. 57

A 还能坚持 **A 계속할 수 있다**
B 快要不行了 B 곧 할 수 없다
C 想放弃最后一圈 C 마지막 한 바퀴를 포기하고 싶다
D 休息一会儿再跑最后一圈 D 잠시 쉰 후에 마지막 한 바퀴를 뛴다

女：看你累得满头大汗，衣服也湿了。休息一会儿吧。
男：不行，今天我一定要跑完5000米！
女：你长时间不运动，突然运动的话，身体受不了。
男：不要紧，剩下最后一圈了。

问：男的觉得怎么样?

여: 너 힘들어서 얼굴 가득 땀투성인 것 좀 봐, 옷도 다 젖었어. 좀 쉬어.
남: 안 돼, 난 오늘 꼭 5000m를 뛰어야겠어!
여: 너 오랜 시간 동안 운동을 안 하다가 갑자기 운동하면, 몸이 견디지 못해.
남: 괜찮아, 이제 마지막 한 바퀴 남았어.

질문: 남자는 어떻다고 생각하는가?

해설 좀 쉬라는 여자의 말에 남자는 5000m를 뛰어야 한다고 했다. 또한 녹음 마지막 부분에 마지막 한 바퀴 남았다고 대답한 것으로 보아, 그가 남은 한 바퀴를 마저 뛰려는 것을 알 수 있으므로 정답은 A가 된다. 不要紧은 '괜찮다, 문제없다'라는 의미로 남자의 의지를 더 강하게 보여 준다.

• 의미 파악
今天我一定要跑完5000米 난 오늘 꼭 5000m를 뛰어야겠다
= A **还能坚持** 계속할 수 있다

단어 坚持 jiānchí 동 유지하다, 견지하다 | 快要 kuàiyào 부 곧 (~하다) | 放弃 fàngqì 동 포기하다 | 最后 zuìhòu 명 맨 마지막, 최후 | 圈 quān 양 바퀴 | 一会儿 yíhuìr 명 잠시, 잠깐 | 跑 pǎo 동 달리다, 뛰다 | 满头大汗 mǎntóu dàhàn 얼굴이 땀투성이다 | 湿 shī 동 적시다 | 一定 yídìng 부 반드시, 꼭 | 突然 tūrán 부 갑자기 | 受不了 shòubuliǎo 동 견딜 수 없다 | 不要紧 búyàojǐn 형 괜찮다, 문제없다 | 剩下 shèngxià 동 남다

01-25-3

03

p. 57

A 已经买到票了 B 不确定坐什么回家 C 没想好在哪儿过年 D 买了除夕当天的票	A 이미 표를 구입했다 B 무엇을 타고 고향에 갈지 확정 짓지 않았다 **C 어디서 설을 보낼지 결정하지 못했다** D 섣달 그믐날 표를 샀다
女：今年春节我们买几号的票回家呢？ 男：我还在犹豫要不要回家，你说干脆让爸妈来北京过年怎么样？ 女：好是好，但是我怕爸爸妈妈受不了北方的干燥。 男：你说的也对，他们在南方住了一辈子，可能会不习惯呢。 **问：关于男的，下列哪项正确？**	여: 올 설에 우리 며칠 표를 사서 고향에 가지? 남: 나는 집에 갈까 말까 아직 망설이고 있어. 당신 생각에는 차라리 부모님을 베이징으로 오시라고 해서 설을 지내는 건 어떤 거 같아? 여: 좋긴 좋은데, 나는 부모님이 베이징의 건조함을 못 견디실까 걱정이 돼. 남: 당신 말도 맞네. 부모님은 남쪽에서 평생을 사셨으니, 아마도 익숙하지 않으실 수도 있어. **질문: 남자에 관하여, 다음 중 옳은 것은?**

해설 중국 최대의 명절은 단연코 春节(음력설)로 우리나라와 마찬가지로 인구 대이동이 일어나기 때문에 차표를 구하기 힘들 뿐만 아니라, 역귀향 현상이 나타나기도 한다. 대화 속 남자는 고향으로 내려가서 설을 보낼지 아니면 부모님을 베이징으로 오시게 하여 설을 보낼지 결정하지 못하고 있다. 따라서 정답은 C가 된다.

• 의미 파악
还在犹豫要不要回家 집에 갈까 말까 아직 망설이고 있다
= C **没想好在哪儿过年** 어디서 설을 보낼지 결정하지 못했다(= **还没决定在哪儿过年**)

단어 确定 quèdìng 형 확고하다, 명확하다 | 过年 guònián 동 설을 쇠다, 새해를 맞다 | 除夕 chúxī 명 섣달 그믐날 | 当天 dàng tiān 명 당일, 그 날 | 春节 chūnjié 명 음력설 | 犹豫 yóuyù 동 망설이다, 주저하다 | 干脆 gāncuì 부 차라리, 아예 | 怕 pà 동 근심하다, 걱정이 되다 | 受不了 shòubùliǎo 동 참을 수 없다, 견딜 수 없다 | 干燥 gānzào 형 건조하다 | 一辈子 yíbèizi 명 한평생, 일생

01-25-4

04

p. 57

A 保修两年 B 有优惠活动 C 正在打折销售 D 微波炉比空调便宜	A 보증 기간은 2년이다 **B 우대 행사가 있다** C 할인 판매를 하고 있다 D 전자레인지가 에어컨보다 싸다

女：这款红色的空调是今年的新款，很受客人的欢迎。您看看。	여: 이 빨간색 에어컨은 올해 신상품입니다. 고객들에게 인기가 많아요. 한번 보세요.
男：最近有没有搞什么优惠活动呢?	남: 요즘 어떤 우대 행사가 있나요?
女：买一送一。买一个空调，送一个微波炉。	여: 하나를 사면 하나를 더 드려요. 에어컨 하나를 사면, 전자레인지를 하나 드리죠.
男：空调的保修期呢?	남: 에어컨의 보증 기간은요?
女：保修一年，而且厂家免费上门修理。	여: 보증 기간은 1년이고, 게다가 제조업체에서 무료로 방문해서 수리해 드립니다.
问：关于这款空调，下列哪项正确?	**질문: 이 에어컨에 관해서 다음 중 옳은 것은?**

해설 남자가 에어컨을 사기 위해 점원에게 어떤 우대 행사가 있는지 질문하는 상황이다. 여자는 남자의 질문에 하나를 사면 하나를 더 주는 우대 행사를 하고 있다고 했으므로 정답은 B가 된다. 에어컨의 보증 기간은 1년이라고 했으므로 A는 정답이 될 수 없고, 할인이나 전자레인지의 가격에 대해서는 언급되지 않았으므로 보기 C, D도 정답에서 제외된다.

• 의미 파악
有没有搞什么优惠活动呢? 어떤 우대 행사가 있나요? / **买一送一** 하나를 사면 하나를 더 준다
= B **有优惠活动** 우대 행사가 있다

단어 保修 bǎoxiū 동 무상으로 보증 수리하다 | 优惠 yōuhuì 형 우대의 | 活动 huódòng 명 행사 | 正在 zhèngzài 부 ~하고 있다 | 打折 dǎzhé 동 할인하다 | 销售 xiāoshòu 동 판매하다 | 微波炉 wēibōlú 명 전자레인지 | 空调 kōngtiáo 명 에어컨 | 款 kuǎn 양 스타일, 종류 | 红色 hóngsè 명 붉은색 | 受 shòu 동 받다 | 客人 kèrén 명 고객 | 欢迎 huānyíng 동 환영하다 | 最近 zuìjìn 명 최근, 요즘 | 搞 gǎo 동 하다, 처리하다 | 而且 érqiě 접 게다가 | 厂家 chǎngjiā 명 공장, 제조업자 | 免费 miǎnfèi 동 무료로 하다 | 上门 shàngmén 동 방문하다 | 修理 xiūlǐ 동 수리하다

DAY 11

✓ 정답 1. C 2. D 3. A 4. B

01-29-1

01

p. 63

A 书柜的大小	B 客厅的桌子	A 책장의 크기	B 거실의 탁자
C 书柜的位置	D 卧室的大小	**C 책장의 위치**	D 침실의 크기

女：请您看看装修方案，有没有需要修改的?	여: 인테리어 방안 좀 봐 봐. 고쳐야 할 것이 있니?
男：卧室、客厅的整体感觉都不错。但是书柜摆这儿，看起来不舒服。	남: 침실, 거실의 전체적인 느낌은 모두 좋아. 하지만 책장을 여기에 두면, 불편해 보여.
问：男的觉得哪方面需要改进?	**질문: 남자는 어떤 부분을 고쳐야 한다고 생각하는가?**

해설 但是(그러나)는 역접의 의미를 나타내는 접속사로, 대부분 그 다음에 나오는 말이 핵심 내용이 된다. 남자는 책장을 놓는 위치에 대해 이야기하고 있으므로 정답은 C가 된다.

단어 书柜 shūguì 명 책장 | 大小 dàxiǎo 명 크기 | 客厅 kètīng 명 거실, 응접실 | 位置 wèizhì 명 위치 | 卧室 wòshì 명 침실 | 装修 zhuāngxiū 명 인테리어 | 方案 fāng'àn 명 방안 | 需要 xūyào 동 필요하다 | 修改 xiūgǎi 동 고치다, 수정하다 | 整体 zhěngtǐ 명 전부, 전체 | 感觉 gǎnjué 명 느낌 | 不错 búcuò 형 좋다, 괜찮다 | 但是 dànshì 접 그렇지만 | 摆 bǎi 동 놓다, 배치하다 | 看起来 kànqǐlái 보아하니 ~하다 | 舒服 shūfu 형 편안하다

p. 63

01-29-2

A 他们在看电视 B 房间被小偷偷了 C 男的的房间门坏了 D 男的经常不收拾房间	A 그들은 TV를 보고 있다 B 방에 도둑이 들었다 C 남자의 방문이 망가졌다 **D 남자는 방 정리를 자주 하지 않는다**
女：你的房间太乱了，怪不得总是找不到东西。 男：知道了，明天我抽空儿好好儿地收拾一下。	여: 네 방은 너무 지저분해. 어쩐지 항상 물건을 찾지 못하더라. 남: 알았어. 내일 시간을 내서 정리 좀 할게.
问：根据对话，可以知道什么？	**질문: 대화를 통해서 알 수 있는 것은?**

해설 怪不得는 '어쩐지'라는 의미로 보통 原来(알고 보니)와 같이 나와서 '어쩐지 ~하더라니, 알고 보니 ~였구나'라는 의미로 쓰이며, 原来는 알게 된 새로운 사실을 강조한다. 이 문장에서는 原来가 쓰여야 할 부분이 앞으로 나오면서, 原来가 생략된 것으로 '알고 보니 네 방이 너무 지저분하구나, 어쩐지 항상 물건을 찾지 못하더라'라는 의미다. 따라서 남자가 방 정리를 자주 하지 않는다는 것을 알 수 있으므로, D가 정답이 된다.

단어 小偷 xiǎotōu 명 도둑 | 偷 tōu 동 도둑질하다 | 坏 huài 동 망가지다 | 经常 jīngcháng 부 자주, 종종 | 收拾 shōushi 동 정리하다 | 乱 luàn 형 어지럽다, 혼란하다 | 怪不得 guàibude 부 어쩐지 | 总是 zǒngshì 부 늘, 언제나 | 抽 chōu 동 (시간, 틈을) 내다 | 空(儿) kòng(r) 명 시간, 틈

03

p. 63

01-29-3

A 病人还不能出院 B 病人现在很危险 C 女的同意病人出院 D 病人的手术有点儿问题	**A 환자는 아직 퇴원할 수 없다** B 환자는 지금 매우 위험하다 C 여자는 환자의 퇴원에 동의한다 D 환자의 수술에 문제가 좀 있다
男：医生，我的爱人明天能出院吗？ 女：恐怕不行。虽然她的手术很成功，但还是住院观察观察比较好。	남: 의사 선생님, 제 아내는 내일 퇴원할 수 있나요? 여: 아마도 안 될 것 같아요. 비록 수술은 성공적이지만, 입원해서 좀 지켜보는 게 좋아요.
问：根据对话，可以知道什么？	**질문: 대화를 통해서 알 수 있는 것은?**

해설 恐怕는 '아마 ~일 것이다'라는 의미로 화자의 추측을 나타내는 단어이며, 虽然…但은 '비록 ~지만 ~하다'라는 의미로 但(그렇지만) 뒤에 핵심 내용이 나온다. 환자의 수술은 성공적이지만, 입원해서 지켜보는 것이 좋기에 아직은 퇴원할 수 없다고 했으므로 C와 D는 정답이 될 수 없으며, A가 정답이 된다.

단어 病人 bìngrén 명 환자 | 出院 chūyuàn 동 퇴원하다 | 危险 wēixiǎn 형 위험하다 | 同意 tóngyì 동 동의하다, 허락하다 | 手术 shǒushù 명 수술 | 爱人 àiren 명 남편, 아내 | 恐怕 kǒngpà 부 아마 ~일 것이다 | 虽然 suīrán 접 비록 ~하지만 | 成功 chénggōng 형 성공적이다 | 但 dàn 접 그렇지만 | 住院 zhùyuàn 동 입원하다 | 观察 guānchá 동 살피다, 관찰하다 | 比较 bǐjiào 부 비교적

▶ 01-29-4

04

p. 63

A 很严肃 B 很幽默
C 很认真 D 很不受欢迎

A 엄숙하다 **B 유머러스하다**
C 진지하다 D 인기가 없다

女：这次同学会，老金怎么没来？太遗憾了。
男：谁说不是呢。他要是来了一定能给大家带来不少快乐。

여: 이번 동창회에 라오진은 왜 안 온 거야? 너무 아쉽다.
남: 누가 아니래. 만약 그가 왔으면 분명히 모두에게 큰 재미를 줬을 텐데.

问：老金是个什么样的人？

질문: 라오진은 어떤 사람인가?

해설 要是(만약)는 일어나지 않은 상황에 대한 가정을 뜻하는 접속사로, 남자가 라오진이 왔다면 모두 재미있었을 것이라는 이야기를 하고 있는 것으로 보아, 라오진은 유머러스한 사람으로 추측할 수 있다. 따라서 정답은 B가 된다.

단어 严肃 yánsù 형 엄숙하다 | 幽默 yōumò 형 유머러스하다 | 认真 rènzhēn 형 진지하다 | 受欢迎 shòu huānyíng 환영받다, 인기 있다 | 怎么 zěnme 대 어째서 | 遗憾 yíhàn 형 유감스럽다, 섭섭하다 | 谁说不是呢 shéi shuō búshì ne 누가 아니래 | 要是 yàoshi 접 만약 | 一定 yídìng 부 반드시, 분명히 | 带来 dàilái 동 가져다주다 | 不少 bùshǎo 형 적지 않다

✓ 정답 1. A 2. C 3. B 4. A

▶ 01-30-1

01

p. 63

A 没看开幕式
B 是真正的球迷
C 觉得开幕式非常精彩
D 和男的一起看了比赛

A 개막식을 보지 않았다
B 진정한 축구 팬이다
C 개막식이 매우 멋있다고 생각한다
D 남자와 같이 경기를 봤다

男：你看世界杯的开幕式了吗？
女：没赶上啊。打开电视的时候，足球比赛已经开始了。
男：你觉得这次世界杯哪个球队能获得冠军呢？
女：这个问题可难倒我了，我还算不上是真正的球迷。

남: 너 월드컵 개막식 봤어?
여: 미처 못 봤어. TV를 켰을 때, 축구 경기가 이미 시작했더라구.
남: 네가 보기에 이번 월드컵에서 어느 팀이 우승할 것 같니?
여: 이 문제는 정말 어려운데, 나는 아직 진정한 축구 팬이라고 할 수 없거든.

问：关于女的，可以知道什么？

질문: 여자에 관해서 알 수 있는 것은?

해설 赶上은 '시간에 대다'라는 의미로, 녹음에서는 앞에 부정부사 没가 함께 나와서 '시간에 맞추지 못했다'라는 의미로 쓰였다. 여자는 시간을 맞추지 못해서, 개막식을 미처 보지 못했다고 했으므로 정답은 A가 된다. 마지막에 球迷(축구 팬)라는 말이 언급되어서 B가 정답이라고 착각할 수 있지만, 算不上은 '~라고 할 수 없다'라는 의미로, 정반대의 뜻이다.

단어 开幕式 kāimùshì 명 개막식 | 真正 zhēnzhèng 형 진정한 | 球迷 qiúmí 명 축구 팬 | 精彩 jīngcǎi 형 뛰어나다, 훌륭하다 | 比赛 bǐsài 명 경기 | 世界杯 Shìjièbēi 명 월드컵 | 赶上 gǎnshàng 동 시간에 대다 | 打开 dǎkāi 동 켜다 | 足球 zúqiú 명 축구 | 已经 yǐjing 부 이미, 벌써 | 球队 qiúduì 명 (구기 종목) 팀, 단체 | 获得 huòdé 동 얻다, 획득하다 | 冠军 guànjūn 명 우승(자) | 难倒 nándǎo 동 당황하게 하다, 곤란하게 하다 | 算不上 suànbushàng 동 ~라고 할 수 없다

01-30-2

02

p. 63

A 想上网看电影 B 想上网预订房间 C 想在网上买东西 D 想在网上订火车票	A 인터넷으로 영화를 보고 싶어서 B 인터넷으로 방을 예약하고 싶어서 **C 인터넷으로 물건을 사고 싶어서** D 인터넷으로 기차표를 예매하고 싶어서
女：你有网上购物的经验吗？ 男：当然有了。但是你得先注册一下，成为他们的会员。 女：是不是要填写很多信息呢？一定很麻烦吧？ 男：还可以，只要填写用户名、密码和邮箱就可以了。 女：我现在马上注册一个。	여: 너 인터넷에서 물건을 산 경험 있어? 남: 당연히 있지. 그런데 넌 먼저 가입해서, 그곳의 회원이 되어야 해. 여: 많은 정보를 기재해야 하는 거야? 분명히 귀찮겠지? 남: 그런대로 괜찮아. 사용자 이름(아이디), 비밀번호, 메일 주소만 쓰면 돼. 여: 지금 바로 하나 가입해야겠다.
问：女的为什么要注册？	**질문: 여자는 왜 가입하려고 하는가?**

해설 여자가 남자에게 인터넷으로 물건을 산 경험이 있는지 물어보자, 남자는 먼저 회원 가입을 해야 물건을 살 수 있다는 말을 하는 것으로 보아 C가 정답이 된다. 녹음에 언급된 **但是**(그러나)는 역접의 의미를 나타내는 접속사로, 뒤에 핵심 내용이 나온다.

단어 上网 shàngwǎng 동 인터넷을 하다 | 预订 yùdìng 동 예약하다 | 订 dìng 동 예약하다 | 购物 gòuwù 동 물건을 사다 | 经验 jīngyàn 명 경험 | 当然 dāngrán 형 당연하다 | 但是 dànshì 접 그렇지만 | 注册 zhùcè 동 회원 가입하다, 등록하다 | 成为 chéngwéi 동 ~이 되다 | 会员 huìyuán 명 회원 | 填写 tiánxiě 동 기입하다 | 信息 xìnxī 명 정보 | 一定 yídìng 부 반드시, 분명히 | 麻烦 máfan 형 귀찮다, 번거롭다 | 只要…就 zhǐyào…jiù 접 ~하기만 하면 바로 ~한다 | 用户名 yònghùmíng 명 사용자 이름 | 密码 mìmǎ 명 비밀번호 | 邮箱 yóuxiāng 명 우편함 (메일 주소) | 马上 mǎshàng 부 즉시, 바로

01-30-3

03

p. 63

A 钱包丢了 B 登机牌丢了 C 忘了买饮料 D 护照找不到了	A 지갑을 잃어버려서 **B 탑승권을 잃어버려서** C 음료수 사는 것을 잊어버려서 D 여권을 찾지 못해서
女：看见我的登机牌了吗？是不是在你的包里？ 男：你不是一直用手拿着吗？ 女：糟了，找不到了。是不是刚才去洗手间的时候丢了？ 男：你真粗心。快点儿去找找，马上就要登机了。	여: 내 탑승권 봤니? 네 가방 안에 있는 거 아니야? 남: 너 계속 손에 들고 다니지 않았어? 여: 큰일 났다. 못 찾겠어. 방금 화장실 갔을 때 잃어버렸나? 남: 너 정말 덜렁댄다. 빨리 가서 찾아봐, 곧 탑승해야 해.
问：男的为什么说女的粗心？	**질문: 남자는 왜 여자가 덜렁댄다고 말하는가?**

해설 找不到了는 '찾을 수 없다'는 의미로 여자는 탑승권을 찾지 못했다는 말을 하고 있으며, 남자는 탑승권을 잃어버린 여자를 나무라고 있다. 따라서 B가 정답이 된다. 동사 뒤에 不到가 나오면 동사를 '달성하지 못하다, 이르지 못하다'라는 의미가 된다.

단어 钱包 qiánbāo 명 지갑 | 丢 diū 동 잃어버리다 | 登机牌 dēngjīpái 명 탑승권 | 忘 wàng 동 잊다 | 饮料 yǐnliào 명 음료 | 护照 hùzhào 명 여권 | 看见 kànjiàn 동 보이다, 보다 | 一直 yìzhí 부 계속, 줄곧 | 拿 ná 동 가지다 | 糟 zāo 형 망치다, 그르치다 | 刚才 gāngcái 명 방금 | 洗手间 xǐshǒujiān 명 화장실 | 粗心 cūxīn 형 세심하지 못하다 | 马上 mǎshàng 부 즉시, 바로 | 登机 dēngjī 동 비행기에 탑승하다

01-30-4

04

p. 63

A 两个人要去学英语	**A 두 사람은 영어를 배우러 가려고 한다**
B 男的暑假没什么计划	B 남자는 여름 방학에 아무런 계획이 없다
C 女的打算去外国留学	C 여자는 외국으로 유학을 가려고 한다
D 两人都想去外国留学	D 두 사람은 모두 외국으로 유학을 가고 싶어한다

男：要放暑假了，有什么计划吗？	남: 곧 여름 방학을 하는데, 무슨 계획 있어?
女：还没有什么特别的打算。	여: 아직 무슨 특별한 계획은 없어.
男：如果你对英语感兴趣的话，和我一起报名学英语怎么样？	남: 만약 네가 영어에 관심 있다면, 나랑 같이 영어 배우는 데 등록하는 거 어때?
女：好啊，虽然现在不去外国留学，但是先学好英语再说吧。	여: 좋아. 비록 지금 외국에 나가서 유학할 건 아니지만, 우선 영어부터 잘 배워 놓지 뭐.
问：根据对话，下列哪项正确？	**질문: 대화에 의하면 다음 중 옳은 것은?**

해설 虽然…但是는 '비록 ~지만 ~하다'라는 의미로 但是(하지만) 뒤에 나오는 내용이 핵심 내용이다. 여자는 지금 당장 외국에 나가려는 것은 아니지만, 영어를 배워 놓자고 말하고 있으므로 정답은 A가 된다. 녹음에서 但是，不过 등의 역접을 나타내는 단어가 나오면 그 뒷부분을 더 집중해서 들어야 한다.

단어 英语 Yīngyǔ 명 영어 | 暑假 shǔjià 명 여름 방학 | 计划 jìhuà 명 계획 | 打算 dǎsuan 동 ~하려고 하다, 계획하다 명 계획 | 外国 wàiguó 명 외국 | 留学 liúxué 동 유학하다 | 感兴趣 gǎn xìngqù 흥미를 느끼다, 흥미를 가지다 | 报名 bàomíng 동 등록하다 | 怎么样 zěnmeyàng 대 어떠하다 | 虽然 suīrán 접 비록 ~하지만 | 但是 dànshì 접 그렇지만

DAY 13

✓ 정답	1. D	2. C	3. A	4. C

01-34-1

01

p. 70

A 出差了　B 身体不舒服	A 출장을 갔다　B 몸이 안 좋다
C 一会儿就来　D 不参加会议了	C 조금 있으면 온다　**D 회의에 참석하지 않는다**

男：小李呢？今天不是让他来主持这个会议的吗？	남: 샤오리는 어딨어요? 오늘 샤오리한테 이번 회의 사회를 보라고 하지 않았나요?
女：听说他家有急事，只好由我来主持了。	여: 집에 급한 일이 생겨서, 어쩔 수 없이 제가 사회를 보게 되었습니다.
问：关于小李可以知道什么？	**질문: 샤오리에 관해서 알 수 있는 것은?**

해설 不是…吗? 는 '~ 아니냐?'라는 의미로, 해석할 때는 不是와 吗를 제외하고 그 사이에 들어가는 내용만 생각하면 된다. 남자는 원래 샤오리한테 사회를 맡겼는데 샤오리가 보이지 않자 어디에 있냐고 물어보았고, 여자가 그의 집에 급한 일이 생겨 只好由我来主持了(어쩔 수 없이 내가 사회를 보게 되었다)라고 대답하였으므로 샤오리는 오늘 회의에 참석하지 않는다는 것을 알 수 있다. 따라서 D가 정답이 된다.

★ 핵심 반어문	내포된 뜻
不是让他来主持这个会议的吗? 그에게 이번 회의 사회를 보라고 하지 않았나요?	是让他主持的 그에게 사회를 보라고 했다

단어 出差 chūchāi 동 출장 가다 | 舒服 shūfu 형 편안하다 | 一会儿 yíhuìr 명 잠시, 잠깐 | 参加 cānjiā 동 참가하다 | 会议 huìyì 명 회의 | 主持 zhǔchí 동 사회를 보다 | 听说 tīngshuō 동 듣자 하니 ~라고 하다 | 急事 jíshì 명 급한 일 | 只好 zhǐhǎo 부 어쩔 수 없이

01-34-2

02

p. 70

A 银行已经关门了 B 百货商店可以刷卡 C 公寓附近也可以取钱 D 百货商店门口可以取钱	A 은행은 이미 문을 닫았다 B 백화점에서 카드로 결제할 수 있다 **C 아파트 근처에서도 돈을 찾을 수 있다** D 백화점 입구에서 돈을 찾을 수 있다
男：你回公寓等我吧，我先去银行取点钱，然后我们去百货商店。 女：公寓附近就有取款机，何必去银行呢? **问：女的是什么意思?**	남: 넌 아파트로 돌아가서 기다려. 내가 먼저 은행에 가서 돈 좀 찾고, 그런 후에 백화점에 가자. 여: 아파트 근처에 현금 인출기가 있잖아. 굳이 은행까지 갈 필요 있어? **질문: 여자의 말은 무슨 뜻인가?**

해설 何必…呢?는 직역하면 '하필 ~할 필요가 있는가?'지만, 반어문으로 내포된 의미는 '~할 필요가 없다'가 된다. 즉, 여자는 아파트 근처에도 현금 인출기가 있으니 은행까지 갈 필요가 없다는 말을 하고 있으므로 정답은 C가 된다.

★ 핵심 반어문	내포된 뜻
何必去银行呢? 굳이 은행까지 갈 필요 있어?	不用去银行 은행까지 갈 필요 없다

단어 关门 guānmén 동 문을 닫다, 영업을 마치다 | 百货商店 bǎihuò shāngdiàn 명 백화점 | 刷卡 shuākǎ 동 카드로 결제하다 | 公寓 gōngyù 명 아파트 | 附近 fùjìn 명 부근, 근처 | 取钱 qǔqián 동 돈을 찾다 | 然后 ránhòu 접 그런 후에, 그런 다음에 | 取款机 qǔkuǎnjī 명 현금 인출기 | 何必…呢 hébì…ne 하필 ~할 필요가 있는가

01-34-3

03

p. 70

A 人应该坚持学习 B 每天都要有事做 C 晚点儿退休更好 D 退休后也要工作	**A 사람은 계속 공부를 해야 한다** B 매일 할 일이 있어야 한다 C 늦게 퇴직하면 더 좋다 D 퇴직 후에도 일을 해야 한다
男：韩老师，您现在也每天去图书馆学习吗? 女：当然，尽管退休以后不用工作了，可是人不是应该活到老学到老吗? **问：女的主要是什么意思?**	남: 한 선생님, 요즘도 매일 도서관 가서 공부하세요? 여: 당연하죠. 비록 퇴직하고 나면 일할 필요는 없지만, 사람은 늙어 죽을 때까지 배워야 하는 거 아니겠어요? **질문: 여자의 말은 무슨 뜻인가?**

해설 녹음에서 여자는 이미 퇴직한 교사로, 퇴직 후 매일 도서관에 가서 공부한다는 사실을 알 수 있다. 不是…吗?는 '~한 것이 아니냐?'라는 의미로, 여자는 '사람은 늙어 죽을 때까지 배워야 하는 거 아니냐(= 늙어 죽을 때까지 공부를 해야 한다)'고 얘기하고 있다. 따라서 정답은 A가 된다.

★ 핵심 반어문	내포된 뜻
人不是应该活到老学到老吗? 사람은 늙어 죽을 때까지 계속 배워야 하는 거 아닌가요?	人是应该活到老学到老 사람은 늙어 죽을 때까지 배워야 한다

단어 应该 yīnggāi 조동 반드시 ~해야 한다 | 坚持 jiānchí 동 유지하다, 견지하다 | 退休 tuìxiū 동 퇴직하다 | 更 gèng 부 더욱 | 工作 gōngzuò 동 일하다 | 当然 dāngrán 형 당연하다 | 尽管 jǐnguǎn 접 비록 ~일지라도 | 可是 kěshì 접 그러나, 하지만

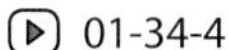
01-34-4

p. 70

A 学理工科好	A 이공과를 공부하는 것이 좋다
B 文科太没有意思	B 문과는 너무 재미가 없다
C 领导必须懂技术	**C 대표는 반드시 기술을 알아야 한다**
D 企业家都喜欢理科	D 기업가는 모두 이과를 좋아한다

男：为什么文科出身的企业家那么少，大部分都是理工科出身呢？
女：企业主要靠的就是科技，当头儿的不懂行哪儿行呢？

问：女的是什么意思？

남: 왜 문과 출신의 기업가가 적고, 대부분 모두 이공계 출신인 걸까?
여: 기업은 주로 과학 기술에 의존하잖아. 우두머리가 돼서 그 분야를 모르면 되겠니?

질문: 여자의 말은 무슨 뜻인가?

해설 여자가 말한 当头儿的不懂行哪儿行呢?는 그대로 해석하면 '우두머리가 돼서 그 분야를 모르면 되겠니?'라는 뜻이다. 내포된 뜻은 한 회사의 대표는 과학 기술에 대해 반드시 알고 있어야 한다는 의미로, 정답은 C가 된다. 대화에서 企业家(기업가)만 듣고 정답을 D로 선택하는 실수를 해서는 안 된다. 企业家(기업가)와 头儿(우두머리), 领导(지도자)는 의미가 일맥상통한다.

★ 핵심 반어문	내포된 뜻
当头儿的不懂行哪儿行呢? 우두머리가 돼서 그 분야를 모르면 되겠는가?	领导应该懂技术 = 领导必须懂技术 대표는 기술을 알아야 한다

단어 理工科 lǐgōngkē 명 이공계 | 文科 wénkē 명 문과 | 有意思 yǒu yìsi 형 재미있다 | 领导 lǐngdǎo 명 지도자, 대표 | 必须 bìxū 부 반드시 ~해야 한다 | 技术 jìshù 명 기술 | 企业家 qǐyèjiā 명 기업가 | 理科 lǐkē 명 이과 | 为什么 wèishénme 대 왜, 어째서 | 出身 chūshēn 명 출신 | 大部分 dàbùfen 명 대부분 | 主要 zhǔyào 형 주요한 | 靠 kào 동 기대다, 의지하다 | 科技 kējì 명 과학기술

DAY 14

✓ 정답 1. B 2. B 3. C 4. C

01-35-1

p. 70

A 女的太累了	A 여자는 너무 피곤하다
B 女的要考试了	**B 여자는 시험을 봐야 한다**
C 突然想做家务	C 갑자기 집안일이 하고 싶어졌다
D 女的不喜欢做家务	D 여자는 집안일 하는 것을 싫어한다

男：从今天开始我做家务吧。
女：你不是一向讨厌进厨房吗？难道太阳从西边出来了？
男：你不是快要参加升级考试了吗？做家务太耽误时间了。
女：你越来越体贴了。那这段时间就辛苦你了。

问：男的为什么要做家务？

남: 오늘부터 내가 집안일을 할게.
여: 당신 주방 일 하는 거 줄곧 싫어하지 않았어? 설마 해가 서쪽에서 떴나?
남: 당신 곧 승진 시험에 참가해야 하지 않아? 집안일을 하려면 시간이 너무 허비되잖아.
여: 당신 점점 자상해지는 거 같아. 그럼 그 동안 당신이 고생 좀 해 줘.

질문: 남자는 왜 집안일을 하려고 하는가?

해설 원래 집안일을 싫어하던 남자가 갑자기 집안일을 해 주겠다고 하자, 여자는 难道太阳从西边出来了?(해가 서쪽에서 떴나?)라며 놀라움과 의아함을 드러내고 있다. 남자가 집안일을 하려는 진짜 이유는, 여자가 곧 승진 시험을 봐야 하므로 배려 차원에서 시험 볼 때까지만 도와주겠다는 의미다. 따라서 B가 정답이 된다.

Tip 不是…吗?는 '~ 아니냐?'라는 의미로, 不是와 吗를 제외한 부분만 해석하면 내포된 뜻을 금세 알아차릴 수 있다.

★ 핵심 반어문	내포된 뜻
你不是快要参加升级考试了吗? 당신 곧 승진 시험에 참가해야 하지 않아?	是快要参加升级考试了 곧 승진 시험에 참가해야 한다

단어 突然 tūrán 부 갑자기 | 做家务 zuò jiāwù 동 집안일을 하다 | 一向 yíxiàng 부 내내, 줄곧 | 讨厌 tǎoyàn 형 싫어하다 | 厨房 chúfáng 명 주방 | 难道 nándào 부 설마 ~인가 | 快要 kuàiyào 부 곧 ~하다 | 升级 shēngjí 동 승진하다, 진급하다 | 耽误 dānwu 동 (시간을 지체하여) 그르치다, 지체하다 | 越来越 yuèláiyuè 부 점점, 더욱더, 갈수록 | 体贴 tǐtiē 동 자상하게 돌보다 | 辛苦 xīnkǔ 동 고생하다, 수고하다

01-35-2

02

p. 70

A 输入法出错了 B 数字键盘锁了 C 电脑中病毒了 D 键盘坏了	A 입력법이 잘못되었다 **B 숫자 키보드가 잠겼다** C 컴퓨터가 바이러스에 걸렸다 D 키보드가 망가졌다
女: 真奇怪! 键盘是不是坏了? 男: 怎么了? 女: 这台电脑怎么输入不了数字? 按也按不出来。 男: 难道不是数字键盘被锁了? 问: 男的认为问题可能出在哪儿?	여: 정말 이상하네! 키보드가 고장이 났나? 남: 왜 그래? 여: 컴퓨터가 왜 숫자 입력이 안 되는 거지? 눌러도 눌러지지가 않아. 남: 혹시 숫자 키보드가 잠긴 거 아닐까? **질문: 남자는 어디에 문제가 있다고 생각하는가?**

해설 여자는 컴퓨터에서 숫자 입력이 되지 않아 난처해하고 있는데, 남자는 숫자 키보드가 잠긴 게 아닐까 의심하고 있다. 따라서 정답은 B가 된다.

★ 핵심 반어문	내포된 뜻
难道不是数字键盘被锁了? 혹시 숫자 키보드가 잠긴 거 아닐까?	可能是数字键盘被锁了 아마도 숫자 키보드가 잠겼을 것이다

단어 输入 shūrù 동 입력하다 | 出错 chūcuò 동 잘못되다, 실수를 하다 | 数字 shùzì 명 숫자 | 键盘 jiànpán 명 키보드 | 中 zhòng 동 당하다, 맞다, 입다 | 病毒 bìngdú 명 바이러스 | 坏 huài 형 고장 나다, 망가지다 | 奇怪 qíguài 형 이상하다, 뜻밖이다 | 按 àn 동 누르다 | 难道 nándào 부 설마 ~하겠는가 | 锁 suǒ 동 잠그다, 걸다

▶ 01-35-3

p. 70

A 丢了手机	A 휴대전화를 잃어버려서
B 没有USIM卡	B 유심 카드가 없어서
C 太忙顾不上	**C 너무 바빠 생각할 틈이 없어서**
D 不想和她见面	D 그녀와 만나고 싶지 않아서

女：你太过分了，过了一个星期才见到了你的面。	여: 당신 정말 너무해, 일주일이 지나서야 얼굴 한번 보여 주고.
男：每天早出晚归，忙得连吃饭的时间都没有。哪儿有空儿约你见面啊?	남: 매일 아침 일찍 나가고 늦게 들어오고, 바빠서 밥 먹을 시간조차도 없었어. 너와 약속해서 만날 시간이 어디 있었겠어?
女：都是借口，真有心总会找到办法的。	여: 다 변명이야, 정말 마음이 있었다면 어떻게든 방법을 찾았겠지.
男：别生气了，我给你买了礼物，就当我道歉了。	남: 화내지 마. 내가 선물 사 왔으니까 사과한 걸로 해 줘.
问：男的为什么一直没跟女的见面?	**질문: 남자는 왜 줄곧 여자와 만나지 못했는가?**

해설 여자는 일주일만에 만난 남자 친구에게 화를 내고 있다. 남자는 매일 식사할 시간이 없을 정도로 바빴다고 변명을 해 보지만, 다 핑계라며 여자는 쉽게 화를 풀지 않고 있다. 哪儿有空儿约你见面啊?는 没有时间约你见面(만날 시간적 여유가 없었다)이라는 뜻으로 너무 바빠 생각할 틈이 없었다는 C가 정답이 된다.

★ 핵심 반어문	내포된 뜻
哪儿有空儿约你见面啊? 너와 약속해서 만날 시간이 어디 있었겠어?	没有时间约你见面 약속해서 만날 시간이 없다

단어 丢 diū 동 잃어버리다 | USIM卡 USIM kǎ 명 유심카드 | 顾不上 gùbushàng 동 돌볼 틈이 없다, 생각도 할 수 없다 | 过分 guòfèn 동 지나치다 | 早出晚归 zǎo chū wǎn guī 성어 아침 일찍 나가서 밤늦게 돌아오다, 부지런히 일하다 | 空儿 kòngr 명 틈, 짬, 겨를 | 约 yuē 동 약속하다 | 借口 jièkǒu 명 구실, 핑계 동 구실로 삼다, 핑계로 삼다 | 生气 shēngqì 동 화내다 | 礼物 lǐwù 명 선물 | 道歉 dàoqiàn 동 사과하다, 미안함을 표시하다

▶ 01-35-4

p. 70

A 没带手机	A 휴대전화를 가져오지 않아서
B 坐错车了	B 버스를 잘못 타서
C 很难叫车	**C 택시를 잡기 힘들어서**
D 习惯迟到	D 지각하는 것이 습관이 돼서

男：你怎么来这么晚? 我都等了一个小时了。	남: 어째서 이렇게 늦게 와? 이미 한 시간째 기다렸어.
女：实在抱歉。一直不见出租车来，我在路边等了很久。	여: 정말 미안해, 계속 택시가 없어서, 길가에서 엄청 오래 기다렸어.
男：难道你不知道用打车软件叫车吗?	남: 너 설마 택시 앱으로 차 부르는 거 모르는 거야?
女：当然知道，就是我周围没有空车。等了很长时间才叫到。	여: 당연히 알지, 근데 내 주위에 빈 차가 없어서, 한참을 기다리고 나서야 잡혔어.
问：女的为什么迟到了?	**질문: 여자는 왜 늦었는가?**

해설 남자는 한 시간이나 지각한 여자한테 택시 앱을 사용할 줄도 모르냐고 반문했다. 여자는 택시 앱을 사용할 줄 모르는 것이 아니라, 주변에 빈 차가 없어서 어렵사리 차를 잡았다고 설명하고 있다. 따라서 정답은 C가 된다.

★ 핵심 반어문	내포된 뜻
难道你不知道用打车软件叫车吗? 너 설마 택시 앱으로 차 부르는 거 모르는 거야?	你为什么不用打车软件叫车? 너는 왜 택시 앱으로 택시를 잡지 않았니?

단어 习惯 xíguàn 동 습관이 되다, 익숙해지다 | 迟到 chídào 동 지각하다 | 实在 shízài 부 참으로, 정말 | 抱歉 bàoqiàn 동 미안하게 생각하다, 미안해하다 | 路边 lùbiān 명 길가 | 难道 nándào 부 설마 ~하겠는가 | 打车 dǎchē 동 택시를 잡다 | 软件 ruǎnjiàn 명 앱, 프로그램 | 叫车 jiào chē 차를 부르다 | 周围 zhōuwéi 명 주위, 사방 | 空车 kōngchē 명 빈 차

DAY 15

✓ 정답 1. B 2. B 3. A 4. D

01-39-1

01

p. 76

A 餐厅 B 商场 C 酒吧 D 咖啡厅	A 식당 B 상점 C 술집 D 카페
男：这两瓶香水我都要了。 女：好的，给您小票。收款台在前边儿，请您跟我去那儿付款。	남: 이 향수 두 병 모두 구매할래요. 여: 네, 영수증 드릴게요. 계산대는 앞쪽에 있으니, 저와 함께 저쪽으로 가셔서 계산하시면 됩니다.
问：他们最可能在哪儿?	질문: 그들은 어디에 있겠는가?

해설 가격 계산과 관련된 小票(영수증), 收款台(계산대), 付款(계산하다) 등의 단어는 보기에 제시된 4곳의 장소에서 모두 언급될 수 있다. 하지만 녹음에서 남자는 两瓶香水(향수 두 병)의 구매 의사를 밝히고 있으므로, 이곳이 商场(상가)임을 유추할 수 있다. 따라서 정답은 B가 된다.

단어 餐厅 cāntīng 명 식당 | 商场 shāngchǎng 명 상가, 시장 | 酒吧 jiǔbā 명 술집 | 咖啡厅 kāfēitīng 명 카페, 커피숍 | 瓶 píng 양 병 | 香水 xiāngshuǐ 명 향수 | 小票 xiǎopiào 명 구매 영수증 | 收款台 shōukuǎntái 명 계산대 | 前边 qiánbian 명 앞쪽 | 付款 fùkuǎn 동 돈을 지불하다, 계산하다

01-39-2

02

p. 76

A 卧室 B 客厅 C 办公室 D 照相馆	A 침실 B 거실 C 사무실 D 사진관
男：我觉得这张婚纱照很漂亮。你打扮得漂亮，我的表情也不错。 女：好的，那就放大这张，放在客厅里吧。	남: 내 생각에는 이 웨딩 사진이 잘 나온 거 같아. 너도 예쁘고, 내 표정도 괜찮고. 여: 좋아, 그럼 이 사진을 확대해서 거실에 놓자.
问：他们要把照片放在哪儿?	질문: 그들은 사진을 어디에 놓으려 하는가?

해설 이들은 지금 웨딩 사진을 보면서, 확대해서 거실에 놓을 만한 사진을 고르고 있다. 照片(사진), 放大(확대하다) 등을 듣고 대화의 발생 장소를 照相馆(사진관)으로 혼동할 수도 있다. 하지만, 질문에서는 사진을 놓으려는 장소를 묻고 있고, 여자가 사진을 客厅(거실)에 두자고 했으므로, 정답은 B가 된다.

Tip 질문을 듣기 전에 답을 미리 속단하지 말고, 끝까지 잘 들어야 한다.

단어 卧室 wòshì 명 침실 | 客厅 kètīng 명 거실, 응접실 | 办公室 bàngōngshì 명 사무실 | 照相馆 zhàoxiàngguǎn 명 사진관 | 婚纱照 hūnshāzhào 명 웨딩 사진 | 打扮 dǎban 동 화장하다, 꾸미다 | 表情 biǎoqíng 명 표정 | 不错 búcuò 형 좋다, 괜찮다 | 放大 fàngdà 동 확대하다

01-39-3

03

p. 76

A 沙发下面
B 床下面
C 抽屉里
D 口袋里

A 소파 아래
B 침대 아래
C 서랍 안
D 주머니 안

女：我的戒指不见了，快过来帮我找找，我找半天了都找不到。
男：会不会掉在沙发底下啊？你帮我把手机的手电筒功能打开。

问：男的怀疑戒指在哪儿？

여: 내 반지가 어디 있는지 안 보여. 빨리 와서 찾는 거 좀 도와줘. 내가 한참 동안 찾았는데도 못 찾겠어.
남: 소파 아래로 떨어지지 않았을까? 휴대전화 손전등 기능 켜 줘 봐.

질문: 남자는 반지가 어디에 있다고 추측하는가?

해설 두 사람은 지금 반지(戒指)를 찾고 있다. 일반적으로 반지를 잃어버렸다면 침대 아래, 소파 아래, 서랍 안, 주머니 등 여러 장소를 떠올릴 수 있어서, 주어진 보기 모두 매력적인 답안이 될 수 있다. 하지만 녹음에서 남자는 沙发底下(소파 아래)에 있다고 추측했고 보기에는 沙发下面으로 어휘가 살짝 바뀌어 나왔다. 따라서 정답은 A가 된다.

단어 **沙发** shāfā 명 소파 | **床** chuáng 명 침대 | **抽屉** chōuti 명 서랍 | **口袋** kǒudai 명 주머니 | **戒指** jièzhi 명 반지 | **过来** guòlái 동 오다 | **半天** bàntiān 명 한참 동안 | **掉** diào 동 떨어지다, 떨어뜨리다 | **底下** dǐxia 명 밑, 아래 | **手电筒** shǒudiàntǒng 명 손전등 | **功能** gōngnéng 명 기능 | **打开** dǎkāi 동 키다 | **怀疑** huáiyí 동 추측하다, 의심하다

01-39-4

04

p. 76

A 超市收银台
B 洗手间
C 售票处
D 银行营业厅

A 마트 계산대
B 화장실
C 매표소
D 은행 영업장

女：营业大厅怎么这么多人排队？
男：好像自动取款机出了毛病，现在只能在柜台办理业务。

问：他们最可能在哪儿？

여: 영업장에 왜 이렇게 많은 사람이 줄 서 있는 거지?
남: 현금 자동 입출금기가 고장 났나 봐. 지금은 카운터에서만 업무를 처리할 수 있어.

질문: 그들은 아마도 어디에 있는가?

해설 대화 중에 排队(줄을 서다)를 듣고, 超市(마트), 售票处(매표소) 등 여러 장소를 떠올릴 수 있을 것이다. 하지만 여기서 핵심 단어는 自动取款机(현금 자동 입출금기)로 은행의 현금 자동 입출금기가 고장이 나서 현금을 찾고자 하는 사람들이 불편을 겪는 상황이다. 따라서 정답은 D가 된다.

단어 **超市** chāoshì 명 마트, 슈퍼마켓 | **收银台** shōuyíntái 명 계산대, 카운터 | **洗手间** xǐshǒujiān 명 화장실 | **售票处** shòupiàochù 명 매표소 | **银行** yínháng 명 은행 | **营业厅** yíngyètīng 명 영업점, 영업장 | **营业** yíngyè 동명 영업(하다) | **大厅** dàtīng 명 홀 | **排队** páiduì 동 줄을 서다 | **好像** hǎoxiàng 동 마치 ~과 같다 | **自动取款机** zìdòng qǔkuǎnjī 명 현금 자동 입출금기 | **出毛病** chū máobìng 고장이 나다, 문제가 생기다 | **柜台** guìtái 명 카운터 | **办理** bànlǐ 동 처리하다, 해결하다 | **业务** yèwù 명 업무, 일

DAY 16

✓ 정답 1. A 2. D 3. A 4. C

▶ 01-40-1

01

p. 76

A 机场　B 宾馆 C 火车站　D 警察局	**A 공항**　B 호텔 C 기차역　D 경찰서
男：去几号登机口？快点儿看看你的登机牌，护照放好了吗？ 女：放心吧，我已经长大了，能照顾好自己。 男：知道了，到了以后马上给我打电话，一路顺风。 女：没问题，你先回去吧。要进去安检了，再见！	남: 몇 번 탑승구로 가야 되지? 빨리 네 탑승권 봐 봐. 여권은 잘 챙겼지? 여: 걱정 마세요. 저도 이제 다 컸다고요. 제가 알아서 잘 할 수 있어요. 남: 알았어. 도착하면 바로 전화하고, 무사히 도착하길 바란다. 여: 문제없어요. 먼저 돌아가세요. 저는 이제 보안 검사하러 들어가야 해요. 안녕히 가세요!
问：对话是在哪儿进行的？	**질문: 대화는 어디에서 일어난 것인가?**

해설 녹음에서 登机口(탑승구), 登机牌(탑승권), 护照(여권), 安检(보안 검사) 등의 단어가 나오므로, 두 사람이 지금 机场(공항)에 있다는 것을 알 수 있다. 따라서 정답은 A가 된다.

단어 **警察局** jǐngchájú 명 경찰서 | **登机牌** dēngjīpái 명 탑승권 | **护照** hùzhào 명 여권 | **放** fàng 동 놓다, 두다 | **放心** fàngxīn 동 안심하다 | **已经** yǐjing 부 이미, 벌써 | **长大** zhǎngdà 동 성장하다, 자라다 | **照顾** zhàogù 동 보살피다, 돌보다 | **自己** zìjǐ 대 자신, 스스로 | **以后** yǐhòu 명 이후 | **马上** mǎshàng 부 즉시, 바로 | **打电话** dǎ diànhuà 전화하다 | **一路顺风** yílù shùnfēng 성어 가시는 길이 순조롭기를 바랍니다 | **没问题** méi wèntí 동 문제없다, 확신하다 | **安检** ānjiǎn 명 보안 검사, 안전 검사

▶ 01-40-2

02

p. 76

A 飞机场　B 公司 C 火车站　D 街上	A 공항　B 회사 C 기차역　**D 거리**
女：你看马路对面的那个人，好像在跟你打招呼吧？ 男：今天没戴眼镜，看不清楚。 女：看她的打扮，好像是你的同事小王。 男：怎么可能呢，上个星期她就去外地出差了。	여: 길 건너편에 있는 저 사람 좀 봐 봐, 너한테 인사하는 거 같은데? 남: 오늘 안경을 안 써서, 잘 안 보여. 여: 차림새를 보아하니, 너의 회사 동료 샤오왕 같아. 남: 그럴 리가. 그녀는 지난주에 지방으로 출장 갔는걸.
问：他们最可能在哪儿？	**질문: 그들은 어디에 있겠는가?**

해설 녹음 처음 부분인 여자의 말에서 马路对面(길 건너편)을 듣고, 두 사람은 현재 거리에서 누군가를 보고 있다는 것을 알 수 있으므로, 정답은 D가 된다. 同事(회사 동료)라는 단어를 듣고 정답이 公司(회사)라고 혼동할 수도 있지만, 함정에 빠지지 말고 핵심 어휘를 잘 잡아내야 한다.

단어 **飞机场** fēijīchǎng 명 공항 | **街上** jiēshang 명 거리 | **马路** mǎlù 명 대로, 큰길 | **对面** duìmiàn 명 맞은편, 건너편 | **好像** hǎoxiàng 부 마치 ~과 같다 | **打招呼** dǎ zhāohu 동 인사하다 | **戴** dài 동 착용하다, 쓰다 | **眼镜** yǎnjìng 명 안경 | **清楚** qīngchu 형 분명하다, 뚜렷하다 | **打扮** dǎban 명 단장, 차림새 | **同事** tóngshì 명 동료 | **外地** wàidì 명 외지, 지방 | **出差** chūchāi 동 출장 가다

01-40-3

03

p. 76

A 地铁站出口附近 B 商业大厦里 C 约会地点 D 约会地点对面	**A 지하철역 출구 근처** B 상업 빌딩 안에 C 약속 장소 D 약속 장소 건너편
男：喂，我到约定地点了，你现在在哪儿？怎么没看到你？ 女：不好意思，我好像走错方向了。 男：先别着急，你附近有什么标志性建筑吗？ 女：我现在在江南站7号出口附近呢。 男：知道了，你在那儿等着我，我这就过去找你。	남: 여보세요, 나 약속 장소에 도착했어, 너는 지금 어디 있어? 너 안 보이는데? 여: 미안해. 나 아무래도 방향을 잘못 잡은 거 같아. 남: 조급해하지 말고, 너 근처에 무슨 상징적인 건물 있어? 여: 나 지금 강남역 7번 출구 근처에 있어. 남: 알겠어. 거기서 기다려. 내가 지금 바로 너한테 갈게.
问：女的现在在哪里?	**질문: 여자는 지금 어디에 있는가?**

해설 여자가 방향을 잘못 들어 약속 장소를 못 찾고 헤매고 있는 내용이다. 여자는 江南站7号出口(강남역 7번 출구)에 있다고 했으므로, 지하철역 출구 근처(地铁站出口附近)임을 알 수 있다. 따라서 정답은 A가 된다.

단어 **地铁站** dìtiězhàn 명 지하철역 | **出口** chūkǒu 명 출구 | **附近** fùjìn 명 부근, 근처 | **商业** shāngyè 명 상업 | **大厦** dàshà 명 고층 건물, 빌딩 | **约会** yuēhuì 동명 만날 약속(을 하다) | **地点** dìdiǎn 명 장소, 위치 | **对面** duìmiàn 명 반대편, 맞은편 | **喂** wèi 감 여보세요 | **约定** yuēdìng 동 약속하다 | **好像** hǎoxiàng 부 마치 ~과 같다 | **走错** zǒucuò 동 길을 잘못 들다 | **方向** fāngxiàng 명 방향 | **标志性** biāozhìxìng 명 상징적인 | **建筑** jiànzhù 명 건축물 | **江南站** jiāngnánzhàn 명 강남역

01-40-4

04

p. 76

A 酒吧　B 健身房 C 公司　D 超市	A 술집　B 헬스장 **C 회사**　D 슈퍼
男：对不起，我临时有事，不能和你去健身房了。 女：什么事这么急啊？ 男：昨天应聘的公司刚联系我，让我现在去签合同。 女：真的？太好了！恭喜你应聘成功啊！	남: 미안해, 내가 갑자기 일이 생겨서, 너랑 헬스장에 못 갈 거 같아. 여: 무슨 일인데 이렇게 서둘러? 남: 어제 지원한 회사에서 방금 연락이 왔는데, 지금 계약서에 사인하러 오래. 여: 진짜? 너무 잘됐다! 취업에 성공한 걸 축하해!
问：男的接下来可能去哪儿?	**질문: 남자는 이제 아마도 어디를 갈 예정인가?**

해설 남자는 갑자기 연락을 받고 급히 어딘가를 가려 하고 있다. 알고 보니, 지원했던 회사에 합격하여 계약서에 사인하러(签合同) 오라는 연락을 받은 것이었다. 따라서, 남자는 지금 회사(公司)에 갈 것임을 알 수 있으므로 정답은 C가 된다. 만약, 질문이 男的原来要去哪儿?(남자는 원래 어디를 가려고 했는가?)로 나왔다면 정답은 健身房(헬스장)이 되었을 것이다.

단어 **酒吧** jiǔbā 명 술집 | **健身房** jiànshēnfáng 명 헬스장, 체육관 | **超市** chāoshì 명 마트, 슈퍼마켓 | **临时** línshí 부 갑자기, 임시에 | **急** jí 동 서두르다 | **应聘** yìngpìn 동 지원하다 | **联系** liánxì 동 연락하다 | **签** qiān 동 서명하다 | **合同** hétong 명 계약서 | **恭喜** gōngxǐ 동 축하하다 | **成功** chénggōng 동명 성공(하다)

✓ 정답	1. A	2. D	3. C	4. A

▶ 01-44-1

01

p. 83

A 房东 B 邻居 C 秘书 D 要买房子的人	**A 집주인** B 이웃 C 비서 D 집을 사려는 사람
男：我觉得昨天看的那套房子条件还可以。你觉得怎么样呢？ 女：还不错，你现在就跟他联系一下，告诉他我们租下来。	남: 내 생각에 어제 본 그 집 조건이 괜찮았던 거 같아. 당신 생각에는 어때? 여: 괜찮은 거 같아. 당신이 지금 그 사람한테 연락해서, 우리가 세 들겠다고 말해.
问：他们打算给谁打电话呢？	**질문: 그들은 누구에게 전화를 걸려고 하는가?**

해설 두 사람은 지금 어제 보고 온 집에 대해서 얘기하고 있으므로, 이들의 관계는 부부(夫妻)일 확률이 높다. 녹음 마지막 부분에서 세를 들 의사가 있음을 밝히고 있으므로, 그들이 연락하려는 대상은 집주인(房东)이라는 것을 알 수 있다. 따라서 정답은 A가 된다.

단어 **房东** fángdōng 명 집주인 | **邻居** línjū 명 이웃, 이웃 사람 | **秘书** mìshū 명 비서 | **要** yào 조동 ~하려 하다 | **套** tào 양 세트(집을 세는 단위) | **条件** tiáojiàn 명 조건 | **可以** kěyǐ 형 좋다, 괜찮다 | **不错** búcuò 형 괜찮다 | **联系** liánxì 동 연락하다 | **告诉** gàosu 동 말하다, 알리다 | **租** zū 동 세내다, 빌리다

▶ 01-44-2

02

p. 83

A 学生 B 演员 C 卖玩具的 D 拍电影的	A 학생 B 연기자 C 장난감을 파는 사람 **D 영화를 찍는 사람**
女：太倒霉了，导演又给我派活儿了。 男：又让你去借道具还是找新演员呢？	여: 정말 운도 없지, 감독님이 또 나한테 일 시키셨어. 남: 또 너한테 소품을 빌려 오래, 아니면 신인 연기자를 발굴해 오래?
问：女的是做什么的？	**질문: 여자는 무엇을 하는 사람인가?**

해설 녹음에서 导演(감독), 演员(연기자)이라는 단어를 듣고, 여자는 영화와 관련된 일을 하는 사람이라는 것을 알 수 있다. 보기에 演员(연기자)이 제시되어 있지만, 녹음에서는 借道具(소품을 빌리다), 找新演员(신인 연기자를 발굴해 오다)이라고 했으므로, 여자 자신이 연기자는 아니다. 따라서 B는 정답이 될 수 없고, D가 정답이 된다.

단어 **演员** yǎnyuán 명 연기자 | **玩具** wánjù 명 장난감 | **拍** pāi 동 (영화나 사진 등을) 촬영하다, 찍다 | **电影** diànyǐng 명 영화 | **倒霉** dǎoméi 형 재수 없다 | **又** yòu 부 또 | **派** pài 동 (일을) 시키다 | **活儿** huór 명 일거리 | **派活儿** pàihuór 동 (육체적인) 일을 할당하다 | **借** jiè 동 빌리다 | **道具** dàojù 명 (촬영, 공연에 쓰이는) 소품, 도구 | **还是** háishi 접 아니면

01-44-3

p. 83

A 单位同事	A 직장 동료
B 清洁工阿姨	B 청소 아주머니
C 宠物店	**C 반려동물 가게**
D 外地的亲戚	D 타지에 있는 친척

女：你明天回老家过春节，你的小狗怎么办?
男：我找了一家宠物店，到时候把小狗送到那里养一周。

问：男的请谁帮忙照顾小狗?

여: 너 내일 설 쇠러 고향 내려가면, 너네 집 강아지는 어떻게 해?
남: 내가 반려동물 가게를 알아 놨어. 갈 때 강아지를 거기에 일주일 맡기면 돼.

질문: 남자는 누구에게 강아지를 돌봐 달라고 부탁하는가?

해설 최근 반려견, 반려묘를 키우는 가정이 늘어나고 있다. 이들에게 긴 명절에 집을 비우는 것은 큰 고민이 아닐 수 없다. 대화 속 남자는 宠物店(반려동물 가게)에 맡길 계획을 하고 있으므로 정답은 C가 된다.

단어 **单位** dānwèi 명 회사, 직장 | **同事** tóngshì 명 동료 | **清洁工** qīngjiégōng 명 청소부, 환경미화원 | **阿姨** āyí 명 아주머니, 이모 | **宠物店** chǒngwùdiàn 명 반려동물 가게 | **外地** wàidì 명 타지, 외지 | **亲戚** qīnqī 명 친척 | **老家** lǎojiā 명 고향집 | **过** guò 동 보내다, 지내다 | **春节** chūnjié 명 음력설 | **小狗** xiǎogǒu 명 강아지 | **养** yǎng 동 기르다, 보양하다 | **帮忙** bāngmáng 동 돕다 | **照顾** zhàogù 동 돌보다, 보살피다

01-44-4

04

p. 83

A 爱人	B 姑姑	**A 남편**	B 고모
C 儿子	D 外公	C 아들	D 외할아버지

女：喂，我想咨询一下，我爱人护照的有效期过了，我能替他办个新的吗?
男：对不起，护照必须由本人亲自办理。

问：女的想帮谁办护照?

여: 여보세요, 말씀 좀 여쭐게요. 저희 배우자(남편) 여권 유효 기간이 지났는데, 제가 대신 새것으로 발급받을 수 있나요?
남: 죄송합니다. 여권은 반드시 본인이 와서 직접 처리하셔야 됩니다.

질문: 여자는 누구를 대신해서 여권을 만들려고 하는가?

해설 여자는 유효 기간이 지난 남편의 여권을 재발급 받고자 문의하고 있으므로, 여자가 대신하고자 하는 사람은 爱人(남편)임을 알 수 있다. 중국에서 배우자는 부인(妻子), 남편(丈夫)이라고 구분해서 사용하기도 하지만 爱人은 남편, 부인 모두를 호칭할 수 있다.

Tip 듣기 문제는 녹음 내용을 듣기 전에 반드시 보기를 확인하여 문제 유형을 파악해야 한다. 보기를 통해 '관계'를 파악하는 문제임을 단박에 알 수 있다. 그러면 구체적인 내용보다는 어떤 호칭이 나오는지, 어떤 동작을 하는지에 더 집중해야 한다.

단어 **爱人** àiren 명 남편, 아내 | **姑姑** gūgu 명 고모 | **外公** wàigōng 명 외조부, 외할아버지 | **咨询** zīxún 동 자문하다, 상담하다 | **护照** hùzhào 명 여권 | **有效期** yǒuxiàoqī 명 유효 기간 | **替** tì 동 대신하다 | **必须** bìxū 부 반드시 ~해야 한다 | **由** yóu 전 ~이가, ~께서 | **本人** běnrén 대 본인 | **亲自** qīnzì 부 몸소, 직접 | **办理** bànlǐ 동 처리하다, 해결하다

DAY 18

✓ 정답 1. C 2. A 3. B 4. A

01-45-1

01

p. 83

A 邮递员　B 销售员 C 外卖员　D 保安	A 우체부　B 판매원 **C 배달원**　D 보안(경비원)
男：喂，您的外卖送到了。 女：这么快，我马上就下去拿。 男：麻烦您快一点儿啊，我还要赶去送下一趟呢。 女：好的好的，我已经出门了。	남: 여보세요, 주문하신 거 배달왔습니다. 여: 이렇게나 빨리요? 바로 받으러 내려갈게요. 남: 죄송한데 좀 빨리 와 주세요. 제가 서둘러 다음 배달을 가야 해서요. 여: 네네, 알겠습니다. 지금 이미 나왔어요.
问：根据对话，男的最可能从事哪种职业？	**질문: 대화에 따르면, 남자는 어떤 직종에 종사하겠는가?**

해설 최근 중국에서도 음식 배달 서비스, 인터넷 배송 서비스가 활발하다. 하지만 학교 기숙사나 외부인 출입 제한 아파트에 살고 있다면, 정문으로 나와서 배달 음식을 받아야 한다. 外卖(배달 음식)라는 단어를 들었다면 남자의 직업이 外卖员(배달원)임을 알 수 있다. 따라서 정답은 C가 된다.

Tip 넓은 땅 때문에 배달 서비스가 불가능할 것처럼 보이던 중국도, 스마트폰의 발달로 요즘은 배달 음식 서비스가 매우 성행하고 있다. 배달 음식은 와이마이(外卖)라고 하며, 대표적인 음식 배달 앱은 어러머(饿了么)와 메이퇀(美团)이 있다.

단어 邮递员 yóudìyuán 명 우체부, 집배원 | 销售员 xiāoshòuyuán 명 판매원 | 外卖员 wàimàiyuán 명 배달원 | 保安 bǎo'ān 명 경비원 | 外卖 wàimài 명 배달 음식, 포장 판매 음식 | 拿 ná 동 가지다, 잡다 | 麻烦 máfan 동 폐를 끼치다, 귀찮게 하다 | 趟 tàng 양 번, 차례 | 出门 chūmén 동 문을 나서다, 집을 나가다

01-45-2

02

p. 83

A 师生　B 同事 C 朋友　D 夫妻	**A 스승과 제자**　B 동료 C 친구　D 부부
男：您好，张教授，没想到在这儿遇见您。太巧了。 女：我来这儿开会。对了，你是不是快要毕业了？ 男：对啊，最近正忙着写毕业论文呢。 女：好好儿准备吧，有什么问题随时来找我。	남: 안녕하세요, 장 교수님. 여기서 뵐 줄은 생각지도 못했어요. 정말 우연이네요. 여: 여기에 회의가 있어서 왔어. 아 참, 너 곧 졸업하지 않니? 남: 맞아요. 요즘 졸업 논문 쓰느라 바빠요. 여: 준비 잘해. 무슨 문제 있으면 언제든지 찾아오거라.
问：这两个人是什么关系？	**질문: 두 사람은 무슨 관계인가?**

해설 남자가 여자에게 张教授(장 교수님)라고 부른 호칭을 듣고, 여자가 교수라는 것을 알 수 있다. 또 여자가 남자에게 是不是快要毕业了(곧 졸업하지 않니)라고 물은 걸로 보아 남자는 학생임을 알 수 있다. 따라서 두 사람의 관계는 스승과 제자로 A가 정답이 된다.

단어 师生 shīshēng 명 스승과 제자 | 同事 tóngshì 명 동료 | 夫妻 fūqī 명 부부 | 教授 jiàoshòu 명 교수 | 没想到 méi xiǎngdào 생각하지 못하다 | 遇见 yùjiàn 동 마주치다 | 巧 qiǎo 형 공교롭다 | 开会 kāihuì 동 회의하다 | 快要 kuàiyào 부 곧 (~하다) | 毕业 bìyè 동 졸업하다 | 最近 zuìjìn 명 최근, 요즘 | 论文 lùnwén 명 논문 | 准备 zhǔnbèi 동 준비하다 | 随时 suíshí 부 언제나, 아무 때나

01-45-3

03

p. 83

A 银行 B 旅行社
C 飞机场 D 航空公司

A 은행 **B 여행사**
C 공항 D 항공사

男：我们想去海南岛好好儿地放松一下，所以不想把时间安排得太紧。
女：您放心，我们会为您考虑这一点的。您看看这条路线怎么样呢？
男：还不错，但是具体时间我要回去和爱人商量一下，等我们决定了告诉你们。
女：好的，这是我的名片。如果有什么问题，您可以随时给我打电话。

问：女的最可能在哪儿工作？

남: 우리는 하이난다오 섬에 가서 휴식을 좀 취하고 싶어요. 그래서 시간을 너무 빡빡하게 짜고 싶지 않아요.
여: 걱정하지 마세요. 저희가 당신을 위해서 이 점을 고려할 겁니다. 이 노선은 어떠세요?
남: 괜찮네요. 하지만 구체적인 시간은 돌아가서 아내와 상의 좀 해 봐야 할 거 같아요. 결정되면 알려 드리죠.
여: 알겠습니다. 여기 제 명함입니다. 만약 궁금한 점이 있으시면, 언제라도 제게 전화 주세요.

질문: 여자는 어디서 일하겠는가?

해설 남자가 휴식을 취하러 海南岛(하이난다오 섬) 여행을 계획하고 있는 것을 듣고, 비행기 티켓을 사기 위해 航空公司(항공사)에 온 것으로 혼동할 수 있다. 하지만 남자는 빡빡하지 않은 여행 일정을 요구하고 있고, 여자는 남자에게 여행 노선을 추천하고 있는 것으로 보아 여자는 여행사에서 일하고 있음을 알 수 있다. 따라서 정답은 B가 된다.

단어 银行 yínháng 명 은행 | 旅行社 lǚxíngshè 명 여행사 | 飞机场 fēijīchǎng 명 공항 | 航空 hángkōng 명 항공 | 放松 fàngsōng 동 느슨하게 하다 | 所以 suǒyǐ 접 그래서 | 安排 ānpái 동 안배하다 | 紧 jǐn 형 빡빡하다, 촉박하다 | 放心 fàngxīn 동 안심하다 | 考虑 kǎolǜ 동 고려하다 | 条 tiáo 양 항목, 가지 | 路线 lùxiàn 명 노선 | 不错 búcuò 형 좋다, 괜찮다 | 但是 dànshì 접 그러나, 하지만 | 具体 jùtǐ 형 구체적이다 | 爱人 àiren 명 남편, 아내 | 商量 shāngliang 동 상의하다 | 决定 juédìng 동 결정하다 | 名片 míngpiàn 명 명함 | 如果 rúguǒ 접 만약 | 可以 kěyǐ 조동 ~해도 좋다 | 随时 suíshí 부 언제나, 아무 때나

01-45-4

04

p. 83

A 记者 B 经理
C 老师 D 大夫

A 기자 B 매니저
C 선생님 D 의사

男：小王，嘉宾的采访做完了吗？
女：刚做完，现在正在整理录音文件呢。
男：新闻稿大概什么时候能写好？
女：主编，我尽快写，争取下午下班前给您。

问：根据对话，女的最可能从事哪种职业？

남: 샤오왕, 게스트 인터뷰 다 했니?
여: 방금 다 했어요, 지금 녹음 파일 정리하고 있는 중이에요.
남: 뉴스 기사 원고는 언제쯤 다 쓸 수 있을 거 같아?
여: 편집장님, 제가 최대한 빨리 써서, 오후 퇴근 전까지 드릴게요.

질문: 대화에 따르면, 여자는 어떤 직종에서 일하겠는가?

해설 보기를 통해 직업을 묻는 문제임을 파악할 수 있다. 그렇다면 녹음을 들을 때, 직업과 관련된 동작들에 집중해서 들어야 한다. 의사라면 看病(진찰하다), 打针(주사를 놓다), 开药方(처방전을 쓰다) 등의 어휘가 등장할 것이고, 교사라면 备课(수업 준비), 考试(시험), 作业(숙제) 등의 단어가 나올 것이다. 대화 중에 采访(인터뷰하다), 新闻稿(뉴스 기사 원고) 등이 나왔으므로 记者(기자)임을 알 수 있다.

Tip 비법서 보물상자의 직업 관련된 단어들은 시험에 자주 출제되는 힌트와 정답의 관계를 표로 만들어 놓은 귀한 자료이다. 너무 뻔하고 당연하다고 흘려 보지 말고, 정말 저 단어들이 들리면 정답을 떠올릴 수 있을까? 반문하면서 공부한다면 더욱 효과적으로 암기되고, 시험장에서 위력을 발휘하게 될 것이다.

단어 记者 jìzhě 명 기자 | 经理 jīnglǐ 명 매니저, 사장 | 大夫 dàifu 명 의사 | 嘉宾 jiābīn 명 게스트, 손님, 내빈 | 采访 cǎifǎng 동 인터뷰하다, 취재하다 | 整理 zhěnglǐ 동 정리하다 | 录音 lùyīn 명 녹음 | 文件 wénjiàn 명 파일, 서류 | 新闻稿 xīnwéngǎo 명 기사 원고 | 大概 dàgài 형 대강, 대충 | 主编 zhǔbiān 명 편집장 | 尽快 jǐnkuài 부 되도록 빨리 | 争取 zhēngqǔ 동 ~을 목표로 노력하다 | 从事 cóngshì 동 종사하다 | 职业 zhíyè 명 직업

DAY 19

✓ 정답 1. C 2. B 3. D 4. B

01-49-1

01

p. 90

A 批评 B 询问 C 安慰 D 表扬	A 비판한다 (–) B 문의한다 **C 위로한다 (+)** D 칭찬한다 (+)
男：大夫，拔牙疼吗？大概需要多长时间？ 女：你别紧张，放松一点儿，几分钟就行。	남: 선생님, 이 뽑는 거 아파요? 대략 시간이 얼마나 걸리나요? 여: 긴장하지 말고, 조금만 긴장을 푸세요. 몇 분이면 금방 끝나요.
问：女的是什么语气？	**질문: 여자의 어투는 어떠한가?**

해설 치과에서 이 뽑는 것을 두려워하는 남자에게 여자는 금방 끝나니 긴장할 필요 없다고 위로하고 있으므로, C가 정답이 된다. 의사와 환자의 대화에서는 安慰(위로하다)가 정답이 될 확률이 높다.

단어 **批评** pīpíng 동 비판하다 | **询问** xúnwèn 동 문의하다, 물어보다 | **安慰** ānwèi 동 위로하다 | **表扬** biǎoyáng 동 칭찬하다 | **拔** bá 동 뽑다 | **牙** yá 명 이 | **疼** téng 형 아프다 | **大概** dàgài 부 대략 | **需要** xūyào 동 필요하다 | **别** bié 부 ~하지 마라 | **紧张** jǐnzhāng 형 긴장해 있다, 불안하다 | **放松** fàngsōng 동 긴장을 풀다

01-49-2

02

p. 90

A 感到高兴 B 感到意外 C 表示怀疑 D 十分生气	A 기뻐한다 (+) **B 의외라고 여긴다** C 의심한다 (–) D 매우 화난다 (–)
女：你知道谁将代表我们学校参加这次的全省演讲比赛吗？是你的同桌。 男：这可真是不说不知道，一说吓一跳。	여: 너 누가 우리 학교를 대표해서 이번 성 전체 말하기 대회에 나가는지 아니? 바로 네 짝꿍이야. 남: 정말이지 말 안 하면 전혀 알 수 없고, 말했다 하면 깜짝 놀랄 소식인데.
问：男的是什么反应？	**질문: 남자의 반응은 어떠한가?**

해설 남자는 자신의 짝꿍이 말하기 대회에 나간다는 소식을 다른 친구를 통해서 알게 되고, 자신은 그 사실을 몰랐다며 매우 놀라고 있다. 따라서 정답은 B가 된다. 没想到(생각하지 못하다), 很突然(매우 갑작스럽다), 吓了一跳(깜짝 놀라다) 등의 어휘가 제시되면 意外(의외다)가 정답으로 제시될 가능성이 높다.

단어 **感到** gǎndào 동 여기다, 느끼다 | **意外** yìwài 형 의외다, 뜻밖이다 | **表示** biǎoshì 동 (감정, 태도 등을) 나타내다 | **怀疑** huáiyí 동 의심하다 | **将** jiāng 부 장차 | **代表** dàibiǎo 동 대표하다 | **全** quán 형 모든, 전체의 | **省** shěng 명 성 | **演讲** yǎnjiǎng 동 연설하다, 강연하다 | **比赛** bǐsài 명 시합 | **同桌** tóngzhuō 명 (한 책상을 쓰는) 짝꿍 | **可** kě 부 정말 | **吓一跳** xià yí tiào 깜짝 놀라다

01-49-3

03

p. 90

A 无奈 B 嫉妒 C 孤独 D 羡慕	A 어쩔 수 없다 B 질투한다 (–) C 고독해한다 (–) **D 부러워한다 (+)**
男：你觉得他们的婚礼怎么样？ 女：太棒了，当新娘向大厅中所有的单身女宾扔花球时，我真是太感动了。	남: 네 생각에 그들의 결혼식 어땠니? 여: 너무 멋졌어. 신부가 식장의 모든 독신 여성 하객들에게 부케를 던질 때, 나는 정말 아주 감동했어.
问：女的是什么口气？	**질문: 여자의 말투는 어떠한가?**

해설 여자가 결혼식이 太棒了(너무 멋졌다), 太感动了(아주 감동했다)라고 말하고 있는 것으로 보아, 긍정의 어휘 羡慕(부러워하다)를 선택할 수 있으므로, D가 정답이 된다. 부정의 어휘 B, C는 제거되고 无奈(어쩔 수 없다)도 문맥상 맞지 않는다.

단어 无奈 wúnài 동 어쩔 수 없다, 부득이하다 | 嫉妒 jídù 동 질투하다, 샘내다 | 孤独 gūdú 형 고독하다, 외롭다 | 羡慕 xiànmù 동 부러워하다 | 婚礼 hūnlǐ 명 결혼식 | 棒 bàng 형 좋다 | 当 dāng 전 바로 그때 | 新娘 xīnniáng 명 신부 | 向 xiàng 전 ~을 향해서 | 大厅 dàtīng 명 홀, 로비(큰 건물의 넓은 공간을 말함) | 单身 dānshēn 명 독신, 미혼 | 女宾 nǚbīn 명 여자 손님, 여성 하객 | 扔 rēng 동 던지다 | 花球 huāqiú 명 부케 | 感动 gǎndòng 동 감동하다

01-49-4

04

p. 90

A 讽刺	B 鼓励	A 풍자한다 (−)	**B 격려한다 (+)**
C 怀疑	D 肯定	C 의심한다 (−)	D 인정한다 (+)

男：教授，这个论文对我来说，太难了。我真想放弃。
女：不管遇到什么问题，你都应该积极地面对，你先尽力去做吧。

问：女的是什么态度?

남: 교수님, 이 논문은 저에게 너무 어려워요. 정말 포기하고 싶어요.
여: 어떠한 어려움에 부딪히더라도, 너는 적극적으로 직면해야 하는 거야. 먼저 온 힘을 다해 봐.

질문: 여자의 태도는 어떠한가?

해설 논문을 포기하고 싶다는 남자의 말에, 여자는 먼저 온 힘을 다해 보라고 남자를 격려하고 있으므로, 정답은 B가 된다. 상대방이 실패, 낙방, 이별, 질병 등 고통스러운 상황에 있을 때, 위로나 격려하는 표현이 나오면 정답은 安慰(위로하다), 鼓励(격려하다) 등이 될 가능성이 크다.

단어 讽刺 fěngcì 동 풍자하다 | 鼓励 gǔlì 동 격려하다 | 怀疑 huáiyí 동 의심하다 | 肯定 kěndìng 동 인정하다, 확신하다 | 教授 jiàoshòu 명 교수 | 论文 lùnwén 명 논문 | 对…来说 duì…lái shuō ~에게 있어서 | 放弃 fàngqì 동 포기하다 | 不管 bùguǎn 접 ~에 관계없이, ~을 막론하고 | 遇到 yùdào 동 부딪히다, 마주치다 | 应该 yīnggāi 조동 ~해야 한다 | 积极 jījí 형 적극적이다 | 面对 miànduì 동 직면하다 | 尽力 jìnlì 동 온힘을 다하다

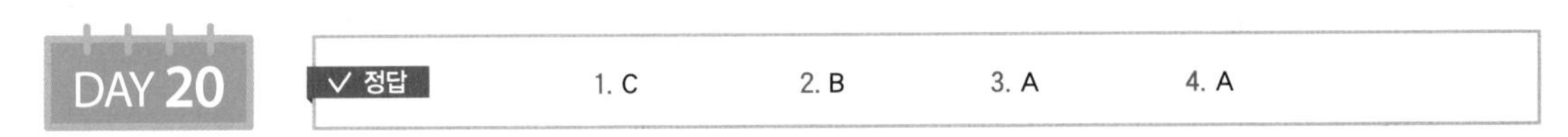

DAY 20

✓ 정답　1. C　2. B　3. A　4. A

01-50-1

01

p. 90

A 抱怨	B 羡慕	A 불평한다 (−)	B 부러워한다 (+)
C 满意	D 后悔	**C 만족한다 (+)**	D 후회한다 (−)

男：最近非常流行蓝牙耳机，年轻人几乎人人都有。
女：上周我也买了一副。虽然价格昂贵，但是确实很方便。
男：原来你也喜欢追赶流行。
女：当然了，我也是年轻人啊。

问：女的对耳机是什么态度?

남: 요즘 블루투스 이어폰이 굉장히 유행이라서, 젊은 애들은 거의 다 가지고 있어.
여: 지난주에 나도 하나 샀어. 비록 비싸기는 하지만, 확실히 편리해.
남: 알고 보니 너도 유행 따르는 걸 좋아하는구나.
여: 당연하지, 나도 젊은 사람이라고.

질문: 여자는 이어폰에 대해 어떤 태도인가?

해설 두 사람은 요즘 유행하는 블루투스 이어폰에 대한 대화를 나누고 있다. 여자는 이어폰이 비싸지만 편리하다고 했으므로 만족한다고 볼 수 있다. 따라서 정답은 C가 된다. 듣기에서 역접의 접속사 但是가 나오면 그 이하 부분에 핵심 내용이 나올 수 있음을 명심하자.

단어 抱怨 bàoyuàn 동 원망하다 | 羡慕 xiànmù 동 부러워하다 | 满意 mǎnyì 형 만족스럽다 | 后悔 hòuhuǐ 동 후회하다 | 流行 liúxíng 동 유행하다 | 蓝牙耳机 lányá ěrjī 명 블루투스 이어폰 | 几乎 jīhū 부 거의 | 上周 shàngzhōu 명 지난주 | 副 fù 양 쌍, 벌 | 昂贵 ángguì 형 물건 값이 비싸다 | 确实 quèshí 부 확실히, 정말로 | 方便 fāngbiàn 형 편리하다 | 原来 yuánlái 부 알고 보니 | 追赶 zhuīgǎn 동 쫓아가다, 쫓다 | 态度 tàidu 명 태도

▶ 01-50-2

02

p. 90

A 羡慕	B 感谢	A 부러워한다 (+)	**B 감사한다 (+)**
C 意外	D 讨厌	C 의외다	D 싫어한다 (−)

女：多亏你帮助我，否则我今天肯定要熬夜。
男：别那么客气，大家都是同事，互相帮助是应该的。
女：这个周末有时间吗？我请你吃顿饭吧。
男：已经有约了，以后再说吧。

问：女的对男的是什么态度？

여: 네가 나를 도와준 덕분이야. 안 그랬으면 나는 오늘 틀림없이 밤을 새웠을 거야.
남: 그렇게 예의 차리지 마. 모두 동료인데, 서로 돕는 건 당연한 거지.
여: 이번 주말에 시간 있어? 내가 한턱낼게.
남: 이미 약속이 있어. 나중에 다시 이야기하자.

질문: 여자는 남자에 대해 어떤 태도인가?

해설 多亏는 '덕분이다, 덕택이다'라는 의미로 여자가 남자의 도움에 고마워하고 있음을 알 수 있다. 녹음 앞부분의 多亏라는 단어를 듣지 못했더라도, 남자가 别那么客气(그렇게 예의 차리지 마라)라고 한 말을 들었다면 정답이 B임을 알 수 있다.

단어 羡慕 xiànmù 동 부러워하다 | 感谢 gǎnxiè 동 감사하다 | 意外 yìwài 형 의외다 | 讨厌 tǎoyàn 동 싫어하다 | 多亏 duōkuī 동 덕분이다, 덕택이다 | 帮助 bāngzhù 동 돕다 | 否则 fǒuzé 접 만약 그렇지 않으면 | 肯定 kěndìng 부 틀림없이, 확실히 | 要 yào 조동 ~해야 한다 | 熬夜 áoyè 동 밤새다 | 互相 hùxiāng 부 서로, 상호 | 应该 yīnggāi 조동 반드시 ~해야 한다 | 周末 zhōumò 명 주말 | 约 yuē 명 약속 | 以后 yǐhòu 명 이후 | 再说 zàishuō 동 다음에 다시 이야기하다

▶ 01-50-3

03

p. 90

A 吃惊	B 惊喜	**A 놀랐다**	B 놀라며 기뻐한다 (+)
C 嫉妒	D 遗憾	C 질투한다 (−)	D 유감스러워한다 (−)

男：这是我做的蛋糕，你尝一尝吧。
女：哇，比蛋糕店做得还好，没想到你还有这种手艺呢。
男：我的爱人特别喜欢甜食，所以我特意去学的。
女：怪不得呢。有机会的时候一定要教我。

问：女的是什么语气？

남: 이거 내가 만든 케이크야. 맛 좀 봐 봐.
여: 오, 제과점에서 만든 것보다 잘 만들었다. 너에게 이런 솜씨가 있는 줄은 생각도 못했어.
남: 우리 아내가 단 음식을 특히 좋아해서 일부러 배운 거야.
여: 어쩐지. 기회가 생기면 나도 꼭 가르쳐 줘.

질문: 여자의 말투는 어떠한가?

해설 여자가 没想到(생각도 못했다)라고 말한 녹음 내용을 듣고, 여자는 남자의 솜씨에 놀랐다는 것을 알 수 있다. 여자가 놀라기는 했지만 기뻐한다는 근거는 없으므로 B는 정답이 될 수 없고, A가 정답이 된다.

Tip 吃惊(놀라다), 惊讶(놀랍고 의아하다), 没想到(생각하지 못하다), 意外(의외다), 惊奇(의아해하다) 등이 유사 어휘로 출제된다.

단어 吃惊 chījīng 동 놀라다 | 惊喜 jīngxǐ 동 놀라며 기뻐하다 | 嫉妒 jídù 동 질투하다 | 遗憾 yíhàn 형 유감스럽다 | 蛋糕 dàngāo 명 케이크 | 尝 cháng 동 맛보다 | 比 bǐ 전 ~보다 | 没想到 méi xiǎngdào 생각하지 못하다 | 手艺 shǒuyì 명 솜씨 | 爱人 àiren 명 남편, 아내 | 特别 tèbié 부 유달리, 특히 | 甜食 tiánshí 명 단 식품 | 所以 suǒyǐ 접 그래서 | 特意 tèyì 부 일부러 | 怪不得 guàibude 부 과연, 어쩐지 | 机会 jīhuì 명 기회 | 一定 yídìng 부 반드시, 꼭

01-50-4

p. 90

A 称赞	B 抱怨	A 칭찬한다 (+)	B 원망한다 (–)
C 反对	D 不关心	C 반대한다 (–)	D 관심이 없다 (–)

男：听说最近网上购物的销量超过了实体店的销量。
女：因为网上购物比实体店更便宜，而且最近送货的速度变得更快了。
男：确实如此，我昨天下单的东西，今天早上就到了。
女：所以越来越多的人都选择网上购物了。

问：男的对网上购物是什么态度?

남: 요즘 인터넷 쇼핑 판매량이 오프라인 매장의 판매량을 앞질렀대.
여: 인터넷 쇼핑이 오프라인 매장보다 훨씬 싸고, 요즘 배달하는 속도도 훨씬 빨라졌기 때문이지.
남: 확실히 그래. 내가 어제 주문한 물건이 오늘 아침에 도착했어.
여: 그래서 점점 더 많은 사람들이 인터넷 쇼핑을 선택해.

질문: 남자는 인터넷 쇼핑에 대해 어떤 태도인가?

해설 두 사람은 요즘 성행하는 인터넷 쇼핑에 대해서 대화를 나누고 있다. 가격이 저렴하고 배송도 빠르다는 편리성 때문에 남녀 모두 인터넷 쇼핑에 대해 긍정적이고 만족스러운 평가를 하고 있다. 부정적인 어휘인 B, C, D는 소거법으로 제거하면, 정답은 A가 된다.

단어 称赞 chēngzàn 동 칭찬하다 | 抱怨 bàoyuàn 동 원망하다 | 反对 fǎnduì 동 반대하다 | 关心 guānxīn 동 관심을 갖다 | 购物 gòuwù 동 쇼핑하다 | 销量 xiāoliàng 명 판매량 | 超过 chāoguò 동 초과하다, 추월하다 | 实体店 shítǐ diàn 명 오프라인 매장 | 送货 sònghuò 동 배달하다 | 速度 sùdù 명 속도 | 确实 quèshí 부 확실히, 정말로 | 如此 rúcǐ 대 이와 같다 | 下单 xiàdān 동 주문하다 | 选择 xuǎnzé 동 선택하다

DAY 21

✓ 정답 1. C 2. B 3. A 4. C 5. A 6. D

[01-03]

▶ 02-03-0

有个在电子商务界非常有名的销售经理。❶在一次会议中分享了许多自己的工作笔记。有个参会人员好奇地问他："你把这么重要的信息公开，难道不怕别人都跟着你的笔记去做，对手越来越多吗？"

这个经理回答："没关系，记录完我的笔记，真正会去实践的可能只有百分之二十的人。在这部分人里，❷❸又只有少数能坚持下去，然后获得成功。对我来说，对手这么少，有什么好担心的呢？"

전자 상거래 분야에서 대단히 유명한 영업 팀장이 있었다. ❶한 번은 회의 석상에서 많은 자신의 업무 노트를 공유했다. 회의에 참석했던 어떤 사람이 호기심이 가득해서 그에게 물었다. "당신이 이렇게 중요한 정보를 공개하면, 다른 사람이 당신의 노트대로 따라 해 경쟁자가 갈수록 많아질 텐데, 두렵지 않나요?"

팀장은 "상관없어요. 저의 노트를 다 기록하고, 진짜로 실천하는 사람은 겨우 20% 정도일 거예요. 그 일부 사람들 중에서도 ❷❸소수만이 지속해서 하고, 성공을 거두겠지요. 제 입장에서 경쟁자가 이렇게 적은데, 무슨 걱정할 필요가 있겠어요?"라고 대답했다.

요약
- 등장인물: 영업 팀장과 회의 참석자
- 지문 흐름: 영업 팀장이 영업 비밀을 공개 → 다른 사람이 영업 비밀을 따라 할 것이 걱정되지 않는가? → 비법을 아는 것이 중요한 것이 아니고 실천하는 것이 중요하다
- 중심 내용: 성공을 하고자 한다면 꾸준히 지속해야 한다(要成功就要就坚持下去)

단어 电子商务 diànzǐ shāngwù 명 전자 상거래 | 界 jiè 명 분야, 계 | 销售 xiāoshòu 동명 판매(하다) | 经理 jīnglǐ 명 팀장, 매니저, 기업의 책임자 | 会议 huìyì 명 회의 | 分享 fēnxiǎng 동 함께 나누다 | 许多 xǔduō 형 대단히 많은 | 自己 zìjǐ 대 자기, 자신 | 笔记 bǐjì 명 노트, 필기, 기록 | 参会 cānhuì 동 회의에 참석하다 | 人员 rényuán 명 성원, 멤버 | 好奇 hàoqí 형 궁금하다, 알고 싶다 | 重要 zhòngyào 형 중요하다 | 信息 xìnxī 명 정보 | 公开 gōngkāi 동 공개하다 | 难道 nándào 부 설마 ~하겠는가 | 怕 pà 동 근심하다, 무서워하다 | 别人 biérén 명 다른 사람, 남 | 跟着 gēnzhe 동 따라가다 | 对手 duìshǒu 명 상대, 적수 | 回答 huídá 동 대답하다 | 记录 jìlù 동 기록하다 | 真正 zhēnzhèng 부 정말로, 참으로 | 实践 shíjiàn 동 실천하다, 실행하다 | 百分之 bǎifēnzhī 퍼센트 | 部分 bùfen 명 부분, 일부 | 又 yòu 부 또, 또한 | 只有 zhǐyǒu 부 오직, 오로지 | 少数 shǎoshù 명 소수, 적은 수 | 坚持 jiānchí 동 지속하다, 견지하다 | 然后 ránhòu 접 그러한 후에 | 获得 huòdé 동 획득하다, 얻다 | 成功 chénggōng 명 성공 | 担心 dānxīn 동 걱정하다, 염려하다

▶ 02-03-1

01

p. 99

A 客户资料
B 对公司的意见
C 在工作中积累的信息
D 未来的职业目标

A 고객에 대한 자료
B 회사에 대한 의견
C 업무 중 축적된 정보
D 미래의 직업 목표

问：这个销售经理在会议中分享了什么？

질문: 이 영업 팀장은 회의 중에 무엇을 공유했는가?

해설 긴 지문 첫 번째 문제의 정답은 대부분 지문의 앞부분에 나올 가능성이 높다. 한 회의 석상에서 영업 팀장은 자신의 업무 노트(自己的工作笔记)를 공유했다고 했다. 보기에는 在工作中积累的信息(업무 중 축적된 정보)라는 말로 변환되어 제시되었는데 의미가 상통하므로 정답은 C가 된다.

단어 客户 kèhù 명 고객 | 资料 zīliào 명 자료 | 意见 yìjiàn 명 의견, 이의, 다른 주장이나 의론 | 积累 jīlěi 동 축적하다, 쌓이다 | 未来 wèilái 명 미래 | 职业 zhíyè 명 직업 | 目标 mùbiāo 명 목표

02-03-2

02

p. 99

A 他已经退休了	A 그는 이미 퇴직해서
B 能成功的不多	**B 성공할 수 있는 사람이 많지 않아서**
C 台下观众很少	C 무대 아래 관중이 매우 적어서
D 他的信息是假的	D 그의 정보가 거짓이어서
问：销售经理为什么不担心?	**질문: 영업 팀장은 왜 걱정하지 않는가?**

해설 영업 팀장이 업무 노트를 공개하자, 어떤 사람이 비법을 따라 하는 경쟁자가 많아질 것이 걱정되지 않느냐고 물었다. 영업 팀장은 그것을 실천하는 사람은 20%(1/5) 정도에 불과할 것이고, 그 20% 중에서도 아주 소수만이(少数 = 不多) 성공할 수 있기 때문에 걱정할 필요가 없다고 했으므로 정답은 B가 된다.

단어 退休 tuìxiū 동 퇴직하다 | 台下 táixià 명 무대 아래 | 观众 guānzhòng 명 관중 | 假 jiǎ 형 거짓의, 가짜의

02-03-3

03

p. 99

A 要想成功就要坚持下去	**A 성공하려면 꾸준히 지속해야 한다**
B 听讲要做笔记	B 강의를 들을 때는 필기를 해야 한다
C 要善于分享	C 다른 사람과 나눔을 잘해야 한다
D 要学习他人的优点	D 타인의 장점을 배워야만 한다
问：这段话主要想告诉我们什么?	**질문: 이 글에서 말하고자 하는 것은 무엇인가?**

해설 어떤 사람이 성공할 수 있는가? 성공한 사람들의 비법을 지식적으로 알았다고 해서 성공할 수 있는 것이 절대 아니다. 그 비법을 적용해 자신의 행동으로 옮겨야 하고, 또한 그것을 끝까지 포기하지 않고 견지해야지만 성공할 수 있는 것이다. 따라서 정답은 A가 된다.

단어 善于 shànyú 동 ~에 능숙하다, ~를 잘하다 | 他人 tārén 명 타인, 다른 사람 | 优点 yōudiǎn 명 장점, 우수한 점

[04-06]

02-03-4

❻记者采访了一位长跑冠军，想知道他的成功经验和赛前的准备。他每次参加比赛之前，都要先开车去看看比赛的路线，然后仔细记一下周围的标志。比如，第一个标志是一个银行，第二个标志是一个百货商店，这样一直到终点。开始比赛的时候，他以百米的速度跑向第一个目标，等跑过第一个目标后，他又以同样的速度跑向第二个目标。❹❺他把整个路程分成几个小目标，这样就可以比较轻松地跑完全程。刚开始练习长跑的时候，他把目标定在终点，结果跑到一半就累得受不了了，他被前面那段遥远的路程吓倒了。

❻기자는 한 마라톤 우승자를 취재했는데, 그의 성공 경험과 시합 전의 준비를 알고 싶었다. 그는 매번 시합에 참가하기 전에, 차를 몰고 가서 시합할 노선을 돌아본 후, 주위의 표지를 자세히 기록한다고 했다. 예를 들어, 첫 번째 표지는 은행, 두 번째 표지는 백화점, 이렇게 결승점까지 한다. 시합이 시작할 때, 그는 100m(달리기)의 속도로 첫 번째 목표를 향해 달려가고, 첫 번째 목표를 지난 후, 그는 또 같은 속도로 두 번째 목표를 향해서 달려간다. ❹❺그는 모든 길을 몇 개의 작은 목표로 나누었고, 이렇게 해서 비교적 쉽게 전체 코스를 뛸 수 있었다. 마라톤 연습을 막 시작했을 때, 그는 목표를 결승점으로 잡았고, 결국 절반을 뛰었을 때 이미 견딜 수 없을 만큼 힘들었다고 했다. 그는 앞의 아득히 먼 길에 놀라서 지쳐 쓰러진 것이다.

요약
- 등장인물: 기자와 마라톤 우승자
- 지문 흐름: 기자가 마라톤 우승의 노하우를 취재함 → 처음에는 결승점을 목표로 잡았더니 힘들어서 포기함 → 작은 목표를 정하여 하나씩 달성해 나감으로 우승할 수 있었다
- 중심 내용: 성공하고 싶다면, 작은 목표부터 세워라(想要成功，请确立小目标)

단어 记者 jìzhě 명 기자 | 采访 cǎifǎng 동 취재하다 | 长跑 chángpǎo 명 장거리 경주, 마라톤 | 冠军 guànjūn 명 우승자, 챔피언 | 经验 jīngyàn 명 경험 | 准备 zhǔnbèi 동 준비하다 | 参加 cānjiā 동 참가하다 | 比赛 bǐsài 명 시합 | 之前 zhīqián 명 ~이전 | 路线 lùxiàn 명 노선 | 仔细 zǐxì 형 꼼꼼하다 | 记 jì 동 기록하다 | 周围 zhōuwéi 명 주위 | 标志 biāozhì 명 표지 | 比如 bǐrú 접 예를 들어 | 终点 zhōngdiǎn 명 종점 | 速度 sùdù 명 속도 | 目标 mùbiāo 명 목표 | 同样 tóngyàng 형 같다 | 整个 zhěnggè 형 전체의, 모든 | 路程 lùchéng 명 노정, 길 | 比较 bǐjiào 부 비교적 | 轻松 qīngsōng 형 수월하다 | 全程 quánchéng 명 전체 코스 | 练习 liànxí 동 연습하다 | 终点 zhōngdiǎn 명 종점, 결승점 | 受不了 shòubuliǎo 동 견딜 수 없다 | 遥远 yáoyuǎn 형 아득히 멀다 | 吓倒 xiàdǎo 동 놀라 쓰러지다

02-03-5

04

p. 99

A 先跑看看 B 放松一下 C 将赛程分段 D 想看看周围有什么	A 먼저 뛰어 보려고 B 긴장을 풀려고 **C 경기 구간을 나누려고** D 주위에 무엇이 있는지 보려고
问：他赛前看路线的主要目的是什么？	질문: 그가 시합 전에 노선을 둘러보는 주요 목적은 무엇인가?

해설 마라톤 우승자인 이 선수가 다른 선수보다 빨리 뛸 수 있었던 이유는 그가 마라톤 코스를 작은 몇 개의 구간으로 분배했기 때문이다. 거창한 목표를 이루려면 쉽게 지쳐 포기하게 되지만, 그것을 작은 몇 개의 목표로 나누면 쉽게 달성할 수 있다는 비밀을 알고 있어, 경기 전에 구간별로 표지를 정하기 위해 노선을 둘러본 것이다. 따라서 C가 정답이 된다.

단어 放松 fàngsōng 동 정신적 긴장을 풀다 | 将 jiāng 전 ~을, ~를 | 赛程 sàichéng 명 경기 일정 | 分段 fēnduàn 동 분단하다, 나누다 | 主要 zhǔyào 형 주요한 | 目的 mùdì 명 목적

02-03-6

05

p. 99

A 缩小目标 B 每天努力练习 C 有一个好教练 D 很早确立了人生目标	**A 목표를 축소한다** B 매일 열심히 훈련한다 C 좋은 코치가 있다 D 매우 일찍 인생 목표를 확립했다
问：他的成功经验是什么？	질문: 그의 성공 경험은 무엇인가?

해설 일반적으로 마라톤이 우리의 인생과 같다고 생각하기 때문에 정답을 D로 혼동할 수 있다. 하지만, 질문은 그의 마라톤 성공 경험이 무엇인지를 묻고 있다. 그가 처음 연습을 시작했을 때 결승점을 목표로 잡아 힘들었다고 하면서, 그 후 큰 목표를 작은 목표로 나누고 나니 원래의 목표에 쉽게 도달하게 되었다는 경험을 말하고 있다. 따라서, 그는 목표를 나눠서 축소하였기 때문에 성공할 수 있었으므로, A가 정답이 된다.

단어 缩小 suōxiǎo 동 작게 하다, 축소하다 | 努力 nǔlì 동 노력하다 | 教练 jiàoliàn 명 코치, 감독 | 确立 quèlì 동 확립하다

02-03-7

06

p. 99

A 他是一名运动记者　B 他是一名体育老师 C 他是一个长跑教练　D 他是长跑运动员	A 그는 스포츠 기자다　B 그는 체육 선생님이다 C 그는 마라톤 코치다　**D 그는 마라톤 선수다**
问：根据这段话，可以知道什么？	질문: 이 이야기를 통해 알 수 있는 것은?

해설 녹음 앞부분에 기자가 마라톤 우승자를 취재했다고 했다. 3인칭 관찰자 시점으로 언급되는 他는 长跑冠军(마라톤 우승자), 즉 长跑运动员(마라톤 선수)임을 알 수 있다. 따라서 D가 정답이 된다.

단어 体育 tǐyù 명 체육 | 老师 lǎoshī 명 선생님 | 运动员 yùndòngyuán 명 운동선수

✓ 정답 1. B 2. C 3. B 4. C 5. D 6. B

[01-03]

02-04-0

有一家公司特别专一，他们只生产家庭清扫类的智能产品，❶甚至聘请了几十名科技人才专门进行研发。别的企业都在进行智能机器人开发、智能汽车开发的时候，他们集中精力只开发了一款非常受市场欢迎的产品——扫地机器人。价格优惠又实用，❷广受消费者欢迎。❷他们生产的扫地机器人总是占据销售榜单的第一位。从一家名不见经传的小公司变成了上市公司。

人们常说"专注是金"，可见，❸要想获得成功，就要明确目标，专注其中。

어느 한 기업은 매우 한결같아서 그들은 오직 가정 청소용 스마트 제품만 생산한다. ❶심지어 몇십 명의 과학 기술 인재를 초빙하여 연구를 진행했다. 다른 기업은 모두 스마트 로봇 개발이나 스마트 자동차를 개발할 때, 그들은 오로지 시장의 반응이 좋은 상품인 로봇 청소기를 개발했다. 가격도 저렴하고, 실용적이라 ❷많은 소비자의 사랑을 받았다. ❷그들이 생산한 로봇 청소기는 언제나 소비자 판매 차트 1위를 차지했고, 한 이름 없는 작은 회사에서 발전하여 상장 회사까지 되었다.

사람들이 항상 "한 가지에 전념하는 것은 금이다"라고 말하는 것을 보고 알 수 있듯이, ❸성공하려면 반드시 목표가 명확하고 그 목표에 집중해야만 한다.

요약
- 등장인물: 로봇 청소기 개발 회사
- 지문 흐름: 가정 청소용 스마트 제품만 개발하는 회사 → 잘 만들 수 있는 한 가지 제품에 집중해서 투자와 노력을 함 → 이름 없는 작은 회사에서 상장 회사로 발전함
- 중심 내용: 성공하고자 한다면, 명확한 목표가 있어야 하고, 그것에 집중해야 한다(要想获得成功，就要明确目标，专注其中)

단어 特别 tèbié 부 특히, 각별히 | 专一 zhuānyī 형 한결같다 | 只 zhǐ 부 단지, 오직 | 生产 shēngchǎn 동 생산하다 | 家庭 jiātíng 명 가정 | 清扫 qīngsǎo 동 청소하다 | 类 lèi 명 종류, 부류 | 智能 zhìnéng 명 스마트, 지능 | 产品 chǎnpǐn 명 제품 | 甚至 shènzhì 부 심지어, ~까지도 | 聘请 pìnqǐng 동 초빙하다 | 科技 kējì 명 과학 기술 | 人才 réncái 명 인재 | 专门 zhuānmén 부 전문적으로, 오로지 | 进行 jìnxíng 동 진행하다, 하다 | 研发 yánfā 동 연구 제작하여 개발하다 | 企业 qǐyè 명 기업 | 机器人 jīqìrén 명 로봇 | 开发 kāifā 동 개발하다, 개척하다 | 智能汽车 zhìnéng qìchē 명 스마트 자동차 | 集中 jízhōng 동 집중하다 | 精力 jīnglì 명 정신과 체력 | 款 kuǎn 양 종류, 모양, 유형 | 市场 shìchǎng 명 시장 | 欢迎 huānyíng 동 환영하다 | 扫地 sǎodì 동 청소하다 | 价格 jiàgé 명 가격 | 优惠 yōuhuì 형 특혜의 | 实用 shíyòng 형 실용적이다 | 消费者 xiāofèizhě 명 소비자 | 占据 zhànjù 동 차지하다, 점거하다 | 销售 xiāoshòu 동 팔다, 판매하다 | 榜单 bǎngdān 명 차트, 리스트 | 名不见经传 míng bù jiàn jīng zhuàn 이름이 알려지지 않다, 지명도가 낮다 | 上市 shàngshì 동 상장되다 | 专注 zhuānzhù 동 집중하다, 전념하다 | 可见 kějiàn ~을 알 수 있다 | 获得 huòdé 동 획득하다, 얻다 | 成功 chénggōng 명 성공 | 明确 míngquè 동 명확하게 하다 | 目标 mùbiāo 명 목표

02-04-1

01

p. 99

A 面临危机
B 重视研发
C 价格昂贵
D 开发智能汽车

A 위기에 직면하다
B 연구 개발을 중시하다
C 가격이 비싸다
D 스마트 자동차를 개발한다

问：关于那家企业，下列哪项正确？

질문: 그 기업에 관하여 다음 중 옳은 것은?

해설 본문은 가정용 청소기를 생산하는 회사가 어떻게 성공했는지에 관한 내용이다. 따라서, 부정적인 표현인 面临危机(위기에 직면하다), 价格昂贵(가격이 비싸다) 등의 보기는 정답과는 거리가 멀다. 이 기업의 가장 큰 특징은 한결같이 스마트 청소기만을 개발했다는 것이다. 특히나 많은 과학 기술 인재를 초빙하여 제품 연구 개발을 한다(聘请了几十名科技人才专门进行研发)는 것을 통해 이 기업이 얼마나 연구 개발을 중시하는지 알 수 있으므로 정답은 B이다.

단어 面临 miànlín 동 직면하다, 당면하다 | 危机 wēijī 명 위기 | 重视 zhòngshì 동 중시하다 | 昂贵 ángguì 형 비싸다

⊳ 02-04-2

02
p. 99

A 保修期长 B 样式奇特 C 销售量高 D 主要开发智能机器人	A 품질 보증 기간이 길다 B 디자인이 독특하다 **C 판매량이 많다** D 그들은 주로 스마트 로봇을 개발한다
问：关于那家企业的产品，可知道什么？	**질문: 그 회사의 상품에 대하여 알 수 있는 것은?**

해설 이 기업이 생산하는 제품은 스마트 청소기로 제품의 품질 보증 기간이나 디자인에 대해서는 언급하지 않았다. 본문의 내용 중 **总是占据销售榜单的第一位**(언제나 소비자 판매 차트 1위를 차지했다), **广受消费者欢迎**(많은 소비자들의 사랑을 받는다) 등을 보았을 때, 제품 판매량이 매우 높다는 것을 알 수 있다. 따라서 정답은 C가 된다.

단어 **保修期** bǎoxiūqī 명 보증 기간 | **样式** yàngshì 명 모양, 디자인 | **奇特** qítè 형 독특하다, 특이하다

⊳ 02-04-3

03
p. 99

A 要抓住商机 B 专注非常重要 C 要尽量降低成本 D 企业要注重形象	A 사업의 기회를 꽉 잡아야 한다 **B 집중은 상당히 중요하다** C 원가를 최대한 낮춰야 한다 D 기업은 이미지를 중시해야 한다
问：这段话主要想告诉我们什么？	**질문: 이 글이 우리에게 말해 주고자 하는 것은?**

해설 작가가 한 기업을 소개하면서 우리에게 전하고자 하는 메시지는 무엇일까? 이 기업은 이름 없는 작은 회사였지만 상장회사로 발전하였다. 이렇게 성공한 비결은 바로 **特别专一**(매우 한결같다), **要明确目标，专注其中**(목표가 명확하고 그 목표에 집중해야 한다)이라고 말했으므로 정답은 B가 된다.

단어 **抓住** zhuāzhu 동 붙잡다 | **商机** shāngjī 명 사업 기회 | **尽量** jǐnliàng 부 가능한 한, 되도록 | **降低** jiàngdī 동 낮추다, 내리다 | **成本** chéngběn 명 원가, 생산비 | **注重** zhùzhòng 동 중시하다 | **形象** xíngxiàng 명 이미지, 형상

[04-06]

⊳ 02-04-4

在某个公司的新人培训课上，老师让学员每人折了一个纸飞机，❹写上自己的座位号，❺然后在自己的座位上投向讲台上的纸箱子，投进去的学员就能获得奖励。

游戏开始后，纸飞机纷纷飞了出来，但只有几个飞进了纸箱子里。有个学员说：❹这个游戏对前排的学员更有利。这时，老师拿起纸飞机看了看，说："后排的学员肯定会感到不公平，但在现实生活中，由于客观条件不同，人与人之间总会有一些差距。然而，今天的获胜者中就有后排的学员，而且很多坐在前排的学员没有投进去。这说明拥有位置优势不一定就能成功，而❻客观条件差一点儿也不一定就会失败。"

어떤 회사의 신입 직원 교육 연수 중 강사는 학생에게 종이 비행기를 한 장씩 접고 ❹자신의 좌석 번호를 쓰게 했다. ❺그런 후, 자신이 앉은자리에서 강단 위에 있는 종이 상자에 던져 넣게 했다. 비행기를 던져서 상자 안에 넣은 학생들은 상금(인센티브)을 받을 수 있게 된다.

게임이 시작된 후, 종이 비행기는 잇달아 날아 올랐으나 몇 개의 비행기만 종이 상자 안에 들어갔다. 어느 학생이 "❹이 게임은 앞자리에 있는 학생들에게 훨씬 유리해요."라고 말했다. 이때, 선생님은 종이 비행기를 들어서 보더니 말했다. "뒷자리에 있는 분들은 분명히 불공평하다고 생각이 들었을 거예요. 그러나 현실 생활에는 객관적 조건이 다르기 때문에 사람과 사람 사이에 언제나 약간의 격차가 있어요. 그렇지만, 오늘 승리자들 중에는 뒷자리의 학생도 있고, 많은 앞자리의 학생들도 성공하지 못했어요. 이것은 위치적 우위가 꼭 성공을 좌우하는 것은 아니며, 또한 ❻객관적 조건이 좀 부족해도 반드시 실패하는 것은 아니라는 것을 설명하는 거랍니다."

요약
- 등장인물: 강사와 학생들
- 지문 흐름: 종이 비행기를 교단 위 종이 상자에 넣는 게임 진행 → 누가 성공할 수 있을까? → 객관적으로 불리한 조건 속에서도 성공의 가능성은 있다
- 중심 내용: 세상에 절대적인 공평은 없지만 불공평한 조건은 실패의 변명이 될 수 없다
  (世界上没有绝对的公平，不公平的客观条件不是失败的借口)
  객관적인 조건이 성패를 결정하는 것은 아니다(客观条件不能决定成败)

단어 某个 mǒuge 대 어느, 어떤 | 培训 péixùn 동 훈련, 양성하다 | 折 zhé 동 접다 | 纸 zhǐ 명 종이 | 座位 zuòwèi 명 자리, 좌석 | 投 tóu 동 던지다, 집어넣다 | 讲台 jiǎngtái 명 강단, 교단 | 箱子 xiāngzi 명 상자 | 获得 huòdé 동 획득하다, 얻다 | 奖励 jiǎnglì 명 상금, 상품, 보너스 | 纷纷 fēnfēn 부 잇달아, 계속하여 | 有利 yǒulì 형 유리하다 | 肯定 kěndìng 부 확실히, 반드시, 꼭 | 公平 gōngpíng 형 공평하다 | 现实 xiànshí 명 현실 | 由于 yóuyú 전 ~때문에, ~로 인하여 | 客观 kèguān 명형 객관(적이다) | 条件 tiáojiàn 명 조건 | 差距 chājù 명 격차, 차 | 然而 rán'ér 접 그렇지만, 그러나 | 获胜 huòshèng 동 승리하다, 이기다 | 说明 shuōmíng 동 설명하다, 증명하다, 입증하다 | 拥有 yōngyǒu 동 보유하다, 가지다 | 位置 wèizhì 명 위치, 지위 | 优势 yōushì 명 우세, 우위 | 成功 chénggōng 동 성공하다 | 失败 shībài 동 실패하다

02-04-5

04

p. 99

A 前排的人不利	A 앞자리 사람이 불리하다
B 纸飞机上面写了自己的名字	B 종이 비행기 위에 자신의 이름을 썼다
C 投进去的人能获得奖励	**C 집어 넣은 사람은 상금을 받을 수 있다**
D 要把纸飞机投进垃圾桶里	D 종이 비행기를 쓰레기통 안으로 던져야 한다
问：关于这个游戏，哪个是正确的?	**질문: 이 게임에 관해서, 옳은 것은?**

해설 이 게임은 어떤 회사의 신입 직원 교육 시간에 진행된 것으로 각각의 보기는 모두 본문에서 언급된 적이 있다. 꼼꼼히 대조해 보고 정답을 골라야 한다. 정답은 C가 된다.

A	前排的人不利 (X)	뒷자리에 앉은 사람도 불리할 수 있다.
B	纸飞机上面写了自己的名字 (X)	자신의 이름이 아니라, 좌석 번호를 쓰라고 했다.
C	投进去的人能获得奖励 (O)	종이 비행기를 집어 넣은 사람은 상금을 받을 수 있다.
D	要把纸飞机投进垃圾桶里 (X)	쓰레기통이 아니라 강단 위에 있는 종이 상자에 넣어야 한다.

단어 垃圾桶 lājītǒng 명 쓰레기통

02-04-6

05

p. 99

A 全班无人获胜	A 반 전체에 성공한 사람이 없다
B 对后排学员有利	B 뒷자리의 학생에게 유리하다
C 后排的学员都没有扔进去的	C 뒷자리의 학생은 모두 던져 넣지 못했다
D 要把纸飞机扔在指定地方	**D 종이 비행기를 지정된 장소에 넣어야만 한다**
问：根据这段话，我们可以知道什么?	**질문: 이 글에 근거하여, 알 수 있는 것은?**

해설 게임은 학생들 모두 종이 비행기를 하나씩 접어서 좌석 번호를 쓰고 강단 위의 종이 상자라는 지정된 장소에 넣는 것이다. 이 글은 객관적인 조건이 다르고, 공평하지 않은 경우에도 환경의 지배를 받지 않고 성공할 수 있다는 교훈을 담았다.

A	全班无人获胜（X）	반 전체에서 집어 넣은 사람이 있다.
B	对后排学员有利（X）	뒷자리에 앉은 사람에게 오히려 불리할 수 있다.
C	后排的学员都没有扔进去的（X）	뒷자리 학생 중 집어 넣은 사람도 있다.
D	要把纸飞机扔在指定地方（O）	종이 비행기는 강단 위 지정된 장소에 넣도록 했다.

단어 扔 rēng 동 던지다 | 指定 zhǐdìng 동 지정하다, 확정하다

02-04-7

06

p. 99

A 要争取应有的权利 B 客观条件不能决定成败 C 要抓住机会 D 人生得靠运气	A 합당한 권리를 쟁취해야 한다 **B 객관적 조건이 성공과 실패를 결정할 수 없다** C 기회를 잡아야 한다 D 인생은 운에 달려 있다
问：老师想通过那个游戏告诉学员什么？	질문: 선생님은 그 게임을 통하여 학생들에게 무엇을 알려 주고 싶었는가?

해설 맨 마지막 문제는 지문을 통해서 우리에게 전달하고자 하는 메시지가 무엇인지, 어떤 교훈이 있는지를 묻는 질문이 자주 등장한다. 문장의 맨 마지막 부분에 客观条件差一点儿也不一定就会失败(객관적 조건이 좀 부족해도 반드시 실패하는 것은 아니다)라고 말했으므로 정답은 B가 된다.

단어 争取 zhēngqǔ 동 쟁취하다 | 应有 yīngyǒu 형 합당한, 당연한 | 权利 quánlì 명 권리 | 决定 juédìng 동 결정하다 | 成败 chéngbài 명 성패, 성공과 실패 | 靠 kào 동 기대다, 의지하다 | 运气 yùnqi 명 운수, 운

DAY 23

✓ 정답 1. B 2. D 3. D 4. B 5. C 6. D

[01-03]

02-07-0

有一天，一只乌鸦口渴了，到处找水喝。乌鸦看见一个瓶子，瓶子里有水。可是 ❶瓶子里水不多，只有半瓶，瓶口又小，乌鸦的嘴太短，所以喝不着水，怎么办呢？乌鸦看见旁边有许多小石子，想出办法来了。❷乌鸦把小石子一个一个地放进瓶子里。瓶子里的水渐渐升高，乌鸦就喝着水了。

어느 날, 까마귀 한 마리가 목이 말라서, 이곳저곳으로 마실 물을 찾아다녔다. 까마귀는 물병 하나를 발견했고, 병 안에는 물이 들어 있었다. 그러나 ❶병 안의 물은 많지 않았고, 겨우 반병 정도 밖에 없었다. 병 입구는 좁은데다, 까마귀의 부리는 짧아서, 물을 마실 수가 없었으니, 어떻게 하겠는가? 까마귀는 옆에 작은 돌멩이들이 많이 있는 것을 보고, 방법을 생각해 냈다. ❷까마귀는 작은 돌멩이를 하나씩 병 안에 넣었다. 병 안의 물은 점점 위로 올라왔고, 까마귀는 물을 마셨다.

요약
- 소재: 우화(寓言)
- 시점: 3인칭 작가 시점
- 중심 내용: 까마귀 한 마리가 작은 돌멩이를 사용해 물을 마셨다(一只乌鸦用小石子喝到水)

단어 乌鸦 wūyā 명 까마귀 | 口渴 kǒukě 형 목마르다 | 到处 dàochù 명 도처, 곳곳 | 瓶子 píngzi 명 병 | 嘴 zuǐ 명 입 | 短 duǎn 형 짧다 | 旁边 pángbiān 명 옆 | 石子 shízǐ 명 돌멩이 | 办法 bànfǎ 명 방법 | 放 fàng 동 놓다 | 渐渐 jiànjiàn 부 점점 | 升高 shēnggāo 동 위로 오르다

02-07-1

01

p. 105

A 没有	B 半瓶	A 없었다	**B 반병**
C 一点儿	D 半瓶多	C 조금	D 반병 이상

问：瓶子里有多少水? **질문: 병 안에는 물이 얼만큼 있었는가?**

해설 瓶子里水不多(병 안의 물은 많지 않다)라고 한 부분을 듣고, 정답을 C라고 생각할 수 있다. 하지만, 바로 뒤에 只有半瓶(겨우 반병)이라고 정확히 언급했으므로, 정답은 B가 된다.

02-07-2

02

p. 105

A 把瓶子推倒了	A 병을 밀어 넘어뜨렸다
B 找了朋友帮忙	B 친구를 찾아 도움을 받았다
C 飞到河边喝水了	C 강가로 날아가서 물을 마셨다
D 往瓶子里放小石头	**D 병 안에 작은 돌을 넣었다**

问：乌鸦用什么办法喝到了水? **질문: 까마귀는 어떤 방법으로 물을 마셨는가?**

해설 어렸을 때 한 번씩은 이 우화(寓言)를 들어봤을 것이다. 녹음 뒷부분에서 까마귀는 포기하지 않고, 병 안에 작은 돌멩이를 넣는 방법을 생각해 내어 결국 물을 먹게 되었다. 따라서 정답은 D가 된다.

Tip 新HSK에는 이솝 우화나 고사성어 이야기가 자주 등장한다. 〈까마귀와 물병〉, 〈여우와 포도〉, 〈바람과 태양〉, 〈우물 안 개구리(井底之蛙)〉, 〈수주대토(守株待兔)〉, 〈우공이산(愚公移山)〉 등은 이미 출제된 적이 있다. 출제된 적이 있는 이야기들은 반드시 읽어 보고, 우리에게 주는 교훈이 무엇인지 생각해 보자.

단어 推 tuī 동 밀다

02-07-3

03

p. 105

A 很累	B 不渴	A 매우 지쳤다	B 목이 마르지 않다
C 很笨	D 很聪明	C 매우 멍청하다	**D 매우 똑똑하다**

问：关于乌鸦，下列哪项正确? **질문: 까마귀에 관해서 다음 중 옳은 것은?**

해설 자신이 처한 현실과 자신의 약점에 굴하지 않고, 어려움을 극복하여 목적을 이룬 까마귀가 매우 지혜롭다는 것을 알 수 있으므로 D가 정답이 된다.

Tip 〈까마귀와 물병〉

지혜로움은 어려운 문제를 해결할 수 있는 강력한 무기다. 목이 마른 까마귀가 물병을 찾아냈으나, 그 물을 마실 수 없었다. 그때, 까마귀가 할 수 있는 선택은 무엇이 있을까? 포기하고 다른 곳으로 물을 찾아갈 수도 있었을 테고, 물병을 넘어뜨려 물이 사라지기 전에 얼른 목을 축일 수도 있었을 것이다. 하지만, 까마귀는 침착하게 물을 마시는 방법을 궁리했다. 주변을 탐색하고 관찰하여 작은 돌을 발견했다. 돌을 한 개씩 한 개씩 인내심 있게 병 속에 집어넣어, 마침내 원하던 목적을 달성하게 되었다. 이 우화는 까마귀의 침착함과 인내심, 관찰력과 과학적 문제 해결 능력을 배울 수 있는 이야기다.

단어 渴 kě 형 목마르다 | 笨 bèn 형 멍청하다, 둔하다 | 聪明 cōngming 형 똑똑하다

[04-06]

▶ 02-07-4

宋国有一个农夫，每天在田地里劳动。有一天，这个农夫正在地里干活儿，突然一只野兔从草丛里窜出来。野兔因见到有人而受了惊吓，❶一头撞到一截树桩子上，折断脖子死了。农夫走过去捡起死兔子，他觉得自己的运气太好了。他心想，要是天天都能捡到兔子，那日子就好过了。第二天，农夫照旧到地里干活儿，可是他再不像以往那么专心了，可是直到天黑也没见到有兔子出来，他很不甘心地回家了。第三天，农夫干脆坐在树桩旁边，等待野兔子窜出来。可是又白白地等了一天。后来，❷农夫每天就这样守在树桩边，希望再捡到兔子，然而他始终没有再得到。农田里的苗因他而枯萎了，农夫只好饿着肚子过年了。

송나라 한 농부가, 매일 밭에서 일했다. 어느 날, 농부가 밭에서 일하고 있는데, 갑자기 산토끼 한 마리가 수풀에서 뛰쳐 나왔다. 산토끼는 사람이 있는 것을 보고 놀라서, ❶머리를 나무 그루터기에 박아, 목이 부러져서 죽었다. 농부는 가서 죽은 토끼를 주워 들고는, 자신은 운이 매우 좋다고 생각했다. 그는 마음속으로, 만약 매일 토끼를 주울 수만 있다면, 생활이 나아질 거라고 생각했다. 이튿날, 농부는 예전과 마찬가지로 밭에서 일했다. 하지만 그는 더 이상 예전처럼 열심히 일하지 않았다. 그러나 저녁이 다 되어도 토끼가 나오는 것을 보지 못하자, 그는 달갑지 않아하며 집으로 돌아갔다. 삼 일째 되는 날, 농부는 아예 나무 그루터기 옆에 앉아서, 토끼가 뛰쳐 나오기를 기다렸다. 하지만 또 하루를 헛되이 기다렸다. 그 후, ❷농부는 매일 이렇게 나무 그루터기 옆에서 지키며, 다시 토끼를 줍는 걸 기대했다. 하지만 그는 여전히 다시 얻지 못했다. 밭에 있던 모종들은 그 때문에 말랐고, 농부는 어쩔 수 없이 배고픈 설을 지냈다.

요약
- 소재: 고사성어(故事成语)
- 시점: 3인칭 작가 시점
- 중심 내용: 그루터기를 지키고 앉아 토끼를 기다린 결과(守株待兔的结果)

단어 宋国 Sòngguó 명 송나라 | 农夫 nóngfū 명 농부 | 田地 tiándì 명 논밭 | 劳动 láodòng 동 노동하다, 일하다 | 干活儿 gànhuór 동 일하다 | 突然 tūrán 부 갑자기 | 野兔 yětù 명 산토끼 | 草丛 cǎocóng 명 수풀 | 窜 cuàn 동 날뛰다 | 惊吓 jīngxià 동 깜짝 놀라다 | 撞 zhuàng 동 부딪치다 | 截 jié 양 토막, 마디(잘라낸 물건의 일부분을 세는 단위) | 树桩 shùzhuāng 명 나무 그루터기 | 折断 zhéduàn 동 부러뜨리다 | 脖子 bózi 명 목 | 捡 jiǎn 동 줍다 | 运气 yùnqi 명 운수 | 照旧 zhàojiù 동 예전대로 따르다 | 以往 yǐwǎng 명 이전 | 专心 zhuānxīn 형 몰두하다, 열중하다 | 不甘心 bù gānxīn 동 달갑지 않다 | 干脆 gāncuì 부 아예, 차라리 | 守 shǒu 동 지키다 | 始终 shǐzhōng 부 시종일관, 줄곧 | 农田 nóngtián 명 농토, 농경지 | 苗 miáo 명 모종, 새싹 | 枯萎 kūwěi 동 마르다 | 饿 è 형 배고프다

▶ 02-07-5

04

p. 105

A 饿死的　B 撞死的 C 摔死的　D 被农夫打死的	A 배고파서 죽었다　B 부딪혀서 죽었다 C 넘어져서 죽었다　D 농부에게 맞아 죽었다
问：兔子是怎么死的?	질문: 토끼는 어떻게 죽었는가?

해설 사람을 보고 놀란 토끼가 나무 그루터기에 머리를 박아 목이 부러져서 죽었으므로, B의 撞死了(부딪혀서 죽었다)가 정답이 된다.

단어 摔 shuāi 동 넘어지다 | 被 bèi 전 (~에게) ~를 당하다 | 打 dǎ 동 때리다

▶ 02-07-6

05

p. 105

A 农活已经做完了 B 他要抓乱跑的兔子 C 以为还可以捡到兔子 D 天气太热了，不想劳动	A 농사일이 다 끝나서 B 그는 뛰어다니는 토끼를 잡으려고 C 다시 토끼를 주울 수 있을 거라 생각해서 D 날씨가 너무 더워 일하고 싶지 않아서
问：农夫为什么不去田里劳动了?	질문: 농부는 왜 밭에 가서 일하지 않았는가?

해설 농부는 우연한 기회에 나무 그루터기에 부딪혀 죽은 토끼를 줍게 되었다. 죽은 토끼를 줍는 것은 힘든 농사일을 하는 것보다 훨씬 쉬운 일이어서, 농부는 또 토끼를 주울 수 있을 거라는 헛된 욕심 때문에, 농사일을 하지 않게 된 것이다. 따라서 정답은 C가 된다.

단어 农活 nónghuó 명 농사일 | 抓 zhuā 동 붙잡다 | 乱 luàn 형 무질서하다 | 跑 pǎo 동 뛰어다니다 | 以为 yǐwéi 동 ~라고 (잘못) 여기다

02-07-7

06

p. 105

A 不要乱跑	A 마구 뛰어다니면 안 된다
B 农夫喜欢吃兔子	B 농부는 토끼 먹는 것을 좋아한다
C 不种地就没有饭吃	C 농사를 짓지 않으면, 먹을 밥이 없다
D 世界上没有免费的午餐	**D 세상에 공짜로 주는 점심은 없다**
问：这个故事主要想告诉我们什么？	**질문: 이 이야기에서 말하고자 하는 것은?**

해설 보기 C도 일리는 있지만, 이 이야기가 우리에게 말하고자 하는 것은 농부가 농사를 게을리하여 배고픔 속에 설을 지낸 것보다는, 우연히 얻은 한 번의 행운이 쉽게 다시 찾아올 거라고 믿은 어리석음에 있다. 守株待兔는 성어로, 요행만을 바라고, 그루터기를 지켜보며 토끼가 걸려들기를 기다린다는 뜻으로, 세상에 공짜로 얻어지는 것은 없음을 의미한다. 따라서 정답은 D가 된다.

Tip 이와 유사한 또 하나의 이야기가 있다. 한 젊은이가 길에 떨어진 만 원짜리 지폐를 주웠다. 그 후 그 젊은이는 길바닥을 보고 다니는 습관이 생겼다. 그로부터 수십 년이 지난 어느 날 여느 때처럼 고개를 숙인 채 걸어가던 그의 시야로 살포시 떨어지는 노란 은행잎이 눈에 들어왔다. 무심코 고개를 들고 위를 올려다본 그는 따사로운 가을 햇살과 푸른 하늘이, 울긋불긋한 단풍잎과 어울려 아름답게 빛나고 있는 것을 보았다. 순간 어떤 깨달음이 왔고, 비로소 그는 자신의 지난 시간을 돌아보게 되었다. 지난 10년간 그가 얻는 것이라고는 돈 몇 푼과 잡동사니들 그리고 구부러진 어깨가 전부였다. 그는 그 대가로 나무의 속삭임, 별들의 반짝임, 파도의 노래 등 자신을 감싸고 있던 모든 눈부신 아름다움을 잃어버렸던 것이다. 우리는 '수주대토'한 농부와 이 젊은이를 비웃는다. 하지만, 한 번쯤 '나는 과연 수주대토하고 있지 않은가?'하고 반문을 해 보았으면 한다. 현실을 부정하며 이상과 우연을 쫓기보다는 현실을 받아들이고 노력하며 살아야 한다. 만 원짜리 지폐만 찾으며 무의미하게 살기보다는 따사로운 햇살도 즐기며, 하늘을 보는 여유를 가졌으면 한다.

단어 免费 miǎnfèi 동 무료로 하다 | 午餐 wǔcān 명 점심

DAY 24

✓ 정답	1. A	2. C	3. B	4. B	5. D	6. C

[01-03]

02-08-0

有个学校的绘画专业非常有名。专业里有一个男学生和一个女学生都很善于作画。他们想比比，到底谁才是最会画画儿的那个人。他们各自作一幅画儿，然后拿到操场上，❶让学校的学生们投票，看看哪幅更好。

男学生画的是一个脸上满是皱纹的老母亲，当他把遮在画儿上的布拿掉后，大家纷纷赞美，❷他听到后不免得意起来，心想这次画得这么好，肯定能赢。

어느 학교의 미술학과가 매우 유명하다. 학과에서 한 남학생과 여학생이 그림을 아주 잘 그렸는데, 그들은 도대체 누가 그림을 가장 잘 그리는 사람인지 서로 견주어 보고 싶었다. 그들은 각자 그림을 그린 후 운동장에 가져와서 ❶학교의 학생들에게 어떤 그림이 더 잘 그렸는지 투표하게 했다.

남학생이 그린 것은 얼굴에 주름이 가득한 나이든 모친이었다. 그가 그림을 가린 천을 떼어 낸 후 사람들은 모두 계속해서 칭찬했다. ❷그는 사람들의 반응을 듣고 득의양양하지 않을 수 없었다. 마음속으로 이번에 이렇게 잘 그렸으니 분명히 이길 수 있을 것이라고 생각했다.

而女学生却站在自己的作品旁边一句话也没说。突然有人说："把布拿下来吧，让我们看看你的画儿。"可女学生仍然没有动。男学生有些着急了，伸手去揭那块布。突然，他呆住了，停了几秒后，他对女学生说："我输了!" ❸原来，那块布竟是画上去的。	그러나 여학생은 오히려 자신의 작품 옆에 서서 한마디도 하지 않았다. 갑자기 어떤 사람이 말했다. "천을 내려 봐. 우리가 네 그림을 좀 보게." 그러나 여학생은 여전히 움직이지 않았다. 남학생은 조금 조급해져서 손을 뻗어 그 천을 걷어 내려 했다. 갑자기 그가 꼼짝 않고 멍하니 몇 초 동안 있다가 여학생에게 말했다. "내가 졌어!" ❸알고 보니 그 천은 뜻밖에도 그녀가 그린 그림이었다.

요약
- 소재: 신변잡기(身边杂记)
- 시점: 3인칭 작가 시점
- 중심 내용: 뛰는 놈 위에 나는 놈이 있다(人外有人，天外有天)
  용감하게 상대방의 성공을 인정해 주다(勇于承认对手的成功)

단어 绘画 huìhuà 동 그림을 그리다 | 专业 zhuānyè 명 전공 | 善于 shànyú 동 ~를 잘하다 | 到底 dàodǐ 부 도대체 | 各自 gèzì 명 각각, 제각기 | 幅 fú 양 폭 | 操场 cāochǎng 명 운동장 | 投票 tóupiào 동 투표하다 | 满 mǎn 형 가득하다 | 皱纹 zhòuwén 명 주름 | 遮 zhē 동 가리다, 보이지 않게 막다 | 布 bù 명 천 | 纷纷 fēnfēn 부 잇달아, 계속하여 | 赞美 zànměi 동 찬미하다, 칭송하다 | 不免 bùmiǎn 동 피치 못하다, 면할 수 없다 | 得意 déyì 동 의기양양하다 | 心想 xīnxiǎng 동 마음속으로 생각하다 | 肯定 kěndìng 부 확실히, 틀림없이 | 赢 yíng 동 이기다 | 作品 zuòpǐn 명 작품 | 仍然 réngrán 부 변함 없이, 여전히 | 伸手 shēnshǒu 동 손을 뻗다 | 揭 jiē 동 벗기다, 열다 | 呆住 dāizhù 동 꼼짝 않고 멍하니 있다 | 停 tíng 동 멎다, 멈추다 | 输 shū 동 지다, 패하다 | 原来 yuánlái 부 알고 보니 | 竟是 jìngshì 동 뜻밖에도 ~이다

01

02-08-1

p. 105

A 学校的学生　B 美术教师 C 专家小组　D 广场上的路人	**A 학교 학생들**　B 미술 교사 C 전문가 집단　D 광장의 행인
问：男学生和女学生决定让谁来评价他们的画儿?	질문: 남학생과 여학생은 누구에게 자신의 그림을 평가하라고 결정했는가?

해설 그림을 잘 그리는 남학생과 여학생은 누구의 실력이 좋은지 검증해 보고 싶었다. 그림을 그린 후 운동장에 가지고 가서 학교 학생들에게 투표하게(让学校的学生们投票) 했다. 따라서 정답은 A가 된다.

단어 美术 měishù 명 미술, 그림, 회화 | 专家 zhuānjiā 명 전문가 | 小组 xiǎozǔ 명 그룹 | 广场 guǎngchǎng 명 광장 | 路人 lùrén 명 행인

02

02-08-2

p. 105

A 有些抽象　B 特别有趣 C 相当不错　D 不太生动	A 약간 추상적이다　B 아주 재미있다 **C 상당히 잘 그렸다**　D 생동감 있지 않다
问：男学生觉得自己画得怎么样?	질문: 남학생은 자신의 그림이 어떻다고 생각했는가?

해설 남학생은 주름살 가득한 모친을 그렸는데 주위 학생들이 모두 그를 칭찬했고(大家纷纷赞美), 득의양양했다(得意起来)는 표현을 보면 그의 그림은 자타가 공인할 수 있을 만큼 꽤 잘 그렸다는 것을 알 수 있다. 따라서 정답은 C가 된다.

단어 抽象 chōuxiàng 형 추상적이다 | 有趣 yǒuqù 형 재미있다, 흥미 있다 | 相当 xiāngdāng 부 상당히, 무척 | 不错 búcuò 형 괜찮다, 좋다 | 生动 shēngdòng 형 생동감 있다, 생생하다

02-08-3

03

p. 105

A 她不想让男学生看到她的画儿 B 她的画作就是一块布 C 她画了自画像 D 男学生把女学生的画儿弄坏了	A 그녀는 남학생이 자신의 그림을 보길 원치 않았다 **B 그녀의 그림은 바로 한 폭의 천이었다** C 그녀는 자화상을 그렸다 D 남학생은 여학생의 그림을 망가뜨렸다
问：关于女学生的画儿，我们可以知道什么？	**질문: 여학생의 그림에 대해 알 수 있는 것은?**

해설 남학생은 여학생 그림 위의 천을 걷으려고 했으나 걷어 낼 수가 없었는데, 이는 그 천 자체가 그녀의 작품이었기 때문이다. 사람들이 눈앞에 있는 그림을 보고도 진짜 천이라고 착각할 만큼 생동감 있고 사실적으로 그렸다. 따라서 정답은 B가 된다.

Tip 화룡점정

중국 남북조시대 양나라에 장승요라는 인물이 있었다. 벼슬을 지낸 그는 사직 후 오직 그림만을 그리고 있었다. 그러던 어느 날 '안락사'라는 절에서 절 벽면에 용을 그려 달라는 부탁을 받았다. 장승요가 붓을 든 후 시간이 지날수록 하늘로 솟아오르려는 용들의 모습이 선명하게 드러났고, 사람들은 그 솜씨에 감탄을 아끼지 않았다. 그런데 이상하게도, 그는 그림이 완성된 후에도 용의 눈을 그리지 않았고, 이상하게 여긴 사람들이 그에게 물었다. 그러자 장승요는 이렇게 대답했다. "눈을 그려 넣으면 용은 하늘로 날아가 버릴 것이오." 그러나 사람들은 믿지 않았고 용의 눈을 그려 넣을 것을 재촉했다. 결국 장승요는 그 가운데 한 마리의 용에 눈을 그려 넣었더니, 이게 웬일인가? 갑자기 벽면을 박차고 솟아오른 용 한 마리가 구름을 타더니 하늘로 날아가는 것이었다. 깜짝 놀란 사람들이 정신을 차린 후 벽을 바라보자 날아간 용의 자리는 빈 공간으로 남아 있는 반면 눈을 그려 넣지 않은 다른 용들의 그림은 그대로 남아 있었다. 이때부터 중요한 일의 마지막 마무리를 해 넣는 것을 화룡점정(画龙点睛)이라 부르게 되었다.

단어 **画作** huàzuò 명 회화 작품 | **自画像** zìhuàxiàng 명 자화상 | **弄坏** nònghuài 동 망가뜨리다

[04-06]

02-08-4

有一天，北风和太阳相遇了。两个人都说自己是力气最大的那个。于是，❹他们决定打赌，谁能让路人先把衣服脱下来，谁就获胜。

太阳说："好，你先来吧。"于是北风使出浑身力气，大口地吹起气来，突然间，开始刮起了大风。❺北风心想："我很快就能把路人的外衣吹跑了。"谁知道，北方吹得越厉害，路人反而把自己的衣服拉得越紧。北风试了半天，不见效果，只得让太阳试试。

这个时候，太阳扒开了身前的云朵，露出整个身子。只见，路人们纷纷开始脱衣服了，热得个个都在不停地擦汗。北风这时终于认输了。

어느 날, 북풍과 태양이 서로 우연히 만났다. 두 사람은 모두 자신이 가장 힘이 센 존재라고 말했다. 그래서 ❹그들은 내기를 하기로 결정했다. 누구든 행인의 옷을 먼저 벗기는 사람이 곧 승리를 차지하기로 했다.

태양은 "좋아, 네가 먼저 해 봐."라고 말했다. 그래서 북풍은 혼신의 힘을 다하여 숨을 크게 불어 넣어 바람을 불고, 순식간에 아주 거센 바람이 불기 시작했다. ❺북풍은 마음속으로 생각했다. "나는 아주 빨리 행인의 외투를 벗겨 버릴 수 있어." 누가 알았을까? 북풍이 바람을 세게 불면 불수록 행인은 오히려 자신의 옷을 더욱 강하게 잡아당겼다. 북풍이 한참 동안을 시도했지만, 성과를 보지 못해 태양에게 해 보라고 할 수밖에 없었다.

이때, 태양은 자신 앞의 구름 덩어리를 헤치고 전신을 드러내었다. 거리의 사람들이 잇달아 옷을 벗기 시작하고 더워서 모두 각자 끊임없이 땀을 닦아 내리는 것만 볼 수 있었다. 북풍은 이때 끝내 진 것을 인정했다.

요약
- 소재: 이솝 우화(寓言)
- 시점: 3인칭 관찰자 시점
- 중심 내용: 적합한 방법만이 정했던 목표에 다다를 수 있다(合适的方法才能达到预定的目标)

단어 **相遇** xiāngyù 동 만나다 | **力气** lìqi 명 힘, 체력 | **于是** yúshì 접 그래서, 그리하여 | **决定** juédìng 동 결정하다 | **打赌** dǎdǔ 동 내기를 하다 | **路人** lùrén 명 행인 | **脱** tuō 동 벗다 | **获胜** huòshèng 동 승리하다, 이기다 | **使出** shǐchū 동 발휘하다, 쓰다 | **浑身** húnshēn 명 혼신, 온몸 | **力气** lìqi 명 힘 | **吹** chuī 동 불다 | **刮** guā 동 바람이 불다 | **心想** xīnxiǎng 동 마음속으로 생각하다 | **外衣** wàiyī 명 겉옷, 외투 |

厉害 lìhai 형 심하다, 극심하다 | 反而 fǎn'ér 부 오히려, 역으로 | 拉 lā 동 당기다, 끌다 | 半天 bàntiān 명 한참 동안 | 不见 bújiàn 동 볼 수 없다, 보이지 않다 | 效果 xiàoguǒ 명 효과 | 只得 zhǐdé 부 부득이, 할 수 없이 | 扒开 bākāi 동 해치다, 비집다 | 云朵 yúnduǒ 명 구름 송이, 구름 덩이 | 露出 lòuchu 동 나타내다, 드러내다 | 纷纷 fēnfēn 부 잇달아, 계속하여 | 擦 cā 동 닦다 | 汗 hàn 명 땀 | 认输 rènshū 동 패배를 인정하다, 무릎을 꿇다

▶ 02-08-5

04

p. 105

A 看谁移动得快 B 看谁能让路人脱衣 C 看谁能把树木吹倒 D 看谁能让行人流汗	A 누가 빨리 이동하는가 **B 누가 행인의 옷을 빨리 벗기는가** C 누가 나무를 넘어뜨릴 수 있는가 D 누가 행인을 땀 흘리게 할 수 있는가
问：太阳和北风打了什么赌?	**질문: 태양과 북풍은 어떤 내기를 했는가?**

해설 이솝 우화나 전해져 내려오는 동화가 지문으로 나오면 수험생들이 어느 정도 내용을 알고 있을 가능성이 있기 때문에 유리한 면이 있다. 도입부에서 행인의 옷을 먼저 벗기는 사람이 승리를 차지한다(**谁能让路人先把衣服脱下来，谁就获胜**)고 했으므로 정답은 B가 된다.

Tip 谁…，谁就…는 '누가 무엇을 하면, 곧 그 사람이 무엇을 한다'라는 뜻이다.

예 谁跑得最快，谁就获胜。가장 빨리 달리는 사람이 승리를 한다.
谁先到家，谁就做饭。집에 먼저 오는 사람이 밥을 한다.
谁有意见，谁就提出来。의견이 있는 사람이 얘기해라.

단어 移动 yídòng 동 이동하다 | 脱衣 tuōyī 동 옷을 벗다 | 行人 xíngrén 명 행인 | 流汗 liúhàn 동 땀을 흘리다

▶ 02-08-6

05

p. 105

A 北风不喜欢太阳 B 北风喜欢恶作剧 C 北风的方法很有效 D 北风觉得自己力气大	A 북풍은 태양을 좋아하지 않는다 B 북풍은 못된 장난을 좋아한다 C 북풍의 방법은 매우 효과가 있었다 **D 북풍은 자신의 힘이 강하다고 여긴다**
问：关于北风，我们可以知道?	**질문: 북풍에 대하여, 알 수 있는 것은?**

해설 북풍은 **两个人都说自己是力气最大的那个**(북풍과 태양 모두 자신이 가장 힘이 센 존재라고 말했다)라고 생각했고, 특히 두 번째 단락에서 북풍은 **很快就能把路人的外衣吹跑了**(아주 빨리 행인의 외투를 벗겨 버릴 수 있다)라고 생각했다. 따라서 정답은 D가 된다.

단어 恶作剧 èzuòjù 명 짓궂은 장난 | 有效 yǒuxiào 형 유효하다, 효력이 있다

▶ 02-08-7

06

p. 105

A 北风让路人脱下了衣服 B 太阳让路人把衣服拉得更紧了 C 要想做事成功，需要找对方法 D 只要坚持，就一定能成功	A 북풍은 행인의 옷을 벗겼다 B 태양은 행인이 옷을 더욱 세게 잡아당기게 했다 **C 어떤 일을 성공하려면 옳은 방법을 찾아야 한다** D 포기하지 않는다면 반드시 성공할 수 있다
问：关于比赛的结果，正确的是?	**질문: 시합 결과에 대하여, 다음 중 옳은 것은?**

해설 보기 A, B에 나오는 북풍이 한 일과 태양이 한 일은 서로 반대로 서술되어 있으므로 정답이 될 수 없다. 방법이 옳지 않은 경우 끝까지 포기하지 않는다고 무조건 되는 것은 아니므로 D는 정답이 될 수 없다. 이 이야기는 북풍처럼 자신의 힘만 믿고 행인의 옷을 억지로 벗기려는 것보다는, 태양처럼 행인이 스스로 옷을 벗게 하는 방법을 찾아야 한다는 교훈을 주었다. 따라서 어떤 일을 할 때는 옳은 방법을 찾는 것이 중요하다는 것을 알 수 있으므로 정답은 C가 된다.

단어 成功 chénggōng 동 성공하다 | 坚持 jiānchí 동 지속하다, 버티다

DAY 25

✓ 정답 1. C 2. D 3. C 4. C 5. B 6. A

[01-03]

02-11-0

一个女人邀请三个孩子在雪地上玩儿一个游戏，她说："一会儿我站在雪地的那一边，等我发出信号后，你们就开始跑。谁留在雪地上的脚印最直，谁就是这场比赛的胜利者，可以拿到奖品。"比赛开始了。第一个孩子从迈出的第一步开始，眼光就紧紧地盯着自己的双脚，以确保自己的脚印更直。❶第二个孩子一直在左顾右盼，观察着同伴是如何做的。❷第三个孩子最终赢得了这场比赛，他的眼睛一直盯着站在对面的女人，更确切地说，是一直盯着她手中拿着的奖品。只有将眼光坚定不移地聚焦在人生目标上的人，才会少走弯路，大大缩短与成功的距离。

한 여자가 세 명의 아이를 데려다가 눈 위에서 게임을 했다. 그녀는 "조금 있다가 내가 눈밭 저쪽에 가서 서 있을테니, 내가 신호를 보낸 후, 너희는 바로 달리기 시작하는 거야. 눈 위에 발자국이 제일 곧은 사람이, 바로 이 시합의 승리자고, 상품도 받을 수 있어."라고 말했다. 시합이 시작되었고, 첫 번째 아이는 내디딘 첫발부터, 발자국을 더 곧게 하기 위해, 자신의 두 발만 뚫어지게 주시했다. ❶두 번째 아이는 계속 좌우를 보면서, 친구들이 어떻게 걷고 있나 관찰했다. ❷세 번째 아이가 결국 이 시합에서 이겼는데, 세 번째 아이의 눈은 계속 맞은편에 서 있는 여자를 주시하고 있었다. 더 정확하게 말하자면, 그녀의 손에 들려 있는 상품만을 주시하고 있었다. 시선을 확고부동하게 자신의 인생 목표에 집중한 사람만이, 시행착오를 줄일 수 있으며, 성공과의 거리를 크게 좁힐 수 있다.

요약
- 특징: 3명의 아이가 등장한다.
- 중심 내용: 인생엔 확고한 목표가 있어야 한다(人生要有坚定的目标)

단어 邀请 yāoqǐng 동 초대하다 | 雪地 xuědì 명 설원, 눈밭 | 游戏 yóuxì 명 게임 | 发出 fāchū 동 (소리 등을) 내다, 내보내다 | 信号 xìnhào 명 신호 | 留 liú 동 남기다 | 脚印 jiǎoyìn 명 발자국 | 直 zhí 형 곧다 | 比赛 bǐsài 명 경기, 시합 | 奖品 jiǎngpǐn 명 상품 | 迈 mài 동 내딛다, 나아가다 | 眼光 yǎnguāng 명 시선 | 盯 dīng 동 주시하다 | 确保 quèbǎo 동 확보하다 | 一直 yìzhí 부 계속 | 左顾右盼 zuǒgù yòupàn 좌우를 두리번거리다 | 观察 guānchá 동 (사물, 현상을) 관찰하다 | 同伴 tóngbàn 명 동료 | 如何 rúhé 대 어떻게 | 赢得 yíngdé 동 얻다 | 确切 quèqiè 형 정확하다, 확실하다 | 坚定不移 jiāndìng bùyí (입장, 주장, 의지 등이) 확고 부동하여 조금도 흔들림이 없다 | 聚焦 jùjiāo 동 초점을 모으다, 집중하다 | 目标 mùbiāo 명 목표 | 走弯路 zǒu wānlù 동 우여곡절을 겪다, 시행착오를 겪다 | 缩短 suōduǎn 동 단축하다 | 距离 jùlí 명 거리

02-11-1

01

p. 111

A 慢慢地走 — A 천천히 걸었다
B 看着对面的人 — B 맞은편에 있는 사람을 보았다
C 参照别人的做法 — **C 다른 사람의 방법을 참고했다**
D 一直看着自己的脚 — D 계속 자신의 발을 보았다

问：第二个小孩是怎么做的？

질문: 두 번째 아이는 어떻게 했는가?

해설 두 번째 아이는 이리저리 둘러보면서 다른 아이들이 어떻게 걷고 있는지 관찰했으므로, 다른 사람의 방법을 참고했다는 C가 정답이다. 녹음을 들으며 보기 옆에 해당하는 사람을 메모해 둔다면 정답을 재빨리 찾을 수 있다.

• 보기 분석
B – 맞은편의 사람을 보고 걸은 아이 → 세 번째 아이
C – 다른 사람이 어떻게 하는지 보면서 걸은 아이 → 두 번째 아이
D – 자신의 발만 보고 걸은 아이 → 첫 번째 아이

단어 慢慢 mànmàn 형 천천히 | 参照 cānzhào 동 참고하다 | 做法 zuòfǎ 명 방법

02-11-2

02
p. 111

A 所有人　B 第一个人 C 第二个人　D 第三个人	A 모든 사람　B 첫 번째 사람 C 두 번째 사람　**D 세 번째 사람**
问：谁得到了奖品?	**질문: 누가 상품을 받았는가?**

해설 세 번째 아이가 여자 손에 들린 상품을 보고 제일 곧게 걸어서, 상품은 세 번째 아이에게로 돌아갔다. 따라서 D가 정답이 된다. 녹음에서처럼 만약 세 가지 경우의 수가 나오면, 마지막인 세 번째 방법이 가장 좋은 방법으로 제시될 확률이 높다는 점도 잘 익혀 두자.

02-11-3

03
p. 111

A 比赛要尽全力 B 怎样确定人生目标 C 怎样达到自己的目标 D 做事情以前要认真考虑	A 시합에서는 전력을 다해야 한다 B 어떻게 인생 목표를 정할 것인가 **C 어떻게 자신의 목표에 도달할 것인가** D 일하기 전에 진지하게 고민해야 한다
问：这段话想告诉我们什么道理?	**질문: 이 이야기에서 말하고자 하는 도리는 무엇인가?**

해설 이 문제는 우리가 어떻게 인생 목표에 도달해야 하는지에 관한 깨달음을 주는 이야기다. 첫 번째 아이처럼 근시안적으로 눈앞의 것에만 신경 쓰며 갈 것인지, 두 번째 아이처럼 다른 사람의 눈치만 보면서 갈 것인지, 아니면 세 번째 아이처럼 뚜렷한 목표를 정하고, 그것을 향해 똑바로 갈 것인지, 세 가지 예를 제시하며 설명하고 있다. 세 번째 아이처럼 확실한 목표를 세우고 가는 사람이 성공과의 거리를 크게 좁힐 수 있다는 화자의 중심 생각을 녹음 마지막 부분에서 찾을 수 있다. 이처럼 중심 생각은 맨 처음이나 마지막에 나올 가능성이 크니, 끝까지 긴장을 놓지 말고 들어야 한다. 따라서 정답은 C가 된다.

단어 尽 jìn 동 다하다 | 全力 quánlì 명 온 힘 | 确定 quèdìng 동 확정하다 | 达到 dádào 동 도달하다, 달성하다 | 考虑 kǎolǜ 동 고려하다 | 告诉 gàosu 동 말하다, 알리다

[04–06]

02-11-4

❹一所有名的寺庙的主建筑已有三百多年的历史，该建筑物内部的二十根横梁严重破损，必须立刻整修。这些横梁都是由巨大的橡木建成的，要使寺庙保持原样，只能用橡木更换。但要找到二十棵巨大的橡树很不容易，即使能找到，购买这些树木也是一笔巨大的费用。为这事儿当地的市长十分头疼。	❹한 유명한 사찰의 주 건축물은 이미 3백여 년의 역사를 가지고 있었는데, 이 건축물 내부의 20개의 대들보가 심각하게 파손되어 즉시 보수를 해야 했다. 이 대들보는 거대한 떡갈나무로 만들어 졌는데, 사찰이 원래의 모습을 유지하게 하기 위해서는 오직 떡갈나무로 교체해야만 했다. 그러나 거대한 떡갈나무 20그루를 찾는 것은 쉽지 않고, 설사 찾아낸다 하더라도 이 나무들을 구입하는 것은 많은 비용이 드는 일이었다. 이 일 때문에 현지의 시장도 대단히 머리가 아팠다.

这时，寺庙的僧人带来了好消息。原来，❺在寺庙初建时，设计者就已考虑到后人可能会有整修寺庙的问题，于是他请园艺师在一片空地上种了一些橡树，如今，每一棵橡树都可以直接用来制作横梁。

❻那位设计师的这一行为令所有人都感到吃惊和佩服。他出于职业习惯的考虑，在寺庙建成的几百年后，帮后人解决了一道大难题。

이때, 사찰의 스님이 좋은 소식을 가져왔다. 알고 보니 ❺사찰을 짓기 시작하던 초기에, 설계자가 후손들이 사찰의 수리 문제가 있을 것을 고려하여 원예사를 시켜 공터에 떡갈나무를 심게 했다는 것이다. 현재 모든 떡갈나무는 바로 가져다가 대들보를 제작할 수 있을 정도였다.

❻그 설계사의 이런 행동은 모든 사람들을 놀라고 감탄하게 했다. 그의 직업 습관에서 나온 사고는 사찰이 건설된 수 백 년 후에 후손들이 어려운 문제를 해결하는 데 도움을 주었다.

요점 • 특징: 300년 역사가 있는 사찰에 해결해야 할 문제가 있다.
• 중심 내용: 설계사는 선견지명이 있었다(设计师具有先见之明)
일을 할 때, 주도면밀하고 멀리 앞을 내다보면서 문제를 고려해야 한다(做事要学会周到和长远地考虑问题)

단어 寺庙 sìmiào 명 절, 사원, 사찰 | 该 gāi 대 이, 그, 저 | 建筑物 jiànzhùwù 명 건축물 | 内部 nèibù 명 내부 | 根 gēn 양 가늘고 긴 것을 세는 데 쓰임 | 横梁 héngliáng 명 대들보, 도리 | 严重 yánzhòng 형 중대하다, 심각하다 | 破损 pòsǔn 동명 파손(하다, 되다) | 立刻 lìkè 부 즉시, 곧, 당장 | 整修 zhěngxiū 동 보수하다, 수리하다 | 由 yóu 전 ~으로, ~에 의해 | 巨大 jùdà 형 거대하다 | 橡木 xiàngmù 명 떡갈나무 | 建成 jiànchéng 동 건설하다, 완성하다 | 保持 bǎochí 동 유지하다 | 原样 yuányàng 명 원형, 원래의 모양 | 只能 zhǐnéng 동 ~할 수밖에 없다, 다만 ~할 수 있을 뿐이다 | 更换 gēnghuàn 동 교체하다, 변경하다 | 棵 kē 양 그루 | 橡树 xiàngshù 명 떡갈나무 | 即使 jíshǐ 접 설사 ~하더라도 | 购买 gòumǎi 동 구입하다 | 树木 shùmù 명 나무, 수목 | 一笔 yìbǐ 한 몫(많은 돈을 나타낼 때 쓰임) | 费用 fèiyong 명 비용, 지출 | 当地 dāngdì 명 현지, 그 지방 | 市长 shìzhǎng 명 시장 | 十分 shífēn 부 대단히, 매우 | 僧人 sēngrén 명 중, 승려 | 消息 xiāoxi 명 소식, 뉴스 | 原来 yuánlái 부 알고 보니 | 初建 chūjiàn 동 창건하다 | 设计者 shèjìzhě 명 설계자 | 考虑 kǎolǜ 동 고려하다 | 后人 hòurén 명 후인, 후세의 사람 | 于是 yúshì 접 그래서, 그리하여 | 园艺师 yuányìshī 명 원예사 | 如今 rújīn 명 지금, 오늘날 | 直接 zhíjiē 형 직접의, 직접적인 | 制作 zhìzuò 동 제작하다, 만들다 | 吃惊 chījīng 동 깜짝 놀라다 | 佩服 pèifú 동 탄복하다, 감탄하다 | 出于 chūyú 동 ~에서 발생하다, ~에서 비롯되다 | 职业 zhíyè 명 직업 | 难题 nántí 명 어려운 문제, 곤란한 문제

02-11-5

p. 111

A 内部很豪华
B 遇到大火需要重修
C 已建成三百多年
D 需要购买木材进行重修

A 내부가 아주 화려하다
B 대형 화재가 나서 재건해야 한다
C 이미 지어진 지 3백여 년이 되었다
D 목재를 구매하여 다시 재건해야 한다

问：关于那所寺庙的主建筑，我们可以知道?

질문: 그 사찰의 주 건축물에 대하여 알 수 있는 것은?

해설 녹음에서 건물의 내부가 얼마나 화려한지, 화재가 났었는지에 대한 언급은 없었으므로, 보기 A, B는 제거한다. 건물의 대들보가 심하게 파손되어 거액을 들여 목재를 구매해야 하는 상황이었으나, 설계자가 이미 오래 전에 나무를 심어 놓았기 때문에 그것으로 사용할 수 있게 되었으므로, D도 제거한다. 녹음 도입부에 主建筑已有三百多年的历史(주 건축물이 3백여 년의 역사를 가지고 있다)라고 했으므로 정답은 C가 된다.

단어 内部 nèibù 명 내부 | 豪华 háohuá 형 화려하고 웅장하다 | 重修 chóngxiū 동 개수하다 | 木材 mùcái 명 목재 | 进行 jìnxíng 동 진행하다, 하다

02-11-6

05

p. 111

A 寺庙建成20年的时候	A 사찰이 건설된 지 20년 되었을 때
B 寺庙刚建时	**B 사찰이 막 지어졌을 때**
C 重新维修时	C 새롭게 수리를 해야 할 때
D 新市长上任时	D 새 시장이 임명되었을 때
问：设计者什么时候让人种的橡树?	질문: 설계자는 언제 사람을 시켜 떡갈나무를 심었는가?

해설 사찰은 나무로 지어지는 목조 건물이다. 시간이 경과하면 나무가 낡고 썩어서 수리하거나 교체해야 할 일이 반드시 생기게 된다. 이 사찰의 설계자는 선견지명이 있어서, 미래에 떡갈나무가 필요할 것을 예견하고 건축물을 세우던 3백여 년 전에 떡갈나무를 심게 하였다. 따라서 정답은 B가 된다.

단어 上任 shàngrèn 동 부임하다, 취임하다

02-11-7

06

p. 111

A 那位建筑师令人佩服	**A 그 건축가는 사람을 감탄하게 했다**
B 工人赚了一大笔钱	B 노동자는 큰돈을 벌었다
C 寺庙的主建筑被拆掉了	C 사찰의 주 건축물은 철거되었다
D 寺庙全部都需要重修	D 사찰은 전체 모두 재건해야만 한다
问：下面哪一项是正确的?	질문: 다음 중 옳은 것은?

해설 사찰에서 보수가 필요한 것은 20개의 대들보이고, 건물 전체를 재건한다는 이야기는 없다. 후손들에게 필요할 것을 미리 예견하고 3백여 년 전에 필요한 재목을 심었다는 설계자(건축자)의 지혜가 감탄스러우므로 정답은 A가 된다.

단어 工人 gōngrén 명 노동자 | 赚 zhuàn 동 벌다, 이익을 보다 | 拆 chāi 동 철거하다, 헐다

DAY 26

✓ 정답	1. B	2. D	3. D	4. C	5. D	6. A

[01-03]

02-12-0

❶有一个人在沙漠里迷路了，水都喝光了，身上只剩下一个苹果。但是他却惊喜地喊道："多亏我还有一个苹果，它能救我的命！"他把苹果放在怀里，顶着烈日在沙漠里走着，很多次他想咬一口苹果，可是他马上告诉自己："不行，❷一定要等到最渴的时候再吃。"于是他坚持着在一望无际的沙漠里行走。就这样，一直坚持了两天，他终于找到了水源。他拿出怀中的苹果，那个苹果已经干瘪了，可是他还是把它像个宝贝似的紧紧抓在手里。因为就是这个苹果给了他希望和勇气，❸让他走出了沙漠，救了他的命。

❶한 사람이 사막에서 길을 잃었다. 물도 다 마셨고, 수중에는 사과 하나밖에 남아 있지 않았다. 하지만 그는 오히려 "아직 사과 한 개가 있는 덕분에, 이것이 날 살려 줄 수 있겠구나!"라고 기뻐하면서 소리 질렀다. 그는 사과를 품에 넣고, 강한 햇빛을 무릅쓰고 사막을 걸으면서, 여러 차례 사과를 한 입 베어 물고 싶었지만, 이내 자신에게 "안 돼. ❷ 반드시 제일 목이 마를 때 먹어야 해."라고 말했다. 그래서, 그는 계속 끝이 보이지 않는 사막을 걸었고, 이렇게 해서 그는 이틀을 버텨 내, 마침내 수원을 발견했다. 그는 품속의 사과를 꺼냈지만, 그 사과는 이미 말라 비틀어져 있었다. 하지만 그는 사과를 마치 보물처럼 손 안에 꽉 쥐었다. 왜냐하면 바로 이 사과가 그에게 희망과 용기를 주었고, ❸그를 사막에서 빠져 나오게 해, 그의 목숨을 구했기 때문이다.

요약 • 특징: 하나의 갈등 소재가 나온다.
• 중심 내용: 인생에는 희망과 용기가 필요하다(人生需要希望和勇气)

단어 沙漠 shāmò 명 사막 | 迷路 mílù 동 길을 잃다 | 光 guāng 형 아무것도 없다, 하나도 남기지 않다 | 剩下 shèngxià 동 남다 | 惊喜 jīngxǐ 동 놀라며 기뻐하다 | 喊 hǎn 동 소리 지르다 | 多亏 duōkuī 동 덕분이다 | 救 jiù 동 구하다 | 怀 huái 명 품 | 顶着 dǐngzhe 동 ~을 무릅쓰고 | 烈日 lièrì 명 강하게 내리쬐는 태양 | 咬 yǎo 동 물다, 깨물다 | 告诉 gàosu 동 말하다, 알리다 | 渴 kě 형 목마르다 | 坚持 jiānchí 동 견지하다 | 一望无际 yíwàng wújì 성어 아득히 넓어서 끝이 없다 | 终于 zhōngyú 부 마침내, 드디어 | 水源 shuǐyuán 명 수원 | 干瘪 gānbiě 형 말라서 쪼글쪼글하다 | 宝贝 bǎobèi 명 보물 | 似的 shìde 조 ~와 같다 | 紧紧 jǐnjǐn 부 바짝, 꽉 | 抓 zhuā 동 쥐다 | 希望 xīwàng 명 희망 | 勇气 yǒngqì 명 용기

02-12-1

01
p. 111

A 生病了	B 迷路了	A 병이 났다	**B 길을 잃었다**
C 水被偷了	D 遇到强盗了	C 물을 도둑맞았다	D 강도를 만났다

问：那个人在沙漠里遇到什么问题了？ 질문: 그 사람은 사막에서 어떤 문제를 만났는가?

해설 사건의 발생과 시간, 장소 등은 대부분 녹음 맨 앞부분에 나오게 된다. 이야기는 한 사람이 사막에서 길을 잃었다는 내용으로 시작하므로 정답은 B가 된다. 만약 첫 부분을 놓쳤다 하더라도, 마지막 부분까지 정확히 듣는다면 사막에서 길을 잃었다는 사실을 알 수 있다.

Tip 서술형 단문을 들을 때 보기에 어떠한 단어들이 제시되어 있는지 훑어보는 것은 아주 중요하다. 하지만, 일단 문제가 시작하면 보기 분석을 멈추고, 반드시 녹음 내용에 집중해야 한다. 사건의 발생과 시간, 장소, 인물의 설명은 대부분 첫 문장에 나오기 때문이다.

단어 偷 tōu 동 도둑질하다 | 遇到 yùdào 동 만나다 | 强盗 qiángdào 명 강도

02-12-2

02
p. 111

A 想送给朋友	A 친구에게 주려고
B 想洗一洗再吃	B 씻은 다음에 먹으려고
C 已经找到了水	C 이미 물을 찾아서
D 想到最需要的时候再吃	**D 제일 필요할 때 먹으려고**

问：那个人为什么不吃苹果？ 질문: 그 사람은 왜 사과를 먹지 않았는가?

해설 이 이야기의 배경은 사막이다. 사막에서 사과를 씻어서 먹는다는 것은 불가능한 일이며 또한 친구에게 선물한다는 것도 있을 수 없는 일이다. 이미 물을 찾았다면, 사막을 벗어난 상태거나 사과가 더 이상 필요 없는 상태일 수도 있기 때문에 A, B, C는 정답이 될 수 없다. 그는 사과를 한 입 베어 물고 싶은 생각을 여러 차례 했으나, 가장 목이 마를 때 먹기 위해 아껴 두었던 것이므로 정답은 D가 된다.

단어 送 sòng 동 (선물 등을) 주다 | 需要 xūyào 동 필요하다

02-12-3

03
p. 111

A 沙漠下雨了	A 사막에 비가 왔다
B 他被别的人救了	B 그는 다른 사람이 구해 줬다
C 他把苹果吃完了	C 그는 사과를 다 먹어 버렸다
D 最后他走出了沙漠	**D 그는 끝내 사막에서 나왔다**

问：关于那个人，下面哪项正确？ 질문: 그 사람에 관해서 다음 중 옳은 것은?

해설 그가 사과를 가슴에 품었다는 것은 희망을 품고 있었음을 상징한다. 또, 그가 결국 수원을 찾아냈다는 것은 여러 가지 난관을 거쳐, 성공했음을 비유적으로 표현한 것이다. 녹음 마지막 부분에서 사과가 그에게 희망과 용기를 주었기 때문에 스스로 사막을 빠져 나올 수 있었음을 알 수 있다. 따라서 정답은 D가 된다.

단어 下雨 xiàyǔ 동 비가 오다 | 最后 zuìhòu 명 최후, 맨 마지막

[04-06]

▶ 02-12-4

李时珍是明代著名的医药学家，❹经常需要上山采药。 有一次，李时珍上山采药时，遇到了大雪。当地人提醒他，❺山上积雪太厚，人根本没办法爬上去。李时珍不信，决定亲自试一试。 虽然一路上困难重重，但他最终爬到了山顶，采到了他想要的药草。当他下山后，当地人非常吃惊地问他："您是怎么爬上去的？"李时珍回答："我是一步一个脚印地爬上去的。"当地人更加疑惑地问道："大家都说山上的积雪很深，路不是被堵住了吗？"李时珍说："大家总是只愿意相信听到的，❻而我更愿意用自己的行动来证明。"	이시진는 명나라 때의 저명한 의약학자다. ❹항상 약을 캐러 산에 올라야만 했다. 한번은 이시진이 약을 캐러 산에 올랐을 때, 눈이 아주 많이 내렸다. 현지인이 그에게 ❺산에 눈이 너무 많이 쌓였으니 사람이 올라갈 방법이 없다고 주의를 주었다. 이시진은 믿지 않고 직접 해 보기로 결정했다. 비록 여정 중에 어려움이 많았지만, 그는 마침내 산 정상에 올라서, 그가 원하는 약초들을 캤다. 그가 하산한 후에, 현지인은 대단히 놀라며 그에게 물었다. "당신은 어떻게 올라갔습니까?" 이시진은 "한 발자국 한 발자국씩 차근차근 올라갔어요."라고 대답했다. 현지인들은 더욱 의아해하며 물었다. "모두들 산 위의 쌓인 눈이 아주 깊고, 길이 모두 막혔다고 말하지 않았나요?" 이시진은 "모두 언제나 귀에 들리는 것만 믿기 원하지만, ❻나는 자신의 행동으로 증명하기를 더욱 원합니다."라고 말하였다.

요약 • 특징: 다른 사람이 불가능하다고 하면 그런 불가능한 것일까?
• 중심 내용: 소문은 듣지 말고, 눈으로 직접 보아라(眼见为实，耳听为虚)
진정한 지식은 실천에서 나온다(实践出真知)

단어 明代 míngdài 명 명대 | 著名 zhùmíng 형 저명하다, 유명하다 | 医药 yīyào 명 의약 | 学家 xuéjiā 명 학자 | 采药 cǎiyào 동 약초를 채집하다 | 提醒 tíxǐng 동 일깨우다 | 厚 hòu 형 두껍다 | 根本 gēnběn 부 전혀, 아예, 도무지 | 决定 juédìng 동 결정하다, 결심하다 | 亲自 qīnzì 부 몸소, 친히, 직접 | 一路 yílù 명 도중 | 困难 kùnnan 명 어려움, 애로 | 重重 chóngchóng 형 매우 많다 | 最终 zuìzhōng 명 최후, 맨 마지막 | 山顶 shāndǐng 명 산 정상, 산꼭대기 | 药草 yàocǎo 명 약초 | 吃惊 chījīng 동 놀라다 | 一步一个脚印 yī bù yī gè jiǎo yìn 한 걸음에 발자국 하나, 하나하나 확실하게 해 나가다 | 当地人 dāngdìrén 명 현지 사람, 현지인 | 更加 gèngjiā 부 더욱 더, 한층 | 疑惑 yíhuò 형 의문스럽다 | 深 shēn 형 깊다 | 堵住 dǔzhù 동 막다, 메우다 | 行动 xíngdòng 명동 행동(하다) | 证明 zhèngmíng 동 증명하다

▶ 02-12-5

04

p. 111

A 看雪景 B 登高望远 C 上山寻找药草 D 登上锻炼身体	A 설경을 보기 위해 B 높은 곳에 올라 먼 곳을 보려고 **C 산에 올라 약초를 찾기 위하여** D 등산으로 몸을 단련하려고
问：李时珍为什么要上山？	**질문: 이시진은 왜 산에 오르려고 하는가?**

해설 문장 중간중간에 등장한 大雪(많은 눈), 积雪(쌓인 눈) 때문에 看雪景(설경을 보기 위해서)이라고 착각하거나, 爬上去(산에 오르다), 爬到了山顶(산 정상에 오르다) 등의 표현을 듣고 登上锻炼身体(등산으로 몸을 단련하다)로 착각할 수 있지만 모두 정답이 아니다. 주인공 이시진은 명나라 때의 유명한 의약학자이고, 자주 약초를 캐러 산에 오른다는 것(经常需要上山采药)을 문장의 첫 부분에서 찾을 수 있다. 따라서 정답은 C가 된다.

단어 雪景 xuějǐng 명 설경 | 寻找 xúnzhǎo 동 찾다 | 登山 dēngshān 명동 등산(하다)

02-12-6

05

p. 111

A 怕他不认识路　B 没人爬上去过 C 天快黑了　D 山上积雪很厚	A 그가 길을 모를까 봐　B 산에 올라가 본 사람이 없어서 C 날이 곧 어두워져서　**D 산에 눈이 두껍게 쌓여서**
问：当地人为什么提醒李时珍不要上山?	질문: 현지인들은 왜 이시진에게 산에 오르지 말라고 주의를 주었는가?

해설 두 번째 단락에서 눈이 너무 많이 내렸고, 산에 눈이 너무 많이 쌓여(山上积雪太厚) 위험하다고 말했으므로 정답은 D가 된다.

02-12-7

06

p. 111

A 要勇于行动 B 沟通很重要 C 要爱惜生命 D 要尊重大自然	**A 용감하게 행동해야만 한다** B 소통은 아주 중요하다 C 생명을 귀중하게 여겨야 한다 D 대자연을 존중해야 한다
问：这段话主要想告诉我们什么?	질문: 이 글에서 말하고자 하는 것은?

해설 이 글은 다른 사람들은 모두 눈이 너무 많이 쌓여서 위험하다고 산에 못 오르게 했지만 이시진은 직접 가 보고 약초를 캐 왔다는 내용이다. 다른 사람의 말만 믿고 겁을 내 아무것도 못하는 것보다 용기를 내어 직접 행동해야 한다는 교훈을 주는 것이므로 정답은 A가 된다.

단어 勇于 yǒngyú 동 용감하게 ~하다 | 沟通 gōutōng 동 통하다, 교류하다 | 爱惜 àixī 동 아끼다, 소중히 여기다 | 尊重 zūnzhòng 동 존중하다, 중시하다

DAY 27

✓ 정답　1. A　2. C　3. D　4. B　5. C　6. A

[01-03]

02-20-0

苹果、西瓜、葡萄、橘子等常吃的水果，几乎都是圆球形的，这是为什么呢?

其实，❸这是大自然中生物进化的结果。因为❶圆球形水果外表形状承受风吹雨打的压力要小得多；另外，❷圆球形的水果表面积小，这样水果表面的蒸发量小，水分散失也就少了，有利于果实的生长发育；而且表面积小使得害虫的立足之处也小了，得病机会少了，果实就会长得越好。圆球形水果长大长熟的多，相反其他形状的水果死去的多。长期这样，其他形状的水果被淘汰了，保留下来的水果差不多都是圆球形。

사과, 수박, 포도, 귤 등 자주 먹는 과일은 거의 모두 둥근 모양이다. 이것은 왜 그런 것일까?

사실 ❸이것은 대자연 속 생물 진화의 결과다. ❶둥근 모양 과일의 표면 형태는 비바람에 손상을 덜 입기 때문이다. 그 외에 ❷둥근 모양 과일은 표면적이 작은데, 이러한 과일 표면은 증발량이 작고, 수분의 손실도 훨씬 적어서, 과일의 생장 발육에 훨씬 유리하다. 게다가 표면적이 작으니 해충이 설 자리도 줄어들고, 병에 걸릴 기회도 줄어들어, 과실이 훨씬 잘 자랄 수 있다. 둥근 모양 과일은 잘 자라고 잘 익는 것이 많은 반면에, 기타 다른 모양의 과일들은 죽어 가는 게 많았다. 오랜 시간이 지나면서 기타 형태의 과일은 도태되고, 남겨진 과일은 대부분 둥근 모양이었다.

요약 • 중심 내용: 생물은 강한 것은 살아남고, 약한 것은 점점 사라진다(物种优胜劣汰)
둥근 모양 과일의 우수한 점(圆球形水果的优点)

단어 葡萄 pútao 명 포도 | 橘子 júzi 명 귤 | 圆球形 yuánqiúxíng 명 원구형, 둥근 공 모양 | 大自然 dàzìrán 명 대자연 | 生物 shēngwù 명 생물 | 进化 jìnhuà 명동 진화(하다) | 结果 jiéguǒ 명 결과, 결실 | 外表 wàibiǎo 명 표면, 외관 | 形状 xíngzhuàng 명 형상, 물체의 외관 | 承受 chéngshòu 동 감당하다, 이겨 내다 | 风吹雨打 fēng chuī yǔ dǎ 성어 비바람을 맞다 | 压力 yālì 명 압력 | 另外 lìngwài 접 이 외에, 이 밖에 | 表面积 biǎomiànjī 명 표면적 | 蒸发量 zhēngfāliàng 명 증발량 | 水分 shuǐfèn 명 수분 | 散失 sànshī 동 없어지다, 증발하다, 산실되다 | 有利于 yǒulìyú ~에 유리하다, 좋다 | 果实 guǒshí 명 과실 | 生长 shēngzhǎng 동 생장하다, 성장하다 | 发育 fāyù 명동 발육(하다) | 使得 shǐde 동 ~한 결과를 낳다, ~하게 하다 | 害虫 hàichóng 명 해충 | 立足 lìzú 동 발붙이다 | 得病 débìng 동 병에 걸리다, 얻다 | 熟 shú 형 익다, 여물다 | 相反 xiāngfǎn 접 반대로, 오히려 | 淘汰 táotài 동 도태하다 | 保留 bǎoliú 동 보존하다, 유지하다, 남겨 놓다

02-20-1

01

p. 118

A 风吹雨打时受到的压力小 B 存放时间更长 C 能让人更有食欲 D 价格都比较便宜	**A 비바람에 손상을 덜 입는다** B 보존 기간이 훨씬 길다 C 사람들의 식욕을 돋게 한다 D 가격이 비교적 저렴하다
问：圆球形水果有什么特点？	질문: 둥근 모양의 과일은 어떤 특징이 있는가?

해설 두 번째 문단에서 둥근 모양 과일의 표면 형태는 비바람에 손상을 덜 입는다고 했으므로 정답은 A가 된다.

단어 存放 cúnfàng 동 보관하여 두다 | 食欲 shíyù 명 식욕 | 价格 jiàgé 명 가격

02-20-2

02

p. 118

A 表面太光滑 B 果皮比较厚 C 表面积小 D 树叶挡住了阳光	A 표면이 너무 매끈해서 B 과일 껍질이 비교적 두꺼워서 **C 표면적이 작아서** D 나뭇잎이 햇볕을 가려서
问：为什么圆球形水果的水分散失得少？	질문: 왜 둥근 모양의 과일은 수분의 손실이 적은가?

해설 둥근 과일은 네모난 과일이나 기타 다른 모양의 과일보다 표면적이 작다. 과일 표면적이 작아 증발량이 작고, 수분 손실도 적어서(蒸发量小，水分散失也就少了) 과일 성장에 유리하다고 했으므로 정답은 C가 된다.

단어 光滑 guānghuá 형 매끄럽다, 빤질빤질하다 | 果皮 guǒpí 명 열매 껍질 | 树叶 shùyè 명 나뭇잎 | 挡住 dǎngzhù 동 막다, 저지하다 | 阳光 yángguāng 명 햇빛, 태양의 광선

02-20-3

03

p. 118

A 方形水果味道更甜 B 北方的水果成熟得快 C 水果的形状跟当地土壤有关 D 圆球形水果是自然选择的结果	A 사각형 과일 맛이 더 달다 B 북방의 과일이 더 빨리 익는다 C 과일의 모양은 현지 토양과 관련 있다 **D 둥근 모양 과일은 자연이 선택한 결과이다**
问：根据这段话，下列哪项正确？	질문: 이 글에 관하여 다음 중 옳은 것은?

해설 태초부터 대부분의 과일이 둥근 모양인지는 정확히 알 수 없으나, 대자연 속에서 살아남기 위한 생물 진화의 결과(生物进化的结果)라고 했다. 따라서 정답은 D가 된다.

! Tip 바나나는 왜 둥글지 않을까? 바나나는 씨앗이 생성되지 않고, 옆에 곁가지로 올라오는 것을 잘라서 심으면 바나나로 자라게 된다. 과육 안쪽에 있는 씨앗은 도태되어 심어도 잘 나지 않는다. 과일이라고 하면 일반적으로 나무에서 열리는데, 바나나나 파인애플은 1년만 사는 풀에 해당한다. 따라서 엄밀하게 말하면 바나나는 과일이 아닌 채소(과채류)라고 할 수 있다.

단어 **方形** fāngxíng 명 사각형 | **味道** wèidào 명 맛 | **成熟** chéngshú 동 익다 | **土壤** tǔrǎng 명 토양

[04-06]

▶ 02-20-4

冬天，人们经常会看到在路边有很多“奇怪”的树木。❺这些树干的下半段被刷成了白色。这是为什么呢?

❹入冬前往树上刷白石灰水的主要❻目的是为了预防寒冬和预防虫害。

冬季天气寒冷，早晚温差大。树木被刷白后，白天可以通过反射阳光来降低自身温度，从而减小体内的早晚温差，避免受到温差带来的伤害。另外，大部分害虫在冬天已经休眠，此时进行刷白，可大大减轻来年春天的病虫危害。

겨울에 사람들은 종종 길가에 '이상한' 나무가 많은 것을 볼 수 있다. ❺이러한 나무 기둥의 하반부는 흰색이 칠해져 있는데, 이건 왜 그런 것일까?

❹입동 전에 나무에 흰색 석회수를 칠하는 주요 ❻목적은 추위와 해충을 예방하기 위해서다.

겨울에 날씨가 몹시 추우면 아침저녁으로 온도 차이가 커진다. 나무를 흰색으로 칠한 후에는 낮에 햇빛을 반사하여 자신의 온도를 낮출 수 있어 체내의 아침저녁 온도 차이를 감소시키기고 온도 차이에서 오는 상해를 입는 것을 피할 수 있다. 그 외에도, 대부분의 해충은 겨울에 이미 동면을 하고 있는데, 이때 흰색으로 칠하면 내년의 병충해를 크게 줄일 수 있다.

요약 • 중심 내용: 겨울에 나무를 보호하는 방법(冬天保护树木的方法)
겨울에 추위를 예방하고, 해충을 예방하는 방법(冬天预防寒冬和预防虫害的方法)

단어 **树木** shùmù 명 수목, 나무 | **树干** shùgàn 명 수간, 나무줄기 | **刷** shuā 동 칠하다, 바르다 | **入冬** rùdōng 동 겨울이 되다 | **石灰水** shíhuīshuǐ 명 석회수 | **目的** mùdì 명 목적 | **预防** yùfáng 명동 예방(하다) | **寒冬** hándōng 명 추운 겨울, 엄동 | **虫害** chónghài 명 충해 | **冬季** dōngjì 명 동계 | **寒冷** hánlěng 형 한랭하다, 몹시 춥다 | **早晚** zǎowǎn 명 아침과 저녁 | **温差** wēnchā 명 온도차 | **白天** báitian 명 낮, 대낮 | **通过** tōngguò 전 ~를 통하여, ~에 의해 | **反射** fǎnshè 명동 반사(하다) | **阳光** yángguāng 명 햇빛, 태양의 광선 | **降低** jiàngdī 동 낮추다, 내리다 | **自身** zìshēn 명 자신, 본인 | **温度** wēndù 명 온도 | **从而** cóng'ér 접 따라서, 그리하여, ~함으로써 | **减小** jiǎnxiǎo 동 감소하다, 줄이다, 낮추다 | **体内** tǐnèi 명 체내 | **避免** bìmiǎn 동 피하다, 모면하다 | **伤害** shānghài 동 상해하다, 손상시키다, 해치다 | **另外** lìngwài 접 이 외에, 이 밖에 | **大部分** dàbùfen 명 대부분 | **害虫** hàichóng 명 해충 | **休眠** xiūmián 명동 휴면(하다), 동면(하다) | **此时** cǐshí 명 이때, 지금 | **进行** jìnxíng 동 진행하다, 하다 | **减轻** jiǎnqīng 동 경감하다, 덜다 | **来年** láinián 명 내년, 다음해 | **病虫** bìngchóng 명 병충, 해충 | **危害** wēihài 명동 해(를 끼치다)

▶ 02-20-5

04

p. 118

A 冬天最冷的时候　B 快到冬天的时候
C 冬天下雪时　D 春天之前

A 겨울에 가장 추울 때　**B 곧 겨울이 될 때**
C 겨울에 눈이 내릴 때　D 봄 전에

问：刷白一般在什么时候进行?

질문: 흰색 칠하는 것은 일반적으로 언제 진행하는가?

해설 본문에서 冬天(겨울), 冬季(겨울)라는 단어가 몇 번 등장하기 때문에 冬天이 들어간 A, C라는 함정에 빠질 수도 있다. 하지만 겨울에 우리가 자주 볼 수 있는 '나무에 흰색 칠하기'는 두 번째 단락 도입부에 입동 전(入冬前)이라고 했으므로 곧 겨울이 될 때(快到冬天的时候)와 일맥상통하다. 따라서 정답은 B가 된다.

▶ 02-20-6

05

p. 118

A 一般用浅灰色
B 刷得越薄越好
C 一般刷在树木下半段上
D 对树种有要求

A 일반적으로 옅은 회색이다
B 얇게 색칠할수록 좋다
C 일반적으로 나무의 하반부에 칠한다
D 색칠하는 나무 종류가 따로 있다

问：关于刷白，可以知道什么？	질문: 흰색 칠하는 것에 대하여 알 수 있는 것은?

해설 본문에서 '나무에 흰색 칠하기'가 어떤 효과가 있는지를 강조해서 설명하고 있지만 흰색을 칠하는 나무 종류나 색칠하는 방법 등에 대해서 자세하게 언급하고 있지는 않다. 나무에 흰색이 칠해져 있는 위치는 나무 기둥의 하반부(树干的下半段)라고 문장 도입부에 나와있으므로 정답은 C가 된다.

단어 浅灰色 qiǎnhuīsè 명 옅은 회색 | 薄 báo 형 옅다, 진하지 않다 | 树种 shùzhǒng 명 수목의 종류

▶ 02-20-7

06

p. 118

A 预防冻伤和虫害 B 净化空气 C 让环境变得更好看 D 加快树木生长速度	**A 동상과 해충을 예방한다** B 공기 정화를 해 준다 C 환경을 더욱 아름답게 한다 D 나무의 성장 속도를 빠르게 한다
问：刷白有什么作用？	질문: 흰색 칠하기는 어떤 역할을 하는가?

해설 '나무에 흰색 칠하기'를 하는 주요 목적은 추위와 해충을 예방하기 위해서(为了预防寒冬和预防虫害)라고 두 번째 단락에 제시되고 있다. 세 번째 단락에서는 어떻게 예방이 가능한지를 자세하게 설명하고 있다. 따라서 정답은 A가 된다.

단어 冻伤 dòngshāng 명동 동상(에 걸리다) | 净化 jìnghuà 동 정화하다, 맑게 하다 | 空气 kōngqì 명 공기 | 加快 jiākuài 동 빠르게 하다, 속도를 올리다 | 生长 shēngzhǎng 동 생장하다, 성장하다 | 速度 sùdù 명 속도 | 作用 zuòyòng 명 작용

DAY 28

✓ 정답	1. A	2. B	3. C	4. D	5. C	6. D

[01–02]

▶ 02-21-0

每年❶<u>七月初七</u>是中国汉族传统的七夕节，过去，姑娘们很重视这个日子，因为这是中国情人节。七夕的夕是晚上的意思，所以❶<u>七夕说的就是七月初七的晚上</u>。中国人之所以称这一天是属于情人们的，是因为每年的这个晚上，是天上的牛郎和织女在鹊桥相会的日子。因为种种原因，他们一年只能见一次。所以，中国人把七夕视为情人的节日。	매년 ❶<u>칠 월 초이레</u>는 중국 한족의 전통인 '칠석절(七夕节)'이다. 과거에는 이날이 중국의 '연인의 날(밸런타인데이)'이기 때문에 아가씨들은 이날을 매우 중시했다. 칠석의 석(夕)은 저녁을 뜻한다. 그래서 ❶<u>칠석은 칠 월 초이레 저녁을 말한다</u>. 중국인이 이날을 연인들의 날이라고 부르는 것은, 매년 이날 밤, 하늘의 견우와 직녀가 오작교에서 서로 만나는 날이기 때문이다. 여러 가지 이유 때문에, 그들은 일 년에 한 번 밖에 만나지 못한다. 그래서 중국인은 칠석을 연인의 날이라고 여긴다.

요약 • 중심 내용: 중국의 밸런타인데이는 칠 월 초이레다(中国情人节是七月初七)
→ 중국 밸런타인데이의 유래

단어 汉族 Hànzú 명 한족 | 传统 chuántǒng 명 전통 | 七夕 qīxī 명 칠석 | 过去 guòqù 명 과거 | 姑娘 gūniang 명 아가씨 | 重视 zhòngshì 동 중시하다 | 情人节 qíngrénjié 명 연인의 날(밸런타인데이) | 之所以 zhīsuǒyǐ 접 ~의 이유 | 称 chēng 동 부르다 | 属于 shǔyú 동 ~에 속하다 | 晚上 wǎnshang 명 저녁, 밤 | 牛郎 niúláng 명 견우 | 织女 zhīnǚ 명 직녀 | 鹊桥 quèqiáo 명 오작교 | 相会 xiānghuì 동 서로 만나다 | 种种 zhǒngzhǒng 형 여러 가지의, 갖가지의 | 视为 shìwéi 동 여기다, 간주하다

02-21-1

01

p. 118

A 晚上	B 凌晨	**A 저녁**	B 새벽
C 早晨	D 傍晚	C 아침	D 저녁 무렵

问：七夕的"夕"是什么意思？ | **질문: 칠석의 '석'은 무슨 의미인가?**

해설 녹음에서 夕는 晚上(저녁)을 뜻한다고 말했으므로 A가 정답이 된다.

Tip 칠석(七夕)

음력으로 칠 월 초이렛날의 밤이다. 이때 은하의 서쪽에 있는 직녀와 동쪽에 있는 견우가 오작교에서 일 년에 한 번 만난다는 설화가 있다.

단어 凌晨 língchén 명 새벽녘 | 早晨 zǎochen 명 (이른) 아침 | 傍晚 bàngwǎn 명 저녁 무렵

02-21-2

02

p. 118

A 牛郎和织女	A 견우와 직녀
B 中国的情人节	**B 중국의 연인의 날(밸런타인데이)**
C 夕是什么意思	C 석(夕)은 무슨 뜻인가
D 情人节要干什么	D 연인의 날에 무엇을 해야 하는가

问：这段话主要谈什么？ | **질문: 이 이야기에서 주로 말하고자 하는 것은?**

해설 이 지문은 처음부터 끝까지 중국 연인의 날(밸런타인데이)에 관해서 말하고 있다. 비록 견우와 직녀의 이야기가 나오기는 했으나 어디까지나 '연인의 날'이라고 부르는 이유에 대해 설명하기 위해 잠깐 언급한 것뿐이다. 따라서 정답은 B가 된다.

[03–04]

02-21-3

首都博物馆对志愿者解说员工作量的要求是保证每周至少来博物馆服务一次，每次不少于两小时，❸每年服务时间不少于100小时。可是许多志愿者的服务时间远远超过了这个标准。❹他们热爱博物馆文化，在与参观者的互动交流中获得许多乐趣。他们给参观者留下了主动、热情、敬业的印象。

수도박물관이 자원봉사 해설자들의 업무량에 대해 요구하는 바는 일주일에 최소 1회 박물관에 와서 봉사하고, 매회 2시간 이상, ❸연간 봉사 시간은 100시간 이상을 보장하는 것이다. 그러나 많은 자원봉사자의 업무 시간은 이 기준을 훨씬 초과했다. ❹그들은 박물관의 문화를 뜨겁게 사랑하고, 관람자들과의 교류 가운데 매우 많은 즐거움을 얻는다. 그들은 관람자에게 주동적이고, 열정적이며, 자신의 일에 온 힘을 다한다는 인상을 남겼다.

요약 • 중심 내용: 자원봉사자들의 봉사 시간과 태도(志愿者的服务时间和态度)

단어 首都 shǒudū 명 수도 | 博物馆 bówùguǎn 명 박물관 | 志愿者 zhìyuànzhě 명 자원봉사자 | 解说员 jiěshuōyuán 명 해설자 | 要求 yāoqiú 동 요구하다 | 保证 bǎozhèng 동 (요구 · 기준을) 확보하다, 보증하다 | 至少 zhìshǎo 부 최소한, 적어도 | 服务 fúwù 동 봉사하다, 서비스하다 | 不少于 bùshǎoyú ~보다 적지 않다, ~ 이상 | 许多 xǔduō 형 매우 많다 | 远远 yuǎnyuǎn 부 훨씬, 멀리 | 超过 chāoguò 동 초과하다, 추월하다 | 标准 biāozhǔn 명 기준 | 热爱 rè'ài 동 열렬히 사랑하다 | 文化 wénhuà 명 문화 | 与 yǔ 전 ~와 (= 跟, 和) | 参观者 cānguānzhě 명 관람객 | 互动 hùdòng 동 서로 영향을 주다, 상호작용하다 | 交流 jiāoliú 동 교류하다 | 获得 huòdé 동 얻다, 획득하다 | 乐趣 lèqù 명 즐거움, 재미 | 留下 liúxià 동 남기다 | 主动 zhǔdòng 형 주동적이다 | 热情 rèqíng 형 열정적이다 | 敬业 jìngyè 동 (학업 · 업무에) 전력을 다하다, 온 힘을 다하다 | 印象 yìnxiàng 명 인상

02-21-4

03

p. 118

A 2个　B 80个 C 100个　D 120个	A 2시간　B 80시간 **C 100시간**　D 120시간
问：志愿者每年的服务时间应该不少于多少小时?	**질문: 자원봉사자들의 연간 봉사 시간은 최소 몇 시간이 되어야 하는가?**

해설 녹음에서 들을 수 있는 시간은 2시간과 100시간이다. 2시간은 한 번 왔을 때 봉사해야 하는 최소한의 시간이고, 100시간은 1년 기준으로 봉사해야 하는 최소한의 시간이다. 질문에서는 연간 봉사 시간을 묻고 있으므로, 정답은 C가 된다.

02-21-5

04

p. 118

A 工作很累 B 工资很高 C 志愿者每个星期来一次 D 志愿者们热爱博物馆文化	A 일이 힘들다 B 월급이 높다 C 자원봉사자는 매주 한 번 온다 **D 자원봉사자들은 박물관의 문화를 무척 사랑한다**
问：根据这段话，下列哪项正确?	**질문: 이 이야기에 의하면 다음 중 옳은 것은?**

해설 박물관의 해설자들은 자원봉사자들로 이루어져 있다. 자원봉사는 말 그대로 돈을 받지 않고 봉사하는 것이므로 B는 상식적으로 정답이 될 수 없다. 그들은 박물관의 문화를 사랑하기 때문에 주동적이고 열정적으로 일하고 있다고 했으므로, 정답은 D가 된다.

단어 工资 gōngzī 명 월급 | 根据 gēnjù 전 ~에 근거하여

[05-06]

02-21-6

在动物界，狼是一种非常聪明的动物，如果让单个的狗与单个的狼搏斗，失败的肯定是狗。虽然狗与狼是近亲，它们的体型也差不多。但为什么失败的总是狗呢？有人曾就这问题仔细地将狗与狼作对比研究。结果发现，经人类长期饲养的狗，因为不面临生存的危机，❺脑容量远远小于狼，而生长在野外的狼，为了生存，它们的大脑被很好地开发，不但非常有创造性，而且有着异乎寻常的生存智慧。狗并不是天生就比狼愚蠢，而是后天豢养的结果。因为万事万物皆有惰性，❻一旦条件优越，就难免不思进取。

동물들의 세계에서 늑대는 매우 똑똑한 동물이다. 만약 개 한 마리와 늑대 한 마리를 싸우게 하면, 패배하는 것은 분명히 개다. 비록 개와 늑대는 근친이기도 하고, 그들의 체격도 비슷하지만 왜 항상 지는 것은 개일까? 어떤 사람은 일찍이 이 문제에 대해 개와 늑대를 자세히 비교 연구했다. 그 결과 인류가 오랜 기간 사육해 온 개는 생존 위기에 직면해 본 적이 없기 때문에, ❺뇌 용량이 늑대보다 훨씬 적다는 것을 발견했다. 반면 야생에서 살아온 늑대는, 생존을 위해 대뇌가 매우 잘 발달되어 뛰어난 창의력이 있을 뿐만 아니라, 보통 이상의 생존 지혜도 갖고 있다. 개는 천성적으로 늑대보다 우둔한 것이 아니고, 후천적으로 사육된 결과다. 세상 만물은 모두 타성이 있기 때문에, ❻일단 조건이 좋으면, 진취적인 생각을 하지 않기 마련이다.

요약 • 중심 내용: 조건이 우월하면 진취적이지 못하게 된다(条件优越容易不思进取)

단어 界 jiè 명 계, 분야 | 狼 láng 명 늑대 | 聪明 cōngming 형 똑똑하다 | 单个(儿) dāngè(r) 명 홀로 | 搏斗 bódòu 동 싸우다 | 失败 shībài 동 패배하다 | 肯定 kěndìng 부 틀림없이, 확실히 | 虽然 suīrán 전 비록 ~하지만 | 近亲 jìnqīn 명 근친 | 体型 tǐxíng 명 체형 | 差不多 chàbuduō 형 비슷하다 | 总是 zǒngshì 부 늘 | 仔细 zǐxì 형 자세하다, 세심하다 | 研究 yánjiū 동 연구하다 | 结果 jiéguǒ 명 결과 | 发现 fāxiàn 동 발견하다 | 长期 chángqī 명 장기간 | 饲养 sìyǎng 동 사육하다 | 面临 miànlín 동 직면하다 | 生存 shēngcún 동 생존하다 | 危机 wēijī 명 위기 | 容量 róngliàng 명 용량 | 野外 yěwài 명 야외 | 大脑 dànǎo 명 대뇌 | 开发 kāifā 동 (재능 등을) 개발하다 | 创造性 chuàngzàoxìng 명 창조성 | 异乎寻常 yì hū xún cháng 성어 보통과 다르다, 범상치 않다 | 智慧 zhìhuì 명 지혜 | 愚蠢 yúchǔn 형 어리석다, 우둔하다 | 豢养 huànyǎng 동 (동물을) 기르다 | 皆 jiē 부 모두 | 惰性 duòxìng 명 타성 | 条件 tiáojiàn 명 조건 | 优越 yōuyuè 형 우월하다 | 难免 nánmiǎn 형 ~하게 마련이다 | 进取 jìnqǔ 동 진취하다

▶ 02-21-7

05

p. 118

A 狼野性大
B 狼力气大
C 狼脑容量大
D 狼的体型比狗大

A 늑대는 야성이 강하다
B 늑대는 힘이 좋다
C 늑대의 뇌 용량이 크다
D 늑대의 체격이 개보다 크다

问：狼和狗搏斗，狼为什么一定赢？

질문: 늑대와 개가 싸우면, 왜 늑대가 반드시 이기는가?

해설 늑대는 야생에서 생활하기 때문에 생명의 위협을 많이 받는다. 이 때문에 생존을 위해서 머리를 써야 할 일들이 많아서, 집에서 사육되는 개들보다 대뇌가 잘 발달되어 뇌 용량이 크다. 그래서 늑대와 개가 싸우면 늑대가 이기게 되는 것이므로 C가 정답이 된다.

단어 野性 yěxìng 명 야성

▶ 02-21-8

06

p. 118

A 狼适应力强
B 狼非常聪明
C 愚蠢当然失败
D 条件优越容易不思进取

A 늑대는 적응력이 뛰어나다
B 늑대는 매우 똑똑하다
C 우둔하면 당연히 실패한다
D 조건이 우월하면 진취적이지 못하기 쉽다

问：这段话告诉我们什么道理？

질문: 이 이야기에서 말하고자 하는 도리는 무엇인가?

해설 개와 늑대는 근친 관계이며 체격도 비슷한데, 싸움에서는 항상 개가 진다. 그 이유는 개가 사람이 주는 음식을 먹고, 주인의 보살핌을 받으면서 생활하기 때문에 위기 의식이나 머리를 써야 할 일이 전혀 없어 발달되지 못하는 것이다. 세상 만물은 조건이 좋은 상황에 있으면, 더 나아지려고 노력하는 진취적인 생각을 하지 않는다고 녹음 마지막 부분에 중심 생각을 언급하고 있으므로 D가 정답이 된다.

단어 适应 shìyìng 동 적응하다 | 容易 róngyì 형 쉽다

DAY 29

✓ 정답 1. B 2. C 3. C 4. D 5. C 6. B

[01-03]

▶ 02-27-0

在现代社会，养宠物的人越来越多。❸养宠物有哪些好处呢？首先，可以培养人的爱心和责任感。养宠物的话，你必须每天喂它，从而你就感到这是你的责任。其次，宠物是你忠实的朋友。你对它说出心底的秘密，❶因为它不会告诉任何人。再次，你还可以拥有一个保镖。如果有陌生人靠近，它会马上告诉你。最后，和宠物在一起，可以调整自己的情绪，从而❷起到缓解压力的作用。

현대 사회에, 반려동물을 기르는 사람들이 점점 많아지고 있다. ❸반려동물을 기르는 것은 어떤 좋은 점이 있을까? 먼저, 사람의 사랑하는 마음과 책임감을 기를 수 있다. 반려동물을 기르면, 당신은 반드시 매일 먹이를 줘야 하고, 이로 인해 이것을 당신의 책임으로 생각하게 된다. 다음으로, 반려동물은 당신의 충실한 친구다. 당신은 반려동물에게 마음 속의 비밀을 말하게 된다. ❶왜냐하면 반려동물은 비밀을 그 누구에게도 발설할 리가 없기 때문이다. 또한, 당신은 보디가드 하나를 얻게 된다. 만약 모르는 사람이 가까이 오면, 반려동물은 바로 당신에게 알려 줄 것이다. 마지막으로, 반려동물과 같이 있으면, 자신의 기분을 조절할 수 있으며, 이로써 ❷스트레스를 해소하는 역할도 한다.

요약 • 중심 내용: 반려동물을 기르면 좋은 점(养宠物的好处)

단어 现代 xiàndài 명 현대 | 社会 shèhuì 명 사회 | 宠物 chǒngwù 명 반려동물 | 好处 hǎochu 명 좋은 점 | 首先 shǒuxiān 대 첫째, 먼저 | 培养 péiyǎng 동 기르다 | 爱心 àixīn 명 사랑하는 마음 | 责任感 zérèngǎn 명 책임감 | 必须 bìxū 부 반드시 ~해야 한다 | 喂 wèi 동 (동물에게) 먹이를 주다 | 从而 cóng'ér 접 그리하여, 이로써 | 其次 qícì 대 다음 | 忠实 zhōngshí 형 충실하다 | 秘密 mìmì 명 비밀 | 告诉 gàosu 동 말하다, 알리다 | 任何 rènhé 대 어떠한 | 再次 zàicì 부 두 번째 | 拥有 yōngyǒu 동 가지다 | 保镖 bǎobiāo 명 보디가드 | 陌生人 mòshēngrén 명 낯선 사람 | 调整 tiáozhěng 동 조절하다 | 情绪 qíngxù 명 정서, 기분 | 缓解 huǎnjiě 동 풀어지게 하다, 누그러뜨리다 | 压力 yālì 명 스트레스

02-27-1

01
p. 124

A 主人没有朋友 B 宠物不会告诉别人 C 宠物喜欢听主人说话 D 主人想让宠物了解自己	A 주인이 친구가 없어서 **B 반려동물은 다른 사람에게 말할 리가 없어서** C 반려동물은 주인이 말하는 것을 듣기 좋아해서 D 주인이 반려동물에게 자신을 이해시키고 싶어해서
问：主人为什么愿意把秘密告诉宠物?	질문: 주인은 왜 반려동물한테 비밀을 말하고 싶어하는가?

해설 반려동물에게 비밀을 말하게 되는 것은, 반려동물은 비밀을 그 누구에게도 발설할 리가 없기 때문이다. 따라서 B가 정답이 된다.

단어 主人 zhǔrén 명 주인 | 了解 liǎojiě 동 이해하다 | 愿意 yuànyi 조동 ~하기를 바라다

02-27-2

02
p. 124

A 宠物会增加烦恼 B 养宠物要花很多钱 C 宠物可以帮主人减轻压力 D 和宠物在一起，可以变年轻	A 반려동물은 고민거리를 늘린다 B 반려동물을 기르려면 많은 돈이 필요하다 **C 반려동물은 주인의 스트레스를 줄이는 데 도움을 줄 수 있다** D 반려동물과 같이 있으면, 젊어질 수 있다
问：关于宠物，下列哪项正确?	질문: 반려동물에 관하여 다음 중 옳은 것은?

해설 녹음 지문에서 반려동물을 기르면 어떠한 좋은 점이 있는지 자신의 의견을 하나씩 나열하고 있다. 물론 반려동물을 기르는 것은 돈이 들어가고, 번거롭고, 귀찮고, 지저분하다는 등의 단점도 있겠지만, 녹음에서는 반려동물을 기르면 좋은 점 4가지만을 언급하고 있으며, 그중 4번째 장점은 스트레스를 해소하는 역할을 한다고 말했다. 따라서 정답은 C가 된다.

Tip 순서를 나타내는 방법
예 第一，第二，第三，第四…
首先，其次，再次，最后

단어 增加 zēngjiā 동 증가하다 | 烦恼 fánnǎo 형 걱정하다 | 花 huā 동 쓰다, 소비하다 | 减轻 jiǎnqīng 동 줄다, 감소하다 | 关于 guānyú 전 ~에 관하여

02-27-3

03
p. 124

A 如何养宠物 B 养宠物的坏处 C 养宠物的好处 D 养宠物的好处与坏处	A 어떻게 반려동물을 기르는가 B 반려동물을 기르는 것의 나쁜 점 **C 반려동물을 기르는 것의 좋은 점** D 반려동물을 기르는 것의 좋은 점과 나쁜 점
问：这段话主要讲的是什么?	질문: 이 이야기에서 주로 말하고자 하는 것은?

해설 화자는 '반려동물을 기르는 것은 어떤 좋은 점이 있을까?'를 시작으로, 반려동물을 기르는 것의 긍정적인 측면만을 언급하였다. 첫째, 사랑하는 마음과 책임감이 생긴다. 둘째, 비밀을 말할 수 있는 친구가 생긴다. 셋째, 낯선 사람의 접근을 알려 준다. 넷째, 스트레스를 줄일 수 있다. 따라서 전체적인 문맥을 통해 C가 정답인 것을 알 수 있다.

단어 如何 rúhé 대 어떻게

[04-06]

02-27-4

如果以后你的东西不见了，❹请不要立刻四处翻找，我建议你先冷静下来，在脑海里来一次"案件重演"。因为无序的翻找往往效率很低，并且易让人更烦躁。这个时候，不妨来一次"案件重演"。比如找钱包的时候，❺可以先回忆一下自己最近一次打开钱包的场景：那时你可能在附近的小超市买菜，打折的新鲜菜品很多，你忍不住买了一堆，当你购完物付完现金准备回家时，你发现东西太多，❻于是你把钱包放在了塑料袋里……你可以像放电影一样在脑海里重现当时的情景，并试着从细节中寻找线索。这样的话，东西就好找多了。

만약 앞으로 당신의 물건이 안 보인다고 ❹바로 여기저기 사방으로 찾지 마라. 먼저 진정하고, 머릿속으로 '사건 재연'을 한 번 해 보시길 추천한다. 두서 없이 여기저기 찾는 것은 종종 효율이 떨어지고, 또 쉽게 사람을 초조하게 한다. 이때, '사건 재연'을 한 번 해 보는 것도 괜찮다. 예를 들어 지갑을 찾을 때, ❺먼저 자신이 가장 최근 지갑을 열었던 장면을 회상해 볼 수 있다. 그때 당신은 아마도 부근의 작은 마트에서 장을 보았을 것이고, 할인하는 신선한 야채가 많아서, 참지 못하고 한 무더기를 샀을 것이다. 당신이 물건을 다 사고 현금도 다 지불하고 집에 돌아가려 할 때, 물건이 너무 많아서 ❻지갑을 비닐봉지 안에 넣었고…. 당신은 영화를 틀어 놓은 것처럼 머릿속에서 당시의 상황을 재연해 보고, 또 사소한 부분에서 실마리를 찾아 볼 수 있다. 이렇게 한다면 물건은 훨씬 찾기 쉬워진다.

요약 • 중심 내용: 상황을 재연하는 방법으로 분실물을 찾는다(用场景再现的方法寻找失物)
잃어버린 물건을 찾는 방법(寻找丢失东西的方法)

단어 立刻 lìkè 부 즉시, 곧, 당장 | 四处 sìchù 명 사방, 도처, 여러 곳 | 翻找 fānzhǎo 동 찾다, 뒤적거리다 | 建议 jiànyì 동 제안하다, 건의하다 | 冷静 lěngjìng 형 냉정하다, 침착하다 | 脑海 nǎohǎi 명 머리, 생각, 사고 | 案件 ànjiàn 명 사건, 사항 | 重演 chóngyǎn 동 재연하다 | 无序 wúxù 형 차례가 없다, 두서가 없다 | 往往 wǎngwǎng 부 종종, 흔히, 자주 | 效率 xiàolǜ 명 효율 | 低 dī 형 낮다 | 并且 bìngqiě 접 또한, 그리고, 더욱이 | 易 yì 형 쉽다, 용이하다 | 烦躁 fánzào 형 초조하다 | 不妨 bùfáng 부 (~하는 것도) 괜찮다, 무방하다 | 比如 bǐrú 접 예컨대, 만약, 가령 | 钱包 qiánbāo 명 지갑 | 回忆 huíyì 동 회상하다, 추억하다 | 打开 dǎkāi 동 열다, 펼치다 | 场景 chǎngjǐng 명 장면 | 打折 dǎzhé 동 할인하다 | 菜品 càipǐn 명 요리, 음식 | 忍不住 rěnbuzhù 동 참을 수 없다, ~하지 않을 수 없다 | 一堆 yìduī 한 무더기 | 购物 gòuwù 동 물건을 구입하다, 쇼핑하다 | 付 fù 동 지불하다 | 现金 xiànjīn 명 현금 | 发现 fāxiàn 동 발견하다 | 于是 yúshì 접 그래서, 그리하여 | 塑料袋 sùliàodài 명 비닐봉지 | 重现 chóngxiàn 동 재연하다 | 当时 dāngshí 명 당시, 그 때 | 情景 qíngjǐng 명 광경, 장면 | 并 bìng 접 그리고, 또 | 细节 xìjié 명 사소한 부분 | 寻找 xúnzhǎo 동 찾다 | 线索 xiànsuǒ 명 실마리, 단서

02-27-5

04

p. 124

A 再次购买	A 다시 구매한다
B 求家人的帮助	B 가족에게 도움을 청한다.
C 自认倒霉	C 자신이 운이 없다고 인정한다
D 到处翻找	**D 여기저기 찾아본다**
问：东西不见时，多数人会怎么做？	**질문: 물건이 안 보일 때, 대다수의 사람들은 어떻게 하는가?**

해설 물건을 어디에 놓았는지 모를 때, 손에 쥐고 있던 물건이 갑자기 안 보일 때 우리는 당황하게 된다. 다른 사람에게 찾아 달라고 요청하거나, 다시 물건을 구입한다는 것도 그럴듯한 보기지만, 녹음에서는 언급되지 않았으므로 정답이 될 수 없다. 녹음 앞부분에 물건이 안 보일 때 여기저기 사방으로 찾지 말라고(请不要立刻四处翻找) 한 것을 통해 대다수의 사람이 어떻게 행동하는지 알 수 있다. 따라서 정답은 D가 된다.

단어 再次 zàicì 부 다시 한번, 재차 | 倒霉 dǎoméi 형 재수 없다, 운수 사납다 | 到处 dàochù 명 곳곳, 도처

02-27-6

05

p. 124

A 计算损失 B 重新看一遍录像 C 重新回忆当时的情景 D 去警察局报案	A 손실을 계산한다 B 다시 한 번 영상을 본다 **C 당시의 상황을 다시 회상한다** D 경찰서에 가서 신고한다
问：根据这段话，"案件重演"指什么？	**질문: 이 글에 의하면 '사건 재연'은 어떤 것을 가리키는가?**

해설 案件重演(사건 재연)이라는 단어를 듣고 바로 이해하지 못했을 수도 있다. 하지만, 녹음에서 回忆一下…的场景(~한 장면을 회상해 봐라)이라고 언급하고 있으며, 녹음 맨 마지막 부분에도 在脑海里重现当时的情景(머릿속에서 당시의 상황을 재연해 봐라)이라고 언급하고 있다. 따라서, 문맥상 案件重演이 상황을 다시 회상해 보는 것이라는 것임을 알 수 있으므로 정답은 C가 된다.

단어 **计算** jìsuàn 동 계산하다 | **损失** sǔnshī 명동 손실(하다), 손해(보다) | **重新** chóngxīn 부 다시, 거듭 | **录像** lùxiàng 명 녹화 | **警察局** jǐngchájú 명 경찰서 | **报案** bào'àn 동 신고하다

02-27-7

06

p. 124

A 鞋柜上　　B 塑料袋里 C 手提包里　　D 收银台	A 신발장 위　　**B 비닐봉지 안** C 핸드백 안　　D 계산대
问：在说话人举的例子中，最有可能在哪儿能找到钱包？	**질문: 화자가 말한 예시 중에서, 어디에서 지갑을 찾을 가능성이 가장 높을까?**

해설 녹음에서는 물건이 안 보일 때, 물건 찾는 방법으로 기억을 더듬어 회상하는 법을 제안하고 있다. 예시로는 마트에서 장을 보고 물건이 너무 많아서 지갑을 비닐봉지 안(塑料袋里)에 넣었을 가능성을 제기하고 있다. 나머지 보기는 녹음에서 언급한 내용이 아니므로, 정답은 B가 된다.

단어 **鞋柜** xiéguì 명 신발장 | **手提包** shǒutíbāo 명 핸드백, 손가방 | **收银台** shōuyíntái 명 카운터, 계산대 | **举** jǔ 동 (예 따위를) 들다 | **例子** lìzi 명 예, 보기

DAY 30

✓ 정답　1. D　2. B　3. B　4. D　5. A　6. C

[01-03]

02-28-0

日常生活中，人们发现❶❸一些长时间生活在一起的夫妇的外貌很像，这就是人们所谓的"夫妻相"。事实上，夫妻越来越像对方，还有一个生理原因：双方的生活习惯、饮食结构相同。时间久了，夫妻俩相同的面部肌肉得到锻炼，笑容和表情逐渐趋于一致，让两个人的外貌看起来有了相似之处。不过，大夫强调，相貌不同的夫妻占绝大多数，即使长得相似，性格也可能不一样。因此，判断两人感情好不好，绝不能光看相貌。因此，❷婚姻是否幸福跟这个没有必然的联系。	일상생활에서 사람들은 ❶❸장시간 같이 생활한 부부들의 외모가 매우 닮았다는 것을 발견하게 된다. 이것이 이른바 '부부상'이라는 것이다. 사실, 부부가 점점 상대방을 닮아가는 것에는 생리적 원인이 있다. 쌍방의 생활 습관, 식생활이 같기 때문이다. 시간이 오래되면, 부부는 같은 얼굴 근육이 단련되고, 웃는 모습과 표정이 점점 일치하게 되어, 두 사람의 외모에 비슷한 점이 있어 보이는 것이다. 하지만, 의사는 외모가 닮지 않은 부부가 대다수를 차지하고, 설령 외모가 닮았다 하더라도, 성격은 다를 수도 있다고 강조했다. 그러므로 두 사람의 감정이 좋고 나쁘고를 판단하는 것은, 절대로 외모만으로 볼 수는 없다. 따라서, ❷결혼 생활의 행복 여부는 이것과 필연적인 관계는 없다.

요약 • 중심 내용: 부부상이 형성된 원인(夫妻相形成的原因)

단어 日常生活 rìcháng shēnghuó 명 일상생활 | 夫妇 fūfù 명 부부 | 外貌 wàimào 명 외모 | 所谓 suǒwèi 형 소위, 이른바 | 事实 shìshí 명 사실 | 夫妻 fūqī 명 부부 | 生理 shēnglǐ 명 생리 | 习惯 xíguàn 명 습관, 버릇 | 饮食 yǐnshí 명 음식 | 结构 jiégòu 명 구조, 구성 | 面部 miànbù 명 얼굴 | 肌肉 jīròu 명 근육 | 锻炼 duànliàn 동 단련하다 | 笑容 xiàoróng 명 웃는 얼굴 | 表情 biǎoqíng 명 표정 | 逐渐 zhújiàn 부 점점 | 趋于 qūyú 동 ~로 향하다 | 一致 yízhì 형 일치하다 | 相似 xiāngsì 형 서로 비슷하다 | 强调 qiángdiào 동 강조하다 | 相貌 xiàngmào 명 용모 | 判断 pànduàn 동 판단하다 | 婚姻 hūnyīn 명 결혼 생활 | 幸福 xìngfú 형 행복하다 | 必然 bìrán 형 필연적이다 | 联系 liánxì 명 관계, 연관

02-28-1

01

p. 124

A 女儿更像爸爸 B 儿子长得像妈妈 C 只有“夫妻相”的人才能幸福 D “夫妻相”需要共同的生活经历	A 딸은 아빠를 더 닮는다 B 아들의 생김새는 엄마를 닮는다 C ‘부부상’인 사람만이 행복할 수 있다 **D ‘부부상’은 함께 생활한 경험이 있어야 한다**
问：关于“夫妻相”，下面哪项正确?	**질문: ‘부부상’에 관하여 다음 중 옳은 것은?**

해설 녹음은 장시간 같이 생활한 부부들의 외모가 닮은 것을 ‘부부상’이라고 한다는 정의로 시작하고 있다. 따라서 공통된 생활을 오래 한 사람이어야 하므로 D가 정답이 된다.

단어 需要 xūyào 동 필요하다 | 共同 gòngtóng 형 공동의 | 经历 jīnglì 명 경험, 경력

02-28-2

02

p. 124

A 现在还存在争论 B 没有必然的联系 C 没有“夫妻相”不幸福 D 有“夫妻相”的夫妻不会离婚	A 지금도 논쟁이 있다 **B 필연적인 관계는 없다** C ‘부부상’이 아니면 행복하지 않다 D ‘부부상’인 부부는 이혼하지 않는다
问：关于“夫妻相”和家庭幸福的关系，说话人是什么观点?	**질문: ‘부부상’과 가정의 행복과의 관계에 대한 화자의 관점은 무엇인가?**

해설 의사는 대다수의 부부는 외모가 닮지 않았고, 설사 부부의 외모가 닮았다 하더라도 성격이 다를 수도 있다고 강조했다. 닮은 외모를 가졌다고 해서 반드시 행복한 것은 아니고, 부부상은 결혼 생활의 행복 여부와는 관계가 없다고 녹음 맨 마지막에 직접적으로 언급하고 있다. 따라서 B가 정답이 된다.

단어 存在 cúnzài 동 존재하다 | 争论 zhēnglùn 동 논쟁하다 | 离婚 líhūn 동 이혼하다 | 家庭 jiātíng 명 가정 | 关系 guānxi 명 관계 | 观点 guāndiǎn 명 관점

02-28-3

03

p. 124

A 幸福是什么 B 什么是“夫妻相” C 结婚的前提条件 D 夫妻应该有一样的生活习惯	A 행복이란 무엇인가 **B ‘부부상’이란 무엇인가** C 결혼의 전제 조건 D 부부는 같은 생활 습관이 있어야 한다
问：这段话主要谈什么?	**질문: 이 이야기에서 주로 말하는 것은?**

해설 글의 주제를 찾는 것은 난이도가 비교적 낮은 문제다. 이 지문은 부부상이 어떻게 만들어지고 어떤 작용이 있는지에 관한 내용이 주를 이루고 있으므로 B가 정답이 된다.

단어 结婚 jiéhūn 동 결혼하다 | 前提 qiántí 명 전제 | 应该 yīnggāi 조동 마땅히 ~해야 한다

[04-06]

02-28-4

最近，一些骑行爱好者组织了一场奇特的自行车慢骑比赛。❹比赛分男女两组进行，车道只有一百米长、两米宽，到达终点用时最长且不犯规者即可获胜。慢骑意味着：速度不重要，重要的是怎么用尽全力让自行车最晚到达终点。

比赛一开始，参赛选手便❺想尽办法阻止自行车向前走。赛场上趣味十足，笑料百出。有的车子不听指挥，一直向前冲；有的顺从主人心意，稳稳停在原地；还有的车子一不小心就拐到线上犯了规。

比赛组织者在接受采访时说："如今社会发展太快，❻我认为通过这样的活动，能让大家享受慢生活的乐趣。"

최근에 한 자전거 애호가들이 기묘한 자전거 느리게 타는 시합을 만들었다. ❹시합은 남녀 두 조로 진행되고 자전거 트랙은 겨우 100미터 길이에 2미터 폭으로, 결승점에 도달하기까지 사용한 시간이 가장 길면서 규칙을 위반하지 않는 사람이 승리하는 것이다. 느리게 타는 것이 의미하는 것은 속도는 중요하지 않고, 중요한 것은 어떻게 하면 온 힘을 다해 자전거가 가장 늦게 결승점에 도달하게 하느냐다.

시합이 시작되자 시합에 참가한 선수들은 ❺온갖 방법을 다해 자전거가 앞으로 주행하려는 것을 저지하려 애썼다. 경기장은 아주 재미있고 웃음거리가 각양각색이었다. 어떤 자전거는 지휘를 듣지 않고 곧장 앞을 향해 돌진하고, 어떤 것은 주인을 잘 따라서 제자리에 가만히 멈춰 서 있었다. 또 어떤 자전거는 자칫 잘못해서 선 위로 넘어져 규정을 위반하기도 했다.

시합 주최자는 인터뷰에서 말하기를 "사회의 발전이 너무 빠르기 때문에, ❻이런 활동을 통해서 슬로우 라이프를 즐길 수 있다고 생각합니다."라고 했다.

요약 • 중심 내용: 슬로우 라이프를 즐기자(享受慢生活的乐趣)
슬로우 라이프를 중시하는 것을 배우자(学会重视慢生活)

단어 爱好者 àihàozhě 명 애호가, 아마추어 | 组织 zǔzhī 동 결성하다, 조직하다 | 奇特 qítè 형 기묘하다, 특출하다 | 进行 jìnxíng 동 진행하다, 하다 | 车道 chēdào 명 차도 | 宽 kuān 명 폭, 너비 | 到达 dàodá 동 도달하다, 도착하다 | 终点 zhōngdiǎn 명 결승점, 종점 | 且 qiě 접 게다가, 또한 | 犯规 fànguī 동 반칙하다, 규칙을 위반하다 | 即可 jíkě 부 ~하면 곧 ~할 수 있다, 바로 가능하다 | 获胜 huòshèng 동 승리하다, 이기다 | 意味着 yìwèizhe 동 의미하다, 뜻하다, 나타내다 | 速度 sùdù 명 속도 | 用尽 yòngjìn 동 다 쓰다, 모두 써 버리다 | 全力 quánlì 명 전력, 모든 힘 | 参赛 cānsài 동 시합에 참가하다 | 选手 xuǎnshǒu 명 선수 | 想尽 xiǎngjìn 동 (온갖 수단과 방법을) 다 강구하다, 생각하다, 모두 궁리하다 | 阻止 zǔzhǐ 동 저지하다, 가로막다 | 赛场 sàichǎng 명 경기장 | 趣味 qùwèi 명 재미, 흥취 | 十足 shízú 형 넘쳐흐르다, 충만하다 | 笑料 xiàoliào 명 웃음거리 | 百出 bǎichū 형 각양각색이다 | 指挥 zhǐhuī 명동 지휘(하다) | 冲 chōng 동 돌진하다 | 顺从 shùncóng 동 순종하다, 순순히 따르다 | 主人 zhǔrén 명 주인 | 心意 xīnyì 명 생각, 의향 | 停 tíng 동 멈추다, 서다 | 原地 yuándì 명 제자리, 그 자리 | 拐 guǎi 동 꺾어 돌다, 돌아가다 | 线 xiàn 명 선 | 组织者 zǔzhīzhě 명 조직자 | 接受 jiēshòu 동 받아들이다, 받다 | 采访 cǎifǎng 명동 인터뷰(하다) | 如今 rújīn 명 오늘날, 지금 | 社会 shèhuì 명 사회 | 发展 fāzhǎn 명동 발전(하다) | 通过 tōngguò 전 ~를 통해 | 活动 huódòng 명 활동, 행사 | 享受 xiǎngshòu 동 즐기다, 누리다 | 生活 shēnghuó 명 생활 | 乐趣 lèqù 명 즐거움, 재미

02-28-5

04

p. 124

A 谁慢谁就赢
B 分为男女两组
C 车道很短
D 比赛很无聊

A 느린 사람이 이긴다
B 남녀 두 조로 나뉜다
C 트랙이 아주 짧다
D 경기가 아주 심심하다

问：关于那场比赛，下列哪项错误？

질문: 그 시합에 관하여 다음 중 틀린 것은?

해설 녹음의 첫 부분에 기묘한 시합이 있다고 언급하면서 자세하게 설명하고 있다. 상식선에서 우리가 생각하는 자전거 시합은 으레 빨리 달리는 시합을 떠올릴 것이다. 하지만 이 시합은 최대한 느리게 달리는 사람이 우승(谁慢谁就赢)하는 시합으로 남녀 두 개 조로 나누었으며(分为男女两组), 길이는 겨우 100미터(只有一百米长)라고 했다. 선수들은 최대한 느리게 달리기 위해서 우스꽝스러운 장면을 연출하였기 때문에 경기장은 아주 재미있고 웃음거리가 각양각색이었다(趣味十足，笑料百出)라고 언급하였다. 따라서 시합이 무료하고 재미없었다(比赛很无聊)는 틀린 내용이므로 정답은 D가 된다.

단어 赢 yíng 동 이기다 | 分为 fēnwéi 동 ~으로 나누다(나누어지다) | 组 zǔ 명 조, 팀 | 无聊 wúliáo 형 심심하다, 지루하다 | 错误 cuòwù 명 틀린 행위, 잘못

02-28-6

05

p. 124

A 尽力阻止自行车前进	**A 자전거가 앞으로 가는 것을 최대한 저지해야 한다**
B 穿上了最轻的跑鞋	B 가장 가벼운 러닝화를 신어야 한다
C 不停地撞其他人的车	C 다른 사람의 자전거와 계속 부딪혀야 한다
D 推着自行车慢慢儿走	D 자전거를 밀면서 천천히 걸어야 한다
问：为了获胜，参赛者是怎么做的？	**질문: 승리를 하려면 참가자는 어떻게 해야 하는가?**

해설 두 번째 단락에서 시합이 시작되면 선수들은 온갖 방법을 다해 자전거가 앞으로 주행하려는 것을 저지하려 애썼다(想尽办法阻止自行车向前走)고 했으므로 정답은 A가 된다.

단어 尽力 jìnlì 동 힘을 다하다 | 前进 qiánjìn 동 전진하다 | 轻 qīng 형 가볍다 | 跑鞋 pǎoxié 명 러닝화 | 撞 zhuàng 동 부딪치다, 충돌하다 | 推 tuī 동 밀다

02-28-7

06

p. 124

A 宣传绿色出行	A 친환경 타기를 선전하다
B 强调规则的意义	B 규칙의 의미 강조한다
C 希望大家享受慢生活	**C 사람들이 슬로우 라이프를 즐기를 바란다**
D 拉近人们间的距离	D 사람들 사이의 거리를 가깝게 한다
问：组织这场比赛的目的是什么？	**질문: 이 시합을 개최한 목표는 무엇인가?**

해설 요즘 뉴스에게 가끔 황당한 행사를 접할 수 있다. 예를 들어, '한강에서 멍 때리기'가 그러하다. 사람들이 이러한 일반적이지 않은 행사를 개최하게 된 이유는 무엇일까? 그것은 현대 사회가 너무 빠른 발전과 경쟁만을 강조하기 때문에, 이런 행사를 통해 슬로우 라이프의 행복과 감사함을 되찾기 위한 노력의 일환으로 봐야 할 것이다. 마지막 단락 시합 주최자의 인터뷰에서 사람들이 슬로우 라이프를 즐길 수 있을 것(能让大家充分享受慢生活的乐趣)이라고 했기 때문에 정답은 C가 된다.

단어 宣传 xuānchuán 동 선전하다 | 绿色 lǜsè 형 친환경의 | 出行 chūxíng 동 출행하다, 길을 떠나다, 외출하다 | 强调 qiángdiào 동 강조하다 | 规则 guīzé 명 규칙 | 意义 yìyì 명 뜻, 의미 | 享受 xiǎngshòu 동 누리다, 즐기다 | 拉近 lājìn 동 가깝게 하다, 가까이 끌어당기다 | 距离 jùlí 명 거리 | 目的 mùdì 명 목적

MP3 바로 듣기

실전 모의고사

제1부분

✓ 정답									
1. B	2. C	3. C	4. D	5. A	6. B	7. D	8. C	9. B	10. A
11. C	12. A	13. D	14. C	15. A	16. B	17. A	18. B	19. C	20. C

실전 모의고사 01번

01

p. 125

A 认真工作 B 锻炼身体 C 去公司工作 D 抽时间休息	A 열심히 일한다 **B 몸을 단련한다** C 회사에 가서 일한다 D 시간을 내서 휴식한다
女：不管工作怎么忙，你都要抽时间锻炼身体。 男：话是这么说，可是公司里一忙起来就什么都顾不上了。 **问：女的有什么建议?**	여: 일이 아무리 바쁘더라도, 시간을 내서 몸을 단련해야 해요. 남: 말은 그렇게 하지만, 회사 일이 바쁘면 어느 것도 신경 쓸 수 없어요. **질문: 여자는 어떤 제안을 했는가?**

해설 工作(일하다), 公司(회사), 忙(바쁘다)이라는 어휘가 반복적으로 등장하므로, 일과 관련된 A나 C가 정답이라고 착각할 수 있다. 하지만 여자가 남자에게 제안한 것은 운동, 즉 锻炼身体(몸을 단련하다)이므로 정답은 B가 된다.

Tip 문제를 풀 때 질문 내용을 정확히 파악하는 것이 제일 중요하다.

단어 认真 rènzhēn 형 성실하다 | 锻炼 duànliàn 동 단련하다 | 身体 shēntǐ 명 신체 | 抽 chōu 동 (시간, 틈을) 내다 | 不管 bùguǎn 접 ~을 막론하고 | 可是 kěshì 접 그러나 | 顾不上 gùbushàng 동 생각도 할 수 없다, 돌볼 틈이 없다 | 建议 jiànyì 명 건의, 제안

실전 모의고사 02번

02

p. 125

A 迟到了　　B 当了老板 C 换工作了　　D 买新电脑了	A 지각했다　　B 사장이 되었다 **C 직업을 바꾸었다**　　D 새 컴퓨터를 샀다
女：你的同事小李呢？电话也打不通，怎么都找不到他。 男：他早就不干了，听说去了北京，现在在电脑公司上班。 **问：关于小李我们可以知道什么?**	여: 당신의 동료 샤오리는요? 전화도 연결이 안 되고, 어떻게 해도 그를 찾을 수가 없어요. 남: 그는 일찍이 관뒀어요. 듣자 하니 베이징으로 가서, 지금은 컴퓨터 회사에 다닌다고 해요. **질문: 샤오리에 대해서 알 수 있는 것은?**

해설 녹음을 통해서 우리는 샤오리에 관한 많은 정보를 알 수 있다. 첫째, 샤오리는 회사를 그만두었다. 둘째, 베이징으로 갔다. 셋째, 지금은 컴퓨터 회사에 다니고 있다. 이를 통해 샤오리는 직업을 바꾸었다(换工作了)는 것을 알 수 있으므로 정답은 C가 된다. 离开了原来的公司(원래의 회사를 그만뒀다), 找到了新工作(새로운 일을 구했다) 등도 정답이 될 수 있다.

단어 迟到 chídào 동 지각하다 | 当 dāng 동 ~이 되다 | 老板 lǎobǎn 명 사장 | 换 huàn 동 바꾸다 | 新 xīn 형 새롭다 | 同事 tóngshì 명 동료 | 电话 diànhuà 명 전화 | 打 dǎ 동 치다, (전화를) 걸다 | 干 gàn 동 일을 하다 | 听说 tīngshuō 동 듣자 하니 ~라고 하다 | 上班 shàngbān 동 출근하다 | 关于 guānyú 전 ~에 관해서 | 可以 kěyǐ 조동 ~할 수 있다

실전 모의고사 03번

p. 125

A 开远光灯
B 关远光灯
C 减速或停车
D 超过前面的车

A 상향 전조등을 켜다
B 상향 전조등을 끄다
C 속도를 줄이거나 정차하다
D 앞의 차를 앞질러 가다

女：对面那辆车开着远光灯，我都看不清路了！
男：那你快减速吧，实在不行的话就靠边停一下。

여: 맞은편 차가 상향 전조등을 켜서, 길이 잘 안 보여.
남: 그럼 얼른 속도를 좀 줄여 봐, 정 안되겠으면 옆쪽에 좀 세워 봐.

问：男的建议女的怎么做？

질문: 남자는 여자가 어떻게 하기를 제안하는가?

해설 밤에 운전할 때 운전자는 시야를 확보하기 위해 전조등(헤드라이트)을 켠다. 여자가 앞에서 오는 차의 상향 전조등 때문에 길이 잘 안 보인다고 하자, 남자는 속도를 좀 줄이거나, 차를 세워 보라고 제안하고 있다. 따라서 정답은 C가 된다.

단어 远光灯 yuǎnguāngdēng 명 상향 전조등 | 关 guān 동 끄다 | 减速 jiǎnsù 동 감속하다 | 停车 tíngchē 동 정차하다, 차를 멈추다 | 超过 chāoguò 동 따라 앞서다, 추월하다 | 对面 duìmiàn 명 맞은편 | 实在 shízài 부 정말, 확실히 | 靠边 kàobiān 동 옆으로 붙다 | 建议 jiànyì 동 건의하다, 제안하다

실전 모의고사 04번

04

p. 125

A 死机了
B 太旧了
C 中病毒了
D 反应很慢

A 다운되었다
B 너무 낡았다
C 바이러스에 감염되었다
D 반응이 느리다

女：你看看我的电脑，怎么反应速度越来越慢了，是不是中病毒了？
男：还不是你装了太多的软件，最好把不常用的程序删除掉。

여: 내 컴퓨터 좀 봐 줘, 어째 반응 속도가 점점 느려져. 바이러스에 감염된 건 아닐까?
남: 네가 프로그램을 너무 많이 설치해서 그렇잖아. 자주 사용하지 않는 프로그램은 지우는 게 제일 좋아.

问：女的的电脑怎么了？

질문: 여자의 컴퓨터는 어떠한가?

해설 남녀는 컴퓨터에 생긴 문제에 대해 대화를 하고 있으므로, 언뜻 A의 死机(다운되다)라고 생각하기 쉽다. 하지만 너무 많은 프로그램을 설치해 컴퓨터의 反映速度(반응 속도)가 느려진 것이라고 했으므로 정답은 D가 된다.

Tip 病毒(바이러스)가 언급되긴 했지만, 是不是(~인가 아닌가)라는 추측성 발언이므로 정답이 될 수 없다. 듣기에서는 이처럼 추측성 발언에 혼동하지 않도록 조심해야 한다.

단어 死机 sǐjī 동 컴퓨터가 다운되다 | 旧 jiù 형 낡다 | 中 zhòng 동 당하다, 걸리다 | 病毒 bìngdú 명 바이러스 | 反应 fǎnyìng 명 반응 | 速度 sùdù 명 속도 | 越来越 yuèláiyuè 부 점점, 더욱더, 갈수록 | 装 zhuāng 동 설치하다 | 软件 ruǎnjiàn 명 소프트웨어 | 最好 zuìhǎo 형 가장 좋다 | 常用 chángyòng 형 자주 사용하는 | 程序 chéngxù 명 프로그램 | 删除 shānchú 동 삭제하다 | 掉 diào 동 ~해 버리다

▶ 실전 모의고사 05번

05

p. 125

A 顾客多 B 在四川 C 菜太辣了 D 菜的味道一般	**A 손님이 많다** B 쓰촨에 있다 C 음식이 너무 맵다 D 음식 맛이 평범하다
女：听四川的同学说，这家饭馆做的川菜最正宗。 男：难怪每天都爆满呢。 **问：这个饭馆怎么样?**	여: 쓰촨 친구 말로는, 이 식당에서 만든 쓰촨 음식이 제일 정통이래. 남: 어쩐지 매일 만원이더라. **질문: 이 식당은 어떠한가?**

해설 우리의 고정 관념으로 四川(쓰촨) 음식을 떠올리면 일단 '맵다'라고 생각하겠지만, 녹음에서는 맵기에 대해서는 언급하지 않았고 이 식당 쓰촨 음식 맛이 가장 정통이라고 했다. 따라서 C, D는 정답이 될 수 없다. 녹음에 顾客(손님)라는 표현이 나오지는 않았지만, 爆满(만원이다)은 식당에 손님들이 넘쳐 난다는 의미이므로, 정답은 A가 된다.

- 어휘 변환

爆满 만원이다 = A 顾客多 손님이 많다

단어 顾客 gùkè 명 고객 | 菜 cài 명 음식, 요리 | 辣 là 형 맵다 | 味道 wèidào 명 맛 | 一般 yìbān 형 보통이다, 평범하다 | 饭馆 fànguǎn 명 식당 | 正宗 zhèngzōng 형 정통의 | 难怪 nánguài 부 어쩐지 | 爆满 bàomǎn 동 만원이 되다, 꽉 차다

▶ 실전 모의고사 06번

06

p. 125

A 游戏人数 B 游戏规则 C 如何欣赏图 D 游戏难度	A 게임 인원수 **B 게임 규칙** C 그림 감상하는 법 D 게임의 난이도
男：我还是没理解这个游戏的规则，到底要怎么玩儿啊? 女：你在规定时间内找出两幅图的不同之处，找得越多越好。 **问：他们在谈什么?**	남: 나는 아직 이 게임 규칙을 이해하지 못했어. 도대체 어떻게 하는 거야? 여: 정해진 시간 안에 두 그림의 다른 부분을 찾아내는 거야. 많이 찾을수록 더 좋아. **질문: 그들은 지금 무엇에 대해 이야기하고 있는가?**

해설 두 사람은 지금 '그림 다른 부분 찾기' 게임에 대해서 얘기하고 있다. 게임 방법을 잘 이해하지 못하는 남자를 위해, 여자가 게임 규칙(游戏规则)을 다시 설명해 주고 있다. 따라서 정답은 B가 된다.

단어 游戏 yóuxì 명 게임 | 人数 rénshù 명 인원수, 사람 수 | 规则 guīzé 명 규칙 | 如何 rúhé 대 어떻게 | 欣赏 xīnshǎng 동 감상하다 | 图 tú 명 그림 | 难度 nándù 명 난이도 | 理解 lǐjiě 동 이해하다 | 到底 dàodǐ 부 도대체 | 规定 guīdìng 동 규정하다, 정하다 | 找出 zhǎochū 동 찾아내다 | 幅 fú 양 폭(그림을 세는 단위) | 谈 tán 동 말하다, 이야기하다

▶ 실전 모의고사 07번

p. 125

A 总是很粗心	A 항상 덤벙댄다
B 不熟悉路况	B 도로 상황에 익숙하지 않다
C 刚换了辆新车	C 이제 막 새 차로 바꿨다
D 拿到驾照没多久	**D 운전면허증을 받은 지 얼마 되지 않았다**

女：你刚拿到驾照，路上当心点儿！ 男：别担心，这条路我特别熟。	여: 너 이제 막 운전면허증을 발급받았으니, 길에서 좀 조심해야 해! 남: 걱정 마세요. 이 길 제가 잘 알아요.
问：关于男的，可以知道什么？	**질문: 남자에 관하여 우리가 알 수 있는 것은 무엇인가?**

해설 운전면허증은 중국어로 驾驶执照로 줄여서 驾照라고도 한다. 여자는 운전 초보인 남자에게 조심히 운전하라고 당부하고 있다. 刚拿到驾照(이제 막 운전면허증을 발급받았다)라는 말은 拿到驾照没多久(운전면허증을 받은 지 얼마 되지 않았다)라는 말과 일맥상통한다. 따라서 정답은 D가 된다.

단어 粗心 cūxīn 형 부주의하다, 세심하지 못하다 | 熟悉 shúxī 동 충분히 알다, 숙지하다 | 路况 lùkuàng 명 도로 사정, 도로 상황 | 驾照 jiàzhào 명 운전면허증 | 当心 dāngxīn 동 조심하다, 주의하다 | 熟 shú 형 잘 알다, 익숙하다

▶ 실전 모의고사 08번

08

p. 125

A 赶不上飞机	A 비행기를 놓쳐서
B 没赶上汽车	B 차를 놓쳐서
C 航班取消了	**C 항공편이 취소되어서**
D 没买到汽车票	D 차표를 못 사서

男：你怎么今天才到啊，我以为你前天到呢。 女：别提了，本来飞机票都买好了，没想到突然下大雪，航班取消了，我不得不改坐汽车过来了。	남: 왜 오늘에야 도착한 거야? 나는 네가 그저께 올 줄 알았어. 여: 말도 마. 원래 비행기 표까지 다 사 놨는데, 생각지도 못하게 갑자기 폭설이 내려서, 항공편이 취소되었어. 어쩔 수 없이 차로 바꿔 타고 왔어.
问：女的为什么来晚了？	**질문: 여자는 왜 늦게 왔는가?**

해설 本来는 '원래'라는 뜻으로 결과와는 상반될 수 있다. 또한 没想到는 '생각하지 못하다'라는 뜻으로 원래 생각했던 것과 다른 결과가 나오게 된다. 이 대화에서 여자는 원래 비행기 표까지 사 놓았지만, 폭설이 와서 항공편이 취소되었다고 했으므로 정답은 C가 된다.

Tip 대화문에서는 첫 번째 사람이 대화의 화제를 제시하고, 두 번째 사람이 대답하는 형식의 문제 비중이 가장 크다. 따라서 두 번째 사람의 말에서 힌트를 찾아야 한다.

단어 赶不上 gǎnbushàng 동 따라잡지 못하다 | 汽车 qìchē 명 차 | 航班 hángbān 명 항공편 | 取消 qǔxiāo 동 취소하다 | 才 cái 부 이제서야 | 以为 yǐwéi 동 ~라고 (잘못) 여기다 | 前天 qiántiān 명 그저께 | 别提了 bié tí le 말도 마라 | 本来 běnlái 부 본래, 원래 | 没想到 méi xiǎngdào 생각하지 못하다 | 突然 tūrán 부 갑자기 | 大雪 dàxuě 명 대설, 폭설 | 不得不 bùdébù 부 어쩔 수 없이 | 过来 guòlái 동 오다

실전 모의고사 09번

09

p. 126

A 时间太长 B 特别受欢迎 C 演员很有名 D 只能在网上看	A 시간이 너무 길다 **B 매우 환영 받는다** C 연기자가 매우 유명하다 D 인터넷에서만 볼 수 있다
男：听说这个连续剧很有人气，好几个频道都在放，你看了没？ 女：我哪有功夫看电视啊，不过看网上的新闻，觉得特别红。	남: 듣자 하니 이 드라마가 인기가 정말 많대. 벌써 몇 개의 채널에서 방영하고 있는데, 너 봤니? 여: 내가 텔레비전 볼 시간이 어디 있어. 그런데 인터넷 기사 보니까, 인기가 많은 거 같더라.
问：这部电视剧怎么样？	**질문: 이 드라마는 어떠한가?**

해설 听说(듣자 하니 ~이다)로 대화의 화제를 끌어내고 있다. 두 남녀는 连续剧(드라마)에 관해 이야기하며 有人气(인기가 있다)와 特别红(매우 인기 있다)이라는 말을 반복하고 있는 것으로 보아 정답은 B가 된다.

• 어휘 변환
有人气 인기 있다 / 特别红 매우 인기 있다
= B 受欢迎 환영받는다

Tip 중국에서 红은 '길하다, 순조롭다, 성공적이다, 인기가 있다' 등의 긍정적 의미로 사용되고 있음을 알아 두면 문제를 풀 때 도움이 된다.

단어 特别 tèbié 부 특별히, 아주 | 受欢迎 shòu huānyíng 환영받다 | 演员 yǎnyuán 명 배우 | 有名 yǒumíng 형 유명하다 | 只能 zhǐnéng 부 ~할 수밖에 없다 | 网 wǎng 명 인터넷 | 听说 tīngshuō 동 듣자 하니 ~이다 | 连续剧 liánxùjù 명 연속극, 드라마 | 人气 rénqì 명 인기 | 频道 píndào 명 채널 | 放 fàng 동 방영하다 | 功夫 gōngfu 명 시간 | 不过 búguò 접 그러나 | 新闻 xīnwén 명 뉴스 | 红 hóng 형 인기 있다 | 电视剧 diànshìjù 명 드라마

실전 모의고사 10번

10

p. 126

A 十分自信　B 没有抓住机会 C 工作做得非常棒　D 放弃了这个机会	**A 매우 자신 있다**　B 기회를 잡지 못했다 C 일을 매우 잘했다　D 이번 기회를 포기했다
男：小金，这是一个难得的机会，你可要好好把握啊。 女：放心吧，我一定会全力以赴的，我能做好。	남: 샤오진, 이건 정말 얻기 어려운 기회야. 너는 이번 기회를 잘 잡아야 해. 여: 걱정하지 마. 나는 반드시 최선을 다할 거야. 잘 해낼 수 있어.
问：关于女的，可以知道什么？	**질문: 여자에 관해서 알 수 있는 것은?**

해설 남자는 여자에게 얻기 어려운 기회를 놓치지 말라는 긍정적인 이야기를 하고 있다. 따라서 B, D와 같은 부정적인 보기는 정답에서 제외된다. 做得非常棒(매우 잘했다)과 같이 정도보어는 이미 발생한 일을 평가하는 것인데, 이 대화에서는 가능을 나타내는 조동사 能(~할 수 있다)을 사용한 것으로 보아 아직 발생하지 않은 일을 나타내므로 C도 정답이 될 수 없다. 남자의 당부에 여자는 放心吧(걱정하지 마)라며 잘 해낼 수 있다는 자신감을 보이고 있으므로, A가 정답이 된다.

• 어휘 변환
放心吧，我能做好 걱정하지 마, 나는 잘 해낼 수 있어
= A 自信 자신 있다(= 有把握 확신이 있다)

Tip 듣기의 보기는 정답처럼 보이더라도, 부정부사 不，没有와 같은 반의어가 사용되지 않았는지 살펴봐야 한다.

단어 十分 shífēn 부 매우 | 自信 zìxìn 형 자신 있다 | 抓住 zhuāzhù 동 붙잡다 | 机会 jīhuì 명 기회 | 棒 bàng 형 좋다 | 放弃 fàngqì 동 포기하다 | 难得 nándé 형 얻기 어렵다 | 把握 bǎwò 동 잡다, 쥐다 | 放心 fàngxīn 동 마음을 놓다 | 一定 yídìng 부 반드시 | 全力以赴 quán lì yǐ fù 성어 최선을 다하다, 온 힘을 쏟다

실전 모의고사 11번

11

p. 126

A 喝热水	A 따뜻한 물을 마셔라
B 保护嗓子	B 목을 보호해라
C 使用加湿器	**C 가습기를 사용해라**
D 喝加湿器里的水	D 가습기의 물을 마셔라

男：哈尔滨的天气又冷又干燥，害得我每天不停地喝水，肚子很饱，可是嗓子还是干。
女：那儿不是有加湿器吗？你怎么不用啊？

问：女的让男的做什么？

남: 하얼빈 날씨는 춥고 건조해서 매일 쉬지 않고 물을 마시니까, 배는 부른데, 목은 여전히 건조해.
여: 거기 가습기 있지 않아? 왜 사용을 안 해?

질문: 여자가 남자에게 무엇을 하라고 하는가?

해설 남자가 건조한 날씨 때문에 물을 많이 마셔도 목이 건조하다고 호소하자, 여자는 남자에게 왜 가습기를 사용하지 않냐며 가습기 사용을 권하고 있다. 따라서 C가 정답이 된다.

Tip 반어문의 형식
- 不是…吗？ ~한 거 아니야? = ~하다 (긍정)
  예 那儿不是有加湿器吗？거기 가습기 있지 않아? = 가습기 있잖아.
- 怎么不… 어째서 ~하지 않아? = 마땅히 ~해야 한다
  예 你怎么不用啊？너는 어째서 사용하지 않는 거야? = 사용해라.

단어 热水 rèshuǐ 명 따뜻한 물 | 保护 bǎohù 동 보호하다 | 嗓子 sǎngzi 명 목 | 使用 shǐyòng 동 사용하다 | 加湿器 jiāshīqì 명 가습기 | 哈尔滨 Hā'ěrbīn 명 하얼빈 | 干燥 gānzào 형 건조하다 | 害 hài 동 손해를 입히다, 해를 끼치다 | 不停 bùtíng 부 계속해서 | 肚子 dùzi 명 복부, 배 | 饱 bǎo 형 배부르다 | 可是 kěshì 접 그러나 | 还是 háishi 부 여전히 | 干 gān 형 건조하다 | 用 yòng 동 사용하다 | 让 ràng 동 ~하게 하다

실전 모의고사 12번

12

p. 126

A 女的要结婚	**A 여자가 결혼하려 해서**
B 女的离婚两个月了	B 여자가 이혼한 지 두 달 되어서
C 女的两个月没见到男的	C 여자가 두 달 동안 남자를 만나지 못해서
D 女的结婚两个月就怀孕了	D 여자가 결혼한 지 두 달 만에 임신해서

男：你是不是疯了，才认识几个月就要结婚了？
女：如果你想了解一个人，两个月就够了，时间长短不是最重要的，主要是我们觉得彼此很合适。

问：男的对什么感到吃惊？

남: 너 미친 거 아니야? 만난 지 겨우 몇 개월이나 됐다고 벌써 결혼이야?
여: 만약 네가 한 사람을 이해하고 싶다면, 두 달이면 충분해. 시간이 길고 짧은 것이 제일 중요한 것은 아냐. 중요한 것은 우리는 서로가 너무 잘 맞는다고 생각해.

질문: 남자는 왜 놀랐는가?

해설 남자가 才认识几个月(만난 지 겨우 몇 개월 됐다)라고 말하며 벌써 결혼을 하냐고 말하는 것으로 보아, 남자는 여자의 결혼 소식에 놀랐음을 알 수 있다. 따라서 A가 정답이 된다.

Tip 수량사 앞에 있는 부사 才(겨우)는 수량이 적음을 나타내므로 才认识几个月는 알게 된 지 몇 달 되지도 않았다는 뜻이다.

단어 结婚 jiéhūn 동 결혼하다 | 离婚 líhūn 동 이혼하다 | 怀孕 huáiyùn 동 임신하다 | 是不是 shìbushì 동 ~인가 아닌가 | 疯 fēng 형 미치다 | 才 cái 부 겨우 | 就 jiù 부 바로 | 如果 rúguǒ 접 만약 | 了解 liǎojiě 동 이해하다 | 够 gòu 동 충분하다 | 长 cháng 형 길다 | 短 duǎn 형 짧다 | 重要 zhòngyào 형 중요하다 | 主要 zhǔyào 형 주요한 | 彼此 bǐcǐ 대 피차, 서로 | 合适 héshì 형 알맞다, 적합하다 | 感到 gǎndào 동 느끼다 | 吃惊 chījīng 동 놀라다

실전 모의고사 13번

13

p. 126

A 生日晚会 B 商业谈判 C 产品推销时 D 宴会结束时	A 생일 파티 B 상업 회담 C 상품 판매할 때 **D 파티가 끝날 때**
女：感谢您出席今天的宴会，希望以后也能支持我们。 男：谢谢你们热情的招待，我相信你们公司会有一个很好的发展。	여: 오늘 파티에 참석해 주셔서 너무 감사합니다. 앞으로도 지지 부탁합니다. 남: 극진한 접대에 감사합니다. 저는 귀사에 무궁한 발전이 있으리라고 믿습니다.
问：对话最可能发生在什么时候?	**질문: 대화는 언제 일어났겠는가?**

해설 대화에서 파티에 참석해 줘서 감사하다는 여자의 말에 남자는 잘 접대해 줘서 감사하다는 말을 하고 있다. 이는 파티가 끝나고 헤어질 때 나누는 인사이므로, 정답은 D가 된다. 대화 내용상 생일 파티는 아니므로 A는 정답이 될 수 없다.

Tip 宴会는 한자로 '연회'라고 읽으며, '파티' 혹은 '모임'이라는 뜻이다.

단어 晚会 wǎnhuì 명 저녁 파티 | 商业 shāngyè 명 상업 | 谈判 tánpàn 명 협상, 대화 | 产品 chǎnpǐn 명 생산품, 상품 | 推销 tuīxiāo 동 판로를 확장하다 | 宴会 yànhuì 명 연회, 파티, 모임 | 结束 jiéshù 동 끝나다 | 感谢 gǎnxiè 동 감사하다 | 出席 chūxí 동 참가하다, 출석하다 | 支持 zhīchí 동 지지하다 | 热情 rèqíng 형 열정적이다 | 招待 zhāodài 동 접대하다 | 发展 fāzhǎn 동 발전하다 | 对话 duìhuà 명 대화 | 可能 kěnéng 부 아마도 | 发生 fāshēng 동 발생하다 | 时候 shíhou 명 때

실전 모의고사 14번

14

p. 126

A 修改格式 B 总结要多重复 C 删掉不需要的内容 D 删掉大部分内容	A 형식을 수정해라 B 총결산 부분은 여러 번 반복해라 **C 불필요한 내용은 삭제해라** D 대부분의 내용을 삭제해라
女：这篇报道内容上有几处重复了，我建议你删掉多余的部分。 男：行，我拿回去再改改。	여: 이 기사 내용에 몇 군데 중복되는 부분이 있으니, 불필요한 부분을 삭제하는 게 좋을 거 같아. 남: 좋아, 가져가서 다시 수정을 좀 할게.
问：女的建议怎么改?	**질문: 여자는 어떻게 수정하라고 제안했는가?**

해설 여자와 남자는 기사에 관해서 이야기를 나누고 있다. 여자는 남자에게 내용에 몇 군데 중복되는 부분이 있으니, 불필요한 부분을 삭제하라고 제안하고 있다. 따라서 정답은 C가 된다.

단어 修改 xiūgǎi 동 수정하다 | 格式 géshi 명 형식, 양식 | 总结 zǒngjié 명동 총괄(하다), 총결산(하다) | 重复 chóngfù 동 중복하다, 반복하다 | 删掉 shāndiào 동 지우다, 삭제하다 | 大部分 dàbùfen 명 대부분 | 内容 nèiróng 명 내용 | 报道 bàodào 명 보도, 기사 | 建议 jiànyì 동 건의하다, 제안하다 | 多余 duōyú 형 쓸데없는, 군더더기의 | 部分 bùfen 명 부분, 일부

▶ 실전 모의고사 15번

15

p. 126

A 明天开会 B 明天不是星期二 C 女的在提醒男的 D 男的不参加明天的会议	**A 내일 회의를 한다** B 내일은 화요일이 아니다 C 여자는 남자를 일깨워 주고 있다 D 남자는 내일 회의에 참석하지 않는다
男：明天是星期二吧，差点儿把开会的事儿忘了。 女：幸亏你提醒我，否则我也忘了。	남: 내일이 화요일이죠. 하마터면 회의하는 걸 잊을 뻔했어요. 여: 다행히 당신이 저를 일깨워 줬네요. 안 그랬으면 저도 잊을 뻔했어요.
问：根据对话，可以知道什么？	**질문: 대화에서 알 수 있는 것은?**

해설 남자가 여자에게 내일이 화요일인지를 확인하는 것은 화요일에 회의가 잡혀 있기 때문이다. 따라서 정답은 A가 된다. B, D는 부정부사 不로 사실을 부정하고 있고, C는 남자와 여자가 바뀌었기 때문에 정답이 될 수 없다.

Tip 오답 만드는 기본 공식
① 옳은 내용에 부정부사를 삽입한다.
② 반의어가 등장한다.
③ 주어(남녀)가 바뀌어 등장한다.
문제에서는 오답 기본 공식 중 1번과 3번이 사용되었다. 다른 문제들도 이 기본 공식에서 크게 벗어나지 않으니 항상 유의하자.

단어 开会 kāihuì 동 회의를 열다 | 提醒 tíxǐng 동 일깨우다 | 参加 cānjiā 동 참가하다 | 差点儿 chàdiǎnr 부 하마터면 | 忘 wàng 동 잊다 | 幸亏 xìngkuī 부 다행히 | 否则 fǒuzé 접 만약 그렇지 않으면 | 对话 duìhuà 명 대화

▶ 실전 모의고사 16번

16

p. 126

A 下个月初 B 大概一个月 C 大概半个月 D 大概一个星期	A 다음 달 초 **B 대략 한 달** C 대략 보름 D 대략 일주일
女：听说你要去旅游了，打算什么时候出发？ 男：下个月初出发，月底回来。	여: 듣자 하니 너 여행 간다며, 언제 출발할 예정이야? 남: 다음 달 초에 출발해서, 월말에 돌아오려 해.
问：男的准备去旅游多长时间？	**질문: 남자는 얼마 동안 여행을 가려 하는가?**

해설 여자의 질문에 답한 남자의 말만 들으면 A를 정답으로 착각할 수도 있지만 질문은 남자가 얼마 동안 여행할 건지를 묻고 있다. 남자는 다음 달 초에 가서 월말에 돌아올 거라 했으므로, 정답은 B가 된다. 질문을 끝까지 듣지 않고 답을 고르면 틀릴 가능성이 있으므로 조심하자!

단어 初 chū 형 처음의 | 大概 dàgài 부 대략 | 听说 tīngshuō 동 듣자 하니 ~이다 | 旅游 lǚyóu 동 여행하다 | 打算 dǎsuan 동 ~하려고 하다, 계획하다 | 出发 chūfā 동 출발하다 | 准备 zhǔnbèi 동 준비하다, 계획하다

실전 모의고사 17번

17

p. 126

A 得过奖 B 拍摄了好几年 C 是关于少数民族的小吃 D 在国际频道播出	**A 상을 탄 적이 있다** B 여러 해 동안 촬영했다 C 소수 민족의 간식거리에 관한 내용이다 D 국제 방송에서 방영되었다
男：你昨天发给我的纪录片是关于什么的？ 女：是讲少数民族地区传统节日的，很有特色，还获过大奖呢。	남: 네가 어제 나에게 보내 준 다큐멘터리는 무엇에 관한 내용이야? 여: 소수 민족 지역의 전통 명절에 관한 내용이야. 매우 특색이 있어서 큰 상도 탔었어.
问：关于那部纪录片，可以知道什么？	**질문: 그 다큐멘터리에 관하여, 알 수 있는 것은?**

해설 두 사람은 남자가 여자에게 보내 준 다큐멘터리에 관하여 이야기를 나누고 있다. 그 다큐멘터리의 특징을 살펴보면, 첫째, 소수 민족의 전통 명절에 관한 내용이다. 둘째, 매우 특색이 있다. 셋째, 수상 경력이 있다. 위 3가지 내용에 부합한 A가 정답이 된다.

단어 **得奖** déjiǎng 동 상을 받다 | **拍摄** pāishè 동 촬영하다 | **少数民族** shǎoshù mínzú 명 소수 민족 | **小吃** xiǎochī 명 간식거리 | **国际** guójì 명 국제 | **频道** píndào 명 채널 | **播出** bōchū 동 방송하다, 방영하다 | **纪录片** jìlùpiàn 명 다큐멘터리 | **地区** dìqū 명 지구, 지역 | **传统** chuántǒng 명 전통 | **特色** tèsè 명 특색, 특징 | **获奖** huòjiǎng 동 상을 받다

실전 모의고사 18번

18

p. 126

A 学校　　B 饭店 C 火车　　D 银行	A 학교　　**B 식당** C 기차　　D 은행
男：那儿有一个靠窗的座位，我们可以坐那儿吗？ 女：真对不起，10号桌已经被人预订了，二楼也有靠窗的座位，请上楼。	남: 저기 창가 자리가 있는데, 저기에 앉아도 되나요? 여: 정말 죄송합니다. 10번 테이블은 이미 예약되어 있습니다. 2층에도 창가 자리가 있으니, 2층으로 올라가시죠.
问：对话最可能发生在什么地方？	**질문: 대화는 어디에서 일어나는 것이겠는가?**

해설 靠窗的座位(창가 자리)는 음식점뿐만 아니라 기차나 비행기에서 좌석을 찾을 때에도 듣게 된다. 하지만 10号桌(10번 테이블), 被人预订了(예약되어 있다), 请上楼(2층으로 올라가시죠) 등의 말을 통해 이곳이 식당임을 알 수 있다. 따라서 정답은 B가 된다.

Tip 음식점, 식당을 나타내는 단어는 饭馆이 가장 대표적이다. 饭店은 '호텔'이라는 뜻으로 많이 쓰이지만, '식당'이라는 의미도 있다. 따라서 만약 두 단어가 동시에 제시되어 있다면 饭馆을 선택하는 것이 옳다. 참고로 食堂은 학교나 회사의 구내식당을 의미한다.

단어 **饭店** fàndiàn 명 호텔, 식당 | **火车** huǒchē 명 기차 | **银行** yínháng 명 은행 | **靠** kào 동 닿다, 접근하다 | **窗** chuāng 명 창문 | **座位** zuòwèi 명 좌석 | **桌** zhuō 명 탁자 | **被** bèi 전 (~에게) ~을 당하다 | **预订** yùdìng 동 예약하다 | **上楼** shànglóu 동 위층으로 올라가다 | **对话** duìhuà 명 대화 | **可能** kěnéng 부 아마도 | **发生** fāshēng 동 발생하다

▶ 실전 모의고사 19번

19

p. 127

A 超重了 B 收件人拒收了 C 收件人信息有误 D 包裹内有违禁品	A 중량을 초과해서 B 수취인이 수령을 거부해서 **C 수취인의 정보가 잘못돼서** D 소포 안에 금지 품목이 들어 있어서
女：我寄的包裹怎么被退回来了？ 男：您填写的收件人信息有误，所以投递失败了。 **问：包裹为什么被退回来了？**	여: 제가 보낸 소포가 어째서 반송되어 돌아왔나요? 남: 당신이 적은 수취인 정보가 잘못 되어서, 배달이 제대로 이루어지지 못했습니다. **질문: 소포는 왜 반송되어 돌아왔는가?**

해설 여자가 보낸 소포가 반송되어 돌아온 이유에 관하여 대화를 나누고 있다. 일반적으로 중량이 초과되었다면 보낼 때 이미 문제가 되었을 것이고, 수취인이 수령을 거부하는 상황은 흔하지 않은 상황이므로 A, B는 정답이 될 수 없다. 여자가 보낸 소포가 돌아온 이유는 수취인 정보에 오류가 있었기 때문이다. 따라서 정답은 C가 된다.

단어 超重 chāozhòng 동 중량을 초과하다 | 收件人 shōujiàn 명 수취인 | 拒收 jùshōu 동 거절하고 받지 않다 | 信息 xìnxī 명 정보 | 误 wù 명 오류, 잘못 | 包裹 bāoguǒ 명 소포 | 违禁品 wéijìnpǐn 명 금지품 | 寄 jì 동 부치다, 보내다 | 退 tuì 동 반환하다 | 填写 tiánxiě 동 써넣다, 기입하다 | 投递 tóudì 동 배달하다 | 失败 shībài 동 실패하다

▶ 실전 모의고사 20번

20

p. 127

A 女的的爸爸 B 女的的女儿 C 女的的丈夫 D 女的的姐姐	A 여자의 아버지 B 여자의 딸 **C 여자의 남편** D 여자의 언니
男：最近怎么了？下班不回家，老在外面吃饭呢？ 女：我们家那位去北京出差了，我一个人也懒得做。 **问：谁出差了？**	남: 요즘 왜 그래요? 퇴근하고 집으로 안 가고, 늘 밖에서 밥을 먹고? 여: 우리 집 그이가 베이징으로 출장 갔어요. 나 혼자 밥을 해 먹기 귀찮아서요. **질문: 누가 출장을 갔는가?**

해설 여자는 남자의 질문에 남편이 출장 갔기 때문에, 혼자 밥해 먹기 귀찮아 주로 밖에서 외식한다고 했으므로, C가 정답이 된다. 이 문제는 관계를 파악해야 하므로 我们家那位(우리 집 그이)를 알아들을 수 있어야 한다.

• 어휘 변환
我们家那位 우리 집 그이
= C 丈夫 남편

Tip 남편을 지칭하는 어휘에는 丈夫，爱人，老公，我们家那位，孩子爸 등이 있다.

단어 丈夫 zhàngfu 명 남편 | 最近 zuìjìn 명 최근, 요즈음 | 下班 xiàbān 동 퇴근하다 | 回家 huíjiā 동 집에 가다 | 老 lǎo 부 자주, 늘 | 外面 wàimian 명 바깥 | 吃饭 chīfàn 동 밥을 먹다 | 出差 chūchāi 동 출장 가다 | 懒 lǎn 형 게으르다

✓ 정답 21. C 22. A 23. B 24. B 25. C 26. D 27. A 28. A 29. A 30. A
31. C 32. D 33. A 34. B 35. D 36. C 37. D 38. A 39. B 40. D
41. D 42. B 43. D 44. C 45. B

실전 모의고사 21번

21

p. 127

A 划船　B 滑冰 C 买票　D 去公园	A 배를 탄다　B 스케이트를 탄다 **C 표를 산다**　D 공원에 간다
男：你看，这个新修的人工湖多漂亮啊，除了夏天可以划船以外，冬天还可以滑冰。 女：真大呀！划船的人好多，我们也去划船吧。 男：好，到那边去买票。 女：我跟你一起去。 **问：他们先要做什么？**	남: 새로 만든 인공 호수가 얼마나 아름다운지 좀 봐 봐. 여름에 배를 탈 수 있을 뿐만 아니라, 겨울에는 스케이트도 탈 수 있어. 여: 정말 크다! 배를 타는 사람들이 정말 많네. 우리도 배 타러 가자. 남: 좋아. 저쪽으로 가서 표를 사자. 여: 같이 가. **질문: 그들은 먼저 무엇을 해야 하는가?**

해설 대화에서 그들은 새로 생긴 인공 호수를 감상하다가 배를 타기로 했고, 배를 타기 위해서 표를 사러 간다고 했다. 질문에서는 그들이 먼저 무엇을 하려고 하는지를 물었기 때문에, 정답은 C가 된다. 질문에서 先(먼저)을 확인하지 못하고 A를 정답으로 선택하는 실수를 해서는 안 된다.

Tip 동작 문제에서는 동작의 발생 시점(과거, 현재, 미래)도 중요하고, 먼저 해야 할 동작과 나중에 해야 할 동작의 선후 관계도 매우 중요하다.

단어 **划船** huáchuán 동 배를 젓다(타다) | **滑冰** huábīng 동 스케이트를 타다 | **公园** gōngyuán 명 공원 | **修** xiū 동 건축하다 | **人工湖** réngōnghú 명 인공 호수 | **除了** chúle 접 ~을 제외하고 | **夏天** xiàtiān 명 여름 | **以外** yǐwài 명 이외 | **冬天** dōngtiān 명 겨울 | **还** hái 부 게다가

실전 모의고사 22번

22

p. 127

A 门的密码　B 电脑密码 C 手机短信　D 保险箱密码	**A 문의 비밀번호**　B 컴퓨터의 비밀번호 C 휴대전화의 문자　D 금고의 비밀번호
男：喂，小赵，咱们办公室的新密码，你知道吗？ 女：知道，您记一下吧。 男：我没带纸和笔，给我发个短信可以吗？ 女：没问题，马上给你发过去。 **问：男的想要知道什么？**	남: 여보세요, 샤오자오, 우리 사무실의 새 비밀번호 알고 있나요? 여: 알아요. 받아 적으세요. 남: 종이와 펜이 없는데, 나에게 문자로 보내 줄 수 있어요? 여: 알겠어요. 바로 보낼게요. **질문: 남자는 무엇을 알고 싶어하는가?**

해설 녹음을 듣기 전에 보기에 密码(비밀번호)가 반복적으로 나오고 있는 것으로 보아, 이것이 질문의 키워드가 될 것임을 알 수 있다. 그렇다면 그 비밀번호가 무엇의 비밀번호인지를 중점적으로 들어야 하며, 密码 앞의 수식어가 힌트가 된다. 대화에서는 办公室的密码(사무실의 비밀번호)를 물었는데, 이는 B나 D처럼 사무실 안에 있는 특정한 물건이 아니라 门(문)의 비밀번호를 묻는 것이다. 따라서 정답은 A가 된다.

단어 **门** mén 명 입구, 문 | **密码** mìmǎ 명 암호, 비밀번호 | **短信** duǎnxìn 명 문자 메시지 | **保险箱** bǎoxiǎnxiāng 명 금고 | **办公室** bàngōngshì 명 사무실 | **记** jì 동 적다, 기록하다 | **带** dài 동 지니다 | **纸** zhǐ 명 종이 | **笔** bǐ 명 펜 | **发** fā 동 보내다 | **没问题** méiwèntí 동 문제없다 | **马上** mǎshàng 부 곧, 바로

실전 모의고사 23번

23

p. 127

A 买酒　B 喝酒
C 睡觉　D 吵架

A 술을 산다　**B 술을 마신다**
C 잠을 잔다　D 싸운다

女：你要的白酒，给你。真是个酒坛子。
男：哎! 本来我很感谢你给我买酒，可是每次都唠唠叨叨。如果你能让我安安静静地喝几杯，我就会更爱你。
女：一个酒坛子爱我? 我一点都不高兴。你能自己走路吗? 要不要找人抬你?
男：还不到那个程度，我只喝了一点儿，没醉。

问：男的正在做什么?

여: 네가 원하던 바이주야. 한 잔 받아. 정말 술고래라니까.
남: 에이! 네가 나에게 술 사 줘서 정말 고마웠는데, 매번 이렇게 잔소리를 하니. 만약 나를 조용히 몇 잔 마실 수 있게 해 준다면, 내가 널 더 많이 사랑할 텐데.
여: 술고래가 나를 사랑한다고? 나는 하나도 기쁘지가 않아. 혼자 걸을 수 있겠어? 부축해 줄 사람 부를까?
남: 아직 그 정도는 아니야. 나 조금밖에 안 마셨어. 안 취했어.

질문: 남자는 무엇을 하고 있는가?

해설 대화 내용을 보면 여자는 남자에게 술을 사 주며, 술고래라고 말하고 있다. 또한 남자는 여자에게 자신은 조금밖에 안 마셨으며 취하지도 않았다고 말하고 있는 것으로 보아 정답은 B가 된다.

Tip 白酒는 옥수수, 고구마 또는 과일 등을 발효, 증류시켜 만든 술로, 알코올 농도가 높은 무색의 술을 말한다. 보통 중국 음식점에서 볼 수 있는 고량주를 생각하면 된다.

단어 酒 jiǔ 명 술 | 吵架 chǎojià 동 말다툼하다 | 白酒 báijiǔ 명 바이주(백주) | 酒坛子 jiǔtánzi 명 술고래, 술단지 | 本来 běnlái 부 본래 | 感谢 gǎnxiè 동 감사하다 | 可是 kěshì 접 그러나 | 唠唠叨叨 láolao dāodāo 동 잔소리하다 | 如果 rúguǒ 접 만약 | 让 ràng 동 ~하게 하다 | 安静 ānjìng 형 조용하다 | 抬 tái 동 들어올리다 | 程度 chéngdù 명 정도 | 醉 zuì 동 취하다 | 正在 zhèngzài 부 ~하고 있다

실전 모의고사 24번

24

p. 127

A 很紧张　B 来得及
C 来不及　D 有点难

A 매우 촉박하다　**B 늦지 않는다**
C 늦는다　D 조금 힘들다

女：师傅，我赶飞机，能不能快点儿? 咱们走高速可以吗?
男：没问题，几点的飞机?
女：十二点的。
男：您放心，来得及，不会耽误的。

问：男的觉得时间怎么样?

여: 기사님, 비행기 시간이 촉박한데 좀 빨리 갈 수 있나요? 고속도로로 가도 될까요?
남: 문제없어요. 몇 시 비행기예요?
여: 12시요.
남: 걱정하지 마세요. 늦지 않아요. 놓치지 않을 거예요.

질문: 남자는 시간이 어떻다고 생각하는가?

해설 비행기 시간이 촉박하여 걱정하는 여자에게, 운전기사는 来得及(늦지 않는다)라며 긍정적 반응을 보이고 있다. 질문에서 여자가 아닌 남자(운전기사)에 관해 묻고 있으므로 부정적 어휘인 A, C, D는 정답이 될 수 없다. 따라서 정답은 B가 된다.

Tip 만약 질문에서 这段对话可能发生在哪儿? (대화는 어디에서 일어나는 것이겠는가?)이라고 질문했다면 정답은 出租汽车里(택시 안)가 된다. 모든 교통수단 중에서 快点儿(좀 빨리)을 부탁할 수 있는 건 택시밖에 없다.

단어 紧张 jǐnzhāng 형 긴박하다 | 来得及 láidejí 동 늦지 않다 | 来不及 láibují 동 제시간에 댈 수 없다 | 师傅 shīfu 명 기사님 | 赶 gǎn 동 서두르다, 재촉하다 | 高速 gāosù 명 고속도로 | 放心 fàngxīn 동 마음을 놓다 | 耽误 dānwu 동 (일을) 그르치다, 지체하다

실전 모의고사 25번

25
p. 127

A 中秋节 B 女的的生日 C 结婚纪念日 D 女的妈妈的生日	A 추석 B 여자의 생일 **C 결혼 기념일** D 여자 어머니의 생일
女：你没看日历吗？今天几号了？还用我提醒你吗？ 男：你到底想跟我说什么？ 女：你不会是真的忘了吧？我太伤心了。 男：啊，想起来了，今天是我们的结婚纪念日。 **问：今天是什么日子？**	여: 당신 달력 안 봤어요? 오늘이 며칠이에요? 내가 당신한테 알려 줘야 해요? 남: 도대체 뭘 말하고 싶은 거예요? 여: 정말 잊어버린 건 아니죠? 너무 속상하네요. 남: 아! 생각났어요. 오늘이 우리의 결혼 기념일이군요. **질문: 오늘은 무슨 날인가?**

해설 오늘은 그들의 결혼 기념일로, 남자가 결혼 기념일을 기억하지 못하는 것에 대해 여자는 무척 상심하고 있다. 따라서 정답은 C가 된다. 이런 문제는 질문 특성상 대화 뒷부분에서 정답을 찾을 수 있다.

단어 中秋节 Zhōngqiūjié 명 한가위, 추석 | 结婚 jiéhūn 동 결혼하다 | 纪念日 jìniànrì 명 기념일 | 日历 rìlì 명 달력 | 提醒 tíxǐng 동 일깨우다 | 到底 dàodǐ 부 도대체 | 忘 wàng 동 잊다 | 伤心 shāngxīn 동 상심하다

실전 모의고사 26번

26
p. 127

A 春节 B 国庆节 C 中秋节 D 休年假时	A 설날(음력설) B 국경절 C 추석 **D 연차 휴가 때**
男：听说玉龙雪山的景色特别美。 女：是，那儿是云南最著名的景点之一。 男：我本来打算中秋节带父母去转转，但又担心人太多。 女：你可以休年假去，避开旅游高峰期。 **问：女的建议男的什么时候去玉龙雪山？**	남: 듣자 하니 위룽쉐산의 경치가 너무나 아름답대. 여: 맞아. 그곳은 윈난에서 가장 유명한 여행지 중의 하나야. 남: 나는 원래 추석에 부모님을 모시고 여행할 계획인데, 사람이 너무 많을까 봐 걱정이야. 여: 연차 휴가를 내고 가면, 관광 성수기를 피할 수 있어. **질문: 여자는 남자가 언제 위룽쉐산에 갈 것을 제안했는가?**

해설 연휴에 소문난 여행지를 간다면 풍경을 제대로 감상하지 못하고, 그야말로 인산인해만 구경하다가 돌아올 수도 있다. 여자는 개별적으로 연차 휴가를 내서 가는 것을 추천하고 있다. 따라서 정답은 D가 된다.

단어 国庆节 guóqìngjié 명 국경절 | 休年假 xiū niánjià 연차 휴가를 내다 | 玉龙雪山 yùlóng xuěshān 명 옥룡설산 | 景色 jǐngsè 명 경치, 풍경 | 著名 zhùmíng 형 저명하다, 유명하다 | 景点 jǐngdiǎn 명 경치가 좋은 곳, 명소 | 本来 běnlái 부 본래, 원래 | 转 zhuàn 동 들르다, 둘러보다 | 避开 bìkāi 동 비키다, 피하다 | 高峰期 | 建议 jiànyì 동 건의하다, 제안하다

▶ 실전 모의고사 27번

27

p. 128

A 会做菜　　B 没带现金　　A 음식을 만들 줄 안다　　B 현금을 갖고 있지 않다
C 喜欢冬天　　D 是个工程师　　C 겨울을 좋아한다　　D 엔지니어다

女：天这么冷，就送到这儿吧，赶紧回去吧。家里还有别的客人呢。
男：没关系，我不冷，既然已经出来了就送到地铁站吧。
女：没想到你还会做饭，而且味道好极了。
男：在这方面我还是有自信的。那个鱼香肉丝做得不错吧？

问：关于男的，下面哪项正确？

여: 날씨가 이렇게 추운데, 여기까지 바래다주시면 돼요. 어서 집으로 들어가세요. 집에 아직 다른 손님도 계시잖아요.
남: 괜찮아요. 난 안 추워요. 어차피 나왔는데 지하철역까지 바래다줄게요.
여: 당신이 음식을 만들 수 있을 줄 상상도 못했어요. 게다가 정말 맛있었어요.
남: 이 방면에는 그래도 자신이 있어요. 그 위샹러우쓰 맛있었죠?

질문: 남자에 관해서 다음 중 옳은 것은?

해설 녹음 내용으로 보아 남자는 오늘 사람들을 초대하여 음식 대접을 했고, 여자는 남자가 직접 음식을 만든 것에 놀라워하고 있다. 따라서 정답은 A가 된다.

단어 做菜 zuòcài 동 요리하다 | 带 dài 동 지니다 | 现金 xiànjīn 명 현금 | 冬天 dōngtiān 명 겨울 | 工程师 gōngchéngshī 명 엔지니어 | 冷 lěng 형 춥다 | 送 sòng 동 배웅하다 | 赶紧 gǎnjǐn 부 서둘러 | 回去 huíqù 동 돌아가다 | 别的 biéde 대 다른 것 | 客人 kèrén 명 손님 | 既然 jìrán 접 기왕 ~된 바에야 | 出来 chūlái 동 나오다 | 做饭 zuòfàn 동 밥을 하다, 음식을 만들다 | 而且 érqiě 접 게다가 | 味道 wèidào 명 맛 | 极 jí 부 매우 | 方面 fāngmiàn 명 방면 | 自信 zìxìn 동 자신하다 | 不错 búcuò 형 좋다, 괜찮다 | 关于 guānyú 전 ~에 관해서 | 正确 zhèngquè 형 정확하다

▶ 실전 모의고사 28번

28

p. 128

A 教练　　B 国家队选手　　A 코치　　B 국가 대표 선수
C 商人　　D 公务员　　C 상인　　D 공무원

男：这名乒乓球运动员看起来很面熟。
女：当然，他以前是国家队选手，目前担任国家队的教练。
男：原来如此。
女：我看新闻说他指导的运动员都很优秀。

问：那名乒乓球运动员现在从事哪种职业？

남: 이 탁구 선수는 매우 낯이 익어 보이네.
여: 당연하죠. 그는 예전에 국가 대표단 선수였고, 지금은 국가 대표팀 코치를 맡고 있어요.
남: 그렇구나.
여: 뉴스에서 들었는데, 그가 지도하는 선수들이 모두 우수하다고 하더라고요.

질문: 그 탁구 선수는 현재 어떤 직업에 종사하는가?

해설 남녀는 줄곧 탁구 국가 대표와 코치에 관한 이야기를 나누고 있다. 따라서 매력적인 보기는 A, B가 되고, C, D는 정답에서 제외된다. 대화에서 以前(예전)과 现在(현재) 두 가지 시제가 나왔으므로 잘 살펴보아야 한다. 그는 예전에는 국가 대표팀 선수였고, 현재(目前=现在)는 대표팀 코치(教练)을 맡고 있다고 했으므로 정답은 A가 된다.

단어 教练 jiàoliàn 명 코치 | 国家队 guójiāduì 명 국가 대표팀 | 选手 xuǎnshǒu 명 선수 | 商人 shāngrén 명 상인 | 公务员 gōngwùyuán 명 공무원 | 乒乓球 bīngpāngqiú 명 탁구 | 运动员 yùndòngyuán 명 운동선수 | 面熟 miànshú 형 낯익다 | 目前 mùqián 명 현재, 지금 | 担任 dānrèn 동 맡다, 담당하다 | 原来如此 yuánlái rúcǐ 알고 보니 그렇다 | 新闻 xīnwén 명 뉴스 | 指导 zhǐdǎo 동 지도하다 | 优秀 yōuxiù 형 우수하다 | 从事 cóngshì 동 종사하다, 일을 하다 | 职业 zhíyè 명 직업

실전 모의고사 29번

29

p. 128

A 很熟悉这儿　B 是这儿的职员 C 是健身房的教练　D 每天都来做运动	A 이곳에 매우 익숙하다　B 이곳의 직원이다 C 헬스클럽의 코치다　D 매일 와서 운동한다
男：你常常来这个健身房做运动吗？ 女：以前一个星期来三次，可是最近工作太忙了，常常加班，只好偶尔来一次。你呢？ 男：今天是第一次来，对这儿还不熟悉。 女：不要紧，我带你到处走走，熟悉一下这儿的环境。	남: 당신은 이 헬스클럽에 자주 와서 운동하세요? 여: 예전에는 일주일에 세 번 왔었는데, 요즘 일이 너무 바쁘고 야근도 많이 해서, 가끔 한 번씩 오곤 해요. 당신은요? 남: 오늘 처음 와서, 여기에 아직 익숙하지가 않네요. 여: 긴장하지 마세요. 제가 여기저기 데려가서 이곳 환경에 익숙해지게 해 드릴게요.
问：关于女的，可以知道什么？	**질문: 여자에 관해서 알 수 있는 것은?**

해설 녹음에서 남녀 직업에 대한 힌트가 나오지 않았으므로 B, C는 정답이 될 수 없다. 헬스클럽에 처음 온 남자에게 여자가 헬스클럽 이곳저곳을 돌아보자고 말하는 것으로 보아, 여자는 헬스클럽에 대해 잘 알고 있음을 추측할 수 있으므로, 정답은 A가 된다.

단어 **熟悉** shúxī 형 잘 알다, 익숙하다 | **职员** zhíyuán 명 직원 | **健身房** jiànshēnfáng 명 헬스클럽 | **教练** jiàoliàn 명 코치 | **每天** měitiān 부 매일 | **常常** chángcháng 부 자주, 늘 | **以前** yǐqián 명 이전 | **可是** kěshì 접 그러나 | **最近** zuìjìn 명 최근, 요즈음 | **加班** jiābān 동 초과 근무하다 | **只好** zhǐhǎo 부 부득이, 어쩔 수 없이 | **偶尔** ǒu'ěr 부 때때로, 가끔씩 | **不要紧** búyàojǐn 형 괜찮다 | **到处** dàochù 부 도처에, 곳곳에 | **环境** huánjìng 명 환경 | **关于** guānyú 전 ~에 관해서

실전 모의고사 30번

30

p. 128

A 演得很成功 B 经常说错台词 C 表演经验丰富 D 不理解剧中人物	A 연기를 매우 잘했다 B 자주 대사를 틀렸다 C 연기 경험이 풍부하다 D 극 중 인물을 이해하지 못한다
女：最近我一直在追一部小说改编的电视剧。 男：你说的这部剧是现在人气第一的电视剧吗？观众对女主演的评价非常高呢。 女：这个演员把小说里的人物演活了，简直跟我心目中的女主角一模一样。 男：听说她为了演好这个角色下了大工夫，光原著就读了四五遍。	여: 나는 요즘 계속 원작을 각색한 드라마를 보고 있어. 남: 네가 말하는 드라마가 요즘 인기 1위 드라마지? 시청자들은 여자 주인공에 대한 평가가 아주 높더라고. 여: 이 배우는 소설 속의 인물이 살아 돌아온 것처럼 연기해. 그야말로 내 가슴속의 여자 주인공과 완전 똑같아. 남: 듣자 하니 그녀는 이 배역을 제대로 연기하고 싶어서 많은 노력을 했대. 원작만 네다섯 번은 읽었다 하더라.
问：关于那名演员，可以知道什么？	**질문: 그 연기자에 관하여, 알 수 있는 것은?**

해설 대화 속에 언급되는 드라마(电视剧)와 배우(演员)에 대한 평가는 어떠한가? 人气第一(인기 1위다), 评价很高(평가가 매우 높다) 등 긍정적인 어휘가 자주 등장하므로 부정적인 견해를 나타내는 B, D는 소거한다. 물론 表演经验很丰富(연기 경험이 풍부하다)도 매력적인 정답이 될 수 있겠으나, 연기를 잘하는 사람이 반드시 연기 경험이 많은 것은 아니다. 녹음에서는 把小说里的人物演活(소설 속의 인물이 살아 돌아온 것처럼 연기하다)라며, 여자 주인공의 연기력에 대한 칭찬이 주를 이루기 때문에 정답은 A가 된다.

단어 **台词** táicí 명 대사 | **表演** biǎoyǎn 명동 연기(하다) | **经验** jīngyàn 명 경험 | **丰富** fēngfù 형 풍부하다, 많다 | **理解** lǐjiě 동 이해하다 | **人物** rénwù 명 인물 | **追** zhuī 동 뒤쫓다, 추구하다 | **部** bù 양 부 | **改编** gǎibiān 동 각색하다 | **电视剧** diànshìjù 명 드라마 | **人气** rénqì 명 인기 | **观众** guānzhòng 명 관중 | **主演** zhǔyǎn 명 주연 | **评价** píngjià 명동 평가(하다) | **演员** yǎnyuán 명 배우, 연기자 | **小说** xiǎoshuō 명 소설 | **简直** jiǎnzhí 부 그야말로, 완전히, 실로 | **心目** xīnmù 명 마음속, 심중 | **主角** zhǔjué 명 주인공 | **一模一样** yìmú yíyàng 성어 같은 모양 같은 모습이다 | **角色** juésè 명 배역, 역할 | **下工夫** xià gōngfu 공을 들이다, 노력하다 | **光** guāng 부 다만, 오직 | **原著** yuánzhù 명 원작 | **遍** biàn 양 번, 회

[31-32]

▶ 실전 모의고사 31-32번

当你在人生地不熟的国外需要帮助，却不懂当地的语言时该怎么办？大卫就碰到过这种情况。有一次❸❶他在国外旅游，找了半天就是找不到自己预订的酒店，大卫解释了半天，当地人就是不明白他的意思。

回国后，大卫❸❷想帮助更多像他一样在国外有需要的人。于是，他和朋友们共同设计了一款印有四十个图标的衣服。这些图标既包含了外出旅游时常去的火车站、机场、酒店等地点，也有日常生活中需要的电话、食品、药物等。在国外穿上这种衣服，遇到问题时，只要指指身上的图标，当地人很快就能明白你的需求了。

당신이 생전 처음 가 보는 낯선 외국에서 도움이 필요할 때, 현지 언어를 모른다면 어떻게 해야 할까? 데이비드는 이런 상황에 맞닥뜨린 적이 있다. 한 번은 ❸❶그가 외국에 여행을 갔을 때 한참을 찾았는데도 자신이 예약한 호텔을 찾을 수 없었다. 데이비드는 한참 동안 설명을 했지만 현지인은 그의 말뜻을 이해하지 못했다.

귀국 후, 데이비드는 ❸❷자신처럼 외국에서 도움이 필요한 사람들을 돕고 싶었다. 그래서, 그는 친구와 함께 40개 아이콘이 인쇄되어 있는 옷을 디자인했다. 이 아이콘은 외국에 여행할 때 자주 가는 기차역, 공항, 호텔 등과 같은 장소와 일상생활 중 필요한 전화, 식품, 약물 등도 포함되어 있다. 외국에서 이러한 옷을 입으면 어떤 문제에 봉착했을 때, 몸의 아이콘만 가리키면 현지인이 아주 빨리 당신의 요구를 알 수 있게 될 것이다.

단어 人生地不熟 rénshēng dì bù shú 사람도 생소하고 땅도 익숙하지 않다, 환경이 낯설다 | 国外 guówài 명 외국, 국외 | 却 què 부 오히려, 도리어 | 当地 dāngdì 명 현지 | 语言 yǔyán 명 언어 | 情况 qíngkuàng 명 상황, 정황 | 半天 bàntiān 명 한참 동안, 한나절 | 预订 yùdìng 동 예약하다 | 解释 jiěshì 동 설명하다 | 当地人 dāngdìrén 명 현지인 | 于是 yúshì 접 그래서, 그리하여 | 共同 gòngtóng 부 함께, 다같이 | 设计 shèjì 동 디자인하다 | 款 kuǎn 양 디자인, 타입 | 印有 yìnyǒu 동 인쇄되어 있다, 찍혀 있다 | 图标 túbiāo 명 아이콘 | 既 jì 접 ~할 뿐만 아니라 ~뿐더러 ~하고 | 包含 bāohán 동 포함하다 | 外出 wàichū 동 외출하다 | 地点 dìdiǎn 명 지점, 장소 | 日常生活 rìcháng shēnghuó 명 일상생활 | 食品 shípǐn 명 식품 | 药物 yàowù 명 약품 | 只要 zhǐyào 접 ~하기만 하면, 만약 ~라면 | 指 zhǐ 동 가리키다 | 需求 xūqiú 명 필요, 요구

▶ 실전 모의고사 31번

31

p. 128

A 受伤了　B 护照丢了
C 找不到酒店　D 误了航班

A 다쳤다　B 여권을 잃어버렸다
C 호텔을 찾을 수 없었다　D 비행기를 놓쳤다

问：大卫在国外旅游时遇到了什么问题？

질문: 데이비드는 외국 여행 시 어떤 문제에 맞닥뜨렸나?

해설 언어가 통하지 않는 낯선 나라에서 많은 문제를 맞닥뜨리곤 한다. 여행지에 가서 제일 처음 하는 것은 아마도 예약한 호텔에 가서 짐을 푸는 일일 것이다. 데이비드는 자신이 예약한 호텔을 찾을 수 없는(找不到自己预订的酒店) 난처한 상황에 놓였다고 했으므로 정답은 C가 된다.

단어 受伤 shòushāng 동 상처를 입다, 부상을 당하다 | 丢 diū 동 잃어버리다 | 误 wù 동 늦다, 지각하다, 지체하다

▶ 실전 모의고사 32번

32

p. 128

A 销售创记录
B 让当地人喜欢自己
C 吸引路人的眼球
D 帮助解决旅游中语言不通的问题

A 판매 기록을 갱신하기 위하여
B 현지인이 자신을 좋아하게 하기 위해서
C 길 가는 행인의 이목을 끌기 위해서
D 여행 중 언어가 통하지 않는 문제를 해결하기 위해서

问：关于设计那款衣服的目的，下列哪项正确？

질문: 그 옷을 디자인 한 목적에 대하여 다음 중 옳은 것은?

해설 여행 중에 난처한 일을 겪은 데이비드는 자신처럼 외국에서 언어가 통하지 않는 사람들을 돕고 싶었고 그래서 친구와 함께 40여개의 아이콘이 있는 옷을 디자인했다는 것을 두 번째 단락을 통해서 알 수 있다. 따라서 정답은 D가 된다.

단어 销售 xiāoshòu 동 판매하다 | 创记录 chuàng jìlù 동 종전의 사례를 깨다. 새로운 운동 기록을 세우다 | 吸引 xīyǐn 동 매료시키다. 끌어당기다 | 路人 lùrén 명 행인 | 眼球 yǎnqiú 명 주의, 시선, 이목 | 解决 jiějué 동 해결하다

[33-35]

실전 모의고사 33-35번

一名研究生毕业生㉝打算去一家世界500强公司实习。他在考试中表现得很好，给人事部经理留下了很好的印象。㉞可当经理看到这名学生提供的成绩单时，却感到很失望，因为他们发现这名学生上学期间各门功课的成绩基本都只是及格而已。经过公司的会议讨论，他们决定不录用这名学生。他们认为，成绩虽然不是最重要的，但却能从侧面反映出一个人对待学业的态度。从这名学生的成绩来看，他对自己和学业都不够负责。而这样的人，㉟在未来的工作中可能也不会尽心尽力。

한 석사 졸업생이 ㉝세계 500대 기업의 인턴을 하고 싶었다. 그는 시험에서 아주 잘 봐서 인사부 매니저에게 아주 좋은 인상을 남겼다. ㉞그러나 매니저는 이 학생이 제출한 성적표를 보고 매우 실망했다. 이 학생이 지난 학기에 각 과목의 성적이 겨우 과락을 면한 수준일 뿐이라는 것을 발견했기 때문이었다. 회사에서는 회의를 거쳐 이 학생을 채용하지 않기로 결정했다. 성적이 비록 가장 중요한 것은 아니지만, 한 사람이 학업을 대하는 태도를 측면적으로 볼 수 있다고 여겼기 때문이다. 이 학생의 성적으로 보았을 때, 그는 자신과 학업에 대하여 책임감이 부족하다는 것을 알 수 있다. 이런 사람은 ㉟나중에 업무를 할 때에도 전심전력으로 하지 않을 가능성이 있다.

단어 研究生 yánjiūshēng 명 연구생, 대학원생 | 毕业生 bìyèshēng 명 졸업생 | 实习 shíxí 동 실습하다 | 表现 biǎoxiàn 명동 표현(하다) | 人事部 rénshìbù 명 인사부 | 留下 liúxià 동 남기다 | 印象 yìnxiàng 명 인상 | 提供 tígōng 동 제공하다 | 成绩单 chéngjìdān 명 성적표 | 却 què 부 오히려, 그러나 | 感到 gǎndào 동 느끼다, 생각하다 | 失望 shīwàng 동 실망하다 | 发现 fāxiàn 동 발견하다 | 功课 gōngkè 명 학과목 | 基本 jīběn 형 기본의, 근본적인 | 及格 jígé 동 합격하다 | 而已 éryǐ 조 ~만, ~뿐 | 讨论 tǎolùn 명동 토론(하다) | 决定 juédìng 동 결정하다, 결심하다 | 录用 lùyòng 동 채용하다, 고용하다 | 侧面 cèmiàn 명 측면, 한편 | 反映 fǎnyìng 동 반영하다 | 对待 duìdài 동 대하다, 대처하다 | 学业 xuéyè 명 학업 | 态度 tàidu 명 태도 | 负责 fùzé 동 책임을 지다 | 未来 wèilái 명 미래 | 尽心尽力 jìnxīn jìnlì 있는 힘과 성의를 다하다

실전 모의고사 33번

33

p. 128

A 那家企业是有名的大公司	A 그 기업은 유명한 대기업이다
B 那个企业招聘过程很简单	B 그 기업의 채용 과정은 매우 간단하다
C 那个学生刚大学毕业	C 그 학생은 막 대학을 졸업했다
D 那名毕业生笔试不及格	D 그 학생은 필기 시험에 불합격했다
问：根据这段话，可以知道什么？	질문: 이 글을 통해서 알 수 있는 것은?

해설 그는 학사 졸업생이 아니라, 석사 졸업생이고 필기를 불합격한 것이 아니라, 우수한 성적으로 통과했다고 했다. 따라서 C, D는 정답이 될 수 없다. 그 학생이 가고 싶어하는 회사는 世界500强公司(세계 500대 기업)라고 했으므로 유명한 대기업임을 알 수 있다. 따라서 정답은 A가 된다.

단어 企业 qǐyè 명 기업 | 招聘 zhāopìn 동 모집하다, 초빙하다 | 过程 guòchéng 명 과정 | 笔试 bǐshì 명 필기 시험

실전 모의고사 34번

34

p. 128

A 面试态度　　B 成绩
C 推荐信　　D 研究生证

A 면접 태도　　**B 성적**
C 추천서　　D 대학원생 학생증

问：人事经理对那名学生的什么地方不满意?

질문: 인사부 매니저는 그 학생의 어느 부분이 만족스럽지 않았는가?

해설 석사 과정까지 마친 사람이 세계 500대 기업에서 인턴을 하고 싶었다. 그가 희망하던 대로 회사에서 본 시험 성적은 매우 우수하여 인사팀 매니저에게 좋은 인상을 주었다. 하지만, 그가 제출한 대학원 마지막 학기 성적이 겨우 과락을 면할 정도의 수준이어서 인사부 매니저는 실망하게 되었다. 따라서 정답은 B가 된다. 평상시 자신의 본분에 최선을 다하지 않는다면 언젠가는 자신의 발목을 잡을 수 있다는 교훈을 주는 이야기다.

단어 推荐信 tuījiànxìn 명 추천서

실전 모의고사 35번

35

p. 128

A 没有领导才能
B 不善于与人交往
C 不会灵活运用知识
D 未来工作可能不尽力

A 관리자의 능력이 없어서
B 사람들과의 교류를 잘 하지 못해서
C 지식을 잘 활용하지 못해서
D 나중에 업무를 열심히 하지 않을 것 같아서

问：经理为什么没有录用那名学生?

질문: 매니저는 왜 이 학생을 채용하지 않았는가?

해설 회사에서는 그 학생을 채용할지 여부를 회의를 통해 결정했다. 회사에서는 성적이 가장 중요한 부분은 아니지만, 자신에게 주어진 일에 대해서 어떻게 행동하는지를 어느 정도 예상할 수 있다고 판단했다. 자신에 일에 최선을 다하지 않는 사람은 회사 일에 집중할 수 없을 것이라고 여겨서 고용하지 않기로 결정했다. 따라서 정답은 D가 된다.

단어 领导 lǐngdǎo 동 지도하다, 이끌고 나가다 | 才能 cáinéng 명 재능, 지식과 능력 | 善于 shànyú 동 ~에 능숙하다, 잘하다 | 交往 jiāowǎng 명동 왕래(하다), 교제(하다) | 灵活 línghuó 형 재빠르다, 융통성이 있다, 원활하다 | 运用 yùnyòng 동 운용하다, 활용하다 | 知识 zhīshi 명 지식

[36-37]

실전 모의고사 36-37번

一位中年人参加了跟团旅行，没想到旅游团里有一个商人很不喜欢他，连着好几天，㊱那个商人总是找机会骂他，总说各种难听的话，㊲但是这位中年人一直都没有说什么。旅行快结束的时候，这位中年人问商人，"有人送你一份礼物，但你拒绝接受，那这份礼物应该属于谁呢?" 商人回答: "你这个笨蛋，当然属于送礼的那个人了。" 这位中年人笑着说: "没错，我不接受你的辱骂的话，那你就是在骂自己了。"

한 중년 남자가 단체 여행에 참가했는데, 생각지 못하게 여행단의 한 상인이 그를 매우 싫어했다. 연속 며칠 동안, ㊱그 상인은 줄곧 기회만 생기면 그를 욕하고, 여러 가지 듣기 싫은 말을 했㊲지만 이 중년 남자는 계속 아무 말도 하지 않았다. 여행이 끝나갈 무렵, 이 중년 남자는 상인에게 물었다. "누군가가 당신에게 선물을 줬는데 당신이 거절한다면 그 선물은 누구 것이 되나요?" 상인이 대답했다. "이 바보 같으니라고! 당연히 선물을 주는 사람 것이지." 이 중년 남자는 웃으면서 "맞아요. 제가 당신의 욕설을 받아들이지 않으면 당신은 바로 자신을 욕하고 있는 겁니다."라고 말했다.

단어 中年人 zhōngniánrén 명 중년 | 参加 cānjiā 동 참가하다 | 跟 gēn 동 따라가다 | 团 tuán 명 단체 | 旅行 lǚxíng 동 여행하다 | 旅游团 lǚyóutuán 명 여행단 | 商人 shāngrén 명 상인 | 总是 zǒngshì 부 늘, 줄곧 | 机会 jīhuì 명 기회 | 骂 mà 동 욕하다 | 各种 gèzhǒng 형 각종의 | 难听 nántīng 형 듣기 싫다 | 但是 dànshì 접 그러나 | 一直 yìzhí 부 계속 | 结束 jiéshù 동 끝나다 | 礼物 lǐwù 명 선물 | 拒绝 jùjué 동 거절하다 | 接受 jiēshòu 동 받아들이다 | 属于 shǔyú 동 ~에 속하다 | 笨蛋 bèndàn 명 바보, 멍청이 | 当然 dāngrán 부 당연히 | 没错 méicuò 형 틀림없다 | 辱骂 rǔmà 동 욕설을 퍼붓다

실전 모의고사 36번

36

p. 128

A 一直称赞他	A 계속 그를 칭찬했다
B 一直跟他聊天	B 계속 그와 이야기를 했다
C 不停地批评他	**C 계속 그를 비난했다**
D 一直不和他说话	D 계속 그와 말을 하지 않았다
问：商人是怎么对待那个中年人的?	**질문: 상인은 중년 남자를 어떻게 대했는가?**

해설 녹음에서는 那个商人总是找机会骂他(그 상인은 줄곧 기회만 생기면 그를 욕했다)라고 언급했기 때문에 骂(욕하다) 대신 批评(비난하다)이 쓰인 C가 정답이 된다. 그리고 계속 그와 말을 하지 않은 것은 상인이 아닌 중년 남자이므로 D는 정답이 될 수 없다.

• 어휘 변환
骂 욕하다 = C 批评 비난하다

단어 称赞 chēngzàn 동 칭찬하다 | 聊天 liáotiān 동 잡담하다, 이야기하다 | 批评 pīpíng 동 비난하다, 비평하다 | 对待 duìdài 동 대하다

실전 모의고사 37번

37

p. 129

A 很难过	A 매우 괴롭다
B 很讨厌商人	B 상인을 매우 싫어한다
C 平时不喜欢说话	C 평소 말하기를 좋아하지 않는다
D 不在乎商人说什么	**D 상인이 무슨 말을 하든 신경 쓰지 않는다**
问：关于这位中年人，可以知道什么?	**질문: 이 중년 남자에 관해서 알 수 있는 것은?**

해설 녹음 지문을 통해 상인이 이 중년 남자를 싫어함을 알 수 있다. 문제에서는 중년 남자에 관해 물었다. B의 很讨厌商人은 '중년 남자가 상인을 매우 싫어했다'라는 뜻이 되므로 주어와 목적어가 바뀌어 정답이 될 수 없다. 이 중년 남자가 상인에게 아무 말도 하지 않은 이유는 평소에 말하기를 좋아하지 않아서(C)가 아니라, 자신에게 욕설을 하든 말든 신경 쓰지 않았기 때문이다. 따라서 정답은 D가 된다.

단어 难过 nánguò 형 고통스럽다, 괴롭다 | 讨厌 tǎoyàn 동 싫어하다 | 平时 píngshí 명 평소 | 不在乎 búzàihu 동 개의치 않다, 신경 쓰지 않다 | 关于 guānyú 전 ~에 관해서

[38-39]

실전 모의고사 38-39번

㊳一家饮品店的顾客变得越来越少了。曾有顾客反映奶茶的味道太淡了。老板觉得很委屈，同样价格的奶茶，他们店所用的材料并不比其他奶茶店少。

老板仔细观察后发现，原来问题出在奶茶的杯子上。他们店里一直用的是黄色的杯子，由于色彩搭配的关系，用这种杯子装奶茶后，奶茶看上去颜色很淡，因此顾客会觉得奶茶的浓度不够。后来，㊴这家饮品店改用了红色的杯子，尽管奶茶的浓度还是和原来一样，但顾客却明显增加了。

㊳한 음료 가게의 고객이 갈수록 줄어들었다. 예전에 밀크티의 맛이 너무 싱겁다는 고객의 반응이 있었다. 사장은 너무 억울했는데, 같은 가격의 밀크티면 그의 가게에서 사용하는 재료가 다른 가게보다 결코 적지 않았기 때문이다.

사장은 자세히 관찰했고, 알고 보니 문제는 밀크티의 컵에 있다는 것을 발견했다. 그의 가게에서는 줄곧 노란색 계열의 컵을 사용했는데 색깔 조합의 문제 때문에 이 컵에 밀크티를 담으면 밀크티가 옅은 색으로 보이는 것이었다. 그래서 고객들은 밀크티의 농도가 부족하다고 느끼는 것이었다. 나중에 ㊴이 음료 가게는 빨간색 컵으로 바꾸었더니, 밀크티의 농도는 여전히 원래와 같았지만 고객들은 오히려 늘어났다.

단어 饮品 yǐnpǐn 명 음료 | 顾客 gùkè 명 고객 | 曾 céng 부 일찍이, 이전에 | 反映 fǎnyìng 명 반응 | 奶茶 nǎichá 명 밀크티 | 味道 wèidào 명 맛 | 淡 dàn 형 싱겁다 | 老板 lǎobǎn 명 사장, 주인 | 委屈 wěiqu 형 억울하다 | 同样 tóngyàng 형 같다, 다름없다, 마찬가지다 | 价格 jiàgé 명 가격 | 材料 cáiliào 명 재료 | 仔细 zǐxì 형 자세하다, 꼼꼼하다 | 观察 guānchá 동 관찰하다 | 发现 fāxiàn 동 발견하다 | 原来 yuánlái 부 알고 보니 | 黄色 huángsè 명 노란색 | 由于 yóuyú 전 ~때문에, ~로 인하여 | 色彩 sècǎi 명 색채 | 搭配 dāpèi 동 배합하다, 조합하다 | 关系 guānxi 명 관계 | 装 zhuāng 동 담다 | 因此 yīncǐ 접 그래서, 이 때문에 | 浓度 nóngdù 명 농도 | 够 gòu 형 충분하다, 넉넉하다 | 改用 gǎiyòng 동 고쳐 쓰다 | 红色 hóngsè 명 빨강 | 尽管 jǐnguǎn 접 비록 ~라 하더라도, ~에도 불구하고 | 却 què 부 오히려, 도리어 | 明显 míngxiǎn 형 뚜렷하다, 분명하다 | 增加 zēngjiā 동 증가하다

실전 모의고사 38번

38

p. 129

A 顾客觉得味道太淡	**A 고객들이 맛을 너무 싱겁다고 느껴서**
B 杯子样式太难看	B 컵의 디자인이 예쁘지 않아서
C 材料不足	C 재료가 부족해서
D 服务员的态度不好	D 종업원의 태도가 좋지 않아서

问：奶茶店为什么生意越来越差？ **질문: 밀크티 가게는 왜 장사가 점점 안됐는가?**

해설 밀크티 가게는 날이 갈수록 고객이 점점 줄어들었다. 그 이유는 밀크티의 농도가 옅어서 싱겁다는 고객의 반응에서 찾을 수 있다. C의 材料不足(재료가 부족하다)를 정답으로 오해할 수 있지만, 재료의 양적인 면에서는 전혀 문제가 없다고 본문에서 언급했기 때문에 정답은 A가 된다.

단어 样式 yàngshi 명 디자인, 형식 | 难看 nánkàn 형 못생기다, 보기 싫다 | 态度 tàidu 명 태도

실전 모의고사 39번

39

p. 129

A 增加奶茶浓度	A 밀크티 농도를 진하게 해서
B 换成了红色的杯子	**B 빨간색 컵으로 바꿔서**
C 重新装修环境	C 인테리어를 다시 해서
D 增加了新口味	D 새로운 맛을 추가해서

问：老板最后是怎么解决问题的？ **질문: 사장은 마지막에 어떻게 문제를 해결했는가?**

해설 밀크티의 맛이 싱거운 원인은 재료를 적게 써서가 아니라, 밀크티를 담는 컵의 색이 본래의 색을 더욱 옅게 보이게 했기 때문이다. 사장은 컵을 빨간색으로 바꿔서 색을 진하게 보이게 하여 문제를 해결했다. 따라서 정답은 B가 된다.

단어 换成 huànchéng 동 ~으로 바꾸다 | 重新 chóngxīn 부 다시, 새로이 | 装修 zhuāngxiū 동 인테리어를 하다 | 环境 huánjìng 명 환경 | 口味 kǒuwèi 명 맛

[40-42]

실전 모의고사 40-42번

一个国王有三个儿子，但是⑩这三个儿子常闹矛盾，一点儿都不团结。老国王担心自己死后，他们会为争王位而互相残杀。有一天，他把这三个儿子叫到跟前，⑪给三个儿子每人一根筷子，让他们折断。三个儿子轻轻一折，很轻松地就把手中的筷子折断了。⑪国王又给三个儿子每人三根筷子，这三根筷子是紧紧捆在一起的，这回，三个儿子不管怎么使劲，没有一个人能折断捆在一起的三根筷子。这时，国王说话了："你们就像这三根筷子，如果只凭一个人的力量，很容易被打败，⑫而大家团结在一起，就会像捆紧的筷子，力量才强大。"

한 국왕에게 세 명의 아들이 있었다. 하지만 ⑩이 세 아들은 자주 싸우고, 전혀 단결하지 않았다. 나이 든 국왕은 자신이 죽은 후, 아들들이 왕위를 쟁탈하기 위해 서로 학살할 것을 걱정했다. 어느 날 국왕은 세 아들을 앞으로 불러다 놓고, ⑪세 아들에게 젓가락을 하나씩 주면서 부러뜨리라고 했다. 세 아들은 가볍게 꺾어, 손에 있는 젓가락을 쉽게 부러뜨렸다. ⑪국왕은 다시 아들에게 모두 세 개의 젓가락을 주었고, 이 세 개의 젓가락은 꽉 묶여 있었다. 이번엔 세 아들이 어떻게 힘을 써도 묶여 있는 세 개의 젓가락을 부러뜨릴 수 있는 사람이 없었다. 이때 국왕이 말했다. "너희는 마치 이 세 개의 젓가락과도 같다. 혼자만의 힘으로는 패배하기 쉽지만, ⑫모두들 단결한다면 단단히 묶여 있는 젓가락처럼 힘이 강해질 것이다."

단어 国王 guówáng 명 국왕 | 但是 dànshì 접 그러나 | 常 cháng 부 늘, 자주 | 闹 nào 동 드러내다 | 矛盾 máodùn 명 갈등 | 团结 tuánjié 동 단결하다 | 担心 dānxīn 동 염려하다 | 争 zhēng 동 쟁탈하다 | 王位 wángwèi 명 왕위 | 互相 hùxiāng 부 서로 | 残杀 cánshā 동 학살하다, 잔인하게 죽이다 | 跟前 gēnqián 명 곁, 부근 | 根 gēn 양 개 | 筷子 kuàizi 명 젓가락 | 折断 zhéduàn 동 절단하다, 끊다 | 折 zhé 동 부러뜨리다 | 轻松 qīngsōng 형 수월하다 | 紧紧 jǐnjǐn 부 꽉 | 捆 kǔn 동 묶다 | 这回 zhèhuí 이번 | 不管 bùguǎn 접 ~을 막론하고 | 使劲 shǐjìn 동 힘을 쓰다 | 如果 rúguǒ 접 만약 | 力量 lìliang 명 힘 | 容易 róngyì 형 쉽다 | 打败 dǎbài 동 패하다, 패배하다 | 紧 jǐn 형 단단하다, 팽팽하다 | 强大 qiángdà 형 강대하다

실전 모의고사 40번

40

p. 129

A 儿子们不学习
B 儿子们喜欢花钱
C 儿子们都不喜欢他
D 儿子们的关系不好

A 아들들이 공부를 하지 않아서
B 아들들이 돈 쓰는 걸 좋아해서
C 아들들이 모두 그를 좋아하지 않아서
D 아들들의 사이가 안 좋아서

问：国王为什么感到很烦恼?

질문: 국왕은 왜 고민에 빠졌는가?

해설 국왕에게는 세 명의 아들이 있었는데, 그 아들들은 항상 싸우고, 단합하지 않았다. 이 때문에 국왕이 걱정했다고 했으므로 정답은 D가 된다.

단어 花钱 huāqián 동 돈을 쓰다 | 关系 guānxi 명 관계 | 感到 gǎndào 동 느끼다 | 烦恼 fánnǎo 형 걱정스럽다

실전 모의고사 41번

41

p. 129

A 打他们
B 让他们劳动
C 让他们卖筷子
D 用筷子来教育他们

A 그들을 때렸다
B 그들을 일하게 했다
C 그들에게 젓가락을 팔게 했다
D 젓가락으로 그들을 교육했다

问：国王是怎么教育儿子们的?

질문: 국왕은 아들들을 어떻게 교육했는가?

해설 녹음에서 국왕은 세 아들을 말로 타이르거나 회초리로 다스리지 않았다. 국왕은 아들들에게 젓가락 하나를 부러뜨리는 것과 세 개를 부러뜨리는 것을 비교하여 단결의 힘이 얼마나 중요한지를 깨닫게 해 주었다. 따라서 정답은 D가 된다.

단어 劳动 láodòng 동 일하다 | 卖 mài 동 팔다 | 教育 jiàoyù 명 교육

실전 모의고사 42번

42

p. 129

A 个人的力量	B 集体的力量大	A 개인의 힘	**B 단체의 힘은 크다**
C 筷子的重要性	D 三根筷子的力量	C 젓가락의 중요성	D 젓가락 세 개의 힘

问：这段话主要想说明什么道理? **질문: 이 이야기가 말하고자 하는 도리는?**

해설 보기 A, B, D에는 力量(힘)이 공통적으로 들어 있다. 녹음 지문을 통해 젓가락 세 개를 합치면 그 힘이 얼마나 센지를 알 수 있었다. 하지만 지문에서 말하고자 하는 것은 이것을 통해 국왕이 아들들에게 깨닫게 해 주고 싶은 속뜻으로, 단체와 단결의 힘이 얼마나 강한지를 알려 주고 있다. 따라서 정답은 B가 된다.

단어 集体 jítǐ 명 집단, 단체 | 重要性 zhòngyàoxìng 명 중요성 | 主要 zhǔyào 형 주요한 | 说明 shuōmíng 동 설명하다 | 道理 dàolǐ 명 도리

[43-45]

실전 모의고사 43-45번

一位母亲来找我咨询，⑬她问我，为什么每次考试她的儿子都是班里的最后一名？她为此很烦恼。我对她说，这就好像爬山一样，你的孩子现在是⑭在山脚下，唯一的路就是往上走，只要你多鼓励他，支持他，他一定会爬上来。不久，那位母亲打电话来向我道谢，她的孩子的成绩果然上升了很多。这就是人们经常忽视的地方，山的最低点其实就是山的起点。⑮许多人在山脚下爬不上来，是因为他们停住了双脚，只是呆在山脚烦恼、哭泣。

어머니 한 분이 나를 찾아오셔서 상담했다. ⑬그녀는 왜 매번 시험에서 그녀의 아들이 항상 반에서 꼴찌를 하느냐고 물었고, 그녀는 이 때문에 매우 고민스러워 했다. 나는 그녀에게 이것은 마치 등산하는 것과 같아서, 당신의 아이는 지금 ⑭산기슭에 있으며, 유일한 길은 위로 올라가는 길밖에 없으니, 당신이 많이 격려하고 지지해 준다면, 그 아이는 꼭 올라갈 거라고 말해 주었다. 얼마 후 그 어머니는 전화로 나에게 감사를 전하면서, 그녀 아들의 성적이 매우 많이 올랐다고 했다. 이것이 바로 사람들이 자주 소홀히 하는 부분이다. 산의 가장 낮은 곳은 사실 산이 시작되는 곳이다. ⑮많은 사람이 산 아래에서 올라오지 못하는 것은 그들이 걸음을 멈추고, 단지 산 아래에서 고민하고 울고 있기 때문이다.

단어 咨询 zīxún 동 자문하다 | 考试 kǎoshì 명 시험 | 最后 zuìhòu 명 맨 마지막 | 为此 wèicǐ 접 이 때문에 | 烦恼 fánnǎo 형 걱정스럽다 | 像 xiàng 동 ~와 같다 | 爬山 páshān 동 산을 오르다 | 一样 yíyàng 형 같다 | 山脚 shānjiǎo 명 산기슭 | 唯一 wéiyī 형 유일하다 | 只要 zhǐyào 접 ~하기만 하면 | 鼓励 gǔlì 동 격려하다 | 支持 zhīchí 동 지지하다 | 不久 bùjiǔ 부 머지않아 | 道谢 dàoxiè 동 감사의 말을 하다 | 成绩 chéngjì 명 성적 | 果然 guǒrán 부 과연 | 上升 shàngshēng 동 상승하다 | 经常 jīngcháng 부 자주 | 忽视 hūshì 동 소홀히 하다 | 其实 qíshí 부 사실 | 起点 qǐdiǎn 명 시작 | 许多 xǔduō 형 매우 많다 | 爬 pá 동 기어오르다 | 因为 yīnwèi 접 왜냐하면 | 停住 tíngzhù 동 정지하다 | 哭泣 kūqì 동 흐느껴 울다

실전 모의고사 43번

43

p. 129

A 儿子身体不好	A 아들의 건강이 안 좋아서
B 儿子太淘气了	B 아들이 장난이 심해서
C 儿子太喜欢爬山了	C 아들이 등산을 너무 좋아해서
D 儿子的学习成绩差	**D 아들의 성적이 좋지 않아서**

问：那位母亲为什么烦恼? **질문: 그 어머니는 왜 고민스러워 하는가?**

해설 어머니가 烦恼(고민하다)하는 이유는 녹음의 맨 앞부분에 아들이 시험 때마다 항상 반에서 꼴찌를 하기 때문이라고 언급되었으므로 정답은 D가 된다.

• 어휘 변환

最后一名 꼴찌 = D 成绩差 성적이 나쁘다 (= 倒数第一名 끝에서 일등)

단어 淘气 táoqì 형 장난이 심하다 | 差 chà 형 나쁘다

실전 모의고사 44번

44

p. 129

A 坐下休息 B 鼓励其他的人 C 应该不断向上爬 D 平时多锻炼身体	A 앉아서 휴식한다 B 다른 사람을 격려한다 **C 계속 위로 올라가야 한다** D 평소 몸을 많이 단련한다
问：在山脚下的人应该怎么做?	**질문: 산기슭에 있는 사람은 어떻게 해야 하는가?**

해설 녹음에서 산기슭에 있는 사람(즉, 성적이 가장 나쁜 사람)이 어떻게 해야 하는지 직접적으로 언급하지는 않았다. 하지만 그저 두 손 두 발 다 놓고 고민만 하고, 울고만 있기 때문에 산 아래에서 올라오지 못하는 것이라고 지적하고 있으므로, C가 정답으로 가장 적합하다.

단어 **其他** qítā 대 기타, 다른 사람 | **不断** búduàn 부 끊임없이, 부단히 | **平时** píngshí 명 평소 | **锻炼** duànliàn 동 단련하다

실전 모의고사 45번

45

p. 129

A 爬山的秘诀 B 不能停下脚步 C 不要光重视成绩 D 父母和孩子之间要多沟通	A 등산의 비결 **B 발걸음을 멈추지 말아야 한다** C 성적만을 중시해서는 안 된다 D 부모와 자식 간에는 교류가 많아야 한다
问：这个故事主要想告诉我们什么?	**질문: 이 이야기에서 주로 말하고자 하는 것은?**

해설 녹음 뒷부분에서 많은 사람이 산 아래에서 올라오지 못하는 것은 그들이 걸음을 멈추었기 때문이라고 말하고 있다. 화자는 우리가 쉬지 않고 계속 올라만 간다면, 언젠가는 성공할 수 있다는 것을 말하고 있으므로 정답은 B가 된다. 녹음에서 말하는 산을 오르는 것은 등산을 말하는 것이 아니라 성공하기 위해 노력하는 과정을 비유한 것이므로 A는 정답이 될 수 없다.

단어 **秘诀** mìjué 명 비결 | **脚步** jiǎobù 명 발걸음 | **重视** zhòngshì 동 중시하다 | **之间** zhījiān 명 ~의 사이 | **沟通** gōutōng 동 교류하다 | **故事** gùshi 명 이야기 | **主要** zhǔyào 형 주요한 | **告诉** gàosu 동 말하다, 알리다

感动日记

새롭게 알게 된 내용, 가장 중요한 핵심 내용, 학습 소감과 각오 등을 적어 보세요.

阅读

독해 해설

제1부분 빈칸 채우기

시크릿 기출 테스트 해설

제2부분 일치하는 내용 찾기

시크릿 기출 테스트 해설

제3부분 장문 독해

시크릿 기출 테스트 해설

실전 모의고사

DAY 1

✓ 정답	1. C	2. A	3. D	4. B	5. B	6. C	7. A

[01-03]

美国心理学家曾做过一个有趣的实验：首先告诉学生学校邀请到一位非常有名的医药学专家来给他们上课，然后让那位医药学专家对学生说，他发现了一种新的药物，这种药物具有一股____1____的臭味儿，但是闻了之后会让人顿时精神起来。然后让学生们一个一个地闻了闻，并要求闻了之后觉得自己更有精神的同学举一下手，结果很多同学闻了以后都举起了手。事实上，那____2____在瓶子里的只不过是一种饮料而已，而那位"专家"不是医药学专家而是从外校请来的体育老师。像这种由于受到名人的暗示而产生过分信任和盲从的____3____就叫作"名人效应"。

미국 심리학자가 재미있는 실험을 한 적이 있다. 먼저 학생들에게 매우 유명한 의약계 전문가를 모시고 수업을 한다고 알려 주었다. 그리고 그 의약학 전문가로 하여금 학생들에게 자신이 새로운 의약 물질을 발견했으며, 이 약은 이상한 악취를 지니고 있지만 냄새를 맡고 나면 사람이 일시적으로 정신이 번쩍 들게 만든다고 말하게 했다. 그런 후 학생들에게 한 명씩 냄새를 맡게 하였고, 냄새를 맡은 후, 정신이 든 학생들은 손을 들어 달라고 요구했다. 결과적으로 많은 학생들이 냄새를 맡은 이후에 손을 들었다. 사실, 그 병 안에 담겨 있었던 것은 음료수였다. 그 전문가도 사실은 의약계 전문가가 아니라, 학교 밖에서 초빙해 온 체육 교사였다. 이처럼 유명인의 암시를 받아 생기는 과도한 믿음과 맹신하는 현상을 우리는 '유명인 효과'라고 부른다.

요약
- 제목: 유명인의 사회적 영향력
- 주제: 사람들은 자기 자신의 판단보다 유명인의 말을 더 맹신하는 경향이 있다.

단어 心理 xīnlǐ 명 심리 | 学家 xuéjiā 명 학자 | 曾 céng 부 일찍이, 이전에, 이미 | 有趣 yǒuqù 형 재미있다, 흥미 있다 | 实验 shíyàn 동 실험하다 | 首先 shǒuxiān 명 우선, 맨 먼저 | 邀请 yāoqǐng 동 초청하다, 초대하다 | 医药 yīyào 명 의약, 의술과 약품 | 专家 zhuānjiā 명 전문가 | 发现 fāxiàn 동 발견하다 | 药物 yàowù 명 약물, 약품 | 具有 jùyǒu 동 구비하다, 가지다 | 股 gǔ 양 맛·기체·냄새를 세는 단위 | 臭味儿 chòuwèir 명 악취, 나쁜 냄새, 구린내 | 闻 wén 동 냄새를 맡다 | 顿时 dùnshí 부 갑자기, 문득, 일시에 | 精神 jīngshen 형 활기차다, 원기가 있다 | 并 bìng 접 그리고, 또 | 举手 jǔshǒu 동 거수하다, 손을 들다 | 结果 jiéguǒ 부 결국, 드디어, 끝내 | 事实上 shìshíshang 명 사실상, 실제 | 只不过 zhǐbúguò 부 다만 ~에 불과하다, 단지 ~에 지나지 않다 | 而已 éryǐ 조 ~만, ~뿐 | 不是…而是… búshì…érshì… ~이 아니고 ~이다 | 由于 yóuyú 접전 ~때문에, ~에 인하여 | 名人 míngrén 명 유명한 사람 | 暗示 ànshì 명동 암시(하다) | 产生 chǎnshēng 동 발생하다, 출현하다 | 过分 guòfèn 동 지나치다, 과분하다 | 信任 xìnrèn 명동 신임(하다) | 盲从 mángcóng 동 맹종하다, 무턱대고 따르다 | 叫作 jiàozuò 동 ~라고 부르다 | 效应 xiàoyìng 명 효과, 반응

01

p. 138

A 繁荣	B 深刻	A 번영하다	B 깊다
C 奇怪	D 单调	**C 이상하다**	D 단조롭다

시크릿 这种药物具有一股________的臭味儿，

해설 품사 찾기 빈칸 뒤에 구조조사 的가 있으므로 빈칸은 명사(臭味儿)를 꾸며 주는 관형어 자리다.

짝꿍 찾기 관형어(수식어)의 힌트 1순위는 명사다.

정답 찾기 양사 股는 '냄새, 맛'을 나타낸다. 힌트로 제시된 명사 臭味儿(악취)과 가장 잘 어울리는 단어는 奇怪(이상하다)라는 형용사다. 따라서 정답은 C가 된다.

단어 繁荣 fánróng 형 번영하다, 번창하다 | 深刻 shēnkè 형 (인상이) 깊다 | 奇怪 qíguài 형 이상하다, 괴상하다 | 单调 dāndiào 형 단조롭다

02

p. 138

A 装	B 漏	**A 담다**	B 새다
C 插	D 冲	C 끼우다	D 씻어 내다

시크릿 事实上，那＿＿＿＿在瓶子里的只不过是一种饮料而已，

해설 **품사 찾기** 빈칸 뒤에 장소를 나타내는 결과보어 在瓶子里를 끌고 나오고 있으므로, 빈칸은 동사 자리다.

짝꿍 찾기 결과보어의 힌트는 동사다. 어울리는 동사를 찾는다.

정답 찾기 '在瓶子里(병 안에) 饮料(음료수)를 装(담다)'이라는 해석이 가장 자연스러우므로, 정답은 A가 된다.

Tip 装의 활용

예 装在盒子里 상자 안에 담겨 있다 / 装在盘子里 접시에 담겨 있다 / 装在袋子里 봉지 안에 담겨 있다

단어 装 zhuāng 동 (용기 안에) 담다, 싣다, 채워 넣다 | 漏 lòu 동 새다 | 插 chā 동 끼우다, 삽입하다, 꽂다 | 冲 chōng 동 (물로) 씻어 내다, 씻어 내리다

03

p. 138

A 气氛	B 事件	A 분위기	B 사건
C 制度	D 现象	C 제도	**D 현상**

시크릿 像这种由于受到名人的暗示而产生过分信任和盲从的＿＿＿＿就叫作"名人效应"。

해설 **품사 찾기** 구조조사 的 뒤에 빈칸이 있으므로, 명사(목적어)자리다.

짝꿍 찾기 '수사 + 양사 + 명사'의 어순에 따라서, '这种 + 관형어 + ( )'를 떠올려야 한다. 관형어(수식어)의 힌트는 명사고, 명사의 힌트는 관형어(수식어)가 된다.

정답 찾기 '유명인의 암시를 받아 생기는 과도한 믿음과 맹신하는 것'을 무엇이라고 해야 할지 고민해야 한다. 보기 중 现象(현상)은 어떤 사물이 바깥으로 보여지는 모든 형태나 모습을 말하는데, 문맥상 '과도한 믿음과 맹신하는 것'을 现象이라고 하는 것이 가장 타당하다.

단어 气氛 qìfēn 명 분위기 | 事件 shìjiàn 명 사건, 사태, 사항 | 制度 zhìdù 명 제도, 규정 | 现象 xiànxiàng 명 현상

[04-07]

工作中那种不懂装懂的人，喜欢说："这些工作真无聊。"但他们内心的真正感觉是："我做不好任何工作。"他们希望年纪轻轻就功成名就，但是他们又不喜欢学习、求助或＿＿4＿＿意见，因为这样会被人认为他们不行，＿＿5＿＿。

脱掉不懂装懂、放弃学习的"外套"，因为学习的心态已经成为一个人能够在这个竞争激烈的社会中得以生存和发展的最基本的心态。21世纪是一个知识爆炸的时代，知识和技能成为一个人生存的＿＿6＿＿条件。没有知识技能你将无法生存，而知识和技能的获得就是要靠不断地学习、充电，再学习、再充电。多＿＿7＿＿一种知识或是一门技术，在众多的竞争对手面前就多了一份取胜的机会。

일에 있어서 알지도 못하면서 아는 척하는 사람은, "이런 일은 정말 무료해."라고 말하길 좋아한다. 하지만 그들 속마음의 진심은 "나는 어떠한 일도 잘할 수 없어."이다. 그들은 젊었을 때 성공해서 유명해지고 싶어하지만, 또 공부하는 것, 도움을 청하거나 의견을 구하는 것을 싫어한다. 왜냐하면 이렇게 하면 다른 사람들이 그들을 무능하다고 여길 것 같아서다. 그래서 그들은 어쩔 수 없이 아는 척한다.

몰라도 아는 척하고, 배움을 포기하는 '허울'을 벗어 버려야 한다. 왜냐하면 배우는 심리 상태는 한 사람이 치열한 경쟁 사회 속에서 생존하고 발전할 수 있는 가장 기본적인 심리 상태이기 때문이다. 21세기는 지식 폭증의 시대다. 지식과 기능은 한 사람이 생존하는 데 필요조건이 되었다. 지식과 기능이 없다면 당신은 생존할 수 없을 것이다. 또한 지식과 기능의 획득은 끊임없는 학습과 충전, 재학습과 재충전에 달려 있다. 지식이나 기술을 많이 장악하면, 수많은 경쟁 상대 앞에서 승리할 기회가 많아진다.

요약 • 제목: 치열한 경쟁 속에서 기회를 얻고 승리할 수 있는 비결
• 주제: 아는 척하기보다는 모르는 것을 솔직히 인정하고, 끊임없이 노력하는 것이 성공의 비결이다.

단어 不懂装懂 bùdǒng zhuāngdǒng (모르면서) 아는 척하다 | 无聊 wúliáo 형 무료하다, 재미없다 | 内心 nèixīn 명 속마음 | 真正 zhēnzhèng 형 진정한 | 感觉 gǎnjué 명 느낌 | 任何 rènhé 대 어떠한 | 希望 xīwàng 동 희망하다 | 功成名就 gōngchéng míngjiù 성어 공을 세워 이름을 떨치다 | 求助 qiúzhù 동 도움을 청하다 | 意见 yìjiàn 명 의견, 견해 | 脱掉 tuōdiào 동 벗어 버리다 | 放弃 fàngqì 동 포기하다 | 外套 wàitào 명 허울, 외투 | 心态 xīntài 명 심리 상태 | 竞争 jìngzhēng 동 경쟁하다 | 激烈 jīliè 형 치열하다 | 得以 déyǐ 동 ~할 수 있다 | 生存 shēngcún 동 생존하다 | 基本 jīběn 형 기본의 | 知识 zhīshi 명 지식 | 爆炸 bàozhà 동 폭증하다, 폭발하다 | 技能 jìnéng 명 기능 | 条件 tiáojiàn 명 조건 | 获得 huòdé 동 획득하다, 얻다 | 靠 kào 동 ~에 달려 있다, 의지하다 | 充电 chōngdiàn 동 충전하다 | 技术 jìshù 명 기술 | 众多 zhòngduō 형 아주 많다 | 对手 duìshǒu 명 상대, 적수 | 取胜 qǔshèng 동 승리하다

04

p. 139

A 提供	B 征求	A 제공하다	**B 구하다**
C 整理	D 发表	C 정리하다	D 발표하다

시크릿 但是他们又不喜欢学习、求助或______意见，

해설 **품사 찾기** 빈칸 뒤에 목적어 意见(의견)이 있으므로 빈칸은 동사 자리다.

짝꿍 찾기 동사의 힌트 1순위는 목적어 意见(의견)이 된다.

정답 찾기 '의견을 구하다'라는 뜻의 동사는 征求로, 정답은 B가 된다. 작가는 일하는 과정에서 不懂装懂的人(알지도 못하면서 아는 척하는 사람)은 일찍 성공하려는 마음만 있고, 공부하고, 도움을 청하거나 의견을 구하는 것을 싫어한다고 비평하고 있다.

Tip • 提供(제공하다): 물자, 자료, 의견, 생각 등을 제공하여 사용하거나 참고하게 해 줌을 의미한다.
예 提供宿舍(숙소를 제공하다) / 提供服务(서비스를 제공하다) / 提供材料(자료를 제공하다)
• 整理(정리하다): 재료, 환경, 일상생활, 작업 등을 질서 있게 정리함을 의미한다.
예 整理房间(방을 정리하다) / 整理笔记(필기를 정리하다) / 整理文件(서류를 정리하다)
• 发表(발표하다): 공개적으로 자신의 의견을 사람들에게 알림을 의미한다.
예 发表文章(글을 발표하다) / 发表论文(논문을 발표하다)

단어 提供 tígōng 동 제공하다 | 征求 zhēngqiú 동 (의견을) 구하다 | 整理 zhěnglǐ 동 정리하다 | 发表 fābiǎo 동 발표하다

05

p. 139

A 于是他们辞职了	A 그래서 그들은 그만둔다
B 所以他们只好装懂	**B 그래서 그들은 어쩔 수 없이 아는 척한다**
C 所以他们向长辈学习	C 그래서 그들은 선배에게 배운다
D 于是他们就拼命地学习	D 그래서 그들은 목숨 걸고 공부한다

시크릿 因为这样会被人认为他们不行，______。脱掉不懂装懂、…

해설 **품사 찾기** 빈칸 앞뒤에 쉼표(，)와 마침표(。)가 있는 것으로 보아 절이 들어가야 함을 알 수 있다.

짝꿍 찾기 절의 힌트는 앞뒤 절에 제시되어 있다. 하지만 경우에 따라서는 전체 문장의 의미를 파악해야 한다.

정답 찾기 작가는 배우려 하지 않고 다른 사람의 도움도 구하지 않는 사람들은, 다른 사람들이 그들을 무능하다고 여길까 봐 모르면서도 아는 척한다고 했다. 따라서 정답은 B가 된다. 지문에 不懂装懂(알지도 못하면서 아는 척하다)이 두 번이나 언급되었기 때문에 비교적 쉽게 정답을 고를 수 있는 문제다.

단어 于是 yúshì 접 그래서 | 辞职 cízhí 동 그만두다 | 所以 suǒyǐ 접 그래서 | 长辈 zhǎngbèi 명 선배, 연장자 | 拼命 pīnmìng 동 목숨을 걸다, 기를 쓰다

06

p. 139

A 选择	B 无聊	A 선택하다	B 무료하다
C 必要	D 优势	**C 필요하다**	D 우세

시크릿 21世纪是一个知识爆炸的时代，知识和技能成为一个人生存的________条件。

해설 **품사 찾기** 구조조사 的 이하 부분은 명사 자리다. 따라서 条件(조건)을 꾸며 줄 수 있는 동사, 형용사, 명사 등이 올 수 있다.

짝꿍 찾기 명사 앞에서 꾸며 주는 역할을 하는 관형어의 힌트는 뒤에 있는 명사 条件(조건)이다.

정답 찾기 21세기는 지식과 정보가 넘쳐나는 시대이므로, 지식과 기능은 사람들이 생존하기 위해 꼭 갖춰야 하는 조건이 되었다. 必要(필요하다)와 条件(조건)은 이미 하나의 단어처럼 연결되어 사용되기 때문에, 구조조사 的의 도움 없이도 결합할 수 있다. 따라서 빈칸에 들어갈 적당한 말은 '필요조건'으로, C가 정답이 된다.

단어 选择 xuǎnzé 동 선택하다 | 必要 bìyào 형 필요하다 | 优势 yōushì 명 우세

07

p. 139

A 掌握	B 模仿	**A 장악하다**	B 모방하다
C 复制	D 调整	C 복제하다	D 조정하다

시크릿 多________一种知识或是一门技术，

해설 **품사 찾기** 빈칸 뒤에 목적어 知识(지식)와 技术(기술)가 있으므로, 빈칸은 동사 자리다.

짝꿍 찾기 동사의 힌트 1순위는 목적어다. 知识(지식)와 技术(기술)에 적합한 동사가 필요하다.

정답 찾기 보기에 나열된 단어들이 조금 난이도가 있지만, 문맥만 이해했다면 정답은 쉽게 찾을 수 있는 문제다. 수많은 경쟁 상대 앞에서 승리하려면 지식이나 기술을 자신의 것으로 만들어야 하기 때문에 '사물에 대해 충분히 이해하여, 그것을 활용할 수 있다'는 의미의 掌握(장악하다)가 나와야 하므로, 정답은 A가 된다. 일반적으로 掌握는 语法(어법), 外语(외국어), 技术(기술) 등의 목적어와 호응하여 쓰인다.

단어 掌握 zhǎngwò 동 장악하다, 숙달하다 | 模仿 mófǎng 동 모방하다 | 复制 fùzhì 동 복제하다 | 调整 tiáozhěng 동 조정하다

DAY 2

✓ 정답	1. A	2. B	3. D	4. D	5. A	6. C	7. B

[01-03]

人们每天面对紧张的生活和匆忙的工作，都没有时间坐下来___1___生活。童年时的理想和少年时的梦想不知什么时候已经___2___，只剩下生活的压力。总是看着远处的山峰，不断地向前跑，不如停下来，欣赏一下沿途的___3___。

사람들은 매일 긴장된 생활과 매우 바쁜 업무에 임하느라, 앉아서 생활을 즐길 시간이 전혀 없다. 어린 시절의 이상과 소년기의 꿈은 언제 사라졌는지 알 수 없고, 남은 것이라고는 생활의 스트레스뿐이다. 항상 먼 곳의 산봉우리를 바라보며, 끊임없이 앞을 향해 달리는 것은, 멈춰서 길가의 풍경을 감상하는 것만 못하다.

요약
- 제목: 현대인의 생활
- 주제: 너무 바쁘게 목표만 향해 달리지 말고, 잠시 멈춰 서서 현재의 삶도 즐길 줄 알아야 한다.

단어 面对 miànduì 동 직면하다 | 紧张 jǐnzhāng 형 긴장해 있다 | 匆忙 cōngmáng 형 매우 바쁘다 | 童年 tóngnián 명 유년 시절 | 理想 lǐxiǎng 명 이상 | 剩下 shèngxià 동 남다, 남기다 | 压力 yālì 명 스트레스 | 山峰 shānfēng 명 산봉우리 | 不断 búduàn 동 끊임없다 | 不如 bùrú 동 ~만 못하다 | 欣赏 xīnshǎng 동 감상하다 | 沿途 yántú 명 길가

01

p. 139

A 享受	B 舒适	**A 즐기다**	B 편안하다
C 高兴	D 忙碌	C 기쁘다	D 바쁘다

시크릿 都没有时间坐下来_______生活。

해설 **품사 찾기** 여러 개의 동사와 목적어가 있는 연동문으로, 빈칸은 동사 자리다.

没有 时间 坐下来 ______ 生活
동사 1 목적어 1 동사 2 동사 3 목적어 2

짝꿍 찾기 동사의 힌트 1순위는 목적어로, 生活(생활)와 어울리는 동사를 찾아야 한다.

정답 찾기 享受는 '물질이나 정신적으로 만족을 얻어 누리다, 즐기다'의 의미로, 목적어 生活(생활), 权利(권리), 幸福(행복), 待遇(대우) 등과 호응하여 쓰인다. 따라서 정답은 A가 된다.

Tip 동사와 형용사의 가장 큰 차이점은 목적어를 가질 수 있느냐 없느냐다. 舒适(편안하다), 高兴(기쁘다), 忙碌(바쁘다)는 모두 형용사로, 목적어를 가질 수 없다.

단어 享受 xiǎngshòu 동 즐기다, 누리다 | 舒适 shūshì 형 편안하다 | 忙碌 mánglù 형 바쁘다

02

p. 139

A 实现	B 消失	A 실현하다	**B 사라지다**
C 停止	D 丰富	C 멈추다	D 풍부하다

시크릿 童年时的理想和少年时的梦想不知什么时候已经_______，只剩下生活的压力。

해설 **품사 찾기** 시간을 나타내는 부사 已经 뒤에는 동사가 나와야 한다.

짝꿍 찾기 동사의 힌트 1순위는 목적어인데, 목적어가 없으므로 2순위 주어를 봐야 한다. 주어는 관형어 뒤에 있는 理想(이상)과 梦想(꿈)이다.

정답 찾기 빈칸 앞에는 꿈과 이상이라는 긍정의 어휘가 있고, 빈칸 뒤에는 단지 스트레스만 남았다는 부정의 내용이 있으므로, 빈칸 앞 절과 뒤 절은 서로 상반되는 내용임을 추측할 수 있다. 빈칸 뒤 절의 동사 剩下(남다)와 대비되는 의미를 찾아야 하므로 정답은 B의 消失(사라지다)가 된다.

Tip 实现(실현하다)은 梦想(꿈)과 호응할 수 있지만, 문맥상 꿈을 이룬 것이 아니므로, 정답이 될 수 없다.

단어 实现 shíxiàn 동 실현하다 | 消失 xiāoshī 동 사라지다 | 停止 tíngzhǐ 동 멈추다 | 丰富 fēngfù 형 풍부하다

03

p. 139

A 和睦	B 角落	A 화목하다	B 모퉁이
C 气候	D 风景	C 기후	**D 풍경**

시크릿 总是看着远处的山峰，…，不如停下来，欣赏一下沿途的_______。

해설 **품사 찾기** 구조조사 的 이하 부분은 명사가 올 수 있으므로 빈칸은 명사 자리다.

짝꿍 찾기 목적어(명사)의 힌트 1순위는 동사다.

정답 찾기 힌트 동사 欣赏은 '예술 작품이나 아름다운 사물을 감상하다'의 의미로 音乐(음악), 作品(작품), 美女(미녀), 雪景(설경), 风景(풍경) 등의 목적어와 호응하므로, 정답은 D가 된다. 또한 이 문장에서 A 不如 B는 'A는 B만 못하다'는 뜻이다. 따라서 빈칸 앞 절의 看着远处的山峰(먼 곳의 산봉우리를 바라본다)은 欣赏风景(풍경을 감상하다)만 못하다는 의미로 서로 대구를 이룬다.

Tip 작가는 우리가 원하는 목표, 이루기 어려운 아득한 꿈을 远处的山峰(먼 곳의 산봉우리)으로, 지금 현재 우리의 삶에서의 소소한 기쁨을 沿途的风景(길가의 풍경)으로 비유했다. 힘든 목표를 향해 너무 스트레스 받으면서 살기보다는 삶의 소소한 즐거움을 즐기면서 살자는 의미다.

단어 和睦 hémù 형 화목하다 | 角落 jiǎoluò 명 모퉁이, 구석 | 气候 qìhòu 명 기후 | 风景 fēngjǐng 명 풍경

[04-07]

2020年3月11日，吉尼斯世界纪录的相关负责人正式确认《新华词典》是世界上"最畅销的书"和"最受欢迎的词典"。到这两项纪录统计的时间为止，其全世界发行量已经达到6亿本。

《新华词典》是中国当代第一部现代汉语词典，由商务印书馆___4___，是全世界汉语学习者必备的工具书。吉尼斯世界纪录全球高级干部说："在过去一段时间里，我们团队对《新华词典》___5___了大量的数据调查、汇总和审核工作。从《新华词典》令人吃惊的销量可以看出它在___6___方面扮演着重要___7___。"

2020년 3월 11일 기네스 세계 기록 관계자는 〈신화 사전〉이 세계에서 '가장 잘 팔리는 책'이자 '가장 인기 있는 사전'임을 공식화했다. 이 두 기록이 집계되는 시점까지의 전 세계 발행 부수는 6억 부에 달한다.

〈신화 사전〉은 중국 당대 첫 번째 현대한어 사전이며, 상무 인서관이 출판한 전 세계 중국어 학습자들이 반드시 구비해야 할 참고서다. 기네스 세계 기록 전 세계 고위급 인사는 "과거 일정 기간 동안 우리 팀은 〈신화 사전〉에 대한 방대한 양의 데이터를 조사하고, 수집하며, 심사하는 작업을 진행했습니다. 〈신화 사전〉의 놀랄 만한 판매량을 통해 〈신화 사전〉이 중국어 학습과 한자 문화를 보급하는 데 중요한 역할을 했다는 것을 알 수 있습니다."라고 말했다.

요약
- 제목: 기네스북에 오른 《신화 사전》
- 주제: 《신화 사전》은 중국어 학습과 한자문화 보급에 공헌한 바가 크다.

단어 吉尼斯世界纪录 jínísī shìjiè jìlù 기네스 세계 기록 | 相关 xiāngguān 동 상관되다, 관련되다 | 负责人 fùzérén 명 책임자 | 正式 zhèngshì 형 정식의, 공식의 | 确认 quèrèn 동 명확히 인정하다, 확인하다 | 畅销 chàngxiāo 형동 매상이 좋다, 잘 팔리다 | 项 xiàng 양 가지, 항, 조항 | 统计 tǒngjì 명동 통계(하다) | 为止 wéizhǐ 동 ~까지 하다 | 发行量 fāxíngliàng 명 발행 부수 | 达到 dádào 동 도달하다, 달성하다 | 亿 yì 수 억 | 当代 dāngdài 명 당대, 그 시대 | 现代 xiàndài 명 현대 | 由 yóu 전 ~이, ~가, ~께서 | 商务 shāngwù 명 상무, 상업에 관한 일 | 印书馆 Yìnshūguǎn 명 인서관 | 必备 bìbèi 동 반드시 갖추다, 반드시 구비하다 | 工具书 gōngjùshū 명 참고서, 참고 도서 | 全球 quánqiú 명 전 세계, 전 지구 | 高级 gāojí 형명 상급(의) | 干部 gànbù 명 간부 | 团队 tuánduì 명 단체, 집체 | 大量 dàliàng 형 대량의, 다량의 | 数据 shùjù 명 데이터, 통계 수치 | 调查 diàochá 명동 조사(하다) | 汇总 huìzǒng 동 한데 모으다 | 审核 shěnhé 동 심의하다, 심사하여 결정하다 | 吃惊 chījīng 동 놀라다 | 销量 xiāoliàng 명 판매량 | 看出 kànchū 동 알아차리다, 간파하다 | 方面 fāngmiàn 명 방면, 측, 쪽 | 扮演 bànyǎn 동 ~의 역을 맡아 하다

04

p. 140

A 描写	B 建设	A 묘사하다	B 건설하다
C 成立	D 出版	C 결성하다	D 출판하다

시크릿 由商务印书馆______，

해설 **품사 찾기** '由(전치사) + 商务印书馆(명사) + 동사'의 어순에 따라, 밑줄에는 동사가 나와야 한다.

짝꿍 찾기 동사의 힌트 1순위는 주어고, 2순위는 전치사구다.

정답 찾기 본문에서 주제어로 《新华词典》(신화 사전)'이라는 서적이 언급되고 있다. 행위의 주체자를 강조하는 전치사 由(~가)가 있으므로 주체자가 어떤 행동을 했는지 파악하면 되는데, 주체자인 印书馆은 책을 인쇄하는 곳 즉, 출판사이므로 出版(출판하다)이 가장 타당하다. 따라서 정답은 A가 된다.

단어 描写 miáoxiě 동 묘사하다 | 建设 jiànshè 동 건설하다 | 成立 chénglì 동 설치하다, 창립하다, 결성하다 | 出版 chūbǎn 동 출판하다

05

p. 140

A 进行	B 促使	**A 진행하다**	B 재촉하다
C 形成	D 到达	C 형성하다	D 도착하다

시크릿 我们团队对《新华词典》_________了大量的数据调查、汇总和审核工作。

해설 **품사 찾기** 동태조사 了를 끌고 나오고 있으므로, 빈칸에는 동사가 나와야 한다.

짝꿍 찾기 동사의 힌트는 목적어다. 문장 맨 마지막에 놓여 있는 명사를 주목하자.

정답 찾기 목적어에는 데이터를 조사하고(数据调查), 수집하고(汇总), 심사하는 작업(审核工作) 3가지가 나열되어 있다. 문장 맨 마지막에 있는 목적어 工作를 찾고, 가장 잘 어울리는 동사 进行(진행하다)과 조합시키면 된다. 따라서 정답은 A가 된다.

단어 进行 jìnxíng 동 진행하다, 하다 | 促使 cùshǐ 동 ~하도록 재촉하다, ~하게 하다 | 形成 xíngchéng 동 형성하다, 이루다, 구성하다 | 到达 dàodá 동 도착하다, 도달하다

06

p. 140

A 创造吉尼斯记录	A 기네스 기록을 갱신
B 数据调查和审核工作	B 데이터 조사와 심사 작업
C 学习汉语和推广汉文化	**C 중국어 학습과 한자 문화 보급**
D 书籍出版和发行工作	D 서적 출판과 발행 작업

시크릿 从《新华词典》令人吃惊的销量可以看出它在_________方面扮演着重要_________。

해설 **품사 찾기** 주어진 보기 모두 동사구가 제시되어 있다.

짝꿍 찾기 在…方面에 들어갈 명사구나 동사구를 찾아야 한다. 문맥을 통해 정답을 찾아보도록 하자.

정답 찾기 신화 사전(新华词典)은 현대한어 사전(现代汉语词典)으로, 놀랄만한 판매량을 통해 전 세계 중국어 학습자들이 애용하는 사전임을 알 수 있다. 이는 신화 사전이 '중국어 학습과 한자 문화 보급'에 중요한 역할을 하고 있다는 것이므로 정답은 C가 된다.

단어 创造 chuàngzào 동 창조하다, 만들다 | 数据 shùjù 명 데이터 | 推广 tuīguǎng 동 널리 보급하다, 일반화하다 | 汉文化 hàn wénhuà 명 한자 문화 | 书籍 shūjí 명 서적, 책 | 出版 chūbǎn 명동 출판(하다) | 发行 fāxíng 동 발행하다

07

p. 140

A 力量	B 角色	A 역량	**B 역할**
C 个性	D 作用	C 개성	D 작용

시크릿 在学习汉语和推广汉文化方面扮演着重要_________。"

해설 **품사 찾기** 동사 뒤 조사 着를 보고 扮演着가 동사술어임을 알 수 있다. '동사 + 목적어'의 어순으로, 빈칸에는 목적어(명사)가 나와야 한다.

짝꿍 찾기 목적어(명사)의 힌트 1순위는 동사(술어)다.

정답 찾기 扮演은 '역을 맡다, 역할을 하다'의 뜻으로 목적어 角色(역할)와 호응하여 사용된다. 따라서 정답은 B가 된다.

서로 어울려 사용되는 짝꿍 관계(搭配)를 관심 있게 보는 습관을 들이면 정답을 쉽게 찾을 수 있게 된다.

Tip 角는 '뿔, 모서리, 각'을 의미할 때는 jiǎo로 발음하지만, '배역, 역할'의 의미로 쓰일 때는 jué로 발음한다는 것에 주의하도록 하자. 角色가 들어간 단어로는, 主要角色(주요 역할), 正面角色(좋은 역할), 反面角色(악역), 群众角色(군중 역할=단역) 등이 있다.

단어 力量 lìliang 명 힘, 능력, 역량 | 角色 juésè 명 배역, 인물, 역할 | 个性 gèxìng 명 개성 | 作用 zuòyòng 동 작용하다, 영향을 미치다

DAY 3

✓ 정답 1. A 2. D 3. B 4. B 5. A 6. B 7. C 8. C

[01-04]

一只小猫问它的妈妈:"妈妈，幸福在哪里?"猫妈妈回答说:"幸福就在你的尾巴上啊!"于是这只小猫每天就___1___着它的尾巴跑，可总是抓不着，它生气地去问妈妈:"为什么我总是抓不住幸福呢?"猫妈妈笑着回答它说:"只要你一直不停地往前走，___2___!"

每天一早醒来，感觉空气是清新的，太阳是明亮的，身体是舒服的，全新的一天开始了。每天躺下的时候，感觉一天的生活总体是快乐的，希望明天早上___3___开眼睛的时候，还能继续保持这种明朗的___4___。难道不幸福吗?

새끼 고양이 한 마리가 어미 고양이에게 물었다. "엄마, 행복은 어디에 있어요?" 어미 고양이는 대답했다. "행복은 바로 너의 꼬리 위에 있단다." 그래서 이 새끼 고양이는 매일 자신의 꼬리를 뒤쫓으며 달렸지만, 번번이 잡지 못했다. 새끼 고양이는 엄마에게 화를 내며 물었다. "왜 나는 항상 행복을 잡을 수 없는 거죠?" 어미 고양이는 웃으며 대답했다. "네가 계속 앞만 보고 간다면, 행복은 항상 너의 뒤에 있단다!"

매일 아침 일어나면, 공기가 상쾌하고, 태양이 밝으며, 몸이 편안하고, 새로운 하루가 시작되었다고 느껴지고, 매일 잠자리에 누울 때 하루의 생활이 모두 즐거웠다고 생각하며, 내일 아침에 눈을 뜰 때도 이런 쾌활한 기분이 계속 유지될 수 있기를 바란다면, 행복한 것이 아니겠는가?

요약
- 제목: 행복을 찾는 고양이
- 주제: 행복은 사소한 것에서부터 시작된다.

단어 小猫 xiǎomāo 명 새끼 고양이 | 幸福 xìngfú 명 행복 | 尾巴 wěiba 명 (동물의) 꼬리 | 于是 yúshì 접 그래서 | 抓 zhuā 동 쥐다, 잡다 | 只要 zhǐyào 접 ~하기만 하면 | 醒 xǐng 동 잠에서 깨다 | 清新 qīngxīn 형 신선하다 | 明亮 míngliàng 형 밝다, 환하다 | 舒服 shūfu 형 편안하다 | 躺 tǎng 동 눕다 | 总体 zǒngtǐ 명 전체 | 希望 xīwàng 동 희망하다 | 继续 jìxù 동 계속하다 | 保持 bǎochí 동 유지하다 | 明朗 mínglǎng 형 쾌활하다, 명랑하다 | 难道 nándào 부 설마 ~인가

01

p. 146

A 追	B 摸	A 뒤쫓다	B 만지다
C 碰	D 打	C 부딪히다	D 때리다

시크릿 "幸福就在你的尾巴上啊!"于是这只小猫每天就______着它的尾巴跑，

해설 품사 찾기 '동사 + 着(동태조사)'의 어순으로, 동태조사 着가 있으므로, 빈칸은 동사 자리다.

짝꿍 찾기 동사의 힌트는 목적어 尾巴(꼬리)다.

정답 찾기 행복을 찾던 새끼 고양이는 행복이 꼬리 위에 있다는 어미 고양이의 말을 들은 날부터 행복을 잡으려 했을 것이므로, 매일 자신의 꼬리를 쫓아다녔을 것이다. 따라서 정답은 A가 된다.

Tip 摸는 '만지다'라는 뜻으로 손으로 어루만지거나 쓰다듬는 것을 말하고, 碰은 '부딪히다'라는 뜻으로 우연히 만나거나 부딪혔을 때 쓰이기 때문에 문맥에 맞지 않다.

단어 追 zhuī 동 뒤쫓다 | 摸 mō 동 만지다 | 碰 pèng 동 부딪히다 | 打 dǎ 동 때리다

02

p. 146

A 你就会很开心 B 你就会越走越远 C 就可以抓到很多鱼 D 幸福就一直跟在你的后面	A 너는 매우 기쁠 것이란다 B 너는 갈수록 멀어질 것이란다 C 매우 많은 물고기를 잡을 수 있단다 **D 행복은 항상 너의 뒤에 있단다**

시크릿 "只要你一直不停地往前走，________!"

해설 **품사 찾기** 빈칸 앞뒤에 쉼표(，)와 느낌표(!)가 있으므로 절이 들어가야 함을 알 수 있다.

짝꿍 찾기 절의 힌트는 앞뒤의 문맥을 파악해야 한다.

정답 찾기 계속 자신의 꼬리만을 뒤쫓으면서 왜 행복을 잡을 수 없냐는 새끼 고양이의 질문에 어미 고양이는 행복을 찾을 수 있는 이치를 알려 줬을 것이다. 즉 계속 앞을 향해 간다면, 행복은 언제나 뒤에 따라오는 것이니, 굳이 잡으려 하지 않아도 된다는 내용이 가장 적절하므로, 정답은 D가 된다.

단어 开心 kāixīn 형 기쁘다, 즐겁다

03

p. 146

A 闭	B 睁	A 감다	**B 뜨다**
C 翻	D 写	C 뒤집다	D 쓰다

시크릿 希望明天早上________开眼睛的时候，

해설 **품사 찾기** '동사 + 开(결과보어) + 眼睛(목적어)'의 어순으로, 빈칸은 동사 자리다.

짝꿍 찾기 동사의 힌트 1순위는 목적어 眼睛(눈)이고, 2순위는 결과보어 开(열다)다.

정답 찾기 목적어 眼睛(눈)과 어울리는 동사로는 闭(감다)와 睁(뜨다)이 있는데, 결과보어가 开(열다)이므로 정답은 B가 된다.

단어 闭 bì 동 감다, 닫다 | 睁 zhēng 동 뜨다 | 翻 fān 동 뒤집다 | 写 xiě 동 쓰다

04

p. 146

A 情景	B 情绪	A 장면	**B 기분**
C 优势	D 事实	C 우세	D 사실

시크릿 还能继续保持这种明朗的________。难道不幸福吗?

해설 **품사 찾기** '这(지시대사) + 种(양사) + 明朗的(관형어) + 명사'의 어순이다. 구조조사 的 이하 부분은 명사 자리다.

짝꿍 찾기 명사 목적어의 힌트는 동사 保持(유지하다)이며, 앞뒤의 문맥도 살펴야 한다.

정답 찾기 매일 아침 새로운 하루가 시작됨을 느끼고, 자기 전에 하루가 즐거웠다고 생각하는 등, 매일 아침 눈을 떴을 때 유지하기를 바라는 것은 기쁜 마음이어야 한다. 따라서 '어떤 상태가 원래 상태를 그대로 유지하다'의 뜻인 保持와 호응할 수 있으면서, 심리 상태를 의미하는 B의 情绪(기분)가 정답이 된다.

단어 情景 qíngjǐng 명 장면, 광경 | 情绪 qíngxù 명 기분, 정서 | 优势 yōushì 명 우세 | 事实 shìshí 명 사실

[05-08]

近来非常流行一种教育理念，即我们常说的“体验教育”，还可以称“经验式教育”，它___5___，要求他们用“心”去体会和感受。具体做法是让学习者参加一些游戏或者户外活动，然后总结过程中碰到的问题和解决方法，从而获得新的知识和经验，并且能将把这些收获___6___到日常学习和生活中。

体验教育的特别之处在于注重___7___学生主动学习的意识。在这一过程中，教师的作用是帮助学生从被动接受转变为主动参与，___8___。这是教育观念的转变，也是教育方法的创新。

요즘 매우 유행하고 있는 교육 이념은 바로 우리가 흔히 말하는 '체험 교육'으로, '경험식 교육'이라고도 부른다. 그것은 학습자의 내면 체험을 중시하고, '마음'으로 체득하고 느끼도록 요구한다. 구체적인 방법은 학습자로 하여금 게임이나 야외 활동에 참가하도록 하고, 그 과정에서 부딪힌 문제와 해결 방법을 종합적으로 정리하도록 한다. 그리하여 새로운 지식과 경험을 얻고, 이것을 일상 학습과 생활에 활용할 수 있도록 하는 것이다.

체험 교육의 특별한 점은 학생들의 자발적인 학습 의식을 기르는 데 치중한다는 점이다. 이 과정에서 교사의 역할은 학생들이 수동적 수용에서 능동적 참여로 전환하여, 진정한 학생 중심이 될 수 있도록 돕는 것이다. 이것은 교육 개념의 전환이며, 교육 방법의 혁신이다.

요약 • 제목: 요즘 유행하는 체험 교육
• 주제: 체험 교육은 단순한 지식 전달의 교육에서 벗어나, 체험을 통한 깨달음을 얻는 교육 방식이다.

단어 近来 jìnlái 명 근래, 요즘 | 流行 liúxíng 동 유행하다, 성행하다 | 教育 jiàoyù 명동 교육(하다) | 理念 lǐniàn 명 이념 | 即 jí 부 곧, 바로, 즉 | 体验 tǐyàn 명동 체험(하다) | 称 chēng 동 부르다, 칭하다 | 经验式 jīngyànshì 명 경험식 | 体会 tǐhuì 동 체득하다, 이해하다 | 感受 gǎnshòu 동 느끼다, 받다 | 具体 jùtǐ 형 구체적이다 | 做法 zuòfǎ 명 방법, 법 | 户外 hùwài 명 실외, 야외 | 活动 huódòng 명 활동, 운동, 행사 | 总结 zǒngjié 동 총괄하다 | 过程 guòchéng 명 과정 | 碰到 pèngdào 동 맞닥뜨리다, 봉착하다 | 方法 fāngfǎ 명 방법, 수단, 방식 | 从而 cóng'ér 접 따라서, 그리하여, ~함으로써 | 获得 huòdé 동 획득하다, 얻다 | 知识 zhīshi 명 지식 | 并且 bìngqiě 접 또한, 그리고, 더욱이 | 收获 shōuhuò 명 성과, 수확 | 日常 rìcháng 형 일상의, 일상적인 | 生活 shēnghuó 명 생활 | 在于 zàiyú 동 ~에 있다, ~에 달려 있다 | 注重 zhùzhòng 동 중시하다 | 主动 zhǔdòng 형 능동적이다, 자발적이다 | 意识 yìshí 명 의식 | 教师 jiàoshī 명 교사, 교원 | 作用 zuòyòng 명 작용 | 被动 bèidòng 형 피동적이다, 수동적이다 | 接受 jiēshòu 동 받다, 수락하다 | 转变 zhuǎnbiàn 동 바뀌다, 전환하다 | 参与 cānyù 동 참여하다, 가담하다 | 观念 guānniàn 명 관념, 생각 | 创新 chuàngxīn 동 혁신하다, 새것을 창조하다

05

p. 147

A 注重学习者的内心体验
B 注重学习者的实践能力
C 注意学习者的感情表现
D 着重教育者的知识程度

A 학습자의 내적 체험을 중시하다
B 학습자의 실천 능력을 중시하다
C 학습자의 감정 표현에 주의를 기울이다
D 교육자의 지식 정도에 중점을 두다

시크릿 它________，要求他们用“心”去体会和感受。

해설 **품사 찾기** 주어 它 이하 부분에는 '동사 + 목적어'로 구성되는 동사구가 나와야 한다.

짝꿍 찾기 힌트는 앞뒤 문맥을 파악해야 한다.

정답 찾기 지문에서 언급한 体验教育(체험 교육), 经验式教育(경험식 교육)는 무엇을 말하는 것일까? 밑줄 뒷부분에서 이 교육의 특징은 '마음'으로 체득하고 느끼게 하는 교육이라고 했다. 实践能力(실천 능력)와 知识程度(지식 정도)는 '마음'으로 체득하는 것과는 거리가 멀기에 제거한다. 힌트와 가장 잘 어울리는 注重内心体验(내적 체험을 중시한다)인 A가 정답이 된다.

단어 内心 nèixīn 명 마음, 내적 | 体验 tǐyàn 명동 체험(하다) | 实践 shíjiàn 명동 실천(하다), 실행(하다) | 能力 nénglì 명 능력, 역량 | 感情 gǎnqíng 명 감정 | 表现 biǎoxiàn 명동 표현(하다) | 着重 zhuózhòng 동 중시하다, ~에 치중하다 | 程度 chéngdù 명 정도, 수준

06

p. 147

A 展示	B 运用	A 전시하다	**B 활용하다**
C 安装	D 发展	C 설치하다	D 발전하다

시크릿 从而获得新的知识和经验，并且能将这些收获______到日常学习和生活中。

해설 품사 찾기 '将(전치사) + 这(지시대사) + 些(양사) + 收获(명사) + 동사'의 어순에 따라서 빈칸에는 동사가 나와야 한다. 특히 결과보어 到를 통해 동사 자리임을 알 수 있다.

짝꿍 찾기 동사의 힌트1은 목적어다. 앞뒤 문맥을 살펴서 정답을 찾자.

정답 찾기 '경험식 교육'은 배운 지식과 경험을 일상 생활에 적용할 수 있도록 교육시키는 것이다. '사용하다, 이용하다, 활용하다, 적용하다'의 의미로 쓰이는 단어는 运用이므로 정답은 B가 된다.

Tip
- 展示(전시하다, 펼쳐 보이다): 구체적인 사물이나 추상적인 것을 펼쳐 보인다.
- 安装(설치하다): 安装电话 전화기를 설치하다 / 安装机器 기계를 설치하다 / 安装自来水管 수도관을 설치하다

단어 展示 zhǎnshì 동 전시하다 | 运用 yùnyòng 동 활용하다, 응용하다 | 安装 ānzhuāng 동 설치하다, 고정시키다 | 发展 fāzhǎn 동 발전하다

07

p. 147

A 建设	B 生产	A 건설하다	B 생산하다
C 培养	D 辅导	**C 기르다**	D 지도하다

시크릿 体验教育的特别之处在于注重______学生主动学习的意识。

해설 품사 찾기 '동사 + 学生主动学习的(관형어) + 意识(목적어)'의 어순에 따라서 빈칸은 동사 자리다.

짝꿍 찾기 동사의 힌트는 목적어다.

정답 찾기 목적어 学生主动学习的意识(학생들의 자발적인 학습 의식)를 '기르다'라는 내용이 문맥상 가장 어울린다. 培养은 '키우다, 기르다, 배양하다'라는 의미를 지니며, 培养自信(자신감을 기르다), 培养人才(인재를 육성하다), 培养梦想(꿈을 기르다), 培养人生观(인생관을 기르다)과 같이 자주 쓰인다.

단어 建设 jiànshè 동 건설하다 | 生产 shēngchǎn 동 생산하다 | 培养 péiyǎng 동 기르다, 키우다, 양성하다 | 辅导 fǔdǎo 동 도우며 지도하다

08

p. 147

A 以教材为教学重点	A 교재를 교학의 핵심으로 삼는다
B 适当提高考试难度	B 시험의 난이도를 적당히 높인다
C 真正做到以学生为中心	**C 진정한 학생 중심이 되게 한다**
D 充分体现家长的地位	D 학부모의 위상을 충분히 보여 준다

시크릿 在这一过程中，教师的作用是帮助学生从被动接受转变为主动参与，______。

해설 품사 찾기 빈칸 앞뒤에 쉼표(，)와 마침표(。)가 있으므로 의미를 전달할 수 있는 구나 절이 나와야 한다.

짝꿍 찾기 앞뒤 문맥을 파악하여 정답을 선택해야 한다.

정답 찾기 체험 교육은 교재(教材) 중심의 수업이 아니며, 시험(考试)의 난이도로 평가하는 방식도 아니며, 학부모(家长)가 영향력을 끼치는 수업은 더더욱 아니므로, 보기 A, B, D 모두 정답이 아니다. 교사의 설명이나 주입식 교육이 아니라, 학생 스스로 주동적이고 자발적으로 참여하게 하여 학생 중심이 되게 하는 것이므로 정답은 C가 된다.

단어 以…为… yǐ…wéi… ~을 ~으로 삼다 | **教材** jiàocái 명 교재 | **教学** jiàoxué 동 교수하다, 가르치다 | **重点** zhòngdiǎn 명 중점, 중요한 점 | **适当** shìdàng 형 적당하다, 알맞다 | **难度** nándù 명 난이도 | **真正** zhēnzhèng 부 진실로, 정말로 | **中心** zhōngxīn 명 중심 | **充分** chōngfèn 부 충분히, 완전히 | **体现** tǐxiàn 동 구현하다, 구체적으로 드러내다 | **家长** jiāzhǎng 명 학부모, 가장 | **地位** dìwèi 명 위치, 지위

DAY 4

✓ 정답 1. A 2. C 3. B 4. C 5. B 6. A 7. A 8. D

[01-04]

顾恺之，是中国东晋时期非常著名的画家。他很小的时候，母亲就＿＿1＿＿了。稍长大一点，便每天缠着父亲追问母亲的样子，父亲不厌其详地给他讲了母亲的样貌和日常的衣着。他把这一切都牢牢地记在心中。

八岁那年，他忽然向父亲要笔墨，说要给母亲画像。父亲说，"你连母亲的模样都没见过，怎么画呢？"他回答说："＿＿2＿＿，一天不像画两天，两天不像画三天，一定要到画像了为止。"于是他每天都在画，不分白天和黑夜。画好了就给父亲看，看了以后就按照父亲的意见修正。逐渐地，父亲惊喜地发现，母亲的像居然有几分＿＿3＿＿了，只是眼睛还是不太像。于是，他又用心地去琢磨，一年过去了，两年过去了，终于有一天，他把再次画成的母亲像给父亲看，父亲竟然看＿＿4＿＿了，说："像，太像了，眼睛特别像呀。"

고개지는 중국 동진 시기의 매우 유명한 화가다. 그가 아주 어렸을 적에, 어머니는 세상을 떠났다. 좀 더 자란 후에, 그는 매일 아버지를 보채며 어머니의 모습을 캐물었다. 아버지는 조금도 귀찮아하지 않고 그에게 어머니의 모습과 평상시 옷차림을 설명해 주었다. 그는 이 모든 것들을 가슴속에 깊이 새겼다.

여덟 살이 되던 해에, 그는 갑자기 아버지에게 붓과 먹을 달라며, 어머니의 초상화를 그리겠다고 했다. 아버지는 "어머니의 모습을 본 적도 없는데, 어떻게 그리느냐"고 말하자, 그는 "저는 아버지께서 말씀하신 대로 그릴 거예요. 하루 그려서 안 닮았으면 이틀, 이틀 그려서 안 닮았으면 사흘, 반드시 닮을 때까지 그릴 거예요."라고 대답했다. 그래서 그는 주야를 가리지 않고, 매일 그림을 그렸다. 그림을 그린 후에는 아버지에게 보여 줬고, 보여 준 다음에는 아버지의 의견에 따라 고쳤다. 점점, 아버지는 놀랍게도 어머니의 초상화가 다소 비슷한 것을 발견했다. 단지 눈은 여전히 별로 닮지 않았다. 그래서, 그는 다시 심혈을 기울여 생각했고, 일 년이 지나고 이 년이 지나 마침내 어느 날, 그는 다시 그린 어머니의 초상화를 아버지에게 보여 줬다. 아버지는 놀라 멍하니 바라보며, "닮았어, 정말 닮았어. 특히 눈이 닮았구나."라고 말했다.

요약
- 제목: 화가 고개지의 유년 시절
- 주제: 고개지는 본 적 없는 돌아가신 어머니의 모습을 그리기 위해 꾸준히 연습을 하여, 결국 성공했다.

단어 **东晋** Dōngjìn 명 동진 | **时期** shíqī 명 시기 | **著名** zhùmíng 형 유명하다 | **稍** shāo 부 조금, 약간 | **缠着** chánzhe 동 보채다, 매달리다 | **追问** zhuīwèn 동 캐묻다, 추궁하다 | **不厌其详** bú yàn qí xiáng 성어 상세히 하는 것을 꺼리지 않다 | **样貌** yàngmào 명 생김새, 모습 | **衣着** yīzhuó 명 복장 | **牢牢** láoláo 형 견고하다 | **忽然** hūrán 부 갑자기 | **笔墨** bǐmò 명 붓과 먹 | **画像** huàxiàng 동 초상화를 그리다 | **模样** múyàng 명 모양 | **为止** wéizhǐ 동 ~를 끝으로 하다 | **于是** yúshì 접 그래서 | **按照** ànzhào 전 ~에 따라 | **意见** yìjiàn 명 견해 | **修正** xiūzhèng 동 수정하다 | **逐渐** zhújiàn 부 점점 | **惊喜** jīngxǐ 동 놀라며 기뻐하다 | **居然** jūrán 부 뜻밖에 | **用心** yòngxīn 동 심혈을 기울이다 | **琢磨** zuómo 동 깊이 생각하다 | **终于** zhōngyú 부 마침내 | **竟然** jìngrán 부 뜻밖에도

01

p. 147

A 去世	B 存在	A 세상을 떠나다	B 존재하다
C 耽误	D 上班	C 지체하다	D 출근하다

시크릿 他很小的时候，母亲就＿＿＿＿了。稍长大一点，便每天缠着父亲追问母亲的样子，

해설 품사 찾기 '母亲(주어) + 就(부사) + 술어'의 어순으로 빈칸은 술어 자리다.

짝꿍 찾기 술어의 힌트는 목적어와 주어지만, 힌트가 부족하면 앞뒤 문맥을 살피는 것이 가장 좋다.

정답 찾기 빈칸 뒤 절에 고개지가 조금 자란 후, 아버지에게 어머니의 모습을 물었다는 내용으로 보아, 어렸을 때 어머니께서 돌아가셨다는 것을 알 수 있다. 따라서 정답은 A가 된다.

Tip 死了(죽었다), 去了(떠났다), 去世(돌아가시다), 逝世(서거하다) 등과 같이 돌아가셨다는 표현에도 여러 가지가 있으니 암기해 두어야 한다. 耽误는 '시간을 지체하거나 시기를 놓쳐 일을 그르치다'라는 뜻으로, 耽误时间(시간을 지체하다), 耽误学习(학습을 그르치다), 耽误工作(일을 그르치다)로 표현한다.

단어 去世 qùshì 동 세상을 떠나다 | 存在 cúnzài 동 존재하다 | 耽误 dānwu 동 지체하다, 그르치다 | 上班 shàngbān 동 출근하다

02

p. 147

A 我请画家来画	A 저는 화가를 모셔다가 그릴 거예요
B 我相信您的实力	B 저는 아버지의 실력을 믿어요
C 我就按照您说的画	**C 저는 아버지께서 말씀하신 대로 그릴 거예요**
D 我已经画了很长时间了	D 저는 이미 오랫동안 그림을 그렸어요

시크릿 "你连母亲的模样都没见过，怎么画呢?"他回答说："________，…一定要到画像了为止。"

해설 **품사 찾기** 빈칸이 쌍점(:)과 쉼표(，) 사이에 있으므로, 하나의 절이 들어가야 한다.

짝꿍 찾기 절의 힌트는 앞뒤 문맥을 파악해야 한다.

정답 찾기 顾恺之(고개지)는 어린 나이에 어머니를 잃어 어머니의 모습을 기억하지 못한다. 어머니를 본 적도 없이 어떻게 그리겠냐는 물음에 대한 대답으로, 닮을 때까지 며칠이고 그리겠다는 뒤의 말과 뜻이 통해야 한다. 따라서 A와 B는 정답이 될 수 없고, 아버지께서 말씀하신 대로 그리려고 한다는 C가 정답이 된다.

Tip 주인공이 8살 때의 상황이므로, D처럼 오랫동안 엄마의 모습을 그렸다는 얘기는 내용에 부합하지 않는다.

단어 实力 shílì 명 실력 | 按照 ànzhào 전 ~에 따라 | 已经 yǐjing 부 이미

03

p. 148

A 几乎	B 相似	A 거의	**B 비슷하다**
C 可靠	D 巧妙	C 믿을 만하다	D 교묘하다

시크릿 母亲的像居然有几分________了，只是眼睛还是不太像。

해설 **품사 찾기** 几分은 '다소, 좀'이라는 정도를 나타내는 말로, 빈칸에는 형용사가 나와야 한다.

짝꿍 찾기 형용사 술어 자리로, 술어의 힌트는 주어지만, 힌트가 부족하면 앞뒤 문맥까지도 살펴봐야 한다.

정답 찾기 빈칸 뒤 절에 역접을 나타내는 접속사 只是가 나오는 것으로 보아, 앞 절과 뒤 절은 반대되는 내용이 나와야 한다. 뒤 절에 不太像(별로 닮지 않았다)이라고 했으므로 앞 절은 반대되는 의미로 아이가 그린 그림과 엄마의 모습이 닮았다는 내용이 나와야 한다. 따라서 B가 정답이 된다.

Tip 빈칸에는 형용사가 들어가야 하므로, 부사 几乎(거의)는 자동 제거된다. 可靠는 '믿을 만하다, 믿음직스럽다'라는 뜻으로, 보통 사람을 평가하는 데 많이 쓰인다. 예를 들면, 可靠的人(믿을 만한 사람), 这个人不太可靠(이 사람은 그다지 믿을 만하지 않다)라고 표현한다. 巧妙는 '방법이나 기술 등이 재치 있고 약삭빠르다'라는 뜻으로 方法很巧妙(방법이 매우 교묘하다), 技术很巧妙(기술이 매우 교묘하다), 用了巧妙的心理战术(교묘한 심리전술을 쓰다) 등으로 쓰인다.

단어 几乎 jīhū 부 거의 | 相似 xiāngsì 형 비슷하다, 닮다 | 可靠 kěkào 형 믿을 만하다 | 巧妙 qiǎomiào 형 교묘하다

04

p. 148

A 晕	B 吓	A 어지럽다	B 놀라다
C 呆	D 住	**C 멍하다**	D 멈추다

시크릿 父亲竟然看______了，说："像，太像了，眼睛特别像呀。"

해설 품사 찾기 '父亲(주어) + 竟然(부사) + 看(술어) + 결과보어 + 了(동태조사)'의 어순이다. 빈칸은 결과보어가 될 수 있는 동사나 형용사 자리다.

짝꿍 찾기 결과보어 힌트 1순위는 동사고, 그 다음으로 문맥을 살펴야 한다.

정답 찾기 엄마를 한 번도 본적이 없는 아이가, 자신이 해 준 설명만 듣고 끊임없는 연습을 거쳐 엄마와 흡사한 그림을 그린 것을 본 아버지의 반응을 나타내야 한다. 부사 竟然(뜻밖에)을 보고 아버지는 너무 감탄해서 바라보는 모습인 것을 유추할 수 있다. 따라서 C의 呆(멍하다, 어리둥절하다)가 정답이 된다.

Tip 吓는 '놀라다'의 뜻으로, 看의 결과보어로는 쓰이지 않으므로 제거된다. 住는 '고정'의 뜻을 가지며, 看住는 '뚫어지게 보다'라는 뜻이다.

단어 晕 yūn 형 어지럽다 | 吓 xià 동 놀라다 | 呆 dāi 형 멍하다 | 住 zhù 동 멈추다

[05-08]

一般来说，包装盒上会印有一些特殊的标志，比如一把雨伞、一个酒杯、一朵雪花、一个有数字的方框等等。这些标志其实都有一定的含义，它们是根据国际标准，对于 ___5___ 进行说明的指示性标志。

举个例子来说，"雨伞(上面还有几点雨点)"说明物品容易受潮，所以要防水，需要保存在 ___6___ 的环境中；"酒杯"的意思纸箱内的物品容易破碎， ___7___ ；"方框中的数字"则表明物品在存放时最高可以叠放的层数。

这些标志一般都被印在较为明显的地方，便于 ___8___ 人们在运输、装运和保管物品时需要注意的问题。

일반적으로 포장 상자에는 우산, 술잔, 눈꽃송이, 숫자가 적힌 네모난 상자 등 특수한 표시가 찍혀 있을 것이다. 이러한 표시는 사실 정해진 의미가 있는데, 그것들은 국제 표준에 따라 물품의 운송, 보존 과정 또는 물품의 화학적 성질에 대해 설명하는 지시적 표시다.

예를 들어 '우산(위에 몇 개의 빗방울이 있음)'은 물품이 습기에 쉽게 젖을 수 있기에 방수를 해야 하고, 건조한 환경에 보관되어야 한다는 것을 설명한다. '술잔'은 상자 안의 물건이 깨지기 쉬운 물건이니 조심히 다루어야 한다는 의미다. '네모 박스 안의 숫자'는 물건을 놓을 때, 최대 적재할 수 있는 층수를 나타낸다.

이러한 표시들은 일반적으로 비교적 눈에 띄는 곳에 인쇄되어 있어, 물품의 운송, 선적 및 보관 시 주의할 필요가 있는 문제를 상기시키기에 좋다.

요약
- 제목: 포장 상자 표시의 의미
- 주제: 포장 상자 위에 그려진 우산, 술잔, 눈꽃송이 등은 물품을 안전하게 운송 및 보관하기 위한 표시다.

단어 一般来说 yībān lái shuō 일반적으로 말하면 | 包装盒 bāozhuānghé 명 포장 박스 | 印有 yìnyǒu 동 찍혀 있다, 인쇄되어 있다 | 特殊 tèshū 형 특수하다 | 标志 biāozhì 명 표지, 지표, 상징 | 比如 bǐrú 접 예컨대, 만약, 비유한다면 | 雨伞 yǔsǎn 명 우산 | 酒杯 jiǔbēi 명 술잔 | 朵 duǒ 양 송이 | 雪花 xuěhuā 명 설화, 눈꽃, 눈송이 | 数字 shùzì 명 숫자, 수량 | 方框 fāngkuàng 명 네모난 틀 | 含义 hányì 명 내포된 뜻, 내용, 개념 | 国际 guójì 명 국제 | 标准 biāozhǔn 명 표준, 기준 | 对于 duìyú 전 ~에 대해, ~에 대하여 | 进行 jìnxíng 동 진행하다, 하다 | 说明 shuōmíng 동 설명하다 | 指示性 zhǐshìxìng 명 지시성 | 举例子 jǔ lìzi 예를 들다 | 雨点 yǔdiǎn 명 빗방울 | 物品 wùpǐn 명 물품 | 受潮 shòucháo 동 습기차다 | 防水 fángshuǐ 동 홍수를 막다 | 保存 bǎocún 동 보존하다 | 纸箱 zhǐxiāng 명 종이 상자 | 破碎 pòsuì 동 자잘하게 부서지다, 산산조각 내다 | 表明 biǎomíng 동 표명하다, 분명하게 보이다 | 存放 cúnfàng 동 내버려 두다, 놓아두다 | 叠放 diéfàng 동 쌓아 두다 | 层数 céngshù 명 층수 | 明显 míngxiǎn 형 뚜렷하다, 분명하다 | 便于 biànyú 동 ~하기에 쉽다, ~에 편하다 | 运输 yùnshū 명동 운송(하다), 수송(하다) | 装运 zhuāngyùn 동 실어 나르다 | 保管 bǎoguǎn 동 보관하다

05

p. 148

A 纸箱的高低、大小、规格	A 종이 상자의 고저, 크기, 규격
B 物品运输、保存过程或物品的化学性质	**B 물품의 운반, 보존 과정 또는 물품의 화학적 성질**
C 纸箱内物品的高低、大小、规格	C 종이 상자 안 물품의 높이, 크기, 규격
D 纸箱内物品的重量	D 종이 상자 내 물품의 중량

시크릿 这些标志其实都有一定的含义，它们是根据国际标准，对于________进行说明的指示性标志。

해설 **품사 찾기** '전치사(对于) + 명사(구) + 동사(进行)'의 어순에 따라서, 빈칸에는 명사나 명사구가 나올 수 있다.

짝꿍 찾기 보기가 모두 긴 명사구로 되어 있다. 문맥을 통해서 적절한 내용을 선택해야 한다.

정답 찾기 앞 문장의 내용만으로 정답이 고르기 망설여진다면 섣불리 정답을 선택하지 말고, 뒤쪽 문단까지 읽어 내려가 보도록 하자. 雨伞(우산) 표시는 습기를 주의해야 하고, 酒杯(술잔) 표시는 운반 시 깨지기 쉬우니 주의해야 하고, 数字(숫자)는 최대 적재할 수 있는 층수를 나타내고 있다. 이러한 표시들은 '물건의 운반, 보존 과정 및 화학적 성질'에 맞게 다루어 달라는 표시이므로 정답은 B가 된다.

단어 高低 gāodī 명 높이, 고저 | 大小 dàxiǎo 명 크기 | 规格 guīgé 명 규격 | 化学 huàxué 명 화학 | 性质 xìngzhì 명 성질, 성격 | 重量 zhòngliàng 명 중량, 무게

06

p. 148

A 干燥	B 清淡	**A 건조하다**	B 담백하다
C 湿润	D 干净	C 습윤하다	D 깨끗하다

시크릿 ，"雨伞(上面还有几点雨点)"说明物品容易受潮，所以要防水，需要保存在________的环境中；

해설 **품사 찾기** 빈칸 뒤 구조조사 的와 보기를 보고, 명사를 꾸며 주는 형용사를 찾는 문제임을 알 수 있다.

짝꿍 찾기 명사 环境(환경)을 꾸며 주는 적절한 형용사를 선택하는 문제이므로, 전체적인 문맥을 살펴서 정답을 선택해야 한다.

정답 찾기 맛이나 색깔을 나타내는 清淡은 정답에서 제외시킨다. 干燥(건조하다), 湿润(습윤하다), 干净(깨끗하다)은 모두 环境과 잘 어울리는 표현들이다. 첫 번째 힌트 容易受潮(습기가 차기 쉽다), 두 번째 힌트 要防水(방수를 해야 한다)를 통해 건조한 곳에 보관해야 함을 알 수 있으므로 정답은 A가 된다.

단어 干燥 gānzào 형 건조하다 | 清淡 qīngdàn 형 (맛, 색깔 등이) 담백하다, 연하다, 담담하다 | 湿润 shīrùn 형 습윤하다, 축축하다

07

p. 148

A 需要轻拿轻放	**A 조심히 다루어야 한다**
B 需要注意防潮	B 습기 방지에 신경 써야 한다
C 不能晒到太阳	C 햇빛을 쬐어서는 안 된다
D 需要保管在阴凉的地方	D 그늘진 곳에 보관해야 한다

시크릿 "酒杯"的意思纸箱内的物品容易破碎，________；

해설 **품사 찾기** 보기가 모두 동사구로 제시되어 있으므로, 동사구를 찾도록 한다.

짝꿍 찾기 앞뒤 문맥을 통해 정답을 찾아낼 수 있다.

정답 찾기 앞 절에 容易受碎(깨지기 쉽다)하다는 특징이 있다고 언급하고 있다. 파손 위험이 있는 물건은 운반 시 防潮(방수), 晒到太阳(햇빛 노출), 保管在阴凉的地方(서늘한 곳에 보관) 등과는 큰 상관이 없다. 물건이 깨지지 않게 하기 위해서 轻拿轻放(조심히 다루어야 한다) 해야 한다는 내용인 A가 정답이 된다.

단어 轻拿轻放 qīngná qīngfàng 조심스럽게 다루다, 취급 주의 | 防潮 fángcháo 동 습기를 방지하다 | 晒 shài 동 햇볕을 쬐다 | 保管 bǎoguǎn 동 보관하다 | 阴凉 yīnliáng 형 그늘지고 서늘하다

08

p. 148

A 保管	B 命令	A 보관하다	B 명령하다
C 妨碍	D 提醒	C 방해하다	**D 상기시켜 주다**

시크릿 这些标志便于________人们在运输、装运和保管物品时需要注意的问题。
간접목적어 / 직접목적어

해설 품사 찾기 빈칸 뒤에 목적어를 끌고 나올 수 있는 동사가 필요하다.

짝꿍 찾기 告诉(알려 주다), 送(선물하다)과 같은 수여동사는 목적어를 2개 끌고 나올 수 있다. '수여동사 + 간접목적어 + 직접목적어'의 어순에 따라서, 간접목적어에는 '사람'이 나오고, 직접목적어에는 '사물'이나 '내용'이 나온다.

정답 찾기 이러한 표시들은 물건 운송이나 보관 시 주의해야 하는 사항들을 다시 상기시켜 주는 데 도움이 된다. 따라서 정답은 D가 된다.

단어 命令 mìnglìng 동 명령하다 | 妨碍 fáng'ài 동 방해하다, 지장을 주다 | 提醒 tíxǐng 동 상기시켜 주다, 일깨우다

DAY 5

✓ 정답	1. A	2. D	3. B	4. D	5. B	6. C	7. D	8. B

[01-04]

有的人喜欢猫的温顺，有的人喜欢狗的忠诚。但是在___1___狗的时候要注意，不要轻易靠近它们，也不要随便去摸它们的头，___2___主人就在身边。走路的时候，迎面过来一只狗的话，不要一直直视它，它会把这一动作看作是___3___。因此，如果有一只狗向你跑过来，___4___，也许它只是想要闻闻陌生人的味道。

어떤 사람은 고양이의 온순함을 좋아하고, 어떤 사람은 개의 충성심을 좋아한다. 그러나 개에게 접촉할 때는 주의해야 한다. 함부로 개들에게 다가가서는 안 되고, 마음대로 가서 머리를 만져서도 안 된다. 설령 주인이 옆에 있다고 해도 말이다. 길을 걸을 때 정면으로 개 한 마리가 다가온다면, 개를 계속 똑바로 바라보지 말아야 한다. 개는 이 동작을 싸움을 거는 것으로 생각할 수 있다. 그래서 만약에 개가 당신에게 달려온다면, 당신은 차분하게 그 자리에서 있어야 한다. 어쩌면 개는 단지 낯선 사람의 냄새를 맡고 싶어하는 것일지도 모르기 때문이다.

요약 • 제목: 개를 대할 때 주의사항
• 주제: 개를 대할 때는 개의 습성을 잘 이해하고 행동해야 한다.

단어 温顺 wēnshùn 형 온순하다 | 忠诚 zhōngchéng 형 충성하다 | 时候 shíhou 명 때 | 注意 zhùyì 동 주의하다 | 轻易 qīngyì 부 함부로 | 靠近 kàojìn 동 다가가다, 가까이 가다 | 随便 suíbiàn 부 마음대로 | 摸 mō 동 만지다 | 迎面 yíngmiàn 명 정면, 맞은편 | 直视 zhíshì 동 똑바로 쳐다보다 | 因此 yīncǐ 접 그래서 | 如果 rúguǒ 접 만약 | 也许 yěxǔ 부 어쩌면 | 闻 wén 동 냄새 맡다 | 陌生人 mòshēngrén 명 낯선 사람 | 味道 wèidào 명 맛, 냄새

01

p. 156

A 接触	B 抛弃	**A 접촉하다**	B 포기하다
C 区分	D 改正	C 구분하다	D 개정하다

시크릿 但是在________狗的时候要注意，不要轻易靠近它们，也不要随便去摸它们的头，

해설 **품사 찾기** 빈칸 뒤에 목적어가 있으므로, 빈칸은 동사 자리다.

짝꿍 찾기 동사의 힌트는 목적어 狗(개)이며, 뒤 절의 내용도 파악해야 한다.

정답 찾기 빈칸 뒤 절에는 개를 대할 때 조심해야 하는 행동들이 나온다. 靠近(다가가다), 摸头(머리를 만지다) 등의 행위를 포괄적으로 설명할 수 있는 단어는 接触(접촉하다)로, 정답은 A가 된다.

단어 **接触** jiēchù 동 접촉하다, 닿다 | **抛弃** pāoqì 동 포기하다, 버리다 | **区分** qūfēn 동 구분하다 | **改正** gǎizhèng 동 개정하다

02

p. 156

A 所以	B 虽然	A 그래서	B 비록
C 要是	D 哪怕	C 만약	**D 설령**

시크릿 不要轻易靠近它们，也不要随便去摸它们的头，________主人就在身边。

해설 **품사 찾기** 빈칸 뒤에 주어 主人(주인)이 있고, 앞에 쉼표(，)가 있는 것으로 보아 빈칸은 접속사 자리다.

짝꿍 찾기 접속사는 경우에 따라서 앞뒤 절이 바뀌어 나오기도 하므로, 전체 문맥을 살펴야 한다.

예 **哪怕他不去，我也要去。** 설령 그가 가지 않는다 하더라도, 나는 갈 거야.
我一定要去，哪怕他不去。 나는 반드시 가야 해, 설령 그가 가지 않는다 하더라도.

정답 찾기 접속사를 고르는 문제에서는 사실인지 가설인지, 순접인지 역접인지를 반드시 판단해야 한다. 주어진 문장은 발생하지 않은 가설을 언급한 내용이므로, 사실을 말하는 접속사 虽然은 제거된다. 보통 주인이 있으면 개에게 다가가거나 만지는 것이 가능하다고 생각하지만, 앞 절에서 부정을 나타내고 있으므로, 역접을 의미하는 접속사가 필요하다. 따라서 가설에 따른 역접을 나타내는 D의 哪怕(설령)가 정답이 된다.

단어 **所以** suǒyǐ 접 그래서 | **虽然** suīrán 접 비록 | **要是** yàoshi 접 만약 | **哪怕** nǎpà 접 설령

03

p. 156

A 亲密	B 挑战	A 친밀하다	**B 싸움을 걸다**
C 信任	D 轻视	C 신임하다	D 경시하다

시크릿 不要一直直视它，它会把这一动作看作是________。

해설 **품사 찾기** 동사 是 이하 부분에는 목적어가 필요하다.

짝꿍 찾기 동사 是는 특별한 힌트 역할을 할 수 없으므로, 전체 문맥을 살펴야 한다.

정답 찾기 빈칸 앞 절에서 개를 계속해서 주시하지 말라고 권고하고 있다. 부사 不要는 '~하지 마라'라는 의미로 금지를 나타내기 때문에 빈칸에는 개가 위험하게 여길 수 있는 행동이 나와야 한다. 제시된 보기 중 挑战이 '싸움을 걸다'라는 의미로 가장 적합하다. 따라서 정답은 B가 된다.

단어 **亲密** qīnmì 형 친밀하다 | **挑战** tiǎozhàn 동 싸움을 걸다 | **信任** xìnrèn 동 신임하다 | **轻视** qīngshì 동 경시하다

04

p. 156

A 就叫警察帮忙	A 바로 경찰에게 도움을 청한다
B 不管你跑得有多快	B 당신이 얼마나 빨리 뛰든 상관없다
C 马上跑到安全的地方	C 바로 안전한 곳으로 뛰어간다
D 你要安静地站在那儿	**D 당신은 차분하게 그 자리에 서 있어야 한다**

시크릿 如果有一只狗向你跑过来，________，也许它只是想要闻闻陌生人的味道。

해설 **품사 찾기** 빈칸 앞뒤에 쉼표(，)가 있으므로, 빈칸에는 하나의 절이 필요하다.

짝꿍 찾기 절의 힌트는 앞뒤 문맥을 파악해야 알 수 있다.

정답 찾기 만약 개가 다가오거나 달려든다면, 상식적으로 피하거나 도망을 간다는 내용의 C를 선택하기 쉽다. 하지만, 빈칸 뒤 절에 개가 당신에게 다가온 것은 단지 낯선 사람의 냄새를 맡고 싶어하는 것일지도 모른다고 말했으므로 상식적인 행동과 반대되는 행동이 나와야 한다. 따라서 가장 적합한 행동은 차분하게 그 자리에 가만히 서 있으라는 내용인 D가 정답이 된다.

단어 警察 jǐngchá 명 경찰 | 马上 mǎshàng 부 곧 | 安静 ānjìng 형 차분하다, 조용하다

[05-08]

后来，这个人就成了我的丈夫，他___5___我走过无数风雨。那___6___艰苦的日子里，他给予我的关爱永远在我脑海里挥之不去。___7___他在不在我身边，我都会想起他在冬日里给我的第一个拥抱。我的这个男人，在饥寒交迫的日子里，细心地抚慰了一个女孩子孤独寂寞的心。我想，每个爱过的女人，如果她希望和一个男人天长地久，那背后一定有着一次感人的记忆，而这个男人___8___这个女人期待，也一定是因为他给女人宽厚温暖的爱。

훗날, 이 사람은 나의 남편이 되었고, 그는 나와 함께 수많은 시련을 겪었다. 그 힘들었던 나날들 동안, 그가 나에게 준 관심과 사랑은 영원히 내 머릿속에서 잊혀지지 않을 것이다. 그가 내 곁에 있든 없든 관계없이, 나는 그가 겨울에 나에게 처음 해 주었던 포옹을 떠올릴 것이다. 나의 이 남자는, 춥고 배고픈 시절에 한 소녀의 외롭고 쓸쓸한 마음을 세심하게 위로해 주었다. 사랑을 해 본 적이 있는 여자가, 만일 한 남자와 평생을 함께하고자 한다면, 그 뒤에는 분명히 감동적인 기억이 있을 거라고 생각한다. 그리고 그 남자에게 이러한 여자가 기대할 만한 가치가 있는 것도 분명히 남자가 여자에게 너그럽고 따뜻한 사랑을 주기 때문일 것이다.

요약
- 제목: 힘든 시절을 함께 해 준 나의 남편
- 주제: 서로 평생을 함께하기 위해서는 사랑과 추억이 있어야 한다.

단어 无数 wúshù 형 무수하다, 매우 많다 | 风雨 fēngyǔ 명 비바람, 시련 | 艰苦 jiānkǔ 형 고생스럽다 | 给予 jǐyǔ 동 주다 | 关爱 guān'ài 동 관심을 가지고 아끼다 | 永远 yǒngyuǎn 부 영원히 | 脑海 nǎohǎi 명 머리, 뇌리 | 挥之不去 huīzhī búqù 지울래야 지워지지 않다 | 拥抱 yōngbào 동 포옹하다 | 饥寒交迫 jīhán jiāopò 성어 굶주림과 추위가 동시에 닥치다 | 细心 xìxīn 형 세심하다 | 抚慰 fǔwèi 동 위로하다 | 孤独 gūdú 형 고독하다 | 寂寞 jìmò 형 외롭다 | 天长地久 tiāncháng dìjiǔ 성어 하늘과 땅처럼 영원하다, 영원히 변치 않다 | 背后 bèihòu 명 배후 | 感人 gǎnrén 형 감동적이다 | 记忆 jìyì 명 기억 | 期待 qīdài 동 기대하다, 바라다 | 宽厚 kuānhòu 형 너그럽다, 관대하다 | 温暖 wēnnuǎn 형 따뜻하다

05

p. 156

A 跟	B 陪	A ~와	B (~와) 함께하다
C 随	D 引	C (~를) 따르다	D 이끌다

시크릿 这个人就成了我的丈夫，他________我走过无数风雨。

해설 **품사 찾기** 주어 他(그)와 또 다른 명사 我(나) 사이에는 동사나 전치사가 필요하다.

짝꿍 찾기 빈칸 뒤에 있는 走过无数风雨(수많은 시련을 겪었다)의 문맥을 파악해야 한다.

정답 찾기 빈칸 앞 절에 이 사람은 나의 남편이 되었다는 것으로 보아, 주어 他(그)는 我(나)의 남편으로, 문맥상 수많은 시련을 함께 겪으며 옆에서 지켜 주고 도와줬다는 의미가 되어야 한다. 전치사 跟은 '~와'라는 뜻이지만, 陪는 '짝이 되어 동행해 준다'는 뜻과 协助(거들어 주다, 도와주다)의 의미를 포함하고 있으므로, 陪가 더 적합하다. 따라서 정답은 B가 된다.

단어 跟 gēn 전 ~와 | 陪 péi 동 함께하다, 동반하다 | 随 suí 동 따르다 | 引 yǐn 동 이끌다

06

p. 156

A 条	B 个	A 줄기	B 개
C 段	D 是	**C 동안**	D ~이다

시크릿 那________艰苦的日子里,

해설 **품사 찾기** '那(지시대사) + 양사 + 艰苦的(관형어) + 日子(명사)'의 어순으로 빈칸은 양사 자리다.

짝꿍 찾기 양사는 뒤의 명사에 의해서 결정된다. 즉 빈칸의 힌트는 명사 日子(날)가 된다.

정답 찾기 양사 段(동안)은 시간적인 거리와 공간적인 거리에 쓰이며, 말 · 문장 · 과정을 셀 때도 쓰일 수 있다. 따라서 시간을 나타내는 日子(날)를 셀 수 있는 양사로 C가 정답이 된다. 个(개)는 개체양사로 가장 보편적으로 쓰이나, 사람이나 사물 등에 쓰이므로 정답이 될 수 없다.

예 **一段日子**(세월) / **一段时间**(일정한 시간) / **一段路**(한 구간의 길) / **一段距离**(일정한 거리) / **一段文章**(글 한 단락) / **一段话**(몇 마디 말) / **一段新闻**(뉴스 단락)

Tip 条는 길고 가느다랗고 구부릴 수 있는 것을 셀 때 쓰이며, 유형 · 무형의 것을 나타내는 데 모두 사용할 수 있다.

예 一条裤子(바지 한 개) / 一条围巾(목도리 한 개) / 一条鱼(물고기 한 마리) / 一条心(하나의 마음) / 一条新闻(한 가지 뉴스)

단어 条 tiáo 양 줄기, 가닥, 개(길고 가늘고 구부릴 수 있는 것을 세는 양사) | 个 gè 양 개, 명(일반 개체를 세는 양사) | 段 duàn 양 동안, 구간, 단(시간이나 공간의 일정한 거리를 세는 양사) | 是 shì 동 ~이다

07

p. 157

A 尽管	B 尽量	A 비록 ~일지라도	B 가능한 한
C 不但	D 不管	C ~뿐만 아니라	**D ~에 관계없이**

시크릿 ________他在不在我身边，我都会想起他在冬日里给我的第一个拥抱。

해설 **품사 찾기** 빈칸으로 시작하며, 뒤에 주어 他(그)가 있으므로, 빈칸에는 접속사가 필요하다.

짝꿍 찾기 뒤 절에 호응하는 접속부사 都(모두)가 힌트다.

정답 찾기 보기 중에 都와 호응하는 접속사는 不管밖에 없다. 不管은 다음과 같은 아주 중요한 특징을 가지고 있다.

不管 + [정반의문문(去不去) / 선택의문문(你去还是他去) / 의문대사 의문문(谁去) / 2가지 이상의 경우(男女)] + 都 + 변하지 않는 결론

빈칸 뒤 절에 정반의문문 형태의 在不在(있거나 없거나)가 있으므로, D가 정답이 된다.

Tip 尽管은 不管과 비슷해 보이지만 전혀 다른 뜻으로, 虽然(비록 ~일지라도)의 동의어다.

단어 尽管 jǐnguǎn 접 비록 ~일지라도 | 尽量 jǐnliàng 부 가능한 한 | 不但 búdàn 접 ~뿐만 아니라 | 不管 bùguǎn 접 ~에 관계없이

08

p. 157

A 价值	B 值得	A 가치	**B ~할 만한 가치가 있다**
C 保证	D 希望	C 보증하다	D 희망하다

시크릿 而这个男人________这个女人期待，也一定是因为他给女人宽厚温暖的爱。

해설 품사 찾기 '男人(주어) + 술어 + 这个女人期待(목적어)'의 어순으로, 빈칸은 동사 자리다.

짝꿍 찾기 동사의 힌트는 목적어 这个女人期待(이 여자가 기대하는)가 된다.

정답 찾기 빈칸의 뒤 절에 남자가 여자에게 너그럽고 따뜻한 사랑을 주기 때문이라는 이유가 나오고, 앞에는 남자가 여자의 기대를 어떻게 만드는지 나와야 하므로, 빈칸에는 '~할 만한 가치가 있다'의 뜻을 가진 值得가 가장 적합하다. 따라서 정답은 B가 된다.

Tip 价值는 '가치'라는 뜻의 명사여서 빈칸에 들어갈 수 없다. 保证(보증하다)은 책임지고 할 수 있는 상황에 대해 쓰이며 质量(품질), 时间(시간), 生产(생산) 등과 호응하여 쓰인다. 希望(희망하다)은 어떤 일을 이루거나 얻고자, 마음속으로 생각하고 바라는 경우에 쓰인다.

단어 价值 jiàzhí 명 가치 | 值得 zhíde 동 ~할 만한 가치가 있다 | 保证 bǎozhèng 동 보증하다 | 希望 xīwàng 동 희망하다

DAY 6

✓ 정답 1. B 2. A 3. B 4. A 5. D 6. B 7. A

[01-04]

在中国的一所图书馆里，有一种"自助图书杀菌机"，可以去除图书上的各种细菌。这个机器的外形像一台冰箱，只需把书___1___并夹在机器里面的支架上，然后关上门，它就可以开始工作了。透过玻璃窗，___2___。机器在发出紫色光线的同时，有风吹动书页，逐页杀菌。一分钟后，机器停止工作。拿出图书后，还能___3___到一股淡淡的清香，___4___该机器内部还放置了一瓶香水，除尘过程中香味儿会随风带到书页上。

중국의 어느 도서관에는 도서에 붙은 각종 세균을 제거할 수 있는 '셀프 도서 살균기'가 있다. 이 기계의 외형은 마치 냉장고처럼 생겼고, 책을 펼쳐서 기계 안의 받침대에 끼우기만 하면 된다. 그 다음 문을 닫으면, 기계는 곧바로 작업을 시작할 수 있다. 유리창 너머로 그 작업 과정을 볼 수 있다. 기계는 보라색 빛을 내는 동시에 바람을 일으키고 책장을 흔들어 한 페이지씩 살균한다. 1분 후에 기계는 작업을 멈춘다. 책을 꺼내면 은은한 향기도 맡을 수 있는데, 이는 이 기계 내부에 향수 한 병을 넣어 놨기 때문에, 먼지를 제거하는 과정에서 향기가 바람에 실려 책 페이지로 스며들 수 있는 것이다.

요약
- 제목: 셀프 도서 살균기
- 주제: 책의 세균을 살균해 주는 기계의 사용법, 작업 진행 과정 등을 설명해 준다.

단어 自助 zìzhù 동 스스로 돕다, 셀프 서비스하다 | 图书 túshū 명 서적 | 杀菌机 shājūnjī 명 살균기 | 去除 qùchú 동 제거하다, 떼 버리다 | 细菌 xìjūn 명 세균 | 机器 jīqì 명 기계, 기기 | 外形 wàixíng 명 외형 | 台 tái 양 대 | 夹 jiā 동 끼우다 | 支架 zhījià 명 받침대, 지지대 | 透过 tòuguo 동 투과하다, 통과하다 | 玻璃窗 bōlichuāng 명 유리창 | 发出 fāchū 동 내다, 나타내다, 발산하다 | 紫色 zǐsè 명 보라색 | 光线 guāngxiàn 명 광선, 빛 | 同时 tóngshí 명 동시, 같은 시간 | 吹动 chuīdòng 동 바람에 흔들리다 | 书页 shūyè 명 책의 쪽, 책장 | 杀菌 shājūn 동 살균하다 | 停止 tíngzhǐ 동 정지하다, 중지하다, 멎다 | 淡淡 dàndàn 형 진하지 않다 | 清香 qīngxiāng 명 맑은 향기 | 内部 nèibù 명 내부 | 放置 fàngzhì 동 놓아 두다 | 香水 xiāngshuǐ 명 향수 | 除尘 chúchén 동 먼지를 깨끗이 제거하다 | 过程 guòchéng 명 과정 | 香味儿 xiāngwèir 명 향기 | 随风 suífēng 동 바람에 따르다

01

p. 157

A 归纳	B 打开	A 귀납하다	**B 펼치다**
C 开启	D 召开	C 개방하다	D 소집하다

시크릿 只需把书______并夹在机器里面的支架上

해설 품사 찾기 '把(전치사) + 书(명사) + 동사'의 어순에 따라서, 전치사구 把书 다음인 빈칸은 동사 술어 자리다.

짝꿍 찾기 동사의 힌트 1순위는 목적어다. 把처치문은 목적어를 동사술어 앞으로 도치시켰기 때문에 명사 书와 어울리는 동사를 찾으면 된다.

정답 찾기 문맥상 책을 펼쳐서 기계 안의 받침대에 끼우는 것이 자연스럽다. 따라서 정답은 B가 된다. '책을 펼치다'라는 표현은 打开 이외에 展开로도 표현할 수 있다.

단어 归纳 guīnà 동 귀납하다 | 打开 dǎkāi 동 펼치다, 열다 | 开启 kāiqǐ 동 개방하다, 열다 | 召开 zhàokāi 동 (회의를) 열다, 소집하다

02

p. 157

A 可以看到其工作流程	**A 그 작업 과정을 볼 수 있다**
B 阅读会变得更有意思	B 독해가 훨씬 재미있어진다
C 能看到书中的细菌	C 책 속의 세균을 볼 수 있다
D 能发现书中的语法错误	D 책의 어법 오류를 발견할 수 있다

시크릿 透过玻璃窗，________。机器在发出紫色光线的同时，有风吹动书页，逐页杀菌。

해설 품사 찾기 빈칸은 쉼표(，)와 마침표(。) 사이에 있으므로, 빈칸에는 하나의 절이 나와야 한다.

짝꿍 찾기 절의 힌트는 앞뒤 문맥을 파악해야 알 수 있다.

정답 찾기 빈칸 앞에는 '유리창 너머로', 빈칸 뒤에는 '보라색 빛을 내며, 책을 흔들며 살균한다'는 내용이 나온다. 이를 통해서 기계 안에서 어떤 동작들이 이루어지는지 볼 수 있다고 설명하는 문장임을 알 수 있다. 따라서 정답은 A가 된다.

단어 流程 liúchéng 명 과정, 공정 | 阅读 yuèdú 동 열독하다, 읽다 | 语法 yǔfǎ 명 어법, 문법 | 错误 cuòwù 명 실수, 잘못

03

p. 157

A 吹	B 闻	A 불다	**B 맡다**
C 瞧	D 尝	C 보다	D 맛보다

시크릿 还能________到一股淡淡的清香

해설 품사 찾기 '조동사 + 동사 + 결과보어'의 어순을 참고하자. 동사를 도와주는 역할의 조동사 能 뒤, 결과를 나타내는 보어 到 앞은 동사 자리다.

짝꿍 찾기 동사의 힌트 1순위는 목적어(명사)다.

정답 찾기 주어진 4개의 보기 모두 사람의 입, 코, 눈을 통해서 할 수 있는 동작들이다. 양사 股는 '맛, 기계, 냄새'를 셀 때 쓰이며, 호응하는 명사에 清香(향기)가 제시되어 있으므로 정답은 B가 된다.

Tip 주의할 것은 한자에서 门(문 문)자 안에 口(입 구)가 있으면 问(물을 문), 耳(귀 이)가 있으면 闻(들을 문)이라고 배웠다. 하지만, 중국어에서 '듣다'는 听의 의미 이외에도 '냄새를 맡다'는 뜻으로도 쓰인다.

단어 吹 chuī 동 (바람이) 불다 | 闻 wén 동 냄새를 맡다 | 瞧 qiáo 동 (눈으로) 보다, 구경하다 | 尝 cháng 동 맛보다

04

p. 157

A 因为	B 此外	**A 때문에**	B 이밖에
C 所以	D 而且	C 그래서	D 게다가

시크릿 还能闻到一股淡淡的清香，________该机器内部还放置了一瓶香水

해설 품사 찾기 쉼표(，) 뒤, 주어(该机器) 앞은 접속사 자리다.

짝꿍 찾기 적절한 접속사를 찾으려면 문맥을 잘 파악해야 한다.

정답 찾기 빈칸 앞 절은 '은은한 향기도 맡을 수 있다'라는 결과가 나오고, 뒤 절은 '기계 내부에 향수를 한 병 놓아두었다'라는 원인이 나오고 있다. 따라서 원인을 나타내는 접속사 因为, 由于 등이 나와야 하므로 정답은 A가 된다.

단어 此外 cǐwài 접 이밖에, 이외에

[05-07]

有一个农夫，他养了一条狗。那条狗每天趴在马路旁，___5___有车经过，它就会兴奋地跳起来跟着车跑，好像在和汽车比赛谁跑得快。旁边的人对农夫说："你的狗跑得真快，再过一段时间就真的能追上汽车，跑得跟汽车一样快了。"农夫看着他的狗说："___6___？它也只是一只狗。"

其实，生活中人们有的时候也会犯同样的___7___，一直努力地去争取，但是争取的目标只是一些没有意义的东西。

한 농부가 개 한 마리를 길렀다. 그 개는 매일 큰길 옆에 엎드려 있다가, 일단 어떤 차가 지나가면, 바로 흥분하며 뛰어가 차를 쫓아가곤 했다. 마치 자동차와 누가 빠른지 경주라도 하는 것 같았다. 옆에 있던 사람이 농부에게 "당신 개는 정말 빠르군요. 시간이 조금 지나면 정말 자동차를 따라잡을 수 있겠는데요. 정말 자동차만큼 빨리 달리는군요."라고 말했다. 농부는 그의 개를 보면서 "따라잡아 봤자 무슨 소용이 있나요? 그래 봐야 한 마리 개일 뿐인데."라고 말했다.

사실 삶 속에서 사람들도 때때로 같은 잘못을 범한다. 줄곧 노력하여 쟁취하지만, 쟁취한 목표가 단지 무의미한 것들일 때가 있다.

요약
- 제목: 차를 따라 잡는 개
- 주제: 자신은 무의미한 목표를 향해 달리고 있지 않은지 되돌아 보자.

단어 农夫 nóngfū 명 농부 | 养 yǎng 동 기르다 | 趴 pā 동 엎드리다 | 马路 mǎlù 명 큰길 | 经过 jīngguò 동 지나다 | 兴奋 xīngfèn 형 흥분하다 | 汽车 qìchē 명 자동차 | 比赛 bǐsài 명 경기 | 追 zhuī 동 쫓아가다, 뒤따르다 | 其实 qíshí 부 사실 | 时候 shíhou 명 때 | 犯 fàn 동 범하다 | 努力 nǔlì 동 노력하다 | 争取 zhēngqǔ 동 쟁취하다 | 目标 mùbiāo 명 목표 | 意义 yìyì 명 의의

05

p. 158

A 哪怕　B 即使　C 不管　D 一旦

A 설령　B 설령 ~하더라도　C ~에 관계없이　**D 일단**

시크릿 ______有车经过，它就会兴奋地跳起来跟着车跑，

해설 **품사 찾기** 빈칸 뒤에 주어 有车(어떤 차)가 있으므로 빈칸에는 접속사가 필요하다.

짝꿍 찾기 뒤 절에 있는 부사 就와 호응하는 접속사를 찾아야 한다.

정답 찾기 주어진 4개의 보기 모두 앞 절에 나오는 접속사들이다. 다만 哪怕와 即使는 가정을 제시하는 접속사며 그 쓰임과 의미가 똑같으므로, 어느 하나만 답이 될 수 없으니 자동 제거된다. 不管은 '~에 관계없이'라는 의미의 조건을 제시하는 접속사며, 부사 都와 호응하여 쓰이므로, 정답이 될 수 없다. 정해지지 않은 불특정한 어떤 시간에 아직 일어나지 않은 상황을 가정하며 就와 호응할 수 있는 접속사는 一旦(일단)이다. 따라서 D가 정답이 된다.

단어 哪怕 nǎpà 접 설령 | 即使 jíshǐ 접 설령 ~하더라도 | 不管 bùguǎn 접 ~에 관계없이 | 一旦 yídàn 부 일단

06

p. 158

A 有了麻烦怎么办
B 追上又有什么用呢
C 累病了是谁的责任
D 你喜欢这样的狗吗

A 골칫거리가 생기면 어쩌죠
B 따라잡아 봤자 무슨 소용이 있나요
C 힘들어서 병이 나면 누구의 책임인가요
D 당신은 이런 개를 좋아하나요

시크릿 农夫看着他的狗说："________? 它也只是一只狗。"

해설 **품사 찾기** 빈칸이 쌍점(:) 뒤에 있고 물음표가 있으므로, 빈칸에는 하나의 절이 필요하다.

짝꿍 찾기 절의 힌트는 앞뒤 문맥을 파악하는 것이다.

정답 찾기 달리는 차를 쫓아가는 개의 속도가 정말 빠르다는 칭찬을 들은 주인이, 아무리 잘 달려 봤자 한 마리 개일 뿐이라고 대답하는 것으로 보아 문맥상 빈칸에는 따라잡아 봤자 아무 소용이 없다는 의미의 B가 정답이 된다. 즉 주인은 개의 행동이 부질없는 짓이라고 생각하고 있다.

단어 **麻烦** máfan 명 골칫거리, 말썽 | **责任** zérèn 명 책임

07

p. 158

A 错误	B 情绪	A 잘못	B 정서
C 影响	D 信任	C 영향	D 신임

시크릿 生活中人们有的时候也会犯同样的________，

해설 **품사 찾기** 구조조사 的 이하 부분은 명사 자리다.

짝꿍 찾기 목적어의 힌트는 동사 犯(범하다)이 된다.

정답 찾기 개가 열심히 달리기해 봤자 소용없는 것처럼, 우리도 때로는 뚜렷하지 않은 목표나 무의미한 것을 향해 달리는 똑같은 실수를 할 수 있다는 작가의 생각을 마지막 단락에서 나타내고 있다. 주어진 보기 중 동사 犯과 어울리는 명사는 错误(잘못) 밖에 없으므로 A가 정답이 된다.

Tip 犯은 '범하다, 재발하다'의 의미로 주로 잘못된 일이나 좋지 못한 일에 쓰인다.
예 犯罪(죄를 저지르다) / 犯病(병이 재발하다) / 犯错误(실수를 범하다) / 犯脾气(성질 부리다)

단어 **错误** cuòwù 명 잘못, 실수 | **情绪** qíngxù 명 정서, 기분 | **影响** yǐngxiǎng 명 영향 | **信任** xìnrèn 명 신임

DAY 7

✓ 정답 1. D 2. C 3. C 4. A 5. B 6. B 7. C

[01-03]

许多年前，有一位皇帝，为了穿得漂亮，不惜把所有的钱花掉。有一天，来了一个骗子，自称是裁缝，说他带来的衣服不仅色彩和图案分外漂亮，而且缝出来的衣服还有一种奇怪的特性：任何不称职的人或者愚蠢的人，都看不见这衣服。皇帝马上穿着这衣服开始游行了。站在街上和窗子里的人都说："皇帝的新装真是漂亮！这件衣服真___1___他的身材！"谁也不___2___让人知道自己什么也看不见，因为这样就会显出自己不称职，或是太愚蠢。皇帝所有的衣服从来也没有___3___过这样的称赞。

수년 전, 한 임금이 화려하게 입기 위해, 모든 돈을 아끼지 않고 써 버렸다. 하루는 한 사기꾼이 찾아와, 자신을 재봉사라고 하고, 그가 가져온 옷은 색채와 도안이 매우 아름다울 뿐만 아니라, 바느질한 옷에 매우 기이한 특징이 있다고 말했다. 어떠한 직분에 어울리지 않는 사람이거나 멍청한 사람은 모두 이 옷을 보지 못한다는 것이다. 황제는 곧바로 그 옷을 입고 행차했다. 거리에 서 있던 사람들과 창을 내다보던 사람들 모두 "황제의 새 옷이 체격에 정말 아름답군요! 옷이 체격에 정말 잘 어울리십니다!"라고 말했다. 그 누구도 자신이 아무것도 보지 못한 사실을 들키길 바라지 않았다. 그랬다가는 자신이 직분에 어울리지 않거나, 매우 멍청하다는 것이 드러나기 때문이다. 황제가 가지고 있는 모든 옷이 이제까지 이런 칭찬을 얻은 적이 없었다.

요약
- 제목: 벌거벗은 임금님
- 주제: 거짓과 독선 그리고 권력이 잘못된 시각을 낳는다.

단어 皇帝 huángdì 명 황제, 임금 | 不惜 bùxī 동 아끼지 않다 | 骗子 piànzi 명 사기꾼 | 自称 zìchēng 동 스스로 일컫다, 자칭하다 | 裁缝 cáifeng 명 재봉사 | 不仅 bùjǐn 접 ~뿐만 아니라 | 色彩 sècǎi 명 색채 | 图案 tú'àn 명 도안 | 分外 fènwài 부 유달리 | 而且 érqiě 접 게다가 | 奇怪 qíguài 형 이상하다, 기이하다 | 特性 tèxìng 명 특성 | 任何 rènhé 대 어떠한 | 称职 chènzhí 동 직무에 적합하다 | 愚蠢 yúchǔn 형 어리석다 | 游行 yóuxíng 동 행진하다 | 街上 jiēshang 명 길가 | 窗子 chuāngzi 명 창문 | 新装 xīnzhuāng 명 새 옷 | 身材 shēncái 명 몸매, 체격 | 显出 xiǎnchū 동 드러나다, 나타나다 | 称赞 chēngzàn 동 칭찬하다

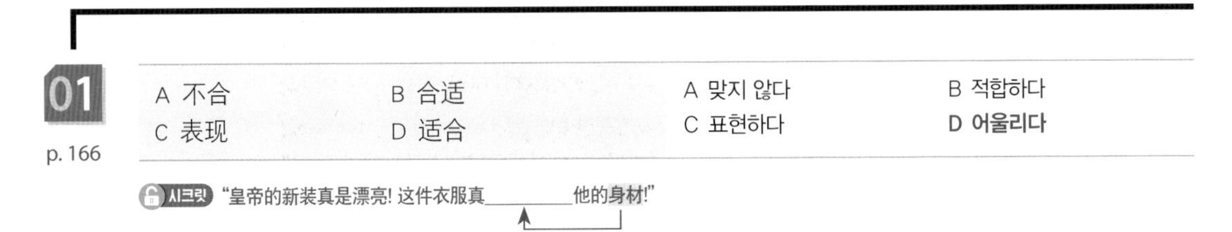

01

p. 166

A 不合　B 合适　C 表现　D 适合

A 맞지 않다　B 적합하다　C 표현하다　**D 어울리다**

시크릿 "皇帝的新装真是漂亮! 这件衣服真________他的身材!"

해설 **품사 찾기** 빈칸 뒤에 목적어 身材(체격)가 있으므로, 빈칸은 동사 자리다.

짝꿍 찾기 동사의 힌트는 목적어 身材가 된다.

정답 찾기 빈칸 앞 절에는 황제의 옷이 아름답다고 칭찬하고 있으므로, 부정적인 단어 不合(맞지 않다)는 자동 제거된다. 合适는 '알맞다, 적합하다'라는 뜻이지만 형용사여서 목적어를 이끌 수 없으므로 정답이 될 수 없다. '어울리다'라는 뜻이 있으면서 목적어를 이끌 수 있는 동사는 适合이므로, 정답은 D가 된다.

Tip 合适 VS 适合

유의어	공통점(의미)	차이점(품사)	비교
合适	적합하다	형용사	전치사 对로 명사를 이끌며, 목적어를 끌고 나올 수 없다. 정도부사 很, 非常 등의 수식을 받는다. 예 **这件衣服对你很合适。** 이 옷은 너한테 잘 맞는다.
适合		동사	목적어를 끌고 나올 수 있다. 예 **这件衣服适合你。** 이 옷은 너한테 어울린다. **适合你的身材** 너의 체격에 어울린다

단어 不合 bùhé 동 맞지 않다 | 合适 héshì 형 적합하다, 적당하다 | 表现 biǎoxiàn 동 표현하다 | 适合 shìhé 동 어울리다, 적합하다

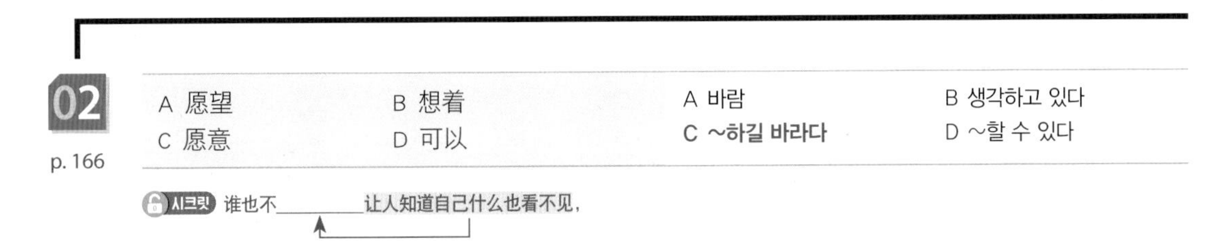

02

p. 166

A 愿望　B 想着　C 愿意　D 可以

A 바람　B 생각하고 있다　**C ~하길 바라다**　D ~할 수 있다

시크릿 谁也不________让人知道自己什么也看不见,

해설 **품사 찾기** '不(부사) + 조동사 + 让(술어)'의 어순으로, 빈칸은 조동사 자리다.

짝꿍 찾기 조동사는 술어 앞에서 능력, 바람, 허가 등을 나타내며 술어를 돕기 때문에, 앞뒤 문맥을 통해 적합한 조동사를 찾아야 한다.

정답 찾기 지문 앞부분에서 재봉사는 자신이 가져온 옷이 멍청하거나 직분에 어울리지 않는 사람에게는 보이지 않는다고 하였다. 일반적으로 누구나 자신의 부족한 점을 알리고 싶어하지 않으므로, 어느 누구도 그 옷이 보이지 않는다는 사실을 다른 사람이 알기를 원치 않았을 것이다. 따라서 정답은 C가 된다. 조동사 可以는 '~할 수 있다'의 의미로 가능을 나타내며, 부정은 이때 不能으로 쓴다. 愿望(바람)은 명사여서 정답이 될 수 없다.

Tip 愿望 VS 愿意

유의어	공통점(의미)	차이점(품사)	비교
愿望	바람	명사	명사는 문장에서 주어나 목적어가 된다. 예 **你的愿望会实现的。** 너의 소망은 이루어질 것이다. (주어) **我有三个愿望。** 나는 세 가지 소원이 있다. (목적어)
愿意	~하길 바라다	조동사	조동사는 동사를 끌고 나온다. (愿意 + 去 / 学 / 说) 예 **我愿意和你在一起。** 나는 너와 함께 있고 싶다.

단어 **愿望** yuànwàng 명 바람, 소망 | **想着** xiǎngzhe 동 생각하고 있다, 염두에 두다 | **愿意** yuànyì 조동 ~하길 바라다 | **可以** kěyǐ 조동 ~할 수 있다

03

p. 166

A 取得	B 收到	A 취득하다	B 받다
C 获得	D 得失	**C 얻다**	D 득실

시크릿 皇帝所有的衣服从来也没有＿＿＿＿过这样的称赞。

해설 **품사 찾기** '没有(부사) + 술어 + 过(보어) + 这样的(관형어) + 称赞(목적어)'의 어순이므로, 빈칸에는 목적어를 이끌 수 있는 동사가 필요하다.

짝꿍 찾기 동사의 힌트는 목적어 称赞(칭찬하다)이 된다.

정답 찾기 得失는 '얻은 것과 잃은 것(득실)'이라는 뜻의 명사이므로 자동 제거된다. 收到는 礼物(선물), 信(편지), 文件(서류) 등과 같은 구체적인 물건을 받았다는 뜻이므로 적절치 않다. 称赞(칭찬하다)은 다른 사람으로부터 들을 수 있는 것으로, 다른 사람의 평가와 인정으로 얻을 수 있는 것을 목적어로 취하는 동사 获得(얻다)가 적당하다. 따라서 C가 정답이 된다. 取得는 스스로 노력해서 얻을 수 있는 것을 목적어로 취하므로 정답이 될 수 없다.

Tip 取得 VS 获得

유의어	공통점(의미)	차이점(품사)	비교
取得	얻다, 획득하다	본인의 노력으로 얻은 것	예 **成功**(성공), **好成绩**(좋은 성적), **学位**(학위) 등
获得		본인 노력 외 다른 사람의 평가와 인정으로 얻은 것	예 **成功**(성공), **好成绩**(좋은 성적), **学位**(학위), **好评**(호평), **大奖**(상금), **称赞**(칭찬), **同意**(동의) 등

단어 **取得** qǔdé 동 취득하다 | **收到** shōudào 동 받다 | **获得** huòdé 동 획득하다, 얻다 | **得失** déshī 명 득실, 얻은 것과 잃은 것

[04-07]

"沉默是金"一直被人们认为是一句名言警句，告诉人们在一些情况下要保持沉默，如果说话不＿4＿，就很有可能"祸从口出"，让别人误会自己，对自己有不好的影响。沉默也被人们看作是一种＿5＿的表现，尊为处世哲学。但是在现代社会，竞争非常激烈，如果你不表达自己的看法，只是一味沉默，那么你就不能＿6＿机遇，那你就很难发展。因此，＿7＿，该说的时候就说，不该说的时候就不要说。

'침묵은 금이다'라는 말은 줄곧 사람들에게 명언이자 경구로 여겨져, 사람들이 어떤 상황에서는 침묵을 지켜야 함을 알려 준다. 만약 말하는 것이 신중하지 못하면, '화근은 입으로부터 비롯되어' 다른 사람에게 자신을 오해하게 해서, 자신에게 안 좋은 영향이 있을 수 있기 때문이다. 침묵은 또한 사람들에게 한 가지 지혜의 표현으로 여겨져 처세 철학으로 존중 받고 있다. 그러나 현대 사회에서는 경쟁이 매우 치열하여, 만약 당신이 자신의 생각을 표현하지 않고, 단지 무턱대고 침묵한다면, 당신은 기회를 잡을 수 없어, 발전하기 힘들다. 그러므로 침묵이 반드시 금인 것은 아니다. 말을 해야 할 때는 말을 하고, 말하지 말아야 할 때는 말을 해서는 안 된다.

요약
- 제목: 침묵은 정말 금인가?
- 주제: 침묵도 중요하지만, 필요할 때는 자신의 의견을 표현해야 한다.

단어 沉默 chénmò 동 침묵하다 | 认为 rènwéi 동 여기다 | 名言 míngyán 명 명언 | 警句 jǐngjù 명 경구 | 情况 qíngkuàng 명 상황 | 保持 bǎochí 동 유지하다 | 祸从口出 huò cóng kǒu chū 성어 화는 입에서 나온다 | 误会 wùhuì 동 오해하다 | 影响 yǐngxiǎng 명 영향 | 表现 biǎoxiàn 명 표현 | 尊 zūn 동 존중하다 | 处世哲学 chǔshì zhéxué 명 처세 철학 | 竞争 jìngzhēng 명 경쟁 | 激烈 jīliè 형 치열하다, 격렬하다 | 看法 kànfǎ 명 견해 | 一味 yíwèi 부 무턱대고 | 机遇 jīyù 명 기회

04

p. 166

A 谨慎	B 修饰	**A 신중하다**	B 꾸미다
C 调整	D 配合	C 조정하다	D 어울리다

시크릿 如果说话不＿＿＿ … 让别人误会自己，对自己有不好的影响。

해설 품사 찾기 부정부사 不 이하 부분은 술어 자리로, 동사나 형용사가 필요하다.

짝꿍 찾기 술어의 힌트 목적어가 없으므로, 뒤 절 문맥과 접속사를 힌트로 정답을 찾아야 한다.

정답 찾기 빈칸 앞의 접속사 如果는 부사 就와 같이 쓰여 如果…，就…(만약 ~라면, 곧 ~이다)의 형식으로 앞 절에 가정을, 뒤 절에 결과를 제시한다. 다른 사람에게 오해를 받고, 자신에게도 안 좋은 영향을 미치는 것은 말을 신중하고 조심스럽게 하지 않았을 경우에 생길 수 있는 결과이므로, 문맥상 谨慎(신중하다)이 들어가야 한다. 따라서 정답은 A가 된다.

단어 谨慎 jǐnshèn 형 신중하다 | 修饰 xiūshì 동 꾸미다 | 调整 tiáozhěng 동 조정하다 | 配合 pèihe 형 어울리다, 적합하다

05

p. 167

A 轻松	B 智慧	A 편안하다	**B 지혜**
C 荣誉	D 片面	C 명예	D 단편적이다

시크릿 沉默也被人们看作是一种＿＿＿的表现，尊为处世哲学。

해설 품사 찾기 '一(수사) + 种(양사) + 수식어 的 + 表现(명사)'의 어순이다. 빈칸은 수식어 자리로, 명사, 동사, 형용사 등 다양한 품사가 나올 수 있다.

짝꿍 찾기 앞뒤 문맥을 파악해야 한다.

정답 찾기 처세 철학은 사람들과 사귀며 세상을 살아가는 방법이나 수단을 말하며, 예전부터 침묵이 처세 철학으로 존중받는다고 했으므로, 침묵의 방법을 알고 있는 사람을 지혜롭다고 생각할 수 있다. 따라서 B가 정답이 된다.

Tip 빈칸에는 수식어가 들어가야 하는데, 沉默(침묵)가 편안한 표현, 명예의 표현, 단편적인 표현이라는 말은 문맥상 통하지 않으므로, 모두 정답이 될 수 없다.

단어 轻松 qīngsōng 형 편안하다 | 智慧 zhìhuì 명 지혜 | 荣誉 róngyù 명 명예 | 片面 piànmiàn 형 단편적이다

06

p. 167

A 掌握	B 把握	A 장악하다	**B 잡다**
C 碰到	D 遇见	C 마주치다	D 우연히 만나다

시크릿 那么你就不能＿＿＿＿机遇，那你就很难发展。

해설 품사 찾기 '能(조동사) + 술어 + 机遇(목적어)'의 어순으로, 빈칸은 목적어를 이끌 수 있는 동사 자리다.

짝꿍 찾기 동사의 힌트는 목적어 机遇(기회)가 된다.

정답 찾기 碰到, 遇见은 '우연히 만나다'라는 뜻으로 机遇(기회)와 호응할 수 있다. 하지만, 지문에서 경쟁이 심한 현대 사회에서 자신의 의견을 말하지 않고 침묵하면 기회조차 만날 수 없다는 것이 아니라, 기회를 잡지 못하여 발전하기 힘들다는 뜻이므로 B 把握(= 抓住)가 정답이 된다. 掌握는 어떤 것을 이해하여 자신이 활용할 수 있게 만드는 것을 뜻하므로 정답이 될 수 없다.

Tip 把握 VS 掌握

把握는 '잡다, 쥐다'의 뜻으로 구체적인 목적어 方向盘(핸들), 武器(무기)와 추상적인 목적어 命运(운명), 主权(주권), 机遇(기회) 등과 모두 호응한다. 또한 명사적 용법으로 '성공 가능성, 확신, 자신감'이라는 뜻으로도 쓰여 有(있다), 没有(없다)와 호응할 수 있다. 掌握는 지식, 기술, 외국어 등 어떤 분야를 충분히 이해하여 활용할 수 있는 능력이 있음을 나타낸다.

	没有	机遇	外语	知识	技术
把握 잡다	○	○	X	X	X
掌握 장악하다	X	X	○	○	○

단어 掌握 zhǎngwò 동 장악하다 | 把握 bǎwò 동 잡다 | 碰到 pèngdào 동 마주치다 | 遇见 yùjiàn 동 우연히 만나다

07

p. 167

A 谦虚使人进步	A 겸손은 사람을 발전시킨다
B 一定不要骄傲	B 반드시 교만해서는 안 된다
C 沉默不一定是金	**C 침묵이 반드시 금인 것은 아니다**
D 奇迹一定会发生的	D 기적은 반드시 생긴다

시크릿 因此，＿＿＿＿，该说的时候就说，不该说的时候就不要说。

해설 품사 찾기 빈칸 앞뒤에 쉼표(,)가 있으므로, 빈칸에는 절이 들어가야 한다.

짝꿍 찾기 절의 힌트는 앞뒤 문맥을 파악해야 알 수 있다.

정답 찾기 접속사 因此(그러므로)는 앞 절의 원인에 따른 결과를 제시한다. 빈칸 앞부분에서 경쟁 사회인 현대 사회에서는 자신의 주장을 표현하지 않으면 기회를 잡을 수 없고 발전하기 힘들다는 내용을 언급하고 있다. 따라서 처음 시작 부분에서 제시된 '침묵은 금'이 꼭 옳지만은 않다는 내용이 와야 하므로 C가 정답이 된다.

Tip 不一定은 '반드시 ~한 것은 아니다'라는 뜻이다.

단어 谦虚 qiānxū 형 겸손하다 | 骄傲 jiāo'ào 형 교만하다, 오만하다 | 奇迹 qíjì 명 기적

DAY 8

✓ 정답 1. A 2. B 3. C 4. B 5. D 6. B 7. C 8. D

[01-04]

生活中最大的幸福是坚信有人爱我们。关爱是世界的一抹温暖亮色，付出一点儿关爱，收获无限关爱，生活就会____1____阳光。只要____2____留心，真诚地为他人着想，____3____地行动，即使是疲倦时的一杯茶，寒冷时的一件衣，也能给人送去关爱的信息。送人玫瑰，手有余香。人人互相关爱就是这么____4____的一件事。

생활에서 가장 큰 행복은 바로 누군가가 우리를 사랑한다고 굳게 믿는 것이다. 관심을 가지고 아끼는 것은 세상의 한 줄기 따뜻하고 환한 색이다. 조금만 관심과 사랑을 베풀면, 무한한 관심과 사랑을 얻고, 생활은 곧 따뜻한 햇빛으로 가득 찰 것이다. 각 방면에 신경 써 주고, 진심으로 다른 사람을 생각하며, 적극적으로 행동한다면, 설사 그것이 피곤할 때의 차 한 잔, 추울 때 옷 한 벌일지라도, 다른 사람에게 관심과 사랑의 메시지를 전할 수 있다. 다른 사람에게 장미를 선물하면, 손에는 향기가 남는 법이다. 사람들이 서로 관심을 가지고 아끼는 것은 이처럼 간단한 일이다.

요약
- 제목: 생활에서 가장 큰 행복이란?
- 주제: 사소한 배려와 관심은 우리를 행복하게 만들며, 더 큰 사랑으로 되돌아온다.

단어 幸福 xìngfú 명 행복 | 坚信 jiānxìn 동 굳게 믿다 | 关爱 guān'ài 동 관심을 갖고 아끼다 | 抹 mǒ 양 줄기, 가닥(구름, 노을 등을 세는 양사) | 温暖 wēnnuǎn 형 따뜻하다 | 亮色 liàngsè 명 환한 색 | 付出 fùchū 동 주다, 지급하다 | 收获 shōuhuò 동 수확하다 | 无限 wúxiàn 형 끝이 없다 | 阳光 yángguāng 명 햇빛 | 留心 liúxīn 동 신경 쓰다, 주의를 기울이다 | 真诚 zhēnchéng 형 진실하다 | 着想 zhuóxiǎng 동 생각하다 | 行动 xíngdòng 동 행동하다 | 即使 jíshǐ 접 설사 ~할지라도 | 疲倦 píjuàn 형 피곤하다 | 寒冷 hánlěng 형 춥다 | 玫瑰 méigui 명 장미 | 余 yú 동 남다 | 互相 hùxiāng 부 서로

01

p. 167

A 充满 B 充实 C 产生 D 出现

A 가득 차다 B 충실하게 하다 C 생기다 D 나타나다

시크릿 生活就会________阳光。

해설
품사 찾기 '会(조동사) + 술어 + 阳光(목적어)'의 어순으로, 빈칸은 동사 자리다.
짝꿍 찾기 동사의 힌트는 목적어 阳光(햇빛)이다.
정답 찾기 조금만 사랑을 베풀면 큰 사랑으로 다시 되돌아오게 되고, 우리의 인생은 阳光으로 가득해진다는 의미다. 充实(충실하게 하다)는 부족한 부분을 채운다는 의미지만, 문맥상 생활에 햇빛이 부족한 것이 아니므로 정답이 될 수 없다. 구체적인 명사와 추상적인 명사 모두 끌고 나올 수 있는 充满(가득 차다)이 정답이 된다.

Tip 充满 VS 充实

유의어	공통점	차이점	비교
充满	充	满	사람, 물건, 햇빛 등이 도처에 가득히 있음을 나타낸다. 예 **充满笑声**(웃음소리가 가득 차다) / **充满信心**(자신감이 가득 차다) / **充满友好的气氛**(우호적인 분위기로 가득 차다)
充实		实	내용, 물자 등이 풍족하거나 부족한 부분을 보강함을 나타낸다. 예 **文章内容充实**(글의 내용이 풍부하다) / **生活很充实**(생활이 매우 풍부하다) / **充实自己**(자신을 충실하게 하다) / **充实新知识**(새로운 지식을 보강하다)

단어 充满 chōngmǎn 동 가득 차다 | 充实 chōngshí 동 충실하게 하다, 보강하다 형 충실하다 | 产生 chǎnshēng 동 생기다 | 出现 chūxiàn 동 나타나다

02

p. 167

A 到处	B 处处	A 곳곳	**B 각 방면에**
C 四处	D 处所	C 사방	D 장소

시크릿 只要________**留心**，真诚地为他人着想，

해설 **품사 찾기** 빈칸 뒤에 동사 留心(신경 쓰다)이 있으므로, 빈칸은 부사어 자리다.

짝꿍 찾기 부사어의 힌트는 동사 留心(신경 쓰다)이다.

정답 찾기 제시된 보기는 모두 장소의 의미가 있다. 处处(각 방면)는 구체적인 장소 이외에 '각 방면, 각 분야'라는 추상적인 뜻도 있으므로 B가 정답이 된다. 到处(곳곳), 四处(사방), 处所(장소)는 구체적인 장소만을 가리키므로, 留心(신경 쓰다)을 수식할 수 없다.

Tip 到处 VS 处处

유의어	공통점 (의미)	차이점	비교
到处	곳곳에	구체적인 장소	예 **我想陪他到处看看。** 나는 그를 데리고 곳곳을 구경 하고 싶다. **这样的男人到处都有。** 이런 남자는 곳곳에 다 있다.
处处		구체적인 장소 추상적인 장소	예 **9月的北京处处是鲜花。** 9월 베이징 도처는 신선한 꽃이다. (장소) **老师处处关心我们。** 선생님은 각 방면으로 우리에게 관심 가져주신다. (방면) **他处处严格要求自己。** 그는 각 방면에 엄격해지기를 스스로에게 요구한다. (방면)

단어 **到处** dàochù 명 곳곳, 도처 | **处处** chùchù 명 각 방면 | **四处** sìchù 명 사방 | **处所** chùsuǒ 명 장소

03

p. 167

A 赶快	B 匆忙	A 서둘러	B 분주하다
C 积极	D 着急	**C 적극적이다**	D 조급해하다

시크릿 真诚地为他人着想，________地行动…**也能给人送去关爱的信息**。

해설 **품사 찾기** '地(부사어) + 行动(술어)'의 어순으로, 빈칸에 동사나 형용사가 나올 수 있다.

짝꿍 찾기 부사어의 힌트는 전체 문맥의 흐름을 파악해야 한다.

정답 찾기 다른 사람에게 관심을 가지고 아끼는 마음을 전하기 위해서는 적극적이고 열성적으로 행동해야 하므로 정답은 C가 된다.

단어 **赶快** gǎnkuài 부 서둘러 | **匆忙** cōngmáng 형 분주하다 | **积极** jījí 형 적극적이다 | **着急** zháojí 동 조급해하다

04
p. 167

A 大方	B 简单	A 대범하다	**B 간단하다**
C 单调	D 朴素	C 단조롭다	D 소박하다

시크릿 人人互相关爱就是这么________的一件事。

해설 **품사 찾기** '这么(대사) + 수식어 的 + 一(수사) + 件(양사) + 事(명사)'의 어순이다. 빈칸은 수식어 자리로, 명사, 동사, 형용사 등 다양한 품사가 나올 수 있다.

예 '这么 + 동사'는 동작의 방식을 나타냄: 这么写(이렇게 쓰다)
'这么 + 형용사'는 정도가 높음을 나타냄: 这么贵(매우 비싸다)

짝꿍 찾기 전체적인 문맥을 파악해야 한다.

정답 찾기 피곤할 때의 차 한 잔, 추울 때의 옷 한 벌일지라도, 사람에게 관심을 가지고 아끼는 메시지를 전할 수 있다고 했다. 즉, 서로 관심을 가지고 아끼는 것은 이처럼 쉽고 간단하다는 것이 작가가 전하고자 하는 중심 생각이다. 따라서 정답은 B가 된다.

Tip 大方은 '돈이나 물질 방면에서 인색하지 않다'라는 뜻이고, 单调는 '모양, 색깔, 소리, 생활, 업무가 변화 없이 중복되고 간단함'을 나타낸다. 朴素는 '색깔이나 스타일이 화려하지 않고 검소함'을 의미한다.

단어 大方 dàfang 형 대범하다 | 简单 jiǎndān 형 간단하다 | 单调 dāndiào 형 단조롭다 | 朴素 pǔsù 형 소박하다, 수수하다

[05-08]

唐太宗有两个得力的大臣，一个是左大臣，一个是右大臣，他们被唐太宗认为是大唐开国功臣，所以两个人深得皇帝的信任。开国不久，许多国家法律都是由他们二人商量___5___的。

每当皇帝和左大臣研究国家大事时，左大臣总是能够提出有价值的意见和具体的解决办法，___6___，不知道最终该用哪种办法解决问题。

每当遇到这种情况，皇帝就会把右大臣请来。等右大臣来了，对问题稍加分析之后，___7___会果断地采用左大臣提出的意见和办法。他们二人，一个善于出计谋，一个善于做决断，他们各具专长而又各有___8___，互相配合，取长补短。

당 태종에게는 유능한 두 명의 신하가 있었는데, 하나는 좌대신, 하나는 우대신이었다. 그들은 당 태종에게 당나라 개국의 일등 공신으로 여겨졌기 때문에 황제의 두터운 신임을 받았다. 개국한지 얼마 되지 않아 많은 국가 법률을 모두 그들 두 사람이 상의하여 제정했다.

황제가 좌대신과 국가 대사를 논의할 때마다, 좌대신은 항상 가치가 있는 의견과 구체적인 해결 방법을 제시했다. 하지만 그는 종종 결정을 내리지 못했고, 최종적으로 어떤 방법으로 문제를 해결해야 할지 몰랐다.

이런 상황에 맞닥트릴 때마다, 황제는 우대신을 불러왔다. 우대신이 오면 문제에 대한 추가 분석을 한 후, 통상적으로 좌대신이 제시한 의견과 방법을 과감하게 활용하곤 하였다. 그들 두 사람은 한 명은 책략을 세우는 데 능했고, 한 명은 결단력이 좋았다. 그들은 각자 자신의 특기를 가지고 있고, 각자 나름의 특색을 가지고 있어서 서로 조화를 이루며, 장점을 취하고 단점을 보완했다.

요약
- 제목: 당 태종의 유능한 두 명의 신하
- 주제: 구체적인 해결책을 내놓는 신하와 빠르고 정확한 결단력을 가진 신하 두 명이 서로 조화롭게 당나라를 잘 이끌었다.

단어 唐太宗 Táng Tàizōng 명 당 태종 | 得力 délì 동 힘을 입다, 도움을 입다 | 大臣 dàchén 명 대신, 중신 | 左大臣 zuǒdàchén 명 좌대신 | 右大臣 yòudàchén 명 우대신 | 大唐 Dàtáng 명 당나라 | 开国 kāiguó 동 개국하다, 건국하다 | 功臣 gōngchén 명 공신 | 深 shēn 형 깊다 | 得 dé 동 얻다, 획득하다 | 皇帝 huángdì 명 황제 | 信任 xìnrèn 명동 신임(하다) | 许多 xǔduō 형 대단히 많은, 허다한 | 国家 guójiā 명 국가, 나라 | 法律 fǎlǜ 명 법률 | 由 yóu 전 ~이(가) | 商量 shāngliáng 동 상의하다, 의논하다 | 研究 yánjiū 명동 연구(하다) | 大事 dàshì 명 큰일, 대사 | 能够 nénggòu 동 ~할 수 있다 | 提出 tíchū 동 제기하다, 꺼내다 | 价值 jiàzhí 명 가치 | 意见 yìjiàn 명 의견 | 具体 jùtǐ 형 구체적이다 | 最终 zuìzhōng 명형 맨 마지막(의), 최종(의) | 情况 qíngkuàng 명 상황, 정황 | 稍加 shāojiā 부 조금 더 | 分析 fēnxi 명동 분석(하다) | 果断 guǒduàn 형 단호하다, 과감하다 | 采用 cǎiyòng 동 채택하다, 응용하다 | 善于 shànyú 동 ~에 능숙하다, ~를 잘하다 | 计谋 jìmóu 명 책략, 계책 | 决断 juéduàn 동 결단하다, 마음을 정하다 | 各 gè 대 각자, 각기 | 具 jù 동 갖추다, 가지다 | 专长 zhuāncháng 명 특기, 전문 기술 | 互相 hùxiāng 부 서로, 상호 | 配合 pèihé 동 협동하다, 협력하다 | 取长补短 qǔ cháng bǔ duǎn 성어 장점을 취하고 단점을 보충하다

05

p. 168

A 制作	A 제작하다
B 制造	B 제조하다
C 选择	C 선택하다
D 制定	**D 제정하다**

시크릿 许多国家法律都是由他们二人商量______的。

해설 **품사 찾기** '由(전치사) + 他们二人商量(명사) + 동사'의 어순에 따라서, 빈칸에는 동사가 나와야 한다.

짝꿍 찾기 동사의 힌트는 호응하는 주어나 목적어가 된다.

정답 찾기 그들 둘은 국가 법률을 상의하여 어떻게 했는지에 해당하는 동사를 선택하면 된다. 주어 **国家法律**(국가 법률)과 호응하는 동사이면서, **商量**(상의하다)과 상호보완적인 동사는 **制定**(제정하다)이므로 정답은 D가 된다.

Tip 制作 vs 制造 vs 制定

- 制作(제작하다): 가구, 모형, 장남감 등 작은 물건이나 생활용품을 목적어로 취한다.
  예 制作家具(가구를 제작하다) / 制作手链(팔찌를 제작하다) / 制作飞机模型(비행기 모형을 제작하다)
- 制造(제조하다): 制作에 비해 상대적으로 큰 물건에도 사용할 수 있으며, 추상적인 목적어를 끌고 나올 수도 있다.
  예 制造机器(기계를 제조하다) / 制造轮船(선박을 제조하다) / 制造飞机(비행기를 제조하다) / 制造气氛(분위기를 조성하다)
- 制定(제정하다): (법규, 규정, 계획 등을) 세우다, 제정하다.
  예 制定法律 (법률을 제정하다) / 制定交通法 (교통법을 제정하다) / 制定计划 (계획을 세우다)

단어 制作 zhìzuò 동 제작하다, 만들다 | 制造 zhìzào 동 제조하다, 만들다 | 制定 zhìdìng 동 (법규, 계획 등을) 제정하다, 만들다, 세우다

06

p. 168

A 然后将意见告诉别的大臣	A 그런 후에 의견을 다른 대신에게 알려 주었다
B 但他往往做不了决定	**B 그러나 그는 종종 결정을 내리지 못하였다**
C 右大臣总是不同意左大臣的意见	C 우대신은 항상 좌대신의 의견에 동의하지 않았다
D 皇帝非常不信任他们两个	D 황제는 그들 두 명을 매우 불신임했다

시크릿 左大臣总是能够提出有价值的意见和具体的解决办法，______，不知道最终该用哪种办法解决问题。

해설 **품사 찾기** 빈칸이 쉼표(，)와 쉼표(，) 사이에 있다면 단어가 아닌 절을 찾아야 한다. 보기에 모두 절이 제시되어 있으므로 문맥상 가장 알맞은 내용을 절을 찾으면 된다.

짝꿍 찾기 앞뒤 문맥을 파악해야 한다.

정답 찾기 빈칸 앞뒤에는 모두 **左大臣**(좌대신)에 관한 이야기가 나와 있으므로 주어가 **右大臣**, **皇帝**인 C, D는 정답에서 제외시킨다. 빈칸 앞 절은 국가 대사를 논할 때, 구체적인 해결 방안을 제시할 수 있는 능력 있는 신하임을 설명하는 긍정의 표현이고, 빈칸 뒤 절은 어떤 방법으로 해결할지 최종 결정을 내리지 못하고 결단력이 없는 모습을 설명하는 부정의 표현이다. 따라서 두 개의 절 사이에는 역접의 느낌을 나타내는 문장이 나와야 하므로 정답은 역접의 접속사 **但**이 있는 B가 된다.

단어 往往 wǎngwǎng 부 왕왕, 자주, 때때로 | 决定 juédìng 동 결정하다, 결심하다

07

p. 168

A 必须
B 未必
C 通常
D 渐渐

A 반드시
B 반드시 그런 것은 아니다
C 통상적으로
D 점점 더

시크릿 等右大臣来了，对问题稍加分析之后，________会果断地采用左大臣提出的意见和办法。

해설 **품사 찾기** 빈칸은 조동사 会 앞이므로, 부사가 나와야 한다.

짝꿍 찾기 부사의 힌트는 문맥을 통해서 유추할 수 있다.

정답 찾기 좌대신은 좋은 의견을 많이 내고도, 최종 결정을 내리지 못하는 스타일이었고, 우대신은 반대로 좌대신의 의견과 해결법을 과감히 채용하는 결단력을 보여 주는 스타일이었다. 通常(통상적으로, 일반적으로, 종종) 이런 상황이 연출되었음을 문맥을 통해서 알 수 있다.

Tip 부사의 의미 파악

- 必须: '반드시 ~해야 한다'의 뜻으로 一定要의 의미를 갖는다. 이미 발생한 일보다는 앞으로 그렇게 해야만 한다는 의미가 강하다.
- 未必: '반드시 ~은 아니다'의 뜻으로 不一定과 같은 의미이다.
- 通常: '통상적으로'라는 뜻으로, 일반적인 상황에서 자주 발생한다는 의미를 갖는다.
- 渐渐: 시간의 흐름에 따라 '점점, 갈수록'의 의미로 逐渐, 逐步와 동의어이다.

단어 **未必** wèibì 부 반드시 ~한 것은 아니다 | **通常** tōngcháng 부 통상적으로, 일반적으로 | **渐渐** jiànjiàn 부 점점, 점차

08

p. 168

A 措施
B 趋势
C 缺点
D 特色

A 조치
B 추세
C 결점
D 특색

시크릿 他们二人，一个善于出计谋，一个善于做决断，他们各具专长而又各有________，互相配合，取长补短。

해설 **품사 찾기** 동사 有 뒤에는 명사(목적어)가 나와야 한다.

짝꿍 찾기 목적어의 힌트는 동사다. 동사만으로 정답을 찾기 힘들 때는 문맥까지 파악하는 것이 좋다.

정답 찾기 빈칸 앞에 순접을 나타내는 접속사 而이 있고 而 앞쪽과 뒤쪽에 各有가 공통적으로 쓰였다. 따라서 빈칸에는 专长(특기)과 비슷한 느낌의 어휘가 나오면 된다. 두 사람 다 각각의 장점을 가지고 있다는 뜻이므로, 색채가 비슷한 特色(특색)가 정답이 된다.

단어 **措施** cuòshī 명 조치 | **趋势** qūshì 명 추세, 경향 | **缺点** quēdiǎn 명 단점, 결점, 부족한 점 | **特色** tèsè 명 특색, 특징

DAY 9

✓ 정답	1. A	2. B	3. B	4. C	5. B	6. D	7. B

[01-03]

年纪轻轻就在外地打工的人为数不少，他们不能经常回家，只有过年的时候能回＿＿1＿＿和亲人团聚。＿＿2＿＿为了改善这种情况，很多子女趁节假日把父母接来，和自己过一段日子。孩子们为了学习或者工作都在外地，父母退休在家也很孤单和＿＿3＿＿，他们最大的心愿就是能常和子女聊聊天、说说话。

젊은 나이에 외지에서 일하는 사람이 적지 않다. 그들은 자주 집에 갈 수 없고, 단지 설을 쇨 때만 고향에 가서, 친척과 한자리에 모일 수 있다. 현재 이러한 상황을 개선하기 위해서, 많은 자녀는 명절이나 휴가 기간에 부모님을 모셔 와서 함께 시간을 보내기도 한다. 아이들이 공부나 일 때문에 모두 외지에 있어, 부모들은 퇴직하고 집에 있어도 매우 고독하고 쓸쓸해한다. 그들의 제일 큰 바람은 바로 자녀와 자주 수다 떨고, 이야기하는 것이다.

요약
- 제목: 외지에 자녀를 둔 부모의 가장 큰 소망
- 주제: 외지에 자녀를 둔 외로운 부모의 가장 큰 바람은 자녀와 자주 얘기하는 시간을 갖는 것이다.

단어 年纪 niánjì 명 나이 | 外地 wàidì 명 외지, 타지 | 打工 dǎgōng 동 아르바이트하다 | 为数 wéishù 동 수량으로 헤아려 보면 ~하다 | 过年 guònián 동 설을 쇠다 | 亲人 qīnrén 명 친척 | 团聚 tuánjù 동 한자리에 모이다 | 改善 gǎishàn 동 개선하다 | 趁 chèn 전 이용하여, ~을 틈타서 | 节假日 jiéjiàrì 명 명절과 휴일 | 一段 yíduàn 한 부분, 한동안 | 退休 tuìxiū 동 퇴직하다 | 孤单 gūdān 형 고독하다, 외롭다 | 心愿 xīnyuàn 명 바람, 소망 | 聊天 liáotiān 동 수다 떨다

01

p. 177

A 家乡　B 公司
C 学校　D 国外

A 고향　B 회사
C 학교　D 해외

시크릿 他们不能经常回家，只有过年的时候能回＿＿＿＿和亲人团聚。

해설 품사 찾기 '能(조동사) + 回(동사) + 목적어'의 어순으로, 빈칸은 목적어 자리다.

짝꿍 찾기 목적어의 힌트는 동사 回(돌아가다)고, 앞 절의 回家(집에 가다)도 힌트가 된다.

정답 찾기 빈칸 앞 절의 집에 돌아간다는 말과 뒤 절의 친척과 모인다는 내용으로 보아, 동사 回(돌아가다)의 목적어는 家乡(고향)이 적합하다. 따라서 A가 정답이 된다.

Tip 어떤 목적으로 어떤 장소에 간다고 할 때는 동사 去를 쓰지만, 집, 고향, 고국으로 돌아간다고 할 때는 반드시 回를 써서, 回老家(고향에 가다 = 回家乡 = 回故乡), 回家(집에 가다), 回国(귀국하다)라고 말한다. 또한 원래 있던 곳으로 돌아간다는 의미로 回学校(학교로 돌아가다), 回公司(회사로 돌아가다)로도 쓰인다.

단어 家乡 jiāxiāng 명 고향 | 国外 guówài 명 해외

02

p. 177

A 最初　B 目前
C 曾经　D 未来

A 처음　**B 현재**
C 일찍이　D 미래

시크릿 ＿＿＿＿为了改善这种情况，很多子女趁节假日把父母接来，和自己过过一段日子。

해설 품사 찾기 보기에 시간과 관련된 명사와 부사가 있는 것으로 보아, 빈칸은 시간사 자리다.

짝꿍 찾기 전체 문맥을 살펴 시제를 파악해야 한다.

정답 찾기 빈칸 뒤에 있는 이러한 상황이라는 것은 예전에는 설을 쇨 때만 고향에 가서 부모님을 뵙고, 친척과 모일 수 있었다는 것이다. 이것을 개선하기 위해 많은 자녀들이 휴가 기간에 부모님을 도시로 오시게 하여 함께 지낸다는 내용이 뒤 절에 나오므로, 빈칸에는 현재의 상황을 나타내는 시간사가 들어가야 한다. 따라서 정답은 B가 된다.

Tip 现在(현재)를 나타내는 표현으로는 目前, 目下, 眼前, 眼下 등이 있다.

단어 最初 zuìchū 명 처음 | 目前 mùqián 명 현재 | 曾经 céngjīng 부 일찍이 | 未来 wèilái 명 미래

03

p. 177

A 轻松	B 寂寞	A 편안하다	**B 쓸쓸하다**
C 健康	D 丰富	C 건강하다	D 풍부하다

시크릿 父母退休在家也很孤单和________，

해설 **품사 찾기** 빈칸은 정도부사 很의 수식을 받는 술어 자리로, 형용사가 필요하다.

짝꿍 찾기 和는 명사와 명사를 연결하기도 하지만, 술어로 쓰인 동사나 형용사를 이어줄 때 쓰이기도 한다. 힌트는 병렬되어 있는 孤单(고독하다)이 된다.

정답 찾기 빈칸 앞에서 고향에 계시는 부모님이 퇴직하고 집에 있어도 매우 고독하다고 했으므로, 병렬을 이루며 孤单을 보완해 주는 寂寞(쓸쓸하다)가 문맥상 가장 적합하다. 따라서 B가 정답이 된다.

Tip 和(~와, ~과)의 병렬 관계

- 명사 和 명사: 有产量和质量问题 (생산량과 품질 문제가 있다)
- 동사 和 동사: 还要调查和了解 (조사와 이해가 더 필요하다)
- 형용사 和 형용사: 景色雄伟和壮丽 (풍경이 웅장하고 아름답다)

단어 轻松 qīngsōng 형 편안하다 | 寂寞 jìmò 형 쓸쓸하다 | 健康 jiànkāng 형 건강하다 | 丰富 fēngfù 형 풍부하다

[04-07]

人生就像坐公车一样。我们已经知道了起点和终点，可是每个人的行程不一定相同。有的行程长，有的行程短。有的人很从容，可以____4____窗外的景色。有的人很窘迫，总处于拥挤之中。如果你想舒适地到达终点，____5____。

有的人很____6____，一上车就有座。有的人却很倒霉，即使车里所有的人都坐下了，他还站着。有时远处的座位不断空出来，只有自己身边的座位没有任何动静。当他决定换一个位置，去别处等待，没想到刚才那个座位的人正好起身离开了。有的人用了种种的方式，经历了长长的____7____，终于可以坐下，但这时他已经到站了。

인생은 마치 버스를 타는 것과 같다. 우리는 이미 출발점과 도착점을 알고 있지만, 모든 사람의 여정이 반드시 같은 것은 아니다. 어떤 여정은 길고, 어떤 여정은 짧다. 어떤 사람은 매우 여유롭게, 창밖의 경치를 감상할 수 있고, 어떤 사람은 매우 난감하게, 늘 혼잡한 곳에 있게 된다. 만약 당신이 편안하게 종점까지 가고 싶다면, 좌석은 필수적이다.

어떤 사람은 매우 운이 좋아서, 차에 타자마자 자리가 있다. 어떤 사람은 오히려 매우 운이 없어서, 설령 차 안의 모든 사람이 앉더라도, 그는 여전히 서 있는다. 간혹 멀리 있는 자리는 계속 생기는데, 유독 자기 주위의 자리만 아무런 기미도 보이지 않을 때가 있다. 그가 자리를 옮기기로 결심하고 다른 곳으로 가서 기다리면, 생각지도 못하게 방금 그 자리의 사람이 일어나서 간다. 어떤 사람은 여러 가지 방법으로, 오랜 기다림을 겪고 마침내 앉게 되지만, 이때는 이미 정류장에 다 왔을 때다.

요약
- 제목: 차 안에서 좌석 잡는 것과 인생의 공통점
- 주제: 누구나 인생을 살아가지만, 그 여정은 다 다르다.

단어 起点 qǐdiǎn 명 출발점 | 终点 zhōngdiǎn 명 종착점 | 行程 xíngchéng 명 여정 | 从容 cóngróng 형 여유 있다 | 窘迫 jiǒngpò 형 난감하다, 궁핍하다 | 处于 chǔyú 동 ~에 있다, 처하다 | 拥挤 yōngjǐ 형 붐비다, 혼잡하다 | 舒适 shūshì 형 편하다, 쾌적하다 | 倒霉 dǎoméi 형 재수 없다 | 即使 jíshǐ 접 설령 ~하더라도 | 座位 zuòwèi 명 자리, 좌석 | 不断 búduàn 부 부단히, 끊임없이 | 任何 rènhé 대 어떠한 | 动静 dòngjing 명 동정, 인기척 | 位置 wèizhi 명 위치 | 等待 děngdài 동 기다리다 | 经历 jīnglì 동 겪다 | 终于 zhōngyú 부 마침내

04

p. 177

A 拍下	B 追求	A 촬영하다	B 추구하다
C 欣赏	D 想象	**C 감상하다**	D 상상하다

시크릿 有的人很从容，可以＿＿＿＿窗外的景色。

해설 **품사 찾기** '可以(조동사) + 술어 + 窗外(수식어) 的 + 景色(목적어)'의 어순으로, 빈칸에는 목적어를 이끌 수 있는 동사가 필요하다.

짝꿍 찾기 동사의 힌트는 목적어 景色(경치)다.

정답 찾기 인생을 버스 탄 것에 비유한 내용으로, 빈칸 뒤에 있는 경치와 호응할 수 있는 동사는 欣赏(감상하다)이다. 즉, 어떤 이는 차 안에서 여유 있게 풍경을 감상한다(欣赏)는 내용이다. 拍下(사진을 찍다)의 경우, 사진기를 가지고 있다는 언급이 없었고, 차를 타고 지나가면서 보이는 경치이므로 정답이 될 수 없다. 따라서 정답은 C가 된다.

단어 拍下 pāixià 동 촬영하다 | 追求 zhuīqiú 동 추구하다 | 欣赏 xīnshǎng 동 감상하다 | 想象 xiǎngxiàng 동 상상하다

05

p. 178

A 需要好的心情	A 좋은 기분이 필요하다
B 座位必不可少	**B 좌석은 필수적이다**
C 应该自己开车	C 자신이 차를 운전해야 한다
D 要忘记不高兴的事情	D 기쁘지 않은 일은 잊어야 한다

시크릿 如果你想舒适地到达终点，＿＿＿＿。

해설 **품사 찾기** 빈칸 앞에 쉼표(，)가 있고 마침표(。)로 끝나므로, 빈칸에는 하나의 절이 필요하다.

짝꿍 찾기 절의 힌트는 앞뒤 문맥을 잘 파악해야 한다.

정답 찾기 편안하게 종착역까지 간다는 조건에 대한 결과를 찾으면 된다. 버스에서 편안하게 가는 방법은 좌석에 앉아서 가는 것으로, 정답은 B가 된다. C처럼 본인이 운전해서 가는 것도 한 방법이겠지만, 이미 버스를 타고 있으니 정답이 될 수 없다.

단어 需要 xūyào 동 필요하다 | 必不可少 bì bù kě shǎo 성어 필수적이다 | 忘记 wàngjì 동 잊어버리다

06

p. 178

A 不安	B 兴奋	A 불안하다	B 신난다
C 热情	D 幸运	C 열정적이다	**D 운이 좋다**

시크릿 有的人很＿＿＿＿，一上车就有座。有的人却很倒霉，

해설 **품사 찾기** 정도부사 很 뒤에는 형용사가 필요하다.

짝꿍 찾기 형용사 술어 힌트는 뒤 절의 문맥을 파악해야 한다.

정답 찾기 서로 상반된 상황을 나열하여 보여 주는 문장에서는 有的人(어떤 사람)이 쓰인다. 빈칸 앞뒤로 有的人이 두 번 나오는 것으로 보아, 뒤 절에 나오는 倒霉의 반의어를 선택하면 된다. 倒霉는 '재수 없다'는 의미로 이와 상반된 D가 정답이 된다.

有的人很幸运，… 有的人很倒霉

반의어 관계

단어 不安 bù'ān 형 불안하다 | 兴奋 xīngfèn 형 신나다 | 热情 rèqíng 형 열정적이다 | 幸运 xìngyùn 형 운이 좋다

07

p. 178

A 期待	B 等待	A 기대하다	**B 기다리다**
C 休息	D 交谈	C 휴식하다	D 이야기를 나누다

시크릿 有的人用了种种的方式，经历了长长的________，终于可以坐下，

해설 품사 찾기 관형어 长长的의 수식을 받는 피수식어가 나와야 한다. 구조조사 的와 연결되는 피수식어로는 대부분 명사가 나오지만, 경우에 따라서는 동사가 나올 수도 있다.

짝꿍 찾기 빈칸에 들어갈 말의 힌트는 동사 经历(겪다)다.

정답 찾기 빈칸 앞부분에서 사람들은 자리에 앉기 위해 여러 가지 방법을 쓴다는 내용이 나오므로 문맥상 오랜 기다림을 겪고 나서야 자리에 앉을 수 있다는 내용이 적당하다. 따라서 정답은 B가 된다. 期待(기대하다)에도 等待(기다리다)의 의미가 있지만, 期待는 추상적인 목적어만 이끌 수 있으므로 정답이 될 수 없다.

단어 期待 qīdài 동 기대하다 | 等待 děngdài 동 기다리다 | 休息 xiūxi 동 휴식하다 | 交谈 jiāotán 동 이야기를 나누다

DAY 10

✓ 정답	1. B	2. D	3. A	4. B	5. A	6. C	7. D

[01-03]

有一个年轻人毕业以后，找到了一个不错的公司。他为自己设计了一个美好的未来，对___1___充满信心。可是受到金融危机的影响，这家公司倒闭了。他伤心极了，觉得自己是这个世界上最不幸、最___2___的人。公司的经理是个中年人，他拍着年轻人的肩说："小伙子，你很幸运。""幸运?"年轻人反问道。"对，很幸运!"经理又重复了一遍，他解释道："青年时期遇到挫折是好事，因为你可以学会如何变得___3___。年轻就是资本，你现在重新开始也不晚。"

한 젊은이가 졸업한 후에 좋은 직장을 찾았다. 그는 자신을 위해 아름다운 미래를 설계했고, 앞날에 대한 자신감으로 가득 찼다. 그러나 금융 위기의 영향을 받아 회사는 파산하고 말았다. 그는 크게 상심하며, 자신이 세상에서 제일 불행하고, 제일 운이 없는 사람이라고 생각했다. 회사의 사장은 중년이었는데 그는 젊은이의 어깨를 두드리며 "젊은이, 자네는 정말 운이 좋네."라고 말했다. "운이 좋다고요?" 젊은이는 반문했다. "맞아. 정말 운이 좋아!" 사장은 다시 한 번 말했다. 그는 "청년 시기에 좌절을 맛보는 것은 좋은 일이야. 왜냐하면 자네는 어떻게 강해지는지 배울 수 있거든. 젊음이 바로 자본일세. 자네는 지금 다시 시작해도 늦지 않아."라고 설명해 주었다.

요약 • 제목: 젊은 시절의 좌절

• 주제: 젊은 시절 좌절을 이겨낸 경험은 사람을 더 단단하고 강하게 만든다.

단어 毕业 bìyè 동 졸업하다 | 公司 gōngsī 명 회사 | 设计 shèjì 동 설계하다 | 未来 wèilái 명 미래 | 充满 chōngmǎn 동 가득 차다 | 信心 xìnxīn 명 자신감 | 金融 jīnróng 명 금융 | 危机 wēijī 명 위기 | 影响 yǐngxiǎng 명 영향 | 倒闭 dǎobì 동 도산하다, 망하다 | 伤心 shāngxīn 동 상심하다 | 经理 jīnglǐ 명 사장, 책임자 | 拍 pāi 동 치다 | 肩 jiān 명 어깨 | 幸运 xìngyùn 형 운이 좋다 | 重复 chóngfù 동 반복하다 | 解释 jiěshì 동 해석하다, 해설하다 | 时期 shíqī 명 시기 | 遇到 yùdào 동 만나다 | 挫折 cuòzhé 명 좌절 | 资本 zīběn 명 자본, 밑천

01
p. 178

A 记忆	B 前途	A 기억	**B 앞날**
C 命运	D 将来	C 운명	D 장래

시크릿 他为自己设计了一个美好的未来，对________充满信心。

해설 **품사 찾기** '对(전치사) + 명사 + 充满(술어) + 信心(목적어)'의 어순으로, 빈칸에는 명사가 필요하다.

짝꿍 찾기 명사의 힌트는 充满信心(자신감으로 가득 찼다)이지만, 전체 문맥도 살펴야 한다.

정답 찾기 빈칸 앞 절에서 그는 아름다운 미래를 설계했다고 한 것으로 보아 자신감으로 가득 찬 것은 앞으로의 상황에 대한 것이다. 前途(앞날)는 사업이나 일을 하는 데 있어서 '앞날, 비전, 미래의 상황이나 형편'을 의미하므로, 정답은 B가 된다. 즉 그는 졸업하자마자 좋은 직장을 구했기 때문에 이제 자신의 앞날(미래)이 밝을 것으로 생각한 것이다.

Tip 未来(미래)와 将来(장래)는 동의어로, 앞 절에 未来라는 단어가 언급되었으니, 또다시 똑같은 의미인 将来가 언급될 가능성은 적다.

단어 **记忆** jìyì 명 기억 | **前途** qiántú 명 앞날 | **命运** mìngyùn 명 운명 | **将来** jiānglái 명 장래

02
p. 178

A 善良	B 好运	A 착하다	B 행운
C 糟糕	D 倒霉	C 엉망이다	**D 운이 없다**

시크릿 觉得自己是这个世界上最不幸、最________的人。

해설 **품사 찾기** 정도부사 最 뒤에는 형용사가 필요하다.

짝꿍 찾기 빈칸 앞을 보면 모점(、)을 사용하여 병렬을 나타내고 있으므로, 最不幸(제일 불행하다)이 힌트가 된다.

정답 찾기 그는 직장이 파산하자 자신은 되는 일이 없다고 비관하고 있다. 앞에 언급된 最不幸(제일 불행하다)과 의미가 유사한 D의 倒霉(운이 없다)가 정답이 된다.

Tip 糟糕는 '엉망이다, 형편없다'라는 뜻으로, 여기서는 상황의 열악함보다 사람의 불운함을 말해야 하기 때문에 정답이 될 수 없다.

단어 **善良** shànliáng 형 착하다 | **好运** hǎoyùn 명 행운 | **糟糕** zāogāo 형 엉망이다, 야단나다 | **倒霉** dǎoméi 형 운이 없다

03
p. 178

A 坚强	B 成熟	**A 강하다**	B 성숙하다
C 明显	D 熟练	C 분명하다	D 능숙하다

시크릿 青年时期遇到挫折是好事，因为你可以学会如何变得________。

해설 **품사 찾기** 구조조사 得 이하 부분에는 동사나 형용사가 나와 정도보어 역할을 할 수 있다.

짝꿍 찾기 앞뒤 문맥을 파악하여 가장 적합한 말을 찾아야 한다.

정답 찾기 회사의 사장은 젊었을 때 좌절해 보는 것은 스스로 무엇인가를 배울 수 있기 때문에 도움이 된다고 격려해 주었다. 좌절을 겪으면서 배울 수 있는 것은 보기 중 坚强(강해지다)이 가장 적합하므로 정답은 A가 된다. 坚强은 성격이나 의지가 강하여 어떤 일이 생겨도 흔들리지 않음을 의미하며, '굳세다'라는 의미 이외에도 '강해지게 하다'라는 사역의 의미가 있다.

Tip 熟练은 '기술이나 동작이 훈련과 연습(练习)을 통해서 능숙해졌음'을 의미하며, 技术熟练的工人(기술이 능숙한 노동자)이나 动作熟练了(동작이 능숙해졌다) 등으로 쓰일 수 있다.

단어 坚强 jiānqiáng 형 강하다, 굳세다 | 成熟 chéngshú 형 성숙하다 | 明显 míngxiǎn 형 분명하다 | 熟练 shúliàn 형 능숙하다

[04-07]

名字对一个人来说非常重要，所以，在我们交际的过程中，记住别人的名字就变得更加重要。一位名人曾经说过："不论在任何语言之中，一个人的名字是最甜蜜、最重要的声音。"善于记住别人的姓名是一种礼貌，也是一种感情 4 ，在人际交往中会起到意想不到的效果。在一个陌生的场合，你轻松而 5 地叫出了对方的名字，对方一定会感到惊讶和感动——在对方的眼里，你只是面熟而已，也许他已经记不起你们在什么地方见过面了，但是你居然叫出了他的名字，这无疑告诉了对方："你的名字对我很重要。"这样一来，你和对方的距离很快就拉近了。

想要记住对方的名字，就要进行有意 6 ，养成准确记住名字的习惯。这样，记住别人的名字在给别人带去惊喜的同时，也会给自己的事业带来 7 的收获。

이름은 한 사람에게 있어서 굉장히 중요하다. 그래서 우리가 교제하는 과정 중에, 다른 사람의 이름을 기억하는 것이 더욱 중요해진다. 한 유명 인사가 "어떠한 언어에서든지, 한 사람의 이름은 제일 달콤하며 제일 중요한 소리다."라고 말했다. 다른 사람의 이름을 잘 기억하는 것은 일종의 예의이며, 또한 감정 투자로, 사람과의 교제 중에 생각지도 못한 효과를 이끌어 낼 수 있다. 낯선 장소에서, 당신이 가볍고 친근하게 상대방의 이름을 부르면, 상대방은 분명 놀라면서도 감동할 것이다. 상대방의 눈에 당신은 단지 낯익을 뿐, 어쩌면 그는 이미 당신들이 어디에서 만났었는지 기억하지 못할지도 모른다. 그러나 당신이 의외로 그의 이름을 불러 주면, 이는 상대방에게 "나에게 당신의 이름은 매우 중요합니다"라고 확실하게 말해 주는 것이다. 이렇게 되면, 당신과 상대방의 거리는 매우 빨리 가까워질 것이다.

상대방의 이름을 기억하고 싶다면, 의식적으로 양성하여 이름을 정확하게 기억하는 습관을 길러야 한다. 이렇게 다른 사람의 이름을 기억하는 것은 다른 사람에게 놀라움과 기쁨을 가져다 주는 동시에, 자신의 사업에 의외의 수확을 가져올 수 있다.

요약
- 제목: 이름을 기억하는 것의 중요성
- 주제: 상대방의 이름을 불러 주는 것은 매우 중요하다.

단어 名字 míngzi 명 이름 | 重要 zhòngyào 형 중요하다 | 所以 suǒyǐ 접 그래서 | 交际 jiāojì 동 교제하다 | 过程 guòchéng 명 과정 | 记住 jìzhù 동 확실히 기억해두다 | 更加 gèngjiā 부 더욱, 한층 | 曾经 céngjīng 부 일찍이 | 不论 búlùn 접 ~하든지 간에 | 任何 rènhé 대 어떠한 | 语言 yǔyán 명 언어 | 甜蜜 tiánmì 형 달콤하다 | 善于 shànyú 동 ~을 잘하다 | 礼貌 lǐmào 명 예의 | 人际 rénjì 명 사람과 사람 사이 | 交往 jiāowǎng 동 교제하다 | 意想不到 yì xiǎng bú dào 성어 예상치 못하다 | 效果 xiàoguǒ 명 효과 | 陌生 mòshēng 형 낯설다 | 场合 chǎnghé 명 장소 | 轻松 qīngsōng 형 가볍다, 부담 없다 | 惊讶 jīngyà 형 놀랍고 의아하다 | 面熟 miànshú 형 낯익다 | 而已 éryǐ 조 ~뿐이다 | 居然 jūrán 부 뜻밖에 | 无疑 wúyí 형 확실하다, 의심할 바 없다 | 告诉 gàosu 동 말하다, 알리다 | 距离 jùlí 명 거리 | 拉近 lājìn 동 가까이 끌어당기다 | 有意 yǒuyì 부 고의로, 일부러 | 准确 zhǔnquè 형 확실하다 | 习惯 xíguàn 명 버릇, 습관 | 惊喜 jīngxǐ 동 놀라면서 기뻐하다 | 收获 shōuhuò 명 수확

p. 179

A 计算	B 投资	A 계산	**B 투자**
C 基础	D 世界	C 기초	D 세계

시크릿 善于记住别人的姓名是一种礼貌，也是一种感情______，

해설 품사 찾기 '一(수사) + 种(양사) + 感情(명사)' 어순의 관형어가 있다. 빈칸에는 명사 感情(감정)과 긴밀하게 연결될 수 있는 명사가 필요하다.

짝꿍 찾기 感情과 긴밀하게 연결되어 하나의 단어처럼 쓸 수 있는 명사를 찾아야 한다.

정답 찾기 빈칸 앞 절에서 사람의 이름을 잘 기억하는 것은 일종의 예의라고 말했다. 어떤 사람의 이름을 외우는 것은 쉽지 않은 일이므로, 일종의 감정 투자(感情投资)라고 비유하여 말할 수 있다. 따라서 정답은 B가 된다.

단어 计算 jìsuàn 명 계산 | 投资 tóuzī 명 투자 | 基础 jīchǔ 명 기초 | 世界 shìjiè 명 세계

05
p. 179

A 亲切	B 后悔	**A 친근하다**	B 후회하다
C 安慰	D 不安	C 위로하다	D 불안하다

시크릿 在一个陌生的场合，你轻松而________地叫出了对方的名字，对方一定会感到惊讶和感动…

해설 **품사 찾기** '부사어 地 + 叫(술어) + 出了(보어)'의 어순으로, 빈칸에는 부사어가 될 수 있는 동사나 형용사가 필요하다.

짝꿍 찾기 힌트는 접속사 而로, 역접이나 순접을 나타내기도 하지만, 두 개의 형용사 중간에 놓여 상호 보충을 나타내 준다.

정답 찾기 빈칸 앞에 있는 轻松(가볍다)을 상호 보충할 수 있는 단어는 보기 중 亲切(친근하다)다. 문맥상 낯선 장소에서 상대방의 이름을 부담스럽지 않게 편안한(轻松) 어투로, 친근하게(亲切) 불러 주면 상대방이 감동하게 된다는 의미로, A가 정답이 된다.

Tip 접속사 而의 상호 보충 관계
- 형식: 형용사 + 而 + 형용사

예 严肃而认真 엄숙하고도 진지하다 / 文章简练而生动 글이 간결하면서도 생동감 있다

단어 亲切 qīnqiè 형 친근하다 | 后悔 hòuhuǐ 동 후회하다 | 安慰 ānwèi 동 위로하다 | 不安 bù'ān 형 불안하다

06
p. 179

A 握手	B 热心	A 악수하다	B 열성적하다
C 培养	D 重视	**C 양성하다**	D 중시하다

시크릿 想要记住对方的名字，就要进行有意________，养成准确记住名字的习惯。

해설 **품사 찾기** '要(조동사) + 进行(동사) + 有意(부사) + 목적어'의 어순이다. 목적어는 일반적으로 명사지만, 동사 进行(진행하다)은 동사(구)를 목적어로 취할 수 있는 특징을 가지고 있으므로, 빈칸에는 동사가 필요하다.

짝꿍 찾기 힌트는 뒤 절의 养成…习惯(~하는 습관을 기르다)이다.

정답 찾기 상대방의 이름을 외우려면 의도적인 무언가가 필요한데, 빈칸 뒷부분에서 그것은 이름을 정확하게 기억하는 습관을 들이는 것이라고 부연 설명을 하고 있다. C의 培养(양성하다)이 어떤 목적을 이루기 위하여 장기간 동안 교육과 훈련을 하는 것을 의미하므로 가장 적합하다. 培养과 养成은 모두 '양성하다, 기르다'의 의미가 있다.

단어 握手 wòshǒu 동 악수하다 | 热心 rèxīn 동 열성적하다 | 培养 péiyǎng 동 양성하다 | 重视 zhòngshì 동 중시하다

07
p. 179

A 智慧	B 丰富	A 지혜	B 풍부하다
C 计划	D 意外	C 계획하다	**D 의외다**

시크릿 记住别人的名字在给别人带去惊喜的同时，也会给自己的事业带来________的收获。

해설 **품사 찾기** '수식어 的 + 收获(명사)'의 어순으로, 빈칸에는 명사, 동사, 형용사 등이 나올 수 있다.

짝꿍 찾기 빈칸 앞 절의 惊喜(놀라면서 기뻐하다)가 힌트다.

정답 찾기 우리가 한두 번 만난 사람의 이름을 기억해 주면, 상대방에게 놀라움과 기쁨(惊喜)을 가져다 주면서, 우리 자신 또한 의외의 수확(意外的收获)을 얻을 수 있다는 내용이 되어야 가장 자연스럽다. 따라서 정답은 D가 된다.

단어 智慧 zhìhuì 명 지혜 | 丰富 fēngfù 형 풍부하다 | 计划 jìhuà 동 계획하다 | 意外 yìwài 형 의외다, 예상외다

DAY 11

✓ 정답 1. D 2. D 3. B 4. A

01

p. 185

一个医生为了说明饮酒的坏处，把两条小虫分别放在一个装着酒的瓶子和一个装着水的瓶子里。放在酒里的那条小虫很快就死了，而放在水里的那条还在挣扎。医生对周围的人说："你们看，这就是饮酒的结果。"这时，人群中有一个酒鬼大声喊道："这就对了，喝酒人的肚子里就不会长这种虫子啦！"

한 의사가 음주의 해로운 점을 설명하기 위해, 두 마리 작은 벌레를 각각 술이 담긴 병과 물이 담긴 병 안에 넣었다. 술에 넣은 벌레는 매우 빨리 죽었지만, 물에 넣은 벌레는 여전히 몸부림치고 있었다. 의사는 주변 사람들에게 "보십시오. 이것이 바로 음주의 결과입니다."라고 말했다. 이때, 사람들 중 한 술주정뱅이가 큰 소리로 외쳤다. "맞아요. 그러니까 술 마시는 사람 뱃속에는 이런 벌레가 생길 수 없죠!"

A 酒鬼决定戒酒了
B 在水里的那条小虫死了
C 喝酒可以防止肚子里长虫子
D 医生想要告诉人们饮酒的害处

A 술주정뱅이는 금주를 결심했다
B 물속에 있는 그 벌레는 죽었다
C 술을 마시면 뱃속에 벌레가 생기는 것을 막을 수 있다
D 의사는 사람들에게 음주의 해로운 점을 말해 주려고 했다

요약 • 제목: 한 의사의 음주 폐해 증명 실험
• 주제: 사람은 각자 자신에게 유리하게 해석한다.

해설 의사가 사람들에게 두 마리의 벌레로 실험하여 음주가 해롭다는 결과를 보여 주자, 한 술주정뱅이가 엉뚱한 소리를 하는 내용이다. 보기 D는 지문의 시작 내용으로 정답이 될 수 있다.

A – 술주정뱅이는 실험 결과를 보고 술을 마시는 사람의 뱃속에는 벌레가 생길 수 없다고 말했으므로, 금주를 결심했다고 볼 수 없다.

B – 벌레가 죽은 병은 술병이었고, 물병 안의 벌레는 몸부림치고 있었다.

C – 술 마시는 사람의 뱃속에 벌레가 생기지 않는다는 말은, 술주정뱅이의 자의적인 해석이므로 신빙성이 없다.

단어 为了 wèile 전 ~를 위하여 | 说明 shuōmíng 동 설명하다 | 饮酒 yǐnjiǔ 동 술을 마시다 | 坏处 huàichu 명 해로운 점 | 分别 fēnbié 부 각각 | 装 zhuāng 동 담다 | 瓶子 píngzi 명 병 | 挣扎 zhēngzhá 동 몸부림치다 | 周围 zhōuwéi 명 주변, 주위 | 结果 jiéguǒ 명 결과 | 人群 rénqún 명 사람들, 군중 | 酒鬼 jiǔguǐ 명 술주정뱅이 | 喊 hǎn 동 외치다 | 肚子 dùzi 명 배 | 决定 juédìng 동 결정하다 | 戒 jiè 동 끊다 | 防止 fángzhǐ 동 방지하다 | 害处 hàichu 명 해로운 점

02

p. 185

一个男人养了一头猪，觉得养烦了，就想把它给扔了。但是这头猪每次都认得回家的路，扔了很多次都没有成功。有一天，这个男人又开车把猪带了出去。当晚打电话给他的妻子问："猪回来了吗？"妻子回答："回来了。"男人非常气愤，大声嚷道："快让它接电话，我迷路了！"

한 남자가 돼지 한 마리를 기르다가, 기르기 귀찮다고 생각해서 버리려고 했다. 하지만 이 돼지는 매번 집으로 돌아오는 길을 알아서, 여러 번 버렸지만 모두 성공하지 못했다. 하루는, 남자가 또 차를 몰고 돼지를 데리고 나갔다. 그날 저녁 그는 부인에게 전화를 걸어 "돼지가 집으로 돌아왔소?"라고 물었다. 부인은 "돌아왔어요."라고 대답했다. 남자는 너무 화가 나서, 크게 소리쳤다. "빨리 돼지한테 전화 받으라고 해요. 내가 길을 잃었어요!"

A 男人很喜欢那头猪 B 那头猪后来迷路了 C 男人成功地把猪扔了 D 男人开车出去后迷路了	A 남자는 그 돼지를 매우 좋아한다 B 그 돼지는 나중에 길을 잃었다 C 남자는 성공적으로 돼지를 버렸다 **D 남자는 차를 몰고 나간 후 길을 잃었다**

요약 • 제목: 똑똑한 돼지

• 주제: 자신의 꾀에 빠진 주인

해설 한 남자가 키우던 돼지를 귀찮아서 버리려고 몇 번을 시도하다 실패하자, 차를 몰고 멀리까지 가서 돼지를 버렸는데, 돼지는 집으로 돌아오고 오히려 자신은 길을 잃었다는 내용이다. 따라서 정답은 D가 된다.

A – 남자는 돼지 키우는 것을 귀찮아했다.

B – 돼지는 집을 찾아왔고 남자가 길을 잃었다.

C – 돼지가 집을 찾아왔으므로 남자는 실패했다.

단어 **养** yǎng 동 기르다 | **猪** zhū 명 돼지 | **烦** fán 형 귀찮다 | **扔** rēng 동 버리다 | **但是** dànshì 접 그러나 | **认得** rènde 동 알다, 인식하다 | **成功** chénggōng 동 성공하다 | **妻子** qīzi 명 아내 | **回答** huídá 동 대답하다 | **气愤** qìfèn 동 분노하다 | **大声** dàshēng 명 큰 소리 | **嚷** rǎng 동 고함을 치다 | **接** jiē 동 받다 | **迷路** mílù 동 길을 잃다 | **后来** hòulái 명 나중, 훗날

03

p. 185

这天，爸爸去学校接儿子放学，父子俩乘着公交车回家。进了门，儿子飞奔到妈妈面前说道:"妈妈，今天在车上，有美女姐姐跟爸爸搭讪了。"妈妈一惊，气呼呼地问道:"那女人说了什么?"边说边瞪着爸爸。爸爸不知道发生了什么事，心里十分紧张，两人都把目光转向了儿子。儿子笑着说:"美女姐姐对爸爸说，'离我远点'。"	어느 날, 아빠는 아들을 데리러 학교에 갔고, 부자는 버스를 타고 집으로 돌아왔다. 집에 들어오고, 아들은 엄마 앞으로 나는 듯이 달려가 말했다. "엄마, 오늘 차 안에서, 어떤 예쁜 누나가 아빠한테 말을 걸었어요." 엄마는 놀라서 씩씩대며 "그 여자가 뭐라고 하던?"이라고 물어보면서 아빠를 부릅뜨고 노려봤다. 아빠는 무슨 일인지도 모르고, 마음속으로 매우 긴장했다. 두 사람은 모두 시선을 아들에게 돌렸다. 아들은 웃으며 "예쁜 누나가 아빠한테 '좀 떨어져 주세요.'라고 말하던데요."라고 말했다.
A 美女很喜欢爸爸 B 美女不想让爸爸靠近她 C 妈妈很高兴有人和爸爸搭讪 D 爸爸在街上碰见了一个美女	A 예쁜 여자는 아빠를 매우 좋아한다 **B 예쁜 여자는 아빠가 그녀에게 가까이 오는 것을 원치 않았다** C 엄마는 어떤 사람이 아빠에게 말을 걸어 줘서 매우 기뻤다 D 아빠는 거리에서 예쁜 여자를 만났다

요약 • 제목: 아들의 귀여운 고자질

• 주제: 버스 안에서 예쁜 여자가 아빠에게 말을 건 이유

해설 예쁜 여자가 아빠에게 말을 건 목적은 "저에게서 좀 떨어져 주세요."라는 말을 하기 위해서였다. 예쁜 여자는 아빠가 자신의 옆에 가까이 있는 것이 싫었던 것이므로 정답은 B가 된다.

A – 예쁜 여자는 아빠가 자신에게 가까이 있는 것을 싫어했다.

C – 엄마는 버스에서 어떤 예쁜 여자가 아빠에게 말을 걸었다는 말을 듣고 화가 났다.

D – 아빠는 예쁜 여자를 버스에서 만났다.

단어 **接** jiē 동 마중하다 | **放学** fàngxué 동 하교하다 | **乘** chéng 동 타다 | **飞奔** fēibēn 동 나는 듯이 달리다 | **搭讪** dāshàn 동 일부러 말을 꺼내다 | **惊** jīng 동 놀라다 | **气呼呼** qìhūhū 형 (화가 나서) 씩씩거리다 | **问道** wèndào 동 묻다 | **瞪** dèng 동 눈을 부릅뜨고 노려보다 | **发生** fāshēng 동 발생하다 | **心里** xīnli 명 마음속 | **十分** shífēn 부 매우 | **紧张** jǐnzhāng 형 긴장해 있다 | **目光** mùguāng 명 시선, 눈길 | **转向** zhuǎnxiàng 동 ~로 향하다 | **靠近** kàojìn 동 가까이 가다 | **街** jiē 명 거리 | **碰见** pèngjiàn 동 마주치다

04

p. 186

一个小伙子和一个姑娘相识几天后，这个小伙子就向姑娘求婚了。姑娘问他："我们才认识3天，你对我能有多少了解？" 小伙子急忙说："了解，了解，我早就了解你了。" 姑娘又问："怎么可能？我们以前又不认识。" 小伙子回答说："我在银行工作已经3年了，你父亲有多少存款，我是很清楚的。"

한 남자와 여자가 서로 알게 된 지 며칠 만에, 이 남자가 여자에게 청혼했다. 여자는 그에게 "우리가 안 지 겨우 3일밖에 되지 않았는데, 당신이 저에 대해서 얼마나 알 수 있죠?"라고 물었다. 남자는 급히 "알죠, 알죠, 일찍부터 당신에 대해 알고 있었어요."라고 말했다. 여자가 "어떻게 가능하죠? 우리는 이전에 알지도 못했는데요."라고 다시 물었다. 남자는 "제가 은행에서 일한 지 이미 3년인데, 당신 아버지께서 예금을 얼마나 하셨는지, 저는 매우 정확히 알고 있습니다."라고 대답했다.

A 姑娘的父亲很有钱
B 小伙子很喜欢这个姑娘
C 小伙子对姑娘非常了解
D 姑娘的父亲是银行的老板

A 여자의 아버지는 돈이 매우 많다
B 남자는 이 여자를 매우 좋아한다
C 남자는 여자를 매우 잘 안다
D 여자의 아버지는 은행장이다

요약 • 제목: 남자의 청혼
• 주제: 돈을 좇아 청혼을 한 남자

해설 남자가 여자를 만난 지 며칠 만에 바로 청혼하자 여자는 남자에게 자신을 얼만큼 아는지 물었다. 남자는 여자에게 여자의 아버지께서 예금한 돈이 얼마인지 정확히 알기 때문에 여자를 잘 알고 있다고 말했으므로, A가 정답으로 가장 적합하다.
B – 남자는 여자를 좋아한 것이 아니라 여자의 아버지가 부자라서 좋았던 것이다.
C – 남자가 잘 알고 있는 것은 여자 아버지의 재산이다.
D – 은행에서 일하는 것은 남자이며, 여자 아버지의 직업은 언급되지 않았다.

단어 **小伙子** xiǎohuǒzi 명 젊은이 | **姑娘** gūniang 명 아가씨 | **相识** xiāngshí 동 서로 알다 | **求婚** qiúhūn 동 청혼하다 | **认识** rènshi 동 알다 | **了解** liǎojiě 동 알다, 이해하다 | **急忙** jímáng 부 급히 | **以前** yǐqián 명 이전 | **回答** huídá 동 대답하다 | **银行** yínháng 명 은행 | **父亲** fùqīn 명 아버지 | **存款** cúnkuǎn 동 저축하다 | **清楚** qīngchu 형 분명하다 | **老板** lǎobǎn 명 사장

DAY 12

✓ 정답 1. D 2. D 3. A 4. C

01

p. 186

星期天，我请新女朋友吃烤鸭。由于我出门的时候太着急了，竟然忘了带钱包。认真想了想，实在没有别的办法，不得不向女友开口。因为不知道怎么开口才好，所以脸红了。我吞吞吐吐地说："我……"没想到这时发生了一件意想不到的事情。她竟然理解错了，也红着脸说："我也爱你。"

일요일에 나는 새 여자 친구에게 오리구이를 사 주기로 했다. 집을 나올 때 너무 조급했던 나머지, 뜻밖에도 지갑 챙겨 오는 것을 깜박하고 말았다. 곰곰이 생각했지만, 정말 별다른 방법이 없어, 어쩔 수 없이 여자 친구에게 말해야 했고, 어떻게 말을 꺼내야 좋을지 몰라 얼굴이 빨개졌다. 나는 떠듬거리며 "나……"라고 말을 꺼냈고, 이때 예상치 못한 일이 생겼다. 그녀가 뜻밖에도 잘못 이해하고, 역시 얼굴이 빨개져서 "나도 널 사랑해."라고 말한 것이다.

A 女朋友很大方 B 他觉得自己运气好 C 女朋友很喜欢开玩笑 D 女朋友误会他的意思了	A 여자 친구는 매우 호탕하다 B 그는 자신이 운이 좋다고 생각한다 C 여자 친구는 농담을 매우 좋아한다 **D 여자 친구는 그의 뜻을 오해했다**

요약
- 제목: 여자 친구의 착각
- 주제: 사람 말은 끝까지 들어야 한다.

해설 지문 마지막 부분의 **理解错**(잘못 이해하다)를 보고 여자 친구가 남자 친구의 의도를 오해했다는 것을 알 수 있다. 지문의 **理解错**가 보기에서는 **误会**(오해하다)로 제시되었다. 따라서 정답은 D가 된다. 동의어를 많이 알고 있다면 쉽게 정답을 고를 수 있다.

A – 여자 친구가 고백한 것만 보고 호탕하다고 할 수 없다.

B – 남자의 생각은 지문에 전혀 언급되지 않았다.

C – 여자 친구의 사랑 고백은 진심이었다.

- **어휘 바꿔치기**
  理解错 잘못 이해하다 = D **误会** 오해하다

단어 **新** xīn 형 새롭다 | **烤鸭** kǎoyā 명 오리구이 | **由于** yóuyú 접 ~ 때문에 | **着急** zháojí 동 조급해하다 | **竟然** jìngrán 부 뜻밖에도, 놀랍게도 | **忘** wàng 동 잊어버리다 | **带** dài 동 지니다 | **钱包** qiánbāo 명 지갑 | **认真** rènzhēn 형 진지하다 | **实在** shízài 부 정말 | **办法** bànfǎ 명 방법 | **不得不** bùdébù 부 어쩔 수 없이 | **开口** kāikǒu 동 말을 하다 | **因为** yīnwèi 접 ~ 때문에 | **所以** suǒyǐ 접 그래서 | **脸红** liǎnhóng 동 얼굴이 빨개지다 | **吞吞吐吐** tūntūntǔtǔ 형 우물쭈물하다 | **没想到** méi xiǎngdào 생각하지 못하다 | **发生** fāshēng 동 발생하다 | **意想不到** yì xiǎng bú dào 성어 예상치 못하다 | **理解** lǐjiě 동 이해하다 | **错** cuò 동 틀리다 | **大方** dàfang 형 호탕하다, 대범하다 | **运气** yùnqi 명 운 | **开玩笑** kāi wánxiào 동 농담하다 | **误会** wùhuì 동 오해하다

p. 186

病人问道:"大夫，你能给我一些可以变得聪明的药吗?"医生开了一些药，要他下个星期再来。一星期后，病人又来问:"大夫，我觉得自己没有变得比较聪明。"医生又开了同样的药，要他下星期再来。病人果然又依约而来了，他这次说:"我知道自己没有变得聪明，我只是想问问大夫，你给我的药是不是一般的糖?"医生答道:"你总算变得聪明些了。"	환자가 "의사 선생님, 저에게 똑똑해지는 약 좀 주실 수 있나요?"라고 물었다. 의사는 약을 조금 지어 주면서 다음 주에 다시 오라고 말했다. 1주일 후, 환자가 다시 와서 물었다. "선생님, 제가 생각하기에는 전혀 똑똑해진 것 같지 않은데요." 의사는 또 똑같은 약을 지어 주고, 그에게 다음 주에 다시 오라고 했다. 환자는 역시 약속대로 다시 왔고, 그는 이번엔 "제가 똑똑해지지 않은 것 알아요. 저는 단지 의사 선생님께 물어보고 싶어요. 선생님께서 주신 약은 일반 사탕 아닌가요?"라고 말했다. 의사는 "드디어 조금 똑똑해지셨군요."라고 대답했다.
A 每次的药都不一样 B 病人比以前更聪明了 C 大夫给病人的药很有效 D 大夫给的药只是一般的糖	A 매번 약이 모두 달랐다 B 환자는 이전보다 훨씬 똑똑해졌다 C 의사가 환자에게 준 약은 매우 효과가 있다 **D 의사가 준 약은 단지 일반 사탕이다**

요약
- 제목: 똑똑해지는 약
- 주제: 세상에 똑똑해지는 약은 없다.

해설 환자가 의사에게 똑똑해지는 약을 처방해 달라고 한 것 자체가 똑똑하지 못한 행동이었다. 마지막에 환자가 자기에게 처방해 준 약이 사탕이 아니냐고 물었을 때 의사는 환자에게 조금 똑똑해졌다고 이야기했으므로, D가 정답이라는 것을 알 수 있다.

A – 의사는 매번 환자에게 같은 약(사탕)을 주었다.

B – 환자가 약을 먹고 똑똑해질 수 없다는 것을 깨닫는 데 시간이 걸린 것이지 실제로 이전보다 똑똑해진 것은 아니다.

C – 의사가 환자에게 처방해 준 약은 일반 사탕이다.

단어 病人 bìngrén 명 환자 | 问道 wèndào 동 묻다 | 大夫 dàifu 명 의사 | 变 biàn 동 변하다 | 聪明 cōngming 형 똑똑하다, 총명하다 | 药 yào 명 약 | 自己 zìjǐ 대 자신 | 比较 bǐjiào 부 비교적 | 同样 tóngyàng 형 같다 | 果然 guǒrán 부 과연, 역시 | 依 yī 전 ~에 따라 | 只是 zhǐshì 부 단지 | 一般 yìbān 형 일반적이다 | 糖 táng 명 설탕 | 答道 dádào 동 대답하다 | 总算 zǒngsuàn 부 드디어, 마침내 | 以前 yǐqián 명 이전 | 有效 yǒuxiào 형 효과가 있다

03

p. 187

在我读小学的时候，有一次，老师问我们一个问题："各位同学，有谁知道长度的单位是什么啊?"这时候，班上最最乖巧的一个同学举手要求回答，说："老师，是'米'!"老师说："不错不错，请坐下。可是，有谁还知道有什么呢?"这时候，平时学习最最落后的同学也举手，老师有点激动，决定给他一个机会，他回答说："老师，还有'菜'!"

초등학교를 다니던 시절, 한번은 선생님께서 우리에게 "여러분, 길이의 단위가 뭔지 아는 사람 있나요?"라고 질문하셨다. 이때, 반에서 가장 영리한 학생 한 명이 대답하려고 손을 들어, "선생님, 답은 '미터'예요!"라고 말했다. 선생님은 "맞아요, 맞아요. 자 이제 앉으세요. 그런데 또 무엇이 있는지 아는 사람?"이라고 말씀하셨다. 이때, 평소에 학업이 가장 뒤떨어지는 학생도 손을 들었다. 선생님은 조금 감격스러워, 그에게 기회를 주기로 했다. 그는 "선생님, '반찬'도 있어요!"라고 대답했다.

A "菜"不是问题的答案
B 最最乖巧的同学回答错了
C 最最落后的同学回答对了
D 老师对落后同学的回答很满意

A '반찬'은 문제의 답이 아니다
B 가장 영리한 학생은 대답이 틀렸다
C 가장 뒤떨어지는 학생은 대답이 맞았다
D 선생님은 뒤떨어지는 학생의 대답에 매우 만족했다

요약
- 제목: 학생의 엉뚱한 대답
- 주제: 미터(米)를 쌀(米)이라고 착각한 학생의 황당한 대답

해설 길이의 단위를 묻는 선생님의 질문에 영리한 학생이 미터(米)라고 대답했다. 공부를 가장 못하는 학생은 영리한 친구의 대답을 쌀(米)로 착각하여, 또 다른 답을 묻는 선생님의 질문에 반찬(菜)이라는 엉뚱한 대답을 한 것이다. 따라서 정답은 A가 된다.

B – 가장 영리한 학생은 미터(米)라고 대답하여 틀리지 않았다.

C – 반찬(菜)은 길이의 단위가 아니므로 틀렸다.

D – 선생님은 성적이 안 좋은 학생이 대답하기 위해 손을 들었을 때 감격했을 뿐이다.

Tip 중국어에서 미터(米)와 쌀(米)은 한자와 발음이 같다.
길이의 단위: 厘米 límǐ 센티미터(cm) / 米 mǐ 미터(m) / 公里 gōnglǐ 킬로미터(km)

단어 读 dú 동 학교에 다니다 | 小学 xiǎoxué 명 초등학교 | 各位 gèwèi 대 여러분 | 长度 chángdù 명 길이 | 单位 dānwèi 명 단위 | 乖巧 guāiqiǎo 형 영리하다 | 举手 jǔshǒu 동 손을 들다 | 要求 yāoqiú 동 요구하다 | 回答 huídá 동 대답하다 | 米 mǐ 양 미터 | 不错 búcuò 형 맞다 | 平时 píngshí 명 평소 | 落后 luòhòu 형 뒤떨어지다 | 激动 jīdòng 동 감격하다, 흥분하다 | 决定 juédìng 동 결정하다 | 机会 jīhuì 명 기회 | 答案 dá'àn 명 답 | 错 cuò 형 틀리다 | 满意 mǎnyì 동 만족하다

04

p. 187

百货商店的电子秤，可以读出称体重人的体重。一个胖女士从百货商店回来，向朋友抱怨:“我最不喜欢自动报体重的电子秤!”朋友听了以后非常好奇，问她为什么。难道因为别人也能听到电子秤的声音吗？胖女士愤怒地说:“不是!今天我站在电子秤上，它就说每次只限一人！每次只限一人!”	한 백화점의 디지털 체중계는 체중을 재는 사람의 몸무게를 읽어 줄 수 있었다. 한 뚱뚱한 여자가 백화점에서 돌아와서는 친구에게 투덜거리며 말했다. “난 정말이지 자동으로 몸무게를 알려 주는 디지털 체중계가 제일 싫어!” 친구는 듣고 나서 매우 궁금하여, 그녀에게 이유를 물었다. 혹시 다른 사람들도 디지털 체중계의 소리를 들을 수 있어서인가? 뚱뚱한 여자는 분노하며 말했다. “그게 아니야! 오늘 그 체중계에 올라섰는데, 그 기계가 한 명씩만 올라오세요! 한 명씩만 올라오세요! 하잖아.”
A 女人想减肥 B 女人要买电子秤 C 电子秤是百货公司的 D 电子秤用一次就出了故障	A 여자는 다이어트를 하고 싶어한다 B 여자는 디지털 체중계를 사려고 한다 **C 디지털 체중계는 백화점 것이다** D 디지털 체중계는 한 번 사용하고 고장 났다

요약 • 제목: 뚱뚱한 여자와 체중계
• 주제: 여자의 체중을 여러 명이 올라간 것으로 인식한 디지털 체중계

해설 앞부분에 百货商店的电子秤(백화점의 디지털 체중계)이 있으므로 정답은 C가 된다. 여자가 화가 난 상황만 이해하고 체중계가 고장 난 것으로 생각해서 D를 정답이라고 혼동할 수도 있지만, 체중계는 고장 난 것이 아니라 여자의 과체중을 여러 명이 올라간 것으로 인식한 것이므로 정답이 될 수 없다.

A – 여자가 매우 뚱뚱한 것을 짐작할 수는 있으나 다이어트를 하고 싶어하는지에 대한 언급은 없다.

B – 여자는 단지 디지털 체중계로 몸무게를 측정했을 뿐이다.

D – 체중계는 고장이 난 것이 아니라, 여자의 몸무게가 너무 많이 나가서 잘못 인식한 것이다.

단어 百货商店 bǎihuò shāngdiàn 명 백화점 | 电子秤 diànzǐchèng 명 디지털 체중계 | 可以 kěyǐ 조동 ~할 수 있다 | 称 chēng 동 (무게를) 측정하다, 재다 | 体重 tǐzhòng 명 체중, 몸무게 | 胖 pàng 형 뚱뚱하다 | 女士 nǚshì 명 여사, 숙녀 | 抱怨 bàoyuàn 동 투덜거리다, 원망하다 | 自动 zìdòng 형 자동의 | 报 bào 동 말해 주다, 알리다 | 好奇 hàoqí 형 궁금하다 | 难道 nándào 부 설마 ~란 말인가 | 因为 yīnwèi 접 ~ 때문에 | 声音 shēngyīn 명 소리 | 愤怒 fènnù 형 분노하다 | 站 zhàn 동 서다 | 限 xiàn 동 제한하다 | 减肥 jiǎnféi 동 살을 빼다, 다이어트하다 | 故障 gùzhàng 명 고장

DAY 13

✓ 정답 1. C 2. D 3. D 4. A

01

p. 191

很多人喜欢把生食和熟食混在一起放进冰箱。其实，不同的食物有不同的保存和冷藏方法，如果把它们随意放在一起，极易造成食物之间的污染，因此，最好将生食和熟食分类包装，然后分区域保存。	많은 사람들이 생식(익히지 않은 음식)과 숙식(익힌 음식)을 섞어 냉장고에 넣는 것을 좋아한다. 사실 음식마다 보존과 냉장 방법이 다르기 때문에 그것을 아무렇게나 놓아두면, 음식물 간 오염을 일으키기 쉬우므로, 생식과 숙식을 따로 포장하여 구역을 나눠서 보관하는 것이 좋다.

A 生食要在常温中保存 B 熟食更需要冷藏保管 C 生熟食要注意分区域冷藏保管 D 生熟食一起保管也不会造成食物污染	A 생식은 상온에서 보관해야 한다 B 숙식은 냉장 보관이 더 필요하다 **C 생식과 숙식은 따로 구역을 나누어 냉장 보관하여야 한다** D 생식과 숙식을 함께 보관해도 음식물 간의 오염은 일어나지 않는다

요약 • 제목: 적절한 음식 보관법

• 주제: 익힌 음식과 익히지 않은 음식은 분리해서 보관해야 한다.

해설 일반적으로 우리는 모든 음식을 냉장고에 넣기만 하면 된다고 생각하는 경우가 많다. 하지만, 과일과 야채 칸이 따로 있는 이유가 함께 놓으면 신선 보존 기간이 줄어들기 때문인 것처럼 이미 열을 가하여 조리한 음식과 신선한 야채를 함께 보관한다면 온도 차이 등의 이유로 음식물 간의 오염이 일어날 수 있다. 지문에서도 따로 구역을 나누어 보관하는 것을 권장하고 있으므로 정답은 C가 된다.

• **접속사 힌트**

因此(그래서)는 뒷부분에서 결과를 말한다.

단어 **生食** shēngshí 명 생것, 날것 | **熟食** shúshí 명 익힌 음식 | **混** hùn 동 섞다, 혼합하다 | **食物** shíwù 명 음식물, 먹을거리, 식품 | **保存** bǎocún 동 보존하다 | **冷藏** lěngcáng 동 냉장하다, 냉동하다 | **方法** fāngfǎ 명 방법, 수단, 방식 | **随意** suíyì 부 마음대로, 내키는 대로 | **极** jí 부 아주, 극히, 매우 | **易** yì 형 쉽다, 용이하다 | **造成** zàochéng 동 발생시키다, 야기하다, 초래하다 | **污染** wūrǎn 명동 오염(시키다, 되다) | **因此** yīncǐ 접 그래서, 이 때문에 | **最好** zuìhǎo 부 ~하는 게 제일 좋다, 제일 좋기는 | **分类** fēnlèi 동 분류하다 | **包装** bāozhuāng 동 포장하다 | **区域** qūyù 명 구역, 존 | **常温** chángwēn 명 상온 | **保管** bǎoguǎn 동 보관하다

p. 191

说到健康食品，大家通常都会想到蔬菜、水果，而把肉类看做健康的敌人。[其实]，很多肉类对人体健康有很重要的作用。至今，很多国家并没有规定什么才是健康食品。[因此]，[现在]市场上所谓的健康食品其实没有统一的标准。	건강식품을 말하면, 사람들은 보통 채소, 과일을 떠올리고, 육류는 건강의 적이라고 생각할 것이다. [사실] 매우 많은 육류는 인체 건강에 매우 중요한 역할을 한다. 지금까지 여러 국가에 무엇이 건강식품인지의 규정이 없다. [그래서] [현재] 시장에서 건강식품이라고 하는 것은, 사실상 통일된 기준이 없다.
A 饮食要规律 B 肉类不是健康食品 C 只吃蔬菜对身体好 D 健康食品没有统一标准	A 음식에는 규칙이 필요하다 B 육류는 건강식품이 아니다 C 채소만 먹어야 건강에 좋다 **D 건강식품은 통일된 기준이 없다**

요약 • 제목: 육류에 대한 오해

• 주제: 건강식품에 대한 통일된 기준이 없다.

해설 육류가 몸에 해롭다는 것은 잘못된 생각이라는 내용을 시작으로, 지문 마지막 부분에서 현재 여러 나라에 건강식품에 대한 규정이 없고, 통일된 기준도 없다고 했다. 따라서 D가 정답이 된다.

B – 육류는 인체 건강에 매우 중요한 역할을 한다고 했으므로, 건강식품이 아니라고 할 수 없다.

C – 사람들은 채소와 과일이 건강식품이라고 생각하지만, 채소만 먹어야 건강에 좋은 것은 아니다.

• **접속사 힌트**

其实(사실)는 앞의 내용을 보충하거나 수정해 주는 역할을 하며, 因此(그래서)는 뒷부분에서 결과를 말한다.

• **상식 바로잡기**

육류는 건강에 중요한 역할을 하기 때문에 육류가 건강을 해친다고 단정 지어서는 안 된다.

단어 健康 jiànkāng 명 건강 | 食品 shípǐn 명 식품 | 通常 tōngcháng 형 보통의, 일반적인 | 蔬菜 shūcài 명 야채 | 水果 shuǐguǒ 명 과일 | 肉类 ròulèi 명 육류 | 敌人 dírén 명 적 | 其实 qíshí 부 사실 | 重要 zhòngyào 형 중요하다 | 作用 zuòyòng 명 역할, 작용 | 至今 zhìjīn 부 지금까지 | 国家 guójiā 명 국가 | 规定 guīdìng 명 규정 | 因此 yīncǐ 접 그래서 | 市场 shìchǎng 명 시장 | 所谓 suǒwèi 형 ~라는 것은 | 统一 tǒngyī 형 통일된 | 标准 biāozhǔn 명 기준 | 饮食 yǐnshí 명 음식 | 规律 guīlǜ 명 규칙, 법칙

03

p. 191

鲨鱼，被一些人认为是海洋中最凶猛的动物。[其实]鲨鱼并不像电影和电视中说的那么可怕。世界上约有380种鲨鱼。约有30种会主动攻击人，其中有7种可能会致人死亡，还有23种因为体型和习性的关系，具有危险性。[可见]，只有其中很少的一部分，对人类有害，比如我们熟知的"大白鲨"。	상어는 일부 사람들에 의하여 바다에서 제일 사나운 동물이라고 여겨진다. [사실] 상어는 결코 영화와 텔레비전에서 말하는 것처럼 그렇게 무섭지 않다. 세상에는 약 380종의 상어가 있다. 약 30종이 사람을 공격하며, 그중 7종은 사람을 사망에까지 이르게 할 수 있고, 23종은 그 체형과 습성의 관계 때문에 위험성을 가지고 있다. 그중 매우 적은 일부분만이 인류에게 해롭다는 것을 [알 수 있는데], 예를 들면 우리에게 익숙한 '백상아리'가 그렇다.
A 人类对鲨鱼很了解 B 攻击人的鲨鱼有27种 C 鲨鱼不是最凶猛的动物 D 鲨鱼没有人想象的那么可怕	A 인류는 상어에 대해 잘 알고 있다 B 사람을 공격하는 상어는 27종이 있다 C 상어는 제일 사나운 동물이 아니다 **D 상어는 사람들이 상상하는 것처럼 그렇게 무섭지 않다**

요약
- 제목: 상어의 진실
- 주제: 모든 상어가 다 위험한 것은 아니다.

해설 지문은 사람들에 의하여 상어가 바다에서 제일 사나운 동물이라고 여겨지지만, 사실 일부 상어만 위험하다는 사실을 알려 주고 있다. 其实(사실) 뒷부분에서 상어는 텔레비전이나 영화에서 말하는 것만큼 무섭지 않다고 했고, 마지막에 사람들에게 해로운 것은 매우 적은 일부분일 뿐이라고 했으므로 정답은 D가 된다.

B – 약 30종의 상어가 사람을 공격한다.

C – 모든 상어가 다 위험한 것은 아니라고 했지, 제일 사나운 동물이 아니라는 내용은 없다.

- **접속사 힌트**
  其实(사실)는 앞의 내용을 보충하거나 수정하며, 역접의 뉘앙스를 가지고 있다. 可见은 '~을 알 수 있다'는 뜻으로 결론을 제시할 때 사용한다.
- **상식 바로잡기**
  전체 10%도 안 되는 상어만이 공격성을 가지고 있으므로, 모든 상어가 다 위협적인 것은 아니다.

단어 鲨鱼 shāyú 명 상어 | 认为 rènwéi 동 ~라고 여기다 | 海洋 hǎiyáng 명 바다 | 凶猛 xiōngměng 형 사납다 | 动物 dòngwù 명 동물 | 其实 qíshí 부 사실 | 可怕 kěpà 형 무섭다 | 主动 zhǔdòng 형 주동적이다 | 攻击 gōngjī 동 공격하다 | 致 zhì 동 ~에 이르다 | 死亡 sǐwáng 동 사망하다 | 因为 yīnwèi 접 ~ 때문에 | 体型 tǐxíng 명 체형 | 习性 xíxìng 명 습성 | 关系 guānxi 명 관계 | 具有 jùyǒu 동 가지고 있다 | 危险性 wēixiǎnxìng 명 위험성 | 可见 kějiàn 접 ~을 알 수 있다 | 人类 rénlèi 명 인류 | 有害 yǒuhài 동 해롭다 | 比如 bǐrú 접 예를 들어 | 熟知 shúzhī 동 익히 알다 | 了解 liǎojiě 동 알다, 이해하다 | 想象 xiǎngxiàng 동 상상하다

04
p. 192

以前，人们把西红柿当作有毒的果子，只用来观赏，无人敢食。直到18世纪，人们知道了它的价值。西红柿作为蔬菜和水果被人们食用，可以生吃，熟用。现在西红柿是全世界栽培最为普遍的果菜之一。中国也是西红柿的种植大国。

과거에 사람들은 토마토를 독이 있는 과일이라고 생각하고, 관상용으로만 사용할 뿐, 감히 먹는 사람은 없었다. 18세기가 되어서야, 사람들은 토마토의 가치를 알게 되었다. 토마토는 채소와 과일로 여겨져 사람들이 먹었으며, 생으로 먹거나, 익혀서 먹을 수 있었다. 현재 토마토는 전 세계에서 제일 보편적으로 재배되는 과채류 중의 하나다. 중국 역시 토마토 재배 대국이다.

A 西红柿吃法多样
B 以前西红柿是有毒的
C 种植西红柿的国家逐年减少
D 18世纪前就开始吃西红柿了

A 토마토는 먹는 방법이 다양하다
B 과거에 토마토에는 독이 있었다
C 토마토를 재배하는 국가는 해마다 줄어든다
D 18세기 이전에 토마토를 먹기 시작했다

요약 • 제목: 세계인들이 즐겨 먹는 토마토
• 주제: 독이 있다고 생각했던 토마토가 지금은 가장 보편적인 과채류가 되었다.

해설 토마토는 채소와 과일의 용도로 쓰이고, 날것 그대로 먹기도 하고(生吃), 익혀서 먹기도 한다(熟用)고 했으므로 다양한 방법으로 토마토를 먹을 수 있다는 것을 알 수 있다. 따라서 정답은 A가 된다. 자칫 실수로 D를 선택할 수 있지만, 토마토는 18세기가 되어서야(直到18世纪) 그 가치를 알고 먹기 시작했으므로, 정답이 될 수 없다.

B – 과거에 사람들이 토마토에 독이 있다고 여겼을 뿐, 실제로 독이 있었던 것은 아니다.

C – 현재 토마토는 전 세계에서 재배되는 가장 보편적인 과채류이므로 재배량이 줄어든다고 볼 수 없다.

D – 토마토는 18세기부터 먹기 시작했다.

• **상식 바로잡기**
토마토에 독이 있다는 것은 잘못된 생각이다.

단어 **西红柿** xīhóngshì 명 토마토 | **当作** dàngzuò 동 ~으로 여기다 | **毒** dú 명 독 | **果子** guǒzi 명 과일 | **观赏** guānshǎng 동 감상하다 | **敢** gǎn 조동 감히 ~하다 | **知道** zhīdào 동 알다 | **价值** jiàzhí 명 가치 | **作为** zuòwéi 동 ~로 여기다 | **蔬菜** shūcài 명 채소 | **食用** shíyòng 동 먹다, 식용하다 | **熟** shú 형 익다 | **栽培** zāipéi 동 재배하다 | **最为** zuìwéi 부 제일, 가장 | **普遍** pǔbiàn 형 보편적이다 | **果菜** guǒcài 명 과일과 채소 | **种植** zhòngzhí 동 재배하다 | **多样** duōyàng 형 다양하다 | **国家** guójiā 명 국가 | **逐年** zhúnián 부 해마다 | **减少** jiǎnshǎo 동 감소하다

DAY 14

✓ 정답 1. D 2. B 3. B 4. C

01
p. 192

打雪仗之后，人们为什么会觉得手变热了呢？这是因为手在揉捏雪球后，皮肤受到冷刺激，神经系统迅速做出反应，从而带动血液循环，血管里的血液马上流向了手部的毛细血管。血液的流动带来了热量，因此手就不感觉冷了。

눈싸움 한 후, 사람들은 왜 손이 뜨거워졌다고 느끼는 것일까? 이것은 손이 눈덩이를 만지면, 피부는 차가운 자극을 받게 되고, 신경계가 빠르게 반응함으로써 혈액순환을 유도해 혈관 속 혈액이 손의 모세 혈관으로 흘러갔기 때문이다. 혈액의 흐름이 열량을 발생시켜, 손이 차갑다고 느끼지 않는 것이다.

A 打雪仗可能会冻伤手 B 冬季人体的血液循环很快 C 长期手冷的人消化不好 D 手部发热和血液流动有关	A 눈싸움은 손에 동상을 걸리게 할 수도 있다 B 겨울에는 인체의 혈액 순환이 매우 빠르다 C 장기간 손이 차가운 사람은 소화가 잘 안된다 **D 손의 발열은 혈액의 흐름과 관계가 있다**

요약 • 제목: 눈을 만지고 나면 손이 뜨거워졌다고 느끼는 이유
• 주제: 신경계의 반응으로 혈액이 빠르게 손으로 이동하면서 열을 발생시킨다.

해설 겨울에 차가운 눈덩이를 만지면 손이 차가워야 하는데 오히려 뜨거움을 느껴서 의아한 적이 있을 것이다. 신체는 어떤 자극을 받고 반응하게 되는데, 손의 차가운 자극이 신경계를 반응하게 하여 혈액을 빠르게 손으로 이동시킨다. 이때 혈액의 빠른 흐름이 뜨거운 열량을 만들어 내는 것이므로 정답은 D가 된다.

단어 **打雪仗** dǎ xuězhàng 동 눈싸움하다 | **揉捏** róuniē 동 주물럭거리다, 비비고 문지르다 | **雪球** xuěqiú 명 눈 덩이,눈 덩어리 | **皮肤** pífū 명 피부 | **刺激** cìjī 명동 자극(하다) | **神经** shénjīng 명 신경 | **系统** xìtǒng 명 체계, 계통, 시스템 | **迅速** xùnsù 형 신속하다, 재빠르다 | **做出** zuòchū 동 만들어 내다, ~을 하다 | **反应** fǎnyìng 명 반응 | **从而** cóng'ér 접 따라서, 그리하여 | **带动** dàidòng 동 (이끌어) 움직이다, 선도하다 | **血液** xuèyè 명 혈액 | **循环** xúnhuán 명동 순환(하다) | **血管** xuèguǎn 명 혈관 | **流** liú 동 흐르다 | **毛细血管** máoxì xuèguǎn 명 모세 혈관 | **流动** liúdòng 동 흐르다 | **热量** rèliàng 명 열량 | **因此** yīncǐ 접 그래서, 이 때문에 | **感觉** gǎnjué 명 감각, 느낌 동 느끼다 | **冻伤** dòngshāng 동 동상에 걸리다 | **冬季** dōngjì 명 동계 | **人体** réntǐ 명 인체 | **长期** chángqī 명 장기, 긴 시간 | **消化** xiāohuà 명동 소화(하다) | **发热** fārè 동 열을 내다 | **有关** yǒuguān 동 관계가 있다

p. 192

四合院是北京传统民居形式，辽代时已初成规模，经金、元，至明、清，逐渐完善，最终成为北京最有特点的居住形式。“四”指东、西、南、北四面，“合”即四面房屋围在一起，形成一个“口”字形。经过数百年的营建，北京四合院从平面布局到内部结构、细部装修都形成了京师特有的京味风格。	사합원은 베이징의 전통적인 민가 형식으로서, 요나라 시대에 이미 규모를 처음 형성했고, 금, 원대를 거쳐 명, 청대에 이르러 점점 다듬어져, 마침내 베이징의 가장 특징적인 거주 형식이 되었다. '사'는 동, 서, 남, 북의 네 면을 가리키며, '합'은 네 면의 가옥이 둘러싸, '입 구(口)'자 모양을 형성한 것을 말한다. 수백 년간의 건축을 거쳐, 베이징 사합원은 평면 배치에서부터 내부 구조, 세부 인테리어까지 모두 수도 특유의 베이징 풍격을 형성했다.
A 从元代开始有四合院的 B 四合院是传统的建筑形式 C “四”是指经历了四个朝代 D 四合院有东、西、南、北四个门	A 원나라 시대부터 사합원이 있었다 **B 사합원은 전통적인 건축 형식이다** C '사(四)'는 네 개의 왕조를 거쳤음을 의미한다 D 사합원은 동, 서, 남, 북, 네 개의 문이 있다

요약 • 제목: 중국 전통 가옥 사합원
• 주제: 사합원은 베이징의 전통적인 민가 형식이다.

해설 이 지문은 사합원이 무엇인지를 설명하는 내용이다. 사합원은 베이징의 전통적인 민가 형식이라고 첫 문장에 언급되었으므로, 정답은 B가 된다. 이처럼 정답이 지문에 그대로 노출되는 경우 지문과 일치하는 내용을 보기에서 찾아야 한다.

A – 사합원은 요나라 때 처음 생겼다.

C – 四(사)는 동, 서, 남, 북, 네 면을 의미한다.

D – 문에 대한 설명은 없다.

• **어휘 바꿔치기**
民居 민가 = B 建筑 건축

단어 传统 chuántǒng 형 전통적이다 | 民居 mínjū 명 민가 | 形式 xíngshì 명 형식 | 规模 guīmó 명 규모 | 逐渐 zhújiàn 부 점점, 점차 | 完善 wánshàn 동 완벽하게 하다 | 最终 zuìzhōng 명 마지막, 최후 | 成为 chéngwéi 동 ~이 되다 | 特点 tèdiǎn 명 특징 | 居住 jūzhù 동 거주하다 | 指 zhǐ 동 가리키다 | 房屋 fángwū 명 집 | 围 wéi 동 둘러싸다 | 字形 zìxíng 명 자형, 글자 형태 | 经过 jīngguò 동 거치다, 지나다 | 营建 yíngjiàn 동 건축하다, 세우다 | 平面 píngmiàn 명 평면 | 布局 bùjú 명 배치 | 内部 nèibù 명 내부 | 结构 jiégòu 명 구조 | 细部 xìbù 명 세부 | 装修 zhuāngxiū 명 인테리어 | 京师 jīngshī 명 수도 | 特有 tèyǒu 형 특유하다 | 京味 jīngwèi 명 베이징 특색 | 风格 fēnggé 명 풍격 | 建筑 jiànzhù 명 건축 | 经历 jīnglì 동 경험하다, 겪다

03

p. 193

"东道主"原来是指"东边道路上的主人"。以前郑国在秦国的东边，经常招待来自秦国的客人，因此郑国自称"东道主"。后来用来泛指招待迎接客人的主人，或者请客的主人。现在在各种活动或者体育赛事也会经常看到这个词语，意思是举办活动的一方。

'동도주'는 원래 '동쪽 길 위의 주인'이라는 뜻이다. 예전에 정나라는 진나라의 동쪽에 있었는데, 자주 진나라에서 오는 손님을 접대했고, 그래서 정나라 스스로 '동도주'라고 칭했다. 훗날에는 일반적으로 손님을 맞이하여 접대하는 주인, 혹은 손님을 초대하는 주인을 두루 가리키는 말로 사용되었다. 현재는 각종 행사나 스포츠 경기에서도 이 단어를 자주 볼 수 있으며, 뜻은 행사를 개최하는 측을 가리킨다.

A 以前郑国是秦国的敌人
B "东道主"多用来指主人
C "东道主"就是秦国的客人
D 体育赛事中一般没有东道主

A 예전에 정나라는 진나라의 적이었다
B '동도주'는 주인을 가리키는 말로 많이 쓴다
C '동도주'는 진나라의 손님이다
D 스포츠 경기 중에는 보통 동도주가 없다

요약
- 제목: '동도주'의 유래
- 주제: '동도주'는 원래 동쪽 길 위의 주인이라는 뜻이다.

해설 정나라는 자주 손님을 접대하여 스스로를 동도주라고 칭하였는데, 이것이 보편화되어 어떠한 행사를 개최하거나 손님을 맞이하는 주인을 가리키는 말로 다양하게 쓰인다는 내용이다. 따라서 정답은 B가 된다. 이 문제는 东道主란 단어의 뜻을 정확히 알지 못하더라도, 지문의 내용만 잘 이해하면 풀 수 있는 문제다. 단어를 모른다고 미리 겁먹지 말고 꼼꼼히 읽으면 문제를 쉽게 풀 수 있다.

A – 정나라는 자주 진나라에서 오는 손님을 접대했다고 했으므로 두 나라의 사이가 좋았음을 알 수 있다.

C – 东道主(동도주)는 郑国(정나라)를 가리키는 말이다.

D – 현재 스포츠 경기에서는 동도주가 개최하는 측을 가리키는 말로 쓰인다.

단어 原来 yuánlái 부 원래 | 指 zhǐ 동 가리키다 | 道路 dàolù 명 길 | 主人 zhǔrén 명 주인 | 以前 yǐqián 명 예전, 이전 | 招待 zhāodài 동 접대하다 | 来自 láizì 동 ~로부터 오다 | 客人 kèrén 명 손님 | 因此 yīncǐ 접 그래서 | 自称 zìchēng 동 자칭하다 | 后来 hòulái 명 훗날, 나중 | 泛指 fànzhǐ 동 일반적으로 ~을 가리키다 | 迎接 yíngjiē 동 맞이하다, 영접하다 | 或者 huòzhě 접 혹은, 아니면 | 请客 qǐngkè 동 초대하다 | 活动 huódòng 명 행사 | 体育 tǐyù 명 체육 | 赛事 sàishì 명 경기 | 词语 cíyǔ 명 단어 | 意思 yìsi 명 의미 | 举办 jǔbàn 동 개최하다 | 方 fāng 명 측, 쪽 | 敌人 dírén 명 적 | 一般 yìbān 형 일반적이다

04

p. 193

在多元化的汉语中，"宇"代表上下四方，即所有的空间，"宙"代表古往今来，即所有的时间，所以"宇宙"这个词有"所有的时间和空间"的意思。人们对于宇宙还有很多不知道的地方，但是科技的发展，让人们对宇宙的了解越来越多。

다원화된 중국어 중에서, '우'는 상하 사방, 즉 모든 공간을 대표하고, '주'는 옛날부터 지금까지, 즉 모든 시간을 대표한다. 그래서 '우주'라는 단어는 '모든 시간과 공간'의 뜻이 있다. 사람들은 우주에 대해서 아직 모르는 부분이 매우 많지만, 과학 기술의 발전은 사람들이 우주에 대해 점점 더 많이 알게 해 준다.

A "宙"是指所有的空间 B 宇宙让人们难以去了解 C 宇宙还有很多未解之谜 D 科学家应该发明更多探索宇宙的东西	A '주'는 모든 공간을 가리킨다 B 우주는 사람들이 이해하기 어렵다 **C 우주에는 아직 풀리지 않은 수수께끼가 매우 많다** D 과학자들은 우주를 탐색할 수 있는 것을 더 많이 발명해야 한다

요약 • 제목: 우주의 의미
• 주제: 우주는 미지의 공간이다.

해설 과학 기술의 발달로 우주에 대해 점점 더 많이 알게 된다고 했으므로, B는 정답이 아니다. 그러나 우주에 대해 아직도 모르는 부분이 많은 것은 사실이므로 정답은 C가 된다.

A – 宙(주)는 모든 시간을 가리키고, 宇(우)가 모든 공간을 가리킨다.

B – 과학 기술의 발전은 사람들이 우주에 대해 더 많이 알게 해 준다고 했으므로, 이해하기 어려운 것은 아니다.

D – 과학자와 관련된 내용은 언급하지 않았다.

• **어휘 바꿔치기**
不知道的地方 모르는 부분 = C 未解之谜 풀리지 않은 수수께끼

단어 **多元化** duōyuánhuà 동 다원화하다 | **代表** dàibiǎo 동 대표하다 | **所有** suǒyǒu 형 모든 | **空间** kōngjiān 명 공간 | **古往今来** gǔwǎng jīnlái 성어 옛날부터 지금까지 | **所以** suǒyǐ 접 그래서 | **宇宙** yǔzhòu 명 우주 | **地方** dìfang 명 부분 | **但是** dànshì 접 그러나 | **科技** kējì 명 과학 기술 | **发展** fāzhǎn 동 발전하다 | **越来越** yuèláiyuè 부 점점, 더욱더, 갈수록 | **指** zhǐ 동 가리키다 | **难以** nányǐ 부 ~하기 어렵다 | **了解** liǎojiě 동 알다, 이해하다 | **解** jiě 동 풀다, 이해하다 | **谜** mí 명 수수께끼 | **科学家** kēxuéjiā 명 과학자 | **应该** yīnggāi 조동 마땅히 ~해야 한다 | **发明** fāmíng 동 발명하다 | **探索** tànsuǒ 동 탐색하다

DAY 15

✓ 정답 1. C 2. D 3. C 4. B

01 p. 198

研究表明，人的左右大脑的分工是十分明确的。左半脑侧重语言、逻辑推理、数学等，因此在处理语言方面，左半脑占优势；右半脑则侧重事物形象、记忆音调、空间识别等，所以在音乐美术方面，右半脑更发达一些。因此，人的左右脑的分工是有专门性的。	연구에서 사람의 좌우 대뇌 분업은 매우 명확하다고 밝혔다. 좌뇌는 언어, 논리 추리, 수학 등의 영역에 치중되어 있다. 그래서 언어를 처리하는 부분에서는 좌뇌가 우위를 차지한다. 우뇌는 오히려 사물의 형상, 음조의 기억, 공간 식별 등에 치중되어 있다. 그래서 음악, 미술 부분에서는 우뇌가 조금 더 발달되어 있다. 그러므로 사람의 좌뇌와 우뇌의 분업은 전문성을 가지고 있다.
A 右半脑负责语言部分 B 左右脑的作用是差不多的 C 数学好的人左半脑非常发达 D 左半脑发达的人很容易记住人的样子	A 우뇌는 언어 부분을 책임진다 B 좌뇌와 우뇌의 역할은 비슷하다 **C 수학을 잘하는 사람은 좌뇌가 매우 발달했다** D 좌뇌가 발달한 사람은 사람의 모습을 매우 쉽게 기억한다

요약 • 제목: 좌뇌와 우뇌의 역할 분담
• 주제: 좌뇌와 우뇌는 서로 책임지는 부분이 다르다.

해설 이 지문은 좌뇌와 우뇌의 기능에 대해 설명하고 있다. 좌뇌가 언어, 논리 추리, 수학 영역에 치중되어 있다고 했으므로, 수학을 잘하는 사람의 좌뇌는 매우 발달했다는 것을 알 수 있다. 따라서 정답은 C가 된다.

	좌뇌(左半脑)	우뇌(右半脑)
발달 영역	언어, 논리 추리, 수학	사물의 형상, 음조의 기억, 공간 식별

A – 언어를 책임지는 뇌는 좌뇌다.

B – 좌뇌와 우뇌가 담당하는 역할은 확실하게 구분되어 있다.

D – 人的样子(사람의 모습)는 지문에서 事物形象(사물의 형상)에 해당하므로, 우뇌가 발달한 사람이 사람의 모습을 쉽게 기억한다.

단어 研究 yánjiū 동 연구하다 | 表明 biǎomíng 동 표명하다, 분명하게 밝히다 | 大脑 dànǎo 명 대뇌 | 分工 fēngōng 동 분업하다 | 十分 shífēn 부 매우 | 明确 míngquè 형 명확하다 | 侧重 cèzhòng 동 치중하다 | 逻辑 luójí 명 논리 | 推理 tuīlǐ 동 추리하다 | 数学 shùxué 명 수학 | 因此 yīncǐ 접 그래서 | 处理 chǔlǐ 동 처리하다 | 语言 yǔyán 명 언어 | 占 zhàn 동 차지하다, 점령하다 | 优势 yōushì 명 우세 | 事物 shìwù 명 사물 | 形象 xíngxiàng 명 형상 | 记忆 jìyì 동 기억하다 | 音调 yīndiào 명 음조 | 空间 kōngjiān 명 공간 | 识别 shíbié 동 식별하다 | 音乐 yīnyuè 명 음악 | 美术 měishù 명 미술 | 专门 zhuānmén 형 전문적이다 | 负责 fùzé 동 책임지다 | 部分 bùfen 명 부분 | 作用 zuòyòng 명 역할 | 差不多 chàbuduō 형 비슷하다 | 发达 fādá 동 발달하다 | 容易 róngyì 형 쉽다 | 记住 jìzhu 동 기억하다 | 样子 yàngzi 명 모습

p. 198

长沙5号地铁于近日首次进行了载人试运行。该线路全长80.9公里，最高时速为130公里，是中国目前时速最快、编组最大、噪音最低的地铁。另外，车厢内蓝天白云的顶灯设计，也给乘客带来了独特的乘坐体验。	창사 5호선 지하철은 최근 처음으로 승객을 태우고 시범 운행을 했다. 전체 길이 80.9㎞, 최고 시속 130㎞로 현재 중국에서 가장 빠르며, 편성이 가장 크고, 소음이 가장 낮은 지하철이다. 또 객차 안의 파란 하늘, 흰 구름의 천장 등불 디자인은 승객들에게 독특한 탑승 체험을 선사한다.
A 长沙最近开通了首条地铁 B 长沙5号线地铁是观景列车 C 长沙在制造无人驾驶列车 D 长沙5号线地铁时速很快	A 창사는 최근에 첫 번째 지하철을 개통했다 B 창사 5호선 지하철은 전망 열차다 C 창사는 자율주행열차(무인 주행 열차)를 만들고 있다 **D 창사 5호선 지하철은 속도가 아주 빠르다**

요약
- 제목: 창사 지하철 소개
- 주제: 최근에 창사에서 개통된 5호선 지하철의 특징

해설 창사 지역에 개통한 지하철의 길이, 속도, 편성, 소음, 디자인 설계 등을 소개하고 있다. 창사 5호선 지하철은 최고 시속 130km로 속도가 매우 빠르다는 것을 알 수 있으므로 정답은 D가 된다. 각각의 정보들이 보기에서 어떻게 제시되어 있는지 꼼꼼히 살펴보자.

A – 5호선이므로 첫 번째(首条 = 第一条) 지하철이라고 볼 수 없다.

B – 하늘과 구름은 지하철 내부 디자인이지 실제 풍경을 보는 전망용 지하철은 아니다.

C – 자율주행열차를 만들고 있는지는 알 수 없다.

단어 长沙 Chángshā 명 창사(후난성 성도) | 近日 jìnrì 명 최근, 근래 | 首次 shǒucì 명 최초, 첫째 | 进行 jìnxíng 동 진행하다, (어떤 활동을) 하다 | 载人 zàirén 동 사람을 태우다 | 运行 yùnxíng 동 운행하다 | 该 gāi 대 이, 그, 저 | 线路 xiànlù 명 노선 | 全长 quáncháng 명 전체 길이 | 公里 gōnglǐ 양 킬로미터 | 时速 shísù 명 시속 | 目前 mùqián 명 지금, 현재 | 编组 biānzǔ 동 편성하다 | 噪音 zàoyīn 명 소음, 잡음 | 低 dī 형 낮다, 작다 | 另外 lìngwài 대 별도의, 다른, 그 밖의 | 车厢 chēxiāng 명 (열차의) 객실, 찻간 | 蓝天 lántiān 명 푸른 하늘 | 白云 báiyún 명 흰 구름 | 顶灯 dǐngdēng 명 천장의 전등 | 设计 shèjì 명 설계, 디자인 | 乘客 chéngkè 명 승객 | 独特 dútè 형 독특하다, 특수하다 | 乘坐 chéngzuò 동 타다 | 体验 tǐyàn 명 체험 | 开通 kāitōng 동 개통하다, 열다 | 首条 shǒu tiáo 첫 번째 | 观景 guānjǐng 동 경치를 바라보다 | 列车 lièchē 명 열차 | 制造 zhìzào 동 제조하다, 만들다 | 无人 wúrén 형 무인의, 사람이 타지 않는 | 驾驶 jiàshǐ 동 운전하다, 조종하다

03
p. 198

美国著名心理学家研究发现：穿着打扮，尤其是衣服可以改善人的情绪。他认为，称心的衣着可松弛神经，给人一种舒适的感受。所以在情绪不佳时应该注意四"不"：不穿易皱的麻质衣服，不穿硬质衣料衣服，不要穿过分紧身的衣服，不要打领带。	미국의 유명한 심리학자는 연구를 통해 입고 치장하는 것, 특히 옷이 사람의 기분을 좋게 할 수 있다는 것을 발견했다. 그는 마음에 드는 옷차림은 신경을 이완시켜 주며, 사람에게 편안한 느낌을 줄 수 있다고 생각한다. 그래서 기분이 좋지 않을 때는 반드시 네 가지의 '않는다'에 주의해야 한다. 쉽게 주름이 지는 마 성질의 옷을 입지 않는다. 빳빳한 옷감의 옷을 입지 않는다. 과도하게 꽉 끼는 옷을 입지 않는다. 넥타이를 매지 않는다.
A 衣着跟心情关系不大 B 硬质衣料衣服对皮肤不好 C 心情不好别穿紧身的衣服 D 选择穿衣服对健康的影响很大	A 옷차림과 기분의 관계는 크지 않다 B 빳빳한 옷감의 옷은 피부에 좋지 않다 **C 기분이 좋지 않을 때는 꽉 끼는 옷을 입지 않는다** D 입을 옷을 선택하는 것은 건강에 큰 영향을 미친다

요약
- 제목: 옷차림과 심리 관계
- 주제: 옷은 사람의 기분에 영향을 준다.

해설 지문에서는 옷이 사람의 기분에 미치는 영향에 대해 언급하고, 기분이 좋지 않을 때 피해야 할 옷을 4가지로 구분하여 설명하고 있다. C는 지문에서 언급한 기분이 좋지 않을 때 피해야 할 복장 중 한 가지이므로 정답이 된다.

기분 안 좋을 때 피해야 할 4가지 옷	쉽게 구겨지는 옷	몸에 꽉 끼는 옷
	빳빳한 소재의 옷	넥타이

A – 옷은 사람의 기분에 영향을 끼친다.
B – 빳빳한 옷감의 옷을 입지 말라고는 했으나 피부에 좋지 않다고 하지는 않았다.
D – 옷과 사람의 기분에 관해 설명하고 있으며, 건강에 관해서는 언급하지 않았다.

단어 著名 zhùmíng 형 유명하다 | 心理学家 xīnlǐ xuéjiā 명 심리학자 | 研究 yánjiū 동 연구하다 | 发现 fāxiàn 동 발견하다 | 穿着 chuānzhuó 명 옷차림 | 打扮 dǎbàn 동 치장하다 | 尤其 yóuqí 부 특히 | 改善 gǎishàn 동 개선하다 | 情绪 qíngxù 명 기분, 감정 | 称心 chènxīn 동 마음에 들다 | 松弛 sōngchí 형 느슨하게 하다 | 神经 shénjīng 명 신경 | 舒适 shūshì 형 적합하다 | 感受 gǎnshòu 동 느끼다 | 不佳 bùjiā 형 좋지 않다 | 应该 yīnggāi 조동 마땅히 ~해야 한다 | 注意 zhùyì 동 주의하다 | 穿 chuān 동 입다 | 易 yì 형 쉽다 | 皱 zhòu 동 주름지다 | 麻 má 명 마 | 质 zhì 명 성질, 재질 | 硬 yìng 형 빳빳하다 | 衣料 yīliào 명 옷감 | 过分 guòfèn 형 지나치다 | 紧 jǐn 형 꽉 끼다 | 领带 lǐngdài 명 넥타이 | 心情 xīnqíng 명 기분 | 关系 guānxi 명 관계 | 皮肤 pífū 명 피부 | 健康 jiànkāng 명 건강 | 影响 yǐngxiǎng 명동 영향(을 끼치다)

04
p. 199

很多人都有过这样的体验：当我们开车去某地时，尤其是去一个陌生的地方时，往往总会期望快点儿到达目的地，但却总感觉还要开很长时间才到。而返程的时候，尽管是同样的距离，却往往感觉比去时的路程短得多，这就是"返程效应"。	많은 사람들은 이런 경험을 한 적이 있을 것이다. 우리가 운전해서 어떤 곳으로 갈 때, 특히나 낯선 곳에 갈 때는 빨리 목적지에 도착하기를 기대하지만, 오히려 오랜 시간 운전해야만, 겨우 도착한다는 느낌을 받는다. 그러나, 돌아올 때는 비록 같은 거리지만, 갈 때보다 훨씬 시간이 적게 걸린다고 느낀다. 이것을 '귀갓길 효과'라고 한다.

A 自驾旅行又幸福又辛苦
B 返程让人感觉路程短
C 出发前要查好行车时间
D 人在陌生的地方容易迷路

A 자가 운전 여행은 행복하기도 하고 힘들기도 하다
B 돌아오는 길이 짧은 것처럼 느껴진다
C 출발 전 운행 시간을 체크해야 한다
D 사람은 낯선 곳에서 길을 잃기 쉽다

요약 • 제목: 귀갓길 효과
• 주제: 같은 길이라도 갈 때 보다 오는 길이 훨씬 더 가깝게 느껴진다.

해설 사람은 익숙한 장소와 거리를 이동할 때 시간이 더 빨리 흘러가는 것처럼 느껴진다고 한다. 만약 초행길이라면 길을 제대로 찾아야 하니 신경 써야 할 점이 많을 것이다. 그러나 이러한 점들이 다 해소된 돌아오는 길은 이미 눈에도 익숙한 길이기 때문에 훨씬 가깝고 시간도 짧게 걸린다고 느낄 수 있다. 따라서 정답은 B가 된다.

단어 体验 tǐyàn 명동 체험(하다) | 某地 mǒudì 어떤 장소 | 尤其 yóuqí 부 특히, 더욱 | 陌生 mòshēng 형 생소하다, 낯설다 | 往往 wǎngwǎng 부 왕왕, 자주, 흔히 | 期望 qīwàng 동 기대하다 | 到达 dàodá 동 도착하다, 도달하다 | 目的地 mùdìdì 명 목적지 | 却 què 부 오히려, 도리어 | 返程 fǎnchéng 명 돌아가는 길, 귀로 | 尽管 jǐnguǎn 접 비록 | 同样 tóngyàng 형 같다, 다름없다 | 距离 jùlí 명 거리, 간격 | 路程 lùchéng 명 노정 | 效应 xiàoyìng 명 효과, 반응 | 幸福 xìngfú 형 행복하다 | 辛苦 xīnku 동 고생하다, 수고하다 | 出发 chūfā 명동 출발(하다) | 查 chá 동 조사하다, 검사하다 | 容易 róngyì 형 쉽다, 용이하다 | 迷路 mílù 동 길을 잃다, 잘못된 길로 들어서다

✓ 정답 1. B 2. B 3. D 4. A

01

p. 199

中国人使用筷子已经有几千年的历史了，使用的过程中形成了较多的礼仪。用餐过程中，<u>如果说话，不要用筷子随便晃动，也不要用筷子敲打碗、盘子以及桌面</u>，更不能用筷子指点别人。在用餐中途因故需暂时离开时，要把筷子轻轻放在桌子上或餐碟边，不能插在饭碗里，而且尽量不要发出响声。

중국인의 젓가락 사용은 이미 수천 년의 역사를 지니고 있으며, 사용 과정 중에서 비교적 많은 예절이 생겨났다. 식사 중에 <u>말을 한다면, 젓가락을 마음대로 휘둘러서는 안 된다. 또한 젓가락으로 그릇, 쟁반 및 식탁을 두드려서는 안 되며</u>, 젓가락으로 다른 사람을 가리키는 것은 더더욱 안 된다. 식사 도중 사정이 있어서 잠시 식탁을 떠날 때에는, 젓가락을 식탁 위나 접시 옆에 가만히 두어야지, 밥그릇에 꽂아 두어서는 안 되고, 또한 최대한 소리를 내지 않도록 해야 한다.

A 筷子不能放在桌面
B 说话时敲筷子不礼貌
C 有礼貌的人才能用筷子
D 可以用筷子一边敲碗一边唱歌

A 젓가락은 식탁에 놓을 수 없다
B 말을 할 때 젓가락을 두드리는 것은 예의 바르지 못하다
C 예의 바른 사람만 젓가락을 사용할 수 있다
D 젓가락으로 그릇을 두드리면서 노래를 불러도 된다

요약 • 제목: 중국의 젓가락 사용법
• 주제: 젓가락 사용 시 지켜야 할 예절이 많다.

해설 중국에서 젓가락을 사용하여 식사할 때 지켜야 할 예절에 대한 내용으로, 식사 중에 말을 할 때 젓가락을 마음대로 휘두르거나 그릇 및 식탁을 두드려서는 안 된다고 했다. 따라서 정답은 B가 된다. 그 외에 식사 도중 잠시 자리를 비울 때 젓가락을 어떻게 처리해야 하는지 등에 대해서도 설명하고 있다.

	식사 도중 말을 할 때	식사 도중 자리를 비울 때
젓가락 사용 시 주의사항	마음대로 휘두르면 안 된다. 그릇 및 식탁을 두드리면 안 된다. 다른 사람을 가리키면 안 된다.	밥그릇에 젓가락을 꽂아 두면 안 된다. 최대한 소리를 내지 말아야 한다.

A – 식사 도중 잠시 자리를 비울 때에는 젓가락을 식탁 위에 놓아야 한다.

C – 젓가락 사용 시 예절이 필요하다는 것이지 예의 바른 사람만 젓가락을 사용할 수 있다는 것은 아니다.

D – 젓가락으로 그릇을 두드리면 안 된다.

단어 使用 shǐyòng 동 사용하다 | 筷子 kuàizi 명 젓가락 | 历史 lìshǐ 명 역사 | 过程 guòchéng 명 과정 | 形成 xíngchéng 동 형성하다 | 礼仪 lǐyí 명 예의 | 用餐 yòngcān 동 식사하다 | 随便 suíbiàn 부 마음대로, 함부로 | 晃动 huàngdòng 동 흔들다, 요동하다 | 敲 qiāo 동 두드리다, 치다 | 碗 wǎn 명 그릇 | 盘子 pánzi 명 접시, 쟁반 | 以及 yǐjí 접 및, 그리고 | 桌面 zhuōmiàn 명 탁상 | 指点 zhǐdiǎn 동 가리키다 | 中途 zhōngtú 명 도중 | 因故 yīngù 사정으로 인하다 | 暂时 zànshí 명 잠시 | 离开 líkāi 동 떠나다 | 轻轻 qīngqīng 형 가볍다, 조용하다 | 放 fàng 동 놓다 | 碟 dié 명 접시 | 插 chā 동 꽂다, 끼우다 | 尽量 jǐnliàng 부 가능한 한 | 发出 fāchū 동 (소리 등을) 내다 | 响声 xiǎngshēng 명 소리 | 礼貌 lǐmào 명 예의

p. 199

牡丹是中国特有的木本名贵花卉，花大色艳、雍容华贵、富丽端庄、芳香浓郁，而且品种繁多，素有"花中之王"的美称，长期以来被人们当做富贵吉祥、繁荣兴旺的象征。牡丹喜凉，不耐湿热，喜欢疏松、肥沃、排水良好的中性土壤或砂土壤。

모란은 중국의 고유한 목본 식물의 진귀한 화초로, 꽃이 크고 색이 아름답고, 온화하고 점잖으며 귀한 티를 자아내며 화려하면서도 단아하고, 향기가 짙다. 게다가 그 품종도 매우 다양하여 '꽃 중의 왕'이라는 아름다운 이름을 가지고 있으며, 오랫동안 사람들에게 부귀와 행운, 번영과 번창의 상징으로 여겨졌다. 모란은 추위에 잘 견디며, 습하고 무더운 것에 약하다. 푸석푸석하고, 비옥하며, 배수가 잘되는 중성 토양이나 모래 토양에서 잘 자란다.

A 牡丹的品种非常少
B 牡丹不喜欢湿热环境
C 酸性土壤适宜种植牡丹
D 牡丹是贫穷、艰苦的象征

A 모란의 품종은 매우 적다
B 모란은 습하고 더운 환경을 싫어한다
C 산성 토양은 모란을 재배하기에 적합하다
D 모란은 가난, 고생의 상징이다

요약
- 제목: 모란의 특징
- 주제: 모란은 부귀와 행운, 그리고 번영의 상징이다.

해설 모란의 모습과 상징하는 의미, 자라는 데 필요한 환경 등을 설명하고 있다. 모란은 추위에 잘 견디며, 습하고 무더운 것에 약하다고 하였으므로 정답은 B가 된다.

모란꽃의 특징	크기	색깔	향기
	크다	색이 아름답다	향이 진하다
	품종	상징	장점 & 약점
	다양하다	부귀, 행운, 번영, 번창	추위에 강하다 & 습하고 무더운 것에 약하다

A – 牡丹(모란)의 품종은 매우 많다.

C – 牡丹(모란)은 산성 토양이 아닌 중성 토양이나 모래 토양에서 잘 자란다.

D – 牡丹(모란)은 부귀, 행운, 번영과 번창의 상징으로 여겨진다.

- 어휘 바꿔치기
  不耐 견디지 못한다 = B 不喜欢 좋아하지 않는다

단어 牡丹 mǔdan 명 모란 | 特有 tèyǒu 형 특유하다, 고유하다 | 木本 mùběn 명 목본(식물의 속성을 나타냄) | 名贵 míngguì 형 유명하고 진귀하다 | 花卉 huāhuì 명 꽃, 화훼 | 艳 yàn 형 (색채가) 아름답다 | 雍容华贵 yōngróng huáguì 성어 온화하고 점잖으며 귀한 티가 나다 | 富丽 fùlì 형 웅장하고 화려하다 | 端庄 duānzhuāng 형 단정하고 장중하다 | 芳香 fāngxiāng 명 향기 | 浓郁 nóngyù 형 (향기가) 짙다 | 而且 érqiě 접 게다가 | 品种 pǐnzhǒng 명 품종 | 繁多 fánduō 형 많다 | 素有 sùyǒu 동 원래부터 있다 | 美称 měichēng 명 아름다운 이름 | 富贵 fùguì 형 부귀하다 | 吉祥 jíxiáng 형 길하다 | 繁荣 fánróng 형 번영

하다 | 兴旺 xīngwàng 형 번창하다 | 象征 xiàngzhēng 명 상징 | 凉 liáng 형 차갑다, 서늘하다 | 不耐 búnài 동 견디지 못하다 | 湿热 shīrè 형 습하고 무덥다 | 疏松 shūsōng 형 (토양이) 푸석푸석하다 | 肥沃 féiwò 형 비옥하다 | 排水 páishuǐ 동 배수하다 | 良好 liánghǎo 형 양호하다 | 中性 zhōngxìng 명 중성 | 土壤 tǔrǎng 명 토양 | 或 huò 접 혹은 | 砂 shā 명 모래 | 非常 fēicháng 부 매우, 아주 | 环境 huánjìng 명 환경 | 酸性 suānxìng 명 산성 | 适宜 shìyí 동 적합하다 | 种植 zhòngzhí 동 재배하다 | 贫穷 pínqióng 형 가난하다 | 艰苦 jiānkǔ 형 고생스럽다

03

p. 200

老舍茶馆，始建于1988年，现有营业面积2600多平方米，一共三层，是集书茶馆、餐茶馆、茶艺馆于一体的多功能综合性大茶馆。在这古香古色、京味十足的环境里，可以欣赏到表演，包括相声、京剧等在内的优秀民族艺术的精彩演出。同时可以品尝各类名茶、宫廷细点、北京传统风味小吃和京味佳肴。

라오서 찻집은 1988년에 착공되어, 현재 영업 면적은 2600여 m²다. 모두 3층이고, 집서차관, 찬차관, 차예관으로 하나가 된 다기능 종합 찻집이다. 고풍스럽고, 베이징의 색채가 만연한 환경에서, 만담과 경극 등을 포함한 우수한 민족 예술의 멋진 공연을 관람할 수 있다. 동시에 여러 종류의 차와 궁중 과자, 베이징 전통 향토 간식과 베이징 특색의 훌륭한 음식을 맛볼 수 있다.

A 茶馆的面积不大
B 老舍茶馆是免费的
C 看表演的人越来越少
D 人们可以品尝到小吃

A 찻집의 면적은 크지 않다
B 라오서 찻집은 무료다
C 공연을 보는 사람이 점차 적어지고 있다
D 사람들은 간식을 맛볼 수 있다

요약
- 제목: 라오서 찻집
- 주제: 중국의 유명한 라오서 찻집은 다기능 종합 찻집이다.

해설 이 지문은 라오서 찻집에 대해 소개하는 글로 이 찻집의 규모와 그곳에서 즐길 수 있는 공연과 먹을 것에 대해 설명하고 있다. 지문 마지막 부분에 라오서 찻집에서는 차 이외에 다양한 간식을 맛볼 수 있다는 내용이 언급되었으므로, 정답은 D가 된다.

라오서 찻집의 특징	설립	면적	층수
	1988년	2600m² 이상	총 3층
	종류	**공연**	**음식**
	집서차관, 찬차관, 차예관	만담, 경극 등을 포함한 민족 예술	차, 궁중 과자, 베이징 향토 간식과 음식

A – 라오서 찻집의 면적은 2600여 ㎡이며, 총 3층이라고 했으므로 규모가 큰 편임을 알 수 있다.

B – 라오서 찻집에서 여러 가지를 즐길 수는 있지만, 그것이 무료라는 말은 언급되지 않았다.

C – 라오서 찻집에서 공연을 관람할 수 있다는 설명만 있을 뿐 그 공연을 보는 사람 수에 대한 설명은 없다.

Tip 라오서 찻집(老舍茶馆)은 중국의 문학가 라오서(老舍)의 이름을 본떠 만든 찻집, 식당, 차예관 등을 겸한 종합 공간이다. 베이징의 맛을 제대로 느낄 수 있는 이곳에서는 경극, 잡기, 마술, 변검 등 다채로운 공연을 볼 수 있다. 또 여러 가지 유명한 차를 음미하며, 베이징 전통 먹거리와 궁중 딤섬도 맛볼 수 있다.

단어 茶馆 cháguǎn 명 찻집 | 建 jiàn 동 건축하다 | 营业 yíngyè 동 영업하다 | 面积 miànjī 명 면적 | 平方米 píngfāngmǐ 양 제곱미터(m²) | 一共 yígòng 부 모두 | 一体 yìtǐ 명 일체, 한 덩어리 | 多功能 duōgōngnéng 명 다기능 | 综合 zōnghé 동 종합하다 | 京味 jīngwèi 명 베이징의 특색 | 十足 shízú 형 충분하다 | 环境 huánjìng 명 환경 | 欣赏 xīnshǎng 동 감상하다 | 表演 biǎoyǎn 명 공연 | 包括 bāokuò 동 포함하다 | 相声 xiàngsheng 명 만담 | 京剧 jīngjù 명 경극 | 优秀 yōuxiù 형 우수하다 | 民族 mínzú 명 민족 | 艺术 yìshù 명 예술 | 精彩 jīngcǎi 형 근사하다, 훌륭하다 | 演出 yǎnchū 동 공연하다 | 同时 tóngshí 부 동시에 | 品尝 pǐncháng 동 맛보다 | 宫廷 gōngtíng 명 궁정 | 细点 xìdiǎn 명 정교하게 만든 과자 | 传统 chuántǒng 형 전통적이다 | 风味小吃 fēngwèi xiǎochī 명 향토 음식 | 佳肴 jiāyáo 명 훌륭한 요리 | 免费 miǎnfèi 동 무료로 하다 | 越来越 yuèláiyuè 부 점점, 더욱더, 갈수록 | 小吃 xiǎochī 명 간식

04
p. 200

甲骨文是现代汉字的早期形式，甲骨文大约产生于商周之际，是目前发现的中国最为古老的文字，它记录了公元前3000多年前的中国祖先活动，但由于甲骨文是比较成熟的文字，所以专家们认为，中国文字产生的年代应该要更久远一些。	갑골문은 현대 한자의 초기 형식이며, 대략 상, 주 시대 즈음에 나타난 것으로, 현재 발견된 중국의 가장 오래된 문자다. 갑골문은 기원전 3000여 년 전 중국 선조의 활동을 기록했다. 그러나 갑골문은 비교적 완전한 문자이기 때문에, 전문가들은 중국의 문자가 생겨난 연대는 조금 더 오래 전일 것이라고 생각한다.
A 中国人创造了甲骨文 B 甲骨文出现3000年了 C 甲骨文不是真正的文字 D 商周之前已经出现甲骨文了	**A 중국인은 갑골문을 창조했다** B 갑골문이 나타난 지 3000년이 되었다 C 갑골문은 진정한 문자가 아니다 D 상, 주 이전에 갑골문은 이미 나타났다

요약 • 제목: 갑골문의 역사
• 주제: 갑골문은 현재 중국에서 발견된 가장 오래된 문자다.

해설 이 지문은 갑골문이 생겨난 배경에 대해 설명하고 있다. 갑골문은 상, 주 시대 즈음에 나타난 것으로, 현재 발견된 중국의 가장 오래된 문자라고 했으므로 중국인이 창조했다는 것을 알 수 있다. 따라서 정답은 A가 된다.

갑골문의 특징	출현	기록	형식
	상, 주 시대 즈음	3000년 전의 선조 활동	현대 한자의 초기 형식

B – 갑골문에 기원전 3000년 전의 일이 기록된 것이지, 나타난 지 3000년 된 것은 아니다.

C – 갑골문은 비교적 완전한 문자라고 했으므로, 진정한 문자가 아니라고 할 수 없다.

D – 갑골문은 상, 주 시대 즈음에 생겨났다. 之际(그 즈음)와 之前(그 이전)의 차이를 확실히 구별해야 한다.

단어 甲骨文 jiǎgǔwén 명 갑골문 | 现代 xiàndài 명 현대 | 汉字 Hànzì 명 한자 | 早期 zǎoqī 명 초기 | 形式 xíngshì 명 형식 | 大约 dàyuē 부 대략 | 产生 chǎnshēng 동 나타나다, 생기다 | 之际 zhījì 명 때, 즈음 | 目前 mùqián 명 현재 | 发现 fāxiàn 동 발견하다 | 古老 gǔlǎo 형 오래되다 | 文字 wénzì 명 문자 | 记录 jìlù 동 기록하다 | 公元前 gōngyuánqián 기원전 | 祖先 zǔxiān 명 선조 | 活动 huódòng 명 활동 | 由于 yóuyú 접 ~ 때문에 | 比较 bǐjiào 부 비교적 | 成熟 chéngshú 형 성숙하다 | 专家 zhuānjiā 명 전문가 | 认为 rènwéi 동 ~라고 여기다 | 年代 niándài 명 시대 | 应该 yīnggāi 조동 마땅히 ~할 것이다 | 久远 jiǔyuǎn 형 (시간이) 오래다 | 创造 chuàngzào 동 창조하다 | 出现 chūxiàn 동 나타나다 | 真正 zhēnzhèng 형 진정한 | 之前 zhīqián 명 ~ 이전

DAY 17

✓ 정답　1. C　2. B　3. B　4. A

01

p. 206

李丽在《南京日报》工作五年了。由于她平时努力工作，所以她的工作成绩得到了大家的认可。有一天，主编对她说："这五年你辛苦了，为了奖励你，杂志社决定给你放三个月的假。"可是没想到李丽拒绝了。主编怎么也想不明白，李丽解释说："我拒绝您的好意主要有两方面的考虑。如果我不写文章了，《南京日报》的销量可能下降，也可能不受任何影响。前者对您不好，而后者对我不好。"

리리는 〈난징일보〉에서 5년간 근무했다. 그녀는 평소에 열심히 일했기 때문에, 그녀의 업무 성과는 모두의 인정을 받았다. 어느 날, 편집장이 그녀에게 말했다. "5년간 고생 많았네. 자네를 표창하고자, 잡지사는 자네에게 3개월의 휴가를 주기로 했네." 그러나 예상외로 리리는 거절했다. 편집장은 아무리 생각해도 이해가 되지 않았다. 리리는 "제가 편집장님의 호의를 거절한 것은 두 가지 생각이 있어서예요. 만약에 제가 글을 쓰지 않는다면, 아마 〈난징일보〉의 판매량이 줄어들거나, 어쩌면 아무런 영향을 받지 않겠지요. 전자라면 편집장님한테 좋지 않을 것이고, 후자라면 저에게 좋지 않겠죠."라고 설명했다.

A 李丽想换工作
B 主编不欣赏她的工作能力
C 同事们肯定了她的工作
D 主编觉得李丽的文章一般

A 리리는 직업을 바꾸고 싶어한다
B 편집장은 그녀의 업무 능력을 마음에 들어하지 않는다
C 동료들은 그녀의 업무를 인정했다
D 편집장은 리리의 글이 보통이라고 생각한다

요약　• 제목: 리리가 휴가를 거절한 두 가지 이유
• 주제: 리리는 자신이 휴가를 떠난 후에 일어날 상황에 대비하여 휴가를 거절했다.

해설　〈난징일보〉에서 일하는 '리리'라는 사람에 대한 이야기로, 리리는 평소에 일을 열심히 했기 때문에 그녀의 업무 능력에 대해 모두 인정하고 있다. 따라서 정답은 C가 된다.

A – 리리가 휴가 후의 상황에 대비하여 휴가를 거절한 것으로 보아 직업을 바꿀 생각은 없음을 알 수 있다.

B – 편집장은 그녀의 업무 능력을 인정하였기 때문에 휴가를 주려고 했다.

D – 편집장이 리리의 업무 능력을 인정한 것으로 보아 리리의 글을 보통으로 생각하는 것은 아니다.

• 접속사 힌트
由于…所以…(~ 때문에, 그래서 ~하다)는 원인과 결과를 나타내는데, 경우에 따라서 원인 부분과 결과 부분이 모두 중요한 내용이 될 수 있다.

• 어휘 바꿔치기
认可 승인하다 = C 肯定 인정하다

단어　由于 yóuyú 접 ~ 때문에 | 平时 píngshí 명 평소 | 努力 nǔlì 동 노력하다 | 成绩 chéngjì 명 성과, 성적 | 认可 rènkě 동 승인하다, 인정하다 | 主编 zhǔbiān 명 편집장 | 辛苦 xīnkǔ 동 고생하다 | 为了 wèile 전 ~를 위해서 | 奖励 jiǎnglì 동 표창하다, 장려하다 | 杂志 zázhì 명 잡지 | 决定 juédìng 동 결정하다 | 假 jià 명 휴가 | 可是 kěshì 접 그러나 | 拒绝 jùjué 동 거절하다 | 明白 míngbai 동 알다, 이해하다 | 解释 jiěshì 동 설명하다 | 主要 zhǔyào 형 주요한 | 方面 fāngmiàn 명 방면, 부분 | 考虑 kǎolǜ 동 생각하다, 고려하다 | 文章 wénzhāng 명 문장 | 销量 xiāoliàng 명 판매량 | 下降 xiàjiàng 동 줄어들다 | 任何 rènhé 대 어떠한 | 影响 yǐngxiǎng 명 영향 | 换 huàn 동 바꾸다 | 欣赏 xīnshǎng 동 마음에 들다, 좋아하다 | 能力 nénglì 명 능력 | 肯定 kěndìng 동 인정하다 | 一般 yìbān 형 일반적이다

02

p. 206

科学家们曾经做过一次实验，他们让接受实验者观看一些图片。看完一遍之后，科学家们在图片中放进了一些新的图片。研究发现，心情忧郁的人对已经看过的熟悉的图片表示好感，而心情舒畅的人对新的图片更感兴趣。可见，后者更喜欢接受一些新鲜的东西。

과학자들이 실험 대상자들에게 몇 장의 사진을 보게 하는 실험을 한 적이 있다. 사진을 한 번 보고 난 후, 과학자들은 사진에 몇 장의 새로운 사진을 넣었다. 연구에서 정서적으로 우울한 사람은 이미 봤던 익숙한 사진에 호감을 보였지만, 정서적으로 유쾌한 사람은 새로운 사진에 더욱 흥미를 보인 것을 발견했다. 정서적으로 유쾌한 사람은 새로운 사물을 받아들이는 것을 더욱 좋아한다는 것을 알 수 있다.

A 心情舒畅的人记忆力更好
B 心情好的人更容易接受新事物
C 心情忧郁的人喜欢暗色调的图片
D 接受实验的人看到的是不一样的图片

A 정서적으로 유쾌한 사람은 기억력이 더 좋다
B 기분이 좋은 사람은 새로운 사물을 더 쉽게 받아들인다
C 정서적으로 우울한 사람은 어두운 색조의 사진을 좋아한다
D 실험 대상자들이 본 것은 다른 사진이다

요약
- 제목: 우울한 사람과 유쾌한 사람의 차이
- 주제: 유쾌한 사람은 새로운 것을 더욱 좋아한다.

해설 지문에서는 정서적으로 유쾌한 사람과 우울한 사람은 새로운 사물에 반응하는 것이 다르다는 것을 알려 준다. 유쾌한 사람들은 우울한 사람들과 반대로 새로운 것을 받아들이는 것을 좋아한다는 연구 결과를 말해 주고 있으므로, 정답은 B가 된다.

A – 기억력에 관한 내용은 언급되지 않았다.

C – 정서적으로 우울한 사람은 익숙한 사진에 호감을 보였다.

D – 실험 대상자들이 본 사진이 같은지 다른지는 언급되지 않았다.

- **접속사 힌트**
  而(그렇지만)은 역접을 나타내며, 而 이하 부분에 중요한 내용이 나올 수 있다. 可见은 '~을 알 수 있다'는 의미로 결론을 나타내는 접속사다.
- **어휘 바꿔치기**
  心情舒畅的人 정서적으로 유쾌한 사람 = B 心情好的人 기분이 좋은 사람
  喜欢接受 받아들이는 것을 좋아한다 = B 容易接受 쉽게 받아들인다

단어 **科学家** kēxuéjiā 명 과학자 | **曾经** céngjīng 부 일찍이 | **实验** shíyàn 명 실험 | **接受** jiēshòu 동 받다 | **观看** guānkàn 동 보다 | **图片** túpiàn 명 사진, 그림 | **研究** yánjiū 동 연구하다 | **发现** fāxiàn 동 발견하다 | **心情** xīnqíng 명 기분, 정서 | **忧郁** yōuyù 형 우울하다 | **熟悉** shúxī 형 익숙하다 | **表示** biǎoshì 동 나타내다, 표시하다 | **好感** hǎogǎn 명 호감 | **舒畅** shūchàng 형 유쾌하다 | **感兴趣** gǎn xìngqù 흥미를 느끼다 | **可见** kějiàn 접 ~을 알 수 있다 | **新鲜** xīnxiān 형 신선하다 | **记忆力** jìyìlì 명 기억력 | **容易** róngyì 형 쉽다 | **事物** shìwù 명 사물 | **暗** àn 형 어둡다 | **色调** sèdiào 명 색조

03

p. 206

俗话说："打得赢就打，打不赢就跑"，如果你可以"打得赢"当然是最好了。但是如果"打不赢"，那"跑"是非常明智的。"打"不是没有意义的，只有通过"打"，才能知道自己的实力，了解自己的不足。之后通过不断努力弥补自己的不足，再"打"就会"打赢"。

속담에 "싸워서 이길 수 있으면 싸우고, 싸워서 이길 수 없으면 도망가라"라는 말이 있다. 만약 당신이 '싸워서 이길 수 있다'면 당연히 제일 좋다. 그러나 만약 '싸워서 이길 수 없다'면 '도망가는 것'은 매우 현명한 것이다. '싸우는 것'이 의미가 없는 것은 아니다. '싸움'을 통해야만, 비로소 자신의 실력을 알고, 자신의 부족함을 알 수 있다. 이후에 끊임없는 노력을 통해 자신의 부족한 점을 채우고, 다시 '싸운다'면 '이길 수 있게' 될 것이다.

A "打不赢就跑"是软弱的表现 B "打过"才能知道自己的能力 C "打不赢"也要打才是有勇气的 D 这句俗语在现实生活中是不适用的	A "싸워서 이길 수 없다면 도망가라"는 연약함의 표현이다 **B '싸워 봐야' 비로소 자신의 능력을 알 수 있다** C '싸워서 이길 수 없어'도 싸워야 비로소 용기 있는 것이다 D 이 속담은 현실 생활에는 적합하지 않다

요약 • 제목: 싸움의 법칙

• 주제: 싸워 봐야 자신의 실력을 알 수 있다.

해설 지문의 내용은 '싸움'에 대한 설명으로, 속담을 예를 들어 싸워서 이길 수 없으면 도망가는 것이 제일 좋은 방법이라고 말하고 있다. 하지만 싸워 봐야 자신의 실력을 알고 자신의 부족한 점을 알 수 있다고 지문 뒷부분에서 언급하고 있으므로, 정답은 B가 된다. 싸움을 통해 자신을 개선할 수 있는 부분을 알 수 있다는 것이지 용기가 있다는 것은 아니므로 C는 정답이 될 수 없다.

A – '싸워서 이길 수 없다면 도망가라'는 매우 현명한 것이라고 설명했다.

• **접속사 힌트**
只有…才…(~해야만, 비로소 ~할 수 있다)는 유일한 조건을 강조한다.

• **어휘 바꿔치기**
实力 실력 = B 能力 능력

단어 俗话 súhuà 명 속담 | 赢 yíng 동 이기다 | 跑 pǎo 동 달리다, 도망가다 | 如果 rúguǒ 접 만약 | 当然 dāngrán 부 당연히 | 明智 míngzhì 형 현명하다 | 意义 yìyì 명 의미 | 只有 zhǐyǒu 접 ~해야만 ~하다 | 通过 tōngguò 전 ~를 통해 | 实力 shílì 명 실력 | 了解 liǎojiě 동 알다, 이해하다 | 不足 bùzú 형 부족하다 | 不断 búduàn 부 끊임없이 | 努力 nǔlì 명 노력 | 弥补 míbǔ 동 보충하다 | 软弱 ruǎnruò 형 연약하다 | 表现 biǎoxiàn 명 표현 | 能力 nénglì 명 능력 | 勇气 yǒngqì 명 용기 | 俗语 súyǔ 명 속담 | 现实 xiànshí 명 현실 | 适用 shìyòng 동 적합하다

04

p. 207

在自己居住的房间里摆放几盆植物，可以美化家庭环境、陶冶情操、丰富业余生活。家庭居室摆放植物要根据人的性格、爱好、情趣、职业、年龄以及审美观念等方面来选择。如女孩的卧室可在床头柜上摆放红豆或海棠花。家庭摆放植物还要和房间里的摆设以及墙壁的颜色相协调，让它们起到相互衬托的作用。	자신이 사는 방 안에 몇 개의 식물을 놓아두면, 집안 환경을 아름답게 하고, 정서를 함양하며, 여가 생활을 풍부하게 할 수 있다. 방에 둘 식물은 사람의 성격, 취미, 취향, 직업, 나이 및 심미관 등의 방면을 고려하여 선택해야 한다. 만약 여자 아이의 침실이라면 침대 머릿장 위에 홍두나 해당화를 놓아 둘 수 있다. 집안에 둘 식물은 또한 방안의 배치 및 벽의 색깔과 서로 어울려야 하며, 이것들이 서로 돋보이는 작용을 할 수 있도록 해야 한다.
A 植物应与居室风格一致 B 植物在居室中可以随意摆放 C 居室中摆放植物可以带来好运 D 植物应该放在比较温暖的地方	**A 식물은 방의 스타일과 일치해야 한다** B 식물은 방에 아무데나 두어도 된다 C 방에 식물을 두면 행운을 가져올 수 있다 D 식물은 비교적 따뜻한 곳에 두어야 한다

요약 • 제목: 집안 식물의 배치

• 주제: 집안에 식물을 놓을 때에는 고려해야 할 사항이 많다.

해설 지문에서는 집안에 식물을 놓을 때 고려해야 할 여러 가지 사항들에 대해 설명하고 있다. 먼저 그 식물을 기를 사람의 성격, 취미, 나이 등을 고려해야 하며, 또한 집안의 배치나 벽의 색깔이 화분과 서로 잘 어울려야 한다고 했으므로, 방의 스타일과 일치해야 한다는 A가 정답이 된다.

B – 방 안에 화분을 놓을 때는 여러 가지를 고려해야 한다.

C, D – 지문에서 언급되지 않았다.

• **접속사 힌트**
要A，还要B는 'A도 해야 하고, 또한 B도 해야 한다'는 의미로 뒤 절이 더 강조된다.

• **어휘 바꿔치기**
摆设以及墙壁的颜色 진열 및 벽의 색 = A 居室风格 방의 스타일
协调 어울리다 = A 一致 일치하다

단어 **居住** jūzhù 동 거주하다 | **房间** fángjiān 명 방 | **摆放** bǎifàng 동 진열하다 | **盆** pén 양 개, 대야(화분 등의 수량을 세는 데 쓰임) | **植物** zhíwù 명 식물 | **美化** měihuà 동 아름답게 하다 | **家庭** jiātíng 명 가정 | **环境** huánjìng 명 환경 | **陶冶** táoyě 동 도야하다, 수양하다 | **情操** qíngcāo 명 정서, 정조 | **丰富** fēngfù 형 풍부하다 | **业余** yèyú 명 여가 | **居室** jūshì 명 방 | **根据** gēnjù 전 ~에 따라서 | **性格** xìnggé 명 성격 | **爱好** àihào 명 취미 | **情趣** qíngqù 명 취향 | **职业** zhíyè 명 직업 | **年龄** niánlíng 명 나이 | **以及** yǐjí 접 및, 그리고 | **审美** shěnměi 형 심미적 | **观念** guānniàn 명 관념 | **选择** xuǎnzé 동 선택하다 | **卧室** wòshì 명 침실 | **床头柜** chuángtóuguì 명 침대 머릿장 | **红豆** hóngdòu 명 (열대 식물의 하나인) 홍두 | **海棠花** hǎitánghuā 명 해당화 | **摆设** bǎishè 동 진열하다 | **墙壁** qiángbì 명 벽 | **颜色** yánsè 명 색깔 | **协调** xiétiáo 형 어울리다 | **相互** xiānghù 부 서로 | **衬托** chèntuō 동 돋보이게 하다 | **作用** zuòyòng 명 작용 | **风格** fēnggé 명 스타일 | **一致** yízhì 형 일치하다 | **随意** suíyì 부 마음대로 | **好运** hǎoyùn 명 행운 | **应该** yīnggāi 조동 마땅히 ~해야 한다 | **温暖** wēnnuǎn 형 따뜻하다 | **地方** dìfang 명 장소

✓ 정답 1. C 2. D 3. D 4. A

01

p. 207

我们之所以能够实现远程控制家用电器，是因为家用电器的智能系统通过服务器和网络相连在一起，实现APP一手控制。除了可手机操控电器以外，还可以实现定时开关等。当您还在回家的路上的时候，就可以打开家里的空调，调到适宜的温度，一回到家就可以享受家中舒适凉快的感觉。	우리가 가전제품을 원격으로 제어할 수 있는 것은, 가전제품의 스마트 시스템이 서버와 네트워크를 통해 연동되어 있어서, 앱 하나만으로도 통제가 가능해졌기 때문이다. 휴대전화로 전자 제품을 조종하는 것 이외에도, 지정한 시간에 스위치를 키고 끄는(타이머 스위치) 것 등도 가능하다. 당신이 아직 집에 도착하지 않은 퇴근길에도 집안의 에어컨을 켜고, 적절한 온도로 조절할 수 있어서, 집에 돌아오면 편안하고 시원한 느낌을 즐길 수 있다.
A 远程控制电器很昂贵 B 手机只能操控开关 C 通过手机APP可以远程调节空调 D 没有网络也可以远程控制电器	A 원격 제어 전자 제품은 매우 비싸다 B 휴대전화로는 스위치 조종만 가능하다 **C 휴대전화 앱을 통해 원격으로 에어컨을 조절할 수 있다** D 인터넷 없이도 원격으로 전자 제품을 조정할 수 있다

요약 • 제목: 가전제품 원격 제어
• 주제: 원격 제어 시스템으로 훨씬 더 편리한 생활이 가능해졌다.

해설 지문은 远程控制家用电器(가전제품 원격 제어)에 대한 내용을 담고 있다. 이는 집 밖에서도 원격으로 집안의 가전제품을 조종할 수 있다는 뜻이다. 어떻게 가능할까? 인터넷과 연결되어진 휴대전화에서 앱을 다운 받으면, 리모컨처럼 사용이 가능하다. 예를 들어, 전자 제품을 켜고 끌 수도 있으며, 에어컨의 온도 조절까지도 가능하다고 했으므로 정답은 C가 된다.

A – 가격에 대한 언급은 없었다.

B – 只(단지)라는 부사는 범위를 하나로만 제한시키기 때문에 오답을 유도할 때 많이 쓰인다. 휴대전화는 스위치 기능뿐만 아니라, 전자 제품을 조종할 수 있다고 했다.

D – 집밖에서 집안의 전자 제품을 원격 제어하기 위해서는 인터넷과 연결되어 있어야 한다.

단어 之所以 zhīsuǒyǐ 접 ~의 이유, ~한 까닭 | 能够 nénggòu 동 ~할 수 있다 | 实现 shíxiàn 동 실현하다, 달성하다 | 远程 yuǎnchéng 형 장거리의, 먼 거리의 | 控制 kòngzhì 동 제어하다 | 家用 jiāyòng 형 가정용의 | 电器 diànqì 명 전자제품 | 智能 zhìnéng 명 지능 | 系统 xìtǒng 명 계통, 체계, 시스템 | 通过 tōngguò 전 ~을 거쳐, ~를 통해 | 服务器 fúwùqì 명 서버 | 网络 wǎngluò 명 네트워크 | 相连 xiānglián 동 연결되다, 서로 잇닿다 | 一手 yìshǒu 부 단독으로, 독자적으로 | 操控 cāokòng 동 조종하다, 제어하다 | 定时 dìngshí 명 정시, 정해진 시간 | 开关 kāiguān 명 스위치 동 개폐하다 | 打开 dǎkāi 동 켜다, 틀다 | 调 tiáo 동 조정하다, 조절하다 | 适宜 shìyí 형 적당하다, 적절하다 | 温度 wēndù 명 온도 | 享受 xiǎngshòu 동 누리다, 즐기다 | 舒适 shūshì 형 쾌적하다, 기분이 좋다 | 凉快 liángkuai 형 서늘하다, 시원하다 | 感觉 gǎnjué 명 느낌, 감각 | 昂贵 ángguì 형 물건 값이 비싸다

p. 208

国际驾照是人们在国外驾车、租车时所需的驾驶能力证明和翻译文件。但国际驾照仅表明个人具备在它国驾驶的能力，而并非是一本有效的驾照。只有和驾驶员所持的本国驾照同时使用才有效，因为在领取国际驾照时无需重新考试。由此可见，真正判断驾驶员是否具有驾驶资格是他的本国驾照，而不是国际驾照。

국제 운전면허증은 사람들이 해외에서 차를 운전하거나 렌터카를 빌릴 때 필요한 운전 능력을 증명하는 번역 서류다. 그러나 국제 운전면허증은 개인이 타국에서 운전할 수 있는 능력을 갖고 있다는 것을 나타내 줄 뿐, 효력이 있는 운전면허증은 아니다. 반드시 운전자가 가지고 있는 자국의 운전면허증과 동시에 사용해야만 유효하다. 따라서 국제 면허를 발급받을 때 다시 시험을 치를 필요가 없는 것이다. 운전자가 운전을 할 수 있는 자격 여부를 판단하는 것은 자국의 운전면허증이지, 국제 운전면허증이 아니다.

A 国际驾照就是一本有效的驾照
B 仅有少数国家承认国际驾照
C 领取国际驾照时需要再次考试
D 国际驾照不能单独使用

A 국제 운전면허증은 효력이 있는 면허증이다
B 소수의 국가만이 국제 운전면허증을 인정한다
C 국제 운전면허증을 받으려면 다시 시험을 봐야 한다
D 국제 운전면허증은 단독으로 사용할 수 없다

요약
- 제목: 국제 운전면허증에 대한 설명
- 주제: 해외에서 운전하기 위해서는 국제 운전면허증과 자국의 면허증이 있어야 가능하다.

해설 국제 운전면허증은 국제 협약에 따라서 해당 국가의 운전면허를 취득하지 않고도 운전을 승인하고 있는 제도이다. 결국 국제 운전면허증은 외국에서 확인하기 위한 증명서고, 실질적인 운전 능력 여부를 판단하는 것은 자국의 운전면허증이다. 따라서 해외에서 운전을 하기 위해서는 3가지(국제 운전면허증, 자국의 운전면허증, 여권)을 함께 소지해야 하므로 정답은 D가 된다.

단어 国际 guójì 명 국제 | 驾照 jiàzhào 명 운전면허증 | 国外 guówài 명 국외, 외국 | 驾车 jiàchē 동 운전하다 | 租车 zūchē 동 차를 빌리다 | 驾驶 jiàshǐ 동 운전하다 | 能力 nénglì 명 능력, 역량 | 证明 zhèngmíng 명동 증명(하다) | 翻译 fānyì 동 번역하다, 통역하다 | 文件 wénjiàn 명 문서 | 表明 biǎomíng 동 표명하다, 분명하게 보이다 | 个人 gèrén 명 개인 | 具备 jùbèi 동 갖추다, 구비하다 | 它国 tāguó 명 다른 나라 | 并非 bìngfēi 동 결코 ~이 아니다 | 有效 yǒuxiào 형 유효하다, 효력이 있다 | 驾驶员 jiàshǐyuán 명 운전자 | 本国 běnguó 명 본국, 그 나라 | 同时 tóngshí 명 동시, 같은 시기 | 使用 shǐyòng 명동 사용하다 | 领取 lǐngqǔ 동 받다, 수령하다 | 无需 wúxū 동 ~할 필요가 없다 | 重新 chóngxīn 부 다시, 거듭 | 由此可见 yóucǐ kějiàn 이로부터 알 수 있다, 이로부터 볼 수 있다 | 真正 zhēnzhèng 부 정말로, 참으로 | 判断 pànduàn 동 판단하다 | 是否 shìfǒu 부 ~인지 아닌지 | 具有 jùyǒu 동 구비하다, 가지다 | 资格 zīgé 명 자격 | 仅有 jǐnyǒu 동 거의 ~없다, 오직 ~밖에 없다 | 少数 shǎoshù 명 소수, 적은 수 | 承认 chéngrèn 동 시인하다 | 再次 zàicì 부 재차, 두 번째 | 单独 dāndú 부 단독으로, 혼자서

03
p. 208

冬天是一年中最寒冷的季节，很多植物没有了绿叶，一些动物会选择休眠，许多鸟儿飞到较为温暖的地方过冬。这个世界仿佛一下子安静下来了，然而，这所有的一切都是在为明年做打算。	겨울은 일 년 중에서 가장 추운 계절이다. 수많은 식물은 푸른 잎이 사라지고, 일부 동물들은 동면을 선택할 것이며, 많은 새는 비교적 따뜻한 지역으로 날아가 겨울을 보낸다. 세상은 마치 갑자기 고요해지는 것만 같다. 그렇지만 이 모든 것들은 모두 내년을 위해 계획하는 것이다.
A 冬天的节日非常多 B 整个冬天都要工作 C 冬天是一年中最长的季节 D 冬天是为来年做准备的季节	A 겨울에는 기념일이 매우 많다 B 겨우내 일을 해야 한다 C 겨울은 일 년 중 제일 긴 계절이다 **D 겨울은 다음 해를 위해 준비하는 계절이다**

요약
- 제목: 고요한 겨울
- 주제: 겨울은 고요하지만, 모든 동식물은 다음 해의 봄을 계획하고 있다.

해설 일 년 중 가장 추운 겨울에 대한 내용이다. 겨울이 되면 식물들은 앙상한 가지만 남고, 동물들은 동면을 하고, 새들은 따뜻한 지역으로 날아간다. 겉으로 보기에는 겨울이 매우 고요해지는 것 같지만, 이 모든 것들이 내년을 계획하는 것이라고 마지막 부분에 언급하고 있으므로, 정답은 D가 된다.

A – 기념일에 대한 내용은 언급되지 않았다.

B – 겨울에 수많은 동식물이 휴식기에 들어간다.

C – 겨울은 가장 추운 계절이지, 긴 계절이라는 언급은 없었다.

- **접속사 힌트**
  然而(그렇지만)은 但(그러나)과 마찬가지로 역접의 의미를 나타내는 접속사이므로, 然而 이하 부분에 핵심 내용이 나온다.
- **어휘 바꿔치기**
  打算 계획하다 = D 准备 준비하다

단어 **冬天** dōngtiān 명 겨울 | **寒冷** hánlěng 형 춥다 | **植物** zhíwù 명 식물 | **绿叶** lǜyè 명 푸른 잎 | **动物** dòngwù 명 동물 | **选择** xuǎnzé 동 선택하다 | **休眠** xiūmián 동 동면하다 | **许多** xǔduō 형 매우 많다 | **鸟(儿)** niǎo(r) 명 새 | **温暖** wēnnuǎn 형 따뜻하다 | **地方** dìfang 명 장소 | **仿佛** fǎngfú 부 마치 ~인 것 같다 | **一下子** yíxiàzi 갑자기 | **安静** ānjìng 형 조용하다 | **然而** rán'ér 접 그러나 | **所有** suǒyǒu 형 모든 | **一切** yíqiè 대 전부 | **明年** míngnián 명 내년 | **打算** dǎsuan 동 계획하다 | **节日** jiérì 명 기념일 | **整个** zhěnggè 형 전체의, 모두의 | **季节** jìjié 명 계절 | **来年** láinián 명 다음 해, 내년

04
p. 208

水球，又叫"水上足球"，是一种在水中进行的集体球类运动。比赛的目的类似于足球，以射入对方球门次数多的一方为胜。水球对运动员的游泳技术有较高的要求，如踩水、起跳、转体、变向游等。除此之外，队员之间的配合也是非常重要的。	수구는 '수상 축구'라고도 부르며, 물속에서 진행되는 단체 구기 운동이다. 시합의 목적은 축구와 비슷해서, 상대방의 골문에 골을 넣은 수가 많은 팀이 승리하는 것이다. 수구는 선수들의 수영 기술에 대해 비교적 높은 요구가 있다. 예를 들어 입영, 도약, 회전, 방향 바꿔 수영하기 등이 필요하다. 이 밖에 선수 사이의 협동 또한 매우 중요하다.
A 水球运动讲究配合 B 水球跟足球是一样的 C 水球运动是没有球门的 D 水球运动员不必有太高的游泳技术	**A 수구 운동은 협동을 중시한다** B 수구와 축구는 같은 것이다 C 수구 운동은 골문이 없는 것이다 D 수구 운동선수들은 너무 높은 수영 기술이 필요 없다

요약
- 제목: 수구에 대한 설명
- 주제: 수상 축구 선수들은 다양한 수영 기술과 협동심이 필요하다.

해설 이 지문은 수구에 대해 설명하는 내용으로 수구의 규칙과 수구 선수에게 요구되는 다양한 수영 기술을 언급하고, 그 밖에 선수들 간의 협동이 가장 중요하다고 설명하고 있다. 따라서 정답은 A가 된다.

B – 수구는 축구와 승패를 결정하는 방식이 비슷할 뿐이다.

C – 수구는 상대방 골문에 골을 넣는 횟수로 승패를 결정짓는다.

D – 수구 선수는 비교적 높은 수영 기술을 요구한다.

• 어휘 바꿔치기
重要 중요하다 = A 讲究 중시한다

단어 水球 shuǐqiú 명 수구 | 足球 zúqiú 명 축구 | 进行 jìnxíng 동 진행하다 | 集体 jítǐ 명 단체 | 球类 qiúlèi 명 구기류 | 运动 yùndòng 명 운동 | 比赛 bǐsài 명 시합, 경기 | 目的 mùdì 명 목적 | 类似 lèisì 형 비슷하다 | 射入 shèrù 동 쏘아(던져) 넣다 | 对方 duìfāng 명 상대방 | 球门 qiúmén 명 골문 | 次数 cìshù 명 횟수 | 胜 shèng 동 승리하다 | 运动员 yùndòngyuán 명 운동선수 | 游泳 yóuyǒng 명 수영 | 技术 jìshù 명 기술 | 要求 yāoqiú 명 요구 | 踩水 cǎishuǐ 동 입영을 하다 | 起跳 qǐtiào 동 도약하다 | 转体 zhuǎntǐ 동 돌다 | 变 biàn 동 바뀌다 | 向 xiàng 명 방향 | 除此之外 chú cǐ zhī wài 이 밖에 | 队员 duìyuán 명 선수, 대원 | 之间 zhījiān 명 (~의) 사이 | 配合 pèihé 동 협동하다 | 重要 zhòngyào 형 중요하다 | 讲究 jiǎngjiu 동 중시하다 | 不必 búbì 부 ~할 필요가 없다

DAY 19

✓ 정답 1. B 2. A 3. C 4. A

01

p. 212

怎样才能给招聘者一个良好的印象呢？首先，你应该了解你要面试的公司的一些基本情况，做到"知彼知己"。其次，衣着要整洁得体，避免穿太亮或太花的衣服。还有，多准备几份简历，面试官很有可能不止一位，多带几份，可以看出你提前做了不少准备。

어떻게 해야만 면접관에게 좋은 인상을 줄 수 있을까? 먼저 면접을 보려는 회사의 기본적인 상황을 이해하여, '지피지기'를 해야 한다. 둘째, 옷차림은 단정하고 신분에 걸맞아야 하며, 너무 밝거나 화려한 옷은 피한다. 또한 몇 부의 이력서를 더 준비한다. 면접관은 한 명에 그치지 않을 가능성이 매우 크므로, 몇 부를 더 가지고 가면 당신이 사전에 많은 준비를 했다는 것을 보여 줄 수 있다.

A 简历只带一份就够了
B 面试前要准备充分
C 穿一些独特的衣服显示个性
D 对面试公司的情况尽量少了解

A 이력서는 한 부만 가져가도 충분하다
B 면접 전에 충분한 준비를 해야 한다
C 조금 독특한 옷을 입어서 개성을 보여 준다
D 면접 보는 회사에 대한 상황은 가능한 적게 이해한다

요약 • 제목: 면접관에게 좋은 인상 남기는 법
• 주제: 면접 전에 회사에 대한 기본 상황, 의상, 이력서 등 철저한 사전 준비를 해야 한다.

해설 首先(우선), 其次(둘째), 还有(또한)라는 세 개의 단어를 이용해서 면접관에게 좋은 인상을 줄 수 있는 세 가지 사항을 설명하고 있다. 첫 번째는 회사의 기본적인 상황을 이해하는 것이고, 두 번째는 옷차림에 관한 내용, 세 번째는 이력서를 충분히 준비해야 한다는 것이다. 이 세 가지 모두 면접 전에 준비해야 하는 것으로, 면접 전 충분한 준비가 필요하다는 것을 설명하고 있다. 따라서 정답은 B가 된다.

A – 이력서는 여러 개를 준비해야 한다.

C – 옷은 깔끔한 것을 입고 너무 밝거나 화려한 것을 피한다.

D – 면접을 보는 회사에 대한 기본적인 상황을 이해해야 한다.

• 어휘 바꿔치기
提前 사전에 = B 面试前 면접 전
不少准备 많은 준비 = B 准备充分 충분히 준비하다

단어 招聘 zhāopìn 동 채용하다 | 良好 liánghǎo 형 좋다 | 印象 yìnxiàng 명 인상 | 首先 shǒuxiān 대 먼저 | 了解 liǎojiě 동 이해하다 | 面试 miànshì 동 면접시험 보다 | 基本 jīběn 형 기본적인 | 情况 qíngkuàng 명 상황 | 知彼知己 zhībǐ zhījǐ 성어 지피지기 | 其次 qícì 대 그 다음 | 整洁 zhěngjié 형 말끔하다 | 得体 détǐ 형 적절하다 | 避免 bìmiǎn 동 피하다 | 穿 chuān 동 입다 | 亮 liàng 형 밝다 | 花 huā 형 알록달록한 | 衣服 yīfu 명 옷 | 还有 háiyǒu 접 또한, 그리고 | 准备 zhǔnbèi 동 준비하다 | 简历 jiǎnlì 명 이력서 | 不止 bùzhǐ 동 ~에 그치지 않다 | 带 dài 동 지니다 | 提前 tíqián 동 앞당기다 | 够 gòu 동 충분하다 | 充分 chōngfèn 형 충분하다 | 独特 dútè 형 독특하다 | 显示 xiǎnshì 동 보여주다 | 个性 gèxìng 명 개성 | 尽量 jǐnliàng 부 가능한 한, 최대한

02

p. 212

冰灯是中国东北地区的一种独具风格的艺术形式，冰灯游园会经提炼、发展而来。哈尔滨首届冰灯游园会始于1963年，之后，1985年哈尔滨又在中央大街上举办了冰灯艺术节，从此举办冰灯艺术节就成了哈尔滨人的习惯，每年的1月5日也就成为了哈尔滨人特有的节日。	빙등은 중국 동북 지역의 독자적 풍격을 갖춘 예술 형식으로, 빙등유원회는 향상되고 발전해 왔다. 하얼빈의 제1회 빙등유원회는 1963년에 시작하여, 그 후 1985년에 하얼빈은 중앙대로에서 다시 빙등 예술의 날을 개최했다. 이로부터, 빙등 예술의 날을 개최하는 것은 하얼빈 사람들의 풍습이 되었고, 매년 1월 5일도 하얼빈 사람들의 특별한 기념일이 되었다.
A 哈尔滨人喜欢冰灯 B 冰灯节有百年的历史 C 哈尔滨每年元旦举行冰灯节 D 哈尔滨每2年举办一次冰灯节	**A 하얼빈 사람들은 빙등을 좋아한다** B 빙등절은 백 년의 역사가 있다 C 하얼빈은 매년 설날에 빙등절을 개최한다 D 하얼빈은 2년마다 한 번 빙등절을 개최한다

요약
- 제목: 하얼빈의 빙등 축제
- 주제: 빙등절은 하얼빈 사람들의 특별한 기념일이다.

해설 지문은 하얼빈의 빙등절에 대해 설명하고 있다. 마지막에 빙등절은 하얼빈 사람들의 풍습이 되었다고 한 말에서 하얼빈 사람들이 빙등절을 좋아한다고 추측할 수 있으므로, A가 정답이 된다. 이 문제는 지문에 주제가 직접적으로 제시되지 않은 문제로 전체 내용을 파악해서 정답을 골라야 한다.

B – 빙등 축제는 1963년에 시작되었으므로 100년의 역사를 가지고 있는 것은 아니다.

C – 빙등절은 매년 1월 5일에 개최되므로 설날과는 관계가 없다.

D – 빙등절은 매년 1월 5일에 개최된다고 언급했다.

Tip 冰灯游园会(빙등유원회)는 세계에서 가장 유명한 빙등 행사로, 전체 면적이 6.5ha, 매년 사용하는 얼음 양은 2000m^3이며, 1500여 개 작품이 전시되는, 지구 상에서 가장 큰 규모의 빙등 축제다.

단어 冰灯 bīngdēng 명 (얼음으로 조각한) 빙등 | 地区 dìqū 명 지역 | 独具 dújù 동 독자적으로 갖추다 | 风格 fēnggé 명 풍격 | 艺术 yìshù 명 예술 | 形式 xíngshì 명 형식 | 冰灯游园会 bīngdēng yóuyuánhuì 명 빙등유원회 | 提炼 tíliàn 동 다듬다, 향상시키다 | 发展 fāzhǎn 동 발전하다 | 哈尔滨 Hā'ěrbīn 명 하얼빈 | 首届 shǒujiè 명 제1회 | 始 shǐ 동 시작하다 | 举办 jǔbàn 동 개최하다 | 习惯 xíguàn 명 풍습 | 特有 tèyǒu 형 특유하다, 고유하다 | 节日 jiérì 명 기념일 | 历史 lìshǐ 명 역사 | 元旦 Yuándàn 명 설날 | 举行 jǔxíng 동 개최하다

03

p. 212

睡眠是我们日常生活中最熟悉的活动之一。人的一生大约有1/3的时间是在睡眠中度过的。如何提高睡眠质量呢？从晚上9点到11点是较好的入睡时间。中午12点到1点半，凌晨2点到3点半，这时人体精力下降，思维减慢，情绪低下，利于人体转入慢波睡眠，让人进入甜美的梦乡。科学提高睡眠质量，是人们正常工作学习生活的保障。

수면은 우리의 일상생활에서 가장 익숙한 활동 중의 하나다. 사람의 일생에서 약 3분의 1의 시간은 수면 속에 보내는 것이다. 어떻게 하면 수면의 질을 향상시킬 수 있을까? 저녁 9시에서 11시는 잠들기에 비교적 좋은 시간이다. 정오에서 1시 반, 새벽 2시에서 3시 반 사이는 신체의 기력이 떨어지고, 생각이 느려지며 기분이 가라앉아 인체가 서파 수면(slow wave sleep)에 접어드는 데 도움이 되어 사람을 달콤한 꿈나라로 빠지게 한다. 과학적으로 수면의 질을 높이는 것은 사람들이 정상적으로 일하고 공부하고 생활하도록 보장해 준다.

A 人应该睡午觉
B 早睡觉对身体好
C 入睡时间影响睡眠质量
D 每天早上睡觉精神最好

A 사람은 낮잠을 자야 한다
B 일찍 자는 것은 건강에 좋다
C 잠드는 시간은 수면의 질에 영향을 미친다
D 매일 아침에 자야 기력이 제일 좋다

요약
- 제목: 수면 시간과 수면 질의 관계
- 주제: 최적의 수면 시간대에는 과학적인 이유가 있다.

해설 지문에서는 수면의 질을 향상시킬 수 있는 최적의 수면 시간대를 제시하고, 과학적인 이유를 들어 설명하고 있다. 따라서 지문의 내용으로 잠드는 시간이 수면의 질에 영향을 미친다는 것을 알 수 있으므로 정답은 C가 된다.

A – 정오(12시)에서 1시 반이 수면의 질을 높일 수 있기는 하지만 낮잠을 자야 한다고 언급하지는 않았다.

B – 지문에서 중점적으로 다루고 있는 것은 '건강'이 아니라 '수면의 질'에 관한 것이다.

단어 睡眠 shuìmián 명 수면 | 日常生活 rìcháng shēnghuó 명 일상생활 | 熟悉 shúxī 형 익숙하다 | 活动 huódòng 명 활동 | 之一 zhīyī 명 ~ 중의 하나 | 大约 dàyuē 부 대략 | 度过 dùguò 동 보내다 | 如何 rúhé 대 어떻게 | 提高 tígāo 동 향상시키다 | 质量 zhìliàng 명 품질, 질 | 入睡 rùshuì 동 잠들다 | 时间 shíjiān 명 시간 | 凌晨 língchén 명 새벽 | 人体 réntǐ 명 인체 | 精力 jīnglì 명 기력, 에너지 | 下降 xiàjiàng 동 떨어지다, 하락하다 | 思维 sīwéi 명 사유, 생각 | 减慢 jiǎnmàn 동 느려지다 | 情绪 qíngxù 명 기분 | 低下 dīxià 동 저하되다 | 利于 lìyú 동 ~에 도움이 되다 | 转入 zhuǎnrù 동 ~으로 바뀌다(넘어가다) | 慢波 mànbō 느린 파동 | 甜美 tiánměi 형 달콤하다, 편안하다 | 梦乡 mèngxiāng 명 꿈나라 | 科学 kēxué 형 과학적이다 | 正常 zhèngcháng 형 정상적인 | 保障 bǎozhàng 명 보장, 보증 | 应该 yīnggāi 조동 마땅히 ~해야 한다 | 影响 yǐngxiǎng 동 영향을 끼치다 | 精神 jīngshen 명 기력, 활력

04

p. 213

拿着尺子上街，只量别人不量自己是行不通的。生活的多样性、复杂性要求我们必须接受不同的性格、不同的思想。所有这些不同的东西需要我们有一颗包容的心，而不是拿着自己的标准去要求别人。

자를 들고 거리에 나가, 다른 사람만 재고 자신을 재지 않는 것은 불가능하다. 생활의 다양성과 복잡성은 우리에게 반드시 다른 성격과 다른 생각을 받아들일 것을 요구한다. 이러한 모든 다른 것들은 우리가 포용의 마음을 가질 것을 필요로 하고, 자신의 기준을 다른 사람에게 요구하는 것이 아니다.

A 要尊重个性
B 为了别人改变自己
C 拿着尺子上街有好处
D 自己的想法非常重要

A 개성을 존중해야 한다
B 다른 사람을 위해서 자신을 바꾼다
C 자를 들고 거리에 나가면 좋은 점이 있다
D 자신의 생각이 매우 중요하다

요약
- 제목: 남을 평가하는 잣대(尺子)
- 주제: 자신이 가지고 있는 잣대로 남을 평가하지 말고, 다양성을 인정하는 포용력을 갖자.

해설 지문에서 말하는 자(尺子)는 우리가 다른 사람을 평가하는 잣대를 의미한다. 다양성과 복잡성이 존재하는 현대 생활에서 자신의 기준으로 다른 사람을 평가하는 것이 아니라, 서로 다름을 인정하고 포용하는 넓은 마음을 가져야 한다고 말하고 있다. 따라서 정답은 A가 된다.

B – 다른 사람을 이해해야 한다는 것이지 자신을 바꾸라는 것은 아니다.

C – 자(尺子)는 다른 사람을 평가하는 잣대를 빗대어 표현한 말이다.

D – 자신과 서로 다른 사람들의 성격과 생각도 이해해야 한다.

단어 尺子 chǐzi 명 자 | 上街 shàngjiē 동 거리로 나가다 | 量 liáng 동 재다 | 行不通 xíngbutōng 동 통하지 않다, 불가능하다 | 生活 shēnghuó 명 생활 | 多样性 duōyàngxìng 명 다양성 | 复杂性 fùzáxìng 명 복잡성 | 要求 yāoqiú 동 요구하다 | 必须 bìxū 부 반드시 | 接受 jiēshòu 동 받아들이다 | 性格 xìnggé 명 성격 | 思想 sīxiǎng 명 사상, 생각 | 所有 suǒyǒu 형 모든 | 需要 xūyào 동 필요하다 | 包容 bāoróng 동 포용하다 | 标准 biāozhǔn 명 기준 | 尊重 zūnzhòng 동 존중하다 | 个性 gèxìng 명 개성 | 改变 gǎibiàn 동 바꾸다, 변화시키다 | 好处 hǎochu 명 좋은 점 | 想法 xiǎngfa 명 생각 | 重要 zhòngyào 형 중요하다

DAY 20

✓ 정답 1. C 2. D 3. C 4. A

01

p. 213

刀叉出现的时期比筷子晚得多。研究表明，刀叉的起源与欧洲游牧民族的生活习惯有关，他们在马上生活随身带刀，往往将肉烧熟，割下来就吃。而在中国人的眼里刀是表示敌意的。中国人认为饭桌是和谐、协调的地方，因此，一般来说中餐在厨房里烹饪时切好，进餐时用筷子直接吃。

나이프와 포크가 생겨난 시기는 젓가락보다 훨씬 늦다. 연구에 의하면 나이프와 포크의 기원은 유럽 유목 민족의 생활 습관과 관련이 있다고 밝혀졌다. 그들은 말을 타고 생활하며 칼을 지니고 다니고, 자주 고기를 불에 익혀 바로 잘라 먹었다. 그러나 중국인들의 눈에 칼은 적의를 나타내는 것이다. 중국인들은 식탁을 화목과 조화의 장소라고 여긴다. 그래서 일반적으로 중국 요리는 주방에서 요리할 때 다 자르고, 식사할 때는 젓가락을 이용해서 바로 먹는다.

A 用筷子的人会变得更聪明
B 用刀叉吃饭是中国人的习惯
C 中国餐桌上的食物不需要刀切
D 吃饭时用筷子比用刀叉更有礼貌

A 젓가락을 사용하는 사람은 더욱 총명해진다
B 나이프와 포크를 사용해 밥을 먹는 것은 중국인의 습관이다
C 중국 식탁 위의 음식은 칼로 자를 필요가 없다
D 밥을 먹을 때 젓가락을 사용하는 것은 나이프와 포크를 사용하는 것보다 더 예의 있다

요약
- 제목: 나이프와 포크의 사용
- 주제: 중국인들은 식사할 때 나이프를 사용하지 않는다.

해설 서양과는 다르게 중국 사람들은 칼이 적의를 나타낸다고 여긴다. 그래서 중국 요리는 주방에서부터 잘라서 나오므로, 식탁에서는 젓가락만 사용한다고 했다. 따라서 C가 정답으로 가장 적합하다.

A – 젓가락을 사용하면 총명해진다는 내용은 언급되지 않았다.

B – 나이프와 포크를 사용해 밥을 먹는 것은 유럽 유목 민족의 생활 습관이다.

D – 젓가락을 사용하는 것이 더 예의 있다는 내용은 없다.

단어 刀叉 dāochā 명 나이프와 포크 | 出现 chūxiàn 동 생기다, 나타나다 | 筷子 kuàizi 명 젓가락 | 研究 yánjiū 동 연구하다 | 表明 biǎomíng 동 표명하다 | 游牧民族 yóumù mínzú 명 유목 민족 | 习惯 xíguàn 명 습관 | 有关 yǒuguān 동 관계가 있다 | 随身 suíshēn 형 몸에 지니다, 휴대하다 | 烧 shāo 동 가열하다, 굽다 | 熟 shú 형 (음식이) 익다 | 割 gē 동 자르다 | 表示 biǎoshì 동 나타내다, 표시하다 | 敌意 díyì 명 적의 | 认为 rènwéi 동 ~라고 여기다 | 和谐 héxié 형 화목하다, 조화롭다 | 协调 xiétiáo 형 어울리다 | 因此 yīncǐ 접 그래서 | 一般来说 yìbān lái shuō 일반적으로 말하면 | 厨房 chúfáng 명 주방 | 烹饪

pēngrèn 동 요리하다 | 切 qiē 동 자르다 | 进餐 jìncān 동 식사를 하다 | 直接 zhíjiē 형 직접적인 | 变 biàn 동 변하다 | 聪明 cōngming 형 총명하다 | 餐桌 cānzhuō 명 식탁 | 食物 shíwù 명 음식물 | 需要 xūyào 동 필요하다 | 礼貌 lǐmào 명 예의

02

p. 213

有句俗话叫"吃不到葡萄就说葡萄酸"。其实，这在心理学上被称为"酸葡萄心理"，属于人类心里防卫功能的一种。当自己的需求无法得到满足而产生挫折感时，为了缓解内心的不适，人们通常会编造一些理由来安慰自己，从而摆脱消极的心里状态。

옛말에 "포도를 못 먹으면 포도가 시다고 한다"라는 말이 있다. 사실 이것을 심리학에서는 '신 포도 심리'라고 말하며, 이는 인간 심리 방어 기제의 일종이다. 자신의 욕구가 만족을 얻지 못해 좌절감을 느낄 때, 자신의 불편한 감정을 해소하기 위해, 사람들은 통상적으로 어떠한 이유를 만들어 자신을 위로하고 부정적인 심리 상태에서 벗어나고자 한다.

A 贪心的人容易产生挫折感
B 骄傲的人更在乎别人的评价
C 有"酸葡萄心理"的人心理不健康
D "酸葡萄心理"有助于调整心态

A 욕심이 많은 사람은 좌절감을 느끼기 쉽다
B 교만한 사람은 다른 사람의 평가에 더 신경을 쓴다
C '신 포도 심리'가 있는 사람은 심리적으로 건강하지 못하다
D '신 포도 심리'는 심리 상태를 조절하는 데 도움이 된다

요약 • 제목: 신 포도 심리
• 주제: 사람들은 만족을 얻지 못하고 좌절감을 느낄 때, 이유를 찾아 자신을 위로한다.

해설 '신 포도 심리'는 이솝 우화에서 여우가 포도를 따려고 노력하다가 결국 높이 달려있는 포도를 따지 못하자, 그 포도는 시어서 맛이 없을 거라고 스스로 자위하는 모습에서 나온 심리학 용어이다. 사람들은 불쾌한 상황이나 욕구 불만의 상황에 닥쳤을 때 자신의 자존심을 보호하기 위해서 합리화하는 방어 기제를 사용하는 것이다. 摆托消极的心理状态(부정적인 심리 상태에서 벗어나다)의 표현이 보기에서는 有助于调节心态(심리 상태를 조절하는 데 도움이 된다)라는 표현으로 제시되었다. 따라서 정답은 D가 된다.

단어 俗话 súhuà 명 속담 | 葡萄 pútáo 명 포도 | 酸 suān 명 시다, 시큼하다 | 心理学 xīnlǐxué 명 심리학 | 称为 chēngwéi 동 ~라고 일컫다, ~으로 불리우다 | 心理 xīnlǐ 명 심리 | 属于 shǔyú 동 ~에 속하다, ~에 소속되다 | 人类 rénlèi 명 인류 | 防卫 fángwèi 동명 방위(하다) | 功能 gōngnéng 명 기능, 작용, 능력 | 需求 xūqiú 동 요구되다, 필요로 하다 | 无法 wúfǎ 동 방법이 없다, ~할 수 없다 | 得到 dédào 동 손에 넣다, 얻다, 받다 | 满足 mǎnzú 형 만족하다 | 产生 chǎnshēng 동 발생하다, 생기다, 출현하다 | 挫折感 cuòzhégǎn 명 좌절감 | 缓解 huǎnjiě 동 완화되다, 풀어지다 | 内心 nèixīn 명 마음, 내심 | 不适 búshì 형 편치 않다, 나쁘다 | 通常 tōngcháng 명 통상,일반 | 编造 biānzào 동 편성하다, 만들다 | 理由 lǐyóu 명 이유 | 安慰 ānwèi 동 위로하다, 위안하다 | 从而 cóng'ér 접 따라서, 그리하여, ~함으로써 | 摆脱 bǎituō 동 벗어나다, 빠져나오다 | 消极 xiāojí 형 소극적이다 | 状态 zhuàngtài 명 상태 | 贪心 tānxīn 형 탐욕스럽다, 욕심스럽다 | 骄傲 jiāo'ào 형 거만하다, 교만하다 | 在乎 zàihū 동 마음에 두다, 개의하다, 문제삼다 | 有助于 yǒuzhùyú 동 ~에 도움이 되다, ~에 유용하다 | 调整 tiáozhěng 동 조절하다 | 心态 xīntài 명 심리 상태

03

p. 214

蚂蚁是地球上最常见的昆虫，也是数量最多的昆虫种类。蚂蚁能生活在任何有他们生存条件的地方，因此在世界各地，你都可以看见蚂蚁。蚂蚁是一种有社会性的生活习性的昆虫，他们的分工非常明确，有的负责繁殖后代，有的建筑巢穴，有的出去觅食等。

개미는 지구에서 가장 흔히 볼 수 있는 곤충이며, 또한 그 수가 가장 많은 곤충류다. 개미는 그들이 생존할 수 있는 조건이 갖춰진 곳이라면 어디서든 생활할 수 있다. 그래서, 세계 어느 곳에서나 당신은 개미를 볼 수 있다. 개미는 사회적인 생활 습성이 있는 곤충으로, 그들의 분업은 매우 명확하다. 어떤 개미는 후손 번식을 책임지며, 어떤 개미는 집을 짓는 것을 담당하고, 어떤 개미는 나가서 먹이 찾는 것을 담당한다.

A 蚂蚁喜欢单独生活 B 蚂蚁喜欢生活在河边 C 蚂蚁的生存能力很强 D 蚂蚁只生活在亚洲和非洲	A 개미는 단독 생활을 좋아한다 B 개미는 강가에서 생활하는 것을 좋아한다 **C 개미의 생존 능력은 매우 강하다** D 개미는 아시아와 아프리카에서만 생활한다

요약 • 제목: 개미의 습성

• 주제: 개미는 생존 조건이 갖춰진 곳이라면 어디서든지 생활할 수 있으며, 분업이 명확하다.

해설 지문은 개미의 생활 습성에 관한 내용이다. 개미는 생존 조건만 맞는다면 어디에서나 생활할 수 있고 분업이 확실한 곤충이라고 설명했다. 세계 어느 곳에서나 볼 수 있다는 것은 그만큼 개미의 생존 능력이 강하다는 의미다. 지문에 生存能力很强(생존 능력이 매우 강하다)이라고 직접적으로 제시되지 않았지만 문맥을 통해 C가 정답이 됨을 알 수 있다.

A – 개미는 사회성을 가진 곤충으로, 단독 생활을 하지 않는다.

B – 개미가 좋아하는 생활 장소를 언급하지는 않았다.

D – 개미는 세계 어느 곳에서나 볼 수 있다.

단어 **蚂蚁** mǎyǐ 명 개미 | **地球** dìqiú 명 지구 | **常见** chángjiàn 동 흔히 보다 | **昆虫** kūnchóng 명 곤충 | **数量** shùliàng 명 수량 | **种类** zhǒnglèi 명 종류 | **任何** rènhé 대 어떠한 | **生存** shēngcún 동 생존하다 | **条件** tiáojiàn 명 조건 | **地方** dìfang 명 장소 | **因此** yīncǐ 접 그래서, 그러므로 | **世界** shìjiè 명 세계 | **各地** gèdì 명 각지 | **社会性** shèhuìxìng 명 사회성 | **生活** shēnghuó 명 생활 | **习性** xíxìng 명 습성 | **分工** fēngōng 동 분담하다 | **明确** míngquè 형 명확하다 | **负责** fùzé 동 맡다, 담당하다 | **繁殖** fánzhí 동 번식하다 | **后代** hòudài 명 후손 | **建筑** jiànzhù 동 건축하다 | **巢穴** cháoxué 명 (새나 짐승의) 둥지, 소굴 | **觅食** mìshí 동 먹이를 찾다 | **单独** dāndú 부 단독으로 | **河边** hébiān 명 강변 | **能力** nénglì 명 능력 | **强** qiáng 형 강하다 | **亚洲** Yàzhōu 명 아시아 | **非洲** Fēizhōu 명 아프리카

p. 214

所谓虚拟旅游，指的是建立在现实旅游景观基础上，通过模拟或超现实景，构建一个虚拟旅游环境，网友能够身临其境般地逛逛看看。坐在电脑椅上，轻点鼠标就能游览全世界的风景名胜，还能拍照留念。这种新鲜的旅行方式，成为众多旅游爱好者的新选择。	소위 가상 여행이란, 현실의 여행 경관을 기초로, 시뮬레이션 혹은 초현실적인 풍경을 통해 가상의 여행 환경을 구축하여, 네티즌들이 그 장소에 직접 간 것처럼 돌아다니고 구경할 수 있는 것을 말한다. 컴퓨터 의자에 앉아서, 가볍게 마우스를 클릭만 하면 전 세계의 풍경과 명승지를 유람할 수 있으며, 또한 사진도 찍어 기념으로 남길 수 있다. 이런 신선한 여행 방식은 수많은 여행 애호가들의 새로운 선택이 되었다.
A 虚拟旅游方便灵活 B 虚拟旅游费用较高 C 虚拟旅游要通过手机操作 D 虚拟旅游的发展前景不太乐观	**A 가상 여행은 편리하고 융통성 있다** B 가상 여행은 비용이 좀 비싸다 C 가상 여행은 휴대전화를 통해 조작해야 한다 D 가상 여행의 발전 전망은 그다지 낙관적이지 않다

요약 • 제목: 가상 여행

• 주제: 가상 여행은 아주 쉽게 할 수 있는 여행으로, 여행 애호가들이 선호하고 있다.

해설 가상 여행은 컴퓨터 앞에 앉아 마우스 하나로 전 세계를 여행하는 것으로, 매우 편리하고, 시간적 공간적인 구애를 받지 않는다는 내용이다. 따라서 정답은 A가 된다. 힌트를 주는 단어가 직접적으로 지문에 노출되지 않아 전체 문맥을 파악해서 유추해야 한다.

B – 가상 여행의 비용에 대해서는 언급하지 않았다.

C – 가상 여행은 컴퓨터를 통해서 하는 것이다.

D – 가상 여행 방식은 여행 애호가들의 새로운 선택이 되었으므로, 가상 여행의 발전 전망은 낙관적이다.

• **어휘 바꿔치기**

轻点鼠标就能游览 가볍게 마우스를 클릭만 하면 유람할 수 있다 = A **旅游方便** 여행이 편리하다

단어 所谓 suǒwèi 형 이른바, 소위 | 虚拟 xūnǐ 형 가상의 | 指 zhǐ 동 가리키다 | 建立 jiànlì 동 세우다 | 现实 xiànshí 명 현실 | 景观 jǐngguān 명 경관 | 基础 jīchǔ 명 기초 | 通过 tōngguò 전 ~를 통해서 | 模拟 mónǐ 명 모의 실험, 시뮬레이션 | 超 chāo 동 벗어나다 | 构建 gòujiàn 동 구축하다 | 环境 huánjìng 명 환경 | 网友 wǎngyǒu 명 인터넷 친구, 네티즌 | 能够 nénggòu 조동 ~할 수 있다 | 身临其境 shēn lín qí jìng 성어 어떤 장소에 직접 가다 | 逛 guàng 동 돌아다니다 | 电脑 diànnǎo 명 컴퓨터 | 椅 yǐ 명 의자 | 鼠标 shǔbiāo 명 마우스 | 游览 yóulǎn 동 유람하다 | 世界 shìjiè 명 세계 | 风景 fēngjǐng 명 풍경 | 名胜 míngshèng 명 명승지 | 拍照 pāizhào 동 사진을 찍다 | 留念 liúniàn 동 기념으로 남기다 | 新鲜 xīnxiān 형 신선하다 | 方式 fāngshì 명 방식 | 成为 chéngwéi 동 ~이 되다 | 众多 zhòngduō 형 아주 많다 | 爱好者 àihàozhě 명 애호가 | 选择 xuǎnzé 명 선택 | 方便 fāngbiàn 형 편리하다 | 灵活 línghuó 형 유연하다, 융통성 있다 | 费用 fèiyòng 명 비용 | 操作 cāozuò 동 조작하다 | 发展 fāzhǎn 동 발전하다 | 前景 qiánjǐng 명 전망, 장래 | 乐观 lèguān 형 낙관적이다

DAY 21

✓ 정답	1. D	2. C	3. A	4. C	5. B	6. C	7. D	8. D

[01-04]

有一天，一个猎人带着猎狗去打猎。❶猎人一枪击中一只兔子的后腿，受伤的兔子开始拼命地奔跑。猎狗在猎人的指示下也飞奔着去追赶兔子。然而，追着追着，兔子不见了，猎狗只好悻悻地回到猎人身边，❷猎人开始骂猎狗了："你真没用，连一只受伤的兔子都追不到!" 猎狗听了很不服气地回答道："我尽力而为了呀!"

再说那只兔子，❸它带伤跑回洞里，它的兄弟们都围过来惊讶地问它："那只猎狗那么凶，你又受了伤，❹怎么可能比它跑得快呢?" "它是尽力而为，我是全力以赴呀!"

人本来是有很多潜能的，可是我们往往会对自己或对别人找借口。一位心理学家的研究结果显示：一般人的潜能只开发了2%-8%左右，还有90%多的潜能处于沉睡状态。谁要想成功，创造奇迹，❹仅仅做到尽力而为还远远不够，必须用尽全力才行。

어느 날, 사냥꾼이 사냥개를 데리고 사냥을 갔다. ❶사냥꾼은 토끼 한 마리의 뒷다리를 총으로 명중시켰다. 부상당한 토끼는 죽을 힘을 다해 달리기 시작했다. 사냥개도 사냥꾼의 지시를 받고 나는 듯이 달려 토끼를 뒤쫓았다. 그러나 쫓다 보니 토끼는 보이지 않았다. 사냥개는 어쩔 수 없이 씩씩거리며 사냥꾼의 옆으로 돌아왔다. ❷사냥꾼은 사냥개를 욕하기 시작했다. "넌 정말 쓸모가 없구나. 다친 토끼 한 마리조차도 잡지 못하다니!" 사냥개는 이 말을 듣고 억울해하며 말했다. "나는 최선을 다했다고요!"

한편 ❸그 토끼는 상처를 입은 채로 동굴로 돌아갔다. 토끼의 형제들은 그를 둘러싸고 놀라며 물었다. "그 사냥개가 그렇게 흉악하고 너는 상처까지 입었는데, ❹어떻게 개보다 빨리 뛸 수 있었니?" 토끼가 말했다. "그는 최선을 다했지만, 나는 온 힘을 다해 달렸거든!"

사람은 본래 많은 잠재력을 가지고 있다. 그러나 우리는 자주 자신이나 다른 사람에게서 핑계를 찾곤 한다. 한 심리학자의 연구 결과, 일반인의 잠재력은 겨우 2~8% 정도만 개발될 뿐, 나머지 90% 이상의 잠재력은 깊은 잠에 빠진 상태라고 한다. 누군가 성공하고 싶고, 기적을 만들고 싶다면, ❹단지 최선을 다하는 것만으로는 한참 부족하다. 반드시 모든 힘을 쏟아야만 한다.

요약
- 제목: 최선의 차이
- 주제: 최선이 아닌 모든 힘을 쏟아야 성공할 수 있다.

단어 猎人 lièrén 명 사냥꾼 | 猎狗 liègǒu 명 사냥개 | 打猎 dǎliè 동 사냥하다 | 枪 qiāng 명 총 | 击中 jīzhòng 동 명중하다 | 兔子 tùzi 명 토끼 | 后腿 hòutuǐ 명 뒷다리 | 受伤 shòushāng 동 상처입다 | 拼命 pīnmìng 동 죽을 힘을 다하다, 필사적으로 하다 | 奔跑 bēnpǎo 동 빨리 달리다 | 指示 zhǐshì 동 지시하다 | 飞奔 fēibēn 동 나는 듯이 달리다 | 追赶 zhuīgǎn 동 뒤쫓다 | 然而 rán'ér 접 그러나 | 追 zhuī 동 뒤쫓다 | 悻悻 xìngxìng 형 화를 내며 씩씩거리는 모양 | 骂 mà 동 욕하다 | 不服气 bù fúqì 동 승복하지 않다 | 尽力而为 jìn lì ér wéi 성어 최선을 다하다 | 再说 zàishuō 접 그리고, 더구나 | 围 wéi 동 (사방을) 둘러싸다 | 惊讶 jīngyà 형 놀랍고 의아하다 | 凶 xiōng 형 흉악하다 | 全力以赴 quán lì yǐ fù 성어 온 힘을 다하다 | 潜能 qiánnéng 명 잠재력 | 往往 wǎngwǎng 부 자주, 종종 | 借口 jièkǒu 명 핑계 | 显示 xiǎnshì 동 보여주다 | 处于 chǔyú 동 ~에 처하다 | 沉睡 chénshuì 동 깊이 잠들다 | 状态 zhuàngtài 명 상태 | 创造 chuàngzào 동 창조하다 | 奇迹 qíjì 명 기적 | 必须 bìxū 부 반드시, 꼭

01 p. 223

兔子的腿怎么了?

A 摔断了
B 被砍伤了
C 被狗咬了
D 被枪打中了

토끼의 다리는 어떻게 되었는가?

A 넘어져 부러졌다
B 베였다
C 개에게 물렸다
D 총에 맞았다

해설 지문은 사냥꾼이 총으로 토끼 뒷다리를 명중시켰다는 내용으로 시작한다. 따라서 토끼는 사냥꾼이 쏜 총에 맞아 상처를 입은 것으로 정답은 D가 된다.

단어 摔 shuāi 동 넘어지다 | 断 duàn 동 끊다, 자르다 | 砍伤 kǎnshāng 동 베여 상처를 입히다 | 咬 yǎo 동 물다

02

p. 223

猎狗为什么被主人骂了?	사냥개는 왜 주인에게 욕을 들었는가?
A 把兔子吃了	A 토끼를 잡아먹어서
B 不想追兔子	B 토끼를 쫓고 싶어하지 않아서
C 没有追到兔子	**C 토끼를 잡지 못해서**
D 把兔子咬死了	D 토끼를 물어 죽여서

해설 사냥꾼의 지시에 사냥개는 총에 맞아 상처 입은 토끼를 쫓았지만 잡아 오지 못하자, 주인은 사냥개에게 쓸모가 없다고 욕을 했다. 따라서 정답은 C가 된다.

03

p. 223

兔子最后怎么了?	토끼는 마지막에 어떻게 되었는가?
A 逃跑了	**A 도망갔다**
B 撞死了	B 부딪혀 죽었다
C 被狗抓住了	C 개에게 잡혔다
D 被狗咬死了	D 개에게 물려 죽었다

해설 토끼는 온 힘을 다해서 달려 사냥개에 잡히지 않고, 자신이 사는 동굴까지 도망쳐왔으므로, 정답은 A가 된다.

단어 最后 zuìhòu 명 맨 마지막 | 逃跑 táopǎo 동 도망가다 | 撞死 zhuàngsǐ 동 부딪혀 죽다 | 抓住 zhuāzhù 동 붙잡다

04

p. 223

通过这篇文章，我们能知道什么?	이 글에서 알 수 있는 것은?
A 猎狗越来越懒了	A 사냥개는 점점 게을러졌다
B 兔子跑得非常快	B 토끼는 매우 빨리 뛴다
C 尽全力才能成功	**C 모든 힘을 쏟아야 성공한다**
D 猎狗不喜欢兔子	D 사냥개는 토끼를 싫어한다

해설 지문에 나오는 尽力而为(최선을 다하다)，全力以赴(모든 힘을 쏟다)는 모두 '전력투구하다'라는 의미를 가지고 있다. 하지만, 개는 가능한 한 최선을 다해(尽力而为) 뛰었고, 토끼는 죽을 각오로 온 힘을 다해(全力以赴) 뛰었기 때문에 목숨을 구할 수 있었다. 즉, 모든 일을 할 때 이러한 정신으로 해야만 성공을 거둘 수 있다는 깨달음을 주는 내용이므로 C가 정답이 된다.

단어 懒 lǎn 형 게으르다 | 尽 jǐn 동 가능한 한 ~하다 | 全力 quánlì 명 전력

[05-08]

20世纪初，某医疗设备公司有一名员工，他刚刚结婚。他的妻子对做饭毫无经验，常常在厨房切伤手指或被烫伤，所以他总是需要为妻子包扎伤口。

有一天，他的妻子终于忍不住开口说：❺"要是能有一种快速包扎伤口的绷带就好了。这样即使你不在家，我也能自己包扎伤口。"他觉得妻子的想法非常有道理，便开始着手做实验。"如果把纱布和药物粘在一起，那用起来不就方便多了吗？"

他试着找来一些纱布和药物，先剪下一块长纱布平放在桌上，并在上面涂了一层胶，然后又剪了一块短纱布并抹上药，再把抹了药的纱布粘到长纱布中间。这样就做成了一个可以快速包扎伤口的绷带。❻但最初的这个绷带有一个缺点：纱布上的胶如果长期暴露在空气中，特别容易失效。于是，为解决这一问题，他又开始不停地试验，他需要能找到一种材料，在需要时就能用，而且不影响胶水的黏粘性。最终他选中了一种质地粗硬的纱布。后来他把这个小发明交给了自己工作的公司，公司立刻组织专家进行研究和开发，最后生产出了名叫"创可贴"的产品。❼这款产品的面世不仅极大地方便了人们的生活，也为该公司带来了巨大的财富。

20세기 초, 한 의료 장비 회사에 막 결혼한 직원이 한 명 있었다. 그의 아내는 요리 경험이 전혀 없어 주방에서 자주 손가락을 베이거나 화상을 입는 일이 잦아서, 그는 늘 아내를 위해 상처를 싸매야 했다.

어느 날 그의 아내는 ❺"아주 빨리 상처를 감싸는 붕대가 있었으면 좋겠어. 이러면 당신이 집에 없어도 내가 스스로 상처를 싸맬 수 있을 텐데."라고 참지 못하고 말했다. 그는 아내의 생각이 매우 일리 있다고 느꼈고 곧 실험을 하기 시작했다. "만약 거즈를 약과 함께 붙인다면, 사용하기 훨씬 편하지 않을까?"

그는 약간의 거즈와 약을 가져와 먼저 긴 거즈를 잘라 탁자 위에 평평하게 놓고, 그 위에 풀(접착제)을 한 겹 발랐다. 그다음, 또 짧은 거즈를 자르고 약을 바른 후, 다시 약을 바른 거즈를 긴 거즈 가운데에 붙였다. 이렇게 해서 상처를 빨리 감아 줄 수 있는 붕대를 만들었다. ❻그러나 초기에 이 붕대는 거즈에 묻은 풀이 장기간 공기에 노출되면 효력이 빨리 없어진다는 단점이 있었다. 그래서 이 문제를 해결하기 위해 그는 또 멈추지 않고 실험하기 시작했다. 그는 필요할 때 바로 사용할 수 있고, 접착제의 점착성에 영향을 주지 않는 재료를 찾는 게 필요했다. 결국 그는 질감이 거칠고 딱딱한 거즈 한 가지를 선택했다. 나중에 그는 이 작은 발명품을 자신이 일하는 회사에 맡겼고, 회사는 즉시 전문가를 조직하여 연구와 개발을 진행해 결국 '반창고'라는 제품을 생산했다. ❼이 제품의 출시는 사람들의 생활을 매우 편리하게 해 주었을 뿐만 아니라, 그 회사에게도 아주 큰 이익을 가져다 주었다.

요약 • 제목: 반창고의 유래
• 주제: 생활 속의 불편에서 착안하여 발명품을 만들어 내다.

단어 世纪 shìjì 명 세기 | 初 chū 명 초, 처음 | 某 mǒu 대 어느, 모 | 医疗 yīliáo 명 의료 | 设备 shèbèi 명 설비, 장비, 시설 | 员工 yuángōng 명 직원 | 刚刚 gānggang 부 막, 방금 | 毫无 háowú 동 조금도(전혀) ~이 없다 | 经验 jīngyàn 명 경험 | 厨房 chúfáng 명 주방 | 切伤 qiēshāng 동명 잘리거나 베이는 상처(를 입다) | 手指 shǒuzhǐ 명 손가락 | 烫伤 tàngshāng 동명 화상(을 입다) | 包扎 bāozā 동 싸서 묶다, 싸매다 | 伤口 shāngkǒu 명 상처 부위, 상처 | 忍不住 rěnbuzhù 동 참을 수 없다, ~하지 않을 수 없다 | 开口 kāikǒu 동 입을 열다, 말을 하다 | 要是 yàoshi 접 만일 ~이라면, 만약 ~하면 | 快速 kuàisù 형 신속하다, 빠르다 | 绷带 bēngdài 명 붕대 | 即使 jíshǐ 접 설령 ~하더라도, 설사 ~일지라도 | 想法 xiǎngfǎ 명 생각, 의견 | 有道理 yǒu dàolǐ 일리가 있다 | 便 biàn 부 즉시, 곧 | 着手 zhuóshǒu 동 착수하다, 시작하다 | 实验 shíyàn 명동 실험(하다) | 纱布 shābù 명 거즈 | 药物 yàowù 명 약물, 약품 | 粘 zhān 동 붙이다 | 剪 jiǎn 동 오리다, 자르다 | 涂 tú 동 바르다, 칠하다 | 胶 jiāo 명 아교, 풀 | 抹 mǒ 동 바르다, 칠하다 | 最初 zuìchū 명 최초, 처음 | 缺点 quēdiǎn 명 결점, 단점 | 长期 chángqī 명 장기, 긴 시간 | 暴露 bàolù 동 드러내다 | 空气 kōngqì 명 공기 | 失效 shīxiào 동 효력을 잃다 | 于是 yúshì 접 그래서, 그리하여 | 试验 shìyàn 명동 시험(하다), 테스트(하다) | 材料 cáiliào 명 재료 | 胶水 jiāoshuǐ 명 풀, 고무풀 | 黏粘性 niánzhānxìng 명 점착성 | 最终 zuìzhōng 명형 맨 마지막(의), 최종(의) | 选中 xuǎnzhòng 동 선택하다, 바로 뽑다 | 质地 zhìdì 명 재질, 속성, 품질 | 粗硬 cūyìng 형 거칠고 단단하다 | 发明 fāmíng 명 발명 | 交给 jiāogěi 동 건네주다, 맡기다 | 立刻 lìkè 부 즉시, 곧, 당장 | 组织 zǔzhī 동 조직하다, 결성하다 | 专家 zhuānjiā 명 전문가 | 进行 jìnxíng 동 진행하다, 하다 | 研究 yánjiū 명동 연구(하다) | 开发 kāifā 동 개발하다 | 生产 shēngchǎn 동 생산하다 | 创可贴 chuāngkětiē 명 반창고, 일회용 밴드 | 产品 chǎnpǐn 명 제품 | 款 kuǎn 양 종류, 모양, 유형 | 面世 miànshì 동 세상에 나타나다 | 不仅 bùjǐn 접 ~일 뿐만 아니라 | 极大 jídà 형 지극히 크다 | 巨大 jùdà 형 거대하다 | 财富 cáifù 명 부, 재산

05

p. 224

那名员工的妻子为什么想要一种快速包扎伤口的绷带?	그 직원의 아내는 왜 상처를 빨리 싸맬 수 있는 붕대를 원했는가?
A 丈夫抱怨包扎麻烦 B 方便独自处理伤口 C 普通的绷带不好用 D 不想去医院治疗	A 남편이 붕대 감는 게 귀찮다고 해서 **B 상처를 혼자 처리하기 편하게 하기 위해서** C 일반적인 붕대는 사용하기 불편해서 D 병원에 가서 치료하고 싶지 않아서

해설 그 직원의 아내는 요리가 서툴러 자주 다치는 경우가 많았고, 남편은 항상 아내를 위해 붕대로 상처를 싸매 주었다. 하지만, 남편이 없을 때 혼자서 붕대 감는 것이 쉽지 않았던 아내는 혼자서도 좀 더 쉽게 감쌀 수 있는 붕대가 있었으면 좋겠다고 제안했다. 따라서 정답은 B가 된다.

단어 抱怨 bàoyuàn 동 원망하다 | 麻烦 máfan 형 귀찮다, 번거롭다 | 独自 dúzì 부 홀로, 혼자서 | 处理 chǔlǐ 동 처리하다, 해결하다 | 普通 pǔtōng 형 보통이다, 일반적이다 | 治疗 zhìliáo 동 치료하다

06

p. 224

那名员工最初做的绷带有什么缺点?	그 직원이 처음 만든 붕대는 어떤 단점이 있는가?
A 药物量不多 B 使用起来非常麻烦 C 胶水容易失效 D 用久了对皮肤不好	A 약의 양이 많지 않다 B 사용하기에 매우 번거롭다 **C 접착제가 쉽게 효력을 잃는다** D 오래 사용하면 피부에 좋지 않다

해설 남편은 아내의 제안에 따라 쉽고 편리하게 감쌀 수 있는 붕대를 제작해 보았다. 하지만 처음 만든 붕대는 손가락을 감싸 주는 긴 거즈와 약을 묻힌 짧은 거즈를 붙여 주는 접착제가 공기 중에 오래 노출되었을 때 접착력이 쉽게 약해지는 단점이 있었다. 따라서 정답은 C가 된다.

단어 使用 shǐyòng 동 사용하다 | 皮肤 pífū 명 피부

07

p. 225

根据上文，下列哪项正确?	이 글에 따르면 다음 중 옳은 것은?
A 创可贴难以固定 B 那名员工后来升职了 C 创可贴最初用于手术 D 创可贴给生活带来了便利	A 반창고는 고정이 어렵다 B 그 직원은 나중에 승진을 했다 C 반창고는 수술에 처음 사용됐다 **D 반창고는 생활에 편리함을 가져다 주었다**

해설 반창고의 출시는 사람들의 삶에 편리함을 가져다 주었고, 회사 또한 많은 영업 이익을 얻었다. 처음 아이디어를 제공한 주인공이 승진했을 가능성은 높지만, 본문에 직접적으로 언급한 것은 아니기에, 사실에 입각해서 정답을 고르는 것이 옳다. 따라서 정답은 D가 된다.

단어 难以 nányǐ 동 ~하기 어렵다, ~하기 곤란하다 | 固定 gùdìng 동 고정하다 | 升职 shēngzhí 동 승진하다, 진급하다 | 用于 yòngyú 동 ~에 쓰다 | 手术 shǒushù 명 수술 | 便利 biànlì 동 편리하다

08

p. 225

最适合做上文标题的是:	이 글에 가장 적합한 제목은:
A 如何制作创口贴 B 如何避免切菜误伤 C 怎样让头脑更灵活 D 创可贴是怎样发明的	A 어떻게 반창고를 제작하는가 B 어떻게 야채를 썰면서 상처를 입지 않을 수 있는가 C 어떻게 해야 머리를 더 잘 돌아가게 할 수 있는가 **D 반창고는 어떻게 발명되었는가**

해설 우리의 생활 속에서 크고 작은 상처를 입는 경우가 종종 있다. 혼자서도 상처를 감싸기 쉬운 편리한 붕대가 필요했지만 아무도 그것을 발명하려는 생각을 하지 않았다. 하지만, 주인공은 아내의 아이디어를 놓치지 않고 편리한 붕대 만들기에 착수하였고 결국 반창고를 발명했다. 따라서 이 문장의 제목으로는 D의 '반창고는 어떻게 발명되었는가'가 가장 적당하다.

단어 如何 rúhé 때 어떻게, 어떻게 하면 | 制作 zhìzuò 동 만들다, 제작하다 | 避免 bìmiǎn 동 피하다, 모면하다 | 切菜 qiē cài 야채를 썰다 | 误伤 wùshāng 동 잘못하여 상해를 입히다 | 头脑 tóunǎo 명 두뇌, 머리, 사고 능력 | 灵活 línghuó 형 원활하다, 기민하다, 재빠르다

DAY 22

✓ 정답 1. B 2. B 3. C 4. B 5. C 6. C 7. D 8. A

[01-04]

在我的家乡，有一个专营特色小吃的饭馆，做出的菜令人赞不绝口。餐馆的名字叫"四个点儿"，❶店主人的解释是：环境好点儿、菜好吃点儿、您常来点儿、我高兴点儿。它一天的营业时间也是四个点儿！

每天，❷在那里排队的人非常多。很多人都会排不上号，带着遗憾离开。因为❸这家饭馆有个很奇怪的规定，一天的营业时间只是从上午10点到下午的2点，只有短短的4小时，其他时间一律不开放，而且不许预订。但就是这4小时，每个月的收入也不下5万元。

谈起成功的秘诀，店主人告诉我们说正是因为只营业4小时，才使他获得了更大的收益。他说，做出的菜的味道其实和刚开始开业的时候是一模一样的，❹什么也没有改变，改变的只是经营的策略。刚开始的营业时间是12个小时，从早上8点到晚上8点。可是生意却不是太好，一来是因为地段有些偏僻，知道它的人很少；二来是因为菜肴的种类很多，反而显得没有了特色。所以，他决定去掉几个种类，只做几种特色小吃。然后在经营时间上做了调整，一天只营业4小时。人们都有好奇心理，越是不容易买到的东西就越想买。果然，这两种办法实施以后，餐馆的生意越来越红火。

나의 고향에는 특색 있는 간단한 요리를 전문으로 경영하는 음식점이 있는데, 그 요리는 사람들로부터 칭찬이 자자했다. 음식점의 이름은 '네 가지 좀'이었는데, ❶음식점 주인은 '환경은 좀 좋게, 음식은 좀 맛있게, 손님은 좀 자주 오게, 내가 좀 기쁘게'라고 설명했다. 그 음식점의 하루 영업 시간 역시 네 시간이었다!

매일 ❷그곳에 줄을 서는 사람은 매우 많았다. 많은 사람이 순서가 돌아오지 않아 아쉬워하며 되돌아갔다. 왜냐하면 ❸이 음식점에는 매우 이상한 규정이 있는데, 하루 영업 시간이 단지 오전 10시에서 오후 2시까지 짧은 4시간이며, 다른 시간에는 예외 없이 문을 열지 않았을 뿐만 아니라 예약도 받지 않았다. 그러나 이 4시간 영업의 매달 수입은 5만 위안 이상이었다.

성공의 비결을 이야기하자면, 음식점 주인은 4시간만 영업을 하기 때문에, 더 큰 이익을 얻을 수 있었다고 우리에게 알려 줬다. 그는 요리의 맛은 사실 개업을 했을 때와 똑같으며, ❹어떤 것도 바뀌지 않았고, 변한 것은 단지 경영 전략이라고 했다. 막 개업했을 때의 영업 시간은 12시간으로, 아침 8시부터 저녁8시까지였다. 그러나 오히려 장사는 그다지 잘되지 않았다. 첫째는 지역이 외져서 음식점을 아는 사람이 적었고, 둘째는 음식의 종류가 너무 많아서 오히려 특색이 없어 보였다. 그래서 그는 몇 가지 종류를 없애고, 몇 개의 특색 있는 간단한 요리만 만들었다. 그런 후에 영업 시간도 조정해서 하루에 단 4시간만 영업했다. 사람들은 누구나 호기심을 가지고 있어서, 쉽게 사지 못하는 물건일수록 더욱 사고 싶어한다. 생각한 대로, 이 두 가지 방법을 실시한 이후에 음식점의 장사가 날로 번창했다.

요약 • 제목: '네 가지 좀' 음식점의 성공 비결
• 주제: 성공을 하기 위해서는 전략이 필요하다.

단어 家乡 jiāxiāng 명 고향 | 专营 zhuānyíng 동 전문 경영하다 | 特色 tèsè 명 특색 | 小吃 xiǎochī 명 간단한 음식 | 饭馆 fànguǎn 명 음식점 | 令 lìng 동 ~하게 하다 | 赞不绝口 zàn bù jué kǒu 성어 칭찬이 자자하다 | 解释 jiěshì 동 설명하다 | 营业 yíngyè 동 영업하다 | 排队 páiduì 동 줄을 서다 | 排号 páihào 동 순번을 매기다, 순서대로 줄을 서다 | 遗憾 yíhàn 형 유감스럽다 | 离开 líkāi 동 떠나다 | 奇怪 qíguài 형 이상하다 | 规定 guīdìng 명 규정 | 一律 yílǜ 부 예외 없이, 일률적으로 | 开放 kāifàng 동 개방하다 | 而且 érqiě 접 게다가 | 不许 bùxǔ 동 허락하지 않다 | 预订 yùdìng 동 예약하다 | 收入 shōurù 명 수입 | 秘诀 mìjué 명 비결 | 告诉 gàosu 동 말하다 | 获得 huòdé 동 얻다, 획득하다 | 收益 shōuyì 명 수익 | 味道 wèidào 명 맛 | 其实 qíshí 부 사실 | 一模一样 yìmú yíyàng 성어 같은 모양, 같은 모습이다 | 策略 cèlüè 명 전략, 책략 | 地段 dìduàn 명 지역, 구간 | 偏僻 piānpì 형 외지다 | 菜肴 càiyáo 명 요리 | 种类 zhǒnglèi 명 종류 | 反而 fǎn'ér 접 오히려, 도리어 | 显得 xiǎnde 동 ~처럼 보이다 | 决定 juédìng 동 결정하다 | 去掉 qùdiào 동 없애버리다 | 调整 tiáozhěng 동 조정하다 | 好奇 hàoqí 형 호기심이 많다 | 心理 xīnlǐ 명 심리 | 容易 róngyì 형 쉽다 | 果然 guǒrán 부 생각한 대로, 과연 | 实施 shíshī 동 실시하다 | 生意 shēngyi 명 영업, 장사 | 红火 hónghuo 형 번창하다

01

p. 226

文章中的"四个点儿"指的是:	이 글에서 '네 가지 좀'이 가리키는 것은:
A 营业时间到4点	A 영업 시간이 4시까지다
B 老板的四种愿望	**B 주인의 네 가지 바람**
C 对职员的四个要求	C 직원에 대한 네 가지 요구
D 顾客们最喜欢的四种菜	D 고객들이 제일 좋아하는 네 가지 요리

해설 四个点儿(네 가지 좀)은 화자의 고향에 있는 음식점의 이름으로, '환경은 좀 좋게, 음식은 좀 맛있게, 그리고 손님이 음식점을 좀 자주 찾음으로써, 주인인 자신이 좀 더 기쁠 수 있게'라는 주인의 바람이 담겨 있는 것으로 정답은 B가 된다. 영업 시간은 10시부터 2시까지 4시간이라고 했으므로, A의 4시까지 운영한다는 내용은 지문 내용과 일치하지 않는다.

단어 指 zhǐ 동 가리키다 | 老板 lǎobǎn 명 주인, 사장 | 愿望 yuànwàng 명 바람 | 职员 zhíyuán 명 직원 | 要求 yāoqiú 명 요구 | 顾客 gùkè 명 고객

02

p. 226

为什么很多人都遗憾地离开了?	많은 사람들이 왜 아쉬워하며 되돌아갔는가?
A 厨师换了	A 주방장이 바뀌어서
B 顾客太多	**B 손님이 너무 많아서**
C 老板不在	C 주인이 없어서
D 没有好吃的菜	D 맛있는 요리가 없어서

해설 이 음식점은 딱 4시간 동안만 영업을 하기 때문에, 항상 줄을 서 있는 고객들로 가득했다. 어떤 사람은 줄을 서도 차례가 오지 않아 아쉬움을 남긴 채 발길을 돌려 돌아갈 수밖에 없다고 했으므로, 정답은 B가 된다.

단어 厨师 chúshī 명 요리사 | 换 huàn 동 바꾸다

03

p. 226

小店有什么规定?	음식점에는 어떤 규정이 있는가?
A 每次要点四样菜 B 每天晚上8点关门 C 每天营业四个小时 D 消费必须满100元以上	A 매번 네 가지 요리를 주문해야 한다 B 매일 저녁 8시에 문을 닫는다 **C 매일 4시간 영업한다** D 반드시 100위안 이상 소비해야 한다

해설 이 음식점의 특별한 규정은 오전 10시부터 오후 2시까지 4시간만 운영하며, 그 외의 시간에는 개방하지도 않고 예약도 받지 않는다고 했다. 따라서 정답은 C가 된다. 음식을 몇 개 이상 시켜야 하고, 얼마 이상 주문해야 한다는 내용은 언급하지 않았으므로, A, D는 정답이 될 수 없다.

단어 消费 xiāofèi 동 소비하다 | 必须 bìxū 부 반드시

04

p. 226

小店生意为什么变好?	음식점의 장사는 왜 잘되게 되었는가?
A 老板非常热情 B 改变了经营方式 C 搬到了好的地段 D 菜的味道比原来好了	A 사장이 매우 열정적이어서 **B 경영 방식을 바꿔서** C 좋은 구역으로 이사를 해서 D 음식의 맛이 예전보다 좋아져서

해설 음식점 주인은 음식의 맛은 개업했을 때와 똑같고, 변한 것은 단지 경영 전략이라고 했다. 즉 주인은 영업 시간, 요리 종류 등을 특색 있게 바꿔서 문전성시를 이루고 성공을 거두게 된 것이다. 따라서 정답은 B가 된다.

단어 热情 rèqíng 형 열정적이다 | 搬 bān 동 이사하다 | 原来 yuánlái 부 원래, 당초

[05-08]

"第二者胜"现象，是指在某一领域内，❺后进入的"第二者"往往可以超过"第一者"，而一跃成为该领域的第一名。 之所以出现"第二者胜"现象，是因为：第一品牌已经把市场打开，让消费者接受了该品牌概念，促成了市场的成熟；"第二者"进入时往往是市场成长爆发期，成长空间巨大；❻"第一者"在抢占市场时，总会有很多方面不成熟，所以❼"第二者"往往会根据"第一者"的缺点，有针对性地设置战略，从而出乎意料地胜出。 掌握了"第二者胜"现象，我们可以在市场上不怕成为"第二者"。❽成为"第二者"反而是一种优势，可以充分利用"第二者"身份运筹帷幄、决胜千里。而作为行业的"第一名"，则需要在进入市场之初，就谨慎地寻找自身弱点，多加改正，从而在"第二者"出现之后，能够立于不败之地。	'후발주자 승리' 현상은, 한 분야에서 ❺후에 진입한 '후발주자'가 종종 '선발주자'를 뛰어넘고, 단번에 그 분야에서 일등이 되는 것을 말한다. '후발주자 승리' 현상이 나타나는 이유는 첫 번째 브랜드가 이미 시장을 개척했고, 소비자들에게 이 브랜드 개념을 받아들이게 해서, 시장의 성숙을 촉진시켰기 때문이다. '후발주자'가 진입할 때, 시장은 종종 폭발적 성장기여서, 성장 공간이 매우 크다. ❻'선발주자'가 시장을 차지했을 때는 여러 방면에서 성숙하지 못하게 마련이다. 그래서 ❼'후발주자'는 '선발주자'의 결점을 근거로 하여, 겨냥하는 바가 있는 전략을 세워서 의외의 승리를 하는 것이다. '후발주자 승리' 현상을 잘 파악했다면, 우리는 시장에서 '후발주자'가 되는 것을 두려워하지 않아도 된다. ❽'후발주자'가 되는 것은 오히려 우세하고, '후발주자'로서의 위치를 충분히 활용하여 방법이나 정책을 정하고, 승리를 결정지을 수 있다. 그러나 업계의 '선발주자'는 시장 진입 초기에 자신의 약점을 신중히 찾아보고 고쳐 나가야 한다. 그렇게 함으로써 '후발주자'가 나타난 후에도 확고한 위치에 있을 수 있다.

요약 • 제목: 후발주자의 승리 현상
• 주제: 시장 경쟁에서는 후발주자가 성공할 여지가 더 많다.

단어 胜 shèng 동 승리하다, 이기다 | 现象 xiànxiàng 명 현상 | 指 zhǐ 동 가리키다, 의미하다 | 某 mǒu 대 어느 | 领域 lǐngyù 명 분야 | 超过 chāoguò 동 초과하다 | 一跃 yíyuè 부 일약, 단번에 | 成为 chéngwéi 동 ~이 되다 | 之所以 zhīsuǒyǐ 접 ~의 이유 | 品牌 pǐnpái 명 상표 | 消费者 xiāofèizhě 명 소비자 | 接受 jiēshòu 동 받아들이다 | 概念 gàiniàn 명 개념 | 促成 cùchéng 동 (재촉하여) 성공하게 하다 | 成熟 chéngshú 형 완전하다, 성숙하다 | 成长 chéngzhǎng 동 성장하다 | 爆发期 bàofāqī 폭발기 | 空间 kōngjiān 명 공간 | 巨大 jùdà 형 아주 크다 | 抢占 qiǎngzhàn 동 다투어 점령하다 | 根据 gēnjù 동 근거하다 | 缺点 quēdiǎn 명 결점 | 针对性 zhēnduìxìng 명 겨냥하는 바 | 设置 shèzhì 동 세우다, 설치하다 | 战略 zhànlüè 명 전략 | 出乎意料 chūhū yìliào 성어 예상 밖이다 | 掌握 zhǎngwò 동 장악하다, 정복하다 | 怕 pà 동 두려워하다 | 反而 fǎn'ér 접 오히려, 도리어 | 优势 yōushì 명 우세 | 充分 chōngfèn 부 충분히 | 利用 lìyòng 동 활용하다 | 运筹帷幄 yùnchóu wéiwò 성어 방법이나 정책을 정하다 | 决胜千里 juéshèng qiānlǐ 천리 밖의 승패를 결정짓다 | 行业 hángyè 명 직업, 업종 | 需要 xūyào 동 필요하다 | 谨慎 jǐnshèn 형 신중하다 | 寻找 xúnzhǎo 동 찾다 | 弱点 ruòdiǎn 명 약점 | 改正 gǎizhèng 동 바르게 고치다, 개정하다 | 立于不败之地 lìyú búbài zhī dì 성어 확고한 위치를 차지하다

05

p. 227

文中的"第二者胜"是什么意思?	글에서 '후발주자 승리'는 무슨 뜻인가?
A 第二名更有实力	A 2등이 더 실력이 있다
B 人们都想当第二者	B 사람들은 모두 후발주자가 되고 싶어한다
C 后进入者更易成功	**C 후에 진입한 자가 더 쉽게 성공한다**
D 第二名通常会取得胜利	D 2등은 보통 승리를 거둘 수 있다

해설 지문의 앞부분에 第二者胜(후발주자 승리)이라는 단어가 있다. 바로 뒤 문장에 후에 진입한 후발주자가 종종 선발주자를 뛰어넘는다고 나오므로, 후발주자가 더 쉽게 성공한다는 것을 알 수 있다. 따라서 C가 정답이 된다.

Tip 어려운 속담, 사자성어, 혹은 신조어가 지문에 제시되면 그 뒷부분에 좀 더 쉬운 표현으로 그 의미를 부연 설명해 주는 경우가 많다. 따라서 바로 그 뒷부분을 꼼꼼히 읽으면 정답을 쉽게 찾을 수 있다.

단어 实力 shílì 명 실력 | 通常 tōngcháng 형 일반적인, 보통의 | 取得 qǔdé 동 얻다, 취득하다 | 胜利 shènglì 명 승리

06

p. 227

"第一者"失败的原因是:	'선발주자'가 실패하는 원인은:
A 宣传得不够	A 홍보가 부족하다
B 营销策略不当	B 영업 전략이 적절하지 않다
C 很多方面还不成熟	**C 여러 방면에서 아직 성숙하지 않다**
D 不适应市场的变化	D 시장의 변화에 적응하지 못했다

해설 선발주자는 새로운 시장을 개척하고, 소비자들에게 상품에 대한 개념을 받아들이게 하지만, 선발주자가 시장을 차지했을 때 여러 방면에서 성숙하지 못하다고 두 번째 단락에 언급되어 있다. 따라서 정답은 C가 된다.

단어 失败 shībài 동 실패하다 | 原因 yuányīn 명 원인 | 宣传 xuānchuán 동 홍보하다, 선전하다 | 营销 yíngxiāo 동 판매하다 | 策略 cèlüè 명 전략, 책략 | 适应 shìyìng 동 적응하다 | 变化 biànhuà 명 변화

07

p. 227

"第二者"为什么更容易成功?	'후발주자'는 왜 더 쉽게 성공하는가?
A 人们更喜欢后来的	A 사람들이 나중의 것을 더 좋아해서
B 有"第一者"的帮助	B '선발주자'의 도움이 있어서
C 与"第一者"竞争发展	C '선발주자'와 경쟁하며 발전해서
D 可以参考别人的经验和教训	**D 다른 사람의 경험과 교훈을 참고할 수 있어서**

해설 후발주자는 선발주자의 결점을 근거로 그들의 부족한 부분을 집중 보완하고 전략을 세워 시장에 나오게 되므로, 선발주자보다 더 쉽게 성공을 거둘 수 있다. 후발주자는 선발주자를 본보기로 삼는 것이기 때문에 직접적으로 도움을 받거나 경쟁하는 것은 아니므로 B와 C는 정답이 될 수 없다. 따라서 정답은 D가 된다.

단어 **竞争** jìngzhēng 동 경쟁하다 | **发展** fāzhǎn 동 발전하다 | **参考** cānkǎo 동 참고하다 | **经验** jīngyàn 명 경험 | **教训** jiàoxùn 명 교훈

08

p. 227

本文主要向我们讲了什么?	이 글에서 주로 말하는 것은?
A 后来者也有机会	**A 후발주자도 기회가 있다**
B 要争当"第一者"	B 싸워서 '선발주자'가 되어야 한다
C "第二者"有很多劣势	C '후발주자'는 많이 열세하다
D 市场需要"第一者"和"第二者"	D 시장은 '선발주자'와 '후발주자'를 필요로 한다

해설 작가는 후발주자가 되는 것을 두려워 말라고 조언하며, 후발주자가 오히려 더 유리할 수 있고, 성공을 거둘 기회가 많다고 말하고 있다. 따라서 정답은 A가 된다. 후발주자가 선발주자보다 우세하다고 했지 열세하다고 하지 않았으므로 C는 정답이 될 수 없다.

단어 **争** zhēng 동 겨루다, 싸우다 | **劣势** lièshì 명 열세

DAY 23

✓ 정답	1. C	2. B	3. D	4. A	5. D	6. D	7. C	8. A

[01-04]

❶作家梁实秋生活一向很规律，他有一个坚持多年的习惯——每晚八点准时上床休息，第二天早晨四点起床写作。一般了解梁实秋作息的人，都避免在晚上找他。可有些"夜猫子"朋友却不了解他的作息习惯，常常在深夜十二点左右找他出来吃夜宵。梁实秋开始不忍拒绝，接连赴了几次约，又困又累还没有食欲，❷凌晨起床写作也受到了影响。后来他也想了各种借口拒绝，可总是有朋友一请再请。

❶작가 양실추의 생활은 줄곧 매우 규칙적이다. 그가 꾸준히 유지하고 있는 습관이 있는데, 그것은 매일 저녁 8시 정각에 침대에 올라 휴식을 취하고, 다음 날 새벽 4시에 일어나 글을 쓰는 것이다. 일반적으로 양실추의 일과 휴식 습관을 아는 사람들은 밤에 그를 찾는 것을 피한다. 그러나 일부 '올빼미' 친구들은 그의 일과 휴식 습관을 이해하지 못하고, 종종 밤 12시쯤 찾아와 야식을 먹자고 했다. 양실추는 처음에는 차마 거절하지 못하고, 몇 차례 약속을 잡고 나갔으나, 졸리고 피곤하며 식욕조차 없었고, ❷새벽에 일어나 글을 쓰는 것까지도 영향을 받았다. 나중에 그는 여러 가지 핑계를 대서 거절했지만, 항상 친구가 약속을 잡고 또 잡았다.

终于有一天，晚上夜宵结束后，梁实秋高兴地宣布：为了回报朋友们的热情，自己也要请客，时间就定在第二天。朋友们高高兴兴地答应后，各自相继回家睡觉，但他们刚躺下没多久，突然电话就响了起来，原来梁实秋请大家吃的是早饭，而这时候才凌晨四点！这些朋友一个个揉着睡眼，❸见到梁实秋后连声抱怨："现在正是躺在被窝里做美梦的时候，你这么早请我们吃饭，就算是山珍海味，我们也吃不出来味道呀!"梁实秋笑着回答："这回你们知道我吃夜宵的感受了吧？我宣布，今后谁请我吃夜宵，我一定回请他吃早餐。"朋友们听了，一个个都不好意思地笑了。从此，❹他们再也不请梁实秋吃夜宵了。

梁实秋用这种特别的拒绝方式，委婉地提醒朋友，每个人都有自己的生活习惯，只有尊重别人的时间，才能得到别人的尊重。

그러던 어느 날, 저녁 야식이 끝난 후, 양실추는 친구들의 친절에 보답하기 위해 자기도 한턱낼 것이고, 시간은 다음 날로 정해졌다고 기쁘게 말했다. 친구들은 기쁜 마음으로 허락한 뒤, 각자 집으로 돌아가 잠을 청했다. 하지만 침대에 누운 지 얼마 지나지 않아, 갑자기 전화가 울리기 시작했다. 알고 보니 양실추는 친구들에게 아침식사를 대접하는 것이었고, 그 시간은 새벽 4시였던 것이다! 친구들은 졸린 눈을 비비며 나왔고, ❸양실추를 보자마자 "지금 이불 속에 누워 달콤한 꿈을 꾸고 있을 시간인데, 이렇게 꼭두새벽부터 초대를 하니, 제아무리 산해진미라도 무슨 맛이 있겠냐!"라고 하소연했다. 양실추는 웃으면서 대답하기를 "이제 내가 야식 먹는 게 어떤 느낌인지 알겠지? 앞으로 누가 야식 먹자고 하면, 내가 꼭 아침 식사를 대접하겠다."라고 선언했다. 친구들은 듣고서 모두 멋쩍은 듯 웃었다. 이때부터 ❹그들은 다시는 양실추에게 야식을 먹자고 하지 않았다.

양실추는 이런 특별한 거절 방식을 통해서 친구들에게 모든 사람은 자신의 생활 습관이 있고, 다른 사람의 시간을 존중해야지만, 다른 사람의 존중을 받을 수 있다는 것을 완곡하게 일깨워 줬다.

요약
- 제목: 규칙적으로 생활하는 작가 이야기
- 주제: 모든 일에는 역지사지를 하여 상대방 입장도 생각하여야 한다.

단어 作家 zuòjiā 명 작가 | 梁实秋 Liáng Shíqiū 량스츄, 양실추(중국 현대 작가) | 一向 yíxiàng 부 줄곧, 내내, 본래 | 规律 guīlǜ 형 규율에 맞다, 규칙적이다 | 坚持 jiānchí 동 견지하다, 지속하다, 고수하다 | 准时 zhǔnshí 부 정시에, 제때에 | 早晨 zǎochen 명 이른 아침, 새벽 | 写作 xiězuò 동 글을 짓다, 저작하다 | 作息 zuòxī 명 일과 휴식 동 일하고 휴식하다 | 避免 bìmiǎn 동 피하다, 모면하다 | 夜猫子 yèmāozi 명 올빼미(밤늦도록 자지 않는 사람을 비유) | 却 què 부 오히려, 도리어 | 深夜 shēnyè 심야, 깊은 밤 | 左右 zuǒyòu 명 가량, 안팎 | 夜宵 yèxiāo 명 야식 | 不忍 bùrěn 동 차마 ~하지 못하다 | 拒绝 jùjué 동 거절하다, 거부하다 | 接连 jiēlián 동 연거푸 하다, 연속하다, 잇달다 | 赴约 fùyuē 동 약속한 장소로 가다, 약속한 사람을 만나러 가다 | 困 kùn 형 졸리다 | 食欲 shíyù 명 식욕 | 凌晨 língchén 명 이른 새벽, 새벽녘 | 各种 gèzhǒng 형 각종(의), 여러 가지 | 借口 jièkǒu 명 구실, 핑계 | 结束 jiéshù 동 마치다, 끝나다, 종결하다 | 宣布 xuānbù 동 선포하다, 발표하다 | 回报 huíbào 동 보답하다 | 请客 qǐngkè 동 손님을 초대하다, 한턱내다 | 答应 dāying 동 대답하다 | 各自 gèzì 명 제각기, 각자 | 相继 xiāngjì 동 잇따르다, 계속하다 | 原来 yuánlái 부 알고 보니 | 揉 róu 동 비비다, 문지르다 | 睡眼 shuìyǎn 명 졸린 눈, 잠에 취한 눈 | 连声 liánshēng 동 (말을) 계속하다, 연거푸 말하다 | 抱怨 bàoyuàn 동 원망하다 | 正是 zhèngshì 동 바로 ~이다, 바로 그러하다 | 躺 tǎng 동 옆으로 드러눕다 | 被窝 bèiwō 명 이불 | 美梦 měimèng 명 아름다운 꿈, 단꿈 | 就算 jiùsuàn 접 설령 ~이라도 | 山珍海味 shān zhēn hǎi wèi 명 산해진미 | 味道 wèidào 명 맛 | 感受 gǎnshòu 명 느낌, 감명, 감상 | 今后 jīnhòu 명 이 뒤, 이후, 앞으로 | 早餐 zǎocān 명 아침 식사 | 从此 cóngcǐ 부 이후로, 이제부터, 그로부터 | 方式 fāngshì 명 방식, 방법 | 委婉 wěiwǎn 형 완곡하다 | 提醒 tíxǐng 동 깨우치다, 일깨우다 | 尊重 zūnzhòng 동 존중하다, 중시하다 | 得到 dédào 동 얻다, 받다

---

01 关于梁实秋，下列哪项正确？

양실추에 관해서 다음 중 옳은 것은?

p. 233

A 不吃早餐
B 常常深夜写作
C 生活很规律
D 喜欢好客

A 아침을 안 먹는다
B 늘 한밤중에 글을 쓴다
C 생활이 매우 규칙적이다
D 손님 초대하기를 좋아한다

해설 첫 번째 문제의 정답은 첫 번째 단락에서 찾아보자! 양실추라는 사람은 글을 쓰는 작가이다. 그는 새벽에 일어나 글쓰기 위해서 일찍 자는 습관이 있다. 저녁 8시에 취침을 하고, 새벽 4시에 일어나는 습관을 통해 그의 생활이 매우 규칙적이라는 것을 알 수 있다. D는 자신의 입장을 이해시키기 위해서 친구들을 초대한 것이지, 본인 자체가 손님 초대하기를 좋아하는 사람(好客 hàokè)은 아니다. 따라서 정답은 C가 된다.

Tip 미라클 모닝

요즘 '미라클 모닝'을 실천하려고 시도하는 사람들이 많지만 이것을 성공하기란 쉽지 않다. 사람마다 약간씩의 차이는 있지만, 원래 기본적으로 7~8시간 수면을 해야 정상적으로 체력을 회복할 수 있다. 하지만, 많은 사람들은 바쁜 업무와 유튜브 시청 등의 이유로 새벽 1~2시에야 잠자리에 들면서 아침 6시에 일어나는 미라클 모닝을 하려고 한다. 이러한 비정상적인 방법은 하루 종일 멍한 상태를 일으켜 오히려 업무 효율을 떨어트릴 수 있다. 일찍 일어나서 자신만의 블록 타임을 갖고자 한다면, 일찍 잠자리에 들어야 한다는 사실을 기억하자.

단어 好客 hàokè 동 손님 접대를 좋아하다, 손님을 좋아하다

02

p. 233

朋友邀请梁实秋吃宵夜，带来了什么影响?	친구가 양실추에게 야식을 대접한 게 어떤 영향을 가져왔는가?
A 长胖了 B 影响到了写作 C 消化不良 D 认识了出版商	A 살이 쪘다 **B 글쓰기에 지장을 받았다** C 소화가 잘 안 된다 D 출판사를 알게 되었다

해설 친구들과 야식을 먹으면, 친구들과의 교류가 활발해 지고 많은 사람들을 소개 받는 등 긍정적 기능도 있고, 살이 찌거나, 소화가 잘 안되거나, 잠을 잘 못 이루는 등 여러 가지 부정적 기능들도 있을 것이다. 주인공은 자신이 잠자는 시간에 일어나 야식을 먹어야 했기에 수면의 질에도 영향을 주고, 더 나아가서 새벽에 일어나 글을 쓰는 데 좋지 않는 영향을 주었다고 했다. 따라서 정답은 B가 된다.

단어 长胖 zhǎngpàng 동 살찌다 | 消化 xiāohuà 명동 소화(하다) | 不良 bùliáng 형 좋지 않다, 불량하다 | 出版商 chūbǎn shāng 명 출판사

03

p. 233

当梁实秋邀请朋友吃早饭，朋友们为什么抱怨?	양실추가 아침 식사에 친구를 초대했을 때, 친구들은 왜 불평했는가?
A 早餐太难吃 B 梁实秋总是迟到 C 没有事先得到朋友的同意 D 打扰了他们休息	A 아침이 너무 맛없어서 B 양실추가 항상 지각해서 C 친구한테서 사전에 동의를 구하지 않아서 **D 그들의 휴식을 방해해서**

해설 질문을 보고 为什么에 해당하는 이유를 찾는 것이 목적임을 알 수 있다. 그렇다면 힌트어인 **抱怨**(원망하다)이 있는 곳을 찾아 앞뒤 문맥을 파악하면 정답을 찾아낼 수 있다. 정답과 동일한 표현으로 제시되지는 않았지만, **现在正是做美梦的时候**(지금은 달콤한 꿈을 꾸고 있을 시간이다)라는 표현을 보고, 그들의 잠자는 휴식 시간을 방해했다는 것을 알 수 있다. 따라서 정답은 D가 된다.

단어 事先 shìxiān 명 사전 | 打扰 dǎrǎo 동 방해하다

04

根据上文，可以知道什么?	이 글에 따르면 무엇을 알 수 있는가?
A 后来没人再请梁实秋吃夜宵	**A 나중에는 아무도 양실추에게 야식을 먹자고 하지 않았다**
B 梁实秋是个“夜猫子”	B 양실추는 ‘올빼미’다
C 梁实秋缩短了写作时间	C 양실추는 글쓰는 시간을 줄였다
D 梁实秋与朋友们不再来往	D 양실추는 친구들과 더 이상 왕래하지 않았다

p. 234

해설 마지막 문제의 정답은 일반적으로 맨 마지막 단락에 나오거나, 문장 전체의 문맥을 파악해서 고르는 문제가 많다. 夜猫子(올빼미)는 밤에 잠을 자지 않고 왕성하게 활동하는 사람을 일컫는 표현으로 양실추의 일부 친구들을 지칭한다. 양실추는 아주 현명한 방법으로 자신의 입장을 상대방으로 하여금 이해하고 깨닫게 해 주었고, 친구들도 더 이상 야심한 밤에 그를 불러내어 야식을 먹자고 하지 않게 되었다. 따라서 정답은 A가 된다.

단어 来往 láiwǎng 동 왕래하다. 오고 가다

[05-08]

新的一年开始了。有人说:“我们又少了一年。”有人说:“我们又多了一年。”

这就是生命的加减法。有人用的是减法思维，所以越减越少，使人的一生充满危机，充满压力: 20岁的人，失去了童年; 30岁的人，失去了浪漫; 40岁的人，失去了青春; 50岁的人，失去了幻想; 60岁的人，失去了健康。

有人用加法思维，使人生充满生机，充满快乐: ❺20岁的人，拥有了青春; 30岁的人，拥有了才干; 40岁的人，拥有了成熟; 50岁的人，拥有了经验; 60岁的人，拥有了轻松。

在生命的进程中，我们不能不用“减法”。人的生命只有一次，❻我们在岁末年初的时候，不能不提醒自己，算一算自己失去了什么，得到了什么，是“收获”大于“支出”，还是“支出”大于“收获”。在生命的进程中，我们也不能不用“加法”。因为人生不能假设，我们知道了儿时的天真，知道了年轻时的莽撞，积累了人生经验，知道了如何把握自己。

“减法”给我们带来了压力，使我们明白了人生苦短，岁月无情。❼“加法”给我们带来了希望，使我们增添了阅历，积累了财富。时光对每个人都是公平的，哪怕你经历再多的困难，也都是一种经历的积累。这种积累令我们更加聪明、理智。有了这种积累，新的一年里，我们的步伐就会更矫健，更加沉稳，更加自信。

새로운 한 해가 시작되었다. 어떤 사람은 “우리는 또 일 년이 줄었어.”라고 말하고, 어떤 사람은 “우리는 또 일 년이 늘었어.”라고 말한다.

이것이 삶의 가감법이다. 어떤 사람이 사용하는 것은 뺄셈 사고이므로, 뺄수록 줄어들어 사람의 일생이 위기와 스트레스로 가득 차게 한다. 20세의 사람은 어린 시절을 잃고, 30세의 사람은 낭만을 잃고, 40세의 사람은 청춘을 잃고, 50세의 사람은 환상을 잃고, 60세의 사람은 건강을 잃었다.

어떤 사람이 사용하는 것은 덧셈 사고로 인생이 생기와 즐거움으로 가득 차게 한다. ❺20세의 사람은 청춘을 가졌고, 30세의 사람은 능력을 가졌다. 40세의 사람은 성숙함을 가졌고, 50세의 사람은 경험을 가졌다. 60세의 사람은 편안함을 가졌다.

삶의 진행 과정 중에서, 우리는 ‘뺄셈’을 사용하지 않을 수 없다. 사람의 삶은 단 한 번만 있기 때문에, ❻우리는 연말과 연초에 자신을 되돌아보지 않을 수 없다. 자신이 잃은 것은 무엇이고 얻은 것은 무엇인지, 또 ‘수확’이 ‘지출’보다 많았는지, 아니면 ‘지출’이 ‘수확’보다 많았는지 계산해 본다. 삶의 진행 과정 중에서, 우리는 또 ‘덧셈’을 사용하지 않을 수 없다. 왜냐하면 인생은 가정할 수 없기 때문에, 우리는 어린 시절의 천진함을 알고, 젊은 시절의 무모함을 알며, 인생의 경험을 쌓아 어떻게 자신을 파악하는지를 알게 된다.

‘뺄셈’은 우리에게 스트레스를 가져다 주며, 우리에게 인생이 힘들고 짧으며, 세월이 무정하다는 것을 알게 해 준다. ❼‘덧셈’은 우리에게 희망을 가져다 주며, 우리에게 경험을 더해 주고 부를 축적할 수 있도록 해 준다. 시간은 모든 사람에게 공평하다. 설령 당신이 수많은 어려움을 겪었다고 해도, 모두 경험의 축적이다. 이러한 축적은 우리를 더욱 총명하고 이지적이게 해 준다. 이러한 축적이 있어, 새로운 한 해에 우리의 발걸음은 더욱 씩씩하고 신중하며, 자신감 있어진다.

요약
- 제목: 삶의 덧셈과 뺄셈
- 주제: 삶에는 덧셈과 뺄셈이 모두 필요하다.

단어 生命 shēngmìng 명 생명, 삶 | 加减法 jiājiǎnfǎ 명 가감법, 덧셈과 뺄셈 | 思维 sīwéi 명 사유, 생각 | 充满 chōngmǎn 동 가득 차다, 충만하다 | 危机 wēijī 명 위기 | 压力 yālì 명 스트레스 | 童年 tóngnián 명 유년 시절 | 浪漫 làngmàn 형 낭만적이다 | 青春 qīngchūn 명 청춘 | 幻想 huànxiǎng 명 공상, 환상 | 生机 shēngjī 명 활기 | 拥有 yōngyǒu 동 가지다, 소유하다 | 才干 cáigàn 명 능력 | 成熟 chéngshú 형 성숙하다 | 轻松 qīngsōng 동 편안하다, 홀가분하다 | 进程 jìnchéng 명 진행 과정, 경과 | 岁末 suìmò 명 연말 | 提醒 tíxǐng 동 일깨우다 | 收获 shōuhuò 명 소득, 수확 | 支出 zhīchū 명 지출 | 假设 jiǎshè 동 가정하다 | 天真 tiānzhēn 형 천진하다, 순진하다 | 莽撞 mǎngzhuàng 형 무모하다, 경솔하다 | 积累 jīlěi 동 쌓이다 | 如何 rúhé 대 어떻게 | 把握 bǎwò 동 파악하다 | 无情 wúqíng 형 무정하다 | 希望 xīwàng 명 희망 | 增添 zēngtiān 동 더하다, 늘리다 | 阅历 yuèlì 명 경험 | 财富 cáifù 명 재산, 부 | 时光 shíguāng 명 시간, 세월 | 哪怕 nǎpà 접 설령 | 理智 lǐzhì 명 이지, 이성과 지혜 | 步伐 bùfá 명 발걸음, 걸음 | 矫健 jiǎojiàn 형 건강하고 힘있다 | 沉稳 chénwěn 형 신중하다

05

p. 234

根据上文，30岁的人：

A 失去了才干　B 生活轻松了
C 有很多经验　D 还不够成熟

이 글에 의하면 30세의 사람은:

A 능력을 잃었다　B 생활이 편안해졌다
C 많은 경험이 있다　**D 아직 충분히 성숙하지 않다**

해설 삶의 뺄셈 사고에서 30세는 낭만을 잃었다(失去了浪漫)고 했고, 덧셈 사고에서는 능력을 가졌다(拥有了才干)고 했다. 하지만 보기에 직접적으로 제시되지 않았으므로, 다른 세대의 모습과 비교해 봐야 한다. 덧셈법 사고에서 본 40대는 성숙함을 가졌다(拥有了成熟)고 했으므로, 30대는 아직 성숙하지 않았음을 유추할 수 있다. 따라서 정답은 D가 된다. B, C는 각각 60대와 50대를 나타내는 말이므로 정답이 될 수 없다.

06

p. 235

文中的"支出"指：

A 生命的加法　B 每年赚的钱
C 我们花出去的资金　D 生命中失去的东西

글에서 '지출'이 가리키는 것은:

A 삶의 덧셈　B 매년 버는 돈
C 우리가 소비하는 자금　**D 삶에서 잃어버린 것**

해설 사람의 삶은 한 번만 있으므로, 연말이나 연초에는 한 해를 돌아보며, 자신이 잃은 것은 무엇이고, 얻은 것은 무엇인지 정리해 보아야 한다고 말하고 있다. 여기서 말하는 收获(수확)는 삶에서 얻은 것(得到的)을 말하고, 支出(지출)는 삶에서 잃은 것(失去的)을 말하므로 정답은 D가 된다.

단어 资金 zījīn 명 자금

p. 235

"加法"给我们带来什么?

A 埋怨　B 后悔
C 希望　D 压力

'덧셈'이 가져다 주는 것은?

A 원망하다　B 후회하다
C 희망　D 스트레스

해설 삶의 뺄셈은 스트레스를 가중시키고, 인생의 고달픔과 세월의 무정함을 알게 해 주지만, 덧셈은 우리에게 희망을 가져다 준다고 했으므로, 정답은 C가 된다. 또한 덧셈은 많은 경험을 더해 주며 부도 축적할 수 있게 해 준다고 말하고 있다.

단어 埋怨 mányuàn 동 원망하다 | 后悔 hòuhuǐ 동 후회하다

08

p. 235

上文主要说的是:	이 글에서 주로 이야기하는 것은:
A 生命的加减法 B 如何保持青春 C 我们失去的东西 D 遇到困难要勇于克服	**A 삶의 덧셈과 뺄셈** B 청춘을 어떻게 유지하는가 C 우리가 잃어버린 것 D 어려움을 만났을 때 용감히 극복해야 한다

해설 이 지문은 삶의 스트레스와 희망을 각각 뺄셈과 덧셈으로 비유하여 말하고 있으므로, 정답은 A가 된다.

단어 保持 bǎochí 동 유지하다 | 克服 kèfú 동 극복하다

DAY 24

✓ 정답 1. C 2. B 3. A 4. C 5. B 6. C 7. C 8. C

[01-04]

一个男人在一个公司工作了25年。❸25年里，他每天用同样的方法做着同样的工作，每个月领着同样的薪水。一天，❶愤愤不平的男人决定要求老板给他加薪水。在和老板谈话时，他总结道，"我已经有了1/4世纪的经验。"

"我亲爱的员工，"老板叹着气说道，❷"你没有1/4世纪的经验，但是在1/4世纪里，你用的都是同一种经验。"

我们总是满足于某种经验，而且动不动就拿过去的成绩来夸耀自己。我们满足于一次的成功，而不是不断拓展自己的才干、增加经验。

可是，人生不是一时的成功，人生的定义是在不断成长中收获成功。就像巨大的橡树，你看不到它的生长，但是播下种子的时候，树枝上长出新芽的时候，你就可以给它下定义，因为生长每天每刻都在看不见中进行着。❹我们的经验也是在不断的追求与创新中一天天丰富起来的。

不要只生活在过去的经验里，要寻找一个能拓展你自己的方向。这样，又一个25年之后，你就可以说: 我拥有1/4世纪的经验。

한 남자가 한 회사에서 25년을 일했다. ❸25년 동안 그는 매일 같은 방법으로 같은 업무를 했고, 매달 똑같은 월급을 받았다. 어느 날, ❶불만을 품은 남자는 사장에게 월급을 올려 달라고 하기로 했다. 사장과 이야기를 할 때, 그는 "저는 이미 4분의 1세기 경험이 있습니다."라고 총평했다.

"내 친애하는 직원이여" 사장은 한숨 쉬며 말했다. ❷"자네는 4분의 1세기 경험을 가진 게 아닐세. 그러나 4분의 1세기 동안 자네가 사용한 것은 모두 똑같은 하나의 경험이지."

우리는 항상 어떤 경험에 대해 만족하며, 게다가 걸핏하면 과거의 성과를 가지고 자신을 뽐낸다. 우리는 한 번의 성공에 만족하고, 끊임없이 자신의 능력을 개발하거나, 경험을 늘리지는 않는다.

그러나 인생은 한때의 성공이 아니다. 인생의 정의는 끊임없는 성장 속에서 성공을 거두는 것이다. 마치 거대한 상수리 나무처럼, 당신은 그 나무가 자라나는 것을 보지는 못하지만, 씨를 뿌릴 때, 나뭇가지에 새순이 돋을 때, 당신은 나무에 정의를 내릴 수 있다. 왜냐하면 성장은 매일 매 순간 보이지 않게 계속되기 때문이다. ❹우리의 경험 역시 끊임없는 추구와 창조에서 나날이 풍부해지는 것이다.

단지 과거의 경험 속에서만 살아가지 말고 자신을 개발할 수 있는 방향을 찾아야 한다. 그래야만 또 한 번의 25년이 지난 후에, 당신은 4분의 1세기 경험을 가지고 있다고 말할 수 있는 것이다.

요약
- 제목: 진정한 경험
- 주제: 사람은 끊임없이 새로운 경험을 쌓고 발전해야 한다.

단어 领 lǐng 동 수령하다, 받다 | 薪水 xīnshui 명 급여, 봉급 | 愤愤不平 fènfèn bù píng 성어 화가 나서 마음이 평온하지 않다 | 要求 yāoqiú 동 요구하다 | 老板 lǎobǎn 명 사장 | 总结 zǒngjié 동 총괄하다, 총정리하다 | 世纪 shìjì 명 세기 | 经验 jīngyàn 명 경험 | 亲爱 qīn'ài 형 친애하다 | 员工 yuángōng 명 직원, 노동자 | 叹气 tànqì 동 한숨 쉬다, 탄식하다 | 总是 zǒngshì 부 항상, 늘 | 满足 mǎnzú 동 만족하다 | 动不动 dòngbudòng 부 걸핏하면 | 夸耀 kuāyào 동 자랑하다 | 不断 búduàn 부 끊임없이 | 拓展 tuòzhǎn 동 개발하다 | 才干 cáigàn 명 재능, 재주 | 定义 dìngyì 명 정의 | 橡树 xiàngshù 명 상수리 나무 | 播 bō 동 (씨를) 뿌리다, 파종하다 | 种子 zhǒngzi 명 씨앗, 종자 | 新芽 xīnyá 명 새싹 | 追求 zhuīqiú 동 추구하다 | 创新 chuàngxīn 동 새로운 것을 창조하다 | 寻找 xúnzhǎo 동 찾다

01

p. 236

第1段中的“愤愤不平”是什么意思?		첫 번째 단락에서 '불만을 품다'는 무엇을 의미하는가?	
A 高兴	B 兴奋	A 기쁘다	B 흥분하다
C 生气	D 后悔	**C 화내다**	D 후회하다

해설 愤愤不平을 한자로 분석하면 '분노 분 / 아닐 불 / 화평할 평'이다. 즉, 분해서 마음이 평안한 상태가 아니므로, 화가 났다는 의미다. 따라서 정답은 C가 된다. 단어 뜻을 모른다 할지라도, 앞부분에서 25년간 같은 월급을 받은 직원이 사장님에게 월급을 올려 달라고 하기로 결심한 마음의 상태를 유추해 보면 쉽게 정답을 찾을 수 있다.

단어 兴奋 xīngfèn 형 흥분하다 | 后悔 hòuhuǐ 동 후회하다

02

p. 236

老板为什么没有给他加薪水?	사장은 그에게 왜 월급을 올려 주지 않았는가?
A 他太老了	A 그가 너무 늙어서
B 他没有进步	**B 그가 발전이 없어서**
C 公司资金紧张	C 회사의 자금이 부족해서
D 怕别的员工知道后不满意	D 다른 직원들이 알게 된 후 불만스러워할까 봐

해설 직원의 월급 인상 요구에 사장은 그가 25년간 같은 방법으로 같은 업무를 했으므로, 25년의 경험이라고 할 수 없다고 말했다. 그 의미는 그 직원이 일하면서 발전이 없었다는 뜻으로, 정답은 B가 된다.

단어 进步 jìnbù 동 진보하다 | 资金 zījīn 명 자금 | 紧张 jǐnzhāng 형 부족하다, 빠듯하다 | 满意 mǎnyì 동 만족하다

03

p. 236

关于这个职员，我们可以知道什么?	이 직원에 대해 알 수 있는 것은?
A 没有升职	**A 승진하지 않았다**
B 老板对他不公平	B 사장은 그에게 불공평하다
C 公司把他辞退了	C 회사는 그를 해고시켰다
D 每天的工作不一样	D 매일 하는 업무가 달랐다

해설 그 직원이 승진하였다면 당연히 월급이 올랐을 텐데, 월급이 한 번도 오르지 않은 것을 보면, 그는 승진한 적이 없다는 것을 알 수 있다. 따라서 A가 정답이 된다. 사장은 그 직원이 일한 만큼 월급을 주었으므로 불공평하다고 볼 수 없기 때문에 B는 정답이 될 수 없다.

단어 公平 gōngpíng 형 공평하다 | 升职 shēngzhí 명 승진 | 辞退 cítuì 동 해고하다

p. 236

这篇文章想要告诉我们什么?	이 글에서 말하고자 하는 것은?
A 要听从老板的安排	A 사장의 계획에 따라야 한다
B 勇于说出自己的意见	B 용감하게 자신의 의견을 말한다
C 人要不断积累新的经验	**C 사람은 끊임없이 새로운 경험을 쌓아야 한다**
D 不要在一个公司工作太长时间	D 한 회사에서 너무 오랫동안 일하지 말아야 한다

해설 작가는 '나무의 성장'을 예로 들어 '경험의 성장'에 대해 설명하고 있다. 눈에 띄지는 않지만 매 순간 지속적으로 자라나는 나무처럼, 우리의 경험 또한 끊임없는 추구와 창조 속에서 풍부해질 수 있다고 말하고 있다. 따라서 정답으로 가장 적합한 것은 C가 된다.

단어 安排 ānpái 동 안배하다 | 勇于 yǒngyú 동 용감하게 ~하다 | 积累 jīlěi 동 쌓이다

[05-08]

真诚的微笑透出的是宽容、是善意、是温柔、是爱意，更是自信和力量，微笑是一个了不起的表情，无论是你的客户，还是你的朋友，甚至是陌生人，只要看到你的微笑，都不会拒绝你，微笑给这个生硬的世界带来了妩媚和温柔，也给人的心灵带来了阳光和感动。

有一位老太太年轻的时候就喜欢研究心理学，退休后，就和丈夫商量着开了一家心理咨询所。没想到，❺生意异常红火，每天来此的人络绎不绝。预约的号甚至排到了几个月之后，有人问她，❻她如此受欢迎的原因是什么。老太太说："其实很简单。"

❼他们夫妇的主要工作就是让每一位上门的咨询者经常操练一门功课：寻找微笑的理由。比如，在你下班的时候，你的爱人给你倒了一杯水；比如，下雨的时候，你收到家人发来的让你注意安全的信息；比如，在平常的日子里，你收到了一封朋友发来的写满祝福和思念的电子邮件；比如，在电梯门将要关闭时，有人按住按钮等你赶到；比如，清洁工在离你几步远的地方停下扫帚，而没有让你奔跑着躲避灰尘……就是这样的生活细节，都可以作为微笑的理由，因为这是生活送给你的礼物。

那些按老太太要求去做的人发现，几乎每天都能轻而易举地找到十来个微笑的理由。时间长了，夫妻间的感情裂痕开始弥合，与上司或同事的紧张关系趋向缓和；日子过得不如意的人也会憧憬起明天新的太阳。❽总之，他们付出的微笑，都有了意想不到的收获。美丽的笑容，犹如桃花初绽，给人以温馨甜美的感觉。

진실한 미소가 나타내는 것은, 관용, 선의, 온유함, 사랑이며, 더욱이 자신감과 힘이다. 미소는 대단한 표정이다. 당신의 고객이든 친구든 관계없이, 심지어 낯선 사람도 당신의 미소를 본다면 결코 당신을 거절할 수 없을 것이다. 미소는 이 딱딱한 세상에 사랑스러움과 온유함을 가져다 주며 사람의 마음에 빛과 감동을 가져다 준다.

한 노부인은 젊은 시절 심리학 연구에 관심이 많았다. 퇴직 후 그녀는 남편과 의논하여 심리 상담소를 열었다. 뜻밖에도, ❺사업이 너무 잘됐고, 매일 이곳을 방문하는 사람이 끊이지 않았다. 예약 번호는 심지어 몇 달 뒤까지 잡혀 있었다. 어떤 사람이 ❻그녀가 이렇게 환영받는 이유가 무엇인지 물었다. 노부인은 "사실 매우 간단해요."라고 말했다.

❼그들 부부가 주로 하는 일은 방문하는 모든 상담자에게 항상 미소 지을 이유를 찾는 한 과목을 훈련시키는 것이다. 예를 들어 당신이 퇴근했을 때 당신의 아내가 당신에게 물 한 잔을 따라 준다든가, 예를 들어 비가 올 때 안전에 유의하라는 가족의 메시지를 받는다든가, 예를 들어 평상시에 친구가 축복과 그리움으로 가득 채워 쓴 이메일을 받는다든가, 엘리베이터 문이 닫히려는 순간, 어떤 사람이 버튼을 눌러 당신이 올 때까지 기다려 준다든가, 예를 들어 환경미화원이 당신과 몇 걸음 떨어진 곳에서 빗자루질을 멈춰 당신이 먼지를 피해 빨리 달리지 않도록 해 준다든가…… 이런 생활의 작은 부분들이 모두 미소 짓는 이유가 될 수 있다. 왜냐하면 이것은 생활이 당신에게 주는 선물이기 때문이다.

그 노부인의 요구대로 행동한 사람들은 거의 매일 너무도 쉽게 십여 개의 미소 짓는 이유를 찾을 수 있음을 발견했다. 시간이 지나면서 부부간의 감정의 균열이 메워지기 시작했고, 상사나 동료와의 긴장 관계가 풀리기 시작했다. 삶이 뜻대로 되지 않았던 사람도 내일의 새로운 태양을 기다리게 되었다. ❽결론적으로 말하면 그들이 베푼 미소에는 모두 생각지도 못한 수확이 있었다. 아름다운 웃는 얼굴은 마치 복숭아꽃이 처음 피는 것과 같이 사람들에게 따스하며 달콤한 느낌을 가져다 주었다.

요약
- 제목: 미소의 힘
- 주제: 미소는 사람들의 생활을 변화시킨다.

단어 真诚 zhēnchéng 형 진실하다 | 微笑 wēixiào 명 미소 | 透 tòu 동 나타내다 | 宽容 kuānróng 형 너그럽다 | 善意 shànyì 명 선의 | 温柔 wēnróu 형 온유하다 | 力量 lìliang 명 역량, 힘 | 了不起 liǎobuqǐ 형 대단하다 | 表情 biǎoqíng 명 표정 | 客户 kèhù 명 고객, 손님 | 甚至 shènzhì 부 심지어 | 陌生人 mòshēngrén 명 낯선 사람 | 拒绝 jùjué 동 거절하다 | 生硬 shēngyìng 형 (분위기 등이) 딱딱하다 | 妩媚 wǔmèi 형 사랑스럽다 | 心灵 xīnlíng 명 마음 | 研究 yánjiū 동 연구하다 | 退休 tuìxiū 동 퇴직하다 | 商量 shāngliang 동 의논하다 | 咨询所 zīxúnsuǒ 명 상담소 | 异常 yìcháng 부 너무, 매우 | 红火 hónghuo 형 번창하다 | 络绎不绝 luò yì bù jué 성어 (사람, 수레 등의) 왕래가 빈번해 끊이지 않다 | 预约 yùyuē 동 예약하다 | 操练 cāoliàn 동 훈련하다 | 功课 gōngkè 명 과목 | 倒水 dàoshuǐ 동 물을 따르다 | 注意 zhùyì 동 주의하다, 조심하다 | 祝福 zhùfú 동 행복을 빌다 | 思念 sīniàn 동 그리워하다 | 电子邮件 diànzǐ yóujiàn 명 이메일

| 电梯 diàntī 명 엘리베이터 | 关闭 guānbì 동 닫다 | 按钮 ànniǔ 명 버튼 | 清洁工 qīngjiégōng 명 환경미화원 | 扫帚 sàozhou 명 빗자루 | 奔跑 bēnpǎo 동 빨리 달리다, 질주하다 | 躲避 duǒbì 동 피하다 | 灰尘 huīchén 명 먼지 | 细节 xìjié 명 사소한 부분 | 轻而易举 qīng ér yì jǔ 성어 (어떤 일을) 하기 쉽다 | 裂痕 lièhén 명 균열 | 弥合 míhé 동 메우다, 낫게 하다 | 趋向 qūxiàng 명 추세 | 缓和 huǎnhé 형 완화하다 | 不如意 bù rúyì 뜻대로 되지 않다 | 憧憬 chōngjǐng 동 동경하다, 지향하다 | 总之 zǒngzhī 접 결론적으로 말하면, 요컨대 | 付出 fùchū 동 주다 | 意想不到 yì xiǎng bú dào 성어 예상치 못하다 | 收获 shōuhuò 명 수확 | 犹如 yóurú 동 마치 ~와 같다 | 桃花 táohuā 명 복숭아 꽃 | 初绽 chūzhàn 동 (꽃이) 방금 피다 | 温馨 wēnxīn 형 따스하다 | 甜美 tiánměi 형 달콤하다

05

p. 237

根据本文，我们可以知道这家咨询所：	글을 통해 이 상담소에 대해 알 수 있는 것은:
A 不太受欢迎	A 그다지 인기가 없다
B 来咨询的人很多	**B 상담을 받으러 오는 사람이 매우 많다**
C 老板是一个年轻人	C 사장은 젊은 사람이다
D 已经开了很长时间	D 개업한 지 오래되었다

해설 질문의 힌트 단어는 咨询所(상담소)로 지문의 두 번째 단락 첫 번째 문장 뒷부분부터 나온다. 이 노부부가 퇴직 후 개업한 심리 상담소는 뜻밖에도 사업이 번창하고(红火), 손님들이 끊이지 않았으며(络绎不绝), 예약이 몇 달 뒤까지 잡혀 있는 상태(预约的号甚至排到了几个月之后)라고 했다. 이를 통해 이 상담소에 오려는 손님이 매우 많음을 알 수 있으므로 B가 정답이 된다.

06

p. 237

根据第2段，我们可以知道什么？	두 번째 단락을 통해 알 수 있는 것은?
A 多和朋友们联系	A 친구들과 많이 연락한다
B 生活中要礼貌对人	B 생활에서 예의 있게 사람을 대해야 한다
C 老太太的建议很有效	**C 노부인의 제안은 매우 효과적이었다**
D 咨询所开设了很多课程	D 상담소는 여러 교육 과정을 개설했다

해설 두 번째 단락에서 상담소가 뜻밖에도 환영받았다고 한 것을 통해 그녀의 제안이 아주 효과적이었음을 짐작할 수 있으므로, C가 정답이 된다. A, B, D는 두 번째 단락에서 모두 언급되지 않았으므로 정답이 될 수 없다.

단어 联系 liánxì 동 연락하다 | 建议 jiànyì 명 건의 | 有效 yǒuxiào 형 효과가 있다 | 开设 kāishè 동 개설하다 | 课程 kèchéng 명 교육 과정

07

p. 237

在第4段中，老太太的"要求"是指什么？	네 번째 단락에서 노부인의 '요구'란 무엇인가?
A 每天按时吃药	A 매일 시간에 맞춰 약을 먹는다
B 要搞好人际关系	B 인간관계를 잘 맺어야 한다
C 寻找快乐的理由	**C 기쁨의 이유를 찾는다**
D 定期去大医院检查	D 정기적으로 큰 병원에 가서 검사를 받는다

해설 세 번째 단락을 보면, 부부는 상담자들에게 미소 지을 이유를 찾는 수업을 듣게 했다. 즉 노부인이 상담자들에게 했던 '요구'는 바로 자신의 삶 속에서 기뻐할 이유를 찾는 것으로, C가 정답이 된다.

단어 按时 ànshí 부 제때에 | 人际关系 rénjì guānxi 인간관계 | 检查 jiǎnchá 동 검사하다

08

本文主要想要告诉我们什么?	이 글에서 말하고자 하는 것은?
A 谦虚使人进步	A 겸손은 사람을 발전시킨다
B 做生意的秘诀	B 사업하는 비결
C 微笑可以改变生活	**C 미소는 생활을 바꿀 수 있다**
D 老人一样可以活得精彩	D 노인도 마찬가지로 멋지게 살 수 있다

p. 237

해설 노부인이 제안한 요구에 따라 미소 지을 이유를 찾은 사람들은 시간이 지나자 점점 변하기 시작했다. 부부 사이가 좋아지거나, 상사나 동료와의 원만하지 않던 관계가 좋아지기 시작했으며, 삶이 뜻대로 되지 않던 사람도 내일을 기대하게 되었다. 작가는 이 글을 통해서 미소는 사람들의 생활을 변화시키는 힘을 가지고 있다는 메시지를 전하고자 하므로 정답은 C가 된다.

단어 谦虚 qiānxū 형 겸손하다 | 精彩 jīngcǎi 형 훌륭하다, 뛰어나다

DAY 25

✓ 정답 1. A 2. B 3. C 4. C 5. D 6. D 7. A 8. C

[01-04]

某公司成立以来，事业蒸蒸。但受到金融危机的影响，❶今年却没赚什么钱。以前过年的时候，职员总能拿到两个月的奖金。可今年顶多只能给一个月的奖金。老板怕职员们伤心，努力地想办法。他突然想起小时候去买糖的事情。售货员总是抓一大把糖放在秤上，然后再一个一个地拿走，只有一个服务员，她每次都拿很少，然后再一个一个地往上加，❷虽然最后拿到的糖都是一样的，但是大家更喜欢后者。没过两天，公司突然传出要裁员的消息，职员都非常担心。但是，随后老板宣布: 大家是一家人，少了谁都不行，决定不裁员了，只是没有奖金了。眼看除夕快到了，人人都做了过个穷年的打算。突然，老板召开紧急会议。职员都议论是不是又有什么变化呢？不一会，开会回来的人高兴地喊道: ❸"我们能拿到一个月的奖金啦!"❹大家听了这个消息都非常高兴，非常感谢老板。

어느 회사가 창립 이래, 사업이 나날이 번창했다. 그러나 금융 위기의 영향을 받아, ❶올해는 돈을 얼마 벌지 못했다. 이전에는 설을 쇨 때 직원들이 두 달 치의 보너스를 받을 수 있었다. 그러나 올해는 기껏해야 한 달 치의 보너스만 줄 수 있게 되었다. 사장은 직원들이 상심할까 걱정하여 방법을 고심했다. 그는 갑자기 어린 시절에 사탕을 사러 갔던 일이 생각났다. 판매원은 항상 사탕 한 움큼을 저울에 올려 두고 하나씩 하나씩 가져갔는데, 단 한 명의 점원만 매번 사탕을 아주 적게 집은 후에, 다시 하나씩 하나씩 올려놓았다. ❷비록 결국에 가져가게 되는 사탕은 모두 같았지만, 모두 후자를 더 좋아했다. 며칠 되지 않아 회사에는 갑자기 감원하다는 소식이 전해졌고 직원들은 모두 매우 걱정했다. 그러나 그다음에 사장은 우리는 한 가족이고 누구 하나 없어서는 안되니 감원을 하지 않겠다고, 단지 보너스는 없게 됐다고 밝혔다. 곧 섣달그믐날이 다가왔고, 사람들은 모두 이 힘든 해를 보낼 계획을 세웠다. 갑자기 사장이 긴급 회의를 개최했다. 직원들은 모두 또 다른 변화가 있는 것은 아닌지 논의했다. 머지않아 회의에서 돌아온 사람이 기쁘게 소리쳤다. ❸"우리 한 달 치 보너스를 받을 수 있대!" ❹모두 이 소식을 듣고 매우 기뻐하며, 사장에게 크게 감사했다.

요약
- 제목: 현명한 방법으로 위기를 극복한 사장
- 주제: 사람의 심리를 잘 파악하면 어려움을 극복할 수 있다.

단어 成立 chénglì 동 창립하다 | 蒸蒸 zhēngzhēng 형 번영하고 진보하는 모양 | 金融危机 jīnróng wēijī 명 금융 위기 | 影响 yǐngxiǎng 명 영향 | 赚 zhuàn 동 돈을 벌다 | 职员 zhíyuán 명 직원 | 奖金 jiǎngjīn 명 보너스, 상여금 | 顶多 dǐngduō 부 기껏해야 | 老板 lǎobǎn 명 사장 | 伤心 shāngxīn 동 상심하다, 슬퍼하다 | 突然 tūrán 부 갑자기 | 糖 táng 명 사탕 | 售货员 shòuhuòyuán 명 판매원 | 抓 zhuā 동 (손으로) 쥐다 | 一把 yì bǎ 한 움큼 | 秤 chèng 명 저울 | 虽然 suīrán 접 비록 ~하지만 | 后者 hòuzhě 명 후자 | 裁员 cáiyuán 동 (기관, 기업 등에서) 감원하다 | 随后 suíhòu 부 그 다음에, 뒤이어 | 宣布 xuānbù 동 선포하다 | 除夕 chúxī 명 섣달 그믐날 | 召开 zhàokāi 동 (회의를) 열다 | 紧急 jǐnjí 형 긴급하다 | 议论 yìlùn 동 논의하다 | 变化 biànhuà 명 변화 | 喊道 hǎndào 동 소리쳐 말하다

01

p. 243

这个公司今年怎样?	이 회사는 올해 어떠한가?
A 挣的钱不多 B 赚了一大笔钱 C 职员不喜欢这个公司 D 准备发两个月的奖金	**A 번 돈이 많지 않다** B 큰돈을 벌었다 C 직원들이 이 회사를 싫어한다 D 두 달 치의 보너스를 주려고 한다

해설 이 회사는 원래 사업이 나날이 번창하였으나, 금융 위기의 영향을 받아 올해는 수익이 많지 않다고 하였으니, 정답은 A가 된다. 지문의 没赚什么钱(돈을 얼마 벌지 못했다)은 挣的钱不多(번 돈이 많지 않다)로 바꿔 말할 수 있다.

단어 准备 zhǔnbèi 동 준비하다, ~하려고 하다

02

p. 243

关于经理小时候买糖的故事，正确的是：	사장이 어렸을 때 사탕을 산 이야기에 관해 옳은 것은:
A 小孩子都喜欢吃糖 B 不同的卖糖方式影响人们的心理 C 每个售货员都有自己的销售方式 D 方式不同，但糖果的数量没有变化	A 아이들은 모두 사탕 먹는 것을 좋아한다 **B 다른 사탕 판매 방식은 사람의 심리에 영향을 준다** C 모든 판매원은 자신의 판매 방식이 있다 D 방식은 다르지만 사탕의 수량은 변화가 없었다

해설 사장이 어렸을 때, 사탕 가게 점원들은 처음에 많이 놓았다가 하나씩 덜어내는 방식으로 사탕의 무게를 달았는데, 단 한 명의 점원만 처음에 조금 놓았다가 하나씩 더 얹어 주는 방식을 썼다고 했으므로, C는 정답이 아니다. 사탕의 양은 같았으나, 판매 방식을 달리하면 구매자의 기분도 달라질 수 있다는 것을 알려 주고 있으므로 정답은 B가 된다. 사탕은 개수가 아니라 무게를 달아 판매했으므로, D도 정답이 될 수 없다.

단어 经理 jīnglǐ 명 사장, 책임자 | 影响 yǐngxiǎng 동 영향을 주다 | 销售 xiāoshòu 동 팔다, 판매하다

03

p. 243

这个公司的职员：	이 회사의 직원은:
A 得不到奖金 B 都被炒鱿鱼了 C 能得到一个月的奖金 D 得不到这个月的工资	A 보너스를 받을 수 없다 B 모두 해고당했다 **C 한 달 치의 보너스를 받을 수 있다** D 이번 달의 월급을 받을 수 없다

해설 사장은 처음에 회사 사정이 좋지 않아 감원하겠다고 말했다가, 다시 감원은 하지 않고 대신 보너스는 줄 수 없게 됐다고 했고, 나중에는 한 달 치 보너스만 주겠다고 했다. 이 모든 내용은 사장이 직원들의 기대치를 낮추기 위해 취한 연막작전으로, 직원들은 결국 한 달 치의 상여금을 받았다. 따라서 정답은 C가 된다.

단어 炒鱿鱼 chǎo yóuyú 해고하다 | 工资 gōngzī 명 월급

04

p. 244

关于经理的办法，正确的是：	사장의 방법에 관해 옳은 것은:
A 让工人都很难过	A 직원들을 모두 슬프게 했다
B 增加了公司的收入	B 회사의 수입을 증가시켰다
C 使工人得到了安慰	**C 직원들이 위안을 얻게 했다**
D 使一部分人丢了工作	D 일부 사람들의 직장을 잃게 했다

해설 원래 두 달 치의 보너스를 받아 왔던 직원들은 사장의 발표에 기대치가 한껏 낮아진 상태였다. 그때, 한 달 치의 보너스를 준다는 이야기를 듣고 직원들은 오히려 기뻐하며 사장에게 감사했으므로, 정답은 C가 된다.

단어 工人 gōngrén 명 노동자 | 安慰 ānwèi 동 위로하다

[05-08]

有一天，一个穷人来找阿凡提，对他说："可敬的阿凡提，❺我想求您一件事情，不知道您肯不肯帮忙？""帮助人是光荣的事情，也是快乐的事情，你说吧。"阿凡提爽快地答应了。"唉！"穷人长长地叹了一口气说："昨天我只在巴依开的一家饭馆门口站了一小会儿，❻他就说我吃了他饭菜的香味，要我付饭钱。我当然不给，他就到卡子那儿告我，卡子决定今天判决，您能为我说几句公道话吗？""行！行！"阿凡提说完就陪着穷人去见卡子了。

巴依早就到了，正在和卡子高兴地交谈着。卡子一看见穷人，不由地喊了起来："你吃了巴依饭菜的香味，怎么敢不付钱！""慢一点，卡子。"阿凡提走上前去行了个礼说："我是他的弟弟，他没有钱，让我付给巴依。"完，阿凡提走上前去，把钱袋举到巴依的耳朵旁边摇了几下，说："你听到钱袋里钱币响亮的声音了吗？""啊？听到了！听到了！"巴依回答道。阿凡提说：❼"好，既然他吃了你饭菜的香味，那我付给你钱币的声音，我们的帐两清了！"

说完，❽阿凡提牵着穷人的手大摇大摆地走了。

어느 날 한 가난한 사람이 아판티를 찾아와, 아판티에게 "존경하는 아판티 씨, ❺저는 당신께 한 가지 부탁할 일이 있는데, 저를 도와주실 수 있는지요?"라고 말했다. "남을 돕는다는 것은 영광스럽고, 또 기쁜 일이라네. 말해 보게." 아판티는 흔쾌히 대답했다. "휴!" 가난한 사람은 길고 긴 한숨을 내뱉으며 말했다. "어제 저는 바이가 개업한 식당 입구에 잠시 서 있었는데, ❻바이는 제가 자기네 음식 냄새를 맡았다며 밥값을 내라고 하잖아요. 저는 물론 주지 않았어요. 그러자 그가 카쯔한테 가서 저를 고소했어요. 카쯔가 오늘 판결을 내릴 텐데, 당신께서 저를 위해 공정하게 몇 마디 말 좀 해 주실 수 있으세요?" "물론이지! 물론이지!" 아판티는 말이 끝난 후 그 가난한 사람을 데리고 카쯔를 만나러 갔다.

바이는 이미 도착해 있었고, 카쯔와 즐겁게 이야기를 나누고 있었다. 카쯔는 가난한 사람을 보자 저도 모르게 "너는 바이의 음식 냄새를 맡고도, 어찌 감히 돈을 내지 않느냐!"고 소리를 질렀다. "잠시만요, 카쯔." 아판티는 앞으로 걸어가 예의를 갖추며 말했다. "저는 저 사람의 동생이며, 그가 돈이 없어 저더러 바이에게 돈을 내 달라고 했습니다." 말이 끝나고, 아판티는 앞으로 걸어가서는 돈주머니를 들어 바이의 귓가에 몇 번 흔들며 "당신은 이 주머니 속에 있는 동전의 소리를 들었죠?"라고 말했다. "응? 들었지! 들었지!" 바이는 대답했다. 아판티는 말했다. ❼ "좋아요, 기왕 그가 당신의 음식 냄새를 맡았고, 그래서 나는 당신에게 동전 소리로 지불했으니, 우리의 계산은 모두 깨끗하게 끝난 거예요!"

말이 끝난 후, ❽아판티는 가난한 사람의 손을 잡고 어깨를 으쓱거리며 돌아갔다.

요약
- 제목: 재치로 문제를 해결한 아판티
- 주제: 억지를 부리면, 그것에 부합한 결과를 맞이하게 된다.

단어 穷人 qióngrén 명 가난한 사람 | 阿凡提 Āfántí 명 아판티 | 可敬 kějìng 형 존경할 만하다 | 光荣 guāngróng 형 영광스럽다 | 爽快 shuǎngkuai 형 명쾌하다, 시원시원하다 | 答应 dāying 동 대답하다, 허락하다 | 叹气 tànqì 동 한숨 쉬다, 탄식하다 | 香味 xiāngwèi 명 좋은 냄새, 향기 | 付钱 fùqián 동 돈을 내다 | 告 gào 동 고발하다 | 判决 pànjué 동 판결하다, 선고하다 | 公道 gōngdao 형 공평하다 | 交谈 jiāotán 동 이야기를 나누다 | 不由 bùyóu 부 자연히, 저도 모르게 | 敢 gǎn 조동 감히 ~하다 | 钱袋 qiándài 명 돈자루 | 摇 yáo 동 흔들다 | 响亮 xiǎngliàng 형 (소리가) 높고 낭랑하다 | 既然 jìrán 접 이왕 이렇게 된 바에야 | 钱币 qiánbì 명 동전 | 帐 zhàng 명 빚, 채무 | 两清 liǎngqīng 동 양쪽의 계산이 깨끗하게 끝나다 | 牵 qiān 동 끌다 | 大摇大摆 dà yáo dà bǎi 성어 어깨를 으쓱거리며 걷다

05

p. 244

穷人为什么去找阿凡提?	가난한 사람은 왜 아판티를 찾아갔는가?
A 帮助阿凡提 B 请阿凡提吃饭 C 去和阿凡提聊天 D 请阿凡提帮忙想办法	A 아판티를 돕기 위해서 B 아판티에게 밥을 대접하기 위해서 C 아판티와 이야기하기 위해서 **D 아판티에게 방법을 생각해 달라고 도움을 청하기 위해**

해설 가난한 사람은 자신이 처한 난관을 해결하기 위해 아판티에게 도움을 요청하러 찾아갔다고 지문 첫 부분에 나와 있다. 따라서 D가 정답이 된다.

단어 聊天 liáotiān 동 잡담하다 | 办法 bànfǎ 명 방법

06

p. 244

巴依为什么要钱?	바이는 왜 돈을 달라고 했는가?
A 穷人打了巴依 B 穷人买了巴依的饭店 C 穷人吃了巴依家的饭 D 穷人闻到了巴依家饭馆儿菜的香味	A 가난한 사람이 바이를 때려서 B 가난한 사람이 바이의 식당을 사서 C 가난한 사람이 바이 집 밥을 먹어서 **D 가난한 사람이 바이 식당의 음식 냄새를 맡아서**

해설 가난한 사람은 바이가 자신의 음식점 앞에서 음식 냄새를 맡았으니 밥값을 내라는 말도 안 되는 요구를 하여 아판티를 찾아가 도움을 청했으므로, 정답은 D가 된다.

단어 闻 wén 동 냄새를 맡다

07

p. 245

阿凡提找巴依干什么?	아판티는 바이를 찾아가 무엇을 했는가?
A 帮穷人解决问题 B 和巴依一起吃饭 C 想和巴依一起开饭店 D 问问巴依到底是怎么回事	**A 가난한 사람을 도와 문제를 해결했다** B 바이와 함께 밥을 먹었다 C 바이와 함께 식당을 개업하려고 했다 D 바이에게 도대체 어떻게 된 일인지 물었다

해설 가난한 사람에게 음식을 먹지도 않았는데, 냄새만 맡았다고 밥값을 내라는 억지를 부리는 바이에게 아판티는 돈이 든 주머니를 흔들며, 동전 소리를 지불하였으니 계산을 한 것이라고 말했다. 이 내용으로 아판티는 재치있게 가난한 사람의 문제를 해결해 준 것을 알 수 있으므로, A가 정답이 된다.

단어 解决 jiějué 동 해결하다

08

p. 245

最后的结果怎么样?	마지막 결과는 어떻게 됐는가?
A 巴依知道错了 B 巴依不要钱了 C 穷人的问题解决了 D 阿凡提给巴依钱了	A 바이가 잘못을 알게 되었다 B 바이가 돈을 원하지 않았다 **C 가난한 사람의 문제가 해결됐다** D 아판티는 바이에게 돈을 주었다

해설 지문의 마지막 부분에 바이가 잘못을 뉘우친다는 내용은 나오지 않으므로, A는 정답이 될 수 없다. 다만 아판티가 가난한 사람의 손을 잡고 어깨를 으쓱거리며 돌아갔다고 한 것으로 보아 가난한 사람의 문제가 해결되었음을 알 수 있다. 따라서 정답은 C가 된다.

DAY 26

✓ 정답 1. D 2. C 3. D 4. A 5. B 6. C 7. D 8. C

[01-04]

朱姝杰是云南省丽江市第一中学的高中一年级学生，❹她是个爱思考、善于观察的小姑娘。

在当地，有一种叫雪桃的水果，❷不仅味道好，而且很有营养。很多人都想种雪桃，但雪桃苗却很难成活。朱姝杰的爸爸也是个雪桃种植户，总为买不到雪桃苗而发愁。看到爸爸整天唉声叹气，她心里很难受，❶并下定决心自己培育雪桃苗。

她通过观察发现，因为雪桃核的壳太硬，才导致桃苗无法发芽。那么该如何解决这一问题呢？于是她就想把桃核弄开，直接用桃仁在春天育苗，这样种子不就容易发芽了吗？于是，她用铁锤试着敲开桃核，可结果让她很失望。桃核裂开了，但桃仁都被弄烂了，为此她十分苦恼。

一天，她在外面散步，走着走着，她突然脚下踢到了一个桃核，便弯腰将桃核捡起来。她仔细一看，发现这个桃核是裂开的，里面的雪桃果仁完好无损。朱姝杰感到非常好奇，于是，她向一位村民询问桃核自然裂开的原因。村民告诉她："前些日子，桃核在阳光下晒了几天，接着下了一场大雨，桃核后来自己就裂开了。"

听了村民的解释，朱姝杰非常高兴，回到家后，她找了许多雪桃核，❸先把它们放在院子里晒了几天，接着又把它们放到冷水盆里泡了一段时间，最后拿出来，轻轻一敲，桃核就纷纷裂开了，里面的桃仁没有一点破损。到了春天，她把桃仁种在地里，不久，可爱的嫩苗就长了出来。就这样，朱姝杰解决了雪桃育苗的难题，她也因此获得了青少年科技创新大赛的银奖。

주슈제는 윈난성 리장시 제1중고등학교 고1 학생이다. ❹그녀는 사색하는 것을 좋아하고, 관찰하는 것에 뛰어난 소녀였다.

현지에는 설도(겨울 복숭아)라는 과일이 있는데, ❷맛도 좋고 영양도 있어서, 많은 사람들이 설도를 심고 싶어하지만, 설도 묘목은 쉽게 활착하기가 어렵다. 주슈제의 아빠도 설도 농부인데 설도 묘목을 구할 수 없어 늘 근심했다. 아빠가 하루 종일 탄식하는 모습을 보고 그녀는 마음이 괴로웠고, ❶스스로 설도 모종을 키우기로 결심했다.

그녀는 관찰을 통해 설도 씨의 껍질(복숭아 핵)이 너무 딱딱해서 복숭아 싹이 나지 않는다는 것을 발견했다. 그렇다면 이 문제는 어떻게 해결해야 할까? 그래서 그녀는 복숭아씨의 딱딱한 부분을 깨서, 복숭아씨의 알맹이로 봄철에 싹을 기르면 싹이 잘 트지 않을까?라고 생각했다. 그녀는 망치로 복숭아씨를 깨 봤지만 결과는 실망스러웠다. 복숭아씨의 딱딱한 껍질은 벌어졌지만 복숭아씨 안의 알맹이까지 다 으깨져 버려서 그녀는 매우 고민이었다.

어느 날, 그녀가 밖에서 산책하면서 길을 걷다가 갑자기 발 밑에서 복숭아씨를 차게 되었고, 바로 허리를 굽혀 복숭아씨를 주웠다. 그녀가 자세히 살펴보니, 이 복숭아씨의 딱딱한 부분은 갈라져 벌어졌고, 안의 복숭아 알맹이는 전혀 상처 없이 온전하다는 것을 발견했다. 주슈제는 너무 호기심이 생겨서, 한 마을 사람에게 복숭아씨가 자연적으로 갈라진 이유를 물었다. 마을 사람은 "얼마 전 복숭아씨가 며칠 동안 햇볕을 쬐다가, 이어 큰 비가 내렸는데, 그 이후로 복숭아씨가 저절로 쪼개졌다."라고 알려 주었다.

주슈제는 마을 사람의 설명을 듣고, 매우 기뻐했다. 집에 돌아온 후, 많은 설도 씨를 가져와 ❸먼저 마당에 놓고 며칠 동안 말렸다가, 다시 그것들을 찬물 통에 어느 정도 담근 후, 꺼내서 가볍게 두드리자 복숭아씨가 모두 벌어지고, 안의 복숭아씨 알맹이도 하나도 깨지지 않았다. 봄이 되자 그녀는 복숭아씨 알맹이를 땅에 심었고, 얼마 지나지 않아 귀여운 새싹이 자라났다. 이로써 주슈제는 복숭아 모종 재배의 어려운 문제를 해결하였고, 청소년 과학 혁신 대회에서(주니어 테크놀로지 이노베이션) 은상을 수상했다.

요약
- 제목: 복숭아 모종 성공적으로 키우기
- 주제: 호기심을 갖고 계속 관찰하다 보면 생활 속에서 해법을 발견할 수 있다.

단어 云南省 Yúnnánshěng 명 윈난성 | 丽江市 Lìjiāngshì 명 리장시 | 思考 sīkǎo 명동 사고(하다), 사색(하다) | 善于 shànyú 동 ~에 능숙하다, ~를 잘하다 | 观察 guānchá 명동 관찰(하다) | 小姑娘 xiǎogūniang 명 소녀, 여자아이 | 当地 dāngdì 명 그 지방 | 雪桃 xuětáo 명 설도 | 不仅 bùjǐn 접 ~일 뿐만 아니라 | 味道 wèidào 명 맛 | 营养 yíngyǎng 명 영양, 양분 | 苗 miáo 명 모종, 새싹 | 却 què 부 오히려, 도리어 | 成活 chénghuó 동 활착하다 | 种植 zhòngzhí 동 심다, 재배하다 | 户 hù 명 가문, 집안 | 发愁 fāchóu 동 근심하다, 걱정

하다 | 整天 zhěngtiān 명 온종일 | 唉声叹气 āi shēng tàn qì 성어 (슬픔, 고통, 번민 때문에) 탄식하다 | 心里 xīnli 명 가슴속, 마음속 | 难受 nánshòu 형 괴롭다, 참을 수 없다 | 下定 xiàdìng 동 내리다 | 决心 juéxīn 명동 결심(하다), 다짐(하다) | 培育 péiyù 동 기르다, 재배하다 | 通过 tōngguò 전 ~를 통해 | 发现 fāxiàn 동 발견하다 | 核 hé 명 과실의 씨 | 壳 ké 명 껍질, 외피 | 硬 yìng 형 단단하다, 굳다 | 导致 dǎozhì 동 야기하다, 초래하다 | 无法 wúfǎ 동 ~할 수 없다, ~할 방법이 없다 | 发芽 fāyá 동 싹이 트다, 발아하다 | 该 gāi 대 이, 그, 저 | 如何 rúhé 대 어떻게, 어떻게 하면 | 于是 yúshì 접 그래서, 그리하여 | 桃仁 táorén 명 복숭아씨의 알맹이 | 育苗 yùmiáo 동 모종을 기르다 | 种子 zhǒngzi 명 종자, 씨 | 铁锤 tiěchuí 명 쇠망치 | 敲 qiāo 동 두드리다, 치다, 때리다 | 结果 jiéguǒ 부 결국, 마침내, 끝내 | 失望 shīwàng 동 희망을 잃다, 실망하다 | 裂开 lièkāi 동 찢어지다, 갈라지다 | 烂 làn 형 썩다, 부패하다 | 为此 wèicǐ 접 이 때문에, 그런 까닭에 | 十分 shífēn 부 매우, 대단히 | 苦恼 kǔnǎo 동 고뇌하다, 고민하다 | 散步 sànbù 동 산보하다 | 弯腰 wānyāo 동 허리를 굽히다 | 捡 jiǎn 동 줍다 | 仔细 zǐxì 형 꼼꼼하다, 자세하다 | 无损 wúsǔn ~에 손상됨이 없다 | 好奇 hàoqí 형 호기심이 많다 | 村民 cūnmín 명 마을 주민 | 询问 xúnwèn 동 알아보다, 문의하다 | 自然 zìrán 부 저절로, 자연히 | 原因 yuányīn 명 원인 | 阳光 yángguāng 명 햇빛 | 晒 shài 동 햇볕을 쬐다 | 解释 jiěshì 명동 해석(하다), 해명(하다) | 许多 xǔduō 형 대단히 많은, 허다한 | 院子 yuànzi 명 뜰, 정원 | 水盆 shuǐpén 명 대야 | 泡 pào 동 물에 담그다 | 轻轻 qīngqīng 형 가볍다 | 纷纷 fēnfēn 부 잇달아, 계속 | 破损 pòsǔn 동 파손하다 | 嫩苗 nènmiáo 명 새싹, 새순 | 难题 nántí 명 곤란한 문제, 난제 | 因此 yīncǐ 접 그래서, 이 때문에 | 获得 huòdé 동 획득하다, 얻다 | 青少年 qīngshàonián 명 청소년 | 科技 kējì 명 과학 기술 | 创新 chuàngxīn 명 창조성 | 大赛 dàsài 명 규모가 큰 경기 | 银奖 yínjiǎng 명 은상

Tip 설도(雪桃 winter peach)

설도는 복숭아의 한 종류로 10~11월에 익기 시작해 눈이 내릴 때 먹는다고 하여 설도(雪桃: 눈 설 / 복숭아 도)라고 불린다. 전 세계적으로 매우 귀한 희귀 품종으로 仙桃(신선 복숭아), 寿桃(장수 복숭아)라고도 불린다. 성장 온도는 영하 25도에서 40도이며, 품질이 좋고, 수분이 많으며, 달고 아삭하여 영양학적 가치가 높다.

01

p. 246

朱姝杰对什么感兴趣?		주슈제는 무엇에 관심이 있었는가?	
A 数学	B 体育	A 수학	B 체육
C 地理	D 育苗	C 지리	**D 모종 기르기**

해설 서두에서 주슈제가 고등학교 1학년이라고 언급한 것을 통해 일반적으로 많이 공부하는 '수학', '지리', '체육'과 같은 과목을 떠올릴 수 있다. 하지만, 이 글은 주슈제가 복숭아 모종을 성공적으로 틔우기 위해 계속 관심을 가지고 여러 가지 시도를 하는 내용이다. 따라서 정답은 D가 된다.

Tip 수험생들은 A, B, C 단어는 해석이 어느 정도 가능하지만, D는 해석이 잘 안될 수도 있다. D가 정답인데도 불구하고 오히려 해석이 안 되는 D는 절대 정답이 아닐 거라고 제외시키는 경우가 종종 있을 것이다. 낯선 단어라고 당황하지 말고, 단어를 음절로 나누어 생각해 보면, 育(기르다) + 苗(새싹, 모종)라는 뜻을 어느 정도 유추가 가능하다. 모르는 단어는 정답에서 제외시킬 것이 아니라, 오히려 정답일 가능성이 상당히 높다는 걸 명심하고 정답을 선택하는 감각을 익히자.

단어 地理 dìlǐ 명 지리

02

p. 246

下面哪一项是雪桃的特点?	다음 중 설도의 특징은?
A 春季成熟	A 봄에 무르익는다
B 不易存放	B 보관이 쉽지 않다
C 营养价值高	**C 영양가가 높다**
D 桃核容易裂开	D 복숭아씨가 쉽게 갈라진다

해설 본문에서는 설도가 어느 계절에 익는지, 보관이 어려운지에 대해서는 언급이 없었으므로, A, B는 정답이 될 수 없다. 桃核(복숭아씨)가 잘 갈라지지 않는 어려움이 있다고 했으므로 D도 정답이 될 수 없다. 윈난성에서 생산되는 희귀 품종인 설도는 영양가가 매우 높다고 두 번째 문단에서 언급했으므로 정답은 C가 된다.

단어 春季 chūnjì 명 봄철 | 成熟 chéngshú 동 익다 | 不易 búyì 형 쉽지 않다, 어렵다 | 存放 cúnfàng 동 보관하여 두다 | 价值 jiàzhí 명 가치

03

p. 246

朱姝杰最后是如何把桃核弄开的?	주슈제는 복숭아씨를 어떻게 갈라지게 하였는가?
A 放在火上烤	A 불 위에 놓고 구웠다
B 用脚踩	B 발로 밟았다
C 使用专门的工具	C 전용 도구를 사용했다
D 晒后放入冷水中	**D 햇볕에 말리고 찬물에 담구었다**

해설 딱딱한 복숭아씨를 망치로 깨면 안의 있는 씨앗 알맹이까지 으스러져 버렸다. 주슈제는 복숭아씨가 햇볕을 쬐다가 비를 맞은 후 저절로 쪼개졌다는 사실을 안 후에 복숭아씨를 햇볕에 말리고 차가운 물에 담구는 과정을 거쳐 복숭아씨를 갈라지게 했다. 따라서 정답은 D가 된다.

단어 烤 kǎo 동 굽다 | 踩 cǎi 동 밟다, 짓밟다 | 专门 zhuānmén 명 전문 | 工具 gōngjù 명 공구, 도구

04

p. 246

根据上文，下面哪个是正确的?	이 글에 따르면 다음 중 옳은 것은 무엇인가?
A 朱姝杰善于观察	**A 주슈제는 관찰을 잘했다**
B 雪桃种植非常容易	B 설도 재배는 매우 쉽다
C 朱姝杰考上了农业大学	C 주슈제는 농업 대학에 입학했다
D 云南省夏天降水量大	D 윈난성은 여름에 강수량이 매우 많다

해설 본문 내용은 복숭아씨앗이 딱딱해서 묘종의 싹을 틔우는 것의 어려움을 얘기하고 있으므로, B는 정답이 될 수 없다. 맨 마지막 단락에 주슈제가 청소년 과학 기술 혁신 대회에서 수상한 내용이 나오기는 하지만 농업 대학 합격 여부는 알 수 없고, 윈난성의 강수량에 대해서도 언급하지 않았으므로 C, D도 정답이 될 수 없다. 도입부에서 주슈제는 생각하기를 좋아하고 관찰을 잘하는 소녀라고 소개했으로 정답은 A가 된다.

단어 农业 nóngyè 명 농업 | 降水量 jiàngshuǐliàng 명 강수량

[05-08]

舒遵刚是中国清朝时期的一位普洱茶商。❺一开始，他的茶叶销量不是很好。不少顾客经常反映，他的茶叶里杂质较多，从而影响了口味。

原来，❻每年新茶上市时，舒遵刚都会请很多当地人为他择茶。择茶是制作普洱茶的一道很重要的工序，如果不把茶叶里面的杂质清除干净，茶叶本身的味道就显不出来，从而影响到茶叶的品质。当时，舒遵刚请人择茶，就是在堆积如山的新茶中，将好茶叶挑出来，然后❼按挑选出来的好茶叶的重量来计算工钱。这样一来，越是下功夫择茶，清除的杂质越多，挣的钱反而越少。这种工钱算法影响了工人的积极性，茶叶中的杂质自然也清理得不是很干净。

슈쭌강은 중국 청나라 때의 보이차 상인이었다. ❺처음에는 그의 찻잎 판매량은 그리 좋지 않았다. 적지 않은 고객들은 늘 그의 찻잎에 불순물이 많이 섞여 있어서 맛에 영향을 미친다는 반응을 보였다.

알고 보니, ❻매년 새로운 차(茶)를 출시할 때마다 슈쭌강은 많은 현지인들을 고용해서 찻잎을 선별해 달라고 부탁했다. 찻잎을 선별하는 것은 보이차를 만드는 매우 중요한 공정으로, 만약 찻잎 안의 불순물을 깨끗하게 제거하지 않으면, 찻잎 본연의 맛이 제대로 우러나지 않아 찻잎의 품질에 영향을 준다. 그 당시 슈쭌강은 막 사람을 고용해서 차를 선별하게 했는데, 산더미처럼 쌓인 새로운 차 중에서 좋은 찻잎을 골라낸 뒤, ❼골라낸 좋은 찻잎의 무게에 따라 임금을 계산했다. 이렇게 하다 보니, 힘들여 차를 고르고, 불순물을 제거하면 할수록 버는 돈은 더 줄어들게 되었다. 이런 임금 계산법은 노동자들의 적극성에 영향을 주었고, 찻잎 속의 불순물도 당연히 아주 깨끗하게 제거되지 않았다.

这个问题如果不尽快解决，就会影响到今后茶叶生意的好坏。一天，舒遵刚到择茶点转了转，他突然灵机一动，想到一个好办法。

第二天，舒遵刚告诉工人："从今天起，计算工钱的方法不再是称茶叶的重量，改为称从茶叶中挑出的杂质的重量。挑出的杂质越多，工钱也就越高。"

这一招果然很有效，工人们都认真自觉地择茶。❽这不仅提高了工人干活儿的积极性，同时茶叶的质量也得到保证，舒遵刚的茶叶生意也越做越好。

이 문제를 만약 빨리 해결하지 않으면, 향후 찻잎 판매 사업 성패에 영향을 줄 수 있었다. 어느 날, 슈쭌강은 차를 선별하는 곳을 둘러보러 갔는데, 갑자기 영감이 떠올라 좋은 방법을 생각해 냈다.

다음 날 슈쭌강은 "오늘부터 임금 계산을 하는 방법이 더 이상 찻잎의 무게가 아니라, 찻잎에서 뽑아낸 불순물의 무게로 바꾸겠다. 불순물을 많이 골라낼수록 임금(인건비)도 올라간다."라고 말했다.

이 방법은 정말 효과가 있었고, 노동자들은 적극적으로 불순물을 고르게 되었다. ❽이는 노동자들의 근로 적극성을 높여 줄 뿐만 아니라 찻잎의 품질도 보장할 수 있게 되었고, 슈쭌강의 찻잎 사업도 갈수록 더 잘되었다.

요약
- 제목: 노동자들의 적극성을 높이는 방법
- 주제: 차(茶)를 선별하는 작업의 임금 계산법에 따라서 노동 효과가 달라진다.

단어 **清朝** qīngcháo 명 청대 | **时期** shíqī 명 시기 | **普洱茶** pǔ'ěrchá 명 보이차 | **商** shāng 명 상인, 장수 | **茶叶** cháyè 명 찻잎 | **销量** xiāoliàng 명 판매량 | **顾客** gùkè 명 고객 | **反映** fǎnyìng 동 반영하다 | **杂质** zázhì 명 불순물, 이물 | **从而** cóng'ér 접 그리하여, 따라서 | **口味** kǒuwèi 명 맛 | **原来** yuánlái 부 알고 보니 | **上市** shàngshì 동 시장에 나오다, 출시되다 | **择** zé 동 고르다, 선택하다 | **制作** zhìzuò 동 제조하다, 만들다 | **工序** gōngxù 명 제조 공정 | **清除** qīngchú 동 철저히 제거하다, 완전히 없애다 | **本身** běnshēn 명 그 자신, 그 자체 | **品质** pǐnzhì 명 품질 | **当时** dāngshí 명 당시, 그 때 | **堆积如山** duījī rú shān 성어 산더미처럼 쌓여 있다 | **按** àn 전 ~에 따라서, ~대로 | **挑选** tiāoxuǎn 동 고르다, 선택하다 | **重量** zhòngliàng 명 중량, 무게 | **计算** jìsuàn 명동 계산(하다) | **工钱** gōngqián 명 품삯, 공전, 임금 | **下功夫** xià gōngfu 동 애쓰다, 공을 들이다, 힘을 쏟다 | **挣** zhèng 동 벌다 | **反而** fǎn'ér 부 오히려, 역으로 | **算法** suànfǎ 명 산법, 계산 방식 | **工人** gōngrén 명 공인, 노동자 | **积极性** jījíxìng 명 적극성 | **自然** zìrán 부 저절로, 자연히 | **清理** qīnglǐ 동 깨끗이 정리하다 | **尽快** jǐnkuài 부 되도록 빨리 | **生意** shēngyi 명 장사, 영업 | **好坏** hǎohuài 명 좋고 나쁨, 장단점 | **转** zhuàn 동 둘러보다 | **灵机一动** líng jī yí dòng 성어 교모한 생각이 떠오르다, 기지를 발휘하다 | **称** chēng 동 무게를 달다 | **改为** gǎiwéi 동 ~로 바뀌다, 변하다 | **招** zhāo 명 계책, 수단 | **果然** guǒrán 부 과연, 생각한대로 | **有效** yǒuxiào 형 유효하다, 효력이 있다 | **自觉** zìjué 동 자각하다, 스스로 느끼다 | **不仅** bùjǐn 접 ~일 뿐만 아니라 | **干活儿** gànhuór 동 일을 하다 | **同时** tóngshí 명 동시, 같은 시기 | **得到** dédào 동 손에 넣다, 얻다 | **保证** bǎozhèng 동 보증하다, 담보하다

05

p. 247

一开始舒遵刚的茶叶销量不好的原因是:

A 茶叶售价贵
B 茶叶品质不好
C 同行竞争太激烈
D 茶叶上市时间晚

처음에 슈쭌강의 찻잎 판매량이 좋지 않았던 원인은:

A 찻잎 판매가가 비쌌다
B 차의 품질이 좋지 않았다
C 동업자들 경쟁이 너무 심했다
D 차 출시가 늦었다

해설 청나라때 보이차를 판매했던 슈쭌강의 판매량이 높지 않았던 이유는 찻잎에 불순물이 비교적 많이 들어 있어서, 차 맛에 영향을 주었기 때문이었다. 차의 가격이나, 차 출시 시기, 업계의 경쟁 상황은 언급되지 않았다. 따라서 정답은 B가 된다.

Tip 장문 독해의 문제는 순서대로 나온다. 즉, 첫 번째 문제의 정답은 도입부에서 찾으면 쉽게 찾아낼 수 있다. 조금씩의 변형은 있을 수 있지만, 대부분은 이 원리를 적용한다면 시간을 절약하며 정답을 찾아낼 수 있다.

단어 **售价** shòujià 명 판매 가격 | **竞争** jìngzhēng 명동 경쟁(하다) | **激烈** jīliè 형 치열하다, 격렬하다

06

p. 247

舒遵刚什么时候会请当地人择茶?

슈쭌강은 언제 현지인에게 찻잎 선별 작업을 부탁했는가?

A 茶叶降价时
B 每年清明节后
C 新茶上市时
D 茶叶卖不出去时

A 차 가격 인하 시
B 매년 청명절 이후
C 새로운 차를 시장에 내놓을 때
D 찻잎이 팔리지 않을 때

해설 슈쭌강은 매년 새로운 차를 출시할 때마다 현지인에게 찻잎 선별 작업을 부탁했다. 따라서 정답은 C가 된다.

Tip 독해 문제를 푸는 방법은 문제에서 정답의 위치를 알아내는 것이다. 예를 들어 舒遵刚什么时候会请当地人择茶? 라는 문제에서 정답의 포인트는 시기를 묻는 什么时候가 되겠고, 나머지 부분 请当地人择茶가 있는 부분을 찾아가면 정답을 쉽게 찾을 수 있다. 해석이 잘 안 되거나 모르는 단어가 있다고 너무 겁내거나 두려워하지 말자. '숨은 그림 찾기'라고 생각하고 재빠르게 정답을 고를 수 있다면 시간도 절약되고 정답 확률도 높아진다.

단어 降价 jiàngjià 동 값을 내리다, 할인하다 | 清明节 Qīngmíng Jié 명 청명절

07

p. 247

最初择茶工人的工钱是按什么算的?

처음에 찻잎을 선별하는 노동자들의 임금을 무엇을 근거로 계산했는가?

A 茶叶中杂质的重量
B 工人工作的效率
C 干活儿的时间长短
D 好茶叶的重量

A 찻잎의 불순물 무게
B 노동자의 작업 능률
C 일하는 시간의 길이
D 좋은 찻잎의 무게

해설 처음 슈쭌강이 노동자들에게 임금을 주는 방식은 불순물을 제거하고 남은 좋은 찻잎의 무게에 따라 계산하는 것이었다. 따라서 정답은 D가 된다. A는 찻잎의 불순물을 효과적으로 제거하게 하기 위해서 추후에 사용한 방법이다.

Tip 이 문제에서는 임금 계산법이 두 가지가 제시되므로, 언제의 임금 계산법을 묻는지를 확실하게 인지하고 정답을 골라야 한다. 그냥 단순하게 '임금 계산법'이라고만 판단하고 정답을 고르다가는 머릿속에 나중에 입력된 정보에 더 깊은 인상을 받기 때문에 두 번째 임금 계산법인 A를 고르는 실수를 범할 수 있다. 시제에 주의하라!!

단어 效率 xiàolǜ 명 능률, 효율 | 长短 chángduǎn 명 길이

08

p. 247

舒遵刚采用了新办法后:

슈쭌강은 새로운 방법을 채택한 후:

A 茶叶中的杂质还是很多
B 茶叶的产量提高了
C 工人干活儿更积极了
D 许多茶农要停止合作

A 찻잎의 불순물이 여전히 많았다
B 찻잎의 생산량이 증가했다
C 노동자들이 작업에 더욱 적극적이게 되었다
D 많은 차농(茶农)들이 협업을 중단했다

해설 처음 사용한 임금 계산법은 노동자들로 하여금 열심히 불순물을 가려내고자 하는 적극성을 떨어트리는 방법이었다. 새로운 방법은 많은 불순물을 가려낼수록 임금이 올라가기 때문에 노동자들은 더 적극적으로 일하게 되었다. 따라서 정답은 C가 된다.

단어 停止 tíngzhǐ 동 정지하다, 중지하다 | 合作 hézuò 동 협력하다, 합작하다

DAY 27

✓ 정답	1. D	2. A	3. B	4. A	5. C	6. C	7. B	8. B

[01–04]

小王在春节收到一份新年礼物，❶他的哥哥送他一部新车做为礼物。有一天，小王从办公室出来的时候，看到一名男孩站在他的新车旁，露出羡慕的眼神。小男孩对小王说："叔叔，这是你的车吗?"小王回答道："是啊! 这是哥哥给我的春节礼物。"小男孩说："太好了，我希望……"小王认为他知道小男孩希望什么，可是没想到小男孩说：❶"我希望也能当一个那样的哥哥。"小王被感动了，问小男孩想不想去兜风，小男孩高兴地答应了，可是过了一会，小男孩向小王说："能不能麻烦你把车开到我家前面?"小王笑了，认为小男孩想向邻居炫耀。可是他错了。到了小男孩的住处后，他进入屋内。不一会儿他回来了，并带着他因小儿麻痹而跛脚的弟弟。❷他指着那部车子说："看到了吗? 弟弟，这是他哥哥送他的春节礼物。将来有一天我也要送给你一部一样的车子。"小王走下车子，将小弟弟抱到车里，他的哥哥眼睛发亮，也跟着爬进座位，坐在他的旁边，于是三人便开始了一次令人难忘的旅旅。❹小王知道了给比获取更幸福。

샤오왕은 설날에 새해 선물을 받았다. ❶그의 형이 그에게 새 차를 선물로 준 것이다. 어느 날 샤오왕이 사무실에서 나올 때, 한 남자아이가 그의 새 차 옆에 서서 부러운 눈길을 보내고 있는 것을 보았다. 남자아이는 샤오왕에게 말했다. "아저씨, 이게 아저씨 차예요?" 샤오왕이 대답했다. "그래! 이건 우리 형이 나에게 새해 선물로 준 거란다." 남자아이가 말했다. "좋으시겠네요, 제가 바라는 건……." 샤오왕은 그 남자아이가 무엇을 바라는지 안다고 생각했지만, 남자아이는 의외로 ❶"저도 그런 형이 되었으면 좋겠어요."라고 말했다. 샤오왕은 감동해서 남자아이에게 바람 쐬러 가지 않겠느냐고 물었다. 남자아이는 기뻐하며 동의했다. 그러나 얼마 지나지 않아 남자아이는 샤오왕에게 말했다. "번거롭겠지만 차를 우리 집 앞에까지 운전해 주실 수 있으세요?" 샤오왕은 웃으며 남자아이가 이웃에게 자랑하려고 한다고 생각했다. 그러나 샤오왕은 틀렸다. 남자아이가 사는 곳에 도착한 후 그 아이는 집안으로 들어갔다. 얼마 후 그는 돌아왔고, 소아마비로 다리를 저는 남동생을 데리고 왔다. ❷그 아이는 차를 가리키며 말했다. "봤지? 이건 저 아저씨 형이 아저씨에게 새해 선물로 준 거래. 나중에 언젠가 나도 너에게 똑같은 차를 사 줄게." 샤오왕은 차에서 내려 남동생을 안아 차에 앉혔고, 그 형도 눈을 반짝이며 좌석으로 들어가 동생의 옆에 탔다. 그리고 세 사람은 잊지 못할 여행을 시작했다. ❹샤오왕은 주는 것이 얻는 것보다 더 행복하다는 것을 알게 되었다.

요약
- 제목: 남자아이의 바람
- 주제: 받는 것보다 주는 것이 더 행복하다.

단어 春节 Chūnjié 명 구정, 설 | 办公室 bàngōngshì 명 사무실 | 露出 lòuchū 동 드러내다, 노출시키다 | 羡慕 xiànmù 동 부러워하다 | 眼神 yǎnshén 명 눈빛 | 叔叔 shūshu 명 삼촌, 아저씨 | 兜风 dōufēng 동 바람을 쐬다, 드라이브하다 | 答应 dāying 동 동의하다 | 麻烦 máfan 동 번거롭게 하다 | 邻居 línjū 명 이웃(집) | 炫耀 xuànyào 동 자랑하다, 뽐내다 | 小儿麻痹 xiǎo'ér mábì 소아마비 | 跛脚 bǒjiǎo 형 절뚝거리다, 절다 | 将来 jiānglái 명 장래 | 发亮 fāliàng 형 빛나다 | 难忘 nánwàng 동 잊을 수 없다 | 获取 huòqǔ 동 얻다, 획득하다 | 幸福 xìngfú 형 행복하다

01

p. 253

小男孩的愿望是什么?	남자아이의 바람은 무엇인가?
A 学会开车	A 운전을 배우는 것
B 买一辆车	B 차를 한 대 사는 것
C 坐车去兜风	C 차를 타고 드라이브를 가는 것
D 送给弟弟新车	**D 남동생에게 새 차를 주는 것**

해설 남자아이는 샤오왕의 새 차를 보고 부러움의 눈길을 보냈다. 그러나 그 부러움은 자신도 그러한 차를 갖고 싶다는 바람이 아니라, 샤오왕의 형처럼 소아마비 동생에게 그런 차를 사 줄 수 있는 형이 되고 싶었던 것이다. 따라서 D가 정답이 된다.

단어 愿望 yuànwàng 명 바람

02

p. 253

小男孩为什么让小王送他回家?	남자아이는 왜 샤오왕에게 그의 집에 데려다 달라고 했는가?
A 想让弟弟看看这辆车 B 太累了，不想走路回家 C 因为第一次坐这么好的车 D 想让邻居看见，然后羡慕他	**A 동생에게 차를 보여 주고 싶어서** B 너무 피곤해 집에 걸어가고 싶지 않아서 C 처음으로 이렇게 좋은 차를 타 봤기 때문에 D 이웃에게 보여 준 후에 그를 부러워하게 하려고

해설 남자아이는 바람 쐬러 가자는 샤오왕의 제안에 동의하고는, 자신을 집 앞까지 운전해 줄 수 있느냐고 물었다. 샤오왕은 남자아이가 이웃에게 자랑하기 위해 부탁하는 줄 알았으나 남자아이는 소아마비에 걸린 동생에게 차를 보여 주려고 했던 것이다. 따라서 A가 정답이 된다.

03

p. 253

"兜风"是什么意思?	'바람 쐬다'의 뜻은 무엇인가?
A 开车 B 开车出去玩 C 把车洗干净 D 开车去看朋友	A 운전을 한다 **B 운전을 해서 놀러 간다** C 차를 깨끗이 닦는다 D 운전을 해서 친구를 보러 간다

해설 兜风은 '바람을 쐬다, 드라이브하다'의 뜻이다. 원래 兜风의 뜻을 몰랐다 하더라도, 목적지가 분명하지 않은 상태에서 차를 타고 돌아다니는 상황이므로, 그 뜻을 유추할 수 있다. 따라서 정답은 B가 된다.

04

p. 253

这篇文章告诉我们什么?	이 글에서 말해 주는 것은 무엇인가?
A "给"会更幸福 B 车是最好的礼物 C 有一个哥哥很幸福 D 春节的时候应该送礼物	**A '주는' 것이 더 행복하다** B 차는 제일 좋은 선물이다 C 형이 있는 것은 매우 행복하다 D 설날에는 반드시 선물을 주어야 한다

해설 샤오왕은 형에게 선물을 받은 것에 기뻐하고 있었지만, 남자아이가 소아마비를 앓고 있는 동생에게 차를 타는 기회를 주며 행복해 하는 것을 보고, 받는 것보다 주는 것이 얼마나 아름답고 행복한가를 느낄 수 있었다. 따라서 정답은 A가 된다.

[05-08]

一天，有个魏国人去楚国办事。❻楚国在魏国的南面，可这个魏国人不问青红皂白，让车夫赶着马车一路向北而行。

路上，有人问他的车要往哪儿去，他大声回答说："去楚国!"路人告诉魏人说："去楚国，应往南走。你这是往北走，方向不对呀!"那个魏人满不在乎地说："没关系，我的马跑得快着呢!"路人替他着急，一把拉住他的马车劝阻说："方向错了，你的马

하루는 위나라 사람이 초나라에 일을 보러 갔다. ❻초나라는 위나라의 남쪽에 있지만, 위나라 사람은 맞는지 틀린지 묻지도 않고, 마부에게 서둘러 마차를 계속 북쪽으로 몰으라고 했다.

길가에서 어떤 행인이 그에게 마차가 어디로 가는지 물었다. 그는 큰소리로 대답했다. "초나라에 갑니다!" 행인은 위나라 사람에게 "초나라로 가면 남쪽을 향해 가야 합니다. 당신은 북쪽으로 가고 있으니, 방향이 틀렸어요!"라고 말했다. 위나라 사람은 전혀 개의치 않고 "괜찮아요. 내 말은 매우 빨리 달리거든요!"라고 말했다. 행인은 조급해서 그의 마차를 잡고 "방향이 틀렸어요. 당신의 말

跑得再快，也到不了楚国呀！"那个魏人依然毫不醒悟地说：❺"不要紧，我带的盘缠多着呢!"路人又极力劝阻说："路费再多有什么用，这根本不是去楚国的方向啊，不管你花多少钱也是白花啊!"魏国人答道："我的车夫善于赶车，怎么会到不了楚国呢?"路人实在没有办法，不得不松开了拉住车把子的手，眼睁睁看着那个盲目上路的魏国人向北而行……

❼那个魏国人，不听路人的指点、劝告，仗着自己的马快、钱多、车夫好等优越条件，朝着相反方向一意孤行，可想而知，最终一直未能到达目的地。

无论做什么事，都要看准方向，才能充分发挥自己的有利条件；❽如果方向错了，那么有利条件只会起着相反的作用。

이 제아무리 빠르다고 해도 초나라에는 도착할 수 없다고요!"라고 말렸다. 위나라 사람은 여전히 조금도 깨닫지 못하면서 말했다. ❺ "조급해하지 말아요. 가지고 있는 여비가 넉넉해요!" 행인은 "여비가 얼마나 있든 그게 무슨 상관이오. 여기는 본래가 초나라로 가는 방향이 아니라고요. 당신이 돈을 얼마나 쓰든지 간에 모두 소용없다고요!"라며 다시 있는 힘을 다해 그를 말렸다. 위나라 사람은 "내 마부는 마차를 잘 몰아요. 어떻게 초나라에 도착할 수 없어요?"라고 대답했다. 행인은 도저히 방법이 없어서 어쩔 수 없이 잡고 있던 수레 손잡이에서 손을 떼고는, 맹목적으로 북쪽으로 가는 위나라 사람을 멍하니 바라보았다…….

❼그 위나라 사람은 행인의 지적도 충고도 듣지 않고, 자신의 말이 빠르고, 돈이 많고, 마부가 훌륭하다는 등의 우세한 조건만 믿고, 고집을 부리며 반대 방향으로 향했다. 물론 마지막에 그는 목적지에 도착하지 못했음을 짐작할 수 있다.

무슨 일을 하든지 방향을 정확히 봐야만 비로소 자신의 유리한 조건을 충분히 발휘할 수 있다. ❽만약 방향이 틀렸다면 유리한 조건은 단지 상반된 작용만 할 뿐이다.

요약 • 제목: 방향을 잃은 위나라 사람

• 주제: 목적을 이루기 위해서는 방향이 정확해야 한다.

단어 魏国 Wèiguó 명 위나라 | 楚国 Chǔguó 명 초나라 | 办事 bànshì 동 일을 처리하다 | 青红皂白 qīng hóng zào bái 성어 일의 옳고 그름 | 车夫 chēfū 명 마부 | 向 xiàng 전 ~을 향해서 | 往 wǎng 전 ~를 향해서 | 满不在乎 mǎn bú zài hu 성어 전혀 개의치 않다 | 路人 lùrén 명 행인 | 替 tì 전 ~을 위해 | 拉住 lāzhù 동 끌어당겨서 붙잡다 | 劝阻 quànzǔ 동 그만두게 말리다 | 依然 yīrán 부 여전히 | 毫不 háobù 부 조금도 ~ 않다 | 醒悟 xǐngwù 동 깨닫다 | 盘缠 pánchan 명 여비 | 极力 jílì 부 있는 힘을 다해 | 路费 lùfèi 명 여비, 노잣돈 | 根本 gēnběn 부 본래, 여태 | 白 bái 부 헛되이 | 花 huā 동 소비하다 | 善于 shànyú 동 ~을 잘하다, ~에 능숙하다 | 实在 shízài 부 도저히 | 不得不 bùdébù 부 어쩔 수 없이 | 松开 sōngkāi 동 놓다, 풀다 | 把子 bàzi 명 손잡이 | 眼睁睁 yǎnzhēngzhēng 형 빤히 바라보다 | 盲目 mángmù 형 맹목적인, 앞뒤 분간 못하는 | 指点 zhǐdiǎn 동 지적해 주다, 일깨워 주다 | 劝告 quàngào 동 충고하다, 권고하다 | 仗 zhàng 동 기대다, 믿다 | 优越 yōuyuè 형 우월하다 | 条件 tiáojiàn 명 조건 | 相反 xiāngfǎn 형 반대되다, 상반되다 | 一意孤行 yí yì gū xíng 성어 (남의 충고를 듣지 않고) 자기 고집대로 하다 | 可想而知 kě xiǎng ér zhī 성어 미루어 알 수 있다 | 到达 dàodá 동 도착하다 | 目的地 mùdìdì 명 목적지 | 充分 chōngfèn 형 충분하다 | 发挥 fāhuī 동 발휘하다

05

p. 254

魏国人认为:	위나라 사람이 생각하기에:
A 楚国在南边	A 초나라는 남쪽에 있다
B 路人不懂装懂	B 행인은 알지도 못하면서 아는 척한다
C 自己带了足够的钱	**C 자신은 충분한 돈을 가져왔다**
D 车夫驾车驾得不好	D 마부가 마차를 잘 몰지 못한다

해설 위나라 사람은 초나라 가는 방향이 틀렸다는 행인의 충고를 듣지 않았다. 그는 자신의 말이 빠르고, 가지고 온 여비도 많고, 마부의 실력도 좋다는 자신의 유리한 조건을 믿으며 별문제 없다고 생각했다. 따라서 정답은 C가 된다.

단어 不懂装懂 bù dǒng zhuāng dǒng 성어 모르면서 아는 척하다 | 足够 zúgòu 형 충분하다 | 驾 jià 동 운전하다

06

p. 254

根据本文，下面正确的是：	이 글에 의하면 다음 중 옳은 내용은:
A 车夫记错了路	A 마부는 길을 잘못 기억하고 있다
B 魏国人是个盲人	B 위나라 사람은 맹인이다
C 魏国在楚国的北边	**C 위나라는 초나라의 북쪽에 있다**
D 地球是圆的，所以方向不重要	D 지구는 둥글어서, 방향은 중요하지 않다

해설 초나라는 위나라의 남쪽에 있다고 했으므로 정답은 C가 된다. 위나라 사람이 마부에게 목적지도 말하지 않고 무작정 북쪽으로 가라고 했으므로, A는 정답이 될 수 없다.

단어 盲人 mángrén 명 눈먼 사람, 맹인

07

p. 254

与第3段的画线部分意思相近的是：	세 번째 단락 밑줄 친 부분의 뜻과 유사한 것은:
A 只有一条路	A 하나의 길만 있다
B 不听取别人的话	**B 다른 사람의 말을 듣지 않는다**
C 一个人想去旅游	C 혼자서 여행 가고 싶어한다
D 没有朋友，一个人非常孤单	D 친구가 없으면, 혼자서 매우 외롭다

해설 一意孤行은 사자성어로, 한 글자씩 분석해 보면 한 가지의 뜻이나 의지(一意)대로, 홀로(孤), 행하다(行)라는 의미다. 앞뒤 문맥을 살펴보면 '다른 사람의 충고나 권고는 받아들이지 않고 자기 고집대로 한다'는 뜻임을 알 수 있다. 따라서 정답은 B가 된다.

단어 听取 tīngqǔ 동 (의견 등을) 듣다, 귀 기울이다 | 孤单 gūdān 형 외롭다

08

p. 255

根据本文，如果方向错了：	이 글에 의하면 만약 방향이 틀렸다면:
A 也可以到达目的地	A 그래도 목적지에 도착할 수 있다
B 投入越大，损失越大	**B 투자가 클수록, 손해는 더 크다**
C 要及时调整人员结构	C 제때에 인원 구조를 조정해야 한다
D 只要花时间就能解决所有的问题	D 시간만 들이면 모든 문제를 해결할 수 있다

해설 이 글은 위나라 사람의 맹목적인 행동을 통해 아무리 좋은 조건을 가졌다 하더라도 방향이 틀리면 목적지에 도달할 수 없다. 즉, 아무리 많은 시간을 들인다 하더라도 문제를 해결할 수 없다는 것을 알려 주고 있다. 따라서 A, D는 정답에서 제외된다. 지문 마지막에 잘못된 방향으로 가면 좋은 조건이 오히려 상반된 결과를 가져온다고 했으므로, 제시된 보기 중에 B가 정답으로 가장 타당하다.

단어 投入 tóurù 동 투자하다 | 损失 sǔnshī 동 손해보다 | 调整 tiáozhěng 동 조정하다 | 结构 jiégòu 명 구조 | 解决 jiějué 동 해결하다

DAY 28

✓ 정답 1. B 2. C 3. B 4. D 5. C 6. B 7. A 8. B

[01-04]

有个农场主得到了一匹千里马，一时没有发挥它特长的机会，所以一直把它当普通马一样饲养。可有一天，他有急事需要用到千里马，但千里马却让他很失望，跑得很慢。后来，他进行了深刻的反思，❶认为是自己平时对千里马太冷落，关心不够，才导致千里马变得跟普通的马一样。于是，他决定再养一匹千里马，以弥补遗憾。

后来，经过长时间的打探和寻找，农场主终于又买到一匹千里马。这次他请最好的工匠制作了一副精美的马鞍，就连马镫和马嚼也是用最好的黄铜打造的，笼头、缰绳也是用最好的牛皮制作的。同时，他还花重金为千里马修建了豪华的马厩，并从远方买来最好的草料。在他的悉心照料下，千里马看上去果然更加雄健、威猛了。

❷为了保存千里马的体力，使它在关键时候更好地发挥优势，农场主平时舍不得让千里马奔跑，更舍不得骑这匹马，就这样，千里马每天都在豪华的马厩内享受美味，悠闲地生活。

终于四年一度的赛马大会要召开了，农场主认为这是千里马最好的表现机会。于是他把千里马精心打扮了一番，然后牵着它向赛场走去。他们走到哪里，哪里便发出一阵阵赞叹声，农场主非常得意!

比赛就要开始了，他爬上马背，来到起跑点。他骄傲地昂着头，似乎冠军已经非他莫属了。发令枪一响，❸大家都开始策马狂奔，可他的千里马却跑得很慢。他气极了，一个劲儿地催马赶紧跑，结果不催还好，一催千里马干脆停下来站在那儿不动了。看到农场主气急败坏的样子，人群里传来了哄笑。结果农场主牵着马退出了比赛。❹这时他才明白，发现千里马只是第一步，重要的是如何培养千里马。

어떤 농장주가 천리마 한 마리를 얻었는데, 그 말의 특기를 살릴 수 있는 기회를 얻지 못해서 그냥 보통 말처럼 사육해 왔다. 어느 날, 그는 급하게 천리마를 써야 할 일이 있었는데, 천리마는 천천히 달려서 그를 매우 실망시켰다. 그 후, 그는 깊은 반성을 했다. ❶평소 자신이 천리마를 푸대접하고 관심을 기울이지 않아서 천리마를 보통 말처럼 변하게 만들었다고 생각했다. 그래서 그는 아쉬움을 달래기 위해 천리마 한 마리를 더 기르기로 결정했다.

나중에 오랜 수소문 끝에 농장주가 천리마 한 마리를 다시 샀다. 이번에 그는 최고의 장인에게 아름답고 정교한 말안장을 만들어 달라고 부탁했다. 말등자와 재갈조차도 최고의 황동으로 만들었고, 굴레와 고삐도 최상의 소가죽으로 만들었다. 게다가 큰돈을 들여 천리마를 위해 호화로운 마구간을 지어 주고, 또한 멀리서 가장 좋은 여물을 사 오기도 했다. 그의 지극한 보살핌으로 천리마는 더욱 건장하고, 위풍당당해 보였다.

❷말의 체력을 보존하고, 결정적인 순간에 강점을 더 잘 발휘할 수 있도록 하기 위해서, 농장주는 평소 천리마를 달리게 하는 것을 아까워했고, 이 말을 타는 것은 더더욱 아까워했다. 이렇게 천리마는 매일 호화로운 마구간에서 맛있는 음식과 여유로운 생활을 즐겼다.

마침내 4년에 한 번 열리는 경마 대회가 곧 열리게 되었고, 농장주는 이것이 천리마의 실력을 보여 줄 수 있는 가장 좋은 기회라고 여겼다. 그래서 천리마를 정성껏 치장하고 경기장으로 끌고 갔다. 그들이 가는 곳마다 사람들이 탄성을 질러 주자, 농장주는 매우 의기양양했다.

경기가 곧 시작하려고 하자, 그는 말 등에 올라서 출발점에 섰다. 그의 교만하게 고개를 쳐든 모습은 마치 우승을 이미 그가 차지한 것만 같았다. 출발 신호 총성이 울리자 ❸모두들 말을 채찍질하여 맹렬히 뛰기 시작했으나, 그의 천리마는 오히려 느리게 달리는 것이었다. 그는 몹시 화가 나서 말을 빨리 달리게 재촉했지만, 천리마를 재촉하면 할수록 아예 가만히 서서 움직이지 않는 것이었다. 농장주의 약이 바싹 오른 모습을 본 사람들 사이에서 떠들썩한 웃음소리가 들려왔다. 결국 농장주는 말을 끌고 퇴장했다. ❹그는 천리마를 발견하는 것은 첫걸음일 뿐, 중요한 것은 천리마를 어떻게 키워야 하는 것임을 그제서야 깨닫게 되었다.

요약
- 제목: 농장주와 천리마
- 주제: 동물을 키울 때는 특성을 제대로 이해하고 그에 맞게 길러야 한다.

단어 农场主 nóngchǎngzhǔ 명 농장주 | 匹 pǐ 양 필 | 千里马 qiānlǐmǎ 명 천리마(하루에 천리를 달리는 말) | 发挥 fāhuī 동 발휘하다 | 特长 tècháng 명 장점, 장기 | 普通 pǔtōng 형 보통이다, 일반적이다 | 饲养 sìyǎng 동 사육하다 | 急事 jíshì 명 급한 일 | 却 què 부 도리어, 오히려 | 失望 shīwàng 동 실망하다 | 进行 jìnxíng 동 진행하다, 하다 | 深刻 shēnkè 형 깊다, 본질을 파악하다 | 反思 fǎnsī 명 반성 동 돌이켜 사색하다 | 平时 píngshí 명 평소 | 冷落 lěngluò 동 냉대하다, 푸대접하다 | 导致 dǎozhì 동 야기하다, 초래하다 | 于是 yúshì 접 그래서, 그리하여 | 弥补 míbǔ 동 메우다, 보완하다 | 遗憾 yíhàn 명 유한, 유감 | 打探 dǎtàn 동 알아보다, 탐문하다 | 寻找 xúnzhǎo 동 찾다 | 工匠 gōngjiàng 명 공예가, 공인 | 制作 zhìzuò 동 제작하다 | 副 fù 양 벌 | 精美 jīngměi 형 정밀하고 아름답다 | 马鞍 mǎ'ān 명 말안장 | 马镫

mǎdèng 명 말등자(말을 탈 때 딛고 올라가고, 탈 때 두 발로 디디게 되어 있는 것) | 马嚼 mǎiáo 명 말 재갈 | 黄铜 huángtóng 명 황동 | 打造 dǎzào 동 만들다, 제조하다 | 笼头 lóngtou 명 굴레(재갈에 매어진 가죽 끈) | 缰绳 jiāngsheng 명 고삐 | 牛皮 niúpí 명 쇠가죽 | 重金 zhòngjīn 명 거금 | 修建 xiūjiàn 동 건설하다, 시공하다 | 豪华 háohuá 형 호화롭다, 사치스럽다 | 马厩 mǎjiù 명 마구간 | 远方 yuǎnfāng 명 먼 곳 | 草料 cǎoliào 명 여물, 사료 | 悉心 xīxīn 동 마음을 다하다, 전심전력하다 | 照料 zhàoliào 동 돌보다, 보살피다 | 果然 guǒrán 부 과연, 생각한대로 | 雄健 xióngjiàn 형 웅건하다 | 威猛 wēiměng 형 용맹스럽다, 사납다 | 保存 bǎocún 동 보존하다 | 体力 tǐlì 명 체력, 힘 | 关键 guānjiàn 형 결정적인, 매우 중요한 | 优势 yōushì 명 우세, 우위 | 舍不得 shěbude 동 ~하지 못하다, ~하기 아까워하다 | 奔跑 bēnpǎo 동 빨리 뛰다 | 享受 xiǎngshòu 동 누리다, 즐기다 | 美味 měiwèi 명 맛있는 음식 | 悠闲 yōuxián 형 유유하다 | 度 dù 양 회, 차 | 赛马大会 sàimǎ dàhuì 명 경마 대회 | 召开 zhàokāi 동 열다 | 表现 biǎoxiàn 동 표현하다 | 精心 jīngxīn 형 공들이다, 심혈을 기울이다 | 打扮 dǎban 동 분장하다, 단장하다 | 番 fān 양 차례, 바탕, 번 | 牵 qiān 동 끌다, 잡아당기다 | 赛场 sàichǎng 명 경기장 | 发出 fāchū 동 소리를 내다 | 赞叹 zàntàn 동 감탄하여 찬양하다 | 得意 déyì 동 의기양양하다 | 马背 mǎbèi 명 말의 등 | 起跑点 qǐpǎodiǎn 명 출발점 | 骄傲 jiāo'ào 형 거만하다, 교만하다 | 昂头 ángtóu 머리를 들다 | 似乎 sìhu 부 마치 ~인 것 같다 | 冠军 guànjūn 명 우승, 1등 | 发令枪 fālìngqiāng 명 신호탄, 출발총 | 策马 cèmǎ 동 말을 채찍질하다 | 狂奔 kuángbēn 동 광분하다 | 一个劲儿 yígejìnr 부 시종일관, 끊임없이 | 催 cuī 동 재촉하다, 다그치다 | 赶紧 gǎnjǐn 부 서둘러, 재빨리 | 干脆 gāncuì 부 차라리, 깨끗하게 | 气急败坏 qì jí bài huài 성어 (노여워) 정신을 못 차리다, 허둥거리다 | 人群 rénqún 명 군중 | 传来 chuánlái 동 들려오다 | 哄笑 hōngxiào 동 떠들썩하게 웃어대다 | 退出 tuìchū 동 퇴장하다, 물러나다 | 如何 rúhé 대 어떻게 | 培养 péiyǎng 동 키우다, 배양하다

Tip 천리마(千里马)는 하루에 천 리를 간다고 하여 붙여진 이름이다. 중국에서 10리를 5km로 보는데, 그렇다면 1000리는 500km가 된다. 제왕들이 그토록 원하던 말이고, 그 뼈조차도 천금의 가치를 한다는 신성한 말을 일컫는다. 천리마는 종종 훌륭한 인재를 비유적으로 의미하기도 한다.

01

p. 256

农场主认为第一匹千里马跑得慢的原因是什么?

농장주는 첫 번째 천리마가 느리게 달리는 원인이 무엇이라고 여겼는가?

A 那匹马腿受过伤
B 对马缺少关心
C 那匹马营养不良
D 那不是真正的千里马

A 그 말은 다리를 다친 적이 있어서
B 말에 대한 관심이 부족해서
C 그 말의 영양 상태가 좋지 않아서
D 그것은 진짜 천리마가 아니어서

해설 우리는 문제에서 힌트를 얻을 수 있다. 千里马跑得慢(천리마가 느리게 달렸다)이라는 표현이 어디에 있는지 첫 번째 단락에서 찾고, 그 뒤쪽 내용을 꼼꼼히 독해하면 정답을 쉽게 찾을 수 있다. 농장주는 자신이 천리마를 푸대접하고 관심을 기울이지 않아서 천리마가 천천히 달린다고 여겼다. 따라서 정답은 B가 된다.

단어 受伤 shòushāng 동 상처를 입다, 부상을 당하다 | 缺少 quēshǎo 동 모자라다, 결핍하다 | 营养 yíngyǎng 명 영양, 양분 | 不良 bùliáng 형 불량하다 | 真正 zhēnzhèng 형 진정한, 참된 | 损失 sǔnshī 동 손해보다 | 调整 tiáozhěng 동 조정하다 | 结构 jiégòu 명 구조 | 解决 jiějué 동 해결하다

02

p. 256

根据文章第3段，那个人为什么不让千里马奔跑?

세 번째 문단에서, 그 사람은 왜 천리마를 달리지 못하게 했는가?

A 害怕它跑丢
B 怕马被人笑话
C 想让它保存体力
D 觉得马跑得不够快

A 잃어버릴까 염려되어서
B 말이 사람들에게 놀림 당할까 걱정되어서
C 말의 체력을 비축하고 싶어서
D 말이 빨리 달리지 못하는 것 같아서

해설 그는 다시 새로운 천리마를 구해서 이번에는 최대한의 관심과 사랑으로 멋지게 꾸며 주었다. 그리고 체력을 아껴 중요한 순간에 실력을 발휘하게 하기 위해서 말이 달리는 것도, 자신이 말을 타는 것도 아까워했다. 따라서 정답은 C가 된다.

03

p. 256

比赛场上，那匹千里马最后怎么了?	경기장에서 그 천리마는 마지막에 어떻게 됐는가?
A 发挥很出色 B 停住不跑了 C 违反了比赛规则 D 冲出了跑道	A 훌륭하게 잘 해냈다 **B 멈춰서 달리지 않았다** C 경기 규칙을 위반했다 D 트랙을 벗어났다

해설 그는 당연이 자신이 우승을 차지할 것처럼 교만한 모습으로 경기장에 나갔지만, 결과는 참담했다. 그 천리마는 달리는 연습을 안 했기에 매우 느리게 달렸고, 결국에는 멈추고 움직이지 않았다. 따라서 정답은 B가 된다.

단어 出色 chūsè 형 특별히 훌륭하다 | 违反 wéifǎn 동 위반하다 | 规则 guīzé 명 규칙 | 冲出 chōngchū 동 뚫고 나가다, 탈출하다 | 跑道 pǎodào 명 트랙

04

p. 256

上文主要想告诉我们:	이 글이 우리에게 말해 주고자 하는 것은:
A 怎样发现千里马 B 培养千里马中出现的问题 C 赛马时如何获得好名次 D 正确养马比发现好马更重要	A 천리마를 어떻게 발견하는가 B 천리마를 사육하면서 발생하는 문제 C 경마에서 어떻게 좋은 등수 안에 들 수 있나 **D 제대로 기르는 것이 좋은 말을 발견하는 것보다 더 중요하다**

해설 천리마는 종종 훌륭한 인재에 비유하기도 한다. 좋은 인재를 발굴하는 것도 중요하지만, 인재를 어떻게 제대로 교육하고 길러 내는 것이 더 중요하다는 것을 천리마 이야기를 통해 우회적으로 알려 주었다. 따라서 정답은 D가 된다.

단어 名次 míngcì 명 석차, 서열 | 正确 zhèngquè 형 올바르다, 옳다

[05-08]

这天，村庄里来了一个陌生人。他告诉村里人，他将以每只100元的价格收购猴子。村庄附近的森林里有很多猴子出没，人们开始对他们大肆捕捉。收猴人收购了几千只猴子，当猴子的数量减少时，人们停止了捕捉。

这时，收猴人放出话来，每只猴子的收购价提高到200元，村里的人们又重新投入到捕猴的队伍中。

不久，猴子的数量更少了，人们再次停止捕猴，于是收猴人把每只猴子的收购价提高到250元，但这时森林里的猴子已经很少了，人们努力一天，也很难抓到一只猴子，大家渐渐都没了积极性。

后来，收猴人把收购价提高到每只500元。不过，他说自己必须先回城里处理一些事情，收购猴子的事由他的朋友来代理。

그날, 마을에 낯선 사람이 한 명 들어왔다. 그는 마을 사람에게 마리당 100위안의 가격에 원숭이를 사겠다고 말했다. 마을 부근의 숲에는 매우 많은 원숭이가 출몰했던 터라 마을 사람들은 원숭이들을 마구잡이로 잡기 시작했다. 원숭이 장사꾼은 몇 천 마리의 원숭이를 샀고, 원숭이의 수가 줄어들자 사람들은 포획을 멈췄다.

이때 원숭이 장사꾼이 원숭이 한 마리의 구매 가격을 200위안까지 올리겠다고 말했고, 마을 사람들은 다시 원숭이 잡이의 무리로 뛰어들었다.

얼마 지나지 않아, 원숭이의 수는 더욱 줄어들었고 사람들은 다시 원숭이를 잡는 것을 멈췄다. 그래서 원숭이 장사꾼은 원숭이의 구매 가격을 250위안으로 올렸다. 그러나 숲에는 원숭이가 이미 많이 줄어들었다. 사람들이 종일 노력해도 원숭이 한 마리를 잡기 매우 어려웠고, 다들 점점 적극성이 없어졌다.

이후에 원숭이 장사꾼은 구매 가격을 한 마리당 500위안으로 올렸다. 그러나 그는 자신은 먼저 도시로 돌아가 처리할 일이 있다며, 원숭이를 사는 일은 그의 친구가 대신할 것이라고 말했다.

收猴人回城后，那个朋友指着已收购到的几千只猴子对人们说："我们来做一笔买卖，我以每只猴子350元的价钱卖给你们，等收猴人从城里回来，你们再以每只500元的价钱卖给他。"

村里的人们拿出所有的钱买下了猴子。❼但是后来，他们再也没见过收猴人和他的朋友，森林里又到处都是猴子的身影……

❽看了这则故事，你对某些股票是如何操作的，或许会有一个很好的认识吧！

원숭이 장사꾼이 도시로 돌아간 후에, 그 친구는 이미 산 몇 천 마리의 원숭이들을 가리키며 사람들에게 말했다. "우리 거래를 합시다. 내가 원숭이를 한 마리당 350위안에 당신들에게 팔 테니 원숭이 장사꾼이 도시에서 돌아오면 당신들은 500위안의 가격에 다시 파세요."

마을 사람들은 모든 돈을 꺼내 원숭이를 샀다. ❼그러나 후에, 그들은 더이상 원숭이 장사꾼과 그의 친구를 보지 못했고, 숲은 다시 곳곳이 모두 원숭이 그림자였다…….

❽이 이야기를 읽고, 당신은 일부 주식들이 어떻게 조작되는 것인지에 대해, 아마 잘 알게 되었을 것이다!

요약
- 제목: 원숭이 장사꾼과 주식 시장의 속임수
- 주제: 노력 이상의 지나친 욕심을 부리다가는 더 큰 손해를 볼 수 있다.

단어 村庄 cūnzhuāng 명 마을 | 将 jiāng 부 장차 | 以 yǐ 전 ~에 따라, ~대로 | 收购 shōugòu 동 사들이다 | 猴子 hóuzi 명 원숭이 | 森林 sēnlín 명 수풀, 삼림 | 出没 chūmò 동 출몰하다 | 大肆 dàsì 부 마구, 제멋대로 | 捕捉 bǔzhuō 동 잡다, 붙잡다 | 重新 chóngxīn 부 다시, 새롭게 | 投入 tóurù 동 뛰어들다 | 队伍 duìwu 명 무리, 대열 | 渐渐 jiànjiàn 부 점점, 점차 | 积极性 jījíxìng 명 적극성 | 提高 tígāo 동 높이다 | 处理 chǔlǐ 동 처리하다 | 代理 dàilǐ 동 대신하다 | 身影 shēnyǐng 명 그림자 | 故事 gùshi 명 이야기 | 股票 gǔpiào 명 주식 | 操作 cāozuò 동 조작하다 | 或许 huòxǔ 부 아마

05

p. 257

为什么收购人提高了猴子的价格？

A 猴子越来越少了
B 猴子的销路很好
C 鼓励村民多抓猴子
D 有很多人收购猴子

원숭이 장사꾼은 왜 원숭이 가격을 올렸는가?

A 원숭이가 계속 적어져서
B 원숭이의 판로가 좋아서
C 마을 사람들이 원숭이를 더 많이 잡도록 격려하기 위해서
D 많은 사람들이 원숭이를 사서

해설 원숭이 장사꾼은 처음에 원숭이를 한 마리당 100위안에 사들였다. 원숭이의 수가 점차 줄어들어 사람들이 더 이상 원숭이를 잡으려 하지 않자, 원숭이 장사꾼은 사람들의 의욕을 불러일으키기 위해 원숭이 매입 단가를 100위안에서 200위안으로 올렸다. 따라서 정답은 C가 된다. 원숭이 수가 줄어든 건 원숭이 장사꾼이 가격을 올린 직접적인 이유가 아니므로, A는 정답이 될 수 없다.

단어 销路 xiāolù 명 (상품의) 판로 | 鼓励 gǔlì 동 북돋우다, 격려하다

06

p. 257

根据上文，下列正确的是：

A 村民们很会做买卖
B 收猴人挣了很多钱
C 收猴人帮助村民们赚钱
D 猴子对人们来说很危险

이 글에 의하면 다음 중 옳은 것은:

A 마을 사람들은 장사할 줄 안다
B 원숭이 장사꾼은 큰돈을 벌었다
C 원숭이 장사꾼은 마을 사람들이 돈을 벌도록 도와주었다
D 원숭이는 사람에게 매우 위험하다

해설 이 문제는 지문 전체를 다 읽고 나서야 정답을 고를 수 있다. 장사꾼의 친구는 원숭이 가격을 처음의 5배인 500위안에 장사꾼에게 되팔라고 말했지만, 사실은 장사꾼은 그 가격에 살 의향이 전혀 없었던 것이다. 즉 장사꾼과 그의 친구는 더 큰 이익을 보려는 사람들의 심리를 이용하여 100위안과 200위안에 사들인 원숭이를 350위안에 되팔아 큰 이익을 남기려 했던 것이다. 따라서 정답은 B가 된다.

07

p. 257

关于收猴人的朋友，下列正确的是：	원숭이 장사꾼의 친구에 대해 다음 중 옳은 것은?
A 跟收猴人是同伙	**A 원숭이 장사꾼과 한패다**
B 鼓励大家多抓猴	B 모두에게 원숭이를 많이 잡도록 격려했다
C 赔偿了村民们损失的钱	C 마을 사람들이 손해 본 돈을 배상했다
D 和村民们一起赚了收猴人的钱	D 마을 사람들과 함께 원숭이 장사꾼의 돈을 벌었다

해설 원숭이 장사꾼의 친구는 마을 사람들에게 원숭이 장사꾼으로부터 이익을 볼 수 있게 해 주는 척하고는 자취를 감췄으므로, 그들은 동업자(同伙) 관계임을 알 수 있다. 따라서 정답은 A가 된다.

단어 **赔偿** péicháng 동 배상하다 | **损失** sǔnshī 명 손실

08

p. 257

这篇文章主要想告诉我们什么？	이 글에서 말하고자 하는 것은?
A 要保护猴子	A 원숭이를 보호해야 한다
B 股市里有风险	**B 주식 시장은 위험성이 있다**
C 做买卖需要头脑	C 장사하는 것은 사고 능력이 필요하다
D 相信自己的判断	D 자신의 판단을 믿어라

해설 원숭이 장사꾼의 이야기를 예로 들어 설명하고, 마지막 단락에서는 주식도 이러한 사람의 심리를 이용해 조작하는 경우가 많다는 것을 언급하고 있다. 즉 마을 사람들과 같이 큰 이익을 얻으려다, 오히려 큰 손해를 보는 어리석은 행동을 하지 말아야 한다는 교훈을 담고 있으므로, 정답은 B가 된다.

단어 **保护** bǎohù 동 보호하다 | **股市** gǔshì 명 주식 시장 | **风险** fēngxiǎn 명 위험성 | **头脑** tóunǎo 명 사고 능력, 두뇌

DAY 29

✓ 정답 1. D 2. A 3. C 4. D 5. B 6. A 7. C 8. B

[01-04]

在上海的一处老式弄堂里，有一家精品酒店。虽然门面不大，但却很特别，❶因为该酒店的很多装修材料用的都是建筑垃圾。

主张用建筑垃圾装修的就是这家酒店的老板。早在酒店动工之前，他就让人四处搜集了一些建筑垃圾，用于新酒店的建设和装饰。值得一提的就是大厅里的“文化墙”，这是最吸人眼球的地方。这面墙没有富丽堂皇的背景，❷取而代之的是用34个旧旅行箱堆起来的“废物墙”。可在设计师的精心打造下，这面墙不仅突出了住宿的主题，而且营造了一种艺术感和亲切感。

상하이의 오래된 골목 안에 부티크 호텔이 하나 있다. 외관은 크지 않지만 매우 특이한 것은 ❶이 호텔의 많은 인테리어 자재는 건축 폐기물로 만들어졌기 때문이다.

건축 폐기물로 인테리어를 하자고 주장한 사람은 바로 이 호텔 주인이다. 일찍이 호텔 착공 전부터 곳곳의 건물 폐기물을 수집해 새 호텔 건설과 인테리어에 사용하도록 했다. 특히 로비에는 '문화의 벽'이 있어 눈길을 끈다. 이 벽은 화려한 배경 대신 ❷34개의 낡은 캐리어를 쌓아올린 '폐기물 벽'으로 대체했다. 그러나 디자이너가 심혈을 기울여 만들어서, 이 벽은 '숙박'이라는 주제를 부각시켰을 뿐 아니라, 예술적 감각과 친밀감을 만들어 냈다.

这家酒店还有一面墙，上面镶嵌着大大小小、各式各样的老锅。你可别小看这些锅，都是从民间回收来的各式老锅，经过一系列清理和打磨的处理后，被固定在墙面上。❸这面墙不仅吸引了无数客人的目光，更体现了中国人“民以食为天”的传统观念。

虽然物件看上去陈旧，并不意味着简陋。在这家酒店，80%的装修材料都是旧物再利用，非常符合当前的环保要求，设计理念也是当今最流行的。也许酒店看上去有一丝老旧的感觉，但经过设计师的特别处理后，人们从中体会出新的味道。旧砖、旧瓦、旧木头在大多数人眼中，就是一堆让人头疼的建筑垃圾，但它们却巧妙地被酒店老板充分利用起来，打造成了一个顶级酒店。这样的酒店不仅最大限度地节约能源，还营造了一种浪漫的情调，深受旅客们的喜爱。❹“没有所谓的废弃物，只有放错位置的资源”。酒店老板总是把这句话挂在嘴边，也许这就是他把酒店打造得如此完美的关键所在。

이 호텔에는 또 하나의 벽이 더 있는데, 벽면에 크고 작은 각양각색의 오래된 솥이 붙어 있다. 이 솥들은 얕잡아 볼 솥이 아니라, 모두 민간에서 회수되어 온 여러 종류의 오래된 솥들로, 세척과 다듬는 과정을 거친 후에 벽면에 고정시켰다. ❸이 벽은 많은 손님들의 시선을 끌었을 뿐만 아니라, 중국인들의 '식량은 국민 생활의 근본이다'라는 전통 관념을 구현했다.

물건들이 낡아 보인다고 해서 초라한 것은 아니다. 이 호텔 인테리어 재료의 80%는 오래된 물건을 재활용한 것으로 매우 친환경적이며, 디자인 이념도 현재 가장 유행하고 있는 것이다. 어쩌면 이 호텔이 조금 낡아 보일지 모르지만, 디자이너의 특별한 과정을 거쳐 사람들은 그 속에서 새로운 감각을 느낄 수 있다. 낡은 벽돌, 낡은 기와, 낡은 나무들은 대다수 사람들에게 골치 아픈 건축 폐기물로 보일 뿐이지만, 그것들은 호텔 주인에게 기발하게 활용되어 최고급 호텔을 만들어 냈다. 이런 호텔은 에너지를 최대한으로 절약하는 것은 물론 낭만적인 분위기로 여행객들에게 인기가 높다. ❹"원래 폐기물이란 없다. 다만 잘못된 위치에 놓여진 자원만 있을 뿐이다." 호텔 주인이 이 말을 입에 달고 사는 것은 어쩌면 그가 호텔을 이처럼 완벽하게 만들게 된 가장 중요한 이유일지 모른다.

요약
- 제목: 건축 폐기물로 만든 호텔
- 주제: 모든 자원은 그것의 쓸모가 있다.

단어 一处 yíchù 명 한 곳 | 老式 lǎoshì 명형 고풍(의), 구식(의) | 弄堂 lòngtáng 명 뒷골목, 작은 골목 | 门面 ménmian 명 겉보기, 외관 | 却 què 부 도리어, 오히려 | 装修 zhuāngxiū 동 인테리어하다 | 材料 cáiliào 명 재료 | 建筑 jiànzhù 동 건축하다, 건설하다 | 垃圾 lājī 명 쓰레기 | 主张 zhǔzhāng 동 주장하다 | 动工 dònggōng 동 착공하다, 공사하다 | 四处 sìchù 명 사방, 도처 | 搜集 sōují 동 수집하다 | 用于 yòngyú 동 ~에 쓰다 | 建设 jiànshè 명동 건설(하다) | 装饰 zhuāngshì 동 치장하다, 장식하다 명 장식(품) | 值得 zhíde 동~할 만한 가치가 있다 | 大厅 dàtīng 명 로비 | 墙 qiáng 명 벽 | 眼球 yǎnqiú 명 주의, 눈길 | 富丽堂皇 fùlì tánghuáng 성어 웅장하고 화려하다 | 背景 bèijǐng 명 배경 | 取而代之 qǔ'érdàizhī 성어 대체하다, 바꾸다 | 堆 duī 동 쌓이다 | 废物 fèiwù 명 폐기물 | 设计师 shèjìshī 명 디자이너 | 精心 jīngxīn 형 공들이다, 심혈을 기울이다 | 打造 dǎzào 동 제조하다, 만들다 | 突出 tūchū 동 돋보이게 하다 | 住宿 zhùsù 명 묵다, 숙박하다 | 主题 zhǔtí 명 주제 | 营造 yíngzào 동 만들다, 조성하다 | 艺术感 yìshùgǎn 명 예술적 감각 | 亲切感 qīnqiègǎn 명 친밀감 | 镶嵌 xiāngqiàn 동 박아 넣다, 끼워 넣다 | 各式各样 gèshì gèyàng 성어 갖가지 형식과 모양의 | 锅 guō 명 냄비, 솥 | 小看 xiǎokàn 동 얕보다, 경시하다 | 民间 mínjiān 명 민간 | 回收 huíshōu 동 회수하여 이용하다 | 经过 jīngguò 동 거치다, 지나다, 통과하다 | 一系列 yíxìliè 형 일련의 | 清理 qīnglǐ 동 깨끗이 처리하다 | 打磨 dǎmó 동 갈다, 갈아서 윤을 내다 | 处理 chǔlǐ 동 처리하다 | 固定 gùdìng 형 고정시키다 | 吸引 xīyǐn 동 유인하다, 매료시키다 | 无数 wúshù 형 무수하다, 매우 많다 | 目光 mùguāng 명 눈길, 시선 | 体现 tǐxiàn 동 구현하다, 구체적으로 드러내다 | 民以食为天 mín yǐ shí wéi tiān 성어 백성은 식량을 하늘로 여긴다, 식량은 국민 생활의 근본이다 | 传统 chuántǒng 명 전통 | 观念 guānniàn 명 관념, 생각 | 物件 wùjiàn 명 물건, 물품 | 陈旧 chénjiù 형 낡다, 오래되다 | 并不 bìngbù 부 결코 ~이 아니다 | 意味着 yìwèizhe 동 의미하다 | 简陋 jiǎnlòu 형 누추하다, 보잘것없다 | 旧物 jiùwù 명 구물, 유물 | 符合 fúhé 동 부합하다, 일치하다 | 当前 dāngqián 명 현재 | 环保 huánbǎo 명 환경 보호 | 设计 shèjì 명 디자인, 설계 | 理念 lǐniàn 명 이념 | 当今 dāngjīn 명 현재, 지금 | 流行 liúxíng 동 유행하다 | 也许 yěxǔ 부 어쩌면, 아마 | 一丝 yìsī 양 아주 조금, 한 오라기 | 老旧 lǎojiù 낡다, 시대에 뒤떨어지다 | 感觉 gǎnjué 명 감각, 느낌 | 从中 cóngzhōng 부 그 가운데서 | 体会 tǐhuì 동 몸소 느끼다, 체득하다 | 味道 wèidào 명 느낌 | 砖 zhuān 명 벽돌 | 瓦 wǎ 명 기와 | 木头 mùtou 명 나무, 목재 | 巧妙 qiǎomiào 형 교묘하다 | 充分 chōngfèn 부 충분히, 완전히 | 限度 xiàndù 명 한도, 한계 | 节约 jiéyuē 동 절약하다 | 能源 néngyuán 명 에너지원 | 营造 yíngzào 동 집을 짓다, 건축물을 역사하여 짓다 | 浪漫 làngmàn 형 로맨틱하다, 낭만적이다 | 情调 qíngdiào 명 분위기, 정서 | 深受 shēnshòu 동 깊이 받다, 크게 받다 | 喜爱 xǐ'ài 동 좋아하다, 애호하다 | 所谓 suǒwèi 형 ~라는 것은 | 废弃物 fèiqìwù 명 폐기물 | 位置 wèizhì 명 위치 | 资源 zīyuán 명 자원 | 挂 guà 동 붙어 있다 | 嘴边 zuǐbiān 명 입가, 입언저리 | 如此 rúcǐ 대 이와 같다 | 完美 wánměi 형 매우 훌륭하다, 완전하여 결함이 없다 | 关键 guānjiàn 명 관건, 열쇠, 키포인트

01

p. 263

这家酒店最大的特色是:	이 호텔의 가장 큰 특징은:
A 主要接待外国旅客 B 位于上海市中心 C 装修具有时尚感 D 将建筑垃圾作为装修材料	A 주로 외국 여행객을 받는다 B 상하이 도심 속에 위치해 있다 C 인테리어에 세련됨이 묻어난다 **D 건축 폐기물를 인테리어 재료로 사용했다**

해설 이 호텔의 특징은 본문에서 이미 여러 번 등장하고 있다. 이 호텔의 특징은 건축 폐기물로 인테리어를 한 것으로 이러한 특징은 다른 그 어떤 호텔과 견줄 수 없을 만큼 가치가 있다고 했다. 따라서 정답은 D가 된다.

일본에 한류의 시초가 된 〈겨울연가〉의 촬영지로 알려진 '남이섬'은 원래 사람들이 놀러와서 술을 먹고 치우지 않아서, 방치되어 소주병, 맥주병, 나뭇가지 등만이 나뒹구는 상황이었다. 어떤 실력 있는 인테리어 디자이너와 주인의 의견이 맞아서 섬안에 뒹굴어 다니는 재료를 유리공예처럼 열을 가해 납작하게 만들어 호텔이나 화장실 안 벽면을 인테리어 하는데 사용되었다.

단어 特色 tèsè 명 특색, 특징 | 接待 jiēdài 동 응접하다 | 位于 wèiyú 동 ~에 위치하다 | 时尚 shíshàng 명 유행, 당시의 분위기

02

p. 264

酒店的"文化墙"是由什么做成的?		호텔의 '문화의 벽'은 무엇으로 만든 것인가?	
A 旧旅行箱	B 二手光盘	**A 낡은 캐리어**	B 중고 CD
C 玻璃饰品	D 旧砖旧瓦	C 유리 장식품	D 낡은 벽돌과 기와

해설 문제의 "文化墙"이라는 힌트 단어를 지문 두 번째 단락에서 찾을 수 있다. 단어 이하 부분을 정독하면 정답을 쉽게 찾아낼 수 있다. 이 호텔에는 특별한 벽이 있는데, 그것은 낡은 캐리어를 잔뜩 쌓아올려서 만든 벽이며, 그들은 이것을 '문화의 벽'이라고 부른다고 했으므로 정답은 A가 된다. B, C, D에 제시된 단어들도 어디서 봄직한 매력적인 단어들이기는 하지만, 본문에 언급되어 있지 않기에 정답이 될 수 없다.

단어 二手 èrshǒu 형 중고의 | 光盘 guāngpán 명 시디 | 玻璃 bōli명 유리 | 饰品 shìpǐn 명 장식구, 액세서리

03

p. 264

用老锅装饰的那面墙体现了什么观念?	오래된 솥으로 장식된 벽은 어떤 관념을 보여 주는가?
A 环保再利用 B 顾客就是上帝 C 民以食为天 D 传统不能忘记	A 환경을 보호하고 재활용한다 B 고객은 하느님이다 **C 백성은 먹는 것이 가장 중요하다** D 전통을 잊어서는 안 된다

해설 이 호텔에는 '문화의 벽' 말고도 오래된 솥으로 장식된 벽이 있다. 이 솥들은 오래되었으면서도 여러 가지 모양을 하고 있는데, 모두 민간에서 구해 온 것이다. 예로부터 백성들이 '먹는다'는 행위를 얼마나 중요하게 생각하는지를 표현하기 위해서 이러한 인테리어로 호텔은 여행을 온 사람들이 먹고, 자는 곳임을 자연스럽게 표현한 것이다. 따라서 정답은 C가 된다.

단어 上帝 shàngdì 명 하느님, 상제

04

酒店老板认为：	호텔 주인이 생각하기에:
A 垃圾分类处理很重要	A 쓰레기 분리수거가 중요하다
B 酒店的服务很关键	B 호텔의 서비스가 관건이다
C 装修越简单显高档	C 인테리어는 간단할수록 고급스러워 보인다
D 废弃物是放错地方的资源	**D 폐기물은 잘못된 위치에 놓여진 자원이다**

p. 264

해설 만약 호텔 주인이 폐기물을 소중한 자원으로 생각하는 마음이 없었다면, 새로운 건물을 지으면서 폐기물로 인테리어 할 생각을 하지 못했을 것이다. 그는 '폐기물(쓰레기)이란 잘못된 위치에 놓여진 자원'이라는 생각을 가지고 있었기에 이러한 특별한 호텔이 탄생할 수 있었던 것이다. 따라서 정답은 D가 된다.

단어 高档 gāodàng 형 고급의, 상등의

[05-08]

中国是世界上种茶最早、制茶最精、饮茶最多的国家，是茶的故乡。❺最初，茶只是被作为一种药材，而非饮品。后来，随着古人对茶性的深入研究，逐渐将茶从药材中分离出来，而成为一种清热解渴的饮料，并逐渐形成了中国的茶文化。

据史料记载，西汉时期已经有了饮茶的习俗。到了魏晋南北朝时期，饮茶的习俗已经成为上层人物中的一种时尚。唐代，可以说是中国茶文化的成熟时期。此时，饮茶的风气极为盛行。❼人们不仅讲究茶叶的产地和采制，还讲究饮茶的器具和方法，并且在饮茶的方法上日益翻新。宋代，茶的种植、贸易也依然有增无减，并且制茶技术也有了明显的进步。到了元代，饮茶已成为日常生活中极为平常的事。明清时期，日常生活中人们饮茶的习惯已经与现在无大差别。

中国很早以前就把茶种以及种茶的技术传播到了外国。❻唐代，茶叶传到了日本，后来出现了举世闻名的日本茶道。大约17世纪初，茶叶流传到西欧，也成为欧洲人民喜爱的饮料之一。

중국은 세계에서 가장 일찍 차를 재배했고, 차 제조가 제일 뛰어나며, 차를 제일 많이 마시는 국가로, 차의 고향이다. ❺처음에 차는 단지 약재로만 여겨졌을 뿐, 음료는 아니었다. 훗날, 고대 사람들이 차의 특징에 대해 심도 있는 연구를 함에 따라, 점차 차를 약재에서 분리해 내어, 열을 내리고 갈증을 해결하는 음료가 되었다. 또한 중국의 차 문화도 점차 형성되었다.

역사 자료에 기록된 것에 따르면, 서한 시기에 이미 차를 마시는 풍속이 있었다. 위진남북조 시기에 차를 마시는 풍속은 상류층 사람들 사이에서 유행이 되었다. 당대는 중국 차 문화의 성숙기라고 할 수 있다. 이때 차를 마시는 풍조가 크게 성행했다. ❼사람들은 찻잎의 생산지와 채집, 제조를 중시했을 뿐만 아니라, 차를 마시는 다기와 방법도 중시했고, 또한 차를 마시는 방법은 날로 새로워졌다. 송대에는 차의 재배, 무역도 계속 증가했으며, 차를 만드는 기술에도 뚜렷한 발전이 있었다. 원대에 들어서 차를 마시는 것은 이미 일상생활 중 매우 평범한 일이 되었다. 명청 시기에는 일상생활에서 사람들이 차를 마시는 습관은 현재와 큰 차이가 없게 되었다.

중국은 일찍이 차의 종류와 차를 재배하는 기술을 국외에 전파했다. ❻당대에 찻잎은 일본에 전파되었고, 나중에 세계적으로 이름난 일본 다도가 생겨났다. 약 17세기 초에, 찻잎은 서유럽으로 전파되었고, 또한 유럽인들이 애호하는 음료 중의 하나가 되었다.

요약 • 제목: 중국의 차 역사

• 주제: 중국의 차는 오랜 역사를 지녔고, 세계 각지로 전파되었다.

단어 制 zhì 동 제조하다, 만들다 | 精 jīng 형 뛰어나다, 훌륭하다 | 故乡 gùxiāng 명 고향 | 最初 zuìchū 명 최초, 처음 | 作为 zuòwéi 동 ~로 삼다, ~로 간주하다 | 药材 yàocái 명 약재 | 非 fēi 동 아니다 | 饮品 yǐnpǐn 명 음료 | 随着 suízhe 전 ~함에 따라서 | 深入 shēnrù 형 깊다, 투철하다 | 研究 yánjiū 동 연구하다 | 逐渐 zhújiàn 부 점점 | 将 jiāng 전 ~를 | 分离 fēnlí 동 분리하다 | 清热 qīngrè 동 열을 내리다 | 解渴 jiěkě 동 갈증을 해소하다 | 史料 shǐliào 명 역사 자료 | 记载 jìzǎi 동 기록하다 | 西汉 Xīhàn 명 서한 | 习俗 xísú 명 풍속 | 魏晋南北朝 Wèi Jìn Nánběicháo 명 위진남북조 | 上层 shàngcéng 명 상류층 | 时尚 shíshàng 명 (시대적) 유행 | 唐代 Tángdài 명 당대 | 成熟 chéngshú 형 성숙하다 | 风气 fēngqì 명 풍조 | 极为 jíwéi 부 아주 | 盛行 shèngxíng 동 성행하다 | 讲究 jiǎngjiu 동 중요시하다 | 产地 chǎndì 명 생산지 | 采制 cǎizhì 동 채취하여 가공하다 | 器具 qìjù 명 기구, 용구 | 日益 rìyì 부 날마다 | 翻新 fānxīn 동 낡은 것이 새롭게 변화되다 | 宋代 Sòngdài 명 송대 | 种植 zhòngzhí 동 심다, 재배하다 | 贸易 màoyì 명 무역 | 依然 yīrán 부 여전히 |

有增无减 yǒuzēngwújiǎn 성어 늘어날 뿐 줄어들지 않다 | 并且 bìngqiě 접 게다가 | 技术 jìshù 명 기술 | 明显 míngxiǎn 형 뚜렷하다 | 元代 Yuándài 명 원대 | 明清 Míng Qīng 명 명청 시대 | 习惯 xíguàn 명 습관 | 差别 chābié 명 차이 | 传播 chuánbō 동 전파하다 | 举世闻名 jǔshì wénmíng 성어 전 세계에 이름이 알려지다 | 茶道 chádào 명 다도 | 西欧 Xī'ōu 명 서유럽 | 欧洲 Ōuzhōu 명 유럽 | 饮料 yǐnliào 명 음료

05

p. 265

茶叶最初被当做什么?		찻잎은 처음에 무엇으로 여겨졌는가?	
A 香料	B 药材	A 향료	**B 약재**
C 饮料	D 装饰品	C 음료	D 장식품

해설 질문에 最初(처음)라는 시간사가 제시되었으므로, 最初(처음)가 있는 첫 번째 단락을 확인해 본다. 차는 처음에는 음료로 사용되지 않고 약재로 사용되었다고 말했으므로, 정답은 B가 된다.

단어 香料 xiāngliào 명 향료 | 装饰品 zhuāngshìpǐn 명 장식품

06

p. 265

根据上文，下列哪项是正确的?	이 글에 의하면 다음 중 옳은 것은?
A 唐代茶叶流传到日本	**A 당대에 찻잎은 일본으로 전파되었다**
B 宋代饮茶已经很平常了	B 송대에 차를 마시는 것은 이미 매우 일상적이었다
C 西汉时期喝茶成为一种流行	C 서한 시기에 차를 마시는 것은 유행이 되었다
D 元代饮茶的习惯和现代差不多	D 원대의 차 마시는 습관은 지금과 비슷하다

해설 지문에서는 차의 변화 발전되는 모습을 왕조별로 나누어 설명하고 있다. 西汉 시기에는 이미 차 마시는 풍속이 있었다고 했지만 유행한 것은 아니고(C), 宋代에는 차의 재배와 무역이 증가했지만 일상이 된 것은 원대에 들어서다(B). 元代에는 차 마시는 일은 아주 일상적인 일이 되었다고 했지만 지금과 비슷한 습관은 명청 시기에 이르러서다(D). 따라서 B, C, D는 모두 왕조와 특징이 일치하지 않아 정답이 될 수 없다. 보기 중 지문과 일치하는 내용은 唐代에 차가 일본에까지 전해졌다는 A로 이 내용은 가장 마지막 단락에 언급되어 있다.

단어 流行 liúxíng 동 유행하다

07

p. 265

唐代开始讲究什么?	당대에 중시하기 시작한 것은 무엇인가?
A 制茶时间	A 차 제조 시간
B 采茶季节	B 차를 채집하는 계절
C 茶叶的产地	**C 찻잎의 생산지**
D 提高茶的质量	D 차의 품질을 높이는 것

해설 두 번째 단락에서 당나라 때부터 차 문화는 성숙기에 접어들어, 찻잎의 생산지와 채집, 제조를 중시했을 뿐만 아니라, 차 마시는 다기와 방법도 중시했다고 했으므로, 정답은 C가 된다. 찻잎의 채집과 제조를 중시한 건 맞지만 그에 대한 时间(시간)과 季节(계절)에 대한 언급은 없었으므로, A와 B는 정답이 될 수 없다. 보기에 제시된 표현의 일부분이 맞다고 정답이 될 수는 없으니, 지문 내용과의 일치 여부를 정확하게 확인해야 한다.

단어 提高 tígāo 동 향상시키다

08

p. 265

这篇文章主要内容是：	이 글의 주요 내용은:
A 制茶技术	A 차 제조 기술
B 茶的发展历史	**B 차의 발전 역사**
C 茶怎样用于医学	C 차가 어떻게 의학에 사용되는가
D 外国的茶文化与中国茶的关系	D 외국의 차 문화와 중국 차의 관계

해설 지문은 차가 처음에는 약재로만 사용되고 음용하지 않다가, 서한 시기부터 점차 음료로 마시기 시작하였으며, 위진남북조 시대에는 상류층 사람들이 널리 마시기 시작했고, 명청대에는 현대의 차 마시는 모습과 별 차이가 없을 정도로 발전되었다고 서술하고 있다. 즉 지문은 시대별로 차의 발전에 관하여 설명하는 내용이므로 정답은 B가 된다.

DAY 30

✓ 정답 1. A 2. D 3. B 4. C 5. A 6. C 7. D 8. A

[01-04]

❹良好的沟通需要三个要素。

第一个要素是一定要有一个明确的目标。只有大家有了明确的目标才叫沟通。如果大家来了但没有目标，那就不是沟通，是什么呢？是闲聊天。❶沟通就要有一个明确的目标，这是沟通最重要的基础。

第二个要素是沟通之后，要形成一个共同的规则。沟通结束以后一定要形成一个双方或者多方都共同承认的一个规则，只有形成了这个规则才叫做完成了一次沟通。如果没有形成规则，那么这次不能称之为沟通。在实际的工作过程中，我们常见到大家一起沟通过了，但是最后没有形成一个明确的规则，大家就各自去工作了。由于对沟通的内容理解不同，❷又没有形成规则，最后反而让双方产生了矛盾。

第三个要素是沟通信息、思想和情感。沟通的内容不仅仅是信息，还包括更加重要的思想和情感。信息是非常容易沟通的，❸而思想和情感是不太容易沟通的。在我们工作的过程中，很多障碍使思想和情感无法得到一个很好的沟通。事实上我们在沟通过程中，传递更多的是彼此之间的思想，而信息的内容并不是主要的内容。

❹바람직한 소통에는 세 가지 요소가 필요하다.

첫 번째 요소는 반드시 명확한 목표가 있어야 한다는 것이다. 모두에게 명확한 목표가 있어야만 비로소 소통이라고 할 수 있다. 만약 모두가 참여했지만 목표가 없다면 그것은 소통이 아니다. 그렇다면 무엇인가? 바로 잡담이다. ❶소통은 명확한 목표가 있어야 하며, 이것은 소통의 제일 중요한 기초다.

두 번째 요소는 소통 후에, 공통의 규칙이 형성되어야 한다. 소통이 끝난 이후 반드시 양자간 혹은 다자간에 공통으로 인정하는 규칙이 형성되어야 한다. 이 규칙이 형성되어야 비로소 한 번의 소통이 끝났다고 할 수 있다. 만약에 규칙이 형성되지 않았다면, 이번에는 소통이라고 부를 수 없다. 실제 업무 과정에서, 우리는 모두가 같이 소통하지만 마지막에 명확한 규칙을 형성하지 못하고, 각자 자기 할 일을 하러 가는 것을 자주 본다. 소통한 내용에 대한 이해가 다르고, ❷또 규칙이 형성되지 않았기 때문에 마지막에 오히려 양측에 갈등이 생기게 된다.

세 번째 요소는 정보, 사상과 감정을 소통하는 것이다. 소통하는 내용은 정보뿐 아니라 더욱 중요한 사상과 감정을 내포하고 있다. 정보는 매우 쉽게 소통된다. ❸그러나 사상과 감정은 소통하기 쉽지 않다. 우리가 일하는 과정에서, 많은 장애물이 사상과 감정이 효과적으로 소통되지 못하게 한다. 사실 우리가 소통하는 과정에서, 더 많이 전달하는 것은 서로의 사상이지, 정보의 내용이 결코 주요 내용은 아니다.

요약
- 제목: 바람직한 소통의 세 가지 요소
- 주제: 바람직한 소통을 위해서는 명확한 목표와 규칙이 있어야 하고, 정보, 사상, 감정을 소통해야 한다.

단어 良好 liánghǎo 형 바람직하다, 양호하다 | 沟通 gōutōng 동 소통하다, 교류하다 | 要素 yàosù 명 요소 | 明确 míngquè 형 명확하다 | 目标 mùbiāo 명 목표 | 基础 jīchǔ 명 기초 | 形成 xíngchéng 동 형성되다 | 共同 gòngtóng 형 공통의 | 规则 guīzé 명 규칙 | 承认 chéngrèn 동 인정하다 | 称之为 chēngzhīwéi 동 ~라고 부르다 | 实际 shíjì 형 실제적이다 | 过程 guòchéng 명 과정 | 各自 gèzì 대 각자 | 反而 fǎn'ér 부 오히려 | 矛盾 máodùn 명 갈등, 모순 | 信息 xìnxī 명 정보 | 思想 sīxiǎng 명 사상 | 情感 qínggǎn 명 감정 | 包括 bāokuò 동 포함하다 | 容易 róngyì 형 쉽다 | 障碍 zhàng'ài 명 장애물 | 传递 chuándì 동 전달하다 | 彼此 bǐcǐ 대 서로, 상호

01

p. 266

沟通最重要的基础是什么?	소통하는 데 제일 중요한 기초는 무엇인가?
A 有明确的目标 B 工作类型一样 C 大家都有时间 D 有共同的兴趣爱好	**A 명확한 목표가 있다** B 업무 유형이 같다 C 모두 시간이 있다 D 공통의 흥미와 취미가 있다

해설 지문은 바람직한 소통에 필요한 세 가지 요소를 설명하고 있다. 그중 첫 번째 요소로 명확한 목표가 있어야 한다고 하며, 이것이 소통의 가장 중요한 기초라고 했으므로, 정답은 A가 된다.

단어 **类型** lèixíng 명 유형 | **兴趣** xìngqù 명 흥미 | **爱好** àihào 명 취미

02

p. 266

如果沟通之后没有形成共同的规则会怎么样?	만약 소통 후에 공통된 규칙을 형성하지 못했다면 어떻게 되는가?
A 提高工作效率 B 以后不好管理 C 发展各自的想法 D 让双方产生新的矛盾	A 업무 효율이 향상된다 B 이후에 관리가 잘 안된다 C 각자의 생각을 발전시킨다 **D 양측 간에 새로운 갈등이 생긴다**

해설 바람직한 소통의 두 번째 요소는 소통 후에 서로가 인정할 수 있는 공통의 규칙이 형성되어야 한다는 것이다. 만약 이러한 규칙을 만들지 못하면 마지막에 양측의 갈등이 발생할 수 있다고 세 번째 단락 마지막 부분에 언급되어 있다. 따라서 정답은 D가 된다.

단어 **提高** tígāo 동 향상시키다 | **效率** xiàolǜ 명 효율 | **管理** guǎnlǐ 동 관리하다 | **发展** fāzhǎn 동 발전시킨다

03

p. 266

根据上文，下列选项中正确的是:	이 글에 의하면 다음 중 옳은 것은:
A 聊天也是沟通 B 情感不容易沟通 C 面对面才能进行沟通 D 有效的沟通不用形成规则	A 잡담을 하는 것도 소통이다 **B 감정은 쉽게 소통되지 않는다** C 마주 봐야 비로소 소통할 수 있다 D 효과적인 소통은 규칙을 형성할 필요가 없다

해설 두 번째 단락에서 목표 없이 나누는 수다는 소통이 아니라 잡담이라고 했으므로 A는 정답에서 제외된다. 세 번째 단락에서 바람직한 소통을 하기 위해서는 공통의 규칙을 형성해야 한다고 했으므로 D도 정답에서 제외된다. 네 번째 단락에서는 정보, 사상, 감정의 요소 중, 사상과 감정의 소통은 쉽지 않다고 말하고 있다. 따라서 B가 정답이 된다. C는 지문에서 언급되지 않았으므로 정답이 될 수 없다.

단어 **根据** gēnjù 전 ~에 근거하여

04 这篇文章的主题是: | 이 글의 주제는:

p. 266

A 不要浪费时间
B 聊天比沟通更轻松
C 什么是良好的沟通
D 沟通的双方应互相谦让

A 시간을 낭비하지 말아야 한다
B 잡담하는 것은 소통하는 것보다 더욱 수월하다
C 무엇이 바람직한 소통인가
D 소통의 양측은 서로 겸손하고 양보해야 한다

해설 주제는 지문의 첫 번째 단락에 良好的沟通需要三个要素(바람직한 소통에는 세 가지 요소가 필요하다)라고 언급되어 있으므로, C가 정답으로 가장 타당하다.

단어 谦让 qiānràng 동 겸손하게 사양하다

[05-08]

中国人常说有心栽花花不开，无心插柳柳成荫。可见，❺最好的东西，往往是偶然得来的。比如路过彩票投注站的时候，随便选了几组自己喜欢的号码，谁知这张彩票居然中奖了。

跟朋友出去拍照，挑选了很多漂亮的衣服，顺便又多带了一套，没想到照片洗出来以后，效果最好的不是精心搭配的那几件衣服，而是顺便带去的那一套。

跟朋友约好在百货商店门口见面，没想到路上没堵车，所以早到了，于是进百货商店随便逛逛，❻就在这短短的时间里你找到了已经找了好几个月的裙子。

你画了很多张画，眼看还有些颜料，就顺便再画一张，最满意的却是这一张。

有时候，拍照拍了一卷胶卷，最后的一两张胶片，本来不打算拍了，可是为免浪费，就随便拍了两张，谁知道胶片冲出来之后，效果最好的竟是最后拍的那两张。

今天晚上，❼朋友说要把一个男孩子介绍给你，你想可能又是空欢喜一场，所以想放弃，但反正有空，于是去看看。幸好你去了，他就是你要找的人。

❽不到最后一刻，千万别放弃。最后得到好东西，不是幸运。有时候，必须有前面的苦心经营，才有后面的偶然相遇。

중국인들은 '마음먹고 심은 꽃은 피지 않고, 무심히 꽂은 버드나무는 우거져 그늘을 드리운다'라는 말을 자주 한다. ❺제일 좋은 것은 종종 우연히 얻게 된다는 것을 알 수 있다. 예를 들어 복권방을 지나다 자신이 좋아하는 번호를 마음대로 몇 개 골랐는데 이 복권이 당첨될 줄 누가 알겠는가.

친구와 사진을 찍으러 가려고 예쁜 옷들을 잔뜩 고르고 내친김에 한 벌을 더 가져갔는데, 사진이 나온 후 제일 잘 나온 사진은 공들여 갖춰 입은 옷들이 아니라, 그냥 가져간 그 옷일 거라고는 생각지도 못한다.

친구와 백화점 입구에서 만나기로 약속했는데, 의외로 차가 막히지 않아 일찍 도착해서 백화점을 한번 둘러보는데, ❻그 짧은 시간에 몇 개월 동안 찾던 치마를 찾게 된다.

당신이 여러 장의 그림을 그리고 물감이 좀 남은 김에 아무렇게나 한 장 더 그렸는데, 제일 마음에 드는 그림이 오히려 그 그림이다.

때로는 필름 한 통으로 사진을 찍고, 제일 마지막 한두 장은 원래 찍을 생각이 없었지만, 낭비하지 않기 위해서 두 장을 아무렇게나 찍었다. 사진을 현상하고 나니 제일 잘 나온 사진이 마지막에 찍은 그 사진인 것을 누가 알겠는가.

오늘 저녁 ❼친구가 당신에게 남자 친구를 소개해 준다고 한다. 당신은 이번에도 역시 괜히 헛물만 켤까 봐 그만두려고 생각하지만, 어쨌거나 시간도 있고, 한번 가서 얼굴이나 보기로 한다. 당신이 갔기에 다행이지, 그가 바로 당신이 찾던 사람인 것이다.

❽최후의 순간이 오기 전에, 절대 포기해서는 안 된다. 마지막에 좋은 것을 얻는 것은 행운이 아니다. 때로는 반드시 앞에서 심혈을 기울여야, 비로소 뒤에서 우연히 만나는 것이다.

요약
- 제목: 우연을 가장한 행운
- 주제: 포기하지 않고 마지막 순간까지 시도한다면 행운은 찾아온다.

단어 有心栽花花不开，无心插柳柳成荫 yǒuxīn zāi huā huā bù kāi, wúxīn chā liǔ liǔ chéngyīn 마음먹고 심은 꽃은 피우지 않고, 무심히 꽂은 버드나무는 우거져 그늘을 드리운다 | 栽 zāi 동 심다 | 插 chā 동 꽂다 | 柳 liǔ 명 버드나무 | 荫 yīn 명 나무 그늘 | 可见 kějiàn 접 ~을 알 수 있다 | 偶然 ǒurán 부 우연히 | 路过 lùguò 동 지나치다 | 彩票 cǎipiào 명 복권 | 投注站 tóuzhùzhàn (도박에서) 돈을 거는 곳 | 居然 jūrán 부 뜻밖에 | 中奖 zhòngjiǎng 동 당첨되다 | 拍照 pāizhào 동 사진 찍다 | 挑选 tiāoxuǎn 동 선택하다, 고르다 | 顺便

shùnbiàn 부 내친김에, ~하는 김에 | **精心** jīngxīn 형 공들이다 | **搭配** dāpèi 동 배합하다 | **约好** yuēhǎo 동 약속하다 | **堵车** dǔchē 동 교통이 꽉 막히다 | **逛** guàng 동 돌아다니다, 쇼핑하다 | **眼看** yǎnkàn 부 곧, 이제 | **颜料** yánliào 명 물감 | **卷** juǎn 양 통 | **胶卷** jiāojuǎn 명 필름 | **为免** wèimiǎn 면하기 위해서 | **浪费** làngfèi 동 낭비하다 | **胶片** jiāopiàn 명 필름 | **冲** chōng 동 (필름을) 현상하다 | **空欢喜一场** kōnghuānxǐ yì chǎng 괜히 좋아하다, 헛물을 켜다 | **放弃** fàngqì 동 포기하다 | **反正** fǎnzhèng 부 어쨌든 | **幸好** xìnghǎo 부 운 좋게, 다행히 | **苦心经营** kǔxīn jīngyíng 성어 고심하고 애써 처리하다 | **相遇** xiāngyù 동 서로 만나다

05

p. 267

根据本文，偶然得来的:	이 글에 의하면 우연히 얻은 것은:
A 可能是最好的	**A 어쩌면 제일 좋은 것이다**
B 是一种宝贵经验	B 하나의 소중한 경험이다
C 让我们浪费时间和精力	C 우리에게 시간과 정력을 낭비하게 한다
D 给我们带来更多的乐趣	D 우리에게 더 많은 기쁨을 가져다준다

해설 이 지문은 중국어 속담으로 시작된다. **心栽花花不开，无心插柳柳成荫**는 '마음먹고 심은 꽃은 피지 않고, 무심히 꽂은 버드나무는 우거져 그늘을 드리운다'는 뜻으로, 무심결에 한 행동이 의외의 결과를 가져올 수 있다는 말이다. 또한 결론을 나타내는 접속사 **可见**(~을 알 수 있다) 이하 부분에 제일 좋은 것은 우연한 기회에 얻는다고 언급되어 있으므로, A가 정답이 된다.

단어 **宝贵** bǎoguì 형 진귀한 | **经验** jīngyàn 명 경험 | **精力** jīnglì 명 정력

06

p. 267

根据本文，等朋友的人:	이 글에서 친구를 기다리는 사람은:
A 中奖了	A 복권에 당첨되었다
B 画了很多张画	B 많은 그림을 그렸다
C 买到了合心意的裙子	**C 마음에 드는 치마를 샀다**
D 在百货商店买到了照相机	D 백화점에서 카메라를 샀다

해설 이 지문은 서두에 주제를 말하고, 여러 가지의 예를 들어 부연 설명을 하고 있다. 세 번째 단락에서 약속 시간보다 일찍 도착해 친구를 기다리면서 백화점을 잠깐 둘러보았는데, 몇 달간 찾아 헤매던 치마를 찾게 된다고 했으므로, 정답은 C가 된다. 즉 우연한 기회에 의외의 성과가 있었던 것이다.

단어 **心意** xīnyì 명 성의, 마음

07

p. 267

女的为什么不想和朋友介绍的那个男孩子见面?	여자는 왜 친구가 소개해 주는 그 남자를 만나고 싶지 않았는가?
A 工作太忙了	A 일이 너무 바빠서
B 人家看不上她	B 그 사람이 그녀를 마음에 들지 않아 해서
C 男孩子长得不帅	C 남자가 못생겨서
D 她认为也许不会成	**D 그녀가 생각하기에 아마도 이루어질 것 같지 않아서**

해설 친구가 남자 친구를 소개해 주려고 했지만, 괜히 헛물켜고(空欢喜一场), 성과 없이 끝날까 걱정되어 나가지 않으려고 했다. 따라서 정답은 D가 된다.

단어 **认为** rènwéi 동 여기다

08

p. 267

本文告诉我们:	이 글에서 말해 주는 것은:
A 偶然有其必然 B 要学会享受生活 C 偶然可能成为必然 D 等一等会有好的结果	**A 우연 중에 필연이 있다** B 인생을 즐기는 것을 배워야 한다 C 우연은 어쩌면 필연이 될 수 있다 D 기다리면 좋은 결과가 있을 것이다

해설 우연한 기회에 얻어지는 것을 행운이라고 생각하지만, 사실 그러한 우연도 반드시 이전에 열심히 노력했던 것의 결과이므로, 최후의 순간까지 포기하지 말아야 한다고 마지막 단락에 언급하고 있다. 따라서 정답은 A가 된다.

단어 必然 bìrán 형 필연적이다 | 享受 xiǎngshòu 동 즐기다, 누리다

阅读 실전 모의고사

제1부분

✓ 정답 1. B 2. A 3. A 4. C 5. D 6. C 7. C 8. B 9. B 10. A 11. C 12. A 13. B 14. B 15. D

[01-04]

大家为了保护眼睛，可能都曾将电脑或手机的背景色设置成绿色。但是这种说法真的＿＿1＿＿吗?

专家称，看远处的花草树木时，会觉得眼睛很舒服，主要是因为如果你长时间看着近处，眼睛内部的肌肉会持续收缩，而向远处看则可以缓解它的紧张＿＿2＿＿，这与看什么颜色无关。虽然心理学研究＿＿3＿＿，绿色可以使人放松并感到平静，但它对眼睛本身并没有特别的作用。

因此，如果想保护眼睛，比起更换电脑和手机的背景色，＿＿4＿＿，多眨眨眼睛，或隔一段时间就看看远处。

여러분은 눈을 보호하기 위해 컴퓨터나 휴대전화의 배경색을 녹색으로 설정한 적이 있을 것이다. 하지만 이런 주장은 정말 과학적인 것일까?

전문가들은 멀리 있는 꽃과 나무들을 볼 때, 눈이 편안하다고 느끼는 것은 오랜 시간 가까운 곳을 바라보면 눈 안쪽의 근육이 계속해서 수축되는 반면, 먼 곳을 바라보면 그 근육의 긴장 상태를 완화시킬 수 있기 때문이라고 한다. 이것과 어떤 색을 보는지 와는 상관이 없다고 말한다. 비록 심리학 연구에서는 녹색이 사람들을 이완시키고 평온함을 느낄 수 있게 한다고 말하지만, 그러나, 색깔은 눈 자체에 특별한 작용을 일으키지는 않는다.

따라서 눈을 보호하고 싶다면, 컴퓨터와 휴대전화의 배경색을 바꾸는 것보다 수시로 눈 운동을 하고, 눈을 자주 깜박이거나 혹은 일정 시간 간격으로 먼 곳을 바라보는 것이 더 좋다.

요약
- 제목: 눈을 보호하는 방법
- 주제: 눈을 보호하기 위한 방법은 녹색을 보는 것보다 먼 곳을 바라보고 눈의 근육을 이완시키는 것이 더 효과적이다.

단어 保护 bǎohù 동 보호하다 | 曾 céng 부 이전에, 이미 | 背景 bèijǐng 명 배경 | 设置 shèzhì 동 설치하다, 장치하다 | 绿色 lǜsè 명 초록색 | 说法 shuōfa 명 의견, 견해 | 专家 zhuānjiā 명 전문가 | 称 chēng 동 말하다, 진술하다 | 远处 yuǎnchù 명 먼 곳, 먼 데 | 花草 huācǎo 명 화초 | 树木 shùmù 명 나무 | 近处 jìnchù 명 근처, 가까운 곳 | 内部 nèibù 명 내부 | 肌肉 jīròu 명 근육 | 持续 chíxù 동 지속하다, 계속 유지하다 | 收缩 shōusuō 동 수축하다 | 则 zé 접 오히려, 그러나 | 缓解 huǎnjiě 동 완화시키다 | 紧张 jǐnzhāng 명 긴장, 불안 | 无关 wúguān 동 관계가 없다, 무관하다 | 心理学 xīnlǐxué 명 심리학 | 研究 yánjiū 명동 연구(하다) | 使 shǐ 동 (~에게) ~하게 하다 | 放松 fàngsōng 동 풀다, 완화하다, 이완시키다 | 并 bìng 접 그리고, 또 | 感到 gǎndào 동 느끼다 | 平静 píngjìng 형 평온하다, 평정하다 | 本身 běnshēn 명 그 자신, 그 자체 | 作用 zuòyòng 명 작용 | 因此 yīncǐ 접 그래서, 그러므로 | 眨 zhǎ 동 (눈을) 깜박거리다, 깜짝이다 | 隔 gé 동 떨어져 있다, 간격을 두다

01

p. 268

A 数据	B 科学	A 데이터	**B 과학적이다**
C 原因	D 结果	C 원인	D 결과

시크릿 但是这种说法真的＿＿＿＿吗?

해설 품사 찾기 '这种说法(주어) + 真的(부사) + 술어'의 어순으로 빈칸에는 술어 역할을 할 수 있는 동사나 형용사가 나와야 한다.

짝꿍 찾기 술어의 힌트는 주어다.

정답 찾기 보기는 '데이터', '과학', '원인', '결과'라는 뜻으로 모두 명사이다. 이 중에서 형용사 역할을 할 수 있는 단어를 골라야 한다. '휴대전화나 컴퓨터 화면을 녹색으로 설정해 놓으면 눈을 보호할 수 있다는 주장은 정말 ~한 것일까?'의 해석에도 부합하면서 명사와 형용사 역할을 하는 것으로는 科学(과학적이다)가 가장 적합하다. 따라서 정답은 B가 된다.

단어 数据 shùjù 명 데이터, 통계, 수치 | 科学 kēxué 명 과학 형 과학적이다 | 原因 yuányīn 명 원인 | 结果 jiéguǒ 명 결실, 결과

02
p. 268

A 状态	B 形式	**A 상태**	B 형식
C 样式	D 形状	C 스타일	D 모양

시크릿 而向远处看则可以**缓解**它的**紧张**________，这与看什么颜色无关。

해설 **품사 찾기** '可以(조동사) + 缓解(동사) + 它的(관형어) + 명사'의 어순에 따라 밑줄에는 명사가 나와야 한다.

짝꿍 찾기 목적어(명사)의 힌트 1순위는 술어(동사)고, 힌트 2순위는 관형어다.

정답 찾기 동사 **缓解**는 '(급박하거나 긴박한 정도가) 완화되다, 풀어지다'의 의미를 갖고, **紧张**은 (긴장한) 모습을 나타내는 관형어다. **紧张**의 수식을 받고 술어 **缓解**와 어울리는 명사는 **状态**로 정답은 A가 된다.

Tip 缓解와 어울리는 짝꿍(搭配)
예 缓解紧张 긴장이 풀어지다 / 缓解压力 스트레스가 풀린다 / 缓解病情 병세가 호전되다 / 缓解醉酒状态 숙취가 풀린다 / 缓解交通拥挤的状况 교통 혼잡 상황이 완화되다

단어 **状态** zhuàngtài 명 상태 | **形式** xíngshì 명 형식, 형태 | **样式** yàngshì 명 스타일, 양식 | **形状** xíngzhuàng 명 형상, 물체의 외관

03
p. 268

A 表明	B 指挥	**A 나타내다**	B 지휘하다
C 叙述	D 启发	C 서술하다	D 불러 일으키다

시크릿 虽然心理学**研究**________，绿色可以使人放松并感到平静，但它对眼睛本身并没有特别的作用。

해설 **품사 찾기** '心理学研究(주어) + 술어'의 어순에 따라서 밑줄에는 술어 역할을 할 수 있는 동사가 나와야 한다.

짝꿍 찾기 술어(동사)의 힌트 1순위는 주어다.

정답 찾기 주어 **研究**(연구)와 어울리며 밑줄 이하 전체 문장을 끌고 나올 수 있는 동사는 **表明**(나타내다, 분명하게 밝히다)이 된다.

Tip 表明과 어울리는 짝꿍(搭配)
예 研究表明 연구에서 밝혔다 / 表明自己的志向 자신이 지향하는 바를 밝혔다 / 表明了戒烟的决心 금연 결심을 밝혔다 / 表明了支持的立场 지지하는 입장을 밝혔다

단어 **表明** biǎomíng 동 나타내다, 분명하게 보이다 | **指挥** zhǐhuī 동 지휘하다 | **叙述** xùshù 동 진술하다, 서술하다 | **启发** qǐfā 동 일깨우다, 계발하다

04
p. 268

A 电脑应注意调节亮度	A 컴퓨터는 밝기 조절에 신경 써야 한다
B 要在书桌上多养一些花儿	B 책상에 꽃을 더 키워야 한다
C 不如时不时做做眼保健操	**C 수시로 눈 운동을 좀 하는 게 낫다**
D 看纸质书对眼睛没有伤害	D 종이책을 보면 눈에 해롭지 않다

시크릿 如果想保护眼睛，**比起**更换电脑和手机的背景色，________，多眨眨眼睛，或隔一段时间就看看远处。

해설 **품사 찾기** 빈칸 앞뒤 쉼표(，)를 보고 하나의 절이 들어가야 함을 알 수 있다.

짝꿍 찾기 제시된 4개의 보기 모두 절이므로 앞뒤 문맥을 통해 정답을 파악해야 한다.

정답 찾기 이 문장은 녹색이 눈에 좋다는 우리의 상식을 깨는 연구 결과에 대해 말하고 있다. 比起…, 不如…(~하기 보다는, ~차라리 ~하다)라는 비교를 나타내는 표현을 통해, 밑줄에 비교문이 나오는 것이 어울린다는 것을 유추할 수 있다. 따라서 정답은 C가 된다.

단어 调节 tiáojié 동 조절하다, 조정하다 | 亮度 liàngdù 명 화면의 밝기 | 养 yǎng 동 기르다, 가꾸다 | 不如 bùrú 접 ~하는 편이 낫다 | 时不时 shíbùshí 부 수시로, 자주 | 眼保健操 yǎnbǎo jiàncāo 명 눈 운동, 눈 건강 체조 | 伤害 shānghài 동 상하게 하다, 손상시키다, 해치다

[05-07]

很多司机总是一上车就打开空调降温。其实，就是这个小小的＿＿5＿＿，可能会伤害到人体的呼吸系统。

发动车前，车内空调系统中已经积累了大量对人体有害的化学物质和灰尘，这时立刻打开空调会＿＿6＿＿。所以上车后应该先开窗通风，然后开空调，等空调开了三至五分钟后再＿＿7＿＿车窗。另外，如果长时间驾驶，中途也应该打开车窗换换气。

많은 운전자들이 항상 차에 타자마자, 에어컨을 켜서 온도를 낮춘다. 사실 이 작은 행동이 어쩌면 인체의 호흡계를 손상시킬 수도 있다.

차 시동을 걸기 전, 차 안의 에어컨 중에는 이미 다량의 인체에 유해한 화학 물질과 먼지가 쌓여 있다. 이때 바로 에어컨을 키면, 직접적으로 차 안의 공기를 오염시킬 수 있다. 그래서, 차를 타면 먼저 창문을 열어 통풍을 시킨 후, 에어컨을 켜야 한다. 에어컨을 켜고 3~5분 정도 지난 후에 창문을 닫으면 된다. 그 밖에도 만약 장시간 운전을 한다면, 도중에도 창문을 열어서 환기를 시켜야 한다.

요약 • 제목: 운전자들의 습관
• 주제: 차량 내 유해 물질을 마시지 않기 위해서, 에어컨을 키기 전 환기시키는 습관이 중요하다.

단어 降温 jiàngwēn 동 온도를 내리다 | 伤害 shānghài 동 손상시키다, 해치다 | 人体 réntǐ 명 인체 | 呼吸 hūxī 명 호흡 | 系统 xìtǒng 명 계통, 체계 | 发动 fādòng 동 시동을 걸다 | 积累 jīlěi 동 쌓이다, 누적하다 | 大量 dàliàng 명 대량 | 有害 yǒuhài 동 유해하다, 해롭다 | 化学 huàxué 명 화학 | 物质 wùzhì 명 물질 | 灰尘 huīchén 명 먼지 | 立刻 lìkè 부 즉시, 곧, 당장 | 打开 dǎkāi 동 열다 | 通风 tōngfēng 동 통풍시키다, 환기시키다 | 另外 lìngwài 부 그 밖에, 달리 | 驾驶 jiàshǐ 동 운전하다, 조종하다 | 中途 zhōngtú 명 중도, 도중 | 换气 huànqì 동 환기하다

05

p. 269

A 观念	B 姿势	A 관념	B 우세
C 本领	D 动作	C 능력	**D 행동**

시크릿 很多司机总是一上车就打开空调降温。其实，就是这个小小的＿＿＿＿，可能会伤害到人体的呼吸系统。

해설 품사 찾기 빈칸 앞 구조조사 的를 보고, 뒤에 관형어의 수식을 받는 명사가 나와야 함을 알 수 있다.

짝꿍 찾기 빈칸의 명사는 앞 절의 내용을 받는다. 또한 주어로서 술어의 내용과 호응한다.

정답 찾기 지시대사 这个는 앞의 一上车就打开空调降温(차에 타자마자 에어컨을 켜서 온도를 낮춘다)을 가리키고, 이러한 작은 动作(행동, 동작)가 호흡계를 손상시킬 수도 있다고 말하고 있다. 따라서 정답은 D가 된다.

단어 观念 guānniàn 명 관념, 생각 | 姿势 zīshì 명 자세, 모양 | 本领 běnlǐng 명 능력, 재능, 기량 | 动作 dòngzuò 명 동작, 행동

06

p. 269

A 立刻让车上的温度下降	A 바로 차 안의 온도가 내려가게 해 준다
B 马上让车上的人感到温暖	B 바로 차 안의 사람들이 따뜻하다고 느끼게 해 준다
C 直接污染车内的空气	**C 직접적으로 차 안의 공기를 오염시킨다**
D 立刻能让车的发动机预热	D 바로 차의 엔진을 예열할 수 있다

시크릿 发动车前，车内空调系统中已经积累了大量对人体有害的化学物质和灰尘，这时立刻打开空调会________。

해설 **품사 찾기** 조동사(会) 뒤에는 '동사술어 + 목적어'가 나와야 하므로 빈칸에는 동사구가 필요하다.

짝꿍 찾기 알맞은 동사구를 고르려면 전체적인 문맥을 파악해야 한다.

정답 찾기 본문은 환기를 시키지 않고 에어컨을 트는 행동에 대한 경각심을 불러일으키는 내용이다. 따라서 温暖(따뜻하다), 预热(예열하다)라는 표현과는 어울리지 않으므로 B, D는 정답이 될 수 없다. 에어컨을 키는 행동이 A처럼 온도를 내리는 효과도 있겠으나, 문맥 힌트를 보면 차 안에 쌓여 있던 화학 물질과 먼지의 안 좋은 영향을 말하는 C가 어울린다.

단어 温度 wēndù 명 온도 | 下降 xiàjiàng 동 줄어들다, 낮아지다 | 感到 gǎndào 동 느끼다, 여기다 | 温暖 wēnnuǎn 명 따듯함, 포근함 | 直接 zhíjiē 형 직접적인 | 污染 wūrǎn 동 오염시키다 | 空气 kōngqì 명 공기 | 发动机 fādòngjī 명 엔진, 모터 | 预热 yùrè 명 예열

07

p. 269

A 紧闭	A 꼭 닫다
B 振动	B 진동하다
C 关闭	**C 닫다**
D 打开	D 열다

시크릿 所以上车后应该先开窗通风，然后开空调，等空调开了三至五分钟后再________车窗。

해설 **품사 찾기** 빈칸 뒤의 명사(목적어)를 통해 빈칸에 동사가 필요함을 알 수 있다.

짝꿍 찾기 동사의 힌트 1순위는 명사(목적어)다.

정답 찾기 차를 타고나서 어떤 행동들을 해야 하는지 순서대로 알려 주고 있다. 먼저 '창문을 연다', 그 다음 '에어컨을 켠다' 그런 후에 다시 '창문을 닫는다'의 순서대로 행동하면 된다. 振动(진동하다), 打开(열다)는 문맥상 어울리지 않으므로 B, D는 정답이 될 수 없다. 따라서 정답은 C가 된다.

Tip 紧闭 vs 关闭
- 紧闭: '부사 + 동사'의 형태로 '(입이나 눈을) 꽉 닫다, 다물다'의 뜻이며, 어떻게 다물었는지의 모습을 강조한 표현이다.
- 关闭: '동사 + 결과보어'의 형태로 '(문을) 닫다'의 뜻이며, 문을 닫은 결과를 더 강조한 표현이다.

단어 紧闭 jǐnbì 동 (입술, 눈 등을) 꼭 닫다, 다물다 | 振动 zhèndòng 동 진동하다 | 关闭 guānbì 동 닫다

[08-11]

有位著名的诗人，他叫沈尹默，对古诗词很有研究，他曾研读了大量的名家诗词，并自创了“遮字难己读书法”。只要看到书中谁作了诗，就随便____8____住其中的一个字，考考自己：“____9____是我写的话，该用什么字?”这样就相当于请教了作者，拜他为师。通过这种读书法，沈尹默深入地掌握了名家作品，____10____。 沈尹默正是凭借这种独特的“拜师”法，虚心学习，吸收各家之长，在诗词____11____取得了很大的成就。	심윤묵이라는 유명한 시인이 있었는데, 그는 고시(古诗)에 대한 조예가 매우 깊었다. 그는 일찍이 많은 유명한 시인의 시를 연구했고, '글자 가리고 스스로를 어렵게 하는 독서법'을 창안했다. 책 속에서 누군가 지은 시를 보기만 하면, 아무거나 그중 한 글자를 가리고 스스로를 테스트 했다. "만약 내가 썼다면 어떤 글자를 썼을까?"라며 스스로를 시험했다. 이렇게 하는 방법은 작가를 스승으로 모시는 것이나 마찬가지이다. 이 같은 독서법을 통해서, 심윤묵은 유명인의 작품을 깊이 있게 파악할 수 있게 되었고, 동시에 글쓰기 실력도 향상되었다. 심윤묵은 이러한 독특한 '스승 모시기'의 방법을 통해서 겸허히 배우고, 명인의 장점을 흡수하여, 시 분야에서 큰 성과를 이루었다.

요약 • 제목: 어떤 시인의 독특한 독서법

• 주제: 시인은 고시(古诗)를 글자로 가리면서 유추해 보는 독서법을 통해 실력을 향상시켰다.

단어 著名 zhùmíng 형 저명하다, 유명하다 | 诗人 shīrén 명 시인 | 诗词 shīcí 명 시와 사 | 研究 yánjiū 명동 연구(하다) | 曾 céng 부 일찍이, 이전에 | 研读 yándú 동 깊이 연구하다 | 大量 dàliàng 명형 대량(의, 으로) | 名家 míngjiā 명 명망이 높은 사람, 명인 | 自创 zìchuàng 동 스스로 창작하다 | 遮 zhē 동 가리다, 보이지 않게 막다 | 难 nán 동 곤란하게 하다, 어렵게 하다 | 己 jǐ 대 자기, 자신 | 只要 zhǐyào 접 ~하기만 하면, 만약 ~라면 | 深入 shēnrù 동 깊이 들어가다 | 掌握 zhǎngwò 동 파악하다, 숙달하다, 장악하다 | 作品 zuòpǐn 명 작품 | 正是 zhèngshì 동 바로 ~이다 | 凭借 píngjiè 동 ~에 의지하다, ~를 통하다 | 独特 dútè 형 독특하다, 특수하다 | 拜师 bàishī 동 사부로 모시다, 제자가 되다 | 虚心 xūxīn 형 겸허하다 | 吸收 xīshōu 동 흡수하다, 빨아들이다 | 取得 qǔdé 동 취득하다, 얻다 | 成就 chéngjiù 명 성취, 성과

08

p. 269

A 踩	B 盖	A 밟다	B 덮다
C 抄	D 拆	C 베껴 쓰다	D 떼다, 제거하다

시크릿 自创了“遮字难己读书法”。只要看到书中谁作了诗，就随便________住其中的一个字，考考自己

해설 품사 찾기 '随便(부사) + 동사 + 住(결과보어)'의 어순에 따라, 빈칸에는 동사가 나와야 한다.

짝꿍 찾기 동사의 힌트은 목적어다.

정답 찾기 遮字难己读书法(글자를 가리고 스스로를 어렵게 하는 독서법)를 다시 부연 설명해 주고 있다. 문맥상 遮(가리다)에 해당하는 동사(盖)가 빈칸에 들어가야 하므로 정답은 B가 된다. 踩(발로 밟다), 抄(베껴 쓰다), 拆(떼다, 철거하다)는 문맥과 어울리지 않으므로 정답이 될 수 없다.

단어 踩 cǎi 동 (발로) 밟다 | 盖 gài (뚜껑, 덮개 등을) 덮다 | 抄 chāo 동 베끼다, 베껴 쓰다 | 拆 chāi 동 (붙어 있는 것을) 뜯다, 떼다

09

p. 270

A 与其	B 假如	A ~하느니, 차라리~	B 만약 ~라면
C 只有	D 即使	C 반드시~해야지만이	D 설령 ~일지라도

시크릿 “________是我写的话，该用什么字?”

해설 **품사 찾기** 주어진 보기는 모두 접속사다.

짝꿍 찾기 접속사는 일반적으로 호응하는 또 다른 접속사가 있다면 힌트로 삼을 수 있다.

정답 찾기 심윤묵 시인은 다른 사람의 시에서 어떤 한 부분을 가리고, 만약 자신이었다면 어떤 단어를 써 넣었을까?라고 생각하고 추측하는 방법을 사용하였다. 가정을 나타내는 접속사 如果, 要是, 假如가 뒤에 的话(~라면)와 호응하여 함께 쓰이므로 정답은 B가 된다.

Tip 접속사의 호응 구조
- 접속사와 접속사 호응 구조: 与其…不如… / 虽然…但是… / 因为…所以…
- 접속사와 부사 호응 구조: 只有…才 / …即使…也… / 无论…都…

단어 **与其** yǔqí 접 ~하기 보다는, ~하느니 차라리 | **假如** jiǎrú 접 만약, 만일 | **只有** zhǐyǒu 접 ~해야만 ~이다 | **即使** jíshǐ 접 설령 ~하더라도

10

p. 270

A 同时也提高了写作水平	**A 동시에 글쓰기 실력도 향상되었다**
B 对该方法抱有怀疑的态度	B 이 방법에 대해서 의심의 태도를 품고 있다
C 还认识了不少书法家	C 또한 많은 유명한 서예가들을 알게 되었다
D 在古代诗词研究界的地位很高	D 고시를 연구하는 학계에서의 지위가 매우 높다

시크릿 通过这种读书法，沈尹默深入地掌握了名家作品，________。

해설 **품사 찾기** 쉼표(，)와 마침표(。)를 보고 하나의 절이 들어가야 함을 알 수 있다.

짝꿍 찾기 앞뒤 문맥을 통해서 정답을 찾아낼 수 있다.

정답 찾기 본문에서는 자신이 창안해 낸 독특한 독서법을 통해서 고시(古诗)에 대한 조예가 깊어지고, 유명 시인의 작품을 잘 파악할 수 있게 되었다고 했다. 뿐만 아니라, 글쓰기 능력까지 향상되는 긍정적인 효과를 가져왔다고 했으므로 정답은 A가 된다. 나머지 보기를 꼼꼼히 살펴보면 怀疑(의심하다)는 부정적인 어휘고, 书法家(서예가)와 当代诗词(당대 시) 등은 문맥과 맞지 않는 어휘들이므로 정답이 될 수 없다.

단어 **同时** tóngshí 명 동시, 같은 시기 | **写作** xiězuò 동 글을 짓다, 저작하다 | **抱有** bàoyǒu 동 품다, 가지다 | **怀疑** huáiyí 동 의심을 품다, 의심하다 | **态度** tàidu 명 태도, 몸짓 | **书法家** shūfǎjiā 명 서예가 | **古代** gǔdài 명 고대 | **研究界** yánjiūjiè 명 연구계 | **地位** dìwèi 명 위치, 지위

11

p. 270

A 规模	B 阶段	A 규모	B 단계
C 领域	D 类型	**C 분야**	D 유형

시크릿 虚心学习，吸收各家之长，在诗词________取得了很大的成就。

해설 **품사 찾기** '在(전치사) + 명사 + 取得了(동사) + 成就(목적어)'의 어순에 따라서 빈칸에는 명사가 나와야 한다.

짝꿍 찾기 명사의 힌트 1순위는 전치사, 힌트 2순위는 동사가 된다.

정답 찾기 전치사 在는 '~에서'라는 뜻으로 장소를 나타낸다. 뒤에는 장소를 나타내는 방위사(上, 中, 里, 下)가 함께 나오거나, 장소를 나타내는 명사(方面, 领域, 地方)가 함께 나온다. 따라서 정답은 C가 된다.

단어 **规模** guīmó 명 규모 | **阶段** jiēduàn 명 단계 | **领域** lǐngyù 명 분야, 영역 | **类型** lèixíng 명 유형

[12-15]

有个学生刚进研究所，导师交给他一项简单的工作，他觉得这样不足以展现自己的才能，于是请导师多给他安排一些研究项目做。 他的导师说，如果我扔给你一个球，你能接到。当你把那个球拿＿12＿之后，再扔给你第二个，你肯定也能抓住。但是如果我同时扔给你两个球，＿13＿。同样是为了接住两个球，＿14＿非要一起接呢？这跟研究是一个道理，如果你手中有两个项目，必须先保证把＿15＿一项做好，再去做另一项，免得手忙脚乱，最后一个都做不好。	어떤 학생이 막 대학원에 들어왔을 때, 지도 교수는 그에게 아주 간단한 일을 맡겼다. 그는 이렇게 해서는 자신의 재능을 보여 주기에 부족하다고 생각하여, 지도 교수를 찾아가서 연구 프로젝트를 좀 더 맡겨 달라고 부탁했다. 그의 지도 교수는 만약 내가 너에게 공 하나를 던진다면 너는 받을 수 있을 것이다. 너가 그 공을 안정적으로 잡은 후에 두 번째 공을 던져 준다면 그 공 또한 확실히 잡을 수 있을 것이다. 하지만 내가 동시에 두 개의 공을 던져 준다면, 너는 아마 하나도 잡지 못할 것이다. 두 개의 공을 받기 위해서 굳이 동시에 같이 받을 필요가 있을까?라고 말했다. 이것과 연구 프로젝트를 맡는 것은 같은 이치다. 만약 당신 수중에 두 개의 프로젝트가 있다면 반드시 그 중 하나를 먼저 확실하게 하고, 또 다른 것을 해야지만, 허둥지둥대다가 결국에 하나도 제대로 해내지 못하는 것을 면할 수 있다.

요약 • 제목: 지도 교수의 깊은 뜻
• 주제: 무언가를 처음 시작할 때 성과를 보여 주기 위해 서두르지 말고, 하나씩 제대로 완성시키는 법을 배워야 한다.

단어 研究所 yánjiūsuǒ 명 대학원, 연구소 | 导师 dǎoshī 명 지도 교수 | 项 xiàng 양 가지, 항 | 足以 zúyǐ 동 충분히 ~할 수 있다, ~하기에 족하다 | 展现 zhǎnxiàn 동 드러내다, 나타나다 | 才能 cáinéng 명 재능, 재간 | 于是 yúshì 접 그래서, 이리하여 | 安排 ānpái 동 안배하다, 배치하다 | 研究 yánjiū 명동 연구(하다) | 项目 xiàngmù 명 항목, 사항 | 扔 rēng 동 던지다 | 肯定 kěndìng 부 확실히, 틀림없이, 꼭 | 抓住 zhuāzhu 동 붙잡다, 움켜잡다 | 同时 tóngshí 명 동시 | 同样 tóngyàng 접 마찬가지로, 상술한 바와 같이 | 道理 dàoli 명 이치, 도리 | 保证 bǎozhèng 동 확실히 책임지다, 보증하다 | 免得 miǎnde 접 ~하지 않도록 | 手忙脚乱 shǒu máng jiǎo luàn 성어 몹시 바빠서 이리 뛰고 저리 뛰다, 허둥지둥하다

12

p. 270

A 稳	B 歪	**A 안정적이다**	B 비스듬하다
C 掉	D 赢	C ~해 버리다	D 이기다

시크릿 当你把那个球拿＿＿＿之后，再扔给你第二个，你肯定也**能抓住**。

해설 **품사 찾기** '拿(동사) + 결과보어'의 어순에 따라서, 빈칸에는 보어가 나와야 한다.

짝꿍 찾기 동사 뒤에 어떤 보어가 나와야 할지 문맥을 통해서 알 수 있다.

정답 찾기 본문 내용을 보면 첫 번째 공을 잘 잡고 나서, 순서대로 두 번째 공을 던져야 두 번째 공 또한 확실하게 잡을 수 있다는 내용이 나오고 있다. 잡은 공을 떨어트리거나 흘리지 않고 안정적이고 고정되게 잘 잡는다는 표현을 의미의 결과보어인 稳을 선택하면 된다. 따라서 정답은 A가 된다.

Tip 결과보어의 활용
예 拿好(잘 잡다), 拿稳(안정적이게 잡다), 抓住(꽉 잡다), 接住(잘 받다)

단어 稳 wěn 형 안정되다, 움직이지 않다 | 歪 wāi 형 비스듬하다, 기울다 | 掉 diào 동 ~해 버리다 | 赢 yíng 동 이기다

13

p. 270

A 你会想尽办法拍出去
B 你恐怕一个都抓不住
C 你可能会在接球时摔倒
D 如果换你来扔球给我

A 너는 온갖 방법을 써서 (공을) 쳐 내려고 할 것이다
B 너는 아마도 하나도 잡지 못할 것이다
C 너는 공을 받다가 미끄러져 넘어질 수 있다
D 만약 바꿔서 네가 나한테 던지게 된다

시크릿 当你把那个球拿稳之后，再扔给你第二个，**你肯定也能抓住**。**但是**如果我同时扔给你两个球，________。

해설 **품사 찾기** 쉼표(，)와 마침표(。)가 있는 것으로 보아, 하나의 절이 들어가야 한다.

짝꿍 찾기 빈칸의 적절한 말을 선택하려면, 앞뒤 내용을 살펴봐야 한다.

정답 찾기 앞 절에는 공을 순서대로 하나씩 던지기 때문에 공을 확실하게 잘 잡을 수 있다는 내용이 나온다. 역접의 접속사 但是가 나오는 것으로 보아, 뒤 절에는 앞 절과 상반된 내용이 나올 것임을 예측할 수 있다. 공을 동시에 두 개를 던진다면 공을 하나도 잡지 못하게 될 것(恐怕一个都抓不住)이라고 했으므로 정답은 B가 된다.

Tip 肯定能抓住 / 但是 / 一个都抓不住
앞 절(긍정적 내용) 역접 뒤 절(부정적 내용)

단어 想尽 xiǎngjìn 동 생각할 수 있는 한 끝까지 다 생각해 보다 | 拍 pāi 동 손바닥으로 치다 | 恐怕 kǒngpà 부 아마 ~일 것이다 | 抓 zhuā 동 잡다 | 摔倒 shuāidǎo 동 자빠지다, 엎어지다

14

p. 270

A 尽量
B 何必
C 总算
D 幸亏

A 가능한
B 굳이 그럴 필요가 있는가
C 결국에는
D 다행스럽게도

시크릿 同样是为了接住两个球，________**非要一起接呢**？

해설 **품사 찾기** '어기부사 + 非(부사) + 要(조동사) + 接(술어)'의 어순에 따라서 빈칸에는 어기부사가 나올 수 있다.

짝꿍 찾기 문맥을 통해 말의 뉘앙스를 파악해 보도록 하자. 맨 끝에 나오는 어기조사(呢)와 호응한다.
예 何必…呢？

정답 찾기 본문에서는 욕심내서 한꺼번에 두 개의 공을 잡으려다가 오히려 한 개의 공도 못 잡을 수 있으므로, 순서대로 하나씩 잡아야 한다고 말하고 있다. 빈칸에는 굳이 두 개의 공을 동시에 받으려고 할 필요가 있느냐?라고 묻고 있으므로, 반문의 뉘앙스를 나타내는 何必가 들어가야 한다. 따라서 정답은 B가 된다.

Tip 어기부사와 어기조사
어기(语气)라는 표현은 '말의 뉘앙스'라는 뜻으로 문장의 앞부분이나 뒷부분의 쓰여서 화자의 심정과 말투를 도와주는 역할을 한다.
- 어기부사(语气副词): 难道(설마) / 究竟(도대체) / 幸亏(다행히도) / 偏偏(하필이면)
- 어기조사(语气助词): 呢(의문) / 啊(감탄) / 吗(의무) / 吧(청유, 권유)

단어 尽量 jǐnliàng 부 가능한 한, 되도록 | 何必 hébì 부 ~할 필요가 있는가, ~할 필요가 없다 | 总算 zǒngsuàn 부 마침내, 드디어 | 幸亏 xìngkuī 부 다행히, 운 좋게

15

p. 270

A 所有	B 各	A 모든	B 각
C 其余	D 其中	C 나머지	**D 그중**

시크릿 如果你手中有两个项目，必须先保证把________一项做好，再去做另一项，免得手忙脚乱，最后一个都做不好。

해설 품사 찾기 '把(전치사) + 명사/대사 + 做好(술어)'의 어순에 따라서 빈칸에는 명사나 대사가 나와야 한다.

짝꿍 찾기 앞뒤 문맥을 살펴서 정답을 찾을 수 있다.

정답 찾기 본문에는 두 개의 프로젝트(两个项目)가 제시되었다. 전체 범주에서 하나를 빼서 언급할 때는 其中(그중)을 써서 其中一项이라고 표현하고, 나머지 남은 한 개를 지칭할 때는 另를 써서 另一项이라고 표현해야 한다.

단어 所有 suǒyǒu 형 모든, 일체의 | 各 gè 대 각각, 각자 | 其余 qíyú 명 나머지, 남은 것 | 其中 qízhōng 대 그중, 그 가운데

제2부분

✓ 정답 16. C 17. C 18. B 19. A 20. B 21. C 22. A 23. B 24. B 25. B

16

p. 271

研究发现，人们通过实物购物更容易获得幸福感，因为购物过程中的人际沟通和实物体验会使人产生更多的满足感。而网购消费过程中缺乏及时和真实的交流，也无法试穿和触摸到商品，使得购物体验感大打折扣。

연구를 해 본 결과 사람들이 실물 쇼핑을 통해 훨씬 더 쉽게 행복감을 느낀다는 것이 밝혀졌다. 물건을 구매하는 과정에서 사람과 소통하고 실제 물건을 체험하는 것은 사람으로 하여금 훨씬 큰 만족감을 주기 때문이다. 반면 인터넷 쇼핑 소비 과정 중에는 시기적절하고 진실한 커뮤니케이션이 부족하고, 상품을 입어 보고 만져 볼 수도 없기에 쇼핑 체험 느낌이 크게 떨어진다.

A 网购经常打折	A 인터넷 쇼핑은 자주 할인한다
B 网购可以直接摸到商品	B 인터넷 쇼핑은 상품을 직접 만져 볼 수 있다
C 商场消费更易让人感到幸福	**C 상점에서의 소비는 더 쉽게 행복을 느끼게 한다**
D 实物购物过程中缺乏及时的交流	D 실물 쇼핑 과정에서 시기적절한 커뮤니케이션이 부족하다

요약 • 제목: 실물 쇼핑의 행복감
• 주제: 사람들은 물건을 만지고, 사람과 소통하며 고르는 과정을 통해서 행복감을 느낀다.

해설 인간의 쇼핑 행위는 단지 물건의 획득에만 목적을 두지 않고 쇼핑의 과정도 중요하게 생각한다. 자신에게 가장 적합한 물건을 고르기 위해 물건을 직접 만져 보고, 종업원의 조언도 들으면서 가장 적합한 물건을 골랐을 때 더 쉽게 행복감을 느낄 수 있는 것이다. 따라서 인터넷 쇼핑이 아닌 상점에서의 쇼핑이 더 쉽게 행복감 느낀다는 C가 정답이 된다.

Tip 원인이나 이유를 나타내는 접속사 因为, 原因이나, 이야기의 반전을 나타내는 역접의 접속사 但是, 可是, 不过, 其实 등과 같은 접속사가 나오는 곳에 정답이 숨어 있을 가능성이 상당히 높다. 이러한 표현을 발견하는 눈을 기르기 바란다.

단어 研究 yánjiū 명동 연구(하다) | 发现 fāxiàn 동 발견하다 | 通过 tōngguò 전 ~을 통해, ~에 의해 | 实物 shíwù 명 현물, 실물 | 购物 gòuwù 동 쇼핑하다 | 获得 huòdé 동 획득하다, 얻다 | 幸福感 xìngfúgǎn 명 행복감 | 过程 guòchéng 명 과정 | 人际 rénjì 명 사람과 사람 사이 | 沟通 gōutōng 동 교류하다, 소통하다 | 体验 tǐyàn 명동 체험(하다) | 产生 chǎnshēng 동 발생하다, 생기다 | 满足感 mǎnzúgǎn 명 만족감 | 网购 wǎnggòu 동 인터넷 쇼핑을 하다 | 消费 xiāofèi 명동 소비(하다) | 缺乏 quēfá 동 결핍되다, 모자라다 | 及时 jíshí 부 제때에, 적시에, 즉시 | 真实 zhēnshí 형 진실하다 | 交流 jiāoliú 명 교류, 교환 | 无法 wúfǎ 동 ~할 수 없다, ~할 방법이 없다 | 试穿 shìchuān 동 입어 보다 | 触摸 chùmō 동 만지다, 쓸어 만지다 | 商品

shāngpǐn 명 상품 | 折扣 zhékòu 명 할인, (정책 · 요구 등을) 실행하지 않거나 소홀히 하는 행위 | 打折 dǎzhé 동 할인하다, 에누리하다 | 幸福 xìngfú 명형 행복(하다)

17
p. 271

人遇到事情的时候要往好处想，也许事情的结果就会完全不同。在沙漠里，两个人迷路了，他们都只剩下半瓶水。悲观者绝望地说："完了，只剩下半瓶水了!" 乐观者却高兴地说："有半瓶水就有希望!" 结果，悲观者倒在了离水源仅有百步的地方，乐观者凭着半瓶水，终于走出了沙漠。很多时候，仅仅是换一种心情，换一种角度，便会从困境中走出来。

사람이 일에 부닥쳤을 때 좋은 쪽으로 생각하면, 아마도 일의 결과는 완전히 달라질 수 있다. 사막에서 두 사람이 길을 잃었는데 그들에겐 모두 겨우 반병의 물만 남아 있었다. 비관적인 사람은 "끝났어, 물이 반밖에 남지 않았잖아!"라고 절망하며 말했고, 긍정적인 사람은 오히려 "반병이 남았으니 희망이 있어!"라고 기뻐하며 말했다. 그 결과, 비관적인 사람은 수원까지 겨우 백 보밖에 안 되는 곳에서 쓰러졌고, 긍정적인 사람은 반병의 물에 의지해 마침내 사막을 빠져나왔다. 많은 경우에 단지 마음만 바꾸고, 각도만 바꿔도 곤경에서 벗어날 수 있다.

A 梦想比现实更重要
B 悲观者还剩一瓶水
C 他们看问题的角度不同
D 少数人掌握的才是真理

A 꿈은 현실보다 더 중요하다
B 비관적인 사람에게는 한 병의 물이 남았다
C 그들이 문제를 바라보는 각도가 다르다
D 소수의 사람이 장악한 것이 진리다

요약 • 제목: 물 반병이 가져다 준 희망과 절망
• 주제: 긍정적인 시각으로 상황을 봐야 한다.

해설 사막에서 길을 잃은 두 사람 중 한 사람은 반병의 물에 대해 비관적(悲观)이었고, 한 사람은 낙관적(乐观)이었다. 이를 통해 두 사람은 서로 다른 태도를 보이고 있다는 것을 알 수 있으므로, 정답은 C가 된다. A와 D의 보기는 지문의 내용과 관련이 없다.

B – 두 사람 모두에게 반병의 물만 있었다.

단어 遇到 yùdào 동 부닥치다 | 好处 hǎochù 명 좋은 쪽 | 也许 yěxǔ 부 아마도 | 结果 jiéguǒ 명 결과 | 完全 wánquán 부 완전히 | 沙漠 shāmò 명 사막 | 迷路 mílù 동 길을 잃다 | 剩 shèng 동 남다 | 瓶 píng 양 병 | 悲观 bēiguān 형 비관적이다 | 绝望 juéwàng 동 절망하다 | 乐观 lèguān 동 낙관적이다 | 倒 dǎo 동 쓰러지다 | 水源 shuǐyuán 명 수원(물의 발원지) | 仅有 jǐnyǒu 동 단지 ~밖에 없다 | 凭 píng 동 의지하다 | 终于 zhōngyú 부 마침내 | 心情 xīnqíng 명 마음 | 角度 jiǎodù 명 (사물을 보거나 생각하는) 각도 | 困境 kùnjìng 명 곤경 | 梦想 mèngxiǎng 명 꿈 | 现实 xiànshí 명 현실 | 重要 zhòngyào 형 중요하다 | 问题 wèntí 명 문제 | 掌握 zhǎngwò 동 장악하다 | 真理 zhēnlǐ 명 진리, 도리

18
p. 271

一年夏天，曹操率领部队去讨伐另一个国家，天气非常热，士兵们渴得要命，为了激励士气，聪明的曹操就对士兵们说："前面不远处有很大的一片梅树林，梅子特别多，又甜又酸，到时我们吃个痛快。"士兵们听了，一个个都流出口水来，不再说渴了，行军的速度也加快了。他们翻山越岭到了目的地，却没有看到梅树林。

어느 해 여름, 조조는 부대를 이끌고 다른 나라를 토벌하러 갔다. 날씨가 너무 더워서 병사들은 갈증이 심했고, 사기를 북돋아 주기 위해, 현명한 조조는 병사들에게 말했다. "이 앞 멀지 않은 곳에 매우 큰 매화나무 숲이 있다. 매실이 아주 많고, 새콤달콤하니 도착하면 마음껏 먹도록 하자." 병사들은 이 말을 듣고, 모두 침이 흘러나와 더는 갈증이 난다고 하지 않고, 행군의 속도도 더 빨라졌다. 그들은 산과 고개를 넘어 목적지에 도착했지만, 매화나무 숲은 보이지 않았다.

A 士兵们看到梅树林 B 士兵们没有吃到梅子 C 曹操一个人到了目的地 D 士兵们吃到梅子，所以不渴了	A 병사들은 매화나무 숲을 보았다 **B 병사들은 매실을 먹지 못했다** C 조조는 혼자 목적지에 도착했다 D 병사들은 매실을 먹어서 목마르지 않았다

요약 • 제목: 영웅 '조조'의 지혜

• 주제: 때로는 선의의 거짓말도 필요하다.

해설 부사 却(하지만)는 역접을 나타낸다. 역접의 의미를 나타내는 단어가 나오면, 그 뒤에 핵심 내용이 나온다. 병사들은 매화나무를 보지 못했다고 했으므로 매실을 먹지 못했음을 알 수 있다. 따라서 정답은 B가 된다.

A – 병사들은 목적지에 도달할 때까지 매화나무를 발견하지 못했다.

C – 조조는 모든 병사들을 이끌고 목적지에 도착했다.

D – 병사들은 매실을 먹어서가 아니라, 매화나무가 있다는 말을 듣고 갈증을 견뎌냈다.

단어 夏天 xiàtiān 명 여름 | 曹操 Cáo Cāo 명 조조 | 率领 shuàilǐng 동 거느리다, 이끌다 | 部队 bùduì 명 부대 | 讨伐 tǎofá 동 토벌하다 | 士兵 shìbīng 명 병사 | 渴 kě 동 목마르다 | 要命 yàomìng 부 아주, 몹시 | 激励 jīlì 동 격려하다 | 士气 shìqì 명 사기 | 聪明 cōngming 형 똑똑하다 | 树林 shùlín 명 숲 | 梅子 méizi 명 매실 | 特别 tèbié 부 아주, 특히 | 甜 tián 형 달다 | 酸 suān 형 시다 | 痛快 tòngkuài 형 마음껏 즐기다 | 口水 kǒushuǐ 명 침 | 行军 xíngjūn 동 행군하다 | 速度 sùdù 명 속도 | 加快 jiākuài 동 속도를 내다 | 翻山越岭 fān shān yuè lǐng 성어 산 넘고 재를 넘다, 일을 성취하기 위하여 끊임없이 애쓰다 | 目的地 mùdìdì 명 목적지 | 却 què 부 오히려

19

p. 272

如果在人们都要放弃的时候你再坚持一会儿，你就会赢得最后的成功。不论做什么事，如不坚持到底，半途而废，那么再简单的事也只能功亏一篑；相反，只要抱着锲而不舍、持之以恒的精神，再难办的事情也会迎刃而解。	만일 사람들이 모두 포기하려고 할 때, 당신이 조금만 더 견뎌 낸다면, 당신은 최후의 성공을 거둘 수 있을 것이다. 어떤 일을 하든지, 끝까지 견디지 못하고 중도에 포기한다면, 아무리 간단한 일이라도 성공을 눈앞에 두고 실패할 수밖에 없다. 반대로 한 번 마음먹은 대로 끝까지 해내고, 오랫동안 꾸준하게 나아가는 정신을 가진다면, 아무리 어려운 일이라도 쉽게 해결할 수 있을 것이다.
A 坚持就是胜利 B 要三思而后行 C 多听取别人的意见 D 世上没有不可能的事情	**A 견디는 것이 곧 승리다** B 심사숙고한 후에 행동해야 한다 C 다른 사람의 의견을 많이 귀담아듣는다 D 세상에 불가능한 일은 없다

요약 • 제목: 성공의 조건

• 주제: 포기하지 않는 것이 성공하는 길이다.

해설 첫 문장에 전체 주제가 나와 있고, 뒤에 서로 다른 두 가지 경우를 제시하며 주제에 대해 부연 설명을 하고 있다. 어떤 일을 포기하고 싶을 때 조금 더 끈기 있게 견뎌 낸다면, 마지막에 성공할 수 있다고 이야기하고 있으므로 정답은 A가 된다.

• **어휘 바꿔치기**

赢得成功 성공을 거두다 = A 胜利 승리하다

단어 如果 rúguǒ 접 만약 | 放弃 fàngqì 동 포기하다 | 坚持 jiānchí 동 견지하다 | 赢得 yíngdé 동 얻다, 획득하다 | 成功 chénggōng 명 성공 | 不论 búlùn 접 ~하든지 간에 | 到底 dàodǐ 동 끝까지 가다 | 半途而废 bàn tú ér fèi 성어 (어떤 일을 완성하지 않고) 중도에 포기하다 | 简单 jiǎndān 형 간단하다 | 功亏一篑 gōng kuī yí kuì 성어 성공을 눈앞에 두고 실패하다 | 相反 xiāngfǎn 접 반대로, 도리어 | 只要 zhǐyào 접 ~하기만 하면 | 抱 bào 동 가지다, 품다 | 锲而不舍 qiè ér bù shě 성어 한 번 마음먹은 대로 끈기 있게 끝까지 해내다 | 持之以恒 chí zhī yǐ héng 성어 오랫동안 꾸준하게 나아가다 | 精神 jīngshén 명 정신 | 难办 nánbàn 형 하기 어렵다 | 迎刃而解 yíng rèn ér jiě 성어 순리적으로 문제가 해결되다 | 胜利 shènglì 동 승리하다 | 三思而后行 sānsī ér hòuxíng 세 번 생각하고 행동하다, 심사숙고하다 | 听取 tīngqǔ 동 귀담아듣다 | 意见 yìjiàn 명 의견 | 事情 shìqing 명 일

20

p. 272

对孩子进行教育的时候，一定要培养孩子的好奇心。孩子对这个东西好奇，才会对它感兴趣，然后让兴趣成为孩子的老师。如果只是强迫孩子做不喜欢做的事情，时间长了，孩子就会对它感到厌烦，这样会影响孩子的正常发展。	아이에게 교육을 할 때는 반드시 아이의 호기심을 길러 주어야 한다. 아이가 어떤 일에 호기심을 가져야, 비로소 그것에 대한 흥미를 느낄 수 있고, 그런 다음에는 흥미가 아이들의 스승이 되게 한다. 만일 아이에게 하기 싫어하는 일을 하도록 강요만 한다면, 시간이 흐른 후 아이는 그것을 싫어할 것이고, 이는 아이의 정상적인 발전에 영향을 미칠 것이다.
A 让孩子自由发展 B 保护孩子的好奇心 C 父母是孩子最好的老师 D 要对孩子从小进行严格教育	A 아이를 자유롭게 발전할 수 있도록 한다 **B 아이의 호기심을 보호한다** C 부모는 아이의 가장 좋은 스승이다 D 아이한테는 어렸을 때부터 엄격한 교육을 해야 한다

요약 • 제목: 아이의 호기심

• 주제: 아이의 호기심을 길러 줘야 한다.

해설 첫 문장에 주제가 제시된 지문으로, 앞부분만 잘 파악해도 쉽게 정답을 고를 수 있다. 지문 첫 부분에 아이를 가르칠 때는 반드시 아이의 호기심을 길러 줘야 한다고 했으므로 정답은 B가 된다.

• **어휘 바꿔치기**
培养 기르다 = B 保护 보호하다

단어 孩子 háizi 명 아이 | 进行 jìnxíng 동 진행하다 | 教育 jiàoyù 동 교육하다, 가르치다 | 一定 yídìng 부 반드시 | 培养 péiyǎng 동 양성하다 | 好奇心 hàoqíxīn 명 호기심 | 感兴趣 gǎnxìngqù 흥미가 있다 | 然后 ránhòu 접 그런 후에 | 成为 chéngwéi 동 ~이 되다 | 如果 rúguǒ 접 만약 | 强迫 qiángpò 동 강요하다 | 事情 shìqing 명 일 | 感到 gǎndào 동 느끼다 | 厌烦 yànfán 동 싫증나다 | 影响 yǐngxiǎng 동 영향을 끼치다 | 正常 zhèngcháng 형 정상적인 | 自由 zìyóu 형 자유롭다 | 发展 fāzhǎn 동 발전하다 | 保护 bǎohù 동 보호하다 | 严格 yángé 동 엄격히 하다

21

p. 272

要善于发现别人的见解的独到性，不要盲目地否定别人的意见。只有这样，才能多角度地看问题。如果截然相反的意见会使你大动肝火，这就表明，你的理智已失去了控制。假如你细心观察，你会发觉也许错误在你这一边。多听听别人的意见，也会让自己受益无穷。	다른 사람의 견해의 독창성을 잘 발견하고, 다른 사람의 의견을 맹목적으로 부정해서는 안 된다. 이렇게 해야만, 비로소 다양한 각도로 문제를 볼 수 있다. 만약 완전히 상반된 의견이 당신을 노발대발하게 한다면, 이는 바로 당신의 이성과 지혜가 이미 통제력을 잃었다는 것을 나타낸다. 만일 당신이 주의 깊게 살펴본다면, 잘못은 어쩌면 당신 쪽에 있다는 것을 발견할 수도 있다. 다른 사람의 의견을 많이 들으면, 자신이 얻는 이익이 무한해진다.
A 团结就是力量 B 生气是不能解决问题的 C 不要轻易否定别人的看法 D 不要自己做决定，要听别人的	A 단결이 힘이다 B 화를 내는 것은 문제를 해결할 수 없다 **C 다른 사람의 견해를 쉽게 부정하지 마라** D 자신이 결정하지 말고, 다른 사람의 의견을 들어야 한다

요약 • 제목: 다른 사람의 의견을 대하는 올바른 자세

• 주제: 다른 사람의 의견을 맹목적으로 반대하지 말고, 귀 기울여야 한다.

해설 이 글은 상대방의 의견이 자신과 다르더라도 무조건 부정해서는 안 된다는 주제의 내용으로, 정답은 C가 된다. 보기에서 지문의 盲目(맹목적인)와 轻易(쉽게)의 의미가 유사하다는 것만 알고 있다면, 첫 문장만 보고도 쉽게 정답을 고를 수 있다.

D– 다른 사람의 의견을 들을 필요가 있다는 것이지 무조건 다른 사람의 말만 들으라는 것은 아니다.

• **어휘 바꿔치기**
盲目 맹목적인 = C 轻易 쉽게
意见 의견 = C 看法 견해

단어 善于 shànyú 동 ~를 잘하다 | 发现 fāxiàn 동 발견하다 | 见解 jiànjiě 명 견해 | 独到 dúdào 형 독창적이다 | 盲目 mángmù 형 맹목적인 | 意见 yìjiàn 명 의견 | 角度 jiǎodù 명 각도 | 如果 rúguǒ 접 만약 | 截然 jiérán 부 완전히, 분명하게 | 相反 xiāngfǎn 형 상반되다 | 大动肝火 dà dòng gān huǒ 성어 노발대발하다, 대단히 성을 내다 | 表明 biǎomíng 동 분명하게 밝히다 | 理智 lǐzhì 명 이성과 지혜 | 控制 kòngzhì 동 통제하다 | 假如 jiǎrú 접 만약 | 细心 xìxīn 형 세심하다 | 观察 guānchá 동 관찰하다 | 发觉 fājué 동 발견하다, 알게 되다 | 也许 yěxǔ 부 아마도 | 错误 cuòwù 명 잘못 | 受益 shòuyì 동 이익을 얻다 | 无穷 wúqióng 형 끝이 없다 | 团结 tuánjié 동 단결하다 | 力量 lìliang 명 힘 | 生气 shēngqì 동 화내다 | 解决 jiějué 동 해결하다 | 问题 wèntí 명 문제 | 轻易 qīngyì 부 함부로, 쉽게 | 否定 fǒudìng 동 부정하다 | 看法 kànfǎ 명 견해 | 决定 juédìng 동 결정하다

22

p. 272

中国的茶文化历史悠久，喝茶的传统已经流传了几千年。对于中国人来说，喝茶就是养生，对于保持身体健康很有帮助。喝茶也是一门学问，不同的季节喝的茶也不一样。简单地说就是："春天喝花茶，夏天喝绿茶，秋天喝青茶，冬天喝红茶。"	중국의 차 문화는 역사가 유구하며, 차를 마시는 전통은 이미 몇 천 년이나 전해 내려왔다. 중국인에게 있어서, 차를 마시는 것은 보양하는 것이며, 신체 건강을 유지하는 데 매우 도움이 된다. 차를 마시는 것 역시 하나의 학문으로, 각 계절마다 마시는 차도 다르다. 간단히 말하자면, '봄에는 화차를 마시고, 여름에는 녹차를 마시고, 가을에는 청차를 마시고, 겨울에는 홍차를 마신다.'는 것이다.
A 夏天应该多喝绿茶 B 喝茶有减肥的效果 C 茶和饮料的功能差不多 D 尤其是孩子，应该多喝茶	**A 여름에는 녹차를 많이 마셔야 한다** B 차를 마시는 것은 다이어트 효과가 있다 C 차와 음료의 기능은 비슷하다 D 특히 아이들은 차를 많이 마셔야 한다

요약 • 제목: 중국 차 문화의 역사
• 주제: 중국에서는 차 마시는 것도 하나의 학문으로, 계절에 따라 다른 차를 마신다.

해설 중국에서 차를 마시는 것은 보양하는 것과 같고, 하나의 학문으로 여긴다는 내용으로, 지문은 중국 차 문화의 역사에 관한 내용인 것을 알 수 있다. 계절마다 봄에는 화차, 여름에는 녹차, 가을에는 청차, 겨울에는 홍차를 마신다고 했으므로, 정답은 A가 된다. 계절마다 마시는 차를 잘 확인했다면 쉽게 풀 수 있는 문제다. 다이어트 효과(B)나 아이들이 차를 많이 마셔야 한다는 것(D)에 대해서는 언급하지 않았다.

단어 文化 wénhuà 명 문화 | 历史 lìshǐ 명 역사 | 悠久 yōujiǔ 형 유구하다 | 传统 chuántǒng 명 전통 | 流传 liúchuán 동 대대로 전해 내려오다 | 养生 yǎngshēng 동 보양하다 | 保持 bǎochí 동 유지하다 | 健康 jiànkāng 명 건강 | 帮助 bāngzhù 동 돕다 | 学问 xuéwèn 명 학문 | 季节 jìjié 명 계절 | 简单 jiǎndān 형 간단하다 | 春天 chūntiān 명 봄 | 夏天 xiàtiān 명 여름 | 秋天 qiūtiān 명 가을 | 冬天 dōngtiān 명 겨울 | 应该 yīnggāi 조동 마땅히 ~해야 한다 | 绿茶 lǜchá 명 녹차 | 减肥 jiǎnféi 동 살을 빼다 | 效果 xiàoguǒ 명 효과 | 饮料 yǐnliào 명 음료 | 功能 gōngnéng 명 효능 | 差不多 chàbuduō 형 비슷하다 | 尤其 yóuqí 부 특히 | 孩子 háizi 명 아이

23

p. 273

朋友询问经验丰富的园艺师:“这藤上的爬山虎能长多长呢?”园艺师想了想说:“如果你给它一根藤,它只能长差不多几米;但是你给它一面墙,它能爬满整面墙。”就像环境会限制植物的成长一样,人也会限制自己的思想,所以不要给自己设置太多条条框框,这样会限制你的发展。

친구는 경험이 많은 원예사에게 “이 등나무의 담쟁이덩굴은 얼마나 자랄 수 있을까요?”라고 물었다. 원예사는 잠시 생각을 하더니, “당신이 등나무 한 대를 주면 몇 미터 정도만 자랄 수 있지만, 만약 담벽을 주면 온 벽면을 가득 채울 만큼 자랄 수 있어요.”라고 말했다. 마치 환경이 식물의 성장을 제한하는 것처럼 사람도 자신의 생각에 한계를 줄 수 있다. 그래서 자신에게 너무 많은 틀을 만들지 말아야 하며, 틀이 너무 많다면 당신의 발전을 제한할 수 있다.

A 看事情不能看表面
B 不要轻易给思想设限
C 爬山虎是一种动物
D 爬山虎的生长和环境并无多大关系

A 일을 볼 때, 겉모습만 보아서는 안 된다
B 쉽게 생각에 제한을 두면 안 된다
C 담쟁이덩굴은 일종의 동물이다
D 담쟁이덩굴의 생장은 환경과 큰 상관이 없다

요약 • 제목: 담쟁이덩굴의 성장
• 주제: 너무 많은 틀은 발전을 제한하므로 자신의 생각의 한계를 두지 말아야 한다.

해설 식물은 주어진 환경에 따라서 성장한다. 만약 담쟁이덩굴에게 커다란 담벽을 제공하면 전체 담벼락을 다 덮을 정도로 성장하지만, 작은 등나무를 제공한다면 딱 그만큼만 성장할 수 있는 것이다. 마찬가지로 사람도 자신의 틀에 갇혀 생각의 범위를 제한한다면 발전할 수 없게 되므로 생각에 제한을 두지 않아야 한다고 했다. 따라서 정답은 B가 된다.

단어 **询问** xúnwèn 동 알아보다, 문의하다 | **经验** jīngyàn 명 경험 | **丰富** fēngfù 형 풍부하다, 많다 | **园艺师** yuányìshī 명 원예사 | **藤** téng 명 등나무 | **爬山虎** páshānhǔ 명 담쟁이덩굴 | **根** gēn 양 개, 가닥, 대(가늘고 긴 것을 세는 데 쓰임) | **只能** zhǐnéng 동 ~할 수 밖에 없다, ~할 수 있을 뿐이다 | **差不多** chàbuduō 부 대강, 거의 | **墙** qiáng 명 벽, 담, 울타리 | **整面** zhěngmiàn 명 전면 | **限制** xiànzhì 동 제한하다, 한정하다 | **植物** zhíwù 명 식물 | **成长** chéngzhǎng 동 성장하다, 자라다 | **思想** sīxiǎng 명 사상, 의식 | **设置** shèzhì 동 설치하다, 설립하다 | **条条框框** tiáotiáo kuāngkuāng 규정 제도(각종 제한과 속박을 두루 가리킴) | **发展** fāzhǎn 명 발전 | **设限** shèxiàn 동 한도를 정하다

24

p. 273

睡眠树生长在热带,一年之内可几次开花,在花期结束后的四到五周,它的果实才会成熟。睡眠果的大小并不大,形状像南瓜,色彩很鲜艳。它的味道虽有点儿苦涩,却是很多失眠患者改善睡眠的一味良药。

열대에서 자라는 수면나무는 1년에 몇 차례 꽃을 피울 수 있고, 꽃 피는 기간이 지난 후 4~5주가 지나야 과실이 익는다. 수면나무 열매의 크기는 크지 않으며, 모양은 호박 같고, 색이 매우 선명하다. 열매의 맛은 좀 씁쓸하지만, 많은 불면증 환자들의 불면증을 개선하는 좋은 약이다.

A 睡眠树生长在亚热带
B 睡眠果可治疗失眠
C 睡眠树的形状像黄瓜
D 睡眠树仅在春季开花

A 수면나무는 아열대에서 자란다
B 수면나무 열매는 불면증을 치료할 수 있다
C 수면 나무의 모양은 오이 같다
D 수면 나무는 봄에만 꽃을 피운다

요약 • 제목: 수면나무 열매의 효과
• 주제: 수면나무 열매는 불면증 환자의 수면 개선에 도움을 준다.

해설 睡眠树(수면 나무), 睡眠果(수면나무 열매)의 이름을 통해 사람의 수면과 매우 연관이 있다는 것을 알 수 있다. 수면나무 열매의 맛은 좀 씁쓸하지만, 불면증 환자의 수면에 도움을 준다. 따라서 정답은 B가 된다.

A – 수면나무는 아열대(亚热带)가 아니라 열대(热带)에서 자란다.

C – 수면나무 열매의 모양은 오이(黄瓜)가 아니라, 호박(南瓜)처럼 생겼다.

D – 수면 나무는 봄에만 꽃을 피우는 것이 아니라, 일 년에 몇 차례 꽃을 피운다.

단어 睡眠 shuìmián 명동 수면(하다) | 树 shù 명 나무 | 生长 shēngzhǎng 동 성장하다, 나서 자라다 | 热带 rèdài 명 열대 | 开花 kāihuā 동 꽃이 피다 | 花期 huāqī 명 꽃이 피는 시기, 개화기 | 结束 jiéshù 동 끝나다, 마치다 | 果实 guǒshí 명 과실 | 成熟 chéngshú 동 익다 | 果 guǒ 명 과실, 열매 | 大小 dàxiǎo 명 크기 | 形状 xíngzhuàng 명 형상, 물체의 외관 | 南瓜 nánguā 명 호박 | 色彩 sècǎi 명 색채 | 鲜艳 xiānyàn 형 (색이) 산뜻하고 아름답다 | 味道 wèidào 명 맛 | 苦涩 kǔsè 형 (맛이) 씁쓸하고 떫다 | 失眠 shīmián 명 불면(증) | 患者 huànzhě 명 환자 | 改善 gǎishàn 동 개선하다 | 良药 liángyào 명 좋은 약 | 亚热带 yàrèdài 명 아열대 | 治疗 zhìliáo 동 치료하다 | 春季 chūnjì 명 봄철

25

p. 273

"世上本没有路，走的人多了就变成了路。"许多人都希望自己能获得成功，并开辟出一条无人走过的新路。但是，我们也要看到别人走过的路实际上是为我们积累的经验。在此基础上，通过自己的坚持和努力，走得更久更远，从而站到巨人的肩膀上看新的风景。	"세상에 본래 길이 없었는데, 가는 사람이 많으면 길이 된다." 많은 사람들은 모두 자신이 성공할 수 있기를 바라며, 아무도 지나가지 않는 새로운 길을 개척한다. 그러나 남들이 걸어온 길이 사실은 우리를 위해 쌓은 경험이라는 것을 우리도 봐야 한다. 이를 바탕으로 자신의 인내와 노력을 거쳐 더 오래, 더 멀리 걸어감으로써 거인의 어깨에 올라 새로운 풍경을 바라볼 수 있다.
A 要有创新精神 B 要珍惜前人的宝贵经验 C 只有找到别人没走过的路，才能成功 D 要懂得发挥自身优势	A 개척 정신을 가져야 한다 **B 예전 사람들의 경험을 소중히 여겨야 한다** C 남들이 가지 않은 길을 찾아야만 성공할 수 있다 D 자신의 강점을 발휘할 줄 알아야 한다

요약 • 제목: 경험의 소중함

• 주제: 예전 사람들이 걸어온 길은 우리를 위해 쌓은 경험이므로 소중히 여겨야 한다.

해설 사람은 혼자 스스로 성공할 수 있는 것이 아니라, 예전에 누군가가 닦아 놓은 길에 자신의 노력을 더해서 더 크게 발전할 수 있다고 했다. 그들이 쌓아온 경험들이 우리들의 성공의 밑거름이 되고, 더 먼 곳을 향해 나아갈 수 있도록 도와주기 때문에 소중하게 여겨야 하는 것이다. 따라서 정답은 B가 된다. 역접의 접속사 但是 이하 부분에 강력한 힌트가 나올 가능성이 높으므로 신경 써서 봐야 한다.

단어 变成 biànchéng 동 ~로 변하다 | 许多 xǔduō 형 대단히 많은, 허다한 | 获得 huòdé 동 획득하다, 얻다 | 成功 chénggōng 명 성공, 완성 | 开辟 kāipì 동 개척하다 | 实际上 shíjìshang 부 사실상, 실제로 | 积累 jīlěi 동 쌓이다, 축적하다 | 经验 jīngyàn 명 경험 | 基础 jīchǔ 명 기초 | 通过 tōngguò 전 ~를 통해, ~에 의해 | 坚持 jiānchí 동 지속하다, 끝까지 버티다 | 努力 nǔlì 명 노력 | 从而 cóng'ér 접 따라서, 그리하여 | 巨人 jùrén 명 거인 | 肩膀 jiānbǎng 명 어깨 | 风景 fēngjǐng 명 풍경, 경치

✓ 정답	26. B	27. B	28. D	29. D	30. A	31. B	32. C	33. A	34. A	35. C
	36. D	37. B	38. B	39. B	40. D	41. D	42. A	43. A	44. D	45. A

[26-29]

一个星期五的下午，马上就要下班了。一位陌生人走进来问小王，哪儿能找到一位助手，来帮他整理一下资料，因为他手头有些工作必须当天完成。

小王问: "请问你是谁?" 他回答: "我们办公室是在一个楼层，我知道你们这里有速记员。" 小王告诉他，公司所有速记员都去看体育比赛了，如果晚来了5分钟，自己也会走。但小王却说，㉖自己还是愿意留下帮他，因为看比赛，以后有的是机会，但是工作啊，必须当天完成。

那天工作做了很久，做完已经很晚了。㉗那个人对小王表达了谢意，问小王应该付他多少钱。小王说，1000元。那个人说可以。小王忙说，他是开玩笑。但㉗那个人还是给了他这些钱。

3个月之后，小王早已经把这件事忘掉了，那个人却又找到小王。㉘原来那个人是律师，他很看重小王的工作能力，㉘他请小王去他的公司工作，薪水比原来的地方高了很多。

因此，㉙千万不要怕麻烦，因为机会总爱装成"麻烦"的样子。

어느 금요일 오후, 곧 퇴근하려던 참이었다. 한 낯선 사람이 들어와 샤오왕에게 자신을 도와 자료 정리를 해 줄 조수를 어디에서 찾을 수 있는지 물었다. 왜냐하면, 그는 반드시 그날 안에 수중에 있는 몇몇 업무를 완성해야 했기 때문이다.

샤오왕이 물었다. "실례지만 누구십니까?" 그는 "우리 사무실이 같은 층에 있어요. 이곳에 속기사가 있다고 알고 있는데요."라고 대답했다. 샤오왕은 그에게 회사에 있는 모든 속기사가 스포츠 경기를 보러 갔고, 만약 5분만 늦게 왔다면 자신도 퇴근했을 거라고 알려 줬다. 그러나 샤오왕은 오히려 ㉖자신은 남아서 그를 돕겠다고 했다. 왜냐하면 경기를 보는 것은 이후에도 기회가 있지만, 업무는 반드시 그날에 완성해야 하기 때문이다.

그날 한참을 일하고, 마치고 나니 이미 매우 늦은 시간이었다. ㉗그 사람은 샤오왕에게 감사의 마음을 전했고, 샤오왕에게 돈을 얼마나 지급해야 할지 물었다. 샤오왕이 1000위안이라고 말하자, 그 사람은 알겠다고 했다. 샤오왕은 급히 농담이라고 말했지만 ㉗그는 샤오왕에게 그 돈을 기어코 지불했다.

3개월 후, 샤오왕은 이미 이 일을 잊고 있었는데, 그 사람이 오히려 다시 샤오왕을 찾아왔다. ㉘알고 보니, 그 사람은 변호사였다. 그는 샤오왕의 업무 능력을 중시 여겼고, ㉘샤오왕에게 자신의 회사에 와서 일하지 않겠냐고 제안했다. 월급은 원래의 직장보다 훨씬 높았다.

그래서 ㉙절대로 번거로움을 두려워해서는 안 된다. 왜냐하면 기회는 언제나 '번거로운' 모습으로 가장하는 것을 좋아하기 때문이다.

요약
- 제목: 기회를 잡는 법
- 주제: 기회는 번거로움을 두려워하지 않는 사람을 좋아한다.

단어 陌生人 mòshēngrén 명 낯선 사람 | 助手 zhùshǒu 명 조수 | 整理 zhěnglǐ 동 정리하다 | 资料 zīliào 명 자료 | 手头 shǒutóu 명 수중 | 必须 bìxū 부 반드시 | 当天 dāngtiān 명 그날 | 办公室 bàngōngshì 명 사무실 | 楼层 lóucéng 명 (건물의) 층 | 速记员 sùjìyuán 명 속기사 | 所有 suǒyǒu 형 모든 | 体育 tǐyù 명 체육, 스포츠 | 如果 rúguǒ 접 만약 | 却 què 부 오히려 | 还是 háishi 부 그래도, 끝내 | 愿意 yuànyì 동 동의하다 | 表达 biǎodá 동 표현하다 | 谢意 xièyì 명 감사의 뜻 | 付 fù 동 지불하다 | 开玩笑 kāi wánxiào 동 농담하다 | 忘掉 wàngdiào 동 잊어버리다 | 原来 yuánlái 부 원래 | 律师 lǜshī 명 변호사 | 怕 pà 동 두려워하다 | 麻烦 máfan 형 번거롭다 | 总 zǒng 부 언제나 | 装 zhuāng 동 가장하다

26

p. 274

通过上文，我们可以知道小王:

A 经验丰富
B 乐于助人
C 身体健康
D 不爱工作

이 글을 통해 샤오왕에 대해 알 수 있는 것은:

A 경험이 풍부하다
B 다른 사람을 돕는 것을 좋아한다
C 몸이 건강하다
D 일하기를 싫어한다

해설 샤오왕의 동료들은 모두 스포츠 경기를 보러 나갔고, 샤오왕도 정리하고 나가려던 찰나에 낯선 사람이 도움을 요청하러 왔다. 샤오왕은 경기 보는 것을 뒤로하고, 일을 더 중요하게 여겨, 남아서 낯선 사람을 도왔으므로, 정답은 B가 된다.

Tip 乐于助人은 喜欢帮助别人의 뜻이다.

단어 通过 tōngguò 전 ~을 통하여 | 经验 jīngyàn 명 경험 | 丰富 fēngfù 형 풍부하다 | 乐于 lèyú 동 기꺼이 (어떤 일을) 하다 | 助人 zhùrén 사람을 돕다 | 健康 jiànkāng 형 건강하다

27

p. 274

下列哪一项是正确的?	다음 중 옳은 것은?
A 小王是经理	A 샤오왕은 사장이다
B 律师很感谢小王	**B 변호사는 샤오왕에게 매우 고마워했다**
C 律师没有给小王钱	C 변호사는 샤오왕에게 돈을 주지 않았다
D 那天工作很快就做完了	D 그날 업무는 매우 빨리 끝났다

해설 지문의 네 번째 단락에서 샤오왕에게 도움을 요청하러 온 낯선 사람은 변호사였다는 것을 알 수 있다. 세 번째 단락에서 일을 끝내고 그는 샤오왕에게 감사의 뜻을 전하면서(表达谢意) 1000위안을 주었다고 했으므로, B가 정답이 된다.

단어 正确 zhèngquè 형 정확하다 | 经理 jīnglǐ 명 사장, 책임자 | 感谢 gǎnxiè 동 감사하다

28

p. 275

过了3个月后，发生了什么事?	3개월 후 어떤 일이 일어났는가?
A 小王当上了律师	A 샤오왕은 변호사가 됐다
B 小王不做速记员了	B 샤오왕은 속기사 일을 하지 않았다
C 小王被公司开除了	C 샤오왕은 회사에서 해고당했다
D 律师请小王去自己的公司工作	**D 변호사는 샤오왕에게 자신의 회사에서 일할 것을 요청했다**

해설 네 번째 단락에서 샤오왕의 능력을 좋게 평가한 변호사는 높은 보수를 제안하며, 샤오왕이 자신의 회사에 와서 일해 주기를 제안했다. 따라서 정답은 D가 된다. 변호사에게 필요한 것은 속기사였고, 또 변호사는 속기사로서의 업무 능력을 마음에 들어 한 것이므로 B는 정답이 될 수 없다.

단어 当 dāng 동 되다 | 开除 kāichú 동 해고하다

29

p. 275

这篇文章告诉我们:	이 글이 우리에게 말하는 것은:
A 要多学知识	A 지식을 많이 배워야 한다
B 要主动帮助别人	B 주동적으로 다른 사람을 도와야 한다
C 做事不要轻易放弃	C 일하는 것을 쉽게 포기해서는 안 된다
D 机会偏爱不怕麻烦的人	**D 기회는 번거로움을 두려워하지 않는 사람을 좋아한다**

해설 지문의 마지막 단락에 주제가 언급되어 있다. 작가가 전달하고자 하는 메시지는 '귀찮고, 번거로운 일을 마다하지 않는 사람에게 좋은 기회가 온다'는 것이다. B도 틀린 내용은 아니지만, 일반적인 상황이 아니라 번거로운 상황임을 강조하고 있으므로, D가 정답이 된다.

단어 轻易 qīngyì 부 함부로, 쉽게 | 偏爱 piān'ài 동 편애하다

[30-33]

热衷于参加野外训练营的人非常重视野外生存训练，他们会系统地学习许多自救本领，㉚以便在孤立无援的情况下，能自我救助、脱离危险。让人们吃惊的是，在自然界中，许多野生动物没接受过生存训练，却也是自救的高手。

这样的例子比比皆是。人类用温泉浴来治病，这是大家众所周知。其实熊也会用温泉浴来治病。㉛当小熊的皮肤出现问题时，母熊就会带它去泡温泉。由于温泉中富含多种矿物质，通过浸泡可以使小熊的皮肤得以恢复。直到小熊痊愈，它们才会离开这个天然的"救护所"。

其实，动物遇到危险时都有独特的自救方式，最常见的是向同类发送求救信号，以便大家联合起来对付敌人。海豚是一种群居动物，它们会用独特的语言来传递信息。当一头小海豚受到鲨鱼的进攻威胁时，㉜小海豚会向成年海豚发出求救信号，而接收到信号的成年海豚中会有两只赶来，它们会将鲨鱼引到别处，一旦鲨鱼上当，其他海豚就会将鲨鱼包围起来，共同对抗它。

㉝凭着这些特殊的生存技能，动物在面对疾病或者天敌时才得以生存，这也是它们在长期进化中获得的本领。

야외 훈련 캠프에 참가하는 것을 열성적으로 좋아하는 사람들은 야생 생존 훈련을 매우 중요하게 생각하며, 그들은 체계적으로 많은 생존 능력을 배운다. ㉚이는 고립되어 아무도 도와줄 수 없는 상황에서, 스스로를 구조하고 위험에서 벗어날 수 있도록 하기 위함이다. 놀라운 것은, 자연의 많은 야생 동물들은 생존 훈련을 받아본 적이 없지만 생존의 달인이라는 점이다.

이런 사례는 비일비재하다. 인류가 온천욕으로 병을 치료하는 것은 누구나 다 아는 사실이다. 사실 곰도 온천욕으로 병을 치료한다. ㉛새끼 곰이 피부 문제가 생기면, 어미 곰은 새끼 곰을 데리고 온천욕을 하러 간다. 온천에는 다양한 미네랄이 풍부하기 때문에, 물에 담가 새끼 곰의 피부를 낫게 할 수 있다. 그들은 새끼 곰이 완쾌되면 그제서야 '천연 구호소(자연 치료소)'를 떠난다.

사실 동물들은 위험에 맞닥뜨렸을 때, 각자 독특한 생존 방식을 가지고 있다. 가장 흔한 방법은 동족에게 구조 신호를 보내서, 모두가 연합하여 적을 물리치는 것이다. 돌고래는 무리 지어 사는 동물로 독특한 언어로 정보를 전달한다. 돌고래 한 마리가 상어의 공격 위협을 받으면, ㉜새끼 돌고래는 어른 돌고래에게 구조 신호를 보내는데, 신호를 받은 어른 돌고래 중 두 마리가 달려와 상어를 다른 곳으로 유인해 간다. 일단 상어가 유인에 속는다면, 다른 돌고래들은 모두 함께 상어를 포위해서 함께 힘을 모아 맞서 싸운다.

㉝이런 특수한 생존 능력이 있었으므로, 동물들은 질병이나 천적과 맞닥뜨렸을 때 생존할 수 있었던 것이다. 이것은 또한 오랜 시간 동안 진화해 오면서 생긴 능력이다.

요약
- 제목: 동물들의 생존 능력
- 주제: 동물들은 진화해 오면서 자연에서 생존하는 방법을 알고 있다.

단어 热衷 rèzhōng 동 열중하다, 빠지다 | 野外 yěwài 명 야외 | 训练营 xùnliànyíng 명 훈련 캠프 | 重视 zhòngshì 동 중시하다 | 生存 shēngcún 명동 생존(하다) | 训练 xùnliàn 명동 훈련(하다) | 系统 xìtǒng 명 시스템 | 许多 xǔduō 형 대단히 많은, 허다한 | 自救 zìjiù 동 스스로 구하다, 자력으로 구제하다 | 本领 běnlǐng 명 재능, 기량, 능력 | 以便 yǐbiàn 접 ~하도록, ~하기 위하여 | 孤立 gūlì 형 고립되어 있다 | 无援 wúyuán 동 원조가 없다 | 情况 qíngkuàng 명 상황 | 自我 zìwǒ 명 자아, 자기 자신 | 救助 jiùzhù 동 구조하다, 도와주다 | 脱离 tuōlí 동 이탈하다, 떠나다, 관계를 끊다 | 危险 wēixiǎn 명형 위험(하다) | 吃惊 chījīng 동 (깜짝) 놀라다 | 自然界 zìránjiè 명 자연계 | 许多 xǔduō 형 대단히 많은 | 野生动物 yěshēng dòngwù 명 야생 동물 | 接受 jiēshòu 동 받아들이다 | 高手 gāoshǒu 명 고수 | 例子 lìzi 명 예, 보기 | 比比皆是 bǐ bǐ jiē shì 성어 어디에나 있다, 아주 흔하다 | 人类 rénlèi 명 인류 | 温泉浴 wēnquányù 명 온천욕 | 治病 zhìbìng 동 병을 고치다 치료하다 | 众所周知 zhòng suǒ zhōu zhī 성어 모든 사람이 다 알고 있다 | 熊 xióng 명 곰 | 皮肤 pífū 명 피부 | 出现 chūxiàn 동 출현하다 | 泡 pào 동 담그다 | 温泉 wēnquán 명 온천 | 由于 yóuyú 전 ~때문에, ~로 인하여 | 富含 fùhán 동 풍부하게 들어 있다 | 矿物质 kuàngwùzhì 명 광물질, 미네랄 | 通过 tōngguò 동 ~을 통하다, ~에 의하다 | 浸泡 jìnpào 동 (물 속에) 담그다 | 得以 déyǐ 동 ~할 수 있다 | 恢复 huīfù 동 회복하다 | 直到 zhídào 동 쭉 ~에 이르다 | 痊愈 quányù 동 병이 낫다, 완쾌되다 | 天然 tiānrán 형 자연의, 천연의 | 救护所 jiùhùsuǒ 명 구호소 | 独特 dútè 형 독특하다 | 方式 fāngshì 명 방식, 방법 | 常见 chángjiàn 동 자주 보다, 흔히 있다 | 同类 tónglèi 명 동류, 같은 무리 | 求救 qiújiù 동 구조를 간청하다 | 信号 xìnhào 명 신호 | 联合 liánhé 동 연합하다, 단결하다 | 对付 duìfu 동 맞서다, 대응하다 | 敌人 dírén 명 적 | 海豚 hǎitún 명 돌고래 | 群居 qúnjū 동 떼지어 살다 | 语言 yǔyán 명 언어 | 传递 chuándì 동 전달하다 | 信息 xìnxī 명 소식, 뉴스 | 鲨鱼 shāyú 명 상어 | 进攻 jìngōng 동 진격하다, 공격하다 | 威胁 wēixié 동 위협하다 | 成年 chéngnián 명 성인 | 发出 fāchū 동 내다 | 接收 jiēshōu 동 받다, 받아들이다 | 别处 biéchù 명 다른 곳 | 一旦 yídàn 부 어느 날 갑자기 | 上当 shàngdàng 동 속다, 꾐에 빠지다 | 包围 bāowéi 동 둘러싸다 | 共同 gòngtóng 형 공동의 | 对抗 duìkàng 동 대항하다, 반항하다 | 凭着 píngzhe 전 ~에 의거하여, ~에 근거하여 | 特殊 tèshū 형 특수하다, 특별하다 | 技能 jìnéng 명 기능, 솜씨 | 面对 miànduì 동 마주 보다, 직면하다 | 疾病 jíbìng 명 병 | 天敌 tiāndí 명 천적 | 长期 chángqī 명 장기, 긴 시간 | 进化 jìnhuà 동 진화하다 |

获得 huòdé 동 획득하다, 얻다

Tip 긴 지문 독해의 내용이 많다고 너무 겁을 내거나 어려워할 필요는 없다. 지문의 절반을 나누어 보았을 때, 첫 번째, 두 번째 문제는 앞 단락에서 정답을 찾을 수 있고, 세 번째, 네 번째 문제는 뒤 단락에서 정답을 찾을 수 있다. 지문 읽을 시간이 없다고 당황하거나 허둥대지 말고, 문제를 꼼꼼히 보고 충분히 힌트가 될만한 부분을 본문에서 찾아낼 수 있다면 정답을 비교적 쉽게 찾을 수 있을 것이다.

30

p. 276

人们接受野外生存训练的目的是：	사람들이 야생 생존 훈련을 받는 목적은:
A 远离危险 B 救助野生动物 C 增强方向感 D 培养团队合作精神	**A 위험에서 벗어나기 위해서** B 야생 동물 구조를 위해서 C 방향 감각을 강화하기 위해서 D 팀워크 정신을 기르기 위해서

해설 텔레비전 프로그램인 〈정글의 법칙〉을 보면 그들이 야생에서 스스로 먹을 것을 구하고, 잠자리를 마련하는 모습을 볼 수 있다. 부싯돌을 이용해서 불을 지피고, 강에서 물고기를 잡고, 나무와 나뭇가지로 집을 짓는다. 또한 위협을 가하는 동물로부터 자신을 보호하기 위해 갖은 노력을 하는 모습도 볼 수 있다. 이처럼 야외 운동이나 활동을 할 경우에는 위험에서 벗어나기 위해서 생존 훈련을 받는다는 내용이 첫 번째 단락에 있다. B의 야생 동물을 구하기 위해서가 아니라, 자신을 구조하기 위한 것이므로, 정답은 A가 된다.

단어 目的 mùdì 명 목적 | 远离 yuǎnlí 동 멀리하다 | 增强 zēngqiáng 동 강화하다 | 方向感 fāngxiànggǎn 명 방향 감각 | 培养 péiyǎng 동 키우다, 양성하다 | 团队 tuánduì 명 단체 | 精神 jīngshén 명 정신

31

p. 276

母熊为什么要带小熊去泡温泉？	어미 곰은 왜 새끼 곰을 온천에 데려가는가?
A 小熊喜欢在温泉中玩耍 B 小熊生病了 C 想缓解一下疲劳 D 想训练小熊游泳	A 새끼 곰은 온천에서 노는 것을 좋아해서 **B 새끼 곰이 병이 나서** C 피로를 풀어 주고 싶어서 D 새끼 곰에게 수영을 가르치고 싶어서

해설 온천물은 미네랄이 풍부해서, 몸을 담그면 피로 회복도 될 뿐만 아니라, 관절 치료, 피부병 치료 등에 탁월한 효과가 있는 것으로 알려져 있다. 두 번째 단락을 보면 어미 곰은 새끼 곰의 피부에 문제가 생겼을 때 온천에 가서 온천욕을 한다고 언급되어 있다. 皮肤出现问题(피부가 문제가 생기다)라는 표현이 生病(병이 나다)으로 어휘가 변환되어 제시되었다. 따라서 정답은 B가 된다.

단어 玩耍 wánshuǎ 동 장난하다 | 缓解 huǎnjiě 동 완화되다, 풀어지다 | 疲劳 píláo 형 피로해지다, 지치다

32

p. 276

小海豚遇到鲨鱼的威胁时会怎么做？	새끼 돌고래는 상어의 위협을 받으면 어떻게 하는가?
A 快速逃跑 B 将鲨鱼引入海豚群 C 发信号求救 D 游到海面上	A 빠르게 달아난다 B 상어를 돌고래 떼가 있는 곳으로 유인한다 **C 구조 신호를 보낸다** D 수면 위로 헤엄쳐 올라간다

해설 질문에서 제시되었던 小海豚遇到鲨鱼的威胁时라는 표현을 본문에서 찾아보자. 특히 두 번째 문제의 정답이 두 번째 단락에서 나왔으니, 이제는 그 이하 부분인 세 번째 단락에서 정답을 찾고자 노력하는 것이 좋다. 새끼 돌고래는 상어의 공격이나 위협을 받았을때 어른 돌고래에게 신호를 보낸다고 했으므로 정답은 C가 된다. B의 상어를 돌고래 떼가 있는 곳으로 유인하는 것은 어른 돌고래의 행동이므로 정답이 될 수 없다.

단어 逃跑 táopǎo 동 도망가다, 달아나다 | 引入 yǐnrù 동 끌어들이다, 유인하다

33

p. 276

最适合做上文标题的是:	위 글에 가장 적합한 표제는:
A 动物的自救本领	**A 동물의 생존 능력**
B 全球变暖对动物的影响	B 지구 온난화가 동물에게 주는 영향
C 户外运动的风险性	C 야외 운동의 위험성
D 爱护动物，人人有责	D 동물 보호는 우리 모두의 책임이다

해설 주어진 4개의 보기 모두 그럴듯해 보이지만, 지문에서 우리에게 말해 주고자 하는 내용이 무엇인지에 집중해서 정답을 선택해야 한다. '피부 치료를 위해 온천욕 하는 곰', '상어의 공격에서 벗어나기 위해 구조 신호를 보내는 돌고래' 등 모든 사례가 자연 속에서 살아남기 위한 동물의 생존 능력에 대한 설명임을 알 수 있다. 따라서 정답은 A가 된다.

단어 全球变暖 quánqiú biànnuǎn 명 지구 온난화 | 户外 hùwài 명 야외, 실외 | 风险性 fēngxiǎnxìng 명 위험성 | 爱护 àihù 동 애호하다

[34-37]

随着生活水平的提升，越来越多的人喜欢饲养宠物，但㉞由于工作繁忙，很多人缺少足够的时间照顾它们。为了解决这个难题，科学家们一直致力于开发一种可穿戴式宠物智能设备。

目前的可穿戴式宠物智能设备非常强大，可实现多种功能。比如: 宠物的健康监测、位置监控、宠物社交以及人宠沟通等功能。以"人宠沟通功能"为例，虽然宠物与主人长期生活在一起，朝夕相处，但仅凭猜测，要准确判断宠物的一些需求和想法仍然很困难。这时如果宠物戴上一种头戴式智能耳机，㉟耳机内部的微型电脑可以帮助扫描宠物的脑电图，通过分析处理，最终使用扬声器将宠物的需求用人类的语言表达出来。

但是该设备所能分析出来的宠物想法还非常有限，仅仅是"我饿了"、"我累了"、"那个人是谁"等最简单的语言，㊱不过研究人员正在努力地做进一步研究，希望解读出宠物更加复杂的想法，让可穿戴式宠物智能设备"说"出更多的句子。

생활 수준이 올라가면서 점점 많은 사람들이 반려동물을 키우는 것을 좋아하지만, ㉞일이 바쁘기 때문에 충분한 시간적 여유를 가지고 동물을 돌볼 겨를이 없다. 이 문제를 해결하기 위해, 과학자들은 반려동물의 웨어러블 스마트 기기 개발에 주력해 왔다.

현재 반려동물 웨어러블 스마트 기기는 반려동물의 건강검진, 위치 모니터링, 반려동물의 사교 및 사람과 동물 간의 커뮤니케이션 기능 등의 여러 가지 기능을 구현할 수 있어 매우 강력하다. '주인과 반려동물의 소통 기능'을 예로 들면 반려동물과 주인이 오랜 기간 동안 함께 생활하고, 아침 저녁으로 함께 있기는 하지만, 그저 추측만으로, 반려동물의 요구와 생각을 정확하게 판단하는 것은 여전히 어려움이 있다. 이때, 만약 반려동물이 스마트 헤드셋을 착용한다면, ㉟헤드셋 내부의 마이크로컴퓨터가 반려동물의 뇌전도를 스캔하는 데 도움을 주고, 분석 처리를 거친후, 확성기를 이용해 반려동물의 요구를 인간의 언어로 표현할 수 있다.

하지만 이 장비가 분석할 수 있는 반려동물의 생각은 한계가 있다. 그저 '나 배고파', '나 힘들어', '저 사람이 누구지' 등 가장 간단한 언어에 불과하다. ㊱하지만 연구자들은 반려동물의 복잡한 생각을 해독하고, 웨어러블 스마트 기기를 통해 더 많은 문장을 말할 수 있게 하기 위해서 최선을 다해 연구하고 있다.

当然，未来针对宠物用品的市场还将不断扩大，比如，对检测宠物的热量、血压和心率的新型传感器的需求正不断增长。不少公司也在开发无线智能项圈。㊲随着科技的不断进步，可穿戴式宠物智能设备未来或许也会改变人类养宠物的方式。

당연히, 미래에는 반려동물 용품을 겨냥한 시장도 지속적으로 확대될 전망이다. 예를 들어, 반려동물의 칼로리(열량), 혈압과 심박수를 측정하는 신형 센서에 대한 수요가 늘어나게 될 것이다. 많은 회사들이 무선 스마트 목걸이(넥밴드)를 개발하고 있다. ㊲과학 기술의 발달로 반려동물의 웨어러블 스마트 기기는 앞으로 인간이 반려동물을 기르는 방식을 바꿀지도 모른다.

요약
- 제목: 반려동물의 생각을 읽어 내는 스마트 기기
- 주제: 과학의 발전에 따라 인간은 동물의 생각을 해독하여, 서로 소통할 수 있게 될 것이다.

단어 随着 suízhe 동 ~따라서, ~에 따라 | 生活 shēnghuó 명 생활 | 提升 tíshēng 동 높이다, 진급하다 | 饲养 sìyǎng 동 사육하다 | 宠物 chǒngwù 명 반려동물 | 由于 yóuyú 전 ~때문에, ~로 인하여 | 繁忙 fánmáng 형 번거롭고 바쁘다 | 缺少 quēshǎo 동 모자라다 | 足够 zúgòu 형 충분하다 | 难题 nántí 동 곤란한 문제 | 科学家 kēxuéjiā 명 과학자 | 致力 zhìlì 동 애쓰다, 힘쓰다 | 开发 kāifā 동 개발하다 | 穿戴式智能设备 chuāndàishì zhìnéng shèbèi 명 스마트 웨어러블 디바이스, 착용하는 스마트 기기 | 目前 mùqián 명 지금, 현재 | 强大 qiángdà 형 강대하다, 강력하다 | 实现 shíxiàn 동 실현하다, 달성하다 | 功能 gōngnéng 명 기능, 작용 | 比如 bǐrú 접 예컨대 | 监测 jiāncè 명 감시와 측정, 모니터링 | 位置 wèizhì 명 위치, 지위 | 监控 jiānkòng 동 감시하고 제어하다 | 社交 shèjiāo 명 사교 | 以及 yǐjí 접 및, 그리고 | 沟通 gōutōng 동 교류하다, 소통하다 | 主人 zhǔrén 명 주인 | 长期 chángqī 명 장기, 긴 시간 | 朝夕 zhāoxī 명 아침 저녁, 날마다 | 相处 xiāngchǔ 동 함께 지내다 | 仅 jǐn 부 다만, 단지 | 凭 píng 동 의거하다 | 猜测 cāicè 명동 추측(하다) | 准确 zhǔnquè 형 틀림없다, 정확하다 | 判断 pànduàn 명동 판단(하다) | 需求 xūqiú 동 요구되다, 필요로 하다 명 수요, 요구 | 想法 xiǎngfǎ 명 생각, 의견 | 仍然 réngrán 부 변함 없이, 여전히 | 困难 kùnnan 명 곤란, 어려움 | 戴 dài 동 착용하다, 쓰다 | 头戴式耳机 tóu dài shì ěrjī 머리에 쓰는 형식의 헤드폰 | 微型 wēixíng 형 소형의 | 扫描 sǎomiáo 동 스캔하다 | 脑电图 nǎodiàntú 명 뇌전도 | 分析 fēnxi 명동 분석(하다) | 处理 chǔlǐ 동 해결하다 | 最终 zuìzhōng 명형 맨 마지막(의), 최종(의) | 扬声器 yángshēngqì 명 확성기 스피커 | 人类 rénlèi 명 인류 | 语言 yǔyán 명 언어 | 表达 biǎodá 동 표현하다, 나타내다 | 有限 yǒuxiàn 형 한계가 있다 | 仅仅 jǐnjǐn 부 단지, 다만 | 不过 búguò 접 그런데, 그러나 | 研究人员 yánjiū rényuán 명 연구원 | 进一步 jìn yí bù 한 걸음 나아가다 | 研究 yánjiū 명동 연구(하다) | 解读 jiědú 동 해독하다 | 更加 gèngjiā 부 더욱 더, 한층 | 复杂 fùzá 형 복잡하다 | 未来 wèilái 명 미래 | 针对 zhēnduì 동 대하다, 맞추다 | 用品 yòngpǐn 명 용품 | 市场 shìchǎng 명 시장 | 不断 búduàn 부 끊임없이, 부단히, 늘 | 扩大 kuòdà 동 확대하다, 넓히다 | 检测 jiǎncè 동 검사하다, 측정하다 | 热量 rèliàng 명 열량 | 血压 xuèyā 명 혈압 | 心率 xīnlǜ 명 심장 박동수 | 新型 xīnxíng 명 신형, 신식 | 传感器 chuángǎnqì 명 센서 | 增长 zēngzhǎng 동 늘어나다, 증가하다 | 科技 kējì 명 과학 기술 | 进步 jìnbù 명동 진보(하다) | 或许 huòxǔ 부 아마, 어쩌면 | 改变 gǎibiàn 동 바꾸다, 변경하다 | 方式 fāngshì 명 방식

34

p. 277

现在的人们养宠物的困难是什么?	현재 사람들이 반려 동물을 키우는 데 있어서 어려움은 무엇인가?
A 没空儿照顾它们 B 手续办理很麻烦 C 宠物的寿命很短 D 宠物的健康和疾病问题	**A 반려동물을 돌볼 시간이 없다** B 수속이 매우 까다롭다 C 반려동물의 수명이 매우 짧다 D 반려동물의 건강과 질병 문제

해설 사람들의 생활 수준이 높아지면서 반려동물을 기르고 싶어하는 사람은 많아지고 있다. 하지만 일이 바쁘기 때문에 충분한 시간적 여유를 가지고 동물을 돌볼 겨를이 없다고 했다. 이는 반려동물을 돌봐 줄 시간이 없다는 것이므로 정답은 A가 된다.

단어 手续 shǒuxù 명 수속, 절차 | 办理 bànlǐ 동 처리하다, 해결하다 | 麻烦 máfan 형 번거롭다, 귀찮다 | 寿命 shòumìng 명 수명, 생명 | 疾病 jíbìng 명 질병, 병

Tip 첫 번째 문제는 첫 번째 문단에서 정답을 찾으면 된다. 지문을 읽다가 이유와 원인을 나타내는 접속사 因为, 由于가 나오거나, 역접을 나타내는 但是, 可是, 然而 등의 접속사가 나온다면 그 부분을 집중적으로 독해하자.

35

p. 277

"人宠沟通功能"可以：	'주인과 반려동물의 소통 기능'에서 가능한 것은:
A 控制宠物的情绪	A 반려동물의 기분을 통제할 수 있다
B 向宠物传达主人的命令	B 반려동물에게 주인의 명령을 전달할 수 있다
C 让主人更了解宠物	**C 주인이 반려동물을 더 잘 이해하게 해 준다**
D 诊断动物的疾病	D 동물의 질병을 진단한다

해설 주인이 아무리 오랜 시간 반려동물을 데리고 산다고 해도 그들의 생각과 감정을 짐작만 할 뿐이지 정확한 생각은 알 길이 없다. 스마트 기기를 통해서 반려동물의 생각을 인간의 언어로 표현할 수 있으므로 주인은 반려동물을 훨씬 더 잘 이해하게 될 것이다. 따라서 정답은 C가 된다.

단어 控制 kòngzhì 동 통제하다, 제압하다 | 情绪 qíngxù 명 기분, 정서 | 传达 chuándá 동 전달하다 | 命令 mìnglìng 명 명령 | 诊断 zhěnduàn 동 진단하다

36

p. 277

根据第3段，研究人员进一步研究是为了：	세 번째 단락에 따르면, 연구자들의 지속적인 연구를 하는 이유는?
A 完善宠物医疗服务	A 반려동물 의료 서비스 보완을 위해서
B 开发宠物定位系统	B 반려동물 위치 추적 시스템을 개발하기 위해서
C 帮助宠物减少痛苦	C 반려동물의 고통 감소를 위해서
D 解读宠物更复杂的想法	**D 반려동물의 더 복잡한 생각을 해독하기 위해서**

해설 현재의 기술로는 반려동물의 생각을 완전히 알 수 없고, 아주 간단한 의사 표현 정도만 해독해 낼 수 있다. 따라서 좀 더 복잡한 생각까지도 해독해 내기 위해서 오늘도 연구진들은 최선을 다해 연구하고 있다고 했다. 따라서 정답은 D가 된다.

단어 完善 wánshàn 형 완전해지게 하다 | 医疗 yīliáo 명 의료 | 服务 fúwù 명 서비스 | 定位 dìngwèi 동 위치를 측정하다 | 系统 xìtǒng 명 시스템 | 减少 jiǎnshǎo 동 감소하다, 적게 하다 | 痛苦 tòngkǔ 명 고통, 아픔 형 고통스럽다, 괴롭다 | 复杂 fùzá 형 복잡하다

37

p. 277

下列哪项最适合做上文标题？	다음 중 위 글의 제목으로 가장 적합한 것은?
A 宠物的科学饲养方法	A 반려동물의 과학적 사육 방법
B 科技改变养宠物的方式	**B 과학 기술이 반려동물 기르는 방식을 바꾼다**
C 宠物的行为分析	C 반려동물의 행동 분석
D 宠物疾病的预防与治疗	D 반려동물 질병의 예방 및 치료

해설 지문에서 반복적으로 등장하는 단어들을 살펴 보자. 宠物(반려동물), 智能可穿戴的设备(스마트 웨어러블 기기), 分析宠物的想法(반려동물의 생각을 분석하다) 등을 핵심 표현으로 볼 수 있다. 지문의 핵심 주제가 앞부분에 나오는 두괄식과 뒷부분에 나오는 미괄식이 있는데, 이 지문은 미괄식으로 맨 마지막에 과학 기술의 발달은 반려동물을 기르는 방식을 바꿀지도 모른다고 했다. 따라서 정답은 B가 된다.

단어 预防 yùfáng 명 예방

[38-40]

乔恩被医生叫到了办公室。大夫通知他，他得的是不治之症，最多活到年底，还让他小心圣诞节的时候不要出事。他想，新年的太阳估计见不到了。㊳他回到家，留着泪，拿出纸笔，开始写遗书。他忧虑恐惧地过了些日子，可是他发现自己总能在第二天清晨睁开眼睛。从前的每一天，他都认为自己活着是理所当然的，㊵而现在，每个小时对他来说都是上帝的恩赐。于是，他不再忧虑恐惧，而是感恩地过每一天。他尽量让自己每天都过得快乐。他决定做自己以前想做但根本没去做的一些事、那些让他觉得开心和兴奋的事。渐渐地，他放弃了药物治疗，也不去医院了，㊴困了就睡，渴了就喝，饿了就吃，完全只听自己身体的调配。他锻炼身体，出去散步，欣赏花草，关注单纯的生活，努力发现生活的美好，不去和任何人斤斤计较。他称自己的做法是"自然疗法"。就这样，他一直轻松地活到了现在。

존은 의사의 부름으로 사무실에 왔다. 의사는 그에게 그가 불치병에 걸렸고, 기껏해야 연말까지 살 수 있다고 말했다. 그리고 그에게 크리스마스 때 사고가 발생하지 않도록 조심하라고 했다. 그는 새해의 태양은 아마 보지 못하겠거니 생각했다. ㊳그는 집에 돌아와, 눈물을 흘리며 펜과 종이를 꺼내 유서를 쓰기 시작했다. 그는 걱정과 두려움으로 세월을 보냈다. 그러나 그는 자신이 항상 다음 날 새벽에 눈을 뜰 수 있다는 것을 알게 되었다. 지난날에는 매일, 그는 항상 자신이 살아 있는 것이 당연하다고 여겼다. ㊵그러나 지금은 그에게 매시간이 모두 하느님의 은총이었다. 그래서 그는 더이상 걱정하고 두려워하지 않고, 매일 하루를 감사해 하며 보냈다. 그는 최대한 자신이 매일 행복하게 보낼 수 있도록 했다. 그는 이전에 자신이 하고 싶었지만 하지 못했던 일, 그를 기쁘고 신나게 하는 그러한 일을 하기로 결심했다. 점차, 그는 약물 치료를 포기하고 병원에도 가지 않았다. ㊴피곤하면 자고, 목마르면 마시고, 배고프면 먹으면서 완전히 자신의 몸이 원하는 대로 맞춰 나갔다. 그는 운동하고, 산책을 하며, 풀과 꽃을 감상하고, 단순한 생활을 주시했다. 생활의 아름다움을 발견하려고 노력했고, 어떤 사람과도 시시콜콜하게 따지지 않았다. 그는 자신의 행동을 '자연 치료법'이라 불렀다. 이렇게 해서 그는 계속 편안하게 지금까지 살고 있다.

해설 • 제목: 불치병의 극복

• 주제: 긍정적인 마음가짐과 자신을 사랑하는 생활 태도는 불치병도 극복할 수 있다.

단어 办公室 bàngōngshì 명 사무실 | 不治之症 bú zhì zhī zhèng 성어 불치병 | 圣诞节 Shèngdànjié 명 크리스마스 | 估计 gūjì 동 추측하다 | 遗书 yíshū 명 유서 | 忧虑 yōulǜ 동 걱정하다 | 恐惧 kǒngjù 형 두렵다 | 清晨 qīngchén 명 이른 아침 | 理所当然 lǐ suǒ dāng rán 성어 당연히 그렇다 | 上帝 shàngdì 명 하느님 | 恩赐 ēncì 동 하사하다 | 感恩 gǎn'ēn 동 고맙게 여기다 | 尽量 jǐnliàng 부 가능한 한 | 渐渐 jiànjiàn 부 점점 | 放弃 fàngqì 동 포기하다 | 治疗 zhìliáo 동 치료하다 | 调配 diàopèi 명 할당, 분배 | 锻炼 duànliàn 동 단련하다 | 散步 sànbù 동 산책하다 | 欣赏 xīnshǎng 동 감상하다 | 关注 guānzhù 동 주시하다 | 单纯 dānchún 형 단순하다 | 斤斤计较 jīnjīn jìjiào 성어 중요하지 않은 일을 시시콜콜 따지다 | 疗法 liáofǎ 명 치료법

38

p. 278

乔恩知道自己很快就会离开这个世界，他的心情很：

존이 자신이 곧 세상을 떠난다는 것을 알았을 때 그의 심정은 매우:

A 遗憾	B 沉重	A 유감스럽다	**B 우울하다**
C 安慰	D 不安	C 위안이 되다	D 불안하다

해설 最多活到年底(기껏해야 연말까지 산다)는 죽음을 의미한다. 존은 자신이 곧 죽을 거라는 말을 듣고 눈물을 흘리며 유서를 썼다고 했으므로, 죽음을 앞둔 주인공의 심정을 遗憾(유감스럽다)으로 나타내기엔 부족하다. 갑자기 시한부 인생을 선고받은 그의 마음이 두려움과 걱정으로 가득하여 沉重(우울하다)한 것을 유추할 수 있으므로, 정답은 B가 된다. D의 不安(불안하다)은 '마음이 편하지 않고 조마조마한 느낌' 혹은 '막연한 위기감'을 말하는데, 여기서 주인공이 불치병이라는 것은 이미 기정 사실이므로 不安(불안하다)보다는 沉重(우울하다)이라는 표현이 더 적합하다.

단어 遗憾 yíhàn 형 유감스럽다 | 沉重 chénzhòng 형 우울하다, 무겁다 | 安慰 ānwèi 형 위안이 되다 | 不安 bù'ān 형 불안하다

39

p. 278

乔恩放弃了医院的治疗，开始：		존이 병원의 치료를 포기하고 시작한 것은:	
A 等死	B 自我治疗	A 죽음을 기다렸다	**B 스스로 치료했다**
C 大吃大喝	D 尽情享受	C 실컷 먹고 마셨다	D 한껏 즐겼다

해설 존은 자신이 그동안 해 보고 싶었지만 하지 못했던, 스스로를 기쁘게 하는 일들을 하며 점차 약물 치료를 포기하고, 병원에 가지 않았다고 했다. 자신의 몸이 원하는 대로 맞춰 나가며 운동과 산책을 하는 등 '자연 치료법'을 썼다고 했으므로 정답은 B가 된다.

단어 尽情 jìnqíng 부 한껏, 마음껏 | 享受 xiǎngshòu 동 누리다

40

p. 278

乔恩现在觉得每活一个小时，都是：		존이 생각하기에 이제 살아 있는 매시간은 모두:	
A 忧虑	B 恐惧	A 걱정된다	B 두렵다
C 受罪	D 上帝的恩赐	C 벌을 받는다	**D 하느님의 은총이다**

해설 그는 예전에는 자신에게 주어진 삶이 당연하다고 여겼으나, 불치병에 걸린 이후로 매시간이 하느님의 은총임을 깨달았다고 했으므로, 정답은 D가 된다.

단어 受罪 shòuzuì 동 벌을 받다

[41-45]

㊸中国人对成功、失败、快乐、悲伤，有比较概念化的统一模式。换句话说，㊶中国人活着就是为了争口气，是为了一种体面，因为在别人面前必须有可以炫耀的东西。比如说，孩子小的时候，爸妈会对他说："孩儿啊，你要好好念书，长大考个好大学，给你爸你妈争口气。"运动员参加国际比赛，领导也会握着他的手说："祖国和人民期待着你为中国人争光！"对西方人来说，人生是自己的人生，跟别人没有多大关系，应该帮助别人，但没必要为谁而活。㊹他们更看重体现个人特性和自我价值的平和人生。在西方，无论你从事什么职业都无高低贵贱之分，㊷干事业强调的是事业本身的兴趣和幸福愉快。而西方人自己的人生价值的实现，成功与否，跟别人都没有任何关系，他们也不需要通过他人的肯定来获得自己心理的满足和回报。㊺淡泊的人生在西方人看来是一种享受，守住一份简朴，不愿意显山露水，越来越被西方人认为是一种难得的人生境界。

㊸중국인은 성공, 실패, 기쁨, 슬픔에 대해서 비교적 개념화된 통일된 양식이 있다. 다시 말해서 ㊶중국인들은 지지 않기 위해서, 체면을 위해서 살아간다. 왜냐하면 다른 사람 앞에서 반드시 과시할 것이 있어야 하기 때문이다. 예를 들어, 아이가 어렸을 때 부모는 자식에게 "얘야, 너는 열심히 공부해서, 커서 좋은 대학에 붙어야 해. 그래서 엄마 아빠 체면을 살려 주렴."하고 말한다. 운동선수가 국제 경기에 참가하면 코치도 선수의 손을 부여잡고, "조국과 국민은 자네가 중국인을 위해 영예를 빛내 주기를 기대하고 있다네."라고 말할 것이다. 서양인에게 있어서, 인생은 자신의 것이며 다른 사람과는 크게 관계가 없다. 다른 사람을 도와주기는 해야 하지만, 누군가를 위해 살아갈 필요는 없다. ㊹그들은 개인의 특성과 자아 가치를 구현하는 평화로운 삶을 더 중시한다. 서양에서는 당신이 어떤 직업에 종사하든 높고 낮고 귀하고 천함이 없다. ㊷일을 할 때 강조하는 것은 일 자체에 대한 흥미와 행복, 즐거움이다. 그리고 서양인들은 자신의 인생 가치 실현, 성공의 여부는 다른 사람과 어떠한 관계도 없다. 그들은 또한 타인의 인정을 통해 자신의 심리적 만족과 보답을 얻는 것을 필요로 하지 않는다. ㊺명예나 이익을 쫓지 않는 인생은 서양인들이 보기에는 일종의 즐거움이다. 소박한 삶을 지키고, 재능을 드러내기를 원하지 않는 것은 점점 서양인들에게는 귀한 인생의 경지로 여겨지고 있다.

요약
- 제목: 성공의 목적
- 주제: 성공은 남이 아닌 자신을 위한 것이다.

단어 悲伤 bēishāng 형 슬프다 | 概念化 gàiniànhuà 동 개념화하다 | 统一 tǒngyī 형 통일된 | 模式 móshì 명 양식, 패턴 | 体面 tǐmiàn 명 체면 | 炫耀 xuànyào 동 자랑하다, 과시하다 | 念书 niànshū 동 공부하다 | 争口气 zhēng kǒuqì 지지 않으려고 애쓰다, 체면을 세우다 | 领导 lǐngdǎo 명 지도자 | 期待 qīdài 동 기대하다 | 争光 zhēngguāng 동 영예를 빛내다 | 必要 bìyào 형 필요하다 | 看重 kànzhòng 동 중시하다 | 体现 tǐxiàn 동 구현하다, 드러내다 | 特性 tèxìng 명 특성 | 无论 wúlùn 접 ~을 막론하고 | 强调 qiángdiào 동 강조하다 | 兴趣 xìngqù 명 흥미 | 满足 mǎnzú 동 만족하다 | 淡泊 dànbó 형 명예나 이익을 쫓지 않다, 욕심이 없다 | 享受 xiǎngshòu 동 즐기다, 누리다 | 简朴 jiǎnpǔ 형 소박하다 | 显山露水 xiǎn shān lù shuǐ 성어 재능을 드러내 주목을 끌다 | 境界 jìngjiè 명 경지

41

p. 279

根据上文，中国人活着不是为了:	이 글에 의하면 중국인이 살아가는 이유가 아닌 것은:
A 有面子 B 争口气 C 向别人炫耀 D 快乐和享受	A 체면을 위해서 B 지지 않기 위해서 C 다른 사람에게 과시하기 위해서 **D 기쁨과 향유를 위해서**

해설 지문 앞부분에서 중국인들은 지지 않기 위해서, 체면을 세우기 위해서, 자신을 과시하기 위해서 살아가고 있다고 말했다. A, B, C 모두 언급된 내용이지만, D는 서양 사람들이 살아가는 이유이므로, D가 정답이 된다.

Tip 보기에 지문 내용이 나열된 형식으로 나오면, 언급되지 않은 내용이 정답이 될 수 있다.

42

p. 279

西方人做工作，凭的是:	서양인들이 일을 할 때 의지하는 것은:
A 兴趣 B 自由 C 劳动 D 工作的高低贵贱	**A 흥미** B 자유 C 노동 D 직업의 높고 낮고 귀하고 천함

해설 서양 사람들은 일할 때 직업의 귀천을 따지지 않는다고 하였으니 D는 정답에서 제외된다. 그들은 일에 대한 자신의 흥미와 행복, 즐거움에 가장 중점을 둔다고 했으므로, 정답은 A가 된다.

단어 自由 zìyóu 명 자유 | 劳动 láodòng 명 노동, 일

43

p. 279

中国人看待成功和失败:	중국인들이 보는 성공과 실패는:
A 模式统一 B 别人说了不算 C 没有统一标准 D 没有固定概念	**A 통일된 유형이다** B 다른 사람이 말하는 것은 소용없다 C 통일된 기준이 없다 D 고정적인 개념이 없다

해설 성공과 실패를 바라보는 시각은 사람마다 다를 수 있다. 중국인들은 자신의 관점이 아닌 다른 사람이 자신을 어떻게 평가할지에 초점을 맞춘다. 남에게 지지 않고, 과시하고 뽐낼 수 있다면 성공한 것이라는 통일된 생각을 하고 있다고 앞부분에 언급되어 있다. 따라서 정답은 A가 된다.

단어 看待 kàndài 동 대하다, 취급하다 | 标准 biāozhǔn 명 기준 | 固定 gùdìng 형 고정적이다

44

p. 279

西方人追求的人生要体现：	서양인들이 추구하는 인생이 구현해야 하는 것은:
A 富裕	A 부유함
B 他人的成就	B 타인의 성과
C 兴趣和愉快	C 흥미와 즐거움
D 个性和自我价值	**D 개성과 자아 가치**

해설 서양 사람들은 자신의 인생을 다른 사람의 시선에 맞추어 살지 않고, 개인의 특성과 자아 가치를 구현하는 것을 더욱 중요하게 생각한다고 언급하였으므로 정답은 D가 된다. C도 언급되었으나 흥미와 즐거움은 일을 할 때 중요하게 생각하는 내용이므로 정답이 될 수 없다.

단어 富裕 fùyù 형 부유하다 | 成就 chéngjiù 명 성취, 성과 | 个性 gèxìng 명 개성

45

p. 279

西方人认为最高的人生境界是：	서양인들이 여기는 최고의 인생 경지는:
A 简朴淡泊	**A 소박하고 명예와 이익을 쫓지 않는 것**
B 游山玩水	B 자연에서 노니는 것
C 富有大方	C 부유하고 호탕한 것
D 无关他人	D 타인과 무관한 것

해설 서양인이 생각하는 인생의 최고 경지는 돈을 많이 벌어 부유한 것도 아니고, 다른 사람과 상관없는 삶을 사는 것도 아니다. 마지막 부분에서 그들은 소박하고 욕심 없이 사는 것이 인생의 경지라고 생각한다고 했으므로, 정답은 A가 된다.

书写

쓰기 해설

제1부분 어순 배열하기

시크릿 기출 테스트 해설

제2부분 단어, 그림 보고 작문하기

시크릿 기출 테스트 해설

실전 모의고사

DAY 1

✓ 정답
1. 这幅作品反映了当地人的日常生活。 2. 那首诗表达了他对故乡的怀念。
3. 这次活动邀请了很受欢迎的明星。 4. 这段文章表明了作者的观点。
5. 这种游戏软件危害了青少年的心理健康。

01

当地人的 这幅 反映了 日常生活 作品

p. 293

这幅作品反映了当地人的日常生活。	이 작품은 현지인들의 일상생활을 반영했다.

시크릿 수량사 관형어와 수식 관형어(的)는 각각 주어, 목적어 앞에 위치

단어 当地 dāngdì 명 그 지방, 현지 | 幅 fú 양 폭(종이, 그림을 세는 단위) | 反映 fǎnyìng 동 반영하다 | 日常 rìcháng 형 일상의, 일상적인 | 生活 shēnghuó 명 생활 | 作品 zuòpǐn 명 작품

해설 STEP 1 **관형어를 찾아라!**

- 这幅(이 한 폭의): '지시대사(这) + 양사(幅)'로 수량사 관형어가 된다. 幅는 그림이나 포목 등을 세는 양사이므로 어울리는 명사를 찾아야 한다.
- 当地人的(현지 사람들의): 구조조사 的가 있는 관형어임을 알 수 있다. 어울리는 명사를 찾아야 한다.

STEP 2 **중심어를 찾아라!**

- 作品(작품): 명사로 주어나 목적어가 될 수 있다. 그림과 같은 작품을 세는 양사인 幅와 결합할 수 있다. 특정한 것을 지시하는 지시대사 这가 있으므로 문장에서 주인 역할을 하는 주어 자리에 올 수 있다.
  → 这幅作品(이 한 폭의 작품은)
- 日常生活(일상생활): 명사로 주어나 목적어가 될 수 있다. 当地人的과 결합하여 목적어를 만들 수 있다.
  → 当地人的日常生活(현지인들의 일상생활)

STEP 3 **술어를 찾아라!**

- 反映了(반영했다): 동작의 완료를 나타내는 동태조사 了가 있으므로 동사 술어 역할을 한다는 것을 알 수 있다.

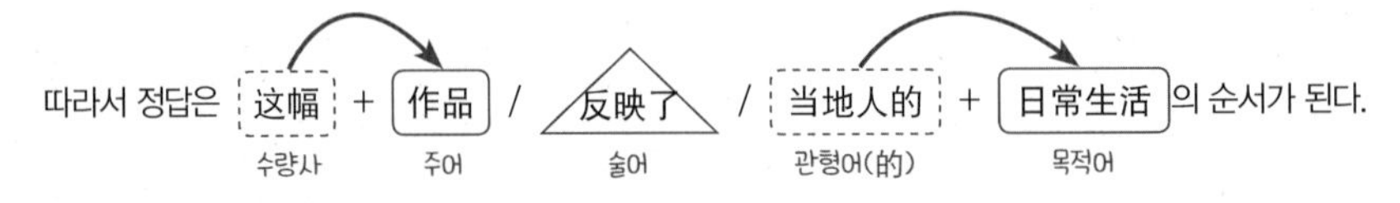

02

怀念 他对故乡的 那首 表达了 诗

p. 293

那首诗表达了他对故乡的怀念。	그 시는 그의 고향에 대한 그리움을 표현했다.

시크릿 수량사 관형어와 수식 관형어(的)는 각각 주어, 목적어 앞에 위치

단어 怀念 huáiniàn 동 그리워하다, 생각하다 | 故乡 gùxiāng 명 고향 | 首 shǒu 양 수(시, 노래를 세는 단위) | 表达 biǎodá 동 표현하다, 나타내다 | 诗 shī 명 시

해설 STEP 1 **관형어를 찾아라!**

- 那首(그 한 수): '지시대사(那) + 양사(首)'로 수량사 관형어가 된다. 首는 노래나 시 등을 세는 양사이므로 어울리는 명사를 찾아야 한다.

• 他对故乡的(그의 고향에 대한): 구조조사 的가 있는 관형어임을 알 수 있다. 어울리는 명사를 찾아야 한다.

STEP 2 **중심어를 찾아라!**

• 诗(시): 명사로 주어나 목적어가 될 수 있으며, 노래나 시를 세는 양사인 首와 결합할 수 있다. 특정한 것을 지칭하는 지시대사 那가 있으므로 문장에서 주어 역할을 할 가능성이 높다.
→ 那首诗(그 한 수의 시)

• 怀念(그리움): 명사로 주어나 목적어가 될 수 있다. 他对故乡的와 결합하여 목적어를 만들 수 있다.
→ 他对故乡的怀念(그의 고향에 대한 그리움)

STEP 3 **술어를 찾아라!**

• 表达了(표현했다): 동작의 완료를 나타내는 동태조사 了가 있으므로, 동사 술어 역할을 한다는 것을 알 수 있다.

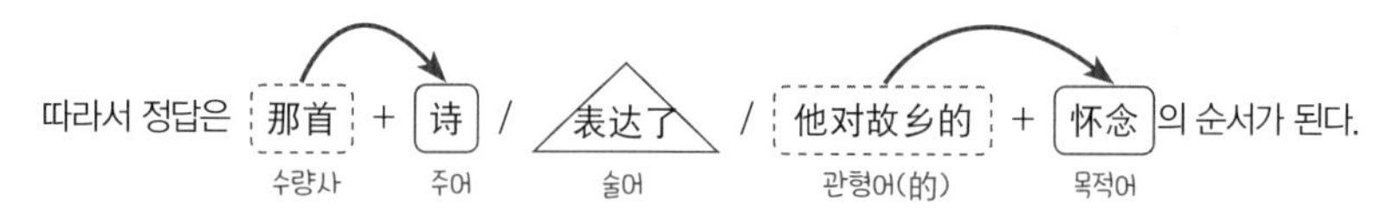

03

这次 很受欢迎的 活动 明星 邀请了

p. 293

这次活动邀请了很受欢迎的明星。	이번 행사에는 매우 환영 받는 스타가 초청되었다.

시크릿 수량사 관형어와 수식 관형어(的)는 각각 주어, 목적어 앞에 위치

단어 受 shòu 동 받다, 얻다 | 欢迎 huānyíng 동 환영하다 | 活动 huódòng 명 행사, 활동 | 明星 míngxīng 명 스타(인기 있는 배우나 운동선수) | 邀请 yāoqǐng 동 초청하다, 초대하다

해설 STEP 1 **관형어를 찾아라!**

• 这次(이번): '지시대사(这) + 양사(次)'로 수량사 관형어가 된다. 次는 '번, 회'의 뜻으로 대회, 행사 등을 세는 양사이므로 어울리는 명사를 찾아야 한다.

• 很受欢迎的(매우 환영 받는): 구조조사 的가 있는 관형어임을 알 수 있다. 어울리는 명사를 찾아야 한다.

STEP 2 **중심어를 찾아라!**

• 活动(행사): 명사로 주어나 목적어가 될 수 있다. 대회, 시합, 행사 등을 세는 양사인 次와 결합할 수 있다. 특정한 것을 지칭하는 지시대사 这가 있으므로 문장에서 주어 역할을 할 가능성이 높다.
→ 这次活动(이번 행사)

• 明星(스타): 명사로 주어나 목적어가 될 수 있다. 문맥상 관형어 很受欢迎的와 결합하는 것이 옳다.
→ 很受欢迎的明星(매우 환영 받는 스타)

STEP 3 **술어를 찾아라!**

• 邀请了(초청했다): 동작의 완료를 나타내는 동태조사 了가 있으므로, 동사 술어 역할을 한다는 것을 알 수 있다.

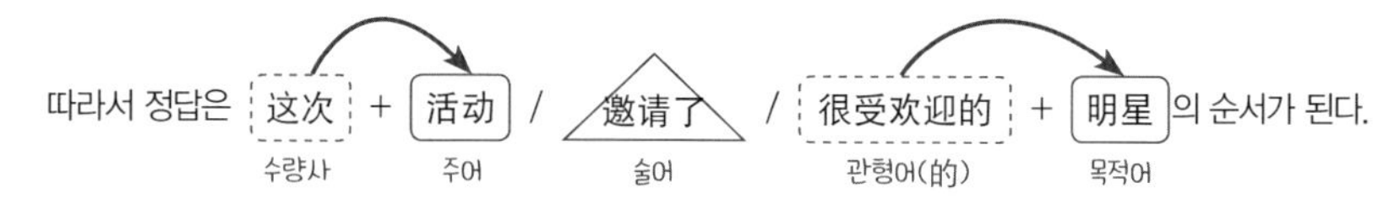

04

p. 293

作者的 文章 观点 表明了 这段	
这段文章表明了作者的观点。	이 문장은 작가의 관점을 나타냈다.

시크릿 수량사 관형어와 수식 관형어(的)는 각각 주어, 목적어 앞에 위치

단어 作者 zuòzhě 명 작가 | 文章 wénzhāng 명 문장 | 观点 guāndiǎn 명 관점, 입장 | 表明 biǎomíng 동 나타내다, 분명하게 보이다 | 段 duàn 양 마디, 단락

해설 STEP 1 **관형어를 찾아라!**

- 这段(이 단락의): '지시대사(这) + 양사(段)'로 수량사 관형어가 된다. 문장, 노래의 단락을 세는 양사인 段과 어울리는 명사를 찾아 결합시켜야 한다.
- 作者的(작가의): 구조조사 的가 있는 관형어임을 알 수 있다. 어울리는 명사를 찾아야 한다.

STEP 2 **중심어를 찾아라!**

- 文章(문장): 명사로 문장에서 주어나 목적어가 될 수 있다. 문장을 세는 양사 段과 결합할 수 있다.
  → 这段文章(이 문장)
- 观点(관점): 명사로 문장에서 주어나 목적어가 될 수 있다. 문맥상 관형어 作者的(작가의)와 결합하는 것이 어울린다.
  → 作者的观点(작가의 관점)

STEP 3 **술어를 찾아라!**

- 表明了(나타냈다): 동작의 완료를 나타내는 동태조사 了가 있으므로, 동사 술어 역할을 한다는 것을 알 수 있다.

05

p. 293

心理健康 青少年的 游戏软件 危害了 这种	
这种游戏软件危害了青少年的心理健康。	이러한 게임 프로그램은 청소년의 심리 건강을 해쳤다.

시크릿 수량사 관형어와 수식 관형어(的)는 각각 주어, 목적어 앞에 위치

단어 心理 xīnlǐ 명 심리 | 健康 jiànkāng 명 건강 | 青少年 qīngshàonián 명 청소년 | 游戏 yóuxì 명 게임 | 软件 ruǎnjiàn 명 소프트웨어, 프로그램 | 危害 wēihài 동 해치다, 해를 끼치다

해설 STEP 1 **관형어를 찾아라!**

- 这种(이 종류의): '지시대사(这) + 양사(种)'로 수량사 관형어가 된다. 种은 사물의 종류를 세는 양사로 명사와 결합할 수 있다.
- 青少年的(청소년의): 구조조사 的가 있는 관형어임을 알 수 있다. 어울리는 명사를 찾아야 한다.

STEP 2 **중심어를 찾아라!**

- 游戏软件(게임 프로그램): 명사로 문장에서 주어나 목적어가 될 수 있다. 사물의 종류를 세는 양사인 种과 결합할 수 있다. 특정한 것을 지칭하는 지시대사 这가 있으므로 문장에서 주어 역할을 할 가능성이 높다.
  → 这种游戏软件(이러한 게임 프로그램)
- 心理健康(심리 건강): 명사로 문장에서 주어나 목적어가 될 수 있다. 문맥상 관형어 青少年的(청소년의)와 결합할 수 있다.
  → 青少年的心理健康(청소년의 심리 건강)

STEP 3 **술어를 찾아라!**

• 危害了(해치다): 동작의 완료를 나타내는 동태조사 了가 있으므로, 동사 술어 역할을 한다는 것을 알 수 있다.

따라서 정답은 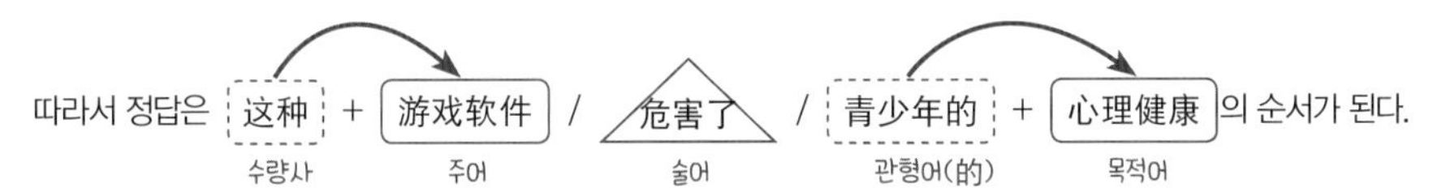의 순서가 된다.

DAY 2

✓ 정답 1. 整个中文系的老师们都参加了他的婚礼。 2. 我提出的方案受到了经理的重视。 3. 合理的运动能帮助保持良好的心情。 4. 他的这段经历有很特殊的意义。 5. 保险柜的钥匙在左边的抽屉里。

01 婚礼 整个中文系的 他的 老师们 都参加了

p. 293 整个中文系的老师们都参加了他的婚礼。 | 전체 중국어과 선생님들은 모두 그의 결혼식에 참석했다.

시크릿 수식 관형어(的) 2개는 각각 주어, 목적어 앞에 위치

단어 婚礼 hūnlǐ 명 결혼식 | 整个 zhěngge 형 전체(의), 모두(의) | 中文 Zhōngwén 명 중국어 | 系 xì 명 학과 | 参加 cānjiā 동 참석하다, 참가하다

해설 STEP 1 **관형어를 찾아라!**

• 整个中文系的(전체 중국어과의) / 他的(그의): 둘 다 구조조사 的가 있는 관형어임을 알 수 있다. 뒤에 어울리는 명사(중심어)를 찾아서 결합시켜야 한다.

STEP 2 **중심어를 찾아라!**

• 老师们(선생님들): 명사로 문장에서 주어나 목적어가 될 수 있다. 문맥상 '어디 소속의 선생님인지'를 나타내는 관형어 整个中文系的(전체 중국어과의)와 결합할 수 있으며, 이는 행위의 주체자인 사람을 나타내는 명사이므로 문장에서 주어 역할을 할 가능성이 높다.
→ 整个中文系的老师们(전체 중국어과 선생님들)

• 婚礼(결혼식): 명사로 문장에서 주어나 목적어가 될 수 있다. 위에서 주어가 정해졌으므로 목적어가 될 가능성이 높다. 문맥상 '누구의 결혼식인지'를 나타내는 관형어 他的(그의)와 결합할 수 있다.
→ 他的婚礼(그의 결혼식)

STEP 3 **술어를 찾아라!**

• 都参加了(모두 참석했다): 동작의 완료를 나타내는 동태조사 了가 있으므로, 동사 술어 역할을 한다는 것을 알 수 있다. 부사 都는 복수를 나타내는 범위부사기 때문에 복수의 们(~들)이 있는 老师们이 주어 자리에 오는 것이 옳다.

따라서 정답은 의 순서가 된다.

02

我提出的	受到了	方案	重视	经理的

p. 293

我提出的方案受到了经理的重视。 | 내가 제기한 방안은 대표님의 중시를 받았다.

시크릿 수식 관형어(的) 2개는 각각 주어, 목적어 앞에 위치

단어 提出 tíchū 동 제기하다, 제출하다, 꺼내다 | 受到 shòudao 동 받다, 얻다 | 方案 fāng'àn 명 계획, 방안 | 重视 zhòngshì 명 중시 | 经理 jīnglǐ 명 사장, 대표, 기업의 책임자

해설 STEP 1 **관형어를 찾아라!**

- 我提出的(내가 제기한) / 经理的(대표님의): 둘 다 구조조사 的가 있는 관형어임을 알 수 있다. 어울리는 명사를 찾아서 결합시켜야 한다.

STEP 2 **중심어를 찾아라!**

- 方案(방안): 명사로 문장에서 주어나 목적어가 될 수 있다. 문맥상 '누가 제기한 방안인지'를 나타내는 관형어 我提出的(내가 제기한)와 결합하는 게 어울린다.
  → 我提出的方案(내가 제기한 방안)
- 重视(중시): 명사로 문장에서 주어나 목적어가 될 수 있다. 문맥상 '누구의 중시인지'를 나타내는 관형어 经理的(대표님의)와 결합하는 게 어울린다.
  → 经理的重视(대표님의 중시)

STEP 3 **술어를 찾아라!**

- 受到了(받았다): 동작의 완료를 나타내는 동태조사 了가 있으므로, 동사 술어 역할을 한다는 것을 알 수 있다. 주어나 목적어를 결정할 때는 술어를 중심으로 'A + 술어 + B' 혹은 'B + 술어 + A'의 두 가지 경우의 수를 다 고민해 보아야 한다. '방안이 중시를 받았을까?' 아니면 '중시가 방안을 받았을까?' 생각했을 때 정답은 方案受到了重视(방안은 중시를 받았다)임을 알 수 있다.

따라서 정답은 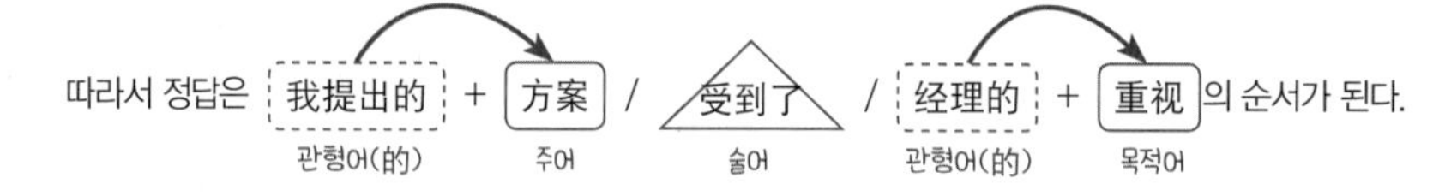

의 순서가 된다.

03

能帮助	合理的	心情	保持良好的	运动

p. 293

合理的运动能帮助保持良好的心情。 | 합리적인 운동은 좋은 기분을 유지하는 데 도움을 줄 수 있다.

시크릿 수식 관형어(的) 2개는 각각 주어, 목적어 앞에 위치

단어 合理 hélǐ 형 합리적이다, 도리에 맞다 | 心情 xīnqíng 명 기분, 마음 | 保持 bǎochí 동 유지하다, 지키다 | 良好 liánghǎo 형 좋다, 양호하다

해설 STEP 1 **관형어를 찾아라!**

- 合理的(합리적인) / 保持良好的(좋은 ~을 유지하다): 둘 다 구조조사 的가 있는 관형어임을 알 수 있다. 어울리는 명사를 찾아서 결합시켜야 한다.

STEP 2 **중심어를 찾아라!**

- 运动(운동): 명사로 문장에서 주어나 목적어가 될 수 있다. 문맥상 '어떠한 운동인지'를 나타내는 관형어 合理的(합리적인)와 결합하는 것이 어울린다.
  → 合理的运动(합리적인 운동)
- 心情(기분): 명사로 문장에서 주어나 목적어가 될 수 있다. 문맥상 '기분을 어떻게 하는지'를 나타내는 관형어 保持良好的(좋은 ~을 유지하다)와 결합하는 것이 어울린다.
  → 保持良好的心情(좋은 기분을 유지하다)

STEP 3 **술어를 찾아라!**

- 能帮助(도움을 줄 수 있다): 조동사 能을 보고 동사 술어 역할을 한다는 것을 알 수 있다. 주어나 목적어를 결정할 때는 술어를 중심으로 'A + 술어 + B' 혹은 'B + 술어 + A'의 두 가지 경우의 수를 다 고민해 보아야 한다. '운동이 좋은 기분 유지하는 것을 도와줄까?' 아니면 '좋은 기분 유지하는 것이 운동을 도와줄까?' 생각했을 때 정답은 运动能帮助保持良好的心情(운동은 좋은 기분을 유지하는 데 도움을 준다)임을 알 수 있다.

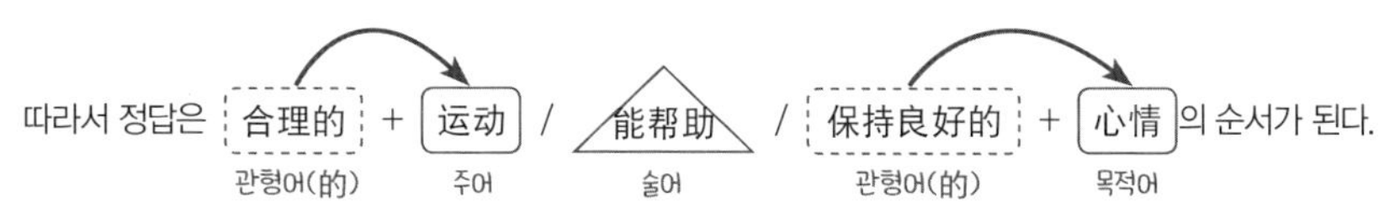

04

很特殊的　意义　有　他的　这段经历

p. 293

他的这段经历有很特殊的意义。	그의 이번 경험은 매우 특별한 의의가 있다.

시크릿 수식 관형어(的) 2개는 각각 주어, 목적어 앞에 위치

단어 特殊 tèshū 형 특별하다, 특수하다 | 意义 yìyì 명 의의, 가치, 의미 | 经历 jīnglì 명 경험, 경력

해설 STEP 1 **관형어를 찾아라!**

- 他的(그의) / 很特殊的(매우 특별한): 둘 다 구조조사 的가 있는 관형어임을 알 수 있다. 어울리는 명사를 찾아서 결합시켜야 한다.

STEP 2 **중심어를 찾아라!**

- 这段经历(이번 경험은): 명사로 문장에서 주어나 목적어가 될 수 있다. 문맥상 '누구의 경험인지'를 나타내는 관형어 他的(그의)와 결합하는 것이 어울린다.
  → 他的这段经历(그의 이번 경험은)
- 意义(의의): 명사로 문장에서 주어나 목적어가 될 수 있다. 문맥상 '어떠한 의미인지'를 나타내는 관형어 很特殊的(매우 특별한)와 결합하는 것이 어울린다.
  → 很特殊的意义(매우 특별한 의의)

STEP 3 **술어를 찾아라!**

- 有(있다): 판단동사 是, 존재동사 在, 소유동사 有 등도 술어가 될 수 있다. 따라서 有가 동사 술어임을 단박에 알 수 있다.

05

钥匙　在　抽屉里　左边的　保险柜的

p. 293

保险柜的钥匙在左边的抽屉里。	금고의 열쇠는 왼쪽 서랍 안에 있다.

시크릿 수식 관형어(的) 2개는 각각 주어, 목적어 앞에 위치

단어 钥匙 yàoshi 명 열쇠 | 抽屉 chōuti 명 서랍 | 左边 zuǒbiān 명 좌측, 왼쪽 | 保险柜 bǎoxiǎnguì 명 금고

해설 STEP 1 **관형어를 찾아라!**

- 保险柜的(금고의) / 左边的(왼쪽의): 둘 다 구조조사 的가 있는 관형어임을 알 수 있다. 어울리는 명사를 찾아서 결합시켜야 한다.

STEP 2 **중심어를 찾아라!**

- 钥匙(열쇠): 명사로 문장에서 주어나 목적어가 될 수 있다. 문맥상 '무엇의 열쇠인지'를 나타내는 관형어 保险柜的(금고의)와 결합하는 것이 어울린다.
  → 保险柜的钥匙(금고의 열쇠)
- 抽屉里(서랍 안): 명사로 문장에서 주어나 목적어가 될 수 있다. 문맥상 '어느 쪽에 있는 서랍인지'를 나타내는 관형어 左边的(왼쪽의)와 결합하는 것이 어울린다.
  → 左边的抽屉里(왼쪽 서랍 안)

Tip 장소 명사 만드는 법
일반 사물 명사에 방위사(上, 里, 下)를 붙여서 장소 명사를 만들 수 있다.
예 桌子 + 上 책상 위 / 书包 + 里 가방 안 / 椅子 + 下 의자 아래

STEP 3 **술어를 찾아라!**

- 在(~에 있다): 판단동사 是, 존재동사 在, 소유동사 有 등도 술어가 될 수 있다. 따라서 在가 동사 술어임을 단박에 알 수 있다. 존재를 나타내는 동사 在가 오면 뒤에는 반드시 장소를 나타내는 목적어를 가지고 나와야 한다. '일반명사 + 방위사'의 형식으로 장소를 나타내는 抽屉里를 목적어로 끌고 나올 수 있다.
  → 在边的抽屉里(왼쪽 서랍 안에 있다)

DAY 3

✓ 정답
1. 智能手机是一个十分伟大的发明。
2. 蜜蜂是一种对人类有益的昆虫。
3. 这是一种针对年轻人的手机游戏。
4. 他们夫妻度过了一段幸福的日子。
5. 昨天政府宣布了一个令人吃惊的消息。

01 一个　发明　是　智能手机　十分伟大的

p. 302

智能手机是一个十分伟大的发明。	스마트폰은 매우 위대한 발명이다.

시크릿 수량사 관형어와 수식 관형어(的) 모두 목적어를 수식

단어 发明 fāmíng 명 발명 | 智能手机 zhìnéng shǒujī 명 스마트폰 | 十分 shífēn 부 매우, 대단히 | 伟大 wěidà 형 위대하다

해설 STEP 1 **관형어를 찾아라!**

- 一个(하나의): 구조조사 的가 없는 수량사 관형어로 명사를 수식할 수 있다.
- 十分伟大的(매우 위대한): 구조조사 的를 보고 명사를 수식하는 관형어임을 알 수 있다.

Tip 두 개의 관형어가 하나의 명사를 수식해서 복잡한 관형어를 만들 수 있다.

STEP 2 **중심어를 찾아라!**

- 智能手机(스마트폰): 명사로 주어나 목적어가 될 수 있다. 주어 이하 부분에서 스마트폰이 어떠한 물건인지 설명해 주고 있다. 사람이 아닌 일반 사물이 주어가 될 수 있다.
- 发明(발명): 发明은 불특정을 나타내는 수량사 一个와 결합하고, 문맥상 '어떠한 발명품인지'를 나타내는 관형어 十分伟大的(매우 위대한)의 수식을 받는다.
  → 一个十分伟大的发明(매우 위대한 발명)

Tip 수사 一가 있으면 불특정함을 나타내기 때문에 문장의 주인(주어) 자리에 위치할 수 없고, 손님(목적어) 자리에 놓여야 한다.

STEP 3　**술어를 찾아라!**

- 是(~이다): 판단동사 是, 존재동사 在, 소유동사 有 등은 술어가 될 수 있나. 따라서 是가 동사 술어임을 단박에 알 수 있다. 주어나 목적어를 결정할 때는 술어를 중심으로 'A + 술어 + B' 혹은 'B + 술어 + A'의 두 가지 경우의 수를 다 고민해 보아야 한다. '스마트폰은 발명이다'일까 아니면 '발명은 스마트폰이다'일까? 수많은 발명을 하나의 스마트폰으로 단정할 수 없기 때문에 정답은 **智能手机是发明**(스마트폰은 발명이다)임을 알 수 있다.

智能手机是 发明	智能手机是发明。스마트폰은 발명이다. (○)

Tip 판단동사 是가 술어가 될 때, 작은 범주를 나타내는 단어는 주어 자리에, 큰 범주를 나타내는 단어는 목적어 자리에 위치시켜야 올바른 어순이 된다.

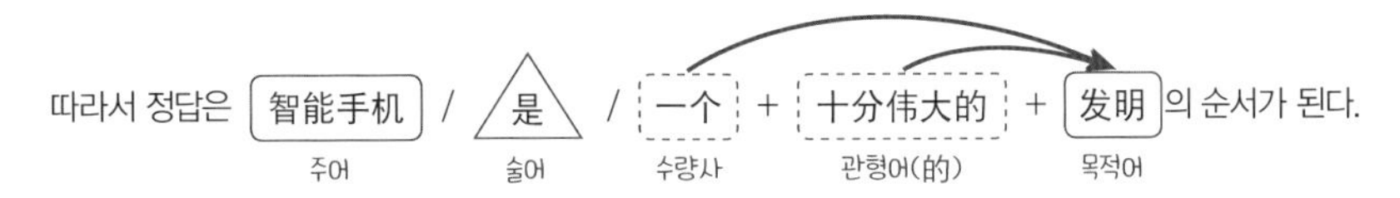

02

一种　是　昆虫　对人类有益的　蜜蜂

p. 302

蜜蜂是一种对人类有益的昆虫。　벌은 일종의 인류에 유익한 곤충이다.

시크릿 **수량사 관형어와 수식 관형어(的) 모두 목적어를 수식**

단어 昆虫 kūnchóng 명 곤충 | 人类 rénlèi 명 인류 | 有益 yǒuyì 형 유익하다, 도움이 되다 | 蜜蜂 mìfēng 명 벌

해설 STEP 1　**관형어를 찾아라!**

- 一种(일종의): 一种은 구조조사 的가 필요 없는 수량사 관형어로 명사를 수식할 수 있다.
- 对人类有益的(인류에 유익한): 구조조사 的를 보고 명사를 수식하는 관형어임을 알 수 있다.

Tip 두 개의 관형어가 하나의 명사를 수식해서 복잡한 관형어를 만들 수 있다.

STEP 2　**중심어를 찾아라!**

- 蜜蜂(벌): 명사로 문장에서 주어나 목적어가 될 수 있다. 곤충에 비해 더 구체적이고 작은 범주이기 때문에 주어 자리 놓는 것이 옳다.
- 昆虫(곤충): 명사로 목적어가 될 가능성이 있다. 昆虫은 종류를 나타내는 수량사 一种과 문맥상 '어떠한 곤충인지'를 나타내는 수식 관형어 对人类有益的(인류에 유익한)의 수식을 받는다.
  → 一种对人类有益的昆虫(일종의 인류에 유익한 곤충)

Tip 수사 一가 있으면 불특정함을 나타내기 때문에 문장의 주인(주어) 자리에 위치할 수 없고, 손님(목적어) 자리에 놓여야 한다.

STEP 3　**술어를 찾아라!**

- 是(~이다): 판단동사 是, 존재동사 在, 소유동사 有 등은 술어가 될 수 있다. 따라서 是가 동사 술어임을 단박에 알 수 있다. 주어나 목적어를 결정할 때는 술어를 중심으로 'A + 술어 + B' 혹은 'B + 술어 + A'의 두 가지 경우의 수를 다 고민해 보아야 한다. '벌은 곤충이다'일까 아니면 '곤충은 벌이다'일까? 수많은 곤충을 벌이라고 단정할 수 없기 때문에 정답은 **蜜蜂是昆虫**(벌은 곤충이다)임을 알 수 있다.

蜜蜂是 昆虫	蜜蜂是昆虫。벌은 곤충이다. (○)

Tip 판단동사 是가 술어가 될 때, 작은 범주를 나타내는 단어는 주어 자리에, 큰 범주를 나타내는 단어는 목적어 자리에 위치시켜야 올바른 어순이 된다.

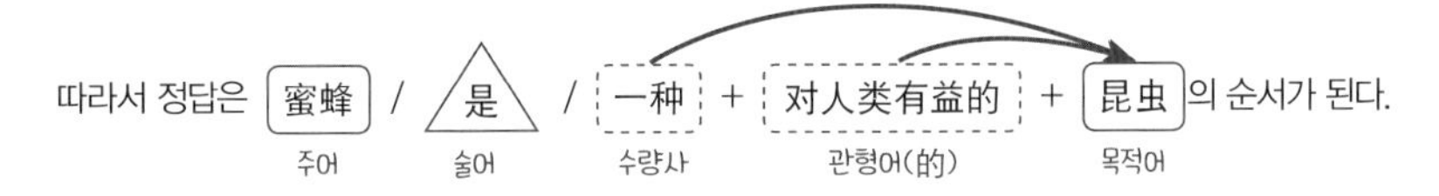

03 是 手机游戏 这 针对年轻人的 一种

p. 302

这是一种针对年轻人的手机游戏。	이것은 일종의 젊은이들을 겨냥한(타겟으로 한) 휴대전화 게임이다.

시크릿 수량사 관형어와 수식 관형어(的) 모두 목적어를 수식

단어 游戏 yóuxì 명 게임 | 针对 zhēnduì 동 겨누다, 맞추다 | 年轻人 niánqīngrén 명 젊은이, 젊은 사람 | 一种 yìzhǒng 명 일종

해설 STEP 1 **관형어를 찾아라!**

- 一种(일종의): 一种은 구조조사 的가 필요 없는 수량사 관형어로 명사를 수식할 수 있다.
- 针对年轻人的(젊은이들을 타겟으로 한): 구조조사 的를 보고 명사를 수식하는 관형어임을 알 수 있다.

Tip 두 개의 관형어가 하나의 명사를 수식하여 복잡한 관형어를 만들 수 있다.

STEP 2 **중심어를 찾아라!**

- 这(이): 这는 지시대사로 특정한 것을 가리키므로 문장에서 주어가 될 가능성이 높다.
- 手机游戏(휴대전화 게임): 手机游戏는 불특정을 나타내는 수량사 一种과 문맥상 '어떠한 휴대전화인지'를 나타내는 관형어 针对年轻人的의 수식을 받아 목적어가 된다.
  → 一种针对年轻人的手机游戏(일종의 젊은이들을 타겟으로 한 휴대전화 게임)

STEP 3 **술어를 찾아라!**

- 是(~이다): 판단동사 是, 존재동사 在, 소유동사 有 등은 술어가 될 수 있다. 따라서 是가 동사 술어임을 단박에 알 수 있다.

这是 手机游戏 这是手机游戏。 이것은 휴대전화 게임이다. (o)

Tip 판단동사 是가 동등함, 동일시함을 나타낼 때 是 주어, 목적어의 위치를 바꿔도 큰 의미 변화가 없다.
예 她是我的老师。그녀는 나의 선생님이다. / 我的老动是她。나의 선생님은 그녀이다.
하지만, 일반적으로는 수식을 받는 명사보다는 좀 더 구체적이고 확실한 인칭대사(他, 她)나 지시대사(这, 那)가 주어 자리에 온다.

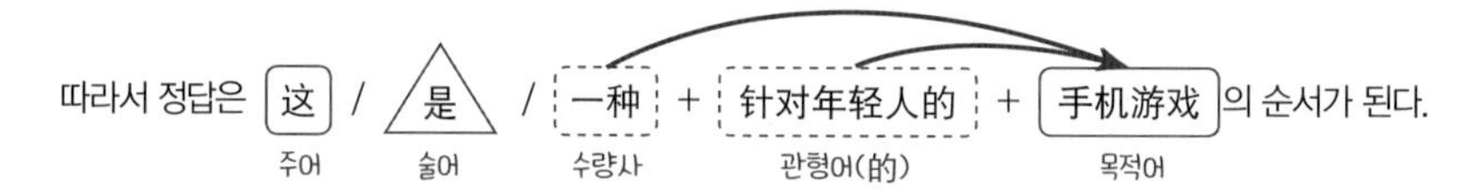

04 一段 日子 度过了 他们夫妻 幸福的

p. 302

他们夫妻度过了一段幸福的日子。	그들 부부는 행복한 날을 보냈다.

시크릿 수량사 관형어와 수식 관형어(的) 모두 목적어를 수식

단어 段 duàn 양 사물이나 시간 따위의 한 구분을 나타냄 | 日子 rìzi 명 날, 시간, 시절 | 度过 dùguò 동 보내다, 지내다 | 夫妻 fūqī 명 부부 | 幸福 xìngfú 형 행복하다

해설 STEP 1 **관형어를 찾아라!**

- 一段(한 단락의): 一段은 구조조사 的가 필요 없는 수량사 관형어로 명사를 수식할 수 있다.
- 幸福的(행복한): 구조조사 的를 보고 명사를 수식하는 관형어임을 알 수 있다. 2가지 관형어가 하나의 명사를 수식하는 복잡한 관형어 형식을 만들 수 있다.

STEP 2 **중심어를 찾아라!**

- 他们夫妻(그들 부부): 행위의 주체자가 될 수 있는 인칭대사로 문장에서 주어가 될 가능성이 높다.

- 日子(날): 일정 기간이나 단락을 의미하는 수량사 一段과 문맥상 '어떠한 날인지'를 나타내는 관형어 幸福的의 수식을 받아 목적어 자리에 위치한다. 수사 一는 불특정함을 나타내므로 문장의 주인(주어) 자리에 위치할 수 없고, 손님(목적어) 자리에 놓여야 한다.
  → 一段幸福的日子(행복한 날)

STEP 3 **술어를 찾아라!**

- 度过了(보냈다): 동작의 완료를 나타내는 동태조사 了가 있으므로, 동사 술어 역할임을 알 수 있다.

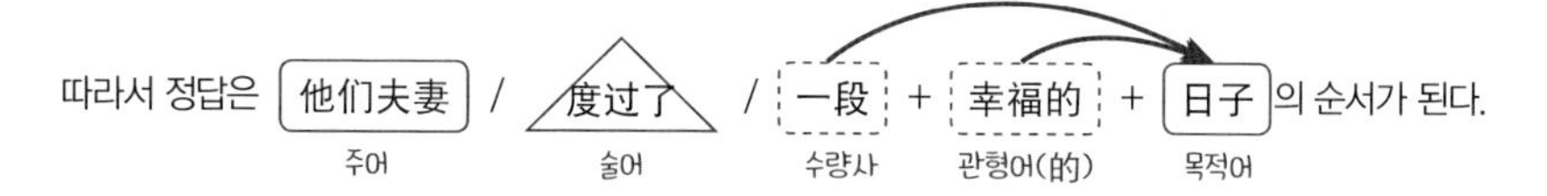

05

昨天政府　消息　一个　令人吃惊的　宣布了

p. 302

昨天政府宣布了一个令人吃惊的消息。	어제 정부는 놀랄만한 소식을 발표했다.

시크릿 수량사 관형어와 수식 관형어(的) 모두 목적어를 수식

단어 政府 zhèngfǔ 명 정부 | 消息 xiāoxi 명 소식, 정보, 기사 | 令 lìng 동 ~하게 하다 | 吃惊 chījīng 동 깜짝 놀라다 | 宣布 xuānbù 동 발표하다, 선포하다

해설 STEP 1 **관형어를 찾아라!**

- 一个(하나의): 一个는 구조조사 的가 필요 없는 수량사 관형어로 명사를 수식할 수 있다.
- 令人吃惊的(사람들이 놀랄만한): 구조조사 的를 보고 명사를 수식하는 관형어임을 알 수 있다.

Tip 두 개의 관형어가 하나의 명사를 수식해서 복잡한 관형어를 만들 수 있다.

STEP 2 **중심어를 찾아라!**

- 昨天政府(어제 정부는): 시간 명사 昨天은 주어의 앞뒤에 올 수 있으므로, 非사람인 政府(정부)도 주어가 될 수 있다.
- 消息(소식): 수량사 一个와 결합하고, 문맥상 '어떠한 소식인지'를 나타내는 관형어 令人吃惊的(사람들이 놀랄만한)의 수식을 받아 목적어 자리에 위치한다. 수사 一가 있으면 불특정함을 나타내기 때문에 문장의 주인(주어) 자리에 위치할 수 없고, 손님(목적어) 자리에 놓여야 한다.
  → 一个令人吃惊的消息(사람들이 놀랄만한 소식)

STEP 3 **술어를 찾아라!**

- 宣布了(선포하다, 발표하다): 동작의 완료를 나타내는 동태조사 了가 있으므로, 동사 술어 역할임을 알 수 있다.

✓ 정답
1. 太湖流域是中国最大的丝绸产地。
2. 领导通过了我的辞职申请。
3. 互联网转变了人们的消费方式
4. 请你在下班之前关闭好所有的电子设备。
5. 医生给我说明了详细的医疗方案。

01

是　产地　中国最大的　太湖流域　丝绸

p. 302

太湖流域是中国最大的丝绸产地。	타이후 유역은 중국에서 가장 큰 실크 생산지이다.

시크릿 수식 관형어(的)와 긴밀 연결 관형어 모두 목적어를 수식

단어 产地 chǎndì 명 생산지, 산지 | 太湖 Tài Hú 명 타이후(江苏에 있는 호수 이름) | 流域 liúyù 명 유역 | 丝绸 sīchóu 명 비단, 명주

해설 STEP 1 **관형어를 찾아라!**

- 中国最大的(중국에서 가장 큰): 구조조사 的를 보고 명사를 수식하는 관형어임을 알 수 있다. 어울리는 명사를 찾아서 결합시켜야 한다.

STEP 2 **중심어를 찾아라!**

- 太湖流域(타이후 유역): 특정 장소를 나타내므로 장소 주어가 될 수 있다. 장소가 주어가 아닌 전치사구로 쓰일 때는 장소를 나타내는 전치사 在, 从 등과 함께 나와야 한다.
- 丝绸(실크) / 产地(생산지): 두 단어는 긴밀하게 결합하여 하나의 단어처럼 쓰이는 고정구가 되고, 문맥상 '어떠한 실크 생산지인지'를 나타내는 관형어 中国最大的(중국에서 가장 큰)까지 함께 결합시켜 목적어 자리에 위치시킨다.
  → 中国最大的丝绸产地(중국에서 가장 큰 실크 생산지)

STEP 3 **술어를 찾아라!**

- 是(~이다): 판단동사 是, 존재동사 在, 소유동사 有 등은 술어가 될 수 있다. 따라서 是가 동사 술어임을 단박에 알 수 있다.

Tip 판단동사 是가 술어가 될 때, 작은 범주를 나타내는 단어는 주어 자리에, 큰 범주를 나타내는 단어는 목적어 자리에 위치시켜야 올바른 어순이 된다.

따라서 정답은 太湖流域(주어) / 是(술어) / 中国最大的(관형어(的)) + 丝绸(긴밀 연결) + 产地(목적어)의 순서가 된다.

02

通过了　辞职　申请　领导　我的

p. 302

领导通过了我的辞职申请。	대표님은 나의 사직 신청을 통과시켰다(처리시켰다).

시크릿 수식 관형어(的)와 긴밀 연결 관형어 모두 목적어를 수식

단어 通过 tōngguò 동 통과하다, 가결되다 | 辞职 cízhí 동 사직하다 | 申请 shēnqǐng 명동 신청(하다) | 领导 lǐngdǎo 명 지도자, 대표

해설 STEP 1 **관형어를 찾아라!**

- 我的(나의): 구조조사 的를 보고 명사를 수식하는 관형어임을 알 수 있다. 어울리는 명사를 찾아서 결합시켜야 한다.

STEP 2 **중심어를 찾아라!**

- 领导(대표): 행위를 주체할 수 있는 사람을 나타내는 명사로 문장에서 주어 역할을 할 가능성이 매우 높다.
- 辞职(사직) / 申请(신청): 두 단어는 긴밀하게 결합하여 하나의 단어처럼 쓰이는 고정구가 된다. 또한, 문맥상 '누구의 사직 신청인지'를 나타내는 관형어 我的(나의)와 결합시켜 목적어 자리에 위치시킨다.
  → 我的辞职申请(나의 사직 신청)

STEP 3 **술어를 찾아라!**

- 通过了(통과시켰다): 동작의 완료를 나타내는 동태조사 了가 있으므로, 동사 술어 역할임을 알 수 있다. 마지막으로 '누가 무엇을 통과시켰는지(누가 通过了 무엇을)'에 맞춰 배열하면 된다.

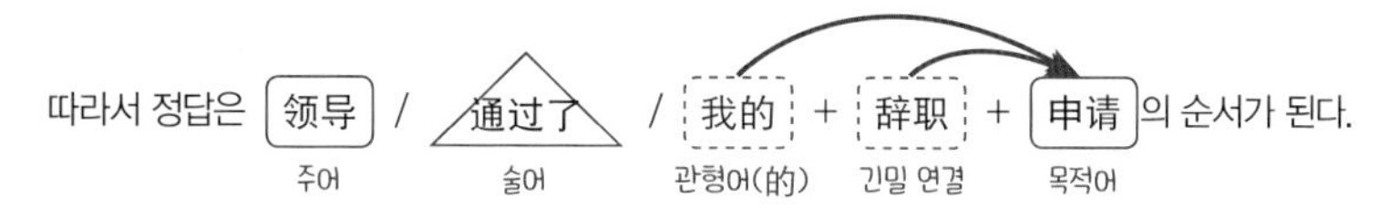

03

人们的　方式　互联网　转变了　消费

p. 302

互联网转变了人们的消费方式。	인터넷은 사람들의 소비 방식을 바꾸었다.

시크릿 수식 관형어(的)와 긴밀 연결 관형어 모두 목적어를 수식

단어 方式 fāngshì 명 방식, 방법 | 互联网 hùliánwǎng 명 인터넷 | 转变 zhuǎnbiàn 동 바뀌다, 전환하다 | 消费 xiāofèi 명 소비

해설 STEP 1 **관형어를 찾아라!**

- 人们的(사람들의): 구조조사 的를 보고 명사를 수식하는 관형어임을 알 수 있다. 어울리는 명사를 찾아서 결합시켜야 한다.

STEP 2 **중심어를 찾아라!**

- 互联网(인터넷): 문장에서 주어는 행위의 주체자인 사람인 경우가 많지만, 非사람 주어(장소, 사물) 등도 주어가 될 수 있다.
- 消费(소비) / 方式(방식): 두 단어는 긴밀하게 결합하여 하나의 단어처럼 쓰이는 고정구가 된다. 또한, 문맥상 '누구의 소비 방식인지'를 나타내는 관형어 人们的(사람들의)와 결합시켜 목적어 자리에 위치시킨다.
  → 人们的消费方式(사람들의 소비 방식)

STEP 3 **술어를 찾아라!**

- 转变了(바뀌었다): 동작의 완료를 나타내는 동태조사 了가 있으므로, 동사 술어 역할임을 알 수 있다. 마지막으로 '무엇이 어떤 것을 바꾸어 놓았는지(무엇이 转变了 어떤 것을)'에 맞춰 배열하면 된다.

04

所有的　请你　设备　电子　关闭好　在下班之前

p. 302

请你在下班之前关闭好所有的电子设备。	퇴근하기 전에 모든 전자 설비를 잘 꺼 주시기 바랍니다.

시크릿 수식 관형어(的)와 긴밀 연결 관형어 모두 목적어를 수식

단어 所有 suǒyǒu 형 모든, 일체의 | 设备 shèbèi 동 설비, 시설 | 电子 diànzǐ 명 전자 | 关闭 guānbì 동 닫다

해설 STEP 1 **관형어를 찾아라!**

- 所有的(모든): 구조조사 的를 보고 명사를 수식하는 관형어임을 알 수 있다. 어울리는 명사를 찾아서 결합시켜야 한다.

STEP 2 **중심어를 찾아라!**

- 请你(당신은 ~바랍니다): 권유, 부탁을 나타내는 请은 주어 앞에 등장하고, 인칭대사 你는 행위의 주체자이므로 주어가 된다는 것을 유추할 수 있다.
- 电子(전자) / 设备(설비): 두 단어는 긴밀하게 결합하여 하나의 단어처럼 쓰이는 고정구가 된다. 또한, 문맥상 '어떠한 전자 설비인지'를 나타내는 관형어 所有的(모든)와 결합시켜 목적어 자리에 위치시킨다.
  → 所有的电子设备(모든 전자 설비)

STEP 3 **술어를 찾아라!**

- 关闭好(잘 끄다): 완성과 만족스러움을 나타내는 결과보어 好가 있는 것으로 보아, 그 앞에 있는 단어가 동사 술어임을 유추해 낼 수 있다.
- 在下班之前(퇴근하기 전에): '在 + 동작 + 之前' 형태의 시간을 나타내는 전치사구로 주어 뒤, 술어 앞에 놓는다. 마지막으로 '누가 무엇을 어떻게 하는지(누가 在下班之前关闭好 무엇을)'에 맞춰 배열하면 된다.

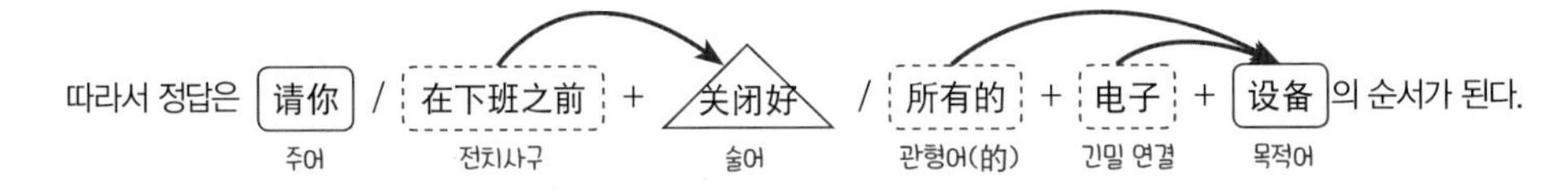

05

给我　医生　方案　医疗　说明了　详细的

p. 302

医生给我说明了详细的医疗方案。	의사는 나에게 상세한 치료 방법을 설명해 주었다.

시크릿 수식 관형어(的)와 긴밀 연결 관형어 모두 목적어를 수식

단어 方案 fāng'àn 명 방안, 계획 | 医疗 yīliáo 명 의료, 치료 | 说明 shuōmíng 동 설명하다, 해설하다 | 详细 xiángxì 형 상세하다, 자세하다

해설 STEP 1 **관형어를 찾아라!**

- 详细的(상세한): 구조조사 的를 보고 명사를 수식하는 관형어임을 알 수 있다. 어울리는 명사를 찾아서 결합시켜야 한다.

STEP 2 **중심어를 찾아라!**

- 医生(의사): 직업을 나타내는 명사 医生은 문장에서 행위의 주체자로 주어가 될 수 있다.
- 医疗(치료) / 方案(방법): 두 단어는 긴밀하게 결합하여 하나의 단어처럼 쓰이는 고정구가 된다. 또한, 문맥상 '어떠한 치료 방법인지'를 나타내는 관형어 详细的(상세한)와 결합시켜 목적어 자리에 위치시킨다.
  → 详细的医疗方案(상세한 치료 방법)

STEP 3 **술어를 찾아라!**

- 说明了(설명했다): 동작의 완료를 나타내는 동태조사 了가 있으므로, 동사 술어 역할임을 알 수 있다.

STEP 4 **전치사구를 찾아라!**

- 给我(나에게): 동작을 행하는 대상을 나타내는 전치사구 给我는 술어 앞에 위치시킨다. 마지막으로 '누가 나에게 어떠한 것을 설명해 주었는지(누가 给我说明了 어떠한 것을)'에 맞춰 배열하면 된다.

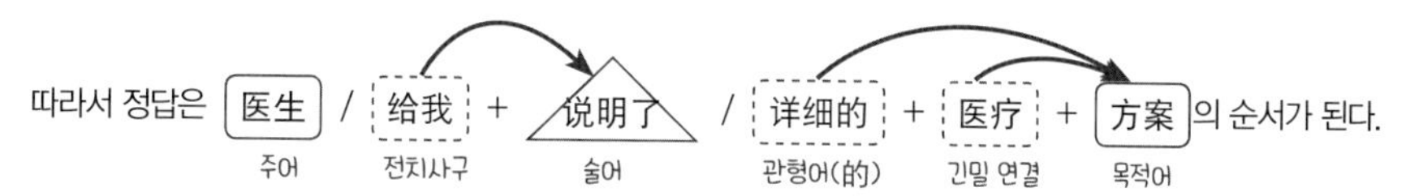

✓ 정답

1. 瓶子上的生产日期有点儿模糊。
2. 他辞职的理由不太充分。
3. 该地区的环境条件极其艰苦。
4. 这座大楼的设计非常独特。
5. 这种流感的传播速度特别快。

01

生产日期　的　模糊　有点儿　瓶子上

p. 313

瓶子上的生产日期有点儿模糊。	병 위의 생산 일자는 조금 희미하다.

시크릿 정도부사 有点儿은 형용사 模糊와 결합

단어 生产 shēngchǎn 명 생산 | 日期 rìqī 명 날짜, 기간 | 模糊 móhu 형 모호하다, 분명하지 않다, 희미하다 | 有点儿 yǒudiǎnr 부 조금, 약간 | 瓶子 píngzi 명 병

해설 STEP 1 **주어를 찾아라!**

- 瓶子上(병 위): 명사로 문장에서 주어, 목적어, 관형어가 될 수 있다.
- 生产日期(생산 일자): 명사로 관형어와 결합하여 주어를 만들 수 있다.
- 的(~의): 구조조사로 관형어가 명사를 수식할 때 결합시키는 역할을 한다.
  → 瓶子上的生产日期(병 위의 생산 일자)

STEP 2 **정도부사를 찾아라!**

- 有点儿(조금, 약간): 정도부사(有点儿, 非常, 特别 등)로 형용사 앞에 위치하여, 정도나 깊이를 나타내 준다. 제시어에 정도부사가 있으면 형용사 술어문이 될 가능성이 상당히 높다는 것을 의미한다.

STEP 3 **술어를 찾아라!**

- 模糊(희미하다): 模糊의 뜻이나 품사를 몰랐다 하더라도, 주어진 제시어 중에 술어가 될만한 단어는 模糊밖에 없으므로, 형용사임을 유추할 수 있다. 형용사는 목적어를 갖지 못하므로 '정도부사 + 형용사'를 문장 맨 끝에 위치시킨다. 마지막으로 '무엇이 조금 희미한지'의 어순에 맞게 나머지 단어를 조합하여 주어 자리에 배열하면 된다.
  → 有点儿模糊(조금 희미하다)

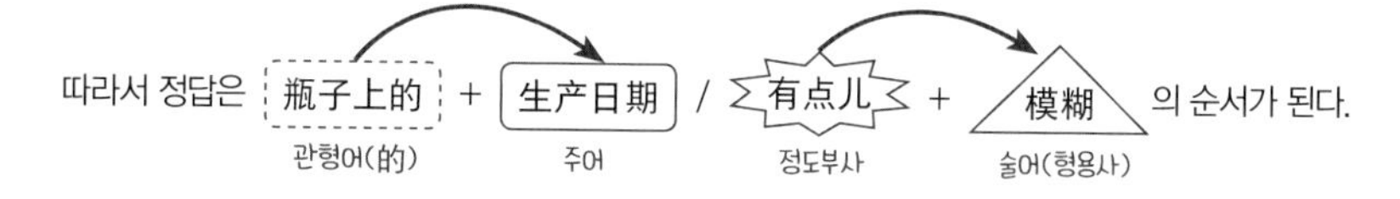

02

充分　他辞职的　理由　不太

p. 313

他辞职的理由不太充分。	그가 퇴사하는 이유는 그다지 충분하지 않다.

시크릿 정도부사 不太는 형용사 充分과 결합

단어 充分 chōngfèn 형 충분하다 | 辞职 cízhí 동 사직하다 | 理由 lǐyóu 명 이유, 까닭

해설 STEP 1 **주어를 찾아라!**

- 他辞职的(그가 퇴사하는): 구조조사 的를 보고 명사를 수식하는 관형어임을 알 수 있다.
- 理由(이유): 명사로 관형어와 결합하여 주어를 만들 수 있다.
  → 他辞职的理由(그가 퇴사하는 이유는)

STEP 2 **정도부사를 찾아라!**

- 不太(그다지, 별로): 정도부사 太 앞에 부정부사 不를 결합시켜 '매우 ~하지 않다, 그다지, 별로'라는 정도가 높지 않음을 나타낸다. 제시어에 정도부사가 있으면 형용사 술어문이 될 가능성이 상당히 높다는 것을 의미한다.

STEP 3 **술어를 찾아라!**

- 充分(충분하다): 充分을 몰랐다 하더라도 주어진 제시어에서 술어가 될만한 단어는 充分밖에 없다. 형용사는 목적어를 갖지 못하므로 '정도부사 + 형용사'를 문장 맨 끝에 위치시킨다. 마지막으로 '무엇이 충분하지 않았는지'의 어순에 맞게 나머지 단어를 조합하여 주어 자리에 배열하면 된다.
  → 不太充分(그다지 충분하지 않다)

03

艰苦　该地区的　极其　环境条件

p. 313

该地区的环境条件极其艰苦。	이 지역의 환경 조건은 굉장히 열악하다.

시크릿 정도부사 极其는 형용사 艰苦와 결합

단어 艰苦 jiānkǔ 형 힘들고 어렵다, 고달프다 | 该 gāi 대 이, 그, 저 | 地区 dìqū 명 지역 | 极其 jíqí 부 지극히, 매우 | 环境 huánjìng 명 환경 | 条件 tiáojiàn 명 조건

해설 STEP 1 **주어를 찾아라!**

- 该地区的(이 지역의): 구조조사 的를 보고 명사를 수식하는 관형어임을 알 수 있다.
- 环境条件(환경 조건): 명사로 관형어와 결합하여 주어를 만들 수 있다.
  → 该地区的环境条件(이 지역의 환경 조건)

STEP 2 **정도부사를 찾아라!**

- 极其(굉장히): 정도가 높음을 나타내는 정도부사다. 很, 太, 非常과 같이 자주 볼 수 있는 정도부사도 있지만, 极其, 特别, 十分 같은 약간 생소한 정도부사도 있으니 익혀 두자.

STEP 3 **술어를 찾아라!**

- 艰苦(열악하다): 형용사는 목적어를 갖지 못하므로 '정도부사 + 형용사'를 문장 맨 끝에 위치시킨다. 마지막으로 '무엇이 굉장히 열악한지'의 어순에 맞게 나머지 단어를 조합하여 주어 자리에 배열하면 된다.
  → 极其艰苦(굉장히 열악하다)

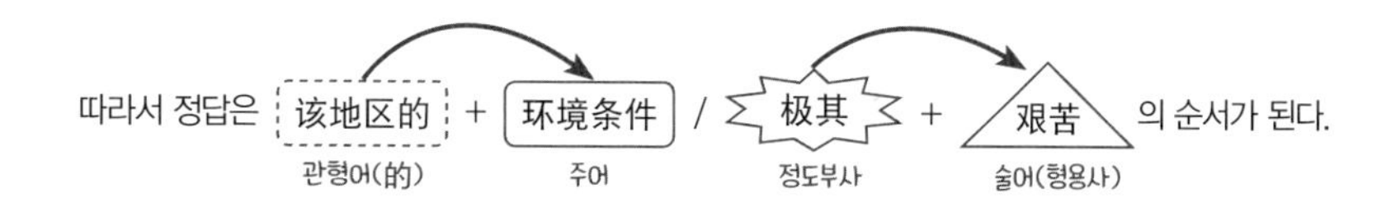

04

非常　设计　大楼的　这座　独特	
这座大楼的设计非常独特。	이 빌딩의 설계는 매우 독특하다.

p. 313

시크릿 정도부사 非常은 형용사 独特와 결합

단어 设计 shèjì 명 설계, 디자인 | 大楼 dàlóu 명 빌딩, 고층 건물 | 座 zuò 양 좌, 동, 채(산, 건축물 따위의 크고 고정된 물체를 셀 때 쓰임) | 独特 dútè 형 독특하다, 특수하다

해설 STEP 1 **주어를 찾아라!**

- 这座(이 동) / 大楼的(빌딩의): 둘 다 모두 명사를 수식할 수 있는 관형어다. 2개의 관형어가 하나의 중심어를 수식하여 복잡한 관형어를 만들 수 있다.
- 设计(설계): 명사로 관형어와 결합하여 주어를 만들 수 있다.
  → 这座大楼的设计(이 빌딩의 설계)

STEP 2 **정도부사를 찾아라!**

- 非常(매우): 정도부사로 형용사 앞에 위치하여, 정도의 높고 낮음을 나타낸다. 제시어에 정도부사가 있으면 형용사 술어문이 될 가능성이 상당히 높다는 것을 의미한다.

STEP 3 **술어를 찾아라!**

- 独特(독특하다): 형용사는 목적어를 갖지 못하므로 '정도부사 + 형용사'를 문장 맨 끝에 위치시킨다. 마지막으로 '무엇이 매우 독특한지'의 어순에 맞게 나머지 단어를 조합하여 주어 자리에 배열하면 된다.
  → 非常独特(매우 독특하다)

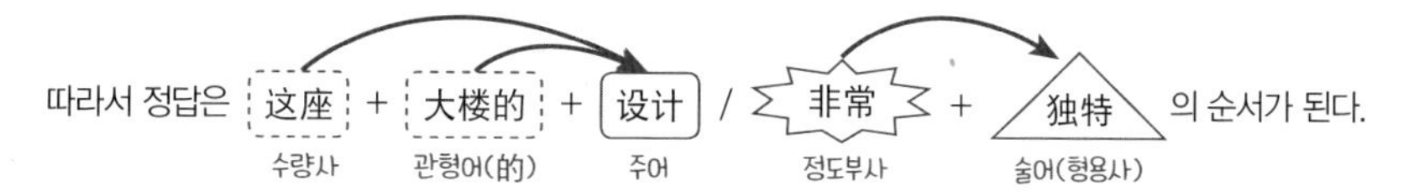

05

流感的　快　这种　特别　传播速度	
这种流感的传播速度特别快。	이러한 종류의 독감 전파 속도는 정말 빠르다.

p. 313

시크릿 정도부사 特别는 형용사 快와 결합

단어 流感 liúgǎn 명 독감, 유행성 감기 | 传播 chuánbō 명동 전파(하다) | 速度 sùdù 명 속도

해설 STEP 1 **주어를 찾아라!**

- 这种(이러한 종류) / 流感的(독감의): 모두 명사를 수식할 수 있는 관형어다. 2개의 관형어가 하나의 중심어를 수식하여 복잡한 관형어를 만들 수 있다.
- 传播速度(전파 속도): 명사로 관형어와 결합하여 주어를 만들 수 있다.
  → 这种流感的传播速度 (이러한 독감의 전파 속도)

STEP 2 **정도부사를 찾아라!**

- 特别(정말): 정도부사로 형용사 앞에 위치하여, 정도나 깊이를 나타내 준다. 제시어에 정도부사가 있으면 형용사 술어문이 될 가능성이 상당히 높다는 것을 의미한다.

STEP 3 **술어를 찾아라!**

- 快(빠르다): 형용사는 목적어를 갖지 못하므로 '정도부사 + 형용사'를 문장 맨 끝에 위치시킨다. 마지막으로 '무엇이 정말 빠른지'의 어순에 맞게 나머지 단어를 조합하여 주어 자리에 배열하면 된다.
  → 特别快(정말 빠르다)

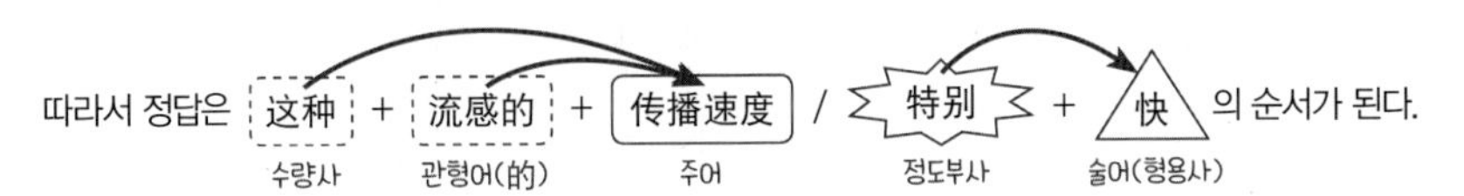

DAY 6

✓ 정답

1. 这次比赛的评分规则有点儿不公平。
2. 发音对学习外语特别重要。
3. 这些经验对年轻人十分宝贵。
4. 那两个演员配合得相当不错。
5. 货架上的衣服放得非常整齐。

01

有点儿　这次　不公平　评分规则　比赛的

p. 313

这次比赛的评分规则有点儿不公平。	이번 시합의 채점 규정은 조금 불공평하다.

시크릿 정도부사 有点儿은 형용사 不公平과 결합

단어 公平 gōngpíng 형 공평하다 | 评分 píngfēn 동 채점하다, 점수를 매기다 | 规则 guīzé 명 규정, 규칙

해설 STEP 1 **주어를 찾아라!**

- 这次(이번) / 比赛的(시합의): 모두 명사를 수식할 수 있는 관형어다. 2개의 관형어가 하나의 중심어를 수식하여 복잡한 관형어를 만들 수 있다.
- 评分规则(채점 규정): 명사로 관형어와 결합하여 주어를 만들 수 있다.
  → 这次比赛的评分规则(이번 시합의 채점 규정)

STEP 2 **정도부사를 찾아라!**

- 有点儿(조금, 약간): 정도부사로 형용사 앞에 위치하여, 정도나 깊이를 나타내 준다. 제시어에 정도부사가 있으면 형용사 술어문이 될 가능성이 상당히 높다는 것을 의미한다.

STEP 3 **술어를 찾아라!**

- 不公平(불공평하다): 부정부사 不 뒤에는 동사나 형용사가 나오기 때문에 不公平의 뜻을 몰랐다하더라도 술어 역할을 한다는 것을 유추할 수 있다. 형용사는 목적어를 갖지 못하므로 '정도부사 + 형용사'를 문장 맨 끝에 위치시킨다. 마지막으로 '무엇이 조금 불공평했는지'의 어순에 맞게 나머지 단어를 조합하여 주어 자리에 배열하면 된다.
  → 有点儿不公平(조금 불공평하다)

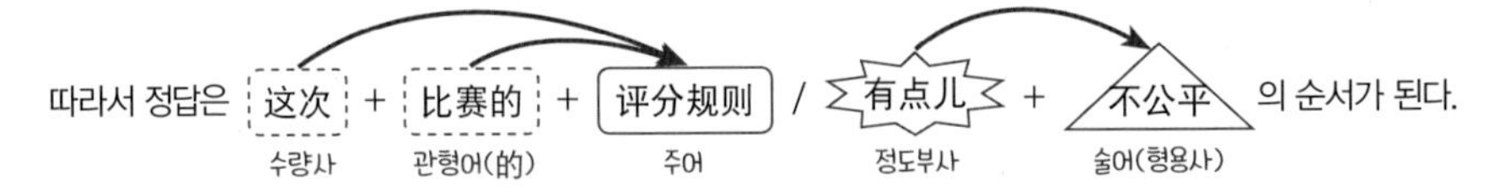

02

重要　对学习外语　发音　特别

p. 313

发音对学习外语特别重要。	발음은 외국어를 배우는 데 있어서 매우 중요하다.

시크릿 전치사구 对学习外语는 형용사 술어 앞에 위치

단어 重要 zhòngyào 형 중요하다 | 外语 wàiyǔ 명 외국어 | 发音 fāyīn 동명 발음(하다) | 特别 tèbié 부 매우, 특히

해설 STEP 1 **주어를 찾아라!**

- 发音(발음): 명사로 문장에서 주어나 목적어가 될 수 있다.

STEP 2 **정도부사를 찾아라!**

- 特别(매우): 정도부사로 형용사 앞에서 정도가 높음을 나타낸다. 제시어에 정도부사가 있으면 형용사 술어문이 될 가능성이 상당히 높다는 것을 의미한다.

STEP 3 **술어를 찾아라!**

- 重要(중요하다): 형용사로 목적어를 가질 수 없으며, 정도부사와 결합하여 문장의 맨 끝에 위치시키면 된다.
  → 特别重要(매우 중요하다)
- 对学习外语(외국어를 배우는 데): 전치사 对가 나오는 전치사구로 주어 뒤, 술어 앞에 위치한다. 일반부사는 전치사 앞에 나오지만, 정도부사는 형용사와 더 긴밀하게 결합하기 때문에 전치사구 뒤에 나온다. 마지막으로 '무엇이 매우 중요한지'의 어순에 맞게 나머지 단어를 조합하여 주어 자리에 배열하면 된다.

Tip 부사의 위치
일반부사 + 전치사구 + 정도부사 + 형용사

따라서 정답은

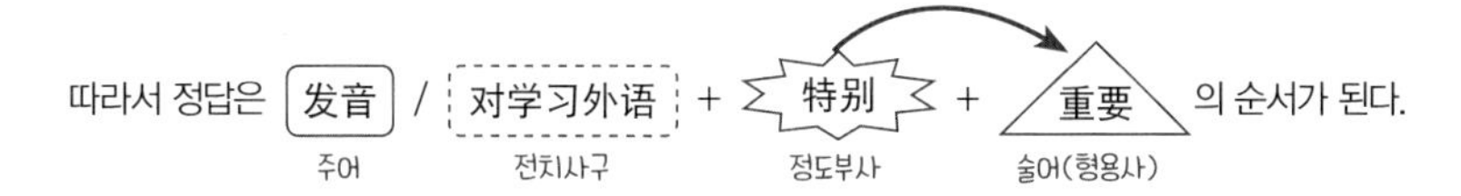

의 순서가 된다.

03

对年轻人　宝贵　这些　经验　十分

p. 313

这些经验对年轻人十分宝贵。	이러한 경험은 젊은이들에게 매우 귀중하다.

시크릿 전치사구 对年轻人은 형용사 술어 앞에 위치

단어 年轻人 niánqīngrén 명 젊은이 | 宝贵 bǎoguì 형 귀중하다, 소중히 하다 | 经验 jīngyàn 동명 경험(하다) | 十分 shífēn 부 매우, 대단히

해설 STEP 1 **주어를 찾아라!**

- 这些(이러한): '지시대사(这) + 양사(些)'가 결합한 수량사로 명사를 수식할 수 있다.
- 经验(경험): 명사로 문장에서 주어나, 목적어가 될 수 있다. 지시대사 这, 那가 있으면 특정한 것을 지칭하므로 문장에서 非사람 주어가 될 수 있다.
  → 这些经验(이러한 경험)

STEP 2 **정도부사를 찾아라!**

- 十分(매우): 정도부사로 형용사 앞에 위치하여, 정도나 깊이를 나타내 준다. 제시어에 정도부사가 있으면 형용사 술어문이 될 가능성이 상당히 높다는 것을 의미한다.

STEP 3 **술어를 찾아라!**

- 宝贵(귀중하다): 형용사는 목적어를 갖지 못하므로 '정도부사 + 형용사'를 문장 맨 끝에 위치시킨다.
  → 十分宝贵(매우 소중하다)

STEP 4 **기타 성분을 삽입하라!**

- 对年轻人(젊은이들에게): '전치사(对) + 명사(年轻人)'의 전치사구로 전치사구는 주어 뒤, 술어 앞에 온다. 일반부사는 전치사 앞에 나오지만, 정도부사는 형용사와 더 긴밀하게 결합하기 때문에 전치사구 뒤에 나온다. 마지막으로 '무엇이 매우 귀중한지'의 어순에 맞게 나머지 단어를 조합하여 주어 자리에 배열하면 된다.

Tip 부사의 위치
일반부사 + 전치사구 + 정도부사 + 형용사

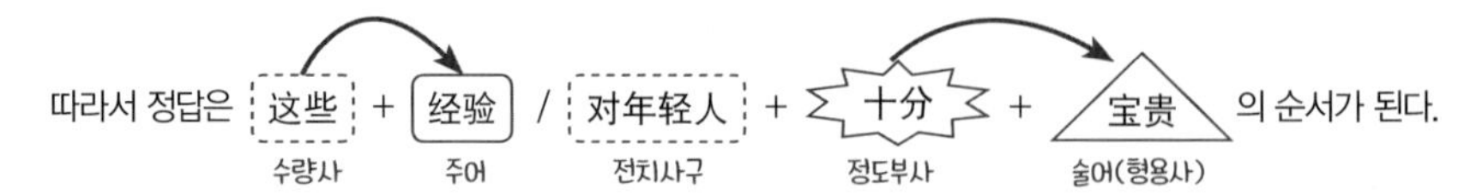

04	演员　不错　配合得　那两个　相当	
p. 313	那两个演员配合得相当不错。	그 두 명의 연기자의 호흡이 상당히 좋다.

시크릿 **술어 뒤에서 '정도부사 + 형용사'가 정도보어로 쓰임**

단어 演员 yǎnyuán 명 배우, 연기자 | 不错 búcuò 형 좋다, 괜찮다 | 配合 pèihé 동 협동하다, 호흡을 맞추다 | 相当 xiāngdāng 부 상당히, 무척

해설 STEP 1 **주어를 찾아라!**

- 那两个(그 두 명의): 수량사 관형어로 명사를 수식할 수 있다.
- 演员(연기자): 명사로 관형어의 수식을 받아 주어가 될 수 있다.
  → 那两个演员(그 두 명의 연기자)

STEP 2 **정도부사를 찾아라!**

- 相当(상당히, 매우): 정도부사로 형용사와 결합하여 형용사 술어문을 만들 수 있다.

STEP 3 **술어를 찾아라!**

- 不错(좋다): 형용사는 목적어를 갖지 못하므로 '정도부사 + 형용사'를 문장 맨 끝에 위치시킨다.
  → 相当不错(상당히 좋다)
- 配合得(호흡하는 정도가): 동사이므로 정도부사의 수식을 받지 못한다. 뒤에 구조조사 得를 보고 정도보어임을 알 수 있으며 문장에서 술어 역할을 한다. 동사 配合得 이하 보어 부분에서 '정도부사 + 형용사'의 형식으로 '어떻게 호흡이 좋았는지' 보충 설명해 준다.
  → 配合得相当不错(호흡이 상당히 좋다)

05

衣服	整齐	货架上的	非常	放得

p. 313

货架上的衣服放得非常整齐。 | 진열대 위의 옷은 매우 가지런하게 놓여 있다.

시크릿 술어 뒤에서 '정도부사 + 형용사'가 정도보어로 쓰임

단어 整齐 zhěngqí 형 가지런하다, 단정하다 | 货架 huòjià 명 진열대 | 放 fàng 동 놓다, 두다

해설 STEP 1 **주어를 찾아라!**

- 货架上的(진열대 위의): 구조조사 的를 보고 명사를 수식하는 관형어임을 알 수 있다.
- 衣服(옷): 명사로 관형어의 수식을 받아 주어나 목적어가 될 수 있다.
  → 货架上的衣服(진열대 위의 옷)

STEP 2 **정도부사를 찾아라!**

- 非常(매우): 정도부사로 형용사를 수식하는 역할을 한다. 형용사를 찾아가서 결합하면 된다.

STEP 3 **술어를 찾아라!**

- 放得(놓은 정도가): 放은 '놓다'라는 의미의 동사이므로 정도부사의 수식을 받지 못한다. 뒤에 구조조사 得를 보고 정도보어임을 알 수 있으며 문장에서 술어 역할을 한다. 동사 放得 이하 보어 부분에서 '정도부사 + 형용사' 형식으로 '어떻게 놓았는지'를 보충 설명해 준다.
- 整齐(가지런하다): 가지런하게 정돈된 모습을 나타내는 형용사로 정도부사의 수식을 받아서, 술어 뒤에서 정도보어의 역할을 한다.
  → 放得非常整齐(가지런하게 놓았다)

DAY 7

✓ 정답

1. 小李渐渐适应了这里的新生活。
2. 那个运动员再次打破了游泳世界纪录。
3. 我的丈夫一直承受着巨大的压力。
4. 他曾经担任过健身中心的教练。
5. 公司还没有安装好这台空调。

01

渐渐	新生活	小李	这里的	适应了

p. 324

小李渐渐适应了这里的新生活。 | 샤오리는 점점 이곳의 새로운 생활에 적응했다.

시크릿 동사 찾기 힌트 了 / 부사 渐渐은 동사 앞에 위치

단어 渐渐 jiànjiàn 부 점점, 점차 | 生活 shēnghuó 명 생활 | 适应 shìyìng 동 적응하다

해설 STEP 1 **주어를 찾아라!**

- 小李(샤오리): 사람 이름으로 문장에서 행위를 주체할 수 있으므로 주어 자리에 올 가능성이 매우 높다.
  Tip 중국인들은 성씨 앞에 小(나이 어린), 老(나이 많은)를 붙여 친분이 있고 편안한 사이임을 나타낸다.
  예 小王(샤오 왕) / 老王(라오 왕)
- 这里的(이곳의): 구조조사 的를 보고, 명사를 수식하는 관형어임을 알 수 있다.
- 新生活(새로운 생활): 명사로 관형어 这里的와 결합하여 목적어 자리에 위치시킨다.
  → 这里的新生活(이곳의 새로운 생활)

STEP 2 **술어를 찾아라!**

- 适应了(적응했다): 동태조사 了를 보고 동사 술어임을 알 수 있다. 제시된 명사들을 주어와 목적어 자리에 배열할 때는 술어를 중심으로 결정하면 된다. '누가 무엇에 적응했는지(누가 适应了 무엇에)'에 맞춰 배열하면 된다.

STEP 3 **부사를 삽입하라!**

- 渐渐(점점): 부사로 술어를 수식하기 때문에 주어 뒤, 술어 앞에 놓는다.

Tip 문장의 기본 뼈대인 '주어 + 술어 + 목적어'를 먼저 세우고, 나머지 기타 성분(부사, 조동사, 전치사 등)을 주어와 술어 사이에 삽입하는 훈련을 하자.

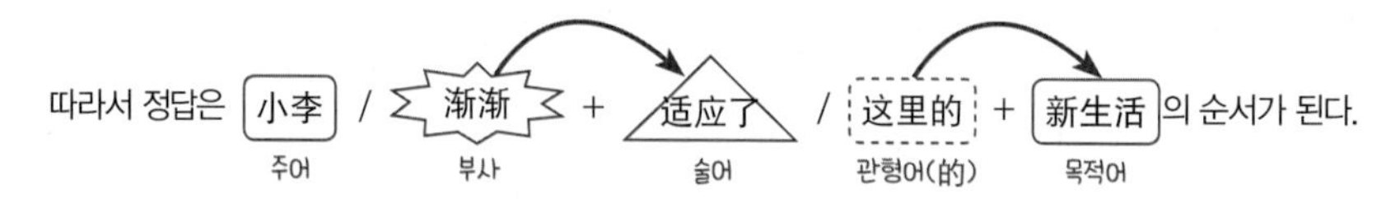

02

纪录 再次 游泳世界 那个运动员 打破了	
那个运动员再次打破了游泳世界纪录。	그 운동선수는 또 한번 수영 세계 기록을 깨트렸다.

p. 324

시크릿 **동사 찾기 힌트 了 / 부사 再次는 동사 앞에 위치**

단어 纪录 jìlù 명 기록 | 再次 zàicì 부 재차, 거듭 | 世界 shìjiè 명 세계, 세상 | 打破 dǎpò 동 깨다, 타파하다

해설 STEP 1 **주어를 찾아라!**

- 那个运动员(그 운동선수는): 행위를 주체할 수 있는 사람이므로 주어 자리에 올 수 있다.
- 游泳世界(수영 세계) / 纪录(기록): 모두 명사로 두 단어는 구조조사 的의 도움 없이 결합할 수 있는 고정구이며, 목적어 자리에 놓는다.

→ 游泳世界纪录(수영 세계 기록)

STEP 2 **술어를 찾아라!**

- 打破了(깨트렸다): 동작의 완료을 나타내는 동태조사 了를 보고 동사 술어임을 알 수 있다. 제시된 명사들을 주어와 목적어 자리에 배열할 때는 술어를 중심으로 결정하면 된다. '누가 무엇을 깨트렸는가?(누가 打破了 무엇을)'에 맞춰 배열하면 된다.

STEP 3 **부사를 삽입하라!**

- 再次(또 한번): 부사로 술어를 수식하기 때문에 주어 뒤, 술어 앞에 놓는다.

Tip 문장의 기본 뼈대인 '주어 + 술어 + 목적어'를 먼저 세우고, 나머지 기타 성분(부사, 조동사, 전치사 등)을 주어와 술어 사이에 삽입하는 훈련을 하자.

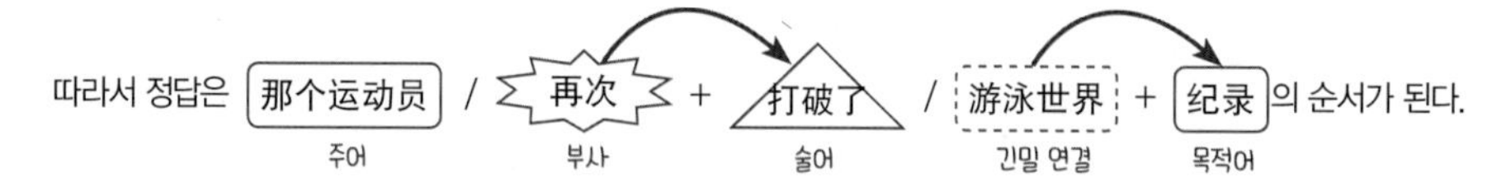

03

一直　巨大的　我的丈夫　压力　承受着

p. 324

我的丈夫一直承受着巨大的压力。	나의 남편은 줄곧 엄청난 스트레스를 받고 있다.

시크릿 동사 찾기 힌트 着 / 부사 一直 은 동사 앞에 위치

단어 巨大 jùdà 형 거대하다, (규모나 수량이) 아주 많다 | 丈夫 zhàngfū 명 남편 | 压力 yālì 명 스트레스 | 承受 chéngshòu 동 감당하다, 이겨 내다, 견기다 | 着 zhe 조 ~하고 있다

해설 STEP 1 **주어를 찾아라!**

- 我的丈夫(나의 남편): 행위를 주체할 수 있는 사람이므로 주어 자리에 올 수 있다.
- 巨大的(엄청난): 구조조사 的를 보고 명사를 수식하는 관형어임을 알 수 있다.
- 压力(스트레스): 명사로 관형어 巨大的와 결합하여 목적어 자리에 위치시킨다.
  → 巨大的压力(엄청난 스트레스)

STEP 2 **술어를 찾아라!**

- 承受着(받고 있다): 동작의 진행을 나타내는 동태조사 着를 보고 동사 술어임을 알 수 있다. 제시된 명사들을 주어와 목적어 자리에 배열할 때는 술어를 중심으로 결정하면 된다. '누가 무엇을 받고 있는지(누가 承受着 무엇을)'에 맞춰 배열하면 된다.

STEP 3 **부사를 삽입하라!**

- 一直(줄곧): 부사로 술어를 수식하기 때문에 주어 뒤, 술어 앞에 놓는다.

Tip 문장의 기본 뼈대인 '주어 + 술어 + 목적어'를 먼저 세우고, 나머지 기타 성분(부사, 조동사, 전치사 등)을 주어와 술어 사이에 삽입하는 훈련을 하자.

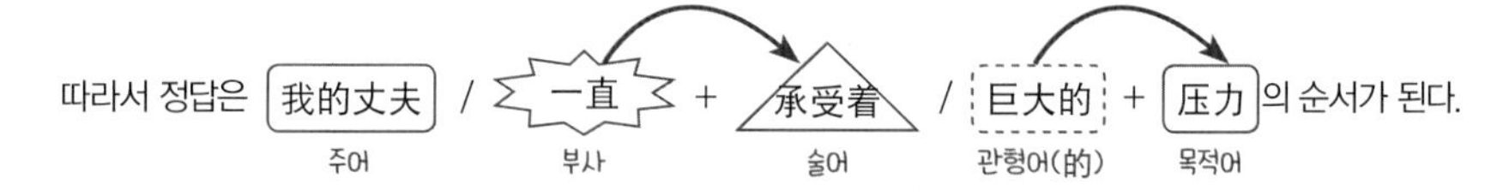

04

他　教练　担任过　曾经　健身中心的

p. 324

他曾经担任过健身中心的教练。	그는 예전에 헬스클럽의 코치를 맡은 적이 있다.

시크릿 동사 찾기 힌트 过 / 부사 曾经 은 동사 앞에 위치

단어 教练 jiàoliàn 명 코치 | 担任 dānrèn 동 맡다, 담당하다 | 过 guo 조 ~한 적이 있다 | 曾经 céngjīng 부 일찍이, 이전에, 이미 | 健身中心 jiànshēn zhōngxīn 명 헬스클럽

해설 STEP 1 **주어를 찾아라!**

- 他(그): 행위를 주체할 수 있는 사람이므로 주어 자리에 올 수 있다.
- 健身中心的(헬스클럽의): 구조조사 的를 보고 명사를 수식하는 관형어임을 알 수 있다.
- 教练(코치): 명사로 관형어 健身中心的와 결합하여 목적어 자리에 위치시킨다.
  → 健身中心的教练(헬스클럽의 코치)

STEP 2 **술어를 찾아라!**

- 担任过(맡은 적이 있다): 동작의 과거 경험을 나타내는 동태조사 过를 보고 동사 술어임을 알 수 있다. 제시된 단어들을 주어와 목적어 자리에 배열할 때는 술어를 중심으로 결정하면 된다. '누가 무엇을 맡았었는지(누가 担任过 무엇을)'에 맞춰 배열하면 된다.

STEP 3 **부사를 삽입하라!**

- 曾经(예전에): 부사로 술어를 수식하기 때문에 주어 뒤, 술어 앞에 놓는다.

Tip 문장의 기본 뼈대인 '주어 + 술어 + 목적어'를 먼저 세우고, 나머지 기타 성분(부사, 조동사, 전치사 등)을 주어와 술어 사이에 삽입하는 훈련을 하자.

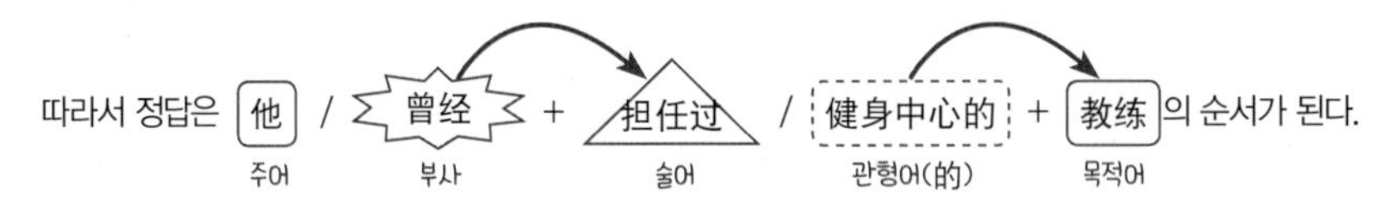

05

空调　这台　公司　安装好　还没有

p. 324

公司还没有安装好这台空调。	회사는 이 에어컨을 아직 설치하지 않았다.

시크릿 동사 찾기 힌트 결과보어 好 / 부사 还没有는 동사 앞에 위치

단어 空调 kōngtiáo 명 에어컨 | 台 tái 양 대(기계 등을 셀 때 씀) | 安装 ānzhuāng 동 설치하다, 장치하다

해설 STEP 1 **주어를 찾아라!**

- 公司(회사): 주어 자리에는 행위의 주체자인 사람도 올 수 있고, 기관, 단체도 非사람 주어가 될 수 있다.
- 这台(이 한대): '지시대사(这) + 양사(台)'의 수량사로, 구조조사 的 없이도 명사를 수식 할 수 있는 관형어다. 台는 전자제품(电视, 冰箱, 电脑, 空调 등)을 세는 양사다.
- 空调(에어컨): 명사로 수량사 관형어 这台와 결합하여 목적어 자리에 위치시킨다.
  → 这台空调(이 에어컨)

STEP 2 **술어를 찾아라!**

- 安装好(잘 설치하다): 동작의 완료와 만족감을 나타내는 결과보어 好를 보고 동사 술어임을 알 수 있다. 제시된 단어들을 주어와 목적어 자리에 배열할 때는 술어를 중심으로 결정하면 된다. '누가 무엇을 설치했는지(누가 安装好 무엇을)'에 맞춰 배열하면 된다.

STEP 3 **부사를 삽입하라!**

- 还没有(아직 ~하지 않았다): '일반부사(还) + 부정부사(不)' 형태로 2개의 부사가 제시되어 있다. 부사는 술어를 수식하기 때문에, 위치는 주어 뒤, 술어 앞이 된다.

Tip 문장의 기본 뼈대인 '주어 + 술어 + 목적어'를 먼저 세우고, 나머지 기타 성분(부사, 조동사, 전치사 등)을 주어와 술어 사이에 삽입하는 훈련을 하자.

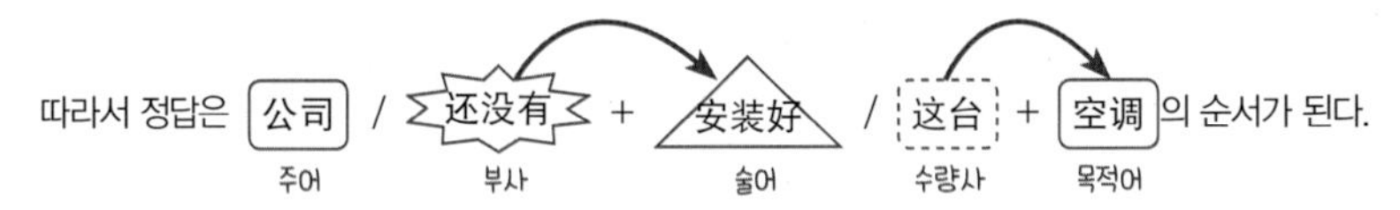

✓ 정답 1. 他们想从事服务行业。 2. 我们都应该服从集体的规定。 3. 电脑在我们的生活中起着巨大的作用。 4. 很多老人正在广场上打太极拳。 5. 视频网站都对这件事进行了报道。

01

行业　从事　他们　服务　想

p. 324

他们想从事服务行业。	그는 서비스 업종에 종사하고 싶다.

시크릿 조동사 想은 주어 뒤, 술어 앞에 위치

단어 行业 hángyè 명 직종, 업무, 직업 | 从事 cóngshì 동 근무하다, 일하다 | 服务 fúwù 동 서비스하다

해설 STEP 1 주어를 찾아라!

- 他们(그들은): 행위를 주체할 수 있는 사람이므로 주어 자리에 올 수 있다.
- 服务(서비스) / 行业(업종): 모두 명사로 두 단어는 구조조사 的의 도움 없이 결합할 수 있는 고정구다. 결합시켜 목적어 자리에 위치시킨다.
  → 服务行业(서비스 업종)

STEP 2 술어를 찾아라!

- 从事(종사하다): 从事는 '따를 종 + 일 사'가 결합된 단어로 한자의 독음으로 '종사하다'를 유추해 낼 수 있다. 제시된 명사들을 주어와 목적어 자리에 배열할 때는 술어를 중심으로 결정하면 된다. '누가 무엇에 종사하는지(누가 从事 무엇에)'에 맞춰 배열하면 된다.

Tip 从事와 함께 쓰이는 목적어
从事 + 工作 / 从事 + 职业 / 从事 + 行业

STEP 3 조동사를 삽입하라!

- 想(~하고 싶다): 조동사는 동사 앞에 위치하여 동사를 돕는 역할을 한다. 위치는 주어 뒤, 술어 앞이 된다.

Tip 문장의 기본 뼈대인 '주어 + 술어 + 목적어'를 먼저 세우고, 나머지 기타 성분(부사, 조동사, 전치사 등)을 주어와 술어 사이에 삽입하는 훈련을 하자.

따라서 정답은
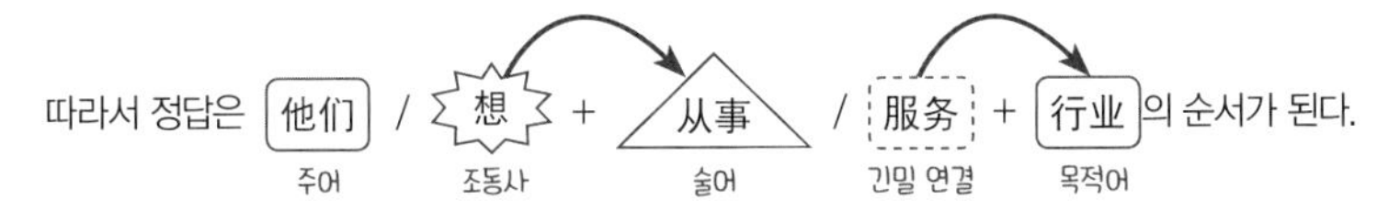

의 순서가 된다.

02

服从　规定　我们都　集体的　应该

p. 324

我们都应该服从集体的规定。	우리는 모두 단체의 규정을 따라야 한다.

시크릿 조동사 应该는 주어 뒤, 술어 앞에 위치

단어 服从 fúcóng 동 복종하다 | 规定 guīdìng 명 규정, 규칙 | 集体 jítǐ 명 집단, 단체 | 应该 yīnggāi 조동 마땅히 ~해야 한다

해설 STEP 1 주어를 찾아라!

- 我们都(우리들은 모두): 행위를 주체할 수 있는 사람이므로 주어 자리에 올 수 있다.
- 集体的(단체의): 구조조사 的를 보고 명사를 수식하는 관형어임을 알 수 있다.
- 规定(규정): 명사로 관형어 集体的와 결합하여 목적어 자리에 위치시킨다.

→ 集体的规定(단체의 규정)

STEP 2 **술어를 찾아라!**

- 服从(복종하다, 따르다): 단어 뜻을 잘 몰랐다 하더라도 服从의 从(따르다) 뜻으로 동사 술어임을 유추해 볼 수 있다. 제시된 명사들을 주어와 목적어 자리에 배열할 때는 술어를 중심으로 결정하면 된다. '누가 무엇을 따르는지(누가 服从 무엇을)'에 맞춰 배열하면 된다.

STEP 3 **조동사를 삽입하라!**

- 应该(마땅히 ~해야 한다): 조동사는 능력(会, 能), 바람(想, 要), 허가(可以), 당위성(应该, 得) 등의 의미를 표현하고자 할 때 사용된다. 조동사는 동사를 수식하므로 주어 뒤, 술어 앞에 위치한다.

Tip 문장의 기본 뼈대인 '주어 + 술어 + 목적어'를 먼저 세우고, 나머지 기타 성분(부사, 조동사, 전치사 등)을 주어와 술어 사이에 삽입하는 훈련을 하자.

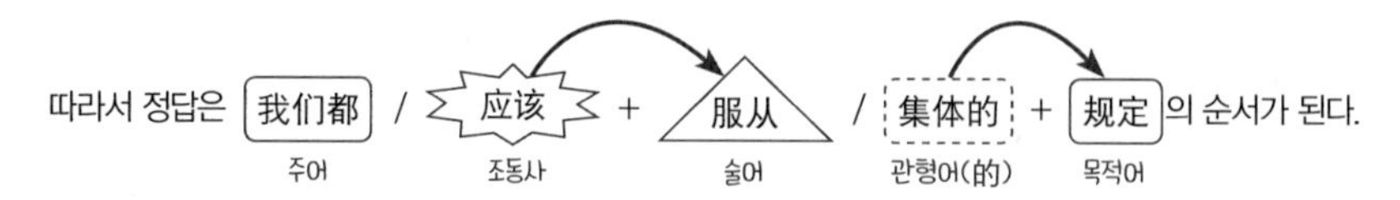

03

在我们的生活中　作用　电脑　起着　巨大的

p. 324

电脑在我们的生活中起着巨大的作用。	컴퓨터는 우리의 생활 중에 엄청난 영향을 미치고 있다.

시크릿 **전치사구 在我们的生活中는 주어 뒤, 술어 앞에 위치**

단어 生活 shēnghuó 명 생활 | 作用 zuòyòng 명 작용, 영향 | 起 qǐ 동 일으키다, 발생하다 | 着 zhe 조 ~하고 있다 | 巨大 jùdà 형 거대하다, 아주 크다(많다)

해설 STEP 1 **주어를 찾아라!**

- 电脑(컴퓨터): 주어에는 행위의 주체자인 사람이 등장하는 경우가 많으나, 종종 기관, 단체, 사물과 같은 非사람 주어가 등장하기도 한다.

Tip 자주 등장하는 非사람 주어
예 学校 학교 / 公司 회사 / 医院 병원 / 动物 동물 / 春节 설날 / 地球 지구 / 文章 문장

- 巨大的(엄청난): 구조조사 的를 보고 명사를 수식하는 관형어임을 알 수 있다.
- 作用(영향): 명사로 관형어 巨大的와 결합하여 목적어 자리에 위치시킨다.
→ 巨大的作用(엄청난 영향)

STEP 2 **술어를 찾아라!**

- 起着(미치고 있다): 동작의 진행을 나타내는 동태조사 着를 보고 동사 술어임을 유추할 수 있다. 제시된 명사들을 주어와 목적어 자리에 배열할 때는 술어를 중심으로 결정하면 된다. '무엇이 무엇을 일으키는지(무엇이 起着 무엇을)'에 맞춰 배열하면 된다.

STEP 3 **전치사를 삽입하라!**

- 在我们的生活中(우리의 생활 중에): 술어 앞에 나오는 부사어(기타 성분)는 크게 3가지로 부사(一直, 一定, 曾经, 再次), 조동사(想, 应该, 能), 전치사(在, 对, 给)가 있다. 전치사 중에서도 장소를 나타내는 在가 '在 + 명사'의 전치사구 형태로 자주 쓰이며 주어 뒤, 술어 앞에 위치한다.

Tip 문장의 기본 뼈대인 '주어 + 술어 + 목적어'를 먼저 세우고, 나머지 기타 성분(부사, 조동사, 전치사 등)을 주어와 술어 사이에 삽입하는 훈련을 하자.

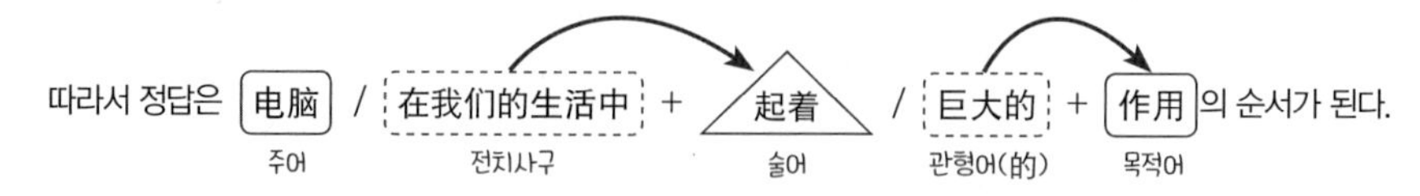

04

很多老人　太极拳　打　在广场上　正

p. 324

很多老人正在广场上打太极拳。	많은 노인들은 지금 광장에서 태극권을 하고 있다.

시크릿 부사 正, 전치사구 在广场上은 주어 뒤, 술어 앞에 위치

단어 老人 lǎorén 명 노인 | 太极拳 tàijíquán 명 태극권 | 打 dǎ 동 (운동을) 하다 | 广场 guǎngchǎng 명 광장 | 正 zhèng 부 마침, 한창(동작의 진행이나 상태의 지속을 나타냄)

해설 STEP 1 **주어를 찾아라!**

- 很多老人(많은 노인들은): 행위를 주체할 수 있는 사람이므로 주어 자리에 올 수 있다.
- 太极拳(태극권): 명사로 이미 주어가 결정되었으므로 목적어 자리에 위치시킨다.

STEP 2 **술어를 찾아라!**

- 打(하다): 打는 '(동작을) ~하다'라는 의미로 쓰이는 동사 술어다. 제시된 명사들을 주어와 목적어 자리에 배열할 때는 술어를 중심으로 결정하면 된다. '누가 무엇을 하고 있는지(누가 打 무엇을)'에 맞춰 배열하면 된다.

STEP 3 **기타 성분을 삽입하라!**

- 正(지금): 부사는 술어를 수식하므로 주어 뒤, 술어 앞에 위치한다.
- 在广场上(광장에서): '전치사(在) + 명사(广场上)'의 전치사구로 주어 뒤, 술어 앞에 위치한다. 만약 여러 개의 부사어가 등장한다면 '부사 + 조동사 + 전치사구'의 순서에 맞게 넣어 주면 된다.

Tip 문장의 기본 뼈대인 '주어 + 술어 + 목적어'를 먼저 세우고, 나머지 기타 성분(부사, 조동사, 전치사 등)을 주어와 술어 사이에 삽입하는 훈련을 하자.

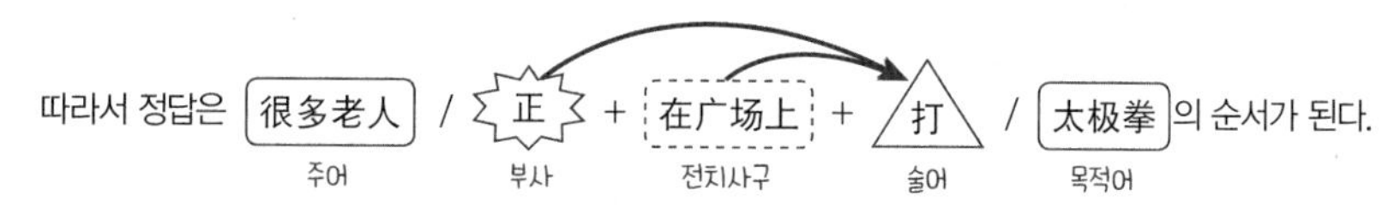

05

进行了　都　报道　对这件事　视频网站

p. 324

视频网站都对这件事进行了报道。	동영상 사이트들은 모두 이 일에 대해 보도를 했다.

시크릿 부사 都, 전치사구 对这件事는 주어 뒤, 술어 앞에 위치

단어 进行 jìnxíng 동 진행하다 | 报道 bàodào 명동 보도(하다) | 视频 shìpín 명 동영상 | 网站 wǎngzhàn 명 웹 사이트

해설 STEP 1 **주어를 찾아라!**

- 视频网站(동영상 사이트): 주어 자리에는 사람 주어뿐만 아니라, 非사람(기관, 단체, 사물) 주어가 나올 수 있다. 뉴스나 방송, 유튜브 등의 매체에서 어떤 일에 대해 보도할 수 있으므로 视频网站는 주어가 된다.

Tip 자주 등장하는 非사람 주어
예 学校 학교 / 公司 회사 / 医院 병원 / 动物 동물 / 春节 설날 / 地球 지구 / 文章 문장

- 报道(보도): 명사로 주어나 목적어가 될 수 있다.

STEP 2 **술어를 찾아라!**

- 进行了(진행했다): 동작의 진행을 나타내는 동태조사 了를 보고 동사 술어임을 유추할 수 있다. 제시된 명사들을 주어와 목적어 자리에 배열할 때는 술어를 중심으로 결정하면 된다. '누가 무엇을 진행했는지(누가 进行了 무엇을)'에 맞춰 배열하면 된다.

STEP 3 **부사어를 삽입하라!**

- 都(모두): 부사로 주어 뒤, 술어 앞에 위치한다. 범위부사 都는 복수를 묶어 주는 역할을 하므로 복수의 의미를 담고 있는 단어 바로 뒤에 놓으면 된다.

Tip 범위부사 都의 활용

예 学生都 학생들 모두 / 大家都 여러분 모두 / 所有的信息都 모든 정보를 다

- 对这件事(이 일에 대하여): 전치사구는 주어 뒤, 술어 앞에 위치한다. 만약 여러 개의 부사어가 등장한다면 '부사 + 조동사 + 전치사구'의 순서에 맞게 넣어 주면 된다.

Tip 문장의 기본 뼈대인 '주어 + 술어 + 목적어'를 먼저 세우고, 나머지 기타 성분(부사, 조동사, 전치사 등)을 주어와 술어 사이에 삽입하는 훈련을 하자.

따라서 정답은 视频网站 / 都 + 对这件事 + 进行了 / 报道의 순서가 된다.

✓ 정답
1. 姑姑的表情显得有些无奈。
2. 这些实验结果值得参考。
3. 工厂需要进口一批新设备。
4. 我儿子善于模仿动物的动作。
5. 女孩子都希望保持苗条的身材。

01

p. 335

无奈　姑姑的　有些　显得　表情

姑姑的表情显得有些无奈。 | 고모의 표정은 약간 어쩔 수 없다는 것처럼 보인다.

시크릿 특별동사 显得는 형용사 목적어를 취함

단어 无奈 wúnài 형 어찌해 볼 방도가 없다, 부득이 하다 | 姑姑 gūgu 명 고모 | 有些 yǒuxiē 부 조금, 약간 | 显得 xiǎnde 동 ~하게 보이다, ~인 것처럼 보이다 | 表情 biǎoqíng 명 표정

해설 STEP 1 **주어를 찾아라!**

- 表情(표정): 주어 자리에는 사람이 자주 등장하지만, 종종 非사람(기관, 단체, 사물)이 나오기도 한다. 表情은 행위의 주체자는 아니지만, 설명하는 대상이자 주체로서 주어 자리에 위치할 수 있다.
- 姑姑的(고모의): 구조조사 的를 보고 명사를 수식하는 관형어임을 알 수 있다. 의미상 表情(표정)과 결합하여 목적어 자리에 위치시킨다.
  → 姑姑的表情(고모의 표정)

STEP 2 **술어를 찾아라!**

- 显得(~처럼 보인다): 显得는 특별동사로 뒤에 어떤 모습으로 보이는지에 관한 형용사구를 목적어로 취하는 전체 술어가 된다.
- 有些(약간): 정도를 나타내는 부사로 형용사와 결합한다.
- 无奈(어찌할 도리가 없다): 정도부사와 결합하여 형용사구 목적어를 만들 수 있다.
  → 显得有些无奈(약간 어쩔 수 없다는 것처럼 보인다)

STEP 3 **밑그림을 그려라!**

제시된 단어들의 어순을 배열하기 전 해석으로 전체적인 밑그림을 그려 보는 것이 중요하다.

姑姑的表情 + [显得 [有些 + 无奈]]

'주어는 어떠한 모습처럼 보였는지(주어는 显得 어떠한 모습으로)'에 맞춰 배열하면 된다.

따라서 정답은 姑姑的 + 表情 / 显得 / 有些 + 无奈의 순서가 된다.

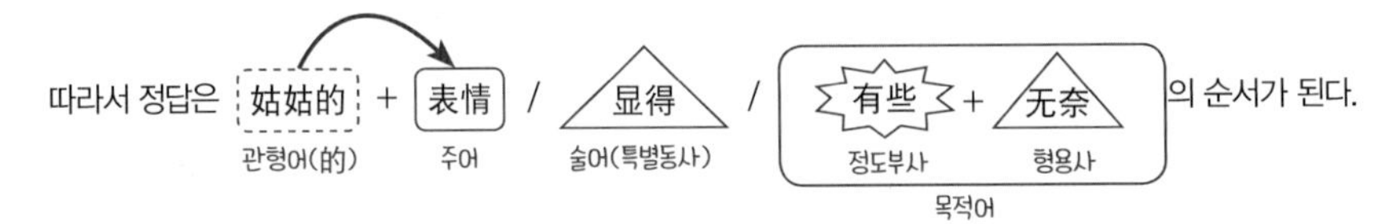

02

值得 实验 这些 参考 结果	
这些实验结果值得参考。	이러한 실험 결과는 참고할 만한 가치가 있다.

p. 335

시크릿 특별동사 值得 는 동사(구)를 목적어로 취함

단어 值得 zhíde 동 ~할 만하다 | 实验 shíyàn 명 실험 | 参考 cānkǎo 동 참고하다, 참조하다 | 结果 jiéguǒ 명 결과,성과

해설 STEP 1 **주어를 찾아라!**

- 这些(이러한): 些는 '조금, 약간'이라는 뜻으로 정해지지 않은 양을 나타낸다. '지시대사(这) + 양사(些)' 형태의 수량을 제한하는 수량사 관형어로 명사와 결합한다.
- 实验(실험): 명사로 문장에서 주어, 목적어, 관형어 역할을 할 수 있다. 结果와 긴밀하게 결합하여 고정구를 만들 수 있다.
  → 实验结果(실험 결과)
- 结果(결과): 명사로 문장에서 주어나 목적어가 될 수 있다. 주어 자리에는 사람이 자주 등장하지만, 종종 非사람(기관, 단체, 사물)이 나오기도 한다. 수량사 这些와 결합하여 주어 자리에 위치시킨다.
  → 这些实验结果(이러한 실험 결과)

STEP 2 **술어를 찾아라!**

- 值得(~할 가치가 있다): 동사(구)를 목적어로 취할 수 있는 특별동사로 문장 전체의 술어가 될 수 있다.

Tip 值得 + 동사목적어
예 值得看 볼만한 가치가 있다 / 值得买 살 만한 가치가 있다 / 值得说 말할 만한 가치가 있다 /
值得表扬 칭찬할 만한 가치가 있다 / 值得珍惜 소중하게 여길 가치가 있다 /
值得尊重 존중할 만한 가치가 있다

- 参考(참고하다): 동사지만, 동사(구)를 목적어로 취하는 특별동사 值得(~할 가치가 있다)가 전체 술어가 되므로, 参考는 동사(구) 목적어가 된다.
  → 值得参考(참고할 만한 가치가 있다)

STEP 3 **밑그림을 그려라!**

제시된 단어들의 어순을 배열하기 전 해석으로 전체적인 밑그림을 그려 보는 것이 중요하다.

'주어는 무엇을 할 가치가 있는지(주어는 值得 무엇을)'에 맞춰 배열하면 된다.

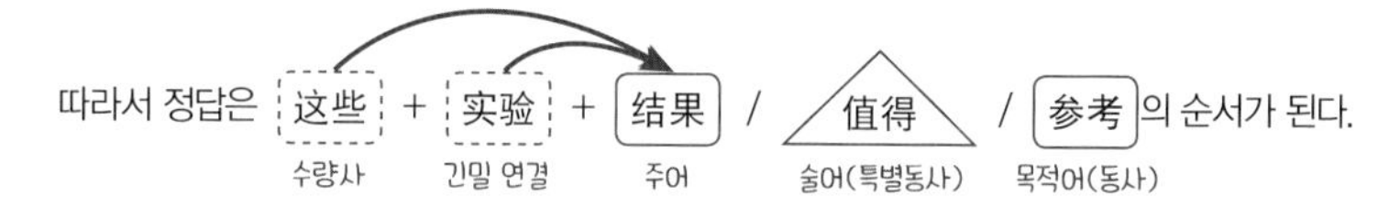

03

新设备　工厂　进口　一批　需要	
工厂需要进口一批新设备。	공장은 새로운 설비를 수입할 필요가 있다.

p. 335

시크릿 특별동사 需要는 동사구나 주술구를 목적어로 취함

단어 设备 shèbèi 명 설비, 시설 | 工厂 gōngchǎng 명 공장 | 进口 jìnkǒu 명 입구 | 批 pī 양 (물건의) 한 무더기 | 需要 xūyào 동 요구되다, 필요로 하다

해설 STEP 1 **주어를 찾아라!**

- 工厂(공장): 주어는 사람을 나타내는 명사 이외에도 기관이나 단체 같은 非사람도 주어가 될 수 있으므로, 工厂은 주어가 될 가능성이 높다.
- 新设备(새로운 설비): 명사로 문장에서 주어나 목적어가 될 수 있다.
- 一批(한 무더기): 수량사로 명사 앞에서 수량을 제한하는 관형어 역할을 한다. 批는 '무더기, 그룹'이라는 뜻의 양사이므로 어울리는 명사는 新设备(새로운 설비)가 된다. 수사 一, 两 등이 나오면 불특정함을 나타내므로 목적어 자리에 올 가능성이 높다.
  → 一批新设备(한 무더기의 새로운 설비)

STEP 2 **술어를 찾아라!**

- 需要(필요로 한다): 특별동사로 동사구나 주술구를 목적어로 취한다.

Tip 동사구 목적어
예 我们 + 需要+ 尽快解决这些问题。 우리는 가능한 한 빨리 이 문제를 해결해야 한다.

- 进口(수입하다): 동사로 일반적인 문장에서는 술어가 될 수 있지만, 제시어에 문장 전체술어가 되는 특별동사 需要가 있기 때문에, 进口는 명사와 결합한 동사구를 만들어 목적어로 쓰이는 것이 옳다.
  → 进口一批新设备(한 무더기의 새로운 설비를 수입하다)

STEP 3 **밑그림을 그려라!**

제시된 단어들의 어순을 배열하기 전 해석으로 전체적인 밑그림을 그려 보는 것이 중요하다.

工厂 + [需要 [进口 + 一批 + 新设备]]

'무엇은 무엇을 하는 것을 필요로 하는지(무엇은 需要 무엇을 하는 것을)'에 맞춰 배열하면 된다.

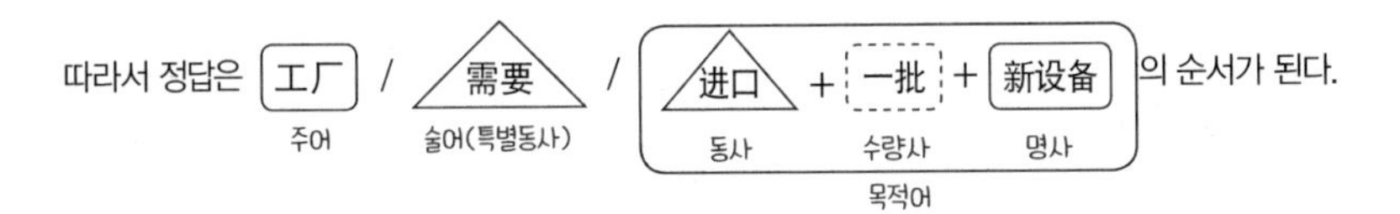

04

善于　动作　我儿子　动物的　模仿	
我儿子善于模仿动物的动作。	우리 아들은 동물의 동작을 흉내내는 것을 잘한다.

p. 335

시크릿 특별동사 善于는 동사구 목적어를 취함

단어 善于 shànyú 동 ~를 잘하다, ~에 능숙하다 | 动物 dòngwù 명 동물 | 动作 dòngzuò 명 동작 | 模仿 mófǎng 동 모방하다, 흉내내다, 따라하다

해설 STEP 1 **주어를 찾아라!**

- 我儿子(우리 아들): 행위를 주체할 수 있는 사람 명사로 주어 자리에 올 수 있다.
- 动作(동작): 명사로 목적어가 될 수 있다.

- 动物的(동물의): 구조조사 的를 보고 명사를 수식하는 관형어임을 알 수 있다. 의미상 명사 动作(동작)와 결합하여 목적어 자리에 위치시킨다.
  → 动物的动作(동물의 동작)

STEP 2 **술어를 찾아라!**

- 善于(~에 능숙하다): 특별동사로 뒤에 어떠한 것이 능숙한지에 관한 내용의 동사구를 목적어로 취하며, 문장 전체의 술어가 된다.
- 模仿(흉내내다): 동사로 动物的动作(동물의 동작)와 결합하여 동사구 목적어를 만들 수 있다.
  → 模仿动物的动作(동물의 동작을 흉내내다)

STEP 3 **밑그림을 그려라!**

제시된 단어들의 어순을 배열하기 전 해석으로 전체적인 밑그림을 그려 보는 것이 중요하다.

我儿子 + 善于 模仿 + 动物的动作

'주어는 무엇하는 것에 능숙한지(주어는 善于 무엇하는 것에)'에 맞춰 배열하면 된다.

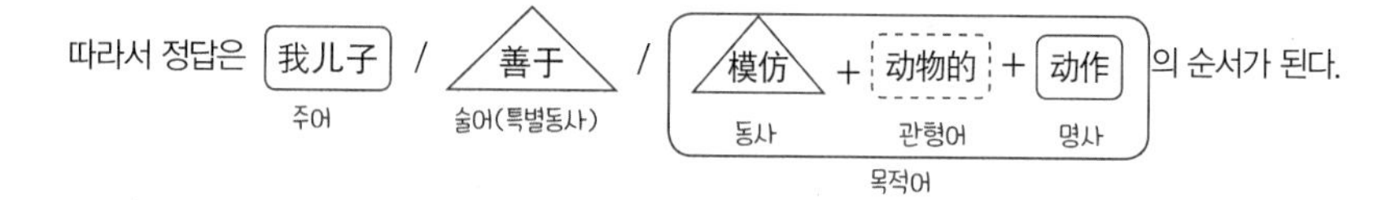

05 苗条的　希望　女孩子都　身材　保持

p. 335　女孩子都希望保持苗条的身材。　여자아이들은 날씬한 몸매를 유지하기를 바란다.

시크릿 특별동사 希望은 동사구를 목적어로 취함

단어 苗条 miáotiao 형 날씬하다 | 身材 shēncái 명 몸매, 체격 | 保持 bǎochí 동 지키다, 유지하다

해설 STEP 1 **주어를 찾아라!**

- 女孩子都(여자아이들은 모두): 행위를 주체할 수 있는 사람 명사로 주어 자리에 위치할 수 있다.
- 身材(몸매): 명사로 목적어가 될 수 있다.
- 苗条的(날씬한): 구조조사 的를 보고 명사를 수식하는 관형어임을 알 수 있다. 의미상 명사 身材(몸매)와 결합하여 목적어 자리에 위치시킨다.
  → 苗条的身材(날씬한 몸매)

STEP 2 **술어를 찾아라!**

- 希望(희망하다): 특별동사로 어떠한 내용을 희망하는지에 관한 내용의 동사구를 목적어로 취하며, 문장 전체의 술어가 된다.
- 保持(유지하다): 동사로 苗条的身材와 결합하여 동사구 목적어를 만들 수 있다.
  → 保持苗条的身材(날씬한 몸매을 유지하다)

STEP 3 **밑그림을 그려라!**

제시된 단어들의 어순을 배열하기 전 해석으로 전체적인 밑그림을 그려 보는 것이 중요하다.

女孩子都 + 希望 保持 + 苗条的身材

'주어는 무엇을 희망하는지(주어는 希望 무엇을)'에 맞춰 배열하면 된다.

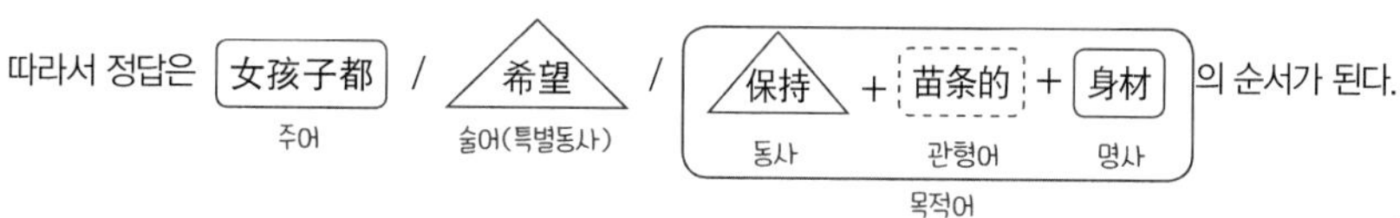

✓ 정답

1. 政府打算增加科技方面的投入。
2. 教师要善于发现学生的优点。
3. 外汇业务需要本人亲自办理。
4. 领导表扬职员很能干。
5. 他们决定适当地延长训练时间。

01

增加　政府　投入　打算　科技方面的

p. 335

政府打算增加科技方面的投入。	정부는 과학 기술 방면의 투자를 늘리기로 계획했다.

시크릿 특별동사 打算는 동사구 목적어를 취함

단어 增加 zēngjiā 동 증가하다, 더하다, 늘리다 | 政府 zhèngfǔ 명 정부 | 投入 tóurù 명 투자 打算 dǎsuàn 동 ~할 계획이다, ~하려고 하다 | 科技 kējì 명 과학 기술 | 方面 fāngmiàn 명 방면, 측면, 분야

해설 STEP 1 **주어를 찾아라!**

- 政府(정부): 주어 자리에는 사람이 자주 등장하지만, 종종 非사람(기관, 단체, 사물)이 나오기도 한다. 政府는 행위의 주체인 기관으로서 문장에서 주어가 될 수 있다.
- 投入(투자): 명사로 목적어가 될 수 있다.
- 科技方面的(과학 기술 방면의): 구조조사 的를 보고 명사를 수식하는 관형어임을 알 수 있다. 의미상 명사 投入(투자)와 결합하여 목적어 자리에 위치시킨다.
  → 科技方面的投入(과학 기술 방면의 투자)

STEP 2 **술어를 찾아라!**

- 打算(~할 계획이다): 특별동사로 뒤에 무엇을 할 계획인지에 관한 동사구를 목적어로 취하며, 문장 전체의 술어가 된다.
- 增加(늘리다): 동사로 科技方面的投入(과학 기술 방면의 투자)와 결합하여 동사구 목적어를 만들 수 있다.
  → 增加科技方面的投入(과학 기술 방면의 투자를 증가시키다)

STEP 3 **밑그림을 그려라!**

제시된 단어들의 어순을 배열하기 전 해석으로 전체적인 밑그림을 그려 보는 것이 중요하다.

政府 ＋ [打算 [增加＋科技方面的投入]]

'주어는 무엇하는 것을 계획하고 있는지(주어는 打算 무엇하는 것을)'에 맞춰 배열하면 된다.

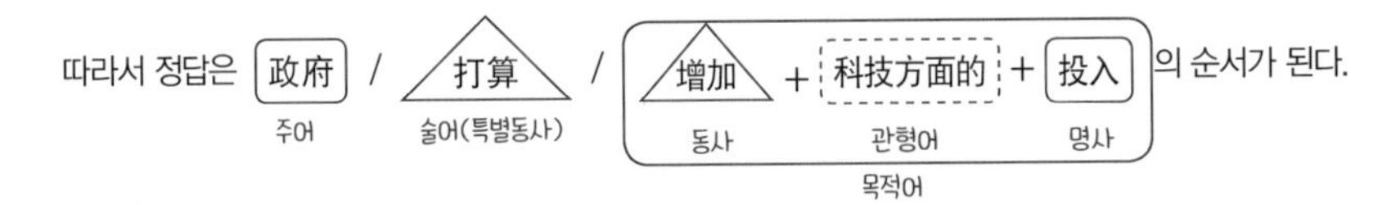

02

学生的　教师　优点　发现　要善于

p. 335

教师要善于发现学生的优点。	선생님은 학생의 장점을 발견하는 것에 능숙해야 한다.

시크릿 특별동사 善于는 동사구를 목적어로 취함

단어 教师 jiàoshī 명 교사 | 优点 yōudiǎn 명 장점, 우수한 점 | 发现 fāxiàn 동 발견하다 | 善于 shànyú 동 ~를 잘하다, ~에 능숙하다

해설 STEP 1 **주어를 찾아라!**

- 教师(선생님): 행위를 주체할 수 있는 사람 명사로 주어 자리에 위치한다.
- 优点(장점): 명사로 목적어가 될 수 있다.
- 学生的(학생의): 구조조사 的를 보고 명사를 수식하는 관형어임을 알 수 있다. 의미상 명사 优点(장점)과 결합하여 목적어 자리에 위치시킨다.
  → 学生的优点(학생의 장점)

STEP 2 **술어를 찾아라!**

- 要善于(~에 능숙해야 한다): 善于는 특별동사로 뒤에 어떠한 것에 능숙한지에 관한 내용의 동사구를 목적어로 취하며, 문장 전체의 술어가 된다.
- 发现(발견하다): 동사로 목적어인 学生的优点(학생의 장점)과 결합하여 동사구 목적어를 만들 수 있다.
  → 发现学生的优点(학생들의 장점을 발견하다)

STEP 3 **밑그림을 그려라!**

제시된 단어들의 어순을 배열하기 전 해석으로 전체적인 밑그림을 그려 보는 것이 중요하다.

教师 + [要善于 [发现 + 学生的优点]]

'주어는 무엇하는 것에 능숙해야만 하는지(주어는 要善于 무엇하는 것에)'에 맞춰 배열하면 된다.

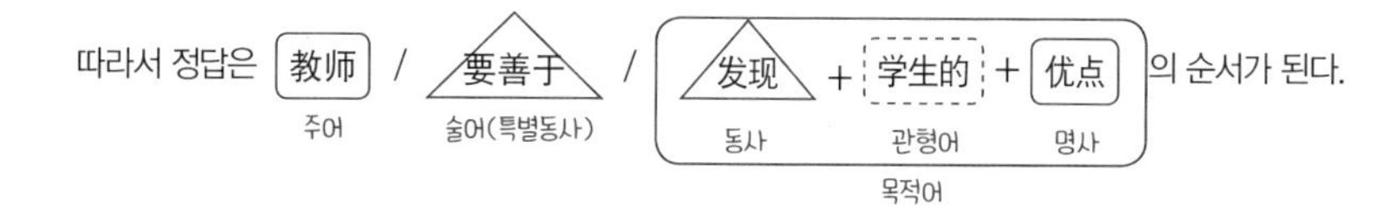

03

需要　办理　外汇业务　本人亲自

p. 335

外汇业务需要本人亲自办理。	외환 업무는 본인이 직접 처리해야 한다.

시크릿 특별동사 需要은 주술구를 목적어로 취함

단어 办理 bànlǐ 동 처리하다, 해결하다 | 外汇 wàihuì 명 외환, 외화 | 业务 yèwù 명 업무, 일, 실무 | 本人 běnrén 명 본인 | 亲自 qīnzì 부 직접, 몸소, 친히

해설 STEP 1 **주어를 찾아라!**

- 外汇业务(외환 업무): 주어 자리에는 사람이 자주 등장하지만, 종종 非사람(기관, 단체, 사물)이 나오기도 한다.
- 本人亲自(본인이 직접): '명사 + 부사'의 결합으로 주어나 목적어가 될 수 있다.

Tip 부사는 주어 뒤, 술어 앞에 위치하므로 '명사 + 부사'의 결합이라면 명사는 주어일 가능성이 높다.

STEP 2 **술어를 찾아라!**

- 需要(~해야 한다): 需要은 특별동사로 뒤에 필요로 하는 내용의 동사구를 목적어로 취하며, 문장 전체의 술어가 된다.
- 办理(처리하다): 동사구로 '누가 처리하는가'의 내용에 맞게 本人亲自(본인이 직접)와 결합하여 주술구 목적어를 만들 수 있다.
  → 本人亲自办理(본인이 직접 처리하다)

STEP 3 **밑그림을 그려라!**

제시된 단어들의 어순을 배열하기 전 해석으로 전체적인 밑그림을 그려 보는 것이 중요하다.

外汇业务 + [需要 [本人亲自 + 办理]]

'주어는 누가 어떻게 하는 것이 필요한지(주어는 需要 누가 어떻게 하는 것을)'에 맞춰 배열하면 된다.

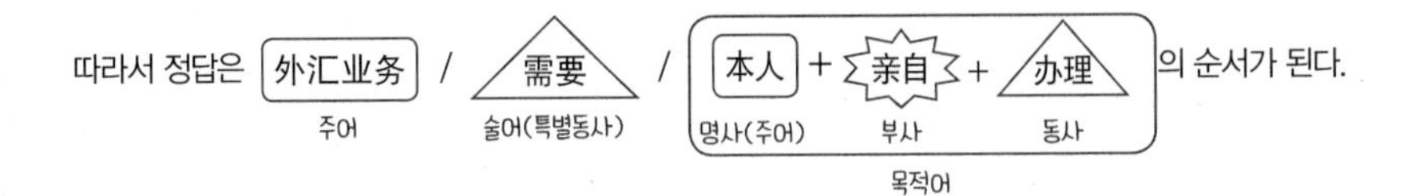

04

能干 很 领导 职员 表扬	
领导表扬职员很能干。	사장님은 직원이 매우 일을 잘한다고 칭찬했다.

p. 335

시크릿 특별동사 表扬은 주술구를 목적어로 취함

단어 表扬 biǎoyáng 동 칭찬하다, 표창하다 | 能干 nénggàn 형 유능하다, 일을 잘하다 | 领导 lǐngdǎo 명 대표, 관리자, 지도자 | 职员 zhíyuán 명 직원, 사무원

해설 STEP 1 **주어를 찾아라!**

- 领导(사장): 명사이자 表扬(칭찬하다)이라는 행위를 할 수 있는 주체자이므로 문장에서 주어 자리에 위치한다.
- 职员(직원): 명사로 주어나 목적어가 될 수 있다.

STEP 2 **술어를 찾아라!**

- 表扬(칭찬하다): 表扬은 특별동사로 뒤에 어떤 점이 훌륭했는지에 관한 칭찬 내용을 목적어로 취하며, 문장 전체의 술어가 된다.
- 很(매우): 정도부사로 형용사 앞에서 형용사의 정도가 높음을 나타내 준다.
- 能干(일을 잘하다): 형용사로 정도부사 很과 결합하여 형용사구를 만들고, 칭찬의 대상자인 职员(직원)을 주어로 삼아 주술구 목적어를 만들 수 있다.
  → 职员很能干(직원이 매우 일을 잘한다)

STEP 3 **밑그림을 그려라!**

제시된 단어들의 어순을 배열하기 전 해석으로 전체적인 밑그림을 그려 보는 것이 중요하다.

领导 + [表扬 [职员 + 很 + 能干]]

'주어는 무엇한 것을 칭찬했는지(주어는 表扬 누가 무엇한 것을)'에 맞춰 배열하면 된다.

따라서 정답은 领导(주어) / 表扬(술어(특별동사)) / 职员(명사(주어)) + 很(부사) + 能干(형용사) [목적어] 의 순서가 된다.

05

训练时间　他们　延长　决定　适当地

p. 335

他们决定适当地延长训练时间。	그들은 훈련 시간을 적절히 연장하기로 결정했다.

시크릿 특별동사 决定은 동사구를 목적어로 취함

단어 训练 xùnliàn 명동 훈련(하다) | 延长 yáncháng 동 연장하다 | 决定 juédìng 동 결정하다, 규정하다 | 适当 shìdāng 형 적당하다, 적절하다, 알맞다

해설 STEP 1 **주어를 찾아라!**

- 他们(그들): 인칭대사이자 决定(결정하다)이라는 행위를 할 수 있는 주체자이므로 문장에서 주어 자리에 위치한다.
- 训练时间(훈련 시간): 명사로 주어나 목적어가 될 수 있다.

STEP 2 **술어를 찾아라!**

- 决定(결정하다): 决定은 특별동사로 뒤에 결정한 내용의 동사구를 목적어로 취하며, 문장 전체의 술어가 된다.
- 适当地(적절히): 구조조사 地를 보고 술어를 꾸며 주는 부사어임을 알 수 있으며, 술어 앞에 위치한다.
- 延长(연장하다): 동사로 부사어 适当地와 명사 训练时间과 결합하여 동사구 목적어를 만든다.
  → 适当地延长训练时间(훈련 시간을 적절히 연장하다)

STEP 3 **밑그림을 그려라!**

제시된 단어들의 어순을 배열하기 전 해석으로 전체적인 밑그림을 그려 보는 것이 중요하다.

他们 + 决定 适当地 + 延长 + 训练时间

'주어는 무엇을 하기로 결정했는지(주어는 决定 무엇을 하기로)'에 맞춰 배열하면 된다.

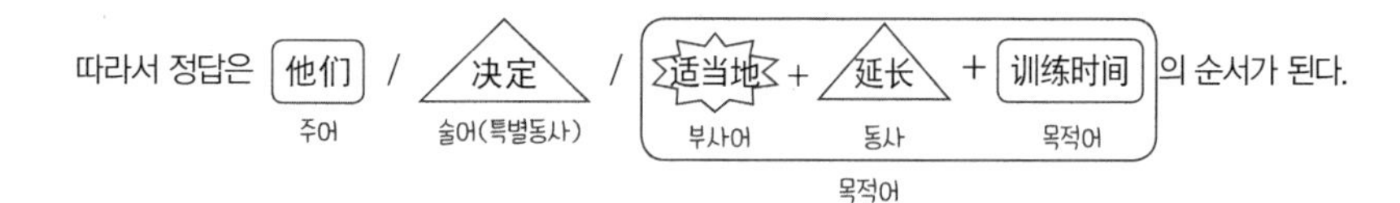

DAY 11

✓ 정답
1. 请你把手机调成无音模式。
2. 我们已经把这个学期的课程学完了。
3. 你别把宠物带进餐厅里了。
4. 父母总是把成年的儿女当成小孩子。
5. 他故意不把谜语的谜底告诉我。

01

把手机　调成　请你　无音模式

p. 343

请你把手机调成无音模式。	휴대전화를 무음 모드로 바꿔 주세요.

시크릿 把 전치사구는 주어 뒤, 술어 앞에 위치

단어 调成 diàochéng 동 옮기다, 이동하다 | 无音 wúyīn 명 무음 | 模式 móshì 명 모드, 유형, 패턴

해설 STEP 1 **주어를 찾아라!**

- 请你(당신에게 ~하라고 부탁하다): 인칭대사 你가 나오므로 주어가 될 가능성이 높다. 请은 겸어문을 나타내며, 뒤에 동작의 주체자(주어)가 나온다.

Tip 请 겸어문

예 请他来 그에게 오라고 하다 / 请她参加 그녀에게 참석하라고 하다 / 请大家想想 사람들에게 생각해 보라고 하다

• 无音模式(무음 모드): '명사 + 명사' 형태의 긴밀 연결 구조로, 문장에서 주어나 목적어가 될 수 있다.

STEP 2 술어를 찾아라!

• 调成(조절하다, 바꾸다): 동사로 문장에서 술어로 쓰인다. 成으로 끝나는 단어는 동사일 가능성이 높다.

Tip 成으로 끝나는 단어

예 变成 ~로 변하다 / 换成 ~로 바꾸다 / 看成 ~로 본다 / 做成 ~로 만들다

STEP 3 기타 성분을 삽입하라!

• 把手机(휴대전화를): 把 뒤에 처치 대상인 手机를 끌고 나와서 전치사구를 이루었다. 전치사구는 주어 뒤, 술어 앞에 위치한다.

STEP 4 밑그림을 그려라!

제시된 단어들의 어순을 배열하기 전 해석으로 전체적인 밑그림을 그려 보는 것이 중요하다.

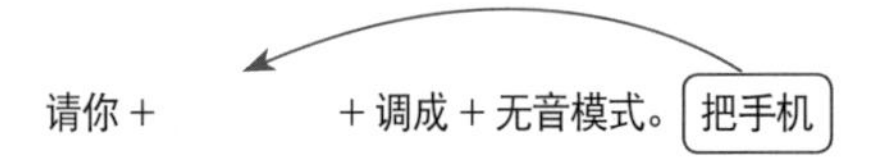

특히 把자문은 목적어를 술어 앞으로 도치시킨다는 특징을 가지고 있다. '당신은 무음 모드로 바꾸어라, 무엇을?(휴대전화를)'을 把자문의 어순에 맞춰 배열하면 된다.

02 把 我们 学完了 已经 这个学期的课程

p. 343

我们已经把这个学期的课程学完了。	우리는 이번 학기 과정을 이미 다 배웠다.

시크릿 把 전치사구는 주어 뒤 술어 앞에 위치, 부사 已经은 把 앞에 위치

단어 学期 xuéqī 명 학기 | 课程 kèchéng 명 과정, 커리큘럼

해설 **STEP 1 주어를 찾아라!**

• 我们(우리들): 인칭대사의 복수 형태로 문장에서 행위의 주체자가 되기 때문에 주어가 된다.

• 这个学期的课程(이번 학기 과정): 주어, 목적어, 전치사구의 명사로 쓰일 가능성이 매우 높다. 이미 我们을 주어로 삼았으니, 목적어나 전치사구의 명사로 쓰일 것이다.

STEP 2 술어를 찾아라!

• 学完了(다 배웠다): '동사 + 결과보어'로 문장에서 술어가 된다.

STEP 3 기타 성분을 삽입하라!

• 已经(이미): 부사로 술어 앞에 위치하지만 전치사 把가 있으므로 把 앞에 위치한다.

• 把(~을): 전치사로 처치문을 만드는 把는 단독으로 사용되지 않고, 반드시 뒤에 처치 대상(명사)을 끌고 나온다. 제시된 어휘 중 처치 대상이 될 수 있는 这个学期的课程과 결합시켜 주어 뒤, 술어 앞에 놓는다.
→ 已经把这个学期的课程(이번 학기 교육 과정을 이미)

STEP 4 밑그림을 그려라!

제시된 단어들의 어순을 배열하기 전 해석으로 전체적인 밑그림을 그려 보는 것이 중요하다.

我们 + 已经 + 　　　 + 学完了。 把 + 这个学期的课程

특히 把자문은 목적어를 술어 앞으로 도치시킨다는 특징을 가지고 있다. '우리는 이미 다 배웠다. 무엇을?(이번 학기 교육 과정을)'을 把자문의 어순에 맞춰 배열하면 된다.

따라서 정답은 我们(주어) / 已经(부사) + 把(전치사) + 这个学期的课程(명사) [전치사구] / 学完了(술어) 의 순서가 된다.

---

03 别　带进　你　餐厅里了　把宠物

p. 343

你别把宠物带进餐厅里了。 반려동물을 음식점 안으로 데리고 들어오지 마세요.

시크릿 把 전치사구는 주어 뒤, 술어 앞에 위치, 부사 别는 把 앞에 위치

단어 餐厅 cāntīng 명 식당 | 宠物 chǒngwù 명 반려동물

해설 STEP 1 **주어를 찾아라!**

- 你(당신): 인칭대사로 행위의 주체자가 되기 때문에 주어 자리에 위치할 수 있다.
- 餐厅里了(음식점 안): 장소 명사로 문장에서 목적어가 될 가능성이 있다. 특히, 문장 끝에 쓰인 了는 문장의 완료를 나타내는 어기조사이므로 餐厅里了는 문장 맨 끝에 놓여야 한다.

Tip 장소 명사 만들기
房间, 教室, 洗手间 과 같은 공간이나 桌子, 冰箱, 黑板와 같은 사물에 장소의 느낌을 주기 위해 방위사를 붙여 준다. '사물 + 방위사(上, 里, 下)'의 형태로 장소 명사를 만들 수 있다.
예 教室里 / 地铁里 / 冰箱里 / 车上 / 桌子上 / 椅子下

STEP 2 **술어를 찾아라!**

- 带进(데리고 들어가다): '동사(带) + 방향보어(进)'로 술어가 될 수 있다.

Tip 중국어는 동사 술어 뒤에 보어를 끌고 나올 수 있다. 그 종류는 결과, 방향, 가능, 정도, 동량, 시량보어 6개가 있다. 따라서, 보어 앞에 위치한 단어는 동사 술어일 가능성을 떠올리자!

STEP 3 **기타 성분을 삽입하라!**

- 别(~하지 마세요): 금지를 나타내는 부사로, 주어 뒤 술어 앞에 삽입하지만, 전치사가 있을 때는 전치사 앞에 위치시킨다.
- 把宠物(반려동물을): '전치사(把) + 명사(宠物)'로 전치사구를 이룬다. 주어 뒤, 술어 앞에 위치시킨다.
  → 别把宠物(반려동물을 ~하지 마세요)

STEP 4 **밑그림을 그려라!**

제시된 단어들의 어순을 배열하기 전 해석으로 전체적인 밑그림을 그려 보는 것이 중요하다.

你 + 别 + 　　　+ 带进 + 餐厅里了。 把宠物

특히 把자문은 목적어를 술어 앞으로 도치시킨다는 특징을 가지고 있다. '당신은 음식점 안으로 데리고 들어오지 말아라. 무엇을?(반려 동물을)'을 把자문의 어순에 맞춰 배열하면 된다.

따라서 정답은 你(주어) / 别(부사) + 把宠物(전치사구) / 带进(술어) / 餐厅里了(목적어)의 순서가 된다.

04

小孩子　总是　父母　把成年的儿女　当成

p. 343

父母总是把成年的儿女当成小孩子。	부모님은 성인이 된 자녀를 항상 어린아이로 여긴다.

시크릿 把 전치사구는 술어 앞에 위치, 부사 总是는 把 앞에 위치

단어 总是 zǒngshì 부 항상, 늘, 줄곧 | 成年 chéngnián 명 성년, 성인 | 儿女 érnǚ 명 자녀, 아들과 딸 | 当成 dàngchéng 동 여기다, 생각하다

해설 STEP 1 **주어를 찾아라!**

- 父母(부모님) / 小孩子(어린아이): 둘다 명사로 행위의 주체자이기 때문에 주어가 될 가능성이 있다. 제시어를 보고 문맥을 살펴보면 父母가 행위자이며 주어 자리에 와야 한다는 것을 알 수 있다.

STEP 2 **술어를 찾아라!**

- 当成(~로 여기다): '동사(当) + 결과보어(成)'로 술어가 될 수 있다. 成으로 끝나는 단어는 동사일 가능성이 높다.

Tip 成으로 끝나는 단어

예 变成 ~로 변하다 / 换成 ~로 바꾸다 / 看成 ~로 본다 / 做成 ~로 만들다

STEP 3 **기타 성분을 삽입하라!**

- 总是(항상): 부사로 주어 뒤, 술어 앞에 위치한다. 만약 전치사가 있다면 전치사 앞에 놓인다.
- 把成年的儿女(성인이 된 자녀를): '전치사(把) + 명사(成年的女儿)'의 형태로 전치사구를 이룬다. 전치사구는 주어 뒤, 술어 앞에 위치한다.
  → 总是把成年的儿女(항상 성인이 된 자녀를)

STEP 4 **밑그림을 그려라!**

제시된 단어들의 어순을 배열하기 전 해석으로 전체적인 밑그림을 그려 보는 것이 중요하다.

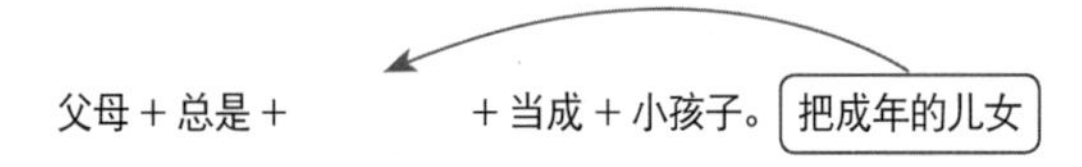

특히 把자문은 목적어를 술어 앞으로 도치시킨다는 특징을 가지고 있다. '부모님은 늘 아이로 여긴다. 누구를?(성인이 된 자녀를)'을 把자문의 어순에 맞춰 배열하면 된다.

05

故意　告诉我　不把　他　谜语的谜底

p. 343

他故意不把谜语的谜底告诉我。	그는 일부러 수수께끼의 답을 나에게 알려 주지 않는다.

시크릿 把 전치사구는 술어 앞에 위치, 부사 故意는 把 앞에 위치

단어 故意 gùyì 부 고의로, 일부러 | 谜语 míyǔ 명 수수께끼 | 谜底 mídǐ 명 수수께끼의 답

해설 STEP 1 **주어를 찾아라!**

- 他(그): 인칭대사로 행위의 주체자가 되며, 문장에서 주어가 된다.
- 谜语的谜底(수수께끼의 답): 명사구로 주어, 목적어나 전치사구의 명사가 될 수 있다.

STEP 2 **술어를 찾아라!**

- 告诉我(나에게 알려 주다): 告诉는 동사로 문장에서 술어가 된다.

STEP 3 **기타 성분을 삽입하라!**

- 故意(일부러): 부사로 주어 뒤, 술어 앞에 놓는다. 만약 전치사가 있다면 전치사 앞에 놓는다.
- 不把(~을 하지 않는): 전치사(把)는 단독으로 혼자 쓰일 수 없고, 반드시 뒤에 명사를 끌고 나와야 한다. 谜语的谜底와 결합하여 전치사구를 만들고, 술어 앞에 놓으면 된다.

STEP 4 **밑그림을 그려라!**

제시된 단어들의 어순을 배열하기 전 해석으로 전체적인 밑그림을 그려 보는 것이 중요하다.

他 + 故意不 + 　　　　 + 告诉 + 我。 把谜语的谜底

특히 把자문은 목적어를 술어 앞으로 도치시킨다는 특징을 가지고 있다. '그는 나에게 알려 주지 않는다. 무엇을?(수수께끼의 답을)'을 把자문의 어순에 맞춰 배열하면 된다.

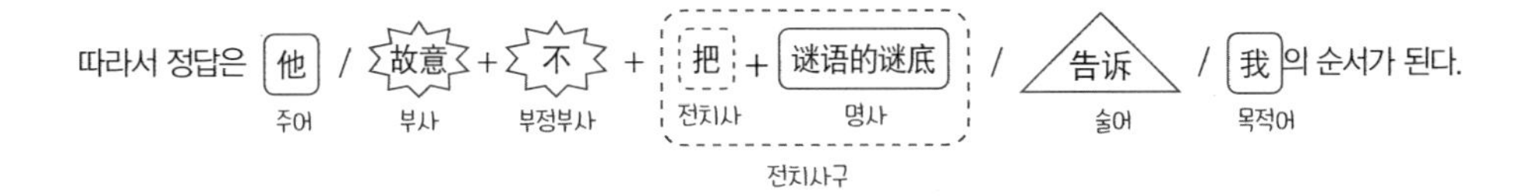

DAY 12

✓ 정답

1. 他根本没把你看作是自己的朋友。
2. 工人们的建议被公司采纳了。
3. 他被那所名牌大学录取了。
4. 靠窗户的桌子已经被别人预定了。
5. 他的研究成果终于被学术界承认了。

01

看作是　他　没　自己的朋友　根本　把你

p. 343

他根本没把你看作是自己的朋友。	그는 전혀 너를 자신의 친구로 여기지 않는다.

시크릿 把 전치사구는 술어 앞에, 부사 根本没은 把 앞에 위치

단어 看作 kànzuò 동 ~로 보다, ~로 간주하다 | 根本 gēnběn 부 전혀, 아예

해설 STEP 1 **주어를 찾아라!**

- 他(그): 인칭대사로 행위의 주체자이기 때문에 문장에서 주어가 될 수 있다.
- 自己的朋友(자신의 친구): 명사구로 문장에서 주어, 목적어나 전치사구의 명사가 될 수 있다.

STEP 2 **술어를 찾아라!**

- 看作是(여긴다): 동사로 문장에서 술어가 된다.

STEP 3 **기타 성분을 삽입하라!**

- 根本(전혀): 부사로 주어 뒤, 술어 앞에 위치한다. 根本은 부정부사와 함께 다닌다.

Tip 根本 + 부정부사
　예 根本不, 根本没

- 没(~하지 않다): 부정부사로 주어 뒤, 술어 앞에 위치한다. 만약 다른 부사와 함께 나온다면 '일반부사 + 부정부사'의 어순에 맞추어 배열한다.
- 把你(당신을): 전치사구로 주어 뒤, 술어 앞에 위치한다. 만약 부사가 있다면 부사 뒤에 놓는다.

STEP 4 **밑그림을 그려라!**

제시된 단어들의 어순을 배열하기 전 해석으로 전체적인 밑그림을 그려 보는 것이 중요하다.

他 + 根本 + 没 + 　　　　 + 看作是 + 自己的朋友。 把你

특히 把자문은 목적어를 술어 앞으로 도치시킨다는 특징을 가지고 있다. '그는 전혀 자신의 친구로 생각하지 않는다. 누구를?(너를)'을 把자문의 어순에 맞춰 배열하면 된다.

따라서 정답은 他(주어) / 根本(부사) + 没(부정부사) + 把你(전치사구) / 看作是(술어) / 自己的朋友(목적어)의 순서가 된다.

02 建议 公司 工人们的 采纳了 被

p. 343

工人们的建议被公司采纳了。	노동자들의 건의는 이미 회사에 의해서 채택되었다.

시크릿 행위자는 被와 함께 술어 앞에 위치

단어 建议 jiànyì 동 건의하다, 제안하다 | 工人 gōngrén 명 노동자 | 采纳 cǎinà 동 받아들이다, 채택되다

해설 STEP 1 **주어를 찾아라!**

- 工人们的(노동자들의): 구조조사 的를 보고 명사를 수식하는 관형어임을 알 수 있다.
- 建议(건의): 명사로 주어나 목적어가 될 수 있다. 문맥상 관형어 工人们的와 결합할 수 있다.
  → 工人们的建议(노동자들의 건의)
- 公司(회사): 명사로 기관이나 단체는 행위의 주체자(행위자=가해자)가 될 수 있다.

STEP 2 **술어를 찾아라!**

- 采纳了(채택되었다): 동작의 완료를 나타내는 동태조사 了를 보고 동사임을 유추할 수 있다.

STEP 3 **기타 성분을 삽입하라!**

- 被(~에 의해서): 피동을 나타내는 전치사로 명사와 결합해야 한다. 가해자(행위자)가 나와야 하므로 公司와 결합하여 전치사구를 만든다.

→ 被公司(회사에 의해서)

STEP 4 **밑그림을 그려라!**

제시된 단어들의 어순을 배열하기 전 해석으로 전체적인 밑그림을 그려 보는 것이 중요하다.

公司(주어) 采纳了(술어) 工人们的建议(목적어)。 회사는 노동자들의 건의를 채택하였다.

工人们的建议 被公司 采纳了。 노동자들의 건의는 회사에 의해 채택되었다.

특히 被자문은 피해자(행위의 대상자)가 주어 자리에 오고, 가해자(행위의 주체자)가 被 뒤에 나오게 된다. '무엇은 누구에 의해서 采纳了했는지'의 被자문 어순에 맞춰 배열하면 된다.

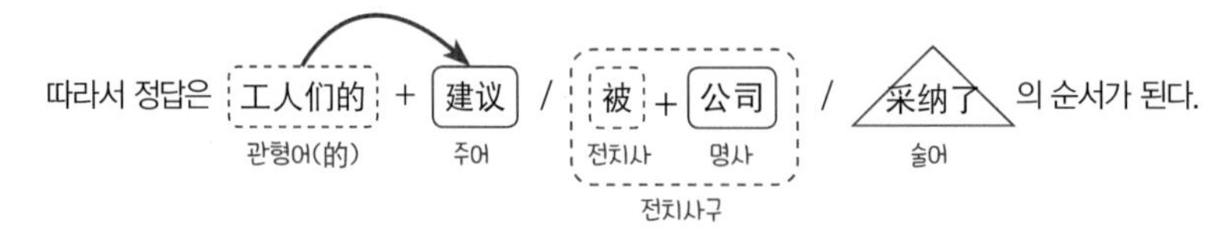

03 录取了　被　他　名牌大学　那所

p. 343

他被那所名牌大学录取了。 | 그는 그 명문 대학에 합격했다.

시크릿 행위자(기관)는 被와 함께 술어 앞에 위치

단어 录取 lùqǔ 동 채용하다, 합격시키다, 뽑다 | 名牌 míngpái 명 명문, 유명한 사람이나 기관 | 所 suǒ 양 개, 곳, 군데

해설 STEP 1 주어를 찾아라!

- 他(그): 인칭대사는 주어나, 목적어 또는 전치사구의 명사가 될 수 있다.
- 名牌大学(명문 대학): 명사로 주어나, 목적어 또는 전치사구의 명사가 될 수 있다.
- 那所(그): '지시대사 + (수사) + 양사'의 형태로 명사인 名牌大学와 결합하여 명사구를 이룬다. 所는 房子, 大学, 图书馆 등과 같이 이윤을 추구하지 않는 비영리 기관을 세는 양사다.
  → 那所名牌大学(그 명문 대학)

STEP 2 술어를 찾아라!

- 录取了(뽑았다): 동작의 완료를 나타내는 동태조사 了를 보고 동사임을 알 수 있다.

STEP 3 기타 성분을 삽입하라!

- 被(~에 의해서): 피동을 나타내는 전치사로 뒤에 가해자(행위자)를 끌고 나온다.

STEP 4 밑그림을 그려라!

제시된 단어들의 어순을 배열하기 전 해석으로 전체적인 밑그림을 그려 보는 것이 중요하다.

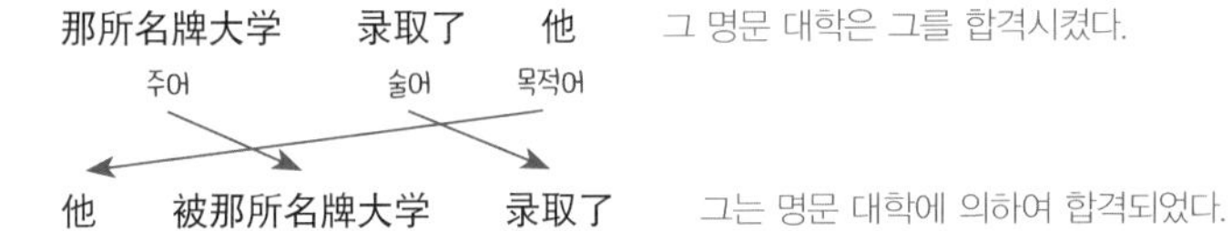

특히 被자문은 피해자(행위의 대상자)가 주어에 오고, 가해자(행위의 주체자)가 被 뒤에 나오게 된다. '무엇은 누구에 의해서 录取了했는지'의 被자문 어순에 맞춰 배열하면 된다.

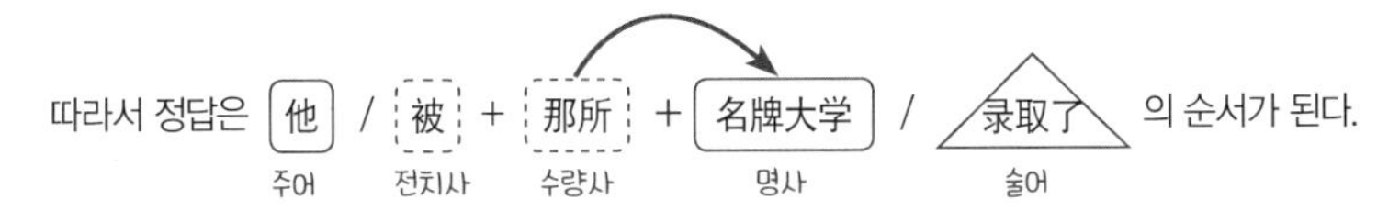

04 别人　桌子　靠窗户的　预定了　已经　被

p. 343

靠窗户的桌子已经被别人预定了。 | 창가 쪽의 테이블은 이미 다른 사람에 의해 예약됐다.

시크릿 행위자는 被와 함께 술어 앞에, 부사 已经은 被 앞에 위치

단어 桌子 zhuōzi 명 탁자, 테이블 | 靠 kào 동 닿다, 대다, 접근하다 | 窗户 chuānghu 명 창문 | 预定 yùdìng 명동 예약하다

해설 STEP 1 주어를 찾아라!

- 靠窗户的(창가 쪽의): 구조조사 的를 보고 명사를 수식하는 관형어임을 알 수 있다.
- 桌子(테이블): 명사로 관형어의 수식을 받을 수 있으며, 문맥상 관형어 靠窗户的와 결합한다.
  → 靠窗户的桌子(창가 쪽의 테이블)
- 别人(다른 사람): 명사이며 행위의 주체자가 될 수 있다.

STEP 2 술어를 찾아라!

- 预定了(예약했다): 동작의 완료를 나타내는 동태조사 了를 보고 동사임을 알 수 있다.

STEP 3 **기타 성분을 삽입하라!**

- 已经(이미): 부사로 주어 뒤, 술어 앞에 위치한다. 전치사가 있다면 전치사 앞에 위치한다.
- 被(~에 의해서): 전치사로 명사와 결합하여 전치사구를 만들 수 있다.

STEP 4 **밑그림을 그려라!**

제시된 단어들의 어순을 배열하기 전 해석으로 전체적인 밑그림을 그려 보는 것이 중요하다.

특히 被자문은 피해자(행위의 대상자)가 주어 자리에 오고, 가해자(행위의 주체자)가 被 뒤에 나오게 된다. '무엇은 누구에 의해서 预定了되었는지'의 被자문 어순에 맞춰 배열하면 된다.

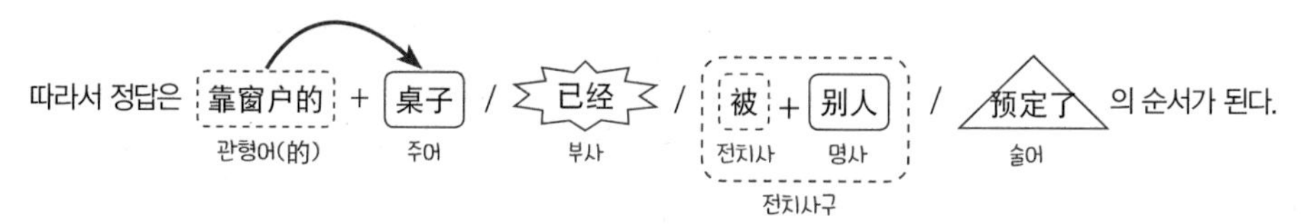

05 学术界 他的研究成果 承认了 被 终于

p. 343

他的研究成果终于被学术界承认了。	그의 연구 성과는 마침내 학술계의 인정을 받았다.

시크릿 부사 终于은 被 앞에 위치

단어 学术界 xuéshùjiè 명 학술계 | 研究 yánjiū 명 연구 | 成果 chéngguǒ 명 성과, 결과 | 承认 chéngrèn 동 인정하다, 승인하다, 긍정하다 | 终于 zhōngyú 부 마침내, 결국, 끝내

해설 STEP 1 **주어를 찾아라!**

- 他的研究成果(그의 연구 성과): 명사구로 문장에서 주어나 목적어가 될 수 있다.
- 学术界(학술계): 기관이나 단체는 문장에서 행위의 주체자가 될 수 있다.

STEP 2 **술어를 찾아라!**

- 承认了(인정했다): 동작의 완료를 나타내는 동태조사 了를 보고 동사 술어임을 알 수 있다.

STEP 3 **기타 성분을 삽입하라!**

- 终于(마침내): 부사로 주어 뒤, 술어 앞에 위치한다. 전치사가 있다면 전치사 앞에 놓여야 한다.
- 被(~에 의하여): 전치사로 뒤에 명사와 결합하여 전치사구를 이루어야 한다.

STEP 4 **밑그림을 그려라!**

제시된 단어들의 어순을 배열하기 전 해석으로 전체적인 밑그림을 그려 보는 것이 중요하다.

특히 被자문은 피해자(행위의 대상자)가 주어 자리에 오고, 가해자(행위의 주체자)가 被 뒤에 나오게 된다. '무엇은 무엇에 의해서 承认了되었는지'의 被자문 어순에 맞춰 배열하면 된다.

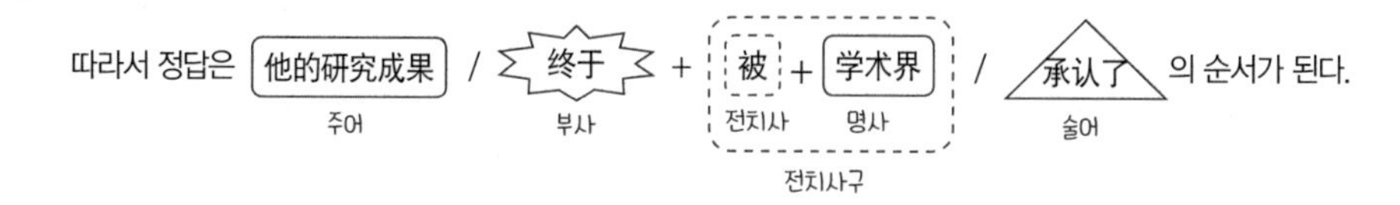

DAY 13

✓ 정답

1. 妈妈将耳环锁在抽屉里了。
2. 请你将这个包裹亲手交给他。
3. 他们还没把旅行日程决定下来。
4. 我不小心把饮料洒在电脑键盘上了。
5. 我想重新把客厅装修一遍。

01

抽屉里了　耳环　锁在　妈妈　将

p. 351

妈妈将耳环锁在抽屉里了。 | 엄마는 귀걸이를 서랍 안에 보관해 놓았다.

시크릿 将은 把의 뜻으로 처치 대상을 끌고 나옴

단어 抽屉 chōuti 명 서랍 | 耳环 ěrhuán 명 귀고리 | 锁 suǒ 동 잠그다, 걸다 | 将 jiāng 전 ~을, 를 (=把)

해설 STEP 1 **주어를 찾아라!**

- 妈妈(엄마): 명사로 행위의 주체자가 될 수 있기 때문에 주어가 될 수 있다.
- 耳环(귀걸이): 사물 명사로 把와 결합하여 행위의 대상이 될 수 있다.
- 抽屉里了(서랍 안에): '사물(抽屉) + 방위사(里)'로 장소 명사다. 중국어에서 장소는 일반적으로 在와 함께 나온다는 점을 명심하자.

STEP 2 **술어를 찾아라!**

- 锁在(잠그어 놓았다): '동사(锁) + 보어(在)'로 문장에서 술어가 되며, 在가 있기 때문에 뒤에 장소를 나타내는 抽屉里了가 나와야 한다.
  → 锁在抽屉里了(서랍 안에 잘 보관해 놓았다)

Tip 在가 결과보어로 등장하는 문장
예 放在书包里 책가방에 넣었다 / 丢在房间里 방 안에 두고 왔다 / 坐在沙发上 소파 위에 앉았다 / 躺在床上 침대 위에 누웠다

STEP 3 **기타 성분을 삽입하라!** (把의 변형 형태)

- 将(~을): 将은 부사로 '장차'라는 뜻과 把의 변형 형태로 '~을, 를'이라는 뜻을 가지고 있는 전치사다. 뒤에 명사(사물) 耳环과 결합하여 주어 뒤, 술어 앞에 놓는다.
  → 将耳环(귀걸이를)

STEP 4 **밑그림을 그려라!**

제시된 단어들의 어순을 배열하기 전 해석으로 전체적인 밑그림을 그려 보는 것이 중요하다.

妈妈 + 　　　　+ 锁在 + 抽屉里了。 将 + 耳环

특히 将자문은 목적어를 술어 앞으로 도치시킨다는 특징을 가지고 있다. '엄마는 책상 서랍 안에 보관해 두었다. 무엇을?(귀걸이를)'을 将자문의 어순에 맞춰 배열하면 된다.

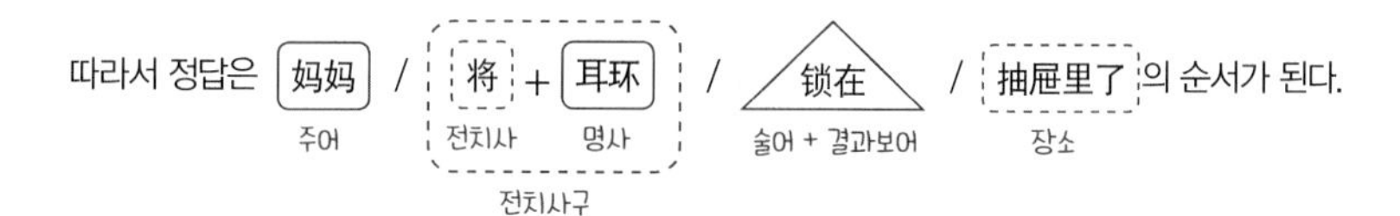

02

他　将　这个包裹　请你　亲手交给

p. 351

请你将这个包裹亲手交给他。	이 소포를 직접 그에게 전해 주세요.

시크릿 将은 把의 뜻으로 처치대상을 끌고 나옴

단어 将 jiāng 전 ~을, 를 | 包裹 bāoguǒ 명 소포, 보따리 | 亲手 qīnshǒu 부 스스로, 손수 | 交 jiāo 동 넘기다, 건네다

해설 STEP 1 **주어를 찾아라!**

- 这个包裹(이 소포): '지시대사(这) + 양사(个) + 명사(包裹)'로 명사구다. 사물이므로 문장에서 처치 대상(행위의 대상)이 될 수 있다.
- 他(그): 인칭대사로 행위의 주체자가 될 수 있기 때문에 문장에서 주어, 목적어 역할을 할 수 있다.

STEP 2 **술어를 찾아라!**

- 亲手交给(직접 전해 주다): '부사(亲手) + 동사(交) + 결과보어(给)'로 문장에서 술어 역할을 한다.

STEP 3 **기타 성분을 삽입하라!** (把의 변형 형태)

- 将(~을): 将은 원래 '장차'라는 부사의 의미와, '~을'이라는 把의 변형 형태인 전치사로 쓰일 수 있다. 주어진 문장은 처치문이므로 将(=把)의 의미로 쓰였으며, 뒤에 처치 대상인 명사를 끌고 나와야 한다.
  → 将这个包裹(이 소포를)
- 请你(~해 주세요): 请은 청유, 부탁을 나타내므로, 항상 행위자인 주어 앞에 나온다. 따라서 주어 자리에 위치한다.

STEP 4 **밑그림을 그려라!**

제시된 단어들의 어순을 배열하기 전 해석으로 전체적인 밑그림을 그려 보는 것이 중요하다.

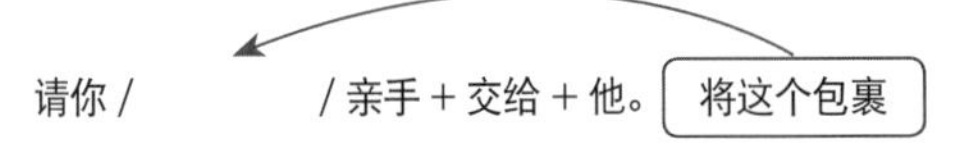

특히 把자문은 목적어를 술어 앞으로 도치시킨다는 특징을 가지고 있다. '당신은 그에게 직접 전해 주세요. 무엇을?(이 소포를)'을 把자문 어순에 맞춰 배열하면 된다.

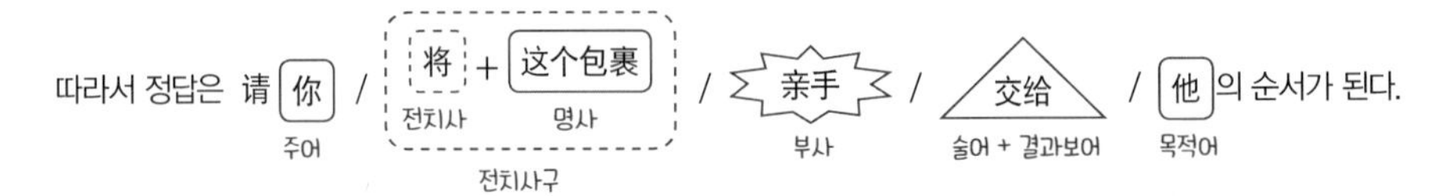

03

决定　把旅行日程　下来　还没　他们

p. 351

他们还没把旅行日程决定下来。	그들은 여행 일정을 아직 결정하지 않았다.

시크릿 부사 还没는 把 앞에 위치

단어 决定 juédìng 동 결정하다 | 旅行 lǚxíng 명동 여행(하다) | 日程 rìchéng 명 일정

해설 STEP 1 **주어를 찾아라!**

- 他们(그들): 인칭대사로 행위의 주체자가 될 수 있으므로 주어가 될 수 있다.

STEP 2 **술어를 찾아라!**

- 决定(결정하다): 동사로 문장에서 술어가 된다.
- 下来(안정, 고정): 下来는 동사 뒤에서 방향보어로 쓰인다. '위 → 아래'로 '내려오다'의 뜻도 있지만, 파생적 용법으로 '안정, 고정'의 의미도 담고 있다.
  → 决定下来(결정을 내리다)

STEP 3 **기타 성분을 삽입하라!**

- 还没(아직 ~하지 않은): 부사로 주어 뒤, 술어 앞에 놓으면 된다.
- 把旅行日程(여행 일정을): 把 전치사구는 주어 뒤, 술어 앞에 위치하지만, 만약 부사가 있다면 부사 뒤에 와야 한다.

STEP 4 **밑그림을 그려라!**

제시된 단어들의 어순을 배열하기 전 해석으로 전체적인 밑그림을 그려 보는 것이 중요하다.

특히 把자문은 목적어를 술어 앞으로 도치시킨다는 특징을 가지고 있다 '그들은 아직 결정하지 않았다. 무엇을?(여행 일정을)'을 把자문 어순에 맞춰 배열하면 된다.

따라서 정답은 他们(주어) / 还没(부사) + 把旅行日程(전치사구) / 决定(술어) + 下来(방향보어)의 순서가 된다.

04 不小心　我　电脑键盘上了　洒在　把饮料

p. 351 我不小心把饮料洒在电脑键盘上了。 나는 실수로 음료를 컴퓨터 자판에 쏟았다.

시크릿 부사 不小心은 把 앞에 위치

단어 小心 xiǎoxīn 동 조심하다, 주의하다 | 键盘 jiànpán 명 키보드 | 洒 sǎ 동 엎지르다, 뿌리다 | 饮料 yǐnliào 명 음료

해설 STEP 1 **주어를 찾아라!**

- 我(나): 인칭대사 我는 행위의 주체자로 문장에서 주어가 된다.
- 电脑键盘上了(컴퓨터 자판에): '명사(电脑键盘) + 방위사(上)'로 장소를 나타내는 명사구다. 고정장소를 나타내는 在와 함께 쓰일 가능성이 매우 높다.

STEP 2 **술어를 찾아라!**

- 洒在(~에 쏟다): 洒는 동사로 '쏟다, 엎지르다'의 뜻을 지닌다. 在는 뒤에 장소를 끌고 나온다는 특징이 있기 때문에 电脑键盘上了과 결합하여 쓰인다.
  → 洒在电脑键盘上了(컴퓨터 자판 위에 쏟았다)

STEP 3 **기타 성분을 삽입하라!** (부사의 일반적 위치)

- 不小心(실수로): 부사어로 술어 앞에 위치한다.
- 把饮料(음료를): '전치사(把) + 명사(饮料)'의 전치사구로 주어 뒤, 술어 앞에 놓인다. 만약 부사가 있다면 부사 뒤에 놓인다.
  → 不小心把饮料(실수로 음료를)

STEP 4 **밑그림을 그려라!**

제시된 단어들의 어순을 배열하기 전 해석으로 전체적인 밑그림을 그려 보는 것이 중요하다.

我 + 不小心 + + 洒在 + 电脑键盘上了。 把饮料

특히 把자문은 목적어를 술어 앞으로 도치시킨다는 특징을 가지고 있다. '나는 실수로 컴퓨터 자판 위에 쏟았다. 무엇을?(음료수를)'을 把자문 어순에 맞춰 배열하면 된다.

따라서 정답은 我(주어) / 不小心(부사) + 把饮料(전치사구) / 洒在(술어) + 电脑键盘上了(장소 명사)의 순서가 된다.

05

装修　我　一遍　想重新　把客厅	
我想重新把客厅装修一遍。	나는 거실을 다시 한번 인테리어 하고 싶다.

p. 351

시크릿 **조동사와 부사의 결합 想重新은 把 앞에 위치**

단어 装修 zhuāngxiū 동 인테리어를 하다, 내장 공사를 하다 | 遍 biàn 양 한번 | 重新 chóngxīn 부 다시, 거듭, 재차 | 客厅 kètīng 명 거실, 응접실

해설 STEP 1 **주어를 찾아라!**

- 我(나): 행위를 주체할 수 있는 사람이므로 주어 자리에 올 수 있다.

STEP 2 **술어를 찾아라!**

- 装修(인테리어 하다): 동사로 문장에서 술어 역할을 한다.
- 一遍(한번): 遍은 동작의 양을 나타내는 동량보어로 '처음부터 ~끝까지 한번'이라는 의미를 지니고 있다. 동사 뒤에 놓아야 한다.
  → 装修一遍(한번 인테리어 하다)

STEP 3 **기타 성분을 삽입하라!** (부사의 예외적 위치와 동량보어)

- 想重新(다시~하고 싶다): '조동사(想) + 부사(重新)'로 전치사구 앞에 위치한다.
- 把客厅(거실을): '전치사(把) + 명사(客厅)'의 전치사구로 주어 뒤, 술어 앞에 위치한다.
  → 想把客厅装修一遍(거실을 한번 인테리어 하고 싶다)

STEP 4 **밑그림을 그려라!**

제시된 단어들의 어순을 배열하기 전 해석으로 전체적인 밑그림을 그려 보는 것이 중요하다.

我 + 想重新 + 　　　　 + 装修 + 一遍。 把客厅

특히 把자문은 목적어를 술어 앞으로 도치시킨다는 특징을 가지고 있다. '나는 다시 인테리어하고 싶다. 무엇을?(거실을)'을 把자문 어순에 맞춰 배열하면 된다.

따라서 정답은 我(주어) / 想重新(조동사 + 부사) + 把客厅(전치사구) / 装修(술어) + 一遍(동량보어)의 순서가 된다.

✓ 정답
1. 他把节省下来的钱都存进银行里了。
2. 房屋一下子被暴雨冲走了。
3. 鲨鱼被人们认为是很危险的动物。
4. 飞往武汉的航班临时被取消了。
5. 手机里的信息全部被她删除了。

01

把节省下来的钱　他　银行里了　存进　都

p. 351

他把节省下来的钱都存进银行里了。 | 그는 절약한 돈을 모두 은행에 저금했다.

시크릿 범위부사 都는 복수 뒤에 위치

단어 节省 jiéshěng 동 절약하다, 아끼다 | 银行 yínháng 명 은행 | 存 cún 동 모으다, 저축하다

해설 STEP 1 **주어를 찾아라!**

- 他(그): 행위를 주체할 수 있는 사람이므로 주어 자리에 올 수 있다.
- 银行里了(은행에): '명사(银行) + 방위사(里)' 형태의 장소 명사다.

Tip 장소 명사는 고정 장소를 나타내는 在(~에 있다), 이동 장소를 나타내는 到(~에 도착하다), 장소 진입을 나타내는 进(~에 들어가다) 등의 동사와 자주 함께 쓰인다.

STEP 2 **술어를 찾아라!**

- 存进(~에 저금하다): '동사(存) + 방향보어(进)'로 문장에서 술어가 될 수 있다. 방향보어 进 이하 부분에는 '어떤 장소로 들어가는지'를 나타내는 장소 명사가 나와야 한다.
  → 存进银行里了(은행에 저금했다)

STEP 3 **기타 성분을 삽입하라!**

- 把节省下来的钱(절약한 돈을): '전치사(把) + 명사(节省下来的钱)'의 전치사구로 주어 뒤, 술어 앞에 위치한다.
- 都(모두): 부사는 일반적으로 주어 뒤, 술어 앞에 위치하지만 때로는 위치가 자유로울 수 있다. 특히 범위부사 都는 복수 뒤에 나온다는 특징을 가지고 있다.
  → 把省下来的钱都(절약한 돈을 모두)

STEP 4 **밑그림을 그려라!**

제시된 단어들의 어순을 배열하기 전 해석으로 전체적인 밑그림을 그려 보는 것이 중요하다.

특히 把자문은 목적어를 술어 앞으로 도치시킨다는 특징을 가지고 있다. '그는 은행에 입금하였다. 무엇을?(절약한 돈을)'을 把자문 어순에 맞춰 배열하면 된다.

따라서 정답은 他(주어) / 把节省下来的钱(전치사구) + 都(부사) / 存进(술어) / 银行里了(장소 명사)의 순서가 된다.

02 被 一下子 冲走了 房屋 暴雨

p. 351

房屋一下子被暴雨冲走了。	집은 한순간에 폭우에 의해 떠내려가 버렸다.

시크릿 부사 一下子 는 전치사 被 앞에 위치

단어 被 bèi 전 ~당하다, ~에게 ~당하다 | 一下子 yíxiàzi 부 갑자기, 순식간에 | 冲走 chōngzǒu 동 떠내려가다, 떠밀려가다 | 房屋 fángwū 명 집, 가옥, 건물 | 暴雨 bàoyǔ 명 폭우

해설 STEP 1 **주어를 찾아라!**

- 房屋(집) / 暴雨(폭우): 명사로 문장에서 주어나 목적어가 될 수 있다.

STEP 2 **술어를 찾아라!**

- 冲走了(떠내려가 버렸다): 冲이 동사인지 몰랐다 하더라도, 결과보어 走나 동태조사了를 보고 동사 술어임을 유추할 수 있다.

STEP 3 **기타 성분을 삽입하라!**

- 一下子(한순간에): 부사로 주어 바로 뒤에 위치한다. 전치사가 있다면 전치사 앞에 놓는다.
- 被(~에 의해서): 전치사로 명사와 결합하여 전치사구를 만들 수 있다. 被는 뒤에 가해자(행위의 주체자)를 끌고 나온다.
  → 一下子被暴雨(한순간에 폭우에 의하여)

STEP 4 **밑그림을 그려라!**

제시된 단어들의 어순을 배열하기 전 해석으로 전체적인 밑그림을 그려 보는 것이 중요하다.

일반문 暴雨 + 冲走了 + 房屋 일반문에서 행위 대상 房屋는 목적어 자리에 위치한다.

把자문 暴雨 + 把房屋 + 冲走了 처치문에서 행위 대상(목적어)는 把를 이용하여 술어 앞으로 끌고 나온다.

被자문 房屋 + 被暴雨 + 冲走了 피동문에서 행위 대상(목적어, 피해자)는 주어의 입장에서 문장을 서술한다.

특히 被자문은 피해자(행위의 대상자)가 주어 자리에 오고, 가해자(행위의 주체자)가 被 뒤에 나오게 된다. '무엇은 폭우에 의해서 冲走了해졌다'의 被자문 어순에 맞춰 배열하면 된다.

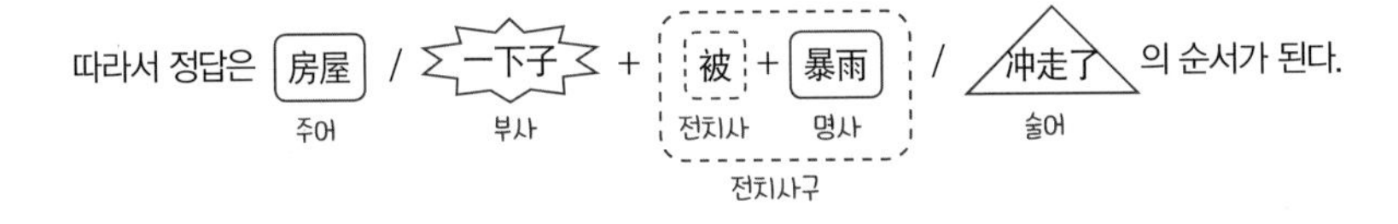

03

动物	鲨鱼	认为是	被人们	很危险的

p. 351

鲨鱼被人们认为是很危险的动物。 | 상어는 매우 위험한 동물로 여겨진다.

시크릿 被는 전치사 중 유일하게 명사 생략 가능

단어 动物 dòngwù 명 동물 | 鲨鱼 shāyú 명 상어 | 认为 rènwéi 동 여기다, 생각하다 | 危险 wēixiǎn 형 위험하다

해설 STEP 1 **주어를 찾아라!**

- 鲨鱼(상어) / 动物(동물): 명사로 문장에서 주어나 목적어가 될 수 있다.
- 很危险的(매우 위험한): 구조조사 的를 보고 명사를 수식하는 관형어임을 알 수 있다. 문맥상 动物와 결합하여 명사구를 이룬다.
  → 很危险的动物(매우 위험한 동물)

STEP 2 **술어를 찾아라!**

- 认为是(~라고 여긴다): 认为는 사람들이 어떻게 생각하고 판단하는지를 나타내는 동사로 문장에서 술어가 될 수 있다.

STEP 3 **기타 성분을 삽입하라!**

- 被人们(사람들에 의해서): 전치사는 일반적으로 뒤에 반드시 명사와 함께 전치사구를 이루지만, 이미 인지할 수 있는 행위자라면 피동문에서 명사(행위자)를 생략해도 무방하다.

STEP 4 **밑그림을 그려라!**

제시된 단어들의 어순을 배열하기 전 해석으로 전체적인 밑그림을 그려 보는 것이 중요하다.

일반문 人们认为[鲨鱼]是很危险的动物 일반문에서 행위 대상 鲨鱼는 목적어 자리에 위치한다.

把자문 人们把[鲨鱼]认为是 很危险的动物 처치문에서 행위 대상(목적어)는 把를 이용하여 술어 앞으로 끌고 나온다

被자문 [鲨鱼]被人们 认为是 很危险的动物 피동문에서 행위 대상(목적어, 피해자)는 주어의 입장에서 문장을 서술한다.

특히 被자문은 피해자(행위의 대상자)가 주어 자리에 오고, 가해자(행위의 주체자)가 被 뒤에 나오게 된다. '무엇은 (사람들에) 의해서 위험한 동물이라고 认为해진다.'의 被자문 어순에 맞춰 배열하면 된다.

被	飞往武汉的	临时	航班	取消了

p. 351

飞往武汉的航班临时被取消了。	우한으로 가는 항공편은 임시로 취소되었다.

시크릿 被는 전치사 중 유일하게 명사 생략 가능

단어 飞往 fēiwǎng 동 ~로 가다, 향하다 | 武汉 Wǔhàn 명 우한(지명) | 临时 línshí 부 임시의,정해진 시간에 이르러, 갑자기 | 航班 hángbān 명 항공편 | 取消 qǔxiāo 동 취소하다

해설 STEP 1 **주어를 찾아라!**

- 飞往武汉的(우한으로 가는): 구조조사 的를 보고 명사를 수식하는 관형어임을 알 수 있다.
- 航班(항공편): 명사로 관형어의 수식을 받을 수 있다.
  → 飞往武汉的航班(우한으로 가는 항공편)

STEP 2 **술어를 찾아라!**

- 取消了(취소되었다): 동태조사 了를 보고 동사 술어임을 유추할 수 있다.

STEP 3 **기타 성분을 삽입하라!**

- 被(~에 의해서): 전치사로 행위자(가해자)를 끌고 나올 수 있다. 만약 행위자를 굳이 말하지 않아도 되는 상황이라면 생략할 수도 있다.
  예 被 + (航公公司) 항공사에 의하여, 被 + (政府) 정부에 의하여
- 临时(임시로): 부사로 일반적으로 주어 뒤, 술어 앞에 위치시키면 된다.

STEP 4 **밑그림을 그려라!**

제시된 단어들의 어순을 배열하기 전 해석으로 전체적인 밑그림을 그려 보는 것이 중요하다.

일반문 航空公司 取消了 [飞往武汉的航班] 일반문에서 행위 대상 飞往武汉的航班는 목적어 자리에 위치한다.

把자문 航公公司 把[飞往武汉的航班] 取消了 처치문에서 행위 대상(목적어)는 把를 이용하여 술어 앞으로 끌고 나온다.

被자문 [飞往武汉的航班] 被航空公司 取消了 피동문에서 행위 대상(목적어, 피해자)는 주어의 입장에서 문장을 서술한다.

특히 被자문은 피해자(행위의 대상자)가 주어 자리에 오고, 가해자(행위의 주체자)가 被 뒤에 나오게 된다. '무엇은 (항공사)에 의하여 取消了되었다'의 被자문 어순에 맞춰 배열하면 된다.

05

信息　删除了　手机里的　被她　全部

p. 351

手机里的信息全部被她删除了。	휴대전화 안의 메시지는 그녀에 의해서 모두 삭제되었다.

시크릿 부사 全部는 복수를 나타내는 단어 뒤에 위치

단어 信息 xìnxī 명 소식, 뉴스 | 删除 shānchú 동 삭제하다, 지우다 | 全部 quánbù 부 전부

해설 STEP 1 **주어를 찾아라!**

- 手机里的(휴대전화 안의): 구조조사 的를 보고 명사를 수식하는 관형어임을 알 수 있다.
- 信息(정보): 명사로 관형어의 수식을 받아 주어나 목적어의 역할을 할 수 있다.
  → 手机里的信息(휴대전화 안의 정보)

STEP 2 **술어를 찾아라!**

- 删除了(삭제했다): 동작의 완료를 나타내는 동태조사 了를 보고 동사 술어임을 알 수 있다.

STEP 3 **기타 성분을 삽입하라!**

- 被她(그녀에 의해서): '전치사(被) + 인칭대사(她)'의 전치사구로 주어 뒤, 술어 앞에 위치한다.
- 全部(모두): 都, 全部 등은 전체 범위를 나타내는 부사로, 복수를 나타내는 표현 뒤에 위치한다.
  → 手机里的信息全部(휴대전화 안의 메시지는 모두)

STEP 4 **밑그림을 그려라!**

제시된 단어들의 어순을 배열하기 전 해석으로 전체적인 밑그림을 그려 보는 것이 중요하다.

일반문 她　删除了　手机里的信息　일반문에서 행위 대상 手机里的信息는 목적어 자리에 위치한다.

把자문 她 把 手机里的信息　删除了　처치문에서 행위 대상(목적어)는 把를 이용하여 술어 앞으로 끌고 나온다.

被자문 手机里的信息　被她　删除了　피동문에서 행위 대상(목적어, 피해자)는 주어의 입장에서 문장을 서술한다.

특히 被자문은 피해자(행위의 대상자)가 주어 자리에 오고, 가해자(행위의 주체자)가 被 뒤에 나온다. '무엇은 그녀에 의해서 删除了되었다'의 被자문 어순에 맞춰 배열하면 된다.

DAY 15

✓ 정답
1. 那些新闻的真实性让人怀疑。
2. 领导的称赞使我充满了力量。
3. 她的行为让人觉得很温暖。
4. 班长让我把考卷收起来。
5. 博物馆的墙上挂着一幅有名的画。

01

让人　那些新闻的　怀疑　真实性

p. 361

那些新闻的真实性让人怀疑。	그 뉴스의 진실성은 사람들로 하여금 의심하게 만든다.

시크릿 겸어문 어순에 주목!

단어 新闻 xīnwén 명 뉴스 | 怀疑 huáiyí 동 의심하다, 의심을 품다 | 真实性 zhēnshíxìng 명 진실성

해설 STEP 1 주어를 찾아라!

- 那些新闻的(그 뉴스의): 구조조사 的를 보고 명사를 수식하는 관형어임을 알 수 있다.
- 真实性(진실성): 명사로 관형어의 수식을 받아 명사구를 만들 수 있으며, 非사람 주어가 된다.
  → 那些新闻的真实性(그 뉴스의 진실성)

STEP 2 사역동사를 찾아라!

- 让人(사람으로 하여금 ~하게 하다): 겸어문에 쓰이는 사역동사로는 让, 叫, 使, 令 등이 있다. 다른 동사와 함께 있을 때 사역동사가 첫 번째 동사 자리에 위치한다.

STEP 3 술어를 찾아라!

- 怀疑(의심하다): 동사로 문장에서 술어가 된다. 사역동사가 첫 번째 동사 자리에 위치하고, 일반동사가 두 번째 동사 자리에 위치한다.

STEP 4 2개 문장 만들기

- 那些新闻的 + 真实性 + 让 + 人 / 人 + 怀疑　　그 뉴스의 진실성은 사람들을 시켰다 / 사람들은 의심한다

목적어와 주어를 겸하므로 겸어문

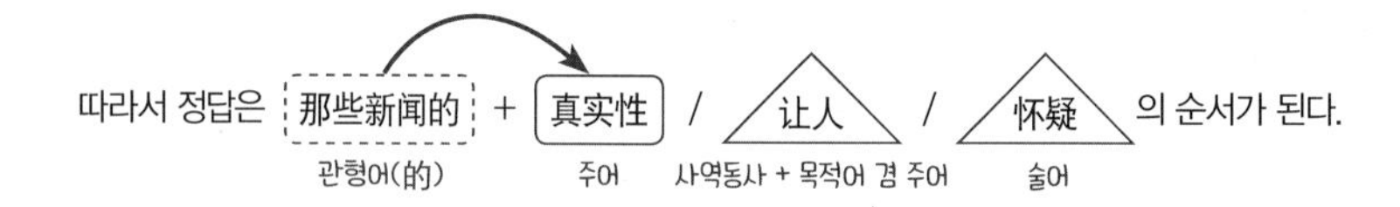

02

充满了　称赞　领导的　使我　力量

p. 361

领导的称赞使我充满了力量。	사장님의 칭찬은 나로 하여금 힘이 솟게 하였다.

시크릿 겸어문 어순에 주목!

단어 充满 chōngmǎn 동 충만하다, 가득차다, 가득 채우다 | 称赞 chēngzàn 동명 칭찬(하다) | 领导 lǐngdǎo 명 지도자, 책임자, 보스 | 使 shǐ 동 (~에게) ~하게 하다 | 力量 lìliang 명 힘

해설 STEP 1 주어를 찾아라!

- 领导的(사장님의): 구조조사 的를 보고 명사를 수식하는 관형어임을 알 수 있다.
- 称赞(칭찬): 관형어의 수식을 받아 명사구를 만들 수 있으며, 非사람 주어가 된다.
  → 领导的称赞(사장님의 칭찬)

Tip 称赞은 동사 겸 명사로 '칭찬하다', '칭찬'의 의미로 사용된다.

- 力量(힘): 명사로 문장에서 목적어가 될 수 있다.

STEP 2 **사역동사를 찾아라!**

- 使我(나로 하여금 ~하게 하다): 겸어문에 쓰이는 사역동사에는 让, 叫, 使, 令 등이 있다. 다른 동사와 함께 있을 때 사역동사가 첫 번째 동사 자리에 위치한다.

STEP 3 **술어를 찾아라!**

- 充满了(충만했다): 동태조사 了를 보고 동사 술어임을 알 수 있다. 겸어문에서는 사역동사가 첫 번째 동사 자리에 위치하고, 일반동사가 두 번째 동사 자리에 위치한다.

STEP 4 **2개 문장 만들기**

- 领导的 + 称赞 + 使 + 我 / 我 + 充满了 + 力量　　사장님의 칭찬은 나로 하여금 시켰다 / 나는 힘이 가득했다

목적어와 주어를 겸하므로 겸어문

03 她的　觉得　让人　很温暖　行为

p. 361

她的行为让人觉得很温暖。 | 그녀의 행동은 사람들로 하여금 매우 따뜻함을 느끼게 해 주었다.

시크릿 사역동사 让 뒤에는 행위자와 동사가 등장

단어 温暖 wēnnuǎn 형 따뜻하다 | 行为 xíngwéi 명 행동, 행위

해설 STEP 1 **주어를 찾아라!**

- 她的(그녀의): 구조조사 的를 보고 명사를 수식하는 관형어임을 알 수 있다.
- 行为(행동): 명사로 관형어의 수식을 받아 非사람 주어가 될 수 있다.
  → 她的行为(그녀의 행동은)

STEP 2 **사역동사를 찾아라!**

- 让人(사람으로 하여금 ~하게 하다): 겸어문에 쓰이는 사역동사로는 让, 叫, 使, 令 등이 있다. 다른 동사와 함께 있을 때 사역동사가 첫 번째 동사 자리에 위치한다.

STEP 3 **술어를 찾아라!**

- 觉得(~라고 느끼다): 동사로 술어가 된다. 觉得는 특별동사로 동사구나 형용사구를 목적어로 끌고 나온다. 겸어문에서는 사역동사가 첫 번째 동사 자리 위치하고, 일반동사가 두 번째 동사 자리에 놓인다.
- 很温暖(매우 따뜻하다): '정도부사(很) + 형용사(温暖)' 형용사구로 觉得의 목적어가 된다.
  → 觉得很温暖(매우 따뜻하다고 느끼다)

STEP 4 **2개 문장 만들기**

- 她的 + 行为 + 让 + 人 / 人 + 觉得 + 很温暖　　그녀의 행동은 사람들로 하여금 시켰다 / 사람들은 매우 따뜻하다고 느꼈다

목적어와 주어를 겸하므로 겸어문

04

把考卷　　班长　　收起来　　让我

p. 361

班长让我把考卷收起来。	반장은 나에게 시험지를 걷어 오라고 시켰다.

시크릿 사역동사 让 뒤에는 행위자와 구체적 동작 등장

단어 考卷 kǎojuàn 명 시험지 | 班长 bānzhǎng 명 반장 | 收 shōu 동 거두어들이다, 거두다, 회수하다

해설 STEP 1 **주어를 찾아라!**

- 班长(반장): 행위의 주체자인 사람을 나타내는 명사이므로 문장에서 주어가 될 수 있다.

STEP 2 **사역동사를 찾아라!**

- 让我(나로 하여금 ~하게 시키다): 겸어문에 쓰이는 사역동사로는 让, 叫, 使, 令 등이 있다. 다른 동사와 함께 있을 때 사역동사가 첫 번째 동사 자리에 위치한다.

STEP 3 **술어를 찾아라!**

- 把考卷(시험지를): '전치사(把) + 명사(考卷)'의 전치사구로 주어 뒤, 술어 앞에 위치한다.
- 收起来(걷어 오다): '동사(收) + 방향보어(起来)'로 동사 술어가 된다. 겸어문에서는 사역동사가 첫 번째 동사 자리에 위치하고, 일반동사가 두 번째 동사에 자리에 위치한다.

STEP 4 **2개 문장 만들기**

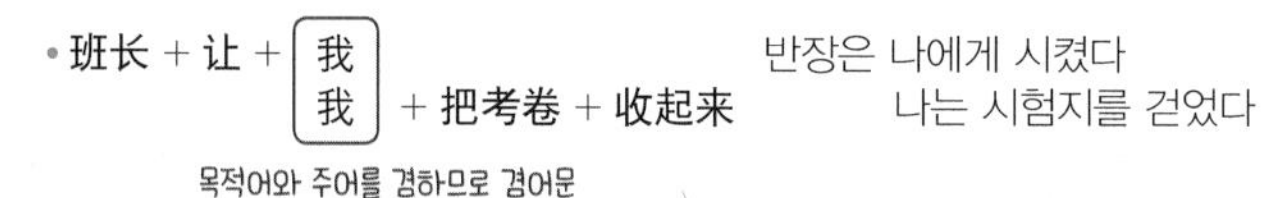

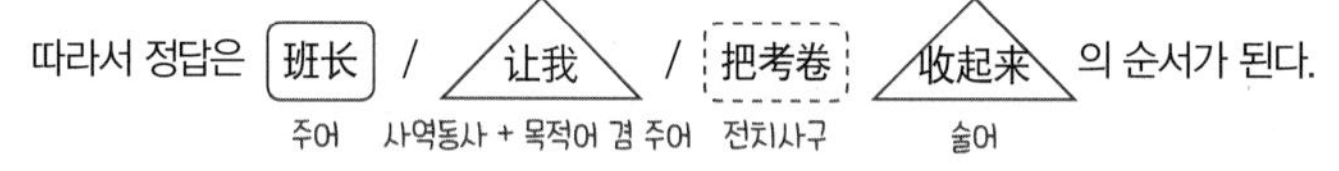

05

墙上　　一幅　　挂着　　有名的画　　博物馆的

p. 361

博物馆的墙上挂着一幅有名的画。	박물관의 벽에 한 폭의 유명한 그림이 걸려 있다.

시크릿 존현문의 장소주어 확인

단어 墙 qiáng 명 벽, 담 | 幅 fú 양 폭(그림, 종이 따위를 세는 단위) | 挂 guà 동 걸다 | 着 zhe 조 ~해 있다, ~한 채로 있다 | 博物馆 bówùguǎn 명 박물관

해설 STEP 1 **주어를 찾아라!**

- 博物馆的(박물관의): 구조조사 的를 보고 명사를 수식하는 관형어임을 알 수 있다.
- 墙上(벽에): '명사(墙) + 방위사(上)'의 장소를 나타내는 명사로 관형어의 수식을 받을 수 있다.
  → 博物馆的墙上(박물관의 벽에)
- 一幅(한 폭의): '수사(一) + 양사(幅)'의 수량사로 명사를 수식하는 관형어이다. 幅는 그림, 종이, 옷감을 세는 양사로 쓰인다.
- 有名的画(유명한 그림): 명사구로 수량사 관형어의 수식을 받을 수 있다.
  → 一幅有名的画(한 폭의 유명한 그림)

STEP 2 **술어를 찾아라!**

- 挂着(걸려 있다): 동작의 진행을 나타내는 동태조사 着를 보고 동사 술어임을 알 수 있다.

STEP 3 **주어와 목적어를 구별하라!**

존현문에서는 장소나 시간이 주어가 된다. 목적어(一幅 + 有名的画)는 특정한 것을 가리키는 지시대사 这, 那 없이 수량사를 써서 불특정함을 나타낸다. 따라서 문장의 주인인 주어 자리에 올 수 없고, 목적어 자리에 위치할 수 있다.

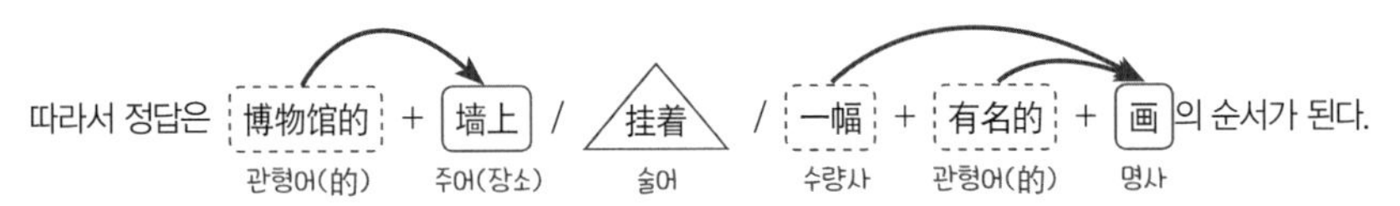

DAY 16

✓ 정답

1. 婚房的客厅里摆满了很多花儿。
2. 舞台下坐满了热情的观众。
3. 我想陪奶奶到外边透一下新鲜空气。
4. 她经常利用业余时间做摄影模特。
5. 兄弟姐妹轮流照顾生病的爷爷。

01

客厅里　花儿　婚房的　很多　摆满了

p. 361

婚房的客厅里摆满了很多花儿。 | 신혼집 거실에는 많은 꽃들이 가득 놓여져 있다.

시크릿 존현문의 장소주어 확인

단어 客厅 kètīng 명 거실, 응접실 | 婚房 hūnfáng 명 신혼집 | 摆 bǎi 동 놓다, 진열하다 | 满 mǎn 형 가득하다, 가득 차 있다

해설 STEP 1 **주어를 찾아라!**

- 婚房的(신혼집의): 구조조사 的를 보고 명사를 수식하는 관형어임을 알 수 있다
- 客厅里(거실 안): '명사(客厅) + 방위사(里)'의 장소를 나타내는 명사이며 관형어의 수식을 받을 수 있다.
  → 婚房的客厅里(신혼집의 거실에는)
- 很多(많은): '정도부사(很) +형용사(多)'의 구조이지만, 그 의미는 수량의 의미를 나타내기 때문에 명사를 수식하는 관형어가 된다.
- 花儿(꽃): 명사로 관형어의 수식을 받을 수 있으며, 문장에서 주어나 목적어로 쓰인다.
  → 很多花儿(많은 꽃)

STEP 2 **술어를 찾아라!**

- 摆满了(가득 놓여져 있다): '동사(摆) + 결과보어(满)'의 구조의 동사 술어다. 동작의 완료를 나타내는 동태조사 了를 보고, 동사 술어임을 유추할 수 있다.

STEP 3 **주어와 목적어를 구별하라!**

존현문에서는 장소나 시간이 주어가 된다. 목적어(很多 + 花儿)는 특정한 것을 가리키는 지시대사 这, 那 없이 수량사(很多)를 써서 불특정함을 나타낸다. 따라서 문장의 주인인 주어 자리에 올 수 없고, 목적어 자리에 위치할 수 있다.

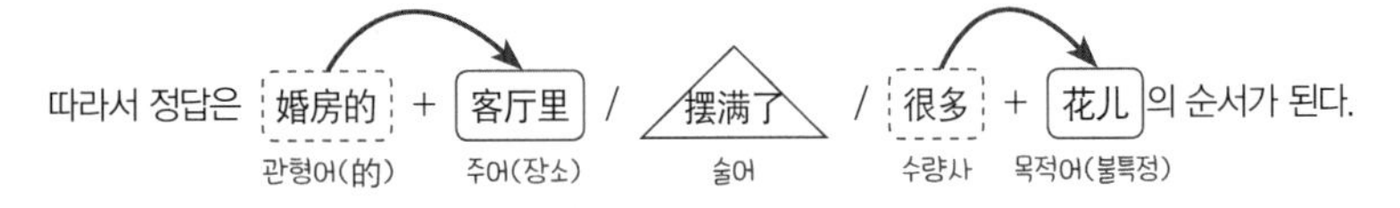

02

热情的　舞台下　坐满了　观众

p. 361

舞台下坐满了热情的观众。	무대 아래에는 열정적인 관중이 가득 차 있다.

시크릿 존현문의 장소 주어 확인

단어 热情 rèqíng 형 열정적이다 | 舞台 wǔtái 명 무대 | 满 mǎn 형 가득하다, 가득 차 있다 | 观众 guānzhòng 명 관중, 관객

해설 STEP 1 **주어를 찾아라!**

- 舞台下(무대 아래): '명사(舞台) + 방위사(下)'의 장소 명사다.
- 热情的(열정적인): 구조조사 的를 보고 명사를 수식하는 관형어임을 알 수 있다
- 观众(관중): 명사로 문장에서 주어나 목적어가 될 수 있으며, 관형어의 수식을 받을 수 있다.
  → 热情的观众(열정적인 관중)

STEP 2 **술어를 찾아라!**

- 坐满了(가득 앉아있다): '동사(坐) + 결과보어(满)'로 동사 술어가 된다. 동작의 완료를 나타내는 동태조사 了를 보고 동사임을 유추할 수 있다.

STEP 3 **주어와 목적어를 구별하라!**

존현문의 형식은 장소나 시간이 주어가 된다. 목적어(热情的观众)는 지시대사 这, 那 없이 관형어 热情的만 있어 어떤 관객인지 특정하게 지칭하지 않으므로 불특정한 것이다. 따라서 문장의 주인인 주어 자리에 올 수 없고, 목적어 자리에 위치할 수 있다.

따라서 정답은 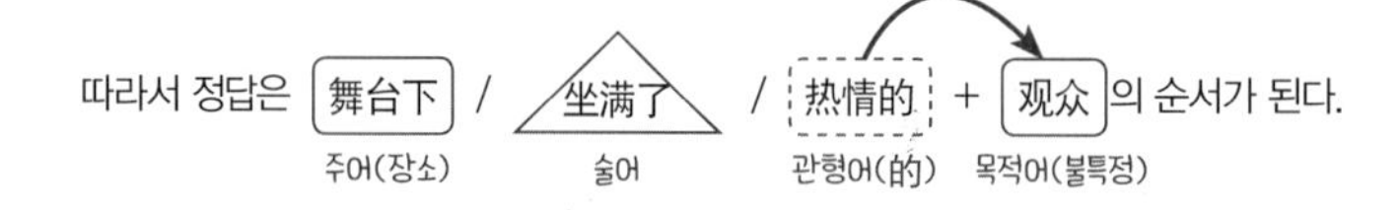

의 순서가 된다.

03

陪奶奶　我想　透一下　到外边　新鲜空气

p. 361

我想陪奶奶到外边透一下新鲜空气。	나는 할머니를 모시고 밖에 가서 신선한 공기를 쐬게 해 드리고 싶다.

시크릿 동사 3개를 동작의 발생 순서대로 나열

단어 陪 péi 동 모시다, 동반하다 | 奶奶 nǎinai 명 할머니 | 透 tòu 동 (액체, 빛, 바람 따위가) 투과하다, 스며들다, 통하다 | 外边 wàibian 명 밖, 바깥 | 新鲜 xīnxiān 형 신선하다, 싱싱하다 | 空气 kōngqì 명 공기

해설 STEP 1 **주어를 찾아라!**

- 我想(나는 ~하고 싶다): 想은 조동사로 주어 뒤, 술어 앞에 위치한다. 따라서 앞에 위치한 我는 주어 역할을 한다.
- 新鲜空气(신선한 공기): 명사로 문장에서 주어나 목적어가 될 수 있다.

STEP 2 **술어를 찾아라!**

- 陪奶奶(할머니를 모시다): 陪는 동사로 '모시다'의 뜻이고, 奶奶는 명사로 '할머니'라는 뜻이다.
- 到外边(밖으로 나가다): 到 '~에 도착하다'라는 뜻의 왕래발착동사이고, 外边은 명사로 '바깥'이라는 뜻이다.
- 透一下(좀 쐬다): 透는 동사로 '공기가 통하다, 바람을 쐬다'의 뜻이고, 一下는 '한번 좀 해 보다'의 동량보어다. 연동문에서 동량보어가 있는 동사는 맨 마지막 동사가 된다.

STEP 3 **순서에 맞게 배열하라!**

陪奶奶와 到外边은 각각 목적어를 끌고 나왔기 때문에, 목적어가 없는 透一下는 新鲜空气를 끌고 나오게 된다. 동작의 발생 순서대로, 먼저 할머니를 모셔야지만 바깥으로 이동이 가능하고, 밖으로 나가야지만 신선한 공기를 쐴 수 있게 되므로 시간의 흐름에 따라 배열하면 된다.

따라서 정답은 我(주어) / 想(조동사) + 陪(동사1) + 奶奶(목적어1) / 到(동사2) + 外边(목적어2) / 透一下(동사3) + 新鲜空气(목적어3)

의 순서가 된다.

04

p. 361

时间　利用　做　摄影模特　她经常　业余

她经常利用业余时间做摄影模特。 | 그녀는 자주 여가 시간을 이용하여 사진 모델을 한다.

시크릿 동사 2개를 시간의 순서대로 나열, 긴밀 연결 관형어 확인

단어 利用 lìyòng 동 이용하다 | 摄影 shèyǐng 명동 촬영(하다) | 模特 mótè 명 모델 | 经常 jīngcháng 부 늘, 항상, 언제나 | 业余 yèyú 형 여가의, 근무 시간 외의

해설 STEP 1 **주어를 찾아라!**

- 她经常(그녀는 자주): '인칭대사 + 정도부사'로, 她는 행위의 주체자가 될 수 있기 때문에 문장에서 주어가 될 가능성이 높다.
- 业余(여가): 근무 시간 외의 시간을 의미하는 명사다.
- 时间(시간): 명사로 业余와 긴밀하게 결합해 목적어가 될 수 있다.
  → 业余时间(여가 시간)
- 摄影模特(사진 모델): 명사로 문장에서 목적어가 될 수 있다.

STEP 2 **술어를 찾아라!**

- 利用(이용하다): 동사로 뒤에 목적어 业余时间을 끌고 나올 수 있다.
  → 利用业余时间(여가 시간을 이용하다)
- 做(하다): 동사로 뒤에 목적어 摄影模特을 끌고 나올 수 있다.
  → 做摄影模特(사진 모델을 하다)

STEP 3 **순서에 맞게 배열하라!**

등장하는 두 개의 동사 利用, 做의 순서를 생각해 봐야 한다. 먼저 여가 시간을 활용해야만 사진 모델을 하는 동작을 할 수 있으므로 어순은 利用 + 业余时间 + 做 + 摄影模特가 된다.

따라서 정답은 她(주어) / 经常(부사) + 利用(동사1) + 业余(긴밀 연결) + 时间(목적어1) / 做(동사2) + 摄影模特(목적어2)의 순서가 된다.

05

生病的　兄弟姐妹　爷爷　照顾　轮流

p. 361	兄弟姐妹轮流照顾生病的爷爷。	형제자매들은 돌아가면서 병드신 할아버지를 돌본다.

시크릿 동사 2개를 동작의 발생 순서대로 나열

단어 兄弟姐妹 xiōngdì jiěmèi 명 형제자매 | 照顾 zhàogù 동 돌보다, 보살펴 주다 | 轮流 lúnliú 동 돌아가면서 하다, 교대로 하다, 순번대로 하다

해설 STEP 1 **주어를 찾아라!**

- 兄弟姐妹(형제자매): 행위의 주체자가 될 수 있는 명사로 문장에서 주어나 목적어가 될 수 있다.
- 生病的(병드신): 구조조사 的를 보고 명사를 수식하는 관형어임을 알 수 있다
- 爷爷(할아버지): 명사로 관형어의 수식을 받아 주어나 목적어가 될 수 있다.
  → 生病的爷爷(병드신 할아버지)

STEP 2 **술어를 찾아라!**

- 轮流(돌아가면서 하다): 동사로 문장에서 술어가 될 수 있다.
- 照顾(돌보다): 동사로 문장에서 술어가 될 수 있다. 연동문에서 여러 개의 동사가 나오면 동작이 발생하는 순서, 시간의 순서대로 배열하면 된다.
  → 轮流照顾(돌아가면서 돌보다)

STEP 3 **주어와 목적어를 구별하라!**

주어와 목적어의 위치를 확정하고자 할 때는 술어를 기준으로 결정한다. '형제자매들이 할아버지를 돌볼까?'아니면 '할어버지가 형제자매를 돌볼까?' 이렇게 두 가지 경우의 수를 다 생각해 보면 의뢰로 정답은 간단해진다.

따라서 정답은 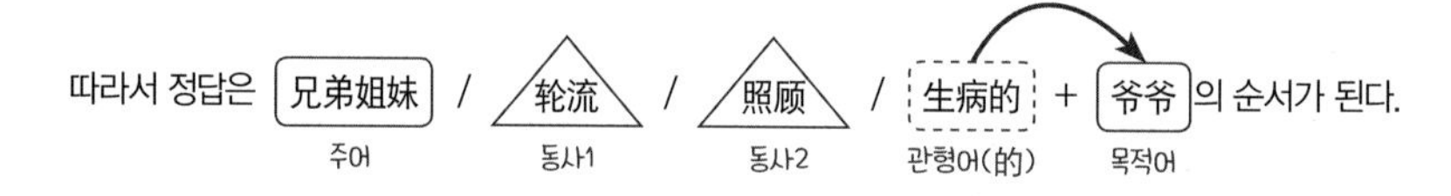

의 순서가 된다.

✓ 정답
1. 我为这次论文答辩做好了充分的准备。/ 为这次论文答辩我做好了充分的准备。
2. 我得向老师打听一下考试的内容。
3. 运动员们想为祖国做出贡献。
4. 请大家准时在宿舍大厅里集合。
5. 请不要向人民公布这个结果。

充分的　我　准备　做好了　为这次论文答辩

p. 371	我为这次论文答辩做好了充分的准备。 为这次论文答辩我做好了充分的准备。	나는 이번 논문 답변을 위해서 충분한 준비를 했다. 이번 논문 답변을 위해서 나는 충분한 준비를 했다.

시크릿 원인 · 목적을 나타내는 개사 为는 강조를 위해 주어 앞에도 위치 가능

단어 充分 chōngfèn 형 충분하다 | 为 wèi 전 ~을 위하여 | 论文 lùnwén 명 논문 | 答辩 dábiàn 동 답변하다

해설 STEP 1 **주어를 찾아라!**

- 我(나): 인칭대사 我는 행위의 주체자로 문장에서 주어가 될 수 있다.
- 充分的(충분한): 구조조사 的를 보고 명사를 수식하는 관형어임을 알 수 있다
- 准备(준비): 명사로 관형어 充分的의 수식을 받아 문장에서 목적어가 될 수 있다.
  → 充分的准备(충분한 준비)

STEP 2 **술어를 찾아라!**

- 做好了(다 했다): '동사(做) + 결과보어(好)'로 동사 술어가 된다. 동태조사了를 보고도 동사 술어임을 유추할 수 있다.

STEP 3 **기타 성분을 삽입하라!**

- 为这次论文答辩(이번 논문 답변을 위해서): '전치사(为) + 명사(这次论文答辩)'의 전치사구로 주어 뒤, 술어 앞에 위치한다.

Tip 문장의 기본 어순 '주어 + 술어 + 목적어'를 배열하고, 맨 나중에 부사어 '부사, 조동사, 전치사구'를 주어 뒤, 술어 앞에 쏙 넣어 주면 된다.

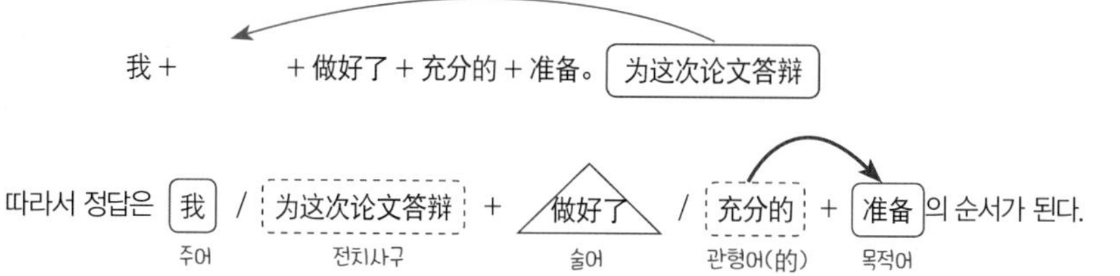

02

打听一下 向老师 我 考试的内容 得

p. 371

我得向老师打听一下考试的内容。 나는 선생님께 시험 내용에 대해서 한번 여쭤봐야겠다.

시크릿 조동사 得와 전치사구 向老师 모두 술어 앞에 위치

단어 打听 dǎtīng 동 물어보다, 알아보다 | 向 xiàng 전 ~에, ~에게 | 内容 nèiróng 명 내용 | 得 děi 동 ~해야 한다(겠다)

해설 STEP 1 **주어를 찾아라!**

- 我(나): 인칭대사 我는 행위의 주체자로 주어가 될 수 있다.
- 考试的内容(시험의 내용): 명사구로 문장에서 목적어가 될 수 있다.

STEP 2 **술어를 찾아라!**

- 打听一下(한번 물어보다): 동작의 양을 세는 동량보어 一下와 함께 쓰인 것을 보고, 打听이 동사 술어임을 유추할 수 있다.

STEP 3 **기타 성분을 삽입하라!**

- 得 (~해야겠다): 조동사는 주어의 '능력(会, 能), 바람(想, 要), 허가(可以), 당위(得, 应该)'를 나타내며, 동사 앞에서 동사를 도와주는 역할을 한다. '주어 + 부사 + 조동사 + 전치사 + 술어'의 어순에 따라서 조동사는 전치사 앞에 놓는다.
- 向老师(선생님께): '전치사(向) + 명사(老师)'의 전치사구로 주어 뒤, 술어 앞에 위치한다. 전치사구는 동사 술어와 가장 가까이 붙으며, 그 사이에 아무것도 삽입하지 않는다.

  → 得向老师打听一下(선생님께 여쭤봐야겠다)

Tip 문장의 기본 어순 '주어 + 술어 + 목적어'를 배열하고, 맨 나중에 부사어(부사, 조동사, 전치사구)를 주어 뒤, 술어 앞에 쏙 넣어 주면 된다.

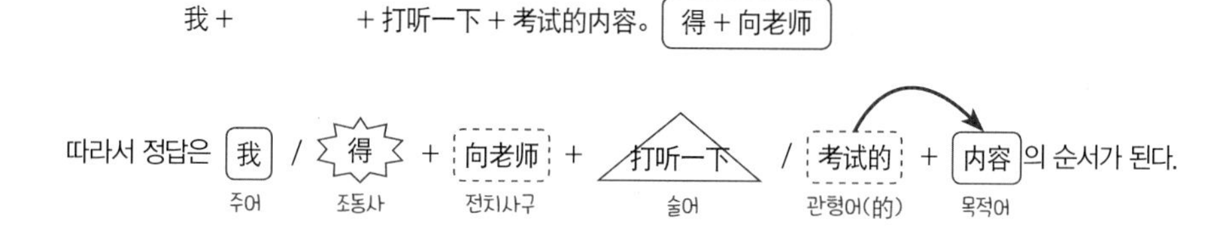

03

p. 371

为祖国 贡献 想 做出 运动员们	
运动员们想为祖国做出贡献。	운동선수들은 조국을 위해 공헌을 하고자 한다.

시크릿 조동사 想과 전치사구 为祖国 모두 술어 앞에 위치

단어 祖国 zǔguó 명 조국 | 贡献 gòngxiàn 명 공헌, 기여 | 做出 zuòchū 동 해내다, ~을 하다 | 运动员 yùndòngyuán 명 운동선수

해설 STEP 1 **주어를 찾아라!**

- 运动员们(운동선수들): 행위의 주체자를 나타내는 명사로 문장에서 주어가 될 수 있다.
- 贡献(공헌): 명사로 문장에서 목적어가 될 수 있다.

STEP 2 **술어를 찾아라!**

- 做出(~을 하다): '동사(做) + 방향보어(出)'로 동사 술어임을 알 수 있다.

STEP 3 **기타 성분을 삽입하라!**

- 想(~하고 싶다): 조동사는 주어의 '능력(会, 能), 바람(想, 要), 허가(可以), 당위(得, 应该)'를 나타내며, 동사 앞에서 동사를 도와주는 역할을 한다. '주어 + 부사 + 조동사 + 전치사 + 술어'의 어순에 따라 조동사는 전치사 앞에 놓는다.
- 为祖国(조국을 위해): '전치사(为) + 명사(祖国)'의 전치사구로 주어 뒤, 술어 앞에 놓는다. 전치사구는 동사 술어와 가장 가까이 붙으며, 그 사이에 아무것도 삽입하지 않는다.
  → 想为祖国做出贡献(조국을 위해 공헌을 하고자 한다)

Tip 문장의 기본 어순 '주어 + 술어 + 목적어'를 배열하고, 맨 나중에 부사어 '조동사, 전치사구'를 주어 뒤, 술어 앞에 쏙 넣어 주면 된다.

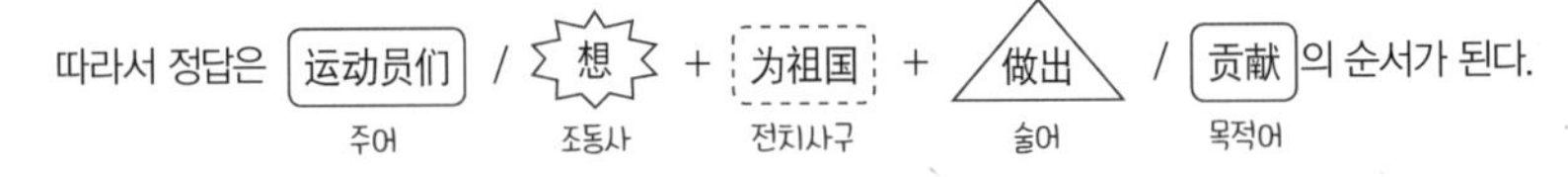

04

p. 371

在宿舍大厅里 请大家 准时 集合	
请大家准时在宿舍大厅里集合。	모두 제시간에 기숙사 로비에 집합해 주세요.

시크릿 부사 准时와 전치사구 在宿舍大厅里 모두 술어 앞에 위치

단어 宿舍 sùshè 명 기숙사 | 大厅 dàtīng 명 로비, 홀 | 准时 zhǔnshí 부 정시에, 제때에 | 集合 jíhé 동 집합하다, 모이다

해설 STEP 1 **주어를 찾아라!**

- 请大家(모두들 ~해 주세요): 大家는 인칭대사로 문장에서 주어나 목적어가 될 수 있다. 주어에게 부탁이나 권유를 하는 请(~좀 해 주세요)은 주어 앞에 나오기 때문에 大家를 주어로 삼는다.

STEP 2 **술어를 찾아라!**

- 集合(집합하다): 동사로 문장에서 술어가 된다.

STEP 3 **기타 성분을 삽입하라!**

- 准时(제때에): 부사로 주어 뒤, 술어 앞에 놓는다. 만약 전치사구가 있다면 전치사구 앞에 놓는다.

Tip 부사 + 전치사구 + 동사

- 在宿舍大厅里(기숙사 로비에): '전치사(在) + 명사(宿舍大厅里)'의 전치사구다. 주어 뒤, 술어 앞에 놓는다. 전치사구는 동사 술어와 가장 가까이 붙으며, 그 사이에 아무것도 삽입하지 않는다.
  → 准时在宿舍的大厅里(제때에 숙소의 로비에)

Tip 문장의 기본 어순 '주어 + 술어'를 배열하고, 맨 나중에 부사어(부사, 조동사, 전치사구)를 주어 뒤, 술어 앞에 쏙 넣어 주면 된다.

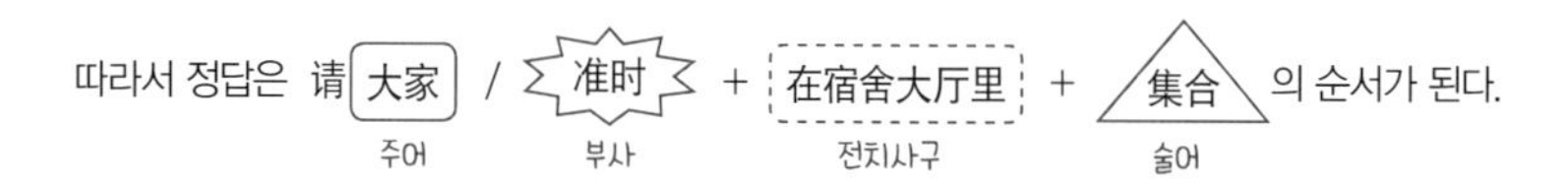

05

p. 371

公布　向人民　请　这个结果　不要	
请不要向人民公布这个结果。	시민들에게 이 결과를 공표하지 말아 주세요.

시크릿 부사 不要와 전치사구 向人民 모두 술어 앞에 위치

단어 公布 gōngbù 동 공표하다, 공포하다, 발표하다 | 人民 rénmín 명 인민, 국민, 대중 | 结果 jiéguǒ 명 결과, 결실

해설 STEP 1 **주어를 찾아라!**

- 这个结果(이 결과): 명사구로 문장에서 주어나 목적어가 될 수 있다. 술어가 公布(공표하다)이면 주어는 행위의 주체자인 사람이 나와야 하므로 这个结果는 목적어가 된다.

STEP 2 **술어를 찾아라!**

- 公布(공표하다): 동사로 문장에서 술어가 된다.

STEP 3 **기타 성분을 삽입하라!**

- 请(~해 주세요): 상대방에서 권유, 부탁, 사역의 의미로 쓰이며, 주어 앞에 놓는다. 종종 주어가 생략되어 나올 수 있으니 주의하자.
- 不要(~하지 말아라): 부사 别와 같은 의미로 동사 앞에 쓰여 행위의 금지를 나타낸다.
- 向人民(시민들에게): '전치사(向) + 명사(人民)'의 전치사구로 주어 뒤, 술어 앞에 놓는다. 전치사구는 동사 술어와 가장 가까이 붙으며, 그 사이에 아무것도 삽입하지 않는다.

Tip 문장의 기본 어순 '주어 +술어 +목적어'를 배열하고, 맨 나중에 부사어(부사, 조동사, 전치사구)를 주어 뒤, 술어 앞에 쏙 넣어 주면 된다.

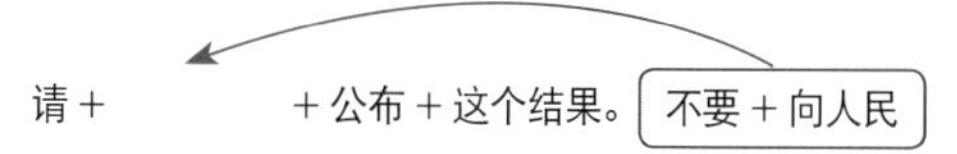

따라서 정답은 请(你) / 不要 + 向人民 + 公布 / 这个结果 의 순서가 된다.
(주어 생략) 부정부사 전치사구 술어 목적어

DAY 18

✓ 정답

1. 这次HSK考试居然没及格。 2. 我从来没有想过这个问题。
3. 那家房地产公司几个月前就已经破产了。 4. 各国科学家正在积极地开发新能源。
5. 老孙对明天的论文答辩非常有把握。

01

没 HSK考试 及格 这次 居然

p. 371

这次HSK考试居然没及格。	이번 HSK 시험은 뜻밖에도 합격하지 못했다.

시크릿 일반부사 居然 + 부정부사 没 순서로 배열

단어 及格 jígé 동 합격하다 | 居然 jūrán 부 뜻밖에, 의외로

해설 STEP 1 **주어를 찾아라!**

- 这次(이번): '지시대사(这) + 양사(次)'의 수량사로 명사를 수식하는 관형어 역할을 한다.
- HSK考试(HSK 시험): 명사로 관형어의 수식을 받아서 문장에서 주어가 된다.
  → 这次HSK考试(이번 HSK시험)

STEP 2 **술어를 찾아라!**

- 及格(합격하다): 동사로 문장에서 동사 술어가 된다.

STEP 3 **기타 성분을 삽입하라!**

- 居然(뜻밖에도): 일반부사로 주어 뒤, 술어 앞에 놓는다.
- 没(~하지 않은): 부정부사로 주어 뒤, 술어 앞에 놓는다. 만약 2개의 부사가 동시에 나온다면 부정부사는 동사 술어와 더 가까이 위치한다.(일반부사 + 부정부사 + 동사 술어)
  → 居然没及格(뜻밖에도 합격하지 못했다)

Tip 문장의 기본 어순 '주어 + 술어 + 목적어'를 배열하고, 맨 나중에 부사어 '부사, 조동사, 전치사구'를 주어 뒤, 술어 앞에 쏙 넣어 주면 된다.

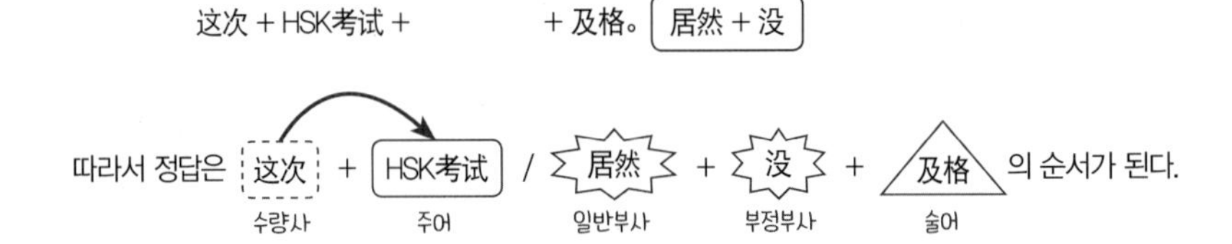

02

从来 这个问题 想过 我 没有

p. 371

我从来没有想过这个问题。	나는 이 문제를 여지껏 생각해 본 적이 없다.

시크릿 일반부사 从来 + 부정부사 没 순서로 배열

단어 从来 cónglái 부 지금까지, 여태껏 | 过 guo 조 ~한 적이 있다

해설 STEP 1 **주어를 찾아라!**

- 我(나): 인칭대사 我는 행위의 주체자로 문장에서 주어가 된다.
- 这个问题(이 문제): 명사로 문장에서 목적어가 될 수 있다.

STEP 2 **술어를 찾아라!**

- 想过(생각해 본 적이 있다): 경험을 나타내는 동태조사 过를 보고 동사 술어임을 유추할 수 있다.

STEP 3 **기타 성분을 삽입하라!**

- 从来(여지껏): 부사로 주어 뒤, 술어 앞에 위치한다.
- 没有(~한 적이 없는): 부정부사로 주어 뒤, 술어 앞에 위치한다. 만약 2개의 부사가 동시에 나온다면 부정부사는 동사 술어와 더 가까이 위치한다.(일반부사 + 부정부사 + 동사 술어)
  → 从来没有想过(여지껏 생각해 본 적이 없다)

Tip 문장의 기본 어순 '주어 + 술어 + 목적어'를 배열하고, 맨 나중에 부사어(부사, 조동사, 전치사구)를 주어 뒤, 술어 앞에 쏙 넣어 주면 된다.

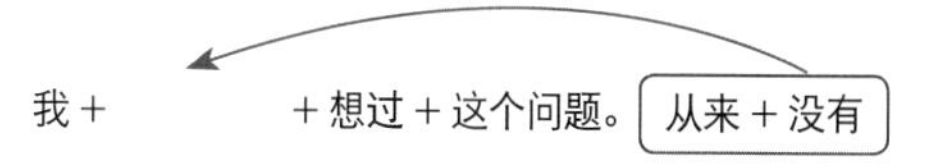

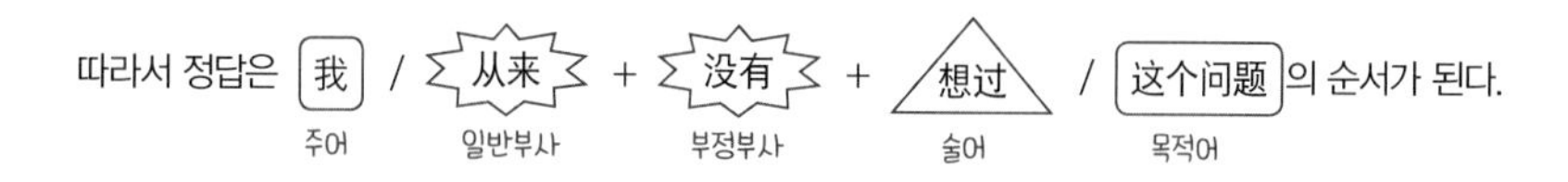

03 房地产公司 几个月前就 破产了 那家 已经

p. 371

那家房地产公司几个月前就已经破产了。 그 부동산 회사는 몇 달 전에 이미 파산했다.

시크릿 시간 표현 几个月前就와 부사 已经 모두 술어 앞에 위치

단어 房地产 fángdìchǎn 명 부동산 | 破产 pòchǎn 동 파산하다

해설 STEP 1 **주어를 찾아라!**

- 那家(그): '지시대사(那) + 양사(家)'로 명사를 수식하는 수량사 관형어 역할을 한다. 家는 영리를 추구하는 회사, 단체, 상점 등을 셀 때 세는 양사다.
- 房地产公司(부동산 회사): 사람뿐만 아니라 기관, 단체 등도 행위의 주체자 역할을 할 수 있으므로 주어가 된다.
  → 那家房地产公司(그 부동산 회사)

STEP 2 **술어를 찾아라!**

- 破产了(파산했다): 동작의 완료를 나타내는 동태조사 了를 보고 동사 술어임을 유추할 수 있다.

STEP 3 **기타 성분을 삽입하라!**

- 几个月前就(몇 달 전에 벌써): 시간을 나타내는 부사어로 주어 뒤, 술어 앞에 위치한다. 여기서 就는 '곧, 벌써'라는 뜻으로 시간의 빠름을 나타낸다.
- 已经(이미): 부사로 주어 뒤, 술어 앞에 위치한다.
  → 几个月前就已经 (몇 달 전에 이미)

Tip 문장의 기본 어순 '주어 +술어 +목적어'를 배열하고, 맨 나중에 부사어(부사, 조동사, 전치사구)를 주어 뒤, 술어 앞에 쏙 넣어 주면 된다.

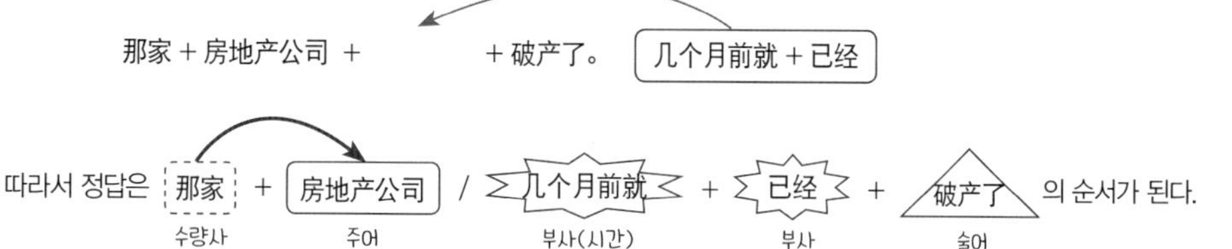

04

p. 371

正在　新能源　开发　各国科学家　积极地

各国科学家正在积极地开发新能源。	각국의 과학자들은 지금 적극적으로 신에너지를 개발하고 있다.

시크릿 부사 正在와 부사어 积极地 모두 술어 앞에 위치

단어 正在 zhèngzài 부 한창 ~하고 있는 중이다 | 新能源 xīnnéngyuán 명 신에너지 | 开发 kāifā 동 개발하다 | 科学家 kēxuéjiā 명 과학자 | 积极 jījí 형 적극적이다, 진취적이다

해설 STEP 1 **주어를 찾아라!**

- 各国科学家(각국의 과학자): 명사이자 행위의 주체자로 문장에서 주어가 된다.
- 新能源(신에너지): 명사로 문장에서 목적어가 될 수 있다.

STEP 2 **술어를 찾아라!**

- 开发(개발하다): 한자의 음을 그대로 읽어 보면 '개발'이라고 읽혀지므로 '개발하다'라는 동사 술어 임을 알 수 있다.

STEP 3 **기타 성분을 삽입하라!**

- 正在(지금): 시간의 진행을 나타내는 부사로 주어 뒤, 술어 앞에 놓는다.
- 积极地(적극적으로): 술어를 수식하는 구조조사 地를 보고 부사어임을 알 수 있다. 여러 개의 부사가 있다면 구조조사 地가 있는 부사어가 동사 술어와 가장 가까이 붙는다.
  → 正在积极地开发(지금 적극적으로 개발하고 있다)

Tip 문장의 기본 어순 '주어 + 술어 + 목적어'를 배열하고, 맨 나중에 부사어(부사, 조동사, 전치사구)를 주어 뒤, 술어 앞에 쏙 넣어 주면 된다.

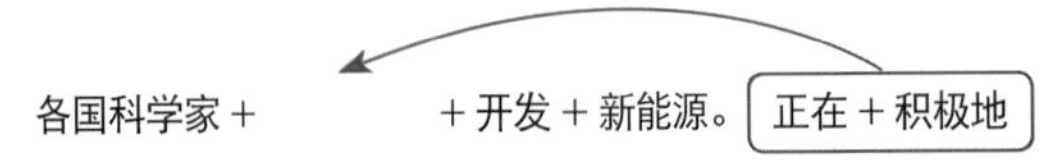

05

p. 371

对　论文答辩　明天的　非常　老孙　有把握

老孙对明天的论文答辩非常有把握。	라오쑨은 내일 논문 답변에 매우 자신이 있다.

시크릿 부사 非常은 술어 앞에 위치

단어 论文 lùnwén 명 논문 | 答辩 dábiàn 명동 답변(하다) | 把握 bǎwò 명 자신, 가망, 성공의 가능성

해설 STEP 1 **주어를 찾아라!**

- 老孙(라오쑨): 老는 가깝고 친근한 사이이지만 나보다 나이가 많은 사람에게, 小는 가깝고 친근한 사람이지만 나보다 나이가 어린 사람에게 붙이는 접두어이다. 孙은 성씨를 나타내므로 주어가 될 가능성이 높다.
- 明天的(내일의): 구조조사 的를 보고 명사를 수식하는 관형어임을 알 수 있다.
- 论文答辩(논문 답변): 명사로 관형어 明天的와 결합하여 명사구를 이룬다.
  → 明天的论文答辩(내일의 논문 답변)

STEP 2 **술어를 찾아라!**

- 有把握(자신이 있다): 把握는 '자신'이라는 명사로 동사 有와 결합하여 술어가 된다.

STEP 3 **기타 성분을 삽입하라!**

- 对(~에 대해서): 전치사로 명사 明天的论文答辩과 결합하여 주어 뒤, 술어 앞에 위치한다.
- 非常(매우): 일반부사라면 전치사 对 앞에 위치하겠지만, 정도부사는 술어 가장 가까이에 위치한다.

Tip 문장의 기본 어순 '주어 + 술어 + 목적어'를 배열하고, 맨 나중에 부사어(부사, 조동사, 전치사구)를 주어 뒤, 술어 앞에 쏙 넣어 주면 된다.

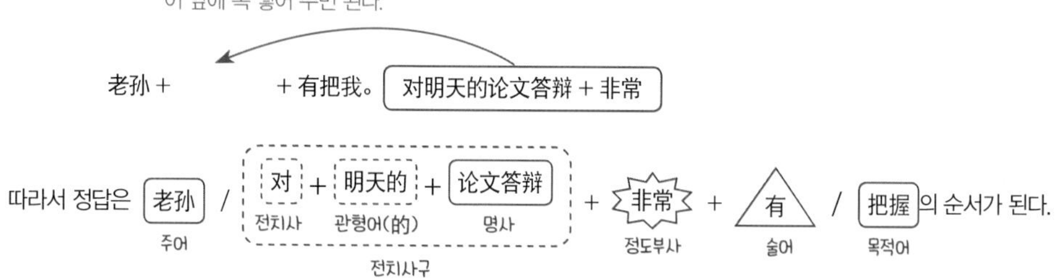

DAY 19

✓ 정답 해설 참고

01 旅游、兴奋、风景、纪念、觉得

p. 384

단어 旅游 lǚyóu 명동 여행(하다), 관광(하다) | 兴奋 xīngfèn 동 흥분하다, 감격하다, 감동하다 | 风景 fēngjǐng 명 풍경, 경치 | 纪念 jìniàn 명동 기념(하다) | 觉得 juéde 동 ~라고 느끼다, 생각하다

해설 STEP 1 **주제어 정하기**

旅游(여행하다)를 주제로 하여 여행에서 본 것, 느낀 것 등에 관한 내용으로 작문할 수 있다.

STEP 2 **흐름 잡기**

가족과 같이 여행을 가게 되어 너무 흥분되었다.

→ 멋진 풍경이 인상 깊었다. / 사진을 찍어 기념으로 삼았다.

→ 여름 방학을 의미 있게 보냈다고 생각한다.

STEP 3 **방법1 단어 활용하기**

- 旅游: 喜欢旅游 / 和朋友一起去旅游 / 去…旅游 / 旅游过一次 / 旅游景点
- 兴奋: 心里很兴奋 / 别提多兴奋了 / 兴奋得睡不着觉 / 又高兴又兴奋
- 风景: 风景很美 / 美丽的风景 / 自然风景 / 欣赏风景 / 这里风景如画
- 纪念: 买纪念品做纪念 / 拍照片做纪念 / 值得纪念的事情 / 纪念日
- 觉得: 觉得很高兴 / 觉得很开心 / 觉得很好 / 觉得压力很大

방법2 핵심 어법 활용하기

- 去…旅游(~로 여행을 가다): 일반적인 동사(=타동사)는 뒤에 목적어를 끌고 나올 수 있으나, 旅游(=旅行)는 자동사로 목적어를 끌고 나올 수 없다. 따라서 旅游北京은 틀린 표현이며, 반드시 '去 + (北京) + 旅游'의 형식으로 작문해야 한다.

  예 我和家人一起去中国旅游。 나와 가족은 함께 중국으로 여행을 간다.

- A 给 B 留下深刻的印象(A는 B에게 깊은 인상을 남기다): 전치사구와 함께 고정되어서 쓰이는 표현은 외워서 작문할 때 사용하면 좋다. 주어는 구체적 사물 명사나 추상적 명사도 될 수 있다.

  예 他的耐心给我… 그의 인내심은 나에게 ~
  他的勇气给我… 그의 용기는 나에게 ~
  这本小说给读者… 이 소설책은 독자에게~
  她流利的中文给面试官… 그녀의 유창한 중국어는 면접관에게 ~

- 当…的时候(~할 때): 시간을 나타내는 표현으로 '동작 + 时', '동작 + 的时候', '当 + 동작 + 的时候'의 형식으로 쓰일 수 있다.

  예 当我进门的时候，电话响了。 내가 문에 들어설 때, 전화가 울렸다.
  当我第一次到中国的时候，连一句话也不会说。
  내가 처음 중국에 갔을 때, 한마디 조차도 할 줄 몰랐다.
  当我睡醒的时候，天已经亮了。 내가 잠에서 깨었을 때, 날이 이미 밝아 있었다.

모범 답안 1

		今	年	暑	假	我	和	家	人	一	起	去	中	国	旅
游	，	当	时	别	提	多	兴	奋	了	，	长	这	么	大	还
是	第	一	次	坐	飞	机	呢	。	那	儿	美	丽	的	风	景
给	我	留	下	了	深	刻	的	印	象	，	我	拍	了	很	多
照	片	做	纪	念	，	我	觉	得	今	年	暑	假	过	得	十
分	有	意	义	。											

해석 이번 여름 방학에 나는 가족과 함께 중국으로 여행을 갔었는데, 그 당시에 얼마나 흥분되었는지 말도 하지 마라. 이렇게 다 컸는데도 처음으로 비행기를 타 보는 것이었다. 그곳의 아름다운 풍경은 나에게 깊은 인상을 남겨 주었다. 나는 많은 사진을 찍어서 기념으로 삼았다. 내 생각에 올해 여름 방학은 매우 의미 있게 보낸 것 같다.

단어 暑假 shǔjià 명 여름 방학, 여름휴가 | 当时 dāngshí 명 당시, 그 때 | 提 tí 동 제시하다, 제의하다 | 美丽 měilì 형 아름답다 | 留下 liúxià 동 남기다 | 深刻 shēnkè 형 깊다, 강렬하다 | 印象 yìnxiàng 명 인상 | 过 guò 동 겪다, 보내다 | 十分 shífēn 부 매우, 대단히 | 意义 yìyì 명 뜻, 의미

모범 답안 2

		大	部	分	人	都	喜	欢	旅	游	，	我	也	一	样。
看	着	美	丽	的	风	景	，	心	里	就	很	愉	快	和	兴
奋	。	觉	得	压	力	大	的	时	候	，	也	可	以	出	来
旅	行	散	心	。	我	有	一	个	习	惯	，	就	是	每	到
一	个	地	方	都	会	买	那	里	的	纪	念	品	做	纪	念。

해석 대부분의 사람들은 여행을 좋아하는데, 나도 마찬가지다. 아름다운 풍경을 보고 있자면, 마음이 유쾌하고 흥분된다. 스트레스가 많다고 생각될 때, 여행을 하며 기분 전환을 해도 된다. 나는 한가지 습관이 있는데, 바로 매번 가는 곳마다 그곳의 기념품을 사서 기념하는 것이다.

단어 大部分 dàbùfen 명 대부분 | 心里 xīnli 명 마음, 마음속 | 愉快 yúkuài 형 기분이 좋다, 유쾌하다 | 压力 yālì 명 스트레스 | 散心 sànxīn 동 기분 전환을 하다, 근심을 없애다 | 习惯 xíguàn 명 습관, 버릇 | 纪念品 jìniànpǐn 명 기념품

02 一次、演讲、紧张、热烈、表现

p. 384

단어 演讲 yǎnjiǎng 명동 강연(하다), 연설(하다) | 紧张 jǐnzhāng 형 긴장해 있다, 불안하다 | 热烈 rèliè 형 열렬하다 | 表现 biǎoxiàn 명 표현하다

해설 STEP 1 **주제어 정하기**

演讲(강연)을 주제로 하여 이야기가 전개될 상황을 떠올릴 수 있다.

STEP 2 흐름 잡기

나는 처음으로 말하기 대회에 참가했다.
→ 너무 긴장했는데, 관중들이 열렬한 박수를 보내 주었다.
→ 모두들 내가 굉장히 잘했다고 칭찬해 주었다.

STEP 3 방법1 단어 활용하기

- 一次: 参加过一次 / 为了这次比赛 / 第一次 / 有一次 / 最后一次
- 演讲: 参加演讲比赛 / 进行演讲比赛 / 汉语演讲比赛 / 演讲的题目 / 演讲的内容是
- 紧张: 有点儿紧张 / 很紧张 / 特别紧张 / 感到紧张 / 一点儿也不紧张
- 热烈: 热烈的掌声 / 热烈欢迎 / 热烈称赞 / 热烈祝贺 / 热烈讨论
- 表现: 表现得很好 / 表现得很出色 / 好好儿表现 / 表现得不太好 / 表现得很差

방법2 핵심 어법 활용하기

- 복합방향보어: 방향보어(起来, 出来, 过来) 등은 동사 바로 뒤에 붙어서 笑起来了, 说出来, 拿过来처럼 쓰인다. 하지만 만약 목적어가 있다면 '동사 + 起 + 목적어 + 来'의 형식으로 써야 한다.
  예 听到热烈的掌声，我就打起精神来了。열렬한 박수 소리를 듣고, 나는 정신을 차렸다.
- 정도보어: 중국어는 보어가 발달되어 무려 6개의 보어가 있다. 동작의 정도를 자세하게 묘사해 주는 정도보어는 '동사 + 得 + 정도부사 + 형용사'의 형식으로 자주 쓰인다.
  예 表现得很出色。매우 훌륭하게 잘 하다.
- 강조 용법 连…也(심지어 ~조차도): 也는 都로 바꾸어 쓸 수 있으며, 중간에 주어, 목적어, 수량사, 동사 등 강조하는 내용을 넣어 주면 된다.
  예 连老师也看不懂。선생님도 보고 이해하지 못한다. (주어 강조)
  连一年级的同学也参加了。1학년 학생들도 참가했다. (주어 강조)
  连听也没听过。들어본 적도 없다. (동사 강조)
  连名字都忘了。이름조차도 잊었다. (목적어 강조)
  连一个都没有。하나도 없다. (수량사 강조)

모범 답안 1

		这	是	我	第	一	次	参	加	演	讲	比	赛	。	轮
到	我	上	台	的	时	候	，	非	常	紧	张	。	听	到	观
众	们	给	我	的	热	烈	掌	声	，	我	打	起	精	神	来。
就	像	是	平	时	练	习	一	样	，	一	字	不	差	地	演
讲	出	来	了	。	老	师	和	同	学	们	都	夸	我	表	现
得	特	别	好	。											

해석 이것은 내가 처음으로 말하기 대회에 참가하는 것이다. 내가 무대에 올라가야 할 차례가 되었을 때, 매우 긴장했다. 관객들이 나에게 쳐 주는 열렬한 박수 소리를 듣고, 나는 정신을 차렸다. 마치 평소에 연습하듯이, 한 글자도 틀리지 않게 연설했다. 선생님과 친구들 모두 굉장히 잘했다고 칭찬해 주었다.

단어 上台 shàngtái 동 무대에 오르다 | 轮到 lúndào 동 차례가 되다, 순서가 되다 | 观众 guānzhòng 명 관중 | 掌声 zhǎngshēng 명 박수 소리 | 精神 jīngshén 명 정신, 활력, 기력 | 平时 píngshí 명 보통 때, 평소 | 一字不差 yí zì bù chā 한 글자도 틀리지 않다, 토씨 하나 다르지 않다 | 夸 kuā 동 칭찬하다

모범 답안 2

		今	天	学	校	举	办	了	一	年	一	次	的	英	语
演	讲	比	赛	，	连	一	年	级	的	学	生	也	参	加	了
比	赛	。	没	想	到	参	赛	的	学	生	个	个	都	表	现
得	很	出	色	。	我	在	台	上	一	点	儿	也	不	紧	张。
台	下	不	停	地	传	来	观	众	们	的	热	烈	掌	声	。

해석 오늘 학교에서 1년에 한 번 있는 영어 말하기 대회를 열었는데, 심지어 1학년 학생들까지도 대회에 참가했다. 생각지도 못하게 시합에 참가한 학생들은 한 명 한 명 모두 매우 훌륭했다. 나는 무대 위에서 조금도 긴장하지 않았다. 무대 아래에서 관중들의 열렬한 박수 소리가 끊임없이 들려왔다.

단어 举办 jǔbàn 동 행하다, 개최하다 | 连 lián 전 ~조차도, ~까지도 | 年级 niánjí 명 학년 | 参赛 cānsài 동 시합에 참가하다 | 个个 gègè 양 각각, 매, 마다 | 出色 chūsè 형 훌륭하다, 출중하다 | 台下 táixià 명 무대 아래, 단상 아래 | 不停 bùtíng 동 끊임없이, 멈추지 않다 | 传来 chuánlái 동 들려오다

03 相处、愉快、矛盾、自己、往往

p. 384 단어 相处 xiāngchǔ 동 함께 살다, 함께 지내다 | 愉快 yúkuài 형 기쁘다, 유쾌하다 | 矛盾 máodùn 명 모순, 갈등, 트러블 동 모순되다 | 自己 zìjǐ 대 자기, 자신 | 往往 wǎngwǎng 부 왕왕, 종종, 이따금

해설 STEP 1 **주제어 정하기**

矛盾(갈등)을 주제로 하여 일어날 수 있는 상황을 떠올려 작문할 수 있다.

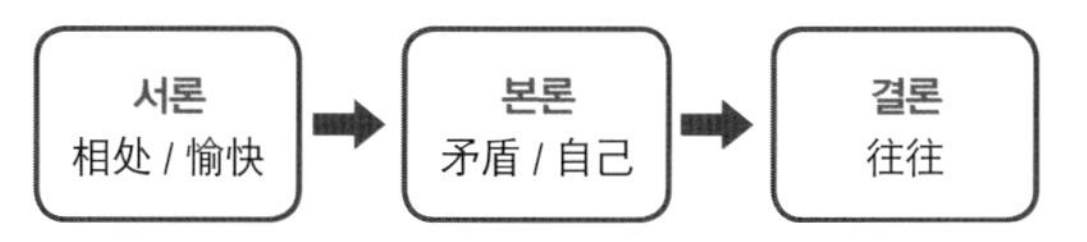

STEP 2 **흐름 잡기**

나와 친구는 서로 즐겁게 지냈다.
→ 최근에 약간의 갈등이 생겼는데 모두 자신의 잘못을 인정하지 않았다.
→ 우리는 종종 미안하다는 말을 하는 것을 매우 어려워한다.

STEP 3 **방법1 단어 활용하기**

- 相处: 好好儿相处 / 相处了很多年 / 相处了一段时间 / 两个人很难相处
- 愉快: 过得很愉快 / 相处得很愉快 / 心情很愉快 / 愉快地生活 / 周末愉快
- 矛盾: 发生过矛盾 / 有了一点儿矛盾 / 产生矛盾 / 没有矛盾 / 互相矛盾 / 前后矛盾
- 自己: 认为自己没有错 / 自己的事情自己做 / 自己解决 / 自己处理 / 自己负责
- 往往: 往往很难说出 / 往往会有不想做的事情 / 往往会迟到 / 往往看不出来

방법2 핵심 어법 활용하기

- 정도보어: '동사 + 得 + 정도부사 + 형용사'의 형식으로 동작의 정도가 어떠한지를 구조조사 得 이하 부분에서 자세히 묘사해 준다.
  예 我们相处得很愉快。 우리는 매우 즐겁게 잘 지낸다.
- 고정 전치사구: 각각의 동사는 자주 어울려 사용하는 전치사가 있다. 동사만 암기하지 말고 함께 쓰이는 전치사까지 함께 암기해야 작문에서 활용할 수 있다.
  예 向…道歉(~를 향해서 사과하다): 向对方道歉 상대방에게 사과하다
  给…添麻烦(~에게 폐를 끼치다): 给别人添麻烦 다른 사람에게 폐를 끼치다

- 인과관계 접속사: 일반적으로 원인과 결과를 나타내는 접속사는 '因为…所以'를 떠올릴 것이다. 만약 결과를 먼저 쓰고, 나중에 원인(이유)를 쓴다면 '之所以 + 결과, 是因为 + 원인'의 형식으로 쓰인다.

예 之所以相处得很愉快，是因为自己的事情自己做。
서로 즐겁게 잘 지내는 것은 자신의 일을 자기가 하기 때문이다.

모범 답안 1

		我	有	一	个	好	朋	友	，	他	的	性	格	特	别
好	。	我	们	一	直	相	处	得	都	很	愉	快	，	不	过
最	近	我	们	有	了	一	点	儿	矛	盾	。	我	们	都	认
为	自	己	没	有	错	，	不	愿	向	对	方	道	歉	。	有
时	候	往	往	很	难	说	出	"	对	不	起	"	这	句	话。

해석 나는 친한 친구가 한 명 있는데, 그의 성격은 정말 좋다. 우리는 줄곧 유쾌하게 서로 잘 지냈는데, 최근에 우리는 약간의 갈등이 생겼다. 우리는 모두 스스로 잘못이 없다고 생각하여 상대방에게 사과하기를 원하지 않는다. 종종 미안하다는 말을 꺼내기 어려울 때가 있다.

단어 性格 xìnggé 명 성격, 성정 | 道歉 dàoqiàn 동 사과하다, 사죄하다 | 不愿 búyuàn 동 원하지 않다, ~하려 하지 않다 | 向 xiàng 전 ~에, ~에게

모범 답안 2

		我	们	一	家	人	一	直	相	处	得	都	很	愉	快。
之	所	以	从	来	没	有	发	生	过	矛	盾	，	我	觉	得
是	因	为	大	家	都	坚	持	自	己	的	事	情	自	己	做，
不	给	别	人	添	麻	烦	。	不	得	不	麻	烦	彼	此	时，
大	家	往	往	会	互	相	帮	忙	、	一	起	解	决	。	

해석 우리 가족은 줄곧 즐겁게 지냈다. 여태껏 갈등을 겪어 본 적이 없는 이유는 모두가 지속적으로 자신의 일은 스스로 하고, 다른 사람에게 폐를 끼치지 않기 때문이라고 생각한다. 어쩔 수 없이 서로를 귀찮게 할 때는, 모두들 종종 서로 돕고, 함께 해결한다.

단어 之所以 zhīsuǒyǐ 접 ~의 이유, ~한 까닭 | 从来 cónglái 부 지금까지, 여태껏 | 发生 fāshēng 동 발생하다, 생기다 | 坚持 jiānchí 동 고수하다, 지속하다 | 添 tiān 동 보태다, 첨가하다 | 麻烦 máfan 형 귀찮다, 번거롭다 동 폐를 끼치다, 성가시게 굴다 | 不得不 bùdébù 부 어쩔 수 없이, 반듯이 | 彼此 bǐcǐ 명 피차, 상호, 서로 | 互相 hùxiāng 부 서로, 상호

DAY 20 ✓ 정답 해설 참고

01 打工、收入、因此、熟练、老板

p. 385

단어 打工 dǎgōng 동 아르바이트하다 | 收入 shōurù 명 소득, 수입 | 因此 yīncǐ 접 그래서, 그러므로, 이 때문에 | 熟练 shúliàn 형 숙련되어 있다, 능숙하다 | 老板 lǎobǎn 명 주인

해설 STEP 1 **주제어 정하기**

打工(아르바이트)을 주제로 하여 일어날 수 있는 상황을 떠올려 작문할 수 있다.

STEP 2 **흐름 잡기**

대학 다닐 때, 아르바이트를 했고, 수입이 높지 않았다.

→ 처음 시작했을 때는 자주 사장님한테 혼이 났다.

→ 나중에는 숙련되어서 매일 사장님의 칭찬을 받는다.

STEP 3 **방법1 단어 활용하기**

- 打工: 在便利店打工 / 打工很不容易 / 打工很辛苦 / 一边学习，一边打工
- 收入: 收入很高 / 想找高收入的工作 / 收入水平不高 / 收入很低
- 因此: 因此被批评 / 因此学习技术 / 因此休学 / 因此放弃 / 因此离开 / 因此回国
- 熟练: 慢慢熟练了 / 老板要熟练的人 / 动作熟练 / 工作熟练
- 老板: 受到老板的表扬 / 老板称赞了我 / 他是我老板 / 当老板 / 感谢老板

방법2 핵심 어법 활용하기

- 접속사 虽然…但是…(비록 ~하지만): 앞 절에 사실이 서술되고, 뒤 절에는 사실과 상반되는 결과를 끌고 나온다.

  예 虽然我没去过中国，但是了解得不少。비록 나는 중국에 가 보지 않았지만, 적지 않은 것을 알고 있다.

  虽然他年纪小，但是很懂事。그는 비록 나이는 어리지만, 매우 철이 들었다.

- 고정 전치사구: 동사 有帮助는 도움을 주는 대상을 끌고 나오는 전치사 对와 함께 쓰여 '对 + 대상 + 有帮助'의 형식으로 쓰인다.

  예 牛奶对睡眠有帮助。우유는 수면에 도움을 준다.

  这些钱对我的生活有帮助。이 돈은 나의 생활에 도움을 준다.

- 동작의 동시 진행 一边 + 동사, 一边 + 동사(~하면서, ~하다): 두 개의 동사나 동사구를 사용하여 두 동작이 동시에 진행됨을 나타낸다.

  예 妈妈一边洗碗，一边唱歌。엄마는 설거지를 하면서 노래를 부르신다.

  我一边帮助他学习，一边自己复习。나는 그가 공부하는 걸 도와주면서 스스로 복습도 한다.

모범 답안 1

		上	大	学	时	，	我	在	一	家	便	利	店	打	工。
虽	然	收	入	不	高	，	但	是	对	我	的	生	活	有	很
大	帮	助	。	刚	开	始	的	时	候	，	我	的	动	作	太
慢	，	因	此	常	常	被	老	板	批	评	。	后	来	慢	慢
儿	熟	练	了	以	后	，	每	天	都	会	受	到	老	板	的
表	扬	。													

해석 대학 다닐 때, 나는 편의점에서 아르바이트를 했다. 비록 수입은 높지 않았지만, 나의 생활에 큰 도움이 되었다. 처음 시작했을 때, 나의 동작이 너무 느려서 자주 사장님에게 혼이 났다. 나중에 천천히 숙련된 이후에는 매일 사장님의 칭찬을 받기도 했다.

단어 便利店 biànlìdiàn 명 편의점 | 动作 dòngzuò 명 동작, 행동 | 批评 pīpíng 동 꾸짖다, 주의를 주다 | 受到 shòudao 동 받다 | 表扬 biǎoyáng 동 칭찬하다, 표창하다

모범 답안 2

		我	上	大	学	的	时	候	，	一	边	学	习	，	一
边	打	工	。	可	是	，	出	来	打	工	可	真	不	容	易。
想	找	一	份	收	入	高	的	工	作	吧	，	又	没	有	技
术	；	想	找	一	份	不	需	要	技	术	的	工	作	吧	，
老	板	又	要	熟	练	的	人	。	因	此	，	我	觉	得	趁
着	年	轻	应	该	学	习	一	门	技	术	。				

해석 나는 대학 다닐 때, 공부도 하면서 아르바이트도 했다. 그러나, 밖에 나와서 아르바이트를 하는 것은 정말 쉽지 않았다. 수입이 높은 일을 찾으려니 기술이 없고, 기술이 필요 없는 일을 찾으려니 사장님은 숙련된 사람을 원한다. 그래서 나는 젊을 때를 틈타서 기술 하나를 배워야 한다고 생각했다.

단어 技术 jìshù 명 기술 | 趁着 chènzhe (때, 기회를) 이용해서, 틈타서

02 活动、组织、留学、单调、深刻

p. 385

단어 活动 huódòng 명 활동, 행사 | 组织 zǔzhī 동 조직하다, 구성하다 | 留学 liúxué 동 유학하다 | 单调 dāndiào 형 단조롭다 | 深刻 shēnkè 형 (인상이) 깊다

해설 STEP 1 **주제어 정하기**

留学(유학하다)를 주제로 하여 유학 생활에 관한 상황을 떠올릴 수 있다.

STEP 2 **흐름 잡기**

유학을 갔고, 생활이 단조로웠다.

→ 학교가 구성한 활동에 참여했다.

→ 나에게 깊은 인상을 남겨 주었다.

STEP 3 **방법1 단어 활용하기**

- 活动: 参加活动 / 参加了各种活动 / 举办活动 / 课外活动 / 优惠活动
- 组织: 学校组织的活动 / 组织了很多活动 / 组织比赛
- 留学: 去中国留学 / 在韩国留学 / 留过学 / 留学两年多了 / 留了两年学
- 单调: 生活非常单调 / 单调的工作 / 色彩单调 / 感到单调
- 深刻: 印象深刻 / 留下深刻的印象 / 给我留下了深刻的印象 / 意义深刻 / 记忆深刻

방법2 핵심 어법 활용하기

- 이합동사 留学(유학하다): 이합동사에 시간의 양을 나타내는 시량보어를 붙일 때는 '동사 + 了 + 시량보어 + 목적어'의 형태가 된다. 하지만 留学가 주어가 될 때는 바로 뒤에 시간의 양을 쓸 수 있다. 이때 시간의 양은 술어가 된다.

  예 留了(동사) 两年(시량보어) 学(목적어) 2년간 유학했다

  我在中国留学(주어)已经两年了(술어)。나는 중국에서 유학한 지 이미 2년이 되었다.

  Tip 이합동사(离合动词)는 2음절로 된 한 단어처럼 보이지만, 실제로는 '동사 + 목적어'로 결합된 형태로 필요에 따라 떨어지기도(离) 하고, 붙기도(合) 한다고 하여 이합동사라고 한다.

- 一 A…就 B…(A하자마자, 곧 B하다 / A하기만 하면, B하다): A(동작1)과 B(동작2)가 시간상으로 아주 긴밀하게 연결되어 발생함을 나타낸다. 조건과 결과를 나타낼 경우에는 습관적으로 항상 그러함을 나타내며 了를 쓰지 않는다.

  예 一休息就自己呆在宿舍里。쉬기만 하면, 혼자 기숙사 안에서 머무른다.

- 连…也(심지어 ~조차도): 连…也 사이에 강조하고자 하는 내용을 넣는다.

  예 连简单的话也不会说。간단한 말조차도 할 줄 모른다.

- 접속사 只要 A, 就 B(단지 A하기만 하면, 곧 B하다): 只要 뒤에는 충분 조건이 오고, 就 뒤에는 도달할 수 있는 결과가 온다. 즉 충분 조건이 형성되면 바로 그렇게 된다는 뜻이다.

  예 只要有时间，就组织很多活动。시간만 나면, 매우 많은 활동을 구성했다.

- 越来越(점점 더, 갈수록): 시간에 따른 상황의 변화, 정도의 증가를 나타낸다.

  예 我的汉语越来越流利了。내 중국어는 갈수록 유창해졌다.

모범 답안 1

		一	转	眼	在	中	国	留	学	两	年	多	了	。	刚
开	始	因	为	不	会	说	汉	语	，	也	没	有	朋	友	，
一	休	息	就	自	己	呆	在	宿	舍	里	，	生	活	非	常
单	调	。	后	来	我	参	加	了	学	校	组	织	的	各	种
活	动	，	认	识	了	很	多	新	朋	友	，	他	们	给	我
留	下	了	很	深	刻	的	印	象	。						

해석 눈 깜짝할 사이에 중국에서 유학한 지 2년이 되었다. 막 시작했을 때는 중국어를 할 줄 모르고, 친구도 없었기 때문에, 쉬기만 하면 혼자 기숙사 안에 머물렀고, 생활은 매우 단조로웠다. 훗날 나는 학교에서 구성한 갖가지 활동에 참가했고, 매우 많은 새로운 친구들을 알게 되었다. 그들은 나에게 매우 깊은 인상을 남겨 주었다.

단어 一转眼 yìzhuǎnyǎn 명 어느덧, 눈 깜짝할 사이 | 开始 kāishǐ 동 시작하다 | 因为 yīnwèi 접 ~ 때문에 | 汉语 Hànyǔ 명 중국어 | 休息 xiūxi 동 쉬다 | 呆 dāi 동 머물다 | 宿舍 sùshè 명 기숙사 | 后来 hòulái 명 훗날 | 参加 cānjiā 동 참가하다 | 认识 rènshi 동 알다 | 留 liú 동 남기다 | 印象 yìnxiàng 명 인상

모범 답안 2

		去	年	我	在	中	国	留	了	一	年	学	。	刚	到
中	国	时	，	我	连	简	单	的	话	也	不	会	说	。	学
校	担	心	留	学	生	的	生	活	太	单	调	，	只	要	有
时	间	，	就	组	织	很	多	活	动	。	半	年	以	后	，
我	的	汉	语	越	来	越	流	利	了	。	中	国	的	留	学
生	活	给	我	留	下	了	深	刻	的	印	象	。			

해석 작년에 나는 중국에서 1년간 유학했다. 중국에 막 도착했을 때, 나는 간단한 말조차도 할 줄 몰랐다. 학교는 유학생의 생활이 지나치게 단조로운 것을 염려하여, 시간만 나면 매우 많은 활동을 구성했다. 반년이 흐르고, 내 중국어는 갈수록 유창해졌다. 중국의 유학생활은 나에게 깊은 인상을 남겨 주었다.

단어 **去年** qùnián 명 작년 | **连** lián 전 ~조차도 | **简单** jiǎndān 형 간단하다 | **担心** dānxīn 동 걱정하다 | **只要** zhǐyào 접 단지 ~하기만 하면 | **时间** shíjiān 명 시간 | **越来越** yuèláiyuè 부 점점, 더욱더, 갈수록 | **流利** liúlì 형 유창하다

03 婚礼、沟通、幸福、充满、鼓励

p. 385 단어 **婚礼** hūnlǐ 명 결혼식 | **沟通** gōutōng 동 소통하다, 의견을 나누다 | **幸福** xìngfú 형 행복하다 | **充满** chōngmǎn 동 충만하다 | **鼓励** gǔlì 동 격려하다

해설 STEP 1 **주제어 정하기**

婚礼(결혼식)를 주제로 하여 결혼식에 관한 상황을 떠올릴 수 있다.

STEP 2 **흐름 잡기**

남자 친구는 소통이 잘되고 격려도 잘 해 준다.

→ 자신감을 충만하게 해 준다.

→ 결혼식을 한다. / 행복할 것이다.

STEP 3 **방법1 단어 활용하기**

- 婚礼: 举行婚礼 / 今天是姐姐的婚礼 / 参加婚礼 / …的婚礼
- 沟通: A 跟(和) B 沟通 / 很会沟通 / 沟通能力 / 沟通技巧
- 幸福: 过得很幸福 / 生活幸福 / 一定会让她幸福 / 幸福的人 / 感到幸福 / 幸福极了
- 充满: 对…充满信心 / 让…充满信心 / 让她对生活充满信心 / 让我对任何事情都充满信心
- 鼓励: 鼓励 + 人 / 鼓励学生的话语 / 鼓励鼓励

방법2 핵심 어법 활용하기

- 이합동사 谈恋爱(연애하다): 시량보어를 붙일 때는 '동사 + 了 + 시량보어 + 목적어'의 형식이 된다.
  예 谈了八年的恋爱了 8년간 연애를 했다
- 对…来说(~의 입장에서): 주어 앞이나 뒤에 올 수 있는 전치사구로, 어떤 사람이나 사물의 각도로 어떤 일을 보는 것을 나타낸다.
  예 对姐姐来说，姐夫是非常重要的人。언니에게 있어서, 형부는 매우 중요한 사람이다.

- 접속사 因为(왜냐하면): 원인을 나타내는 접속사다. '因为 + 원인, 所以 + 결과'의 형식으로 자주 쓰이지만, '결과, 因为 + 원인'처럼 결과를 앞 절에 쓸 수도 있다.

  예 姐夫是非常重要的人，因为他很会和姐姐沟通。

  형부는 매우 중요한 사람이다. 왜냐하면 그는 언니와 소통이 매우 잘되기 때문이다.

- 접속사 不管 A[2개 이상의 조건], 都 B[변하지 않는 결과](A하든지 간에, B하다): 앞 절에 어떤 조건이 나와도 결과는 바뀌지 않음을 의미하며, 不管 뒤에는 什么, 怎么, 谁, 哪儿 등의 의문대사가 나올 수 있다.

  예 不管姐姐遇到什么困难，他都鼓励姐姐。

  언니가 어떤 어려움에 부딪히든지 간에, 그는 항상 언니를 격려해 준다.

모범 답안 1

		我	和	男	朋	友	谈	了	六	年	的	恋	爱	了	，
他	是	一	个	很	体	贴	的	人	。	每	当	我	遇	到	困
难	时	，	他	都	耐	心	地	和	我	沟	通	，	并	且	鼓
励	我	，	让	我	对	任	何	事	情	都	充	满	信	心	。
下	个	月	20	号	我	们	就	要	举	行	婚	礼	了	，	我
相	信	我	们	一	定	会	过	得	很	幸	福	。			

해석 나와 남자친구는 6년간 연애를 했으며, 그는 매우 자상한 사람이다. 내가 어려움을 겪을 때마다, 그는 인내심을 가지고 나와 의견을 나누었고, 또한 나를 격려해 줌으로써, 내가 어떠한 일에도 자신감으로 충만하게 해 주었다. 다음 달 20일에 우리는 결혼식을 올린다. 나는 우리가 반드시 매우 행복할 거라고 믿는다.

단어 谈恋爱 tán liàn'ài 동 연애하다 | 体贴 tǐtiē 동 자상하게 돌보다 | 遇到 yùdào 동 만나다, 맞닥뜨리다 | 困难 kùnnan 명 어려움 | 耐心 nàixīn 형 참을성이 있다 | 并且 bìngqiě 접 또한, 게다가 | 任何 rènhé 대 어떠한 | 事情 shìqing 명 일 | 信心 xìnxīn 명 자신감 | 举行 jǔxíng 동 거행하다 | 相信 xiāngxìn 동 믿다 | 一定 yídìng 부 반드시 | 过 guò 동 보내다

모범 답안 2

		今	天	是	姐	姐	的	婚	礼	，	很	多	亲	戚	朋
友	都	来	了	。	对	姐	姐	来	说	，	姐	夫	是	非	常
重	要	的	人	，	因	为	他	很	会	和	姐	姐	沟	通	。
不	管	姐	姐	遇	到	什	么	困	难	，	他	都	鼓	励	姐
姐	，	让	姐	姐	对	生	活	充	满	信	心	。	他	一	定
会	让	姐	姐	生	活	幸	福	。							

해석 오늘은 언니의 결혼식이어서 매우 많은 친척, 친구들이 모두 왔다. 언니에게 있어서 형부는 매우 중요한 사람이다. 왜냐하면 그는 언니와 소통이 매우 잘되기 때문이다. 언니가 어떤 어려움에 부딪히든지 간에, 그는 항상 언니를 격려하고, 언니로 하여금 생활에 자신감으로 가득 차게 해 주었다. 그는 반드시 언니를 행복하게 해 줄 것이다.

단어 姐姐 jiějie 명 언니, 누나 | 亲戚 qīnqi 명 친척 | 朋友 péngyou 명 친구 | 对…来说 duì…láishuō ~의 입장에서 | 姐夫 jiěfu 명 형부 | 重要 zhòngyào 형 중요하다 | 不管 bùguǎn 접 ~하든지 간에 | 生活 shēnghuó 명 생활

DAY 21

✓ 정답 해설 참고

01 手术、恢复、按照、营养、要不然

p. 395 **단어** 手术 shǒushù 명 수술 | 恢复 huīfù 동 회복하다, 회복되다 | 按照 ànzhào 전 ~에 따라, ~에 비추어, ~에 근거하여 | 营养 yíngyǎng 명 영양, 양분 | 要不然 yàoburán 접 그렇지 않으면

해설 STEP 1 **주제어 정하기**

手术(수술)를 주제로 하여 병원에서 일어날 수 있는 에피소드를 떠올려 작문할 수 있다.

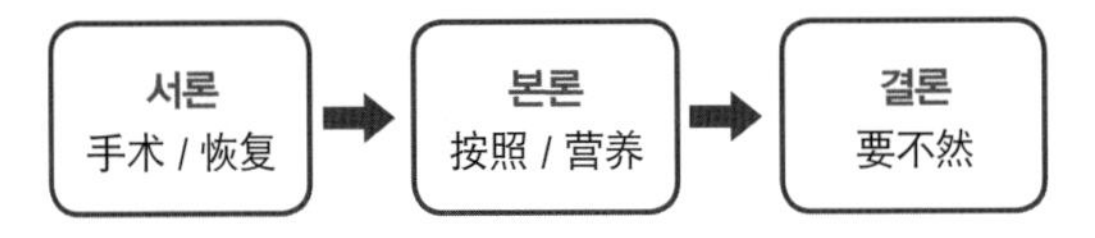

STEP 2 **흐름 잡기**

축구를 하다가 다리를 다쳐서 수술을 했고 빨리 회복하고 싶다.

→ 의사 선생님의 말씀에 따라 생활하고, 영양을 보충해야 한다.

→ 그렇지 않으면 회복 속도가 매우 느릴 것이다.

STEP 3 **방법1 단어 활용하기**

- 手术: 要做手术 / 不用做手术 / 手术前 / 手术后 / 手术很成功 / 进行手术
- 恢复: 很快就恢复 / 恢复健康 / 恢复得很好 / 恢复得很快 / 很快恢复 / 恢复正常
- 按照: 按照医生的要求 / 按照医生的话 / 按照休息时间 / 按照习惯 / 按照规定
- 营养: 吃营养的东西 / 补充营养 / 营养充足 / 营养不良 / 营养均衡 / 营养失调
- 要不然: 要不然会复发 / 要不然可能很慢 / 要不然就别去了 / 要不然不会有效果

방법1 핵심 어법 활용하기

- 처치문: 동작의 대상을 전치사 把를 활용하여 술어 앞으로 끌고 나올 수 있으며, 목적어를 처치한 행위의 결과를 강조한다. 부사는 전치사 把 앞에 놓는다.
  예 **他不小心把腿弄伤了。** 그는 조심하지 못하여 다리를 다쳤다.
  我不小心把水洒在电脑键盘上了。 나는 조심하지 못하여 물을 컴퓨터 키보드에 쏟았다.
- 전치사 按照(~에 근거하여, ~에 의거하여): 뒤에 근거가 되는 내용을 끌고 나온다.
  예 **按照规定** 규정에 따라서
  按照水平 수준에 따라서
  按照老师的话 선생님 말씀에 따라서
  按照规定，已经开封的食品不能换。 규정에 따라 이미 개봉한 물건은 교환할 수 없다.
  按照医生制定的作息时间生活。 의사 선생님이 정한 휴식 시간에 맞게 생활한다.
- 접속사 要不然(그렇지 않으면): 如果不这样(만약 이렇지 않았다면)이라는 뜻으로, 만약 앞 절의 상황이 아니라면 뒤 절에서 나오는 결과가 출현할 수 있다는 의미를 나타낸다.
  예 **你该好好儿准备，要不然会很紧张。**
  너는 잘 준비해야 한다. 그렇지 않으면 매우 긴장하게 될 것이다.
  你该做适当的运动，要不然恢复得可能很慢。
  너는 적당한 운동을 해야 한다. 그렇지 않으면 회복하는 것이 아마도 매우 느릴 것이다.

모범 답안 1

		我	踢	足	球	的	时	候	不	小	心	把	腿	弄	伤
了	。	医	生	说	手	术	后	想	要	更	快	恢	复	健	康,
一	定	要	按	照	医	生	制	定	的	作	息	时	间	生	活。
要	多	补	充	营	养	,	适	当	的	运	动	也	是	必	要
的	。	要	不	然	恢	复	的	速	度	可	能	很	慢	。	

해석 나는 축구를 하다가 조심하지 못해 다리를 다쳤다. 의사 선생님이 수술 후 더 빨리 건강을 회복하고 싶다면, 반드시 의사가 정한 휴식 시간대로 생활해야 한다고 말씀하셨다. 영양을 많이 공급하고, 적당한 운동도 필요하다. 그렇지 않으면 회복 속도가 아마도 매우 느릴 것이다.

단어 弄伤 nòngshāng 동 상처를 주다, 다치다 | 制定 zhìdìng 동 제정하다, 만들다 | 作息 zuòxī 명 일과 휴식 | 补充 bǔchōng 동 보충하다, 보완하다 | 适当 shìdàng 형 적당하다, 알맞다 | 必要 bìyào 형 필요로 하다 | 速度 sùdù 명 속도

모범 답안 2

		我	很	喜	欢	跳	舞	。	前	几	天	跳	舞	时	骨
折	了	。	医	生	说	不	用	做	手	术	。	只	要	按	照
医	生	的	要	求	运	动	,	多	吃	点	儿	有	营	养	的
东	西	,	很	快	就	会	恢	复	。	不	过	今	后	一	定
要	小	心	,	要	不	然	会	复	发	。					

해석 나는 춤추는 것을 매우 좋아하는데, 며칠 전 춤을 추다가 골절되었다. 의사 선생님이 수술할 필요는 없고, 의사의 요구에 따라 운동을 하고, 영양가 있는 것을 많이 먹는다면 금방 회복될 것이라고 말했다. 그렇지만 앞으로는 반드시 조심해야 하며, 그렇지 않으면 재발할 수도 있다.

단어 骨折 gǔzhé 동 골절되다 | 只要 zhǐyào 접 ~하기만 하면, 만약 ~라면 | 复发 fùfā 동 재발하다

02 苗条、健身、轻松、坚持、效果

p. 395

단어 苗条 miáotiao 형 날씬하다, 호리호리하다 | 健身 jiànshēn 동 몸을 튼튼히 하다 | 轻松 qīngsōng 형 가볍다 | 坚持 jiānchí 동 견지하다, 지속하다, 고집하다 | 效果 xiàoguǒ 명 효과

해설 STEP 1 **주제어 정하기**

健身(헬스)를 주제로 하여 健身房(헬스장)이라는 장소에서 일어날 수 있는 에피소드를 떠올려 작문해 보자.

STEP 2 **흐름 잡기**

날씬한 몸매를 위해 헬스를 한다.

→ 1달 정도 헬스를 하고 나니 몸이 훨씬 가볍다.

→ 포기하지 않고 계속 지속한다면 효과가 좋을 것이다.

STEP 3 **방법1 단어 활용하기**

- 苗条: 苗条的身材 / 身材苗条 / 很苗条 / 为了保持苗条 / 又苗条又健康
- 健身: 去健身房健身 / 喜欢健身 / 坚持健身 / 健身教练 / 健身计划 / 健身成果
- 轻松: 感觉轻松多了 / 觉得很轻松 / 心情很轻松 / 轻松的气氛 / 变得很轻松
- 坚持: 继续坚持下去 / 坚持了一年 / 一直坚持 / 坚持锻炼 / 坚持的效果
- 效果: 效果很好 / 效果一定很不错 / 有效果 / 没有效果 / 效果很明显 / 效果不佳

방법2 핵심 어법 활용하기

- 越来越(시간이 흐를수록 점점 더 ~해진다): 시간에 따른 상황이 변화, 발전한다는 의미를 갖는다.

  예 **她上大学以后，越来越漂亮。** 그녀는 대학에 다닌 이후로 점점 더 예뻐진다.
  最近我的身材越来越胖。 최근에 나의 몸매는 점점 더 뚱뚱해진다.
  他越来越像他爸爸了。 그는 점점 더 그의 아빠를 닮아간다.

- 시량보어: 시간의 어떤 순간(기점)을 나타내는 시간 명사는 주어의 앞뒤에 나오지만, 시간이 얼마나 흘렀는지를 나타내는 시량보어는 동사 뒤에서 보충하는 역할을 한다.
  - 시간 명사: 昨天, 去年, 最近, 周末는 주어의 앞, 뒤에 나온다.
  - 시량보어: 一天, 一个星期, 一个月, 一年은 술어 뒤에 나온다.

  예 **周末我去电影院看电影。** 주말에 나는 영화관에 가서 영화를 보았다. (시간 명사)
  我在家看了三个小时电影。 나는 집에서 세 시간 동안 영화를 보았다. (시량보어)
  我去健身房健身已经坚持了一年了。
  나는 헬스장에 가서 헬스한지 이미 일 년이 되었다. (시량보어)

- 비교문: 긍정형 'A 比 B 형용사'는 'A는 B보다 ~하다'의 뜻으로 A가 더 좋다(A 〉 B)는 뜻이다. 부정형 'A 没有 B 형용사'는 'A는 B만 못하다'의 뜻으로 B가 더 좋다(A 〈 B)는 뜻이다.

  예 **以前比这次的效果好。** 예전에는 이번의 효과보다 좋았다. (예전이 좋았다)
  以前没有这次的效果好。 예전에는 이번의 효과보다 좋지 않았다. (이번이 좋았다)

모범 답안 1

		最	近	我	的	身	材	越	来	越	胖	。	为	了	苗
条	的	身	材	，	我	从	上	个	月	开	始	去	健	身	房
健	身	，	晚	上	7	点	以	后	不	吃	东	西	。	虽	然
只	是	一	个	月	，	但	是	感	觉	轻	松	多	了	。	我
想	继	续	坚	持	下	去	的	话	，	效	果	一	定	会	很
不	错	。													

해석 요즘 내 몸매가 점점 더 뚱뚱해졌다. 날씬한 몸매를 위해, 나는 지난달부터 헬스장에 가서 운동을 하기 시작했고, 저녁 7시 이후에는 음식을 먹지 않았다. 비록 겨우 한 달밖에 안 되었지만 훨씬 가벼워진 느낌이 들었다. 내가 계속 지속해 나가면, 효과는 분명 매우 좋을 것이다.

단어 **身材** shēncái 명 몸매, 몸집 | **健身房** jiànshēnfáng 명 체육관, 헬스장 | **感觉** gǎnjué 명 감각, 느낌 | **继续** jìxù 동 계속하다, 지속되다

모범 답안 2

		为	了	保	持	苗	条	的	身	材	，	我	每	天	放
学	后	都	去	健	身	房	健	身	，	已	经	坚	持	了	一
年	了	。	我	觉	得	自	己	很	了	不	起	。	以	前	试
过	很	多	种	运	动	，	但	是	都	没	有	这	次	的	效
果	好	。	运	动	后	感	觉	很	轻	松	。	我	建	议	你
也	抽	时	间	来	健	身	吧	。							

해석 날씬한 몸매를 유지하기 위해, 나는 매일 방과 후에 헬스장에 가서 헬스를 하는데 이미 지속한지 1년이 지났다. 나는 내 자신이 정말 대단하다고 생각한다. 예전에는 여러 가지 종류의 운동을 시도한 적이 있지만, 이번처럼 효과가 좋지 않았다. 운동하고 나면 정말 가벼운 느낌이 든다. 당신도 시간을 내서 헬스를 해 보라고 추천한다.

단어 **保持** bǎochí 동 지키다, 유지하다 | **了不起** liǎobuqǐ 형 보통이 아니다, 굉장하다 | **建议** jiànyì 동 건의하다, 제안하다 | **抽** chōu 동 뽑다, 빼내다

03 爱人、纪念日、餐厅、准备、惊喜

p. 395

단어 **爱人** àiren 명 남편 또는 아내 | **纪念日** jìniànrì 명 기념일 | **餐厅** cāntīng 명 식당 | **准备** zhǔnbèi 동 준비하다 | **惊喜** jīngxǐ 명 놀람과 기쁨

해설 STEP 1 **주제어 정하기**

结婚纪念日(결혼 기념일)를 주제로 잡고, 餐厅(레스토랑)이라는 장소와 연관지어 떠오르는 에피소드로 작문해 보자.

STEP 2 **흐름 잡기**

오늘은 나와 아내의 결혼 기념일이다.

→ 나는 음식점을 예약하고 명품 가방도 선물로 준비했다.

→ 그녀에게 서프라이즈를 해 주고 싶다.

STEP 3 **방법1 단어 활용하기**

- 爱人: 我爱人 / 我和爱人 / 爱人的生日 / 和爱人一起吃饭 / 老师的爱人
- 纪念日: 结婚纪念日 / 结婚十周年纪念日 / 特别的纪念日 / 庆祝一下纪念日
- 餐厅: 一家餐厅 / 预订了一家餐厅 / 有名的餐厅 / 连锁餐厅 / 西餐厅 / 中餐厅
- 准备: 准备了礼物 / 准备了一个名牌包 / 提前准备 / 做好准备 / 准备考试
- 惊喜: 给她一个惊喜 / 一个大大的惊喜 / 感到很惊喜

방법2 핵심 어법 활용하기

- 고정 전치사구: 전치사는 단독으로 쓰이지 않고 '전치사 + 명사 + 동사'의 형식으로 쓰인다. 따라서 각각의 동사와 자주 어울리는 전치사를 암기해 놓으면 작문할 때 아주 유용하게 활용할 수 있다.

예 和…结婚(~와 결혼하다): 和她结婚 그녀와 결혼을 하다
向…求婚(~에게 청혼하다): 向她求婚 그녀에게 청혼하다
给…惊喜(~에게 서프라이즈를 하다): 给她一个惊喜 그녀에게 서프라이즈를 해 주다
为…准备(~을 위해 준비하다): 为她准备 그녀를 위해 준비하다

- 겸어문: 사역동사 让, 叫, 使가 등장하면 문장의 주어가 다른 사람을 시켜 어떤 동작을 하게 한다는 뜻이다. 이때 주어는 사람일 수도 있고, 사물일 수도 있고, 사건일 수도 있다. '주어 + 让 + 목적어 겸 주어 + 동사' 형식으로 쓰인다.

  예 我让他感动。나는 그를 감동시켰다. (사람 주어)
  他的礼物让我感动。그의 선물은 나를 감동시켰다. (사물 주어)
  这件事让她感动。이 일은 그녀를 감동시켰다. (사건 주어)

- 특별동사 希望(바라다): 명사 목적어를 끌고 나오는 것이 아니라, 동사구나 주술구 목적어를 끌고 나올 수 있다. '주어 + 希望 + 동사구 / 주술구' 형식으로 쓰인다.

  예 我希望能给她一个惊喜。나는 그녀에게 서프라이즈를 해 주고 싶다.
  父母希望我能考上名牌大学。부모님은 내가 명문 대학에 가기를 바라신다.
  老师希望学生都努力学习。선생님은 학생들이 모두 열심히 공부하기를 바란다.

모범 답안 1

		今	天	是	我	和	爱	人	结	婚	一	周	年	纪	念
日	。	我	想	了	很	久	怎	样	能	让	她	感	动	。	我
偷	偷	地	预	订	了	一	家	餐	厅	，	那	家	餐	厅	是
我	向	爱	人	求	婚	的	地	方	。	我	准	备	了	一	个
名	牌	包	，	希	望	能	给	她	一	个	惊	喜	。		

해석 오늘은 나와 아내가 결혼한지 1주년 되는 기념일이다. 나는 어떻게 하면 그녀를 감동시킬 수 있을까 한참 동안 생각했다. 나는 몰래 레스토랑을 예약했는데, 그 레스토랑은 내가 와이프에게 청혼을 한 곳이다. 나는 명품 가방을 하나 준비했는데, 그녀에게 서프라이즈(깜짝 이벤트)를 해 줄 수 있기를 바란다.

단어 感动 gǎndòng 동 감동하다, 감동시키다 | 偷偷 tōutōu 부 몰래, 슬그머니, 슬쩍 | 预订 yùdìng 동 예약하다 | 求婚 qiúhūn 동 청혼하다 | 名牌 míngpái 명 유명 상표, 명품

모범 답안 2

		结	婚	后	，	我	的	爱	人	和	我	一	起	经	营
了	这	家	餐	厅	，	已	经	十	年	了	。	这	段	时	间
我	们	很	辛	苦	，	结	婚	纪	念	日	也	忘	记	庆	祝
了	。	这	次	我	想	为	她	准	备	蛋	糕	和	礼	物	，
想	给	她	一	个	惊	喜	，	也	要	表	达	我	对	她	的
感	谢	。													

해석 결혼한 후, 나의 와이프는 나와 함께 이 레스토랑을 경영했는데, 벌써 10년이나 되었다. 이 시간 동안 우리는 너무 고생했고, 결혼 기념일을 축하하는 것도 잊었다. 이번에 나는 그녀를 위해 케이크와 선물을 준비해서, 그녀에게 깜짝 이벤트를 해 주고 싶고, 그녀에 대한 감사함도 전하고 싶다.

단어 经营 jīngyíng 동 경영하다 | 辛苦 xīnku 형 고생스럽다, 수고롭다 | 庆祝 qìngzhù 동 경축하다 | 表达 biǎodá 동 표현하다, 나타내다 | 感谢 gǎnxiè 명동 감사(하다)

DAY 22 ✓ 정답 해설 참고

01 歌手、演唱会、排队、拍照、激动

p. 396 **단어** 歌手 gēshǒu 명 가수 | 演唱会 yǎnchànghuì 명 콘서트, 음악회 | 排队 páiduì 동 줄을 서다, 정렬하다 | 拍照 pāizhào 동 사진을 찍다, 촬영하다 | 激动 jīdòng 동 감격하다, 감동하다, 흥분하다

해설 STEP 1 **주제어 정하기**

演唱会(콘서트)를 주제로 하여 콘서트장에서 일어날 수 있는 에피소드를 떠올려 작문해 보자.

STEP 2 **흐름 잡기**

내가 좋아하는 가수의 콘서트 티켓을 힘들게 구했다.

→ 아무리 오랫동안 줄을 서더라도 반드시 그와 사진을 찍을 것이다.

→ 내 눈으로 직접 그를 본다면 정말 감격스러울 것이다.

STEP 3 **방법1 단어 활용하기**

- 歌手: 最喜欢的歌手 / 很受欢迎的歌手 / 有名的歌手 / 著名歌手
- 演唱会: 看演唱会 / 参加演唱会 / 买演唱会的门票 / 开演唱会
- 排队: 排队买票 / 排队排了很长时间 / 排了一个小时队 / 排队的人很多
- 拍照: 要跟他拍照 / 拍照留念 / 拍纪念照 / 喜欢拍照 / 禁止拍照
- 激动: 十分激动 / 激动得都哭了 / 激动得一直流泪 / 使我激动

방법2 핵심 어법 활용하기

- 정도보어: '동사 + 得 + 부사 + 형용사' 형식으로 쓰여 동작의 정도가 어떠하였는지 구체적으로 보충해 준다.
  예 今天的演唱会举办得非常成功。오늘 콘서트는 매우 성공적으로 개최되었다.
  她激动得都哭了。그녀는 감격해서 울었다.
- 조건 접속사 不管 A[2개 이상의 조건], 都 B[바뀌지 않는 결과](A하든지 간에 B하다): 앞 절에 어떤 조건이 나와도 결과는 바뀌지 않음을 의미한다. 不管 뒤에는 什么, 怎么, 谁, 哪儿, 多长 등의 의문대사가 나올 수 있다
  예 不管排队排多长时间，我都要跟他拍照。얼마 동안 줄을 서든지, 나는 그와 사진을 찍을 것이다.
  不管孩子怎么闹，她都不生气。아이들이 아무리 소란을 피워도, 그녀는 화를 내지 않는다.
  不管别人怎么说，我都不在乎。다른 사람이 어떻게 말하든지, 나는 상관없다.
  不管做什么事，他都很认真。무슨 일을 하든지, 그는 항상 매우 열심이다.
- 접속사 一 A[동작1], 就 B[동작 2](A하자마자, 곧 B하다): 하나의 동작이 발생한 후, 곧바로 또 다른 동작이 시간적으로 아주 긴밀하게 연결되어 발생함을 나타낸다.
  예 他一躺下，就睡着了。그는 눕자마자, 잠이 들었다.
  他一下课，就回家了。그는 수업이 끝나자마자, 집으로 돌아갔다.
  女儿见到陌生人，就哭起来了。딸은 낯선 사람을 보자마자, 울기 시작했다.

모범 답안 1

		他	是	我	最	喜	欢	的	歌	手	。	我	真	的	好
不	容	易	买	到	了	这	次	演	唱	会	的	门	票	。	今
天	的	演	唱	会	举	办	得	非	常	成	功	。	今	天	不
管	排	队	排	多	长	时	间	，	我	都	要	跟	他	拍	照。
一	想	到	能	亲	眼	看	见	我	的	偶	像	，	就	别	提
多	激	动	了	。											

해석 그는 내가 가장 좋아하는 가수이고, 나는 정말 어렵사리 이번 콘서트 티켓을 샀다. 오늘 콘서트는 매우 성공적으로 열렸다. 오늘 줄을 얼마나 오래 서든지 상관없이 나는 그와 사진을 찍을 것이다. 내 눈으로 직접 나의 우상을 본다는 생각을 하기만 하면, 얼마나 흥분되는지 모른다.

단어 门票 ménpiào 명 입장권 | 举办 jǔbàn 동 개최하다, 행하다 | 成功 chénggōng 형 성공적이다 | 不管 bùguǎn 접 ~에 관계없이, ~을 막론하고 | 亲眼 qīnyǎn 부 제 눈으로, 직접 | 偶像 ǒuxiàng 명 우상, 아이돌

모범 답안 2

		今	天	来	演	唱	会	的	人	真	多	。	演	唱	会
结	束	后	，	来	自	世	界	各	地	的	粉	丝	排	队	等
待	和	歌	手	拍	照	留	念	。	其	中	一	位	粉	丝	和
歌	手	握	手	时	还	激	动	得	都	哭	了	。	看	来	她
真	的	非	常	喜	欢	这	位	歌	手	。					

해석 오늘 콘서트에 온 사람들이 정말 많다. 콘서트가 끝나고, 세계 각지에서 온 팬들이 가수와 사진을 찍어 기념하려고 줄을 서서 기다리고 있다. 그중 한 팬이 가수와 악수를 할 때 감격해서 울기까지 했는데, 보아하니 그녀는 이 가수를 정말 좋아하는 거 같다.

단어 结束 jiéshù 동 끝나다, 마치다, 종료하다 | 来自 láizì 동 ~에서 오다, ~에서 생겨나다 | 各地 gèdì 명 각지, 각처 | 粉丝 fěnsī 명 팬 | 等待 děngdài 동 기다리다 | 留念 liúniàn 동 기념으로 남겨 두다, 삼다 | 其中 qízhōng | 握手 wòshǒu 동 악수하다, 손을 잡다

02 牛仔裤、推荐、身材、购物、合适

p. 396

단어 牛仔裤 niúzǎikù 명 청바지 | 推荐 tuījiàn 동 추천하다 | 身材 shēncái 명 몸매 | 购物 gòuwù 동 물건을 사다 | 合适 héshì 형 알맞다, 어울리다

해설 STEP 1 **주제어 정하기**

购物(물건을 사다)를 주제로 하여 물건을 사러 간 장소와 상황을 떠올릴 수 있다.

STEP 2 **흐름 잡기**

청바지를 사고 싶어서 사러(쇼핑) 갔다.

→ 판매원이 추천해 줘서 입어 보니 어울린다.

→ 몸매가 예뻐 보인다.

STEP 3 **방법1 단어 활용하기**

- 牛仔裤: 一条牛仔裤 / 想买一条牛仔裤 / 挑牛仔裤
- 推荐: 推荐了一条牛仔裤 / 售货员推荐了 / 给(向)我推荐一下 / 推荐人才
- 身材: 身材特别好 / 显得身材很好 / 身材棒极了 / 身材高大 / 标准身材 / 有好身材
- 购物: 去百货商店购物 / 跟妈妈一起去购物 / 在网上购物
- 合适: 穿着很合适 / 觉得很合适 / 衣服很合适 / 条件合适 / 最合适的人

방법2 핵심 어법 활용하기

- 형용사 合适(어울리다): 很과 같은 정도부사와 같이 쓰이지만, 목적어는 가질 수 없다. 따라서, 전치사 对를 사용하여 대상을 나타낸다.
  예 对我很合适。 나에게 잘 어울린다
  Tip 适合(적합하다)는 동사로, 뒤에 목적어를 바로 끌고 나올 수 있다.
  예 适合我 나에게 적합하다
- 특별동사 知道(알다): 특별동사는 명사 목적어 이외에 주술구, 동사구, 형용사구를 목적어로 삼을 수 있다.
  예 不知道 哪条更适合自己。 어느 것이 더 자기에게 어울리는지 모른다.
  특별동사 주술구
- 동사 중첩 A 了 A(한번 A 하였다): 1음절 동사의 중첩 형식은 AA, A 一 A의 형태로 쓰이며, 과거형은 A 了 A로 표현한다.
  예 姐姐试了试。 언니는 한번 입어 봤다.
- 강조 용법 怎么 A 也不 B(아무리 A해도 B하지 않는다): '怎么 + (동사) + 都 / 也 + 不'의 형식으로 쓰여, 어떤 조건에서도 상황에 변함이 없음을 의미한다.
  예 怎么吃也不胖，很多人都羡慕她。
  아무리 먹어도 살이 찌지 않아서, 매우 많은 사람이 그녀를 부러워한다.

모범 답안 1

		最	近	我	很	想	买	一	条	牛	仔	裤	，	所	以
周	末	跟	朋	友	一	起	去	百	货	商	店	购	物	。	售
货	员	推	荐	了	一	条	白	色	的	牛	仔	裤	，	朋	友
说	我	穿	着	很	合	适	，	显	得	我	身	材	特	别	好。
虽	然	价	格	有	点	儿	贵	，	可	是	我	还	是	把	它
买	下	来	了	。											

해석 최근 나는 청바지를 매우 사고 싶어서, 주말에 친구와 함께 백화점에 쇼핑하러 갔다. 점원은 흰색 청바지를 추천해 줬고, 친구는 나에게 잘 어울리며 내 몸매가 특히 돋보인다고 말했다. 비록 가격은 조금 비쌌지만, 그래도 나는 그 청바지를 샀다.

단어 最近 zuìjìn 명 최근 | 周末 zhōumò 명 주말 | 百货商店 bǎihuò shāngdiàn 명 백화점 | 售货员 shòuhuòyuán 명 판매원 | 穿 chuān 동 입다 | 显得 xiǎnde 동 ~처럼 보이다 | 特别 tèbié 부 특별히, 아주 | 虽然 suīrán 접 비록 ~하지만 | 价格 jiàgé 명 가격 | 贵 guì 형 비싸다

모범 답안 2

		上	个	周	末	，	我	跟	姐	姐	一	起	去	购	物。
姐	姐	想	买	一	条	牛	仔	裤	，	可	是	不	知	道	哪
条	更	适	合	自	己	。	售	货	员	推	荐	了	一	条	，
姐	姐	试	了	试	，	觉	得	很	合	适	，	就	买	了	那
条	牛	仔	裤	。	姐	姐	的	身	材	非	常	好	，	怎	么
吃	也	不	胖	，	很	多	人	都	羡	慕	她	。			

해석 지난 주말, 나는 언니와 함께 쇼핑하러 갔다. 언니는 청바지를 사고 싶어했지만, 어느 것이 더 자기에게 어울리는지 몰랐다. 점원이 한 벌을 추천해 줬고, 언니는 한번 입어 보고는 잘 어울린다고 생각해서, 곧바로 그 청바지를 샀다. 언니의 몸매는 매우 예쁘다. 아무리 먹어도 살이 찌지 않아서, 매우 많은 사람이 그녀를 부러워한다.

단어 **姐姐** jiějie 명 누나, 언니 | **适合** shìhé 동 알맞다, 적합하다 | **试** shì 동 시험 삼아 해 보다 | **觉得** juéde 동 ~라고 여기다 | **胖** pàng 형 살찌다 | **羡慕** xiànmù 동 부러워하다

03 买单、干脆、感谢、临时、海鲜

p. 396

단어 **买单** mǎidān 동 계산하다 | **干脆** gāncuì 부 차라리, 아예 형 간단명료하다 | **感谢** gǎnxiè 동 감사하다 | **临时** línshí 형 잠시의, 임시의 부 때가 되어, 갑자기 | **海鲜** hǎixiān 명 해산물

해설 STEP 1 **주제어 정하기**

买单(계산하다)을 주제로 하여 이야기가 전개될 장소와 상황을 떠올릴 수 있다.

STEP 2 **흐름 잡기**

도움을 준 사람에게 감사를 표시하려고 한다.

→ 고민하다가 차라리 해산물 음식점으로 갔다.

→ 회사에 잠시 일이 생겼다. / 나는 먼저 계산하고 나왔다.

STEP 3 **방법1 단어 활용하기**

- 买单: 去买单 / 谁买单 / 只好先买单离开了 / 吃晚饭买单的时候
- 干脆: 干脆去那儿算了 / 干脆请他吃海鲜算了 / 干脆别去了 / 说话做事很干脆
- 感谢: 感谢 + 人 / 非常感谢他 / 表示感谢 / 为了表示感谢 / 感谢你的帮助
- 临时: 公司临时加班 / 公司临时有事 / 临时出差
- 海鲜: 海鲜饭馆 / 吃海鲜 / 买海鲜 / 请他吃海鲜 / 海鲜很新鲜 / 海鲜的味道不错

방법2 핵심 어법 활용하기

- 이합동사 帮忙(도와주다): '동사(帮) + 목적어(忙)'의 형태의 이합동사다. 동태조사(了), 목적어(我) 등은 帮忙 사이에 넣어 준다.
  예 朋友们最近帮了我很多忙。 친구들이 최근 나를 매우 많이 도와주었다.
- 반어문 谁知道(누가 알았겠느냐?): 예상치 못했다는 어감으로 의문대사 谁를 맨 앞으로 도치시켜 반문하는 반어문의 형식이다.
  예 谁知道公司临时加班? 회사에서 그때 야근하게 될 줄 누가 알았겠는가?

- 부사 只好(어쩔 수 없이): 不得不(부득이하게), 只能(~할 수밖에 없다)과 동의어로 쓰이며, 방법이 없음을 나타낸다.
  예 我只好先买单离开了。 나는 어쩔 수 없이 먼저 계산하고 갔다.
- 사역동사 让(~로 하여금 ~하게 하다): '주어 + 让 + 명사(목적어 / 주어) + 술어' 형식으로 겸어문에서 사역동사로 쓰인다. 让 뒤에 있는 명사는 앞 절 让의 목적어면서, 뒤 절의 주어도 된다.
  예 我只好让朋友等我。 나는 어쩔 수 없이 친구를 기다리게 했다.
- 시제 만들기 …的时候(~일 때): '동작 + 的时候'의 형식으로 시제를 만들 수 있다. 이때, 吃饭时候가 아니라, 반드시 구조조사 的를 사용하여 吃饭的时候라고 표현해야 한다.
  예 上课的时候 수업할 때 / 回家的时候 집에 돌아갈 때 / 打电话的时候 전화할 때 / 逛街的时候 거리 구경할 때 / 放假的时候 방학할 때 / 吃晚饭买单的时候 저녁을 먹고 계산할 때

모범 답안 1

		朋	友	们	最	近	帮	了	我	很	多	忙	，	为	了
表	示	感	谢	，	我	打	算	请	他	们	吃	饭	。	可	大
家	都	不	知	道	该	去	哪	儿	吃	。	听	说	公	司	附
近	新	开	的	海	鲜	饭	馆	味	道	不	错	，	干	脆	去
那	儿	算	了	。	没	想	到	吃	饭	时	公	司	临	时	有
事	，	我	只	好	先	买	单	离	开	了	。				

해석 친구들이 최근에 나를 매우 많이 도와줘서, 고마움을 표시하기 위해 나는 그들에게 식사를 대접하려고 했다. 그런데 다들 어디에 가서 먹어야 할지 몰랐다. 듣자 하니, 회사 근처에 새로 개업한 해산물 식당이 맛이 괜찮다고 해서, 아예 그곳에 가기로 했다. 식사하고 있을 때 예상치 못하게 회사에 잠시 일이 생겼고, 나는 어쩔 수 없이 먼저 계산하고 떠났다.

단어 最近 zuìjìn 명 최근 | 帮忙 bāngmáng 동 도와주다 | 为了 wèile 전 ~을 위해서 | 表示 biǎoshì 동 나타내다, 표시하다 | 打算 dǎsuan 동 ~하려고 하다 | 听说 tīngshuō 동 듣자 하니 | 附近 fùjìn 명 근처 | 饭馆 fànguǎn 명 식당, 음식점 | 味道 wèidào 명 맛 | 不错 búcuò 형 좋다, 괜찮다 | 只好 zhǐhǎo 부 어쩔 수 없이 | 离开 líkāi 동 떠나다

모범 답안 2

		今	天	是	朋	友	的	生	日	，	可	是	不	知	道
买	什	么	礼	物	，	干	脆	请	他	吃	海	鲜	算	了	。
谁	知	道	公	司	临	时	加	班	，	我	只	好	让	朋	友
等	我	。	吃	晚	饭	买	单	的	时	候	，	我	多	给	了
20	块	，	没	想	到	服	务	员	还	给	我	了	，	非	常
感	谢	他	。												

해석 오늘은 친구의 생일이다. 그런데 어떤 선물을 사야 할지 몰라서, 차라리 그에게 해산물을 대접하기로 했다. 회사에서 갑자기 야근하게 될 줄 누가 알았겠는가. 나는 어쩔 수 없이 친구를 기다리게 했다. 저녁 식사를 하고 계산할 때, 나는 20위안을 더 냈다. 생각지도 못하게 종업원은 나에게 돈을 돌려주었고, 그에게 매우 감사했다.

단어 生日 shēngri 명 생일 | 礼物 lǐwù 명 선물 | 加班 jiābān 동 초과 근무하다 | 服务员 fúwùyuán 명 종업원

DAY 23

✓ 정답 해설 참고

01 父亲、退休、幸苦、享受、健康

p. 402

단어 **父亲** fùqīn 명 부친 | **退休** tuìxiū 동 퇴직하다, 은퇴하다 | **辛苦** xīnku 형 고생스럽다, 수고롭다 | **享受** xiǎngshòu 동 누리다, 즐기다 | **健康** jiànkāng 명형 건강(하다)

해설 STEP 1 **주제어 정하기**

退休(은퇴)를 주제로 하여 은퇴 후 아버지의 삶에 대해 떠오르는 자신의 생각을 작문해 보자.

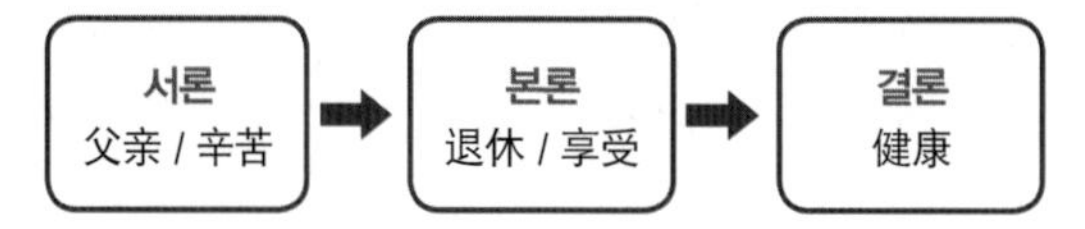

STEP 2 **흐름 잡기**

아버지는 가족을 먹여 살리느라 한평생 고생하셨다.

→ 아버지가 퇴직 후에는 자신의 인생을 즐기셨으면 좋겠다.

→ 아버지가 즐겁고 건강하게 사셨으면 좋겠다.

STEP 3 **방법1 단어 활용하기**

- 父亲: 我的父亲 / 父亲的身体很健康 / 和父亲的关系很亲密 / 慈爱的父亲
- 退休: 父亲退休了 / 退休后 / 刚退休 / 退休已经三年了/ 早就退休了/ 提前退休
- 辛苦: 辛苦了一辈子 / 有点儿辛苦 / 辛苦地工作 / 辛苦地生活 / 过得很辛苦
- 享受: 享受自己的生活 / 享受美丽的自然风光 / 享受美好的生活 / 好好儿享受
- 健康: 健康不太好 / 希望他很健康 / 健康的身体 / 健康快乐 / 保持健康

방법2 핵심 어법 활용하기

- 시량보어: 동작을 지속한 시간의 양을 나타내는 시량보어는 동사 뒤에 놓는다.
  예 我学了一年。나는 일 년 동안 배웠다.
  我等了一个小时。나는 한 시간 동안 기다렸다.
  父亲辛苦了一辈子。아버지는 평생 동안 고생하셨다.
- 특별동사 希望(~하기를 희망한다, 바란다): 일반적으로 동사는 목적어로 명사를 끌고 나오지만, 希望은 특별동사로 명사가 아닌 동사구나 주술구를 목적어로 끌고 나온다.
  예 我希望他多出去旅游 。나는 그가 자주 여행을 다니시기를 바란다.
  我希望父亲永远开心、健康。나는 아버지가 영원토록 즐겁고 건강하시길 바란다.
- 연동문: '동사1 + 목적어1 + 동사2 + 목적어2'의 형식으로 2개의 동사가 나오는 문장을 연동문이라고 한다. 동사는 먼저 발생하는 순서, 시간의 흐름에 따라 배열하면 된다.
  예 我陪父亲一起爬山。나는 아버지를 모시고 함께 등산을 한다.

모범 답안 1

<table>
<tr><td></td><td></td><td>我</td><td>的</td><td>父</td><td>亲</td><td>为</td><td>了</td><td>养</td><td>活</td><td>我</td><td>们</td><td>一</td><td>家</td><td>人</td><td>，</td></tr>
<tr><td>辛</td><td>苦</td><td>了</td><td>一</td><td>辈</td><td>子</td><td>。</td><td>上</td><td>个</td><td>月</td><td>他</td><td>退</td><td>休</td><td>了</td><td>，</td><td>现</td></tr>
<tr><td>在</td><td>也</td><td>该</td><td>享</td><td>受</td><td>自</td><td>己</td><td>的</td><td>生</td><td>活</td><td>了</td><td>。</td><td>我</td><td>希</td><td>望</td><td>他</td></tr>
<tr><td>多</td><td>出</td><td>去</td><td>旅</td><td>游</td><td>，</td><td>做</td><td>点</td><td>儿</td><td>自</td><td>己</td><td>感</td><td>兴</td><td>趣</td><td>的</td><td>事</td></tr>
<tr><td>情</td><td>。</td><td>我</td><td>希</td><td>望</td><td>父</td><td>亲</td><td>永</td><td>远</td><td>开</td><td>心</td><td>、</td><td>健</td><td>康</td><td>。</td><td></td></tr>
</table>

해석 우리 아버지는 우리 가족을 먹여 살리기 위해, 평생 동안 고생하셨다. 지난달에 그는 퇴직하셨으니, 이제는 자신의 삶을 누리셔야 한다. 나는 그가 여행도 많이 다니시고, 자신이 하고 싶었던 일들을 좀 하시길 바란다. 나는 아버지가 영원히 즐겁고 건강하시길 바란다.

단어 养活 yǎnghuo 동 부양하다, 먹여 살리다 | 一辈子 yíbèizi 명 한평생, 일생 | 永远 yǒngyuǎn 부 늘, 항상, 언제나

모범 답안 2

		父	亲	退	休	后	有	一	段	时	间	健	康	不	太
好	，	于	是	他	开	始	爬	山	。	周	末	我	也	常	常
陪	父	亲	一	起	爬	山	。	虽	然	开	始	有	点	儿	辛
苦	，	但	是	当	你	爬	到	山	顶	，	享	受	美	丽	的
大	自	然	风	光	时	，	就	会	觉	得	所	有	的	辛	苦
都	是	值	得	的	。										

해석 은퇴 후 아버지는 한동안 건강이 좋지 않으셔서 등산을 하기 시작하였다. 주말에는 나도 자주 아버지를 모시고 함께 등산을 한다. 비록 처음에는 조금 힘들지만, 산 정상까지 올라서 아름다운 대자연의 경치를 즐길 때는 모든 고생이 가치가 있다고 생각될 것이다.

단어 于是 yúshì 접 그래서, 이리하여, 그리하여 | 陪 péi 동 모시다, 동반하다 | 山顶 shāndǐng 명 산꼭대기, 산 정상 | 美丽 měilì 형 아름답다 | 大自然 dàzìrán 명 대자연 | 风光 fēngguang 명 풍경, 경치 | 辛苦 xīnku 명 고생, 수고 | 值得 zhíde 동 ~할 만한 가치가 있다

02 招聘、专业、学历、要求、经验

p. 402

단어 招聘 zhāopìn 동 초대하다, 모집하다 | 专业 zhuānyè 명 전공 | 学历 xuélì 명 학력 | 要求 yāoqiú 동 요구하다, 요망하다 | 经验 jīngyàn 명 경험

해설 STEP 1 **주제어 정하기**

招聘(채용)을 주제로 하여 채용에서 요구하는 조건들이 자신과 잘 맞는지에 관한 내용으로 작문해 보자.

STEP 2 **흐름 잡기**

곧 졸업이라서, 채용 박람회에 참석했다.

→ 내가 좋아하는 직업은 전공이 맞지 않거나, 학력이 부족했다.

→ 요즘은 업무 경험을 요구하는데, 나는 어쩌면 좋을까?

STEP 3 **방법1 단어 활용하기**

- 招聘: 招聘广告 / 参加招聘会 / 招聘人数很多 / 招聘员工 / 招聘一位教师
- 专业: 中文专业 / 汉语专业 / 和专业不符合 / 和专业符合 / 热门专业
- 学历: 大专以上学历 / 对学历要求很高 / 学历不够 / 本科学历 / 研究生学历
- 要求: 要求有工作经验 / 对我要求很高 / 没有太大的要求 / 提出要求
- 经验: 有工作经验 / 经验丰富 / 没有经验 / 旅游经验 / 十年的海外生活经验

방법2 핵심 어법 활용하기

- 시간의 임박성 (马上)就要 + 동사 + 了(곧 ~이다): 동작의 임박성을 나타내는 표현으로 일반적으로 앞에 시간을 나타내는 명사나 부사가 나온다.
  예 马上就要毕业了。곧 졸업이다.
  明天就要毕业了。내일이면 졸업이다.
- 접속사 要么 A, 要么 B(A하거나, 아니면 B 한다): 두 가지 이상을 나열하여 그중 하나의 가능성을 나타낸다.
  예 要么和专业不符合，要么学历不够。전공이 일치하지 않거나, 학력이 부족하다.
- 접속사 (不但) A, 而且 B(A일 뿐만 아니라, 게다가 B하다): 두 절을 연결하는 데 사용하며, 앞 절보다 뒤 절에서 한층 더 심해지는 점층을 나타낸다.
  예 他们要求很高的学历，而且要有工作经验。
  그들은 높은 학력을 요구하고, 게다가 업무 경험도 있어야 한다.
- A 和 B 相符(A와 B는 서로 부합하다): 각각의 동사는 자주 어울려 사용하는 전치사가 있다.
  예 他们的要求和我的条件完全相符。그들의 요구와 나의 조건은 완전히 부합한다.

모범 답안 1

		马	上	就	要	毕	业	了	，	我	也	来	参	加	招
聘	会	。	要	招	人	的	公	司	很	多	，	就	是	没	有
适	合	我	的	工	作	。	我	喜	欢	的	工	作	要	么	和
专	业	不	符	合	，	要	么	学	历	不	够	。	而	且	他
们	要	求	要	有	工	作	经	验	的	人	。	我	该	怎	么
办	？														

해석 곧 졸업이 다가와서, 나도 채용 박람회에 참석했다. 사람을 구하는 회사는 많은데, 나에게 적합한 직업은 없었다. 내가 좋아하는 직업은 전공이 부합하지 않거나, 학력이 부족했다. 게다가 그들은 업무 경험이 있는 사람을 요구했다. 나는 어떡하면 좋을까?

단어 毕业 bìyè 동 졸업하다 | 招 zhāo 동 모집하다, 불러 모으다 | 适合 shìhé 동 알맞다, 적절하다 | 要么 yàome 접 ~하든지 ~하든지, 또는, 그렇지 않으면 | 符合 fúhé 동 부합하다, 맞다

모범 답안 2

		昨	天	在	网	上	看	到	一	条	招	聘	广	告	。
要	求	大	专	以	上	学	历	，	中	文	专	业	毕	业	生。
大	二	时	我	在	免	税	店	实	习	过	，	这	也	算	有
工	作	经	验	了	吧	。	全	部	都	和	我	的	条	件	相
符	，	所	以	我	把	简	历	发	过	去	了	。			

해석 어제 인터넷에서 구인 광고 하나를 보았다. 전문 대학교 이상의 학력과 중국어 전공 졸업생을 요구했다. 대학교 2학년 때 나는 면세점에서 실습한 적이 있는데, 이것 또한 일한 경험인 것이니, 전부 나의 조건과 부합했다. 그래서 나는 이력서를 보냈다.

단어 条 tiáo 양 항목, 조목 | 广告 guǎnggào 명 광고, 선전 | 大专 dàzhuān 명 전문 대학 | 免税店 miǎnshuì diàn 명 면세점 | 实习 shíxí 동 실습하다 | 全部 quánbù 명 전부, 모두 | 条件 tiáojiàn 명 조건, 기준 | 相符 xiāngfú 형 서로 일치하다, 부합되다 | 简历 jiǎnlì 명 약력, 이력서

03 弹钢琴、吸引、业余、坚持、熟练

p. 402

단어 弹钢琴 tán gāngqín 피아노를 치다 | 吸引 xīyǐn 동 끌어당기다, 매료시키다 | 业余 yèyú 형 여가의, 근무 시간 외의 | 坚持 jiānchí 동 견지하다, 지속하다 | 熟练 shúliàn 형 숙련되어 있다, 능숙하다

해설 STEP 1 **주제어 정하기**

弹钢琴(피아노 치다)을 주제로 하여 피아노를 배우게 된 이유와 과정을 떠올리며 작문해 보자.

STEP 2 **흐름 잡기**

예쁜 아가씨가 피아노 치는 것을 보고 매료되었다.

→ 나는 여가 시간을 이용하여 피아노를 배웠다. / 이미 5년이나 꾸준히 하고 있다.

→ 지금은 나도 피아노 치는 게 매우 능숙하다.

STEP 3 **방법1 단어 활용하기**

- 弹钢琴: 喜欢弹钢琴 / 弹钢琴弹得很好 / 弹了十年钢琴 / 要学弹钢琴
- 吸引: 被吸引了 / 把我吸引住了 / 吸引了我 / 吸引顾客 / 吸引很多人参加
- 业余: 用业余时间 / 有业余爱好 / 业余生活很丰富 / 业余歌手
- 坚持: 要坚持下去 / 没有坚持下去 / 一直坚持 / 坚持了一周 / 坚持锻炼身体
- 熟练: 慢慢儿就熟练了 / 非常熟练 / 熟练地操作 / 熟练的技术 / 技术很熟练

방법2 핵심 어법 활용하기

- 처치문(把자문)과 피동문(被자문): 처치문은 목적어를 동사 앞으로 끌고 나와서 처치 대상이 어떻게 되었는지 동작의 결과를 강조한다. 피동문은 어떤 일을 당한 사람이 주어로 나와 피해자 입장에서 문장을 서술해 나가는 것을 말한다.

  예 평서문　钢琴声 + 吸引住了 + 我 。

  把자문　钢琴声 + 把 我 + 吸引住了。피아노 소리는 나를 매료시켰다.

  被자문　我 + 被钢琴声 + 吸引住了。나는 피아노 소리에 매료되었다.

- 정도보어: '동사 + 목적어 + 동사 + 得 + 정도부사 + 형용사' 형식으로 동작의 정도가 어떠한지를 구조조사 得 이하 부분에서 자세히 묘사해 준다. 만약 단어가 '동사 + 목적어'의 형태이면 보어는 반드시 동사와만 결합할 수 있기 때문에, 동사를 한 번 더 써 주어야 한다.

  예 她弹钢琴弹得特别好。그녀는 피아노를 정말 잘 친다.

  他说汉语说得非常流利。그는 중국어를 정말 유창하게 말한다.

- 연동문: '동사1 + 목적어1 + 동사2 + 목적어2'의 형식으로 2개의 동사가 나오는 문장을 연동문이라고 한다. 동사는 먼저 발생하는 순서, 시간의 흐름에 따라 배열하면 된다.

  예 我用业余时间学弹钢琴。나는 여가 시간을 사용하여 피아노를 배운다.

- 시량보어: 동작을 지속한 시간의 양을 나타내는 시량보어는 동사 뒤에 위치한다.

  예 我练了很长时间了。나는 오랜 시간 동안 연습했다.

  我一直坚持了5年。나는 줄곧 5년 동안 지속했다.

모범 답안 1

		有	一	次	我	看	到	了	漂	亮	的	姑	娘	在	弹
钢	琴	，	一	下	子	把	我	吸	引	住	了	。	她	弹	琴
弹	得	特	别	好	，	一	定	练	了	很	长	时	间	了	。
从	那	以	后	，	我	用	业	余	时	间	学	弹	钢	琴	，
一	直	坚	持	了	5	年	。	现	在	很	熟	练	了	。	

해석 한번은 예쁜 아가씨가 피아노를 치고 있는 것을 보았는데, 단숨에 나를 매료시켰다. 그녀는 피아노를 정말 잘 쳤다. 분명히 오랫동안 연습했을 것이다. 그때 이후로 나는 여가 시간을 이용하여 피아노 치는 것을 배웠고, 줄곧 5년 동안 꾸준히 하고 있다. 지금은 매우 능숙하다.

단어 姑娘 gūniang 명 처녀, 아가씨

모범 답안 2

		有	一	天	早	上	我	被	邻	居	的	钢	琴	声	吸
引	了	。	因	为	当	时	我	没	有	什	么	特	别	的	业
余	爱	好	，	所	以	决	定	要	学	弹	钢	琴	。	刚	开
始	的	时	候	很	难	，	但	慢	慢	儿	地	就	熟	练	了。
我	觉	得	无	论	学	什	么	，	最	重	要	的	是	要	坚
持	。														

해석 어느 날 아침 나는 이웃의 피아노 소리에 매료되었다. 그 당시에 나는 특별한 여가 취미가 없었기 때문에 피아노 치는 것을 배우기로 결정했다. 처음 시작할 때는 너무 어려웠지만 천천히 능숙해졌다. 나는 무엇을 배우든지 가장 중요한 것은 꾸준히 해야 한다고 생각한다.

단어 当时 dāngshí 명 당시, 그 때 | 决定 juédìng 동 결정하다, 결심하다 | 无论 wúlùn 접 ~에도 불구하고, ~에 관계없이

✓ 정답 해설 참고

01 迟到、下雪、堵车、厉害、浪费

p. 403 단어 迟到 chídào 동 지각하다 | 下雪 xiàxuě 동 눈이 내리다 | 堵车 dǔchē 동 교통이 체증되다 | 厉害 lìhai 형 심각하다 | 浪费 làngfèi 동 낭비하다

해설 STEP 1 **주제어 정하기**

堵车(차가 막히는 것)를 주제로 하여 이야기를 구성할 수 있다.

STEP 2　흐름 잡기

눈이 많이 내렸다.

→ 출근길에 차가 막히는 정도가 심하다.

→ 시간을 낭비했다. / 지각했다.

STEP 3　방법1 단어 활용하기

- 迟到: 不想迟到 / 迟到了 / 迟到了一个小时 / 别再迟到了 / 结果到学校的时候迟到了
- 下雪: 下大雪 / 下一场雪 / 下了一场大雪 / 下雪天
- 堵车: 堵车堵得很厉害 / 路上堵车了 / 前面堵车了
- 厉害: 车堵得厉害 / 病得厉害 / 妈妈很厉害 / 在…方面很厉害
- 浪费: 太浪费了 / 在路上浪费了半个小时 / 浪费时间 / 浪费钱 / 不喜欢浪费

방법2 핵심 어법 활용하기

- 이합동사 下雪(눈이 내리다): '동사(下) + 목적어(雪)'의 형태로, 동태조사(了)나 수량사(一场)는 모두 동사(下) 바로 뒤에 위치해야 한다.
  예 昨天晚上下了一场大雪。어제저녁 한바탕 큰 눈이 내렸다.
- 시량보어: 시간의 양을 나타내는 시량보어는 동사 뒤에 위치한다. 等车(차를 기다리다)에서 车는 명사 목적어이므로, 바로 뒤에 시량보어를 쓸 수 없고, 동사를 한 번 더 반복한 다음에 시량보어를 위치시켜 주면 된다.
  예 我等车等了二十分钟左右。나는 20여 분 정도 차를 기다렸다.
- 접속사 因为 A, 所以 B(A 때문에, 그래서 B하다): 원인과 결과를 나타내는 접속사 구문이다.
  예 因为不想迟到，所以很早就出门了。지각하고 싶지 않았기 때문에, 매우 일찍 집을 나섰다.
- 정도보어: '동사 + 得 + 형용사'의 형식으로 동사 뒤에 구조조사 得를 써서 동작의 정도를 보충해 주는 것을 말한다. 이합동사 堵车(차가 막히다)에서 车는 목적어이므로, 堵车得…라고 할 수 없고, 堵车堵得…라고 해야 한다.
  예 没想到路上堵车堵得非常厉害。예상치 못하게 길에 차가 너무 심하게 막혔다.
- 비교문 A 不如 B(A는 B만 못하다 / B가 낫다)
  예 不如坐地铁上班了。지하철 타고 출근하는 것이 낫다.

모범 답안 1

		昨	天	晚	上	下	了	一	场	大	雪	，	所	以	今
天	路	上	堵	车	堵	得	厉	害	。	我	等	车	等	了	二
十	分	钟	左	右	，	公	共	汽	车	才	来	。	没	想	到
去	学	校	的	路	上	，	车	突	然	坏	了	，	所	以	浪
费	了	半	个	小	时	，	结	果	到	学	校	的	时	候	迟
到	了	，	我	被	老	师	批	评	了	。					

해석　어제저녁 한바탕 큰 눈이 내려서, 오늘은 길에 차가 심하게 막혔다. 내가 20여 분 정도 차를 기다리고 나서야 버스가 왔다. 생각지도 못하게 학교 가는 길에 차가 갑자기 고장 났고, 30분이나 낭비했다. 결국 학교에 도착했을 때에는 지각이었고, 나는 선생님께 꾸중을 들었다.

단어　**路上** lùshang 명 길 위 | **左右** zuǒyòu 명 내외, 가량 | **公共汽车** gōnggòng qìchē 명 버스 | **学校** xuéxiào 명 학교 | **突然** tūrán 부 갑자기 | **坏** huài 동 고장 나다 | **结果** jiéguǒ 접 결국 | **老师** lǎoshī 명 선생님 | **批评** pīpíng 동 꾸짖다

모범 답안 2

		我	今	天	第	一	天	上	班	，	因	为	不	想	迟
到	，	所	以	很	早	就	出	门	了	。	没	想	到	路	上
堵	车	堵	得	非	常	厉	害	，	原	来	昨	天	晚	上	下
雪	了	。	我	也	没	有	别	的	办	法	，	只	好	慢	慢
开	。	我	居	然	在	路	上	浪	费	了	一	个	小	时	，
不	如	坐	地	铁	上	班	了	。							

해석 나는 오늘 첫 출근 날이라 지각하고 싶지 않았기 때문에, 매우 일찍 집을 나섰다. 그런데 예상치 못하게 길에 차가 너무 심하게 막혔고, 알고 보니 어제저녁 눈이 내렸던 것이다. 나는 별다른 방법이 없어, 어쩔 수 없이 천천히 운전했다. 뜻밖에 나는 길에서 한 시간을 낭비했으며, 지하철을 타고 출근하는 것이 나았다.

단어 上班 shàngbān 동 출근하다 | 出门 chūmén 동 집을 나서다 | 原来 yuánlái 부 알고 보니 | 办法 bànfǎ 명 방법 | 只好 zhǐhǎo 부 어쩔 수 없이 | 慢慢 mànmàn 형 천천히 | 开 kāi 동 운전하다 | 居然 jūrán 부 뜻밖에, 의외로 | 不如 bùrú 동 ~만 못하다 | 地铁 dìtiě 명 지하철

02 满足、健康、压力、放松、锻炼

p. 403

단어 满足 mǎnzú 동 만족하다 | 健康 jiànkāng 명형 건강(하다) | 压力 yālì 명 스트레스 | 放松 fàngsōng 동 정신적 긴장을 풀다 | 锻炼 duànliàn 동 단련하다

해설 STEP 1 **주제어 정하기**

健康(건강)을 주제로 하여 이야기를 구성할 수 있다.

STEP 2 **흐름 잡기**

스트레스로 건강이 안 좋아졌다.

→ 긴장을 풀려고 체력 단련을 했다.

→ 지금의 생활에 만족한다.

STEP 3 **방법1 단어 활용하기**

- 满足: 对…很(不)满足 / 感到满足 / 满足现在的生活 / 对自己的生活不满足
- 健康: 身体健康 / 健康状况越来越差 / 健康食品 / 对健康有好处 / 健康生活
- 压力: 有压力 / 压力比较大 / 缓解压力 / 工作压力的原因 / 让压力消失
- 放松: 为了放松一下 / 觉得很放松 / 可以放松放松
- 锻炼: 锻炼身体 / 在公园锻炼

방법2 핵심 어법 활용하기

- 对…满足(~에 만족하다): 뒤에 명사 목적어를 끌고 나올 수도 있지만, 전치사 对를 사용해 대상을 나타낼 수도 있다.

예 我常常对自己的生活不满足。나는 항상 자신의 생활에 만족하지 못한다.

- 사역동사 让(~로 하여금 ~하게 하다): '주어 + 让 + 명사(목적어 / 주어) + 술어'의 형식으로 겸어문에서 쓰인다. 让 뒤에 있는 명사는 앞 절 让의 목적어이면서, 뒤 절의 주어도 된다.
  예 **医生让我每天锻炼身体。** 의사는 나에게 매일 신체 단련을 하라고 했다.
- 如果 A 的话, 就 B(만약 A라면, 곧 B): 가정을 나타내며, 때에 따라서 如果를 생략할 수도 있다.
  예 (如果)**有时间的话，就出去旅游。** 시간이 있다면, 바로 여행을 간다.
- 접속사 不仅 A, 而且 B(A뿐만 아니라, 게다가 B): 점층을 나타내는 접속사로, 작문할 때 가장 자주 활용되는 접속사 중의 하나다.
  예 **这样不仅可以放松放松，而且对自己的健康很好。**
  이렇게 하면 긴장을 풀 수 있을 뿐만 아니라, 자신의 건강에도 매우 좋다.

모범 답안 1

		因	为	工	作	压	力	的	原	因	，	我	的	健	康
状	况	越	来	越	差	。	为	了	放	松	一	下	，	我	开
始	抽	时	间	参	加	体	育	锻	炼	，	并	时	刻	告	诉
自	己	要	满	足	现	在	的	生	活	。	没	想	到	不	仅
健	康	状	态	好	了	，	连	工	作	效	率	也	提	高	了。
现	在	我	真	的	很	满	足	。							

해석 업무 스트레스의 원인으로 인해, 나의 건강 상태는 갈수록 나빠졌다. 긴장을 풀기 위해 나는 시간을 내서 스포츠 단련에 참여하기 시작했고, 또한 항상 현재의 생활에 만족해야 한다고 스스로에게 말했다. 생각지도 못하게 건강 상태가 좋아졌을 뿐만 아니라, 업무 능률까지도 높아졌다. 현재 나는 정말 매우 만족한다.

단어 原因 yuányīn 명 원인 | 状况 zhuàngkuàng 명 상황 | 越来越 yuèláiyuè 부 점점, 더욱더, 갈수록 | 差 chà 형 나쁘다 | 为了 wèile 전 ~을 위해서 | 抽 chōu 동 (시간, 틈을) 내다 | 参加 cānjiā 동 참가하다 | 体育 tǐyù 명 체육, 스포츠 | 时刻 shíkè 부 시시각각, 항상 | 告诉 gàosu 동 알리다, 말하다 | 生活 shēnghuó 명 생활 | 不仅 bùjǐn 접 ~뿐만 아니라 | 状态 zhuàngtài 명 상태 | 连 lián 전 ~조차도 | 效率 xiàolǜ 명 효율, 능률 | 提高 tígāo 동 향상시키다, 높이다

모범 답안 2

		我	常	常	对	自	己	的	生	活	不	满	足	，	所
以	压	力	比	较	大	。	医	生	让	我	每	天	锻	炼	身
体	，	有	时	间	的	话	就	出	去	旅	游	，	这	样	不
仅	可	以	放	松	放	松	，	而	且	对	自	己	的	健	康
很	好	。	没	想	到	这	个	方	法	这	么	有	效	，	你
也	试	试	吧	。											

해석 나는 자주 자신의 생활에 불만족해서, 스트레스가 비교적 많은 편이었다. 의사는 나에게 매일 몸을 단련하라고 했고, 시간이 있다면 바로 여행을 떠나 보라고 했다. 이렇게 하면 긴장을 풀 수 있을 뿐만 아니라, 자신의 건강에도 매우 좋다는 것이다. 이런 방법이 이렇게 효과가 있을 줄은 미처 몰랐다. 당신도 한 번 해 보시길.

단어 常常 chángcháng 부 자주 | 身体 shēntǐ 명 신체, 몸 | 旅游 lǚyóu 동 여행하다 | 而且 érqiě 접 게다가 | 方法 fāngfǎ 명 방법 | 有效 yǒuxiào 형 효과가 있다 | 试 shì 동 시험 삼아 해 보다

03 避免、垃圾、保护、严重、污染

p. 403

단어 **避免** bìmiǎn 동 피하다, 방지하다 | **垃圾** lājī 명 쓰레기 | **保护** bǎohù 동 보호하다 | **严重** yánzhòng 형 심각하다 | **污染** wūrǎn 명 오염 동 오염되다, 오염시키다

해설 STEP 1 **주제어 정하기**

垃圾(쓰레기) 문제를 주제로 하여 이야기를 구성할 수 있다.

STEP 2 **흐름 잡기**

쓰레기가 많아졌다.

→ 오염이 심각하다.

→ 환경을 보호해야 한다. / 더 이상의 오염은 피해야 한다.

STEP 3 **방법1 단어 활용하기**

- 避免: 避免破坏环境 / 尽量避免污染环境 / 避免发生事故 / 避免环境被进一步地污染
- 垃圾: 乱扔垃圾 / 倒垃圾 / 生活垃圾也随着增加 / 把垃圾扔到地上 / 垃圾分类 / 收垃圾 / 扫垃圾
- 保护: 保护我们的环境 / 保护动物 / 学会保护自己
- 严重: 污染越来越严重了 / 造成了严重的污染 / 问题严重 / 后果很严重
- 污染: 环境污染 / 被污染了 / 污染了空气 / 进一步的污染

방법2 핵심 어법 활용하기

- 随着…(~에 따라서): '随着 + 수식어 的 + 명사, 주어 + 술어 + 목적어' 형태로, 주어보다도 앞에 나온다는 특징이 있다. 随着는 发展(발전), 变化(변화), 提高(향상시키다), 增加(증가하다) 등의 어휘와 자주 호응하여 쓰인다.
  예 **随着社会的发展** 사회가 발전함에 따라서
- 越来越(점점 더 / 갈수록): 시간에 따른 상황의 변화, 정도의 증가를 나타낸다.
  예 **环境污染越来越严重了。** 환경 오염이 갈수록 심각해졌다.
- 상용구 拿…来说(~를 (가지고) 말해 보면): 예를 들어 설명할 때 사용하는 상용구다.
  예 **就拿昨天来说吧。** 어제를 (가지고) 말해 보자.
- 把자문(~을 / ~를): 把는 처치문을 만드는 전치사로, 기본 문장에서 술어 뒤에 놓이는 목적어를 술어 앞으로 도치시키는 역할을 하며, '把 + 처치 대상 + 동사 + 기타 성분'의 형식으로 쓰인다.
  예 **小孩子把垃圾扔到地上。** 꼬마 아이가 쓰레기를 땅에 버렸다.

모범 답안 1

		人	们	的	生	活	越	来	越	方	便	，	生	活	垃
圾	也	随	着	增	加	了	许	多	。	而	目	前	这	些	垃
圾	对	环	境	已	经	造	成	了	严	重	的	污	染	。	为
了	保	护	我	们	的	环	境	，	每	个	人	都	应	该	努
力	减	少	生	活	垃	圾	，	避	免	环	境	被	进	一	步
地	污	染	。												

해석 사람들의 생활이 갈수록 편리해지면서, 생활 쓰레기도 그만큼 매우 많이 늘어났다. 게다가 현재 이런 쓰레기들은 이미 환경에 심각한 오염을 일으켰다. 우리의 환경을 보호하기 위해서, 모든 사람들은 마땅히 생활 쓰레기를 줄이도록 노력하여, 환경이 더 오염되는 것을 방지해야 한다.

단어 **生活** shēnghuó 명 생활 | **越来越** yuèláiyuè 부 점점, 더욱더, 갈수록 | **方便** fāngbiàn 형 편리하다 | **随着** suízhe 전 ~에 따라서 | **许多** xǔduō 형 매우 많다 | **目前** mùqián 명 현재 | **环境** huánjìng 명 환경 | **已经** yǐjing 부 이미 | **造成** zàochéng 동 조성하다 | **为了** wèile 전 ~을 위해서 | **应该** yīnggāi 조동 마땅히 ~해야 한다 | **努力** nǔlì 동 노력하다 | **减少** jiǎnshǎo 동 감소하다 | **进一步** jìnyíbù 부 더 나아가

모범 답안 2

		随	着	社	会	的	发	展	，	环	境	污	染	越	来
越	严	重	了	。	就	拿	昨	天	来	说	吧	，	我	看	见
一	个	小	孩	子	把	垃	圾	扔	到	地	上	。	我	批	评
了	他	，	可	是	他	觉	得	很	委	屈	。	我	告	诉	他，
乱	扔	垃	圾	会	污	染	环	境	，	我	们	每	一	个	人
都	应	该	尽	量	保	护	环	境	，	避	免	污	染	环	境。

해석 사회가 발전함에 따라, 환경 오염이 갈수록 심각해졌다. 어제를 가지고 말해 보면, 나는 한 아이가 쓰레기를 바닥에 버리는 것을 보았다. 나는 그 아이를 꾸짖었는데, 그는 매우 억울해했다. 나는 그에게 쓰레기를 함부로 버리면 환경을 오염시킬 수 있으니, 우리는 모두 가능한 한 환경을 보호하고, 환경을 오염시키는 것을 방지해야 한다고 알려 주었다.

단어 **社会** shèhuì 명 사회 | **发展** fāzhǎn 명 발전 | **拿…来说** ná…láishuō ~를 (가지고) 말해 보면 | **看见** kànjiàn 동 보다 | **小孩子** xiǎoháizi 명 아이 | **扔** rēng 동 내버리다 | **地上** dìshàng 명 땅, 지상 | **批评** pīpíng 동 꾸짖다 | **觉得** juéde 동 ~라고 여기다 | **委屈** wěiqu 형 억울하다 | **告诉** gàosu 동 알리다, 말하다 | **乱** luàn 부 함부로 | **尽量** jǐnliàng 부 가능한 한

✓ 정답 해설 참고

p. 409

해설

STEP 1 그림 파악하기

- 인물: 여자
- 장소: 헬스장
- 동작: 러닝머신을 타고 있다. / 운동을 하고 있다. / 트레이너가 헬스를 지도해 주고 있다.

STEP 2 방법1 특징 나열하기

헬스를 했을 때 우리에게 어떠한 효과가 있는지 생각해 본다.

- 운동은 몸을 훨씬 건강하게 해 준다 → 运动可以让身体更健康
- 운동은 면역력을 높여 준다 → 运动可以提高免疫力
- 운동은 업무(일) 스트레스를 해소해 준다 → 运动可以消除工作中的压力
- 운동은 우리를 기분 좋게 해 준다 → 运动可以让我们有好的心情

방법2 에피소드 설정하기

- 서론: 체력이 점점 안 좋아진다.
- 본론: 헬스를 하기로 결정한다.
- 결론: 꾸준히 할 수 있기를 희망한다.

모범 답안 1 **특징 나열하기**

		随	着	生	活	水	平	的	提	高	，	很	多	人	开
始	健	身	。	健	身	有	什	么	好	处	呢	？	一	来	，
运	动	可	以	让	身	体	更	健	康	；	二	来	，	可	以
提	高	免	疫	力	；	三	来	，	可	以	消	除	工	作	中
的	压	力	；	最	后	，	健	身	运	动	可	以	让	我	们
有	好	的	心	情	。										

해석 생활 수준이 향상됨에 따라, 많은 사람들이 헬스를 하기 시작했다. 헬스는 어떤 좋은 점이 있을까? 첫째, 운동은 우리 몸을 더욱 건강하게 해 준다. 둘째, 면역력을 높일 수 있다. 셋째, 업무 중의 스트레스를 해소해 준다. 마지막으로 헬스 운동은 우리로 하여금 좋은 기분을 갖게 해 준다.

단어 **随着** suízhe 전 ~에 따라서 | **健身** jiànshēn 동 몸을 건강하게 하다 | **好处** hǎochu 명 장점, 좋은 점 | **免疫力** miǎnyìlì 명 면역력 | **消除** xiāochú 동 제거하다, 풀다, 해소하다 | **压力** yālì 명 스트레스 | **心情** xīnqíng 명 심정, 마음, 기분

모범 답안 2 에피소드 설정하기

		最	近	工	作	很	累	，	感	觉	自	己	体	力	越
来	越	不	好	，	所	以	我	决	定	开	始	健	身	。	健
身	看	起	来	不	怎	么	难	，	做	起	来	不	容	易	。
我	去	了	一	家	健	身	房	，	健	身	老	师	不	但	很
认	真	，	而	且	很	帅	。	为	了	有	一	个	好	身	体，
我	希	望	能	一	直	坚	持	下	去	。					

해석 요즘 일이 너무 힘들고, 자신의 체력이 점점 안 좋아지는 것이 느껴진다. 그래서 나는 헬스를 시작하기로 결정했다. 헬스는 보기에는 그다지 어려워 보이지 않는데, 해 보면 쉽지 않다. 나는 헬스클럽에 갔는데, 헬스 트레이너 선생님은 매우 진지할 뿐만 아니라, 게다가 잘생기셨다. 건강한 몸을 갖기 위해서, 나는 계속 꾸준히 해 나갈 수 있길 바란다.

단어 体力 tǐlì 명 체력, 힘 | 决定 juédìng 동 결심하다, 결정하다 | 健身房 jiànshēnfáng 명 체육관, 헬스장 | 坚持 jiānchí 동 견지하다, 지속하다, 고집하다

p. 409

해설

STEP 1 그림 파악하기

- 인물: 엄마와 아들
- 사물: 휴대전화
- 동작: 휴대전화를 하고 있다.

STEP 2 방법1 특징 나열하기

휴대전화를 통해 우리가 편리함을 얻을 수 있는 것에는 어떤 점이 있는지 생각해 본다.

- 인터넷에서 자료를 찾을 수 있다 → 可以上网查资料
- 언제 어디서든지 친구와 수다를 떨 수 있다 → 可以随时随地跟朋友聊天
- 휴대전화로 돈을 부치거나 계산을 할 수 있다 → 用手机可以转账和结账
- 휴대전화의 화면을 통해 가족과 만날 수 있다 → 通过手机画面和家人见面
- 음악을 듣거나 영화를 볼 수 있다 → 可以听音乐或者看电影

방법2 에피소드 설정하기

- 서론: 소파에서 휴대전화 게임을 한다.
- 본론: 엄마가 화를 내며 혼내신다.
- 결론: 엄마는 젊은 사람들의 마음을 이해 못하신다.

모범 답안 1 **특징 나열하기**

		随	着	科	技	的	发	展	，	我	们	每	天	都	离
不	开	手	机	。	那	么	手	机	有	哪	些	好	处	呢	？
首	先	，	可	以	上	网	查	资	料	；	其	次	，	可	以
随	时	随	地	跟	朋	友	聊	天	；	最	后	，	用	手	机
可	以	转	账	和	结	账	。	可	见	，	手	机	已	经	是
我	们	生	活	中	重	要	的	一	部	分	。				

해석 과학 기술이 발전함에 따라서, 우리는 매일 휴대전화와 떨어질 수 없다. 그렇다면 휴대전화는 어떤 좋은 점이 있을까? 먼저, 인터넷에서 자료 검색이 가능하다. 그 다음으로, 언제 어디서나 친구들과 수다 떠는 것이 가능하다. 마지막으로, 휴대전화로 돈을 부치거나 결제를 할 수 있다. (이것으로) 휴대전화는 이미 우리 생활에서 중요한 일부분이라는 것을 알 수 있다.

단어 随着 suízhe 전 ~에 따라서, ~뒤이어 | 科技 kējì 명 과학 기술 | 发展 fāzhǎn 명 발전 | 离不开 líbukāi 동 떨어질 수 없다, 그만둘 수 없다 | 好处 hǎochu 명 장점, 좋은 점 | 首先 shǒuxiān 명 맨 먼저, 우선 | 查 chá 동 조사하다, 찾아보다 | 资料 zīliào 명 자료 | 其次 qícì 명 다음, 그 다음 | 随时随地 suí shí suí dì 언제 어디서나, 시간과 장소를 가리지 않고 | 转账 zhuǎnzhàng 동 계좌 이체하다 | 结账 jiézhàng 동 장부를 결산하다, 계산하다 | 可见 kějiàn 접 ~을 볼 수 있다, 알 수 있다

모범 답안 2 **에피소드 설정하기**

		我	今	天	一	回	到	家	就	坐	在	沙	发	上	玩
手	机	游	戏	。	这	时	候	，	妈	妈	进	来	看	到	了。
她	非	常	生	气	地	对	我	说	如	果	我	一	直	玩	手
机	，	那	么	她	就	要	把	我	的	手	机	拿	走	。	我
一	整	天	都	在	学	校	学	习	特	别	累	，	只	是	想
休	息	一	下	。	妈	妈	真	不	理	解	年	轻	人	。	

해석 나는 오늘 집에 돌아오자마자 소파에 앉아 휴대전화 게임을 했다. 이때, 엄마가 들어와서 나를 보았다. 그녀는 매우 화를 내시며 나에게 말하기를, 만약 내가 계속 휴대전화를 가지고 놀면, 그러면 그녀는 내 휴대전화를 가져가겠다고 말했다. 나는 하루 종일 학교에서 공부하느라 너무 힘들어서, 그냥 좀 쉬고 싶었을 뿐이다. 엄마는 정말 젊은 사람들을 이해하지 못하신다.

단어 沙发 shāfā 명 소파 | 一整天 yìzhěngtiān 명 하루 꼬박, 온종일 | 只是 zhǐshì 부 다만, 오직, 오로지 | 理解 lǐjiě 동 이해하다 | 年轻人 niánqīngrén 명 젊은이, 젊은 사람

03

p. 410

해설

STEP 1 그림 파악하기

- 인물: 여자들
- 사물: 커피
- 동작: 여유롭게 커피를 마시고 있다.

STEP 2 방법1 특징 나열하기

커피가 일상생활에 가져다주는 장점과 사랑받는 이유를 생각해 본다.

- 커피는 어떤 음료보다 맛있다 → 咖啡比什么饮料都好喝
- 커피를 마시면 소화에 도움이 된다 → 喝咖啡对消化有帮助
- 커피를 마시는 것은 정신을 깨워 주는 작용을 한다 → 喝咖啡有提神的作用
- 커피를 마시는 것은 일종의 시대적 유행이다 → 喝咖啡是一种时尚

방법2 에피소드 설정하기

- 서론: 커피 마시는 걸 좋아한다고 소개한다.
- 본론: 아침, 점심, 저녁으로 커피 마시는 상황을 설명한다.
- 결론: 커피의 역할을 말해 준다.

모범 답안 1 특징 나열하기

		图	片	中	的	女	人	正	在	喝	咖	啡	，	最	近
咖	啡	受	到	很	多	女	人	的	欢	迎	。	原	因	有	哪
些	呢	？	第	一	，	喝	咖	啡	对	消	化	有	帮	助	；
第	二	，	喝	咖	啡	有	提	神	的	作	用	；	第	三	，
喝	咖	啡	是	一	种	时	尚	。	所	以	很	多	女	人	越
越	离	不	开	咖	啡	。									

해석 그림 속의 여자는 커피를 마시고 있다. 최근 커피는 매우 많은 여성에게 인기를 얻고 있다. 이유는 무엇이 있을까? 첫째, 커피를 마시면 소화에 도움이 된다. 둘째, 커피를 마시는 것은 정신을 깨워 주는 작용을 한다. 셋째, 커피를 마시는 것은 일종의 시대적 유행이다. 따라서 많은 여성이 갈수록 커피를 떠날 수 없게 되었다.

단어 图片 túpiàn 명 그림 | 正在 zhèngzài 부 ~하고 있다 | 咖啡 kāfēi 명 커피 | 最近 zuìjìn 명 최근 | 受到 shòudào 동 받다 | 欢迎 huānyíng 동 환영하다 | 原因 yuányīn 명 원인 | 消化 xiāohuà 동 소화하다 | 帮助 bāngzhù 동 돕다, 도와주다 | 提神 tíshén 동 (정신을) 차리다 | 作用 zuòyòng 명 작용 | 时尚 shíshàng 명 시대적 유행 | 所以 suǒyǐ 접 그래서 | 越来越 yuèláiyuè 부 점점, 더욱더, 갈수록 | 离不开 líbukāi 동 떨어질 수 없다

모범 답안 2 **에피소드 설정하기**

		在	所	有	的	饮	品	中	，	我	最	喜	欢	咖	啡,
一	天	大	概	要	喝	三	杯	咖	啡	。	每	天	我	的	早
餐	是	一	杯	咖	啡	加	上	一	些	面	包	。	每	天	午
饭	以	后	，	我	常	常	喝	一	杯	咖	啡	，	感	觉	舒
服	极	了	。	咖	啡	还	有	提	神	的	作	用	，	加	班
的	时	候	喝	一	杯	，	就	不	觉	得	困	了	。		

해석 모든 음료 중, 나는 커피를 제일 좋아해서, 하루에 약 세 잔의 커피를 마셔야 한다. 매일 나의 아침 식사는 커피 한 잔에 빵 몇 조각을 추가한 것이다. 매일 점심 이후, 나는 항상 커피 한 잔을 마시며 매우 편안하다고 느낀다. 커피는 정신을 차리게 하는 효과도 있어서, 야근할 때 한 잔 마시면 졸리지 않다.

단어 **所有** suǒyǒu 형 모든 | **饮品** yǐnpǐn 명 음료 | **喜欢** xǐhuan 동 좋아하다 | **大概** dàgài 부 아마, 대개 | **杯** bēi 양 잔 | **早餐** zǎocān 명 아침 식사 | **加** jiā 동 더하다, 첨가하다 | **面包** miànbāo 명 빵 | **午饭** wǔfàn 명 점심 식사 | **感觉** gǎnjué 동 느끼다 | **舒服** shūfu 형 편안하다 | **加班** jiābān 동 초과 근무하다 | **困** kùn 형 졸리다

✓ 정답 해설 참고

p. 410

해설

STEP 1 그림 파악하기

- 인물: 사람들
- 사물: 지하철
- 동작: 지하철을 타고 있다.

STEP 2 방법1 특징 나열하기

지하철이 일상생활에 가져다주는 장점을 생각해 본다.

- 지하철을 타면 막히지 않는다 → 坐地铁没有堵车
- 제시간에 도착할 수 있다 → 会准时到达
- 책을 읽거나 음악을 들을 수 있다 → 可以读书或者听音乐

방법2 에피소드 설정하기

- 서론: 매일 출퇴근할 때 지하철을 탄다.
- 본론: 지하철을 이용할 때 불편한 이유를 설명한다.
- 결론: 차를 사서 자가용으로 출퇴근하고 싶다.

모범 답안 1 **특징 나열하기**

		图	片	里	的	男	人	和	女	人	正	在	坐	地	铁。
坐	地	铁	有	哪	些	好	处	呢	？	一	来	，	最	近	常
常	堵	车	，	可	是	坐	地	铁	的	话	，	没	有	这	样
的	烦	恼	，	一	般	会	准	时	到	达	；	二	来	，	坐
地	铁	的	时	候	可	以	读	书	或	者	听	音	乐	。	下
次	出	门	的	时	候	，	你	也	坐	地	铁	吧	。		

해석 그림 속의 남자와 여자는 지하철을 타고 있다. 지하철을 타면 어떠한 장점이 있을까? 첫째, 요즘 항상 차가 막히지만, 지하철을 타면 이런 걱정이 없고, 대부분 제때에 도착할 수 있다. 둘째, 지하철을 탈 때는 책을 읽거나 음악을 들을 수 있다. 다음에 외출할 때 당신도 지하철을 타 보시길 바란다.

단어 图片 túpiàn 명 그림 | 正在 zhèngzài 부 ~하고 있다 | 坐 zuò 동 타다 | 地铁 dìtiě 명 지하철 | 好处 hǎochu 명 장점 | 最近 zuìjìn 명 최근 | 堵车 dǔchē 동 차가 막히다 | 可是 kěshì 접 그러나 | 烦恼 fánnǎo 형 걱정하다 | 一般 yìbān 형 일반적이다 | 准时 zhǔnshí 부 제때에 | 到达 dàodá 동 도착하다 | 读书 dúshū 동 책을 읽다 | 或者 huòzhě 접 ~이거나 혹은 ~이다 | 音乐 yīnyuè 명 음악 | 下次 xiàcì 명 다음 번 | 出门 chūmén 동 외출하다

모범 답안 2 **에피소드 설정하기**

		每	天	上	下	班	，	我	都	坐	地	铁	，	可	是
地	铁	很	不	方	便	。	因	为	地	铁	站	不	仅	离	家
很	远	，	而	且	上	下	班	高	峰	期	的	时	候	，	地
铁	里	的	人	太	多	了	，	挤	得	要	死	。	如	果	有
钱	的	话	，	我	真	想	快	点	儿	买	一	辆	车	，	再
也	不	想	坐	地	铁	上	班	了	。						

해석 매일 출퇴근할 때 나는 지하철을 타지만, 지하철은 매우 불편하다. 왜냐하면 지하철역이 집에서 멀 뿐만 아니라, 출퇴근 러시아워 때는 지하철에 사람들이 너무 많아 몹시 붐빈다. 만일 돈이 있다면, 나는 빨리 자가용 한 대를 사고 싶고, 다시는 지하철을 타고 출근하고 싶지 않다.

단어 方便 fāngbiàn 형 편리하다 | 因为 yīnwèi 접 ~ 때문에 | 站 zhàn 명 역, 정류장 | 不仅 bùjǐn 접 ~뿐만 아니라 | 远 yuǎn 형 멀다 | 而且 érqiě 접 게다가 | 高峰期 gāofēngqī 명 러시아워 | 挤 jǐ 동 붐비다 | 要死 yàosǐ 부 몹시 | 如果 rúguǒ 접 만약 | 辆 liàng 양 대(차량을 세는 단위)

p. 411

해설

STEP 1 그림 파악하기

- 인물: 한 쌍의 남녀
- 사물: 신문
- 동작: 남녀가 함께 신문을 보고 있다.

STEP 2 방법1 특징 나열하기

신문이 일상생활에 가져다주는 장점을 생각해 본다.

- 새로운 정보를 얻을 수 있다 → 可以获得新信息
- 국가의 큰일을 잘 알 수 있다 → 可以了解国家大事
- 좋아하는 내용은 보존해 두었다가, 나중에 또 볼 수 있다 → 自己喜欢的内容可以保存起来，以后也可以看

방법2 에피소드 설정하기

- 서론: 자신의 취미를 소개한다.
- 본론: 공부하다가 피곤하면 신문 보는 이야기를 한다.
- 결론: 남자 친구와 함께 신문 읽으면 좋은 점들을 설명한다.

모범 답안 1 특징 나열하기

		图	片	中	的	两	个	人	一	边	看	报	纸	一	边
聊	天	儿	。	读	报	纸	有	哪	些	好	处	呢	？	一	来，
可	以	获	得	新	信	息	；	二	来	，	可	以	了	解	国
家	大	事	；	三	来	，	自	己	喜	欢	的	内	容	可	以
保	存	起	来	，	以	后	也	可	以	看	。	所	以	，	我
们	最	好	养	成	读	报	纸	的	习	惯	。				

해석 그림 속의 두 사람은 신문을 보면서, 이야기를 나누고 있다. 신문을 읽는 것은 어떠한 장점이 있을까? 첫째, 새로운 정보를 얻을 수 있다. 둘째, 국가의 큰일을 잘 알 수 있다. 셋째, 자신이 좋아하는 내용은 보존해 두었다가, 나중에 또 볼 수 있다. 따라서, 우리는 신문 읽는 습관을 기르는 것이 가장 좋다.

단어 图片 túpiàn 명 그림 | 一边…一边… yìbiān…yìbiān… ~하면서 ~하다 | 报纸 bàozhǐ 명 신문 | 聊天儿 liáotiānr 동 이야기하다, 잡담하다 | 读 dú 동 읽다 | 好处 hǎochu 명 장점 | 获得 huòdé 동 얻다, 획득하다 | 信息 xìnxī 명 정보, 소식 | 了解 liǎojiě 동 잘 알다 | 国家 guójiā 명 국가 | 内容 nèiróng 명 내용 | 保存 bǎocún 동 보존하다 | 所以 suǒyǐ 접 그래서 | 最好 zuìhǎo 부 ~하는 게 제일 좋다 | 养成 yǎngchéng 동 양성하다, 기르다 | 习惯 xíguàn 명 습관

모범 답안 2 에피소드 설정하기

		我	和	男	朋	友	的	爱	好	相	同	，	那	就	是
看	报	纸	。	每	当	我	们	在	图	书	馆	学	习	的	时
候	，	如	果	太	累	了	，	就	在	图	书	馆	外	面	一
边	看	报	纸	一	边	聊	天	。	通	过	报	纸	，	我	们
不	但	了	解	了	很	多	外	面	的	事	情	，	而	且	也
增	进	了	相	互	的	了	解	。							

해석 나와 남자 친구는 취미가 같은데, 그것은 바로 신문을 보는 것이다. 우리는 도서관에서 공부할 때마다, 만약 너무 피곤하면, 도서관 밖에서 신문을 보며 이야기를 나눈다. 신문을 통해 우리는 많은 외부의 일들을 잘 이해할 뿐만 아니라, 상호 간의 이해도 증진시킬 수 있다.

단어 爱好 àihào 명 취미 | 相同 xiāngtóng 형 똑같다 | 每当 měi dāng ~할 때마다 | 图书馆 túshūguǎn 명 도서관 | 如果 rúguǒ 접 만약 | 累 lèi 형 피곤하다 | 外面 wàimian 명 바깥 | 通过 tōngguò 전 ~를 통해 | 不但 búdàn 접 ~뿐만 아니라 | 事情 shìqing 명 일 | 而且 érqiě 접 게다가 | 增进 zēngjìn 동 증진하다 | 相互 xiānghù 부 서로

03

p. 411

해설

STEP 1 그림 파악하기
- 인물: 여자
- 사물: 청소기
- 동작: 거실을 청소하고 있다.

STEP 2 방법1 특징 나열하기

청소기의 장점을 생각해 본다.
- 청소하는 부담을 줄여 주었다 → 减轻了打扫的负担
- 청소하는 시간을 아낄 수 있다 → 节省了我们打扫的时间
- 우리의 삶을 훨씬 효율적으로 해 준다 → 让我们的生活变得更有效率
- 집안이 훨씬 깨끗해진다 → 让家里更加干净整洁
- 가족들이 집안일로 싸우지 않게 된다 → 家庭成员不会再为做家务而吵架

방법2 에피소드 설정하기
- 서론: 엄마 생일 선물을 고민한다.
- 본론: 고생하는 엄마에게 청소기를 사 드리고 싶다.
- 결론: 비싸기는 하지만, 가치가 있다고 생각한다.

모범 답안 1 특징 나열하기

		随	着	科	技	的	发	展	，	扫	地	机	也	走	进
了	人	们	的	生	活	，	它	的	出	现	给	我	们	带	来
了	哪	些	便	利	呢	？	首	先	，	减	轻	了	打	扫	的
负	担	；	其	次	，	节	省	了	我	们	打	扫	的	时	间;
最	后	，	让	我	们	的	生	活	变	得	更	有	效	率	。
可	见	，	扫	地	机	可	以	提	高	我	们	的	生	活	质
量	。														

해석 과학 기술이 발전함에 따라서, 청소기도 우리의 생활 속으로 들어왔다. 그것의 출현은 우리에게 어떠한 편리함을 가져다 주었을까? 먼저, 청소하는 부담을 줄여 주었다. 그 다음으로, 우리가 청소하는 시간이 절약되었다. 마지막으로 우리의 삶을 훨씬 효율적으로 변하게 하였다. (이것으로서) 청소기는 우리의 삶의 질을 향상시킨다는 것을 알 수 있다.

단어 随着 suízhe 전 ~에 따라서 | 科技 kējì 명 과학 기술 | 发展 fāzhǎn 명 발전 | 扫地机 sǎodìjī 명 청소기 | 出现 chūxiàn 동 출현하다 | 带来 dàilái 동 가져오다, 가져다주다 | 便利 biànlì 형동 편리하다, 편리하게 하다 | 首先 shǒuxiān 명 맨 먼저, 우선 | 减轻 jiǎnqīng 동 경감하다, 덜다 | 负担 fùdān 명 부담 | 其次 qícì 명 다음, 그 다음 | 节省 jiéshěng 동 아끼다, 절약하다 | 效率 xiàolǜ 명 효율, 능률 | 可见 kějiàn 접 ~을 볼 수 있다, 알 수 있다 | 质量 zhìliàng 명 질, 품질

모범 답안 2 에피소드 설정하기

		过	几	天	是	妈	妈	的	生	日	。	我	一	直	在
想	应	该	送	她	什	么	礼	物	才	好	。	看	着	妈	妈
每	天	在	家	做	家	务	，	觉	得	她	真	辛	苦	。	我
最	近	在	咖	啡	店	打	工	存	了	一	些	钱	。	我	想
给	妈	妈	买	一	个	扫	地	机	，	减	轻	妈	妈	的	负
担	。	虽	然	价	格	有	点	儿	贵	，	但	是	我	觉	得
很	值	得	。												

해석 며칠이 지나면 엄마의 생신이다. 나는 줄곧 그녀에게 어떤 선물을 주는 게 좋을지 계속 생각하고 있었다. 엄마가 매일 집에서 집안일을 하시는 걸 보면서, 그녀가 정말 고생하신다고 생각된다. 나는 요즘 커피숍에서 아르바이트를 해서 돈을 좀 저축했다. 엄마에게 청소기를 사 드려서, 엄마의 부담을 줄여 드리고 싶다. 비록 가격이 좀 비싸지만, 나는 매우 가치가 있다고 생각했다.

단어 家务 jiāwù 명 가사, 집안일 | 辛苦 xīnku 형 고생스럽다, 수고롭다 | 咖啡店 kāfēidiàn 명 커피숍 | 存 cún 동 저장하다 | 价格 jiàgé 명 가격 | 值得 zhíde 동 ~할 만한 가치가 있다

✓ 정답 해설 참고

01

p. 417

해설

STEP 1 **그림 파악하기**

- 인물: 졸업하는 대학생
- 사물: 학사모
- 동작: 졸업을 축하하며 기뻐한다. / 졸업식 날 친구들과 함께 축하한다.

STEP 2 **주제 정하기**

졸업은 끝이 아니라, 새로운 시작이다.

STEP 3 방법 1 **견해 논술하기**

- 더 이상 공부하지 않아도 되니 홀가분하다 → 不用再学习了很轻松
- 친구들과 헤어지기 아쉽다 → 舍不得离开朋友
- 좋은 일자리를 찾아야 한다는 심리적 부담이 있다 → 要找好工作有心理负担
- 많은 새로운 문제를 만나게 된다 → 会面临很多新的问题

방법 2 **에피소드 설정하기**

- 서론: 졸업 축하 꽃도 받고, 사진도 찍었다.
- 본론: 대학에서의 많은 경험들이 떠오른다.
- 결론: 졸업해도 대학 생활을 잊지 못할 것이다.

모범 답안 1 견해 논술하기

		今	天	我	终	于	毕	业	了	。	毕	业	典	礼	的
时	候	，	我	有	很	多	感	想	。	第	一	，	不	用	再
学	习	了	很	轻	松	，	第	二	，	舍	不	得	离	开	朋
友	，	第	三	，	要	找	好	工	作	有	心	理	负	担	。
我	觉	得	毕	业	不	是	结	束	，	而	是	一	个	新	的
开	始	。	大	家	加	油	吧	！							

해석 나는 오늘 드디어 졸업을 했다. 졸업식 때, 나는 많은 생각이 들었다. 첫째, 더 이상 공부하지 않아도 되니 홀가분하다. 둘째, 친구들과 헤어지는 것이 너무 아쉽다. 셋째, 좋은 직업을 구해야 한다는 심리적 부담이 있다. 나는 졸업은 끝나는 것이 아니라, 새로운 시작이라고 생각한다. 모두들 힘내세요!

단어 **毕业** bìyè 동 졸업하다 | **毕业典礼** bìyè diǎnlǐ 명 졸업식 | **感想** gǎnxiǎng 명 감상, 느낌 | **轻松** qīngsōng 형 홀가분하다, 가뿐하다 | **舍不得** shěbude 동 ~하기 아까워하다, 아까워서 차마 ~하지 못하다 | **心理** xīnlǐ 명 심리, 기분 | **负担** fùdān 명동 부담(하다), 책임(지다) | **结束** jiéshù 동 마치다, 끝나다 | **不是…而是…** búshì…érshì… ~이 아니고 ~이다

모범 답안 2 **에피소드 설정하기**

		我	今	天	毕	业	，	爸	爸	妈	妈	送	给	我	一
束	花	，	还	跟	我	拍	了	很	多	照	片	。	在	大	学
里	，	我	很	努	力	学	习	，	参	加	了	很	多	活	动,
认	识	了	很	多	朋	友	，	这	让	我	有	很	多	美	好
的	回	忆	。	虽	然	今	天	毕	业	了	，	但	是	我	不
会	忘	记	我	的	大	学	生	活	。						

해석 나는 오늘 졸업해서 아빠와 엄마가 나에게 꽃 한 다발을 주셨고, 또한 나와 많은 사진을 찍었다. 대학교에서, 나는 열심히 공부했고, 많은 활동에 참여했으며, 많은 친구들을 사귀었다. 이것은 나로 하여금 많은 아름다운 추억을 갖게 해 주었다. 비록 오늘 졸업했지만, 나는 나의 대학 생활을 잊지 못할 것이다.

단어 束 shù 양 묶음, 다발, 단 | 活动 huódòng 명 활동, 운동, 행사 | 美好 měihǎo 형 좋다, 아름답다 | 回忆 huíyì 명동 회상(하다), 추억(하다)

p. 417

해설

STEP 1 그림 파악하기
- 인물: 남자
- 사물: 시계
- 동작: 시계를 보며 누군가를 기다리고 있다.

STEP 2 주제 정하기

약속 시간을 지키는 것은 중요하다.

STEP 3 방법1 견해 논술하기
- 시간은 매우 중요한 것이다 → 时间都是非常重要的
- 시간을 지키는 것은 상대방에 대한 예의다 → 遵守时间是对别人的礼貌
- 우리는 다른 사람의 시간을 낭비해서는 안 된다 → 我们不能浪费别人的时间
- 시간을 지키지 않으면, 신용도가 떨어질 수 있다 → 不遵守时间的话, 信用度会降低

방법2 에피소드 설정하기
- 서론: 친구 생일이라 저녁에 함께 식사하기로 했다.
- 본론: 기다려도 친구가 오지 않았다.
- 결론: 걱정도 되고 조급해졌다.

모범 답안 1 견해 논술하기

		图	片	上	的	男	人	可	能	在	等	什	么	人	。
对	每	个	人	来	说	，	时	间	都	是	非	常	重	要	的。
首	先	，	遵	守	时	间	是	对	别	人	的	礼	貌	；	其
次	，	我	们	不	能	浪	费	别	人	的	时	间	；	最	后，
不	遵	守	时	间	的	话	，	信	用	度	会	降	低	。	如
果	跟	别	人	约	好	了	时	间	，	应	该	准	时	到	。

해석 그림 속의 남자는 아마도 누군가를 기다리고 있는 것 같다. 모든 사람에게 있어서, 시간은 매우 중요한 것이다. 먼저, 시간을 지키는 것은 상대방에 대한 예의다. 그 다음으로, 우리는 다른 사람의 시간을 낭비해서는 안 된다. 마지막으로, 시간을 지키지 않으면 신용도가 떨어질 수 있다. 만약 다른 사람과 시간을 약속했다면, 마땅히 제때에 도착해야 한다.

단어 图片 túpiàn 명 그림 | 对…来说 duì…láishuō ~에게 있어서 | 重要 zhòngyào 형 중요하다 | 遵守 zūnshǒu 동 준수하다, 지키다 | 礼貌 lǐmào 명 예절, 예의 | 浪费 làngfèi 동 낭비하다 | 信用度 xìnyòngdù 명 신용도 | 降低 jiàngdī 동 떨어지다, 낮아지다 | 如果 rúguǒ 접 만약 | 约 yuē 동 약속하다 | 应该 yīnggāi 조동 마땅히 ~해야 한다 | 准时 zhǔnshí 명 제때에

모범 답안 2 에피소드 설정하기

		今	天	是	朋	友	的	生	日	，	晚	上	跟	他	约
好	一	起	吃	饭	。	可	是	等	了	30	分	钟	了	，	他
也	没	来	。	给	他	打	电	话	也	不	接	，	不	知	道
发	生	了	什	么	事	情	，	真	是	让	人	着	急	。	本
来	吃	完	饭	我	还	有	别	的	约	会	，	现	在	怎	么
办	才	好	呢	？											

해석 오늘은 친구의 생일이라서, 저녁에 그와 같이 밥을 먹기로 약속했다. 그런데 30분을 기다려도 그가 오지 않았다. 그에게 전화를 걸어도 받지 않았고, 무슨 일이 생긴 건지 알 수가 없어서 정말 마음이 조급했다. 원래 식사를 마친 후에, 나는 다른 약속이 또 있는데, 이제 어떻게 해야 좋을까?

단어 可是 kěshì 접 그러나 | 打电话 dǎ diànhuà 전화를 걸다 | 接 jiē 동 받다 | 发生 fāshēng 동 발생하다 | 事情 shìqing 명 일 | 着急 zháojí 형 조급하다 | 本来 běnlái 부 원래 | 约会 yuēhuì 명 약속 | 现在 xiànzài 명 현재, 지금

p. 418

해설

STEP 1 그림 파악하기

- 인물: 발표하는 사람과 박수치는 사람
- 사물: 책상, 사무실
- 동작: 발표를 하고 있다.

STEP 2 주제 정하기

힘들고 어려운 일을 하게 된다면, 우리는 그 과정에서 많이 배우고 성장할 수 있다.

STEP 3 방법 1 견해 논술하기

- 과정 중에 많은 것들을 배울 수 있다 → 在过程中学到了很多东西
- 성장하는 경험이 축적된다 → 积累成长的经验
- 문제를 해결하는 능력을 키울 수 있다 → 锻炼解决问题的能力
- 선배들과 교류하는 기회를 얻을 수 있다 → 得到和前辈交流的机会

방법 2 에피소드 설정하기

- 서론: 오늘 중국으로 가서 공부하는 교환 학생 면접을 보았다.
- 본론: 처음에 긴장했지만, 나중에 대답을 잘했다.
- 결론: 나에게 박수를 쳐 주어서 기뻤다.

모범 답안 1 견해 논술하기

		昨	天	我	在	公	司	有	一	个	重	要	的	发	表,
准	备	了	整	整	一	个	月	。	发	表	结	束	后	大	家
都	为	我	鼓	掌	。	虽	然	这	些	工	作	都	很	辛	苦,
但	是	在	过	程	中	学	到	了	很	多	东	西	。	我	觉
得	做	得	好	不	好	不	重	要	,	只	要	努	力	做	了,
那	么	这	些	经	验	都	会	让	自	己	成	长	。		

해석 어제 나는 회사에서 중요한 발표가 하나 있어서, 꼬박 한 달을 준비했다. 발표가 끝난 후 모두들 나를 위해 박수를 쳐 주었다. 비록 이러한 일들은 너무 힘들지만, 과정 속에서 많은 것들을 배우게 되었다. 나는 잘하느냐 못하느냐는 중요하지 않다고 생각한다. 단지 당신이 열심히 했다면, 이러한 경험들을 모두 자신을 성장하게 해 줄 것이다.

단어 发表 fābiǎo 명 발표 | 整整 zhěngzhěng 부 꼬박, 온전히 | 结束 jiéshù 동 끝나다, 마치다 | 鼓掌 gǔzhǎng 동 손뼉 치다, 박수하다 | 辛苦 xīnku 형 고생스럽다, 고되다 | 过程 guòchéng 명 과정 | 只要 zhǐyào 접 ~하기만 하면, 만약 ~라면 | 经验 jīngyàn 명 경험 | 成长 chéngzhǎng 동 성장하다, 자라다

모범 답안 2 에피소드 설정하기

		今	天	我	有	一	个	公	开	面	试	，	这	是	为
了	选	拔	去	中	国	学	习	的	交	换	生	。	参	加	面
试	的	人	很	多	，	开	始	时	我	很	紧	张	，	不	知
道	要	说	什	么	。	到	后	来	我	慢	慢	放	松	了	，
然	后	认	真	地	回	答	了	问	题	。	他	们	觉	得	我
回	答	得	非	常	好	，	就	给	我	鼓	掌	，	我	很	高
兴	。														

해석 오늘 나는 공개 면접이 하나 있었다. 이것은 중국으로 가서 공부하게 될 교환 학생을 선발하기 위한 면접이다. 면접에 참가하는 사람은 많았고, 처음에 나는 너무 긴장해서 무슨 말을 해야 할지 몰랐다. 나중에는 천천히 긴장을 풀고, (그런 후) 열심히 문제에 대답했다. 그들은 내가 대답을 매우 잘했다고 생각해서 나에게 박수를 쳐 주었다. 나는 너무 기뻤다.

단어 公开 gōngkāi 명동 공개(하다) | 面试 miànshì 명동 면접시험(하다) | 选拔 xuǎnbá 동 (인재를) 선발하다 | 交换生 jiāohuànshēng 명 교환 학생 | 紧张 jǐnzhāng 형 긴장해 있다, 불안하다 | 放松 fàngsōng 동 늦추다, 느슨하게 하다

DAY 28

✓ 정답 해설 참고

01

p. 418

해설

STEP 1 그림 파악하기
- 인물: 엄마와 딸
- 사물: 선물
- 동작: 딸이 엄마에게 생일 선물을 줬다.

STEP 2 주제 정하기

선물에 담겨 있는 마음의 가치가 중요한 것이다.

STEP 3 방법 1 견해 논술하기
- 선물은 가장 아름다운 마음을 나타내 준다 → 礼物表达了最美好的心意
- 비싸든 싸든 상관하지 않는다 → 不在乎贵贱
- 중요한 것은 선물에 담겨 있는 마음의 가치다 → 看重的是礼物中所包含的情感价值

방법 2 에피소드 설정하기
- 서론: 내일은 어머니의 생일이다.
- 본론: 백화점에 가서 선물을 샀다.
- 결론: 내가 산 생일 선물을 마음에 들어하셨으면 좋겠다.

모범 답안 1 **견해 논술하기**

		礼	物	是	在	节	日	里	朋	友	之	间	相	互	送
的	东	西	，	表	达	了	人	和	人	之	间	最	美	好	的
心	意	。	对	于	礼	物	，	很	多	人	并	不	在	乎	贵
贱	，	看	重	的	是	礼	物	中	所	包	含	的	情	感	价
值	，	因	为	礼	物	传	达	了	对	他	人	最	真	诚	的
祝	福	。													

해석 선물은 기념일에 친구들 사이에 서로 건네주는 것으로 사람과 사람 사이에 가장 아름다운 마음을 나타내 준다. 선물에 대해 많은 사람들은 비싸든 싸든 결코 상관하지 않는다. 중요한 것은 선물에 담겨 있는 마음의 가치다. 왜냐하면 선물은 다른 사람에 대한 가장 진실한 축복을 전달하기 때문이다.

단어 礼物 lǐwù 명 선물 | 节日 jiérì 명 기념일 | 之间 zhījiān 명 (~의) 사이 | 相互 xiānghù 부 서로 | 送 sòng 동 선물하다 | 美好 měihǎo 형 아름답다 | 心意 xīnyì 명 마음 | 不在乎 búzàihu 동 마음에 두지 않다 | 贵贱 guìjiàn 명 가격의 높고 낮음 | 看重 kànzhòng 동 중시하다 | 包含 bāohán 동 포함하다, 함유하다 | 情感 qínggǎn 명 감정, 마음 | 价值 jiàzhí 명 가치 | 因为 yīnwèi 접 ~ 때문에 | 传达 chuándá 동 전달하다 | 真诚 zhēnchéng 형 진실하다 | 祝福 zhùfú 명 축하, 축복

모범 답안 2 **에피소드 설정하기**

		明	天	是	妈	妈	的	生	日	，	今	天	下	班	以
后	，	我	去	百	货	商	店	给	她	买	了	一	个	礼	。
妈	妈	总	觉	得	百	货	商	店	的	衣	服	太	贵	了	，
一	直	舍	不	得	买	。	我	为	了	给	买	一	个	贵	的
礼	物	，	每	天	辛	苦	地	工	作	，	希	望	她	能	喜
欢	我	送	的	礼	物	。									

해석 내일은 어머니의 생신이어서, 오늘 퇴근 후에 나는 백화점에 가서 어머니께 드릴 선물을 샀다. 어머니는 항상 백화점 옷은 너무 비싸다고 생각하셔서, 줄곧 사기를 아까워하셨다. 나는 비싼 선물을 사드리기 위해서 매일 힘들게 일을 했다. 어머니께서 내가 드린 선물을 마음에 들어하셨으면 좋겠다.

단어 百货商店 bǎihuò shāngdiàn 명 백화점 | 觉得 juéde 동 ~라고 여기다 | 衣服 yīfu 명 옷 | 贵 guì 형 비싸다 | 一直 yìzhí 부 줄곧 | 舍不得 shěbude 동 아까워하다, 아쉬워하다 | 为了 wèile 전 ~을 위하여 | 辛苦 xīnkǔ 형 힘들다, 고생스럽다 | 工作 gōngzuò 동 일하다 | 希望 xīwàng 동 바라다

p. 419

해설

STEP 1 그림 파악하기

- 인물: 남자와 여자
- 사물: 반지
- 동작: 남자가 여자에게 반지를 주며 프러포즈를 하고 있다.

STEP 2 주제 정하기

프러포즈의 방식보다도 두 사람의 사랑하는 마음이 더 중요하다.

STEP 3 방법 1 견해 논술하기

- 여자는 남자가 프러포즈할 때에도 매우 낭만적이기를 바란다 → 女人希望男人求婚的时候也很浪漫
- 남자는 신경을 많이 써야 한다 → 男人要花很多心思
- 다양한 프러포즈 방식이 유행하고 있다 → 流行很多种求婚的方式
- 두 사람이 서로 진심으로 사랑하는 것이 가장 중요하다 → 两个人真心相爱是最重要的

방법 2 에피소드 설정하기

- 서론: 어제는 매우 의미 있고, 중요한 날이었다.
- 본론: 5년 동안 연애한 남자 친구가 나에게 청혼을 했다.
- 결론: 나는 매우 행복했다.

모범 답안 1 견해 논술하기

		女	人	非	常	喜	欢	浪	漫	，	所	以	她	们	希
望	男	人	求	婚	的	时	候	也	很	浪	漫	。	为	了	满
足	女	人	的	需	求	，	男	人	常	常	要	花	很	多	心
思	。	最	近	网	上	流	行	很	多	种	求	婚	的	方	式，
不	管	方	式	怎	么	变	，	两	个	人	真	心	相	爱	是
最	重	要	的	。											

해석 여자는 낭만적인 것을 매우 좋아한다. 그래서 여자들은 남자가 프러포즈할 때에도 매우 낭만적이기를 바란다. 여자들의 요구를 만족시켜 주기 위해, 남자들은 항상 신경을 많이 써야 한다. 최근 인터넷에서는 다양한 프러포즈 방식이 유행하고 있다. 방식이 어떻게 변하든지 간에, 두 사람이 서로 진심으로 사랑하는 것이 가장 중요하다.

단어 浪漫 làngmàn 형 낭만적이다 | 所以 suǒyǐ 접 그래서 | 希望 xīwàng 동 바라다 | 求婚 qiúhūn 동 청혼하다 | 为了 wèile 전 ~을 위하여 | 满足 mǎnzú 동 만족시키다 | 需求 xūqiú 명 요구 | 心思 xīnsi 명 마음 | 最近 zuìjìn 명 요즘, 최근 | 流行 liúxíng 동 유행하다 | 方式 fāngshì 명 방식 | 不管 bùguǎn 접 ~하든지 간에 | 变 biàn 동 변하다 | 真心 zhēnxīn 명 진심 | 相爱 xiāng'ài 동 서로 사랑하다 | 重要 zhòngyào 형 중요하다

모범 답안 2 에피소드 설정하기

		对	我	来	说	,	昨	天	是	很	重	要	的	日	子。
因	为	昨	天	不	仅	是	我	的	生	日	,	而	且	是	男
朋	友	向	我	求	婚	的	日	子	。	我	和	男	朋	友	谈
了	五	年	恋	爱	了	,	昨	天	他	把	戒	指	拿	出	来,
希	望	我	能	答	应	他	的	求	婚	,	我	觉	得	自	己
是	最	幸	福	的	女	人	。								

해석 나에게 있어서, 어제는 매우 중요한 날이었다. 어제는 나의 생일이었을 뿐만 아니라, 남자 친구가 나에게 프러포즈를 한 날이기 때문이다. 나와 남자 친구는 5년간 연애했고, 어제는 그가 반지를 꺼내면서, 내가 그의 청혼을 승낙하기를 바랐다. 나는 내가 가장 행복한 여자라고 생각한다.

단어 对…来说 duì…láishuō ~에게 있어서 | 日子 rìzi 명 날 | 因为 yīnwèi 접 ~ 때문에 | 不仅 bùjǐn 접 ~뿐만 아니라 | 而且 érqiě 접 게다가 | 谈恋爱 tán liàn'ài 연애하다 | 戒指 jièzhi 명 반지 | 答应 dāying 동 동의하다 | 觉得 juéde 동 ~라고 여기다 | 幸福 xìngfú 형 행복하다

p. 419

해설

STEP 1 **그림 파악하기**
- 인물: 남자와 여자
- 사물: 생수
- 동작: 물을 마시고 있다.

STEP 2 **주제 정하기**
물은 우리의 건강에 중요하므로 자주 물을 마셔야 한다.

STEP 3 **방법 1 견해 논술하기**
- 물은 건강에 매우 중요한 것이다 → 水对健康是非常重要的
- 인체에 반드시 필요한 수분을 보충해 준다 → 补充人体必需的水分
- 몸 안의 노폐물을 체외로 배출시킨다 → 把身体里的垃圾排到体外
- 피부에 좋다 → 对皮肤有好处

방법 2 에피소드 설정하기
- 서론: 어제 마신 술 때문에 목이 많이 말랐다.
- 본론: 물을 마시러 갔다가 동료를 만나서 이야기를 나누었다.
- 결론: 동료와 나눈 이야기를 소개한다.

모범 답안 1 **견해 논술하기**

		图	片	中	的	男	人	和	女	人	正	在	喝	水	。
水	对	我	们	的	健	康	是	非	常	重	要	的	。	首	先，
补	充	人	体	必	需	的	水	分	；	其	次	，	水	可	以
帮	我	们	把	身	体	里	的	垃	圾	排	到	体	外	；	最
后	，	对	皮	肤	有	好	处	。	所	以	，	我	们	平	时
一	定	要	多	喝	水	。									

해석 그림 속의 남자와 여자는 물을 마시고 있다. 물은 우리의 건강에 매우 중요한 것이다. 첫째, 인체에 반드시 필요한 수분을 보충해 준다. 그다음, 물은 우리 몸 안의 노폐물을 체외로 배출시키는 데 도움을 줄 수 있다. 마지막으로 피부에 좋다. 따라서 우리는 평소에 반드시 물을 많이 마셔야 한다.

단어 图片 túpiàn 명 그림 | 正在 zhèngzài 부 ~하고 있다 | 健康 jiànkāng 명 건강 | 重要 zhòngyào 형 중요하다 | 首先 shǒuxiān 대 첫째로 | 补充 bǔchōng 동 보충하다 | 人体 réntǐ 명 인체 | 必需 bìxū 동 반드시 필요로 하다 | 水分 shuǐfèn 명 수분 | 其次 qícì 대 그다음 | 帮 bāng 동 돕다 | 身体 shēntǐ 명 신체 | 垃圾 lājī 명 쓰레기 | 排 pái 동 제거하다, 내보내다 | 最后 zuìhòu 명 맨 마지막 | 皮肤 pífū 명 피부 | 好处 hǎochu 명 장점 | 所以 suǒyǐ 접 그래서 | 平时 píngshí 명 평상시 | 一定 yídìng 부 반드시

모범 답안 2 **에피소드 설정하기**

		我	昨	天	晚	上	喝	了	一	点	儿	酒	，	所	以
今	天	早	晨	渴	得	要	命	。	没	想	到	去	喝	水	的
时	候	，	遇	到	了	以	前	的	同	事	，	跟	他	聊	了
一	会	儿	。	他	告	诉	我	，	下	个	月	他	就	要	结
婚	了	，	希	望	我	能	去	参	加	他	的	婚	礼	。	我
真	为	他	高	兴	。										

해석 어제저녁에 술을 약간 마셨더니, 오늘 아침에 너무 갈증이 났다. 물을 마시러 갔을 때 예상치 못하게 예전의 동료를 만나, 그와 이야기를 잠시 나누었다. 그는 다음 달에 결혼을 하는데, 내가 결혼식에 와 줬으면 좋겠다고 말했다. 나는 그를 위하여 진심으로 기뻐했다.

단어 早晨 zǎochén 명 아침 | 渴 kě 형 갈증 나다 | 要命 yàomìng 부 몹시 | 遇到 yùdào 동 만나다, 마주치다 | 以前 yǐqián 명 예전 | 同事 tóngshì 명 동료 | 聊 liáo 동 잡담하다 | 一会儿 yíhuìr 명 잠시 | 告诉 gàosu 동 알리다 | 就要 jiùyào 부 곧 | 结婚 jiéhūn 동 결혼하다 | 希望 xīwàng 동 바라다 | 参加 cānjiā 동 참가하다 | 婚礼 hūnlǐ 명 결혼식

DAY 29

✓ 정답 해설 참고

01

p. 424

해설

STEP 1 그림 파악하기

낚시 금지 표지

STEP 2 방법 1 이유 보충하기

- 만약 부주의로 강물에 빠지면, 매우 위험하다 → 如果不小心掉进河里，会很危险
- 주변 환경을 파괴할 수 있다 → 会破坏周边环境
- 강물 속의 물고기들을 보호해야 한다 → 要保护河水里的鱼
- 강물이 깨끗하지 않아서, 물고기는 식용할 수 없다 → 这条河不干净，水里的鱼不能食用

방법 2 에피소드 설정하기

- 서론: 친구와 강가로 낚시하러 갔다.
- 본론: 환경 보호 구역인 줄 몰랐다.
- 결론: 관리인에게 잘못을 사과했다.

모범 답안 1 이유 보충하기

		这	是	禁	止	钓	鱼	的	标	志	。	为	什	么	要
禁	止	钓	鱼	呢	？	主	要	有	以	下	几	个	原	因	。
首	先	，	如	果	不	小	心	掉	进	河	里	，	会	很	危
险	；	第	二	，	会	破	坏	周	边	环	境	；	第	三	，
我	们	要	保	护	河	水	里	的	鱼	。	所	以	为	了	安
全	，	请	不	要	去	有	这	个	标	志	的	河	边	钓	鱼。

해석 이것은 낚시 금지 표지다. 왜 낚시를 금지하는 걸까? 주로 다음과 같은 몇 가지 이유가 있다. 먼저, 만약 부주의해서 강에 빠지면, 매우 위험하다. 둘째, 주변 환경을 파괴할 수 있으며, 셋째, 우리는 강물에 있는 물고기를 보호해야 한다. 그러니 안전을 위해서, 이 표지가 있는 강가로 낚시하러 가지 마라.

단어 禁止 jìnzhǐ 명동 금지(하다) | 钓鱼 diàoyú 동 낚시하다 | 标志 biāozhì 명 표지, 지표 | 原因 yuányīn 명 원인 | 首先 shǒuxiān 대 맨 먼저, 우선, 첫째 | 掉 diào 동 떨어지다, 떨어뜨리다 | 河里 hélǐ 명 강물 속 | 危险 wēixiǎn 형 위험하다 | 破坏 pòhuài 동 훼손하다, 손해를 입히다 | 周边 zhōubiān 명 주변, 주위 | 保护 bǎohù 동 보호하다 | 河水 héshuǐ 명 강물 | 安全 ānquán 명형 안전(하다) | 河边 hébiān 명 강변, 강가

모범 답안 2 에피소드 설정하기

		今	天	是	周	末	，	我	和	朋	友	一	起	去	钓
鱼	。	我	们	来	到	了	河	边	，	没	有	看	到	禁	止
钓	鱼	的	标	志	，	于	是	我	们	坐	下	来	开	始	钓
鱼	。	这	时	一	位	管	理	员	过	来	说	这	里	是	环
境	保	护	区	域	，	让	我	们	马	上	离	开	。	我	们
知	道	了	自	己	不	对	，	向	管	理	员	道	了	个	歉，
然	后	离	开	了	。										

해석 오늘은 주말이어서, 나는 친구와 함께 낚시를 하러 갔다. 우리는 강가에 도착해 낚시 금지 표지를 보지 못하고, 앉아서 낚시를 하기 시작했다. 이때 관리인이 와서 이곳은 환경 보호 구역이니, 우리에게 바로 떠나라고 말했다. 우리는 스스로 잘못했다는 것을 알고, 관리인에게 사과한 후 떠났다.

단어 于是 yúshì 접 그래서, 이리하여 | 管理员 guǎnlǐyuán 명 관리인, 관리자 | 保护 bǎohù 명동 보호(하다) | 区域 qūyù 명 구역, 지구, 지역 | 道歉 dàoqiàn 동 사과하다, 미안함을 표시하다

해설

STEP 1 그림 파악하기
휴대전화 사용 금지 표지

STEP 2 방법 1 이유 보충하기
- 휴대전화는 생활에 편리함을 가져다주었다 → 手机给生活带来了方便
- 다른 사람의 업무나 휴식을 방해할 수 있다 → 可能会打扰别人的工作和休息
- 다른 사람에게 영향을 주지 않도록 주의해야 한다 → 要注意不要影响他人

방법 2 에피소드 설정하기
- 서론: 퇴근길 지하철에서 있었던 일을 회상한다.
- 본론: 옆 사람이 큰 소리로 통화해서 화가 났다.
- 결론: 공공장소에서는 작은 목소리로 통화해야 한다.

모범 답안 1 이유 보충하기

		这	张	图	片	的	意	思	是	禁	止	使	用	手	机。
随	着	科	学	的	发	展	，	现	在	几	乎	人	人	都	有
手	机	。	手	机	虽	然	给	生	活	带	来	了	方	便	，
但	是	当	你	在	公	共	场	所	使	用	的	时	候	，	可
能	会	打	扰	别	人	的	工	作	和	休	息	。	所	以	，
使	用	手	机	时	一	定	要	注	意	不	要	影	响	他	人。

해석 이 그림의 뜻은 휴대전화 사용 금지다. 과학의 발전에 따라서, 현재 거의 모든 사람이 휴대전화를 가지고 있다. 휴대전화는 비록 생활에 편리함을 가져다주었지만, 당신이 공공장소에서 사용할 때, 다른 사람의 업무나 휴식을 방해할 수 있다. 따라서 휴대전화를 사용할 때는 반드시 다른 사람에게 영향을 미치지 않도록 주의해야 한다.

단어 图片 túpiàn 명 그림 | 意思 yìsi 명 의미 | 禁止 jìnzhǐ 동 금지하다 | 使用 shǐyòng 동 사용하다 | 手机 shǒujī 명 휴대전화 | 随着 suízhe 전 ~에 따라서 | 科学 kēxué 명 과학 | 发展 fāzhǎn 동 발전하다 | 现在 xiànzài 명 현재, 지금 | 几乎 jīhū 부 거의 | 人人 rénrén 명 모든 사람 | 虽然 suīrán 접 비록 ~일지라도 | 生活 shēnghuó 명 생활 | 带来 dàilái 동 가져오다, 가져다주다 | 方便 fāngbiàn 형 편리하다 | 但是 dànshì 접 그러나 | 公共场所 gōnggòng chǎngsuǒ 명 공공장소 | 打扰 dǎrǎo 동 방해하다 | 所以 suǒyǐ 접 그래서 | 一定 yídìng 부 반드시 | 注意 zhùyì 동 주의하다 | 影响 yǐngxiǎng 동 영향을 끼치다, 영향을 주다

모범 답안 2 에피소드 설정하기

		最	近	工	作	很	辛	苦	，	昨	天	下	班	坐	地
铁	回	家	的	时	候	本	来	想	好	好	休	息	一	下	，
可	是	旁	边	的	人	一	直	打	电	话	，	而	且	声	音
很	大	。	车	上	明	明	有	禁	止	使	用	手	机	的	标
志	，	真	是	让	人	生	气	。	如	果	在	公	共	场	所
用	手	机	，	请	尽	量	小	声	一	点	儿	。			

해석 요즘 일이 너무 힘들다. 어제 퇴근 후 지하철을 타고 집에 돌아올 때 원래는 휴식을 취하고 싶었지만, 옆에 있는 사람이 계속 전화를 하고, 게다가 그 목소리도 너무 컸다. 지하철 안에는 휴대전화 사용 금지라는 표지가 분명히 있었는데 말이다. 정말 화가 났다. 만일 공공장소에서 휴대전화를 사용한다면, 최대한 작은 소리로 통화하자.

단어 最近 zuìjìn 명 최근, 요즘 | 辛苦 xīnkǔ 형 힘들다, 고되다 | 地铁 dìtiě 명 지하철 | 本来 běnlái 부 원래 | 可是 kěshì 접 그러나 | 旁边 pángbiān 명 옆 | 一直 yìzhí 부 줄곧 | 打电话 dǎ diànhuà 전화를 걸다 | 而且 érqiě 접 게다가 | 声音 shēngyīn 명 소리 | 明明 míngmíng 부 분명히 | 标志 biāozhì 명 표지 | 生气 shēngqì 동 화내다 | 如果 rúguǒ 접 만약 | 尽量 jǐnliàng 부 가능한 한

03

p. 425

해설

STEP 1 그림 파악하기

정숙 표지

STEP 2 방법 1 이유 보충하기

- 큰 소리로 말하면 다른 사람의 업무에 영향을 줄 수 있다 → 大声说话可能会影响别人的工作
- 다른 사람의 휴식을 방해할 수 있다 → 可能打扰别人休息
- 공공장소에서는 반드시 조용히 해야 한다 → 在公共场所一定要保持安静

방법 2 에피소드 설정하기

- 서론: 영화 보러 간 일을 회상한다.
- 본론: 영화관에서 떠들고 돌아다녔다.
- 결론: 선생님께서 표지를 가리키시면서 조용히 해야 한다고 주의를 주셨다.

모범 답안 1 이유 보충하기

		我	们	经	常	在	图	书	馆	、	医	院	等	公	共
场	所	看	见	这	个	标	志	，	它	告	诉	人	们	要	保
持	安	静	。	首	先	，	在	公	共	场	所	大	声	说	话
可	能	会	影	响	别	人	的	工	作	；	其	次	，	你	可
能	打	扰	别	人	休	息	。	所	以	，	请	大	家	在	公
共	场	所	一	定	要	保	持	安	静	。					

해석 우리는 자주 도서관이나 병원 등 공공장소에서 이 표지를 보게 되는데, 이 표지는 사람들에게 정숙해야 한다는 것을 알려 준다. 먼저, 공공장소에서 큰 소리로 이야기하는 것은 다른 사람의 업무에 영향을 미칠 수 있다. 그다음, 당신은 다른 사람의 휴식을 방해할 수 있다. 따라서 모두 공공장소에서는 반드시 정숙해야 한다.

단어 经常 jīngcháng 부 자주 | 图书馆 túshūguǎn 명 도서관 | 医院 yīyuàn 명 병원 | 公共场所 gōnggòng chǎngsuǒ 명 공공장소 | 标志 biāozhì 명 표지 | 告诉 gàosu 동 알리다, 말하다 | 保持 bǎochí 동 유지하다 | 安静 ānjìng 형 조용하다 | 首先 shǒuxiān 대 첫째, 먼저 | 影响 yǐngxiǎng 동 영향을 끼치다, 영향을 주다 | 其次 qícì 대 그다음 | 打扰 dǎrǎo 동 방해하다 | 所以 suǒyǐ 접 그래서 | 一定 yídìng 부 반드시

모범 답안 2 에피소드 설정하기

		昨	天	，	老	师	带	我	们	去	电	影	院	看	电
影	，	我	们	高	兴	极	了	。	到	了	电	影	院	，	我
们	又	跟	同	学	玩	，	又	跑	来	跑	去	。	这	时	老
师	指	了	指	这	个	标	志	，	告	诉	我	们	它	的	意
思	是	保	持	安	静	，	而	且	我	们	在	公	共	场	所
不	可	以	影	响	别	人	。								

해석 어제 선생님께서 우리를 데리고 극장에 영화를 보러 가셔서, 우리는 매우 신이 났다. 극장에 도착해서, 우리는 친구들끼리 놀기도 하고, 이리저리 뛰어다니기도 했다. 이때 선생님께서는 이 표지를 가리키시며, 우리에게 그 표지의 뜻은 정숙하라는 뜻이며, 게다가 공공장소에서는 다른 사람에게 영향을 주어서는 안 된다고 말씀해 주셨다.

단어 带 dài 동 인솔하다 | 电影 diànyǐng 명 영화 | 高兴 gāoxìng 형 기쁘다 | 同学 tóngxué 명 학우 | 跑 pǎo 동 뛰다 | 指 zhǐ 동 가리키다 | 告诉 gàosu 동 알리다, 말하다 | 意思 yìsi 명 의미 | 而且 érqiě 접 게다가

DAY 30

✓ 정답 해설 참고

01

p. 425

해설

STEP 1 그림 파악하기

쓰레기 무단 투기 금지 표지

STEP 2 방법 1 이유 보충하기

- 쓰레기는 지구 환경을 파괴할 수 있다 → 垃圾会破坏地球环境
- 위생 문제가 있을 수 있다 → 会有卫生问题
- 다른 사람에게 좋지 않은 영향을 준다 → 对别人有不好的影响
- 불쾌한 냄새가 생길 수 있다 → 会产生难闻的味道
- 환경미화원의 업무량이 증가한다 → 增加环卫工人的工作量

방법 2 에피소드 설정하기

- 서론: 어떤 사람들은 쓰레기를 함부로 버린다.
- 본론: (쓰레기 무단 투기로 인해) 동네마다 카메라를 설치했다.
- 결론: 이것은 환경 파괴와 불편을 가져다준다.

모범 답안 1 **이유 보충하기**

		我	们	常	常	可	以	看	到	这	个	标	志	，	它
的	意	思	是	不	要	乱	扔	垃	圾	。	为	什	么	不	能
乱	扔	垃	圾	呢	？	第	一	，	随	便	乱	扔	垃	圾	会
破	坏	地	球	环	境	；	第	二	，	会	有	卫	生	问	题;
第	三	，	对	别	人	有	不	好	的	影	响	。	所	以	我
们	一	定	不	能	随	便	乱	扔	垃	圾	。				

해석 우리는 자주 이 표지를 볼 수 있는데, 그것의 의미는 쓰레기를 함부로 버리지 말라는 뜻이다. 왜 쓰레기를 함부로 버리면 안 되는가? 첫째, 쓰레기를 함부로 버리는 것은 지구 환경을 파괴할 수 있다. 둘째, 위생 문제가 있을 수 있고, 셋째, 다른 사람들에게 좋지 않은 영향을 준다. 그래서 우리는 반드시 쓰레기를 함부로 버리면 안 된다.

단어 标志 biāozhì 명 표지, 지표, 상징 | 乱 luàn 부 함부로, 제멋대로 | 扔 rēng 동 던지다, 버리다 | 垃圾 lājī 명 쓰레기 | 随便 suíbiàn 동 마음대로 하다 | 破坏 pòhuài 동 파괴하다, 훼손하다 | 地球 dìqiú 명 지구 | 卫生 wèishēng 명 위생

모범 답안 2 **에피소드 설정하기**

		在	生	活	中	，	有	一	些	人	喜	欢	乱	扔	垃
圾	。	他	们	觉	得	扔	垃	圾	是	自	己	的	事	情	，
可	以	随	便	扔	。	因	为	这	样	的	人	，	很	多	小
区	里	安	装	了	摄	像	头	。	随	便	乱	扔	垃	圾	不
仅	破	坏	环	境	，	而	且	给	他	人	带	来	不	便	，
应	该	坚	决	禁	止	。									

해석 삶에서 어떤 몇몇 사람들은 쓰레기를 함부로 버리는 것을 좋아한다. 그들은 쓰레기를 버리는 것이 자신만의 일이며, 아무렇게 버려도 된다고 생각한다. 이런 사람들 때문에, 많은 동네에 카메라를 설치했다. 함부로 쓰레기를 버리는 것은 환경을 파괴할 뿐 아니라, 다른 사람들에게 불편을 가져다줄 수 있으니, 단호히 금지해야 한다.

단어 生活 shēnghuó 동 생활하다 | 小区 xiǎoqū 명 구역, 단지 | 安装 ānzhuāng 동 설치하다, 장치하다 | 摄像头 shèxiàngtóu 명 카메라, CCTV | 不仅 bùjǐn 접 ~일 뿐만 아니라 | 不便 búbiàn 형 불편하다, 편리하지 않다 | 坚决 jiānjué 형 단호하다, 결연하다 | 禁止 jìnzhǐ 명동 금지(하다)

02

p. 426

해설

STEP 1 그림 파악하기

사진 촬영 금지 표지

STEP 2 방법 1 이유 보충하기

- 사진기의 빛은 사물에 손상을 입힌다 → 照相机的光对物品有伤害
- 다른 사람의 관람에 영향을 준다 → 影响别人参观
- 다른 사람의 초상권을 침해할 수도 있다 → 可能会侵犯其他人的肖像权
- 멈춰 서서 사진을 찍으면, 다른 사람이 대기 시간이 길어진다 → 停下来拍照延长了别人的等待时间

방법 2 에피소드 설정하기

- 서론: 주말에 박물관에 갔다.
- 본론: 사진 촬영 금지 표지를 못 보고 사진을 찍었다.
- 결론: 나는 매우 부끄러웠다.

모범 답안 1 **이유 보충하기**

		在	有	的	旅	游	景	点	，	我	们	会	看	到	这
个	标	志	。	它	的	意	思	是	禁	止	拍	照	。	为	什
么	要	禁	止	拍	照	呢	？	第	一	，	闪	光	灯	的	光
线	对	文	物	会	造	成	伤	害	。	第	二	，	拍	照	的
行	为	会	影	响	别	人	参	观	。	所	以	我	们	一	定
要	注	意	，	在	禁	止	拍	照	的	地	方	不	要	拍	照。

해석 어떤 관광지에서 우리는 이 표지를 볼 수 있다. 그것의 의미는 사진 촬영을 금지한다는 것이다. 왜 사진 촬영을 금지하는 것일까? 첫째, 플래시의 빛은 문화재에 손상을 끼칠 수 있다. 둘째, 사진을 찍는 행위는 다른 사람의 관람에 영향을 준다. 그래서 우리는 사진 촬영을 금지하는 곳에서는 사진을 찍지 않도록 주의해야 한다.

단어 景点 jǐngdiǎn 명 명소, 경승지 | 标志 biāozhì 명 표지, 지표, 상징 | 禁止 jìnzhǐ 명동 금지(하다) | 闪光灯 shǎnguāngdēng 명 플래시 | 光线 guāngxiàn 명 광선, 빛 | 文物 wénwù 명 문물, 문화재 | 造成 zàochéng 동 발생시키다, 야기하다, 초래하다 | 伤害 shānghài 동 상해하다, 손상시키다, 해치다 | 行为 xíngwéi 명 행위 | 参观 cānguān 동 참관하다, 견학하다

모범 답안 2 **에피소드 설정하기**

		这	个	周	末	我	去	了	一	所	博	物	馆	。	在
那	里	看	到	了	一	副	很	漂	亮	的	画	儿	，	我	就
用	手	机	拍	照	了	。	可	是	我	没	有	看	到	禁	止
拍	照	的	标	志	。	工	作	人	员	过	来	告	诉	我	，
手	机	的	光	对	展	示	品	不	好	，	我	觉	得	非	常
不	好	意	思	。											

해석 이번 주말에 나는 한 박물관에 갔다. 거기서 정말 예쁜 그림을 보고, 나는 바로 휴대전화로 사진을 찍었다. 그러나 나는 사진 촬영 금지 표시를 보지 못했다. 직원이 와서 나에게 알려 주기를, 휴대전화의 빛은 전시품에 좋지 않다고 하였다. 나는 매우 부끄러웠다.

단어 所 suǒ 양 개, 곳, 군데 | 博物馆 bówùguǎn 명 박물관 | 可是 kěshì 접 그러나, 하지만 | 光 guāng 명 빛, 광선 | 展示品 zhǎnshìpǐn 명 전시품

p. 426

해설

STEP 1 **그림 파악하기**
통행 금지 표지

STEP 2 **방법 1 이유 보충하기**

- 우리는 교통 규칙을 지켜야 한다 → 我们要遵守交通规则
- 교통사고 발생을 줄일 수 있다 → 可以减少交通事故的发生
- 자신과 타인의 생명 안전을 보장할 수 있다 → 可以保证自己和他人的生命安全
- 서로 간에 모두 매우 편리해질 것이다 → 彼此之间都会变得很方便

방법 2 에피소드 설정하기

- 서론: 주말에 있었던 일을 회상한다.
- 본론: 상대방이 통행 금지 표지를 보지 못해 사고가 날 뻔했다.
- 결론: 교통 규칙을 지켜야 한다.

모범 답안 1 이유 보충하기

		这	是	一	张	禁	止	通	行	的	图	片	。	我	们
每	个	人	都	要	遵	守	交	通	规	则	，	理	由	有	如
下	两	点	：	首	先	，	遵	守	交	通	规	则	可	以	减
少	交	通	事	故	的	发	生	，	保	证	自	己	和	他	人
的	生	命	安	全	；	其	次	，	如	果	遵	守	交	通	规
则	，	彼	此	之	间	都	会	变	得	很	方	便	。		

해석 이것은 통행 금지 그림이다. 우리는 모두 교통 규칙을 지켜야 한다. 그 이유는 다음과 같은 두 가지다. 첫째, 교통 규칙을 지키는 것은 교통사고 발생을 줄일 수 있고, 자신과 다른 사람의 생명 안전을 보장할 수 있다. 둘째, 만일 교통 규칙을 지킨다면, 서로 간에 모두 매우 편리해질 것이다.

단어 禁止 jìnzhǐ 동 금지하다 | 通行 tōngxíng 동 통행하다 | 图片 túpiàn 명 그림 | 遵守 zūnshǒu 동 준수하다 | 交通规则 jiāotōng guīzé 명 교통 규칙 | 理由 lǐyóu 명 이유 | 首先 shǒuxiān 대 첫째, 먼저 | 减少 jiǎnshǎo 동 줄이다 | 交通事故 jiāotōng shìgù 명 교통사고 | 发生 fāshēng 동 발생하다 | 保证 bǎozhèng 동 보증하다 | 生命 shēngmìng 명 생명 | 安全 ānquán 형 안전하다 | 其次 qícì 대 그 다음 | 如果 rúguǒ 접 만약 | 彼此 bǐcǐ 대 서로 | 之间 zhījiān 명 (~의) 사이 | 方便 fāngbiàn 형 편리하다

모범 답안 2 에피소드 설정하기

		上	个	周	末	，	我	和	家	人	开	车	出	去	玩
儿	。	车	开	着	开	着	突	然	停	了	，	我	们	都	吓
了	一	跳	。	原	来	对	方	没	有	看	到	前	面	禁	止
通	行	的	标	志	，	突	然	开	过	来	，	所	以	差	点
发	生	了	交	通	事	故	。	不	管	是	谁	，	都	要	遵
守	交	通	规	则	。										

해석 지난 주말 나와 가족들은 차를 몰고 야외에 놀러 나갔다. 그런데 차가 잘 가다가 갑자기 멈춰서 우리는 모두 깜짝 놀랐다. 알고 보니 상대방이 앞에 있는 통행 금지 표지를 보지 못하고, 갑자기 들어온 것이다. 그래서 하마터면 교통사고가 날 뻔했다. 누구든지 모두 교통 규칙을 지켜야 한다.

단어 周末 zhōumò 명 주말 | 家人 jiārén 명 가족 | 开车 kāichē 동 운전하다 | 出去 chūqu 동 나가다 | 突然 tūrán 부 갑자기 | 停 tíng 동 멈추다 | 吓 xià 동 놀라다 | 原来 yuánlái 부 알고 보니 | 对方 duìfāng 명 상대방 | 前面 qiánmiàn 명 앞 | 标志 biāozhì 명 표지 | 所以 suǒyǐ 접 그래서 | 差点(儿) chàdiǎn(r) 부 하마터면 | 不管 bùguǎn 접 ~에 관계없이, ~하든지 간에 | 谁 shéi 대 누구

제1부분

✓ 정답

1. 松院长是个相当自信的人。
2. 我儿子在营业部门工作。
3. 他说话的语气十分温柔。
4. 她在这个方面取得了很大的成果。
5. 女儿的书房里到处都是各种各样的资料。
6. 姐姐平时很少吃油炸的食物。
7. 窗台上有一朵粉红色的花。
8. 那位主持人表现得非常出色。

01

自信的　松院长　人　是个　相当

p. 427

松院长是个相当自信的人。	송 원장은 매우 자신만만한 사람이다.

단어 自信 zìxìn 형 자신만만하다 | 松 Sōng 명 송씨(성씨를 나타냄) | 院长 yuànzhǎng 명 원장 | 相当 xiāngdāng 부 매우

해설 STEP 1 **주어를 찾아라!**

- 松院长(송 원장): 사람의 직책을 나타내는 명사로 주어나 목적어로 쓰일 수 있다.
- 人(사람): 명사로 주어나 목적어가 될 수 있다.
- 自信的(자신만만한): 관형어로 구조조사 的는 명사를 이끌 수 있으며, 의미상 人(사람)과 결합할 수 있다.
  → 自信的人(자신만만한 사람)

STEP 2 **술어를 찾아라!**

- 是个(~이다): 是는 판단동사로 술어가 되고, 个는 목적어와 연결되는 양사다.

STEP 3 **주어와 목적어를 판단하라!**

술어 是(~이다)는 판단을 나타내는 동사로, 어울리는 목적어는 自信的人(자신만만한 사람)이며 松院长(송 원장)이 주어가 된다.

STEP 4 **기타 성분을 삽입하라!**

- 相当(매우): 정도부사로, 형용사 自信(자신만만하다) 앞에 위치한다.

Tip 相当(매우)은 일반부사가 아니라, 정도를 나타내는 정도부사임을 확실히 인지해야 한다. 따라서 술어 是(~이다) 앞이 아니라, 형용사 自信(자신만만하다) 앞에 놓여 人(사람)을 꾸며 주는 관형어가 된다.

02

营业部门　我儿子　工作　在

p. 427

我儿子在营业部门工作。	내 아들은 영업부에서 일한다.

단어 营业 yíngyè 동 영업하다 | 部门 bùmén 명 부서 | 儿子 érzi 명 아들 | 在 zài 전 ~에서

해설 STEP 1 **주어를 찾아라!**

- 营业部门(영업부) / 我儿子(내 아들): 둘 다 명사로 주어나 목적어가 될 수 있다. 술어를 보고 주어나 목적어를 판단해야 한다.

STEP 2 **술어를 찾아라!**

- 工作(일하다): 동사로 술어가 될 수 있다.

• 在(~에서): 동사로는 '~에 있다'의 뜻이고, 전치사로는 '~에서'의 뜻이다. 전체 문장의 술어는 工作(일하다)이기 때문에 在는 장소를 나타내는 전치사로 쓰여, 뒤에 장소 명사 营业部门(영업부)을 끌고 나온다.

STEP 3 **주어와 목적어를 구별하라!**

사람을 나타내는 인칭대사(我儿子)가 주어가 되고, 在营业部门(영업부에서)은 전치사구로 술어 앞에 놓인다. 工作는 일반적으로 목적어를 끌고 나오지 않는다.

Tip 在는 전치사, 동사, 시간부사가 될 수 있다. 여기에서는 전치사로 쓰여, 뒤에 장소 명사를 동반한다.

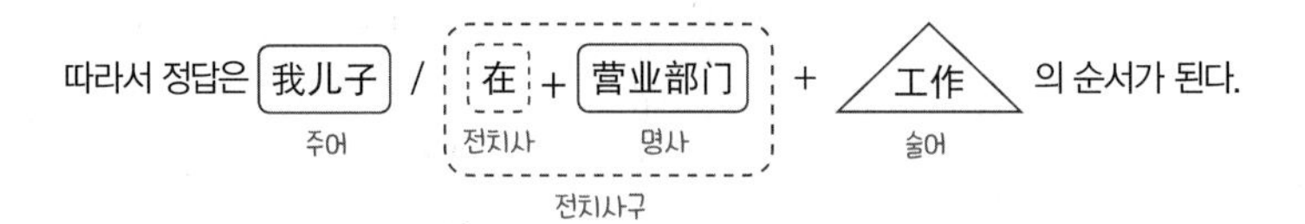

03

十分 他说话的 温柔 语气	
他说话的语气十分温柔。	그가 말하는 말투는 상냥하다.

p. 427

단어 十分 shífēn 부 십분, 매우, 대단히 | 温柔 wēnróu 형 부드럽고 순하다, 따뜻하고 상냥하다 | 语气 yǔqì 명 어투, 말투

해설 STEP 1 **주어를 찾아라!**

• 他说话的(그가 말하는): 구조조사 的를 보고 명사를 수식할 수 있는 관형어임을 알 수 있다.

• 语气(명사): 명사로 관형어와 결합하여 주어를 만들 수 있다.
→ 他说话的语气(그가 말하는 어투)

STEP 2 **정도부사를 찾아라!**

• 十分(매우): 정도부사로 정도가 높음을 나타내는 정도부사의 종류는 다양하다. 很, 非常 이외에도 十分, 太, 特别, 极其 등과 같은 약간 생소한 정도부사도 있으니 익혀 두자.

STEP 3 **술어를 찾아라!**

• 温柔(부드럽다): 형용사는 목적어를 갖지 못하므로 '정도부사 + 형용사'를 문장 맨 끝에 위치시킨다.
→ 十分温柔(매우 부드럽다)

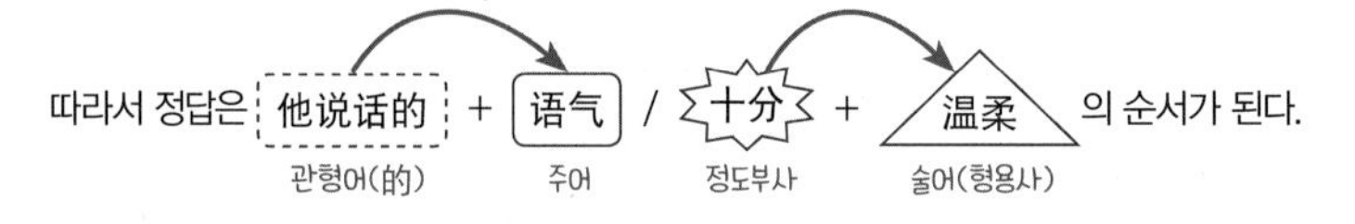

04

取得了 她 很大的 成果 在这个方面	
她在这个方面取得了很大的成果。	그녀는 이 방면에서 매우 훌륭한 성과를 얻었다.

p. 427

단어 取得 qǔdé 동 얻다, 취득하다 | 成果 chéngguǒ 명 성과, 수확

해설 STEP 1 **주어를 찾아라!**

• 她(그녀): 인칭대사로 주어가 될 가능성이 매우 높다.

• 成果(성과): 명사로 주어나 목적어가 될 수 있다. 행위의 주체자인 사람 她가 주어가 될 가능성이 매우 높으므로, 成果는 목적어가 될 가능성이 있다.

• 很大的(매우 훌륭한): '형용사구 + 的' 형태로 명사를 꾸며 주는 관형어 역할을 한다. 成果와 결합하여 목적어로 쓰인다.
→ 很大的成果(매우 훌륭한 성과)

STEP 2 **술어를 찾아라!**

- 取得了(획득하다, 얻다): 동작의 완료를 나타내는 동태조사 了를 보고, 동사임을 유추할 수 있다.

STEP 3 **기타 성분을 삽입하라!**

- 在这个方面(이 방면에서): 在는 '~에서 ~'라는 의미로 뒤에 명사와 동사를 끌고 나오며, '전치사 +명사 + 동사' 순서대로 배열한다. 전치사구는 주어 뒤, 술어 앞에 위치한다.

따라서 정답은 她(주어) / 在这个方面(전치사구) + 取得了(술어) / 很大的(관형어(的)) + 成果(목적어)의 순서가 된다.

05

p. 427

女儿的　到处　书房里　是各种各样的资料　都

女儿的书房里到处都是各种各样的资料。 | 딸의 공부방 안 곳곳은 모두 각양각색의 자료다.

단어 到处 dàochù 부 곳곳에 | 书房 shūfáng 명 서재 | 各种各样 gèzhǒng gèyàng 명 각양각색 | 资料 zīliào 명 자료

해설 STEP 1 **주어를 찾아라!**

- 女儿的(딸의): 구조조사 的가 있는 관형어로, 명사를 이끌 수 있다.
- 书房里(공부방 안): 장소를 나타내는 명사로, 관형어 女儿的(딸의)와 결합하여 주어가 될 수 있다.
  → 女儿的书房里(딸의 공부방 안)

STEP 2 **술어를 찾아라!**

- 是各种各样的资料(각양각색의 자료다): '동사(是) + 명사구(各种各样的资料)'의 형태로, 술어와 목적어가 될 수 있다.

STEP 3 **기타 성분을 삽입하라!**

- 到处(곳곳) / 都(모두): 모두 부사로 都는 범위를 나타내므로 복수를 나타내는 어휘 뒤에 위치한다. 따라서 어순은 到处都가 되며, 술어 앞에 위치한다.

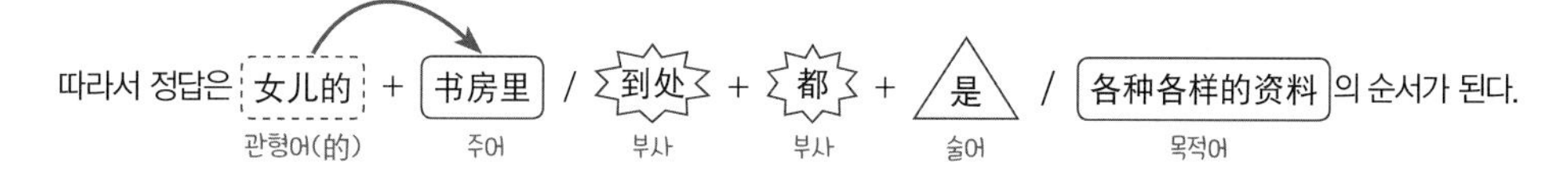

06

p. 427

平时　姐姐　油炸的　很少吃　食物

姐姐平时很少吃油炸的食物。 | 언니는 평소에 기름에 튀긴 음식을 잘 먹지 않는다.

단어 油炸 yóuzhá 동 기름에 튀기다 | 食物 shíwù 명 음식물, 식품

해설 STEP 1 **주어를 찾아라!**

- 姐姐(언니): 사람을 나타내는 명사다. 행위의 주체자로서 주어가 될 가능성이 높다.
- 食物(음식): 명사로 주어나 목적어가 될 수 있다. 행위의 주체자인 명사가 주어가 될 가능성이 매우 크므로, 명사 食物는 목적어 자리에 놓아야 한다.
- 油炸的(기름에 튀긴): '동사 + 구조조사 的'로 명사를 꾸며 주는 관형어 역할을 한다.
  → 油炸的食物(기름에 튀긴 음식)

STEP 2 **술어를 찾아라!**

- 很少吃(잘 먹지 않는다): '부사어(很少) + 동사 술어(吃)'로 문장에서 술어 역할을 한다.

STEP 3 **기타 성분을 삽입하라!**

- 平时(평소에): 부사로 주어 뒤, 술어 앞에 위치한다.

따라서 정답은 姐姐 / 平时 + 很少吃 / 油炸的 + 食物 의 순서가 된다.
주어 부사 술어 관형어(的) 목적어

07

花 粉红色的 有 窗台上 一朵

p. 427

窗台上有一朵粉红色的花。	창턱 위에는 한 송이 분홍색의 꽃이 있다.

단어 粉红色 fěnhóngsè 명 분홍색 | 窗台 chuāngtái 명 창턱 | 朵 duǒ 양 송이, 점(꽃이나 구름 등을 세는 양사)

해설 STEP 1 **주어를 찾아라!**

- 窗台上(창턱 위): 장소 명사로 존현문에서는 장소나 시간이 주어가 될 수 있다.
- 花(꽃): 명사로 주어나 목적어가 될 수 있다.
- 粉红色的(분홍색의): 구조조사 的가 있는 관형어이므로 어울리는 명사를 찾아서 결합시켜야 한다.
- 一朵(한 송이): '수사 + 양사'로 문맥상 '어떠한 한 송이인지'에 해당하는 관형어를 '수량사 + 관형어 + 명사'의 어순으로 결합시켜 목적어 자리에 위치시킨다.
  → 一朵粉红色的花(한 송이 분홍색의 꽃)

STEP 2 **술어를 찾아라!**

- 有(있다): 동사로 술어가 된다.

STEP 3 **주어와 목적어를 구별하라!**

존현문에서는 시간 및 장소가 주어가 된다. 목적어(一朵粉红色的花)는 특정한 것을 가리키는 지시대사 这, 那 없는 수량사를 써서 불특정함을 나타낸다.

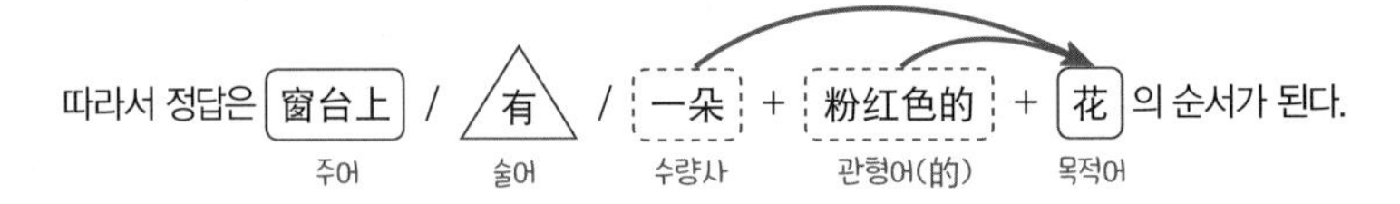

08

出色 那位 非常 表现 主持人 得

p. 427

那位主持人表现得非常出色。	그 사회자는 매우 뛰어나게 활약했다.

단어 出色 chūsè 형 출중하다, 뛰어나다 | 表现 biǎoxiàn 동 나타내다, 활약하다 | 主持人 zhǔchírén 명 사회자

해설 STEP 1 **주어를 찾아라!**

- 那位(그분): '지시대사 + 양사'로 명사를 수식할 수 있다.
- 主持人(사회자): 명사로 의미상 那位(그분)와 결합하여 주어가 될 수 있다.
  → 那位主持人(그 사회자)

STEP 2 **술어를 찾아라!**

- 出色(뛰어나다): 형용사로 문장에서 술어나 보어 역할을 할 수 있다.
- 表现(활약하다): 동사로 문장에서 술어나 보어 역할을 할 수 있다.

STEP 3 **기타 성분을 삽입하라!**

- 非常(매우): 정도부사로 형용사와 결합한다.
  → 非常出色(매우 뛰어나다)
- 得(~하는 정도): 구조조사로 정도보어문에서 보어를 연결해 주는 역할을 한다. 정도보어문에서 정도가 높음을 나타내는 표현은 구조조사 得 이하 부분에 쓰여 보어 역할을 한다.
  → 表现得非常出色(매우 뛰어나게 활약했다)

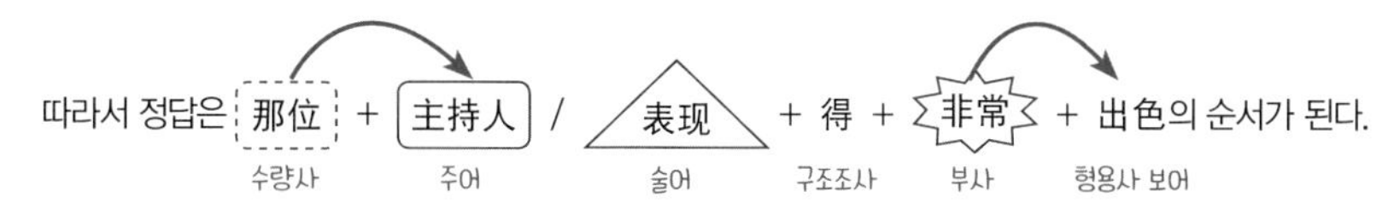

제2부분 ✓ 정답 해설 참고

09 结婚、庆祝、愿望、感谢、开心

p. 428

단어 结婚 jiéhūn 동 결혼하다 | 庆祝 qìngzhù 동 축하하다 | 愿望 yuànwàng 명 염원, 바람 | 感谢 gǎnxiè 동 감사하다 | 开心 kāixīn 형 (기분이) 즐겁다, 유쾌하다

해설 STEP 1 **주제어 정하기**

结婚(결혼)을 주제로 하여 결혼식에 관한 에피소드를 떠올릴 수 있다.

STEP 2 **흐름 잡기**

결혼하는 날이라 기분이 좋다.
→ 모두 축하하러 왔다. / 소원은 행복하길 바라는 것이다.
→ 모두에게 감사한다.

STEP 3 **단어 활용하기**

- 结婚: 今天是我结婚的日子 / 明天是结婚纪念日 / 参加结婚典礼 / 结婚年龄
- 庆祝: 庆祝结婚 / 为了庆祝这个重要的日子 / 庆祝喜事 / 庆祝结婚一周年 / 庆祝一下 / 庆祝庆祝 / 值得庆祝
- 愿望: 父母最大的愿望是… / 有一个愿望 / 美好的愿望 / 实现愿望 / 新婚愿望
- 感谢: 感谢大家 / 感谢大家来参加我们的婚礼 / 向大家表示感谢 / 非常感谢 / 感谢各位
- 开心: 大家都开心极了 / 很开心 / 非常开心 / 开心得不得了 / 开心死了

모범 답안

		今	天	是	姐	姐	结	婚	的	日	子	，	家	人	都
开	心	极	了	。	为	了	庆	祝	这	个	重	要	的	日	子，
很	多	亲	戚	和	朋	友	都	来	参	加	了	婚	礼	。	现
在	，	爸	爸	和	妈	妈	最	大	的	愿	望	就	是	姐	姐
以	后	的	生	活	幸	福	。	在	婚	礼	上	，	姐	姐	感
谢	大	家	来	参	加	他	们	的	婚	礼	。				

해석 오늘은 언니가 결혼하는 날이다. 가족들 모두 매우 즐거워했다. 이 중요한 날을 축하하기 위해, 매우 많은 친척과 친구가 모두 결혼식에 참석하러 왔다. 지금 아빠와 엄마의 가장 큰 바람은 바로 언니의 이후 생활이 행복해지는 것이다. 결혼식에서 언니는 모두에게 그들의 결혼식에 참석해 준 것에 감사했다.

단어 姐姐 jiějie 명 언니, 누나 | 日子 rìzi 명 날 | 家人 jiārén 명 가족 | 极了 jíle 매우 ~하다 | 为了 wèile 전 ~을 위해서 | 重要 zhòngyào 형 중요하다 | 亲戚 qīnqi 명 친척 | 参加 cānjiā 동 참가하다 | 婚礼 hūnlǐ 명 결혼식, 혼례 | 以后 yǐhòu 명 이후 | 生活 shēnghuó 명 생활 | 幸福 xìngfú 형 행복하다

10

p. 428

해설

STEP 1 **그림 파악하기**
- 인물: 여자
- 사물: 피아노
- 동작: 피아노를 연주하고 있다.

STEP 2 **에피소드 설정하기**
- 서론: 피아노 소리에 매료되었다.
- 본론: 피아노를 배운지 10년이 다 되어 간다.
- 결론: 내년에 콘서트를 열 계획이다.

모범 답안

		我	很	喜	欢	钢	琴	这	种	乐	器	。	小	时	候，
我	被	钢	琴	美	丽	的	声	音	吸	引	了	。	所	以	我
利	用	业	余	时	间	学	习	弹	钢	琴	，	已	经	学	了
差	不	多	10	年	了	。	虽	然	练	习	很	难	，	但	是
我	还	是	坚	持	下	来	了	。	现	在	我	弹	钢	琴	弹
得	非	常	熟	练	，	打	算	明	年	举	办	音	乐	会	。

해석 나는 피아노라는 악기를 정말 좋아한다. 어렸을 때, 나는 피아노의 아름다운 소리에 매료되었다. 그래서 나는 여가 시간을 활용하여 피아노를 배웠고, 이미 배운지 거의 10년이 다 되어간다. 비록 연습은 힘들지만, 나는 그래도 포기하지 않고 끝까지 버텼다. 지금은 피아노를 아주 숙련되게 연주할 수 있고, 내년에 콘서트를 열 계획이다.

단어 钢琴 gāngqín 명 피아노 | 乐器 yuèqì 명 악기 | 被 bèi 전 ~에게 ~당하다 | 美丽 měilì 형 아름답다 | 声音 shēngyīn 명 소리 | 吸引 xīyǐn 동 매료시키다, 유인하다, 끌다 | 利用 lìyòng 동 이용하다, 활용하다 | 业余 yèyú 형 여가의 | 弹 tán 동 (악기를) 치다, 연주하다 | 已经 yǐjing 부 이미, 벌써 | 差不多 chàbuduō 부 거의, 대체로 | 坚持 jiānchí 동 유지하다, 끝까지 버티다 | 熟练 shúliàn 형 숙련되어 있다, 능숙하다 | 举办 jǔbàn 동 행하다, 개최하다 | 音乐会 yīnyuèhuì 명 음악회, 콘서트

MEMO

MEMO

동양북스 추천 교재

일본어 교재의 최강자, 동양북스 추천 교재

회화 코스북

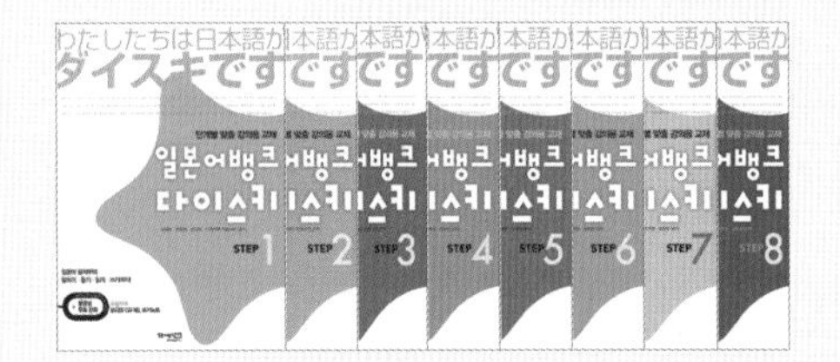

일본어뱅크 다이스키
STEP 1·2·3·4·5·6·7·8

일본어뱅크
좋아요 일본어 1·2·3·4·5·6

일본어뱅크 도모다찌
STEP 1·2·3

분야서

일본어뱅크
좋아요 일본어 독해 STEP 1·2

일본어뱅크
일본어 작문 초급

일본어뱅크
사진과 함께하는
일본 문화

일본어뱅크
항공 서비스 일본어

가장 쉬운 독학
일본어 현지회화

수험서

일취월장 JPT
독해·청해

일취월장 JPT
실전 모의고사 500·700

일단 합격하고 오겠습니다
JLPT 일본어능력시험
N1·N2·N3·N4·N5

일단 합격하고 오겠습니다
JLPT 일본어능력시험
실전모의고사 N1·N2·N3·N4/5

단어·한자

특허받은
일본어 한자 암기박사

일본어 상용한자 2136
이거 하나면 끝!

일본어뱅크
좋아요 일본어 한자

가장 쉬운 독학
일본어 단어장

일단 합격하고 오겠습니다
JLPT 일본어능력시험
단어장 N1·N2·N3